Η ΚΑΙΝΗ ΔΙΑΘΗΚΗ.

NOVUM TESTAMENTUM

GRAECE.

Η ΚΑΙΝΗ ΔΙΑΘΗΚΗ.

NOVUM TESTAMENTUM

GRAECE.

RECENSUIT

CONSTANTINUS DE TISCHENDORF.

EDITIO SEXTA STEREOTYPA
AD. TEXTUM EDITIONIS VIII. MAIORIS CONFORMATA
ET NUNC DENUO RECOGNITA.

Wipf & Stock
PUBLISHERS
Eugene, Oregon

Wipf and Stock Publishers
199 W 8th Ave, Suite 3
Eugene, OR 97401

Novum Testamentum Graece
Eighth Edition
By Tischendorf, Constantin
ISBN 13: 978-1-55635-563-9
ISBN 10: 1-55635-563-7
Publication date 8/1/2007
Previously published by Ex Officina Bernhardi Tauchnitz, 1879

PROLEGOMENA.

I.

Primus Graecum Novum Testamentum edendum curavit Franciscus Ximenes de Cisneros archiepiscopus Toletanus, inseruitque addita interpretatione Latina vulgata editioni bibliorum polyglottae Complutensi, cuius volumen quintum efficit.[1] Prelo illud quidem exiit ineunte anno 1514, sequentibus intra triennium quinque voluminibus reliquis; sed anno demum 1520 Leonis X. litteris permissum est ut totum opus in lucem ederetur, neque id fere ante annum 1522 revera factum est. Hinc editio Novi Testamenti Graeca et Latina, quae Erasmo auctore ex officina Frobenii anno 1516 Basileae prodiit, principis editionis laudem sibi vindicat, repetita annis 1519, 1522, 1527, 1535. Complutensis editio unde fluxerit, non satis constat; haud dubie tamen, ut ipso textu probatur, ad codices recentiores instituta est indolis eiusdem qua sunt superstitum plurimi; neque est quod horum numero eximatur codex ille a Leone X. ad edendum oblatus, nomine „eximiae vetustatis spectataeque fidei" laudatus, nisi quod usus eius potius ad Vetus Testamentum Graecum quam ad Novum pertinuisse putandus est[2]. Accessit autem ad fundamenti iniquitatem quod editores, Latinum textum maximi facientes[3], in edendis Graecis non eam quae in tanto opere decebat diligentiam adhibuerunt[4]. Hac vero diligentia nec

---

[1] Primum Latine Biblia edita sunt circa annum 1452; earum editionum quae annum notatum habent princeps est editio Moguntina anni 1462. Eodem anno Moguntii Germanica Biblia primum edita sunt. Hebraica primum integra prodierunt Bononiae anno 1488.

[2] Ex actis ipsius bibliothecae Vaticanae a Carolo Vercellone nuper demonstratum est codices ad Card. Ximenium Roma missos Veteris Testamenti non item Novi fuisse. Cf. Ni Ti editionem meam oct. crit. mai.

[3] Cf. verba in prologo ad lectorem (de Vetere Testamento) scripta: „Mediam Latinam B. Hieronymi translationem velut inter Synagogam et Orientalem ecclesiam posuimus, tamquam duos hinc inde latrones, medium autem Iesum i. e. Romanam sive Latinam ecclesiam collocantes."

[4] Luculentissimum indiligentiae exemplum habetur Hebr. 7, 3. ubi post verba μένει ἱερεὺς εἰς τὸ διηνεκές hanc Euthaliani capituli partem: ἐν ᾧ, ὅτι καὶ τοῦ Ἀβραὰμ προετι-

magnus ille Erasmus Complutenses editores antecessit. Adhibuit is codices paucos maximeque Basileenses recentiore textu Byzantino nequaquam superiores. Vestigia summae festinationis in prima editione adhibitae nec plane exstincta sunt in reliquis, maximeque, ut nuper luculenter Franc. Delitzsch docuit, apocalypsin deformant, quamvis quarta editio passim ad Complutensem emendata sit. Verba illa quidem celeberrima 1 Ioh. 5, 7 sq., postquam recte abfuerunt ab edd. 1 et 2., Erasmus in tertiam ac seqq. ex codice Montfortiano post Dublinensi saeculi XVI. propter „adversariorum clamores" recepit.

Nihilominus quum Complutensem tum Erasmicam textus Novi Testamenti Graeci conformationem per longum tempus ubique terrarum repetere placuit, mutatis plerumque paucissimis, saepe vero alterius lectionibus alteri immixtis. Hunc in modum comparatae sunt etiam Roberti Stephani docti typographi Regii Parisiensis editiones, quarum ille tertiam, quae anno 1550 prodibat, fere totam conformavit ad Erasmi quintam, exceptis multis apocalypsis locis quibus Complutensem sequi malebat. Hanc Roberti Stephani editionem, nomine Regiae claram, perpaucis ad codices ab Henrico Stephano conlatos mutatis secutus est Theodorus Beza inde ab anno 1565, rursusque Bezae editiones secuti sunt Elzevirii typographi Leidenses, qui inde ab anno 1624 Novo Testamento Graeco edendo operam navarunt. Qui quidem quum secundam editionem, quae anno 1633 prodibat, praepositis verbis his: *Textum ergo habes nunc ab omnibus receptum*, commendassent, factum est ut *textus recepti* nomen mox in omnium consuetudinem abiret. Idem est quo ad hunc usque diem viri docti utuntur ad significandum textum eum qui, paucis ex arbitrio potius quam via et ratione mutatis, per haec ultima duo saecula ex Elzeviriis saepissime repetitus est, quamquam in re critica vel in pristino ipsorum apostolorum textu indagando perexiguam auctoritatem, passim adeo nullam, nusquam certe maiorem habet quam qui in plerisque codicibus recentiore aetate scriptis invenitur, quippe a quibus Erasmus, primus et principalis rationis Elzevirianae auctor, totus pependerit.

Dum vero haec Novi Testamenti Graeci ratio, sive Erasmi sive Stephani sive Bezae sive Elzeviriorum mavis dicere, in communi hominum doctorum usu erat, non deerat industria adeundi

μήϑη, (ex margine) in textum inrepere passi sunt. Ipsa Graeca ad Latinum textum exegisse immerito taxati sunt, etsi duo nomina ad Latinum usum quam Graecum scribere maluerunt, edentes $Βεελζεβούβ$ et $Βελίαλ$. Quod posterius (ab hominibus Latinis ad vocem Hebraicam conformatum) ex incredibili errore denuo C. Lachmannus recepit.

fontes antiquioris rationis in variis terris et nationibus propagatae.
Hinc sensim ortus est apparatus Novi Testamenti criticus, in quo
ad singulas textus partes ac particulas testimonia codicum Grae-
corum et vetustiorum et recentiorum, item antiquorum interpretum
vel orientis vel occidentis, item scriptorum veterum, qui vel
ipsum textum exscripserunt vel docte explicuerunt, tanquam in
thesauro reponebantur: unde non modo textus sacri historia sed
etiam emendandi textus plerumque editi et caussa et ratio disci
poterant, praesertim quum simul ars critica excoli coepta esset.
Horum studiorum nomine inclaruerunt opera trium Anglorum:
Briani Walton (anno 1657), Iohannis Fell (anno 1675), Io-
hannis Mill (anno 1707). Quae omnia superavit editio I. I. Wet-
stenii Basileensis, quae Amstelodami anno 1751 et seq. volu-
minibus duobus prodiit. Cuius operis opes criticas, post inprimis
ab Altero Vindobonensi, Birchio Havniensi et Matthaeio
professore Moscuensi auctas, exeunte saeculo decimo octavo Ioh.
Iac. Griesbach Ienensis ad rem criticam revera promovendam
ipsumque textum emendandum docta ratione convertere studuit.
Vestigiis ille insistens Bengelii et Semleri testibus antiquis inter
se assidue conlatis docuit, tres olim institutas esse textus Novi
Testamenti recensiones, occidentalem interpretandi maxime stu-
diosam, Alexandrinam grammatices vindicem, et mixtis priorum
studiis Byzantinam. A qua ratione, frustra Matthaeii probris
impugnata, subinde vero etiam Hugii et Eichhornii studiis
exculta, proficiscens copiam immensam variantium lectionum in
ordinem quendam redegit, additisque certis quum de auctoritate
testium tum de probabilitate lectionum legibus hoc egit ut textum
receptum sive Elzevirianum multis locis corrigeret. Editio Novi
Testamenti Griesbachiana (prodiit secundum 1796 tomo I., 1806
tomo altero) magna aequalium laude ornata multumque pro-
pagata est. Priorem partem quae evangelia complectitur novis
curis auxit Dav. Schulzius anno 1827. Plures alii, ut Knap-
pius, Schottus, Vaterus, Theilius, Hahnius, crisi Gries-
bachiana ita usi sunt ut Elzevirianam formam insertis probatis-
simis Griesbachii lectionibus ederent.

    Brevi post editio prodiit Augustini Scholz (vol. I. 1830;
vol. II. 1836). Quo ille opere ut apparatum criticum allata plu-
rimorum codicum notitia multisque lectionibus inde notatis vel
confirmatis auxit, ita gravi detrimento affecit quod in adhibendis
quum suis tum aliorum collectionibus criticis maxima usus est
levitate atque socordia [1]; praeterea quum codices recentiores

[1] Ea de re uberius disserui in prolegg. ed. 8. crit. mai. et iam N. T.
anni 1859. pag. XCIX sqq.

Asiaticos antiquioribus Alexandrinis praestare contenderet[1], ipsum textum imprudenter ad Griesbachii rationes multo magis quam ad suas conformavit. Mutata res est editionibus Lachmanni et meis. Uterque enim Elzeviriana editione missa facta ad ipsos reversi sumus antiquos testes, a quibus solis textum peteremus in locum Elzeviriani substituendum[2]. Sed satis diversa ratione usi sumus. Ac Lachmannus quidem[3] daturum se professus (cf. Theologische Studien und Kritiken 1830 p. 817—845., ibidem 1835 p. 570 sqq., item prolegg. ed. mai.) textum Novi Testamenti saeculo quarto in oriente vulgatissimum, ex codicibus Graecis nomine „orientalium" insignitos adhibuit ABC, cum evangeliorum fragmentis PQTZ et epistularum H; item de patribus Origenem. Quibus discrepantibus quum adeundos censeret „occidentales" testes ex eorumque auctoritate dirimendam illorum dissensionem, eo nomine admisit Graecos Latinos D evangeliorum atque actuum, E actuum, DG epistularum; item Latinos evangeliorum a b c, in epistulis passim etiam Sangermanensem, in apocalypsi Primasium; praeterea Irenaeum, Cyprianum, Hilarium, Luciferum, insuperque vulgatam Hieronymi editionem.

Hac in re Lachmannus classes testium orientalem et occidentalem cum Griesbachio adscivit, sed nullo modo quo id iure faceret probavit; nihilominus tota Lachmanni ratio ab his classibus recte constitutis vel maxime pendet. Quid quod occidentales codices ad tollendam orientalium discrepantiam adhibentur, quum occidentales qui creduntur nullo sint numero ubi orientalium duo aut tres consentiunt. Quod vero laboris sui principium ponere debebat, fieri posse ut textus apud Christianos terrarum orientalium saeculo quarto vulgatissimus mathematica quam dicunt via constituatur, id testium suorum paucitate mirum in modum impediri ipse luculenter probavit. Ait enim: „In maxima Novi Testamenti parte codices A et B conferre possumus, sed non ubique. Per magnam partem Matthaei et aliquam Iohannis, item 2 Cor. 4, 13 usque 12, 6. orientalium codicum non habemus nisi B, rursusque inde ab epist. ad Hebr. 9, 14. unum A, accedente modo passim incerta codicis C auctoritate." (Cf. l. l. p. 832.) Hoc quale sit in promtu est, atque ipse addit: „Certum est igitur in his partibus" (i. e. quarta fere totius Novi

---

[1] Cf. prolegg. N. T. anni 1841, ubi dissertatio est quam scripsi de recensionibus quas dicunt textus Novi Test. ratione potissimum habita Scholzii.

[2] Simile quid sed parum recte

iam 1776. Londini Ed. Harwood instituerat.

[3] Prodiit editio eius stereotypa a. 1831; secuta est editionis maioris pars prior 1842, posterior 1850.

Testamenti parte) „saepe lectionem parum vulgatam pro unica venditari." Sed etiam eis locis ubi non eandem testium paucitatem habet mathematica Lachmannus ratione abuti videtur. Quo enim tandem iure pro certo ponitur, tres codices superstites, alterum quarti fere alteros quinti saeculi, consentientes textum saeculi quarti probatissimum tradere? Textus vero qui an id ipsum sit quod se esse profitetur, i. e. orientalis textus quarti saeculi, etiam atque etiam dubium est, quale si solus per se sumitur inveniendi textus primi saeculi fundamentum esse poterit? Testes Lachmanno unice probati omnino maximi faciundi sunt non modo quarti sed etiam primi saeculi lectionem quaerentibus, sed textum ex Lachmanni testium computationibus quamvis negotii diligentiae subtilitatis plenis petitum, nisi apponatur commentarius, non idoneum puto qui in communem usum edatur, quemadmodum dudum multis plus fuci quam lucis fecit.

Atque haec quidem de Lachmanni principiis. Iam his quo ille modo satisfecerit quaerendum est. Qua de re uberius exponens in prolegg. N. T. mei 1859 p. cvii sqq. (rursus in prolegg. ed. octavae crit. maior.) probavi, eum leges suas non raro deseruisse et quum arbitrium excludi vellet arbitrio usum esse, appositis insuper exemplis pluribus vitiorum commentarii quae e suis subsidiis editores corrigere debebant. Illud vero maxime planum feci et aegerrime tuli, Lachmannum circa testes ipsius eius textus novi quem quaerebat principales, codices B et C, quibus etiam addendi sunt codex D et Amiatinus codex, mira suaque persona indignissima socordia fuisse cum maximo sui operis detrimento. Nihilominus libenter agnoscimus, Lachmanni opus utut imperfectum rem criticam iuvisse nobisque ipsis aliisque ut perfectiora quaereremus incitamento fuisse. Ac quum per ultima haec tempora mirabili modo gravissima critices sacrae subsidia tantopere aucta sint ut ipsi Lachmanno, si adhuc in vivis esset, commentarius totus de integro instaurandus esset, accidit ut quam ille viam, insistens Richardi Bentleii vestigiis, in re critica ineundam censuit, ea nunc demum ad bonum eventum sit perductura.

Equidem ex anno 1840 rei Novi Testamenti criticae assiduum studium impendi. Eodem anno exeunte prodiit prima mea Novi Testamenti editio, in qua, ut in titulo inest, „textum ad fidem antiquorum testium recensui, brevem apparatum criticum una cum variis lectionibus Elzeviriorum, Knappii, Scholzii, Lachmanni subiunxi, argumenta et locos parallelos indicavi, commentationem isagogicam notatis propriis lectionibus editionum Stephanicae tertiae atque Millianae, Matthaeianae, Griesbachianae praemisi." Prolegomenis inserta est dissertatio uberior de recensionibus quas dicunt textus Novi Test. ratione potissimum habita Scholzii [1]. Quam editionem dum parabam, intellexi quot quantosque labores critica sacra postularet ut litteris, ecclesiae, sibi ipsi satisfaceret. Hos quantum possem in me ipsum suscipere apud animum meum constituebam [2]. Ante omnia vero illud faciendum existimavi ut nova studia conferrentur ad testes omnes eos quorum summa in re critica auctoritas esset, vel, ut definitius dicam, ut Graeci codices antiquissimi omnes, uncialibus illi litteris scripti, denuo diligentissime excuterentur ipsique si fieri posset summa cum accuratione ederentur, nec vero minus in antiquissimis interpretationibus et gravissimis patrum operibus recte ad rem criticam convertendis novae curae ponerentur. In haec igitur intendens inde ab auctumno anni 1840, absoluta m. Oct. prima Ni Ti editione, plura per Germaniam, Franciam, Angliam, Hollandiam, Helvetiam, Italiam terrasque orientales itinera feci ac repetii, ita ut intra triginta annos plus octo in perquirendis bibliothecarum libris scriptis antiquissimis consumerem. Unde ad augendum corrigendumque apparatum criticum plurimum conferre contigit, codicibus Graecis gravissimis omnibus una cum Latinis aliquot, exceptis dudum editis, vel mea manu transcriptis vel accuratissime conlatis, additis insuper multis summae antiquitatis monumentis quae eo usque tenebris sepulta iacuerant [3]. Ad istos vero itinerum labores accesserunt domestici

[1] Huius editionis Lipsiensis textum, evangeliorum potissimum recognitione facta, repetii anno 1842 in ed. Parisiensi. Eodem anno Parisiis prodiit altera editio hoc titulo: Nov. Test. Graece et Latine. In antiquis testibus textum versionis vulgatae Latinae indagavit lectionesque variantes Stephani et Griesbachii notavit, viro S. V. Jager in consilium adhibito, C. T. Parata est eum in finem ut „primum faceret ad studium Graeci textus suscitandum alendum fovendum apud eos quibus Latinus prae ceteris commendatus et sancitus est" (catholicos Franciae et Italiae theologos spectabam), tum „adiuvaret atque illustraret versionis vulgatae usum criticum", denique „ingenia et pia et strenua ad novas excitaret lucubrationes quibus ad veritatis lucem magis magisque perveniretur." Accuratius de toto opere in prolegg. explicui, item in prolegg. editionis VIII. criticae maioris, et iam antea in prolegg. editionis VII. p. CXXIV sqq. Ceterum postea pessima fraude factum est, quod in ipso titulo minori editioni eiusdem laboris mei pro meo nomine proposuerunt Jageri nomen meque ipsum „in consilium adhibitum" dixerunt.

[2] Primum ea de re exposui in Theol. Stud. et Crit. 1842 p. 499 sqq.

[3] Cf. infra subsidiorum criticorum indicem. Mea opera *detecti* sunt ℵ G^{act} I N^{paul} O^{act} O^{paul} T^b T^d Γ Θ^a Θ^b Θ^c Θ^d Λ Π. Item evangelistarium palimps. saeculi octavi vel noni (cod. Tisch. V. in biblioth. Paulin. univ. Lips.) cum variis lectionariorum fragmentis. Minusculis codicibus addidi quattuor evangeliorum codicem Tischendorfianum IV. bibl. Paulin. Lips. saec. decimi, insignem actorum codicem anni 1044. (nunc Musei Brit.), alia Petropolitana. *Primum* a me in criticum usum conversi: F^a (pleraque fragmenta) I^b N

circa interpretationes antiquas, patrum opera, criticos aliorum labores, recensiones quas vocant textus antiquas, scriptorum Novi Testamenti dialectum, inprimis circa leges apostolorum verba ad auctoritatem testium recensendi et ad pristinam integritatem revocandi. Quae pleraque uberius exposita sunt in prolegomenis editionis octavae criticae maioris, quae tertio volumine continentur. In eadem editione uberrimum apparatum criticum quem dicunt dedi, omnibus quae dei gratia orbi Christiano impertiit subsidiis maxima cura adhibitis. Leges autem in constituendo ipso sacro textu has mihi scripsi.

Discrepantibus antiquis testibus, a quibus scilicet omnis conformatio critica proficisci debet et nostrae editiones posthabita Elzeviriana profectae sunt, primo loco habenda sunt quae tuentur codices Graeci antiquissimi a quarto inde usque ad nonum fere saeculum scripti. In his rursus qui antiquitate antecellunt iidem auctoritate praevalent. Quae auctoritas ut magnopere augetur si aliqua interpretationum veterrimarum atque patrum testimonia accedunt, ita non superatur plurimorum vel etiam omnium recentiorum testium dissensione, quippe qui ut tantopere concordarent publico ecclesiae Byzantinae usu factum est. Neque tamen quae pro documentorum aetate recentior nobis lectio est non potest nisi ab arbitrio aut usu posterioris aevi derivari: multae enim lectiones recentiorum codicum iam apud Chrysostomum aliosque saeculorum quarti exeuntis et quinti ineuntis testes, atque item in celeberrimis Gothicae versionis membranis rescriptis inveniuntur; quemadmodum fit ut lectionem vetustissimorum auctoritate codicum destitutam ipsius secundi tertiique saeculi testis unus vel alter (ut Syrus interpres nomine Peschittho clarus) confirmet. Unde sequitur, codicum nostrorum antiquissimorum lectionibus non unis et solis, sed tantum prae ceteris laudem antiquitatis inesse. Quae quidem laus permagni faciunda est, quamvis nullum documentorum nostrorum eam superet aetatem ubi universa quaedam textus sacri varietas ac depravatio

(pleraque fragmenta) Npaul Oa b c d e f Pact Ppaul et cath Papoc Qpaul R Ta (pars) Tc Wb Wc Wd We Θe Θf Θg Θh. *Editi* a me B Bapoc C Dpaul Eact Levv Mpaul N (pars pridem nota) Pevv Qevv Wa Y, item qui iam primo vel secundo loco notati sunt ℵ Fa I Ib N (pars iam ante nota) Oa Ppaul et cath Pact Papoc R Wc Θa. *Proximae editioni* destinati ac praeparati Gact Nevv (recens inventa) Npaul Opaul Qpaul Ta Tb Tc Td Θb Θc Θd Θe Θf Θg Θh. *Descripti* toti vel accuratissime *conlati* Eevv (Fpaul) Gevv Hevv Hact Kevv Lact paul cath Mevv Oevv SUXΓΛΠ. *Italae* et *Vulgatae* codices quos edidi vel primum adhibui vel ad edendum praeparavi vide infra, ubi de versionibus antiquis explicatur. *Syriaca* et *Arabica* quae in Europam perferre mihi contigit maiorem partem nondum in rem criticam conversa sunt, nec magis fragmenta *Sahidica* cum similibus.

iam invaluerat, cuius rei testes luculentissimi sunt Origenes et Tertullianus. Nec vero obliviscendum illud est, antiquissimos codices Graecos nostros, quorum principes omnino sunt Sinaiticus et Vaticanus, pro ea quae calligraphis Alexandrinis erat sermonis Graeci ignoratione, non tam suae sequi aetatis consuetudinem quam longe antiquiora exempla plerumque fideliter quamvis passim vitiose repetere. Quod ne ex opinionis arbitrio dictum videatur, vetat insignis consensio quae multis locis inter Sinaiticam lectionem Graecam et vetustissimam Latinam invitis plerisque reliquis testibus esse deprehenditur, accedente passim antiquissimo evangeliorum interprete Syro, quem Curetonianum diximus, vel etiam alio secundi saeculi teste. Atque ita fit ut sequentes prae ceteris omnibus codicum Sinaitici et Vaticani similiumque auctoritatem, si non ipsorum apostolorum scripturam, certe plerumque eam quae secundo saeculo apud homines Christianos pro apostolica habebatur, restituisse nobis videamur. Certum vero est probatissimam secundi saeculi rationem multo propius ad ipsam veritatem accedere quam quae posterioribus saeculis in ecclesia circumferebantur. Quod dum statuimus, non excludimus de singulis lectionibus iudicium quibus locis ipsi antiquissimi testes nostri inter se discordant, probabilitatem ita definientes ut pro suspectis habeamus quum quae uni vel alteri horum testium prorsus peculiaria sunt vel certam indolem ab homine docto profectam redolent, ut arceamus quae quamvis pluribus probata testibus ex errore librariorum orta esse manifestum vel maxime probabile est, ut eam lectionem reliquis anteponamus quae reliquarum ansam dedisse vel earum elementa in se continere videtur, ut studiose ea teneamus quae a ratione sermonis Graeci auctoribus Novi Testamenti proprii neque minus a consuetudine uniuscuiusque horum scriptorum commendantur. Quibus regulis accedit ut locis geminis quum Veteris tum Novi Testamenti maximeque evangeliorum synopticorum, ad quos inter se exaequandos priscorum hominum praecipuam curam pertinuisse certum est, testibus qui consensum praebent praeferendos eos ducamus qui dissensionem testantur, nisi gravis caussa aliud suadeat. Sed ista omnia non eam vim habent ut non in maximo errore eos versari dicamus qui arbitrium suum auctoritati testium, non numero sed antiquitate et gravitate aestimandae illi quidem, anteponant.

His pauca adscribamus de universa Novi Testamenti dialecto, quam et ipsam vel maxime ex antiquissimis codicibus hauriendam ducimus. Errasse enim eos existimamus qui ab his sacris libris quaecumque Alexandrinae dialecti plerumque dicuntur studiose prohibenda duxerunt vel certe non tolerarunt nisi pauca

quae ipsis dudum non alienissima videbantur a vulgari sermone
Graeco. Nimirum quae eiusmodi multa in vetustis codicibus
scripta compererant, ea non deberi nisi librariis Alexandrinis
opinabantur. Qua in re mirum hoc erat quod qui Novo Testa-
mento Alexandrinas formas abiudicarunt, eas libenter addixerunt
Alexandrinis Veteris Testamenti interpretibus, nixi illi quidem
vulgatis utriusque Testamenti editionibus. Quamvis autem nemo
negaverit Alexandrinum dicendi scribendique genus Alexandrinis
hominibus proximum fuisse, una concedendum est quum omnes
Iudaeos illo tempore Graece loquentes tum scriptores sacros vel
maxime pependisse a septuaginta virorum interpretatione. Quid
quod ex hac tot Novi Testamenti locis allata legimus invitis vel
certe neglectis Hebraeis verbis. Accedit quod dialectus Alexan-
drina non Iudaeis modo, sed omnibus qui per Aegyptum, Palae-
stinam, Syriam, Asiam minorem et quae circumiacent Graeco
eoque vulgari sermone circa aetatem Christi utebantur, com-
munis fuisse videtur: id quod multis eiusdem fere cum Novo
Testamento antiquitatis monumentis, ut papyris et inscriptionibus
nuper in lucem protractis, probari potest. Quod vero ab editis
libris sacris argumentum sumpserunt, id in magno errore positum
est. Cur enim Vetus Testamentum tot Alexandrina, non item
Novum Testamentum habebat? Propterea quod illud ex Vaticano
potissimum codice, etsi Romani editores multa aspernati sunt
indolis Alexandrinae constanter in eo posita, hoc vero e recen-
tissimis Erasmi codicibus editum est. Adhibito enim diligenter
Veteris Testamenti apparatu critico quum Holmesiano tum aliunde
locupletato satis edoctus sum, plerasque formas de quibus agitur
in Sinaitico Vaticano similibusque tantae antiquitatis codicibus
servatas similiter in Vetere atque in Novo Testamento ex recen-
tioribus codicibus expulsas esse, licet plus studii ad Novum
quam ad Vetus Testamentum usui Graecorum accommodandum
pertinuisse facile intellegatur. Quos autem testes in Vetere,
eosdem in Novo Testamento sequi tutum videtur. Ceterum si
grammatici Alexandrini potissimum hoc egisse putandi essent,
ut quae aliunde accepissent scripta ad suam ipsorum consuetu-
dinem transformarent, profecto mirum esset quod non Platonem
vel Aristotelem vel tot alios aeque ac sacros scriptores red-
diderunt Aegyptios. Si vero quaeritur quomodo Alexandrina illa,
ab ipsis sacris scriptoribus profecta, in recentioribus codicibus
fere penitus interierint, nihil facilius dictu est. Hos enim, in
quos sensim tot novae lectiones maioris momenti transierunt, an
summa fide ea quae grammaticam spectant conservasse credibile
est? Circumferebantur atque adhibebantur hi codices in ecclesia
Graeca: ibi ut videtur fieri ne potuit quidem quin viri docti qui

SUBSIDIA CRITICA.

in describendis codicibus suas partes habebant barbara id genus amoverent. Ad orthographicam quidem partem quod attinet, inprimis vexatam illam a doctis recepti textus defensoribus, grave est quod recentiorum codicum ipsi ii qui universam textus recensionem cum codicibus ℵABCD similibusque communem habent, orthographiam tamen mutatam habent.

Quibus expositis non offendent lectores formis *λήμψεται, ἀναλημφθῆναι: συνζητεῖν, συνζήσομεν, σύνζυγοσ, συνσταυροῦν, συνκληρονόμοι: ἐκχυννόμενον, ἀποκτέννειν: τέσσερα, τεσσεράκοντα: ἐξολεθρευθήσεται, κράβαττον, ἔσθων, γυμνιτεύομεν, εἰδέα: κατασκηνοῖν, παρεδίδετο, πῖν: μαχαίρη, ὄρθρου βαθέωσ, ἐρύσθην, εἱλκωμένοσ, ἐπροφήτευσαν: Καφαρναούμ*, item *οὕτωσ* et *ν ἐφελκυστικόν* ante consonam, et si qua alia huius generis sunt: haec enim omnia ex usu antiquissimorum codicum constanti recipienda erant; nonnulla alia simili sed non eadem auctoritate gaudent.

Ordinem singulorum librorum eum sequuti sumus quem antiquissimi codices Graeci habent. Inde igitur est quod epistulas catholicas cum actis apostolorum coniunximus, non ut antiquissima Latina fert consuetudo, post Paulinas collocavimus. Eam coniunctionem testantur Sinaiticus, Vaticanus, Alexandrinus, Ephraemi, Porfirianus, accedentibus minusculis codicibus plurimis. Discedit tamen Sinaiticus a sociis eo, quod actus cum catholicis epistulis non post quattuor evangelia sed post epistulas Pauli collocatas habet. Praeterea eadem ex auctoritate id est ex usu codicum Graecorum veterrimorum ℵABCHP epistulam ad Hebraeos inter alteram ad Thessalonicenses et priorem ad Timotheum inserendam curavimus.

BREVIS SUBSIDIORUM CRITICORUM NOTITIA[1].

I. CODICES GRAECI IIQUE UNCIALIBUS LITTERIS SCRIPTI A SAECULO IV. USQUE AD X.[2]

ℵ: hoc siglo notavimus codicem Sinaiticum, quem annis 1844 (fragmenta Vet. Test. foras data codice Frid. Aug.) et 1859 (reliqua

---

[1] Plura quaerenti satisfaciet editio Ni Ti mea VIII. critica maior, in qua uberrimus horum subsidiorum index exhibetur. Eundem paullo succinctiorem eadem editio critica minor praebet.

[2] Insignitos † signo ediderunt alii, †† ipse edidi, ⁒ transcripsi vel contuli, ° ad edendum praeparavi.

Vet. Test. fragm. et totum N. T.) in monasterio S. Catharinae Sinaitico deteximus. Praeter multos Vet. Test. libros Novum Testamentum continet totum, nulla lacuna deformatum, auctum vero etiam epistula Barnabae (cuius pars prior hucusque Graece deperdita erat) ac priore Pastoris parte. Medio saeculo quarto scriptum eum esse argumentis idoneis probatur, quibus contradici nequit quin omnis ratio palaeographica, qua de aetate codicum ABCD similiumque statuitur, evertatur. Eadem fere aetate Vaticanum esse postquam dudum cum Hugio statui, nuperum examen ipsius codicis confirmavit; tamen ea res in Sinaitico paullo manifestior quam in Vaticano est. Ad quam antiquitatis laudem accedit talis textus, quem ipsis primis p. Chr. saeculis vulgatum fuisse demonstrari possit. Miro saepe modo cum Vaticano consentit; saepe vero etiam illo invito, accedentibus plerumque nobilissimis aliis testibus, rectum tenere videtur, vel certe consentientes habet antiquissimos patres atque interpretes. Antiquissima saeculi quarti scriptura plurimis locis a pluribus mutata est, post diorthotam quem dicunt saeculis fere sexto, septimo et postea. Meis curis prodierunt: 1. anno 1862. Bibliorum codex Sinaiticus Petropolitanus. Auspiciis augustissimis imperatoris Alexandri II. etc. 2. anno 1863. Novum Testamentum Sinaiticum etc. 3. anno 1865. Nov. Test. Graece ex Sinaitico codice omnium antiquissimo, Vaticana itemque Elzeviriana lectione notata. Etiam 1869. Conlatio critica codicis Sinaitici cum textu Elz.

† A codex Alexandrinus ex donatione patriarchae Cyr. Lucaris a. 1628 Musei Britannici factus. Incipit Matth. 25, 6. Rursus hiat Ioh. 6, 50—8, 52. 2 Cor. 4, 13—12, 6. Novum Testamentum, quod una cum Vetere (ed. Baber Lond. 1816—28) complectitur, ad ipsius codicis similitudinem editum est cura Woidii Londini 1786. Inde excerptas lectiones quae ab ed. Steph. III. differunt edidit Spohn in Notitia codicis Alexandrini 1788. Anno vero 1860 prodiit N. T. Gr. ex antiquissimo codice Alexandrino a C. G. Woide olim descriptum: ad fidem ipsius codicis denuo accuratius edidit B. M. Cowper. Quo labore nonnihil correctum est quod Woidius minus curate ediderat. Scriptus videtur circa med. saec. V.

† et †† B codex Vaticanus signatus numero 1209. Utrumque Testamentum continet; in Vetere desunt tota fere Genesis, psalmi triginta tres et omnes Maccabaeorum libri; Novum vero deficit inde ab Hebr. 9, 14., ita ut desiderentur epistulae ad Timotheum utraque, ad Titum, ad Philemonem et apocalypsis. Conlationes imprimis tres institutae sunt: prima studio Bartoloccii anno 1669, servata in bibl. Imp. Parisiensi; altera a Birchio, edita in Variis

lectionibus Havniae 1798, 1800, 1801; tertia a Micone Italo sumptibus Richardi Bentleii. Eam transcripsit Woidius transcriptamque edidit Henricus Ford in Appendice ad editionem Ni Ti e.cod. ms. Alexandrino 1799. Tertiae supplementum Rich. Bentleius ita fieri iussit, ut non perscriberentur nisi loci secundis curis tractati. Quod postquam diu deperditum visum esset, 1855 contigit ut in lucem protraherem. Alia praeterea supplementa meis aliorumque curis accesserunt[1]. Denique a. 1858 codicis editio dudum ab Aug. Maio suscepta prodiit, emendata curis Caroli Vercellone. Quam a perfectiore forma perquam alienam esse facile apparebat; neque multo praestantior erat quae anno post ipsius Maii curis adornata editio Ni Ti manualis prodiit. Nihilominus ad Maii exemplum ediderunt alii: Londini eodem anno (ex officina Lips. Teubneriana) anonymus, Lugduni Batavorum 1860 A. Kuenen et C. G. Cobet, Ratisbonae a. 1862 Val. Loch, Berolini 1862 Phil. Buttmann. Anno denique 1866 ego adsequutus sum quod tam diu desideraveram. Romae enim mihi concessum est ut magnam Ni Ti partem perscrutarer, reliquam certe percurrerem. Qua re contigit innumeros quum Maii tum aliorum errores corrigere et quae ratio atque aetas correctionum per codicem frequentissimarum esset perspicere. Hinc anno 1867 mea cura prodiit Nov. Test. Vaticanum, quod ipso titulo „post imperfectos Maii aliorumque labores ex ipso codice editum" dixi. Accessit a. 1869. Appendix cum emendationibus et supplementis, addita insuper eius editionis censura quae nuperrime (a. 1868.) Romae auspiciis Pii IX. typis Sinaiticis exscribi coepta est. Denique huc spectant, quae 1870. edidi, Responsa ad calumnias Romanas.

† et †† B ad apocalypsin, codex Vat. nr. 2066, olim monachorum Basilianorum in urbe nr. 105. Anno 1843 variantes lectiones omnes editioni meae Lips. I. inter paucas horas adscribere conatus sum indeque in Monum. sacr. ineditis p. 407—432. a. 1846 edidi. Inseruit vero etiam eiusdem codicis verba A. Maius editioni suae bibliorum Vaticanorum et quae inde derivata est editioni Ni Ti manuali. Postquam vero 1866 mihi contigit editiones et meam et Maianas ad ipsum codicem corrigere, rursus edidi in Appendice Ni Ti Vaticani a. 1869. Scriptus videtur circa initium octavi saeculi.

[1] Ex Bartoloccii et Birchii conlationibus, additis meis lectionibus et ut vult aliquot suis, fluxit editio quam „ad fidem codicis principis Vaticani" a se institutam dixit Ed. de Muralto. Cf. N. T. meum Lips. 1849 prolegg. p. XLVII sqq. (1859 p. CXII sq.). Quem idem postea addidit „Recensum locorum" etc., de eo exposui in Novi Test. Sinaitici mei (a. 1863) prolegg. p. XXVII sq.

†† C codex Ephraemi Syri rescriptus in bibl. Imp. Paris. nr. 9. Fragmenta quae continet plus dimidiam totius Novi Testamenti partem efficiunt. Scriptus videtur ante med. saec. V. (c*), uno fere saeculo post primum correctus (c**), secundum correctus et ad usum ecclesiasticum instructus saeculo fere nono (c***). Denique saeculo XII. scripturis antiquis spongia deletis suprascripti sunt tractatus Ephraemi Syri Graece versi. Totum codicem per annos 1840—1842 Parisiis a me diligenter excussum edidi Lipsiae 1843 (fragmenta Novi Test.) et 1845 (fragmenta Veteris Test.).

† D codex Bezae Cantabrigiensis. Textum evangeliorum una cum actibus apostolorum Graecum et Latinum continet, in evangeliis Matthaei et Iohannis et in actibus passim mutilum, aliquoties etiam posterioribus curis suppletum. Scriptum existimo circa med. saec. VI. Splendide edidit Kipling Cantabrigiae 1793; rursus a. 1864 emendatius edidit F. H. Scrivener.

†† D ad epistulas Pauli, codex Claromontanus a Beza possessore dictus, nunc in ampliss. bibl. Paris. nr. 107. signatus. Continet Graece et Latine epistulas Pauli omnes quattuordecim, paucis versibus exceptis. Scriptus videtur saeculo sexto medio; postea, inprimis saeculis ut videtur septimo et nono, a pluribus viris doctis ad varios codd. et Graecos et Latinos correctus est. Duo folia deletis Euripideis rescripta. Utrumque textum per versus scriptum una cum lectionibus variorum correctorum plus mille edidi anno 1852.

††† E ad evangelia, codex Basileensis A N III. 12. Evangelia habet integra, nisi quod quinque Lucae folia perierunt, quorum tria minutis litteris suppleta sunt. Saec. VIII. med.

† et †† E ad actus apostolorum, codex Laudianus Bodleianus est, scriptus stichometrice. Graeco textui adiunctus est Latinus vetus. Postquam e Sardinia in Angliam pervenit, iam a Beda Venerabili (obiit 735) ad commentarios adhibitus est. Hiat 26, 29—28, 26. Edidit 1715 Oxonii Thomas Hearne editione perquam vitiosa, quam nuper etiam Ed. Hansell ad N. T. suum integris antiquissimorum codicum scripturis compositum adhibuit. Ipse edidi in Monum. sacrorum volumine 9. a. 1870. Saec. fere VI. exeunt.

††† E ad Pauli epistulas, codex Sangermanensis, post incendium abbatiae S. Germani Parisiis a Dubrowskio comparatus indeque postea Petropolitanus factus. Is per totam partem Graecam nil est nisi Claromontani codicis identidem iam correcti apographum satis vitiosum. Ad Latina vero, quae et ipsa passim ineptissime ex Claromontano transcripta sunt, simul alius

B

codex adhibitus est. Cf. Codicis Clarom. mei prolegg. p. xxv sq. Passim hiat. Pro scripturae similitudine eiusdem cum cod. evv. Δ similibusque aetatis ac patriae habendus est.

† F ad evangelia, codex Boreeli, nunc Rheno-Traiectinus. Continet evangelia, sed folia permulta periere, quorum nonnihil Wetstenii tempore nondum avulsum erat. Lectiones variantes a Matth. 7, 6 usque Luc. 11. Wetstenius suis inseruit commentariis. Anno vero 1843 H. E. Vinke edidit Iodoci Heringa disputationem de codice Boreeliano, adscriptis omnibus codicis lectionibus. Saec. IX.

†† F^a codex Coislinianus Parisiensis. Pauca evangeliorum, actuum et epistularum fragmenta in Octateuchi margine citata. Edidi in Monumentis sacris ineditis Lips. 1846 p. 400 sqq. Scripta sunt saeculo fere ineunte septimo.

† F ad Pauli epistulas, a monasterio Augiae Maioris in Helvetia codex Augiensis dictus est, post a Rich. Bentleio emptus atque a filio fratris eius collegio Cantabrigiensi S. Trinitatis donatus. Continet inde a Rom. 3, 19 Graece et Latine epistulas Pauli tredecim, lacunis paucis, item ad Hebraeos epistulam Latine. Hic codex et Boernerianus Dresdensis ad idem exemplar Graecum conformati sunt, etsi passim differunt. Latina ab interpretatione Hieronymi multo magis quam ab Italo textu pendent. Accurate post imperfectissimum Wetstenii laborem contuli 1842. Utrumque vero textum Frid. Henr. Scrivener accuratissime edidit Cantabrigiae 1859. Saec. IX. exeunt.

†† G ad evangelia, codex Andreae Seidelii, qui cum codice evv. H ex oriente attulit, nunc Harleianus 5684 Musei Britannici. IV evangelia continet, locis multis mutilus, passim minutis litteris suppletus. Saec. fere X.

° G ad actus apostolorum, fragmentum Petropolitanum ex collectione mea orientali anni 1859. Continet Act. 2, 45 usque 3, 8. Saeculi VII.

† G ad epistulas Pauli, codex Boernerianus bibl. Reg. Dresdensis. Graecus epistularum tredecim textus, quem paucis deperditis continet, ex eodem fonte cum codice Augiensi (F) haustus est, Latina vero versio interlinearis non Hieronymi sed Itala est. Totum edidit Chr. Fr. Matthaei Misenae 1791. Saec. IX. exeunt.

†† H ad evangelia, codex Andr. Seidelii, nunc Hamburgensis bibliothecae publicae. Textum IV evangeliorum continet, sed multis locis mutilum. Post Christophor. Wolfium accuratissime contulit 1850 S. P. Tregelles; post eum anno 1854 et ipse examinavi et passim contuli. Eiusdem cum G aetatis.

†† H ad actus apostolorum, codex est Mutinensis nr. 196.

Plura desiderantur, quorum partem supplevit antiquus corrector, partem alius satis recens. Prima huius codicis notitia debetur Scholzio. Saeculi fere noni est.

† et ° H ad epistulas Pauli, cod. Coislin. nr. 202 in bibl. Imp. Paris. Sunt folia 14, quorum duo ex sexaginta annis Petropoli habentur, olim tegumento alius codicis agglutinata et ex Atho monte Parisios translata. Continet fragmenta epistularum ad Cor. prioris, ad Gal., prioris ad Tim., ad Tit., ad Hebr. Edidit, neglectis et erratis paucis, Montefalconius in Bibliotheca Coislin. p. 251. His accedunt ex collectionibus Porfirii episcopi et Antonii archimandritae folia quattuor, quae in Monum. meis sacr. ined. prodibunt. Ad eundem vero codicem etiam fragmenta ep. ad Hebr. (10, 1—7. 32—38) Mosquensia pertinent, de quibus olim a Matthaeio explicitum ac nuper in Speciminibus palaeographicis episcopi Sabas relatum est. Anno 1868. ipse Mosquae transcripsi indeque foras dabo. Saeculi VI.

†† I: codex bibl. Imp. Petropolitanae, ad quam nuper ex collectionibus meis transiit. Folia sunt palimpsesta 28, septem antiquissimorum codicum reliquiae, quorum tres saeculo quinto, duo sexto, duo alteri septimo scripti videntur. Fragmenta continent quattuor evangeliorum librique actorum, item epistularum ad Corinthios prioris et ad Titum. Edidi in Monumentorum sacror. nova collectione, vol. I. anno 1855.

†† I^b: fragmenta pauca palimpsesta evangelii Iohannis saeculo fere quinto scripta. Continet codex Syriacus hymnorum Severi in Museo Britannico num. 17,136 insignitus. Edidi in Monum. sacr. ined. Nov. Coll. vol. II. rursusque nuper exegi edita ad ipsum codicem.

†† K ad evangelia, codex Imp. Parisiensis nr. 63. ab insula unde anno 1673 in bibliothecam Colbertinam pervenit plerumque Cyprius dictus. Continet evangelia IV integra. Saec. IX. med. vel exeunt.

K ad epistulas catholicas et Paulinas, codex Mosquensis S. Synodi nr. 98. ex Atho monte petitus. Continet omnes Novi Test. epistulas exceptis aliquot capitibus. Contulit Chr. Fr. Matthaei, accurateque descripsit in ed. epp. Pauli ad Romanos etc. Rigae 1782. p. 265 sqq. Ipse percurri a. 1868. Saec. fere IX.

†† L ad evangelia, codex Imp. Paris. nr. 62. Textum evangeliorum integrum praebet exceptis locis quinque. Anno 1846 totum inserui meis Monumentis sacris ineditis p. 57—399. Saec. fere VIII.

†† L ad actus et epistulas, codex bibl. Romanae Angelicae A 2. 15, antea Passionei cardinalis. Incipit Act. 8, 10. et deficit Hebr. 13, 10. Saec. IX. exeunt.

B*

††̧M codex Imp. Paris. signatus numero 48, olim abbatis Des Camps. Evangeliorum textum integrum habet. Saec. IX. fere exeunt.

††M ad epp. Pauli: fragmenta duo, altera Hamburgensia (ex ep. ad Hebr.) altera Londinensia (ex epp. ad Cor.). Edidi in Anecdotis sacr. et prof. 1855 pag. 174 sqq. (Editione 1861 repetita correxi quattuor locis vitiose typis exscripta.) Saec. IX.

†† et °N: sunt evangeliorum codicis purpurei auroque et argento scripti fragmenta. Primum foliorum duorum Vindobonae, alterum (antea J evv.) quattuor foliorum Londini, tertium (antea Γ evv.) sex foliorum Romae servantur. Desumpta sunt ex evv. Matthaei, Lucae et Iohannis, scriptis sexto ut videtur saeculo. Edidi a. 1846 in Monumentis sacr. ined. p. 10—36. Nuper vero eiusdem codicis folia 33 ex evang. Marci (6, 53—15, 23) desumpta in insula Patmo Iohannes Sakkelion vir clarissimus invenit accurateque descripta ad me misit. Prodibunt proxime in Monumentorum meorum volumine 8.

°N ad epp. Pauli: duo folia Petropolitana, alterum ep. ad Gal. (5, 12—6, 4) alterum ad Hebr. epistulae. Saeculi videntur IX.

† et ††̧O codex Mosquensis S. Synodi nr. 120. Folia octo ex Atho monte advecta, a bibliopego codici homiliarum Chrysostomi agglutinata. Continent fragmenta evangelii Iohannis cum scholiis. Edidit Chr. Fr. Matthaei, cui est codex 15., in ed. epp. Pauli ad Thess. et ad Timoth. Gr. et Lat. Rigae 1785. p. 258—260. Nuper ipse ex codice descripsi. Noni fere saeculi.

† †† ††̧Oᵃ Oᵇ Oᶜ Oᵈ Oᵉ: his siglis insignire placuit quae hymnorum a Luca evangelista traditorum (1, 46 sqq. 68 sqq. 2, 29 sqq.) exempla habentur in cdd. uncialibus Guelferbytano, Bodleiano, Veronensi, Turicensi, Sangallensi. Oᵃ edidi in Anecd. sacr. et prof. p. 206 sqq. Oᵈ locum habet in Monumentorum meorum vol. quarto. Oᶜ Blanchinus edidit in psalterio duplici quod adiunxit Vindiciis canonic. scripturar. Romae 1740. Accedunt nota Oᶠ iidem hymni ex psalterio Abrahami de Noroff Petropoli a me hausti.

°O ad epp. Pauli: duplex est folium saeculi fere VI., quo continetur 2 Cor. 1, 20—2, 12. ex oriente a. 1859. mea opera Petropolin perlatum. Prodibit Monum. sacr. ined. vol. VIII.

°Oᵇ ad epp. Pauli: folium saec. VI. quod 1868. Mosquae vidi. Continet cum lacunis Eph. 4, 1—18.

††P codex Guelferbytanus rescriptus, cuius antiqua sacri textus scriptura saeculi fere sexti superscriptum habet textum Latinum Isidori Hispalensis. Quae legere poterat edidit Franc.

Ant. Knittel in Ulfilae versione Gothica etc. Brunsvic. (1762) p. 55—100. Sed multo plura ipse erui, eaque continet Monumentorum meorum vol. VI. Fragmenta multa Lucae, aliqua Matthaei, pauca Marci et Iohannis.

†† P ad actus et epp. cath., item ad epp. Pauli et ad apocalypsin: codex est palimpsestus, quem quum in libris Porfirii episcopi Petropoli vidissem et quas pretiosas sacrorum librorum reliquias contineret primus perspexissem, Porfirius exeunte anno 1862 benevole ac liberaliter mihi tradidit ut evanidas scripturas eruerem. Quod postquam mihi contigit, alteras partes in Monumentor. vol. V. edidi, alteras volumine VI. Videtur IX. saeculi.

†† Q codex Guelferbytanus rescriptus. Sunt fragmenta evv. Lucae et Iohannis in eodem codice Isidori, de quo ad P diximus, reperta, saeculo fere fragmentis P priora. Post imperfectam Knittelii editionem edidi in Monumentorum meorum volumine III.

° Q ad epp. Pauli significat fragmenta aliquot epistulae prioris ad Cor., quae e foliis papyraceis quinti fere saeculi a Porfirio in oriente repertis a. 1862. Petropoli eruere mihi contigit.

†† R codex rescriptus Musei Britannici ex monasterio Coptico deserti Nitriensis allatus. Continet sub textu Syriaco uberrima evangelii Lucae fragmenta saeculo VI. scripta. Edidi 1857 in Monum. sacr. vol. II. pag. 1 usque 92. Addam ibidem vol. 8. nonnihil supplendi et corrigendi caussa.

†† S codex Vaticanus nr. 354. Evangelia quattuor integra habet. „Bis diligenter" se contulisse Birchius affirmavit, sed permulta anno demum 1866. ex ipso codice a me correcta sunt. Exaratus est anno 949.

† et ° T^a cod. Borgianus 1. in collegio Romano pro propaganda fide depositus. Continet capitum 6. 7. 8. evangelii Iohannis fragmenta, quae ad latus habent versionem Coptam Thebaicam. Edidit Aug. Ant. Georgi in Fragmento evang. S. Ioh. Graeco-copto-thebaico etc. Romae 1789. Saec. fere V. Accesserunt autem nuper duo fragmenta Sahidica Graeca (Lc. 12, 15— 13, 32. Ioh. 8, 33—42.) in Woidii conlationibus excerpta. Praeterea accedunt Lc. 22; 20—23, 20, quae fragmenta postquam Bradley H. Alford in usum fratris Henrici contulit, 1866. ipse Romae descripsi et ad edendum praeparavi. Plura etiam in ed. Georgiana corrigenda inveni.

° T^b diximus fragmenta evangelii Iohannis Petropolitana nuper a me inventa, quae VI. fere saeculo scripta magnam cum

Borgianis similitudinem habent. In lucem proditura spero in Monumentorum meorum vol. VIII. Continent Ioh. 1, 25—42. 2, 9—4, 14. 4, 34—50.

° Tᶜ: plura fragmenta capitum 14 et 15 evangelii Matthaei, pro scriptura et textu cum fragmentis Tᵃ et ᵇ cognata. In oriente invenit Porfirius episc.

° Tᵈ: nonnulla evgg. Matthaei, Marci, Iohannis fragmenta, quae in nupero itinere Romano ex membranis Borgianis Sahidicis Graecis protraxi. Eis quae Tᵃ diximus paullo recentiora.

⸸ U codex Venetus Marcianus class. I. nr. VIII. olim Nanianus. Sunt evangelia IV integra. Saeculi IX. vel X.

V codex Mosquensis S. Synodi. IV evv. continet saeculo fere nono scripta usque Ioh. 7, 39, a quo inde loco manus recentior saeculi fere XIII. litteris minutis scripsit. Praeterea desideratur nonnihil in Matthaeo. Chr. Frid. Matthaei „bis diligentissime" contulit, ipse tantum percurri.

†† Wᵃ codex Imp. Paris. nr. 314. Sunt duo fragmenta evangelii Lucae, octavo fere saeculo scripta. Edidi 1846 in Monumentis sacr. ineditis p. 51—56.

⸸ Wᵇ codex Neapolitanus rescriptus foliorum 14, quorum anno 1843. unum legi, in quo est Marc. 14, 32—39. Haec edidi in annalibus Vindob. 1847. Reliqua fragmenta Mt. 19, 14—28. 20, 23—21, 2. 26, 52—27, 1. Mc. 13, 21—14, 67. Lc. 3, 1—4, 20. anno 1866. legi. Eiusdem cum Wᵃ et aetatis et indolis sunt.

†† Wᶜ: folia tria Sangallensia, quibus quae olim Marci et Lucae fragmenta scripta erant (Mc. 2, 8—16. Lc. 1, 20—32. 64—79), ad librorum palimpsestorum modum fere deleta sunt. Quae inde eruere contigit edidi in Monum. meorum volumine III. Saec. IX.

† Wᵈ: fragmenta trium capitum (7. 8. 9.) evglii Marci saeculo fere nono scripta, quae anno 1862. in collegio S. Trin. Cantabrigiensi vir clarissimus Bradshaw in membranis detexit quibus liber Gregorii Naz. compactus erat. Edidit Bradshaw tabulis photographicis.

⸸ Wᵉ: fragmenta pauca capitis quarti evangelii sec. Ioh., quae anno 1865. ex libris collegii Oxon. ad aedem Christi primus protraxit doctissimus socius eius collegii Kitchin. Simillima fragmentis eiusdem evangelii Mosquensibus quae siglo O apud nos utuntur.

⸸ X codex bibliothecae universitatis Monacensis. Sunt fragmenta plurima IV evangeliorum, quorum textui additi, passim interiecti sunt complurium patrum inprimis Chrysostomi commentarii. Saec. IX. vel X.

†† Y codex bibliothecae principalis Barberinae nr. 225. octavi fere saeculi. Fragmenta evang. Iohannis: 16, 3—19, 41. Edidi in Monumentis sacr. 1846 p. 37—50.

† Z codex Dublinensis collegii S. Trin. rescriptus. Insunt plurima ev. Matthaei fragmenta, sexto fere saeculo scripta. Edidit Io. Barrett, Dublinii 1801. Postea emendavit S. P. Tregelles.

†† Γ codex quattuor evangeliorum nuper ex oriente a me allatus, magna codicis Cyprii i. e. K evangeliorum similitudine conspicuus. Lucae textus integer superest, item Marci exceptis 3, 35—6, 20. Accedunt fragmenta ex 10 capp. Matthaei et 8 Iohannis capitibus. Atque haec quidem ex anno 1855 Bodleiana sunt. Ex itinere vero meo anni 1859 pervenerunt Petropolin: Mt. 1, 1—5, 31. 9, 6—12, 18. 14, 15—20, 25. 23, 13 usque finem. Ioh. 1, 1—6, 13. 8, 3—15, 24. 19, 6 usque finem. Quibus in foliis Petropolitanis subscriptio ad finem ev. Ioh. inventa est, qua annus Christi 844 notatus videtur. Cf. Notitiam meam ed. cod. bibl. Sinait. etc. pag. 53.

† Δ codex Sangallensis cum versione Latina interlineari. Quattuor evv. habet integra praeter Ioh. 19, 17—35. Noni fere saeculi. Ad similitudinem ipsius libri manu scripti edidit H. Ch. Mich. Rettig Turici 1836.

†† Θa codex Tischendorfianus I. bibliothecae universitatis Lipsiensis. Sunt folia quattuor, quorum tertium fere periit, Matthaei fragmentis completa. Edidi in Monumentis sacr. ined. p. 1—10. Saeculi VII. fere medii. Post accesserunt fragmenta aliquot de Mt. 12, 17—19. 23—25. decerpta. Haec edita sunt in Monumentor. nov. coll. vol. II. p. 321.

° Θb Θc Θd: his siglis in numerum codicum evangeliorum recepimus varias textus antiquissimi reliquias, quas cum tot aliis monumentis ex nuperrimo itinere meo orientali bibliotheca Imp. Petropolitana habet. Θb significat folia sex VII. fere saeculi, quibus Matthaei et Marci fragmenta supersunt; Θc folium unum saeculi VI, in quo est Mt. 21, 19—24. Eodem nomine comprehendimus fragmenta ev. Ioh. (18, 29—35) a Porfirio reperta saeculi eiusdem. Θd folium dimidium est cum fragmentis cap. 11. ev. Lucae, saeculi fere 8. De quibus omnibus volumini VIII. Monumentorum meorum reservatis vide praeter Prolegg. ed. octav. crit. mai. Notitiam ed. cod. bibl. Sinait. etc. p. 50. His accedunt Θe Θf Θg Θh ex Porfirii collectionibus. Θe fragmentum est ev. Mt. (26, 2 sqq.), Θf fragmenta continet evv. sec. Matthaeum (capp. 26 et 27) et sec. Marcum (capp. 1 et 2), Θg fragmentum ev. Iohannis (6, 13 sqq.). Omnia haec tria eiusdem saeculi VI. videntur esse. Quarto vero loco (Θʰ) recensenda sunt folia tria Graeca Arabica saeculi IX. vel X., quae ad Matthaei capp. 14 et 25 pertinent. Foras dabimus Monumentor. volumine 8.

†Λ codex evangeliorum Lucae et Iohannis integer, noni potius quam octavi saeculi. Antea meus, nunc Bodleianus Oxoniensis. Huc confer quae in Notitia ed. cod. bibl. Sinait. etc. p. 58 sq. notata sunt de alteris quasi eiusdem evv. codicis partibus minusculo litterarum genere scriptis item prolegg. ed. VIII. mai.

Ξ: hoc siglo S. P. Tregelles designavit fragmenta evangelii Lucae palimpsesta a se eruta. Pervenit codex iste recentiore scriptura evangelistarium continens quadraginta ante annis ex insula Zacynthi in bibliothecam societatis biblicae Londinensis (British and Foreign Bible Society). Antiquior scriptura octavi saeculi videtur esse; quae supersunt Lucae fragmenta, ad capp. priora undecim pertinent. Textus plerumque cum ℵBCDL consentit, praetereaque eadem cum cod. Vaticano capitulorum notatione insignis est. Anno 1861 Tregelles edidit Londini libro splendido, cui titulus est: Codex Zacynthius.

Π: hoc denique siglo insignivimus codicem quattuor evv. noni saeculi, quem quum nuper apud Smyrnenses invenissem, possessoris nomine imperatori Alexandro II. obtuli. Descripsi in Notitia ed. cod. biblior. Sinait. etc. p. 51 sq., item in Prolegg. ed. octav. crit. mai.

Ad haec et antiquissima et gravissima documenta Graeci Novi Testamenti accedunt codices minusculis litteris inde a saec. nono exeunte usque ad saec. 16. scripti, qui quum maximo sint numero, exigua tamen auctoritate sunt. Longe enim plurimi magna insignes consensione eam exhibent formam quae per regnum Byzantinum communi usu recepta erat. Tamen sunt etiam haud pauci in quibus antiquioris lectionis vestigia supersunt. Evangeliorum codices minusculi innotuerunt plus 500, insuper evangelistaria, i. e. libri liturgici lectionibus evangelicis compositi, plus 200, quorum fere 60 uncialibus litteris sed maximam partem saeculis demum 10. 11. 12. scripta sunt. Actus apostolorum et epistulas catholicas minusculorum codicum plus 200 continent, item Paulinas epistulas plus 300, apocalypsin plus 100. Praeterea lectionaria quae lectiones ecclesiasticas ex actibus et epistulis continent plus 60 reperta sunt.

II.

VERSIONES ANTIQUAE.

A Graecis codicibus, qui primum merito in subsidiis criticis locum obtinent, ad antiquas versiones, alteram horum subsidiorum classem, pergendum est. Harum septem: Aegyptiaca, Aethiopica, Arabica, Armenica, Georgiana, Persica, Syriaca, ad orientem pertinent, quinque: Latina, Gothica, Slavonica, Anglosaxonica, Francica ad occidentem. Quae omnes ut gravissima sunt monumenta fidei Christianae per terrarum orbem manantis, ita textus sacri historiam inlustrant et studia adiuvant eiusdem textus ad pristinam integritatem revocandi. Non omnes vero eadem auctoritate critica sunt, quae ex tribus potissimum rebus pendet. Quaeritur enim primum an interpres ex ipso Graeco fonte hauserit; tum qua fide, qua dexteritate Graecum reddiderit; tertium an ipsius interpretationis textum antiqua fideque digna monumenta conservaverint. His diligenter perpensis sequitur, quattuor inprimis, duas alteras orientis, alteras occidentis, ad rem criticam valere, Syriacam et Aegyptiacam, Latinam et Gothicam.

Aethiopica versio magnam antiquitatis laudem habet, etsi antiqua monumenta desunt. Quae supersunt nuper accuratius excuti coepta sunt. Post ed. princ. Rom. 1548 ediderunt Bode 1753 et Th. P. Platt 1830. Arabici textus non modo magna varietas est, sed etiam de aetate, origine et fatis satis ambigitur. Edita ab Erpenio 1616 et in bibl. polyglottis Par. et Lond.[1]. Armenicae versionis quinto saeculo factae tres inprimis editiones habentur: Amstelodamensis 1666; Zohrabi 1789; Veneta 1805. Georgiana sive Iberica, saeculo fere Armenica posterior, edita est Mosquae 1743 et 1816. Persice evangelia tantum edita sunt, eaque duplici textu: alter (in polyglott. Lond.) e Syra simplici fluxit, alterius (a Wheloc et Pierson 1657 editi) fontes qui fuerint non satis liquet. Porro occidentales versiones Anglosaxonica et Slavonica non antecedunt octavum et nonum saeculum; prioris e Latino potius quam e Graeco haustae evangelia tantum supersunt, edita a Iunio 1644, a Thorpio 1842. Posterior admodum varia ad haec tempora pervenit. Prae ceteris laudatur vulgaris textus editio Mosquensis a. 1751. De excutiendis libris mss. imprimis promeruit Dobrowsky. His accedit Francica evangelii Matthaei versio, instituta saec. IX. nuperque (a. 1827) curis Andreae Schmeller edita.

[1] Codicem epistularum Paulinarum, qui annum 892 subscriptum habet, nuper ex oriente Petropolin attuli, insigne litterarum Arabicarum monumentum itemque grave rei criticae subsidium. Sed non dum inventus est qui in usum criticum converteret.

Versiones igitur istae omnes etsi multa sunt quae impediunt quominus ad rem criticam fidenter et cum plena auctoritate adhiberi queant, tamen virorum doctorum studia hucusque in eis tractandis consumpta non sine fructu manserunt. Quae pleraque ad apparatum editionis nostrae octavae criticae maioris accuratius quam a quopiam antea adhibita sunt.

Restat ut de gravioribus breviter dicamus. Aegyptiacae tertio saeculo adscriptae distinguuntur dialecti tres, Memphitica, Sahidica, Basmurica. Duarum posteriorum nonnisi fragmenta sed maximam partem in antiquissimis membranis et papyris reperta sunt. Ad Sahidica, quae dimidiam fere partem totius Novi Testamenti complectuntur, potissimum Woidius studium contulit (cf. Append. ad ed. Ni Ti e cod. ms. Alex. Oxonii 1799), ad Basmurica epistularum Pauli et evangelii Iohannis fragmenta post alios Engelbrethus (Havniae 1811). Memphitici textus editionem post Wilkinsium (1716) suscepit Schwartzius. Evangeliis diligentissime ab eo editis (Lips. 1846, 1847) actus et epistulas addidit P. Boetticher (Halae Saxon. 1851, 1852). Codices quidem his laboribus adhibiti parum valent antiquitatis laude.

Syriacam versionem, quam secundo iam saeculo institutam esse cum aliis multis credimus, quarto saeculo dudum exstitisse et quasi usu receptam fuisse certum est. Antiquissimam eius rationem, sive eam quae Peschittho i. e. simplicis nomen habet, post ed. princ. Vindob. a 1555 aliasque ediderunt curis coniunctis Leusden et Schaaf Lugd. Bat. 1709 (et 1717), item Londini 1816 Sam. Lee et 1828 Guil. Greenfield. Quinque libros: 2 Pet., 2 et 3 Ioh., Iud. et apoc. primam Syrorum versionem non habuisse tantum non certum est. (Edid. primi Pococke et de Dieu.) Altera ad Monophysitarum usum suadente Philoxeno a Polycarpo ineunte sexto saeculo facta est, quae Graecam litteram multo pressius redderet. Eandem rursus anno 616 Thomas Charklensis ad codices Graecos Alexandrinos recognovit et asteriscis obelis notisque exegeticis instruxit. Haec postrema ratio ex codd. egregiis edita est a Iosepho White, excepta apocalypsi, 1778, 1799, 1803 (Evang. Ioh. rursus a G. H. Bernstein 1853). Praeterea evangeliarium quod Hierosolymitanum nuncupant, Romae manu scriptum servatum et ab Adlero (Havniae 1789) inlustratum, anno vero 1861, (vel potius 1865) integrum a comite Franc. Miniscalchi-Erizzo editum, ad antiquum textum Graecum Palaestinensium cognoscendum facit. Cui rationi similis videtur ea quam habet liber palimpsestus antiquissimus mea opera ex oriente Petropolin advectus. (Cf. praeter ed. 8. crit.

mai. Notitiam ed. cod. bibl. Sin. p. 49.) Denique vero a Guil. Cureton ex libris Musei Brit. Nitriensibus ante hos viginti annos protractus est codex evv. saeculi quinti (teste subscriptione), qui textum ab editis reliquis satis diversum inque primis cum cdd. Graecis antiquissimis consentientem praebet. Hic interpres dubium non est quin ipsam eam quae Peschittho audit interpretationem praecesserit.

Gothica versio ex ipsis Graecis accurate saeculo quarto fere medio ab Ulfila facta est. In codicibus summae antiquitatis, quorum tres palimpsesti sunt, fragmenta plurima evangeliorum et epistularum Pauli, excepta ad Hebraeos epistula, inventa sunt. Inde Knittelii, Zahnii, Angeli Maii maximeque Castillionaei operibus usi omnium eorum quae supersunt egregiam editionem paravere de Gabelentz et.Loebe, Lipsiae 1836. Praeterea post omnium fragmentorum editionem Massmannus instituit, item codicis Upsalensis purpurei A. Uppström.

Latina denique versio in re critica omnium princeps est. Distinguendum est inter Vulgatam et Italam. Vulgata est ea quae Damaso pontifice Romano rogante ab Hieronymo anno 383 et sqq. Romae ita facta est, ut exemplarium Latinorum quae tum circumferebantur cum codicibus Graecis „sed veteribus nec qui multum a lectionis Latinae consuetudine discreparent" conlatione instituta textum magna cum cautione emendatum proderet. Quae quidem Hieronymi editio mox revera in communem usum recepta ac fere inde a Gregorii Magni aetate merito vulgatae nomine nuncupata est. Publica catholicae ecclesiae auctoritate donata est editio Clementis VIII. primum anno 1592 publicata, a qua passim differt Sixtina a. 1590. Utramque vero ab ipsius Hieronymianae editionis veritate multum abesse, probatur codicibus eiusdem versionis veterrimis, quorum praestantissimi et antiquissimi sunt Amiatinus, annis 1850 et 1854 a me editus, et Fuldensis, a Lachmanno excussus curisque Ernesti Ranke viri clarissimi a. 1868 publicatus. Horum maxime auxilio usi sumus ad restaurandum Hieronymi textum, ad quem vide quae praefati sumus. Itala vero Latina interpretatio dicitur ea quae primis p. Chr. saeculis apud Latinos in usu erat. Eam secundo iam saeculo et quidem in Africa prodisse perquam probabile est. Postea multis modis variisque temporibus immutata est; inprimis vero duae differunt rationes, iam ab Augustino observatae. Is enim distinxit, ut nuper a pluribus probabiliter ostensum est, inter Italum i. e. Italicum et Africanum versionis genus, sive inter codices ex Italia in Africam advectos et Africanos non ad Italica exemplaria exactos, quorum alteros non emendatos dicebat. Emendata enimvero exemplaria Augustino erant ab Afris ad Italos advecta ab eisque ad Graecos codd. in Italia usitatos ipsiusque Latini sermonis normam correcta, non emendata ea quibus ratio Africana illibata inerat. Quae si ad codices etiamnum superstites transferimus, comparati ita sunt ut quos Africanos habeamus ab Italicis non prorsus adhorreant, rursusque Italici locis multis ad Africanos accedant. Inde sequitur, in restituenda ipsius Graeci textus veritate quicquid ex utroque quod diximus genere aetatem tulit accurate et caute adhibendum esse.

Huius antiquissimae versionis Italae, quo nomine utrumque codicum genus dici consuevit, supersunt multi codices, evangeliorum potissimum, iique summa antiquitatis laude conspicui. Praestantissimi evangeliorum codices sunt Vercellensis, Veronensis, Brixianus (hos tres edidit Blanchinus 1749), Palatinus (a me editus 1847), Cantabrigiensis (a Kiplingio editus 1793, a Scrivenero 1864), Monacensis (cuius editionem propediem dabo), Vindobonensis (edidit Alter 1795), Colbertinus (edidit Sabatier 1751), Bobbiensis nunc Taurinensis (edidi in annalibus Vindob. 1847), Claromontanus Vaticanus (ed. Ang. Mai 1828), Sangallensis (editionis caussa a me descriptus). Porro actus, nisi quod plures ultimorum capitum versus ubique desiderantur, inveniuntur in Cantabrigiensi, quem modo nominavimus, in Laudiano Oxoniensi (ipse nuperrime edidi post Hearne) et in fragmentis aliquot palimpsestis ex Bobbiensi monasterio Vindobonam translatis (plura inde edidi in annalibus Vindob. 1847). De catholicis epistulis prorsus ut videtur perierunt epp. Iohannis et Iudae cum maxima parte epistularum Petri; Iacobi vero epistulam exhibet codex Corbeiensis (a Martianaeo et Sabatario editus), item eiusdem epistulae et prioris Petri fragmenta codex Bobbiensis nunc Vindobonensis (edidi partem a me erutam in annalib. Vind. 1847). Pauli epistulae reperiuntur in praestantissimo codice Claromontano (a me edito), item in Sangermanensi (a Sabatario edito) et in Boerneriano (a Matthaeio publicato); accedunt aliquot epistulae ad Rom. fragmenta ex cod. Guelferbytano post Knittelium in Anecdotis meis sacr. et prof. edita. His addam proxime fragmenta epp. Pauli ex cod. Monac. V. fere saec. Apocalypsis codex nondum inventus est. Ceterum horum codicum supplementa eis ex patribus Latinis, qui eadem veteri versione in operibus suis usi sunt, peti possunt et iam sunt petita.

III.
SCRIPTORES ECCLESIASTICI.

Patrum testimonia de textu sacro, quemadmodum suo illi tempore ante oculos habebant, si certa sunt, magna auctoritate propterea valent, quod plura aetatem omnium codicum nostrorum superant. Sed usus eorum criticus hanc difficultatem habet quod plurimorum patrum opera, eis maxime locis ubi scripturam sacram citant, nondum eam qua opus est editorum diligentiam nacta sunt. Vereor quidem ne quorum scripta ex recentioribus tantum codicibus haurire licet, nunquam ita edi queant ut philologicis rationibus satisfiat: ad editiones vero corrigendas ex antiquis monumentis certe multa peti possunt. Iam ii qui media aetate describebant codices locos sacros a patribus laudatos minore fide transcripsisse videntur. Accedit difficultatis illud, quod ipsi scriptores veteres multos eiusmodi locos parum accurate citant. Quapropter caute distinguendum est inter ea quae revera illi testantur, cuius generis maxime sunt quae uberius tractant vel commentario inlustrant, et ea quae tantummodo videntur testari, atque ea denique quae vix ullam possunt auctoritatem habere. Inprimis autem in censum veniunt, vel pro multitudine locorum quos afferunt, vel pro accuratione qua id faciunt, scriptores hi:

1) Graeci, a) secundi, tertii, quarti saeculi: Marcion (ex Tertulliano, Epiphanio, aliis), Irenaeus, Clemens Alexandrinus, Origenes, Hippolytus, auctor dialogi contra Marcionitas, Eusebius, Athanasius, Epiphanius, Chrysostomus, Basilius Magnus, Cyrillus Hierosolymitanus, Macarius, Didymus; b) quinti saeculi et posteriores: Theodoretus, Cyrillus Alexandrinus, Andreas Cappadox, Iohannes Damascenus, Arethas. Parum auctoritatis habent qui saeculi X. sunt eoque posteriores, quamvis plurima afferant, Oecumenius, Theophylactus, Euthymius Zigabenus.

2) Latini, a) secundi, tertii, quarti saeculi: Tertullianus, Cyprianus, Lucifer, Hilarius Pictavensis, Hilarius diaconus (qui Ambrosiaster dici solet); Hieronymus, Augustinus, Ambrosius, Victorinus, Tichonius; b) quinti saeculi et posteriores: Rufinus, Fulgentius, Sedulius, Vigilius, Primasius, Cassiodorus, Beda.

DE ADNOTATIONE CRITICA.

Lectio sub textu absque signo exhibita lectio est editionum Elzevirianae 1624 et Stephanicae tertiae 1550. Quae ubi differunt (locis plus 150: vide N. T. ed. VIII. crit. mai.) ς significat Stephani editionem, ς° Elzevirianam; lectiones quae ℵ propositum habent codicis sunt Sinaitici. Huius correctiones (ℵ^a ℵ^c) quae a prima manu (ℵ*) plurimis locis discedunt, raro ad commentarium adhibitae sunt. Praeterea add significat addit, om omittit, pon ponit, praem i. e. praemittit. Ceterum opera data est ut quae differunt codicis Sinaitici lectiones tantum non omnes referrentur, exceptis apertis vitiis. Non relatum est de ν ἐφελκ. nec de ουτω et ουτωσ.

Lipsiae m. Octobr. a. 1872.

ΚΑΤΑ ΜΑΘΘΑΙΟΝ.

I.

Genealogia et generatio Iesu Christi.

1 Βίβλοσ γενέσεωσ Ἰησοῦ Χριστοῦ υἱοῦ Δαυεὶδ υἱοῦ Ἀβραάμ. ² Ἀβραὰμ ἐγέννησεν τὸν Ἰσαάκ, Ἰσαὰκ δὲ ἐγέννησεν τὸν Ἰακώβ, Ἰακὼβ δὲ ἐγέννησεν τὸν Ἰούδαν καὶ τοὺσ ἀδελφοὺσ αὐτοῦ, ³ Ἰούδασ δὲ ἐγέννησεν τὸν Φαρὲσ καὶ τὸν Ζαρὰ ἐκ τῆσ Θάμαρ, Φαρὲσ δὲ ἐγέννησεν τὸν Ἐσρώμ, Ἐσρὼμ δὲ ἐγέννησέν τὸν Ἀράμ, ⁴ Ἀρὰμ δὲ ἐγέννησεν τὸν Ἀμιναδάβ, Ἀμιναδὰβ δὲ ἐγέννησεν τὸν Ναασσών, Ναασσὼν δὲ ἐγέννησεν τὸν Σαλμών, ⁵ Σαλμὼν δὲ ἐγέννησεν τὸν Βοὲσ ἐκ τῆσ Ῥαχάβ, Βοὲσ δὲ ἐγέννησεν τὸν Ἰωβὴδ ἐκ τῆσ Ῥούθ, Ἰωβὴδ δὲ ἐγέννησεν τὸν Ἰεσσαί, ⁶ Ἰεσσαὶ δὲ ἐγέννησεν τὸν Δαυεὶδ τὸν βασιλέα. Δαυεὶδ δὲ ἐγέννησεν τὸν Σολομῶνα ἐκ τῆσ τοῦ Οὐρίου, ⁷ Σολομὼν δὲ ἐγέννησεν τὸν Ῥοβοάμ, Ῥοβοὰμ δὲ ἐγέννησεν τὸν Ἀβιά, Ἀβιὰ δὲ ἐγέννησεν τὸν Ἀσάφ, ⁸ Ἀσὰφ δὲ ἐγέννησεν τὸν Ἰωσαφάτ, Ἰωσαφὰτ δὲ ἐγέννησεν τὸν Ἰωράμ, Ἰωρὰμ δὲ ἐγέννησεν τὸν Ὀζείαν, ⁹ Ὀζείασ δὲ ἐγέννησεν τὸν Ἰωάθαμ, Ἰωάθαμ δὲ ἐγέννησεν τὸν Ἄχαζ, Ἄχαζ δὲ ἐγέννησεν τὸν Ἐζεκίαν, ¹⁰ Ἐζεκίασ δὲ ἐγέννησεν τὸν Μανασσῆ, Μανασσῆσ δὲ ἐγέννησεν τὸν Ἀμώσ, Ἀμὼσ δὲ ἐγέννησεν τὸν Ἰωσείαν, ¹¹ Ἰωσείασ δὲ ἐγέννησεν τὸν Ἰεχονίαν καὶ τοὺσ ἀδελφοὺσ αὐτοῦ ἐπὶ τῆσ μετοικεσίασ Βαβυλῶνοσ. ¹² μετὰ δὲ τὴν μετοικεσίαν Βαβυλῶνοσ Ἰεχονίασ ἐγέννησεν τὸν Σαλαθιήλ, Σαλαθιὴλ δὲ ἐγέννησεν τὸν Ζοροβάβελ, ¹³ Ζοροβάβελ δὲ ἐγέννησεν τὸν Ἀβιούδ, Ἀβιοὺδ δὲ ἐγέννησεν τὸν Ἐλιακείμ, Ἐλιακεὶμ δὲ ἐγέννησεν τὸν Ἀζώρ, ¹⁴ Ἀζὼρ δὲ ἐγέννησεν τὸν Σαδώκ, Σαδὼκ δὲ ἐγέννησεν τὸν Ἀχείμ, Ἀχεὶμ δὲ ἐγέννησεν τὸν Ἐλιούδ, ¹⁵ Ἐλιοὺδ δὲ ἐγέννησεν τὸν Ἐλεάζαρ, Ἐλεάζαρ δὲ ἐγέννησεν τὸν Μαθθάν, Μαθθὰν δὲ ἐγέννησεν τὸν Ἰακώβ, ¹⁶ Ἰακὼβ δὲ ἐγέννησεν τὸν Ἰωσὴφ τὸν ἄνδρα Μαρίασ, ἐξ ἧσ ἐγεννήθη Ἰησοῦσ ὁ λεγόμενοσ Χριστόσ.

---

*ς το κατα ματθαιον αγιον (ςᵉ om) ευαγγελιον
I, 1. δαβιδ 2. א* ισακ, ισακ | δε pr: א*om 4. א αμιναδαβ, αμιναδαμ δε 5. βοοζ | ωβηδ 6. δαβιδ τον | δαβιδ δε ο βασιλευσ | τον σολομωντα, א* τ. σαλομων, אᵇ τ. σαλωμωνα 7. אᵇ σαλωμων | א* αβιασ δε | τον ασα 8. ασα | οζιαν 9. ς א οζιασ | אᵇ vela τον αχασ | א αχασ δε 10. אᵇ μανασση δε | τον αμων· αμων δε | ιωσιαν 11. ιωσιασ 13. א* τον αβιουτ 14. א* σαδωχ bis | א* ελιουτ 15. א* ελιουτ | ς א ματθάν bis

Nov. Test. ed. Tf. 1

17 Πᾶσαι οὖν αἱ γενεαὶ ἀπὸ Ἀβραὰμ ἕωσ Δανεὶδ γενεαὶ δεκατέσσαρεσ, καὶ ἀπὸ Δανεὶδ ἕωσ τῆσ μετοικεσίασ Βαβυλῶνοσ γενεαὶ δεκατέσσαρεσ, καὶ ἀπὸ τῆσ μετοικεσίασ Βαβυλῶνοσ ἕωσ τοῦ Χριστοῦ γενεαὶ δεκατέσσαρεσ.
18 Τοῦ δὲ Ἰησοῦ Χριστοῦ ἡ γένεσισ οὕτωσ ἦν. μνηστευθείσησ τῆσ μητρὸσ αὐτοῦ Μαρίασ τῷ Ἰωσήφ, πρὶν ἢ συνελθεῖν
19 αὐτοὺσ εὑρέθη ἐν γαστρὶ ἔχουσα ἐκ πνεύματοσ ἁγίου. ¹⁹Ἰωσὴφ δὲ ὁ ἀνὴρ αὐτῆσ, δίκαιοσ ὢν καὶ μὴ θέλων αὐτὴν δειγμα-
20 τίσαι, ἐβουλήθη λάθρα ἀπολῦσαι αὐτήν. ²⁰ταῦτα δὲ αὐτοῦ ἐνθυμηθέντοσ, ἰδοὺ ἄγγελοσ κυρίου κατ᾽ ὄναρ ἐφάνη αὐτῷ λέγων· Ἰωσὴφ υἱὸσ Δανεὶδ, μὴ φοβηθῇσ παραλαβεῖν Μαριὰμ τὴν γυναῖκά σου· τὸ γὰρ ἐν αὐτῇ γεννηθὲν ἐκ πνεύματόσ ἐστιν ἁγίου.
21 ²¹τέξεται δὲ υἱόν, καὶ καλέσεισ τὸ ὄνομα αὐτοῦ Ἰησοῦν· αὐτὸσ Lc 2, 21
22 γὰρ σώσει τὸν λαὸν αὐτοῦ ἀπὸ τῶν ἁμαρτιῶν αὐτῶν. ²²τοῦτο δὲ ὅλον γέγονεν ἵνα πληρωθῇ τὸ ῥηθὲν ὑπὸ κυρίου διὰ τοῦ προ-
23 φήτου λέγοντοσ· ²³ἰδοὺ ἡ παρθένοσ ἐν γαστρὶ ἕξει καὶ τέξεται Es 7, 14 υἱόν, καὶ καλέσουσιν τὸ ὄνομα αὐτοῦ Ἐμμανουήλ, ὅ ἐστιν μεθερ-
24 μηνευόμενον μεθ᾽ ἡμῶν ὁ θεόσ. ²⁴ἐγερθεὶσ δὲ Ἰωσὴφ ἀπὸ τοῦ ὕπνου ἐποίησεν ὡσ προσέταξεν αὐτῷ ὁ ἄγγελοσ κυρίου, καὶ
25 παρέλαβεν τὴν γυναῖκα αὐτοῦ· ²⁵καὶ οὐκ ἐγίνωσκεν αὐτὴν ἕωσ οὗ ἔτεκεν υἱόν, καὶ ἐκάλεσεν τὸ ὄνομα αὐτοῦ Ἰησοῦν. Lc 2, 7 et 21

II.

Magi. Fuga, caedes puerorum, reditus.

1 Τοῦ δὲ Ἰησοῦ γεννηθέντοσ ἐν Βηθλεὲμ τῆσ Ἰουδαίασ ἐν ἡμέραισ Ἡρώδου τοῦ βασιλέωσ, ἰδοὺ μάγοι ἀπὸ ἀνατολῶν παρεγέ-
2 νοντο εἰσ Ἱεροσόλυμα ²λέγοντεσ· ποῦ ἐστιν ὁ τεχθεὶσ βασιλεὺσ τῶν Ἰουδαίων; εἴδομεν γὰρ αὐτοῦ τὸν ἀστέρα ἐν τῇ ἀνατολῇ, (Nm 24, 17)
3 καὶ ἤλθομεν προσκυνῆσαι αὐτῷ. ³ἀκούσασ δὲ ὁ βασιλεὺσ Ἡρώ-
4 δησ ἐταράχθη, καὶ πᾶσα Ἱεροσόλυμα μετ᾽ αὐτοῦ, ⁴καὶ συναγαγὼν πάντασ τοὺσ ἀρχιερεῖσ καὶ γραμματεῖσ τοῦ λαοῦ ἐπυνθάνετο
5 παρ᾽ αὐτῶν ποῦ ὁ Χριστὸσ γεννᾶται. ⁵οἱ δὲ εἶπαν αὐτῷ· ἐν Βηθ- Mi 5, 1 Io 7, 42 λεὲμ τῆσ Ἰουδαίασ· οὕτωσ γὰρ γέγραπται διὰ τοῦ προφήτου·
6 ⁶καὶ σὺ Βηθλεέμ, γῆ Ἰούδα, οὐδαμῶσ ἐλαχίστη εἶ ἐν τοῖσ ἡγεμόσιν Ἰούδα· ἐκ σοῦ γὰρ ἐξελεύσεται ἡγούμενοσ, ὅστισ ποιμανεῖ
7 τὸν λαόν μου τὸν Ἰσραήλ. ⁷τότε Ἡρώδησ λάθρα καλέσασ τοὺσ μάγουσ ἠκρίβωσεν παρ᾽ αὐτῶν τὸν χρόνον τοῦ φαινομένου
8 ἀστεροσ, ⁸καὶ πέμψασ αὐτοὺσ εἰσ Βηθλεὲμ εἶπεν· πορευθέντεσ ἐξετάσατε ἀκριβῶσ περὶ τοῦ παιδίου· ἐπὰν δὲ εὕρητε, ἀπαγγεί-

---

17. δαβιδ bis 18. η γεννησισ | μνηστευθ. γαρ 19. ϛ ℵ*etc(nonᵇ) παραδειγματισαι 20. δαβιδ 22. υπο του κυριου 24. διεγερθεισ δε ο ιωσηφ 25. ετεκε τον υιον αυτησ τον πρωτοτοκον

II, 1. του βασιλ.: ℵᵇ om τον, ℵᶜ restit 3. ηρωδ. ο βασιλ. 5. ειπον 6. εκ σου : ℵ εξ ου, et ℵ* om γαρ 8. ακριβ. εξετα.

ΜΑΤΤΗ. 2, 23.

λατέ μοι, ὅπωσ κἀγὼ ἐλθὼν προσκυνήσω αὐτῷ. ⁹οἱ δὲ ἀκούσαν- 9
τεσ τοῦ βασιλέωσ ἐπορεύθησαν· καὶ ἰδοὺ ὁ ἀστήρ, ὃν εἶδον ἐν
τῇ ἀνατολῇ, προῆγεν αὐτοὺσ ἕωσ ἐλθὼν ἐστάθη ἐπάνω οὗ ἦν τὸ
παιδίον. ¹⁰ἰδόντεσ δὲ τὸν ἀστέρα ἐχάρησαν χαρὰν μεγάλην 10
σφόδρα. ¹¹καὶ ἐλθόντεσ εἰσ τὴν οἰκίαν εἶδον τὸ παιδίον μετὰ 11
Μαρίασ τῆσ μητρὸσ αὐτοῦ, καὶ πεσόντεσ προσεκύνησαν αὐτῷ,
(Es 60, 6) καὶ ἀνοίξαντεσ τοὺσ θησαυροὺσ αὐτῶν προσήνεγκαν αὐτῷ δῶρα,
χρυσὸν καὶ λίβανον καὶ σμύρναν· ¹²καὶ χρηματισθέντεσ κατ' 12
ὄναρ μὴ ἀνακάμψαι πρὸσ Ἡρώδην, δι' ἄλλησ ὁδοῦ ἀνεχώρησαν
εἰσ τὴν χώραν αὐτῶν.

Ἀναχωρησάντων δὲ αὐτῶν, ἰδοὺ ἄγγελοσ κυρίου φαίνεται 13
κατ' ὄναρ τῷ Ἰωσὴφ λέγων· ἐγερθεὶσ παράλαβε τὸ παιδίον καὶ
τὴν μητέρα αὐτοῦ, καὶ φεῦγε εἰσ Αἴγυπτον, καὶ ἴσθι ἐκεῖ ἕωσ ἂν
εἴπω σοι· μέλλει γὰρ Ἡρώδησ ζητεῖν τὸ παιδίον τοῦ ἀπολέσαι
αὐτό. ¹⁴ὁ δὲ ἐγερθεὶσ παρέλαβεν τὸ παιδίον καὶ τὴν μητέρα 14
αὐτοῦ νυκτόσ, καὶ ἀνεχώρησεν εἰσ Αἴγυπτον, ¹⁵καὶ ἦν ἐκεῖ ἕωσ 15
τῆσ τελευτῆσ Ἡρώδου· ἵνα πληρωθῇ τὸ ῥηθὲν ὑπὸ κυρίου διὰ
Ho 11, 1 τοῦ προφήτου λέγοντοσ· ἐξ Αἰγύπτου ἐκάλεσα τὸν υἱόν μου.

Τότε Ἡρώδησ ἰδὼν ὅτι ἐνεπαίχθη ὑπὸ τῶν μάγων, ἐθυ- 16
μώθη λίαν, καὶ ἀποστείλασ ἀνεῖλεν πάντασ τοὺσ παῖδασ τοὺσ ἐν
Βηθλεὲμ καὶ ἐν πᾶσι τοῖσ ὁρίοισ αὐτῆσ ἀπὸ διετοῦσ καὶ κατω-
τέρω, κατὰ τὸν χρόνον ὃν ἠκρίβωσεν παρὰ τῶν μάγων. ¹⁷τότε 17
Ier 31, 15 ἐπληρώθη τὸ ῥηθὲν διὰ Ἱερεμίου τοῦ προφήτου λέγοντοσ· ¹⁸φωνὴ 18
ἐν Ῥαμὰ ἠκούσθη, κλαυθμὸσ καὶ ὀδυρμὸσ πολύσ, Ῥαχὴλ
κλαίουσα τὰ τέκνα αὐτῆσ, καὶ οὐκ ἤθελεν παρακληθῆναι, ὅτι
οὐκ εἰσίν.

Τελευτήσαντοσ δὲ τοῦ Ἡρώδου, ἰδοὺ ἄγγελοσ κυρίου φαίνε- 19
ται κατ' ὄναρ τῷ Ἰωσὴφ ἐν Αἰγύπτῳ ²⁰λέγων· ἐγερθεὶσ παρά- 20
λαβε τὸ παιδίον καὶ τὴν μητέρα αὐτοῦ, καὶ πορεύου εἰσ γῆν
(Ex 4, 19) Ἰσραήλ· τεθνήκασιν γὰρ οἱ ζητοῦντεσ τὴν ψυχὴν τοῦ παιδίου.
²¹ὁ δὲ ἐγερθεὶσ παρέλαβεν τὸ παιδίον καὶ τὴν μητέρα αὐτοῦ, καὶ 21
εἰσῆλθεν εἰσ γῆν Ἰσραήλ. ²²ἀκούσασ δὲ ὅτι Ἀρχέλαοσ βασιλεύει 22
τῆσ Ἰουδαίασ ἀντὶ τοῦ πατρὸσ αὐτοῦ Ἡρώδου, ἐφοβήθη ἐκεῖ
ἀπελθεῖν· χρηματισθεὶσ δὲ κατ' ὄναρ ἀνεχώρησεν εἰσ τὰ μέρη
τῆσ Γαλιλαίασ. ²³καὶ ἐλθὼν κατῴκησεν εἰσ πόλιν λεγομένην 23
(Es 11, 1) Ναζαρέθ· ὅπωσ πληρωθῇ τὸ ῥηθὲν διὰ τῶν προφητῶν ὅτι Ναζω-
ραῖοσ κληθήσεται.

9. εστη 10. א* αστεραν 11. ειδον : ευρον 12. א* εισ τ. εαυτων χωρ.
15. υπο του κυρ. 17. δια : υπο 18. κλανθμοσ : θρηνοσ και κλαυθμ.
19. κατ οναρ φαινετ. 21. ηλθεν 22. βασιλ. επι τησ | ηρωδ. του πατρ.
αυτ. 23. ναζαρετ (et א) | δια : אᵇ υπο

1*

III.
Iohannes baptista. Immersio Iesu.

1 Ἐν δὲ ταῖσ ἡμέραισ ἐκείναισ παραγίνεται Ἰωάννησ ὁ βα-
2 πτιστὴσ κηρύσσων ἐν τῇ ἐρήμῳ τῆσ Ἰουδαίασ, ²λέγων· μετα-
3 νοεῖτε· ἤγγικεν γὰρ ἡ βασιλεία τῶν οὐρανῶν. ³οὗτοσ γάρ
ἐστιν ὁ ῥηθεὶσ διὰ Ἡσαΐου τοῦ προφήτου λέγοντοσ· φωνὴ βοῶν-
τοσ ἐν τῇ ἐρήμῳ· ἑτοιμάσατε τὴν ὁδὸν κυρίου, εὐθείασ ποιεῖτε
4 τὰσ τρίβουσ αὐτοῦ. ⁴αὐτὸσ δὲ ὁ Ἰωάννησ εἶχεν τὸ ἔνδυμα
αὐτοῦ ἀπὸ τριχῶν καμήλου καὶ ζώνην δερματίνην περὶ τὴν
ὀσφὺν αὐτοῦ· ἡ δὲ τροφὴ ἦν αὐτοῦ ἀκρίδεσ καὶ μέλι ἄγριον.
5 ⁵τότε ἐξεπορεύετο πρὸσ αὐτὸν Ἱεροσόλυμα καὶ πᾶσα ἡ Ἰουδαία
6 καὶ πᾶσα ἡ περίχωροσ τοῦ Ἰορδάνου, ⁶καὶ ἐβαπτίζοντο ἐν τῷ
Ἰορδάνῃ ποταμῷ ὑπ᾿ αὐτοῦ ἐξομολογούμενοι τὰσ ἁμαρτίασ
7 αὐτῶν. ⁷ἰδὼν δὲ πολλοὺσ τῶν Φαρισαίων καὶ Cαδδουκαίων
ἐρχομένουσ ἐπὶ τὸ βάπτισμα εἶπεν αὐτοῖσ· γεννήματα ἐχιδνῶν,
8 τίσ ὑπέδειξεν ὑμῖν φυγεῖν ἀπὸ τῆσ μελλούσησ ὀργῆσ; ⁸ποιήσατε
9 οὖν καρπὸν ἄξιον τῆσ μετανοίασ, ⁹καὶ μὴ δόξητε λέγειν ἐν
ἑαυτοῖσ· πατέρα ἔχομεν τὸν Ἀβραάμ· λέγω γὰρ ὑμῖν ὅτι δύναται
10 ὁ θεὸσ ἐκ τῶν λίθων τούτων ἐγεῖραι τέκνα τῷ Ἀβραάμ. ¹⁰ἤδη
δὲ ἡ ἀξίνη πρὸσ τὴν ῥίζαν τῶν δένδρων κεῖται· πᾶν οὖν δέν-
δρον μὴ ποιοῦν καρπὸν καλὸν ἐκκόπτεται καὶ εἰσ πῦρ βάλλεται.
11 ¹¹ἐγὼ μὲν ὑμᾶσ βαπτίζω ἐν ὕδατι εἰσ μετάνοιαν· ὁ δὲ ὀπίσω μου
ἐρχόμενοσ ἰσχυρότερόσ μου ἐστίν, οὗ οὐκ εἰμὶ ἱκανὸσ τὰ ὑποδή-
ματα βαστάσαι· αὐτὸσ ὑμᾶσ βαπτίσει ἐν πνεύματι ἁγίῳ καὶ
12 πυρί. ¹²οὗ τὸ πτύον ἐν τῇ χειρὶ αὐτοῦ, καὶ διακαθαριεῖ τὴν
ἅλωνα αὐτοῦ, καὶ συνάξει τὸν σῖτον αὐτοῦ εἰσ τὴν ἀποθήκην,
τὸ δὲ ἄχυρον κατακαύσει πυρὶ ἀσβέστῳ.
13 Τότε παραγίνεται ὁ Ἰησοῦσ ἀπὸ τῆσ Γαλιλαίασ ἐπὶ τὸν
14 Ἰορδάνην πρὸσ τὸν Ἰωάννην τοῦ βαπτισθῆναι ὑπ᾿ αὐτοῦ. ¹⁴ὁ δὲ
διεκώλυεν αὐτὸν λέγων· ἐγὼ χρείαν ἔχω ὑπὸ σοῦ βαπτισθῆναι,
15 καὶ σὺ ἔρχῃ πρὸσ μέ; ¹⁵ἀποκριθεὶσ δὲ ὁ Ἰησοῦσ εἶπεν πρὸσ
αὐτόν· ἄφεσ ἄρτι· οὕτωσ γὰρ πρέπον ἐστὶν ἡμῖν πληρῶσαι πᾶ-
16 σαν δικαιοσύνην. τότε ἀφίησιν αὐτόν. ¹⁶βαπτισθεὶσ δὲ ὁ Ἰη-
σοῦσ εὐθὺσ ἀνέβη ἀπὸ τοῦ ὕδατοσ· καὶ ἰδοὺ ἀνεῴχθησαν οἱ
οὐρανοί, καὶ εἶδεν πνεῦμα θεοῦ καταβαῖνον ὡσεὶ περιστεράν,
17 ἐρχόμενον ἐπ᾿ αὐτόν. ¹⁷καὶ ἰδοὺ φωνὴ ἐκ τῶν οὐρανῶν λέγουσα·
οὗτόσ ἐστιν ὁ υἱόσ μου ὁ ἀγαπητόσ, ἐν ᾧ ηὐδόκησα.

III, 2. και λεγων   3. δια : υπο   4. ην αυτου : αυτ. ην   6. om
ποταμω | א* om υπ αυτου   7. επι το βαπτ. αυτου.   8. καρπους αξιους
10. ηδη δε και   11. א εγω μεν γαρ | βαπτιζ. υμασ | א^b εν υδατι βαπτ.
14. ο δε : add ιωαννησ   15. ημιν : א* ημασ   16. και βαπτ. ο | ανεβη
ευθυσ | ανεωχθησαν : add αυτω | το πνευμ. του θεου | και ερχομενον
17. ευδοκησα

IV.

Temptatio. Sedes Capharnaumum translata. Piscatorum vocatio. Peragratio Galilaeae.

Τότε ὁ Ἰησοῦσ ἀνήχθη εἰσ τὴν ἔρημον ὑπὸ τοῦ πνεύματοσ, πειρασθῆναι ὑπὸ τοῦ διαβόλου. ²καὶ νηστεύσασ ἡμέρασ τεσσεράκοντα καὶ τεσσεράκοντα νύκτασ, ὕστερον ἐπείνασεν. ³καὶ προσελθὼν ὁ πειράζων εἶπεν αὐτῷ· εἰ υἱὸσ εἶ τοῦ θεοῦ, εἰπὲ ἵνα οἱ λίθοι οὗτοι ἄρτοι γένωνται. ⁴ὁ δὲ ἀποκριθεὶσ εἶπεν· γέγραπται· οὐκ ἐπ' ἄρτῳ μόνῳ ζήσεται ὁ ἄνθρωποσ, ἀλλ' ἐπὶ παντὶ ῥήματι ἐκπορευομένῳ διὰ στόματος θεοῦ. ⁵τότε παραλαμβάνει αὐτὸν ὁ διάβολοσ εἰσ τὴν ἁγίαν πόλιν, καὶ ἔστησεν αὐτὸν ἐπὶ τὸ πτερύγιον τοῦ ἱεροῦ, ⁶καὶ λέγει αὐτῷ· εἰ υἱὸσ εἶ τοῦ θεοῦ, βάλε σεαυτὸν κάτω· γέγραπται γὰρ ὅτι τοῖσ ἀγγέλοισ αὐτοῦ ἐντελεῖται περὶ σοῦ καὶ ἐπὶ χειρῶν ἀροῦσίν σε, μήποτε προσκόψῃσ πρὸς λίθον τὸν πόδα σου. ⁷ἔφη αὐτῷ ὁ Ἰησοῦσ· πάλιν γέγραπται· οὐκ ἐκπειράσεισ κύριον τὸν θεόν σου. ⁸πάλιν παραλαμβάνει αὐτὸν ὁ διάβολοσ εἰσ ὄροσ ὑψηλὸν λίαν καὶ δείκνυσιν αὐτῷ πάσασ τὰσ βασιλείασ τοῦ κόσμου καὶ τὴν δόξαν αὐτῶν, ⁹καὶ εἶπεν αὐτῷ· ταῦτά σοι πάντα δώσω, ἐὰν πεσὼν προσκυνήσῃσ μοί. ¹⁰τότε λέγει αὐτῷ ὁ Ἰησοῦσ· ὕπαγε σατανᾶ· γέγραπται γάρ· κύριον τὸν θεόν σου προσκυνήσεισ καὶ αὐτῷ μόνῳ λατρεύσεισ. ¹¹τότε ἀφίησιν αὐτὸν ὁ διάβολοσ, καὶ ἰδοὺ ἄγγελοι προσῆλθον καὶ διηκόνουν αὐτῷ.

Ἀκούσασ δὲ ὅτι Ἰωάννησ παρεδόθη, ἀνεχώρησεν εἰσ τὴν Γαλιλαίαν. ¹³καὶ καταλιπὼν τὴν Ναζαρὰ ἐλθὼν κατῴκησεν εἰσ Καφαρναοὺμ τὴν παραθαλασσίαν ἐν ὁρίοισ Ζαβουλὼν καὶ Νεφθαλείμ, ¹⁴ἵνα πληρωθῇ τὸ ῥηθὲν διὰ Ἡσαΐου τοῦ προφήτου λέγοντοσ· ¹⁵γῆ Ζαβουλὼν καὶ γῆ Νεφθαλείμ, ὁδὸν θαλάσσησ, πέραν τοῦ Ἰορδάνου, Γαλιλαία τῶν ἐθνῶν, ¹⁶ὁ λαὸσ ὁ καθήμενοσ ἐν σκότει φῶσ εἶδεν μέγα, καὶ τοῖσ καθημένοισ ἐν χώρᾳ καὶ σκιᾷ θανάτου φῶσ ἀνέτειλεν αὐτοῖσ. ¹⁷Ἀπὸ τότε ἤρξατο ὁ Ἰησοῦσ κηρύσσειν καὶ λέγειν· μετανοεῖτε· ἤγγικεν γὰρ ἡ βασιλεία τῶν οὐρανῶν.

Περιπατῶν δὲ παρὰ τὴν θάλασσαν τῆσ Γαλιλαίασ εἶδεν δύο ἀδελφούσ, Σίμωνα τὸν λεγόμενον Πέτρον καὶ Ἀνδρέαν τὸν ἀδελφὸν αὐτοῦ, βάλλοντασ ἀμφίβληστρον εἰσ τὴν θάλασσαν· ἦσαν γὰρ ἁλεεῖσ. ¹⁹καὶ λέγει αὐτοῖσ· δεῦτε ὀπίσω μου, καὶ

IV, 1. ℵ υπο τ. πνευμ. εισ τ. ερημ. 2. τεσσαρακοντα bis | και νυκτ. τεσσαρακ. 3. προσελθων αυτω ο πειρ. ειπεν· | ℵᵇ ειπον ινα 4. ο ανθρωπ. : om ο 5. ιστησιν 6. λεγει : ℵᵇ (nec* necc) ειπεν 8. ℵ δικνυει 9. ειπεν : λεγει | ταυτ. παντ. σοι 10. ℵ προσκυνησησ 12. ακουσ. δε : add ο ιησουσ 13. ναζαρετ, ℵ* ναζαρεθ | καπερναουμ | ℵ* παρα θαλασσαν 16. ℵᵇ εν σκοτια | ειδε φωσ μεγ. 18. περιπατ. δε ο ιησουσ | λεγομενον : ℵᵇ καλουμενον | αλιεισ

20 ποιήσω ύμᾶσ άλεεῖσ ανθρώπων. ²⁰οἱ δὲ εὐθέωσ ἀφέντεσ τὰ
21 δίκτυα ἠκολούθησαν αὐτῷ. ²¹Καὶ προβὰσ ἐκεῖθεν εἶδεν ἄλλουσ
δύο ἀδελφούσ, Ἰάκωβον τὸν τοῦ Ζεβεδαίου καὶ Ἰωάννην τὸν
ἀδελφὸν αὐτοῦ, ἐν τῷ πλοίῳ μετὰ Ζεβεδαίου τοῦ πατρὸσ αὐτῶν
22 καταρτίζοντασ τὰ δίκτυα αὐτῶν· καὶ ἐκάλεσεν αὐτούσ. ²²οἱ δὲ
εὐθέωσ ἀφέντεσ τὸ πλοῖον καὶ τὸν πατέρα αὐτῶν ἠκολούθησαν
αὐτῷ.
23 Καὶ περιῆγεν ἐν ὅλῃ τῇ Γαλιλαίᾳ, διδάσκων ἐν ταῖσ συνα- Mc 1, 39
γωγαῖσ αὐτῶν καὶ κηρύσσων τὸ εὐαγγέλιον τῆσ βασιλείασ καὶ Lc 4, 44
24 θεραπεύων πᾶσαν νόσον καὶ πᾶσαν μαλακίαν ἐν τῷ λαῷ. ²⁴καὶ Mc 1, 28
ἀπῆλθεν ἡ ἀκοὴ αὐτοῦ εἰσ ὅλην τὴν Cυρίαν· καὶ προσήνεγκαν
αὐτῷ πάντασ τοὺσ κακῶσ ἔχοντασ ποικίλαισ νόσοισ καὶ βασάνοισ
συνεχομένουσ καὶ δαιμονιζομένουσ καὶ σεληνιαζομένουσ καὶ παρα-
25 λυτικούσ, καὶ ἐθεράπευσεν αὐτούσ. ²⁵καὶ ἠκολούθησαν αὐτῷ
ὄχλοι πολλοὶ ἀπὸ τῆσ Γαλιλαίασ καὶ Δεκαπόλεωσ καὶ Ἱεροσολύ- Mc 3, 7 s
μων καὶ Ἰουδαίασ καὶ πέραν τοῦ Ἰορδάνου. Lc 6, 17

V.

Oratio montana (cpp. 5—7). Christianorum praemia et officia. Legis
divinae vera ratio. Praecepta de homicidio, reconciliatione, adulterio,
divortio, iureiurando, talione, amore mutuo.

1 Ἰδὼν δὲ τοὺσ ὄχλουσ ἀνέβη εἰσ τὸ ὄροσ· καὶ καθίσαντοσ Lc 6, 17
2 αὐτοῦ προσῆλθαν αὐτῷ οἱ μαθηταὶ αὐτοῦ. ²καὶ ἀνοίξασ τὸ
3 στόμα αὐτοῦ ἐδίδασκεν αὐτοὺσ λέγων· ³μακάριοι οἱ πτωχοὶ τῷ Lc 6, 20 ss
4 πνεύματι, ὅτι αὐτῶν ἐστὶν ἡ βασιλεία τῶν οὐρανῶν. ⁴μακάριοι 3—6
5 οἱ πραεῖσ, ὅτι αὐτοὶ κληρονομήσουσιν τὴν γῆν. ⁵μακάριοι οἱ
6 πενθοῦντεσ, ὅτι αὐτοὶ παρακληθήσονται. ⁶μακάριοι οἱ πεινῶν-
τεσ καὶ διψῶντεσ τὴν δικαιοσύνην, ὅτι αὐτοὶ χορτασθήσονται.
7 8 ⁷μακάριοι οἱ ἐλεήμονεσ, ὅτι αὐτοὶ ἐλεηθήσονται. ⁸μακάριοι οἱ
9 καθαροὶ τῇ καρδίᾳ, ὅτι αὐτοὶ τὸν θεὸν ὄψονται. ⁹μακάριοι οἱ
10 εἰρηνοποιοί, ὅτι υἱοὶ θεοῦ κληθήσονται. ¹⁰μακάριοι οἱ δεδιωγ-
μένοι ἕνεκεν δικαιοσύνησ, ὅτι αὐτῶν ἐστὶν ἡ βασιλεία τῶν οὐρα-
11 νῶν. ¹¹μακάριοί ἐστε ὅταν ὀνειδίσωσιν ὑμᾶσ καὶ διώξουσιν
καὶ εἴπωσιν πᾶν πονηρὸν καθ᾽ ὑμῶν ψευδόμενοι ἕνεκεν ἐμοῦ.
12 ¹²χαίρετε καὶ ἀγαλλιᾶσθε, ὅτι ὁ μισθὸσ ὑμῶν πολὺσ ἐν τοῖσ
οὐρανοῖσ· οὕτωσ γὰρ ἐδίωξαν τοὺσ προφήτασ τοὺσ πρὸ ὑμῶν.
13 ¹³Ὑμεῖσ ἐστὲ τὸ ἅλα τῆσ γῆσ· ἐὰν δὲ τὸ ἅλα μωρανθῇ, ἐν τίνι
ἁλισθήσεται; εἰσ οὐδὲν ἰσχύει ἔτι εἰ μὴ βληθὲν ἔξω καταπατεῖσθαι

19. υμασ : אᵇ add γενεσθαι | αλιεισ 22. το πλοιον.: א* add αυτων
23. εν ολη (א* om) τ. γαλ. : ολην την γαλιλαιαν | א add ο ιησουσ post
περιηγεν, ς post γαλιλαιαν | διδασκων : א* add αυτουσ 24. א εξηλθεν |
ολην : א πασαν
V, 1. προσηλθον 4 et 5. ς א hos vv. transponunt, ut μακ. οι πενθ.
etc v. 4, μακ. οι πραεισ etc v. 5. efficiant 9. οτι : add αυτοι 11. διωξωσι|
πονηρον : add ρημα 13. αλασ bis | βληθηναι εξω και καταπ.

ΜΑΤΤΗ. 5, 32. 7

ὑπὸ τῶν ἀνθρώπων. ¹⁴Ὑμεῖσ ἐστὲ τὸ φῶσ τοῦ κόσμου. οὐ 14
δύναται πόλισ κρυβῆναι ἐπάνω ὄρουσ κειμένη· ¹⁵οὐδὲ καίουσιν 15
λύχνον καὶ τιθέασιν αὐτὸν ὑπὸ τὸν μόδιον, ἀλλ' ἐπὶ τὴν λυχνίαν,
καὶ λάμπει πᾶσιν τοῖσ ἐν τῇ οἰκίᾳ. ¹⁶οὕτωσ λαμψάτω τὸ φῶσ 16
ὑμῶν ἔμπροσθεν τῶν ἀνθρώπων, ὅπωσ ἴδωσιν ὑμῶν τὰ καλὰ
ἔργα καὶ δοξάσωσιν τὸν πατέρα ὑμῶν τὸν ἐν τοῖσ οὐρανοῖσ.
¹⁷Μὴ νομίσητε ὅτι ἦλθον καταλῦσαι τὸν νόμον ἢ τοὺσ προφή- 17
τασ· οὐκ ἦλθον καταλῦσαι ἀλλὰ πληρῶσαι. ¹⁸ἀμὴν γὰρ λέγω 18
Lc 16, 17 ὑμῖν, ἕωσ ἂν παρέλθῃ ὁ οὐρανὸσ καὶ ἡ γῆ, ἰῶτα ἓν ἢ μία κεραία
οὐ μὴ παρέλθῃ ἀπὸ τοῦ νόμου, ἕωσ ἂν πάντα γένηται. ¹⁹ὃσ ἐὰν 19
οὖν λύσῃ μίαν τῶν ἐντολῶν τούτων τῶν ἐλαχίστων καὶ διδάξῃ
οὕτωσ τοὺσ ἀνθρώπουσ, ἐλάχιστοσ κληθήσεται ἐν τῇ βασιλείᾳ
τῶν οὐρανῶν· ὃσ δ' ἂν ποιήσῃ καὶ διδάξῃ, οὗτοσ μέγασ κληθή-
σεται ἐν τῇ βασιλείᾳ τῶν οὐρανῶν. ²⁰λέγω γὰρ ὑμῖν ὅτι ἐὰν 20
μὴ περισσεύσῃ ὑμῶν ἡ δικαιοσύνη πλεῖον τῶν γραμματέων καὶ
Φαρισαίων, οὐ μὴ εἰσέλθητε εἰσ τὴν βασιλείαν τῶν οὐρανῶν.
Ex 20, 13 ²¹Ἠκούσατε ὅτι ἐρρέθη τοῖσ ἀρχαίοισ· οὐ φονεύσεισ· ὃσ δ' ἂν 21
φονεύσῃ, ἔνοχοσ ἔσται τῇ κρίσει. ²²ἐγὼ δὲ λέγω ὑμῖν ὅτι πᾶσ ὁ 22
ὀργιζόμενοσ τῷ ἀδελφῷ αὐτοῦ ἔνοχοσ ἔσται τῇ κρίσει· ὃσ δ' ἂν
εἴπῃ τῷ ἀδελφῷ αὐτοῦ ῥακά, ἔνοχοσ ἔσται τῷ συνεδρίῳ· ὃσ δ'
ἂν εἴπῃ μωρέ, ἔνοχοσ ἔσται εἰσ τὴν γέενναν τοῦ πυρόσ. ²³ἐὰν 23
οὖν προσφέρῃσ τὸ δῶρόν σου ἐπὶ τὸ θυσιαστήριον κἀκεῖ μνησθῇσ
ὅτι ὁ ἀδελφόσ σου ἔχει τι κατὰ σοῦ, ²⁴ἄφεσ ἐκεῖ τὸ δῶρόν σου 24
ἔμπροσθεν τοῦ θυσιαστηρίου καὶ ὕπαγε πρῶτον διαλλάγηθι τῷ
Lc 12, 58 s ἀδελφῷ σου, καὶ τότε ἐλθὼν πρόσφερε τὸ δῶρόν σου. ²⁵ἴσθι 25
εὐνοῶν τῷ ἀντιδίκῳ σου ταχὺ ἕωσ ὅτου εἶ μετ' αὐτοῦ ἐν τῇ ὁδῷ·
μήποτέ σε παραδῷ ὁ ἀντίδικοσ τῷ κριτῇ καὶ ὁ κριτὴσ τῷ ὑπηρέτῃ,
καὶ εἰσ φυλακὴν βληθήσῃ. ²⁶ἀμὴν λέγω σοι, οὐ μὴ ἐξέλθῃσ 26
ἐκεῖθεν ἕωσ ἂν ἀποδῷσ τὸν ἔσχατον κοδράντην. ²⁷Ἠκούσατε 27
Ex 20, 14 ὅτι ἐρρέθη· οὐ μοιχεύσεισ. ²⁸ἐγὼ δὲ λέγω ὑμῖν ὅτι πᾶσ ὁ βλέπων 28
γυναῖκα πρὸς τὸ ἐπιθυμῆσαι ἤδη ἐμοίχευσεν αὐτὴν ἐν τῇ καρδίᾳ
18, 9
Mc 9, 47 αὐτοῦ. ²⁹εἰ δὲ ὁ ὀφθαλμόσ σου ὁ δεξιὸσ σκανδαλίζει σε, ἔξελε 29
αὐτὸν καὶ βάλε ἀπὸ σοῦ· συμφέρει γάρ σοι ἵνα ἀπόληται ἓν τῶν
18, 8
Mc 9, 43 μελῶν σου καὶ μὴ ὅλον τὸ σῶμά σου βληθῇ εἰσ γέενναν. ³⁰καὶ 30
εἰ ἡ δεξιά σου χεὶρ σκανδαλίζει σε, ἔκκοψον αὐτὴν καὶ βάλε ἀπὸ
σοῦ· συμφέρει γάρ σοι ἵνα ἀπόληται ἓν τῶν μελῶν σου καὶ μὴ
Dou 24, 1 ὅλον τὸ σῶμά σου εἰσ γέενναν ἀπέλθῃ. ³¹Ἐρρέθη δέ· ὃσ ἂν 31
19, 9
Mc 10, 11 s ἀπολύσῃ τὴν γυναῖκα αὐτοῦ, δότω αὐτῇ ἀποστάσιον. ³²ἐγὼ δὲ 32
Lc 16, 18 λέγω ὑμῖν ὅτι πᾶσ ὁ ἀπολύων τὴν γυναῖκα αὐτοῦ παρεκτὸσ λόγου

20. η δικαιοσ. υμων | ℵ* πλεον   22. οργιζ. τω αδ. αυτ. εικη | ρακα   25. ει
εν τη οδ. μετ αυτ. | και ο κριτ. : add σε παραδω   27. ερρεθη : add τοισ
αρχαιοισ   28. επιθυμησαι : add αυτησ   30. και μη : ℵ* η | εισ γε. απελθῃ:
βληθη εισ γεενναν   31. ερρεθ. δε (ℵ* om) οτι οσ   32. πασ ο απολ. : οσ

πορνείασ, ποιεῖ αὐτὴν μοιχευθῆναι, καὶ ὅσ ἐὰν ἀπολελυμένην
33 γαμήσῃ, μοιχᾶται. ³³Πάλιν ἠκούσατε ὅτι ἐρρέθη τοῖσ ἀρχαίοισ· Lev 19, 12 Deu 23,21
οὐκ ἐπιορκήσεισ, ἀποδώσεισ δὲ τῷ κυρίῳ τοὺσ ὅρκουσ σου.
34 ³⁴ἐγὼ δὲ λέγω ὑμῖν μὴ ὀμόσαι ὅλωσ· μήτε ἐν τῷ οὐρανῷ, ὅτι
35 θρόνοσ ἐστὶν τοῦ θεοῦ· ³⁵μήτε ἐν τῇ γῇ, ὅτι ὑποπόδιόν ἐστιν
τῶν ποδῶν αὐτοῦ· μήτε εἰσ Ἱεροσόλυμα, ὅτι πόλισ ἐστὶν τοῦ
36 μεγάλου βασιλέωσ· ³⁶μήτε ἐν τῇ κεφαλῇ σου ὀμόσῃσ, ὅτι οὐ
37 δύνασαι μίαν τρίχα λευκὴν ποιῆσαι ἢ μέλαιναν. ³⁷ἔστω δὲ Iac 5, 12
ὁ λόγοσ ὑμῶν ναὶ ναί, οὒ οὔ· τὸ δὲ περισσὸν τούτων ἐκ τοῦ
38 πονηροῦ ἐστίν. ³⁸Ἠκούσατε ὅτι ἐρρέθη· ὀφθαλμὸν ἀντὶ ὀφθαλ- Ex 21, 24
39 μοῦ καὶ ὀδόντα ἀντὶ ὀδόντοσ. ³⁹ἐγὼ δὲ λέγω ὑμῖν μὴ ἀντιστῆναι Lc 6, 29
τῷ πονηρῷ· ἀλλ᾿ ὅστισ σε ῥαπίζει εἰσ τὴν δεξιὰν σιαγόνα,
40 στρέψον αὐτῷ καὶ τὴν ἄλλην· ⁴⁰καὶ τῷ θέλοντί σοι κριθῆναι
41 καὶ τὸν χιτῶνά σου λαβεῖν, ἄφεσ αὐτῷ καὶ τὸ ἱμάτιον· ⁴¹καὶ
42 ὅστισ σε ἀγγαρεύσει μίλιον ἕν, ὕπαγε μετ᾿ αὐτοῦ δύο. ⁴²τῷ Lc 6, 30
αἰτοῦντί σε δόσ, καὶ τὸν θέλοντα ἀπὸ σοῦ δανίσασθαι μὴ ἀπο-
43 στραφῇσ. ⁴³Ἠκούσατε ὅτι ἐρρέθη· ἀγαπήσεισ τὸν πλησίον σου Lev 19, 18
44 καὶ μισήσεισ τὸν ἐχθρόν σου. ⁴⁴ἐγὼ δὲ λέγω ὑμῖν, ἀγαπᾶτε Lc 6, 27 s
τοὺσ ἐχθροὺσ ὑμῶν καὶ προσεύχεσθε ὑπὲρ τῶν διωκόντων ὑμᾶσ·
45 ⁴⁵ὅπωσ γένησθε υἱοὶ τοῦ πατρὸσ ὑμῶν τοῦ ἐν οὐρανοῖσ, ὅτι τὸν 45 ss Lc 6, 32 ss
ἥλιον αὐτοῦ ἀνατέλλει ἐπὶ πονηροὺσ καὶ ἀγαθοὺσ καὶ βρέχει
46 ἐπὶ δικαίουσ καὶ ἀδίκουσ. ⁴⁶ἐὰν γὰρ ἀγαπήσητε τοὺσ ἀγαπῶν-
τασ ὑμᾶσ, τίνα μισθὸν ἔχετε; οὐχὶ καὶ οἱ τελῶναι τὸ αὐτὸ
47 ποιοῦσιν; ⁴⁷καὶ ἐὰν ἀσπάσησθε τοὺσ ἀδελφοὺσ ὑμῶν μόνον, τί
48 περισσὸν ποιεῖτε; οὐχὶ καὶ οἱ ἐθνικοὶ τὸ αὐτὸ ποιοῦσιν; ⁴⁸ἔσεσθε Deu 18,13
οὖν ὑμεῖσ τέλειοι ὡσ ὁ πατὴρ ὑμῶν ὁ οὐράνιοσ τέλειόσ ἐστιν.

VI.

Pietatis genuinum exercitium, erogatione stipis, precatione (*oratio dominica*), ieiunio. Divitiae verae veraque sollicitudo et cura.

1 Προσέχετε δὲ τὴν δικαιοσύνην ὑμῶν μὴ ποιεῖν ἔμπροσθεν
τῶν ἀνθρώπων πρὸσ τὸ θεαθῆναι αὐτοῖσ· εἰ δὲ μήγε, μισθὸν
2 οὐκ ἔχετε παρὰ τῷ πατρὶ ὑμῶν τῷ ἐν οὐρανοῖσ· ²ὅταν οὖν
ποιῇσ ἐλεημοσύνην, μὴ σαλπίσῃσ ἔμπροσθέν σου, ὥσπερ οἱ ὑπο-
κριταὶ ποιοῦσιν ἐν ταῖσ συναγωγαῖσ καὶ ἐν ταῖσ ῥύμαισ, ὅπωσ

αν απολυση | μοιχασθαι | οσ εαν : א* οσ αν   36. א* τριχαν | μιαν τρι.
λευκ. η μελ. ποι.   39. א αντιστασθηναι | ραπισει επι την δεξ. σου σιαγ.
40. א* αφεσ τουτω | ιματιον : א add σου   41. א ενγαρευση   42. σε : א*
σοι | δοσ : διδου | δανεισασθαι   44. τ. εχθρ. υμων : add ευλογειτε τουσ
καταρωμενουσ υμασ, καλωσ ποιειτε τουσ μισουντασ υμασ κ. προσ. υπ.
των επηρεαζοντων υμασ και διωκ. υμ.   45. א* om και βρεχ. επ. δικ. κ.
αδικ.   46. ουχι : א* om   47. εθνικοι : τελωναι | το αυτο : ουτω   48. ωσ :
ωσπερ | ουρανιοσ : εν τοισ ουρανοισ
VI, 1. δε pri : om | δικαιοσυνην : ελεημοσυνην | εν τοισ ουρανοισ

ΜΑΤΤΗ. 6, 22.

δοξασθῶσιν ὑπὸ τῶν ἀνθρώπων· ἀμὴν λέγω ὑμῖν, ἀπέχουσιν τὸν μισθὸν αὐτῶν. ³σοῦ δὲ ποιοῦντοσ ἐλεημοσύνην μὴ γνώτω ἡ ἀρι- 3 στερά σου τί ποιεῖ ἡ δεξιά σου, ⁴ὅπωσ ἡ σοῦ ἐλεημοσύνη ἦ ἐν 4 τῷ κρυπτῷ, καὶ ὁ πατήρ σου ὁ βλέπων ἐν τῷ κρυπτῷ ἀποδώσει σοι. ⁵καὶ ὅταν προσεύχησθε, οὐκ ἔσεσθε ὡσ οἱ ὑποκριταί· ὅτι 5 φιλοῦσιν ἐν ταῖσ συναγωγαῖσ καὶ ἐν ταῖσ γωνίαισ τῶν πλατειῶν ἑστῶτεσ προσεύχεσθαι, ὅπωσ φανῶσιν τοῖσ ἀνθρώποισ. ἀμὴν λέγω ὑμῖν, ἀπέχουσιν τὸν μισθὸν αὐτῶν. ⁶σὺ δὲ ὅταν προσεύχῃ, 6 εἴσελθε εἰσ τὸ ταμεῖόν σου καὶ κλείσασ τὴν θύραν σου πρόσευξαι τῷ πατρί σου τῷ ἐν τῷ κρυπτῷ, καὶ ὁ πατήρ σου ὁ βλέπων ἐν τῷ κρυπτῷ ἀποδώσει σοι. ⁷Προσευχόμενοι δὲ μὴ βατταλογήσητε 7 ὥσπερ οἱ ἐθνικοί· δοκοῦσιν γὰρ ὅτι ἐν τῇ πολυλογίᾳ αὐτῶν εἰσακουσθήσονται. ⁸μὴ οὖν ὁμοιωθῆτε αὐτοῖσ· οἶδεν γὰρ ὁ πατὴρ 8 ὑμῶν ὧν χρείαν ἔχετε πρὸ τοῦ ὑμᾶσ αἰτῆσαι αὐτόν. ⁹οὕτωσ 9 οὖν προσεύχεσθε ὑμεῖσ· πάτερ ἡμῶν ὁ ἐν τοῖσ οὐρανοῖσ, ἁγιασθήτω τὸ ὄνομά σου· ¹⁰ἐλθάτω ἡ βασιλεία σου· γενηθήτω τὸ 10 θέλημά σου ὡσ ἐν οὐρανῷ καὶ ἐπὶ γῆσ· ¹¹τὸν ἄρτον ἡμῶν τὸν 11 ἐπιούσιον δὸσ ἡμῖν σήμερον· ¹²καὶ ἄφεσ ἡμῖν τὰ ὀφειλήματα 12 ἡμῶν, ὡσ καὶ ἡμεῖσ ἀφήκαμεν τοῖσ ὀφειλέταισ ἡμῶν· ¹³καὶ μὴ 13 εἰσενέγκῃσ ἡμᾶσ εἰσ πειρασμόν, ἀλλὰ ῥῦσαι ἡμᾶσ ἀπὸ τοῦ πονηροῦ. ¹⁴Ἐὰν γὰρ ἀφῆτε τοῖσ ἀνθρώποισ τὰ παραπτώματα αὐτῶν, 14 ἀφήσει καὶ ὑμῖν ὁ πατὴρ ὑμῶν ὁ οὐράνιοσ· ¹⁵ἐὰν δὲ μὴ ἀφῆτε 15 τοῖσ ἀνθρώποισ, οὐδὲ ὁ πατὴρ ὑμῶν ἀφήσει τὰ παραπτώματα ὑμῶν. ¹⁶Ὅταν δὲ νηστεύητε, μὴ γίνεσθε ὡσ οἱ ὑποκριταὶ σκυ- 16 θρωποί· ἀφανίζουσιν γὰρ τὰ πρόσωπα αὐτῶν ὅπωσ φανῶσιν τοῖσ ἀνθρώποισ νηστεύοντεσ. ἀμὴν λέγω ὑμῖν, ἀπέχουσιν τὸν μισθὸν αὐτῶν. ¹⁷σὺ δὲ νηστεύων ἄλειψαί σου τὴν κεφαλὴν καὶ τὸ πρό- 17 σωπόν σου νίψαι, ¹⁸ὅπωσ μὴ φανῇσ τοῖσ ἀνθρώποισ νηστεύων 18 ἀλλὰ τῷ πατρί σου τῷ ἐν τῷ κρυφαίῳ, καὶ ὁ πατήρ σου ὁ βλέπων ἐν τῷ κρυφαίῳ ἀποδώσει σοι. ¹⁹Μὴ θησαυρίζετε ὑμῖν θησαυροὺσ 19 ἐπὶ τῆσ γῆσ, ὅπου σὴσ καὶ βρῶσισ ἀφανίζει, καὶ ὅπου κλέπται διορύσσουσιν καὶ κλέπτουσιν· ²⁰θησαυρίζετε δὲ ὑμῖν θησαυροὺσ 20 ἐν οὐρανῷ, ὅπου οὔτε σὴσ οὔτε βρῶσισ ἀφανίζει, καὶ ὅπου κλέπται οὐ διορύσσουσιν οὐδὲ κλέπτουσιν. ²¹ὅπου γάρ ἐστιν ὁ θησαυρόσ 21 σου, ἐκεῖ ἔσται καὶ ἡ καρδία σου. ²²Ὁ λύχνοσ τοῦ σώματόσ 22

2. ℵ* αμην αμην 4. ἦ σου ἡ ἐλεημ. | αυτοσ αποδ. σοι εν τω φανερω
5. προσευχη, ουκ εση ωσπερ | οπωσ : add αν | οτι απεχουσι 6. ταμιειον |
αποδ. σοι εν τω φανερω 7. βαττολογησητε 8. οιδεν γαρ : ℵ* add ο
θεοσ 10. ελθετω | επι τησ γησ 12. αφιεμεν 13. πονηρου : add οτι
σου εστιν η βασιλεια και η δυναμισ και η δοξα εισ τουσ αιωνασ. αμην
15. τ. ανθρωποισ : add τα παραπτωματα αυτων | ο πατ. υμων : ℵ ο
πατ. υμιν 16. ℵ και οταν δε | ωσ : ωσπερ | οι : ℵ* om | ℵ* το προσωπον | ℵ* αμην γαρ | οτι απεχουσι 18. κρυφαιω bis : κρυπτω | σου sec :
ℵ* om | σοι : add εν τω φανερω 20. ουδε : ℵ και 21. σου bis : υμων.

ἐστιν ὁ ὀφθαλμόσ. ἐὰν ᾖ ὁ ὀφθαλμόσ σου ἁπλοῦσ, ὅλον τὸ
23 σῶμά σου φωτεινὸν ἔσται· ²³ ἐὰν δὲ ὁ ὀφθαλμόσ σου πονηρὸσ
ᾖ, ὅλον τὸ σῶμά σου σκοτεινὸν ἔσται. εἰ οὖν τὸ φῶσ τὸ ἐν σοὶ
24 σκότοσ ἐστίν, τὸ σκότος πόσον. ²⁴ Οὐδεὶσ δύναται δυσὶ κυρίοισ
δουλεύειν· ἢ γὰρ τὸν ἕνα μισήσει καὶ τὸν ἕτερον ἀγαπήσει, ἢ
ἑνὸσ ἀνθέξεται καὶ τοῦ ἑτέρου καταφρονήσει. οὐ δύνασθε θεῷ
25 δουλεύειν καὶ μαμωνᾷ. ²⁵ Διὰ τοῦτο λέγω ὑμῖν, μὴ μεριμνᾶτε
τῇ ψυχῇ ὑμῶν τί φάγητε, μηδὲ τῷ σώματι ὑμῶν τί ἐνδύσησθε.
οὐχὶ ἡ ψυχὴ πλεῖόν ἐστιν τῆσ τροφῆσ καὶ τὸ σῶμα τοῦ ἐνδύμα-
26 τοσ; ²⁶ ἐμβλέψατε εἰσ τὰ πετεινὰ τοῦ οὐρανοῦ, ὅτι οὐ σπείρουσιν
οὐδὲ θερίζουσιν οὐδὲ συνάγουσιν εἰσ ἀποθήκασ, καὶ ὁ πατὴρ
ὑμῶν ὁ οὐράνιοσ τρέφει αὐτά· οὐχ ὑμεῖσ μᾶλλον διαφέρετε
27 αὐτῶν; ²⁷ τίσ δὲ ἐξ ὑμῶν μεριμνῶν δύναται προσθεῖναι ἐπὶ τὴν
28 ἡλικίαν αὐτοῦ πῆχυν ἕνα; ²⁸ καὶ περὶ ἐνδύματος τί μεριμνᾶτε;
καταμάθετε τὰ κρίνα τοῦ ἀγροῦ πῶς αὐξάνουσιν· οὐ κοπιῶσιν
29 οὐδὲ νήθουσιν. ²⁹ λέγω δὲ ὑμῖν ὅτι οὐδὲ Σολομὼν ἐν πάσῃ τῇ
30 δόξῃ αὐτοῦ περιεβάλετο ὡσ ἓν τούτων. ³⁰ εἰ δὲ τὸν χόρτον τοῦ
ἀγροῦ σήμερον ὄντα καὶ αὔριον εἰσ κλίβανον βαλλόμενον ὁ θεὸσ
31 οὕτωσ ἀμφιέννυσιν, οὐ πολλῷ μᾶλλον ὑμᾶσ, ὀλιγόπιστοι; ³¹ μὴ
οὖν μεριμνήσητε λέγοντεσ· τί φάγωμεν ἢ τί πίωμεν ἢ τί περι-
32 βαλώμεθα; ³² πάντα γὰρ ταῦτα τὰ ἔθνη ἐπιζητοῦσιν· οἶδεν γὰρ
33 ὁ πατὴρ ὑμῶν ὁ οὐράνιοσ ὅτι χρῄζετε τούτων ἁπάντων. ³³ ζη-
τεῖτε δὲ πρῶτον τὴν βασιλείαν καὶ τὴν δικαιοσύνην αὐτοῦ, καὶ
34 ταῦτα πάντα προστεθήσεται ὑμῖν. ³⁴ μὴ οὖν μεριμνήσητε εἰσ
τὴν αὔριον· ἡ γὰρ αὔριον μεριμνήσει ἑαυτῆσ. ἀρκετὸν τῇ ἡμέρᾳ
ἡ κακία αὐτῆσ.

VII.

Praecepta a iudicando et obtrudendo abstinendi, in precatione perseverandi, viam perniciei falsosque doctores cavendi. Verae falsaeque
pietatis et sapientiae discrimen.

1 2   Μὴ κρίνετε, ἵνα μὴ κριθῆτε. ² ἐν ᾧ γὰρ κρίματι κρίνετε
3 κριθήσεσθε, καὶ ἐν ᾧ μέτρῳ μετρεῖτε μετρηθήσεται ὑμῖν. ³ τί
δὲ βλέπεισ τὸ κάρφοσ τὸ ἐν τῷ ὀφθαλμῷ τοῦ ἀδελφοῦ σου, τὴν
4 δὲ ἐν τῷ σῷ ὀφθαλμῷ δοκὸν οὐ κατανοεῖσ; ⁴ ἢ πῶσ ἐρεῖσ τῷ
ἀδελφῷ σου· ἄφεσ ἐκβάλω τὸ κάρφοσ ἐκ τοῦ ὀφθαλμοῦ σου, καὶ
5 ἰδοὺ ἡ δοκὸσ ἐν τῷ ὀφθαλμῷ σου. ⁵ ὑποκριτά, ἔκβαλε πρῶτον
ἐκ τοῦ ὀφθαλμοῦ σοῦ τὴν δοκόν, καὶ τότε διαβλέψεισ ἐκβαλεῖν
6 τὸ κάρφοσ ἐκ τοῦ ὀφθαλμοῦ τοῦ ἀδελφοῦ σου. ⁶ Μὴ δῶτε τὸ

22. εαν : add ουν | ᾖ : post απλ. 23. ᾖ : ℵ* post δε 24. μαμμωνα
25. φαγητε : add και τι πιητε 28. αυξανει· ου κοπια ουδ. νηθει
32. επιζητει | ℵ* ο θεοσ ο πατ. υμων | ο ουρανιοσ : ℵ om 33. την
βασιλειαν : add του θεου 34. μεριμν. τα εαυτησ
  VII, 2. αντιμετρηθησεται 3. ℵ* την δε δοκ. την εν τ. σ. οφθ.
4. ερεισ : ℵ* λεγισ | τω αδ. σου : ℵ add αδελφε | εκ : απο 5. την δοκ.
εκ τ. οφθ. σου | ℵ εκβαλλειν

ΜΑΤΤΗ. 7, 25. 11

ἅγιον τοῖσ κυσίν, μηδὲ βάλητε τοὺς μαργαρίτασ ὑμῶν ἔμπροσθεν
τῶν χοίρων, μήποτε καταπατήσουσιν αὐτοὺσ ἐν τοῖσ ποσὶν αὐτῶν
καὶ στραφέντεσ ῥήξωσιν ὑμᾶσ. ⁷Αἰτεῖτε, καὶ δοθήσεται ὑμῖν· 7
ζητεῖτε, καὶ εὑρήσετε· κρούετε, καὶ ἀνοιγήσεται ὑμῖν. ⁸πᾶσ γὰρ 8
ὁ αἰτῶν λαμβάνει, καὶ ὁ ζητῶν εὑρίσκει, καὶ τῷ κρούοντι ἀνοι-
γήσεται. ⁹ἢ τίσ ἐστιν ἐξ ὑμῶν ἄνθρωποσ, ὃν αἰτήσει ὁ υἱὸσ 9
αὐτοῦ ἄρτον, μὴ λίθον ἐπιδώσει αὐτῷ; ¹⁰ἢ καὶ ἰχθὺν αἰτήσει, μὴ 10
ὄφιν ἐπιδώσει αὐτῷ; ¹¹εἰ οὖν ὑμεῖσ πονηροὶ ὄντεσ οἴδατε δόματα 11
ἀγαθὰ διδόναι τοῖσ τέκνοισ ὑμῶν, πόσῳ μᾶλλον ὁ πατὴρ ὑμῶν
ὁ ἐν τοῖσ οὐρανοῖσ δώσει ἀγαθὰ τοῖσ αἰτοῦσιν αὐτόν. ¹²πάντα 12
οὖν ὅσα ἐὰν θέλητε ἵνα ποιῶσιν ὑμῖν οἱ ἄνθρωποι, οὕτωσ καὶ
ὑμεῖσ ποιεῖτε αὐτοῖσ· οὗτοσ γάρ ἐστιν ὁ νόμοσ καὶ οἱ προφῆται.
¹³εἰσέλθατε διὰ τῆσ στενῆσ πύλησ· ὅτι πλατεῖα [ἡ πύλη] καὶ 13
εὐρύχωροσ ἡ ὁδὸσ ἡ ἀπάγουσα εἰσ τὴν ἀπώλειαν, καὶ πολλοί
εἰσιν οἱ εἰσερχόμενοι δι᾽ αὐτῆσ· ¹⁴ὅτι στενὴ [ἡ πύλη] καὶ τεθλιμ- 14
μένη ἡ ὁδὸσ ἡ ἀπάγουσα εἰσ τὴν ζωήν, καὶ ὀλίγοι εἰσὶν οἱ εὑρίσκον-
τεσ αὐτήν. ¹⁵Προσέχετε ἀπὸ τῶν ψευδοπροφητῶν, οἵτινεσ ἔρ- 15
χονται πρὸσ ὑμᾶσ ἐν ἐνδύμασιν προβάτων, ἔσωθεν δέ εἰσιν λύκοι
ἅρπαγεσ. ¹⁶ἀπὸ τῶν καρπῶν αὐτῶν ἐπιγνώσεσθε αὐτούς. μήτι 16
συλλέγουσιν ἀπὸ ἀκανθῶν σταφυλὰσ ἢ ἀπὸ τριβόλων σῦκα; ¹⁷οὕτωσ 17
πᾶν δένδρον ἀγαθὸν καρποὺσ καλοὺσ ποιεῖ, τὸ δὲ σαπρὸν δένδρον
καρποὺσ πονηροὺσ ποιεῖ. ¹⁸οὐ δύναται δένδρον ἀγαθὸν καρποὺσ 18
πονηροὺσ ἐνεγκεῖν, οὐδὲ δένδρον σαπρὸν καρποὺσ καλοὺσ ἐνεγκεῖν.
¹⁹πᾶν δένδρον μὴ ποιοῦν καρπὸν καλὸν ἐκκόπτεται καὶ εἰσ πῦρ 19
βάλλεται. ²⁰ἄραγε ἀπὸ τῶν καρπῶν αὐτῶν ἐπιγνώσεσθε αὐτούς. 20
²¹Οὐ πᾶσ ὁ λέγων μοι κύριε κύριε, εἰσελεύσεται εἰσ τὴν βασιλείαν 21
τῶν οὐρανῶν, ἀλλ᾽ ὁ ποιῶν τὸ θέλημα τοῦ πατρόσ μου τοῦ ἐν τοῖσ
οὐρανοῖσ. ²²πολλοὶ ἐροῦσίν μοι ἐν ἐκείνῃ τῇ ἡμέρᾳ· κύριε κύριε, 22
οὐ τῷ σῷ ὀνόματι ἐπροφητεύσαμεν, καὶ τῷ σῷ ὀνόματι δαιμόνια
ἐξεβάλομεν, καὶ τῷ σῷ ὀνόματι δυνάμεισ πολλὰσ ἐποιήσαμεν;
²³καὶ τότε ὁμολογήσω αὐτοῖσ ὅτι οὐδέποτε ἔγνων ὑμᾶσ, ἀποχω- 23
ρεῖτε ἀπ᾽ ἐμοῦ οἱ ἐργαζόμενοι τὴν ἀνομίαν. ²⁴Πᾶσ οὖν ὅστισ 24
ἀκούει μου τοὺσ λόγουσ τούτουσ καὶ ποιεῖ αὐτοὺσ ὁμοιωθήσεται
ἀνδρὶ φρονίμῳ, ὅστισ ᾠκοδόμησεν αὐτοῦ τὴν οἰκίαν ἐπὶ τὴν
πέτραν. ²⁵καὶ κατέβη ἡ βροχὴ καὶ ἦλθον οἱ ποταμοὶ καὶ ἔπνευ- 25
σαν οἱ ἄνεμοι καὶ προσέπεσαν τῇ οἰκίᾳ ἐκείνῃ, καὶ οὐκ ἔπεσεν·

---

6. ς ℵ καταπάτησωσιν 9. ον εαν αιτηση 10. η και : και εαν | αιτηση
12. ουν : ℵ* om | εαν : αν 13. εισελθετε | η πυλη : ℵ* itmu Naasshippol
Clem Orquater etc om | εισιν : ℵ* om 14. οτι : ℵc τι | η πυλη : itmu Naasshippol
Clem Orquinquies (sedsemel η πυλ.) etc om 15. προσεχ. δε 16. σταφυλην
18. ενεγκ. pr : ς ℵcor* ποιειν | ενεγκ. sec : ποιειν 21. ℵ* τα θελήματα |
τοισ : om 22. προεφητευσαμεν | δαιμονια : ℵ* add πολλα | ℵ* εξεβαλ-
λομεν 24. ομοιωθησεται : ομοιωσω αυτον | την οικ. αυτου 25. προσε-
πεσον

26 τεθεμελίωτο γὰρ ἐπὶ τὴν πέτραν. ²⁶ καὶ πᾶσ ὁ ἀκούων μου
τοὺσ λόγουσ τούτουσ καὶ μὴ ποιῶν αὐτοὺσ ὁμοιωθήσεται ἀνδρὶ
27 μωρῷ, ὅστισ ᾠκοδόμησεν αὐτοῦ τὴν οἰκίαν ἐπὶ τὴν ἄμμον. ²⁷ καὶ
κατέβη ἡ βροχὴ καὶ ἦλθον οἱ ποταμοὶ καὶ ἔπνευσαν οἱ ἄνεμοι
καὶ προσέκοψαν τῇ οἰκίᾳ ἐκείνῃ, καὶ ἔπεσεν, καὶ ἦν ἡ πτῶσισ
αὐτῆσ μεγάλη.
28 Καὶ ἐγένετο ὅτε ἐτέλεσεν ὁ Ἰησοῦσ τοὺσ λόγουσ τούτουσ, Mc 1, 22 Lc 4, 32
29 ἐξεπλήσσοντο οἱ ὄχλοι ἐπὶ τῇ διδαχῇ αὐτοῦ· ²⁹ ἦν γὰρ διδάσκων
αὐτοὺσ ὡσ ἐξουσίαν ἔχων, καὶ οὐχ ὡσ οἱ γραμματεῖσ αὐτῶν.

VIII.

Sanantur leprosus, paralyticus centurionis, socrus Petri aliique aegroti.
Agitur cum sectari volentibus, sedatur tempestas, mergitur daemonum
impetu porcorum grex.
1-4 Mc 1,
1 Καταβάντι δὲ αὐτῷ ἀπὸ τοῦ ὄρουσ, ἠκολούθησαν αὐτῷ 40-44 Lc 5,
2 ὄχλοι πολλοί. ² καὶ ἰδοὺ λεπρὸσ προσελθὼν προσεκύνει αὐτῷ 12-14
3 λέγων· κύριε, ἐὰν θέλῃσ, δύνασαί με καθαρίσαι. ³ καὶ ἐκτείνασ
τὴν χεῖρα ἥψατο αὐτοῦ λέγων· θέλω, καθαρίσθητι. καὶ εὐθέωσ
4 ἐκαθερίσθη αὐτοῦ ἡ λέπρα. ⁴ καὶ λέγει αὐτῷ ὁ Ἰησοῦσ· ὅρα Lev 14, 2
μηδενὶ εἴπῃσ, ἀλλὰ ὕπαγε σεαυτὸν δεῖξον τῷ ἱερεῖ καὶ προσέ-
νεγκον τὸ δῶρον ὃ προσέταξεν Μωϋσῆσ, εἰσ μαρτύριον αὐτοῖσ.
5 Εἰσελθόντοσ δὲ αὐτοῦ εἰσ Καφαρναούμ, προσῆλθεν αὐτῷ 5-13 Lc 7, 1-10
6 ἑκατοντάρχησ παρακαλῶν αὐτὸν ⁶ καὶ λέγων· κύριε, ὁ παῖσ μου
7 βέβληται ἐν τῇ οἰκίᾳ παραλυτικόσ, δεινῶσ βασανιζόμενοσ. ⁷ λέ-
8 γει αὐτῷ· ἐγὼ ἐλθὼν θεραπεύσω αὐτόν. ⁸ ἀποκριθεὶσ δὲ ὁ ἑκα-
τοντάρχησ ἔφη· κύριε, οὐκ εἰμὶ ἱκανὸσ ἵνα μου ὑπὸ τὴν στέγην
εἰσέλθῃσ· ἀλλὰ μόνον εἰπὲ λόγῳ, καὶ ἰαθήσεται ὁ παῖσ μου.
9 ⁹ καὶ γὰρ ἐγὼ ἄνθρωπόσ εἰμι ὑπὸ ἐξουσίαν, ἔχων ὑπ' ἐμαυτὸν
στρατιώτασ, καὶ λέγω τούτῳ· πορεύθητι, καὶ πορεύεται, καὶ ἄλλῳ·
ἔρχου, καὶ ἔρχεται, καὶ τῷ δούλῳ μου· ποίησον τοῦτο, καὶ ποιεῖ.
10 ¹⁰ ἀκούσασ δὲ ὁ Ἰησοῦσ ἐθαύμασεν καὶ εἶπεν τοῖσ ἀκολουθοῦσιν·
11 ἀμὴν λέγω ὑμῖν, οὐδὲ ἐν τῷ Ἰσραὴλ τοσαύτην πίστιν εὗρον. ¹¹ λέγω 11 ss Lc 13, 28 s
δὲ ὑμῖν ὅτι πολλοὶ ἀπὸ ἀνατολῶν καὶ δυσμῶν ἥξουσιν καὶ ἀνακλι-
θήσονται μετὰ Ἀβραὰμ καὶ Ἰσαὰκ καὶ Ἰακὼβ ἐν τῇ βασιλείᾳ
12 τῶν οὐρανῶν· ¹² οἱ δὲ υἱοὶ τῆσ βασιλείασ ἐξελεύσονται εἰσ τὸ
σκότοσ τὸ ἐξώτερον· ἐκεῖ ἔσται ὁ κλαυθμὸσ καὶ ὁ βρυγμὸσ τῶν

---

26. την οικ. αυτου 27. א ηλθαν | א* om και επν. οι ανεμοι 28. συνε-
τελεσεν | א εξεπληττοντ. 29. αυτων : om
VIII, 1. אᵇ καταβαντοσ δε αυτου 2. ελθων 3. τ. χειρα : א* add
αυτου | ηψατ. αυτου : add ο ιησουσ | ευθεωσ : א* om | ϛ א εκαθαρισθη
4. λεγει: א* ειπεν | ϛ (non ϛᵉ) αλλ | ϛ א προσενεγκε | μωσησ 5. εισελθοντι
δε τω ιησου | καπερναουμ | εκατονταρχοσ (item v. 8) 6. א* om κυριε
7. ϛ א και λεγει | αυτω: add ο ιησουσ | εγω : א* praem ακολουθει μοι
8. και αποκριθεισ|εφη : א* ειπεν | λογον 9. υπ. εξουσιαν: א add τασσο-
μενοσ 11. א ισακ 12. εξελευσονται: ϛ εκβληθησονται

ὀδόντων. ¹³ καὶ εἶπεν ὁ Ἰησοῦσ τῷ ἑκατοντάρχῃ· ὕπαγε, ὡσ 13
ἐπίστευσασ γενηθήτω σοι. καὶ ἰάθη ὁ παῖσ ἐν τῇ ὥρᾳ ἐκείνῃ.
Καὶ ἐλθὼν ὁ Ἰησοῦσ εἰσ τὴν οἰκίαν Πέτρου εἶδεν τὴν πεν- 14
θερὰν αὐτοῦ βεβλημένην καὶ πυρέσσουσαν. ¹⁵ καὶ ἥψατο τῆσ 15
χειρὸσ αὐτῆσ, καὶ ἀφῆκεν αὐτὴν ὁ πυρετόσ· καὶ ἠγέρθη, καὶ διη-
κόνει αὐτῷ. ¹⁶ ὀψίασ δὲ γενομένησ προσήνεγκαν αὐτῷ δαιμονι- 16
ζομένουσ πολλούσ· καὶ ἐξέβαλεν τὰ πνεύματα λόγῳ, καὶ πάντασ
τοὺσ κακῶσ ἔχοντασ ἐθεράπευσεν, ¹⁷ ὅπωσ πληρωθῇ τὸ ῥηθὲν διὰ 17
Ἡσαΐου τοῦ προφήτου λέγοντοσ· αὐτὸσ τὰσ ἀσθενείασ ἡμῶν ἔλα-
βεν καὶ τὰσ νόσουσ ἐβάστασεν.
Ἰδὼν δὲ ὁ Ἰησοῦσ πολλοὺσ ὄχλουσ περὶ αὐτὸν ἐκέλευσεν 18
ἀπελθεῖν εἰσ τὸ πέραν. ¹⁹ καὶ προσελθὼν εἷσ γραμματεὺσ εἶπεν 19
αὐτῷ· διδάσκαλε, ἀκολουθήσω σοι ὅπου ἐὰν ἀπέρχῃ. ²⁰ καὶ λέγει 20
αὐτῷ ὁ Ἰησοῦσ· αἱ ἀλώπεκεσ φωλεοὺσ ἔχουσιν καὶ τὰ πετεινὰ
τοῦ οὐρανοῦ κατασκηνώσεισ, ὁ δὲ υἱὸσ τοῦ ἀνθρώπου οὐκ ἔχει
ποῦ τὴν κεφαλὴν κλίνῃ. ²¹ ἕτεροσ δὲ τῶν μαθητῶν εἶπεν αὐτῷ· 21
κύριε, ἐπίτρεψόν μοι πρῶτον ἀπελθεῖν καὶ θάψαι τὸν πατέρα
μου. ²² ὁ δὲ λέγει αὐτῷ· ἀκολούθει μοι, καὶ ἄφεσ τοὺσ νεκροὺσ 22
θάψαι τοὺσ ἑαυτῶν νεκρούσ.
Καὶ ἐμβάντι αὐτῷ εἰσ τὸ πλοῖον, ἠκολούθησαν αὐτῷ οἱ 23
μαθηταὶ αὐτοῦ. ²⁴ καὶ ἰδοὺ σεισμὸσ μέγασ ἐγένετο ἐν τῇ θαλάσσῃ, 24
ὥστε τὸ πλοῖον καλύπτεσθαι ὑπὸ τῶν κυμάτων· αὐτὸσ δὲ ἐκά-
θευδεν. ²⁵ καὶ προσελθόντεσ ἤγειραν αὐτὸν λέγοντεσ· κύριε σῶσον, 25
ἀπολλύμεθα. ²⁶ καὶ λέγει αὐτοῖσ· τί δειλοί ἐστε, ὀλιγόπιστοι; 26
τότε ἐγερθεὶσ ἐπετίμησεν τοῖσ ἀνέμοισ καὶ τῇ θαλάσσῃ, καὶ ἐγένετο
γαλήνη μεγάλη. ²⁷ οἱ δὲ ἄνθρωποι ἐθαύμασαν λέγοντεσ· ποταπόσ 27
ἐστιν οὗτοσ, ὅτι καὶ οἱ ἄνεμοι καὶ ἡ θάλασσα αὐτῷ ὑπακούουσιν;
Καὶ ἐλθόντοσ αὐτοῦ εἰσ τὸ πέραν εἰσ τὴν χώραν τῶν Γα- 28
δαρηνῶν, ὑπήντησαν αὐτῷ δύο δαιμονιζόμενοι ἐκ τῶν μνημείων
ἐξερχόμενοι, χαλεποὶ λίαν, ὥστε μὴ ἰσχύειν τινὰ παρελθεῖν διὰ
τῆσ ὁδοῦ ἐκείνησ. ²⁹ καὶ ἰδοὺ ἔκραξαν λέγοντεσ· τί ἡμῖν καὶ σοί, 29
υἱὲ τοῦ θεοῦ; ἦλθεσ ὧδε πρὸ καιροῦ βασανίσαι ἡμᾶσ; ³⁰ ἦν δὲ 30
μακρὰν ἀπ' αὐτῶν ἀγέλη χοίρων πολλῶν βοσκομένη. ³¹ οἱ δὲ 31
δαίμονεσ παρεκάλουν αὐτὸν λέγοντεσ· εἰ ἐκβάλλεισ ἡμᾶσ, ἀπό-
στειλον ἡμᾶσ εἰσ τὴν ἀγέλην τῶν χοίρων. ³² καὶ εἶπεν αὐτοῖσ· 32
ὑπάγετε. οἱ δὲ ἐξελθόντεσ ἀπῆλθον εἰσ τοὺσ χοίρουσ· καὶ ἰδοὺ

---

13. εκατονταρχω | υπ. και ωσ | ο παισ : add αυτου | εκεινη : א add και
υποστρεψασ ο εκατονταρχοσ εισ τον οικον αυτου εν αυτη τη ωρα ευρεν
τον παιδα υγιαινοντα. 15. αυτω : αυτοισ 18. א* om πολλουσ 21. μα-
θητων : add αυτου 22. ο δε : add ιησουσ | λεγει : ειπεν 23. א^b om το
25. προσελθ. : add οι μαθηται αυτου | σωσον ημασ 26. א* τω ανεμω
27. υπακου. αυτω 28. ελθοντι αυτω, א* ελθοντων αυτων | γαδαρηνων :
א γαζαρηνων, 𝔰 γεργεσηνων. 29. υιε : praem ιησου | א* ημασ απολεσαι
(א^b βασανι.) προ καιρου 31. αποστ. ημασ : επιτρεψον ημιν απελθειν
32. απηλθ. εισ την αγελην των χοιρων

8, 33. MATTH.

ὥρμησεν πᾶσα ἡ ἀγέλη κατὰ τοῦ κρημνοῦ εἰσ τὴν θάλασσαν,
33 καὶ ἀπέθανον ἐν τοῖσ ὕδασιν. ³³ οἱ δὲ βόσκοντεσ ἔφυγον, καὶ
ἀπελθόντεσ εἰσ τὴν πόλιν ἀπήγγειλαν πάντα καὶ τὰ τῶν δαιμονι-
34 ζομένων. ³⁴ καὶ ἰδοὺ πᾶσα ἡ πόλισ ἐξῆλθεν εἰσ ὑπάντησιν τοῦ
Ἰησοῦ, καὶ ἰδόντεσ αὐτὸν παρεκάλεσαν ὅπωσ μεταβῇ ἀπὸ τῶν
ὁρίων αὐτῶν.

IX.

Sanando paralytico condonat peccata. Vocatur Matthaeus. Discipuli Iesu
non ieiunantes. Filia Iairi rediviva et mulier sanguine fluens. Duo caeci
et mutus. Messorum paucitas.

1 Καὶ ἐμβὰσ εἰσ πλοῖον διεπέρασεν, καὶ ἦλθεν εἰσ τὴν ἰδίαν 1-8 Mc 2,3-12
2 πόλιν. ²καὶ ἰδοὺ προσέφερον αὐτῷ παραλυτικὸν ἐπὶ κλίνησ Lc 5, 18-26
βεβλημένον. καὶ ἰδὼν ὁ Ἰησοῦσ τὴν πίστιν αὐτῶν εἶπεν τῷ παρα-
3 λυτικῷ· θάρσει τέκνον, ἀφίενταί σου αἱ ἁμαρτίαι. ³ καὶ ἰδοὺ
4 τινὲσ τῶν γραμματέων εἶπον ἐν ἑαυτοῖσ· οὗτοσ βλασφημεῖ. ⁴καὶ
ἰδὼν ὁ Ἰησοῦσ τὰσ ἐνθυμήσεισ αὐτῶν εἶπεν· ἱνατί ἐνθυμεῖσθε
5 πονηρὰ ἐν ταῖσ καρδίαισ ὑμῶν; ⁵τί γάρ ἐστιν εὐκοπώτερον,
εἰπεῖν· ἀφίενταί σου αἱ ἁμαρτίαι, ἢ εἰπεῖν· ἔγειρε καὶ περιπάτει;
6 ⁶ ἵνα δὲ εἰδῆτε ὅτι ἐξουσίαν ἔχει ὁ υἱὸσ τοῦ ἀνθρώπου ἐπὶ τῆσ
γῆσ ἀφιέναι ἁμαρτίασ, τότε λέγει τῷ παραλυτικῷ· ἐγερθεὶσ ἆρόν
7 σου τὴν κλίνην καὶ ὕπαγε εἰσ τὸν οἶκόν σου. ⁷ καὶ ἐγερθεὶσ
8 ἀπῆλθεν εἰσ τὸν οἶκον αὐτοῦ. ⁸ ἰδόντεσ δὲ οἱ ὄχλοι ἐφοβήθησαν
καὶ ἐδόξασαν τὸν θεὸν τὸν δόντα ἐξουσίαν τοιαύτην τοῖσ ἀν-
θρώποισ.

9 Καὶ παράγων ὁ Ἰησοῦσ ἐκεῖθεν εἶδεν ἄνθρωπον καθήμενον 9-13 Mc 2, 14-17
ἐπὶ τὸ τελώνιον, Ματθαῖον λεγόμενον, καὶ λέγει αὐτῷ· ἀκο- Lc5,27-32
10 λούθει μοι. καὶ ἀναστὰσ ἠκολούθει αὐτῷ. ¹⁰ καὶ ἐγένετο αὐτοῦ
ἀνακειμένου ἐν τῇ οἰκίᾳ, ἰδοὺ πολλοὶ τελῶναι καὶ ἁμαρτωλοὶ
11 ἐλθόντεσ συνανέκειντο τῷ Ἰησοῦ καὶ τοῖσ μαθηταῖσ αὐτοῦ. ¹¹ καὶ
ἰδόντεσ οἱ Φαρισαῖοι ἔλεγον τοῖσ μαθηταῖσ αὐτοῦ· διατί μετὰ
12 τῶν τελωνῶν καὶ ἁμαρτωλῶν ἐσθίει ὁ διδάσκαλοσ ὑμῶν; ¹² ὁ δὲ
ἀκούσασ εἶπεν· οὐ χρείαν ἔχουσιν οἱ ἰσχύοντεσ ἰατροῦ ἀλλ᾽ οἱ
13 κακῶσ ἔχοντεσ. ¹³ πορευθέντεσ δὲ μάθετε τί ἐστιν· ἔλεοσ θέλω
καὶ οὐ θυσίαν. οὐ γὰρ ἦλθον καλέσαι δικαίουσ ἀλλὰ ἁμαρ-
τωλούσ.

14 Τότε προσέρχονται αὐτῷ οἱ μαθηταὶ Ἰωάννου λέγοντεσ· 14-17 Mc 2, 18-22
διατί ἡμεῖσ καὶ οἱ Φαρισαῖοι νηστεύομεν, οἱ δὲ μαθηταί σου οὐ Lc5,33-38

---

32. πα. η αγελη : add των χοιρων   34. συναντησιν | τω ιησου
IX, 1. το πλοιον 2. αφεωνται | σοι αι αμαρτ. σου   4. ινατι : add
υμεισ   5. א* αφιονται, ς αφεωνται | σοι αι αμαρτ. | εγειραι | και : א* om
6. υπαγε : א* πορευου   8. εφοβ. : εθαυμασαν   9. א* om εκειθ. | ματ-
θαιον | א* om και pr | ηκολουθησεν   10. κ. εγεν. αν. ανακ. : א* και ανα-
κειμενων | και ιδου | א* om ελθοντ.   11. ελεγ. : ειπον   12. ο δε : add
ιησουσ | ειπεν αυτοισ | א ιατρων   13. ελεον | αλλ αμαρτωλ. εισ μετανοιαν
14. νηστευομεν πολλα

νηστεύουσιν; ¹⁵ καὶ εἶπεν αὐτοῖσ ὁ Ἰησοῦσ· μὴ δύνανται οἱ υἱοὶ 15
τοῦ νυμφῶνοσ πενθεῖν ἐφ᾽ ὅσον μετ᾽ αὐτῶν ἐστὶν ὁ νυμφίοσ;
ἐλεύσονται δὲ ἡμέραι ὅταν ἀπαρθῇ ἀπ᾽ αὐτῶν ὁ νυμφίοσ, καὶ
τότε νηστεύσουσιν. ¹⁶ οὐδεὶσ δὲ ἐπιβάλλει ἐπίβλημα ῥάκουσ ἀγνά- 16
φου ἐπὶ ἱματίῳ παλαιῷ· αἴρει γὰρ τὸ πλήρωμα αὐτοῦ ἀπὸ τοῦ
ἱματίου, καὶ χεῖρον σχίσμα γίνεται. ¹⁷ οὐδὲ βάλλουσιν οἶνον νέον 17
εἰσ ἀσκοὺσ παλαιούσ· εἰ δὲ μήγε, ῥήγνυνται οἱ ἀσκοί, καὶ ὁ οἶνοσ
ἐκχεῖται καὶ οἱ ἀσκοὶ ἀπόλλυνται· ἀλλὰ βάλλουσιν οἶνον νέον εἰσ
ἀσκοὺσ καινούσ, καὶ ἀμφότεροι συντηροῦνται.
Ταῦτα αὐτοῦ λαλοῦντοσ αὐτοῖσ, ἰδοὺ ἄρχων εἰσελθὼν προσε- 18
κύνει αὐτῷ, λέγων· ἡ θυγάτηρ μου ἄρτι ἐτελεύτησεν, ἀλλὰ ἐλθὼν
ἐπίθεσ τὴν χεῖρά σου ἐπ᾽ αὐτήν, καὶ ζήσεται. ¹⁹ καὶ ἐγερθεὶσ ὁ 19
Ἰησοῦσ ἠκολούθει αὐτῷ καὶ οἱ μαθηταὶ αὐτοῦ. ²⁰ καὶ ἰδοὺ γυνὴ 20
αἱμορροοῦσα δώδεκα ἔτη προσελθοῦσα ὄπισθεν ἥψατο τοῦ κρα-
σπέδου τοῦ ἱματίου αὐτοῦ· ²¹ ἔλεγεν γὰρ ἐν ἑαυτῇ· ἐὰν μόνον 21
ἅψωμαι τοῦ ἱματίου αὐτοῦ, σωθήσομαι. ²² ὁ δὲ στραφεὶσ καὶ 22
ἰδὼν αὐτὴν εἶπεν· θάρσει θύγατερ, ἡ πίστισ σου σέσωκέν σε. καὶ
ἐσώθη ἡ γυνὴ ἀπὸ τῆσ ὥρασ ἐκείνησ. ²³ καὶ ἐλθὼν ὁ Ἰησοῦσ 23
εἰσ τὴν οἰκίαν τοῦ ἄρχοντοσ καὶ ἰδὼν τοὺσ αὐλητὰσ καὶ τὸν
ὄχλον θορυβούμενον ἔλεγεν· ²⁴ ἀναχωρεῖτε· οὐ γὰρ ἀπέθανεν τὸ 24
κοράσιον ἀλλὰ καθεύδει. καὶ κατεγέλων αὐτοῦ. ²⁵ ὅτε δὲ ἐξε- 25
βλήθη ὁ ὄχλοσ, εἰσελθὼν ἐκράτησεν τῆσ χειρὸσ αὐτῆσ, καὶ ἠγέρθη
τὸ κοράσιον. ²⁶ καὶ ἐξῆλθεν ἡ φήμη αὕτη εἰσ ὅλην τὴν γῆν ἐκείνην. 26
Καὶ παράγοντι ἐκεῖθεν τῷ Ἰησοῦ, ἠκολούθησαν αὐτῷ δύο 27
τυφλοὶ κράζοντεσ καὶ λέγοντεσ· ἐλέησον ἡμᾶσ, υἱὸσ Δαυείδ. ²⁸ ἐλ- 28
θόντι δὲ εἰσ τὴν οἰκίαν προσῆλθον αὐτῷ οἱ τυφλοί, καὶ λέγει
αὐτοῖσ ὁ Ἰησοῦσ· πιστεύετε ὅτι δύναμαι τοῦτο ποιῆσαι; λέγουσιν
αὐτῷ· ναί, κύριε. ²⁹ τότε ἥψατο τῶν ὀφθαλμῶν αὐτῶν λέγων· 29
κατὰ τὴν πίστιν ὑμῶν γενηθήτω ὑμῖν. ³⁰ καὶ ἀνεῴχθησαν αὐτῶν 30
οἱ ὀφθαλμοί. καὶ ἐνεβριμήθη αὐτοῖσ ὁ Ἰησοῦσ λέγων· ὁρᾶτε,
μηδεὶσ γινωσκέτω. ³¹ οἱ δὲ ἐξελθόντεσ διεφήμισαν αὐτὸν ἐν ὅλῃ 31
τῇ γῇ ἐκείνῃ.
Αὐτῶν δὲ ἐξερχομένων, ἰδοὺ προσήνεγκαν αὐτῷ ἄνθρωπον 32
κωφὸν δαιμονιζόμενον. ³³ καὶ ἐκβληθέντοσ τοῦ δαιμονίου ἐλάλησεν 33
ὁ κωφόσ. καὶ ἐθαύμασαν οἱ ὄχλοι λέγοντεσ· οὐδέποτε ἐφάνη
οὕτωσ ἐν τῷ Ἰσραήλ. ³⁴ οἱ δὲ Φαρισαῖοι ἔλεγον· ἐν τῷ ἄρχοντι 34
τῶν δαιμονίων ἐκβάλλει τὰ δαιμόνια.

---

16. ℵ* om αυτου 17. απολουνται | αλλα βαλλουσιν etc : ℵ αλλ οινον.ν ε.
εισ ασκ. καιν. βλητεον | αμφοτερα 18. εισελθων : ς ελθων, ℵ προσελ-
θων, ℵᵇ εισ προσελθ. | λεγων : add οτι 19. ηκολουθησεν 20. ℵ* αιμα-
ροουσα, ℵᶜ αιμοροουσα 21. ℵ* om μονον 22. ο δε : add ιησουσ | επι-
στραφεισ 23. ελεγεν : λεγει αυτοισ 24. αυτου : ℵ* add ειδοτεσ οτι
απεθανεν 26. αυτη : ℵ αυτησ 27. ℵ κραυγαζοντεσ | υιε | δαβιδ 28. ℵ* εισελ-
θοντι | ℵ* οι δυο τυφλ. | ℵ* om ο | ℵ* δυναμαι υμιν τουτο 30. ενεβριμη-
σατο 31. ℵ* om ολη 32. ℵ om ανθρωπον 33. λεγοντεσ : add οτι

35 Καὶ περιῆγεν ὁ Ἰησοῦσ τὰσ πόλεισ πάσασ καὶ τὰσ κώμασ, Mc 6, 6
διδάσκων ἐν ταῖσ συναγωγαῖσ αὐτῶν καὶ κηρύσσων τὸ εὐαγγέλιον
τῆσ βασιλείασ καὶ θεραπεύων πᾶσαν νόσον καὶ πᾶσαν μαλακίαν.
36 ³⁶ἰδὼν δὲ τοὺσ ὄχλουσ ἐσπλαγχνίσθη περὶ αὐτῶν, ὅτι ἦσαν ἐσκυλ- Mc 6, 34
                                                                    1 Pe 2, 25
37 μένοι καὶ ἐριμμένοι ὡσεὶ πρόβατα μὴ ἔχοντα ποιμένα. ³⁷ τότε Nm 27, 17
λέγει τοῖσ μαθηταῖσ αὐτοῦ· ὁ μὲν θερισμὸσ πολύσ, οἱ δὲ ἐργάται
38 ὀλίγοι. ³⁸ δεήθητε οὖν τοῦ κυρίου τοῦ θερισμοῦ ὅπωσ ἐκβάλῃ Lc. 10, 2
ἐργάτασ εἰσ τὸν θερισμὸν αὐτοῦ.

X.

Apostolorum constitutio, nomina, legatio ad Iudaeos, calamitates, ornamenta.

1 Καὶ προσκαλεσάμενοσ τοὺσ δώδεκα μαθητὰσ αὐτοῦ ἔδωκεν Mc 3, 14 s
αὐτοῖσ ἐξουσίαν πνευμάτων ἀκαθάρτων, ὥστε ἐκβάλλειν αὐτά, et 6, 7
                                                                    Lc 9, 1
καὶ θεραπεύειν πᾶσαν νόσον καὶ πᾶσαν μαλακίαν.
                                                                    2-4
2 Τῶν δὲ δώδεκα ἀποστόλων τὰ ὀνόματά ἐστιν ταῦτα· πρῶτοσ Mc 3,
Σίμων ὁ λεγόμενοσ Πέτροσ καὶ Ἀνδρέασ ὁ ἀδελφὸσ αὐτοῦ, καὶ 16-19
                                                                   Lc6,14-16
3 Ἰάκωβοσ ὁ τοῦ Ζεβεδαίου καὶ Ἰωάννησ ὁ ἀδελφὸσ αὐτοῦ, ³ Φίλιπ- Act 1, 13
ποσ καὶ Βαρθολομαῖοσ, Θωμᾶσ καὶ Ματθαῖοσ ὁ τελώνησ, Ἰάκω-
4 βοσ ὁ τοῦ Ἀλφαίου καὶ Λεββαῖοσ, ⁴ Σίμων ὁ Καναναῖοσ καὶ
Ἰούδασ ὁ Ἰσκαριώτησ ὁ καὶ παραδοὺσ αὐτόν.
5 Τούτουσ τοὺσ δώδεκα ἀπέστειλεν ὁ Ἰησοῦσ παραγγείλασ
αὐτοῖσ λέγων· εἰσ ὁδὸν ἐθνῶν μὴ ἀπέλθητε, καὶ εἰσ πόλιν Σαμα-
6 ριτῶν μὴ εἰσέλθητε· ⁶ πορεύεσθε δὲ μᾶλλον πρὸσ τὰ πρόβατα 15, 24
7 τὰ ἀπολωλότα οἴκου Ἰσραήλ. ⁷ πορευόμενοι δὲ κηρύσσετε λέγον- Lc 9, 2
                                                                    7-8
8 τεσ ὅτι ἤγγικεν ἡ βασιλεία τῶν οὐρανῶν. ⁸ ἀσθενοῦντασ θερα- et 10, 9
                                                                    11, 5
πεύετε, νεκροὺσ ἐγείρετε, λεπροὺσ καθαρίζετε, δαιμόνια ἐκβάλλετε·
                                                                    9-15
9 δωρεὰν ἐλάβετε, δωρεὰν δότε. ⁹ μὴ κτήσησθε χρυσὸν μηδὲ ἄργυρον Mc6,8-11
                                                                    Lc10,4-12
10 μηδὲ χαλκὸν εἰσ τὰσ ζώνασ ὑμῶν, ¹⁰ μὴ πήραν εἰσ ὁδὸν μηδὲ Mt 9, 3 ss
δύο χιτῶνασ μηδὲ ὑποδήματα μηδὲ ῥάβδον· ἄξιοσ γὰρ ὁ ἐργάτησ
11 τῆσ τροφῆσ αὐτοῦ. ¹¹ εἰσ ἣν δ᾽ ἂν πόλιν ἢ κώμην εἰσέλθητε,
ἐξετάσατε τίσ ἐν αὐτῇ ἄξιόσ ἐστιν· κἀκεῖ μείνατε ἕωσ ἂν ἐξέλ-
12 θητε. ¹² εἰσερχόμενοι δὲ εἰσ τὴν οἰκίαν ἀσπάσασθε αὐτήν.
13 ¹³ καὶ ἐὰν μὲν ᾖ ἡ οἰκία ἀξία, ἐλθάτω ἡ εἰρήνη ὑμῶν ἐπ᾽ αὐτήν·
ἐὰν δὲ μὴ ᾖ ἀξία, ἡ εἰρήνη ὑμῶν πρὸσ ὑμᾶσ ἐπιστραφήτω.
14 ¹⁴ καὶ ὃσ ἂν μὴ δέξηται ὑμᾶσ μηδὲ ἀκούσῃ τοὺσ λόγουσ ὑμῶν,
ἐξερχόμενοι ἔξω τῆσ οἰκίασ ἢ τῆσ πόλεωσ ἐκείνησ ἐκτινάξατε

---

35. א* om και ante κηρ. | μαλακιαν : ϛ א* add εν τω λαω, insuperque א*
add και ηκολουθησαν αυτω 36. εκλελυμενοι και ερριμμενοι
X, 2. om και ante ιακ. 3. ματθαιοσ | και λεββ. : א και θαδδαιοσ,
ϛ κ. λεββ. ο επικληθεισ θαδδαιοσ 4. ο κανανιτησ | ο ισκαρ. : ϛ (non ϛᶜ)
om ο 5. σαμαρειτων 8. νεκρ. εγειρ. : ϛ ante δαιμ. εκβ. pon, אᵇ plane
om 10. αυτου : add εστιν 12. ασπ. αυτὴν : א* add λεγοντεσ ειρηνη
τω οικω τουτω 13. ελθετω | προσ : א εφ 14. om εξω | η τησ πολ. : א
η πολ. η κωμησ | om εκ

ΜΑΤΤΗ. 10, 35. **17**

11, 24 τὸν κονιορτὸν ἐκ τῶν ποδῶν ὑμῶν. ¹⁵ἀμὴν λέγω ὑμῖν, ἀνεκτό- 15
τερον ἔσται γῇ Σοδόμων καὶ Γομόρρων ἐν ἡμέρᾳ κρίσεως ἢ τῇ
Lc 10, 3 πόλει ἐκείνῃ. ¹⁶Ἰδοὺ ἐγὼ ἀποστέλλω ὑμᾶς ὡς πρόβατα ἐν μέσῳ 16
λύκων· γίνεσθε οὖν φρόνιμοι ὡς οἱ ὄφεισ καὶ ἀκέραιοι ὡσ αἱ
17-22
Mc 13, περιστεραί. ¹⁷προσέχετε δὲ ἀπὸ τῶν ἀνθρώπων· παραδώσουσιν 17
9-13
Lc 21, γὰρ ὑμᾶς εἰσ συνέδρια, καὶ ἐν ταῖσ συναγωγαῖσ αὐτῶν μαστιγώ-
12-17 σουσιν ὑμᾶσ· ¹⁸καὶ ἐπὶ ἡγεμόνασ δὲ καὶ βασιλεῖσ ἀχθήσεσθε 18
Lc 12,11 s ἕνεκεν ἐμοῦ, εἰσ μαρτύριον αὐτοῖσ καὶ τοῖσ ἔθνεσιν. ¹⁹ὅταν δὲ 19
παραδῶσιν ὑμᾶσ, μὴ μεριμνήσητε πῶσ ἢ τί λαλήσητε· δοθήσεται
γὰρ ὑμῖν ἐν ἐκείνῃ τῇ ὥρᾳ τί λαλήσητε· ²⁰οὐ γὰρ ὑμεῖσ ἐστὲ οἱ 20
λαλοῦντεσ, ἀλλὰ τὸ πνεῦμα τοῦ πατρὸσ ὑμῶν τὸ λαλοῦν ἐν ὑμῖν.
²¹παραδώσει δὲ ἀδελφὸσ ἀδελφὸν εἰσ θάνατον καὶ πατὴρ τέκνον, 21
καὶ ἐπαναστήσονται τέκνα ἐπὶ γονεῖσ καὶ θανατώσουσιν αὐτούσ.
24, 9. 13 ²²καὶ ἔσεσθε μισούμενοι ὑπὸ πάντων διὰ τὸ ὄνομά μου· ὁ δὲ 22
ὑπομείνασ εἰσ τέλοσ, οὗτοσ σωθήσεται. ²³ὅταν δὲ διώκωσιν 23
ὑμᾶσ ἐν τῇ πόλει ταύτῃ, φεύγετε εἰσ τὴν ἑτέραν· ἀμὴν γὰρ λέγω
ὑμῖν, οὐ μὴ τελέσητε τὰσ πόλεισ τοῦ Ἰσραὴλ ἕωσ ἔλθῃ ὁ υἱὸσ
Lc 6, 40 τοῦ ἀνθρώπου. ²⁴Οὐκ ἔστιν μαθητὴσ ὑπὲρ τὸν διδάσκαλον, 24
Io 13, 16
οὐδὲ δοῦλοσ ὑπὲρ τὸν κύριον αὐτοῦ. ²⁵ἀρκετὸν τῷ μαθητῇ ἵνα 25
γένηται ὡσ ὁ διδάσκαλοσ αὐτοῦ, καὶ ὁ δοῦλοσ ὡσ ὁ κύριοσ
αὐτοῦ. εἰ τὸν οἰκοδεσπότην Βεελζεβοὺλ ἐπεκάλεσαν, πόσῳ μᾶλ-
λον τοὺσ οἰκιακοὺσ αὐτοῦ. ²⁶μὴ οὖν φοβηθῆτε αὐτούσ· οὐδὲν 26
Mc 4, 22 γάρ ἐστιν κεκαλυμμένον ὃ οὐκ ἀποκαλυφθήσεται, καὶ κρυπτὸν
Lc 8, 17
ὃ οὐ γνωσθήσεται. ²⁷ὃ λέγω ὑμῖν ἐν τῇ σκοτίᾳ, εἴπατε ἐν τῷ 27
φωτί· καὶ ὃ εἰσ τὸ οὖσ ἀκούετε, κηρύξατε ἐπὶ τῶν δωμάτων.
²⁸καὶ μὴ φοβεῖσθε ἀπὸ τῶν ἀποκτεννόντων τὸ σῶμα, τὴν δὲ 28
ψυχὴν μὴ δυναμένων ἀποκτεῖναι· φοβεῖσθε δὲ μᾶλλον τὸν δυνά-
μενον καὶ ψυχὴν καὶ σῶμα ἀπολέσαι ἐν γεέννῃ. ²⁹οὐχὶ δύο 29
στρουθία ἀσσαρίου πωλεῖται; καὶ ἓν ἐξ αὐτῶν οὐ πεσεῖται ἐπὶ
τὴν γῆν ἄνευ τοῦ πατρὸσ ὑμῶν. ³⁰ὑμῶν δὲ καὶ αἱ τρίχεσ τῆσ 30
6, 26 κεφαλῆσ πᾶσαι ἠριθμημέναι εἰσίν. ³¹μὴ οὖν φοβεῖσθε· πολλῶν 31
στρουθίων διαφέρετε ὑμεῖσ. ³²Πᾶσ οὖν ὅστισ ὁμολογήσει ἐν ἐμοὶ 32
ἔμπροσθεν τῶν ἀνθρώπων, ὁμολογήσω κἀγὼ ἐν αὐτῷ ἔμπροσθεν
τοῦ πατρόσ μου τοῦ ἐν οὐρανοῖσ· ³³ὅστισ δ' ἂν ἀρνήσηταί με 33
ἔμπροσθεν τῶν ἀνθρώπων, ἀρνήσομαι κἀγὼ αὐτὸν ἔμπροσθεν
34-36 τοῦ πατρόσ μου τοῦ ἐν οὐρανοῖσ. ³⁴Μὴ νομίσητε ὅτι ἦλθον 34
Lc 12,
51-53 βαλεῖν εἰρήνην ἐπὶ τὴν γῆν· οὐκ ἦλθον βαλεῖν εἰρήνην ἀλλὰ
Mich 7, 6 μάχαιραν. ³⁵ἦλθον γὰρ διχάσαι ἄνθρωπον κατὰ τοῦ πατρὸσ 35
αὐτοῦ καὶ θυγατέρα κατὰ τῆσ μητρὸσ αὐτῆσ καὶ νύμφην κατὰ

---

15. και: א add γη   16. κωσοοφισ   19. παραδιδωσιν | λαλησετε sec loc
23. ετεραν: αλλην | εωσ: add αν   24. διδασκαλον: א add αυτον   25. א
βεεζεβουλ | ς εκαλεσαν, א* επεκαλεσαντο   28. και μη φοβηθητε | αποκτει-
νοντ. | φοβηθητε δε. | א ψυχ. (א^c την ψυχ.) και το σωμ.   31. φοβηθητε
33. αυτον καγω   34. א ειρ. βαλ.

Nov. Test. ed. Tf.

36 τῆσ πενθερᾶσ αὐτῆσ. ³⁶ καὶ ἐχθροὶ τοῦ ἀνθρώπου οἱ οἰκιακοὶ
37 αὐτοῦ. ³⁷ Ὁ φιλῶν πατέρα ἢ μητέρα ὑπὲρ ἐμὲ οὐκ ἔστιν μου
ἄξιοσ, καὶ ὁ φιλῶν υἱὸν ἢ θυγατέρα ὑπὲρ ἐμὲ οὐκ ἔστιν μου
38 ἄξιοσ, ³⁸ καὶ ὃσ οὐ λαμβάνει τὸν σταυρὸν αὐτοῦ καὶ ἀκολουθεῖ
39 ὀπίσω μου, οὐκ ἔστιν μου ἄξιοσ. ³⁹ ὁ εὑρὼν τὴν ψυχὴν αὐτοῦ
ἀπολέσει αὐτήν, καὶ ὁ ἀπολέσασ τὴν ψυχὴν αὐτοῦ ἕνεκεν ἐμοῦ
40 εὑρήσει αὐτήν. ⁴⁰ Ὁ δεχόμενοσ ὑμᾶσ ἐμὲ δέχεται, καὶ ὁ ἐμὲ
41 δεχόμενοσ δέχεται τὸν ἀποστείλαντά με. ⁴¹ ὁ δεχόμενοσ προφήτην εἰσ ὄνομα προφήτου μισθὸν προφήτου λήμψεται, καὶ ὁ
δεχόμενοσ δίκαιον εἰσ ὄνομα δικαίου μισθὸν δικαίου λήμψεται.
42 ⁴² καὶ ὃσ ἐὰν ποτίσῃ ἕνα τῶν μικρῶν τούτων ποτήριον ψυχροῦ
μόνον εἰσ ὄνομα μαθητοῦ, ἀμὴν λέγω ὑμῖν, οὐ μὴ ἀπολέσῃ τὸν
μισθὸν αὐτοῦ.

XI.

Iohannis baptistae de Messia legatio. Iesu de Iohanne sermo. Urbium castigatio. Pater celebratur, afflicti invitantur.

1 Καὶ ἐγένετο ὅτε ἐτέλεσεν ὁ Ἰησοῦσ διατάσσων τοῖσ δώδεκα
μαθηταῖσ αὐτοῦ, μετέβη ἐκεῖθεν τοῦ διδάσκειν καὶ κηρύσσειν ἐν
ταῖσ πόλεσιν αὐτῶν.
2 Ὁ δὲ Ἰωάννησ ἀκούσασ ἐν τῷ δεσμωτηρίῳ τὰ ἔργα τοῦ
3 Χριστοῦ, πέμψασ διὰ τῶν μαθητῶν αὐτοῦ ³ εἶπεν αὐτῷ· σὺ εἶ
4 ὁ ἐρχόμενοσ, ἢ ἕτερον προσδοκῶμεν; ⁴ καὶ ἀποκριθεὶσ ὁ Ἰησοῦσ
εἶπεν αὐτοῖσ· πορευθέντεσ ἀπαγγείλατε Ἰωάννῃ ἃ ἀκούετε καὶ
5 βλέπετε· ⁵ τυφλοὶ ἀναβλέπουσιν καὶ χωλοὶ περιπατοῦσιν, λεπροὶ
καθαρίζονται καὶ κωφοὶ ἀκούουσιν, καὶ νεκροὶ ἐγείρονται καὶ
6 πτωχοὶ εὐαγγελίζονται· ⁶ καὶ μακάριόσ ἐστιν ὃσ ἐὰν μὴ σκανδα-
7 λισθῇ ἐν ἐμοί. ⁷ Τούτων δὲ πορευομένων ἤρξατο ὁ Ἰησοῦσ λέγειν
τοῖσ ὄχλοισ περὶ Ἰωάννου· τί ἐξήλθατε εἰσ τὴν ἔρημον θεάσασθαι;
8 κάλαμον ὑπὸ ἀνέμου σαλευόμενον; ⁸ ἀλλὰ τί ἐξήλθατε; ἄνθρωπον
ἰδεῖν ἐν μαλακοῖσ ἠμφιεσμένον; ἰδοὺ οἱ τὰ μαλακὰ φοροῦντεσ ἐν
9 τοῖσ οἴκοισ τῶν βασιλέων. ⁹ ἀλλὰ τί ἐξήλθατε; προφήτην ἰδεῖν;
10 ναὶ λέγω ὑμῖν, καὶ περισσότερον προφήτου. ¹⁰ οὗτόσ ἐστιν περὶ
οὗ γέγραπται· ἰδοὺ ἐγὼ ἀποστέλλω τὸν ἄγγελόν μου πρὸ προσώ-
11 που σου, ὃσ κατασκευάσει τὴν ὁδόν σου ἔμπροσθέν σου. ¹¹ ἀμὴν
λέγω ὑμῖν, οὐκ ἐγήγερται ἐν γεννητοῖσ γυναικῶν μείζων Ἰωάννου
τοῦ βαπτιστοῦ· ὁ δὲ μικρότεροσ ἐν τῇ βασιλείᾳ τῶν οὐρανῶν
12 μείζων αὐτοῦ ἐστίν. ¹² ἀπὸ δὲ τῶν ἡμερῶν Ἰωάννου τοῦ βαπτιστοῦ
ἕωσ ἄρτι ἡ βασιλεία τῶν οὐρανῶν βιάζεται, καὶ βιασταὶ ἁρπά-
13 ζουσιν αὐτήν. ¹³ πάντεσ γὰρ οἱ προφῆται καὶ ὁ νόμοσ ἕωσ

41. ληψεται
XI, 2. δια : δυο 4. κ* τω ιωαννη 5. om και ante νεκρ. 7. εξηλ-
θετε 8. εξηλθετε | ιδειν; ανθρωπ. | μαλακοισ : add ιματιοισ | βασιλεων :
add εισιν 9. εξηλθετε | ιδειν; προφητην 10. ουτοσ γαρ

ΜΑΤΤΗ.   12, 1.   19

Mal 8, 23 Ἰωάννου ἐπροφήτευσαν, ¹⁴ καὶ εἰ θέλετε δέξασθαι, αὐτόσ ἐστιν 14
16-19 Ἠλείασ ὁ μέλλων ἔρχεσθαι. ¹⁵ ὁ ἔχων ὦτα ἀκουέτω. ¹⁶ Τίνι δὲ 15 16
Lc 7, ὁμοιώσω τὴν γενεὰν ταύτην; ὁμοία ἐστὶν παιδίοισ καθημένοισ ἐν
31-35 ταῖσ ἀγοραῖσ, ἃ προσφωνοῦντα τοῖσ ἑτέροισ ¹⁷ λέγουσιν· ηὐλήσα- 17
μεν ὑμῖν, καὶ οὐκ ὠρχήσασθε· ἐθρηνήσαμεν, καὶ οὐκ ἐκόψασθε.
Lo 10, 20 ¹⁸ ἦλθεν γὰρ Ἰωάννησ μήτε ἐσθίων μήτε πίνων, καὶ λέγουσιν· 18
δαιμόνιον ἔχει. ¹⁹ ἦλθεν ὁ υἱὸσ τοῦ ἀνθρώπου ἐσθίων καὶ πίνων, 19
καὶ λέγουσιν· ἰδοὺ ἄνθρωποσ φάγοσ καὶ οἰνοπότησ, τελωνῶν
φίλοσ καὶ ἁμαρτωλῶν. καὶ ἐδικαιώθη ἡ σοφία ἀπὸ τῶν ἔργων
αὐτῆσ.
   Τότε ἤρξατο ὀνειδίζειν τὰσ πόλεισ ἐν αἷσ ἐγένοντο αἱ πλεῖ- 20
21-23 σται δυνάμεισ αὐτοῦ, ὅτι οὐ μετενόησαν· ²¹ οὐαί σοι Χοραζείν, 21
Lc 10,
13-15 οὐαί σοι Βηθσαϊδάν, ὅτι εἰ ἐν Τύρῳ καὶ Σιδῶνι ἐγένοντο αἱ
δυνάμεισ αἱ γενόμεναι ἐν ὑμῖν, πάλαι ἂν ἐν σάκκῳ καὶ σποδῷ
μετενόησαν. ²² πλὴν λέγω ὑμῖν, Τύρῳ καὶ Σιδῶνι ἀνεκτότερον 22
ἔσται ἐν ἡμέρᾳ κρίσεωσ ἢ ὑμῖν. ²³ καὶ σὺ Καφαρναούμ, μὴ ἕωσ 23
οὐρανοῦ ὑψωθήσῃ; ἕωσ ᾅδου καταβιβασθήσῃ, ὅτι εἰ ἐν Σοδόμοισ
ἐγενήθησαν αἱ δυνάμεισ αἱ γενόμεναι ἐν σοί, ἔμεινεν ἂν μέχρι
10, 15 τῆσ σήμερον. ²⁴ πλὴν λέγω ὑμῖν ὅτι γῇ Σοδόμων ἀνεκτότερον 24
Lc 10, 12 ἔσται ἐν ἡμέρᾳ κρίσεωσ ἢ σοί.
25-27   Ἐν ἐκείνῳ τῷ καιρῷ ἀποκριθεὶσ ὁ Ἰησοῦσ εἶπεν· ἐξομολο- 25
Lc 10, 21 s γοῦμαί σοι πάτερ, κύριὲ τοῦ οὐρανοῦ καὶ τῆσ γῆσ, ὅτι ἔκρυψασ
ταῦτα ἀπὸ σοφῶν καὶ συνετῶν, καὶ ἀπεκάλυψασ αὐτὰ νηπίοισ·
²⁶ ναὶ ὁ πατήρ, ὅτι οὕτωσ εὐδοκία ἐγένετο ἔμπροσθέν σου. 26
²⁷ Πάντα μοι παρεδόθη ὑπὸ τοῦ πατρόσ μου, καὶ οὐδεὶσ ἐπι- 27
γινώσκει τὸν υἱὸν εἰ μὴ ὁ πατήρ, οὐδὲ τὸν πατέρα τισ ἐπιγι-
νώσκει εἰ μὴ ὁ υἱὸσ καὶ ᾧ ἐὰν βούληται ὁ υἱὸσ ἀποκαλύψαι.
²⁸ Δεῦτε πρόσ με πάντεσ οἱ κοπιῶντεσ καὶ πεφορτισμένοι, κἀγὼ 28
ἀναπαύσω ὑμᾶσ. ²⁹ ἄρατε τὸν ζυγόν μου ἐφ᾽ ὑμᾶσ καὶ μάθετε 29
ἀπ᾽ ἐμοῦ, ὅτι πραῢσ εἰμι καὶ ταπεινὸσ τῇ καρδίᾳ, καὶ εὑρήσετε
ἀνάπαυσιν ταῖσ ψυχαῖσ ὑμῶν. ³⁰ ὁ γὰρ ζυγόσ μου χρηστὸσ καὶ 30
τὸ φορτίον μου ἐλαφρόν ἐστιν.

XII.

Sabbati religio. Sanatur arida manus. Sanatoris modestia et mansuetudo.
Adversariorum peccatum (*in spiritum sanctum*) inexpiabile. Typus Ionae.
Exempla reginae austri et daemoniaci. Matris fratrumque interpellatio.

1-8   Ἐν ἐκείνῳ τῷ καιρῷ ἐπορεύθη ὁ Ἰησοῦσ τοῖσ σάββασιν διὰ 1
Mc 2,
23-28 τῶν σπορίμων· οἱ δὲ μαθηταὶ αὐτοῦ ἐπείνασαν, καὶ ἤρξαντο τίλλειν
Lc 6, 1-5

13. προεφητευσαν 14. ϛ א ηλιασ 15. ωτα·ϛ א add ακουειν 16. παιδα-
ριοισ εν αγορ. καθημ. και προσφωνουσι τοισ εταιροισ αυτων 17. και
λεγουσιν|εθρην. υμιν 19. א φιλ. τελων.|εργων·τεκνων 21. χοραζιν|
σποδω : א add καθημενοι 23. καπερναουμ|η εωσ του ουρ. υψωθεισα|
εγενοντο | εμειναν 24. א οτι | א ανεκτ. εστ. γη σοδ. 25. απεκρυψασ
26. εγεν. ευδοκ. 27. μου : א* om 29. απ εμου : א* om | πραοσ

2*

2 στάχυασ καὶ ἐσθίειν. ²οἱ δὲ Φαρισαῖοι ἰδόντεσ εἶπαν αὐτῷ·
ἰδοὺ οἱ μαθηταί σου ποιοῦσιν ὃ οὐκ ἔξεστιν ποιεῖν ἐν σαββάτῳ.
3 ³ὁ δὲ εἶπεν αὐτοῖσ· οὐκ ἀνέγνωτε τί ἐποίησεν Δαυείδ, ὅτε ἐπείνα-
4 σεν καὶ οἱ μετ' αὐτοῦ; ⁴πῶσ εἰσῆλθεν εἰσ τὸν οἶκον τοῦ θεοῦ
καὶ τοὺσ ἄρτουσ τῆσ προθέσεωσ ἔφαγον, ὃ οὐκ ἐξὸν ἦν αὐτῷ
5 φαγεῖν οὐδὲ τοῖσ μετ' αὐτοῦ, εἰ μὴ τοῖσ ἱερεῦσιν μόνοισ; ⁵ἢ οὐκ
ἀνέγνωτε ἐν τῷ νόμῳ ὅτι τοῖσ σάββασιν οἱ ἱερεῖσ ἐν τῷ ἱερῷ τὸ
6 σάββατον βεβηλοῦσιν καὶ ἀναίτιοί εἰσιν; ⁶λέγω δὲ ὑμῖν ὅτι τοῦ
7 ἱεροῦ μεῖζόν ἐστιν ὧδε. ⁷εἰ δὲ ἐγνώκειτε τί ἐστιν· ἔλεοσ θέλω
8 καὶ οὐ θυσίαν, οὐκ ἂν κατεδικάσατε τοὺσ ἀναιτίουσ. ⁸κύριοσ
γάρ ἐστιν τοῦ σαββάτου ὁ υἱὸσ τοῦ ἀνθρώπου.
9 Καὶ μεταβὰσ ἐκεῖθεν ἦλθεν εἰσ τὴν συναγωγὴν αὐτῶν.
10 ¹⁰καὶ ἰδοὺ ἄνθρωποσ χεῖρα ἔχων ξηράν· καὶ ἐπηρώτησαν αὐτὸν
λέγοντεσ· εἰ ἔξεστιν τοῖσ σάββασιν θεραπεῦσαι; ἵνα κατηγορήσω-
11 σιν αὐτοῦ. ¹¹ὁ δὲ εἶπεν αὐτοῖσ· τίσ ἔσται ἐξ ὑμῶν ἄνθρωποσ
ὃσ ἕξει πρόβατον ἕν, καὶ ἐὰν ἐμπέσῃ τοῦτο τοῖσ σάββασιν εἰσ
12 βόθυνον, οὐχὶ κρατήσει αὐτὸ καὶ ἐγερεῖ; ¹²πόσῳ οὖν διαφέρει
ἄνθρωποσ προβάτου· ὥστε ἔξεστιν τοῖσ σάββασιν καλῶσ ποιεῖν.
13 ¹³τότε λέγει τῷ ἀνθρώπῳ· ἔκτεινόν σου τὴν χεῖρα. καὶ ἐξέτεινεν,
14 καὶ ἀπεκατεστάθη ὑγιὴσ ὡσ ἡ ἄλλη. ¹⁴ἐξελθόντεσ δὲ οἱ Φαρι-
σαῖοι συμβούλιον ἔλαβον κατ' αὐτοῦ, ὅπωσ αὐτὸν ἀπολέσωσιν.
15 Ὁ δὲ Ἰησοῦσ γνοὺσ ἀνεχώρησεν ἐκεῖθεν. καὶ ἠκολούθησαν
16 αὐτῷ πολλοί, καὶ ἐθεράπευσεν αὐτοὺσ πάντασ, ¹⁶καὶ ἐπετίμησεν
17 αὐτοῖσ ἵνα μὴ φανερὸν αὐτὸν ποιήσωσιν· ¹⁷ἵνα πληρωθῇ τὸ
18 ῥηθὲν διὰ Ἠσαΐου τοῦ προφήτου λέγοντοσ· ¹⁸ἰδοὺ ὁ παῖσ μου
ὃν ᾑρέτισα, ὁ ἀγαπητόσ μου ὃν ηὐδόκησεν ἡ ψυχή μου· θήσω τὸ
19 πνεῦμά μου ἐπ' αὐτόν, καὶ κρίσιν τοῖσ ἔθνεσιν ἀπαγγελεῖ. ¹⁹οὐκ
ἐρίσει οὐδὲ κραυγάσει, οὐδὲ ἀκούσει τισ ἐν ταῖσ πλατείαισ τὴν
20 φωνὴν αὐτοῦ. ²⁰κάλαμον συντετριμμένον οὐ κατεάξει καὶ λίνον
21 τυφόμενον οὐ σβέσει, ἕωσ ἂν ἐκβάλῃ εἰσ νῖκοσ τὴν κρίσιν. ²¹καὶ
τῷ ὀνόματι αὐτοῦ ἔθνη ἐλπιοῦσιν.
22 Τότε προσηνέχθη αὐτῷ δαιμονιζόμενοσ τυφλὸσ καὶ κωφόσ·
καὶ ἐθεράπευσεν αὐτόν, ὥστε τὸν κωφὸν λαλεῖν καὶ βλέπειν.
23 ²³καὶ ἐξίσταντο πάντεσ οἱ ὄχλοι καὶ ἔλεγον· μήτι οὗτόσ ἐστιν ὁ
24 υἱὸσ Δαυείδ; ²⁴οἱ δὲ Φαρισαῖοι ἀκούσαντεσ εἶπον· οὗτοσ οὐκ
ἐκβάλλει τὰ δαιμόνια εἰ μὴ ἐν τῷ Βεελζεβοὺλ ἄρχοντι τῶν δαι-
25 μονίων. ²⁵εἰδὼσ δὲ τὰσ ἐνθυμήσεισ αὐτῶν εἶπεν αὐτοῖσ· πᾶσα

XII, 2. ειπον 3. δαβιδ | επεινασεν : add αυτοσ 4. εφαγεν | ο ουκ:
ϛ א ουσ ουκ 6. μειζων 7. ελεον 8. εστι και του 10. ανθρ. ην την
χειρα | θεραπευειν 11. א* πεση | א ουχι κρατησασ εγερει αυτο 13. την
χειρ. σου|αποκατεσταθη 14. οι δε φαρι. συμβ. ελαβ. κατ αυτ. εξελθοντ.
15. οχλοι πολλοι 17. ινα : οπωσ 18. ον : εισ ον | ευδοκησεν 21. εν τω
ονοματ. 22. αυτον : א* αυτουσ | ωστε τον τυφλον και κωφον και λαλ.
23. δαβιδ 24. א βεελζεβουλ (item v. 27.) 25. ειδωσ (אᵇ ιδων) δε: add ο ιησουσ

ΜΑΤΤΗ. 12, 43.

βασιλεία μερισθεῖσα καθ' ἑαυτῆσ ἐρημοῦται, καὶ πᾶσα πόλισ ἢ οἰκία μερισθεῖσα καθ' ἑαυτῆσ οὐ σταθήσεται. ²⁶ καὶ εἰ ὁ σα- 26 τανᾶσ τὸν σατανᾶν ἐκβάλλει, ἐφ' ἑαυτὸν ἐμερίσθη· πῶσ οὖν σταθήσεται ἡ βασιλεία αὐτοῦ; ²⁷ καὶ εἰ ἐγὼ ἐν Βεελζεβοὺλ ἐκβάλλω 27 τὰ δαιμόνια, οἱ υἱοὶ ὑμῶν ἐν τίνι ἐκβάλλουσιν; διὰ τοῦτο αὐτοὶ κριταὶ ἔσονται ὑμῶν. ²⁸ εἰ δὲ ἐν πνεύματι θεοῦ ἐγὼ ἐκβάλλω τὰ 28 δαιμόνια, ἄρα ἔφθασεν ἐφ' ὑμᾶς ἡ βασιλεία τοῦ θεοῦ. ²⁹ ἢ πῶσ 29 δύναταί τισ εἰσελθεῖν εἰσ τὴν οἰκίαν τοῦ ἰσχυροῦ καὶ τὰ σκεύη αὐτοῦ ἁρπάσαι, ἐὰν μὴ πρῶτον δήσῃ τὸν ἰσχυρόν, καὶ τότε τὴν οἰκίαν αὐτοῦ διαρπάσῃ; ³⁰ ὁ μὴ ὢν μετ' ἐμοῦ κατ' ἐμοῦ ἐστίν, 30 καὶ ὁ μὴ συνάγων μετ' ἐμοῦ σκορπίζει. ³¹ Διὰ τοῦτο λέγω ὑμῖν, 31 πᾶσα ἁμαρτία καὶ βλασφημία ἀφεθήσεται τοῖσ ἀνθρώποισ, ἡ

Lc 12, 10 δὲ τοῦ πνεύματος βλασφημία οὐκ ἀφεθήσεται. ³² καὶ ὃσ ἐὰν 32 εἴπῃ λόγον κατὰ τοῦ υἱοῦ τοῦ ἀνθρώπου, ἀφεθήσεται αὐτῷ· ὃσ δ' ἂν εἴπῃ κατὰ τοῦ πνεύματοσ τοῦ ἁγίου, οὐκ ἀφεθήσεται αὐτῷ
33-35
Mt 7, οὔτε ἐν τούτῳ τῷ αἰῶνι οὔτε ἐν τῷ μέλλοντι. ³³ Ἢ ποιήσατε 33
16-18
Lc 6, τὸ δένδρον καλὸν καὶ τὸν καρπὸν αὐτοῦ καλόν, ἢ ποιήσατε τὸ
43-45 δένδρον σαπρὸν καὶ τὸν καρπὸν αὐτοῦ σαπρόν· ἐκ γὰρ τοῦ καρποῦ τὸ δένδρον γινώσκεται. ³⁴ γεννήματα ἐχιδνῶν, πῶσ δύ- 34 νασθε ἀγαθὰ λαλεῖν πονηροὶ ὄντεσ; ἐκ γὰρ τοῦ περισσεύματοσ τῆσ καρδίασ τὸ στόμα λαλεῖ. ³⁵ ὁ ἀγαθὸσ ἄνθρωποσ ἐκ τοῦ 35 ἀγαθοῦ θησαυροῦ ἐκβάλλει τὰ ἀγαθά, καὶ ὁ πονηρὸσ ἄνθρωποσ ἐκ τοῦ πονηροῦ θησαυροῦ ἐκβάλλει πονηρά. ³⁶ λέγω δὲ ὑμῖν ὅτι 36 πᾶν ῥῆμα ἀργὸν ὃ λαλήσουσιν οἱ ἄνθρωποι, ἀποδώσουσιν περὶ αὐτοῦ λόγον ἐν ἡμέρᾳ κρίσεωσ. ³⁷ ἐκ γὰρ τῶν λόγων σου δικαιω- 37 θήσῃ, καὶ ἐκ τῶν λόγων σου καταδικασθήσῃ.

38-42
Lc 11, 16 Τότε ἀπεκρίθησαν αὐτῷ τινὲσ τῶν γραμματέων καὶ Φαρι- 38
29-32 σαίων λέγοντεσ· διδάσκαλε, θέλομεν ἀπὸ σοῦ σημεῖον ἰδεῖν. ³⁹ ὁ 39
16, 4 δὲ ἀποκριθεὶσ εἶπεν αὐτοῖσ· γενεὰ πονηρὰ καὶ μοιχαλὶσ σημεῖον ἐπιζητεῖ, καὶ σημεῖον οὐ δοθήσεται αὐτῇ εἰ μὴ τὸ σημεῖον Ἰωνᾶ
Ion 2, 1 τοῦ προφήτου. ⁴⁰ ὥσπερ γὰρ ἦν Ἰωνᾶσ ἐν τῇ κοιλίᾳ τοῦ κήτουσ 40 τρεῖσ ἡμέρασ καὶ τρεῖσ νύκτασ, οὕτωσ ἔσται ὁ υἱὸσ τοῦ ἀνθρώπου
Ion 3, 5 ἐν τῇ καρδίᾳ τῆσ γῆσ τρεῖσ ἡμέρασ καὶ τρεῖσ νύκτασ. ⁴¹ ἄνδρεσ 41 Νινευεῖται ἀναστήσονται ἐν τῇ κρίσει μετὰ τῆσ γενεᾶσ ταύτησ καὶ κατακρινοῦσιν αὐτήν, ὅτι μετενόησαν εἰσ τὸ κήρυγμα Ἰωνᾶ,
1 Reg 10,1 καὶ ἰδοὺ πλεῖον Ἰωνᾶ ὧδε. ⁴² βασίλισσα νότου ἐγερθήσεται ἐν 42 τῇ κρίσει μετὰ τῆσ γενεᾶσ ταύτησ καὶ κατακρινεῖ αὐτήν, ὅτι ἦλθεν ἐκ τῶν περάτων τῆσ γῆσ ἀκοῦσαι τὴν σοφίαν Σολομῶνοσ,
43-45
Lc 11, καὶ ἰδοὺ πλεῖον Σολομῶνοσ ὧδε. ⁴³ Ὅταν δὲ τὸ ἀκάθαρτον 43
24-26

27. υμων εσοντ. κριτ. 28. εγω εν πνευμ. θεου 29. ϛ אּ διαρπασαι | διαρπασει 30. σκορπιζει : א add με 31. ουκ αφεθησ. τοισ ανθρωποισ 32. οσ αν | א* ου μη αφεθησεται 35. αγαθ. θησαυρ. : add τησ καρδιας 36. ο εαν λαλησωσιν | אᵇ δωσουσιν 37. א om σου sec 38. αυτω : om 41. νινευιται 42. σολομωντοσ

πνεῦμα ἐξέλθῃ ἀπὸ τοῦ ἀνθρώπου, διέρχεται δι' ἀνύδρων τόπων
44 ζητοῦν ἀνάπαυσιν, καὶ οὐχ εὑρίσκει. ⁴⁴τότε λέγει· εἰσ τὸν
οἶκόν μου ἐπιστρέψω ὅθεν ἐξῆλθον. καὶ ἐλθὸν εὑρίσκει σχολά-
45 ζοντα καὶ σεσαρωμένον καὶ κεκοσμημένον. ⁴⁵ τότε πορεύεται
καὶ παραλαμβάνει μεθ' ἑαυτοῦ ἑπτὰ ἕτερα πνεύματα πονηρότερα
ἑαυτοῦ, καὶ εἰσελθόντα κατοικεῖ ἐκεῖ, καὶ γίνεται τὰ ἔσχατα τοῦ
ἀνθρώπου ἐκείνου χείρονα τῶν πρώτων. οὕτωσ ἔσται καὶ τῇ
γενεᾷ ταύτῃ τῇ πονηρᾷ.
46 Ἔτι αὐτοῦ λαλοῦντοσ τοῖσ ὄχλοισ, ἰδοὺ ἡ μήτηρ καὶ οἱ
47 ἀδελφοὶ αὐτοῦ εἱστήκεισαν ἔξω ζητοῦντεσ αὐτῷ λαλῆσαι. [⁴⁷εἶπεν
δέ τισ αὐτῷ· ἰδοὺ ἡ μήτηρ σου καὶ οἱ ἀδελφοί σου ἔξω ἑστή-
48 κασιν ζητοῦντέσ σοι λαλῆσαι.] ⁴⁸ὁ δὲ ἀποκριθεὶσ εἶπεν τῷ
λέγοντι αὐτῷ· τίσ ἐστιν ἡ μήτηρ μου, καὶ τίνεσ εἰσὶν οἱ ἀδελφοί
49 μου; ⁴⁹καὶ ἐκτείνασ τὴν χεῖρα ἐπὶ τοὺσ μαθητὰσ αὐτοῦ εἶπεν·
50 ἰδοὺ ἡ μήτηρ μου καὶ οἱ ἀδελφοί μου· ⁵⁰ ὅστισ γὰρ ἂν ποιήσῃ
τὸ θέλημα τοῦ πατρόσ μου τοῦ ἐν οὐρανοῖσ, αὐτόσ μου ἀδελφὸσ
καὶ ἀδελφὴ καὶ μήτηρ ἐστίν.

XIII.

Parabolicae institutionis caussae et exempla. Parabolae de vario agro,
adulterato semine, grano sinapis, fermento, thesauro, margarita, verriculo.
Propheta domi contemptus.

1 Ἐν τῇ ἡμέρᾳ ἐκείνῃ ἐξελθὼν ὁ Ἰησοῦσ ἐκ τῆσ οἰκίασ ἐκά-
2 θητο παρὰ τὴν θάλασσαν. ²καὶ συνήχθησαν πρὸσ αὐτὸν ὄχλοι
πολλοί, ὥστε αὐτὸν εἰσ πλοῖον ἐμβάντα καθῆσθαι, καὶ πᾶσ ὁ
3 ὄχλοσ ἐπὶ τὸν αἰγιαλὸν εἱστήκει. ³καὶ ἐλάλησεν αὐτοῖσ πολλὰ
ἐν παραβολαῖσ, λέγων· ἰδοὺ ἐξῆλθεν ὁ σπείρων τοῦ σπείρειν.
4 ⁴καὶ ἐν τῷ σπείρειν αὐτὸν ἃ μὲν ἔπεσεν παρὰ τὴν ὁδόν, καὶ
5 ἦλθεν τὰ πετεινὰ καὶ κατέφαγεν αὐτά. ⁵ἄλλα δὲ ἔπεσεν ἐπὶ
τὰ πετρώδη ὅπου οὐκ εἶχεν γῆν πολλήν, καὶ εὐθέωσ ἐξανέτειλεν
6 διὰ τὸ μὴ ἔχειν βάθοσ γῆσ· ⁶ἡλίου δὲ ἀνατείλαντοσ ἐκαυματίσθη,
7 καὶ διὰ τὸ μὴ ἔχειν ῥίζαν ἐξηράνθη. ⁷ἄλλα δὲ ἔπεσεν ἐπὶ τὰσ
8 ἀκάνθασ, καὶ ἀνέβησαν αἱ ἄκανθαι καὶ ἔπνιξαν αὐτά. ⁸ἄλλα
δὲ ἔπεσεν ἐπὶ τὴν γῆν τὴν καλὴν καὶ ἐδίδου καρπόν, ὃ μὲν
9 ἑκατόν, ὃ δὲ ἑξήκοντα, ὃ δὲ τριάκοντα. ⁹ὁ ἔχων ὦτα ἀκουέτω.
10 Καὶ προσελθόντεσ οἱ μαθηταὶ εἶπαν αὐτῷ· διατί ἐν παρα-
11 βολαῖσ λαλεῖσ αὐτοῖσ; ¹¹ὁ δὲ ἀποκριθεὶσ εἶπεν· ὅτι ὑμῖν δέδοται
γνῶναι τὰ μυστήρια τῆσ βασιλείασ τῶν οὐρανῶν, ἐκείνοισ δὲ οὐ
12 δέδοται. ¹²ὅστισ γὰρ ἔχει, δοθήσεται αὐτῷ καὶ περισσευθήσεται·
13 ὅστισ δὲ οὐκ ἔχει, καὶ ὃ ἔχει ἀρθήσεται ἀπ' αὐτοῦ. ¹³διὰ τοῦτο

44. επιστρ. εισ τον οικ. μου | א* om ελθον | om και ante σεσαρ. 46. ετι
δε αυτου | אᵇ om αυτου 47. א* om versum 48. λεγοντι: ειποντι
XIII, 1. Εν δε τη | εκ: απο. 2. το πλοιον 3. א σπειραι 7. απε-
πνιξαν 9. ωτα: add ακουειν 10. ειπον | א* αυτοισ λαλεισ 11. ειπεν
αυτοισ

MATTH. 13, 30. 23

ἐν παραβολαῖσ αὐτοῖσ λαλῶ, ὅτι βλέποντεσ οὐ βλέπουσιν καὶ ἀκούοντεσ οὐκ ἀκούουσιν οὐδὲ συνιοῦσιν. ¹⁴ καὶ ἀναπληροῦται ¹⁴ αὐτοῖσ ἡ προφητεία Ἡσαΐου ἡ λέγουσα· ἀκοῇ ἀκούσετε καὶ οὐ μὴ συνῆτε, καὶ βλέποντεσ βλέψετε καὶ οὐ μὴ ἴδητε. ¹⁵ ἐπαχύνθη ¹⁵ γὰρ ἡ καρδία τοῦ λαοῦ τούτου, καὶ τοῖσ ὠσὶν βαρέωσ ἤκουσαν, καὶ τοὺσ ὀφθαλμοὺσ αὐτῶν ἐκάμμυσαν, μήποτε ἴδωσιν τοῖσ ὀφθαλμοῖσ καὶ τοῖσ ὠσὶν ἀκούσωσιν καὶ τῇ καρδίᾳ συνῶσιν καὶ ἐπιστρέψωσιν, καὶ ἰάσομαι αὐτούσ. ¹⁶ ὑμῶν δὲ μακάριοι οἱ ὀφθαλ- ¹⁶ μοὶ ὅτι βλέπουσιν, καὶ τὰ ὦτα ὑμῶν ὅτι ἀκούουσιν. ¹⁷ ἀμὴν ¹⁷ λέγω ὑμῖν ὅτι πολλοὶ προφῆται καὶ δίκαιοι ἐπεθύμησαν ἰδεῖν ἃ βλέπετε, καὶ οὐκ ἴδαν, καὶ ἀκοῦσαι ἃ ἀκούετε, καὶ οὐκ ἤκουσαν. ¹⁸ ὑμεῖσ οὖν ἀκούσατε τὴν παραβολὴν τοῦ σπείραντοσ. ¹⁹ παν- ¹⁸ ¹⁹ τὸσ ἀκούοντοσ τὸν λόγον τῆσ βασιλείασ καὶ μὴ συνιέντοσ, ἔρχεται ὁ πονηρὸσ καὶ ἁρπάζει τὸ ἐσπαρμένον ἐν τῇ καρδίᾳ αὐτοῦ· οὗτόσ ἐστιν ὁ παρὰ τὴν ὁδὸν σπαρείσ. ²⁰ ὁ δὲ ἐπὶ τὰ πετρώδη ²⁰ σπαρείσ, οὗτόσ ἐστιν ὁ τὸν λόγον ἀκούων καὶ εὐθὺσ μετὰ χαρᾶσ λαμβάνων αὐτόν· ²¹ οὐκ ἔχει δὲ ῥίζαν ἐν ἑαυτῷ ἀλλὰ πρόσκαιρόσ ²¹ ἐστιν, γενομένησ δὲ θλίψεωσ ἢ διωγμοῦ διὰ τὸν λόγον εὐθὺσ σκανδαλίζεται. ²² ὁ δὲ εἰσ τὰσ ἀκάνθασ σπαρείσ, οὗτόσ ἐστιν ²² ὁ τὸν λόγον ἀκούων, καὶ ἡ μέριμνα τοῦ αἰῶνοσ καὶ ἡ ἀπάτη τοῦ πλούτου συνπνίγει τὸν λόγον, καὶ ἄκαρποσ γίνεται. ²³ ὁ δὲ ἐπὶ ²³ τὴν καλὴν γῆν σπαρείσ, οὗτόσ ἐστιν ὁ τὸν λόγον ἀκούων καὶ συνιείσ, ὃσ δὴ καρποφορεῖ καὶ ποιεῖ ὃ μὲν ἑκατόν, ὃ δὲ ἑξήκοντα, ὃ δὲ τριάκοντα.

Ἄλλην παραβολὴν παρέθηκεν αὐτοῖσ λέγων· ὡμοιώθη ἡ ²⁴ βασιλεία τῶν οὐρανῶν ἀνθρώπῳ σπείραντι καλὸν σπέρμα ἐν τῷ ἀγρῷ αὐτοῦ. ²⁵ ἐν δὲ τῷ καθεύδειν τοὺσ ἀνθρώπουσ ἦλθεν ²⁵ αὐτοῦ ὁ ἐχθρὸσ καὶ ἐπέσπειρεν ζιζάνια ἀνὰ μέσον τοῦ σίτου καὶ ἀπῆλθεν. ²⁶ ὅτε δὲ ἐβλάστησεν ὁ χόρτοσ καὶ καρπὸν ἐποίησεν, ²⁶ τότε ἐφάνη καὶ τὰ ζιζάνια. ²⁷ προσελθόντεσ δὲ οἱ δοῦλοι τοῦ ²⁷ οἰκοδεσπότου εἶπον αὐτῷ· κύριε, οὐχὶ καλὸν σπέρμα ἔσπειρασ ἐν τῷ σῷ ἀγρῷ; πόθεν οὖν ἔχει ζιζάνια; ²⁸ ὁ δὲ ἔφη αὐτοῖσ· ἐχθρὸσ ²⁸ ἄνθρωποσ τοῦτο ἐποίησεν. οἱ δὲ δοῦλοι λέγουσιν αὐτῷ· θέλεισ οὖν ἀπελθόντεσ συλλέξωμεν αὐτά; ²⁹ ὁ δὲ φησίν· οὔ, μήποτε ²⁹ συλλέγοντεσ τὰ ζιζάνια ἐκριζώσητε ἅμα αὐτοῖσ τὸν σῖτον. ³⁰ ἄφετε ³⁰ συναυξάνεσθαι ἀμφότερα μέχρι τοῦ θερισμοῦ, καὶ ἐν καιρῷ τοῦ θερισμοῦ ἐρῶ τοῖσ θερισταῖσ· συλλέξατε πρῶτον τὰ ζιζάνια καὶ δήσατε αὐτὰ εἰσ δεσμὰσ πρὸσ τὸ κατακαῦσαι αὐτά, τὸν δὲ σῖτον

---

14. αναπλ. επ αυτοισ | ℵ βλεψητε 15. τ. ωσιν pr : ℵ add αυτων; item. sec : ℵᵇ add αυτων | ϛᵉ 1656 sqq συνιωσι | ιασωμαι 16. ακουει 17. αμην γαρ | ειδον 18. του σπειροντοσ 22. του αιωνοσ τουτου | συμπνιγ. 23. την γην την καλην | συνιων 24. σπειροντι 25. ℵ* επεσπαρκεν, ϛ εσπειρε 27. ϛ ℵ* τα ζιζα. 28. ειπον αυτω 29. ο δε εφη 30. ℵ* αχρι | ϛ ℵ* εν τω καιρω

31 συναγάγετε είσ την αποθήκην μου. ³¹Άλλην παραβολήν παρέ- Mc 4, 31 s
θηκεν αυτοίσ λέγων· ομοία εστίν η βασιλεία των ουρανών κόκκω Lc 13, 19
32 σινάπεωσ, ον λαβών άνθρωποσ έσπειρεν εν τω αγρώ αυτού· ³² ὁ
μικρότερον μέν εστίν πάντων των σπερμάτων, όταν δε αυξηθή,
μείζον των λαχάνων εστίν και γίνεται δένδρον, ώστε ελθείν τα
πετεινά του ουρανού και κατασκηνούν εν τοίσ κλάδοισ αυτού.
33 ³³Άλλην παραβολήν ελάλησεν αυτοίσ· ομοία εστίν η βασιλεία Lc 13, 21
των ουρανών ζύμη, ην λαβούσα γυνή ενέκρυψεν είσ αλεύρου σάτα
τρία, έωσ ού εζυμώθη όλον.
34 Ταύτα πάντα ελάλησεν ο Ιησούσ εν παραβολαίσ τοίσ όχλοισ, Mc 4, 33 s
35 και χωρίσ παραβολήσ ουδέν ελάλει αυτοίσ, ³⁵όπωσ πληρωθή το Ps 78, 2
ρηθέν διά Ησαΐου του προφήτου λέγοντοσ· ανοίξω εν παραβο-
λαίσ το στόμα μου, ερεύξομαι κεκρυμμένα από καταβολήσ.
36 Τότε αφείσ τουσ όχλουσ ήλθεν είσ την οικίαν. και προσήλ-
θον αυτώ οι μαθηταί αυτού λέγοντεσ· φράσον ημίν την παρα-
37 βολήν των ζιζανίων του αγρού. ³⁷ ο δε αποκριθείσ είπεν· ο
38 σπείρων το καλόν σπέρμα εστίν ο υιόσ του ανθρώπου, ³⁸ ο δε
αγρόσ εστίν ο κόσμοσ· το δε καλόν σπέρμα, ούτοί εισιν οι υιοί
39 τήσ βασιλείασ· τα δε ζιζάνιά εισιν οι υιοί του πονηρού, ³⁹ο δε
εχθρόσ ο σπείρασ αυτά εστίν ο διάβολοσ· ο δε θερισμόσ συντέ-
40 λεια αιώνόσ εστίν, οι δε θερισταί άγγελοί εισιν. ⁴⁰ώσπερ ούν
συλλέγεται τα ζιζάνια και πυρί κατακαίεται, ούτωσ έσται εν τη
41 συντελεία του αιώνοσ. ⁴¹αποστελεί ο υιόσ του ανθρώπου τούσ
αγγέλουσ αυτού, και συλλέξουσιν εκ τήσ βασιλείασ αυτού πάντα
42 τα σκάνδαλα και τουσ ποιούντασ την ανομίαν, ⁴²και βαλούσιν
αυτούσ είσ την κάμινον του πυρόσ· εκεί έσται ο κλαυθμόσ και ο
43 βρυγμόσ των οδόντων. ⁴³τότε οι δίκαιοι εκλάμψουσιν ωσ ο Dan 12, 3
ήλιοσ εν τη βασιλεία του πατρόσ αυτών. ο έχων ώτα ακουέτω.
44 ⁴⁴Ομοία εστίν η βασιλεία των ουρανών θησαυρώ κεκρυμμένω εν
τω αγρώ, ον ευρών άνθρωποσ έκρυψεν, και από τήσ χαράσ
αυτού υπάγει και πωλεί πάντα όσα έχει και αγοράζει τον αγρόν
45 εκείνον. ⁴⁵Πάλιν ομοία εστίν η βασιλεία των ουρανών ανθρώπω
46 εμπόρω ζητούντι καλούσ μαργαρίτασ· ⁴⁶ευρών δε ένα πολύτιμον
μαργαρίτην απελθών πέπρακεν πάντα όσα είχεν και ηγόρασεν
47 αυτόν. ⁴⁷Πάλιν ομοία εστίν η βασιλεία των ουρανών σαγήνη
βληθείση είσ την θάλασσαν και εκ παντόσ γένουσ συναγαγούση·
48 ⁴⁸ην ότε επληρώθη αναβιβάσαντεσ επί τον αιγιαλόν και καθίσαν-
τεσ συνέλεξαν τα καλά είσ άγγη, τα δε σαπρά έξω έβαλον.

---

32. ϛא κατασκηνουν 33. αυτοισ: א add λεγων 34. ουδεν: ουκ 35. om
ησαιον|καταβολησ: add κοσμου 36. א εισηλθεν|οικιαν: add ο ιησουσ|
φρασον:א*διασαφησον 37. ειπεν αυτοισ 39. του αιωνοσ 40. του αιων.
τουτου 41. αυτου pr: א om 42. א* βαλλουσιν 43. ωτα: add ακουειν
44. παλιν ομοια | א* om εν τω αγρ. | παντ. οσ. εχ. πωλ. 45. א* om αν-
θρωπ. 46. οσ ευρων ενα 48. אᵇ και επι τ. αιγ. καθ.|αγγεια|א*εβαλλον

⁴⁹ οὕτωσ ἔσται ἐν τῇ συντελείᾳ τοῦ αἰῶνοσ· ἐξελεύσονται οἱ ἄγ- 49
γελοι καὶ ἀφοριοῦσιν τοὺσ πονηροὺσ ἐκ μέσου τῶν δικαίων, ⁵⁰καὶ 50
βαλοῦσιν αὐτοὺσ εἰσ τὴν κάμινον τοῦ πυρόσ· ἐκεῖ ἔσται ὁ κλαυθ-
μὸσ καὶ ὁ βρυγμὸς τῶν ὀδόντων. ⁵¹ συνήκατε ταῦτα πάντα; 51
λέγουσιν αὐτῷ· ναί. ⁵² ὁ δὲ εἶπεν αὐτοῖσ· διὰ τοῦτο πᾶσ γραμ- 52
ματεὺσ μαθητευθεὶσ τῇ βασιλείᾳ τῶν οὐρανῶν ὅμοιόσ ἐστιν ἀν-
θρώπῳ οἰκοδεσπότῃ, ὅστισ ἐκβάλλει ἐκ τοῦ θησαυροῦ αὐτοῦ
καινὰ καὶ παλαιά.
Καὶ ἐγένετο ὅτε ἐτέλεσεν ὁ Ἰησοῦσ τὰσ παραβολὰσ ταύτασ, 53
μετῆρεν ἐκεῖθεν. ⁵⁴ καὶ ἐλθὼν εἰσ τὴν πατρίδα αὐτοῦ ἐδίδασκεν 54

54-58
Mc 6, 1-6 αὐτοὺσ ἐν τῇ συναγωγῇ αὐτῶν, ὥστε ἐκπλήσσεσθαι αὐτοὺσ καὶ
λέγειν· πόθεν τούτῳ ἡ σοφία αὕτη καὶ αἱ δυνάμεισ; ⁵⁵οὐχ οὗτόσ 55
ἐστιν ὁ τοῦ τέκτονοσ υἱόσ; οὐχ ἡ μήτηρ αὐτοῦ λέγεται Μαριὰμ
καὶ οἱ ἀδελφοὶ αὐτοῦ Ἰάκωβοσ καὶ Ἰωσὴφ καὶ Σίμων καὶ Ἰού-
δασ; ⁵⁶καὶ αἱ ἀδελφαὶ αὐτοῦ οὐχὶ πᾶσαι πρὸσ ἡμᾶσ εἰσίν; πόθεν 56
οὖν τούτῳ ταῦτα πάντα; ⁵⁷ καὶ ἐσκανδαλίζοντο ἐν αὐτῷ. ὁ δὲ 57

Lc 4, 24
Io 4, 44 Ἰησοῦσ εἶπεν αὐτοῖσ· οὐκ ἔστιν προφήτησ ἄτιμοσ εἰ μὴ ἐν τῇ
ἰδίᾳ πατρίδι καὶ ἐν τῇ οἰκίᾳ αὐτοῦ. ⁵⁸ καὶ οὐκ ἐποίησεν ἐκεῖ 58
δυνάμεισ πολλὰσ διὰ τὴν ἀπιστίαν αὐτῶν.

XIV.

Caedes Iohannis baptistae. Quinque milibus cibi praebitio marisque
Galilaei incessio. Aegroti tactu sanati.

1-2
Mc 6, 14ss Ἐν ἐκείνῳ τῷ καιρῷ ἤκουσεν Ἡρώδησ ὁ τετραάρχησ τὴν 1
Lc 9, 7 ss ἀκοὴν Ἰησοῦ, ²καὶ εἶπεν τοῖσ παισὶν αὐτοῦ· οὗτός ἐστιν Ἰωάννησ 2
ὁ βαπτιστήσ· αὐτὸσ ἠγέρθη ἀπὸ τῶν νεκρῶν, καὶ διὰ τοῦτο αἱ

3-5
Mc 6, 17ss δυνάμεισ ἐνεργοῦσιν ἐν αὐτῷ. ³ ὁ γὰρ Ἡρώδησ κρατήσασ τὸν 3
Lc 3, 19 s, Ἰωάννην ἔδησεν καὶ ἐν φυλακῇ ἀπέθετο διὰ Ἡρωδιάδα τὴν
γυναῖκα [Φιλίππου] τοῦ ἀδελφοῦ αὐτοῦ. ⁴ ἔλεγεν γὰρ Ἰωάννησ 4
21, 26 αὐτῷ· οὐκ ἔξεστίν σοι ἔχειν αὐτήν. ⁵καὶ θέλων αὐτὸν ἀποκτεῖναι 5

6-12
Mc 6, ἐφοβήθη τὸν ὄχλον, ὅτι ὡσ προφήτην αὐτὸν εἶχον. ⁶ γενεσίοισ 6
21-29 δὲ γενομένοισ τοῦ Ἡρώδου ὠρχήσατο ἡ θυγάτηρ τῆσ Ἡρωδιάδοσ
ἐν τῷ μέσῳ καὶ ἤρεσεν τῷ Ἡρώδῃ, ⁷ ὅθεν μεθ' ὅρκου ὡμολόγη- 7
σεν αὐτῇ δοῦναι ὃ ἐὰν αἰτήσηται. ⁸ἡ δὲ προβιβασθεῖσα ὑπὸ τῆσ 8
μητρὸσ αὐτῆσ· δόσ μοι, φησίν, ὧδε ἐπὶ πίνακι τὴν κεφαλὴν Ἰωάν-
νου τοῦ βαπτιστοῦ. ⁹ καὶ λυπηθεὶσ ὁ βασιλεὺσ διὰ τοὺσ ὅρκουσ 9
καὶ τοὺσ συνανακειμένουσ ἐκέλευσεν δοθῆναι, ¹⁰ καὶ πέμψασ ἀπε- 10
κεφάλισεν Ἰωάννην ἐν τῇ φυλακῇ. ¹¹ καὶ ἠνέχθη ἡ κεφαλὴ αὐτοῦ 11
ἐπὶ πίνακι καὶ ἐδόθη τῷ κορασίῳ, καὶ ἤνεγκεν τῇ μητρὶ αὐτῆσ.

---

50. ℵ* βαλλουσιν 51. συνηκατε : praem λεγει αυτοισ ο ιησουσ | ναι,
κυριε 52. μαθητ. εισ την βασιλειαν 54. εκπληττεσθ. 55. ουχι η |
ιωσηφ : ς´ ιωσησ, ℵ* ιωαννησ 57. ℵ om ιησουσ | εν τη πατριδ. αυτου
XIV, 1. τετραρχησ 3. εδησεν αυτον και εθετο εν φυλακ. 5. ο
ιωαννησ | αυτω : ℵ* om, ς post γαρ 6. γενεσιων δε αγομενων 7. ℵ μετα
9. ς ελυπηθη et δια δε 10. τον ιωαννην

12 ¹²καὶ προσελθόντεσ οἱ μαθηταὶ αὐτοῦ ἦραν τὸ πτῶμα καὶ ἔθα-
13 ψαν αὐτόν, καὶ ἐλθόντεσ ἀπήγγειλαν τῷ Ἰησοῦ. ¹³ἀκούσασ δὲ
ὁ Ἰησοῦσ ἀνεχώρησεν ἐκεῖθεν ἐν πλοίῳ εἰσ ἔρημον τόπον κατ'
ἰδίαν· καὶ ἀκούσαντεσ οἱ ὄχλοι ἠκολούθησαν αὐτῷ πεζοὶ ἀπὸ
τῶν πόλεων.
14 Καὶ ἐξελθὼν εἶδεν πολὺν ὄχλον, καὶ ἐσπλαγχνίσθη ἐπ' αὐτοῖσ
15 καὶ ἐθεράπευσεν τοὺσ ἀρρώστουσ αὐτῶν. ¹⁵ὀψίασ δὲ γενομένησ
προσῆλθον αὐτῷ οἱ μαθηταὶ λέγοντεσ· ἔρημόσ ἐστιν ὁ τόποσ καὶ
ἡ ὥρα παρῆλθεν ἤδη· ἀπόλυσον οὖν τοὺσ ὄχλουσ, ἵνα ἀπελ-
16 θόντεσ εἰσ τὰσ κώμασ ἀγοράσωσιν ἑαυτοῖσ βρώματα. ¹⁶ὁ δὲ
εἶπεν αὐτοῖσ· οὐ χρείαν ἔχουσιν ἀπελθεῖν· δότε αὐτοῖσ ὑμεῖσ
17 φαγεῖν. ¹⁷οἱ δὲ λέγουσιν αὐτῷ· οὐκ ἔχομεν ὧδε εἰ μὴ πέντε ἄρ-
18 τουσ καὶ δύο ἰχθύασ. ¹⁸ὁ δὲ εἶπεν· φέρετέ μοι ὧδε αὐτούσ.
19 ¹⁹καὶ κελεύσασ τοὺσ ὄχλουσ ἀνακλιθῆναι ἐπὶ τοῦ χόρτου, λαβὼν
τοὺσ πέντε ἄρτουσ καὶ τοὺσ δύο ἰχθύασ ἀναβλέψασ εἰσ τὸν
οὐρανὸν εὐλόγησεν, καὶ κλάσασ ἔδωκεν τοῖσ μαθηταῖσ τοὺσ ἄρ-
20 τουσ, οἱ δὲ μαθηταὶ τοῖσ ὄχλοισ. ²⁰καὶ ἔφαγον πάντεσ καὶ
ἐχορτάσθησαν, καὶ ἦραν τὸ περισσεῦον τῶν κλασμάτων δώδεκα
21 κοφίνουσ πλήρεισ. ²¹οἱ δὲ ἐσθίοντεσ ἦσαν ἄνδρεσ ὡσεὶ πεντα-
κισχίλιοι χωρὶσ γυναικῶν καὶ παιδίων.
22 Καὶ ἠνάγκασεν τοὺσ μαθητὰσ ἐμβῆναι εἰσ τὸ πλοῖον καὶ
προάγειν αὐτὸν εἰσ τὸ πέραν, ἕωσ οὗ ἀπολύσῃ τοὺσ ὄχλουσ.
23 ²³καὶ ἀπολύσασ τοὺσ ὄχλουσ ἀνέβη εἰσ τὸ ὄροσ κατ' ἰδίαν
24 προσεύξασθαι. ὀψίασ δὲ γενομένησ μόνοσ ἦν ἐκεῖ. ²⁴τὸ δὲ
πλοῖον ἤδη μέσον τῆσ θαλάσσησ ἦν βασανιζόμενον ὑπὸ τῶν
25 κυμάτων· ἦν γὰρ ἐναντίοσ ὁ ἄνεμοσ. ²⁵τετάρτῃ δὲ φυλακῇ
τῆσ νυκτὸσ ἦλθεν πρὸσ αὐτοὺσ περιπατῶν ἐπὶ τὴν θάλασσαν.
26 ²⁶ἰδόντεσ δὲ αὐτὸν ἐπὶ τῆσ θαλάσσησ περιπατοῦντα ἐταράχθη-
σαν, λέγοντεσ ὅτι φάντασμά ἐστιν, καὶ ἀπὸ τοῦ φόβου ἔκραξαν.
27 ²⁷εὐθὺσ δὲ ἐλάλησεν αὐτοῖσ λέγων· θαρσεῖτε, ἐγώ εἰμι· μὴ φο-
28 βεῖσθε. ²⁸ἀποκριθεὶσ δὲ αὐτῷ ὁ Πέτροσ εἶπεν· κύριε, εἰ σὺ εἶ,
29 κέλευσόν με ἐλθεῖν πρόσ σε ἐπὶ τὰ ὕδατα. ²⁹ὁ δὲ εἶπεν· ἐλθέ.
καὶ καταβὰσ ἀπὸ τοῦ πλοίου Πέτροσ περιεπάτησεν ἐπὶ τὰ
30 ὕδατα καὶ ἦλθεν πρὸσ τὸν Ἰησοῦν. ³⁰βλέπων δὲ τὸν ἄνεμον
ἐφοβήθη, καὶ ἀρξάμενοσ καταποντίζεσθαι ἔκραξεν λέγων· κύριε,

---

12. πτωμα (ℵ* add αυτον) : σωμα | εθαψ. αυτο   13. και ακουσασ | πεζη
14. εξελθων : add ο ιησουσ | επ αυτουσ   15. οι μαθητ. αυτου | ηδη
παρηλθ. | ουν : om | κωμασ : ℵ* χωρασ   16. ο δε ιησου   17. αρτουσ ει
μη πεντ.   18. αυτουσ ωδε   19. ℵ εκελευσεν | επι τουσ χορτουσ | ϛ ℵ και
λαβων   22. Και ευθεωσ ηναγκ. ο ιησου τ. μαθητ. αυτου   23. ℵ* om
απολυσασ τ. οχλ.   25. απηλθε πρ. αυτ. ο ιησουσ | επι τησ θαλασσησ
26. και ιδοντεσ αυτον οι μαθηται, ℵᵃ οι δε μαθ. ιδοντεσ αυτον | επι
την θαλασσαν   27. ευθεωσ | ελαλ. αυτ. ο ιησουσ, ℵᵃ ελαλ. ο ιησ. αυτοισ
28. κυριε : ℵ post συ ει | προσ σε ελθειν   29. ο πετροσ | και ηλθεν : ϛ
ελθειν, ℵ* ελθειν ηλθεν ουν   30. ανεμον : add ισχυρον

ΜΑΤΤΗ.   15, 16.   27

σῶσόν με. ³¹ εὐθέωσ δὲ ὁ Ἰησοῦσ ἐκτείνασ τὴν χεῖρα ἐπελάβετο 31
αὐτοῦ, καὶ λέγει αὐτῷ· ὀλιγόπιστε, εἰσ τί ἐδίστασασ; ³² καὶ ἀνα- 32
βάντων αὐτῶν εἰσ τὸ πλοῖον ἐκόπασεν ὁ ἄνεμοσ. ³³ οἱ δὲ ἐν τῷ 33
πλοίῳ προσεκύνησαν αὐτῷ λέγοντεσ· ἀληθῶσ θεοῦ υἱὸσ εἶ.

34-36   Καὶ διαπεράσαντεσ ἦλθον ἐπὶ τὴν γῆν εἰσ Γεννησαρέτ. 34
Mc 6,
53-56 35 καὶ ἐπιγνόντεσ αὐτὸν οἱ ἄνδρεσ τοῦ τόπου ἐκείνου ἀπέστειλαν 35
εἰσ ὅλην τὴν περίχωρον ἐκείνην, καὶ προσήνεγκαν αὐτῷ πάντασ
τοὺσ κακῶσ ἔχοντασ, ³⁶ καὶ παρεκάλουν αὐτὸν ἵνα μόνον ἅψωνται 36
τοῦ κρασπέδου τοῦ ἱματίου αὐτοῦ· καὶ ὅσοι ἥψαντο διεσώθησαν.

XV.
De manuum lotione traditionisque abusu veraque ciborum contaminatione.
Sanantur mulieris Chananaeae filia aliique aegroti. Satiantur quattuor millia.

1-9   Τότε προσέρχονται τῷ Ἰησοῦ ἀπὸ Ἱεροσολύμων Φαρισαῖοι 1
Mc 7,1-13
καὶ γραμματεῖσ λέγοντεσ· ² διατί οἱ μαθηταί σου παραβαίνουσιν 2
τὴν παράδοσιν τῶν πρεσβυτέρων; οὐ γὰρ νίπτονται τὰσ χεῖρασ
ὅταν ἄρτον ἐσθίωσιν. ³ ὁ δὲ ἀποκριθεὶσ εἶπεν αὐτοῖσ· διατί καὶ 3
ὑμεῖσ παραβαίνετε τὴν ἐντολὴν τοῦ θεοῦ διὰ τὴν παράδοσιν
Ex 20, 12 ὑμῶν; ⁴ ὁ γὰρ θεὸσ ἐνετείλατο λέγων· τίμα τὸν πατέρα καὶ τὴν 4
21, 17
μητέρα, καὶ ὁ κακολογῶν πατέρα ἢ μητέρα θανάτῳ τελευτάτω.
⁵ ὑμεῖσ δὲ λέγετε· ὃσ ἂν εἴπῃ τῷ πατρὶ ἢ τῇ μητρί· δῶρον ὃ ἐὰν 5
ἐξ ἐμοῦ ὠφεληθῇσ, οὐ μὴ τιμήσει τὸν πατέρα αὐτοῦ ἢ τὴν μητέρα
αὐτοῦ. ⁶ καὶ ἠκυρώσατε τὸν νόμον τοῦ θεοῦ διὰ τὴν παράδοσιν 6
ὑμῶν. ⁷ ὑποκριταί, καλῶσ ἐπροφήτευσεν περὶ ὑμῶν Ἠσαΐασ 7
Es 29, 13 λέγων· ⁸ ὁ λαὸσ οὗτοσ τοῖσ χείλεσίν με τιμᾷ, ἡ δὲ καρδία αὐτῶν 8
πόρρω ἀπέχει ἀπ' ἐμοῦ· ⁹ μάτην δὲ σέβονταί με διδάσκοντεσ δι- 9
10-11 δασκαλίασ ἐντάλματα ἀνθρώπων. ¹⁰ Καὶ προσκαλεσάμενοσ τὸν 10
Mc 7, 14s
ὄχλον εἶπεν αὐτοῖσ· ἀκούετε καὶ συνίετε· ¹¹ οὐ τὸ εἰσερχόμενον 11
εἰσ τὸ στόμα κοινοῖ τὸν ἄνθρωπον, ἀλλὰ τὸ ἐκπορευόμενον ἐκ
τοῦ στόματοσ, τοῦτο κοινοῖ τὸν ἄνθρωπον. ¹² τότε προσελθόντεσ 12
οἱ μαθηταὶ λέγουσιν αὐτῷ· οἶδασ ὅτι οἱ Φαρισαῖοι ἀκούσαντεσ
τὸν λόγον ἐσκανδαλίσθησαν; ¹³ ὁ δὲ ἀποκριθεὶσ εἶπεν· πᾶσα 13
φυτεία ἣν οὐκ ἐφύτευσεν ὁ πατήρ μου ὁ οὐράνιοσ ἐκριζωθήσεται.
23, 16. 24 14 ἄφετε αὐτούσ· ὁδηγοί εἰσιν τυφλοὶ τυφλῶν· τυφλὸσ δὲ τυφλὸν 14
Lc 6, 39
15-20 ἐὰν ὁδηγῇ, ἀμφότεροι εἰσ βόθυνον πεσοῦνται. ¹⁵ ἀποκριθεὶσ δὲ 15
Mc 7,
17-23 ὁ Πέτροσ εἶπεν αὐτῷ· φράσον ἡμῖν τὴν παραβολήν. ¹⁶ ὁ δὲ 16

31. א ευθυσ 32. εμβαντων 33. πλοιω : add ελθοντεσ 34. εισ την
γην γεννη. 35. א om εκεινου 36. εσωθησαν
  XV, 1. οι απο ιερ. γραμμ. και φαρι. 2. τασ χειρ. αυτων 3. και :
א* om. 4. ενετ. λεγων : אca ειπεν | πατερα : add σου 5. ωφεληθησ :
א*add ουδεν εστιν | και ου μη | ϛ κ τιμηση | א om η την μητερ. αυτου 6. τον
νομον ; ϛ την εντολην, אca τον λογον 7. προεφητευσε 8. εγγιζει μοι
ο λαοσ ουτοσ τω στοματι αυτων και τοισ χειλ. με 11. κοινοι pr: א*praem
τουτο 12. οι μαθητ. αυτου | λεγουσιν : א ειπαν, ϛ ειπον 14. אc τυφλοι
εισ. οδηγοι | τυφλων : א* om 15. την παραβ. ταυτην 16. ο δε ιησουσ

17 εἶπεν· ἀκμὴν καὶ ὑμεῖσ ἀσύνετοί ἐστε; ¹⁷οὐ νοεῖτε ὅτι πᾶν τὸ
εἰσπορευόμενον εἰσ τὸ στόμα εἰσ τὴν κοιλίαν χωρεῖ καὶ εἰσ ἀφε-
18 δρῶνα ἐκβάλλεται; ¹⁸τὰ δὲ ἐκπορευόμενα ἐκ τοῦ στόματοσ ἐκ
19 τῆσ καρδίασ ἐξέρχεται, κἀκεῖνα κοινοῖ τὸν ἄνθρωπον. ¹⁹ἐκ
γὰρ τῆσ καρδίασ ἐξέρχονται διαλογισμοὶ πονηροί, φόνοι, μοιχεῖαι,
20 πορνεῖαι, κλοπαί, ψευδομαρτυρίαι, βλασφημίαι. ²⁰ταῦτά ἐστιν
τὰ κοινοῦντα τὸν ἄνθρωπον· τὸ δὲ ἀνίπτοισ χερσὶν φαγεῖν οὐ
κοινοῖ τὸν ἄνθρωπον.
21 Καὶ ἐξελθὼν ἐκεῖθεν ὁ Ἰησοῦσ ἀνεχώρησεν εἰσ τὰ μέρη
22 Τύρου καὶ Σιδῶνοσ. ²²καὶ ἰδοὺ γυνὴ Χαναναία ἀπὸ τῶν ὁρίων
ἐκείνων ἐξελθοῦσα ἔκραξεν λέγουσα· ἐλέησόν με, κύριε υἱὸσ Δαυείδ·
23 ἡ θυγάτηρ μου κακῶσ δαιμονίζεται. ²³ὁ δὲ οὐκ ἀπεκρίθη αὐτῇ
λόγον. καὶ προσελθόντεσ οἱ μαθηταὶ αὐτοῦ ἠρώτουν αὐτὸν λέ-
24 γοντεσ· ἀπόλυσον αὐτήν, ὅτι κράζει ὄπισθεν ἡμῶν. ²⁴ὁ δὲ
ἀποκριθεὶσ εἶπεν· οὐκ ἀπεστάλην εἰ μὴ εἰσ τὰ πρόβατα τὰ
25 ἀπολωλότα οἴκου Ἰσραήλ. ²⁵ἡ δὲ ἐλθοῦσα προσεκύνει αὐτῷ
26 λέγουσα· κύριε, βοήθει μοι. ²⁶ὁ δὲ ἀποκριθεὶσ εἶπεν· οὐκ
ἔξεστιν λαβεῖν τὸν ἄρτον τῶν τέκνων καὶ βαλεῖν τοῖσ κυναρίοισ.
27 ²⁷ἡ δὲ εἶπεν· ναί, κύριε· καὶ γὰρ τὰ κυνάρια ἐσθίει ἀπὸ τῶν
ψιχίων τῶν πιπτόντων ἀπὸ τῆσ τραπέζησ τῶν κυρίων αὐτῶν.
28 ²⁸τότε ἀποκριθεὶσ ὁ Ἰησοῦσ εἶπεν αὐτῇ· ὦ γύναι, μεγάλη σου
ἡ πίστισ· γενηθήτω σοι ὡσ θέλεισ. καὶ ἰάθη ἡ θυγάτηρ αὐτῆσ
ἀπὸ τῆσ ὥρασ ἐκείνησ.
29 Καὶ μεταβὰσ ἐκεῖθεν ὁ Ἰησοῦσ ἦλθεν παρὰ τὴν θάλασσαν
30 τῆσ Γαλιλαίασ, καὶ ἀναβὰσ εἰσ τὸ ὄροσ ἐκάθητο ἐκεῖ. ³⁰καὶ
προσῆλθον αὐτῷ ὄχλοι πολλοὶ ἔχοντεσ μεθ' ἑαυτῶν χωλοὺσ
τυφλοὺσ κωφοὺσ κυλλοὺσ καὶ ἑτέρουσ πολλούσ, καὶ ἔριψαν αὐ-
31 τοὺσ παρὰ τοὺσ πόδασ αὐτοῦ· καὶ ἐθεράπευσεν αὐτούσ, ³¹ὥστε
τὸν ὄχλον θαυμάσαι βλέποντασ κωφοὺσ λαλοῦντασ, κυλλοὺσ
ὑγιεῖσ καὶ χωλοὺσ περιπατοῦντασ καὶ τυφλοὺσ βλέποντασ· καὶ
ἐδόξαζον τὸν θεὸν Ἰσραήλ.
32 Ὁ δὲ Ἰησοῦσ προσκαλεσάμενοσ τοὺσ μαθητὰσ αὐτοῦ εἶπεν·
σπλαγχνίζομαι ἐπὶ τὸν ὄχλον, ὅτι ἤδη ἡμέραι τρεῖσ προσμένουσίν
μοι καὶ οὐκ ἔχουσιν τί φάγωσιν· καὶ ἀπολῦσαι αὐτοὺσ νήστισ οὐ
33 θέλω, μήποτε ἐκλυθῶσιν ἐν τῇ ὁδῷ. ³³καὶ λέγουσιν αὐτῷ οἱ
μαθηταί· πόθεν ἡμῖν ἐν ἐρημίᾳ ἄρτοι τοσοῦτοι ὥστε χορτάσαι
34 ὄχλον τοσοῦτον; ³⁴καὶ λέγει αὐτοῖσ ὁ Ἰησοῦσ· πόσουσ ἄρτουσ
35 ἔχετε; οἱ δὲ εἶπον· ἑπτά, καὶ ὀλίγα ἰχθύδια. ³⁵καὶ παραγγείλασ

---

17. ου : ς ℵ ουπω | ℵ εισ τον αφεδρ. 22. εκραυγασεν | λεγουσα : praem
αυτω | ς ℵ νιε | δαβιδ 23. ηρωτων 26. εξεστιν : ς ℵ εστι καλον
30. κυλλουσ : ℵ ante κωφ. | ερριψαν | αυτου : τον ιησου 31. τουσ
οχλουσ | κυλλ. υγιεισ : ℵ om | και χωλουσ : om και | εδοξασαν 32. ς ℵ
ημερασ τρ. | νηστεισ 33. οι μαθητ. : add αυτου 34. ℵ ειπαν 35. εκε-
λευσε et και λαβων

τῷ ὄχλῳ ἀναπεσεῖν ἐπὶ τὴν γῆν, ³⁶ ἔλαβεν τοὺσ ἑπτὰ ἄρτουσ 36
καὶ τοὺσ ἰχθύασ καὶ εὐχαριστήσασ ἔκλασεν καὶ ἐδίδου τοῖσ μαθη-
ταῖσ, οἱ δὲ μαθηταὶ τοῖσ ὄχλοισ. ³⁷ καὶ ἔφαγον πάντεσ καὶ ἐχορ- 37
τάσθησαν, καὶ τὸ περισσεῦον τῶν κλασμάτων ἦραν ἑπτὰ σπυρί-
δασ πλήρεισ. ³⁸ οἱ δὲ ἐσθίοντεσ ἦσαν τετρακισχίλιοι ἄνδρεσ χωρὶσ 38
παιδίων καὶ γυναικῶν. ³⁹ καὶ ἀπολύσασ τοὺσ ὄχλουσ ἐνέβη εἰσ 39
τὸ πλοῖον, καὶ ἦλθεν εἰσ τὰ ὅρια Μαγαδάν.

XVI.

Signa temporum. Fermentum Pharisaeorum. Varia de Iesu iudicia. Petri
claves et malum consilium. Christi sectatores veram vitam adipiscentur.

1-4
Mc 8,
11-13
Lc 12,
54-56

Καὶ προσελθόντεσ οἱ Φαρισαῖοι καὶ Σαδδουκαῖοι πειράζον- 1
τεσ ἐπηρώτων αὐτὸν σημεῖον ἐκ τοῦ οὐρανοῦ ἐπιδεῖξαι αὐτοῖσ.
² ὁ δὲ ἀποκριθεὶσ εἶπεν αὐτοῖσ· [ὀψίασ γενομένησ λέγετε· εὐδία, 2
πυρράζει γὰρ ὁ οὐρανόσ· ³ καὶ πρωΐ· σήμερον χειμών, πυρράζει 3
γὰρ στυγνάζων ὁ οὐρανόσ. τὸ μὲν πρόσωπον τοῦ οὐρανοῦ γι-
νώσκετε διακρίνειν, τὰ δὲ σημεῖα τῶν καιρῶν οὐ δύνασθε;] ⁴ γενεὰ 4

12, 39 πονηρὰ καὶ μοιχαλὶσ σημεῖον ἐπιζητεῖ, καὶ σημεῖον οὐ δοθήσεται
αὐτῇ εἰ μὴ τὸ σημεῖον Ἰωνᾶ. καὶ καταλιπὼν αὐτοὺσ ἀπῆλθεν.

5-12
Mc 8,
14-21
Lc 12, 1

Καὶ ἐλθόντεσ οἱ μαθηταὶ εἰσ τὸ πέραν ἐπελάθοντο ἄρτουσ 5
λαβεῖν. ⁶ ὁ δὲ Ἰησοῦσ εἶπεν αὐτοῖσ· ὁρᾶτε καὶ προσέχετε ἀπὸ 6
τῆσ ζύμησ τῶν Φαρισαίων καὶ Σαδδουκαίων. ⁷ οἱ δὲ διελο- 7
γίζοντο ἐν ἑαυτοῖσ λέγοντεσ ὅτι ἄρτουσ οὐκ ἐλάβομεν. ⁸ γνοὺσ 8
δὲ ὁ Ἰησοῦσ εἶπεν· τί διαλογίζεσθε ἐν ἑαυτοῖσ, ὀλιγόπιστοι, ὅτι
ἄρτουσ οὐκ ἐλάβετε; ⁹ οὔπω νοεῖτε, οὐδὲ μνημονεύετε τοὺσ πέντε 9
ἄρτουσ τῶν πεντακισχιλίων καὶ πόσουσ κοφίνουσ ἐλάβετε; ¹⁰ οὐδὲ 10
τοὺσ ἑπτὰ ἄρτουσ τῶν τετρακισχιλίων καὶ πόσασ σπυρίδασ ἐλά-
βετε; ¹¹ πῶσ οὐ νοεῖτε ὅτι οὐ περὶ ἄρτων εἶπον ὑμῖν; προσέχετε 11
δὲ ἀπὸ τῆσ ζύμησ τῶν Φαρισαίων καὶ Σαδδουκαίων. ¹² τότε 12
συνῆκαν ὅτι οὐκ εἶπεν προσέχειν ἀπὸ τῆσ ζύμησ τῶν Φαρισαίων
καὶ Σαδδουκαίων, ἀλλὰ ἀπὸ τῆσ διδαχῆσ τῶν Φαρισαίων καὶ
Σαδδουκαίων.

13-20
Mc 8,
27-30
Lc 9,18-21

Ἐλθὼν δὲ ὁ Ἰησοῦσ εἰσ τὰ μέρη Καισαρίασ τῆσ Φιλίππου 13
ἠρώτα τοὺσ μαθητὰσ αὐτοῦ λέγων· τίνα λέγουσιν οἱ ἄνθρωποι
εἶναι τὸν υἱὸν τοῦ ἀνθρώπου; ¹⁴ οἱ δὲ εἶπαν· οἱ μὲν Ἰωάννην 14
τὸν βαπτιστήν, ἄλλοι δὲ Ἡλείαν, ἕτεροι δὲ Ἱερεμίαν ἢ ἕνα

ᵒ35. τοισ οχλοισ 36. ℵ* κ. τουσ δυο ιχθ. | και ευχαριστ. : om και | εδιδου:
εδωκε | τοισ μαθητ. αυτου | τω οχλω 37. ϛ ηραν το περ. των κλασμ.
38. γυν. κ. παιδ. 39. μαγαδαν : μαγδαλα
XVI; 1. επηρωτησαν 2. οψιασ usque ου δυνασθε (v. 3) : ℵ om
3. το μεν : praem υποκριται 4. ιωνα : add του προφητου 5. οι μαθητ.
αυτου 8. ειπεν : add αυτοισ | ελαβετε : ℵ εχετε 9. ℵ* om ουδε μνημον.
11. περι αρτου ειπ. υμ. προσεχειν απο 12. απο τησ ζυμησ του αρτου,
αλλ απο | διδαχησ : ℵ* διδασκαλιασ 13. καισαρειασ | τινα : add με | ℵ*
οι ανθρωπ. ειν. λεγου. 14. ειπον | ℵ ιωαννην | ηλιαν

15 τῶν προφητῶν. ¹⁵ λέγει αὐτοῖσ· ὑμεῖσ δὲ τίνα με λέγετε εἶναι;
16 ¹⁶ ἀποκριθεὶσ δὲ Σίμων Πέτροσ εἶπεν· σὺ εἶ ὁ Χριστὸσ ὁ υἱὸσ
17 τοῦ θεοῦ τοῦ ζῶντοσ. ¹⁷ ἀποκριθεὶσ δὲ ὁ Ἰησοῦσ εἶπεν αὐτῷ·
μακάριοσ εἶ, Σίμων Βαριωνᾶ, ὅτι σὰρξ καὶ αἷμα οὐκ ἀπεκάλυ-
18 ψέν σοι ἀλλ' ὁ πατήρ μου ὁ ἐν τοῖσ οὐρανοῖσ. ¹⁸ κἀγὼ δέ σοι
λέγω ὅτι σὺ εἶ Πέτροσ, καὶ ἐπὶ ταύτῃ τῇ πέτρᾳ οἰκοδομήσω μου
19 τὴν ἐκκλησίαν, καὶ πύλαι ᾅδου οὐ κατισχύσουσιν αὐτῆσ. ¹⁹ δώσω
σοι τὰσ κλεῖδασ τῆσ βασιλείασ τῶν οὐρανῶν, καὶ ὃ ἐὰν δήσῃσ
ἐπὶ τῆσ γῆσ ἔσται δεδεμένον ἐν τοῖσ οὐρανοῖσ, καὶ ὃ ἐὰν λύσῃσ
20 ἐπὶ τῆσ γῆσ ἔσται λελυμένον ἐν τοῖσ οὐρανοῖσ. ²⁰ τότε διεστεί-
λατο τοῖσ μαθηταῖσ ἵνα μηδενὶ εἴπωσιν ὅτι αὐτόσ ἐστιν ὁ Χριστόσ.
21 Ἀπὸ τότε ἤρξατο ὁ Ἰησοῦσ δεικνύειν τοῖσ μαθηταῖσ αὐτοῦ
ὅτι δεῖ αὐτὸν εἰσ Ἱεροσόλυμα ἀπελθεῖν καὶ πολλὰ παθεῖν ἀπὸ
τῶν πρεσβυτέρων καὶ ἀρχιερέων καὶ γραμματέων καὶ ἀποκταν-
22 θῆναι καὶ τῇ τρίτῃ ἡμέρᾳ ἐγερθῆναι. ²² καὶ προσλαβόμενοσ
αὐτὸν ὁ Πέτροσ ἤρξατο ἐπιτιμᾶν αὐτῷ λέγων· ἵλεώσ σοι, κύριε·
23 οὐ μὴ ἔσται σοι τοῦτο. ²³ ὁ δὲ στραφεὶσ εἶπεν τῷ Πέτρῳ· ὕπαγε
ὀπίσω μου, σατανᾶ· σκάνδαλον εἶ ἐμοῦ, ὅτι οὐ φρονεῖσ τὰ τοῦ
θεοῦ ἀλλὰ τὰ τῶν ἀνθρώπων.
24 Τότε ὁ Ἰησοῦσ εἶπεν τοῖσ μαθηταῖσ αὐτοῦ· εἴ τισ θέλει
ὀπίσω μου ἐλθεῖν, ἀπαρνησάσθω ἑαυτὸν καὶ ἀράτω τὸν σταυρὸν
25 αὐτοῦ, καὶ ἀκολουθείτω μοι. ²⁵ ὃσ γὰρ ἐὰν θέλῃ τὴν ψυχὴν
αὐτοῦ σῶσαι, ἀπολέσει αὐτήν· ὃσ δ' ἂν ἀπολέσῃ τὴν ψυχὴν
26 αὐτοῦ ἕνεκεν ἐμοῦ, εὑρήσει αὐτήν. ²⁶ τί γὰρ ὠφεληθήσεται ἄν-
θρωποσ, ἐὰν τὸν κόσμον ὅλον κερδήσῃ, τὴν δὲ ψυχὴν αὐτοῦ ζη-
μιωθῇ; ἢ τί δώσει ἄνθρωποσ ἀντάλλαγμα τῆσ ψυχῆσ αὐτοῦ;
27 ²⁷ μέλλει γὰρ ὁ υἱὸσ τοῦ ἀνθρώπου ἔρχεσθαι ἐν τῇ δόξῃ τοῦ
πατρὸσ αὐτοῦ μετὰ τῶν ἀγγέλων αὐτοῦ, καὶ τότε ἀποδώσει
28 ἑκάστῳ κατὰ τὴν πρᾶξιν αὐτοῦ. ²⁸ ἀμὴν λέγω ὑμῖν ὅτι εἰσίν
τινεσ τῶν ὧδε ἑστώτων οἵτινεσ οὐ μὴ γεύσωνται θανάτου ἕωσ
ἂν ἴδωσιν τὸν υἱὸν τοῦ ἀνθρώπου ἐρχόμενον ἐν τῇ βασιλείᾳ
αὐτοῦ.

XVII.

Transfiguratio in monte. Iohannes alter Elias. Sanatio lunatici aposto-
lorumque diffidentia. Stater ex pisce.

1   Καὶ μεθ' ἡμέρασ ἓξ παραλαμβάνει ὁ Ἰησοῦσ τὸν Πέτρον
καὶ Ἰάκωβον καὶ Ἰωάννην τὸν ἀδελφὸν αὐτοῦ, καὶ ἀναφέρει
2 αὐτοὺσ εἰσ ὄροσ ὑψηλὸν κατ' ἰδίαν. ² καὶ μετεμορφώθη ἔμ-

---

17. και αποκριθ. ο ιησ. | βαρ ιωνα | א αλλα 19. και δωσω σοι | τασ
κλεισ | א* λυσησ επι την γην 20. τ. μαθητ. αυτου | ιησουσ ο χριστ.
21. ο ιησους : א* ιησ. χριστοσ | απελθ. εισ ιεροσολ. 23. ει εμου : μου
ει 25. αν 26. ωφελειται 27. τ. πραξιν : א* τα εργα 28. οτι : om |
εστηκοτων | βασιλεια : אᶜ δοξῃ
XVII, 1. א και τον ιακω. | א ιωαννην

προσθεν αυτών, και έλαμψεν το πρόσωπον αυτού ώσ ο ήλιοσ, τα δε ιμάτια αυτού εγένετο λευκά ώσ το φώσ. ³και ιδού ώφθη αυτοίσ Μωϋσήσ και Ηλείασ συνλαλούντεσ μετ' αυτού. ⁴αποκριθείσ δε ο Πέτροσ είπεν τω Ιησού· κύριε, καλόν εστιν ημάσ ώδε είναι· ει θέλεισ, ποιήσω ώδε τρείσ σκηνάσ, σοι μίαν και Μωϋσεί μίαν και Ηλεία μίαν. ⁵έτι αυτού λαλούντοσ, ιδού νεφέλη φωτεινή επεσκίασεν αυτούσ, και ιδού φωνή εκ τήσ νεφέλησ λέγουσα· ούτόσ εστιν ο υιόσ μου ο αγαπητόσ, εν ω ευδόκησα· ακούετε αυτού. ⁶και ακούσαντεσ οι μαθηταί έπεσαν επί πρόσωπον αυτών και εφοβήθησαν σφόδρα. ⁷και προσήλθεν ο Ιησούσ και αψάμενοσ αυτών είπεν· εγέρθητε και μη φοβείσθε. ⁸επάραντεσ δε τουσ οφθαλμούσ αυτών ουδένα είδον ει μη τον Ιησούν μόνον. ⁹και καταβαινόντων αυτών εκ του όρουσ ενετείλατο αυτοίσ ο Ιησούσ λέγων· μηδενί είπητε το όραμα έωσ ου ο υιόσ του ανθρώπου εκ νεκρών εγερθή. ¹⁰Και επηρώτησαν αυτόν οι μαθηταί λέγοντεσ· τί ούν οι γραμματείσ λέγουσιν ότι Ηλείαν δεί ελθείν πρώτον; ¹¹ο δε αποκριθείσ είπεν· Ηλείασ μεν έρχεται και αποκαταστήσει πάντα. ¹²λέγω δε υμίν ότι Ηλείασ ήδη ήλθεν, και ουκ επέγνωσαν αυτόν, αλλ' εποίησαν εν αυτώ όσα ηθέλησαν. ούτωσ και ο υιόσ του ανθρώπου μέλλει πάσχειν υπ' αυτών. ¹³τότε συνήκαν οι μαθηταί ότι περί Ιωάννου του βαπτιστού είπεν αυτοίσ.

Και ελθόντων προσ τον όχλον, προσήλθεν αυτώ άνθρωποσ γονυπετών αυτόν ¹⁵και λέγων· κύριε, ελέησόν μου τον υιόν; ότι σεληνιάζεται και κακώσ πάσχει· πολλάκισ γαρ πίπτει εισ το πυρ και πολλάκισ εισ το ύδωρ. ¹⁶και προσήνεγκα αυτόν τοίσ μαθηταίσ σου, και ουκ ηδυνήθησαν αυτόν θεραπεύσαι. ¹⁷αποκριθείσ δε ο Ιησούσ είπεν· ώ γενεά άπιστοσ και διεστραμμένη, έωσ πότε μεθ' υμών έσομαι; έωσ πότε ανέξομαι υμών; φέρετέ μοι αυτόν ώδε. ¹⁸και επετίμησεν αυτώ ο Ιησούσ, και εξήλθεν απ' αυτού το δαιμόνιον, και εθεραπεύθη ο παίσ από τήσ ώρασ εκείνησ. ¹⁹Τότε προσελθόντεσ οι μαθηταί τω Ιησού κατ' ιδίαν είπον· διατί ημείσ ουκ ηδυνήθημεν εκβαλείν αυτό; ²⁰ο δε λέγει αυτοίσ· δια την ολιγοπιστίαν υμών· αμήν γαρ λέγω υμίν, εάν έχητε πίστιν ώσ κόκκον σινάπεωσ, ερείτε τω όρει τούτω· μετάβα ένθεν εκεί, και μεταβήσεται, και ουδέν αδυνατήσει υμίν.

---

3. ωφθησαν | μωσησ | ηλιασ | μετ αυτ. συλλαλουντ. 4. ποιησωμεν | μωση | μιαν ηλια 5. αυτου ακου. 6. επεσον 7. και προσελθων ο ιησ. ηψατο αυτ. και ειπ. 8. τον ιησ. : א ιησουν αυτον 9. εκ : απο | εγερθη : αναστη 10. οι μαθητ. αυτου | ηλιαν 11. ο δε ιησουσ | ειπεν : ς א add αυτοισ | ηλιασ | ερχεται πρωτον 12. ηλιασ | εν αυτω : א om εν 13. א ιωάνου 14. ελθοντων αυτων | γονυπ. αυτω 15. κυριε : א om | א κακωσ εχει 17. א* ο δε αποκρ. ειπ., אc τοτε αποκρ. ο ιησ. ειπ. | ειπεν : א add αυτοισ | εσομ. μεθ υμων 18. א om ο παισ 20. ο δε ιησουσ ειπεν αυτ. | δια τ. απιστιαν | μεταβηθι εντευθεν 21. ς אb τουτο δε το γενοσ ουκ εκπορευεται ει μη εν προσευχη και νηστεια

22 Συστρεφομένων δὲ αὐτῶν ἐν τῇ Γαλιλαίᾳ εἶπεν αὐτοῖσ ὁ
Ἰησοῦσ· μέλλει ὁ υἱὸσ τοῦ ἀνθρώπου παραδίδοσθαι εἰσ χεῖρασ
23 ἀνθρώπων, ²³ καὶ ἀποκτενοῦσιν αὐτόν, καὶ τῇ τρίτῃ ἡμέρᾳ ἐγερθήσεται. καὶ ἐλυπήθησαν σφόδρα.
24 Ἐλθόντων δὲ αὐτῶν εἰσ Καφαρναοὺμ προσῆλθον οἱ τὰ δίδραχμα λαμβάνοντεσ τῷ Πέτρῳ καὶ εἶπαν· ὁ διδάσκαλοσ ὑμῶν
25 οὐ τελεῖ δίδραχμα; ²⁵ λέγει· ναί. καὶ εἰσελθόντα εἰσ τὴν οἰκίαν
προέφθασεν αὐτὸν ὁ Ἰησοῦσ λέγων· τί σοι δοκεῖ, Σίμων; οἱ βασιλεῖσ τῆσ γῆσ ἀπὸ τίνων λαμβάνουσιν τέλη ἢ κῆνσον; ἀπὸ τῶν
26 υἱῶν αὐτῶν ἢ ἀπὸ τῶν ἀλλοτρίων; ²⁶ εἰπόντοσ δέ· ἀπὸ τῶν
ἀλλοτρίων, ἔφη αὐτῷ ὁ Ἰησοῦσ· ἄραγε ἐλεύθεροί εἰσιν οἱ υἱοί.
27 ²⁷ ἵνα δὲ μὴ σκανδαλίζωμεν αὐτούσ, πορευθεὶσ εἰσ θάλασσαν βάλε
ἄγκιστρον καὶ τὸν ἀναβάντα πρῶτον ἰχθὺν ἆρον, καὶ ἀνοίξασ τὸ
στόμα αὐτοῦ εὑρήσεισ στατῆρα· ἐκεῖνον λαβὼν δὸσ αὐτοῖσ ἀντὶ
ἐμοῦ καὶ σοῦ.

XVIII.

Cavenda ambitio et offensio. Parabola de ove perdita. Placabilitas commendatur. Ius ligandi et solvendi. Quoties sit ignoscendum. Parabola de rege rationes reposcente.

1 Ἐν ἐκείνῃ τῇ ὥρᾳ προσῆλθον οἱ μαθηταὶ τῷ Ἰησοῦ λέγον-
2 τεσ· τίσ ἄρα μείζων ἐστὶν ἐν τῇ βασιλείᾳ τῶν οὐρανῶν; ² καὶ
3 προσκαλεσάμενοσ παιδίον ἔστησεν αὐτὸ ἐν μέσῳ αὐτῶν. ³ καὶ
εἶπεν· ἀμὴν λέγω ὑμῖν, ἐὰν μὴ στραφῆτε καὶ γένησθε ὡσ τὰ παι-
4 δία, οὐ μὴ εἰσέλθητε εἰσ τὴν βασιλείαν τῶν οὐρανῶν. ⁴ ὅστισ
οὖν ταπεινώσει ἑαυτὸν ὡσ τὸ παιδίον τοῦτο, οὗτός ἐστιν ὁ μείζων
5 ἐν τῇ βασιλείᾳ τῶν οὐρανῶν. ⁵ καὶ ὃσ ἐὰν δέξηται ἓν παιδίον
6 τοιοῦτο ἐπὶ τῷ ὀνόματί μου, ἐμὲ δέχεται. ⁶ ὃσ δ' ἂν σκανδα-
λίσῃ ἕνα τῶν μικρῶν τούτων τῶν πιστευόντων εἰσ ἐμέ, συμφέρει
αὐτῷ ἵνα κρεμασθῇ μύλοσ ὀνικὸσ περὶ τὸν τράχηλον αὐτοῦ καὶ
7 καταποντισθῇ ἐν τῷ πελάγει τῆσ θαλάσσησ. ⁷ Οὐαὶ τῷ κόσμῳ
ἀπὸ τῶν σκανδάλων· ἀνάγκη γάρ ἐστιν ἐλθεῖν τὰ σκάνδαλα, πλὴν
8 οὐαὶ τῷ ἀνθρώπῳ δι' οὗ τὸ σκάνδαλον ἔρχεται. ⁸ εἰ δὲ ἡ χείρ
σου ἢ ὁ πούσ σου σκανδαλίζει σε, ἔκκοψον αὐτὸν καὶ βάλε ἀπὸ
σοῦ· καλόν σοί ἐστιν εἰσελθεῖν εἰσ τὴν ζωὴν κυλλὸν ἢ χωλόν, ἢ
δύο χεῖρασ ἢ δύο πόδασ ἔχοντα βληθῆναι εἰσ τὸ πῦρ τὸ αἰώνιον.
9 ⁹ καὶ εἰ ὁ ὀφθαλμόσ σου σκανδαλίζει σε, ἔξελε αὐτὸν καὶ βάλε
ἀπὸ σοῦ· καλόν σοί ἐστιν μονόφθαλμον εἰσ τὴν ζωὴν εἰσελθεῖν,
ἢ δύο ὀφθαλμοὺσ ἔχοντα βληθῆναι εἰσ τὴν γέενναν τοῦ πυρόσ.

22. αναστρεφομενων 24. καπερναουμ | ϛ ℵ* ειπον | ου τελει τα διδρ.
25. εισελθοντα : οτε εισηλθεν 26. ειποντοσ δε (his ℵ praem ο δε εφη
απο των αλλοτριων) : λεγει αυτω ο πετροσ 27. σκανδαλισωμεν
XVIII, 2. προσκαλεσ. : add ο ιησουσ 4. ταπεινωση 5. παιδ.
τοιουτον εν, ℵ παιδ. εν τοιουτο 6. περι : επι 7. ανθρωπω : add
εκεινω 8. εκκοψον : ℵ* εξελε | αυτον : αυτα | χωλον η κυλλον

¹⁰ Ὁρᾶτε μὴ καταφρονήσητε ἑνὸσ τῶν μικρῶν τούτων· λέγω γὰρ ὑμῖν ὅτι οἱ ἄγγελοι αὐτῶν ἐν οὐρανοῖσ διὰ παντὸσ βλέπουσιν τὸ πρόσωπον τοῦ πατρόσ μου τοῦ ἐν οὐρανοῖσ. ¹² Τί ὑμῖν δοκεῖ; ἐὰν γένηταί τινι ἀνθρώπῳ ἑκατὸν πρόβατα καὶ πλανηθῇ ἓν ἐξ αὐτῶν, οὐχὶ ἀφεὶσ τὰ ἐνενήκοντα ἐννέα ἐπὶ τὰ ὄρη πορευθεὶσ ζητεῖ τὸ πλανώμενον; ¹³ καὶ ἐὰν γένηται εὑρεῖν αὐτό, ἀμὴν λέγω ὑμῖν ὅτι χαίρει ἐπ᾽ αὐτῷ μᾶλλον ἢ ἐπὶ τοῖσ ἐνενήκοντα ἐννέα τοῖσ μὴ πεπλανημένοισ. ¹⁴ οὕτωσ οὐκ ἔστιν θέλημα ἔμπροσθεν τοῦ πατρὸσ ὑμῶν τοῦ ἐν οὐρανοῖσ ἵνα ἀπόληται ἓν τῶν μικρῶν τούτων. ¹⁵ Ἐὰν δὲ ἁμαρτήσῃ ὁ ἀδελφόσ σου, ὕπαγε ἔλεγξον αὐτὸν μεταξὺ σοῦ καὶ αὐτοῦ μόνου· ἐάν σου ἀκούσῃ, ἐκέρδησασ τὸν ἀδελφόν σου. ¹⁶ ἐὰν δὲ μὴ ἀκούσῃ, παράλαβε μετὰ σεαυτοῦ ἔτι ἕνα ἢ δύο, ἵνα ἐπὶ στόματοσ δύο μαρτύρων ἢ τριῶν σταθῇ πᾶν ῥῆμα. ¹⁷ ἐὰν δὲ παρακούσῃ αὐτῶν, εἰπὸν τῇ ἐκκλησίᾳ· ἐὰν δὲ καὶ τῆσ ἐκκλησίασ παρακούσῃ, ἔστω σοι ὥσπερ ὁ ἐθνικὸσ καὶ ὁ τελώνησ. ¹⁸ Ἀμὴν λέγω ὑμῖν, ὅσα ἐὰν δήσητε ἐπὶ τῆσ γῆσ ἔσται δεδεμένα ἐν οὐρανῷ, καὶ ὅσα ἐὰν λύσητε ἐπὶ τῆσ γῆσ ἔσται λελυμένα ἐν οὐρανῷ. ¹⁹ Πάλιν λέγω ὑμῖν ὅτι ἐὰν δύο συμφωνήσουσιν ἐξ ὑμῶν ἐπὶ τῆσ γῆσ περὶ παντὸσ πράγματοσ οὗ ἐὰν αἰτήσωνται, γενήσεται αὐτοῖσ παρὰ τοῦ πατρόσ μου τοῦ ἐν οὐρανοῖσ. ²⁰ οὗ γάρ εἰσιν δύο ἢ τρεῖσ συνηγμένοι εἰσ τὸ ἐμὸν ὄνομα, ἐκεῖ εἰμὶ ἐν μέσῳ αὐτῶν.

Τότε προσελθὼν ὁ Πέτροσ εἶπεν αὐτῷ· κύριε, ποσάκισ ἁμαρ- ²¹ τήσει εἰσ ἐμὲ ὁ ἀδελφόσ μου καὶ ἀφήσω αὐτῷ; ἕωσ ἑπτάκισ; ²² λέγει αὐτῷ ὁ Ἰησοῦσ· οὐ λέγω σοι ἕωσ ἑπτάκισ, ἀλλὰ ἕωσ ἑβδομηκοντάκισ ἑπτά. ²³ διὰ τοῦτο ὡμοιώθη ἡ βασιλεία τῶν οὐρανῶν ἀνθρώπῳ βασιλεῖ, ὃσ ἠθέλησεν συνᾶραι λόγον μετὰ τῶν δούλων αὐτοῦ. ²⁴ ἀρξαμένου δὲ αὐτοῦ συναίρειν, προσηνέχθη εἷσ αὐτῷ ὀφειλέτησ μυρίων ταλάντων. ²⁵ μὴ ἔχοντοσ δὲ αὐτοῦ ἀποδοῦναι, ἐκέλευσεν αὐτὸν ὁ κύριοσ πραθῆναι καὶ τὴν γυναῖκα καὶ τὰ τέκνα καὶ πάντα ὅσα εἶχεν, καὶ ἀποδοθῆναι. ²⁶ πεσὼν οὖν ὁ δοῦλοσ ἐκεῖνοσ προσεκύνει αὐτῷ λέγων· μακροθύμησον ἐπ᾽ ἐμοί, καὶ πάντα ἀποδώσω σοι. ²⁷ σπλαγχνισθεὶσ δὲ ὁ κύριοσ τοῦ δούλου ἐκείνου ἀπέλυσεν αὐτόν, καὶ τὸ δάνειον ἀφῆκεν αὐτῷ. ²⁸ ἐξελθὼν δὲ ὁ δοῦλοσ ἐκεῖνοσ εὗρεν ἕνα τῶν συνδούλων αὐτοῦ, ὃσ ὤφειλεν αὐτῷ ἑκατὸν δηνάρια, καὶ κρατήσασ αὐτὸν ἔπνιγεν λέγων· ἀπόδοσ εἴ

---

11. ηλθε γὰρ ο υιος του ανθρωπου σωσαι το ἀπολωλοσ   12. εννενηκοντα (etiam v. 13.) | א* om επι τα ορη   14. א om εμπροσθ. | εν των: εισ των   15. αμαρτηση : add εισ σε | υπαγε καὶ   16. μετα σου | μαρτυρων : א post τριων pon   17. ειπον : ειπε   18. εαν sec : א* αν |ϛ δεδεμ. εν τω ουρανω, א δεδ: εν τοισ ουρανοισ | λελυμ. εν τω ουρ.   19. δυο υμων συμφωνησωσιν επι | א αυτοισ γενησετ.   21. προσελθ. αυτω ο πετρ. ειπ. 22. ϛ א αλλ   24. αυτω εισ | μυριων : א** πολλῶν   25. ο κυριοσ : add αυτου | γυναικα : add αυτου | τεκνα : א παιδια   26. εκεινοσ : ϛ א* om | λεγων : ϛ א add κυριε | σοι αποδωσω   28. αποδοσ : add μοι | ει τι : ο, τι
Nov. Test. ed. Tf.   3

29 τι ὀφείλεισ. ²⁹ πεσὼν οὖν ὁ σύνδουλοσ αὐτοῦ παρεκάλει αὐτὸν
30 λέγων· μακροθύμησον ἐπ' ἐμοί, καὶ ἀποδώσω σοι. ³⁰ ὁ δὲ οὐκ
ἤθελεν, ἀλλὰ ἀπελθὼν ἔβαλεν αὐτὸν εἰσ φυλακὴν ἕωσ ἀποδῷ
31 τὸ ὀφειλόμενον. ³¹ ἰδόντεσ οὖν οἱ σύνδουλοι αὐτοῦ τὰ γινόμενα
ἐλυπήθησαν σφόδρα, καὶ ἐλθόντεσ διεσάφησαν τῷ κυρίῳ ἑαυτῶν
32 πάντα τὰ γενόμενα. ³² τότε προσκαλεσάμενοσ αὐτὸν ὁ κύριοσ
αὐτοῦ λέγει αὐτῷ· δοῦλε πονηρέ, πᾶσαν τὴν ὀφειλὴν ἐκείνην
33 ἀφῆκά σοι, ἐπεὶ παρεκάλεσάσ με· ³³ οὐκ ἔδει καὶ σὲ ἐλεῆσαι τὸν
34 σύνδουλόν σου, ὡσ κἀγὼ σὲ ἠλέησα; ³⁴ καὶ ὀργισθεὶσ ὁ κύριοσ
αὐτοῦ παρέδωκεν αὐτὸν τοῖσ βασανισταῖσ ἕωσ οὗ ἀποδῷ πᾶν τὸ
35 ὀφειλόμενον αὐτῷ. ³⁵ οὕτωσ καὶ ὁ πατήρ μου ὁ οὐράνιοσ ποιήσει
ὑμῖν, ἐὰν μὴ ἀφῆτε ἕκαστοσ τῷ ἀδελφῷ αὐτοῦ ἀπὸ τῶν καρδιῶν
ὑμῶν.

XIX.

Responsio de repudio et coelibatu. Manus infantibus impositae. Iuvenis
divitis castigatio, divitiarum pericula. Petri praemiorum rogatio.

1 Καὶ ἐγένετο ὅτε ἐτέλεσεν ὁ Ἰησοῦσ τοὺσ λόγουσ τούτουσ, Mc 10, 1
μετῆρεν ἀπὸ τῆσ Γαλιλαίασ καὶ ἦλθεν εἰσ τὰ ὅρια τῆσ Ἰουδαίασ
2 πέραν τοῦ Ἰορδάνου. ² καὶ ἠκολούθησαν αὐτῷ ὄχλοι πολλοί, καὶ
ἐθεράπευσεν αὐτοὺσ ἐκεῖ.
3 Καὶ προσῆλθον αὐτῷ οἱ Φαρισαῖοι πειράζοντεσ αὐτὸν καὶ Mc 10, 3-9
λέγοντεσ· εἰ ἔξεστιν ἀπολῦσαι τὴν γυναῖκα αὐτοῦ κατὰ πᾶσαν 2-12
4 αἰτίαν; ⁴ ὁ δὲ ἀποκριθεὶσ εἶπεν· οὐκ ἀνέγνωτε ὅτι ὁ ποιήσασ ἀπ' Gen 1, 27
5 ἀρχῆσ ἄρσεν καὶ θῆλυ ἐποίησεν αὐτούσ; ⁵ καὶ εἶπεν· ἕνεκα τού- Gen 2, 24
του καταλείψει ἄνθρωποσ τὸν πατέρα καὶ τὴν μητέρα καὶ κολλη-
θήσεται τῇ γυναικὶ αὐτοῦ, καὶ ἔσονται οἱ δύο εἰσ σάρκα μίαν.
6 ⁶ ὥστε οὐκέτι εἰσὶν δύο ἀλλὰ σὰρξ μία. ὃ οὖν ὁ θεὸσ συνέζευξεν,
7 ἄνθρωποσ μὴ χωριζέτω. ⁷ λέγουσιν αὐτῷ· τί οὖν Μωϋσῆσ ἐνετεί- 5, 31
8 λατο δοῦναι βιβλίον ἀποστασίου καὶ ἀπολῦσαι; ⁸ λέγει αὐτοῖσ· Deu 24, 1
ὅτι Μωϋσῆσ πρὸσ τὴν σκληροκαρδίαν ὑμῶν ἐπέτρεψεν ὑμῖν ἀπο-
9 λῦσαι τὰσ γυναῖκασ ὑμῶν· ἀπ' ἀρχῆσ δὲ οὐ γέγονεν οὕτωσ. ⁹ λέγω
δὲ ὑμῖν ὅτι ὃσ ἂν ἀπολύσῃ τὴν γυναῖκα αὐτοῦ μὴ ἐπὶ πορνείᾳ Lc 16, 18 5, 32
10 καὶ γαμήσῃ ἄλλην, μοιχᾶται. ¹⁰ λέγουσιν αὐτῷ οἱ μαθηταί· εἰ
οὕτωσ ἐστὶν ἡ αἰτία τοῦ ἀνθρώπου μετὰ τῆσ γυναικόσ, οὐ συμ-
11 φέρει γαμῆσαι. ¹¹ ὁ δὲ εἶπεν αὐτοῖσ· οὐ πάντεσ χωροῦσιν τὸν
12 λόγον τοῦτον, ἀλλ' οἷσ δέδοται. ¹² εἰσὶν γὰρ εὐνοῦχοι οἵτινεσ

29. ο συνδ. αυτου : add εισ τουσ ποδασ αυτου | και παντα αποδ. σοι
30. ϛᵉ αλλ, א* και | εωσ ου 31. ουν : δε | ϛ א* τα γενομενα | εαυτοισ : αυτων
33. και εγω 34. αυτω : אᶜᵃ om 35. επουρανιοσ | καρδιων υμων : add
τα παραπτωματα αυτων
XIX, 1. τησ pr : ϛᵉ om male 3. λεγοντεσ αυτω | εξεστιν : add αν-
θρωπω 4. ειπεν : add αυτοισ 5. ενεκεν | ϛ א προσκολληθησεται 6. א μια
σαρξ 7. μωσησ (etiam א* v. 7.). Item v. sq. | απολυσαι : add αυτην 9. ει
μη επι πορνεια | μοιχαται : add και ο απολελυμενην γαμησασ μοιχαται
10. αυτω : א* om | οι μαθητ. αυτου 12. γαρ : א* om

ἐκ κοιλίασ μητρὸσ ἐγεννήθησαν οὕτωσ, καὶ εἰσὶν εὐνοῦχοι οἵτινεσ εὐνουχίσθησαν ὑπὸ τῶν ἀνθρώπων, καὶ εἰσὶν εὐνοῦχοι οἵτινεσ εὐνούχισαν ἑαυτοὺσ διὰ τὴν βασιλείαν τῶν οὐρανῶν. ὁ δυνάμενοσ χωρεῖν χωρείτω.

Τότε προσηνέχθησαν αὐτῷ παιδία, ἵνα τὰσ χεῖρασ ἐπιθῇ 13 αὐτοῖσ καὶ προσεύξηται· οἱ δὲ μαθηταὶ ἐπετίμησαν αὐτοῖσ. ¹⁴ ὁ 14 δὲ Ἰησοῦσ εἶπεν αὐτοῖσ· ἄφετε τὰ παιδία καὶ μὴ κωλύετε αὐτὰ ἐλθεῖν πρὸσ ἐμέ· τῶν γὰρ τοιούτων ἐστὶν ἡ βασιλεία τῶν οὐρανῶν. ¹⁵ καὶ ἐπιθεὶσ τὰσ χεῖρασ αὐτοῖσ ἐπορεύθη ἐκεῖθεν. 15

Καὶ ἰδοὺ εἷσ προσελθὼν αὐτῷ εἶπεν· διδάσκαλε, τί ἀγαθὸν 16 ποιήσω ἵνα σχῶ ζωὴν αἰώνιον; ¹⁷ ὁ δὲ εἶπεν αὐτῷ· τί με ἐρωτᾷσ 17 περὶ τοῦ ἀγαθοῦ; εἷσ ἐστὶν ὁ ἀγαθόσ. εἰ δὲ θέλεισ εἰσ τὴν ζωὴν εἰσελθεῖν, τήρησον τὰσ ἐντολάσ. ¹⁸ ποίασ; φησίν. ὁ δὲ Ἰησοῦσ 18 εἶπεν· τὸ οὐ φονεύσεισ, οὐ μοιχεύσεισ, οὐ κλέψεισ, οὐ ψευδομαρτυρήσεισ, ¹⁹ τίμα τὸν πατέρα καὶ τὴν μητέρα, καὶ ἀγαπήσεισ 19 τὸν πλησίον σου ὡσ σεαυτόν. ²⁰ λέγει αὐτῷ ὁ νεανίσκοσ· πάντα 20 ταῦτα ἐφύλαξα· τί ἔτι ὑστερῶ; ²¹ ἔφη αὐτῷ ὁ Ἰησοῦσ· εἰ θέλεισ 21 τέλειοσ εἶναι, ὕπαγε πώλησόν σου τὰ ὑπάρχοντα καὶ δὸσ πτωχοῖσ, καὶ ἕξεισ θησαυρὸν ἐν οὐρανῷ, καὶ δεῦρο ἀκολούθει μοι. ²² ἀκού- 22 σασ δὲ ὁ νεανίσκοσ ἀπῆλθεν λυπούμενοσ· ἦν γὰρ ἔχων κτήματα πολλά.

Ὁ δὲ Ἰησοῦσ εἶπεν τοῖσ μαθηταῖσ αὐτοῦ· ἀμὴν λέγω ὑμῖν 23 ὅτι πλούσιοσ δυσκόλωσ εἰσελεύσεται εἰσ τὴν βασιλείαν τῶν οὐρανῶν. ²⁴ πάλιν δὲ λέγω ὑμῖν ὅτι εὐκοπώτερόν ἐστιν κάμηλον 24 διὰ τρυπήματοσ ῥαφίδοσ εἰσελθεῖν ἢ πλούσιον εἰσ τὴν βασιλείαν τῶν οὐρανῶν. ²⁵ ἀκούσαντεσ δὲ οἱ μαθηταὶ ἐξεπλήσσοντο σφόδρα 25 λέγοντεσ· τίσ ἄρα δύναται σωθῆναι; ²⁶ ἐμβλέψασ δὲ ὁ Ἰησοῦσ 26 εἶπεν αὐτοῖσ· παρὰ ἀνθρώποισ τοῦτο ἀδύνατόν ἐστιν, παρὰ δὲ θεῷ δυνατὰ πάντα.

Τότε ἀποκριθεὶσ ὁ Πέτροσ εἶπεν αὐτῷ· ἰδοὺ ἡμεῖσ ἀφή- 27 καμεν πάντα καὶ ἠκολουθήσαμέν σοι· τί ἄρα ἔσται ἡμῖν; ²⁸ ὁ δὲ 28 Ἰησοῦσ εἶπεν αὐτοῖσ· ἀμὴν λέγω ὑμῖν ὅτι ὑμεῖσ οἱ ἀκολουθήσαντέσ μοι, ἐν τῇ παλινγενεσίᾳ, ὅταν καθίσῃ ὁ υἱὸσ τοῦ ἀνθρώπου ἐπὶ θρόνου δόξησ αὐτοῦ, καθίσεσθε καὶ αὐτοὶ ἐπὶ δώδεκα θρόνουσ

---

13. προσηνεχϑη 14. αυτοισ : om | προσ με 15. ϛ αυτοισ τασ χειρ., א τασ χειρ. επ αυτων 16. προσελϑ. ειπ. αυτ. | διδασκ. : add αγαϑε | ποιησω ινα : א ποιησασ | σχω : ϛ εχω, א κληρονομησω idque post ζω. αιω. pon 17. τι με ερωτ. etc : τι με λεγεισ αγαϑον | εισ εστ. etc : ουδεισ αγαϑοσ ει μη εισ ο ϑεοσ | εισελϑειν εισ την ζωην 18. ποιασ; φησιν : λεγει αυτω· ποιασ | א* om ου μοιχ. ου κλεψ. 19. πατερα : add σου 20. εφυλαξαμην εκ νεοτητοσ μου 21. ειναι : א* γενεσϑαι 22. ο νεανισκ. τον λογον 23. δυσκολ. πλουσ. 24. οτι : om | א* τρηματοσ | εισελϑειν· | διελϑειν | των ουρανων : ϛ א του ϑεου. Praeterea ϛ add εισελϑειν 25. δε : א* om | οι μαϑητ. αυτου 26. א* om παρ. ανϑρωποισ | παντ. δυνατ. εστι 28. παλιγγενεσια | א καϑησεσϑε | και αυτοι· και υμεισ

3*

29 κρίνοντεσ τὰσ δώδεκα φυλὰσ τοῦ Ἰσραήλ. ²⁹ καὶ πᾶσ ὅστισ ἀφῆκεν ἀδελφοὺσ ἢ ἀδελφὰσ ἢ πατέρα ἢ μητέρα ἢ τέκνα ἢ ἀγροὺσ ἢ οἰκίασ ἕνεκα τοῦ ἐμοῦ ὀνόματοσ, πολλαπλασίονα λήμ-
30 ψεται καὶ ζωὴν αἰώνιον κληρονομήσει. ³⁰ πολλοὶ δὲ ἔσονται πρῶτοι ἔσχατοι καὶ ἔσχατοι πρῶτοι.

XX.

Parabola de mercede operariorum in vinea. Mors et resurrectio denuo denuntiatae. Filii Zebedaei sedem Christo proximam sibi arrogant. Caeci Hierichuntini.

1 Ὁμοία γὰρ ἐστιν ἡ βασιλεία τῶν οὐρανῶν ἀνθρώπῳ οἰκοδεσπότῃ, ὅστισ ἐξῆλθεν ἅμα πρωῒ μισθώσασθαι ἐργάτασ εἰσ τὸν
2 ἀμπελῶνα αὐτοῦ. ² συμφωνήσασ δὲ μετὰ τῶν ἐργατῶν ἐκ δηναρίου τὴν ἡμέραν ἀπέστειλεν αὐτοὺσ εἰσ τὸν ἀμπελῶνα αὐτοῦ.
3 ³ καὶ ἐξελθὼν περὶ τρίτην ὥραν εἶδεν ἄλλουσ ἑστῶτασ ἐν τῇ ἀγορᾷ
4 ἀργούσ, ⁴ καὶ ἐκείνοισ εἶπεν· ὑπάγετε καὶ ὑμεῖσ εἰσ τὸν ἀμπελῶνα,
5 καὶ ὃ ἐὰν ᾖ δίκαιον δώσω ὑμῖν. ⁵ οἱ δὲ ἀπῆλθον. πάλιν δὲ
6 ἐξελθὼν περὶ ἕκτην καὶ ἐνάτην ὥραν ἐποίησεν ὡσαύτωσ. ⁶ περὶ δὲ τὴν ἑνδεκάτην ἐξελθὼν εὗρεν ἄλλουσ ἑστῶτασ, καὶ λέγει αὐτοῖσ·
7 τί ὧδε ἑστήκατε ὅλην τὴν ἡμέραν ἀργοί; ⁷ λέγουσιν αὐτῷ· ὅτι οὐδεὶσ ἡμᾶσ ἐμισθώσατο. λέγει αὐτοῖσ· ὑπάγετε καὶ ὑμεῖσ εἰσ
8 τὸν ἀμπελῶνα. ⁸ ὀψίασ δὲ γενομένησ λέγει ὁ κύριοσ τοῦ ἀμπελῶνοσ τῷ ἐπιτρόπῳ αὐτοῦ· κάλεσον τοὺσ ἐργάτασ καὶ ἀπόδοσ
9 τὸν μισθόν, ἀρξάμενοσ ἀπὸ τῶν ἐσχάτων ἕωσ τῶν πρώτων. ⁹ καὶ ἐλθόντεσ οἱ περὶ τὴν ἑνδεκάτην ὥραν ἔλαβον ἀνὰ δηνάριον.
10 ¹⁰ ἐλθόντεσ δὲ οἱ πρῶτοι ἐνόμισαν ὅτι πλείονα λήμψονται· καὶ
11 ἔλαβον τὸ ἀνὰ δηνάριον καὶ αὐτοί. ¹¹ λαβόντεσ δὲ ἐγόγγυζον
12 κατὰ τοῦ οἰκοδεσπότου ¹² λέγοντεσ· οὗτοι οἱ ἔσχατοι μίαν ὥραν ἐποίησαν, καὶ ἴσουσ αὐτοὺσ ἡμῖν ἐποίησασ τοῖσ βαστάσασι τὸ
13 βάροσ τῆσ ἡμέρασ καὶ τὸν καύσωνα. ¹³ ὁ δὲ ἀποκριθεὶσ ἑνὶ αὐτῶν εἶπεν· ἑταῖρε, οὐκ ἀδικῶ σε· οὐχὶ δηναρίου συνεφώνησάσ
14 μοι; ¹⁴ ἆρον τὸ σὸν καὶ ὕπαγε. θέλω δὲ τούτῳ τῷ ἐσχάτῳ δοῦναι
15 ὡσ καὶ σοί· ¹⁵ ἢ οὐκ ἔξεστίν μοι ὃ θέλω ποιῆσαι ἐν τοῖσ ἐμοῖσ;
16 ἢ ὁ ὀφθαλμόσ σου πονηρόσ ἐστιν ὅτι ἐγὼ ἀγαθόσ εἰμι; ¹⁶ οὕτωσ ἔσονται οἱ ἔσχατοι πρῶτοι καὶ οἱ πρῶτοι ἔσχατοι.

29. οστισ : οσ | μητερα : add η γυναικα | η οικιασ : ℵ* om, ϛ οικιασ η post αφηκ. | ενεκεν | του ονοματ. μου |ϛ ℵ εκατονταπλασιονα | ληψεται
XX, 3. περι την τριτ. 4. κακεινοισ|αμπελωνα : ℵ add μου 5. παλ. δε : om δε | ευνατην 6. ενδεκατην : add ωραν | εστωτασ : add αργουσ
7. ℵ* om ημασ |ἀμπελῶνα : add και ο εαν η δικαιον ληψεσθε 8. αποδοσ : add αυτοισ 9. ελθοντεσ δε 10. ληφονται | το ανα : om το | και αυτοι : post ελαβον 12. λεγοντεσ : add οτι | ημιν αυτουσ 13. ειπ. ενι αυτ.|ουκ : ℵ ουχ 15. ποιησαι ο θελω |ϛ (non item ϛᵉ) ει ο οφθ. 16. οι πρ. εσχατοι : add πολλοι γαρ εισι κλητοι, ολιγοι δε εκλεκτοι

ΜΑΤΤΗ. 20, 34. 37

Καὶ ἀναβαίνων ὁ Ἰησοῦσ εἰσ Ἱεροσόλυμα παρέλαβεν τοὺσ 17
δώδεκα κατ᾽ ἰδίαν, καὶ ἐν τῇ ὁδῷ εἶπεν αὐτοῖσ· ¹⁸ἰδοὺ ἀνα- 18
βαίνομεν εἰσ Ἱεροσόλυμα, καὶ ὁ υἱὸσ τοῦ ἀνθρώπου παραδοθή-
σεται τοῖσ ἀρχιερεῦσιν καὶ γραμματεῦσιν, καὶ κατακρινοῦσιν αὐτὸν
εἰσ θάνατον. ¹⁹καὶ παραδώσουσιν αὐτὸν τοῖσ ἔθνεσιν εἰσ τὸ 19
ἐμπαῖξαι καὶ μαστιγῶσαι καὶ σταυρῶσαι, καὶ τῇ τρίτῃ ἡμέρᾳ
ἐγερθήσεται.
Τότε προσῆλθεν αὐτῷ ἡ μήτηρ τῶν υἱῶν Ζεβεδαίου μετὰ 20
τῶν υἱῶν αὐτῆσ, προσκυνοῦσα καὶ αἰτοῦσά τι παρ᾽ αὐτοῦ. ²¹ὁ 21
δὲ εἶπεν αὐτῇ· τί θέλεισ; λέγει αὐτῷ· εἰπὲ ἵνα καθίσωσιν οὗτοι
οἱ δύο υἱοί μου εἶσ ἐκ δεξιῶν καὶ εἶσ ἐξ εὐωνύμων σου ἐν τῇ
βασιλείᾳ σου. ²²ἀποκριθεὶσ δὲ ὁ Ἰησοῦσ εἶπεν· οὐκ οἴδατε τί 22
αἰτεῖσθε. δύνασθε πιεῖν τὸ ποτήριον ὃ ἐγὼ μέλλω πίνειν; λέγου-
σιν αὐτῷ· δυνάμεθα. ²³λέγει αὐτοῖσ· τὸ μὲν ποτήριόν μου πίεσθε, 23
τὸ δὲ καθίσαι ἐκ δεξιῶν μου καὶ ἐξ εὐωνύμων, οὐκ ἔστιν ἐμὸν
τοῦτο δοῦναι, ἀλλ᾽ οἷσ ἡτοίμασται ὑπὸ τοῦ πατρόσ μου. ²⁴ἀκού- 24
σαντεσ δὲ οἱ δέκα ἠγανάκτησαν περὶ τῶν δύο ἀδελφῶν. ²⁵ὁ δὲ 25
Ἰησοῦσ προσκαλεσάμενοσ αὐτοὺσ εἶπεν· οἴδατε ὅτι οἱ ἄρχοντεσ
τῶν ἐθνῶν κατακυριεύουσιν αὐτῶν καὶ οἱ μεγάλοι κατεξουσιάζου-
σιν αὐτῶν. ²⁶οὐχ οὕτωσ ἔσται ἐν ὑμῖν· ἀλλ᾽ ὃσ ἐὰν θέλῃ ἐν ὑμῖν 26
μέγασ γενέσθαι, ἔσται ὑμῶν διάκονοσ, ²⁷καὶ ὃσ ἂν θέλῃ ἐν ὑμῖν 27
εἶναι πρῶτοσ, ἔσται ὑμῶν δοῦλοσ· ²⁸ὥσπερ ὁ υἱὸσ τοῦ ἀνθρώπου 28
οὐκ ἦλθεν διακονηθῆναι, ἀλλὰ διακονῆσαι καὶ δοῦναι τὴν ψυχὴν
αὐτοῦ λύτρον ἀντὶ πολλῶν.
Καὶ ἐκπορευομένων αὐτῶν ἀπὸ Ἱεριχὼ ἠκολούθησεν αὐτῷ 29
ὄχλοσ πολύσ. ³⁰καὶ ἰδοὺ δύο τυφλοὶ καθήμενοι παρὰ τὴν ὁδόν, 30
ἀκούσαντεσ ὅτι Ἰησοῦσ παράγει, ἔκραξαν λέγοντεσ· ἐλέησον ἡμᾶσ,
υἱὲ Δαυείδ. ³¹ὁ δὲ ὄχλοσ ἐπετίμησεν αὐτοῖσ ἵνα σιωπήσωσιν· οἱ 31
δὲ μεῖζον ἔκραξαν λέγοντεσ· κύριε, ἐλέησον ἡμᾶσ, υἱὲ Δαυείδ.
³²καὶ στὰσ ὁ Ἰησοῦσ ἐφώνησεν αὐτοὺσ καὶ εἶπεν· τί θέλετε ποιήσω 32
ὑμῖν; ³³λέγουσιν αὐτῷ· κύριε, ἵνα ἀνοιγῶσιν οἱ ὀφθαλμοὶ ἡμῶν. 33
³⁴σπλαγχνισθεὶσ δὲ ὁ Ἰησοῦσ ἥψατο τῶν ὀμμάτων αὐτῶν, καὶ 34
εὐθέωσ ἀνέβλεψαν, καὶ ἠκολούθησαν αὐτῷ.

17. τ. δώδεκα : add μαθητασ | και εν τ. οδω : εν τ. οδ. και 18. εισ
θανατον : θανατω 19. εγερθ. : αναστησεται 21. δεξιων : add σου |
ευων. σου : om σου 22. πινειν : add και το βαπτισμα ο εγω βαπτιζομαι
βαπτισθηναι 23. και λεγει | πιεσθε : add και το βαπτισμα ο εγω βα-
πτιζομαι βαπτισθησεσθε | ευωνυμων : add μου | τουτο : ϛ ℵ om 24. ϛ ℵ*
και ακουσαντ. οι | ηγανακτ. : ℵ ηρξαντο αγανακτειν 26. ουχ ουτω δε |
εσται sec : εστω 27. οσ εαν | εσται : εστω 29. ϛ ℵ ιεριχω | αυτω : ℵ*
om 30. ελεησ. ημασ : add κυριε | υιε (ℵ praem ιησου) : υιοσ 31. μειζον :
ℵ πολλω μαλλον | εκραζον | κυριε : post ημασ | υιοσ 32. ποιησω : ℵᶜ
praem ινα 33. ανοιχθωσιν | ημων οι οφθαλμ. 34. ομματ. : ϛ ℵ οφθαλ-
μων | ανεβλεψαν : add αυτων οι οφθαλμοι

XXI.

Ingreditur solemniter urbem. Purgatio templi. Pueri acclamantes. Imprecatio ficus. Unde Iohannis auctoritas? Parabolae de fratribus in vineam missis et de colonis filii occisoribus. Lapis angularis reprobatus.

1 Καὶ ὅτε ἤγγισαν εἰσ Ἱεροσόλυμα καὶ ἦλθον εἰσ Βηθφαγὴ εἰσ τὸ ὄροσ τῶν ἐλαιῶν, τότε Ἰησοῦσ ἀπέστειλεν δύο μαθητάσ
2 ² λέγων αὐτοῖσ· πορεύεσθε εἰσ τὴν κώμην τὴν κατέναντι ὑμῶν, καὶ εὐθὺσ εὑρήσετε ὄνον δεδεμένην καὶ πῶλον μετ' αὐτῆσ· λύσαν-
3 τεσ ἀγάγετέ μοι. ³ καὶ ἐάν τισ ὑμῖν εἴπῃ τι, ἐρεῖτε ὅτι ὁ κύριοσ
4 αὐτῶν χρείαν ἔχει· εὐθὺσ δὲ ἀποστελεῖ αὐτούσ. ⁴ τοῦτο δὲ γέγονεν
5 ἵνα πληρωθῇ τὸ ῥηθὲν διὰ τοῦ προφήτου λέγοντοσ· ⁵ εἴπατε τῇ θυγατρὶ Σιών· ἰδοὺ ὁ βασιλεύσ σου ἔρχεταί σοι πραΰσ καὶ ἐπι-
6 βεβηκὼσ ἐπὶ ὄνον καὶ ἐπὶ πῶλον υἱὸν ὑποζυγίου. ⁶ πορευθέντεσ δὲ οἱ μαθηταὶ καὶ ποιήσαντεσ καθὼσ προσέταξεν αὐτοῖσ ὁ Ἰη-
7 σοῦσ, ⁷ ἤγαγον τὴν ὄνον καὶ τὸν πῶλον, καὶ ἐπέθηκαν ἐπ' αὐτῶν
8 τὰ ἱμάτια, καὶ ἐπεκάθισεν ἐπάνω αὐτῶν. ⁸ ὁ δὲ πλεῖστοσ ὄχλοσ ἔστρωσαν ἑαυτῶν τὰ ἱμάτια ἐν τῇ ὁδῷ, ἄλλοι δὲ ἔκοπτον κλάδουσ
9 ἀπὸ τῶν δένδρων καὶ ἔστρωσαν ἐν τῇ ὁδῷ. ⁹ οἱ δὲ ὄχλοι οἱ προάγοντεσ αὐτὸν καὶ οἱ ἀκολουθοῦντεσ ἔκραζον λέγοντεσ· ὡσαννὰ τῷ υἱῷ Δαυείδ, εὐλογημένοσ ὁ ἐρχόμενοσ ἐν ὀνόματι
10 κυρίου, ὡσαννὰ ἐν τοῖσ ὑψίστοισ. ¹⁰ Καὶ εἰσελθόντοσ αὐτοῦ εἰσ Ἱεροσόλυμα ἐσείσθη πᾶσα ἡ πόλισ λέγουσα· τίσ ἐστιν οὗτοσ;
11 ¹¹ οἱ δὲ ὄχλοι ἔλεγον· οὗτόσ ἐστιν ὁ προφήτησ Ἰησοῦσ ὁ ἀπὸ Ναζαρὲθ τῆσ Γαλιλαίασ.
12 Καὶ εἰσῆλθεν Ἰησοῦσ εἰσ τὸ ἱερὸν τοῦ θεοῦ, καὶ ἐξέβαλεν πάντασ τοὺσ πωλοῦντασ καὶ ἀγοράζοντασ ἐν τῷ ἱερῷ, καὶ τὰσ τραπέζασ τῶν κολλυβιστῶν κατέστρεψεν καὶ τὰσ καθέδρασ τῶν
13 πωλούντων τὰσ περιστεράσ, ¹³ καὶ λέγει αὐτοῖσ· γέγραπται· ὁ οἶκόσ μου οἶκοσ προσευχῆσ κληθήσεται, ὑμεῖσ δὲ αὐτὸν ποιεῖτε
14 σπήλαιον λῃστῶν. ¹⁴ Καὶ προσῆλθον αὐτῷ τυφλοὶ καὶ χωλοὶ ἐν
15 τῷ ἱερῷ, καὶ ἐθεράπευσεν αὐτούσ. ¹⁵ ἰδόντεσ δὲ οἱ ἀρχιερεῖσ καὶ οἱ γραμματεῖσ τὰ θαυμάσια ἃ ἐποίησεν καὶ τοὺσ παῖδασ τοὺσ κράζοντασ ἐν τῷ ἱερῷ καὶ λέγοντασ· ὡσαννὰ τῷ υἱῷ Δαυείδ,
16 ἠγανάκτησαν, ¹⁶ καὶ εἶπαν αὐτῷ· ἀκούεισ τί οὗτοι λέγουσιν; ὁ δὲ Ἰησοῦσ λέγει αὐτοῖσ· ναί· οὐδέποτε ἀνέγνωτε ὅτι ἐκ στόματοσ
17 νηπίων καὶ θηλαζόντων κατηρτίσω αἶνον; ¹⁷ καὶ καταλιπὼν αὐτοὺσ ἐξῆλθεν ἔξω τῆσ πόλεωσ εἰσ Βηθανίαν, καὶ ηὐλίσθη ἐκεῖ.

XXI, 1. א* ηλθεν | εισ το : ϛ א προσ το | ϛ א ο ιησουσ   2. πορευθητε | απεναντι | ευθεωσ   3. αυτων : א αυτου | ευθεωσ   4. τουτο δε ολον 5. om επι sec   7. επ αυτων αυτ. | τα ιματ. αυτων | ϛ⁶ επεκαθισαν, א* εκαθισαν pergens επανω επ αυτων   8. εστρωννυον εν   9. αυτον: όm | ὡσαννὰ (item v. 15.) | δαβιδ   10. א ελθοντοσ   11. ιησουσ ο προφητ. | ϛ (non ϛᵉ) ναζαρετ   12. ο ιησουσ | του θεου : א om   13. εποιησατε   15. om τουσ sec   16. ειπον | οτι : א om   17. א* om εξω τ. πολ.

Πρωῒ δὲ ἐπαναγαγὼν εἰσ τὴν πόλιν ἐπείνασεν. ¹⁹ καὶ ἰδὼν συκῆν μίαν ἐπὶ τῆσ ὁδοῦ ἦλθεν ἐπ' αὐτήν, καὶ οὐδὲν εὗρεν ἐν αὐτῇ εἰ μὴ φύλλα μόνον. καὶ λέγει αὐτῇ· οὐ μηκέτι ἐκ σοῦ καρπὸσ γένηται εἰσ τὸν αἰῶνα. καὶ ἐξηράνθη παραχρῆμα ἡ συκῆ. ²⁰ καὶ ἰδόντεσ οἱ μαθηταὶ ἐθαύμασαν λέγοντεσ· πῶσ παραχρῆμα ἐξηράνθη ἡ συκῆ; ²¹ ἀποκριθεὶσ δὲ ὁ Ἰησοῦσ εἶπεν αὐτοῖσ· ἀμὴν λέγω ὑμῖν, ἐὰν ἔχητε πίστιν καὶ μὴ διακριθῆτε, οὐ μόνον τὸ τῆσ συκῆσ ποιήσετε, ἀλλὰ κἂν τῷ ὄρει τούτῳ εἴπητε· ἄρθητι καὶ βλήθητι εἰσ τὴν θάλασσαν, γενήσεται· ²² καὶ πάντα ὅσα ἂν αἰτήσητε ἐν τῇ προσευχῇ πιστεύοντεσ λήμψεσθε.

Καὶ ἐλθόντοσ αὐτοῦ εἰσ τὸ ἱερόν, προσῆλθον αὐτῷ διδάσκοντι οἱ ἀρχιερεῖσ καὶ οἱ πρεσβύτεροι τοῦ λαοῦ λέγοντεσ· ἐν ποίᾳ ἐξουσίᾳ ταῦτα ποιεῖσ; καὶ τίσ σοι ἔδωκεν τὴν ἐξουσίαν ταύτην; ²⁴ ἀποκριθεὶσ δὲ ὁ Ἰησοῦσ εἶπεν αὐτοῖσ· ἐρωτήσω ὑμᾶσ κἀγὼ λόγον ἕνα, ὃν ἐὰν εἴπητέ μοι, κἀγὼ ὑμῖν ἐρῶ ἐν ποίᾳ ἐξουσίᾳ ταῦτα ποιῶ· ²⁵ τὸ βάπτισμα τὸ Ἰωάννου πόθεν ἦν; ἐξ οὐρανοῦ ἢ ἐξ ἀνθρώπων; οἱ δὲ διελογίζοντο παρ' ἑαυτοῖσ λέγοντεσ· ²⁶ ἐὰν εἴπωμεν· ἐξ οὐρανοῦ, ἐρεῖ ἡμῖν· διατί οὖν οὐκ ἐπιστεύσατε αὐτῷ; ἐὰν δὲ εἴπωμεν· ἐξ ἀνθρώπων, φοβούμεθα τὸν ὄχλον· πάντεσ γὰρ ὡσ προφήτην ἔχουσιν τὸν Ἰωάννην. ²⁷ καὶ ἀποκριθέντεσ τῷ Ἰησοῦ εἶπαν· οὐκ οἴδαμεν. ἔφη αὐτοῖσ καὶ αὐτόσ· οὐδὲ ἐγὼ λέγω ὑμῖν ἐν ποίᾳ ἐξουσίᾳ ταῦτα ποιῶ. ²⁸ Τί δὲ ὑμῖν δοκεῖ; ἄνθρωποσ εἶχεν τέκνα δύο· προσελθὼν τῷ πρώτῳ εἶπεν· τέκνον, ὕπαγε σήμερον ἐργάζου ἐν τῷ ἀμπελῶνι. ²⁹ ὁ δὲ ἀποκριθεὶσ εἶπεν· οὐ θέλω, ὕστερον μεταμεληθεὶσ ἀπῆλθεν. ³⁰ προσελθὼν δὲ τῷ ἑτέρῳ εἶπεν ὡσαύτωσ. ὁ δὲ ἀποκριθεὶσ εἶπεν· ἐγὼ κύριε, καὶ οὐκ ἀπῆλθεν. ³¹ τίσ ἐκ τῶν δύο ἐποίησεν τὸ θέλημα τοῦ πατρόσ; λέγουσιν· ὁ πρῶτοσ. λέγει αὐτοῖσ ὁ Ἰησοῦσ· ἀμὴν λέγω ὑμῖν ὅτι οἱ τελῶναι καὶ αἱ πόρναι προάγουσιν ὑμᾶσ εἰσ τὴν βασιλείαν τοῦ θεοῦ. ³² ἦλθεν γὰρ Ἰωάννησ πρὸσ ὑμᾶσ ἐν ὁδῷ δικαιοσύνησ, καὶ οὐκ ἐπιστεύσατε αὐτῷ· οἱ δὲ τελῶναι καὶ αἱ πόρναι ἐπίστευσαν αὐτῷ· ὑμεῖσ δὲ ἰδόντεσ οὐ μετεμελήθητε ὕστερον τοῦ πιστεῦσαι αὐτῷ. ³³ Ἄλλην παραβολὴν ἀκούσατε. ἄνθρωπος ἦν οἰκοδεσπότησ, ὅστισ ἐφύτευσεν ἀμπελῶνα, καὶ φραγμὸν αὐτῷ περιέθηκεν καὶ ὤρυξεν ἐν αὐτῷ ληνὸν καὶ ᾠκοδόμησεν πύργον, καὶ ἐξέδετο αὐτὸν γεωργοῖσ, καὶ ἀπεδήμησεν. ³⁴ ὅτε δὲ ἤγγισεν ὁ καιρὸσ τῶν καρπῶν, ἀπέστειλεν τοὺσ δούλουσ αὐτοῦ πρὸσ τοὺσ γεωργοὺσ λαβεῖν τοὺσ καρποὺσ αὐτοῦ. ³⁵ καὶ λαβόντεσ οἱ γεωργοὶ τοὺσ δούλουσ αὐτοῦ ὃν μὲν

18. πρωΐασ | επαναγων 19. ℵ* om ευρεν | ς ℵ om ου | ℵ γενοιτο 22. λήψεσθε 23. ελθόντι αυτω 24. ℵ bis και εγω 25. το sec : ὁμ 26. ὡσ προφ. : post τ. ιωανν. 27. ειπον | ἀ. αυτοσ : ℵ ο ιησους 28. και προσελθων | αμπελωνι : add μου 29. υστερ. δε 30. και προσελθων | τω δευτερω 31. λεγουσιν αυτω | οτι οι : ℵ* om οτι 32. πρ. υμας : ante ιωανν. pon 33. ανθρωπ. τισ | ℵ* om εν αυτω | εξεδοτο

36 ἔδειραν, ὃν δὲ ἀπέκτειναν, ὃν δὲ ἐλιθοβόλησαν. ³⁶πάλιν ἀπέστειλεν ἄλλουσ δούλουσ πλείονασ τῶν πρώτων, καὶ ἐποίησαν
37 αὐτοῖσ ὡσαύτωσ. ³⁷ὕστερον δὲ ἀπέστειλεν πρὸσ αὐτοὺσ τὸν υἱὸν
38 αὐτοῦ, λέγων· ἐντραπήσονται τὸν υἱόν μου. ³⁸οἱ δὲ γεωργοὶ ἰδόντεσ τὸν υἱὸν εἶπον ἐν ἑαυτοῖσ· οὗτόσ ἐστιν ὁ κληρονόμοσ· δεῦτε
39 ἀποκτείνωμεν αὐτὸν καὶ σχῶμεν τὴν κληρονομίαν αὐτοῦ. ³⁹καὶ λαβόντεσ αὐτὸν ἐξέβαλον ἔξω τοῦ ἀμπελῶνοσ καὶ ἀπέκτειναν.
40 ⁴⁰ὅταν οὖν ἔλθῃ ὁ κύριοσ τοῦ ἀμπελῶνοσ, τί ποιήσει τοῖσ γεωρ-
41 γοῖσ ἐκείνοισ; ⁴¹λέγουσιν αὐτῷ· κακοὺσ κακῶσ ἀπολέσει αὐτούσ, καὶ τὸν ἀμπελῶνα ἐκδώσεται ἄλλοισ γεωργοῖσ, οἵτινεσ ἀποδώσουσιν
42 αὐτῷ τοὺσ καρποὺσ ἐν τοῖσ καιροῖσ αὐτῶν. ⁴²λέγει αὐτοῖσ ὁ Ἰησοῦσ· οὐδέποτε ἀνέγνωτε ἐν ταῖσ γραφαῖσ· λίθον ὃν ἀπεδοκίμα- Ps 118,22s
σαν οἱ οἰκοδομοῦντεσ, οὗτοσ ἐγενήθη εἰσ κεφαλὴν γωνίασ· παρὰ κυρίου ἐγένετο αὕτη, καὶ ἔστιν θαυμαστὴ ἐν ὀφθαλμοῖσ ἡμῶν;
43 ⁴³διὰ τοῦτο λέγω ὑμῖν ὅτι ἀρθήσεται ἀφ᾽ ὑμῶν ἡ βασιλεία τοῦ
45 θεοῦ καὶ δοθήσεται ἔθνει ποιοῦντι τοὺσ καρποὺσ αὐτῆσ. ⁴⁵ἀκούσαντεσ δὲ οἱ ἀρχιερεῖσ καὶ οἱ Φαρισαῖοι τὰσ παραβολὰσ αὐτοῦ
46 ἔγνωσαν ὅτι περὶ αὐτῶν λέγει· ⁴⁶καὶ ζητοῦντες αὐτὸν κρατῆσαι ἐφοβήθησαν τοὺσ ὄχλουσ, ἐπεὶ εἰσ προφήτην αὐτὸν εἶχον.

XXII.

Parabola de epulo regio. Responsio de censu solvendo, de resurrectione, de praecepto primario. Christus cuius sit filius?

1 Καὶ ἀποκριθεὶσ ὁ Ἰησοῦσ πάλιν εἶπεν ἐν παραβολαῖσ αὐτοῖσ, 2-14
2 λέγων· ²ὡμοιώθη ἡ βασιλεία τῶν οὐρανῶν ἀνθρώπῳ βασιλεῖ, Lc 14,
3 ὅστισ ἐποίησεν γάμουσ τῷ υἱῷ αὐτοῦ. ³καὶ ἀπέστειλεν τοὺσ 16-24
δούλουσ αὐτοῦ καλέσαι τοὺσ κεκλημένουσ εἰσ τοὺσ γάμουσ, καὶ
4 οὐκ ἤθελον ἐλθεῖν. ⁴πάλιν ἀπέστειλεν ἄλλουσ δούλουσ λέγων· εἴπατε τοῖσ κεκλημένοισ· ἰδοὺ τὸ ἄριστόν μου ἡτοίμακα, οἱ ταῦροί μου καὶ τὰ σιτιστὰ τεθυμένα, καὶ πάντα ἕτοιμα· δεῦτε εἰσ τοὺσ
5 γάμουσ. ⁵οἱ δὲ ἀμελήσαντεσ ἀπῆλθον, ὃσ μὲν εἰσ τὸν ἴδιον ἀγρόν,
6 ὃσ δὲ ἐπὶ τὴν ἐμπορίαν αὐτοῦ· ⁶οἱ δὲ λοιποὶ κρατήσαντεσ τοὺσ
7 δούλουσ αὐτοῦ ὕβρισαν καὶ ἀπέκτειναν. ⁷ὁ δὲ βασιλεὺσ ὠργίσθη, καὶ πέμψασ τὰ στρατεύματα αὐτοῦ ἀπώλεσεν τοὺσ φονεῖσ ἐκείνουσ
8 καὶ τὴν πόλιν αὐτῶν ἐνέπρησεν. ⁸τότε λέγει τοῖσ δούλοισ αὐτοῦ· ὁ μὲν γάμοσ ἕτοιμόσ ἐστιν, οἱ δὲ κεκλημένοι οὐκ ἦσαν ἄξιοι.
9 ⁹πορεύεσθε οὖν ἐπὶ τὰσ διεξόδουσ τῶν ὁδῶν, καὶ ὅσουσ ἐὰν
10 εὕρητε καλέσατε εἰσ τοὺσ γάμουσ. ¹⁰καὶ ἐξελθόντεσ οἱ δοῦλοι

---
36. ℵ* και παλιν. 38. κατασχωμεν 39. ℵ εβαλον 41. εκδοσεται
42. ℵ* παρα κυριω 43. αυτησ : ℵ* αυτου 44. ϛ ℵ και ο πεσων επι
τον λιθον τουτον συνθλασθησεται· εφ ον δ αν πεση, λικμησει αυτον
45. και ακουσαντ. οι 46. ℵ* τον οχλον | επειδη | εισ : ωσ
XXII, 1. αυτοισ εν παραβολαισ 4. ητοιμασα 5. ο μεν (etiam ℵ)
et ο δε | επι την : εισ την 7. ακουσασ δε ο βασιλ. 9. οσουσ αν

ΜΑΤΤΗ. 22, 32. 41

ἐκεῖνοι εἰσ τὰσ ὁδοὺσ συνήγαγον πάντασ οὕσ εὗρον, πονηρούσ τε καὶ ἀγαθούσ, καὶ ἐπλήσθη ὁ νυμφὼν ἀνακειμένων. ¹¹ εἰσελθὼν ¹¹ δὲ ὁ βασιλεὺσ θεάσασθαι τοὺσ ἀνακειμένουσ εἶδεν ἐκεῖ ἄνθρωπον οὐκ ἐνδεδυμένον ἔνδυμα γάμου. ¹² καὶ λέγει αὐτῷ· ἑταῖρε, πῶσ ¹² εἰσῆλθεσ ὧδε μὴ ἔχων ἔνδυμα γάμου; ὁ δὲ ἐφιμώθη. ¹³ τότε ὁ ¹³ βασιλεὺσ εἶπεν τοῖσ διακόνοισ· δήσαντεσ αὐτοῦ πόδασ καὶ χεῖρασ ἐκβάλετε αὐτὸν εἰσ τὸ σκότοσ τὸ ἐξώτερον· ἐκεῖ ἔσται ὁ κλαυθμὸσ καὶ ὁ βρυγμὸσ τῶν ὀδόντων. ¹⁴ πολλοὶ γάρ εἰσιν κλητοί, ὀλίγοι ¹⁴ δὲ ἐκλεκτοί.

Τότε πορευθέντεσ οἱ Φαρισαῖοι συμβούλιον ἔλαβον ὅπωσ ¹⁵ αὐτὸν παγιδεύσωσιν ἐν λόγῳ. ¹⁶ καὶ ἀποστέλλουσιν αὐτῷ τοὺσ ¹⁶ μαθητὰσ αὐτῶν μετὰ τῶν Ἡρωδιανῶν λέγοντασ· διδάσκαλε, οἴδαμεν ὅτι ἀληθὴσ εἶ καὶ τὴν ὁδὸν τοῦ θεοῦ ἐν ἀληθείᾳ διδάσκεισ, καὶ οὐ μέλει σοι περὶ οὐδενόσ, οὐ γὰρ βλέπεισ εἰσ πρόσωπον ἀνθρώπων· ¹⁷ εἰπὸν οὖν ἡμῖν, τί σοι δοκεῖ; ἔξεστιν δοῦναι κῆνσον ¹⁷ Καίσαρι ἢ οὔ; ¹⁸ γνοὺσ δὲ ὁ Ἰησοῦσ τὴν πονηρίαν αὐτῶν εἶπεν· ¹⁸ τί με πειράζετε, ὑποκριταί; ¹⁹ ἐπιδείξατέ μοι τὸ νόμισμα τοῦ ¹⁹ κήνσου. οἱ δὲ προσήνεγκαν αὐτῷ δηνάριον. ²⁰ καὶ λέγει αὐτοῖσ ²⁰ ὁ Ἰησοῦσ· τίνοσ ἡ εἰκὼν αὕτη καὶ ἡ ἐπιγραφή; ²¹ λέγουσιν· ²¹ Καίσαροσ. τότε λέγει αὐτοῖσ· ἀπόδοτε οὖν τὰ Καίσαροσ Καίσαρι καὶ τὰ τοῦ θεοῦ τῷ θεῷ. ²² καὶ ἀκούσαντεσ ἐθαύμασαν, καὶ ²² ἀφέντεσ αὐτὸν ἀπῆλθαν.

Ἐν ἐκείνῃ τῇ ἡμέρᾳ προσῆλθον αὐτῷ Σαδδουκαῖοι λέγοντεσ ²³ μὴ εἶναι ἀνάστασιν, καὶ ἐπηρώτησαν αὐτὸν ²⁴ λέγοντεσ· διδά- ²⁴ σκαλε, Μωϋσῆσ εἶπεν· ἐάν τισ ἀποθάνῃ μὴ ἔχων τέκνα, ἐπιγαμβρεύσει ὁ ἀδελφὸσ αὐτοῦ τὴν γυναῖκα αὐτοῦ καὶ ἀναστήσει σπέρμα τῷ ἀδελφῷ αὐτοῦ. ²⁵ ἦσαν δὲ παρ' ἡμῖν ἑπτὰ ἀδελφοί, καὶ ὁ ²⁵ πρῶτοσ γήμασ ἐτελεύτησεν, καὶ μὴ ἔχων σπέρμα ἀφῆκεν τὴν γυναῖκα αὐτοῦ τῷ ἀδελφῷ αὐτοῦ. ²⁶ ὁμοίωσ καὶ ὁ δεύτεροσ καὶ ²⁶ ὁ τρίτοσ, ἕωσ τῶν ἑπτά. ²⁷ ὕστερον δὲ πάντων ἀπέθανεν ἡ γυνή. ²⁷ ²⁸ ἐν τῇ ἀναστάσει οὖν τίνοσ τῶν ἑπτὰ ἔσται γυνή; πάντεσ γὰρ ²⁸ ἔσχον αὐτήν. ²⁹ ἀποκριθεὶσ δὲ ὁ Ἰησοῦσ εἶπεν αὐτοῖσ· πλανᾶσθε, ²⁹ μὴ εἰδότεσ τὰσ γραφὰσ μηδὲ τὴν δύναμιν τοῦ θεοῦ. ³⁰ ἐν γὰρ ³⁰ τῇ ἀναστάσει οὔτε γαμοῦσιν οὔτε γαμίζονται, ἀλλ' ὡσ ἄγγελοι θεοῦ ἐν τῷ οὐρανῷ εἰσίν. ³¹ περὶ δὲ τῆσ ἀναστάσεωσ τῶν νεκρῶν ³¹ οὐκ ἀνέγνωτε τὸ ῥηθὲν ὑμῖν ὑπὸ τοῦ θεοῦ λέγοντοσ· ³² ἐγώ εἰμι ³² ὁ θεὸσ Ἀβραὰμ καὶ ὁ θεὸσ Ἰσαὰκ καὶ ὁ θεὸσ Ἰακώβ; οὐκ ἔστιν

10. παντασ οσουσ | νυμφων : γαμοσ   11. ℵ* om εκει   13. ειπεν ο βασιλ. | εκβαλ. αυτον : αρατε αυτον και εκβαλ.   15. ℵ* om εν λογω   16. λεγοντεσ 17. ειπον : ς ℵ ειπε   20. ο ιησουσ : ς ℵ om   21. λεγουσιν αυτω   22. ς ℵ απηλθον   23. εν : ℵ* praem και | αυτω : ℵ* om | οι λεγοντεσ   24. ς ℵ μωυσησ 25. γαμησασ   27. απ. και η γυν.   28. εν τ. ουν αναστ.   29. ℵ και αποκριθ. ο   30. εκγαμιζονται | θεου : του θεου | εν ουρανω   32. ℵ* ισακ | ℵ om ο sec et tert

33 θεὸσ νεκρῶν ἀλλὰ ζώντων. ³³ καὶ ἀκούσαντεσ οἱ ὄχλοι ἐξεπλήσ-
σοντο ἐπὶ τῇ διδαχῇ αὐτοῦ.
34 Οἱ δὲ Φαρισαῖοι ἀκούσαντεσ ὅτι ἐφίμωσεν τοὺσ Σαδδου-
35 καίουσ, συνήχθησαν ἐπὶ τὸ αὐτό, ³⁵ καὶ ἐπηρώτησεν εἷσ ἐξ αὐτῶν
36 νομικὸσ πειράζων αὐτόν· ³⁶ διδάσκαλε, ποία ἐντολὴ μεγάλη ἐν
37 τῷ νόμῳ; ³⁷ ὁ δὲ ἔφη αὐτῷ· ἀγαπήσεισ κύριον τὸν θεόν σου ἐν
ὅλῃ τῇ καρδίᾳ σου καὶ ἐν ὅλῃ τῇ ψυχῇ σου καὶ ἐν ὅλῃ τῇ διανοίᾳ
38 39 σου. ³⁸ αὕτη ἐστὶν ἡ μεγάλη καὶ πρώτη ἐντολή. ³⁹ δευτέρα
40 ὁμοία αὐτῇ· ἀγαπήσεισ τὸν πλησίον σου ὡσ σεαυτόν. ⁴⁰ ἐν ταύ-
ταισ ταῖσ δυσὶν ἐντολαῖσ ὅλοσ ὁ νόμοσ κρέμαται καὶ οἱ προφῆται.
41 Συνηγμένων δὲ τῶν Φαρισαίων ἐπηρώτησεν αὐτοὺσ ὁ Ἰησοῦσ
42 ⁴² λέγων· τί ὑμῖν δοκεῖ περὶ τοῦ Χριστοῦ; τίνοσ υἱόσ ἐστιν; λέ-
43 γουσιν αὐτῷ· τοῦ Δαυείδ. ⁴³ λέγει αὐτοῖσ· πῶσ οὖν Δαυεὶδ ἐν
44 πνεύματι καλεῖ κύριον αὐτόν, λέγων· ⁴⁴ εἶπεν κύριοσ τῷ κυρίῳ
μου· κάθου ἐκ δεξιῶν μου ἕωσ ἂν θῶ τοὺσ ἐχθρούσ σου ὑποκάτω
45 τῶν ποδῶν σου. ⁴⁵ εἰ οὖν Δαυεὶδ καλεῖ αὐτὸν κύριον, πῶσ υἱόσ
46 αὐτοῦ ἐστίν; ⁴⁶ καὶ οὐδεὶσ ἐδύνατο ἀποκριθῆναι αὐτῷ λόγον, οὐδὲ
ἐτόλμησέν τισ ἀπ' ἐκείνησ τῆσ ἡμέρασ ἐπερωτῆσαι αὐτὸν οὐκέτι.

XXIII.

Castigantur Pharisaeorum ostentatio, simulatio legumque perversa inter-
pretatio et multiplex abusus. Hierosolyma prophetarum interfectrix.

1 Τότε ὁ Ἰησοῦσ ἐλάλησεν τοῖσ ὄχλοισ καὶ τοῖσ μαθηταῖσ αὐτοῦ
2 ² λέγων· ἐπὶ τῆσ Μωϋσέωσ καθέδρασ ἐκάθισαν οἱ γραμματεῖσ καὶ
3 οἱ Φαρισαῖοι. ³ πάντα οὖν ὅσα ἐὰν εἴπωσιν ὑμῖν ποιήσατε καὶ
τηρεῖτε, κατὰ δὲ τὰ ἔργα αὐτῶν μὴ ποιεῖτε· λέγουσιν γὰρ καὶ
4 οὐ ποιοῦσιν. ⁴ δεσμεύουσιν δὲ φορτία βαρέα καὶ ἐπιτιθέασιν ἐπὶ
τοὺσ ὤμουσ τῶν ἀνθρώπων, αὐτοὶ δὲ τῷ δακτύλῳ αὐτῶν οὐ
5 θέλουσιν κινῆσαι αὐτά. ⁵ πάντα δὲ τὰ ἔργα αὐτῶν ποιοῦσιν
πρὸσ τὸ θεαθῆναι τοῖσ ἀνθρώποισ· πλατύνουσιν γὰρ τὰ φυλα-
6 κτήρια αὐτῶν καὶ μεγαλύνουσιν τὰ κράσπεδα, ⁶ φιλοῦσιν δὲ τὴν
πρωτοκλισίαν ἐν τοῖσ δείπνοισ καὶ τὰσ πρωτοκαθεδρίασ ἐν ταῖσ
7 συναγωγαῖσ ⁷ καὶ τοὺσ ἀσπασμοὺσ ἐν ταῖσ ἀγοραῖσ καὶ καλεῖσθαι
8 ὑπὸ τῶν ἀνθρώπων ῥαββεί. ⁸ ὑμεῖσ δὲ μὴ κληθῆτε ῥαββεί· εἷσ
γάρ ἐστιν ὑμῶν ὁ διδάσκαλοσ, πάντεσ δὲ ὑμεῖσ ἀδελφοί ἐστε.
9 ⁹ καὶ πατέρα μὴ καλέσητε ὑμῶν ἐπὶ τῆσ γῆσ· εἷσ γάρ ἐστιν ὑμῶν

32. εστιν θε. νεκρ.: εστ. ο θε. θεοσ νεκρ. 35. πειραζ. αυτ. και λεγων
37. ο δε ιησουσ ειπεν αυτω | τη pri: ℵ* om 38. εστι πρωτη και μεγαλη
39. δευτερα δε 40. ℵ* om ολοσ | ο νομ. και οι προφ. κρεμανται 42 sqq
δαβιδ 42. του sec: ℵ om 43. κυριον αυτον καλει 44. ο κυριοσ | υποπο-
διον 46. αυτω αποκριθηναι.
XXIII, 2. μωσεωσ 3. οσα αν | ειπ. υμιν τηρειν, τηρειτε και ποιειτε
4. δε: γαρ | βαρεα (ℵ μεγαλα βαρεα): add και δυσβαστακτα | αυτοι δε
τω: τω δε. 5. πλατυ. δε | κρασπεδα: add των ιματιων αυτων 6. φιλ.
τε την 7. ραββι ραββι 8. ραββι | ο διδασκ. : ϛ ℵ* ο καθηγητησ, item
ϛ add ο χριστοσ

ὁ πατὴρ ὁ οὐράνιος. ¹⁰ μηδὲ κληθῆτε καθηγηταί, ὅτι καθηγητὴσ 10 ὑμῶν ἐστὶν εἷσ ὁ Χριστόσ. ¹¹ ὁ δὲ μείζων ὑμῶν ἔσται ὑμῶν διά- 11 κονοσ. ¹² ὅστισ δὲ ὑψώσει ἑαυτὸν ταπεινωθήσεται, καὶ ὅστισ 12 ταπεινώσει ἑαυτὸν ὑψωθήσεται.

Οὐαὶ δὲ ὑμῖν, γραμματεῖσ καὶ Φαρισαῖοι ὑποκριταί, ὅτι 13 κλείετε τὴν βασιλείαν τῶν οὐρανῶν ἔμπροσθεν τῶν ἀνθρώπων· ὑμεῖσ γὰρ οὐκ εἰσέρχεσθε, οὐδὲ τοὺσ εἰσερχομένουσ ἀφίετε εἰσελθεῖν. ¹⁵ οὐαὶ ὑμῖν, γραμματεῖσ καὶ Φαρισαῖοι ὑποκριταί, ὅτι 15 περιάγετε τὴν θάλασσαν καὶ τὴν ξηρὰν ποιῆσαι ἕνα προσήλυτον, καὶ ὅταν γένηται, ποιεῖτε αὐτὸν υἱὸν γεέννησ διπλότερον ὑμῶν. ¹⁶ οὐαὶ ὑμῖν, ὁδηγοὶ τυφλοὶ οἱ λέγοντεσ· ὃσ ἂν ὀμόσῃ ἐν τῷ ναῷ, 16 οὐδέν ἐστιν· ὃσ δ᾽ ἂν ὀμόσῃ ἐν τῷ χρυσῷ τοῦ ναοῦ, ὀφείλει. ¹⁷ μωροὶ καὶ τυφλοί, τίσ γὰρ μείζων ἐστίν, ὁ χρυσὸσ ἢ ὁ ναὸσ ὁ 17 ἁγιάσασ τὸν χρυσόν; ¹⁸ καί· ὃσ ἂν ὀμόσῃ ἐν τῷ θυσιαστηρίῳ, 18 οὐδέν ἐστιν· ὃσ δ᾽ ἂν ὀμόσῃ ἐν τῷ δώρῳ τῷ ἐπάνω αὐτοῦ, ὀφείλει. ¹⁹ τυφλοί, τί γὰρ μεῖζον, τὸ δῶρον ἢ τὸ θυσιαστήριον τὸ ἁγιάζον 19 τὸ δῶρον; ²⁰ ὁ οὖν ὀμόσασ ἐν τῷ θυσιαστηρίῳ ὀμνύει ἐν αὐτῷ 20 καὶ ἐν πᾶσιν τοῖσ ἐπάνω αὐτοῦ· ²¹ καὶ ὁ ὀμόσασ ἐν τῷ ναῷ ὀμνύει 21 ἐν αὐτῷ καὶ ἐν τῷ κατοικοῦντι αὐτόν· ²² καὶ ὁ ὀμόσασ ἐν τῷ 22 οὐρανῷ ὀμνύει ἐν τῷ θρόνῳ τοῦ θεοῦ καὶ ἐν τῷ καθημένῳ ἐπάνω αὐτοῦ. ²³ οὐαὶ ὑμῖν, γραμματεῖσ καὶ Φαρισαῖοι ὑποκριταί, ὅτι 23 ἀποδεκατοῦτε τὸ ἡδύοσμον καὶ τὸ ἄνηθον καὶ τὸ κύμινον, καὶ ἀφήκατε τὰ βαρύτερα τοῦ νόμου, τὴν κρίσιν καὶ τὸ ἔλεοσ καὶ τὴν πίστιν· ταῦτα ἔδει ποιῆσαι κἀκεῖνα μὴ ἀφεῖναι. ²⁴ ὁδηγοὶ τυφλοί, 24 οἱ διϋλίζοντεσ τὸν κώνωπα, τὴν δὲ κάμηλον καταπίνοντεσ. ²⁵ οὐαὶ 25 ὑμῖν, γραμματεῖσ καὶ Φαρισαῖοι ὑποκριταί, ὅτι καθαρίζετε τὸ ἔξωθεν τοῦ ποτηρίου καὶ τῆσ παροψίδοσ, ἔσωθεν δὲ γέμουσιν ἐξ ἁρπαγῆσ καὶ ἀκρασίασ. ²⁶ Φαρισαῖε τυφλέ, καθάρισον πρῶτον 26 τὸ ἐντὸσ τοῦ ποτηρίου, ἵνα γένηται καὶ τὸ ἐκτὸσ αὐτοῦ καθαρόν. ²⁷ οὐαὶ ὑμῖν, γραμματεῖσ καὶ Φαρισαῖοι ὑποκριταί, ὅτι παρομοιά- 27 ζετε τάφοισ κεκονιαμένοισ, οἵτινεσ ἔξωθεν μὲν φαίνονται ὡραῖοι, ἔσωθεν δὲ γέμουσιν ὀστέων νεκρῶν καὶ πάσησ ἀκαθαρσίασ. ²⁸ οὕτωσ 28 καὶ ὑμεῖσ ἔξωθεν μὲν φαίνεσθε τοῖσ ἀνθρώποισ δίκαιοι, ἔσωθεν δέ ἐστε μεστοὶ ὑποκρίσεωσ καὶ ἀνομίασ. ²⁹ οὐαὶ ὑμῖν, γραμματεῖσ 29 καὶ Φαρισαῖοι ὑποκριταί, ὅτι οἰκοδομεῖτε τοὺσ τάφουσ τῶν προφητῶν καὶ κοσμεῖτε τὰ μνημεῖα τῶν δικαίων, ³⁰ καὶ λέγετε· εἰ 30

9. ο πατηρ υμων ο εν τοισ ουρανοισ 10. οτι καθηγ. etc : ς ℵ εισ γαρ υμων (ℵ post εστ.) εστιν ο καθηγητ. 13. δε : ℵ* om 14. ϛᵉ ουαι υμιν, γραμματεισ και φαρισαιοι υποκριται, οτι κατεσθιετε τασ οικιασ των χηρων και προφασει μακρα προσευχομενοι· δια τουτο ληψεσθε περισσοτερον κριμα. Eadem ϛ ante v. 13. (ex quo tum v. 14. fit) ponunt adsumpto δε ex hoc. 16. ℵ* οδηγ. οι τυφλ. 17. αγιαζων 18. οσ εαν 19. τυφλοι : praem μωροι και 23. τον ελεον | αφιεναι 24. ℵᶜᵒʳʳ om οι 26. ποτηριον : ϛ ℵ add και τησ παροψιδοσ | αυτου : ϛ ℵ αυτων 27. οιτινεσ : ℵ* om 28. μεστοι εστε

ήμεθα εν ταΐσ ήμέραισ των πατέρων ημών, ούκ αν ήμεθα κοινωνοί
31 αυτών εν τω αΐματι των προφητών. ³¹ ώστε μαρτυρεΐτε έαυτοΐσ
32 ότι υιοί έστε των φονευσάντων τουσ προφήτασ. ³² και ύμεΐσ
33 πληρώσατε το μέτρον των πατέρων υμών. ³³ όφεισ, γεννήματα
34 έχιδνών, πώσ φύγητε από τήσ κρίσεωσ τήσ γεέννησ; ³⁴ διά τούτο   34-36 Lc 11,
ιδού εγώ αποστέλλω προσ ύμάσ προφήτασ και σοφούσ και γραμ-   49-51
ματεΐσ· εξ αυτών αποκτενείτε και σταυρώσετε, και εξ αυτών
μαστιγώσετε εν ταΐσ συναγωγαΐσ υμών και διώξετε από πόλεωσ
35 είσ πόλιν· ³⁵ όπωσ έλθη εφ' ύμάσ πάν αίμα δίκαιον εκχυννόμενον
επί τήσ γήσ από του αίματοσ Άβελ του δικαίου έωσ του αίματοσ
Ζαχαρίου υιού Βαραχίου, ον έφονεύσατε μεταξύ του ναού και
36 του θυσιαστηρίου. ³⁶ αμήν λέγω ύμΐν, ήξει ταύτα πάντα επί
37 τήν γενεάν ταύτην. ³⁷ Ιερουσαλήμ Ιερουσαλήμ, ή αποκτείνουσα   37-39 Lc 13, 34s
τούσ προφήτασ και λιθοβολούσα τούσ άπεσταλμένουσ προσ αυτήν,
ποσάκισ ηθέλησα έπισυναγαγεΐν τα τέκνα σου, ον τρόπον όρνισ
έπισυνάγει τα νοσσία αυτήσ υπό τάσ πτέρυγασ, και ούκ ήθελήσατε.
38 39 ³⁸ ιδού αφίεται ύμΐν ο οίκοσ υμών έρημοσ. ³⁹ λέγω γαρ ύμΐν,   21, 9 Ps 118, 26
ού μή με ίδητε απ' άρτι έωσ αν είπητε· ευλογημένοσ ο ερχόμενοσ
εν ονόματι κυρίου.

XXIV.

Responsio Christi de interitu Iudaeae, saeculi fine et reditu suo. Exemplum
aequalium Noachi, item servi fidelis et male fidi.

1   Και έξελθών ο Ιησούσ από του ιερού έπορεύετο, και προσήλ-   1-9 Mc 13, 1-9
θον οι μαθηταί αυτού έπιδεΐξαι αύτω τάσ οικοδομάσ του ιερού.   Lc 21, 5-12
2 ²ο δε άποκριθείσ είπεν αυτοΐσ· ου βλέπετε ταύτα πάντα; αμήν
λέγω ύμΐν, ου μή άφεθή ώδε λίθοσ επί λίθον, οσ ου κατα-
3 λυθήσεται. ³ καθημένου δε αυτού επί του όρουσ των ελαιών
προσήλθον αύτω οι μαθηταί κατ' ιδίαν λέγοντεσ· είπε ήμΐν, πότε
ταύτα έσται, και τί το σημεΐον τήσ σήσ παρουσίασ και συντε-
4 λείασ του αιώνοσ; ⁴ και άποκριθείσ ο Ιησούσ είπεν αυτοΐσ· βλέ-
5 πετε μή τισ ύμάσ πλανήση. ⁵ πολλοί γαρ έλεύσονται επί τω
ονόματί μου λέγοντεσ· εγώ ειμι ο Χριστόσ, και πολλούσ πλανή-
6 σουσιν. ⁶ μελλήσετε δε άκούειν πολέμουσ και άκοάσ πολέμων·
οράτε, μή θροεΐσθε· δει γαρ γενέσθαι, αλλ' ούπω εστίν το τέλοσ.
7 ⁷ εγερθήσεται γαρ έθνοσ επ' έθνοσ και βασιλεία επί βασιλείαν,
8 και έσονται λιμοί και σεισμοί κατά τόπουσ. ⁸ πάντα δε ταύτα
9 αρχή ωδίνων. ⁹ τότε παραδώσουσιν ύμάσ εισ θλΐψιν και άπο-   10, 22 Mc 13, 13 Lc 21, 17

---

30. ημεν bis 34. εξ pri : praem και | και εξ αυτων : א* εξ αυτ. και
35. א* om παν | εκχυνομενον | υιου βαραχιου : א* om 36. οτι ηξει
37. η : א* om | א* τ. προφ. αποκτ. | א αποκτενουσα | א επισυναγειν |
επισυναγει ορνισ | αυτησ : εαυτησ
XXIV, 1. επορευ. απο του ιερου 2. ο δε ιησουσ ειπ. αυτ. | παντ.
ταυτ. | οσ ου : add μη 3. א καθ' ιδ. | και τησ συντελ. 6. δει γαρ : add
παντα 7. επ : επι | λιμοι (א σεισμ. και λιμ.) : add και λοιμοι

ΜΑΤΤΗ.   24, 32.   45

κτενοῦσιν ὑμᾶσ, καὶ ἔσεσθε μισούμενοι ὑπὸ πάντων τῶν ἐθνῶν διὰ
τὸ ὄνομά μου. ¹⁰ καὶ τότε σκανδαλισθήσονται πολλοὶ καὶ ἀλλή- 10
λουσ παραδώσουσιν καὶ μισήσουσιν ἀλλήλουσ. ¹¹ καὶ πολλοὶ 11
ψευδοπροφῆται ἐγερθήσονται καὶ πλανήσουσιν πολλούσ. ¹² καὶ 12
διὰ τὸ πληθυνθῆναι τὴν ἀνομίαν ψυγήσεται ἡ ἀγάπη τῶν πολλῶν.
¹³ ὁ δὲ ὑπομείνασ εἰσ τέλοσ, οὗτοσ σωθήσεται. ¹⁴ καὶ κηρυ- 13 14
χθήσεται τοῦτο τὸ εὐαγγέλιον τῆσ βασιλείασ ἐν ὅλῃ τῇ οἰκουμένῃ
εἰσ μαρτύριον πᾶσιν τοῖσ ἔθνεσιν, καὶ τότε ἥξει τὸ τέλοσ. ¹⁵ Ὅταν 15
οὖν ἴδητε τὸ βδέλυγμα τῆσ ἐρημώσεωσ τὸ ῥηθὲν διὰ Δανιὴλ τοῦ
προφήτου ἑστὸσ ἐν τόπῳ ἁγίῳ, ὁ ἀναγινώσκων νοείτω, ¹⁶ τότε οἱ 16
ἐν τῇ Ἰουδαίᾳ φευγέτωσαν ἐπὶ τὰ ὄρη, ¹⁷ ὁ ἐπὶ τοῦ δώματος μὴ 17
καταβάτω ἆραι τὰ ἐκ τῆσ οἰκίασ αὐτοῦ, ¹⁸ καὶ ὁ ἐν τῷ ἀγρῷ 18
μὴ ἐπιστρεψάτω ὀπίσω ἆραι τὸ ἱμάτιον αὐτοῦ. ¹⁹ οὐαὶ δὲ ταῖσ 19
ἐν γαστρὶ ἐχούσαισ καὶ ταῖσ θηλαζούσαισ ἐν ἐκείναισ ταῖσ ἡμέραισ.
²⁰ προσεύχεσθε δὲ ἵνα μὴ γένηται ἡ φυγὴ ὑμῶν χειμῶνοσ μηδὲ 20
σαββάτῳ. ²¹ ἔσται γὰρ τότε θλίψισ μεγάλη, οἵα οὐκ ἐγένετο ἀπ' 21
ἀρχῆσ κόσμου ἕωσ τοῦ νῦν οὐδ' οὐ μὴ γένηται. ²² καὶ εἰ μὴ 22
ἐκολοβώθησαν αἱ ἡμέραι ἐκεῖναι, οὐκ ἂν ἐσώθη πᾶσα σάρξ· διὰ
δὲ τοὺσ ἐκλεκτοὺσ κολοβωθήσονται αἱ ἡμέραι ἐκεῖναι. ²³ τότε ἐάν 23
τισ ὑμῖν εἴπῃ· ἰδοὺ ὧδε ὁ Χριστόσ, ἢ ὧδε, μὴ πιστεύσητε. ²⁴ ἐγερ- 24
θήσονται γὰρ ψευδόχριστοι καὶ ψευδοπροφῆται, καὶ δώσουσιν
σημεῖα μεγάλα καὶ τέρατα, ὥστε πλανηθῆναι, εἰ δυνατόν, καὶ
τοὺσ ἐκλεκτούσ. ²⁵ ἰδοὺ προείρηκα ὑμῖν. ²⁶ ἐὰν οὖν εἴπωσιν 25 26
ὑμῖν· ἰδοὺ ἐν τῇ ἐρήμῳ ἐστίν, μὴ ἐξέλθητε· ἰδοὺ ἐν τοῖσ ταμείοισ,
μὴ πιστεύσητε. ²⁷ ὥσπερ γὰρ ἡ ἀστραπὴ ἐξέρχεται ἀπὸ ἀνατολῶν 27
καὶ φαίνεται ἕωσ δυσμῶν, οὕτωσ ἔσται ἡ παρουσία τοῦ υἱοῦ τοῦ
ἀνθρώπου. ²⁸ ὅπου ἐὰν ᾖ τὸ πτῶμα, ἐκεῖ συναχθήσονται οἱ 28
ἀετοί. ²⁹ Εὐθέωσ δὲ μετὰ τὴν θλίψιν τῶν ἡμερῶν ἐκείνων ὁ ἥλιοσ 29
σκοτισθήσεται, καὶ ἡ σελήνη οὐ δώσει τὸ φέγγοσ αὐτῆσ, καὶ οἱ
ἀστέρεσ πεσοῦνται ἐκ τοῦ οὐρανοῦ, καὶ αἱ δυνάμεισ τῶν οὐρανῶν
σαλευθήσονται. ³⁰ καὶ τότε φανήσεται τὸ σημεῖον τοῦ υἱοῦ τοῦ 30
ἀνθρώπου ἐν οὐρανῷ, καὶ κόψονταί πᾶσαι αἱ φυλαὶ τῆσ γῆσ καὶ
ὄψονται τὸν υἱὸν τοῦ ἀνθρώπου ἐρχόμενον ἐπὶ τῶν νεφελῶν τοῦ
οὐρανοῦ μετὰ δυνάμεωσ καὶ δόξησ πολλῆσ. ³¹ καὶ ἀποστελεῖ 31
τοὺσ ἀγγέλουσ αὐτοῦ μετὰ σάλπιγγοσ μεγάλησ, καὶ ἐπισυνάξουσιν
τοὺσ ἐκλεκτοὺσ αὐτοῦ ἐκ τῶν τεσσάρων ἀνέμων ἀπ' ἄκρων οὐρα-
νῶν ἕωσ ἄκρων αὐτῶν. ³² Ἀπὸ δὲ τῆσ συκῆσ μάθετε τὴν παρα- 32

9. א* om. παντων|των εθνων : ϛe (non ϛ) om των   10. και μιση; αλληλ. :
א εισ θλιψιν   11. א πολλουσ πλανησον.   15. εστοσ (etiam ϛ) : ϛe εστωσ
17. καταβαινετω|τα (א* το) εκ : τι εκ   18. τα ιματια   20. εν σαββατω
21. οια ου γεγονεν   22. κολοβωθησονται : א* εκολοβωθησαν   24. א om
μεγαλα|πλανησαι   27. εσται και   28. οπου : add γαρ|πτωμα : א* σωμα
29. εκ : απο   30. εν τω ουρανω | τοτε κοψονται   31. σαλπ. φωνησ
μεγαλησ | א* επισυναξει

βολήν. ὅταν ἤδη ὁ κλάδοσ αὐτῆσ γένηται ἁπαλὸσ καὶ τὰ φύλλα 33 ἐκφύῃ, γινώσκετε ὅτι ἐγγὺσ τὸ θέροσ· ³³ οὕτωσ καὶ ὑμεῖσ ὅταν 34 ἴδητε ταῦτα πάντα, γινώσκετε ὅτι ἐγγύσ ἐστιν ἐπὶ θύραισ. ³⁴ ἀμὴν λέγω ὑμῖν, οὐ μὴ παρέλθῃ ἡ γενεὰ αὕτη ἕωσ ἂν πάντα ταῦτα 35 γένηται. ³⁵ ὁ οὐρανὸσ καὶ ἡ γῆ παρελεύσεται, οἱ δὲ λόγοι μου 36 οὐ μὴ παρέλθωσιν. ³⁶ Περὶ δὲ τῆσ ἡμέρασ ἐκείνησ καὶ ὥρασ Mc 13, 32. οὐδεὶσ οἶδεν, οὐδὲ οἱ ἄγγελοι τῶν οὐρανῶν οὐδὲ ὁ υἱόσ, εἰ μὴ ὁ 37 πατὴρ μόνοσ. ³⁷ ὥσπερ δὲ αἱ ἡμέραι τοῦ Νῶε, οὕτωσ ἔσται ἡ Lc 17, 26s 38 παρουσία τοῦ υἱοῦ τοῦ ἀνθρώπου. ³⁸ ὡσ γὰρ ἦσαν ἐν ταῖσ ἡμέραισ ταῖσ πρὸ τοῦ κατακλυσμοῦ τρώγοντεσ καὶ πίνοντεσ, γαμοῦντεσ καὶ γαμίζοντεσ, ἄχρι ἧσ ἡμέρασ εἰσῆλθεν Νῶε εἰσ τὴν 39 κιβωτόν, ³⁹ καὶ οὐκ ἔγνωσαν ἕωσ ἦλθεν ὁ κατακλυσμὸσ καὶ ἦρεν ἅπαντασ, οὕτωσ ἔσται καὶ ἡ παρουσία τοῦ υἱοῦ τοῦ ἀνθρώπου. 40 ⁴⁰ τότε ἔσονται δύο ἐν τῷ ἀγρῷ, εἷσ παραλαμβάνεται καὶ εἷσ Lc 17, 35s 41 ἀφίεται· ⁴¹ δύο ἀλήθουσαι ἐν τῷ μύλῳ, μία παραλαμβάνεται καὶ 42 μία ἀφίεται. ⁴² γρηγορεῖτε οὖν, ὅτι οὐκ οἴδατε ποίᾳ ἡμέρᾳ ὁ Mc 13, 43 κύριοσ ὑμῶν ἔρχεται. ⁴³ Ἐκεῖνο δὲ γινώσκετε, ὅτι εἰ ᾔδει ὁ 43 s οἰκοδεσπότησ ποίᾳ φυλακῇ ὁ κλέπτησ ἔρχεται, ἐγρηγόρησεν ἂν Lc 12, 39 s 44 καὶ οὐκ ἂν εἴασεν διορυχθῆναι τὴν οἰκίαν αὐτοῦ. ⁴⁴ διὰ τοῦτο καὶ ὑμεῖσ γίνεσθε ἕτοιμοι, ὅτι ᾗ οὐ δοκεῖτε ὥρᾳ ὁ υἱὸσ τοῦ ἀν- 45 θρώπου ἔρχεται. ⁴⁵ Τίσ ἄρα ἐστὶν ὁ πιστὸσ δοῦλοσ καὶ φρόνιμοσ, 45-51 Lc 12, ὃν κατέστησεν ὁ κύριοσ ἐπὶ τῆσ οἰκετείασ αὐτοῦ τοῦ δοῦναι αὐ- 42-46 46 τοῖσ τὴν τροφὴν ἐν καιρῷ; ⁴⁶ μακάριοσ ὁ δοῦλοσ ἐκεῖνοσ ὃν 47 ἐλθὼν ὁ κύριοσ αὐτοῦ εὑρήσει οὕτωσ ποιοῦντα. ⁴⁷ ἀμὴν λέγω ὑμῖν ὅτι ἐπὶ πᾶσιν τοῖσ ὑπάρχουσιν αὐτοῦ καταστήσει αὐτόν. 48 ⁴⁸ ἐὰν δὲ εἴπῃ ὁ κακὸσ δοῦλοσ ἐν τῇ καρδίᾳ αὐτοῦ· χρονίζει μου 49 ὁ κύριοσ, ⁴⁹ καὶ ἄρξηται τύπτειν τοὺσ συνδούλουσ αὐτοῦ, ἐσθίῃ 50 δὲ καὶ πίνῃ μετὰ τῶν μεθυόντων· ⁵⁰ ἥξει ὁ κύριοσ τοῦ δούλου 51 ἐκείνου ἐν ἡμέρᾳ ᾗ οὐ προσδοκᾷ καὶ ἐν ὥρᾳ ᾗ οὐ γινώσκει, ⁵¹ καὶ διχοτομήσει αὐτόν, καὶ τὸ μέροσ αὐτοῦ μετὰ τῶν ὑποκριτῶν θήσει· ἐκεῖ ἔσται ὁ κλαυθμὸσ καὶ ὁ βρυγμὸσ τῶν ὀδόντων.

XXV.

Parabolae de decem virginibus et de talentorum usu. Iudicium extremum.

1 Τότε ὁμοιωθήσεται ἡ βασιλεία τῶν οὐρανῶν δέκα παρθένοισ, αἵτινεσ λαβοῦσαι τὰσ λαμπάδασ αὐτῶν ἐξῆλθον εἰσ ὑπάντησιν 2 τοῦ νυμφίου. ² πέντε δὲ ἐξ αὐτῶν ἦσαν μωραὶ καὶ πέντε φρόνιμοι.

32. ℵ* om τα ante φυλλ. 35. ℵ* om versum | παρελευσονται 36. και τησ ωρασ | ουδε ο υιοσ : om | ο πατηρ : add μου 37. εσται και 38. ωσ : ωσπερ | εκγαμιζοντεσ 40. δυο εσοντ. | ο εισ bis 41. μυλωνι 42. ημερα : ωρα 43. διορυγηναι 44. η ωρα ου δοκειτε 45. ℵ καταστησει | ο κυριοσ : add αυτον | οικετειασ : ℵ οικιασ, ϛ θεραπειασ | ουτω διδοναι 46. ποιουντα ουτωσ 48. ο κακ. δουλ. : add εκεινοσ | ℵ καρδ. εαυτου | χρον. ο κυρ. μου ελθειν 49. αυτου : ℵ εαυτου, ϛ om | εσθιειν δε κ. πινειν
XXV, 1. απαντησιν 2. ησαν εξ αυτων | φρονιμοι και αι (ϛᵉ om) πεντ. μωραι

³ αἱ γὰρ μωραὶ λαβοῦσαι τὰσ λαμπάδασ οὐκ ἔλαβον μεθ' ἑαυτῶν ³
ἔλαιον· ⁴ αἱ δὲ φρόνιμοι ἔλαβον ἔλαιον ἐν τοῖσ ἀγγείοισ μετὰ τῶν ⁴
λαμπάδων ἑαυτῶν. ⁵ χρονίζοντοσ δὲ τοῦ νυμφίου ἐνύσταξαν πᾶσαι ⁵
καὶ ἐκάθευδον. ⁶ μέσησ δὲ νυκτὸσ κραυγὴ γέγονεν· ἰδοὺ ὁ νυμ- ⁶
φίοσ, ἐξέρχεσθε εἰσ ἀπάντησιν. ⁷ τότε ἠγέρθησαν πᾶσαι αἱ παρ- ⁷
θένοι ἐκεῖναι καὶ ἐκόσμησαν τὰσ λαμπάδασ ἑαυτῶν. ⁸ αἱ δὲ ⁸
μωραὶ ταῖσ φρονίμοισ εἶπαν· δότε ἡμῖν ἐκ τοῦ ἐλαίου ὑμῶν, ὅτι
αἱ λαμπάδεσ ἡμῶν σβέννυνται. ⁹ ἀπεκρίθησαν δὲ αἱ φρόνιμοι ⁹
λέγουσαι· μήποτε οὐκ ἀρκέσῃ ἡμῖν καὶ ὑμῖν· πορεύεσθε μᾶλλον
πρὸσ τοὺσ πωλοῦντασ καὶ ἀγοράσατε ἑαυταῖσ. ¹⁰ ἀπερχομένων ¹⁰
δὲ αὐτῶν ἀγοράσαι ἦλθεν ὁ νυμφίοσ, καὶ αἱ ἕτοιμοι εἰσῆλθον
μετ' αὐτοῦ εἰσ τοὺσ γάμουσ, καὶ ἐκλείσθη ἡ θύρα. ¹¹ ὕστερον ¹¹
δὲ ἔρχονται καὶ αἱ λοιπαὶ παρθένοι λέγουσαι· κύριε κύριε, ἄνοιξον
Lc 13, 27 ἡμῖν. ¹² ὁ δὲ ἀποκριθεὶσ εἶπεν· ἀμὴν λέγω ὑμῖν, οὐκ οἶδα ὑμᾶσ. ¹²
24, 42 ¹³ γρηγορεῖτε οὖν, ὅτι οὐκ οἴδατε τὴν ἡμέραν οὐδὲ τὴν ὥραν. ¹³
14-30
Lc 19,
11-27
¹⁴ Ὥσπερ γὰρ ἄνθρωποσ ἀποδημῶν ἐκάλεσεν τοὺσ ἰδίουσ δού- ¹⁴
λουσ καὶ παρέδωκεν αὐτοῖσ τὰ ὑπάρχοντα αὐτοῦ, ¹⁵ καὶ ᾧ μὲν ¹⁵
ἔδωκεν πέντε τάλαντα, ᾧ δὲ δύο, ᾧ δὲ ἕν, ἑκάστῳ κατὰ τὴν ἰδίαν
δύναμιν, καὶ ἀπεδήμησεν. εὐθέωσ ¹⁶ πορευθεὶσ ὁ τὰ πέντε τά- ¹⁶
λαντα λαβὼν ἠργάσατο ἐν αὐτοῖσ καὶ ἐποίησεν ἄλλα πέντε τά-
λαντα. ¹⁷ ὡσαύτωσ ὁ τὰ δύο ἐκέρδησεν ἄλλα δύο. ¹⁸ ὁ δὲ τὸ ¹⁷ ¹⁸
ἓν λαβὼν ἀπελθὼν ὤρυξεν γῆν καὶ ἔκρυψεν τὸ ἀργύριον τοῦ
κυρίου αὐτοῦ. ¹⁹ μετὰ δὲ πολὺν χρόνον ἔρχεται ὁ κύριοσ τῶν ¹⁹
δούλων ἐκείνων καὶ συναίρει λόγον μετ' αὐτῶν. ²⁰ καὶ προσελ- ²⁰
θὼν ὁ τὰ πέντε τάλαντα λαβὼν προσήνεγκεν ἄλλα πέντε τάλαντα
λέγων· κύριε, πέντε τάλαντά μοι παρέδωκασ, ἴδε ἄλλα πέντε τά-
λαντα ἐκέρδησα. ²¹ ἔφη αὐτῷ ὁ κύριοσ αὐτοῦ· εὖ, δοῦλε ἀγαθὲ ²¹
καὶ πιστέ, ἐπὶ ὀλίγα ἦσ πιστόσ, ἐπὶ πολλῶν σε καταστήσω·
εἴσελθε εἰσ τὴν χαρὰν τοῦ κυρίου σου. ²² προσελθὼν καὶ ὁ τὰ ²²
δύο τάλαντα εἶπεν· κύριε, δύο τάλαντά μοι παρέδωκασ, ἴδε ἄλλα
δύο τάλαντα ἐκέρδησα. ²³ ἔφη αὐτῷ ὁ κύριοσ αὐτοῦ· εὖ, δοῦλε ²³
ἀγαθὲ καὶ πιστέ, ἐπὶ ὀλίγα ἦσ πιστόσ, ἐπὶ πολλῶν σε καταστήσω·
εἴσελθε εἰσ τὴν χαρὰν τοῦ κυρίου σου. ²⁴ προσελθὼν δὲ καὶ ὁ ²⁴
τὸ ἓν τάλαντον εἰληφὼσ εἶπεν· κύριε, ἔγνων σε ὅτι σκληρὸσ εἶ
ἄνθρωποσ, θερίζων ὅπου οὐκ ἔσπειρασ, καὶ συνάγων ὅθεν οὐ
διεσκόρπισασ· ²⁵ καὶ φοβηθεὶσ ἀπελθὼν ἔκρυψα τὸ τάλαντόν ²⁵

---

3. αι γαρ : αιτινεσ | λαμπαδασ : add εαυτων 4. αγγειοισ : add αυτων | εαυτων : αυτων 6. ο νυμφιοσ : add ερχεται | απαντησιν : add αυτου 7. αυτων 8. ϛ א ειπον 9. א υμιν και ημιν | πορευεσθ. δε 13. ωραν : add εν η ο υιοσ του ανθρωπου ερχεται 15. 16. ενθεωσ. πορευθεισ δε 16. ειργασατο | εποιησεν : אc εκερδησεν 17. ωσαυτωσ : add και | εκερδησεν : add και αυτοσ 18. γην : εν τη γη | απεκρυψε 19. χρονον πολυν | μετ αυτων λογον 20. ταλαντα pr : א om | εκερδησα : add επ αυτοισ 21. εφη δε 22. προσελθ. δε και | δυο ταλ. : ϛ א add λαβων | א om κυριε | εκερδησα : add επ αυτοισ 24. א οτι ανθρωπ. αυστηροσ ει

26 σου ἐν τῇ γῇ· ἴδε ἔχεισ τὸ σόν. ²⁶ ἀποκριθεὶσ δὲ ὁ κύριοσ αὐτοῦ εἶπεν αὐτῷ· πονηρὲ δοῦλε καὶ ὀκνηρέ, ᾔδεισ ὅτι θερίζω ὅπου 27 οὐκ ἔσπειρα, καὶ συνάγω ὅθεν οὐ διεσκόρπισα; ²⁷ ἔδει σε οὖν βαλεῖν τὰ ἀργύριά μου τοῖσ τραπεζείταισ, καὶ ἐλθὼν ἐγὼ ἐκο- 28 μισάμην ἂν τὸ ἐμὸν σὺν τόκῳ. ²⁸ ἄρατε οὖν ἀπ᾽ αὐτοῦ τὸ τάλαν- 29 τον καὶ δότε τῷ ἔχοντι τὰ δέκα τάλαντα. ²⁹ τῷ γὰρ ἔχοντι παντὶ 13, 12 δοθήσεται καὶ περισσευθήσεται· τοῦ δὲ μὴ ἔχοντοσ, καὶ ὃ ἔχει ἀρ- 30 θήσεται ἀπ᾽ αὐτοῦ. ³⁰ καὶ τὸν ἀχρεῖον δοῦλον ἐκβάλετε εἰσ τὸ σκότοσ τὸ ἐξώτερον· ἐκεῖ ἔσται ὁ κλαυθμὸσ καὶ ὁ βρυγμὸσ τῶν ὀδόντων.
31 Ὅταν δὲ ἔλθῃ ὁ υἱὸσ τοῦ ἀνθρώπου ἐν τῇ δόξῃ αὐτοῦ καὶ πάντεσ οἱ ἄγγελοι μετ᾽ αὐτοῦ, τότε καθίσει ἐπὶ θρόνου δόξησ 32 αὐτοῦ· ³² καὶ συναχθήσονται ἔμπροσθεν αὐτοῦ πάντα τὰ ἔθνη, καὶ ἀφορίσει αὐτοὺσ ἀπ᾽ ἀλλήλων, ὥσπερ ὁ ποιμὴν ἀφορίζει τὰ 33 πρόβατα ἀπὸ τῶν ἐρίφων, ³³ καὶ στήσει τὰ μὲν πρόβατα ἐκ 34 δεξιῶν αὐτοῦ, τὰ δὲ ἐρίφια ἐξ εὐωνύμων. ³⁴ τότε ἐρεῖ ὁ βασι- λεὺσ τοῖσ ἐκ δεξιῶν αὐτοῦ· δεῦτε οἱ εὐλογημένοι τοῦ πατρόσ μου, κληρονομήσατε τὴν ἡτοιμασμένην ὑμῖν βασιλείαν ἀπὸ καταβολῆσ 35 κόσμου. ³⁵ ἐπείνασα γὰρ καὶ ἐδώκατέ μοι φαγεῖν, ἐδίψησα καὶ 36 ἐποτίσατέ με, ξένοσ ἤμην καὶ συνηγάγετέ με, ³⁶ γυμνὸσ καὶ περι- εβάλετέ με, ἠσθένησα καὶ ἐπεσκέψασθέ με, ἐν φυλακῇ ἤμην καὶ 37 ἤλθατε πρόσ με. ³⁷ τότε ἀποκριθήσονται αὐτῷ οἱ δίκαιοι λέγον- τεσ· κύριε, πότε σε εἴδομεν πεινῶντα καὶ ἐθρέψαμεν; ἢ διψῶντα 38 καὶ ἐποτίσαμεν; ³⁸ πότε δέ σε εἴδομεν ξένον καὶ συνηγάγομεν; ἢ 39 γυμνὸν καὶ περιεβάλομεν; ³⁹ πότε δέ σε εἴδομεν ἀσθενοῦντα ἢ ἐν 40 φυλακῇ καὶ ἤλθομεν πρόσ σε; ⁴⁰ καὶ ἀποκριθεὶσ ὁ βασιλεὺσ ἐρεῖ αὐτοῖσ· ἀμὴν λέγω ὑμῖν, ἐφ᾽ ὅσον ἐποιήσατε ἑνὶ τούτων τῶν 41 ἀδελφῶν μου τῶν ἐλαχίστων, ἐμοὶ ἐποιήσατε. ⁴¹ τότε ἐρεῖ καὶ τοῖσ ἐξ εὐωνύμων· πορεύεσθε ἀπ᾽ ἐμοῦ κατηραμένοι εἰσ τὸ πῦρ τὸ αἰώνιον τὸ ἡτοιμασμένον τῷ διαβόλῳ καὶ τοῖσ ἀγγέλοισ αὐτοῦ. 42 ⁴² ἐπείνασα γὰρ καὶ οὐκ ἐδώκατέ μοι φαγεῖν, ἐδίψησα καὶ οὐκ 43 ἐποτίσατέ με, ⁴³ ξένοσ ἤμην καὶ οὐ συνηγάγετέ με, γυμνὸσ καὶ οὐ περιεβάλετέ με, ἀσθενὴσ καὶ ἐν φυλακῇ καὶ οὐκ ἐπεσκέψασθέ 44 με. ⁴⁴ τότε ἀποκριθήσονται καὶ αὐτοὶ λέγοντεσ· κύριε, πότε σε εἴδομεν πεινῶντα ἢ διψῶντα ἢ ξένον ἢ γυμνὸν ἢ ἀσθενῆ ἢ ἐν 45 φυλακῇ, καὶ οὐ διηκονήσαμέν σοι; ⁴⁵ τότε ἀποκριθήσεται αὐτοῖσ λέγων· ἀμὴν λέγω ὑμῖν, ἐφ᾽ ὅσον οὐκ ἐποιήσατε ἑνὶ τούτων τῶν 46 ἐλαχίστων, οὐδὲ ἐμοὶ ἐποιήσατε. ⁴⁶ καὶ ἀπελεύσονται οὗτοι εἰσ κόλασιν αἰώνιον, οἱ δὲ δίκαιοι εἰσ ζωὴν αἰώνιον.

27. εδει ουν σε | το αργυριον | τραπεζιταισ   29. του δε μη : απο δε του μη   30. εκβαλλετε   31. πα. οι αγιοι αγγελ.   32. συναχθησεται | αφοριει   33. αυτου : ℵ post ευωνυμ.   36. ηλθετε   39. 𝖌 ℵ ασθενη   41. πορευ. : ℵ υπαγετε | οι κατηραμενοι   43. ℵ* om γυμν. και ου περιεβ. με   44. αποκριθησ. αυτω | ℵ* om και ante αυτοι | ℵ ουκ ηδιηκονη- σαμεν

XXVI.

Fata Iesu extrema. Sacerdotum consilium. Femina ungens. Pactio Iudae. Coena ultima. Iesu anxietas in horto, captio, damnatio. Petri lapsus.

Καὶ ἐγένετο ὅτε ἐτέλεσεν ὁ Ἰησοῦς πάντας τοὺς λόγους τού- 1 τους, εἶπεν τοῖς μαθηταῖς αὐτοῦ· ² οἴδατε ὅτι μετὰ δύο ἡμέρας 2 τὸ πάσχα γίνεται, καὶ ὁ υἱὸς τοῦ ἀνθρώπου παραδίδοται εἰς τὸ σταυρωθῆναι.

Τότε συνήχθησαν οἱ ἀρχιερεῖς καὶ οἱ πρεσβύτεροι τοῦ λαοῦ 3 εἰς τὴν αὐλὴν τοῦ ἀρχιερέως τοῦ λεγομένου Καϊάφα, ⁴ καὶ συνε- 4 βουλεύσαντο ἵνα τὸν Ἰησοῦν δόλῳ κρατήσωσιν καὶ ἀποκτείνωσιν. ⁵ ἔλεγον δέ· μὴ ἐν τῇ ἑορτῇ, ἵνα μὴ θόρυβος γένηται ἐν τῷ λαῷ. 5

Τοῦ δὲ Ἰησοῦ γενομένου ἐν Βηθανίᾳ ἐν οἰκίᾳ Σίμωνος τοῦ 6 λεπροῦ, ⁷ προσῆλθεν αὐτῷ γυνὴ ἔχουσα ἀλάβαστρον μύρου πο- 7 λυτίμου καὶ κατέχεεν ἐπὶ τῆς κεφαλῆς αὐτοῦ ἀνακειμένου. ⁸ ἰδόν- 8 τες δὲ οἱ μαθηταὶ ἠγανάκτησαν λέγοντες· εἰς τί ἡ ἀπώλεια αὕτη; ⁹ ἐδύνατο γὰρ τοῦτο πραθῆναι πολλοῦ καὶ δοθῆναι πτωχοῖς. 9 ¹⁰ γνοὺς δὲ ὁ Ἰησοῦς εἶπεν αὐτοῖς· τί κόπους παρέχετε τῇ γυναικί; 10 ἔργον γὰρ καλὸν ἠργάσατο εἰς ἐμέ. ¹¹ πάντοτε γὰρ τοὺς πτω- 11 χοὺς ἔχετε μεθ᾽ ἑαυτῶν, ἐμὲ δὲ οὐ πάντοτε ἔχετε. ¹² βαλοῦσα γὰρ 12 αὕτη τὸ μύρον τοῦτο ἐπὶ τοῦ σώματός μου πρὸς τὸ ἐνταφιάσαι με ἐποίησεν. ¹³ ἀμὴν λέγω ὑμῖν, ὅπου ἐὰν κηρυχθῇ τὸ εὐαγγέλιον 13 τοῦτο ἐν ὅλῳ τῷ κόσμῳ, λαληθήσεται καὶ ὃ ἐποίησεν αὕτη εἰς μνημόσυνον αὐτῆς.

Τότε πορευθεὶς εἷς τῶν δώδεκα, ὁ λεγόμενος Ἰούδας Ἰσκα- 14 ριώτης, πρὸς τοὺς ἀρχιερεῖς ¹⁵ εἶπεν· τί θέλετέ μοι δοῦναι, καὶ 15 ἐγὼ ὑμῖν παραδώσω αὐτόν; οἱ δὲ ἔστησαν αὐτῷ τριάκοντα ἀργύρια. ¹⁶ καὶ ἀπὸ τότε ἐζήτει εὐκαιρίαν ἵνα αὐτὸν παραδῷ. 16

Τῇ δὲ πρώτῃ τῶν ἀζύμων προσῆλθον οἱ μαθηταὶ τῷ Ἰησοῦ 17 λέγοντες· ποῦ θέλεις ἑτοιμάσωμέν σοι φαγεῖν τὸ πάσχα; ¹⁸ ὁ δὲ 18 εἶπεν· ὑπάγετε εἰς τὴν πόλιν πρὸς τὸν δεῖνα καὶ εἴπατε αὐτῷ· ὁ διδάσκαλος λέγει· ὁ καιρός μου ἐγγύς ἐστιν, πρὸς σὲ ποιῶ τὸ πάσχα μετὰ τῶν μαθητῶν μου. ¹⁹ καὶ ἐποίησαν οἱ μαθηταὶ ὡς 19 συνέταξεν αὐτοῖς ὁ Ἰησοῦς, καὶ ἡτοίμασαν τὸ πάσχα.

Ὀψίας δὲ γενομένης ἀνέκειτο μετὰ τῶν δώδεκα μαθητῶν. 20 ²¹ καὶ ἐσθιόντων αὐτῶν εἶπεν· ἀμὴν λέγω ὑμῖν ὅτι εἷς ἐξ ὑμῶν 21 παραδώσει με. ²² καὶ λυπούμενοι σφόδρα ἤρξαντο λέγειν αὐτῷ 22 εἷς ἕκαστος· μήτι ἐγώ εἰμι, κύριε; ²³ ὁ δὲ ἀποκριθεὶς εἶπεν· ὁ 23 ἐμβάψας μετ᾽ ἐμοῦ τὴν χεῖρα ἐν τῷ τρυβλίῳ, οὗτός με παραδώσει. ²⁴ ὁ μὲν υἱὸς τοῦ ἀνθρώπου ὑπάγει καθὼς γέγραπται περὶ αὐτοῦ. 24

XXVI, 3. οι αρχιερ.: add και οι γραμματεις 4. κρατησ. δολω 7. αλαβαστρ. μυρ. εχ. | βαρυτιμου | επι την κεφαλην 8. οι μαθηται αυτου 9. ηδυνατο | τουτο: add το μυρον 10. ειργασατο 15. καγω 17. λεγοντες: add αυτω 20. om μαθητων 21. ειπεν: κ λεγει 22. εις εκαστ.: εκαστος αυτων 23. μετ εμ. εν τω τρυβλ. τ. χειρα

Nov. Test. ed. Tf. 4

50 26, 25. ΜΑΤΤΗ.

οὐαὶ δὲ τῷ ἀνθρώπῳ ἐκείνῳ δι' οὗ ὁ υἱὸσ τοῦ ἀνθρώπου παραδίδοται· καλὸν ἦν αὐτῷ εἰ οὐκ ἐγεννήθη ὁ ἄνθρωποσ ἐκεῖνοσ. 25 ἀποκριθεὶσ δὲ Ἰούδασ ὁ παραδιδοὺσ αὐτὸν εἶπεν· μήτι ἐγώ εἰμι, ῥαββεί; λέγει αὐτῷ· σὺ εἶπασ. 26 Ἐσθιόντων δὲ αὐτῶν λαβὼν ὁ Ἰησοῦσ ἄρτον καὶ εὐλογήσασ ἔκλασεν καὶ δοὺσ τοῖσ μαθηταῖσ εἶπεν· λάβετε φάγετε· τοῦτό ἐστιν τὸ σῶμά μου. 27 καὶ λαβὼν ποτήριον καὶ εὐχαριστήσασ ἔδωκεν αὐτοῖσ λέγων· πίετε ἐξ αὐτοῦ πάντεσ· 28 τοῦτο γάρ ἐστιν τὸ αἷμά μου τῆσ διαθήκησ τὸ περὶ πολλῶν ἐκχυννόμενον εἰσ ἄφεσιν ἁμαρτιῶν. 29 λέγω δὲ ὑμῖν, οὐ μὴ πίω ἀπ' ἄρτι ἐκ τούτου τοῦ γενήματοσ τῆσ ἀμπέλου ἕωσ τῆσ ἡμέρασ ἐκείνησ ὅταν αὐτὸ πίνω μεθ' ὑμῶν καινὸν ἐν τῇ βασιλείᾳ τοῦ πατρόσ μου.

30 Καὶ ὑμνήσαντεσ ἐξῆλθον εἰσ τὸ ὄροσ τῶν ἐλαιῶν. 31 τότε λέγει αὐτοῖσ ὁ Ἰησοῦσ· πάντεσ ὑμεῖσ σκανδαλισθήσεσθε ἐν ἐμοὶ ἐν τῇ νυκτὶ ταύτῃ. γέγραπται γάρ· πατάξω τὸν ποιμένα, καὶ διασκορπισθήσονται τὰ πρόβατα τῆσ ποίμνησ. 32 μετὰ δὲ τὸ ἐγερθῆναί με προάξω ὑμᾶσ εἰσ τὴν Γαλιλαίαν. 33 ἀποκριθεὶσ δὲ ὁ Πέτροσ εἶπεν αὐτῷ· εἰ πάντεσ σκανδαλισθήσονται ἐν σοί, ἐγὼ οὐδέποτε σκανδαλισθήσομαι. 34 ἔφη αὐτῷ ὁ Ἰησοῦσ· ἀμὴν λέγω σοι ὅτι ἐν ταύτῃ τῇ νυκτὶ πρὶν ἀλέκτορα φωνῆσαι τρὶσ ἀπαρνήσῃ με. 35 λέγει αὐτῷ ὁ Πέτροσ· κἂν δέῃ με σὺν σοὶ ἀποθανεῖν, οὐ μή σε ἀπαρνήσομαι. ὁμοίωσ καὶ πάντεσ οἱ μαθηταὶ εἶπον.

36 Τότε ἔρχεται μετ' αὐτῶν ὁ Ἰησοῦσ εἰσ χωρίον λεγόμενον Γεθσημανεί, καὶ λέγει τοῖσ μαθηταῖσ· καθίσατε αὐτοῦ ἕωσ οὗ ἀπελθὼν ἐκεῖ προσεύξωμαι. 37 καὶ παραλαβὼν τὸν Πέτρον καὶ τοὺσ δύο υἱοὺσ Ζεβεδαίου ἤρξατο λυπεῖσθαι καὶ ἀδημονεῖν. 38 τότε λέγει αὐτοῖσ· περίλυπόσ ἐστιν ἡ ψυχή μου ἕωσ θανάτου· μείνατε ὧδε καὶ γρηγορεῖτε μετ' ἐμοῦ. 39 καὶ προσελθὼν μικρὸν ἔπεσεν ἐπὶ πρόσωπον αὐτοῦ προσευχόμενοσ καὶ λέγων· πάτερ, εἰ δυνατόν ἐστιν, παρελθάτω ἀπ' ἐμοῦ τὸ ποτήριον τοῦτο· πλὴν οὐχ ὡσ ἐγὼ θέλω ἀλλ' ὡσ σύ. 40 καὶ ἔρχεται πρὸσ τοὺσ μαθητὰσ καὶ εὑρίσκει αὐτοὺσ καθεύδοντασ, καὶ λέγει τῷ Πέτρῳ· οὕτωσ οὐκ ἰσχύσατε μίαν ὥραν γρηγορῆσαι μετ' ἐμοῦ; 41 γρηγορεῖτε καὶ προσεύχεσθε, ἵνα μὴ εἰσέλθητε εἰσ πειρασμόν. τὸ μὲν πνεῦμα πρόθυμον, ἡ δὲ σὰρξ ἀσθενήσ. 42 πάλιν ἐκ δευτέρου ἀπελθὼν προσηύξατο λέγων· πάτερ μου, εἰ οὐ δύναται τοῦτο παρελθεῖν 43 ἐὰν μὴ αὐτὸ πίω, γενηθήτω τὸ θέλημά σου. 43 καὶ ἐλθὼν

---

25. ραββι | λεγει αυτω : א add ο ιησουσ 26. τον αρτον | εδιδου τοισ μαθηταισ και ειπ. 27. το ποτηριον 28. μου το τησ καινησ διαθηκ.| εκχυνομενον 29. οτι ου μη | τουτου του : א om του | γεννηματοσ 31. διασκορπισθησεται 33. ει (א* om) : add και 34. με : א* ante απαρν. 36. γεθσημανη | א τοισ μαθητ. αυτου | αυτον : א om | εωσ ου : א om ου | προσευξ. εκει 39. προελθων | πατερ : ϛ א add μου | παρελθετω 42. τουτο : add το ποτηριον | παρελθειν : add απ εμου

πάλιν εὗρεν αὐτοὺσ καθεύδοντασ· ἦσαν γὰρ αὐτῶν οἱ ὀφθαλμοὶ βεβαρημένοι. ⁴⁴ καὶ ἀφεὶσ αὐτοὺσ πάλιν ἀπελθὼν προσηύξατο 44 ἐκ τρίτου, τὸν αὐτὸν λόγον εἰπὼν πάλιν. ⁴⁵ τότε ἔρχεται πρὸσ 45 τοὺσ μαθητὰσ καὶ λέγει αὐτοῖσ· καθεύδετε τὸ λοιπὸν καὶ ἀναπαύεσθε. ἰδοὺ ἤγγικεν ἡ ὥρα καὶ ὁ υἱὸσ τοῦ ἀνθρώπου παραδίδοται εἰσ χεῖρας ἁμαρτωλῶν. ⁴⁶ ἐγείρεσθε, ἄγωμεν· ἰδοὺ ἤγγικεν 46 ὁ παραδιδούσ με.

Καὶ ἔτι αὐτοῦ λαλοῦντοσ, ἰδοὺ Ἰούδασ εἷσ τῶν δώδεκα ἦλθεν, 47 καὶ μετ' αὐτοῦ ὄχλοσ πολὺσ μετὰ μαχαιρῶν καὶ ξύλων ἀπὸ τῶν ἀρχιερέων καὶ πρεσβυτέρων τοῦ λαοῦ. ⁴⁸ ὁ δὲ παραδιδοὺσ αὐτὸν 48 ἔδωκεν αὐτοῖσ σημεῖον λέγων· ὃν ἐὰν φιλήσω, αὐτόσ ἐστιν· κρατήσατε αὐτόν. ⁴⁹ καὶ εὐθέωσ προσελθὼν τῷ Ἰησοῦ εἶπεν· χαῖρε 49 ῥαββεί, καὶ κατεφίλησεν αὐτόν. ⁵⁰ ὁ δὲ Ἰησοῦσ εἶπεν αὐτῷ· 50 ἑταῖρε, ἐφ' ὃ πάρει; τότε προσελθόντεσ ἐπέβαλον τὰσ χεῖρασ ἐπὶ τὸν Ἰησοῦν καὶ ἐκράτησαν αὐτόν. ⁵¹ καὶ ἰδοὺ εἷσ τῶν μετὰ Ἰησοῦ 51 ἐκτείνασ τὴν χεῖρα ἀπέσπασεν τὴν μάχαιραν αὐτοῦ, καὶ πατάξασ τὸν δοῦλον τοῦ ἀρχιερέωσ ἀφεῖλεν αὐτοῦ τὸ ὠτίον. ⁵² τότε λέγει 52 αὐτῷ ὁ Ἰησοῦσ· ἀπόστρεψον τὴν μάχαιράν σου εἰσ τὸν τόπον αὐτῆσ· πάντες γὰρ οἱ λαβόντες μάχαιραν ἐν μαχαίρῃ ἀπολοῦνται. ⁵³ ἢ δοκεῖσ ὅτι οὐ δύναμαι παρακαλέσαι τὸν πατέρα μου, καὶ 53 παραστήσει μοι ἄρτι πλείω δώδεκα λεγιώνων ἀγγέλων; ⁵⁴ πῶσ 54 οὖν πληρωθῶσιν αἱ γραφαί, ὅτι οὕτωσ δεῖ γενέσθαι; ⁵⁵ ἐν ἐκείνῃ 55 τῇ ὥρᾳ εἶπεν ὁ Ἰησοῦσ τοῖσ ὄχλοισ· ὡσ ἐπὶ λῃστὴν ἐξήλθατε μετὰ μαχαιρῶν καὶ ξύλων συλλαβεῖν με· καθ' ἡμέραν ἐν τῷ ἱερῷ ἐκαθεζόμην διδάσκων, καὶ οὐκ ἐκρατήσατέ με. ⁵⁶ τοῦτο δὲ ὅλον 56 γέγονεν ἵνα πληρωθῶσιν αἱ γραφαὶ τῶν προφητῶν. τότε οἱ μαθηταὶ πάντεσ ἀφέντεσ αὐτὸν ἔφυγον.

Οἱ δὲ κρατήσαντες τὸν Ἰησοῦν ἀπήγαγον πρὸσ Καϊάφαν 57 τὸν ἀρχιερέα, ὅπου οἱ γραμματεῖσ καὶ οἱ πρεσβύτεροι συνήχθησαν. ⁵⁸ ὁ δὲ Πέτροσ ἠκολούθει αὐτῷ μακρόθεν ἕωσ τῆσ αὐλῆσ τοῦ 58 ἀρχιερέωσ, καὶ εἰσελθὼν ἔσω ἐκάθητο μετὰ τῶν ὑπηρετῶν ἰδεῖν τὸ τέλοσ.

Οἱ δὲ ἀρχιερεῖσ καὶ τὸ συνέδριον ὅλον ἐζήτουν ψευδομαρτυρίαν 59 κατὰ τοῦ Ἰησοῦ, ὅπως αὐτὸν θανατώσωσιν, ⁶⁰ καὶ οὐχ εὗρον πολ- 60 λῶν προσελθόντων ψευδομαρτύρων. ὕστερον δὲ προσελθόντεσ δύο ⁶¹ εἶπον· οὗτοσ ἔφη· δύναμαι καταλῦσαι τὸν ναὸν τοῦ θεοῦ 61 καὶ διὰ τριῶν ἡμερῶν αὐτὸν οἰκοδομῆσαι. ⁶² καὶ ἀναστὰσ ὁ 62

43. παλιν : ante καθευδ. | ευρισκει 44. om παλιν post ειπων 45. μαθητασ : add αυτον | om το 46. א* παραδιδων 48. ον αν 49. ραββι 50. א om ιησουσ | εφ ω 52. σου τ. μαχαιρ.| εν μαχαιρα 53. αρτι : ante παρακαλεσαι | πλειουσ η δωδεκα | λεγεωνασ 55. εξηλθετε | καθ ημεραν : add προσ υμασ | εκαθεζ. διδασκ. εν τω ιερω 58. απο μακροθεν 59. αρχιερεισ : add και οι πρεσβυτεροι | θανατωσωσι 60. και ουχ ευρον: και πολλων ψευδομαρτυρων προσελθοντων ουχ ευρον | δυο : add ψευδομαρτυρεσ 61. א ειπαν | αυτον : post οικοδομησαι

4*

ἀρχιερεὺσ εἶπεν αὐτῷ· οὐδὲν ἀποκρίνῃ τί οὗτοί σου καταμαρτυροῦ-
63 σιν; ⁶³ ὁ δὲ Ἰησοῦσ ἐσιώπα. καὶ ἀποκριθεὶσ ὁ ἀρχιερεὺσ εἶπεν
αὐτῷ· ἐξορκίζω σε κατὰ τοῦ θεοῦ τοῦ ζῶντοσ, ἵνα ἡμῖν εἴπῃσ εἰ
64 σὺ εἶ ὁ Χριστὸσ ὁ υἱὸσ τοῦ θεοῦ. ⁶⁴ λέγει αὐτῷ ὁ Ἰησοῦσ· σὺ
εἶπασ· πλὴν λέγω ὑμῖν, ἀπ' ἄρτι ὄψεσθε τὸν υἱὸν τοῦ ἀνθρώπου
καθήμενον ἐκ δεξιῶν τῆσ δυνάμεωσ καὶ ἐρχόμενον ἐπὶ τῶν νεφε-
65 λῶν τοῦ οὐρανοῦ. ⁶⁵ τότε ὁ ἀρχιερεὺσ διέρρηξεν τὰ ἱμάτια αὐτοῦ
λέγων· ἐβλασφήμησεν· τί ἔτι χρείαν ἔχομεν μαρτύρων; ἴδε νῦν
66 ἠκούσατε τὴν βλασφημίαν. ⁶⁶ τί ὑμῖν δοκεῖ; οἱ δὲ ἀποκριθέντεσ
67 εἶπον· ἔνοχοσ θανάτου ἐστίν. ⁶⁷ Τότε ἐνέπτυσαν εἰσ τὸ πρόσωπον Mc 14, 65
68 αὐτοῦ καὶ ἐκολάφισαν αὐτόν, οἱ δὲ ἐράπισαν ⁶⁸ λέγοντεσ· προφή- Lc22,63ss
τευσον ἡμῖν, Χριστέ, τίσ ἐστιν ὁ παίσασ σε;
69 Ὁ δὲ Πέτροσ ἐκάθητο ἔξω ἐν τῇ αὐλῇ· καὶ προσῆλθεν αὐτῷ 69-75 Mc 14, 66-72
μία παιδίσκη λέγουσα· καὶ σὺ ἦσθα μετὰ Ἰησοῦ τοῦ Γαλιλαίου. Lc 22, 55-62
70 ⁷⁰ ὁ δὲ ἠρνήσατο ἔμπροσθεν πάντων λέγων· οὐκ οἶδα τί λέγεισ. Io 18,16ss
71 ⁷¹ ἐξελθόντα δὲ αὐτὸν εἰσ τὸν πυλῶνα, εἶδεν αὐτὸν ἄλλη καὶ λέγει
72 τοῖσ ἐκεῖ· οὗτοσ ἦν μετὰ Ἰησοῦ τοῦ Ναζωραίου. ⁷² καὶ πάλιν
73 ἠρνήσατο μετὰ ὅρκου ὅτι οὐκ οἶδα τὸν ἄνθρωπον. ⁷³ μετὰ
μικρὸν δὲ προσελθόντεσ οἱ ἑστῶτεσ εἶπον τῷ Πέτρῳ· ἀληθῶσ
74 καὶ σὺ ἐξ αὐτῶν εἶ· καὶ γὰρ ἡ λαλιά σου δῆλόν σε ποιεῖ. ⁷⁴ τότε
ἤρξατο καταθεματίζειν καὶ ὀμνύειν ὅτι οὐκ οἶδα τὸν ἄνθρωπον·
75 καὶ εὐθέωσ ἀλέκτωρ ἐφώνησεν. ⁷⁵ καὶ ἐμνήσθη ὁ Πέτροσ τοῦ
ῥήματοσ Ἰησοῦ εἰρηκότοσ ὅτι πρὶν ἀλέκτορα φωνῆσαι τρὶσ ἀπαρ-
νήσῃ με· καὶ ἐξελθὼν ἔξω ἔκλαυσεν πικρῶσ.

XXVII.

Interitus Iudae.   Iesus coram Pilato interrogatur; irridetur et cruci affigitur.
Eius mors cum portentis, sepultura sepulcrique custodia.

1   Πρωΐασ δὲ γενομένησ συμβούλιον ἔλαβον πάντεσ οἱ ἀρχιερεῖσ Mc 15, 1
καὶ οἱ πρεσβύτεροι τοῦ λαοῦ κατὰ τοῦ Ἰησοῦ, ὥστε θανατῶσαι
2 αὐτόν. ² καὶ δήσαντεσ αὐτὸν ἀπήγαγον καὶ παρέδωκαν Πειλάτῳ Lc 23, 1
τῷ ἡγεμόνι.   Io 18, 28
3   Τότε ἰδὼν Ἰούδασ ὁ παραδιδοὺσ αὐτὸν ὅτι κατεκρίθη, με-
ταμεληθεὶσ ἔστρεψεν τὰ τριάκοντα ἀργύρια τοῖσ ἀρχιερεῦσιν καὶ
4 πρεσβυτέροισ ⁴ λέγων· ἥμαρτον παραδοὺσ αἷμα ἀθῷον. οἱ δὲ
5 εἶπον· τί πρὸσ ἡμᾶσ; σὺ ὄψῃ. ⁵ καὶ ῥίψασ τὰ ἀργύρια εἰσ τὸν
6 ναὸν ἀνεχώρησεν, καὶ ἀπελθὼν ἀπήγξατο. ⁶ οἱ δὲ ἀρχιερεῖσ λα- Act 1, 18
βόντεσ τὰ ἀργύρια εἶπαν· οὐκ ἔξεστιν βαλεῖν αὐτὰ εἰσ τὸν κορ- Deu23,18

---

62. αποκρινη; τι   63. αποκριθεισ : אᶜ om   65. λεγων : א* και λεγει ιδε |
א μαρτυριων | την βλασφημ. αυτου 66. א ειπαν 67. ερραπισαν 69. εξω
εκαθητο 71. א om αυτον pri | ουτοσ : praem και 72. μεθ ορκου 74. κατ-
αναθεματιζ. 75. του ιησου ειρηκ. αυτω
XXVII, 2. παρεδωκαν : add αυτον | ποντιω πιλατω   3. א* μετε-
μεληθη και εστρεψ. | απεστρεψε | και τοισ πρεσβυτ   4. οψει   5. τα :
א add λ | εν τω ναω   6. ϛ א ειπον

ΜΑΤΤΗ. 27, 29. 53.

βανᾶν, ἐπεὶ τιμὴ αἵματόσ ἐστιν. ⁷ συμβούλιον δὲ λαβόντεσ ἠγό- 7
ρασαν ἐξ αὐτῶν τὸν ἀγρὸν τοῦ κεραμέωσ εἰσ ταφὴν τοῖσ ξένοισ.
⁸ διὸ ἐκλήθη ὁ ἀγρὸσ ἐκεῖνοσ ἀγρὸσ αἵματοσ ἕωσ τῆσ σήμερον. 8
⁹ τότε ἐπληρώθη τὸ ῥηθὲν διὰ Ἰερεμίου τοῦ προφήτου λέγοντοσ· 9
καὶ ἔλαβον τὰ τριάκοντα ἀργύρια, τὴν τιμὴν τοῦ τετιμημένου ὃν
ἐτιμήσαντο ἀπὸ υἱῶν Ἰσραήλ, ¹⁰ καὶ ἔδωκαν αὐτὰ εἰσ τὸν ἀγρὸν 10
τοῦ κεραμέωσ, καθὰ συνέταξέν μοι κύριοσ.
¹¹ Ὁ δὲ Ἰησοῦσ ἐστάθη ἔμπροσθεν τοῦ ἡγεμόνοσ· καὶ ἐπηρώ- 11
τησεν αὐτὸν ὁ ἡγεμὼν λέγων· σὺ εἶ ὁ βασιλεὺσ τῶν Ἰουδαίων; ὁ
δὲ Ἰησοῦσ ἔφη· σὺ λέγεισ. ¹² καὶ ἐν τῷ κατηγορεῖσθαι αὐτὸν 12
ὑπὸ τῶν ἀρχιερέων καὶ πρεσβυτέρων οὐδὲν ἀπεκρίνατο. ¹³ τότε 13
λέγει αὐτῷ ὁ Πειλᾶτοσ· οὐκ ἀκούεισ πόσα σου καταμαρτυροῦσιν;
¹⁴ καὶ οὐκ ἀπεκρίθη αὐτῷ πρὸσ οὐδὲ ἓν ῥῆμα, ὥστε θαυμάζειν 14
τὸν ἡγεμόνα λίαν. ¹⁵ Κατὰ δὲ ἑορτὴν εἰώθει ὁ ἡγεμὼν ἀπολύειν 15
ἕνα τῷ ὄχλῳ δέσμιον ὃν ἤθελον. ¹⁶ εἶχον δὲ τότε δέσμιον ἐπίση- 16
μον, λεγόμενον Βαραββᾶν. ¹⁷ συνηγμένων οὖν αὐτῶν εἶπεν αὐτοῖσ 17
ὁ Πειλᾶτοσ· τίνα θέλετε ἀπολύσω ὑμῖν, Βαραββᾶν ἢ Ἰησοῦν τὸν
λεγόμενον Χριστόν; ¹⁸ ᾔδει γὰρ ὅτι διὰ φθόνον παρέδωκαν αὐτόν. 18
¹⁹ καθημένου δὲ αὐτοῦ ἐπὶ τοῦ βήματοσ ἀπέστειλεν πρὸσ αὐτὸν 19
ἡ γυνὴ αὐτοῦ λέγουσα· μηδὲν σοὶ καὶ τῷ δικαίῳ ἐκείνῳ· πολλὰ
γὰρ ἔπαθον σήμερον κατ᾽ ὄναρ δι᾽ αὐτόν. ²⁰ οἱ δὲ ἀρχιερεῖσ καὶ 20
οἱ πρεσβύτεροι ἔπεισαν τοὺσ ὄχλουσ ἵνα αἰτήσωνται τὸν Βαραββᾶν,
τὸν δὲ Ἰησοῦν ἀπολέσωσιν. ²¹ ἀποκριθεὶσ δὲ ὁ ἡγεμὼν εἶπεν 21
αὐτοῖσ· τίνα θέλετε ἀπὸ τῶν δύο ἀπολύσω ὑμῖν; οἱ δὲ εἶπαν· τὸν
Βαραββᾶν. ²² λέγει αὐτοῖσ ὁ Πειλᾶτοσ· τί οὖν ποιήσω Ἰησοῦν 22
τὸν λεγόμενον Χριστόν; λέγουσιν πάντεσ· σταυρωθήτω. ²³ ὁ δὲ 23
ἔφη· τί γὰρ κακὸν ἐποίησεν; οἱ δὲ περισσῶσ ἔκραζον λέγοντεσ·
σταυρωθήτω. ²⁴ ἰδὼν δὲ ὁ Πειλᾶτοσ ὅτι οὐδὲν ὠφελεῖ ἀλλὰ 24
μᾶλλον θόρυβοσ γίνεται, λαβὼν ὕδωρ ἀπενίψατο τὰσ χεῖρασ
ἀπέναντι τοῦ ὄχλου λέγων· ἀθῷόσ εἰμι ἀπὸ τοῦ αἵματοσ τούτου·
ὑμεῖσ ὄψεσθε. ²⁵ καὶ ἀποκριθεὶσ πᾶσ ὁ λαὸσ εἶπεν· τὸ αἷμα 25
αὐτοῦ ἐφ᾽ ἡμᾶσ καὶ ἐπὶ τὰ τέκνα ἡμῶν. ²⁶ τότε ἀπέλυσεν αὐτοῖσ 26
τὸν Βαραββᾶν, τὸν δὲ Ἰησοῦν φραγελλώσασ παρέδωκεν ἵνα
σταυρωθῇ.
Τότε οἱ στρατιῶται τοῦ ἡγεμόνοσ παραλαβόντεσ τὸν Ἰησοῦν 27
εἰσ τὸ πραιτώριον συνήγαγον ἐπ᾽ αὐτὸν ὅλην τὴν σπεῖραν. ²⁸ καὶ 28
ἐκδύσαντεσ αὐτὸν χλαμύδα κοκκίνην περιέθηκαν αὐτῷ, ²⁹ καὶ 29
πλέξαντεσ στέφανον ἐξ ἀκανθῶν ἐπέθηκαν ἐπὶ τῆσ κεφαλῆσ αὐτοῦ
καὶ κάλαμον ἐν τῇ δεξιᾷ αὐτοῦ, καὶ γονυπετήσαντεσ ἔμπροσθεν

---

9. τοτε : ℵ* και 10. ℵ εδωκα 11. εστη | εφη : add αυτω 12. και των
πρεσβυτερ. 13. πιλατοσ 15. ηθελον:ℵ παρητουντο 21. ς ℵ ειπον|τον:
om 22. λεγουσιν : add αυτω 23. ο δε ηγεμων εφη 24. τουτου : ς ℵ
τουτου του δικαιου | ℵ* υμεισ δε 28. εκδυσαντεσ: ℵᶜ ενδυσ.|περιεθηκ.
αυτ. χλαμ. κοκκιν. 29. επι την κεφαλην | επι την δεξιαν | ενεπαιζον

αὐτοῦ ἐνέπαιξαν αὐτῷ λέγοντεσ· χαῖρε ὁ βασιλεὺσ τῶν Ἰουδαίων,
30 ³⁰ καὶ ἐμπτύσαντεσ εἰσ αὐτὸν ἔλαβον τὸν κάλαμον καὶ ἔτυπτον
31 εἰσ τὴν κεφαλὴν αὐτοῦ. ³¹ καὶ ὅτε ἐνέπαιξαν αὐτῷ, ἐκδύσαντεσ
αὐτὸν τὴν χλαμύδα ἐνέδυσαν αὐτὸν τὰ ἱμάτια αὐτοῦ, καὶ ἀπήγαγον αὐτὸν εἰσ τὸ σταυρῶσαι.
32 Ἐξερχόμενοι δὲ εὗρον ἄνθρωπον Κυρηναῖον, ὀνόματι Σίμωνα·
33 τοῦτον ἠγγάρευσαν ἵνα ἄρῃ τὸν σταυρὸν αὐτοῦ. ³³ καὶ ἐλθόντεσ
εἰσ τόπον λεγόμενον Γολγοθᾶ, ὅ ἐστιν κρανίου τόποσ λεγόμενοσ,
34 ³⁴ ἔδωκαν αὐτῷ πεῖν οἶνον μετὰ χολῆσ μεμιγμένον· καὶ γευσάμενοσ
35 οὐκ ἠθέλησεν πεῖν. ³⁵ σταυρώσαντεσ δὲ αὐτὸν διεμερίσαντο τὰ
36 ἱμάτια αὐτοῦ βαλόντεσ κλῆρον, ³⁶ καὶ καθήμενοι ἐτήρουν αὐτὸν
37 ἐκεῖ. ³⁷ καὶ ἐπέθηκαν ἐπάνω τῆσ κεφαλῆσ αὐτοῦ τὴν αἰτίαν
αὐτοῦ γεγραμμένην· οὗτόσ ἐστιν Ἰησοῦσ ὁ βασιλεὺσ τῶν Ἰουδαίων.
38 Τότε σταυροῦνται σὺν αὐτῷ δύο λησταί, εἷσ ἐκ δεξιῶν καὶ
39 εἷσ ἐξ εὐωνύμων. ³⁹ οἱ δὲ παραπορευόμενοι ἐβλασφήμουν αὐτόν,
40 κινοῦντεσ τὰσ κεφαλὰσ αὐτῶν ⁴⁰ καὶ λέγοντεσ· ὁ καταλύων τὸν
ναὸν καὶ ἐν τρισὶν ἡμέραισ οἰκοδομῶν, σῶσον σεαυτόν, εἰ υἱὸσ εἶ
41 τοῦ θεοῦ, καὶ κατάβηθι ἀπὸ τοῦ σταυροῦ. ⁴¹ ὁμοίωσ οἱ ἀρχιερεῖσ
ἐμπαίζοντεσ μετὰ τῶν γραμματέων καὶ πρεσβυτέρων ἔλεγον·
42 ⁴² ἄλλουσ ἔσωσεν, ἑαυτὸν οὐ δύναται σῶσαι· βασιλεὺσ Ἰσραήλ
ἐστιν, καταβάτω νῦν ἀπὸ τοῦ σταυροῦ καὶ πιστεύσωμεν ἐπ' αὐτόν·
43 ⁴³ πέποιθεν ἐπὶ τὸν θεόν, ῥυσάσθω νῦν εἰ θέλει αὐτόν· εἶπεν γὰρ
44 ὅτι θεοῦ εἰμι υἱόσ. ⁴⁴ τὸ δ' αὐτὸ καὶ οἱ λησταὶ οἱ συνσταυρωθέντεσ σὺν αὐτῷ ὠνείδιζον αὐτόν.
45 Ἀπὸ δὲ ἕκτησ ὥρασ σκότοσ ἐγένετο ἐπὶ πᾶσαν τὴν γῆν ἕωσ
46 ὥρασ ἐνάτησ. ⁴⁶ περὶ δὲ τὴν ἐνάτην ὥραν ἀνεβόησεν ὁ Ἰησοῦσ
φωνῇ μεγάλῃ λέγων· ἠλεὶ ἠλεὶ λεμὰ σαβαχθανεί; τοῦτ' ἔστιν·
47 θεέ μου θεέ μου, ἱνατί με ἐγκατέλιπες; ⁴⁷ τινὲσ δὲ τῶν ἐκεῖ
48 ἑστηκότων ἀκούσαντεσ ἔλεγον ὅτι Ἡλείαν φωνεῖ οὗτοσ. ⁴⁸ καὶ
εὐθέωσ δραμὼν εἷσ ἐξ αὐτῶν καὶ λαβὼν σπόγγον πλήσασ τε ὄξουσ
49 καὶ περιθεὶσ καλάμῳ ἐπότιζεν αὐτόν. ⁴⁹ οἱ δὲ λοιποὶ ἔλεγον·
ἄφεσ ἴδωμεν εἰ ἔρχεται Ἡλείασ σώσων αὐτόν.
50 Ὁ δὲ Ἰησοῦσ πάλιν κράξασ φωνῇ μεγάλῃ ἀφῆκεν τὸ πνεῦμα.
51 ⁵¹ καὶ ἰδοὺ τὸ καταπέτασμα τοῦ ναοῦ ἐσχίσθη ἄνωθεν ἕωσ κάτω

---

31. εξεδυσαν αυτ. τ. χλ. και ενεδυσ. 33. λεγομενον : ℵ* om | οσ εστι
λεγομενοσ κραν. τοπ. 34. πιειν bis | οινον : οξοσ | ουκ ηθελε 35. βαλλοντεσ | κληρον : add ινα πληρωθη το ρηθεν υπο του προφητου· διεμερισαντο τα ιματια μου εαυτοισ, και επι τον ιματισμον μου εβαλον
κληρον 40. om και ante καταβ. 41. ομοιωσ : add δε και 42. βασιλευσ:
praem ει | πιστευσομεν | επ αυτον : αυτω 43. ρυσασθ. νυν : add αυτον
44. συσταυρωθ. αυτω· | ωνειδιζ. αυτω 45. επι πασαν (ℵᵃ εφ οληυ) την
γην : ℵ* om | εννατησ 46. ϛ ηλι bis, ℵ ελωι bis | λαμα | σαβαχθανι
47. εστωτων | οτι : ℵ om | ϛ ℵ ηλιαν 48. ℵ om εξ αυτ. 49. ϛ ℵ ηλιασ
σωσων : ℵ* σωσαι | αυτον : ℵ add αλλοσ δε λαβων λογχην ενυξεν αυτου
την πλευραν και εξηλθεν υδωρ και αιμα

εἰσ δύο, καὶ ἡ γῆ ἐσείσθη, καὶ αἱ πέτραι ἐσχίσθησαν, 52 καὶ τὰ 52
μνημεῖα ἀνεῴχθησαν καὶ πολλὰ σώματα τῶν κεκοιμημένων ἁγίων
ἠγέρθησαν· 53 καὶ ἐξελθόντεσ ἐκ τῶν μνημείων μετὰ τὴν ἔγερσιν 53
αὐτοῦ εἰσῆλθον εἰσ τὴν ἁγίαν πόλιν καὶ ἐνεφανίσθησαν πολλοῖσ.
54 ὁ δὲ ἑκατοντάρχησ καὶ οἱ μετ᾽ αὐτοῦ τηροῦντεσ τὸν Ἰησοῦν 54
ἰδόντεσ τὸν σεισμὸν καὶ τὰ γινόμενα ἐφοβήθησαν σφόδρα, λέγον-
τεσ· ἀληθῶσ θεοῦ υἱὸσ ἦν οὗτοσ. 55 Ἦσαν δὲ ἐκεῖ γυναῖκεσ 55
πολλαὶ ἀπὸ μακρόθεν θεωροῦσαι, αἵτινεσ ἠκολούθησαν τῷ Ἰησοῦ
ἀπὸ τῆσ Γαλιλαίασ διακονοῦσαι αὐτῷ· 56 ἐν αἷσ ἦν Μαρία ἡ 56
Μαγδαληνή, καὶ Μαρία ἡ τοῦ Ἰακώβου καὶ Ἰωσὴφ μήτηρ, καὶ ἡ
μήτηρ τῶν υἱῶν Ζεβεδαίου.
Ὀψίασ δὲ γενομένησ ἦλθεν ἄνθρωποσ πλούσιοσ ἀπὸ Ἀριμα- 57
θαίασ, τοὔνομα Ἰωσήφ, ὃσ καὶ αὐτὸσ ἐμαθητεύθη τῷ Ἰησοῦ·
58 οὗτοσ προσελθὼν τῷ Πειλάτῳ ᾐτήσατο τὸ σῶμα τοῦ Ἰησοῦ. 58
τότε ὁ Πειλᾶτοσ ἐκέλευσεν ἀποδοθῆναι. 59 καὶ λαβὼν τὸ σῶμα 59
ὁ Ἰωσὴφ ἐνετύλιξεν αὐτὸ σινδόνι καθαρᾷ, 60 καὶ ἔθηκεν αὐτὸ ἐν 60
τῷ καινῷ αὐτοῦ μνημείῳ ὃ ἐλατόμησεν ἐν τῇ πέτρᾳ, καὶ προσ-
κυλίσασ λίθον μέγαν τῇ θύρᾳ τοῦ μνημείου ἀπῆλθεν. 61 ἦν δὲ 61
ἐκεῖ Μαριὰμ ἡ Μαγδαληνὴ καὶ ἡ ἄλλη Μαρία, καθήμεναι ἀπέναντι
τοῦ τάφου.
Τῇ δὲ ἐπαύριον, ἥτισ ἐστὶν μετὰ τὴν παρασκευήν, συνήχθη- 62
σαν οἱ ἀρχιερεῖσ καὶ οἱ Φαρισαῖοι πρὸσ Πειλᾶτον 63 λέγοντεσ· 63
κύριε, ἐμνήσθημεν ὅτι ἐκεῖνοσ ὁ πλάνοσ εἶπεν ἔτι ζῶν· μετὰ τρεῖσ
ἡμέρασ ἐγείρομαι. 64 κέλευσον οὖν ἀσφαλισθῆναι τὸν τάφον ἕωσ 64
τῆσ τρίτησ ἡμέρασ, μήποτε ἐλθόντεσ οἱ μαθηταὶ κλέψωσιν αὐτὸν
καὶ εἴπωσιν τῷ λαῷ· ἠγέρθη ἀπὸ τῶν νεκρῶν, καὶ ἔσται ἡ ἐσχάτη
πλάνη χείρων τῆσ πρώτησ. 65 ἔφη αὐτοῖσ ὁ Πειλᾶτοσ· ἔχετε 65
κουστωδίαν· ὑπάγετε ἀσφαλίσασθε ὡσ οἴδατε. 66 οἱ δὲ πορευθέν- 66
τεσ ἠσφαλίσαντο τὸν τάφον, σφραγίσαντεσ τὸν λίθον μετὰ τῆσ
κουστωδίασ.

XXVIII.

Resurrectio. Custodes sepulcri mercede corrupti. Ultima ad discipulos mandata.

Ὀψὲ δὲ σαββάτων, τῇ ἐπιφωσκούσῃ εἰσ μίαν σαββάτων, 1
ἦλθεν Μαριὰμ ἡ Μαγδαληνὴ καὶ ἡ ἄλλη Μαρία θεωρῆσαι τὸν

51. απο ανωθεν | εισ δυο : ϛ א post εσχισθη 52. א* om και τα μνημ. ανεωχθ. | ηγερθη 53. א om εισηλθον et και sq 54. εκατονταρχοσ | ϛ א τα γενομενα | υιοσ ην του θεου 55. εκει : א κακει 56. א* om μαρ. η μαγδ. και | ιωσηφ : ιωση | και ιωσηφ etc : א* και η μαρια η ιωσηφ και η μαρια η των υι. ζε. 57. εμαθητευσεν 58. ϛ א πιλατω et πιλατοσ | αποδοθηναι : add το σωμα 61. μαριαμ : μαρια 62. ϛ א πιλατον 64. οι μαθητ. αυτου | κλεψωσιν (א - ψουσιν) αυτον : praem νυκτοσ | א χειρον
65. εφη : ϛ א add δε | א ασφαλισασθαι
XXVIII, 1. μαριαμ : μαρια

2 τάφον. ²καὶ ἰδοὺ σεισμὸσ ἐγένετο μέγασ· ἄγγελοσ γὰρ κυρίου καταβὰσ ἐξ οὐρανοῦ καὶ προσελθὼν ἀπεκύλισεν τὸν λίθον καὶ
3 ἐκάθητο ἐπάνω αὐτοῦ. ³ἦν δὲ ἡ εἰδέα αὐτοῦ ὡσ ἀστραπή, καὶ
4 τὸ ἔνδυμα αὐτοῦ λευκὸν ὡσ χιών. ⁴ἀπὸ δὲ τοῦ φόβου αὐτοῦ
5 ἐσείσθησαν οἱ τηροῦντεσ καὶ ἐγενήθησαν ὡσ νεκροί. ⁵ἀποκριθεὶσ δὲ ὁ ἄγγελοσ εἶπεν ταῖσ γυναιξίν· μὴ φοβεῖσθε ὑμεῖσ· οἶδα γὰρ
6 ὅτι Ἰησοῦν τὸν ἐσταυρωμένον ζητεῖτε. ⁶οὐκ ἔστιν ὧδε· ἠγέρθη
7 γάρ, καθὼσ εἶπεν· δεῦτε ἴδετε τὸν τόπον ὅπου ἔκειτο. ⁷καὶ ταχὺ πορευθεῖσαι εἴπατε τοῖσ μαθηταῖσ αὐτοῦ ὅτι ἠγέρθη ἀπὸ τῶν νεκρῶν, καὶ ἰδοὺ προάγει ὑμᾶσ εἰσ τὴν Γαλιλαίαν, ἐκεῖ αὐτὸν
8 ὄψεσθε. ἰδοὺ εἶπον ὑμῖν. ⁸καὶ ἀπελθοῦσαι ταχὺ ἀπὸ τοῦ μνημείου μετὰ φόβου καὶ χαρᾶσ μεγάλησ ἔδραμον ἀπαγγεῖλαι τοῖσ
9 μαθηταῖσ αὐτοῦ. ⁹καὶ ἰδοὺ Ἰησοῦσ ὑπήντησεν αὐταῖσ λέγων· χαίρετε. αἱ δὲ προσελθοῦσαι ἐκράτησαν αὐτοῦ τοὺσ πόδασ καὶ
10 προσεκύνησαν αὐτῷ. ¹⁰τότε λέγει αὐταῖσ ὁ Ἰησοῦσ· μὴ φοβεῖσθε· ὑπάγετε ἀπαγγείλατε τοῖσ ἀδελφοῖσ μου ἵνα ἀπέλθωσιν εἰσ τὴν Γαλιλαίαν, καὶ ἐκεῖ με ὄψονται.
11 Πορευομένων δὲ αὐτῶν, ἰδοὺ τινὲσ τῆσ κουστωδίασ ἐλθόντεσ εἰσ τὴν πόλιν ἀνήγγειλαν τοῖσ ἀρχιερεῦσιν ἅπαντα τὰ γενόμενα.
12 ¹²καὶ συναχθέντεσ μετὰ τῶν πρεσβυτέρων συμβούλιόν τε λαβόντεσ
13 ἀργύρια ἱκανὰ ἔδωκαν τοῖσ στρατιώταισ, ¹³λέγοντεσ· εἴπατε ὅτι 27, 64 οἱ μαθηταὶ αὐτοῦ νυκτὸσ ἐλθόντεσ ἔκλεψαν αὐτὸν ἡμῶν κοιμω-
14 μένων. ¹⁴καὶ ἐὰν ἀκουσθῇ τοῦτο ἐπὶ τοῦ ἡγεμόνοσ, ἡμεῖσ πείσο-
15 μεν καὶ ὑμᾶσ ἀμερίμνουσ ποιήσομεν. ¹⁵οἱ δὲ λαβόντεσ ἀργύρια ἐποίησαν ὡσ ἐδιδάχθησαν· καὶ ἐφημίσθη ὁ λόγοσ οὗτοσ παρὰ Ἰουδαίοισ μέχρι τῆσ σήμερον.
16 Οἱ δὲ ἔνδεκα μαθηταὶ ἐπορεύθησαν εἰσ τὴν Γαλιλαίαν, εἰσ
17 τὸ ὄροσ οὗ ἐτάξατο αὐτοῖσ ὁ Ἰησοῦσ, ¹⁷καὶ ἰδόντεσ αὐτὸν προσε-
18 κύνησαν, οἱ δὲ ἐδίστασαν. ¹⁸καὶ προσελθὼν ὁ Ἰησοῦσ ἐλάλησεν αὐτοῖσ λέγων· ἐδόθη μοι πᾶσα ἐξουσία ἐν οὐρανῷ καὶ ἐπὶ γῆσ.
19 ¹⁹πορευθέντεσ μαθητεύσατε πάντα τὰ ἔθνη, βαπτίζοντεσ αὐτοὺσ [Mc 16, 15] εἰσ τὸ ὄνομα τοῦ πατρὸσ καὶ τοῦ υἱοῦ καὶ τοῦ ἁγίου πνεύματοσ,
20 ²⁰διδάσκοντεσ αὐτοὺσ τηρεῖν πάντα ὅσα ἐνετειλάμην ὑμῖν. καὶ ἰδοὺ ἐγὼ μεθ' ὑμῶν εἰμὶ πάσασ τὰς ἡμέρασ ἕωσ τῆσ συντελείασ τοῦ αἰῶνοσ.

2. και sec : om | λιθον : add απο τησ θυρασ 3. ιδεα | ωσ : ωσει 4. εγενοντο ωσει νεκρ. 5. τ. γυναιξιν : א* om (non item אa) | א φοβηθητε
6. εκειτο : add ο κυριοσ 8. εξελθουσαι 9. και ιδου : ωσ δε επορευοντο απαγγειλαι τοισ μαθηταισ αυτου, και ιδου | ο ιησουσ | απηντησεν 10. μου :
א* om | א* ινα ελθωσιν | κακει 11. απηγγειλαν 12. συμβ. τε λαβοντεσ :
א* συμβ. τε εποιησαν (אa add και λαβοντεσ) 13. ειπ. οτι : א οτι ειπ.
14. πεισομεν αυτον | א* ποιησωμεν 15. τα αργυρια | ωσ : אc καθωσ |
διεφημισθη | μεχρι: א* εωσ 17. προσεκυνησαν : add αυτω 18. א* om αυτοισ
19. πορευθεντεσ ουν 20. ειμ. μεθ υμ. | αιωνοσ : add αμην.

ΚΑΤΑ ΜΑΡΚΟΝ.

I.

Iohannes baptista. Iesus baptizatur, temptatur, quattuor vocat piscatores, docet Capharnaumi sanatque daemoniacum, socrum Petri, leprosum.

Ἀρχὴ τοῦ εὐαγγελίου Ἰησοῦ Χριστοῦ, ² καθὼσ γέγραπται ἐν 1.2 τῷ Ἡσαΐᾳ τῷ προφήτῃ· ἰδοὺ ἐγὼ ἀποστέλλω τὸν ἄγγελόν μοὺ πρὸ προσώπου σου, ὃσ κατασκευάσει τὴν ὁδόν σου· ³ φωνὴ βοῶν- 3 τοσ ἐν τῇ ἐρήμῳ· ἑτοιμάσατε τὴν ὁδὸν κυρίου, εὐθείασ ποιεῖτε τὰσ τρίβουσ αὐτοῦ. ⁴ ἐγένετο Ἰωάννησ ὁ βαπτίζων ἐν τῇ ἐρήμῳ 4 καὶ κηρύσσων βάπτισμα μετανοίασ εἰσ ἄφεσιν ἁμαρτιῶν. ⁵ καὶ 5 ἐξεπορεύετο πρὸσ αὐτὸν πᾶσα ἡ Ἰουδαία χώρα καὶ οἱ Ἱεροσολυμεῖται πάντεσ, καὶ ἐβαπτίζοντο ὑπ' αὐτοῦ ἐν τῷ Ἰορδάνῃ ποταμῷ ἐξομολογούμενοι τὰσ ἁμαρτίασ αὐτῶν. ⁶ καὶ ἦν ὁ Ἰωάννησ ἐν- 6 δεδυμένοσ τρίχασ καμήλου καὶ ζώνην δερματίνην περὶ τὴν ὀσφὺν αὐτοῦ, καὶ ἔσθων ἀκρίδασ καὶ μέλι ἄγριον. ⁷ καὶ ἐκήρυσσεν λέγων· 7 ἔρχεται ὁ ἰσχυρότερόσ μου ὀπίσω μου, οὗ οὐκ εἰμὶ ἱκανὸσ κύψασ λῦσαι τὸν ἱμάντα τῶν ὑποδημάτων αὐτοῦ. ⁸ ἐγὼ ἐβάπτισα ὑμᾶσ 8 ὕδατι, αὐτὸσ δὲ βαπτίσει ὑμᾶσ ἐν πνεύματι ἁγίῳ. ⁹ Καὶ ἐγένετο 9 ἐν ἐκείναισ ταῖσ ἡμέραισ ἦλθεν Ἰησοῦσ ἀπὸ Ναζαρὲτ τῆσ Γαλιλαίασ καὶ ἐβαπτίσθη εἰσ τὸν Ἰορδάνην ὑπὸ Ἰωάννου. ¹⁰ καὶ εὐθὺσ 10 ἀναβαίνων ἐκ τοῦ ὕδατοσ εἶδεν σχιζομένουσ τοὺσ οὐρανοὺσ καὶ τὸ πνεῦμα ὡσ περιστερὰν καταβαῖνον εἰσ αὐτόν. ¹¹ καὶ φωνὴ ἐκ 11 τῶν οὐρανῶν· σὺ εἶ ὁ υἱόσ μού ὁ ἀγαπητόσ, ἐν σοὶ εὐδόκησα. Καὶ εὐθὺσ τὸ πνεῦμα αὐτὸν ἐκβάλλει εἰσ τὴν ἔρημον. 12 καὶ ἦν ἐν τῇ ἐρήμῳ τεσσεράκοντα ἡμέρασ πειραζόμενοσ ὑπὸ 13 τοῦ σατανᾶ, καὶ ἦν μετὰ τῶν θηρίων, καὶ οἱ ἄγγελοι διηκόνουν αὐτῷ. Μετὰ δὲ τὸ παραδοθῆναι τὸν Ἰωάννην ἦλθεν ὁ Ἰησοῦσ εἰσ 14 τὴν Γαλιλαίαν, κηρύσσων τὸ εὐαγγέλιον τοῦ θεοῦ, ¹⁵ ὅτι πεπλήρω- 15 ται ὁ καιρὸσ καὶ ἤγγικεν ἡ βασιλεία τοῦ θεοῦ· μετανοεῖτε καὶ πιστεύετε ἐν τῷ εὐαγγελίῳ.

---

* το κατα μαρκον (ς add αγιον, non item ςe) ευαγγελιον.
I, 1. χριστου : ς א^a add υιον του (א* om) θεου | θεου. ² ωσ - - αυτου.
⁴ εγενετο 2. ωσ γεγραπτ. εν τοισ προφηταισ | א αποστελω | τ. οδον σου :
add εμπροσθεν σου 4. א* και εγενετ. | om ο ante βαπτ. 5. ιεροσολυμιται | παντεσ : pon post εβαπτιζ. | א* om και ante εβαπτ. | υπ αυτου :
pon post ιορδ. ποταμ. 6. ην δε | om ο ante ιωανν. | εσθιων. 8. εγω :
add μεν | εν υδατι | א* om υμασ post βαπτισει 9. ςe ναζαρεθ | υπο ιωανν.
εισ τ. ιορδα. 10. ευθεωσ | εκ : απο | ωσ : ωσει | καταβαινον : א add και
μενον | επ αυτον 11. φωνη : add εγενετο | εν σοι : εν ω 13. εκει εν
τη ερημω | ημερασ τεσσαρακοντ. 14. του θεου : praem τησ βασιλειασ
15. οτι : א praem λεγων, item ς και λεγων

16 Καὶ παράγων παρὰ τὴν θάλασσαν τῆσ Γαλιλαίασ εἶδεν Σίμωνα καὶ Ἀνδρέαν τὸν ἀδελφὸν Σίμωνοσ ἀμφιβάλλοντασ ἐν τῇ
17 θαλάσσῃ· ἦσαν γὰρ ἁλεεῖσ. ¹⁷ καὶ εἶπεν αὐτοῖσ ὁ Ἰησοῦσ· δεῦτε
18 ὀπίσω μου, καὶ ποιήσω ὑμᾶσ γενέσθαι ἁλεεῖσ ἀνθρώπων. ¹⁸ καὶ
19 εὐθὺσ ἀφέντεσ τὰ δίκτυα ἠκολούθησαν αὐτῷ. ¹⁹ καὶ προβὰσ ὀλίγον εἶδεν Ἰάκωβον τὸν τοῦ Ζεβεδαίου καὶ Ἰωάννην τὸν ἀδελφὸν αὐτοῦ, καὶ αὐτοὺσ ἐν τῷ πλοίῳ καταρτίζοντασ τὰ δίκτυα.
20 ²⁰ καὶ εὐθὺσ ἐκάλεσεν αὐτούσ· καὶ ἀφέντεσ τὸν πατέρα αὐτῶν Ζεβεδαῖον ἐν τῷ πλοίῳ μετὰ τῶν μισθωτῶν ἀπῆλθον ὀπίσω αὐτοῦ.
21 Καὶ εἰσπορεύονται εἰσ Καφαρναούμ· καὶ εὐθὺσ τοῖσ σάβ-
22 βασιν ἐδίδασκεν εἰσ τὴν συναγωγήν. ²² καὶ ἐξεπλήσσοντο ἐπὶ τῇ διδαχῇ αὐτοῦ· ἦν γὰρ διδάσκων αὐτοὺσ ὡσ ἐξουσίαν ἔχων, καὶ οὐχ ὡσ οἱ γραμματεῖσ.
23 Καὶ εὐθὺσ ἦν ἐν τῇ συναγωγῇ αὐτῶν ἄνθρωποσ ἐν πνεύματι
24 ἀκαθάρτῳ, καὶ ἀνέκραξεν ²⁴ λέγων· τί ἡμῖν καὶ σοί, Ἰησοῦ Ναζαρηνέ; ἦλθεσ ἀπολέσαι ἡμᾶσ· οἴδαμέν σε τίσ εἶ, ὁ ἅγιοσ τοῦ θεοῦ.
25 ²⁵ καὶ ἐπετίμησεν αὐτῷ ὁ Ἰησοῦσ· φιμώθητι καὶ ἔξελθε ἐξ αὐτοῦ.
26 ²⁶ καὶ σπαράξαν αὐτὸν τὸ πνεῦμα τὸ ἀκάθαρτον καὶ φωνῆσαν
27 φωνῇ μεγάλῃ ἐξῆλθεν ἐξ αὐτοῦ. ²⁷ καὶ ἐθαμβήθησαν ἅπαντεσ, ὥστε συνζητεῖν αὐτοὺσ λέγοντασ· τί ἐστιν τοῦτο; διδαχὴ καινὴ κατ' ἐξουσίαν· καὶ τοῖσ πνεύμασι τοῖσ ἀκαθάρτοισ ἐπιτάσσει,
28 καὶ ὑπακούουσιν αὐτῷ. ²⁸ καὶ ἐξῆλθεν ἡ ἀκοὴ αὐτοῦ εὐθὺσ πανταχοῦ εἰσ ὅλην τὴν περίχωρον τῆσ Γαλιλαίασ.
29 Καὶ εὐθὺσ ἐκ τῆσ συναγωγῆσ ἐξελθόντες ἦλθον εἰσ τὴν οἰκίαν
30 Σίμωνοσ καὶ Ἀνδρέου μετὰ Ἰακώβου καὶ Ἰωάννου. ³⁰ ἡ δὲ πενθερὰ Σίμωνοσ κατέκειτο πυρέσσουσα, καὶ εὐθὺσ λέγουσιν αὐτῷ
31 περὶ αὐτῆσ. ³¹ καὶ προσελθὼν ἤγειρεν αὐτὴν κρατήσασ τῆσ χειρόσ·
32 καὶ ἀφῆκεν αὐτὴν ὁ πυρετόσ, καὶ διηκόνει αὐτοῖσ. ³² Ὀψίασ δὲ γενομένησ, ὅτε ἔδυ ὁ ἥλιοσ, ἔφερον πρὸσ αὐτὸν πάντασ τοὺσ
33 κακῶσ ἔχοντασ καὶ τοὺσ δαιμονιζομένουσ· ³³ καὶ ἦν ὅλη ἡ πόλισ
34 ἐπισυνηγμένη πρὸσ τὴν θύραν. ³⁴ καὶ ἐθεράπευσεν πολλοὺσ κακῶσ ἔχοντασ ποικίλαισ νόσοισ, καὶ δαιμόνια πολλὰ ἐξέβαλεν, καὶ οὐκ ἤφιεν λαλεῖν τὰ δαιμόνια, ὅτι ᾔδεισαν αὐτόν.

---

16. και παραγ. : περιπατων δε | σιμωνοσ : αυτου | βαλλοντασ αμφιβληστρον εν|ς א αλιεισ 17. αλιεισ (non א) 18. ευθεωσ|τα δικτ. αυτων
19. ς א* et ᶜ προβασ εκειθεν ολιγον (א* om ολιγ., אᶜ ολιγ. εκειθ.)
20. ευθεωσ 21. καπερναουμ|ευθεωσ|εδιδασκεν (א* -αξεν) : post συναγωγ. pon | εισ την (ςᵉ om) συναγωγην· : praem εισελθων 23. om ευθυσ
24. λεγων : add εα | οιδα 25. ο ιησουσ : ς אᵃ add λεγων 26. φωνησαν :
κραξαν 27. παντασ | συζητ. | αυτουσ : προσ αυτουσ | τουτο ; τισ η διδαχη η καινη αυτη; οτι κατ εξουσιαν και 28. εξηλθ. δε | א* om ευθυσ | πανταχου (אᶜ -αχη) : ς א* om | γαλιλαιασ : א* ιουδαιασ 29. ευθεωσ
30. ευθεωσ 31. τ. χειροσ : add αυτησ|ο πυρετοσ : add ευθεωσ 33. και η πολ. ολη επισ. ην 34. ποικ. νοσοισ : א* (א κακ. εχοντ. v. 32. ad κακ. εχοντ. v. 34. transiliens) om | א εξεβαλλεν | אᶜ ηδεισ. αυτον τον χριστον ειναι

MARC. 2, 8. 59

35-39
Lc 4,
42-44 Καὶ πρωῒ ἔννυχα λίαν ἀναστὰσ ἐξῆλθεν καὶ ἀπῆλθεν εἰσ 35
ἔρημον τόπον, κἀκεῖ προσηύχετο. ³⁶ καὶ κατεδίωξεν αὐτὸν Σίμων 36
καὶ οἱ μετ' αὐτοῦ, ³⁷ καὶ εὗρον αὐτόν, καὶ λέγουσιν αὐτῷ ὅτι 37
πάντεσ ζητοῦσίν σε. ³⁸ καὶ λέγει αὐτοῖσ· ἄγωμεν ἀλλαχοῦ εἰσ 38
τὰσ ἐχομένασ κωμοπόλεισ, ἵνα κἀκεῖ κηρύξω· εἰσ τοῦτο γὰρ ἐξῆλ-
θον. ³⁹ καὶ ἦλθεν κηρύσσων εἰσ τὰσ συναγωγὰσ αὐτῶν εἰσ ὅλην 39
τὴν Γαλιλαίαν καὶ τὰ δαιμόνια ἐκβάλλων.

40-45
Lc 5,
12-16
Mt 8, 1-4 Καὶ ἔρχεται πρὸσ αὐτὸν λεπρόσ, παρακαλῶν αὐτὸν καὶ 40
γονυπετῶν λέγων αὐτῷ ὅτι ἐὰν θέλῃσ δύνασαί με καθαρίσαι. ⁴¹ καὶ 41
σπλαγχνισθεὶσ ἐκτείνασ τὴν χεῖρα αὐτοῦ ἥψατο καὶ λέγει· θέλω,
καθαρίσθητι. ⁴² καὶ εὐθὺσ ἀπῆλθεν ἀπ' αὐτοῦ ἡ λέπρα, καὶ ἐκα- 42
θερίσθη. ⁴³ καὶ ἐμβριμησάμενοσ αὐτῷ εὐθὺσ ἐξέβαλεν αὐτόν, 43
⁴⁴ καὶ λέγει αὐτῷ· ὅρα μηδενὶ μηδὲν εἴπῃσ, ἀλλὰ ὕπαγε σεαυτὸν 44
Lev 14, 2 δεῖξον τῷ ἱερεῖ καὶ προσένεγκε περὶ τοῦ καθαρισμοῦ σου ἃ προσ-
έταξεν Μωϋσῆσ εἰσ μαρτύριον αὐτοῖσ. ⁴⁵ ὁ δὲ ἐξελθὼν ἤρξατο 45
κηρύσσειν πολλὰ καὶ διαφημίζειν τὸν λόγον, ὥστε μηκέτι αὐτὸν
δύνασθαι εἰσ πόλιν φανερῶσ εἰσελθεῖν, ἀλλ' ἔξω ἐπ' ἐρήμοισ τόποισ
ἦν, καὶ ἤρχοντο πρὸσ αὐτὸν πάντοθεν.

II.

Paralytico peccata condonantur. Levi; convivium Iesu cum portitoribus.
Iesu discipuli non ieiunant, spicas sabbato evellunt.

1-12
Mt 9, 1-8
Lc 5, σ
17-26 Καὶ εἰσελθὼν πάλιν εἰσ Καφαρναοὺμ δι' ἡμερῶν, ἠκούσθη 1
ὅτι ἐν οἴκῳ ἐστίν. ² καὶ συνήχθησαν πολλοί, ὥστε μηκέτι χωρεῖν 2
μηδὲ τὰ πρὸσ τὴν θύραν, καὶ ἐλάλει αὐτοῖσ τὸν λόγον. ³ καὶ 3
ἔρχονται φέροντεσ πρὸσ αὐτὸν παραλυτικὸν αἰρόμενον ὑπὸ τεσ-
σάρων. ⁴ καὶ μὴ δυνάμενοι προσενέγκαι αὐτῷ διὰ τὸν ὄχλον, 4
ἀπεστέγασαν τὴν στέγην ὅπου ἦν, καὶ ἐξορύξαντεσ χαλῶσι τὸν
κράβαττον ὅπου ὁ παραλυτικὸσ κατέκειτο. ⁵ καὶ ἰδὼν ὁ Ἰησοῦσ 5
τὴν πίστιν αὐτῶν λέγει τῷ παραλυτικῷ· τέκνον, ἀφίενταί σου αἱ
ἁμαρτίαι. ⁶ ἦσαν δέ τινεσ τῶν γραμματέων ἐκεῖ καθήμενοι καὶ 6
διαλογιζόμενοι ἐν ταῖσ καρδίαισ αὐτῶν· ⁷ τί οὗτοσ οὕτωσ λαλεῖ; 7
βλασφημεῖ· τίσ δύναται ἀφιέναι ἁμαρτίασ εἰ μὴ εἷσ ὁ θεόσ; ⁸ καὶ 8

35. εννυχον 36. κατεδιωξαν | ο σιμων 37. και ευροντες αυτον λεγουσιν
αυτ. 38. א αγομεν | om αλλαχου | εξεληλυθα 39. ηλθεν : ην | א* κηρυσ-
σιν | εν ταισ συναγωγαισ 40. γονυπετων : add αυτον | και λεγων 41. ο
δε ιησους σπλαγχν. | ηψατο αυτου | και λεγει : add αυτω 42. και ειπον-
τοσ αυτου ευθεωσ | ς η εκαθαρισθη 43. ευθεωσ 44. μηδεν : א om |
αλλ | μωσηα 45. א δυνασθ. αυτον | φανερ. εισ πολ. εισελθ. | επ : εν |
πανταχοθεν
II, 1. Και παλιν εισηλθεν | καπερναουμ | και ηκουσθη | εισ οικον
2. και ευθεωσ συνηχθ. 3. προσ αυτ. παραλυτ. φεροντ. 4. προσενεγ-
και : προσεγγισαι | ς κραββατον, א κραβακτον | οπου : εφ ω 5. ιδων
δε | א* τεκνον μου | ς א αφεωνται | σοι αι αμαρτ. σου 7. λαλει βλασφη-
μιασ· τισ

εὐθὺσ ἐπιγνοὺσ ὁ Ἰησοῦσ τῷ πνεύματι αὐτοῦ ὅτι οὕτωσ διαλογίζονται ἐν ἑαυτοῖσ, λέγει αὐτοῖσ· τί ταῦτα διαλογίζεσθε ἐν ταῖσ 9 καρδίαισ ὑμῶν; ⁹τί ἐστιν εὐκοπώτερον, εἰπεῖν τῷ παραλυτικῷ· ἀφίενταί σου αἱ ἁμαρτίαι, ἢ εἰπεῖν· ἔγειρε καὶ ἆρον τὸν κράβατ-
10 τόν σου καὶ ὕπαγε; ¹⁰ ἵνα δὲ εἰδῆτε ὅτι ἐξουσίαν ἔχει ὁ υἱὸσ τοῦ ἀνθρώπου ἐπὶ τῆσ γῆσ ἀφιέναι ἁμαρτίασ, λέγει τῷ παραλυτικῷ·
11 ¹¹σοὶ λέγω, ἔγειρε ἆρον τὸν κράβαττόν σου καὶ ὕπαγε εἰσ τὸν
12 οἶκόν σου. ¹²καὶ ἠγέρθη, καὶ εὐθὺσ ἄρασ τὸν κράβαττον ἐξῆλθεν ἔμπροσθεν πάντων, ὥστε ἐξίστασθαι πάντασ καὶ δοξάζειν τὸν θεὸν λέγοντασ ὅτι οὕτωσ οὐδέποτε εἴδαμεν.
13 Καὶ ἐξῆλθεν πάλιν εἰσ τὴν θάλασσαν· καὶ πᾶσ ὁ ὄχλοσ
14 ἤρχετο πρὸσ αὐτόν, καὶ ἐδίδασκεν αὐτούσ. ¹⁴καὶ παράγων εἶδεν Λευεὶν τὸν τοῦ Ἀλφαίου καθήμενον ἐπὶ τὸ τελώνιον, καὶ λέγει
15 αὐτῷ· ἀκολούθει μοι. καὶ ἀναστὰσ ἠκολούθησεν αὐτῷ. ¹⁵καὶ γίνεται κατακεῖσθαι αὐτὸν ἐν τῇ οἰκίᾳ αὐτοῦ, καὶ πολλοὶ τελῶναι καὶ ἁμαρτωλοὶ συνανέκειντο τῷ Ἰησοῦ καὶ τοῖσ μαθηταῖσ αὐτοῦ·
16 ἦσαν γὰρ πολλοί, καὶ ἠκολούθουν αὐτῷ ¹⁶καὶ γραμματεῖσ τῶν Φαρισαίων. καὶ ἰδόντεσ ὅτι ἤσθιεν μετὰ τῶν τελωνῶν καὶ ἁμαρτωλῶν, ἔλεγον τοῖσ μαθηταῖσ αὐτοῦ· ὅτι μετὰ τῶν τελωνῶν
17 καὶ ἁμαρτωλῶν ἐσθίει καὶ πίνει; ¹⁷καὶ ἀκούσασ ὁ Ἰησοῦσ λέγει αὐτοῖσ· οὐ χρείαν ἔχουσιν οἱ ἰσχύοντεσ ἰατροῦ ἀλλ' οἱ κακῶσ ἔχοντεσ· οὐκ ἦλθον καλέσαι δικαίουσ ἀλλὰ ἁμαρτωλούσ.
18 Καὶ ἦσαν οἱ μαθηταὶ Ἰωάννου καὶ οἱ Φαρισαῖοι νηστεύοντεσ. καὶ ἔρχονται καὶ λέγουσιν αὐτῷ· διατί οἱ μαθηταὶ Ἰωάννου καὶ οἱ μαθηταὶ τῶν Φαρισαίων νηστεύουσιν, οἱ δὲ σοὶ μαθηταὶ οὐ
19 νηστεύουσιν; ¹⁹καὶ εἶπεν αὐτοῖσ ὁ Ἰησοῦσ· μὴ δύνανται οἱ υἱοὶ τοῦ νυμφῶνοσ ἐν ᾧ ὁ νυμφίοσ μετ' αὐτῶν ἐστιν νηστεύειν; ὅσον χρόνον ἔχουσιν τὸν νυμφίον μετ' αὐτῶν, οὐ δύνανται νηστεύειν.
20 ²⁰ἐλεύσονται δὲ ἡμέραι ὅταν ἀπαρθῇ ἀπ' αὐτῶν ὁ νυμφίοσ, καὶ
21 τότε νηστεύσουσιν ἐν ἐκείνῃ τῇ ἡμέρᾳ. ²¹Οὐδεὶσ ἐπίβλημα ῥάκουσ ἀγνάφου ἐπιράπτει ἐπὶ ἱμάτιον παλαιόν· εἰ δὲ μή, αἴρει τὸ πλήρωμα ἀπ' αὐτοῦ τὸ καινὸν τοῦ παλαιοῦ, καὶ χεῖρον σχίσμα
22 γίνεται. ²²καὶ οὐδεὶσ βάλλει οἶνον νέον εἰσ ἀσκοὺσ παλαιούσ·

---

8. ευθεωσ|λεγει: ειπεν 9. αφεωνται | σοι αι αμαρτιαι|εγειραι|ϛ κραββατόν, א κραβακτον | σου τ. κρα.|υπαγε: περιπατει 10. αφιεν. επι τ. γησ αμαρτ. 11. εγειραι | και αρον |ϛ κραββατον, א κραβακτ. 12. και ηγερθη ευθεωσ και αρ. |ϛ κραββατ., א κραβακτ. | εμπροσθ. : εναντιον| ουδεπ. ουτωσ |ϛ ειδομεν, א* εφανη εν τω ισραηλ 13. א* εξηλθον | εισ : παρα] αυτον : א* αυτουσ 14. ϛ λευϊν, א* λευει 15. κ. εγενετο εν τω κατακ. αυτον | ηκολουθησαν 16. και οι γραμματεισ και οι φαρισαιοι ιδοντεσ | οτι ησθιεν : αυτον εσθιοντα | οτι : ϛ τι οτι, א διατι | εσθ. κ. πινει : א om κ. πινει, sed add ο διδασκαλοσ υμων 17. αλλα αμαρτωλούσ : add εισ μετανοιαν 18. οι φαρισαιοι : οι των φαρισαιων|μαθηται tert : om|א οι δε μαθηται σου 19. οσ. χρ. μεθ εαυτων εχουσιν τον νυμφ. 20. εν εκειναισ ταισ ημεραισ 21. και ουδεισ | επιρραπτει | επι ιματιω παλαιω | το (א om) πληρ. απ αυτου : το πληρ. αυτου

MARC. 3, 9. 61

εἰ δὲ μή, ῥήξει ὁ οἶνοσ τοὺσ ἀσκούσ, καὶ ὁ οἶνοσ ἀπόλλυται καὶ οἱ ἀσκοί.

Καὶ ἐγένετο αὐτὸν ἐν τοῖσ σάββασιν παραπορεύεσθαι διὰ 23 τῶν σπορίμων, καὶ οἱ μαθηταὶ αὐτοῦ ἤρξαντο ὁδὸν ποιεῖν τίλλοντεσ τοὺσ στάχυασ. ²⁴ καὶ οἱ Φαρισαῖοι ἔλεγον αὐτῷ· ἴδε τί 24 ποιοῦσιν τοῖσ σάββασιν ὃ οὐκ ἔξεστιν; ²⁵ καὶ λέγει αὐτοῖσ· οὐδέ- 25 ποτε ἀνέγνωτε τί ἐποίησεν Δαυείδ, ὅτε χρείαν ἔσχεν καὶ ἐπείνασεν αὐτὸσ καὶ οἱ μετ᾽ αὐτοῦ; ²⁶ πῶσ εἰσῆλθεν εἰσ τὸν οἶκον τοῦ θεοῦ 26 ἐπὶ Ἀβιάθαρ ἀρχιερέωσ καὶ τοὺσ ἄρτουσ τῆσ προθέσεωσ ἔφαγεν, οὓσ οὐκ ἔξεστιν φαγεῖν εἰ μὴ τοὺσ ἱερεῖσ, καὶ ἔδωκεν καὶ τοῖσ σὺν αὐτῷ οὖσιν; ²⁷ καὶ ἔλεγεν αὐτοῖσ· τὸ σάββατον διὰ τὸν ἄνθρωπον 27 ἐγένετο, καὶ οὐχ ὁ ἄνθρωποσ διὰ τὸ σάββατον· ²⁸ ὥστε κύριόσ 28 ἐστιν ὁ υἱὸσ τοῦ ἀνθρώπου καὶ τοῦ σαββάτου.

III.
Arida manus sabbato sanatur. Undique multitudo confluit. Duodecim apostoli. Adversariorum criminatio in spiritum sanctum peccans. Mater et fratres.

Καὶ εἰσῆλθεν πάλιν εἰσ συναγωγήν, καὶ ἦν ἐκεῖ ἄνθρωποσ 1 ἐξηραμμένην ἔχων τὴν χεῖρα· ² καὶ παρετήρουν αὐτὸν εἰ ἐν τοῖσ 2 σάββασιν θεραπεύει αὐτόν, ἵνα κατηγορήσωσιν αὐτοῦ. ³ καὶ λέγει 3 τῷ ἀνθρώπῳ τῷ τὴν ξηρὰν χεῖρα ἔχοντι· ἔγειρε εἰσ τὸ μέσον. ⁴ καὶ λέγει αὐτοῖσ· ἔξεστιν τοῖσ σάββασιν ἀγαθὸν ποιῆσαι ἢ κακο- 4 ποιῆσαι, ψυχὴν σῶσαι ἢ ἀποκτεῖναι; οἱ δὲ ἐσιώπων. ⁵ καὶ περι- 5 βλεψάμενοσ αὐτοὺσ μετ᾽ ὀργῆσ, συνλυπούμενοσ ἐπὶ τῇ πωρώσει τῆσ καρδίασ αὐτῶν, λέγει τῷ ἀνθρώπῳ· ἔκτεινον τὴν χεῖρα. καὶ ἐξέτεινεν, καὶ ἀπεκατεστάθη ἡ χεὶρ αὐτοῦ. ⁶ καὶ ἐξελθόντεσ οἱ 6 Φαρισαῖοι εὐθὺσ μετὰ τῶν Ἡρωδιανῶν συμβούλιον ἐποίησαν κατ᾽ αὐτοῦ, ὅπωσ αὐτὸν ἀπολέσωσιν.

Καὶ ὁ Ἰησοῦσ μετὰ τῶν μαθητῶν αὐτοῦ ἀνεχώρησεν εἰσ τὴν 7 θάλασσαν, καὶ πολὺ πλῆθοσ ἀπὸ τῆσ Γαλιλαίασ καὶ ἀπὸ τῆσ Ἰουδαίασ ἠκολούθησαν, ⁸ καὶ ἀπὸ Ἱεροσολύμων καὶ ἀπὸ τῆσ Ἰδου- 8 μαίασ καὶ πέραν τοῦ Ἰορδάνου καὶ περὶ Τύρον καὶ Σιδῶνα, πλῆθοσ πολύ, ἀκούοντεσ ὅσα ἐποίει, ἦλθον πρὸσ αὐτόν. ⁹ καὶ εἶπεν 9 τοῖσ μαθηταῖσ αὐτοῦ ἵνα πλοιάριον προσκαρτερῇ αὐτῷ διὰ τὸν

22. ρησσει ο οιν. ο νεοσ | απολλυτ. και οι ασκοι : ς ℵ εκχειται και οι ασκ. απολουνται. Praeterea ℵ* add αλλα οινον νεον εισ ασκουσ καινουσ, item ς ℵᵃ sed post καινουσ insuper add βλητεον 23. εγεν. παραπορ. αυτον εν τ. σαββ.|και ηρξαντ. οι μαθ. αυτ. 24. εν τοισ σαββ. 25. και αυτοσ ελεγεν αυτοισ | δαβιδ 26. επι του αβιαθ. | ει μη τοισ ιερευσι 27. και ουχ : om και
III, 1. εισ την συναγωγ. 2. θεραπευσει 3. τω εξηραμμενην εχοντι τ. χειρα | εγειραι. 4. αγαθοποιησαι 5. συλλυπουμ. | χειρα : ς ℵ add σου | αποκατεσταθη | η χειρ αυτου : add υγιησ ωσ η αλλη 6. ευθεωσ | εποιουν 7. ανεχωρ. μετα τ. μαθητ. αυτου | εισ : ς ℵ προσ | απο τησ γαλιλ. ηκολουθ. αυτω 8. ℵ* om και απο τ. ιδουμ.|ℵ* om και ante περι| και οι περι | ακουσαντεσ

10 ὄχλον, ἵνα μὴ θλίβωσιν αὐτόν· ¹⁰πολλοὺς γὰρ ἐθεράπευσεν, ὥστε
11 ἐπιπίπτειν αὐτῷ, ἵνα αὐτοῦ ἅψωνται, ὅσοι εἶχον μάστιγασ. ¹¹ καὶ
τὰ πνεύματα τὰ ἀκάθαρτα, ὅταν αὐτὸν ἐθεώρουν, προσέπιπτον
12 αὐτῷ καὶ ἔκραζον λέγοντεσ ὅτι σὺ εἶ ὁ υἱὸσ τοῦ θεοῦ. ¹² καὶ
πολλὰ ἐπετίμα αὐτοῖσ ἵνα μὴ αὐτὸν φανερὸν ποιῶσιν.
13 Καὶ ἀναβαίνει εἰσ τὸ ὄροσ, καὶ προσκαλεῖται οὓσ ἤθελεν
14 αὐτόσ, καὶ ἀπῆλθον πρὸσ αὐτόν. ¹⁴ καὶ ἐποίησεν δώδεκα ἵνα
15 ὦσιν μετ' αὐτοῦ, καὶ ἵνα ἀποστέλλῃ αὐτοὺσ κηρύσσειν ¹⁵ καὶ ἔχειν
16 ἐξουσίαν ἐκβάλλειν τὰ δαιμόνια. ¹⁶ καὶ ἐποίησεν τοὺσ δώδεκα,
17 καὶ ἐπέθηκεν ὄνομα τῷ Σίμωνι Πέτρον· ¹⁷ καὶ Ἰάκωβον τὸν τοῦ
Ζεβεδαίου καὶ Ἰωάννην τὸν ἀδελφὸν τοῦ Ἰακώβου, καὶ ἐπέθηκεν
18 αὐτοῖσ ὀνόματα Βοανηργέσ, ὅ ἐστιν υἱοὶ βροντῆσ· ¹⁸ καὶ Ἀνδρέαν
καὶ Φίλιππον καὶ Βαρθολομαῖον καὶ Μαθθαῖον καὶ Θωμᾶν καὶ
Ἰάκωβον τὸν τοῦ Ἀλφαίου καὶ Θαδδαῖον καὶ Σίμωνα τὸν Κα-
19 ναναῖον ¹⁹ καὶ Ἰούδαν Ἰσκαριώθ, ὃσ καὶ παρέδωκεν αὐτόν.
20 Καὶ ἔρχεται εἰσ οἶκον· καὶ συνέρχεται πάλιν ὄχλοσ, ὥστε
21 μὴ δύνασθαι αὐτοὺσ μήτε ἄρτον φαγεῖν. ²¹ καὶ ἀκούσαντεσ οἱ
παρ' αὐτοῦ ἐξῆλθον κρατῆσαι αὐτόν· ἔλεγον γὰρ ὅτι ἐξέστη.
22 ²²καὶ οἱ γραμματεῖσ οἱ ἀπὸ Ἱεροσολύμων καταβάντεσ ἔλεγον ὅτι
Βεελζεβοὺλ ἔχει, καὶ ὅτι ἐν τῷ ἄρχοντι τῶν δαιμονίων ἐκβάλλει
23 τὰ δαιμόνια. ²³ καὶ προσκαλεσάμενοσ αὐτοὺσ ἐν παραβολαῖσ
24 ἔλεγεν αὐτοῖσ· πῶσ δύναται σατανᾶσ σατανᾶν ἐκβάλλειν; ²⁴ καὶ
ἐὰν βασιλεία ἐφ' ἑαυτὴν μερισθῇ, οὐ δύναται σταθῆναι ἡ βασι-
25 λεία ἐκείνη. ²⁵ καὶ ἐὰν οἰκία ἐφ' ἑαυτὴν μερισθῇ, οὐ δυνήσεται ἡ
26 οἰκία ἐκείνη σταθῆναι. ²⁶ καὶ εἰ ὁ σατανᾶσ ἀνέστη ἐφ' ἑαυτόν,
27 ἐμερίσθη, καὶ οὐ δύναται στῆναι ἀλλὰ τέλοσ ἔχει. ²⁷ ἀλλ' οὐ
δύναται οὐδεὶσ εἰσ τὴν οἰκίαν τοῦ ἰσχυροῦ εἰσελθὼν τὰ σκεύη
αὐτοῦ διαρπάσαι, ἐὰν μὴ πρῶτον τὸν ἰσχυρὸν δήσῃ, καὶ τότε τὴν
28 οἰκίαν αὐτοῦ διαρπάσει. ²⁸ ἀμὴν λέγω ὑμῖν ὅτι πάντα ἀφεθήσεται
τοῖσ υἱοῖσ τῶν ἀνθρώπων τὰ ἁμαρτήματα καὶ αἱ βλασφημίαι,
29 ὅσα ἂν βλασφημήσωσιν· ²⁹ ὃσ δ' ἂν βλασφημήσῃ εἰσ τὸ πνεῦμα
τὸ ἅγιον, οὐκ ἔχει ἄφεσιν εἰσ τὸν αἰῶνα, ἀλλὰ ἔνοχοσ ἔσται
30 αἰωνίου ἁμαρτήματοσ. ³⁰ ὅτι ἔλεγον· πνεῦμα ἀκάθαρτον ἔχει.
31 Καὶ ἔρχεται ἡ μήτηρ αὐτοῦ καὶ οἱ ἀδελφοὶ αὐτοῦ, καὶ ἔξω
32 στήκοντεσ ἀπέστειλαν πρὸσ αὐτὸν καλοῦντεσ αὐτόν. ³² καὶ ἐκά-

---

11. εθεωρει | προσεπιπτεν | εκραζε | λεγοντα 12. ς א ποιησωσι 13. και
απηλθ.: א οι δε απ. 14. δωδεκα: א add ους και αποστολους ωνομασεν
15. εξουσιαν: add θεραπευειν τας νοσους και 16. om και εποιησ. τ.
δωδεκ. | τω σιμωνι ονομα 17. βοανεργες 18. ς א ματθαιον | κανανι-
την 19. ισκαριωτην 20. ερχονται 25. ου δυναται σταθηναι η οικ. εκειν.
26. εμερισθη και ου : και μεμερισται, ου | σταθηναι 27. αλλ: om | εισελ-
θων : א ante εισ | τα σκευη του ισχυρ. εισελθων εισ τ. οικ. αυτου 28. τα
αμαρτ. τοισ υι. των ανθρωπ. | και αι: om αι | οσας 29. αλλ ενοχ. εστιν
αιω. κρισεως 31. ερχονται ουν οι αδελφοι και η μητ. αυτου | ς εστωτες,
א σταντες | φωνουντες αυτον

θητο περὶ αὐτὸν ὄχλοσ, καὶ λέγουσιν αὐτῷ· ἰδοὺ ἡ μήτηρ σου καὶ οἱ ἀδελφοί σου καὶ αἱ ἀδελφαί σου ἔξω ζητοῦσίν σε. ³³ καὶ ἀποκρι- 33 θεὶσ αὐτοῖσ λέγει· τίσ ἐστιν ἡ μήτηρ μου καὶ οἱ ἀδελφοί μου; ³⁴ καὶ περιβλεψάμενοσ τοὺσ περὶ αὐτὸν κύκλῳ καθημένουσ λέγει· 34 ἴδε ἡ μήτηρ μου καὶ οἱ ἀδελφοί μου. ³⁵ ὃσ ἂν ποιήσῃ τὸ θέλημα 35 τοῦ θεοῦ, οὗτοσ ἀδελφόσ μου καὶ ἀδελφὴ καὶ μήτηρ ἐστίν.

IV.

Parabola de vario agro. Imagines lucernae, mensurae, seminatoris ac messoris, grani sinapis. Sedatur tempestas.

Mt 13, 1-9
Lc 8, 4-8

Καὶ πάλιν ἤρξατο διδάσκειν παρὰ τὴν θάλασσαν. καὶ 1 συνάγεται πρὸσ αὐτὸν ὄχλοσ πλεῖστοσ, ὥστε αὐτὸν εἰσ πλοῖον ἐμβάντα καθῆσθαι ἐν τῇ θαλάσσῃ, καὶ πᾶσ ὁ ὄχλοσ πρὸσ τὴν θάλασσαν ἐπὶ τῆσ γῆσ ἦσαν. ² καὶ ἐδίδασκεν αὐτοὺσ ἐν παρα- 2 βολαῖσ πολλά, καὶ ἔλεγεν αὐτοῖσ ἐν τῇ διδαχῇ αὐτοῦ· ³ ἀκούετε. 3 ἰδοὺ ἐξῆλθεν ὁ σπείρων σπεῖραι. ⁴ καὶ ἐγένετο ἐν τῷ σπείρειν ὃ 4 μὲν ἔπεσεν παρὰ τὴν ὁδόν, καὶ ἦλθεν τὰ πετεινὰ καὶ κατέφαγεν αὐτό. ⁵ καὶ ἄλλο ἔπεσεν ἐπὶ τὸ πετρῶδεσ, ὅπου οὐκ εἶχεν γῆν 5 πολλήν, καὶ εὐθὺσ ἐξανέτειλεν διὰ τὸ μὴ ἔχειν βάθοσ γῆσ· ⁶ καὶ 6 ὅτε ἀνέτειλεν ὁ ἥλιοσ, ἐκαυματίσθη, καὶ διὰ τὸ μὴ ἔχειν ῥίζαν ἐξηράνθη. ⁷ καὶ ἄλλο ἔπεσεν εἰσ τὰσ ἀκάνθασ, καὶ ἀνέβησαν αἱ 7 ἄκανθαι καὶ συνέπνιξαν αὐτό, καὶ καρπὸν οὐκ ἔδωκεν. ⁸ καὶ 8 ἄλλα ἔπεσεν εἰσ τὴν γῆν τὴν καλήν, καὶ ἐδίδου καρπὸν ἀναβαίνοντα καὶ αὐξανόμενον, καὶ ἔφερεν εἰσ τριάκοντα καὶ εἰσ ἑξήκοντα καὶ εἰσ ἑκατόν. ⁹ καὶ ἔλεγεν· ὃσ ἔχει ὦτα ἀκούειν, ἀκουέτω. 9

Mc 13, 10-20
Lc 8, 9-15

¹⁰ Καὶ ὅτε ἐγένετο κατὰ μόνασ, ἠρώτουν αὐτὸν οἱ περὶ αὐτὸν σὺν 10 τοῖσ δώδεκα τὰσ παραβολάσ. ¹¹ καὶ ἔλεγεν αὐτοῖσ· ὑμῖν τὸ 11 μυστήριον δέδοται τῆσ βασιλείασ τοῦ θεοῦ· ἐκείνοισ δὲ τοῖσ ἔξω

Es 6, 9 s ἐν παραβολαῖσ πάντα γίνεται, ¹² ἵνα βλέποντεσ βλέπωσιν καὶ μὴ 12 ἴδωσιν, καὶ ἀκούοντεσ ἀκούωσιν καὶ μὴ συνιῶσιν, μήποτε ἐπιστρέψωσιν καὶ ἀφεθῇ αὐτοῖσ. ¹³ καὶ λέγει αὐτοῖσ· οὐκ οἴδατε τὴν 13 παραβολὴν ταύτην, καὶ πῶσ πάσασ τὰσ παραβολὰσ γνώσεσθε; ¹⁴ ὁ σπείρων τὸν λόγον σπείρει. ¹⁵ οὗτοι δέ εἰσιν οἱ παρὰ τὴν 14 15 ὁδὸν ὅπου σπείρεται ὁ λόγοσ, καὶ ὅταν ἀκούσωσιν, εὐθὺσ ἔρχεται ὁ σατανᾶσ καὶ αἴρει τὸν λόγον τὸν ἐσπαρμένον ἐν αὐτοῖσ. ¹⁶ καὶ 16

32. περι : א* προσ | οχλ. περι αυτ. | κ. λεγ. : ειπον δε| κ. αι αδελφαι σου: 𝔰 א om 33. και απεκριθη αυτοισ λεγων | και οι : η οι 34. κυκλω : post περιβλεψαμ. 35. 𝔰 א οσ γαρ αν | αδελφη : add μου

IV, 1. συνηχθη | πλειστ.: πολυσ | εμβαντ. εισ το πλοι. | ησαν : ην 3. του σπειραι 4. τα πετει. του ουρανου 5. αλλο δε επ. | א* επι τα πετρωδη | ευθεωσ 6. και οτε etc : ηλιου δε ανατειλαντοσ 8. και αλλο | א αυξανομενα, 𝔰 αυξανοντα | א εφερον | εισ ter : εν ter 9. ελεγεν : add αυτοισ | οσ εχει : ο εχων 10. οτε δε | ηρωτησαν | την παραβολην 11. δεδοται γνωναι το μυστηρ. | τα παντα 12. αφ. αυτοισ : add τὰ αμαρτηματα 14. א σπερει 15. ευθεωσ | αιρει: א αρπαζει | εν αυτοισ : εν ταισ καρδιαισ αυτων

οὗτοι ὁμοίως εἰσὶν οἱ ἐπὶ τὰ πετρώδη σπειρόμενοι, οἳ ὅταν ἀκού-
17 σωσιν τὸν λόγον εὐθὺσ μετὰ χαρᾶσ λαμβάνουσιν αὐτόν, ¹⁷ καὶ
οὐκ ἔχουσιν ῥίζαν ἐν ἑαυτοῖσ ἀλλὰ πρόσκαιροί εἰσιν, εἶτα γενομένησ
18 θλίψεωσ ἢ διωγμοῦ διὰ τὸν λόγον εὐθὺσ σκανδαλίζονται. ¹⁸ καὶ
ἄλλοι εἰσὶν οἱ ἐπὶ τὰσ ἀκάνθασ σπειρόμενοι· οὗτοί εἰσιν οἱ τὸν
19 λόγον ἀκούσαντεσ, ¹⁹ καὶ αἱ μέριμναι τοῦ αἰῶνοσ καὶ ἡ ἀπάτη
τοῦ πλούτου καὶ αἱ περὶ τὰ λοιπὰ ἐπιθυμίαι εἰσπορευόμεναι συν-
20 πνίγουσιν τὸν λόγον, καὶ ἄκαρπος γίνεται. ²⁰ καὶ ἐκεῖνοί εἰσιν οἱ
ἐπὶ τὴν γῆν τὴν καλὴν σπαρέντεσ, οἵτινεσ ἀκούουσιν τὸν λόγον καὶ
παραδέχονται, καὶ καρποφοροῦσιν ἐν τριάκοντα καὶ ἐν ἑξήκοντα
καὶ ἐν ἑκατόν.
21 Καὶ ἔλεγεν αὐτοῖσ ὅτι μήτι ἔρχεται ὁ λύχνοσ ἵνα ὑπὸ τὸν Lc 8, 16
μόδιον τεθῇ ἢ ὑπὸ τὴν κλίνην; οὐχ ἵνα ἐπὶ τὴν λυχνίαν τεθῇ; 11, 23
22 ²² οὐ γὰρ ἔστιν τι κρυπτόν, ἐὰν μὴ ἵνα φανερωθῇ· οὐδὲ ἐγένετο Lc 8, 17
23 ἀπόκρυφον, ἀλλ' ἵνα ἔλθῃ εἰσ φανερόν. ²³ εἴ τισ ἔχει ὦτα ἀκούειν, Mt 10, 26
ἀκουέτω.
24 Καὶ ἔλεγεν αὐτοῖσ· βλέπετε τί ἀκούετε. ἐν ᾧ μέτρῳ με- Lc 8, 18
25 τρεῖτε μετρηθήσεται ὑμῖν, καὶ προστεθήσεται ὑμῖν. ²⁵ ὃσ γὰρ ἔχει, Mt 7, 2
δοθήσεται αὐτῷ· καὶ ὃσ οὐκ ἔχει, καὶ ὃ ἔχει ἀρθήσεται ἀπ' αὐτοῦ. Mt 13, 12
26 Καὶ ἔλεγεν· οὕτωσ ἐστὶν ἡ βασιλεία τοῦ θεοῦ, ὡσ ἄνθρωποσ 25, 29
27 βάλῃ τὸν σπόρον ἐπὶ τῆσ γῆσ, ²⁷ καὶ καθεύδῃ καὶ ἐγείρηται νύκτα
καὶ ἡμέραν, καὶ ὁ σπόροσ βλαστᾷ καὶ μηκύνηται, ὡσ οὐκ οἶδεν
28 αὐτόσ. ²⁸ αὐτομάτη ἡ γῆ καρποφορεῖ, πρῶτον χόρτον, εἶτεν
29 στάχυν, εἶτεν πλήρησ σῖτοσ ἐν τῷ στάχυϊ. ²⁹ ὅταν δὲ παραδοῖ
ὁ καρπόσ, εὐθὺσ ἀποστέλλει τὸ δρέπανον, ὅτι παρέστηκεν ὁ
θερισμόσ.
30 Καὶ ἔλεγεν· πῶσ ὁμοιώσωμεν τὴν βασιλείαν τοῦ θεοῦ, ἢ ἐν 30-32
31 τίνι αὐτὴν παραβολῇ θῶμεν; ³¹ ὡσ κόκκῳ σινάπεωσ, ὃσ ὅταν Lc 13, 18s
σπαρῇ ἐπὶ τῆσ γῆσ, μικρότερον ὂν πάντων τῶν σπερμάτων τῶν Mt 13, 31-33
32 ἐπὶ τῆσ γῆσ, ³² καὶ ὅταν σπαρῇ, ἀναβαίνει καὶ γίνεται μεῖζον
πάντων τῶν λαχάνων, καὶ ποιεῖ κλάδουσ μεγάλουσ, ὥστε δύνασθαι
ὑπὸ τὴν σκιὰν αὐτοῦ τὰ πετεινὰ τοῦ οὐρανοῦ κατασκηνοῦν.

---

16. ουτ. εισιν ομοιωσ | ενθεωσ 17. ενθεωσ 18. αλλοι εισιν : ουτοι
εισιν | επι : εισ | ουτοι εισιν : ϛᵉ 1633. om | ακουοντεσ 19. τ. αιωνοσ
τουτου | περι : א* παρα | συμπνιγ. | א* συνπνιγει τον λογον και αι π. τα
λοιπ. επιθυμ. εισπορευομεναι (אᵃ add συνπνιγουσιν τον λογον, prioribus
per incuriam, ut puto, non deletis) 20. εκεινοι : ουτοι | ἐν ter : ἐν ter
21. οτι : ϛ א om | ο λυχν. ερχετ. | ινα etc : א* υπο τον μοδιον τεθηναι
η υπο | επι : א υπο | τεθη sec : επιτεθη 22. εαν μη ινα : ο εαν μη | εισ
φανερ. ελθη 24. προστ. υμιν : add τοισ ακουουσιν 25. εχει pri : αν
εχη 26. ωσ εαν ανθρωπ. 27. εγειρεται | ϛ א βλασταην 28. αυτοματ.
γαρ | ειτεν bis : ειτα | ϛ א πληρη σιτον 29. παραδω | ενθεωσ 30. ελεγεν :
אᵃ add αυτοισ | παραβ. : τινι | η εν ποια παραβολη παραβαλωμεν αυτην
31. οσ οταν : א* om οσ, posteaque habet ο μικροτερον ον | μικροτερον |
ον παντων etc : παντων των σπερματων εστι 32. γιν. παντ. τ. λαχαν.
μειζων

Καὶ τοιαύταισ παραβολαῖσ πολλαῖσ ἐλάλει αὐτοῖσ τὸν λόγον, 33 καθὼσ ἠδύναντο ἀκούειν· ³⁴ χωρὶσ δὲ παραβολῆσ οὐκ ἐλάλει αὐ- 34 τοῖσ, κατ᾽ ἰδίαν δὲ τοῖσ ἰδίοισ μαθηταῖσ ἐπέλυεν πάντα.

Καὶ λέγει αὐτοῖσ ἐν ἐκείνῃ τῇ ἡμέρᾳ ὀψίασ γενομένησ· διέλ- 35 θωμεν εἰσ τὸ πέραν. ³⁶ καὶ ἀφέντεσ τὸν ὄχλον παραλαμβάνουσιν 36 αὐτὸν ὡσ ἦν ἐν τῷ πλοίῳ, καὶ ἄλλα δὲ πλοῖα ἦσαν μετ᾽ αὐτοῦ. ³⁷ καὶ γίνεται λαῖλαψ μεγάλη ἀνέμου, καὶ τὰ κύματα ἐπέβαλλεν 37 εἰσ τὸ πλοῖον, ὥστε ἤδη γεμίζεσθαι τὸ πλοῖον. ³⁸ καὶ ἦν αὐτὸσ 38 ἐν τῇ πρύμνῃ ἐπὶ τὸ προσκεφάλαιον καθεύδων· καὶ ἐγείρουσιν αὐτὸν καὶ λέγουσιν αὐτῷ· διδάσκαλε, οὐ μέλει σοι ὅτι ἀπολλύμεθα; ³⁹ καὶ διεγερθεὶσ ἐπετίμησεν τῷ ἀνέμῳ καὶ εἶπεν τῇ θαλάσσῃ· 39 σιώπα, πεφίμωσο. καὶ ἐκόπασεν ὁ ἄνεμοσ, καὶ ἐγένετο γαλήνη μεγάλη. ⁴⁰ καὶ εἶπεν αὐτοῖσ· τί δειλοί ἐστε οὕτωσ; πῶσ οὐκ ἔχετε 40 πίστιν; ⁴¹ καὶ ἐφοβήθησαν φόβον μέγαν, καὶ ἔλεγον πρὸσ ἀλλή- 41 λουσ· τίσ ἄρα οὗτόσ ἐστιν, ὅτι καὶ ὁ ἄνεμοσ καὶ ἡ θάλασσα αὐτῷ ὑπακούει;

V.

Daemoniacus nomine Legionis et sues.   Iairi filia rediviva et mulier a sanguinis profluvio liberata.

Καὶ ἦλθον εἰσ τὸ πέραν τῆσ θαλάσσησ εἰσ τὴν χώραν τῶν 1 Γερασηνῶν. ² καὶ ἐξελθόντοσ αὐτοῦ ἐκ τοῦ πλοίου, εὐθὺσ ὑπήν- 2 τησεν αὐτῷ ἐκ τῶν μνημείων ἄνθρωποσ ἐν πνεύματι ἀκαθάρτῳ, ³ ὃσ τὴν κατοίκησιν εἶχεν ἐν τοῖσ μνήμασιν, καὶ οὐδὲ ἁλύσει οὐκ- 3 έτι οὐδεὶσ ἐδύνατο αὐτὸν δῆσαι, ⁴ διὰ τὸ αὐτὸν πολλάκισ πέδαισ 4 καὶ ἁλύσεσιν δεδέσθαι, καὶ διεσπάσθαι ὑπ᾽ αὐτοῦ τὰσ ἁλύσεισ καὶ τὰσ πέδασ συντετρῖφθαι, καὶ οὐδεὶσ ἴσχυεν αὐτὸν δαμάσαι, ⁵ καὶ 5 διαπαντὸσ νυκτὸσ καὶ ἡμέρασ ἐν τοῖσ μνήμασιν καὶ ἐν τοῖσ ὄρεσιν ἦν κράζων καὶ κατακόπτων ἑαυτὸν λίθοισ. ⁶ καὶ ἰδὼν τὸν Ἰη- 6 σοῦν ἀπὸ μακρόθεν ἔδραμεν καὶ προσεκύνησεν αὐτῷ, ⁷ καὶ κράξασ 7 φωνῇ μεγάλῃ λέγει· τί ἐμοὶ καὶ σοί, Ἰησοῦ υἱὲ τοῦ θεοῦ τοῦ ὑψίστου; ὁρκίζω σε τὸν θεόν, μή με βασανίσῃσ. ⁸ ἔλεγεν γὰρ 8 αὐτῷ· ἔξελθε τὸ πνεῦμα τὸ ἀκάθαρτον ἐκ τοῦ ἀνθρώπου. ⁹ καὶ 9 ἐπηρώτα αὐτόν· τί ὄνομά σοι; καὶ λέγει αὐτῷ· λεγιὼν ὄνομά μοι, ὅτι πολλοί ἐσμεν. ¹⁰ καὶ παρεκάλει αὐτὸν πολλὰ ἵνα μὴ αὐτὰ 10

34. τοισ μαθηταισ αυτου 36. και αλλ. δε : א om δε | πλοιαρια | ησαν : ην 37. א* μεγασ | ανεμου μεγαλη | τα δε κυματα | א επεβαλεν | ωστε ηδ. γεμ. το πλ. (sic אa) : ϛ ωστε αυτο ηδ. γεμ., א* om 38. και αυτοσ ην | εν τη : επι τη | διεγειρουσιν 40. ειπεν : אc λεγει | א om ουτωσ | πωσ ουκ : א ουπω 41. υπακουουσιν αυτω

V, 1. ϛ γαδαρηνων, אc γεργεσηνων 2. εξελθοντι αυτω | ευθεωσ | απηντησεν 3. εν τ. μνημειοισ | και ουτε | ϛ א αλυσεσιν | om ουκετι | ηδυνατο 4. αυτον ισχυεν | א* om δαμασαι 5. εν τοισ ορεσι και εν τοισ μνημασιν 6. ιδων δε 7. λεγει : ειπε 8. א και ελεγ. αυτω 9. τι σοι ονομα | λεγ. αυτω : απεκριθη λεγων | λεγων 10. αυτα : ϛ αυτουσ, א αυτον

Nov. Test. ed. Tf.

11 ἀποστείλη ἔξω τῆσ χώρασ. ¹¹ἦν δὲ ἐκεῖ πρὸσ τῷ ὄρει ἀγέλη
12 χοίρων μεγάλη βοσκομένη· ¹²καὶ παρεκάλεσαν αὐτὸν λέγοντεσ·
13 πέμψον ἡμᾶσ εἰσ τοὺσ χοίρουσ, ἵνα εἰσ αὐτοὺσ εἰσέλθωμεν. ¹³ καὶ
ἐπέτρεψεν αὐτοῖσ. καὶ ἐξελθόντα τὰ πνεύματα τὰ ἀκάθαρτα
εἰσῆλθον εἰσ τοὺσ χοίρουσ, καὶ ὥρμησεν ἡ ἀγέλη κατὰ τοῦ κρημνοῦ
εἰσ τὴν θάλασσαν, ὡσ δισχίλιοι, καὶ ἐπνίγοντο ἐν τῇ θαλάσσῃ.
14 ¹⁴καὶ οἱ βόσκοντεσ αὐτοὺσ ἔφυγον καὶ ἀπήγγειλαν εἰσ τὴν πόλιν
15 καὶ εἰσ τοὺσ ἀγρούσ· καὶ ἦλθον ἰδεῖν τί ἐστιν τὸ γεγονόσ. ¹⁵ καὶ
ἔρχονται πρὸσ τὸν Ἰησοῦν, καὶ θεωροῦσιν τὸν δαιμονιζόμενον
καθήμενον ἱματισμένον καὶ σωφρονοῦντα, τὸν ἐσχηκότα τὸν λε-
16 γιῶνα, καὶ ἐφοβήθησαν. ¹⁶ καὶ διηγήσαντο αὐτοῖσ οἱ ἰδόντεσ
17 πῶσ ἐγένετο τῷ δαιμονιζομένῳ καὶ περὶ τῶν χοίρων. ¹⁷ καὶ ἤρξαντο
18 παρακαλεῖν αὐτὸν ἀπελθεῖν ἀπὸ τῶν ὁρίων αὐτῶν. ¹⁸ καὶ ἐμ-
βαίνοντοσ αὐτοῦ εἰσ τὸ πλοῖον, παρεκάλει αὐτὸν ὁ δαιμονισθεὶσ
19 ἵνα μετ' αὐτοῦ ᾖ. ¹⁹ καὶ οὐκ ἀφῆκεν αὐτόν, ἀλλὰ λέγει αὐτῷ·
ὕπαγε εἰσ τὸν οἶκόν σου πρὸσ τοὺσ σούσ, καὶ ἀπάγγειλον αὐτοῖσ
20 ὅσα ὁ κύριόσ σοι πεποίηκεν καὶ ἠλέησέν σε. ²⁰ καὶ ἀπῆλθεν,
καὶ ἤρξατο κηρύσσειν ἐν τῇ Δεκαπόλει ὅσα ἐποίησεν αὐτῷ ὁ
Ἰησοῦσ, καὶ πάντεσ ἐθαύμαζον.
21 Καὶ διαπεράσαντοσ τοῦ Ἰησοῦ ἐν τῷ πλοίῳ εἰσ τὸ πέραν
πάλιν, συνήχθη ὄχλοσ πολὺσ ἐπ' αὐτόν, καὶ ἦν παρὰ τὴν θάλασ-
22 σαν. ²² καὶ ἔρχεται εἰσ τῶν ἀρχισυναγώγων, ὀνόματι Ἰάειροσ,
23 καὶ ἰδὼν αὐτὸν πίπτει πρὸσ τοὺσ πόδασ αὐτοῦ, ²³ καὶ παρα-
καλεῖ αὐτὸν πολλά, λέγων ὅτι τὸ θυγάτριόν μου ἐσχάτωσ ἔχει,
24 ἵνα ἐλθὼν ἐπιθῇσ τὰσ χεῖρασ αὐτῇ, ἵνα σωθῇ καὶ ζήσῃ. ²⁴ καὶ
ἀπῆλθεν μετ' αὐτοῦ, καὶ ἠκολούθει αὐτῷ ὄχλοσ πολύσ, καὶ συν-
25 έθλιβον αὐτόν. ²⁵ καὶ γυνὴ οὖσα ἐν ῥύσει αἵματοσ δώδεκα ἔτη,
26 ²⁶ καὶ πολλὰ παθοῦσα ὑπὸ πολλῶν ἰατρῶν καὶ δαπανήσασα τὰ
παρ' ἑαυτῆσ πάντα, καὶ μηδὲν ὠφεληθεῖσα ἀλλὰ μᾶλλον εἰσ τὸ
27 χεῖρον ἐλθοῦσα, ²⁷ ἀκούσασα τὰ περὶ τοῦ Ἰησοῦ, ἐλθοῦσα ἐν τῷ
28 ὄχλῳ ὄπισθεν ἥψατο τοῦ ἱματίου αὐτοῦ· ²⁸ ἔλεγεν γὰρ ὅτι ἐὰν
29 ἅψωμαι κἂν τῶν ἱματίων αὐτοῦ, σωθήσομαι. ²⁹ καὶ εὐθὺσ ἐξη-
ράνθη ἡ πηγὴ τοῦ αἵματοσ αὐτῆσ, καὶ ἔγνω τῷ σώματι ὅτι ἴαται
30 ἀπὸ τῆσ μάστιγοσ. ³⁰ καὶ εὐθὺσ ὁ Ἰησοῦσ ἐπιγνοὺσ ἐν ἑαυτῷ
τὴν ἐξ αὐτοῦ δύναμιν ἐξελθοῦσαν, ἐπιστραφεὶσ ἐν τῷ ὄχλῳ ἔλεγεν·
31 τίσ μου ἥψατο τῶν ἱματίων; ³¹ καὶ ἔλεγον αὐτῷ οἱ μαθηταὶ

---

11. προσ τα ορη | אᶜ βοσκομενων   12. λεγοντεσ: praem παντεσ οι δαι-
μονεσ   13. και επιτρ. αυτ. ευθεωσ ο ιησουσ | ησαν δε ωσ δισχ.   14. οι
δε βοσκοντ. τουσ χοιρουσ | ανηγγειλαν | ϛ א* και εξηλθον   15. א* ηρ-
χοντο | και ιματισμ. | λεγεωνα   18. εμβαντοσ | ινα η μετ αυτου   19. ο
δε ιησουσ ουκ αφ. | αναγγειλον | ο κυρ. σοι (א post πεπ.) πεπ. : σοι ο κυρ.
εποιησε   21. παλιν : ante εισ το περ.   22. και ιδου ερχεται   23. παρεκα-
λει | αυτη τασ χειρασ | οπωσ σωθη και ζησεται   25. γυνη τισ | ετη δωδεκ.
27. om τα | א* οπισθεν   28. εαν αψωμ. κ. των ιματιων (א του ιματιου)
αυτ. : καν των ιματιων αυτου αψωμ.   29. ευθεωσ   30. ευθεωσ

αὐτοῦ· βλέπεισ τὸν ὄχλον συνθλίβοντά σε, καὶ λέγεισ· τίσ μου ἥψατο; ³²καὶ περιεβλέπετο ἰδεῖν τὴν τοῦτο ποιήσασαν. ³³ἡ δὲ 32 33 γυνὴ φοβηθεῖσα καὶ τρέμουσα, εἰδυῖα ὅ γέγονεν αὐτῇ, ἦλθεν καὶ προσέπεσεν αὐτῷ καὶ εἶπεν αὐτῷ πᾶσαν τὴν ἀλήθειαν. ³⁴ὁ δὲ 34 εἶπεν αὐτῇ· θύγατερ, ἡ πίστισ σου σέσωκέν σε· ὕπαγε εἰσ εἰρήνην, καὶ ἴσθι ὑγιὴσ ἀπὸ τῆσ μάστιγόσ σου. ³⁵ἔτι αὐτοῦ λαλοῦντοσ 35 ἔρχονται ἀπὸ τοῦ ἀρχισυναγώγου λέγοντεσ ὅτι ἡ θυγάτηρ σου ἀπέθανεν, τί ἔτι σκύλλεισ τὸν διδάσκαλον; ³⁶ὁ δὲ Ἰησοῦσ παρ- 36 ακούσασ τὸν λόγον λαλούμενον λέγει τῷ ἀρχισυναγώγῳ· μὴ φοβοῦ, μόνον πίστευε. ³⁷καὶ οὐκ ἀφῆκεν οὐδένα μετ᾽ αὐτοῦ συνακολου- 37 θῆσαι εἰ μὴ τὸν Πέτρον καὶ Ἰάκωβον καὶ Ἰωάννην τὸν ἀδελφὸν Ἰακώβου. ³⁸καὶ ἔρχονται εἰσ τὸν οἶκον τοῦ ἀρχισυναγώγου, καὶ 38 θεωρεῖ θόρυβον καὶ κλαίοντασ καὶ ἀλαλάζοντασ πολλά, ³⁹καὶ 39 εἰσελθὼν λέγει αὐτοῖσ· τί θορυβεῖσθε καὶ κλαίετε; τὸ παιδίον οὐκ ἀπέθανεν ἀλλὰ καθεύδει. ⁴⁰καὶ κατεγέλων αὐτοῦ. αὐτὸσ δὲ 40 ἐκβαλὼν πάντασ παραλαμβάνει τὸν πατέρα τοῦ παιδίου καὶ τὴν μητέρα καὶ τοὺσ μετ᾽ αὐτοῦ, καὶ εἰσπορεύεται ὅπου ἦν τὸ παιδίον. ⁴¹καὶ κρατήσασ τῆσ χειρὸσ τοῦ παιδίου λέγει αὐτῇ· ταλιθὰ κούμ, 41 ὅ ἐστιν μεθερμηνευόμενον· τὸ κοράσιον, σοὶ λέγω, ἔγειρε. ⁴²καὶ 42 εὐθὺσ ἀνέστη τὸ κοράσιον καὶ περιεπάτει· ἦν γὰρ ἐτῶν δώδεκα· καὶ ἐξέστησαν εὐθὺσ ἐκστάσει μεγάλῃ. ⁴³καὶ διεστείλατο αὐτοῖσ 43 πολλὰ ἵνα μηδεὶσ γνοῖ τοῦτο, καὶ εἶπεν δοθῆναι αὐτῇ φαγεῖν.

VI.

Iesus Nazarethi spernitur; instruit et ablegat apostolos. Herodes et Herodias. Iohannis baptistae nex. Cibatio quinque millium. Itio super mare. Aegroti tactu sanati.

¹Καὶ ἐξῆλθεν ἐκεῖθεν, καὶ ἔρχεται εἰσ τὴν πατρίδα αὐτοῦ, 1 καὶ ἀκολουθοῦσιν αὐτῷ οἱ μαθηταὶ αὐτοῦ. ²καὶ γενομένου σαβ- 2 βάτου ἤρξατο διδάσκειν ἐν τῇ συναγωγῇ· καὶ οἱ πολλοὶ ἀκούοντεσ ἐξεπλήσσοντο, λέγοντεσ· πόθεν τούτῳ ταῦτα, καὶ τίσ ἡ σοφία ἡ δοθεῖσα τούτῳ; καὶ δυνάμεισ τοιαῦται διὰ τῶν χειρῶν αὐτοῦ γίνονται; ³οὐχ οὗτόσ ἐστιν ὁ τέκτων, ὁ υἱὸσ τῆσ Μαρίασ καὶ 3 ἀδελφὸσ Ἰακώβου καὶ Ἰωσῆτοσ καὶ Ἰούδα καὶ Σίμωνοσ; καὶ οὐκ εἰσὶν αἱ ἀδελφαὶ αὐτοῦ ὧδε πρὸσ ἡμᾶσ; καὶ ἐσκανδαλίζοντο ἐν αὐτῷ. ⁴καὶ ἔλεγεν αὐτοῖσ ὁ Ἰησοῦσ ὅτι οὐκ ἔστιν προφήτησ 4

33. και ειδυια | γεγ. επ αυτη 36. ο δε ιησ. ευθεωσ ακουσασ 37. ουδενα αυτω συνακολουθησαι | ει μη πετρον 38. ερχεται | om και post θορυβ. 40. αυτ. δε : ο δε | απαντασ | το παιδιον : add ανακειμενον 41. κουμι | εγειραι 42. ευθεωσ | ετων : א add ωσει | ευθυσ sec : om 43. γνω
VI, 1. ερχεται : ηλθεν 2. εν τη συναγ. διδασκ. | οι πολλοι : 𐤂 א om οι | ταυτα : א add παντα | η δοθεισα αυτω : 𐤂 οτι αι δυναμ. τοι. δια τ. χειρ. αυτ. γινονται, א και αι δυν. αι τοιαυται (אc add αι) δια τ. χειρ. αυτ. γινομεναι 3. om τησ ante μαριασ | και (א add ο) αδελφ. : αδ. δε | ιωσητοσ : א ιωσηφ, 𐤂 ιωση 4. ελεγε δε αυτ.

ἄτιμοσ εἰ μὴ ἐν τῇ πατρίδι ἑαυτοῦ καὶ ἐν τοῖσ συγγενεῦσιν αὐτοῦ
5 καὶ ἐν τῇ οἰκίᾳ αὐτοῦ. ⁵καὶ οὐκ ἐδύνατο ἐκεῖ ποιῆσαι οὐδεμίαν
δύναμιν, εἰ μὴ ὀλίγοισ ἀρρώστοισ ἐπιθεὶσ τὰσ χεῖρασ ἐθεράπευσεν.
6 ⁶καὶ ἐθαύμασεν διὰ τὴν ἀπιστίαν αὐτῶν.
7 Καὶ περιῆγεν τὰσ κώμασ κύκλῳ διδάσκων. ⁷καὶ προσκαλεῖ-
ται τοὺσ δώδεκα, καὶ ἤρξατο αὐτοὺσ ἀποστέλλειν δύο δύο, καὶ
8 ἐδίδου αὐτοῖσ ἐξουσίαν τῶν πνευμάτων τῶν ἀκαθάρτων, ⁸καὶ
παρήγγειλεν αὐτοῖσ ἵνα μηδὲν αἴρωσιν εἰσ ὁδὸν εἰ μὴ ῥάβδον
9 μόνον, μὴ ἄρτον, μὴ πήραν, μὴ εἰσ τὴν ζώνην χαλκόν, ⁹ἀλλὰ
10 ὑποδεδεμένουσ σανδάλια, καὶ μὴ ἐνδύσησθε δύο χιτῶνασ. ¹⁰καὶ
ἔλεγεν αὐτοῖσ· ὅπου ἐὰν εἰσέλθητε εἰσ οἰκίαν, ἐκεῖ μένετε ἕωσ ἂν
11 ἐξέλθητε ἐκεῖθεν. ¹¹καὶ ὃσ ἂν τόποσ μὴ δέξηται ὑμᾶσ μηδὲ
ἀκούσωσιν ὑμῶν, ἐκπορευόμενοι ἐκεῖθεν ἐκτινάξατε τὸν χοῦν τὸν
12 ὑποκάτω τῶν ποδῶν ὑμῶν εἰσ μαρτύριον αὐτοῖσ. ¹²καὶ ἐξελ-
13 θόντεσ ἐκήρυξαν ἵνα μετανοῶσιν, ¹³καὶ δαιμόνια πολλὰ ἐξέβαλ-
λον, καὶ ἤλειφον ἐλαίῳ πολλοὺσ ἀρρώστουσ καὶ ἐθεράπευον.
14 Καὶ ἤκουσεν ὁ βασιλεὺσ Ἡρώδησ, φανερὸν γὰρ ἐγένετο τὸ
ὄνομα αὐτοῦ, καὶ ἔλεγεν ὅτι Ἰωάννησ ὁ βαπτίζων ἐγήγερται ἐκ
15 νεκρῶν, καὶ διὰ τοῦτο ἐνεργοῦσιν αἱ δυνάμεισ ἐν αὐτῷ. ¹⁵ἄλλοι
δὲ ἔλεγον ὅτι Ἡλείασ ἐστίν· ἄλλοι δὲ ἔλεγον ὅτι προφήτησ ὡσ
16 εἷσ τῶν προφητῶν. ¹⁶ἀκούσασ δὲ ὁ Ἡρώδησ ἔλεγεν· ὃν ἐγὼ
ἀπεκεφάλισα Ἰωάννην, οὗτοσ ἠγέρθη.
17 Αὐτὸσ γὰρ ὁ Ἡρώδησ ἀποστείλασ ἐκράτησεν τὸν Ἰωάννην
καὶ ἔδησεν αὐτὸν ἐν φυλακῇ διὰ Ἡρωδιάδα τὴν γυναῖκα Φιλίπ-
18 που τοῦ ἀδελφοῦ αὐτοῦ, ὅτι αὐτὴν ἐγάμησεν· ¹⁸ἔλεγεν γὰρ ὁ
Ἰωάννησ τῷ Ἡρώδῃ ὅτι οὐκ ἔξεστίν σοι ἔχειν τὴν γυναῖκα τοῦ
19 ἀδελφοῦ σου. ¹⁹ἡ δὲ Ἡρωδιὰσ ἐνεῖχεν αὐτῷ καὶ ἤθελεν αὐτὸν
20 ἀποκτεῖναι, καὶ οὐκ ἠδύνατο· ²⁰ὁ γὰρ Ἡρώδησ ἐφοβεῖτο τὸν
Ἰωάννην, εἰδὼσ αὐτὸν ἄνδρα δίκαιον καὶ ἅγιον, καὶ συνετήρει
αὐτόν, καὶ ἀκούσασ αὐτοῦ πολλὰ ἠπόρει, καὶ ἡδέωσ αὐτοῦ ἤκουεν.
21 ²¹καὶ γενομένησ ἡμέρασ εὐκαίρου, ὅτε Ἡρώδησ τοῖσ γενεσίοισ
αὐτοῦ δεῖπνον ἐποίησεν τοῖσ μεγιστᾶσιν αὐτοῦ καὶ τοῖσ χιλιάρχοισ
22 καὶ τοῖσ πρώτοισ τῆσ Γαλιλαίασ, ²²καὶ εἰσελθούσησ τῆσ θυγατρὸσ
αὐτῆσ τῆσ Ἡρωδιάδοσ καὶ ὀρχησαμένησ, ἤρεσεν τῷ Ἡρώδῃ καὶ

---

4. εαυτου : αυτου | א* om και ε. τ. συγγ. αυτ. | ς אᵃ συγγενεσιν | ς אᵃ om αυτου post συγγ. 5. ς א ηδυνατο | ουδεμ. δυναμ. ποιησαι 6. εθαυμαζε 8. αρωσιν | μη πηρ. μη αρτ. 9. αλλ | ςᵉ ενδυσασθαι 11. οσ αν τοπος etc : οσοι αν μη δεξωνται | εισ μαρτ. αυτοισ : add αμην λεγω υμιν, ανεκτοτερον εσται σοδομοισ η γομορροισ εν ημερα κρισεωσ η τη πολει εκεινη 12. εκηρυξ. (א* add αυτοισ) : εκηρυσσον | μετανοησωσι 14. εκ νεκρ. ηγερθη 15. δε prim : om | ς א ηλιασ | ελεγον sec : א om | προφητησ : add εστιν | η ωσ εισ 16: ελεγεν : ειπεν οτι | ιωαννην, ουτοσ εστιν· αυτοσ ηγερθη εκ νεκρων, א* ουτοσ ιωαννησ ηγερθη (אᵃ ουτοσ ιωαννησ αυτοσ ηγερθη) 17. εν τη φυλακη 20. ηπορει : εποιει 21. εποιει 22. א* ελθουσησ | αυτησ της : א αυτου | ηρεσεν : και αρεσασησ

MARC. 6, 38. 69

τοῖσ συνανακειμένοισ. ὁ δὲ βασιλεὺσ εἶπεν τῷ κορασίῳ· αἴτησόν με ὃ ἐὰν θέλῃσ, καὶ δώσω σοι· ²³ καὶ ὤμοσεν αὐτῇ ὅτι ὃ ἐὰν 23 αἰτήσῃσ δώσω σοι ἕωσ ἡμίσουσ τῆσ βασιλείασ μου. ²⁴ καὶ ἐξελ- 24 θοῦσα εἶπεν τῇ μητρὶ αὐτῆσ· τί αἰτήσωμαι; ἡ δὲ εἶπεν· τὴν κεφαλὴν Ἰωάννου τοῦ βαπτίζοντοσ. ²⁵ καὶ εἰσελθοῦσα εὐθὺσ μετὰ 25 σπουδῆσ πρὸσ τὸν βασιλέα ᾐτήσατο λέγουσα· θέλω ἵνα ἐξαυτῆσ δῷσ μοι ἐπὶ πίνακι τὴν κεφαλὴν Ἰωάννου τοῦ βαπτιστοῦ. ²⁶ καὶ 26 περίλυποσ γενόμενοσ ὁ βασιλεὺσ διὰ τοὺσ ὅρκουσ καὶ τοὺσ ἀνακειμένουσ οὐκ ἠθέλησεν ἀθετῆσαι αὐτήν. ²⁷ καὶ εὐθὺσ ἀποστείλασ 27 ὁ βασιλεὺσ σπεκουλάτορα ἐπέταξεν ἐνέγκαι τὴν κεφαλὴν αὐτοῦ. ²⁸ καὶ ἀπελθὼν ἀπεκεφάλισεν αὐτὸν ἐν τῇ φυλακῇ, καὶ ἤνεγκεν 28 τὴν κεφαλὴν αὐτοῦ ἐπὶ πίνακι καὶ ἔδωκεν αὐτὴν τῷ κορασίῳ, καὶ τὸ κοράσιον ἔδωκεν αὐτὴν τῇ μητρὶ αὐτῆσ. ²⁹ καὶ ἀκούσαντεσ 29 οἱ μαθηταὶ αὐτοῦ ἦλθαν καὶ ἦραν τὸ πτῶμα αὐτοῦ, καὶ ἔθηκαν αὐτὸν ἐν μνημείῳ.

Καὶ συνάγονται οἱ ἀπόστολοι πρὸσ τὸν Ἰησοῦν, καὶ ἀπήγ- 30 γειλαν αὐτῷ πάντα ὅσα ἐποίησαν καὶ ἐδίδαξαν. ³¹ καὶ λέγει 31 αὐτοῖσ· δεῦτε ὑμεῖσ αὐτοὶ κατ' ἰδίαν εἰσ ἔρημον τόπον καὶ ἀναπαύσασθε ὀλίγον. ἦσαν γὰρ οἱ ἐρχόμενοι καὶ οἱ ὑπάγοντεσ πολλοί, καὶ οὐδὲ φαγεῖν εὐκαίρουν. ³² καὶ ἀπῆλθον εἰσ ἔρημον τόπον 32 τῷ πλοίῳ κατ' ἰδίαν. ³³ καὶ εἶδον αὐτοὺσ ὑπάγοντασ καὶ ἐπέγνωσαν 33 αὐτοὺσ πολλοί, καὶ πεζῇ ἀπὸ πασῶν τῶν πόλεων συνέδραμον ἐκεῖ καὶ προῆλθον αὐτούσ.

Καὶ ἐξελθὼν εἶδεν πολὺν ὄχλον, καὶ ἐσπλαγχνίσθη ἐπ' αὐτούσ, 34 ὅτι ἦσαν ὡσ πρόβατα μὴ ἔχοντα ποιμένα, καὶ ἤρξατο διδάσκειν αὐτοὺσ πολλά. ³⁵ καὶ ἤδη ὥρασ πολλῆσ γινομένησ προσελθόντεσ 35 οἱ μαθηταὶ αὐτοῦ ἔλεγον ὅτι ἔρημόσ ἐστιν ὁ τόποσ, καὶ ἤδη ὥρα πολλή· ³⁶ ἀπόλυσον αὐτούσ, ἵνα ἀπελθόντεσ εἰσ τοὺσ κύκλῳ 36 ἀγροὺσ καὶ κώμασ ἀγοράσωσιν ἑαυτοῖσ τί φάγωσιν. ³⁷ ὁ δὲ ἀπο- 37 κριθεὶσ εἶπεν αὐτοῖσ· δότε αὐτοῖσ ὑμεῖσ φαγεῖν. καὶ λέγουσιν αὐτῷ· ἀπελθόντεσ ἀγοράσωμεν δηναρίων διακοσίων ἄρτουσ, καὶ δώσωμεν αὐτοῖσ φαγεῖν; ³⁸ ὁ δὲ λέγει αὐτοῖσ· πόσουσ ἄρτουσ 38 ἔχετε; ὑπάγετε ἴδετε. καὶ γνόντεσ λέγουσιν· πέντε, καὶ δύο

22. ο δε βασ. ειπ.: ειπεν ο βασιλ. | ℵ αιτησαι 23. οτι ο εαν: ο τι εαν | αιτησησ : praem με 24. η δε εξελθουσα | αιτησομαι | του βαπτιστου 25. ℵ* ελθουσα | ευθεωσ | μοι δωσ εξαυτησ 26. ς ℵ συνανακειμενουσ | αυτην αθετησαι 27. ευθεωσ | σπεκουλατωρα | ενεγκαι : ενεχθηναι. 28. ο δε απελθων 29. ς ℵ ηλθον | αυτον : αυτο | εν τω μνημειω 30. παντα και οσα | και οσα εδιδ. 31. λεγει : ειπεν | εισ : ℵc επ | αναπαυεσθε | ηυκαιρουν 32. εν πλοιω εισ ερημ. τοπ. 33. υπαγοντασ: add οι οχλοι | αυτουσ sec: αυτον | κ. προηλθ. αυτουσ: add και συνηλθον προσ αυτον 34. ειδεν: add ο ιησουσ | επ αυτοισ | ℵ* om ωσ προβ. 35. γενομενησ | προσελθ. αυτω | λεγουσιν 36. τι (ℵ βρωματα τι) φαγωσιν : αρτουσ· τι γαρ φαγωσιν ουκ εχουσιν 37. διακοσ. δηναρ. | δωμεν 38. και ιδετε | γνοντεσ : ℵ* ελθοντεσ

39 ἰχθύασ. ³⁹ καὶ ἐπέταξεν αὐτοῖσ ἀνακλῖναι πάντασ συμπόσια συμ-
40 πόσια ἐπὶ τῷ χλωρῷ χόρτῳ. ⁴⁰ καὶ ἀνέπεσαν πρασιαὶ πρασιαί,
41 κατὰ ἑκατὸν καὶ κατὰ πεντήκοντα. ⁴¹ καὶ λαβὼν τοὺσ πέντε
ἄρτουσ καὶ τοὺσ δύο ἰχθύασ ἀναβλέψασ εἰσ τὸν οὐρανὸν εὐλόγη-
σεν, καὶ κατέκλασεν τοὺσ ἄρτουσ καὶ ἐδίδου τοῖσ μαθηταῖσ ἵνα
42 παρατιθῶσιν αὐτοῖσ, καὶ τοὺσ δύο ἰχθύασ ἐμέρισεν πᾶσιν. ⁴² καὶ
43 ἔφαγον πάντεσ καὶ ἐχορτάσθησαν· ⁴³ καὶ ἦραν κλασμάτων δώ-
44 δεκα κοφίνων πληρώματα, καὶ ἀπὸ τῶν ἰχθύων. ⁴⁴ καὶ ἦσαν οἱ
φαγόντεσ τοὺσ ἄρτουσ πεντακισχίλιοι ἄνδρεσ.
45   Καὶ εὐθὺσ ἠνάγκασεν τοὺσ μαθητὰσ αὐτοῦ ἐμβῆναι εἰσ τὸ ⁴⁵⁻⁵² Mt 14,
πλοῖον καὶ προάγειν εἰσ τὸ πέραν πρὸσ Βηθσαϊδάν, ἕωσ αὐτὸσ ²²⁻³³ Io 6,15-21
46 ἀπολύει τὸν ὄχλον. ⁴⁶ καὶ ἀποταξάμενοσ αὐτοῖσ ἀπῆλθεν εἰσ τὸ
47 ὄροσ προσεύξασθαι. ⁴⁷ καὶ ὀψίασ γενομένησ ἦν τὸ πλοῖον ἐν
48 μέσῳ τῆσ θαλάσσησ, καὶ αὐτὸσ μόνοσ ἐπὶ τῆσ γῆσ. ⁴⁸ καὶ ἰδὼν
αὐτοὺσ βασανιζομένουσ ἐν τῷ ἐλαύνειν, ἦν γὰρ ὁ ἄνεμοσ ἐναντίοσ
αὐτοῖσ, περὶ τετάρτην φυλακὴν τῆσ νυκτὸσ ἔρχεται πρὸσ αὐτοὺσ
περιπατῶν ἐπὶ τῆσ θαλάσσησ. καὶ ἤθελεν παρελθεῖν αὐτούσ·
49 ⁴⁹ οἱ δὲ ἰδόντεσ αὐτὸν ἐπὶ τῆσ θαλάσσησ περιπατοῦντα ἔδοξαν
50 ὅτι φάντασμά ἐστιν, καὶ ἀνέκραξαν· ⁵⁰ πάντεσ γὰρ αὐτὸν εἶδαν
καὶ ἐταράχθησαν. ὁ δὲ εὐθὺσ ἐλάλησεν μετ' αὐτῶν, καὶ λέγει
51 αὐτοῖσ· θαρσεῖτε, ἐγώ εἰμι, μὴ φοβεῖσθε. ⁵¹ καὶ ἀνέβη πρὸσ
αὐτοὺσ εἰσ τὸ πλοῖον, καὶ ἐκόπασεν ὁ ἄνεμοσ· καὶ λίαν ἐκ περισ-
52 σοῦ ἐν ἑαυτοῖσ ἐξίσταντο. ⁵² οὐ γὰρ συνῆκαν ἐπὶ τοῖσ ἄρτοισ,
ἀλλ' ἦν αὐτῶν ἡ καρδία πεπωρωμένη.
53   Καὶ διαπεράσαντεσ ἐπὶ τὴν γῆν ἦλθον εἰσ Γεννησαρὲτ καὶ ⁵³⁻⁵⁶ Mt
54 προσωρμίσθησαν. ⁵⁴ καὶ ἐξελθόντων αὐτῶν ἐκ τοῦ πλοίου εὐθὺσ ³⁴⁻³⁶
55 ἐπιγνόντεσ αὐτὸν ⁵⁵ περιέδραμον ὅλην τὴν χώραν ἐκείνην καὶ
ἤρξαντο ἐπὶ τοῖσ κραβάττοισ τοὺσ κακῶσ ἔχοντασ περιφέρειν,
56 ὅπου ἤκουον ὅτι ἐστίν. ⁵⁶ καὶ ὅπου ἐὰν εἰσεπορεύετο εἰσ κώμασ
ἢ εἰσ πόλεισ ἢ εἰσ ἀγρούσ, ἐν ταῖσ ἀγοραῖσ ἐτίθεσαν τοὺσ ἀσθε-
νοῦντασ, καὶ παρεκάλουν αὐτὸν ἵνα κἂν τοῦ κρασπέδου τοῦ ἱματίου
αὐτοῦ ἅψωνται· καὶ ὅσοι ἂν ἥψαντο αὐτοῦ ἐσώζοντο.

---

39. ℵ ανακλιθηναι 40. ανεπεσον | κατα bis : ανα 41. ℵ* και κλασασ
τ. αρτ. εδιδου | τοισ μαθητ. αυτου | παραθωσιν 43. κλασματων δωδ.
κοφινουσ πληρεισ 44. τ. αρτουσ : ℵ om | ς ωσει πεντακ., ℵ ωσ πεντακ.
45. ευθεωσ | ℵ εισ πλοι. | απολυση 48. και ειδεν | ℵ εναντ. ο ανεμ. | και
περι 49. περιπατ. επι τ. θαλασσ. | οτι φαντ. εστ. : φαντασμα ειναι
50. ειδον | ο δε etc : και ευθεωσ 51. ℵ om εκ περισσ. | εξισταντο : add
και εθαυμαζον 52. αλλ ην : ην γαρ | η καρδ. αυτων 53. διαπερ. ηλθον
επι την γην γεννησαρετ | ℵ* προσωρμηθησαν 54. ευθεωσ 55. περι-
δραμοντεσ omisso και sq | περιχωρον | επι : ℵ εν | ℵ κραβακτοισ, ς κραβ-
βατοισ | ℵ οπου ηκουσθη | οτι εκει εστιν 56. οπου αν | om εισ sec et
tert | ℵ η εν ταισ | ετιθουν | αν : ℵ om | ηπτοντο

VII.

De lotione manuum et vana Pharisaeorum doctrina. Quae hominem polluant. Syrophoenissa. Sanatio surdi tardiloquique.

Καὶ συνάγονται πρὸσ αὐτὸν οἱ Φαρισαῖοι καί τινεσ τῶν γραμματέων ἐλθόντεσ ἀπὸ Ἱεροσολύμων. ² καὶ ἰδόντεσ τινὰσ τῶν μαθητῶν αὐτοῦ ὅτι κοιναῖσ χερσίν, τοῦτ' ἔστιν ἀνίπτοισ, ἐσθίουσιν τοὺσ ἄρτουσ, — ³ οἱ γὰρ Φαρισαῖοι καὶ πάντεσ οἱ Ἰουδαῖοι ἐὰν μὴ πυκνὰ νίψωνται τὰσ χεῖρασ οὐκ ἐσθίουσιν, κρατοῦντεσ τὴν παράδοσιν τῶν πρεσβυτέρων, ⁴ καὶ ἀπὸ ἀγορᾶσ ἐὰν μὴ βαπτίσωνται οὐκ ἐσθίουσιν, καὶ ἄλλα πολλά ἐστιν ἃ παρέλαβον κρατεῖν, βαπτισμοὺσ ποτηρίων καὶ ξεστῶν καὶ χαλκίων — ⁵ καὶ ἐπερωτῶσιν αὐτὸν οἱ Φαρισαῖοι καὶ οἱ γραμματεῖσ· διατί οὐ περιπατοῦσιν οἱ μαθηταί σου κατὰ τὴν παράδοσιν τῶν πρεσβυτέρων, ἀλλὰ κοιναῖσ χερσὶν ἐσθίουσιν τὸν ἄρτον; ⁶ ὁ δὲ εἶπεν αὐτοῖσ· καλῶσ ἐπροφήτευσεν Ἡσαΐασ περὶ ὑμῶν τῶν ὑποκριτῶν, ὡσ γέγραπται ὅτι οὗτος ὁ λαὸσ τοῖσ χείλεσίν με τιμᾷ, ἡ δὲ καρδία αὐτῶν πόρρω ἀπέχει ἀπ' ἐμοῦ· ⁷ μάτην δὲ σέβονταί με διδάσκοντεσ διδασκαλίασ ἐντάλματα ἀνθρώπων. ⁸ ἀφέντεσ τὴν ἐντολὴν τοῦ θεοῦ κρατεῖτε τὴν παράδοσιν τῶν ἀνθρώπων. ⁹ καὶ ἔλεγεν αὐτοῖσ· καλῶσ ἀθετεῖτε τὴν ἐντολὴν τοῦ θεοῦ, ἵνα τὴν παράδοσιν ὑμῶν τηρήσητε. ¹⁰ Μωϋσῆσ γὰρ εἶπεν· τίμα τὸν πατέρα σου καὶ τὴν μητέρα σου, καί· ὁ κακολογῶν πατέρα ἢ μητέρα θανάτῳ τελευτάτω. ¹¹ ὑμεῖσ δὲ λέγετε· ἐὰν εἴπῃ ἄνθρωποσ τῷ πατρὶ ἢ τῇ μητρί· κορβᾶν, ὅ ἐστιν δῶρον, ὃ ἐὰν ἐξ ἐμοῦ ὠφεληθῇσ, ¹² οὐκέτι ἀφίετε αὐτὸν οὐδὲν ποιῆσαι τῷ πατρὶ ἢ τῇ μητρί, ¹³ ἀκυροῦντεσ τὸν λόγον τοῦ θεοῦ τῇ παραδόσει ὑμῶν ᾗ παρεδώκατε. καὶ παρόμοια τοιαῦτα πολλὰ ποιεῖτε. ¹⁴ καὶ προσκαλεσάμενοσ πάλιν τὸν ὄχλον ἔλεγεν αὐτοῖσ· ἀκούσατέ μου πάντεσ καὶ σύνετε. ¹⁵ οὐδέν ἐστιν ἔξωθεν τοῦ ἀνθρώπου εἰσπορευόμενον εἰσ αὐτὸν ὃ δύναται κοινῶσαι αὐτόν· ἀλλὰ τὰ ἐκ τοῦ ἀνθρώπου ἐκπορευόμενά ἐστιν τὰ κοινοῦντα τὸν ἄνθρωπον. ¹⁷ Καὶ ὅτε εἰσῆλθεν εἰσ τὸν οἶκον ἀπὸ τοῦ ὄχλου, ἐπηρώτων αὐτὸν οἱ μαθηταὶ αὐτοῦ τὴν παραβολήν. ¹⁸ καὶ λέγει αὐτοῖσ· οὕτωσ καὶ ὑμεῖσ ἀσύνετοί ἐστε; οὐ νοεῖτε ὅτι

VII, 2. οτι κοιναισ - εσθιουσιν : κοιναισ - εσθιοντασ | τουσ αρτουσ (א τον αρτον) : add εμεμψαντο 3. πυκνα : πυγμη 4. απ αγορασ | βαπτισωνται : א ραντισωντ. | χαλκιων : add και κλινων 5. και prim : επειτα | οι μαθητ. σου ου περιπατ. | κοιναισ : ανιπτοισ 6. ο δε : add αποκριθεισ | οτι καλωσ | προεφητευσεν | om οτι ante ουτοσ 8. αφεντ. γαρ | ανθρωπων : add βαπτισμουσ ξεστων και ποτηριων και αλλα παρομοια τοιαυτα πολλα ποιειτε 10. μωσησ 12. και ουκετι | τ. πατρι αυτου η τ. μητρ. αυτου 13. τοιαυτα : א post πολλα 14. παλιν : παντα | ק א ακουετε | μου : א om | παντεσ : א om | ק א συνιετε 15. εισ : א* επ | αυτον κοινωσαι | τα εκπορ. απ αυτου | εστ. τα : praem εκεινα 16. ει τισ εχει ωτα ακουειν ακουετω 17. εισηλθον | om τον | περι τησ παραβολησ 18. א ουπω νοειτε

πᾶν τὸ ἔξωθεν εἰσπορευόμενον εἰσ τὸν ἄνθρωπον οὐ δύναται
19 αὐτὸν κοινῶσαι, ¹⁹ ὅτι οὐκ εἰσπορεύεται αὐτοῦ εἰσ τὴν καρδίαν
ἀλλ' εἰσ τὴν κοιλίαν, καὶ εἰσ τὸν ἀφεδρῶνα ἐκπορεύεται, καθα-
20 ρίζων πάντα τὰ βρώματα; ²⁰ ἔλεγεν δὲ ὅτι τὸ ἐκ τοῦ ἀνθρώπου
21 ἐκπορευόμενον, ἐκεῖνο κοινοῖ τὸν ἄνθρωπον. ²¹ ἔσωθεν γὰρ ἐκ
τῆσ καρδίασ τῶν ἀνθρώπων οἱ διαλογισμοὶ οἱ κακοὶ ἐκπορεύονται,
22 πορνεῖαι, κλοπαί, φόνοι, ²² μοιχεῖαι, πλεονεξίαι, πονηρίαι, δόλοσ,
ἀσέλγεια, ὀφθαλμὸσ πονηρόσ, βλασφημία, ὑπερηφανία, ἀφροσύνη·
23 πάντα ταῦτα τὰ πονηρὰ ἔσωθεν ἐκπορεύεται καὶ κοινοῖ τὸν ἄν-
θρωπον.
24 Ἐκεῖθεν δὲ ἀναστὰσ ἀπῆλθεν εἰσ τὰ ὅρια Τύρου. καὶ 24-30 Mt 15, 21-28
εἰσελθὼν εἰσ οἰκίαν οὐδένα ἠθέλησεν γνῶναι, καὶ οὐκ ἠδυνάσθη
25 λαθεῖν· ²⁵ ἀλλὰ εὐθὺσ ἀκούσασα γυνὴ περὶ αὐτοῦ, ἧσ εἶχεν τὸ
θυγάτριον αὐτῆσ πνεῦμα ἀκάθαρτον, εἰσελθοῦσα προσέπεσεν πρὸσ
26 τοὺσ πόδασ αὐτοῦ· ²⁶ ἡ δὲ γυνὴ ἦν Ἑλληνίσ, Συροφοινίκισσα τῷ
γένει· καὶ ἠρώτα αὐτὸν ἵνα τὸ δαιμόνιον ἐκβάλῃ ἐκ τῆσ θυγα-
27 τρὸσ αὐτῆσ. ²⁷ καὶ ἔλεγεν αὐτῇ· ἄφεσ πρῶτον χορτασθῆναι τὰ
τέκνα· οὐ γάρ ἐστιν καλὸν λαβεῖν τὸν ἄρτον τῶν τέκνων καὶ τοῖσ
28 κυναρίοισ βαλεῖν. ²⁸ ἡ δὲ ἀπεκρίθη καὶ λέγει αὐτῷ· ναί, κύριε·
καὶ τὰ κυνάρια ὑποκάτω τῆσ τραπέζησ ἐσθίουσιν ἀπὸ τῶν ψιχίων
29 τῶν παιδίων. ²⁹ καὶ εἶπεν αὐτῇ· διὰ τοῦτον τὸν λόγον ὕπαγε,
30 ἐξελήλυθεν ἐκ τῆσ θυγατρόσ σου τὸ δαιμόνιον. ³⁰ καὶ ἀπελθοῦσα
εἰσ τὸν οἶκον αὐτῆσ εὗρεν τὸ παιδίον βεβλημένον ἐπὶ τὴν κλίνην
καὶ τὸ δαιμόνιον ἐξεληλυθόσ.
31 Καὶ πάλιν ἐξελθὼν ἐκ τῶν ὁρίων Τύρου ἦλθεν διὰ Σιδῶνοσ Mt 15, 29
εἰσ τὴν θάλασσαν τῆσ Γαλιλαίασ ἀνὰ μέσον τῶν ὁρίων Δεκαπό-
32 λεωσ. ³² καὶ φέρουσιν αὐτῷ κωφὸν καὶ μογιλάλον, καὶ παρα-
33 καλοῦσιν αὐτὸν ἵνα ἐπιθῇ αὐτῷ τὴν χεῖρα. ³³ καὶ ἀπολαβόμενοσ
αὐτὸν ἀπὸ τοῦ ὄχλου κατ' ἰδίαν ἔβαλεν τοὺσ δακτύλουσ εἰσ τὰ
34 ὦτα αὐτοῦ καὶ πτύσασ ἥψατο τῆσ γλώσσησ αὐτοῦ, ³⁴ καὶ ἀνα-
βλέψασ εἰσ τὸν οὐρανὸν ἐστέναξεν, καὶ λέγει αὐτῷ· ἐφφαθά, ὅ
35 ἐστιν διανοίχθητι. ³⁵ καὶ ἠνοίγησαν αὐτοῦ αἱ ἀκοαί, καὶ εὐθὺσ
36 ἐλύθη ὁ δεσμὸσ τῆσ γλώσσησ αὐτοῦ, καὶ ἐλάλει ὀρθῶσ. ³⁶ καὶ
διεστείλατο αὐτοῖσ ἵνα μηδενὶ λέγωσιν· ὅσον δὲ αὐτοῖσ διεστέλ-

---

18. א om εισπ. ανθρωπ.|א ου κοινοι τον ανθρωπ. 19. καθαριζον 21. μοι-
χειαι πορν. φονοι ²² κλοπαι 24. και εκειθ. αναστ. | μεθορια | τυρου :
add και σιδωνοσ | εισ την οικιαν | ηθελεν | ηδυνηθη 25. αλλα etc :
ακονσασα γαρ γυνη | א om αυτησ | ελθουσα 26. ην δε η γυνη | συρο-
φοινισσα | εκβαλλη 27. κ. ελεγεν : ο δε ιησουσ ειπεν | καλον εστι | βαλειν
τ. κυναρ. 28. και γαρ τα κυν. | א* αποκατω | εσθιει 29. το δαιμ. εκ
τησ θυγατρ. σου 30. א εαυτησ | ευρε το δαιμ. εξεληλυθ. και την
θυγατερα βεβλημενην επι τησ κλινησ 31. τυρου και σιδωνοσ ηλθε |
εισ : προσ 32. κωφον μογιλαλ. | א* τασ χειρασ 33. κατ ιδι. απο τ.
οχλ.|τουσ δακτ. αυτου 34. אc εφφεθα 35. και ευθεωσ διηνοιχθησαν|
ευθυσ: om 36. λεγωσιν : ειπωσιν | αυτοσ αυτοισ

Mt 15, 30s λετο, αὐτοὶ μᾶλλον περισσότερον ἐκήρυσσον. ³⁷ καὶ ὑπερπερισσῶσ 37
ἐξεπλήσσοντο λέγοντεσ· καλῶσ πάντα πεποίηκεν, καὶ τοὺσ κωφοὺσ
ποιεῖ ἀκούειν καὶ ἀλάλουσ λαλεῖν.

VIII.

Satiantur quattuor millia. Ostentum caeleste recusatur. Fermentum Pharisaeorum. Caecus Bethsaidae. Iudicia de Christo. Calamitatum Christi et sectatorum eius necessitas.

1-9
Mt 15,
32-39
Mc 6,
34-44

Ἐν ἐκείναισ ταῖσ ἡμέραισ πάλιν πολλοῦ ὄχλου ὄντοσ καὶ 1
μὴ ἐχόντων τί φάγωσιν, προσκαλεσάμενοσ τοὺσ μαθητὰσ λέγει
αὐτοῖσ· ² σπλαγχνίζομαι ἐπὶ τὸν ὄχλον, ὅτι ἤδη ἡμέραι τρεῖσ προσ- 2
μένουσίν μοι καὶ οὐκ ἔχουσιν τί φάγωσιν. ³ καὶ ἐὰν ἀπολύσω αὐ- 3
τοὺσ νήστισ εἰσ οἶκον αὐτῶν, ἐκλυθήσονται ἐν τῇ ὁδῷ· καί τινεσ
αὐτῶν ἀπὸ μακρόθεν ἥκασιν. ⁴ καὶ ἀπεκρίθησαν αὐτῷ οἱ μαθη- 4
ταὶ αὐτοῦ ὅτι πόθεν τούτουσ δυνήσεταί τισ ὧδε χορτάσαι ἄρτων
ἐπ' ἐρημίασ; ⁵ καὶ ἠρώτα αὐτούσ· πόσουσ ἔχετε ἄρτουσ; οἱ δὲ 5
εἶπαν· ἑπτά. ⁶ καὶ παραγγέλλει τῷ ὄχλῳ ἀναπεσεῖν ἐπὶ τῆσ γῆσ· 6
καὶ λαβὼν τοὺσ ἑπτὰ ἄρτουσ εὐχαριστήσασ ἔκλασεν καὶ ἐδίδου
τοῖσ μαθηταῖσ αὐτοῦ ἵνα παρατιθῶσιν· καὶ παρέθηκαν τῷ ὄχλῳ.
⁷ καὶ εἶχαν ἰχθύδια ὀλίγα· καὶ εὐλογήσασ αὐτὰ παρέθηκεν. ⁸ καὶ 7 8
ἔφαγον καὶ ἐχορτάσθησαν, καὶ ἦραν περισσεύματα κλασμάτων ἑπτὰ
σπυρίδασ. ⁹ ἦσαν δὲ ὡσ τετρακισχίλιοι· καὶ ἀπέλυσεν αὐτούσ. 9

Mt 15, 39
11-13
Mt 16, 1-4

Καὶ εὐθὺσ ἐμβὰσ εἰσ τὸ πλοῖον μετὰ τῶν μαθητῶν αὐτοῦ 10
ἦλθεν εἰσ τὰ μέρη Δαλμανουθά. ¹¹ καὶ ἐξῆλθον οἱ Φαρισαῖοι 11
καὶ ἤρξαντο συνζητεῖν αὐτῷ, ζητοῦντεσ παρ' αὐτοῦ σημεῖον ἀπὸ
τοῦ οὐρανοῦ, πειράζοντεσ αὐτόν. ¹² καὶ ἀναστενάξασ τῷ πνεύ- 12
ματι αὐτοῦ λέγει· τί ἡ γενεὰ αὕτη ζητεῖ σημεῖον; ἀμὴν λέγω ὑμῖν
εἰ δοθήσεται τῇ γενεᾷ ταύτῃ σημεῖον. ¹³ καὶ ἀφεὶσ αὐτοὺσ πάλιν 13
ἐμβὰσ ἀπῆλθεν εἰσ τὸ πέραν.

14-21
Mt 16,
5-12
Lc 12, 1

Καὶ ἐπελάθοντο λαβεῖν ἄρτουσ, καὶ εἰ μὴ ἕνα ἄρτον οὐκ 14
εἶχον μεθ' ἑαυτῶν ἐν τῷ πλοίῳ. ¹⁵ καὶ διεστέλλετο αὐτοῖσ λέγων· 15
ὁρᾶτε, βλέπετε ἀπὸ τῆσ ζύμησ τῶν Φαρισαίων καὶ τῆσ ζύμησ
Ἡρώδου. ¹⁶ καὶ διελογίζοντο πρὸσ ἀλλήλουσ ὅτι ἄρτουσ οὐκ 16
ἔχομεν. ¹⁷ καὶ γνοὺσ λέγει αὐτοῖσ· τί διαλογίζεσθε ὅτι ἄρτουσ 17
οὐκ ἔχετε; οὔπω νοεῖτε οὐδὲ συνίετε; πεπωρωμένην ἔχετε τὴν

36. αυτοι : om 37. και τουσ αλαλ.

VIII, 1. παλιν πολλ. : παμπολλου | προσκαλ. ο ιησουσ τ. μαθητ. αυτου 2. ημερασ τρεισ 3. νηστεισ | κ. τινεσ : τιν. γαρ | απο : om | ςᶜ ηκουσιν 4. αυτω : א om | οτι ποθεν : ποθεν, και ειπαν ποθεν 5. επηρωτα | א αρτ. εχετε | ειπον 6. παρηγγειλε | παραθωσι 7. ειχον | αυτα : om | παρεθηκεν : ειπε παραθειναι και αυτα (אᵃ παρατιθεναι και ταυτα) 8. και εφαγ. (א add παντεσ) : εφαγ. δε | κ τα περισσ. | κ σφυριδασ 9. ησαν δε : add οι φαγοντεσ | ωσ : א om 10. ευθεωσ | ηλθεν : א* add ο ιησουσ 11. συζητειν | σημειον : א add ιδειν 12. σημει. επιζητει 13. εμβασ παλιν εισ το πλοιον 16. πρ. αλληλουσ : add λεγοντεσ 17. κ. γνουσ : ς א* add ο ιησουσ | ετι πεπωρωμ.

74   8, 18.   MARC.

18 καρδίαν ὑμῶν; ¹⁸ ὀφθαλμοὺσ ἔχοντεσ οὐ βλέπετε, καὶ ὦτα ἔχοντεσ
19 οὐκ ἀκούετε, καὶ οὐ μνημονεύετε, ¹⁹ ὅτε τοὺσ πέντε ἄρτουσ ἔκλασα
εἰσ τοὺσ πεντακισχιλίουσ, καὶ πόσουσ κοφίνουσ κλασμάτων πλή-
20 ρεισ ἤρατε; λέγουσιν αὐτῷ· δώδεκα. ²⁰ ὅτε καὶ τοὺσ ἑπτὰ εἰσ
τοὺσ τετρακισχιλίουσ, πόσων σπυρίδων πληρώματα κλασμάτων
21 ἤρατε; καὶ λέγουσιν· ἑπτά. ²¹ καὶ ἔλεγεν αὐτοῖσ· οὔπω συνίετε;
22   Καὶ ἔρχονται εἰσ Βηθσαϊδάν. καὶ φέρουσιν αὐτῷ τυφλόν,
23 καὶ παρακαλοῦσιν αὐτὸν ἵνα αὐτοῦ ἅψηται. ²³ καὶ ἐπιλαβόμενοσ
τῆσ χειρὸσ τοῦ τυφλοῦ ἐξήνεγκεν αὐτὸν ἔξω τῆσ κώμησ, καὶ
πτύσασ εἰσ τὰ ὄμματα αὐτοῦ, ἐπιθεὶσ τὰσ χεῖρασ αὐτῷ, ἐπηρώτα
24 αὐτὸν εἴ τι βλέπει. ²⁴ καὶ ἀναβλέψασ ἔλεγεν· βλέπω τοὺσ ἀν-
25 θρώπουσ, ὅτι ὡσ δένδρα ὁρῶ περιπατοῦντασ. ²⁵ εἶτα πάλιν
ἐπέθηκεν τὰσ χεῖρασ ἐπὶ τοὺσ ὀφθαλμοὺσ αὐτοῦ, καὶ διέβλεψεν
26 καὶ ἀπεκατέστη, καὶ ἐνέβλεπεν δηλαυγῶσ ἅπαντα. ²⁶ καὶ ἀπ-
έστειλεν αὐτὸν εἰσ οἶκον αὐτοῦ λέγων· μὴ εἰσ τὴν κώμην εἰσέλθῃσ.
27   Καὶ ἐξῆλθεν ὁ Ἰησοῦσ καὶ οἱ μαθηταὶ αὐτοῦ εἰσ τὰσ κώμασ 27-30 Mt 16,
Καισαρίασ τῆσ Φιλίππου· καὶ ἐν τῇ ὁδῷ ἐπηρώτα τοὺσ μαθη- 13-20 Lc 9,
τὰσ αὐτοῦ λέγων αὐτοῖσ· τίνα με λέγουσιν οἱ ἄνθρωποι εἶναι; 18-21
28 ²⁸ οἱ δὲ εἶπαν αὐτῷ λέγοντεσ ὅτι Ἰωάννην τὸν βαπτιστήν, καὶ
29 ἄλλοι Ἡλείαν, ἄλλοι δὲ ὅτι εἷσ τῶν προφητῶν. ²⁹ καὶ αὐτὸσ
ἐπηρώτα αὐτούσ· ὑμεῖσ δὲ τίνα με λέγετε εἶναι; ἀποκριθεὶσ ὁ
30 Πέτροσ λέγει αὐτῷ· σὺ εἶ ὁ Χριστόσ. ³⁰ καὶ ἐπετίμησεν αὐτοῖσ
31 ἵνα μηδενὶ λέγωσιν περὶ αὐτοῦ. ³¹ Καὶ ἤρξατο διδάσκειν αὐτοὺσ 31-33 Mt 16,
ὅτι δεῖ τὸν υἱὸν τοῦ ἀνθρώπου πολλὰ παθεῖν, καὶ ἀποδοκιμασθῆ- 21-23 Lc 9, 22
ναι ὑπὸ τῶν πρεσβυτέρων καὶ τῶν ἀρχιερέων καὶ τῶν γραμματέων
32 καὶ ἀποκτανθῆναι καὶ μετὰ τρεῖσ ἡμέρασ ἀναστῆναι. ³² καὶ
παρρησίᾳ τὸν λόγον ἐλάλει. καὶ προσλαβόμενοσ ὁ Πέτροσ αὐτὸν
33 ἤρξατο ἐπιτιμᾶν αὐτῷ. ³³ ὁ δὲ ἐπιστραφεὶσ καὶ ἰδὼν τοὺσ μαθη-
τὰσ αὐτοῦ ἐπετίμησεν Πέτρῳ καὶ λέγει· ὕπαγε ὀπίσω μου, σατανᾶ,
ὅτι οὐ φρονεῖσ τὰ τοῦ θεοῦ ἀλλὰ τὰ τῶν ἀνθρώπων.
34   Καὶ προσκαλεσάμενοσ τὸν ὄχλον σὺν τοῖσ μαθηταῖσ αὐτοῦ 34-38 Mt 16,
εἶπεν αὐτοῖσ· ὅστισ θέλει ὀπίσω μου ἀκολουθεῖν, ἀπαρνησάσθω 24-27 Lc 9,
ἑαυτὸν καὶ ἀράτω τὸν σταυρὸν αὐτοῦ, καὶ ἀκολουθείτω μοι. 23-26

18. βλεπετε; — ακουετε, (sed Wtst -ετε;) και — μνημον.; οτε | א* om και
ante ωτα 19. om και ante ποσουσ | κοφιν. πληρεισ κλασμ. 20. οτε
και : οτε δε | τουσ επτα : א add αρτουσ | κ. λεγουσιν : οι δε ειπον
21. ουπω : πωσ ου 22. ϛ א* ερχεται 23. εξηγαγεν 24. ελεγεν : א*
ειπεν | οτι ωσ etc.: ϛᵉ ωσ δενδρα περιπατουντασ 25. κ. διεβλεψ. : και
εποιησεν αυτον αναβλεψαι | αποκατεσταθη | και ενεβλεψεν, א* κ. εβλεψεν |
ϛ אᶜ τηλαυγωσ | απαντασ 26. αυτον : א post οικον | τον οικον | μηδε
εισ την κωμην εισελθῃσ μηδε ειπῃσ τινι εν τη κωμη 27. καισαρειασ
28. ειπαν : απεκριθησαν | om αυτω λεγοντεσ οτι | ηλιαν | οτι εισ : ενα
29. επηρ. αυτουσ : λεγει αυτοισ | αποκριθ. δε | ο χριστοσ : א add ο υιοσ
του θεου. 31. υπὸ : απο | om των ante αρχιερ. et ante γραμματ. 32. αυ-
τον : ϛ א ante ο πετρ. 33. τω πετρω | και λεγει : λεγων 34. οστισ : א
ει τισ | ακολουθειν : ϛ א ελθειν | κ τ. σταυρ. εαυτου

35 ὃσ γὰρ ἐὰν θέλῃ τὴν ψυχὴν αὐτοῦ σῶσαι, ἀπολέσει αὐτήν· ὃσ δ' ἂν 35
ἀπολέσει τὴν ψυχὴν αὐτοῦ ἕνεκεν ἐμοῦ καὶ τοῦ εὐαγγελίου, σώσει
αὐτήν. 36 τί γὰρ ὠφελεῖ ἄνθρωπον κερδῆσαι τὸν κόσμον ὅλον 36
καὶ ζημιωθῆναι τὴν ψυχὴν αὐτοῦ; 37 τί γὰρ δοῖ ἄνθρωποσ ἀντάλ- 37
λαγμα τῆσ ψυχῆσ αὐτοῦ; 38 ὃσ γὰρ ἐὰν ἐπαισχυνθῇ με καὶ τοὺσ 38
ἐμοὺσ λόγουσ ἐν τῇ γενεᾷ ταύτῃ τῇ μοιχαλίδι καὶ ἁμαρτωλῷ, καὶ
ὁ υἱὸσ τοῦ ἀνθρώπου ἐπαισχυνθήσεται αὐτόν, ὅταν ἔλθῃ ἐν τῇ
δόξῃ τοῦ πατρὸσ αὐτοῦ μετὰ τῶν ἀγγέλων τῶν ἁγίων.. (IX.) 1 καὶ 1
ἔλεγεν αὐτοῖσ· ἀμὴν λέγω ὑμῖν ὅτι εἰσίν τινεσ ὧδε τῶν ἑστηκότων
οἵτινεσ οὐ μὴ γεύσωνται θανάτου ἕωσ ἂν ἴδωσιν τὴν βασιλείαν
τοῦ θεοῦ ἐληλυθυῖαν ἐν δυνάμει.

IX.

Transfiguratio; Elias. Christus sanat daemoniacum non sanatum ab apostolis. Messiae moriendum esse. Discipulorum ambitio et infans. Offensionum pericula; salitura ignis.

2 Καὶ μετὰ ἡμέρασ ἓξ παραλαμβάνει ὁ Ἰησοῦσ τὸν Πέτρον 2
καὶ τὸν Ἰάκωβον καὶ τὸν Ἰωάννην, καὶ ἀναφέρει αὐτοὺσ εἰσ ὄροσ
ὑψηλὸν κατ' ἰδίαν μόνουσ, καὶ μετεμορφώθη ἔμπροσθεν αὐτῶν,
3 καὶ τὰ ἱμάτια αὐτοῦ ἐγένετο στίλβοντα λευκὰ λίαν, οἷα γναφεὺσ 3
ἐπὶ τῆσ γῆσ οὐ δύναται οὕτωσ λευκᾶναι. 4 καὶ ὤφθη αὐτοῖσ 4
Ἡλείασ σὺν Μωϋσεῖ, καὶ ἦσαν συνλαλοῦντεσ τῷ Ἰησοῦ. 5 καὶ 5
ἀποκριθεὶσ ὁ Πέτροσ λέγει τῷ Ἰησοῦ· ῥαββεί, καλόν ἐστιν ἡμᾶσ
ὧδε εἶναι, καὶ ποιήσωμεν τρεῖσ σκηνάσ, σοὶ μίαν καὶ Μωϋσεῖ μίαν
καὶ Ἡλείᾳ μίαν. 6 οὐ γὰρ ᾔδει τί ἀποκριθῇ· ἔκφοβοι γὰρ ἐγέ- 6
νοντο. 7 καὶ ἐγένετο νεφέλη ἐπισκιάζουσα αὐτοῖσ, καὶ ἐγένετο 7
φωνὴ ἐκ τῆσ νεφέλησ· οὗτόσ ἐστιν ὁ υἱόσ μου ὁ ἀγαπητόσ, ἀκούετε
αὐτοῦ. 8 καὶ ἐξάπινα περιβλεψάμενοι οὐκέτι οὐδένα εἶδον ἀλλὰ 8
τὸν Ἰησοῦν μόνον μεθ' ἑαυτῶν. 9 Καὶ καταβαινόντων αὐτῶν ἀπὸ 9
τοῦ ὄρουσ, διεστείλατο αὐτοῖσ ἵνα μηδενὶ ἃ εἶδον διηγήσωνται, εἰ
μὴ ὅταν ὁ υἱὸσ τοῦ ἀνθρώπου ἐκ νεκρῶν ἀναστῇ. 10 καὶ τὸν 10
λόγον ἐκράτησαν πρὸσ ἑαυτοὺσ συνζητοῦντεσ τί ἐστιν τὸ ἐκ νεκρῶν
ἀναστῆναι. 11 καὶ ἐπηρώτων αὐτὸν λέγοντεσ· ὅτι λέγουσιν οἱ Φαρι- 11
σαῖοι καὶ οἱ γραμματεῖσ ὅτι Ἡλείαν δεῖ ἐλθεῖν πρῶτον; 12 ὁ δὲ 12
ἔφη αὐτοῖσ· Ἡλείασ ἐλθὼν πρῶτον ἀποκαθιστάνει πάντα. καὶ

---

35. οσ γαρ αν | απολεση | ουτοσ σωσ. αυτ. 36. ωφελησει | א* ανθρωποσ |
εαν κερδηση, item και ζημιωθη 37. η τι δωσει ανθρωπ. 38. γαρ αν
IX, 1. ς א τιν. των ωδε εστηκοτ. (א εστωτων) 2. μεθ ημερ. | א
υψηλ. λιαν 3. εγενοντο | λιαν : add ωσ χιων | ουτωσ : om 4. ς א ηλιασ |
ς μωσει, א μωνση | ς συλλαλουντ., א λαλουντεσ 5. ραββι | σκηνασ τρεισ |
μωσει 6. αποκριθη (א απεκριθη) : λαληση | ησαν γαρ εκφοβοι 7. ηλθε
φωνη | νεφελησ: add λεγουσα | αυτου ακουετε 8. αλλα : א ει μη 9. καταβαινοντ. δε | διηγησωντ. α ειδον | ει μη (sic אa) : א* om 10. συζητ.
11. om οι φαρισ. και | ς א ηλιαν 12. εφη : αποκριθεισ ειπεν | ς א ηλιασ.
Praeterea ς add μεν | אc πρωτοσ | א* αποκαταστανει, ς αποκαθιστα

πῶσ γέγραπται ἐπὶ τὸν υἱὸν τοῦ ἀνθρώπου; ἵνα πολλὰ πάθῃ καὶ
13 ἐξουθενωθῇ. ¹³ ἀλλὰ λέγω ὑμῖν ὅτι καὶ Ἠλείασ ἐλήλυθεν, καὶ
ἐποίησαν αὐτῷ ὅσα ἤθελον, καθὼσ γέγραπται ἐπ' αὐτόν.
14 Καὶ ἐλθόντεσ πρὸσ τοὺσ μαθητὰσ εἶδον ὄχλον πολὺν περὶ
15 αὐτοὺσ καὶ γραμματεῖσ συνζητοῦντασ πρὸσ αὐτούσ. ¹⁵ καὶ εὐθὺσ
πᾶσ ὁ ὄχλοσ ἰδόντεσ αὐτὸν ἐξεθαμβήθησαν, καὶ προσστρέχοντεσ
16 ἠσπάζοντο αὐτόν. ¹⁶ καὶ ἐπηρώτησεν αὐτούσ· τί συνζητεῖτε πρὸσ
17 αὐτούσ; ¹⁷ καὶ ἀπεκρίθη αὐτῷ εἷσ ἐκ τοῦ ὄχλου· διδάσκαλε,
18 ἤνεγκα τὸν υἱόν μου πρόσ σε, ἔχοντα πνεῦμα ἄλαλον, ¹⁸ καὶ ὅπου
ἐὰν αὐτὸν καταλάβῃ ῥήσσει, καὶ ἀφρίζει καὶ τρίζει τοὺσ ὀδόντασ
καὶ ξηραίνεται· καὶ εἶπα τοῖσ μαθηταῖσ σου ἵνα αὐτὸ ἐκβάλωσιν,
19 καὶ οὐκ ἴσχυσαν. ¹⁹ ὁ δὲ ἀποκριθεὶσ αὐτοῖσ λέγει· ὦ γενεὰ
ἄπιστοσ, ἕωσ πότε πρὸσ ὑμᾶσ ἔσομαι; ἕωσ πότε ἀνέξομαι ὑμῶν;
20 φέρετε αὐτὸν πρόσ με. ²⁰ καὶ ἤνεγκαν αὐτὸν πρὸσ αὐτόν. καὶ
ἰδὼν αὐτόν, τὸ πνεῦμα εὐθὺσ συνεσπάραξεν αὐτόν, καὶ πεσὼν
21 ἐπὶ τῆσ γῆσ ἐκυλίετο ἀφρίζων. ²¹ καὶ ἐπηρώτησεν τὸν πατέρα
αὐτοῦ· πόσοσ χρόνοσ ἐστὶν ὡσ τοῦτο γέγονεν αὐτῷ; ὁ δὲ εἶπεν·
22 ἐκ παιδιόθεν· ²² καὶ πολλάκισ καὶ εἰσ πῦρ αὐτὸν ἔβαλεν καὶ εἰσ
ὕδατα, ἵνα ἀπολέσῃ αὐτόν· ἀλλὰ εἴ τι δύνῃ, βοήθησον ἡμῖν σπλαγ-
23 χνισθεὶσ ἐφ' ἡμᾶσ. ²³ ὁ δὲ Ἰησοῦσ εἶπεν αὐτῷ τὸ εἰ δύνῃ; πάντα
24 δυνατὰ τῷ πιστεύοντι. ²⁴ εὐθὺσ κράξασ ὁ πατὴρ τοῦ παιδίου
25 ἔλεγεν· πιστεύω· βοήθει μου τῇ ἀπιστίᾳ. ²⁵ ἰδὼν δὲ ὁ Ἰησοῦσ
ὅτι ἐπισυντρέχει ὁ ὄχλοσ, ἐπετίμησεν τῷ πνεύματι τῷ ἀκαθάρτῳ
λέγων αὐτῷ· τὸ ἄλαλον καὶ κωφὸν πνεῦμα, ἐγὼ ἐπιτάσσω σοι,
26 ἔξελθε ἐξ αὐτοῦ καὶ μηκέτι εἰσέλθῃσ εἰσ αὐτόν. ²⁶ καὶ κράξασ
καὶ πολλὰ σπαράξασ ἐξῆλθεν· καὶ ἐγένετο ὡσεὶ νεκρόσ, ὥστε
27 τοὺσ πολλοὺσ λέγειν ὅτι ἀπέθανεν. ²⁷ ὁ δὲ Ἰησοῦσ κρατήσασ
28 τῆσ χειρὸσ αὐτοῦ ἤγειρεν αὐτόν, καὶ ἀνέστη. ²⁸ καὶ εἰσελθόντοσ
αὐτοῦ εἰσ οἶκον οἱ μαθηταὶ αὐτοῦ κατ' ἰδίαν ἐπηρώτων αὐτόν·
29 ὅτι ἡμεῖσ οὐκ ἠδυνήθημεν ἐκβαλεῖν αὐτό; ²⁹ καὶ εἶπεν αὐτοῖσ·
τοῦτο τὸ γένοσ ἐν οὐδενὶ δύναται ἐξελθεῖν εἰ μὴ ἐν προσευχῇ.
30 Κἀκεῖθεν ἐξελθόντεσ παρεπορεύοντο διὰ τῆσ Γαλιλαίασ, καὶ
31 οὐκ ἤθελεν ἵνα τισ γνοῖ· ³¹ ἐδίδασκεν γὰρ τοὺσ μαθητὰσ αὐτοῦ,

12. ανθρωπον, ινα - εξουδενωθη 13. οτι : ℵ* om | ηθελησαν 14. ελθων
et ειδεν | συζητ. | προσ αυτουσ (ℵ* εαυτ.) : αυτοισ 15. ευθεωσ | ιδων
et εξεθαμβηθη 16. αυτουσ : τουσ γραμματεισ | ℵ* προσ εαυτουσ 17. και
αποκριθεισ εισ εκ τ. οχλ. ειπεν 18. οπου αν | ρησσει αυτον | τουσ
οδοντ. αυτου | ειπον 19. αυτοισ : αυτω | ℵ προσ εμε 20. ευθεωσ id-
que ante το πνευμ. | εσπαραξεν 21. ωσ : ℵc εξ ου | om εκ 22. αυτου :
post πολλακισ | αλλ | δυνασαι 23. ει δυνασαι πιστευσαι 24. ευθυσ :
ℵ* και, ς και ευθεωσ | μετα δακρυων ελεγε· πιστευω κυριε 25. ο οχλ. :
om ο | το πνευμα το αλαλ. και κωφον | εγω : ℵ* om | σοι επιτασσω
26. κραξαν et σπαραξαν | ς ℵ* σπαραξ. αυτον | om τουσ 27. τησ χειρ.
αυτου : αυτον τησ χειρ. 28. και εισελθοντα αυτον | επηρωτ. αυτ. κατ
ιδιαν 29. εν προσευχη : add και νηστεια 30. και εκειθεν | γνω

καὶ ἔλεγεν αὐτοῖσ ὅτι ὁ υἱὸσ τοῦ ἀνθρώπου παραδίδοται εἰσ χεῖρασ ἀνθρώπων, καὶ ἀποκτενοῦσιν αὐτόν, καὶ ἀποκτανθεὶσ μετὰ τρεῖσ ἡμέρασ ἀναστήσεται. ³² οἱ δὲ ἠγνόουν τὸ ῥῆμα, καὶ 32 ἐφοβοῦντο αὐτὸν ἐπερωτῆσαι.
Καὶ ἦλθον εἰσ Καφαρναούμ. καὶ ἐν τῇ οἰκίᾳ γενόμενοσ 33 ἐπηρώτα αὐτούσ· τί ἐν τῇ ὁδῷ διελογίζεσθε; ³⁴ οἱ δὲ ἐσιώπων· 34 πρὸσ ἀλλήλουσ γὰρ διελέχθησαν ἐν τῇ ὁδῷ τίσ μείζων. ³⁵ καὶ 35 καθίσασ ἐφώνησεν τοὺσ δώδεκα, καὶ λέγει αὐτοῖσ· εἴ τισ θέλει πρῶτοσ εἶναι, ἔσται πάντων ἔσχατοσ καὶ πάντων διάκονοσ. ³⁶ καὶ 36 λαβὼν παιδίον ἔστησεν αὐτὸ ἐν μέσῳ αὐτῶν, καὶ ἐναγκαλισάμενοσ αὐτὸ εἶπεν αὐτοῖσ· ³⁷ ὃσ ἂν ἓν τῶν παιδίων τούτων δέξηται ἐπὶ 37 τῷ ὀνόματί μου, ἐμὲ δέχεται· καὶ ὃσ ἂν ἐμὲ δέχηται, οὐκ ἐμὲ δέχεται ἀλλὰ τὸν ἀποστείλαντά με. ³⁸ Ἔφη αὐτῷ ὁ Ἰωάννησ· 38 διδάσκαλε, εἴδομέν τινα ἐν τῷ ὀνόματί σου ἐκβάλλοντα δαιμόνια, ὃσ οὐκ ἀκολουθεῖ ἡμῖν, καὶ ἐκωλύομεν αὐτόν, ὅτι οὐκ ἠκολούθει ἡμῖν. ³⁹ ὁ δὲ Ἰησοῦσ εἶπεν· μὴ κωλύετε αὐτόν· οὐδεὶσ γάρ ἐστιν 39 ὃσ ποιήσει δύναμιν ἐπὶ τῷ ὀνόματί μου καὶ δυνήσεται ταχὺ κακολογῆσαί με· ⁴⁰ ὃσ γὰρ οὐκ ἔστιν καθ᾽ ἡμῶν, ὑπὲρ ἡμῶν ἐστίν. 40 ⁴¹ ὃσ γὰρ ἂν ποτίσῃ ὑμᾶσ ποτήριον ὕδατοσ ἐν ὀνόματί μου, ὅτι 41 Χριστοῦ ἐστέ, ἀμὴν λέγω ὑμῖν ὅτι οὐ μὴ ἀπολέσῃ τὸν μισθὸν αὐτοῦ. ⁴² Καὶ ὃσ ἂν σκανδαλίσῃ ἕνα τῶν μικρῶν τούτων τῶν 42 πιστευόντων, καλόν ἐστιν αὐτῷ μᾶλλον εἰ περίκειται μύλοσ ὀνικὸσ περὶ τὸν τράχηλον αὐτοῦ καὶ βέβληται εἰσ τὴν θάλασσαν. ⁴³ καὶ 43 ἐὰν σκανδαλίσῃ σε ἡ χείρ σου, ἀπόκοψον αὐτήν· καλόν ἐστίν σε κυλλὸν εἰσελθεῖν εἰσ τὴν ζωήν, ἢ τὰσ δύο χεῖρασ ἔχοντα ἀπελθεῖν εἰσ τὴν γέενναν, εἰσ τὸ πῦρ τὸ ἄσβεστον. ⁴⁵ καὶ ἐὰν ὁ πούσ σου 45 σκανδαλίζῃ σε, ἀπόκοψον αὐτόν· καλόν ἐστίν σε εἰσελθεῖν εἰσ τὴν ζωὴν χωλόν, ἢ τοὺσ δύο πόδασ ἔχοντα βληθῆναι εἰσ τὴν γέενναν. ⁴⁷ καὶ ἐὰν ὁ ὀφθαλμόσ σου σκανδαλίζῃ σε, ἔκβαλε αὐτόν· καλόν 47 σε ἐστὶν μονόφθαλμον εἰσελθεῖν εἰσ τὴν βασιλείαν τοῦ θεοῦ, ἢ δύο ὀφθαλμοὺσ ἔχοντα βληθῆναι εἰσ τὴν γέενναν, ⁴⁸ ὅπου ὁ σκώληξ 48 αὐτῶν οὐ τελευτᾷ καὶ τὸ πῦρ οὐ σβέννυται. ⁴⁹ πᾶσ γὰρ πυρὶ 49

31. μετ. τρ. ημ.: τη τριτη ημερα 33. ηλθεν | καπερναουμ | προσ εαυτους διελογιζεσθε 34. ℵ τισ μειζ. εστιν 37. οσ εαν εν των τοιουτ. παιδι. | και οσ αν (ℵ om αν) : κ. οσ εαν | ℵ δεχεται, ϛ δεξηται 38. εφη : απεκριθη δε | ο ιω. : add λεγων | εν τω : ϛ (non ϛᵉ) om εν | οσ ουκ ακολ. ημιν : ℵ om | εκωλυσαμεν | ηκολουθει : ακολ. 40. ϛ (non ϛᵉ) υμων υπ. υμων 41. αν : ℵ εαν | εν τω ονοματ. | μου : ℵᶜ om | χριστου : ℵ* εμον (sic) | οτι sec : om 42. om τουτων | πιστευοντ. εισ εμε | λιθοσ μυλικοσ 43. σκανδαλιζη | καλ. σοι εστι | εισ τ. ζω. εισελθ. | απελθ. : ℵ* εισελθ. | ℵᶜ om εισ το πυρ το ασβεστ. 44. οπου ο σκωληξ αυτων ου τελευτα και το πυρ ου σβεννυται 45. ℵ σκανδαλιζει | καλ. εστ. σοι | εισελθειν : ℵ post ζωην | χωλον : ℵ κυλλον η χωλ. | βληθηναι : ℵ post εισ τ. γεενν. | εισ τ. γεενναν : add εισ το πυρ το ασβεστον 46. οπου ο σκωληξ αυτων ου τελευτα και το πυρ ου σβεννυται 47. καλον σοι εστι | ε. τ. γεενναν : add του πυροσ 49. ℵ εν πυρι

50 ἀλισθήσεται. ⁵⁰ καλὸν τὸ ἅλα· ἐὰν δὲ τὸ ἅλα ἄναλον γένηται, Mt 5, 13 Lc 14, 34
ἐν τίνι αὐτὸ ἀρτύσετε; ἔχετε ἐν ἑαυτοῖσ ἅλα καὶ εἰρηνεύετε ἐν
ἀλλήλοισ.

X.

Responsio de repudio. Infantes admissi. Iuvenis dives divitiarumque
pericula. Discipulorum praemia. Messiae mors. Ambitio filiorum Zebedaei. Bartimaeus caecus.

1 Καὶ ἐκεῖθεν ἀναστὰσ ἔρχεται εἰσ τὰ ὅρια τῆσ Ἰουδαίασ καὶ Mt 19, 1-9
πέραν τοῦ Ἰορδάνου, καὶ συνπορεύονται πάλιν ὄχλοι πρὸσ αὐτόν,
2 καὶ ὡσ εἰώθει πάλιν ἐδίδασκεν αὐτούσ. ² καὶ προσελθόντεσ οἱ
Φαρισαῖοι ἐπηρώτων αὐτὸν εἰ ἔξεστιν ἀνδρὶ γυναῖκα ἀπολῦσαι,
3 πειράζοντεσ αὐτόν. ³ ὁ δὲ ἀποκριθεὶσ εἶπεν αὐτοῖσ· τί ὑμῖν
4 ἐνετείλατο Μωϋσῆσ; ⁴ οἱ δὲ εἶπαν· ἐπέτρεψεν Μωϋσῆσ βιβλίον Deu 24, 1 Mt 5, 31
5 ἀποστασίου γράψαι καὶ ἀπολῦσαι. ⁵ ὁ δὲ Ἰησοῦσ εἶπεν αὐτοῖσ·
πρὸσ τὴν σκληροκαρδίαν ὑμῶν ἔγραψεν ὑμῖν τὴν ἐντολὴν ταύτην.
6 7 ⁶ἀπὸ δὲ ἀρχῆσ κτίσεωσ ἄρσεν καὶ θῆλυ ἐποίησεν αὐτούσ· ⁷ ἕνε- 6 ss Gen 1, 27
κεν τούτου καταλείψει ἄνθρωποσ τὸν πατέρα αὐτοῦ καὶ τὴν μη- 2, 24
8 τέρα αὐτοῦ, ⁸ καὶ ἔσονται οἱ δύο εἰσ σάρκα μίαν, ὥστε οὐκέτι
9 εἰσὶν δύο ἀλλὰ μία σάρξ. ⁹ ὃ οὖν ὁ θεὸσ συνέζευξεν, ἄνθρωποσ
10 μὴ χωριζέτω. ¹⁰ καὶ εἰσ τὴν οἰκίαν πάλιν οἱ μαθηταὶ περὶ τούτου
11 ἐπηρώτων αὐτόν. ¹¹ καὶ λέγει αὐτοῖσ· ὃσ ἂν ἀπολύσῃ τὴν γυναῖκα Mt 5, 32 Lc 16, 18
12 αὐτοῦ καὶ γαμήσῃ ἄλλην, μοιχᾶται ἐπ᾽ αὐτήν· ¹² καὶ ἐὰν αὐτὴ
ἀπολύσασα τὸν ἄνδρα αὐτῆσ γαμήσῃ ἄλλον, μοιχᾶται.
13 Καὶ προσέφερον αὐτῷ παιδία ἵνα ἅψηται αὐτῶν· οἱ δὲ μα- 13-16 Mt 19, 13-15
14 θηταὶ ἐπετίμων τοῖσ προσφέρουσιν. ¹⁴ ἰδὼν δὲ ὁ Ἰησοῦσ ἠγα- Lc 18, 15-17
νάκτησεν καὶ εἶπεν αὐτοῖσ· ἄφετε τὰ παιδία ἔρχεσθαι πρόσ με,
μὴ κωλύετε αὐτά· τῶν γὰρ τοιούτων ἐστὶν ἡ βασιλεία τοῦ θεοῦ.
15 ¹⁵ ἀμὴν λέγω ὑμῖν, ὃσ ἂν μὴ δέξηται τὴν βασιλείαν τοῦ θεοῦ ὡσ
16 παιδίον, οὐ μὴ εἰσέλθῃ εἰσ αὐτήν. ¹⁶ καὶ ἐναγκαλισάμενοσ αὐτὰ
κατευλόγει, τιθεὶσ τὰσ χεῖρασ ἐπ᾽ αὐτά.
17 Καὶ ἐκπορευομένου αὐτοῦ εἰσ ὁδόν, προσδραμὼν εἷσ καὶ 17-27 Mt 19, 16-26
γονυπετήσασ αὐτὸν ἐπηρώτα αὐτόν· διδάσκαλε ἀγαθέ, τί ποιήσω Lc 18, 18-27
18 ἵνα ζωὴν αἰώνιον κληρονομήσω; ¹⁸ ὁ δὲ Ἰησοῦσ εἶπεν αὐτῷ· τί
19 με λέγεισ ἀγαθόν; οὐδεὶσ ἀγαθὸσ εἰ μὴ εἷσ ὁ θεόσ. ¹⁹ τὰσ

---

49. αλισθησεται : add και πασα θυσια αλι αλισθησεται 50. το αλασ ter
X, 1. κακειθεν | και περαν : δια του περ. | συμπορ. 2. επηρωτησαν 3 et 4. μωσησ 4. ειπον | μωσησ επετρεψε 5. και αποκριθεισ ο ιησουσ 6. επ. αυτουσ ο θεοσ 7. μητερ. αυτου : om αυτου Praeterea add και προσκολληθησεται προσ την γυναικα αυτου 8. ℵ σαρξ μια 10. εισ etc : εν τη οικια | οι μαθητ. αυτου | περι τουτου (ℵ τουτων) : περι του αυτου. | επηρωτησαν 11. οσ εαν 12. και εαν γυνη απολυση τον ανδρα αυτησ και γαμηθη αλλω 13. αυτων αψηται | ℵ επετιμησαν | τ. προσφερουσιν : ℵ αυτοισ 14. ϛ ℵ και μη 15. οσ εαν 16. κ. εναγκ. αυτ. τιθεισ τασ χειρ. επ αυτα ηυλογει αυτα

MARC. 10, 34. 79

Ἐντολὰσ οἶδασ· μὴ μοιχεύσησ, μὴ φονεύσησ, μὴ κλέψησ, μὴ ψευδομαρτυρήσησ, μὴ ἀποστερήσησ, τίμα τὸν πατέρα σου καὶ τὴν μητέρα σου. ²⁰ὁ δὲ ἔφη αὐτῷ· διδάσκαλε, ταῦτα πάντα 20 ἐφυλαξάμην ἐκ νεότητόσ μου. ²¹ ὁ δὲ Ἰησοῦσ ἐμβλέψασ αὐτῷ 21 ἠγάπησεν αὐτὸν καὶ εἶπεν αὐτῷ· ἕν σε ὑστερεῖ· ὕπαγε, ὅσα ἔχεισ πώλησον καὶ δὸσ τοῖσ πτωχοῖσ, καὶ ἕξεισ θησαυρὸν ἐν οὐρανῷ, καὶ δεῦρο ἀκολούθει μοι. ²²ὁ δὲ στυγνάσασ ἐπὶ τῷ λόγῳ ἀπῆλθεν 22 λυπούμενοσ· ἦν γὰρ ἔχων κτήματα πολλά. ²³ καὶ περιβλεψάμενοσ 23 ὁ Ἰησοῦσ λέγει τοῖσ μαθηταῖσ αὐτοῦ· πῶσ δυσκόλωσ οἱ τὰ χρή- ματα ἔχοντεσ εἰσ τὴν βασιλείαν τοῦ θεοῦ εἰσελεύσονται. ²⁴ οἱ δὲ 24 μαθηταὶ ἐθαμβοῦντο ἐπὶ τοῖσ λόγοισ αὐτοῦ. ὁ δὲ Ἰησοῦσ πάλιν ἀποκριθεὶσ λέγει αὐτοῖσ· τέκνα, πῶσ δύσκολόν ἐστιν εἰσ τὴν βασιλείαν τοῦ θεοῦ εἰσελθεῖν· ²⁵ εὐκοπώτερόν ἐστιν κάμηλον διὰ 25 τῆσ τρυμαλιᾶσ τῆσ ῥαφίδοσ διελθεῖν ἢ πλούσιον εἰσ τὴν βασιλείαν τοῦ θεοῦ εἰσελθεῖν. ²⁶ οἱ δὲ περισσῶσ ἐξεπλήσσοντο λέγοντεσ 26 πρὸσ ἑαυτούσ· καὶ τίσ δύναται σωθῆναι; ²⁷ ἐμβλέψασ αὐτοῖσ ὁ 27 Ἰησοῦσ λέγει· παρὰ ἀνθρώποισ ἀδύνατον, ἀλλ' οὐ παρὰ θεῷ· πάντα γὰρ δυνατὰ παρὰ τῷ θεῷ. ²⁸Ἤρξατο λέγειν ὁ Πέτροσ αὐτῷ· ἰδοὺ ἡμεῖσ ἀφήκαμεν πάντα 28 καὶ ἠκολουθήκαμέν σοι. ²⁹ ἔφη ὁ Ἰησοῦσ· ἀμὴν λέγω ὑμῖν, οὐδείσ 29 ἐστιν ὃσ ἀφῆκεν οἰκίαν ἢ ἀδελφοὺσ ἢ ἀδελφὰσ ἢ μητέρα ἢ πατέρα ἢ τέκνα ἢ ἀγροὺσ ἕνεκεν ἐμοῦ καὶ ἕνεκεν τοῦ εὐαγγελίου, ³⁰ ἐὰν μὴ λάβῃ ἑκατονταπλασίονα νῦν ἐν τῷ καιρῷ τούτῳ οἰκίασ 30 καὶ ἀδελφοὺσ καὶ ἀδελφὰσ καὶ μητέρασ καὶ τέκνα καὶ ἀγροὺσ μετὰ διωγμῶν, καὶ ἐν τῷ αἰῶνι τῷ ἐρχομένῳ ζωὴν αἰώνιον. ³¹ πολλοὶ δὲ ἔσονται πρῶτοι ἔσχατοι καὶ οἱ ἔσχατοι πρῶτοι. 31 ³²Ἦσαν δὲ ἐν τῇ ὁδῷ ἀναβαίνοντεσ εἰσ Ἱεροσόλυμα, καὶ ἦν 32 προάγων αὐτοὺσ ὁ Ἰησοῦσ, καὶ ἐθαμβοῦντο, οἱ δὲ ἀκολουθοῦντεσ ἐφοβοῦντο. καὶ παραλαβὼν πάλιν τοὺσ δώδεκα ἤρξατο αὐτοῖσ λέγειν τὰ μέλλοντα αὐτῷ συμβαίνειν, ³³ ὅτι ἰδοὺ ἀναβαίνομεν εἰσ 33 Ἱεροσόλυμα, καὶ ὁ υἱὸσ τοῦ ἀνθρώπου παραδοθήσεται τοῖσ ἀρ- χιερεῦσιν καὶ τοῖσ γραμματεῦσιν, καὶ κατακρινοῦσιν αὐτὸν θανάτῳ καὶ παραδώσουσιν αὐτὸν τοῖσ ἔθνεσιν, ³⁴ καὶ ἐμπαίξουσιν αὐτῷ 34

19. ℵ* om μη μοιχ., ℵᵃ post μη φον. pon | σου sec : om 20. εφη : απο- κριθεισ ειπεν 21. ἐν σοὶ υστερ. | ακολ. μοι : add αρασ τον σταυρον 23. ℵ* ελεγεν 24. δυσκ. εστιν : add τουσ πεποιθοτασ επι τοισ χρημασιν 25. ℵ om τησ pri et sec | τρυμ. : ℵ* τρηματοσ | διελθ. : ℵ εισελθ. 26. προσ εαυτουσ : ℵ πρ. ἀυτον 27. εμβλεψ. δε | λεγει : ℵ⋅ ειπεν | αλλ ου πα. τω θεω | δυνατα εστι 28. Καὶ ηρξατο ο πετρ. λεγ. αυτω | ς ℵ ηκολουθη- σαμεν | σοι : ℵ add τι αρα εσται ημιν 29. εφη (ℵ add αυτω) ο ιησ. : αποκριθεισ δε ο ιησ. ειπεν | ς ℵ η πατ. η μητερ. | η τεκνα : praem η γυναικα | ℵ* om ενἐκ. εμου και | ενεκεν sec : om 30. απολαβη | ℵ* om οικιασ usque μετ. διωγμων (ℵᵃ supplet usque τεκνα, rell ℵᶜ add) | ℵᵃ και μητερα, ℵᶜ και πατερα και μητερα 31. ℵ om οι 32. οι δε ακ. εφ. : και ακολουθουντ. εφοβουντο 33. ℵ* om και τοισ γραμμ.

καὶ ἐμπτύσουσιν αὐτῷ καὶ μαστιγώσουσιν αὐτὸν καὶ ἀποκτενοῦσιν, καὶ μετὰ τρεῖσ ἡμέρασ ἀναστήσεται.

35 Καὶ προσπορεύονται αὐτῷ Ἰάκωβοσ καὶ Ἰωάννησ οἱ υἱοὶ Ζεβεδαίου, λέγοντεσ αὐτῷ· διδάσκαλε, θέλομεν ἵνα ὃ ἐὰν αἰτή- 36 σωμέν σε ποιήσῃσ ἡμῖν. ³⁶ ὁ δὲ εἶπεν αὐτοῖσ· τί θέλετέ με 37 ποιήσω ὑμῖν; ³⁷ οἱ δὲ εἶπαν αὐτῷ· δὸσ ἡμῖν ἵνα εἶσ σου ἐκ δεξιῶν καὶ εἶσ σου ἐξ ἀριστερῶν καθίσωμεν ἐν τῇ δόξῃ σου. 38 ³⁸ ὁ δὲ Ἰησοῦσ εἶπεν αὐτοῖσ· οὐκ οἴδατε τί αἰτεῖσθε. δύνασθε πιεῖν τὸ ποτήριον ὃ ἐγὼ πίνω, ἢ τὸ βάπτισμα ὃ ἐγὼ βαπτίζομαι 39 βαπτισθῆναι; ³⁹ οἱ δὲ εἶπαν αὐτῷ· δυνάμεθα. ὁ δὲ Ἰησοῦσ εἶπεν αὐτοῖσ· τὸ ποτήριον ὃ ἐγὼ πίνω πίεσθε, καὶ τὸ βάπτισμα ὃ ἐγὼ 40 βαπτίζομαι βαπτισθήσεσθε· ⁴⁰ τὸ δὲ καθίσαι ἐκ δεξιῶν μου ἢ ἐξ εὐωνύμων οὐκ ἔστιν ἐμὸν δοῦναι, ἀλλ' οἷσ ἡτοίμασται.

41 Καὶ ἀκούσαντεσ οἱ δέκα ἤρξαντο ἀγανακτεῖν περὶ Ἰακώβου 42 καὶ Ἰωάννου. ⁴² καὶ προσκαλεσάμενοσ αὐτοὺσ ὁ Ἰησοῦσ λέγει αὐτοῖσ· οἴδατε ὅτι οἱ δοκοῦντεσ ἄρχειν τῶν ἐθνῶν κατακυριεύου- 43 σιν αὐτῶν καὶ οἱ μεγάλοι αὐτῶν κατεξουσιάζουσιν αὐτῶν. ⁴³ οὐχ οὕτωσ δέ ἐστιν ἐν ὑμῖν· ἀλλ' ὃσ ἂν θέλῃ μέγασ γενέσθαι ἐν 44 ὑμῖν, ἔσται ὑμῶν διάκονοσ, ⁴⁴ καὶ ὃσ ἂν θέλῃ ὑμῶν γενέσθαι 45 πρῶτοσ, ἔσται πάντων δοῦλοσ. ⁴⁵ καὶ γὰρ ὁ υἱὸσ τοῦ ἀνθρώπου οὐκ ἦλθεν διακονηθῆναι, ἀλλὰ διακονῆσαι καὶ δοῦναι τὴν ψυχὴν αὐτοῦ λύτρον ἀντὶ πολλῶν.

46 Καὶ ἔρχονται εἰσ Ἱεριχώ. καὶ ἐκπορευομένου αὐτοῦ ἀπὸ Ἱεριχὼ καὶ τῶν μαθητῶν αὐτοῦ καὶ ὄχλου ἱκανοῦ ὁ υἱὸσ Τιμαίου 47 Βαρτιμαῖοσ, τυφλὸσ προσαίτησ, ἐκάθητο παρὰ τὴν ὁδόν. ⁴⁷ καὶ ἀκούσασ ὅτι Ἰησοῦσ ὁ Ναζαρηνόσ ἐστιν, ἤρξατο κράζειν καὶ 48 λέγειν· υἱὲ Δαυείδ Ἰησοῦ, ἐλέησόν με. ⁴⁸ καὶ ἐπετίμων αὐτῷ πολλοὶ ἵνα σιωπήσῃ· ὁ δὲ πολλῷ μᾶλλον ἔκραζεν· υἱὲ Δαυείδ, 49 ἐλέησόν με. ⁴⁹ καὶ στὰσ ὁ Ἰησοῦσ εἶπεν· φωνήσατε αὐτόν. καὶ φωνοῦσιν τὸν τυφλὸν λέγοντεσ αὐτῷ· θάρσει, ἔγειρε, φωνεῖ σε. 50 ⁵⁰ ὁ δὲ ἀποβαλὼν τὸ ἱμάτιον αὐτοῦ ἀναπηδήσασ ἦλθεν πρὸσ τὸν 51 Ἰησοῦν. ⁵¹ καὶ ἀποκριθεὶσ αὐτῷ ὁ Ἰησοῦσ εἶπεν· τί σοι θέλεισ 52 ποιήσω; ὁ δὲ τυφλὸσ εἶπεν αὐτῷ· ῥαββουνί, ἵνα ἀναβλέψω. ⁵² ὁ

---

34. και εμπτυσ. (א*-ουσιν)αυτω : post και μαστιγ. αυτ. pon | κ. αποκτεν. αυτον | τη τριτη ημερα 35. א* παραπορευοντ.|om αυτω post λεγοντ.| אᶜ αιτησομεν|σε : om 36. με ποιησω : ποιησαι με 37. ειπον| εκ δεξι. σου| αριστ. : ς א ευωνυμων 38. η το : και το 39. ειπον | το μεν ποτηρ. 40. η εξ : και εξ | ευωνυμων : add μου | ητοιμασται : א* add υπο του πατροσ μου 41. א και περι 42. και πρ. α. ο (א* om) ιησ. : ο δε ιησ. προσκ. αυτουσ | οι μεγ. αυτ. : א οι βασιλεισ 43. εστιν : εσται | οσ εαν θελ. γενεσθ. μεγ. εν υμιν| εσται : א εστω|διακον. υμων 44. υμ. γεν. πρ. : א εν υμιν ειναι πρωτ. 46. ς א εισ ιεριχω | απο ιεριχω | om ο ante υιοσ | ο τυφλοσ | προσαιτησ (א και πρ.) : προσαιτων post οδον 47. ς א ναζωραιοσ | ο υιοσ δαβιδ 48. δαβιδ 49. ειπεν αυτον φωνηθῆναι | εγειραι 50. αναπηδ. : αναστασ 51. κ. αποκρ. λεγει αυτω ο ιησ. | τι θελ. ποιησω σοι | ραββονι

δὲ Ἰησοῦσ εἶπεν αὐτῷ· ὕπαγε, ἡ πίστισ σου σέσωκέν σε. καὶ
εὐθὺσ ἀνέβλεψεν, καὶ ἠκολούθει αὐτῷ ἐν τῇ ὁδῷ.

XI.

Solemnis ingressio. Imprecatio ficus. Purgatio templi. De fide, precibus et placabilitate. De baptismo Iohannis.

Καὶ ὅτε ἐγγίζουσιν εἰσ Ἱεροσόλυμα καὶ εἰσ Βηθανίαν πρὸσ 1
τὸ ὄροσ τῶν ἐλαιῶν, ἀποστέλλει δύο τῶν μαθητῶν αὐτοῦ ²καὶ 2
λέγει αὐτοῖσ· ὑπάγετε εἰσ τὴν κώμην τὴν κατέναντι ὑμῶν, καὶ
εὐθὺσ εἰσπορευόμενοι εἰσ αὐτὴν εὑρήσετε πῶλον δεδεμένον ἐφ᾿
ὃν οὐδεὶσ ἀνθρώπων οὔπω κεκάθικεν· λύσατε αὐτὸν καὶ φέρετε.
³ καὶ ἐάν τισ ὑμῖν εἴπῃ· τί ποιεῖτε τοῦτο; εἴπατε· ὁ κύριοσ αὐτοῦ 3
χρείαν ἔχει, καὶ εὐθὺσ αὐτὸν ἀποστέλλει πάλιν ὧδε. ⁴καὶ ἀπῆλθον 4
καὶ εὗρον τὸν πῶλον δεδεμένον πρὸσ τὴν θύραν ἔξω ἐπὶ τοῦ ἀμ-
φόδου, καὶ λύουσιν αὐτόν. ⁵καί τινεσ τῶν ἐκεῖ ἑστηκότων ἔλεγον 5
αὐτοῖσ· τί ποιεῖτε λύοντεσ τὸν πῶλον; ⁶ οἱ δὲ εἶπαν αὐτοῖσ καθὼσ 6
εἶπεν ὁ Ἰησοῦσ· καὶ ἀφῆκαν αὐτούσ. ⁷καὶ φέρουσιν τὸν πῶλον 7
πρὸσ τὸν Ἰησοῦν, καὶ ἐπιβάλλουσιν αὐτῷ τὰ ἱμάτια αὐτῶν, καὶ
ἐκάθισεν ἐπ᾿ αὐτόν. ⁸καὶ πολλοὶ τὰ ἱμάτια αὐτῶν ἔστρωσαν 8
εἰσ τὴν ὁδόν, ἄλλοι δὲ στιβάδασ, κόψαντεσ ἐκ τῶν ἀγρῶν. ⁹καὶ 9
οἱ προάγοντεσ καὶ οἱ ἀκολουθοῦντεσ ἔκραζον· ὡσαννά, εὐλογη-
μένοσ ὁ ἐρχόμενοσ ἐν ὀνόματι κυρίου· ¹⁰ εὐλογημένη ἡ ἐρχομένη 10
βασιλεία τοῦ πατρὸσ ἡμῶν Δαυείδ, ὡσαννὰ ἐν τοῖσ ὑψίστοισ.

Καὶ εἰσῆλθεν εἰσ Ἱεροσόλυμα εἰσ τὸ ἱερόν· καὶ περιβλεψά- 11
μενοσ πάντα, ὀψὲ ἤδη οὔσησ τῆσ ὥρασ, ἐξῆλθεν εἰσ Βηθανίαν
μετὰ τῶν δώδεκα.

Καὶ τῇ ἐπαύριον ἐξελθόντων αὐτῶν ἀπὸ Βηθανίασ ἐπεί- 12
νασεν. ¹³ καὶ ἰδὼν συκῆν ἀπὸ μακρόθεν ἔχουσαν φύλλα, ἦλθεν 13
εἰ ἄρα τι εὑρήσει ἐν αὐτῇ, καὶ ἐλθὼν ἐπ᾿ αὐτὴν οὐδὲν εὗρεν εἰ μὴ
φύλλα· ὁ γὰρ καιρὸσ οὐκ ἦν σύκων. ¹⁴ καὶ ἀποκριθεὶσ εἶπεν 14
αὐτῇ· μηκέτι εἰσ τὸν αἰῶνα ἐκ σοῦ μηδεὶσ καρπὸν φάγοι. καὶ
ἤκουον οἱ μαθηταὶ αὐτοῦ.

Καὶ ἔρχονται εἰσ Ἱεροσόλυμα. καὶ εἰσελθὼν εἰσ τὸ ἱερὸν 15

45-48 52. ℵᶜ και ο ιησουσ | ευθεωσ | αυτω : τω ιησου
XI, 1. εισ ιερουσαλημ | ϛ ℵ εισ βηθφαγη και (ℵ add εισ) βηθανιαν
2. ℵ* om την κατεν. υμων | ευθεωσ | ουδεισ ανθρωπων (omisso ουπω) |
ℵ εκαθισεν | λυσαντεσ αυτον αγαγετε 3. ϛ ℵ ειπατε οτι | ευθεωσ |
αποστελει | παλιν : om 4. απηλθον δε 6. ειπον | ειπεν : ενετειλατο
7. φερουσιν : ℵ* αγουσιν, ϛ ηγαγον | επεβαλον | τα ιματια αυτων :
ℵ* αυτων τα ιματ. eaque ante αυτω | ℵ εκαθισαν | επ αυτω 8. πολλοι
δε | στοιβαδασ | κοψ. εκ τ. αγρ. : εκοπτον εκ των δενδρων και εστρων-
νυον εισ την οδον. 9. εκραζον : add λεγοντεσ | ωσαννα 10. βασιλεια :
add εν ονοματι κυριου | δαβιδ 11. εισ ιεροσολ. : add ο ιησουσ | και εισ
το ιερ. | οψιασ 12. ℵ* om επειναcεν 13. συκην : ℵ add μιαν | om απο |
ευρησει τι | ου γαρ ην καιροσ συκων 14. αποκριθεισ : add ο ιησουσ |
εκ σου εισ τον αιωνα | ϛᵉ ουδεισ 15. και εισελθων : add ο ιησουσ

ἤρξατο ἐκβάλλειν τοὺσ πωλοῦντασ καὶ τοὺσ ἀγοράζοντασ ἐν τῷ ἱερῷ, καὶ τὰσ τραπέζασ τῶν κολλυβιστῶν καὶ τὰσ καθέδρασ τῶν 16 πωλούντων τὰσ περιστερὰσ κατέστρεψεν, ¹⁶ καὶ οὐκ ἤφιεν ἵνα 17 τισ διενέγκῃ σκεῦοσ διὰ τοῦ ἱεροῦ, ¹⁷ καὶ ἐδίδασκεν καὶ ἔλεγεν αὐτοῖσ· οὐ γέγραπται ὅτι ὁ οἶκόσ μου οἶκοσ προσευχῆσ κληθήσεται Es 56, 7 / Ier 7, 11 πᾶσιν τοῖσ ἔθνεσιν; ὑμεῖσ δὲ πεποιήκατε αὐτὸν σπήλαιον λῃστῶν. 18 ¹⁸ καὶ ἤκουσαν οἱ ἀρχιερεῖσ καὶ οἱ γραμματεῖσ, καὶ ἐζήτουν πῶσ αὐτὸν ἀπολέσωσιν· ἐφοβοῦντο γὰρ αὐτόν, πᾶσ γὰρ ὁ ὄχλοσ ἐξεπλήσσοντο ἐπὶ τῇ διδαχῇ αὐτοῦ.
19 Καὶ ὅταν ὀψὲ ἐγένετο, ἐξεπορεύετο ἔξω τῆσ πόλεωσ. (Mt21,17)
20 Καὶ παραπορευόμενοι πρωῒ εἶδον τὴν συκῆν ἐξηραμμένην ἐκ 20-24 / Mt 21, 21 ῥιζῶν. ²¹ καὶ ἀναμνησθεὶσ ὁ Πέτροσ λέγει αὐτῷ· ῥαββεί, ἴδε ἡ 20-22 22 συκῆ ἣν κατηράσω ἐξήρανται. ²² καὶ ἀποκριθεὶσ ὁ Ἰησοῦσ λέγει 23 αὐτοῖσ· ἔχετε πίστιν θεοῦ. ²³ ἀμὴν λέγω ὑμῖν ὅτι ὃσ ἂν εἴπῃ (Lc 17, 6) τῷ ὄρει τούτῳ· ἄρθητι καὶ βλήθητι εἰσ τὴν θάλασσαν, καὶ μὴ διακριθῇ ἐν τῇ καρδίᾳ αὐτοῦ, ἀλλὰ πιστεύῃ ὅτι ὃ λαλεῖ γίνεται, 24 ἔσται αὐτῷ. ²⁴ διὰ τοῦτο λέγω ὑμῖν, πάντα ὅσα προσεύχεσθε 25 καὶ αἰτεῖσθε, πιστεύετε ὅτι ἐλάβετε, καὶ ἔσται ὑμῖν. ²⁵ καὶ ὅταν Mt 6, 14 στήκετε προσευχόμενοι, ἀφίετε εἴ τι ἔχετε κατά τινοσ, ἵνα καὶ ὁ πατὴρ ὑμῶν ὁ ἐν τοῖσ οὐρανοῖσ ἀφῇ ὑμῖν τὰ παραπτώματα ὑμῶν.
27 Καὶ ἔρχονται πάλιν εἰσ Ἱεροσόλυμα. καὶ ἐν τῷ ἱερῷ περι- 27-33 / Mt 21, πατοῦντοσ αὐτοῦ ἔρχονται πρὸσ αὐτὸν οἱ ἀρχιερεῖσ καὶ οἱ γραμ- 23-27 / Lc 20, 1-8 28 ματεῖσ καὶ οἱ πρεσβύτεροι, ²⁸ καὶ ἔλεγον αὐτῷ· ἐν ποίᾳ ἐξουσίᾳ ταῦτα ποιεῖσ; ἢ τίσ σοι τὴν ἐξουσίαν ταύτην ἔδωκεν ἵνα ταῦτα 29 ποιῇσ; ²⁹ ὁ δὲ Ἰησοῦσ εἶπεν αὐτοῖσ· ἐπερωτήσω ὑμᾶσ ἕνα λόγον, καὶ ἀποκρίθητέ μοι, καὶ ἐρῶ ὑμῖν ἐν ποίᾳ ἐξουσίᾳ ταῦτα ποιῶ. 30 ³⁰ τὸ βάπτισμα τὸ Ἰωάννου ἐξ οὐρανοῦ ἦν ἢ ἐξ ἀνθρώπων; ἀπο- 31 κρίθητέ μοι. ³¹ καὶ διελογίζοντο πρὸσ ἑαυτοὺσ λέγοντεσ· ἐὰν εἴπωμεν· ἐξ οὐρανοῦ, ἐρεῖ· διατί οὖν οὐκ ἐπιστεύσατε αὐτῷ; 32 ³² ἀλλὰ εἴπωμεν· ἐξ ἀνθρώπων; ἐφοβοῦντο τὸν λαόν· ἅπαντεσ 33 γὰρ εἶχον τὸν Ἰωάννην ὄντωσ ὅτι προφήτησ ἦν. ³³ καὶ ἀποκριθέντεσ τῷ Ἰησοῦ λέγουσιν· οὐκ οἴδαμεν. καὶ ὁ Ἰησοῦσ λέγει αὐτοῖσ· οὐδὲ ἐγὼ λέγω ὑμῖν ἐν ποίᾳ ἐξουσίᾳ ταῦτα ποιῶ.

15. om τουσ ante αγοραζοντ. | ℵ* om κατεστρεψ., ℵᶜ supplet post περιστ. | 17. και ελεγεν : λεγων | ς ℵ εποιησατε 18. οι γραμματ. και οι αρχιερ.| απολεσουσιν | πασ γαρ : οτι πασ | εξεπλησσετο 19. οταν : οτε 20. ℵ* παρεπορευετο posteaque και ιδον | πρωι παραπορ. 21. ραββι 22. om ο ante ιησ. | ℵ ει εχετε 23. αμην γαρ | οτι : ℵ om | πιστευση | ο λαλει : α λεγει | εστ. αυτω : add ο εαν ειπη 24. οσα αν προσευχομενοι αιτ. πιστ. οτι λαμβανετε 25. ς στηκητε, ℵ στητε 26. ει δε υμεισ ουκ αφιετε, ουδε ο πατηρ υμων ο εν τοισ ουρανοισ αφησει τα παραπτωματα υμων 28. λεγουσιν | η τισ : και τισ | ℵ εδωκ. την εξουσ. ταυτ. 29. ο δε ιησ. : add αποκριθεισ | ς ℵ υμασ καγω 30. om το ante ιωανν. | ℵ ποθεν ην; εξ ουρ. η εξ 31. ς ελογιζοντο, ℵ* προσελογιζοντ. 32. αλλ εαν ειπ. | λαον : ℵ οχλον | ℵ* παντεσ | οτι οντωσ προφ. ην, ℵ* om οντωσ 33. λεγουσι τω ιησου | και ο ιησ. αποκριθεισ

XII.

Parabola de vinitoribus filii occisoribus; lapis repudiatus. Agitur de censu, resurrectione, principali praecepto, Davidis filio, legis peritorum ambitione et avaritia. Munusculum viduae.

Καὶ ἤρξατο αὐτοῖσ ἐν παραβολαῖσ λαλεῖν. ἀμπελῶνα ἄνθρω- 1
ποσ ἐφύτευσεν, καὶ περιέθηκεν φραγμὸν καὶ ὤρυξεν ὑπολήνιον καὶ
ᾠκοδόμησεν πύργον, καὶ ἐξέδετο αὐτὸν γεωργοῖσ, καὶ ἀπεδήμησεν.
² καὶ ἀπέστειλεν πρὸσ τοὺσ γεωργοὺσ τῷ καιρῷ δοῦλον, ἵνα παρὰ 2
τῶν γεωργῶν λάβῃ ἀπὸ τῶν καρπῶν τοῦ ἀμπελῶνοσ· ³ καὶ λα- 3
βόντεσ αὐτὸν ἔδειραν καὶ ἀπέστειλαν κενόν. ⁴ καὶ πάλιν ἀπέ- 4
στειλεν πρὸσ αὐτοὺσ ἄλλον δοῦλον· κἀκεῖνον ἐκεφαλίωσαν καὶ
ἠτίμασαν. ⁵ καὶ ἄλλον ἀπέστειλεν· κἀκεῖνον ἀπέκτειναν, καὶ πολ- 5
λοὺσ ἄλλουσ, οὓσ μὲν δέροντεσ, οὓσ δὲ ἀποκτέννοντεσ. ⁶ ἔτι ἕνα 6
εἶχεν υἱὸν ἀγαπητόν· ἀπέστειλεν αὐτὸν ἔσχατον πρὸσ αὐτοὺσ λέγων
ὅτι ἐντραπήσονται τὸν υἱόν μου. ⁷ ἐκεῖνοι δὲ οἱ γεωργοὶ πρὸσ 7
ἑαυτοὺσ εἶπαν ὅτι οὗτόσ ἐστιν ὁ κληρονόμοσ· δεῦτε ἀποκτείνωμεν
αὐτόν, καὶ ἡμῶν ἔσται ἡ κληρονομία. ⁸ καὶ λαβόντεσ ἀπέκτειναν 8
αὐτόν, καὶ ἐξέβαλον αὐτὸν ἔξω τοῦ ἀμπελῶνοσ. ⁹ τί ποιήσει ὁ 9
κύριοσ τοῦ ἀμπελῶνοσ; ἐλεύσεται καὶ ἀπολέσει τοὺσ γεωργούσ,
καὶ δώσει τὸν ἀμπελῶνα ἄλλοισ. ¹⁰ οὐδὲ τὴν γραφὴν ταύτην ἀνέ- 10
γνωτε· λίθον ὃν ἀπεδοκίμασαν οἱ οἰκοδομοῦντεσ, οὗτοσ ἐγενήθη
εἰσ κεφαλὴν γωνίασ· ¹¹ παρὰ κυρίου ἐγένετο αὕτη καὶ ἔστιν 11
θαυμαστὴ ἐν ὀφθαλμοῖσ ἡμῶν; ¹² καὶ ἐζήτουν αὐτὸν κρατῆσαι, 12
καὶ ἐφοβήθησαν τὸν ὄχλον· ἔγνωσαν γὰρ ὅτι πρὸσ αὐτοὺσ τὴν
παραβολὴν εἶπεν. καὶ ἀφέντεσ αὐτὸν ἀπῆλθον.

Καὶ ἀποστέλλουσιν πρὸσ αὐτὸν τινὰσ τῶν Φαρισαίων καὶ 13
τῶν Ἡρωδιανῶν, ἵνα αὐτὸν ἀγρεύσωσιν λόγῳ. ¹⁴ καὶ ἐλθόντεσ 14
λέγουσιν αὐτῷ· διδάσκαλε, οἴδαμεν ὅτι ἀληθὴσ εἶ καὶ οὐ μέλει σοι
περὶ οὐδενόσ· οὐ γὰρ βλέπεισ εἰσ πρόσωπον ἀνθρώπων, ἀλλ' ἐπ'
ἀληθείασ τὴν ὁδὸν τοῦ θεοῦ διδάσκεισ· ἔξεστιν κῆνσον Καίσαρι
δοῦναι ἢ οὔ; δῶμεν ἢ μὴ δῶμεν; ¹⁵ ὁ δὲ ἰδὼν αὐτῶν τὴν ὑπόκρι- 15
σιν εἶπεν αὐτοῖσ· τί με πειράζετε; φέρετέ μοι δηνάριον ἵνα ἴδω.
¹⁶ οἱ δὲ ἤνεγκαν. καὶ λέγει αὐτοῖσ· τίνοσ ἡ εἰκὼν αὕτη καὶ ἡ 16
ἐπιγραφή; οἱ δὲ εἶπαν αὐτῷ· Καίσαροσ. ¹⁷ ὁ δὲ Ἰησοῦσ εἶπεν 17
αὐτοῖσ· τὰ Καίσαροσ ἀπόδοτε Καίσαρι καὶ τὰ τοῦ θεοῦ τῷ θεῷ.
καὶ ἐξεθαύμαζον ἐπ' αὐτῷ.

XII, 1. λαλειν : λεγειν | αμπ. εφυτ. ανθρωπ. | εξεδοτο   2. א* λαβοι |
απο του καρπου   3. οι δε λαβοντ.   4. א* om. δουλον | λιθοβολησαντες
εκεφαλαιωσαν και απεστειλαν ητιμωμενον   5. και παλιν αλλον | τους
μεν et τους δε | αποκτεινοντες   6. ετι ουν ενα υιον εχων αγαπητ. αυτου·
απευτ. και αυτον πρ. αυτ. εσχατον   7. ειπον προσ εαυτ.   8. αυτ. απεκτ. |
om αυτον post εξεβαλ.   9. ϛ א τι ουν ποιησει   14. οι δε ελθοντ. | א δουν.
κηνσ. καισαρι   15. ιδων : ειδωσ   16. ειπον   17. και αποκριθεισ ο
ιησουσ | αποδοτ. τα καισ. καισαρι | εθαυμασαν

18 Καὶ ἔρχονται Σαδδουκαῖοι πρὸσ αὐτόν, οἵτινεσ λέγουσιν
19 ἀνάστασιν μὴ εἶναι, καὶ ἐπηρώτων αὐτὸν λέγοντεσ· ¹⁹διδάσκαλε,
Μωϋσῆσ ἔγραψεν ἡμῖν ὅτι ἐάν τινοσ ἀδελφὸσ ἀποθάνῃ καὶ κατα-
λίπῃ γυναῖκα καὶ μὴ ἀφῇ τέκνον, ἵνα λάβῃ ὁ ἀδελφὸσ αὐτοῦ τὴν
20 γυναῖκα καὶ ἐξαναστήσῃ σπέρμα τῷ ἀδελφῷ αὐτοῦ. ²⁰ἑπτὰ
ἀδελφοὶ ἦσαν· καὶ ὁ πρῶτοσ ἔλαβεν γυναῖκα, καὶ ἀποθνήσκων οὐκ
21 ἀφῆκεν σπέρμα. ²¹καὶ ὁ δεύτεροσ ἔλαβεν αὐτήν, καὶ ἀπέθανεν
22 μὴ καταλιπὼν σπέρμα· καὶ ὁ τρίτοσ ὡσαύτωσ· ²²καὶ οἱ ἑπτὰ
οὐκ ἀφῆκαν σπέρμα. ἔσχατον πάντων καὶ ἡ γυνὴ ἀπέθανεν.
23 ²³ἐν τῇ ἀναστάσει, ὅταν ἀναστῶσιν, τίνοσ αὐτῶν ἔσται γυνή; οἱ
24 γὰρ ἑπτὰ ἔσχον αὐτὴν γυναῖκα. ²⁴ἔφη αὐτοῖσ ὁ Ἰησοῦσ· οὐ διὰ
τοῦτο πλανᾶσθε μὴ εἰδότεσ τὰσ γραφὰσ μηδὲ τὴν δύναμιν τοῦ
25 θεοῦ; ²⁵ὅταν γὰρ ἐκ νεκρῶν ἀναστῶσιν, οὔτε γαμοῦσιν οὔτε
26 γαμίζονται, ἀλλ' εἰσὶν ὡσ ἄγγελοι ἐν τοῖσ οὐρανοῖσ. ²⁶περὶ δὲ
τῶν νεκρῶν, ὅτι ἐγείρονται, οὐκ ἀνέγνωτε ἐν τῇ βίβλῳ Μωϋσέωσ
ἐπὶ τοῦ βάτου πῶσ εἶπεν αὐτῷ ὁ θεὸσ λέγων· ἐγὼ ὁ θεὸσ Ἀβραὰμ
27 καὶ ὁ θεὸσ Ἰσαὰκ καὶ ὁ θεὸσ Ἰακώβ; ²⁷οὐκ ἔστιν ὁ θεὸσ νεκρῶν
ἀλλὰ ζώντων. πολὺ πλανᾶσθε.
28 Καὶ προσελθὼν εἷσ τῶν γραμματέων, ἀκούσασ αὐτῶν συνζη-
τούντων, ἰδὼν ὅτι καλῶσ ἀπεκρίθη αὐτοῖσ, ἐπηρώτησεν αὐτόν·
29 ποία ἐστὶν ἐντολὴ πρώτη πάντων; ²⁹ἀπεκρίθη ὁ Ἰησοῦσ ὅτι
πρώτη ἐστίν· ἄκουε Ἰσραήλ, κύριοσ ὁ θεὸσ ἡμῶν κύριοσ εἷσ ἐστίν,
30 ³⁰καὶ ἀγαπήσεισ κύριον τὸν θεόν σου ἐξ ὅλησ τῆσ καρδίασ σου
καὶ ἐξ ὅλησ τῆσ ψυχῆσ σου καὶ ἐξ ὅλησ τῆσ διανοίασ σου καὶ ἐξ
31 ὅλησ τῆσ ἰσχύοσ σου. ³¹δευτέρα αὕτη· ἀγαπήσεισ τὸν πλησίον
32 σου ὡσ σεαυτόν. μείζων τούτων ἄλλη ἐντολὴ οὐκ ἔστιν. ³²καὶ
εἶπεν αὐτῷ ὁ γραμματεύσ· καλῶσ, διδάσκαλε, ἐπ' ἀληθείασ εἶπεσ
33 ὅτι εἷσ ἐστὶν καὶ οὐκ ἔστιν ἄλλοσ πλὴν αὐτοῦ. ³³καὶ τὸ ἀγαπᾶν
αὐτὸν ἐξ ὅλησ τῆσ καρδίασ καὶ ἐξ ὅλησ τῆσ συνέσεωσ καὶ ἐξ
ὅλησ τῆσ ἰσχύοσ, καὶ τὸ ἀγαπᾶν τὸν πλησίον ὡσ ἑαυτὸν περισ-
34 σότερόν ἐστιν πάντων τῶν ὁλοκαυτωμάτων καὶ τῶν θυσιῶν. ³⁴καὶ
ὁ Ἰησοῦσ, ἰδὼν αὐτὸν ὅτι νουνεχῶσ ἀπεκρίθη, εἶπεν αὐτῷ· οὐ

---

18. επηρωτησαν 19. μωσησ | א καταλειψη | τεκνα (sic etiam א*) μη αφη
20. ϛ^e επτα ουν αδελφ. ησαν | πρωτοσ (אa) : א* εισ 21. μη κατ. σπ. :
και ουδε αυτοσ αφηκε σπερμα 22. και ελαβον αυτην οι επτα και ουκ
αφηκαν σπερμ. | εσχατη παντων απεθανε και η γυνη 23. εν τη ουν
αναστ. | א om οταν αναστωσιν 24. και αποκριθεισ ο ιησουσ ειπεν αυτοισ
25. γαμισκονται | οι εν τοισ 26. μωσεωσ | τησ βατου | πωσ : ωσ | א*
ισακ 27. αλλα θεοσ ζωντ. | υμεισ ουν πολυ πλαν. 28. συζητουντ. |
ιδων : ειδωσ | αυτοισ απεκριθ. | πρωτη πασων εντολη 29. ο δε ιησ.
απεκριθη αυτω οτι πρωτη πασων των εντολων· ακουε 30. ισχυοσ
σου : add αυτη πρωτη εντολη 31. και δευτερα ομοια αυτη | א μειζων
δε 32. ειπασ | εισ εστι θεοσ 33. καρδιασ : א add σου | συνεσεωσ : add
και εξ ολησ τησ ψυχησ | א* om τησ ante ισχυοσ | τ. πλησιον : א* add σου |
א ωσ σεαυτον | περισσοτ. : πλειον 34. א om αυτον

MARC. 13, 6.   85

μακρὰν εἶ ἀπὸ τῆσ βασιλείασ τοῦ θεοῦ. καὶ οὐδεὶσ οὐκέτι ἐτόλμα αὐτὸν ἐπερωτῆσαι.

[35]Καὶ ἀποκριθεὶσ ὁ Ἰησοῦσ ἔλεγεν διδάσκων ἐν τῷ ἱερῷ· πῶσ [36]λέγουσιν οἱ γραμματεῖσ ὅτι ὁ Χριστὸσ υἱὸσ Δαυείδ ἐστιν; αὐτὸσ Δαυεὶδ εἶπεν ἐν τῷ πνεύματι τῷ ἁγίῳ· εἶπεν ὁ κύριοσ τῷ κυρίῳ μου· κάθου ἐκ δεξιῶν μου ἕωσ ἂν θῶ τοὺσ ἐχθρούσ σου ὑποπόδιον τῶν ποδῶν σου. [37]αὐτὸσ Δαυεὶδ λέγει αὐτὸν κύριον, καὶ πόθεν αὐτοῦ ἐστὶν υἱόσ; καὶ ὁ πολὺσ ὄχλοσ ἤκουεν αὐτοῦ ἡδέωσ.

[38]Καὶ ἐν τῇ διδαχῇ αὐτοῦ ἔλεγεν· βλέπετε ἀπὸ τῶν γραμματέων τῶν θελόντων ἐν στολαῖσ περιπατεῖν καὶ ἀσπασμοὺσ ἐν ταῖσ ἀγοραῖσ [39]καὶ πρωτοκαθεδρίασ ἐν ταῖσ συναγωγαῖσ καὶ πρωτοκλισίασ ἐν τοῖσ δείπνοισ· [40]οἱ κατεσθίοντεσ τὰσ οἰκίασ τῶν χηρῶν καὶ προφάσει μακρὰ προσευχόμενοι, οὗτοι λήμψονται περισσότερον κρίμα.

[41]Καὶ καθίσασ κατέναντι τοῦ γαζοφυλακίου ἐθεώρει πῶσ ὁ ὄχλοσ βάλλει χαλκὸν εἰσ τὸ γαζοφυλάκιον· καὶ πολλοὶ πλούσιοι ἔβαλλον πολλά, [42]καὶ ἐλθοῦσα μία χήρα πτωχὴ ἔβαλεν λεπτὰ δύο, ὅ ἐστιν κοδράντησ. [43]καὶ προσκαλεσάμενοσ τοὺσ μαθητὰσ αὐτοῦ εἶπεν αὐτοῖσ· ἀμὴν λέγω ὑμῖν ὅτι ἡ χήρα αὕτη ἡ πτωχὴ πλεῖον πάντων βέβληκεν τῶν βαλλόντων εἰσ τὸ γαζοφυλάκιον· [44]πάντεσ γὰρ ἐκ τοῦ περισσεύοντοσ αὐτοῖσ ἔβαλον, αὕτη δὲ ἐκ τῆσ ὑστερήσεωσ αὐτῆσ πάντα ὅσα εἶχεν ἔβαλεν, ὅλον τὸν βίον αὐτῆσ.

XIII.
Interitus templi et civitatis.   Pseudochristi; pericula et promissiones.
Adventus iudicis.

[1]Καὶ ἐκπορευομένου αὐτοῦ ἐκ τοῦ ἱεροῦ, λέγει αὐτῷ εἶσ τῶν μαθητῶν αὐτοῦ· διδάσκαλε, ἴδε ποταποὶ λίθοι καὶ ποταπαὶ οἰκοδομαί. [2]καὶ ὁ Ἰησοῦσ εἶπεν αὐτῷ· βλέπεισ ταύτασ τὰσ μεγάλασ οἰκοδομάσ; οὐ μὴ ἀφεθῇ λίθοσ ἐπὶ λίθον, ὃσ οὐ μὴ καταλυθῇ. [3]καὶ καθημένου αὐτοῦ εἰσ τὸ ὄροσ τῶν ἐλαιῶν κατέναντι τοῦ ἱεροῦ, ἐπηρώτα αὐτὸν κατ᾽ ἰδίαν ὁ Πέτροσ καὶ Ἰάκωβοσ καὶ Ἰωάννησ καὶ Ἀνδρέασ· [4]εἰπὸν ἡμῖν, πότε ταῦτα ἔσται; καὶ τί τὸ σημεῖον ὅταν μέλλῃ ταῦτα συντελεῖσθαι πάντα; [5]ὁ δὲ Ἰησοῦσ ἤρξατο λέγειν αὐτοῖσ· βλέπετε μή τισ ὑμᾶσ πλανήσῃ. [6]πολλοὶ ἐλεύσονται ἐπὶ τῷ ὀνόματί μου, λέγοντεσ ὅτι ἐγώ εἰμι, καὶ πολ-

---

34. ει : ℵ* om, ℵc post βασιλ. pon | ℵ* επερωτ. αυτ. 35. εστι δαβιδ 36. αυτοσ γαρ δαβιδ 37. αυτοσ ουν δαβιδ | ποθεν : ℵ* πωσ | ϛ ℵ υιοσ αυτου εστι | ℵ om ο ante πολυσ 38. και ελεγεν αυτοισ εν τη διδαχ. αυτου 40. ληψονται 41. καθισασ : add ο ιησουσ | ℵ* θεωρει | ℵ* εξεβαλλον 42. ℵ μια γυνη χηρα 43. ειπεν:λεγει|ℵ πλεον|ℵ*εβαλλεν|των βαλοντων
XIII, 2. και ο ιησουσ αποκριθεισ ειπεν αυτοισ | αφεθη : ℵ add ωδε| επι λιθω | ℵ* οσ ου καταλυθησεται 3. επηρωτων | om ο ante πετρ. 4. ειπε|μελλει παντα ταυτ. συντελ. 5. ο δε ιησ. αποκριθεισ αυτ. ηρξατ. λεγ. 6. πολλοὶ γαρ

7 λούσ πλανήσουσιν. ⁷ὅταν δὲ ἀκούσητε πολέμουσ καὶ ἀκοὰσ
8 πολέμων, μὴ θροεῖσθε· δεῖ γενέσθαι, ἀλλ' οὔπω τὸ τέλοσ. ⁸ἐγερ-
θήσεται γὰρ ἔθνοσ ἐπ' ἔθνοσ καὶ βασιλεία ἐπὶ βασιλείαν, ἔσονται
9 σεισμοὶ κατὰ τόπουσ, ἔσονται λιμοί. ⁹ἀρχὴ ὠδίνων ταῦτα. Βλέ-
πετε δὲ ὑμεῖσ ἑαυτούσ· παραδώσουσιν ὑμᾶσ εἰσ συνέδρια καὶ εἰσ
συναγωγὰσ δαρήσεσθε καὶ ἐπὶ ἡγεμόνων καὶ βασιλέων σταθήσεσθε
10 ἕνεκεν ἐμοῦ, εἰσ μαρτύριον αὐτοῖσ. ¹⁰καὶ εἰσ πάντα τὰ ἔθνη
11 πρῶτον δεῖ κηρυχθῆναι τὸ εὐαγγέλιον. ¹¹καὶ ὅταν ἄγωσιν ὑμᾶσ
παραδιδόντεσ, μὴ προμεριμνᾶτε τί λαλήσητε, ἀλλ' ὃ ἐὰν δοθῇ
ὑμῖν ἐν ἐκείνῃ τῇ ὥρᾳ, τοῦτο λαλεῖτε· οὐ γάρ ἐστε ὑμεῖσ οἱ λα-
12 λοῦντεσ, ἀλλὰ τὸ πνεῦμα τὸ ἅγιον. ¹²καὶ παραδώσει ἀδελφὸσ
ἀδελφὸν εἰσ θάνατον καὶ πατὴρ τέκνον, καὶ ἐπαναστήσονται τέκνα
13 ἐπὶ γονεῖσ καὶ θανατώσουσιν αὐτούσ. ¹³καὶ ἔσεσθε μισούμενοι
ὑπὸ πάντων διὰ τὸ ὄνομά μου· ὁ δὲ ὑπομείνασ εἰσ τέλοσ, οὗτοσ
14 σωθήσεται. ¹⁴Ὅταν δὲ ἴδητε τὸ βδέλυγμα τῆσ ἐρημώσεωσ ἑστη-
κότα ὅπου οὐ δεῖ, ὁ ἀναγινώσκων νοείτω, τότε οἱ ἐν τῇ Ἰουδαίᾳ
15 φευγέτωσαν εἰσ τὰ ὄρη, ¹⁵ὁ δὲ ἐπὶ τοῦ δώματοσ μὴ καταβάτω
16 μηδὲ εἰσελθάτω ἆραί τι ἐκ τῆσ οἰκίασ αὐτοῦ, ¹⁶καὶ ὁ εἰσ τὸν
ἀγρὸν μὴ ἐπιστρεψάτω εἰσ τὰ ὀπίσω ἆραι τὸ ἱμάτιον αὐτοῦ.
17 ¹⁷οὐαὶ δὲ ταῖσ ἐν γαστρὶ ἐχούσαισ καὶ ταῖσ θηλαζούσαισ ἐν
18 ἐκείναισ ταῖσ ἡμέραισ. ¹⁸προσεύχεσθε δὲ ἵνα μὴ γένηται χειμῶ-
19 νοσ. ¹⁹ἔσονται γὰρ αἱ ἡμέραι ἐκεῖναι θλῖψισ, οἵα οὐ γέγονεν
τοιαύτη ἀπ' ἀρχῆσ κτίσεωσ, ἣν ἔκτισεν ὁ θεόσ, ἕωσ τοῦ νῦν καὶ
20 οὐ μὴ γένηται. ²⁰καὶ εἰ μὴ ἐκολόβωσεν κύριοσ τὰσ ἡμέρασ, οὐκ
ἂν ἐσώθη πᾶσα σάρξ· ἀλλὰ διὰ τοὺσ ἐκλεκτοὺσ οὓσ ἐξελέξατο
21 ἐκολόβωσεν τὰσ ἡμέρασ. ²¹καὶ τότε ἐάν τισ ὑμῖν εἴπῃ· ἴδε ὧδε
22 ὁ Χριστόσ, ἴδε ἐκεῖ, μὴ πιστεύετε. ²²ἐγερθήσονται δὲ ψευδό-
χριστοι καὶ ψευδοπροφῆται καὶ ποιήσουσιν σημεῖα καὶ τέρατα
23 πρὸσ τὸ ἀποπλανᾶν, εἰ δυνατόν, τοὺσ ἐκλεκτούσ. ²³ὑμεῖσ δὲ
24 βλέπετε· προείρηκα ὑμῖν πάντα. ²⁴Ἀλλὰ ἐν ἐκείναισ ταῖσ ἡμέραισ
μετὰ τὴν θλῖψιν ἐκείνην ὁ ἥλιοσ σκοτισθήσεται, καὶ ἡ σελήνη οὐ
25 δώσει τὸ φέγγοσ αὐτῆσ, ²⁵καὶ οἱ ἀστέρεσ ἔσονται ἐκ τοῦ οὐρανοῦ
πίπτοντεσ, καὶ αἱ δυνάμεισ αἱ ἐν τοῖσ οὐρανοῖσ σαλευθήσονται.
26 ²⁶καὶ τότε ὄψονται τὸν υἱὸν τοῦ ἀνθρώπου ἐρχόμενον ἐν νεφέλαισ
27 μετὰ δυνάμεωσ πολλῆσ καὶ δόξησ. ²⁷καὶ τότε ἀποστελεῖ τοὺσ

---

7. א* ορατε μη θρο.|δει γαρ   8. επι εθν.|και εσοντ. σεισμ. κα. το. και
εσοντ. λιμοι και ταραχαι   9. αρχαι|ϛ א παραδ. γαρ υμασ|ϛᵉ συναγωγασ·
10. δει πρωτον   11. οταν δε αγαγωσιν | λαλησητε : add μηδε μελετατε
12. παραδωσει δε   14. ερημωσεωσ : add το ρηθεν υπο δανιηλ του
προφητου | ϛ εστοσ, ϛᵉ εστωσ   15. καταβατω : add εισ την οικιαν |
εισελθετω   16. αγρον : add ων | א om εισ τα   18. ινα μη γενηται η
φυγη υμων χειμ.   19. ην : ησ   20. κυριοσ εκολοβωσε   21. ιδου ωδε ο
χρ. η ιδου εκ. | μη πιστευσητε   22. εγερθησ. γαρ | ποιησουσιν : ϛ א
δωσουσι|και τουσ εκλεκτουσ   23. ϛ א ιδου προειρηκα   24. αλλ   25. οι
αστ. του ουρανου εσονται εκπιπτοντεσ

ἀγγέλουσ καὶ ἐπισυνάξει τοὺσ ἐκλεκτοὺσ ἐκ τῶν τεσσάρων ἀνέμων
ἀπ' ἄκρου γῆσ ἕωσ ἄκρου οὐρανοῦ. ²⁸ Ἀπὸ δὲ τῆσ συκῆσ μάθετε 28
τὴν παραβολήν. ὅταν αὐτῆσ ἤδη ὁ κλάδοσ ἁπαλὸσ γένηται καὶ
ἐκφύῃ τὰ φύλλα, γινώσκετε ὅτι ἐγγὺσ τὸ θέροσ ἐστίν· ²⁹ οὕτωσ 29
καὶ ὑμεῖσ ὅταν ἴδητε ταῦτα γινόμενα, γινώσκετε ὅτι ἐγγύσ ἐστιν
ἐπὶ θύραισ. ³⁰ ἀμὴν λέγω ὑμῖν ὅτι οὐ μὴ παρέλθῃ ἡ γενεὰ αὕτη 30
μέχρισ οὗ ταῦτα πάντα γένηται. ³¹ ὁ οὐρανὸσ καὶ ἡ γῆ παρελεύ- 31
σονται, οἱ δὲ λόγοι μου οὐ μὴ παρελεύσονται. ³² Περὶ δὲ τῆσ 32
ἡμέρασ ἐκείνησ ἢ τῆσ ὥρασ οὐδεὶσ οἶδεν, οὐδὲ οἱ ἄγγελοι ἐν οὐ-
ρανῷ οὐδὲ ὁ υἱόσ, εἰ μὴ ὁ πατήρ. ³³ βλέπετε, ἀγρυπνεῖτε· οὐκ 33
οἴδατε γὰρ πότε ὁ καιρόσ ἐστιν. ³⁴ ὡσ ἄνθρωποσ ἀπόδημοσ 34
ἀφεὶσ τὴν οἰκίαν αὐτοῦ καὶ δοὺσ τοῖσ δούλοισ αὐτοῦ τὴν ἐξουσίαν,
ἑκάστῳ τὸ ἔργον αὐτοῦ, καὶ τῷ θυρωρῷ ἐνετείλατο ἵνα γρηγορῇ.
³⁵ γρηγορεῖτε οὖν· οὐκ οἴδατε γὰρ πότε ὁ κύριοσ τῆσ οἰκίασ 35
ἔρχεται, ἢ ὀψὲ ἢ μεσονύκτιον ἢ ἀλεκτοροφωνίασ ἢ πρωΐ· ³⁶ μὴ 36
ἐλθὼν ἐξαίφνησ εὕρῃ ὑμᾶσ καθεύδοντασ. ³⁷ ὃ δὲ ὑμῖν λέγω, 37
πᾶσιν λέγω, γρηγορεῖτε.

XIV

Insidiae. Unctio. Pactio Iudae. Coena ultima. Praedictiones. Anxietas
in horto. Captio. Damnatio. Abnegatio Petri.

⁷Ην δὲ τὸ πάσχα καὶ τὰ ἄζυμα μετὰ δύο ἡμέρασ, καὶ ἐζήτουν 1
οἱ ἀρχιερεῖσ καὶ οἱ γραμματεῖσ πῶσ αὐτὸν ἐν δόλῳ κρατήσαντεσ
ἀποκτείνωσιν· ² ἔλεγον γάρ· μὴ ἐν τῇ ἑορτῇ, μήποτε ἔσται θόρυβοσ 2
τοῦ λαοῦ.

Καὶ ὄντοσ αὐτοῦ ἐν Βηθανίᾳ ἐν τῇ οἰκίᾳ Σίμωνοσ τοῦ λε- 3
προῦ, κατακειμένου αὐτοῦ ἦλθεν γυνὴ ἔχουσα ἀλάβαστρον μύρου
νάρδου πιστικῆσ πολυτελοῦσ· συντρίψασα τὸν ἀλάβαστρον κατέ-
χεεν αὐτοῦ τῆσ κεφαλῆσ. ⁴ ἦσαν δέ τινεσ ἀγανακτοῦντεσ πρὸσ 4
ἑαυτούσ· εἰσ τί ἡ ἀπώλεια αὕτη τοῦ μύρου γέγονεν; ⁵ ἠδύνατο 5
γὰρ τοῦτο τὸ μύρον πραθῆναι ἐπάνω δηναρίων τριακοσίων καὶ
δοθῆναι τοῖσ πτωχοῖσ· καὶ ἐνεβριμοῦντο αὐτῇ. ⁶ ὁ δὲ Ἰησοῦσ 6
εἶπεν· ἄφετε αὐτήν· τί αὐτῇ κόπουσ παρέχετε; καλὸν ἔργον
ἠργάσατο ἐν ἐμοί. ⁷ πάντοτε γὰρ τοὺσ πτωχοὺσ ἔχετε μεθ' ἑαυ- 7
τῶν καὶ ὅταν θέλητε δύνασθε εὖ ποιῆσαι, ἐμὲ δὲ οὐ πάντοτε ἔχετε.
⁸ ὃ ἔσχεν ἐποίησεν· προέλαβεν μυρίσαι μου τὸ σῶμα εἰσ τὸν ἐντα- 8

27. τουσ αγγ. : ϛ ℵ add αυτου | τουσ εκλ. : ϛ ℵ add αυτου 28. ℵ οταν
ηδη ο κλαδ. αυτησ | ϛ (non ϛᵉ) εκφυῇ 29. οτ. ταυτ. ιδητ. γινομενα
30. ℵ μεχρι sine ου | παντ. ταυτ. 31. ου μη παρελθωσιν 32. ϛ ℵ
εκεινησ και τησ | ουδε οι αγγ. οι εν 33. αγρυπν.: ϛ ℵ add και προσευχεσθε
34. και εκαστω 35. om η prim | μεσονυκτιον 37. α δε
XIV, 2. γαρ : δε | θορυβ. εσται 3. και συντριψασα | το αλαβαστρ. | αυ-
του κατα τησ κεφαλ. 4. πρ. εαυτουσ: add και λεγοντεσ 5. ϛ om το μυρον,
ℵ om τουτο | τριακ. δηναρ. | ενεβριμωντο 6. καλον: ℵ add γαρ | ειργα-
σατο εισ εμε 7. δυνασθε : add αυτουσ 8. ειχεν | εποιησεν : praem
αὕτη | ℵ το σωμα μου

88   14, 9.   MARC.

9 φιασμόν. ⁹ ἀμὴν δὲ λέγω ὑμῖν, ὅπου ἐὰν κηρυχθῇ τὸ εὐαγγέλιον
εἰσ ὅλον τὸν κόσμον, καὶ ὃ ἐποίησεν αὕτη λαληθήσεται εἰσ μνη-
μόσυνον αὐτῆσ.
10   Καὶ Ἰούδασ Ἰσκαριώθ, ὁ εἶσ τῶν δώδεκα, ἀπῆλθεν πρὸσ
11 τοὺσ ἀρχιερεῖσ ἵνα αὐτὸν παραδοῖ αὐτοῖσ. ¹¹ οἱ δὲ ἀκούσαντεσ
ἐχάρησαν καὶ ἐπηγγείλαντο αὐτῷ ἀργύριον δοῦναι· καὶ ἐζήτει
πῶσ αὐτὸν εὐκαίρωσ παραδοῖ.
12   Καὶ τῇ πρώτῃ ἡμέρᾳ τῶν ἀζύμων, ὅτε τὸ πάσχα ἔθυον,
λέγουσιν αὐτῷ οἱ μαθηταὶ αὐτοῦ· ποῦ θέλεισ ἀπελθόντεσ ἑτοιμά-
13 σωμεν ἵνα φάγῃσ τὸ πάσχα; ¹³ καὶ ἀποστέλλει δύο τῶν μαθητῶν
αὐτοῦ καὶ λέγει αὐτοῖσ· ὑπάγετε εἰσ τὴν πόλιν, καὶ ἀπαντήσει
ὑμῖν ἄνθρωποσ κεράμιον ὕδατοσ βαστάζων· ἀκολουθήσατε αὐτῷ,
14 ¹⁴ καὶ ὅπου ἐὰν εἰσέλθῃ εἴπατε τῷ οἰκοδεσπότῃ ὅτι ὁ διδάσκαλοσ
λέγει· ποῦ ἐστιν τὸ κατάλυμά μου, ὅπου τὸ πάσχα μετὰ τῶν
15 μαθητῶν μου φάγω; ¹⁵ καὶ αὐτὸσ ὑμῖν δείξει ἀνάγαιον μέγα
16 ἐστρωμένον ἕτοιμον, κἀκεῖ ἑτοιμάσατε ἡμῖν. ¹⁶ καὶ ἐξῆλθον οἱ
μαθηταὶ καὶ ἦλθον εἰσ τὴν πόλιν καὶ εὗρον καθὼσ εἶπεν αὐτοῖσ,
καὶ ἡτοίμασαν τὸ πάσχα.
17 18   Καὶ ὀψίασ γενομένησ ἔρχεται μετὰ τῶν δώδεκα.   ¹⁸ καὶ
ἀνακειμένων αὐτῶν καὶ ἐσθιόντων ὁ Ἰησοῦσ εἶπεν· ἀμὴν λέγω
19 ὑμῖν ὅτι εἶσ ἐξ ὑμῶν παραδώσει με, ὁ ἐσθίων μετ' ἐμοῦ.   ¹⁹ ἤρ-
20 ξαντο λυπεῖσθαι καὶ λέγειν αὐτῷ εἶσ κατὰ εἶσ· μήτι ἐγώ;   ²⁰ ὁ δὲ
εἶπεν αὐτοῖσ· εἶσ τῶν δώδεκα, ὁ ἐμβαπτόμενοσ μετ' ἐμοῦ εἰσ τὸ
21 τρύβλιον.   ²¹ ὅτι ὁ μὲν υἱὸσ τοῦ ἀνθρώπου ὑπάγει, καθὼσ γέ-
γραπται περὶ αὐτοῦ· οὐαὶ δὲ τῷ ἀνθρώπῳ ἐκείνῳ δι' οὗ ὁ υἱὸσ
τοῦ ἀνθρώπου παραδίδοται· καλὸν αὐτῷ εἰ οὐκ ἐγεννήθη ὁ ἄν-
22 θρωποσ ἐκεῖνοσ.   ²² Καὶ ἐσθιόντων αὐτῶν λαβὼν ἄρτον εὐλογήσασ
ἔκλασεν καὶ ἔδωκεν αὐτοῖσ καὶ εἶπεν· λάβετε· τοῦτό ἐστιν τὸ
23 σῶμά μου.   ²³ καὶ λαβὼν ποτήριον εὐχαριστήσασ ἔδωκεν αὐτοῖσ,
24 καὶ ἔπιον ἐξ αὐτοῦ πάντεσ.   ²⁴ καὶ εἶπεν αὐτοῖσ· τοῦτό ἐστιν τὸ
25 αἷμά μου τῆσ διαθήκησ τὸ ἐκχυννόμενον ὑπὲρ πολλῶν.   ²⁵ ἀμὴν
λέγω ὑμῖν ὅτι οὐκέτι οὐ μὴ πίω ἐκ τοῦ γενήματοσ τῆσ ἀμπέλου
ἕωσ τῆσ ἡμέρασ ἐκείνησ ὅταν αὐτὸ πίνω καινὸν ἐν τῇ βασιλείᾳ
τοῦ θεοῦ.
26 27   Καὶ ὑμνήσαντεσ ἐξῆλθον εἰσ τὸ ὄροσ τῶν ἐλαιῶν.   ²⁷ καὶ
λέγει αὐτοῖσ ὁ Ἰησοῦσ ὅτι πάντεσ σκανδαλισθήσεσθε, ὅτι γέγραπται·

9. om δε | οπου αν | το ευαγγελ. τουτο 10. ο ιουδασ ο ισκαριωτησ εισ
των | παραδω (sic etiam א) αυτον 11. א* απηγγειλαντ. | ευκαιρ. αυτον
παραδων 14. om μου pri 15. ανωγεον | και εκει 16. οι μαθητ. αυτου |
א* om και ηλθον 18. ειπεν ο ιησους 19. οι δε ηρξαντο | εισ καθ εισ |
μητι εγω : add και αλλοσ· μητι εγω 20. ο δε : add αποκριθεισ | εισ εκ
των δωδ. 21. om οτι | καλον : ς א add ην 22. λαβων : ς א add ο
ιησουσ | λαβετε : add φαγετε 23. το ποτηριον 24. το αιμ. μου το τησ
καινησ διαθηκ. το περι πολλ. εκχυνομενον 25. ουκετι : א om | γεννη-
ματοσ 27. σκανδαλισθ. : add εν εμοι εν τη νυκτι ταυτη

MARC. 14, 46. 89

πατάξω τὸν ποιμένα, καὶ τὰ πρόβατα διασκορπισθήσονται. ²⁸ ἀλλὰ 28
μετὰ τὸ ἐγερθῆναί με προάξω ὑμᾶς εἰς τὴν Γαλιλαίαν. ²⁹ ὁ δὲ 29
Πέτροσ ἔφη αὐτῷ· εἰ καὶ πάντεσ σκανδαλισθήσονται, ἀλλ' οὐκ
ἐγώ. ³⁰ καὶ λέγει αὐτῷ ὁ Ἰησοῦσ· ἀμὴν λέγω σοι ὅτι σὺ σήμερον 30
ταύτῃ τῇ νυκτὶ πρὶν ἢ δὶσ ἀλέκτορα φωνῆσαι τρίσ με ἀπαρνήσῃ.
³¹ ὁ δὲ ἐκπερισσῶσ ἐλάλει· ἐάν με δέῃ συναποθανεῖν σοι, οὐ μή 31
σε ἀπαρνήσωμαι. ὡσαύτωσ δὲ καὶ πάντεσ ἔλεγον.
Καὶ ἔρχονται εἰσ χωρίον οὗ τὸ ὄνομα Γεθσημανεί, καὶ λέγει 32
τοῖσ μαθηταῖσ αὐτοῦ· καθίσατε ὧδε ἕωσ προσεύξωμαι. ³³ καὶ 33
παραλαμβάνει τὸν Πέτρον καὶ Ἰάκωβον καὶ Ἰωάννην μετ' αὐτοῦ,
καὶ ἤρξατο ἐκθαμβεῖσθαι καὶ ἀδημονεῖν, ³⁴ καὶ λέγει αὐτοῖσ· 34
περίλυπόσ ἐστιν ἡ ψυχή μου ἕως θανάτου· μείνατε ὧδε καὶ γρη-
γορεῖτε. ³⁵ καὶ προελθὼν μικρὸν ἔπιπτεν ἐπὶ τῆσ γῆς, καὶ προσ- 35
ηύχετο ἵνα εἰ δυνατόν ἐστιν παρέλθῃ ἀπ' αὐτοῦ ἡ ὥρα, ³⁶ καὶ 36
ἔλεγεν· ἀββᾶ ὁ πατήρ, πάντα δυνατά σοι· παρένεγκε τὸ ποτήριον
τοῦτο ἀπ' ἐμοῦ· ἀλλ' οὐ τί ἐγὼ θέλω ἀλλὰ τί σύ. ³⁷ καὶ ἔρχεται 37
καὶ εὑρίσκει αὐτοὺσ καθεύδοντασ, καὶ λέγει τῷ Πέτρῳ· Σίμων,
καθεύδεισ; οὐκ ἴσχυσασ μίαν ὥραν γρηγορῆσαι; ³⁸ γρηγορεῖτε καὶ 38
προσεύχεσθε, ἵνα μὴ ἔλθητε εἰσ πειρασμόν. τὸ μὲν πνεῦμα πρό-
θυμον, ἡ δὲ σὰρξ ἀσθενήσ. ³⁹ καὶ πάλιν ἀπελθὼν προσηύξατο 39
τὸν αὐτὸν λόγον εἰπών. ⁴⁰ καὶ ὑποστρέψασ εὗρεν αὐτοὺσ πάλιν 40
καθεύδοντασ· ἦσαν γὰρ αὐτῶν οἱ ὀφθαλμοὶ καταβαρυνόμενοι,
καὶ οὐκ ᾔδεισαν τί ἀποκριθῶσιν αὐτῷ. ⁴¹ καὶ ἔρχεται τὸ τρίτον 41
καὶ λέγει αὐτοῖσ· καθεύδετε τὸ λοιπὸν καὶ ἀναπαύεσθε· ἀπέχει·
ἦλθεν ἡ ὥρα, ἰδοὺ παραδίδοται ὁ υἱὸς τοῦ ἀνθρώπου εἰσ τὰσ
χεῖρασ τῶν ἁμαρτωλῶν. ⁴² ἐγείρεσθε, ἄγωμεν· ἰδοὺ ὁ παραδιδούσ 42
με ἤγγικεν.
Καὶ εὐθὺσ ἔτι αὐτοῦ λαλοῦντοσ παραγίνεται Ἰούδασ ὁ 43
Ἰσκαριώτησ εἷσ τῶν δώδεκα, καὶ μετ' αὐτοῦ ὄχλοσ μετὰ μαχαι-
ρῶν καὶ ξύλων παρὰ τῶν ἀρχιερέων καὶ τῶν γραμματέων καὶ
πρεσβυτέρων. ⁴⁴ δεδώκει δὲ ὁ παραδιδοὺς αὐτὸν σύνσημον αὐτοῖσ 44
λέγων· ὃν ἂν φιλήσω, αὐτόσ ἐστιν· κρατήσατε αὐτὸν καὶ ἀπάγετε
ἀσφαλῶσ. ⁴⁵ καὶ ἐλθὼν εὐθὺσ προσελθὼν αὐτῷ λέγει· ῥαββεί, 45
καὶ κατεφίλησεν αὐτόν· ⁴⁶ οἱ δὲ ἐπέβαλαν τὰσ χεῖρασ αὐτῷ καὶ 46

27. διασκορπισθησεται τα προβατ. 29. ει και : και ει 30. συ : ϛ ℵ om |
εν τη νυκτι ταυτη | πριν η : ℵ om η | δις : ℵ om | απαρνηση με 31. εκ
περισσου | ελαλει : ελεγε μαλλον | απαρνησομαι | ωσαυτως : ℵ* ομοιως
32. γεθσημανη 33. ℵ* om τον ante πετρ. | τον ιακω. | μεθ εαυτου
35. επεσεν | ℵ* ινα ει δυνατον παρελθειν απ αυτου η ωρα 36. ℵ παρ-
ενεγκαι | το ποτηριον απ εμου τουτο 38. εισελθητε 40. ℵ και παλιν
ελθων ευρεν αυτους | οι οφθαλμοι αυτων | ϛ βεβαρημενοι, ℵ* κατα-
βεβαρημενοι | αυτω αποκριθ. 42. ηγγικεν 43. ευθεως | ϛ ℵ om ο
ισκαριωτ. | εισ ων των | οχλος πολυς | και των πρεσβ. 44. συσσημον |
απαγαγετε 45. ευθεωσ | ℵ* και προσελθων | ραββι ραββι 46. επεβαλον |
ℵ* τασ χειρασ αυτων και, ϛ επ αυτον τασ χει. αυτων

47 ἐκράτησαν αὐτόν. ⁴⁷ εἷσ δέ τισ τῶν παρεστηκότων σπασάμενοσ τὴν μάχαιραν ἔπαισεν τὸν δοῦλον τοῦ ἀρχιερέωσ καὶ ἀφεῖλεν
48 αὐτοῦ τὸ ὠτάριον. ⁴⁸ καὶ ἀποκριθεὶσ ὁ Ἰησοῦσ εἶπεν αὐτοῖσ·
ὥσ ἐπὶ λῃστὴν ἐξήλθατε μετὰ μαχαιρῶν καὶ ξύλων συλλαβεῖν με·
49 ⁴⁹ καθ' ἡμέραν ἤμην πρὸσ ὑμᾶσ ἐν τῷ ἱερῷ διδάσκων, καὶ οὐκ
50 ἐκρατήσατέ με· ἀλλ' ἵνα πληρωθῶσιν αἱ γραφαί. ⁵⁰ καὶ ἀφέντεσ αὐτὸν ἔφυγον πάντεσ.
51 Καὶ εἷσ τισ νεανίσκοσ συνηκολούθει αὐτῷ περιβεβλημένοσ
52 σινδόνα ἐπὶ γυμνοῦ, καὶ κρατοῦσιν αὐτόν· ⁵² ὁ δὲ καταλιπὼν τὴν σινδόνα γυμνὸσ ἔφυγεν.
53 Καὶ ἀπήγαγον τὸν Ἰησοῦν πρὸσ τὸν ἀρχιερέα, καὶ συνέρχον- Mt 26, 57 s
ται πάντεσ οἱ ἀρχιερεῖσ καὶ οἱ πρεσβύτεροι καὶ οἱ γραμματεῖσ. Lc 22, 54 s Io 18, 13 ss
54 ⁵⁴ καὶ ὁ Πέτροσ ἀπὸ μακρόθεν ἠκολούθησεν αὐτῷ ἕωσ ἔσω εἰσ
τὴν αὐλὴν τοῦ ἀρχιερέωσ, καὶ ἦν συνκαθήμενοσ μετὰ τῶν ὑπηρε-
τῶν καὶ θερμαινόμενοσ πρὸσ τὸ φῶσ.
55 Οἱ δὲ ἀρχιερεῖσ καὶ ὅλον τὸ συνέδριον ἐζήτουν κατὰ τοῦ ⁵⁵⁻⁶⁴ Mt 26, ⁵⁹⁻⁶⁶
Ἰησοῦ μαρτυρίαν εἰσ τὸ θανατῶσαι αὐτόν, καὶ οὐχ εὕρισκον·
56 ⁵⁶ πολλοὶ γὰρ ἐψευδομαρτύρουν κατ' αὐτοῦ, καὶ ἴσαι αἱ μαρτυρίαι
57 οὐκ ἦσαν. ⁵⁷ καί τινεσ ἀναστάντεσ ἐψευδομαρτύρουν κατ' αὐτοῦ
58 λέγοντεσ ⁵⁸ ὅτι ἡμεῖσ ἠκούσαμεν αὐτοῦ λέγοντοσ ὅτι ἐγὼ καταλύσω Io 2, 19
τὸν ναὸν τοῦτον τὸν χειροποίητον καὶ διὰ τριῶν ἡμερῶν ἄλλον
59 ἀχειροποίητον οἰκοδομήσω. ⁵⁹ καὶ οὐδὲ οὕτωσ ἴση ἦν ἡ μαρτυρία
60 αὐτῶν. ⁶⁰ καὶ ἀναστὰσ ὁ ἀρχιερεὺσ εἰσ μέσον ἐπηρώτησεν τὸν
Ἰησοῦν λέγων· οὐκ ἀποκρίνῃ οὐδὲν τί οὗτοί σου καταμαρτυροῦσιν;
61 ⁶¹ ὁ δὲ ἐσιώπα καὶ οὐκ ἀπεκρίνατο οὐδέν. πάλιν ὁ ἀρχιερεὺσ ⁶¹ ss Lc 22, 67 ss
ἐπηρώτα αὐτὸν καὶ λέγει αὐτῷ· σὺ εἶ ὁ Χριστὸσ ὁ υἱὸσ τοῦ
62 εὐλογητοῦ; ⁶² ὁ δὲ Ἰησοῦσ εἶπεν· ἐγώ εἰμι, καὶ ὄψεσθε τὸν υἱὸν
τοῦ ἀνθρώπου ἐκ δεξιῶν καθήμενον τῆσ δυνάμεωσ καὶ ἐρχόμενον
63 μετὰ τῶν νεφελῶν τοῦ οὐρανοῦ. ⁶³ ὁ δὲ ἀρχιερεὺσ διαρρήξασ
τοὺσ χιτῶνασ αὐτοῦ λέγει· τί ἔτι χρείαν ἔχομεν μαρτύρων;
64 ⁶⁴ ἠκούσατε τῆσ βλασφημίασ· τί ὑμῖν φαίνεται; οἱ δὲ πάντεσ
κατέκριναν αὐτὸν ἔνοχον εἶναι θανάτου.
65 Καὶ ἤρξαντό τινεσ ἐμπτύειν αὐτῷ καὶ περικαλύπτειν αὐτοῦ Mt 26, 67 s Lc 22, 63 s
τὸ πρόσωπον καὶ κολαφίζειν αὐτὸν καὶ λέγειν αὐτῷ· προφήτευσον,
καὶ οἱ ὑπηρέται ῥαπίσμασιν αὐτὸν ἔλαβον.
66 Καὶ ὄντοσ τοῦ Πέτρου κάτω ἐν τῇ αὐλῇ ἔρχεται μία τῶν ⁶⁶⁻⁷² Mt 26, ⁶⁹⁻⁷⁵
67 παιδισκῶν τοῦ ἀρχιερέωσ, ⁶⁷ καὶ ἰδοῦσα τὸν Πέτρον θερμαινόμενον Lc 22, ⁵⁴⁻⁶² Io 18, 15-18 et 25-27

---

47. א om τισ | επαισεν : א* praem και | ωτιον   48. εξηλθετε   50. παντεσ εφυγον   51. א και νεαν. τισ | ηκολουθει | αυτον : add οι νεανισκοι   52. γυμν. εφυγεν : add απ αυτων   53. συνερχονται : add αυτω   54. συγκαθημ. | ϛᵉ προσ φωσ   58. οτι ημ. ηκουσ. αυτ. λεγοντοσ : א οτι ειπεν   60. εισ το μεσον   61. ο δε : א add ιησουσ | και ουδεν απεκρινατο | του ευλογητου : א* του θεου   62. καθημ. εκ δεξι.   64. ειναι ενοχον   65. το προσωπ. αυτου | ελαβον : εβαλλον   66. εν τη αυλη κατω

ἐμβλέψασα αὐτῷ λέγει· καὶ σὺ μετὰ τοῦ Ναζαρηνοῦ ἦσθα τοῦ
Ἰησοῦ. ⁶⁸ ὁ δὲ ἠρνήσατο λέγων· οὔτε οἶδα οὔτε ἐπίσταμαι σὺ 68
τί λέγεισ. καὶ ἐξῆλθεν ἔξω εἰσ τὸ προαύλιον, καὶ ἀλέκτωρ
ἐφώνησεν. ⁶⁹ καὶ ἡ παιδίσκη ἰδοῦσα αὐτὸν ἤρξατο πάλιν λέγειν 69
τοῖσ παρεστῶσιν ὅτι οὗτοσ ἐξ αὐτῶν ἐστίν. ⁷⁰ ὁ δὲ πάλιν ἠρνεῖτο. 70
καὶ μετὰ μικρὸν πάλιν οἱ παρεστῶτεσ ἔλεγον τῷ Πέτρῳ· ἀληθῶσ
ἐξ αὐτῶν εἶ· καὶ γὰρ Γαλιλαῖοσ εἶ. ⁷¹ ὁ δὲ ἤρξατο ἀναθεματίζειν 71
καὶ ὀμνύναι ὅτι οὐκ οἶδα τὸν ἄνθρωπον τοῦτον ὃν λέγετε. ⁷² καὶ 72
εὐθὺσ ἐκ δευτέρου ἀλέκτωρ ἐφώνησεν. καὶ ἀνεμνήσθη ὁ Πέτροσ
τὸ ῥῆμα ὡσ εἶπεν αὐτῷ ὁ Ἰησοῦσ ὅτι πρὶν ἀλέκτορα φωνῆσαι
δὶσ τρίσ με ἀπαρνήσῃ. καὶ ἐπιβαλὼν ἔκλαιεν.

XV.

Iesus coram Pilato interrogatur; irridetur et cruci affigitur. Portenta.
Sepultura.

Καὶ εὐθὺσ πρωῒ συμβούλιον ἑτοιμάσαντεσ οἱ ἀρχιερεῖσ μετὰ 1
τῶν πρεσβυτέρων καὶ τῶν γραμματέων καὶ ὅλον τὸ συνέδριον,
δήσαντεσ τὸν Ἰησοῦν ἀπήνεγκαν καὶ παρέδωκαν Πειλάτῳ. ² καὶ 2
ἐπηρώτησεν αὐτὸν ὁ Πειλᾶτοσ· σὺ εἶ ὁ βασιλεὺσ τῶν Ἰουδαίων;
ὁ δὲ ἀποκριθεὶσ αὐτῷ λέγει· σὺ λέγεισ. ³ καὶ κατηγόρουν αὐτοῦ 3
οἱ ἀρχιερεῖσ πολλά. ⁴ ὁ δὲ Πειλᾶτοσ πάλιν ἐπηρώτα αὐτόν· 4
οὐκ ἀποκρίνῃ οὐδέν; ἴδε πόσα σου κατηγοροῦσιν. ⁵ ὁ δὲ Ἰησοῦσ 5
οὐκέτι οὐδὲν ἀπεκρίθη, ὥστε θαυμάζειν τὸν Πειλᾶτον.

Κατὰ δὲ ἑορτὴν ἀπέλυεν αὐτοῖσ ἕνα δέσμιον ὃν παρῃτοῦντο. 6
⁷ ἦν δὲ ὁ λεγόμενοσ Βαραββᾶσ μετὰ τῶν στασιαστῶν δεδεμένοσ, 7
οἵτινεσ ἐν τῇ στάσει φόνον πεποιήκεισαν. ⁸ καὶ ἀναβὰσ ὁ ὄχλοσ 8
ἤρξατο αἰτεῖσθαι καθὼσ ἐποίει αὐτοῖσ. ⁹ ὁ δὲ Πειλᾶτοσ ἀπεκρίθη 9
αὐτοῖσ λέγων· θέλετε ἀπολύσω ὑμῖν τὸν βασιλέα τῶν Ἰουδαίων;
¹⁰ ἐγίνωσκεν γὰρ ὅτι διὰ φθόνον παραδεδώκεισαν αὐτὸν οἱ ἀρχιε- 10
ρεῖσ. ¹¹ οἱ δὲ ἀρχιερεῖσ ἀνέσεισαν τὸν ὄχλον ἵνα μᾶλλον τὸν 11
Βαραββᾶν ἀπολύσῃ αὐτοῖσ. ¹² ὁ δὲ Πειλᾶτοσ πάλιν ἀποκριθεὶσ 12
ἔλεγεν αὐτοῖσ· τί οὖν θέλετε ποιήσω ὃν λέγετε τὸν βασιλέα τῶν
Ἰουδαίων; ¹³ οἱ δὲ πάλιν ἔκραξαν· σταύρωσον αὐτόν. ¹⁴ ὁ δὲ 13 14
Πειλᾶτοσ ἔλεγεν αὐτοῖσ· τί γὰρ ἐποίησεν κακόν; οἱ δὲ περισσῶσ

---

67. ℵ μετ. του ιησ. ησθα του ναζ., ς μετ. του ναζ. ιησου ησθα 68. ουκ
οιδα ουδε επισταμ. | τι συ | κ. αλεκτ. εφωνησεν : ℵ om 69. παλιν : post
ιδουσα αυτον pon | παρεστηκοσιν 70. ℵ*. om και ante μετα | γαλιλ. ει :
add και η.λαλια σου ομοιαζει 71. ς ℵ ομνυειν 72. om ευθυσ | ℵ om εκ
δευτερ. | του ρηματοσ ου | ℵ om δισ | απαρν. με τρισ | ℵ* εκλαυσεν

XV, 1. ενθεωσ | επι το πρωι | ετοιμασ. : ποιησαντεσ | om των ante
γραμμ. | τω πιλατω 2. πιλατοσ | αυτω λεγει : ειπεν αυτω 4. πιλατοσ |
ς ℵ επηρωτησεν | επ. αυτον : add λεγων | κατηγορ. : καταμαρτυρουσιν
5. πιλατον 6. ονπερ ητουντο 7. συστασιαστων 8. αναβασ : ανα-
βοησασ | καθωσ αει 9. πιλατοσ 10. ℵ* εγνωκει 12. παλιν : post
αποκριθ. | ειπεν αυτοισ | ℵ om θελετε | om τον ante βασιλεα 14. πιλα-
τοσ | ℵ* om αυτοισ | ς ℵ κακον εποιησεν | περισσοτερωσ

15 ἔκραξαν· σταύρωσον αὐτόν. ¹⁵ ὁ δὲ Πειλᾶτοσ βουλόμενοσ ποιῆσαι τὸ ἱκανὸν τῷ ὄχλῳ ἀπέλυσεν αὐτοῖσ τὸν Βαραββᾶν, καὶ παρέδωκεν τὸν Ἰησοῦν φραγελλώσασ ἵνα σταυρωθῇ.

16 Οἱ δὲ στρατιῶται ἀπήγαγον αὐτὸν ἔσω τῆσ αὐλῆσ, ὅ ἐστιν 17 πραιτώριον, καὶ συνκαλοῦσιν ὅλην τὴν σπεῖραν· ¹⁷ καὶ ἐνδιδύσκουσιν αὐτὸν πορφύραν καὶ περιτιθέασιν αὐτῷ πλέξαντεσ ἀκάνθινον 18 στέφανον· ¹⁸ καὶ ἤρξαντο ἀσπάζεσθαι αὐτόν· χαῖρε βασιλεῦ τῶν 19 Ἰουδαίων· ¹⁹ καὶ ἔτυπτον αὐτοῦ τὴν κεφαλὴν καλάμῳ καὶ ἐνέπτυον 20 αὐτῷ, καὶ τιθέντεσ τὰ γόνατα προσεκύνουν αὐτῷ. ²⁰ καὶ ὅτε ἐνέπαιξαν αὐτῷ, ἐξέδυσαν αὐτὸν τὴν πορφύραν καὶ ἐνέδυσαν αὐτὸν τὰ ἴδια ἱμάτια αὐτοῦ.

21 Καὶ ἐξάγουσιν αὐτὸν ἵνα σταυρώσουσιν. ²¹ καὶ ἀγγαρεύουσιν παράγοντά τινα Σίμωνα Κυρηναῖον, ἐρχόμενον ἀπ' ἀγροῦ, τὸν πατέρα Ἀλεξάνδρου καὶ Ῥούφου, ἵνα ἄρῃ τὸν σταυρὸν αὐτοῦ. 22 ²² καὶ φέρουσιν αὐτὸν ἐπὶ τὸν Γολγοθᾶν τόπον, ὅ ἐστιν μεθερ-23 μηνευόμενον κρανίου τόποσ. ²³ καὶ ἐδίδουν αὐτῷ ἐσμυρνισμένον 24 οἶνον· ὃσ δὲ οὐκ ἔλαβεν. ²⁴ καὶ σταυροῦσιν αὐτόν, καὶ διαμερίζονται τὰ ἱμάτια αὐτοῦ, βάλλοντεσ κλῆρον ἐπ' αὐτὰ τίσ τί ἄρῃ. 25 26 ²⁵ ἦν δὲ ὥρα τρίτη καὶ ἐσταύρωσαν αὐτόν. ²⁶ καὶ ἦν ἡ ἐπιγραφὴ τῆσ αἰτίασ αὐτοῦ ἐπιγεγραμμένη· ὁ βασιλεὺσ τῶν Ἰουδαίων.

27 Καὶ σὺν αὐτῷ σταυροῦσιν δύο λῃστάσ, ἕνα ἐκ δεξιῶν καὶ 29 ἕνα ἐξ εὐωνύμων αὐτοῦ. ²⁹ καὶ οἱ παραπορευόμενοι ἐβλασφήμουν αὐτὸν κινοῦντεσ τὰσ κεφαλὰσ αὐτῶν καὶ λέγοντεσ· οὐὰ ὁ κατα-30 λύων τὸν ναὸν καὶ οἰκοδομῶν τρισὶν ἡμέραισ, ³⁰ σῶσον σεαυτὸν 31 καταβὰσ ἀπὸ τοῦ σταυροῦ. ³¹ ὁμοίωσ καὶ οἱ ἀρχιερεῖσ ἐμπαίζοντεσ πρὸσ ἀλλήλουσ μετὰ τῶν γραμματέων ἔλεγον· ἄλλουσ ἔσωσεν, 32 ἑαυτὸν οὐ δύναται σῶσαι· ³² ὁ Χριστὸσ ὁ βασιλεὺσ Ἰσραήλ, καταβάτω νῦν ἀπὸ τοῦ σταυροῦ, ἵνα ἴδωμεν καὶ πιστεύσωμεν. καὶ οἱ συνεσταυρωμένοι σὺν αὐτῷ ὠνείδιζον αὐτόν.

33 Καὶ γενομήσησ ὥρασ ἕκτησ σκότοσ ἐγένετο ἐφ' ὅλην τὴν 34 γῆν ἕωσ ὥρασ ἐνάτησ. ³⁴ καὶ τῇ ἐνάτῃ ὥρᾳ ἐβόησεν ὁ Ἰησοῦσ φωνῇ μεγάλῃ· ἐλωί ἐλωί λεμὰ σαβαχθανεί, ὅ ἐστιν μεθερμηνευό-35 μενον· ὁ θεόσ μου ὁ θεόσ μου, εἰσ τί ἐγκατέλιπέσ με; ³⁵ καί τινεσ τῶν παρεστώτων ἀκούσαντεσ ἔλεγον· ἴδε Ἡλείαν φωνεῖ.

14. εκραξαν : א add λεγοντεσ 15. βουλομ. τω οχλ. το ικανον ποιησαι 16. συγκαλ. 17. ενδυουσιν 18. ασπαζ. αυτον : א add και λεγειν 20. τα ιματ. τα ιδια | σταυρωσουσιν(ς*-σωσιν) : add αυτον 21. א* εγγαρευουσιν 22. επι τον : om τον | γολγοθα | א* om τοπον 23. εδιδ. αυτω : add πιειν | ο δε ουκ 24. ςא και σταυρωσαντεσ αυτον διεμεριζον (א διαμεριζονται) 28. και επληρωθη η γραφη η λεγουσα· και μετα ανομων ελογισθη 29. ουα : אca om | ςא και εν τρισιν ημερ. οικοδομων 30. και καταβα 31. ομοιωσ δε 32. του ισραηλ | om συν 33. Γενομενησ δε | εννατησ 34. τη ωρα τη εννατη | φων. μεγαλη : add λεγων | ελωι | λαμμα | σαβαχθανι, א* σαβακτανει | με εγκατελ. 35. παρεστηκοτων | ιδου | ηλιαν

36 δραμὼν δέ τισ καὶ γεμίσασ σπόγγον ὄξουσ περιθεὶσ καλάμῳ 36
ἐπότιζεν αὐτόν, λέγων· ἄφετε ἴδωμεν εἰ ἔρχεται Ἠλείασ καθελεῖν
αὐτόν. ³⁷ ὁ δὲ Ἰησοῦσ ἀφεὶσ φωνὴν μεγάλην ἐξέπνευσεν. ³⁸ καὶ 37 38
τὸ καταπέτασμα τοῦ ναοῦ ἐσχίσθη εἰσ δύο ἀπὸ ἄνωθεν ἕωσ κάτω.
³⁹ ἰδὼν δὲ ὁ κεντυρίων ὁ παρεστηκὼσ ἐξ ἐναντίασ αὐτοῦ ὅτι οὕτωσ 39
ἐξέπνευσεν, εἶπεν· ἀληθῶσ οὗτοσ ὁ ἄνθρωποσ υἱὸσ ἦν θεοῦ.
Ἦσαν δὲ καὶ γυναῖκεσ ἀπὸ μακρόθεν θεωροῦσαι, ἐν αἷσ καὶ 40
Μαρία ἡ Μαγδαληνὴ καὶ Μαρία ἡ Ἰακώβου τοῦ μικροῦ καὶ Ἰωσῆ-
τοσ μήτηρ καὶ Σαλώμη, ⁴¹ αἳ ὅτε ἦν ἐν τῇ Γαλιλαίᾳ ἠκολούθουν 41
αὐτῷ καὶ διηκόνουν αὐτῷ, καὶ ἄλλαι πολλαὶ αἱ συναναβᾶσαι
αὐτῷ εἰσ Ἱεροσόλυμα.
Καὶ ἤδη ὀψίασ γενομένησ, ἐπεὶ ἦν παρασκευή, ὅ ἐστιν προ- 42
σάββατον, ⁴³ ἐλθὼν Ἰωσὴφ ὁ ἀπὸ Ἀριμαθαίασ, εὐσχήμων βου- 43
λευτήσ, ὃσ καὶ αὐτὸσ ἦν προσδεχόμενοσ τὴν βασιλείαν τοῦ θεοῦ,
τολμήσασ εἰσῆλθεν πρὸσ τὸν Πειλᾶτον καὶ ᾐτήσατο τὸ σῶμα
τοῦ Ἰησοῦ. ⁴⁴ ὁ δὲ Πειλᾶτοσ ἐθαύμαζεν εἰ ἤδη τέθνηκεν, καὶ 44
προσκαλεσάμενοσ τὸν κεντυρίωνα ἐπηρώτησεν αὐτὸν εἰ πάλαι
ἀπέθανεν· ⁴⁵ καὶ γνοὺσ ἀπὸ τοῦ κεντυρίωνοσ ἐδωρήσατο τὸ πτῶμα 45
τῷ Ἰωσήφ. ⁴⁶ καὶ ἀγοράσασ σινδόνα, καθελὼν αὐτὸν ἐνείλησεν 46
τῇ σινδόνι καὶ κατέθηκεν αὐτὸν ἐν μνήματι ὃ ἦν λελατομημένον
ἐκ πέτρασ, καὶ προσεκύλισεν λίθον ἐπὶ τὴν θύραν τοῦ μνημείου.
⁴⁷ ἡ δὲ Μαρία ἡ Μαγδαληνὴ καὶ Μαρία ἡ Ἰωσῆτοσ ἐθεώρουν 47
ποῦ τέθειται.

XVI.

Mulieres ad sepulcrum Christi redivivi.
[Quibus apparuerit, quae mandaverit et promiserit. Sublatio in caelum.]

Καὶ διαγενομένου τοῦ σαββάτου Μαρία ἡ Μαγδαληνὴ καὶ 1
Μαρία ἡ Ἰακώβου καὶ Σαλώμη ἠγόρασαν ἀρώματα, ἵνα ἐλθοῦσαι
ἀλείψωσιν αὐτόν. ² καὶ λίαν πρωΐ τῇ μιᾷ τῶν σαββάτων ἔρχονται 2
ἐπὶ τὸ μνῆμα, ἀνατείλαντοσ τοῦ ἡλίου. ³ καὶ ἔλεγον πρὸσ ἑαυτάσ· 3
τίσ ἀποκυλίσει ἡμῖν τὸν λίθον ἐκ τῆσ θύρασ τοῦ μνημείου; ⁴ καὶ 4
ἀναβλέψασαι θεωροῦσιν ὅτι ἀνακεκύλισται ὁ λίθοσ· ἦν γὰρ μέγασ
σφόδρα. ⁵ καὶ εἰσελθοῦσαι εἰσ τὸ μνημεῖον εἶδον νεανίσκον καθή- 5
μενον ἐν τοῖσ δεξιοῖσ περιβεβλημένον στολὴν λευκήν, καὶ ἐξεθαμ-
βήθησαν. ⁶ ὁ δὲ λέγει αὐταῖσ· μὴ ἐκθαμβεῖσθε. Ἰησοῦν ζητεῖτε 6
τὸν Ναζαρηνὸν τὸν ἐσταυρωμένον· ἠγέρθη, οὐκ ἔστιν ὧδε· ἴδε ὁ
τόποσ ὅπου ἔθηκαν αὐτόν. ⁷ ἀλλὰ ὑπάγετε εἴπατε τοῖσ μαθηταῖσ 7

---

36. τισ : εισ | περιϑ. τε | א αφεσ | ηλιασ 39. οτι ουτω κραξασ εξεπν. |
ο ανϑρωπ. ουτοσ | א υιοσ ϑεου ην 40. εν αισ : add ην | μαρια η του
ιακω. | ϛ א* ιωση 41. αι : add και 43. ελϑων : ηλϑεν | א* om οσ | προσ
πιλατον 44. πιλατοσ | εϑαυμασεν 45. το σωμα 46. και καϑελων |
א εϑηκεν | εν μνημειω 47. και μαρια ιωση | τιϑεται
XVI, 1. ϛ η του ιακω. 2. τησ μιασ σαββατων | μνημειον 4. απο-
κεκυλισται 6. τον ναζαρηνον (et. אa) : א* om 7. αλλ

αυτού και τω Πέτρω ὅτι προάγει ὑμᾶσ εἰσ τὴν Γαλιλαίαν· ἐκεῖ
8 αὐτὸν ὄψεσθε, καθὼσ εἶπεν ὑμῖν. ⁸ καὶ ἐξελθοῦσαι ἔφυγον ἀπὸ
τοῦ μνημείου· εἶχεν γὰρ αὐτὰσ τρόμοσ καὶ ἔκστασισ, καὶ οὐδενὶ
οὐδὲν εἶπον· ἐφοβοῦντο γάρ.

ΚΑΤΑ ΛΟΥΚΑΝ.

I.

Praefatio. Gabrielis nuntius ad Zachariam et ad Mariam. Maria et
Elisabet. Iohannes baptista nascitur; Zacharias vaticinatur.

1 Ἐπειδήπερ πολλοὶ ἐπεχείρησαν ἀνατάξασθαι διήγησιν περὶ
2 τῶν πεπληροφορημένων ἐν ἡμῖν πραγμάτων, ² καθὼσ παρέδοσαν
ἡμῖν οἱ ἀπ᾽ ἀρχῆσ αὐτόπται καὶ ὑπηρέται γενόμενοι τοῦ λόγου,
3 ³ ἔδοξε κἀμοὶ παρηκολουθηκότι ἄνωθεν πᾶσιν ἀκριβῶσ καθεξῆσ
4 σοι γράψαι, κράτιστε Θεόφιλε, ⁴ ἵνα ἐπιγνῷσ περὶ ὧν κατηχήθησ
λόγων τὴν ἀσφάλειαν.
5 Ἐγένετο ἐν ταῖσ ἡμέραισ Ἡρώδου βασιλέωσ τῆσ Ἰουδαίασ
ἱερεύσ τισ ὀνόματι Ζαχαρίασ ἐξ ἐφημερίασ Ἀβιά, καὶ γυνὴ αὐτῷ
6 ἐκ τῶν θυγατέρων Ἀαρών, καὶ τὸ ὄνομα αὐτῆσ Ἐλισάβετ. ⁶ ἦσαν
δὲ δίκαιοι ἀμφότεροι ἐναντίον τοῦ θεοῦ, πορευόμενοι ἐν πάσαισ
7 ταῖσ ἐντολαῖσ καὶ δικαιώμασιν τοῦ κυρίου ἄμεμπτοι. ⁷ καὶ οὐκ
ἦν αὐτοῖσ τέκνον, καθότι ἦν ἡ Ἐλισάβετ στεῖρα, καὶ ἀμφότεροι

8. κ. εξελθ. ταχυ | ειχε δε 9—20. (et א et B om) : 𝔰 sic: 9. Ἀναστάσ
δὲ πρωῒ πρώτῃ σαββάτου ἐφάνη πρῶτον Μαρίᾳ τῇ Μαγδαληνῇ, ἀφ᾽
ἧσ ἐκβεβλήκει ἑπτὰ δαιμόνια. 10. ἐκείνη πορευθεῖσα ἀπήγγειλε τοῖσ
μετ᾽ αὐτοῦ γενομένοισ, πενθοῦσι καὶ κλαίουσι. 11. κἀκεῖνοι ἀκού-
σαντεσ ὅτι ζῇ καὶ ἐθεάθη ὑπ᾽ αὐτῆσ, ἠπίστησαν. 12. Μετὰ δὲ ταῦτα
δυσὶν ἐξ αὐτῶν περιπατοῦσιν ἐφανερώθη ἐν ἑτέρᾳ μορφῇ, πορευο-
μένοισ εἰσ ἀγρόν. 13. κἀκεῖνοι ἀπελθόντεσ ἀπήγγειλαν τοῖσ λοιποῖσ·
οὐδὲ ἐκείνοισ ἐπίστευσαν. 14. Ὕστερον ἀνακειμένοισ αὐτοῖσ τοῖσ
ἕνδεκα ἐφανερώθη, καὶ ὠνείδισε τὴν ἀπιστίαν αὐτῶν καὶ σκληροκαρ-
δίαν, ὅτι τοῖσ θεασαμένοισ αὐτὸν ἐγηγερμένον οὐκ ἐπίστευσαν. 15. καὶ
εἶπεν αὐτοῖσ· πορευθέντεσ εἰσ τὸν κόσμον ἅπαντα κηρύξατε τὸ εὐαγ-
γέλιον πάσῃ τῇ κτίσει. 16. ὁ πιστεύσασ καὶ βαπτισθεὶσ σωθήσεται,
ὁ δὲ ἀπιστήσασ κατακριθήσεται. 17. σημεῖα δὲ τοῖσ πιστεύσασι ταῦτα
παρακολουθήσει· ἐν τῷ ὀνόματί μου δαιμόνια ἐκβαλοῦσι, γλώσσαισ
λαλήσουσι καιναῖσ, 18. ὄφεισ ἀροῦσι, κἂν θανάσιμόν τι πίωσιν οὐ
μὴ αὐτοὺσ βλάψει, ἐπὶ ἀρρώστουσ χεῖρασ ἐπιθήσουσι καὶ καλῶσ
ἕξουσιν. 19. ὁ μὲν οὖν κύριοσ μετὰ τὸ λαλῆσαι αὐτοῖσ ἀνελήφθη εἰσ
τὸν οὐρανὸν καὶ ἐκάθισεν ἐκ δεξιῶν τοῦ θεοῦ· 20. ἐκεῖνοι δὲ ἐξελ-
θόντεσ ἐκήρυξαν πανταχοῦ, τοῦ κυρίου συνεργοῦντοσ καὶ τὸν λόγον
βεβαιοῦντοσ διὰ τῶν ἐπακολουθούντων σημείων. (𝔰, non 𝔰ᵉ, add ἀμήν.)

* το κατα λουκαν αγιον (𝔰ᵉ om) ευαγγελιον

I, 4. א επιγνοισ 5. του βασιλεωσ | και η γυνη αυτου 6. ενωπιον
τ. θε. 7. καθ. η ελισ. ην

προβεβηκότεσ ἐν ταῖσ ἡμέραισ αὐτῶν ἦσαν. ⁸ἐγένετο δὲ ἐν τῷ 8
ἱερατεύειν αὐτὸν ἐν τῇ τάξει τῆσ ἐφημερίασ αὐτοῦ ἔναντι τοῦ θεοῦ,
⁹κατὰ τὸ ἔθοσ τῆσ ἱερατείασ ἔλαχε τοῦ θυμιᾶσαι εἰσελθὼν εἰσ 9
τὸν ναὸν τοῦ κυρίου, ¹⁰καὶ πᾶν τὸ πλῆθοσ ἦν τοῦ λαοῦ προσ- 10
ευχόμενον ἔξω τῇ ὥρᾳ τοῦ θυμιάματοσ. ¹¹ὤφθη δὲ αὐτῷ ἄγγε- 11
λοσ κυρίου ἑστὼσ ἐκ δεξιῶν τοῦ θυσιαστηρίου τοῦ θυμιάματοσ.
¹²καὶ ἐταράχθη Ζαχαρίασ ἰδών, καὶ φόβοσ ἐπέπεσεν ἐπ' αὐτόν. 12
¹³εἶπεν δὲ πρὸσ αὐτὸν ὁ ἄγγελοσ· μὴ φοβοῦ, Ζαχαρία, διότι 13
εἰσηκούσθη ἡ δέησίσ σου, καὶ ἡ γυνή σου Ἐλισάβετ γεννήσει υἱόν
σοι, καὶ καλέσεισ τὸ ὄνομα αὐτοῦ Ἰωάννην· ¹⁴καὶ ἔσται χαρά 14
σοι καὶ ἀγαλλίασισ, καὶ πολλοὶ ἐπὶ τῇ γενέσει αὐτοῦ χαρήσονται.
¹⁵ἔσται γὰρ μέγασ ἐνώπιον κυρίου, καὶ οἶνον καὶ σίκερα οὐ μὴ 15
πίῃ, καὶ πνεύματοσ ἁγίου πλησθήσεται ἔτι ἐκ κοιλίασ μητρὸσ
αὐτοῦ, ¹⁶καὶ πολλοὺσ τῶν υἱῶν Ἰσραὴλ ἐπιστρέψει ἐπὶ κύριον 16
Mal 4, 5 s τὸν θεὸν αὐτῶν· ¹⁷καὶ αὐτὸσ προελεύσεται ἐνώπιον αὐτοῦ ἐν 17
πνεύματι καὶ δυνάμει Ἡλεία, ἐπιστρέψαι καρδίασ πατέρων ἐπὶ
τέκνα καὶ ἀπειθεῖσ ἐν φρονήσει δικαίων, ἑτοιμάσαι κυρίῳ λαὸν
κατεσκευασμένον. ¹⁸καὶ εἶπεν Ζαχαρίασ πρὸσ τὸν ἄγγελον· κατὰ 18
τί γνώσομαι τοῦτο; ἐγὼ γάρ εἰμι πρεσβύτησ καὶ ἡ γυνή μου προ-
βεβηκυῖα ἐν ταῖσ ἡμέραισ αὐτῆσ. ¹⁹καὶ ἀποκριθεὶσ ὁ ἄγγελοσ 19
εἶπεν αὐτῷ· ἐγώ εἰμι Γαβριὴλ ὁ παρεστηκὼσ ἐνώπιον τοῦ θεοῦ,
καὶ ἀπεστάλην λαλῆσαι πρὸσ σὲ καὶ εὐαγγελίσασθαί σοι ταῦτα·
²⁰καὶ ἰδοὺ ἔσῃ σιωπῶν καὶ μὴ δυνάμενοσ λαλῆσαι ἄχρι ἧσ ἡμέρασ 20
γένηται ταῦτα, ἀνθ' ὧν οὐκ ἐπίστευσασ τοῖσ λόγοισ μου, οἵτινεσ
πληρωθήσονται εἰσ τὸν καιρὸν αὐτῶν. ²¹καὶ ἦν ὁ λαὸσ προσδο- 21
κῶν τὸν Ζαχαρίαν, καὶ ἐθαύμαζον ἐν τῷ χρονίζειν αὐτὸν ἐν τῷ
ναῷ. ²²ἐξελθὼν δὲ οὐκ ἐδύνατο λαλῆσαι αὐτοῖσ, καὶ ἐπέγνωσαν 22
ὅτι ὀπτασίαν ἑώρακεν ἐν τῷ ναῷ· καὶ αὐτὸσ ἦν διανεύων αὐτοῖσ,
καὶ διέμενεν κωφόσ. ²³καὶ ἐγένετο ὡσ ἐπλήσθησαν αἱ ἡμέραι 23
τῆσ λειτουργίασ αὐτοῦ, ἀπῆλθεν εἰσ τὸν οἶκον αὐτοῦ. ²⁴μετὰ δὲ 24
ταύτασ τὰσ ἡμέρασ συνέλαβεν Ἐλισάβετ ἡ γυνὴ αὐτοῦ, καὶ περιέ-
κρυβεν ἑαυτὴν μῆνασ πέντε, λέγουσα ²⁵ὅτι οὕτωσ μοι πεποίηκεν 25
κύριοσ ἐν ἡμέραισ αἷσ ἐπεῖδεν ἀφελεῖν ὄνειδόσ μου ἐν ἀνθρώποισ.
Mt 1, 18 ss Ἐν δὲ τῷ μηνὶ τῷ ἕκτῳ ἀπεστάλη ὁ ἄγγελοσ Γαβριὴλ ἀπὸ 26
τοῦ θεοῦ εἰσ πόλιν τῆσ Γαλιλαίασ ᾗ ὄνομα Ναζαρέθ, ²⁷πρὸσ 27
παρθένον ἐμνηστευμένην ἀνδρὶ ᾧ ὄνομα Ἰωσήφ, ἐξ οἴκου Δαυείδ,
καὶ τὸ ὄνομα τῆσ παρθένου Μαριάμ. ²⁸καὶ εἰσελθὼν πρὸσ 28
αὐτὴν ὁ ἄγγελοσ εἶπεν· χαῖρε κεχαριτωμένη, ὁ κύριοσ μετὰ σοῦ.
²⁹ἡ δὲ ἐπὶ τῷ λόγῳ διεταράχθη, καὶ διελογίζετο ποταπὸσ εἴη ὁ 29

8. ℵ εναντιον 10. του λαου ην 13. ℵ ιωανην 14. γεννησει 15. του
κυριου 17. ηλιου 22. ηδυνατο 25. ο κυριοσ | το ονειδοσ 26. απο:
υπο | ℵ* τησ ιουδαιασ | ς (non ςᶜ) ℵ ναζαρετ 27. μεμνηστευμενην | εξ
οικου: ℵ add και πατριασ | δαβιδ 28. ο αγγελοσ: post εισελθων | μετα σου:
add ευλογημενη συ εν γυναιξιν 29. η δε ιδουσα διεταρ. επ. τω λογ. αυτου

30 ἀσπασμὸσ οὗτοσ. ³⁰ καὶ εἶπεν ὁ ἄγγελοσ αὐτῇ· μὴ φοβοῦ, Μα-
31 ριάμ· εὗρεσ γὰρ χάριν παρὰ τῷ θεῷ. ³¹ καὶ ἰδοὺ συλλήμψῃ ἐν Es 7, 14
γαστρὶ καὶ τέξῃ υἱόν, καὶ καλέσεισ τὸ ὄνομα αὐτοῦ Ἰησοῦν. Mt 1, 21 ss
32 ³² οὗτοσ ἔσται μέγασ καὶ υἱὸσ ὑψίστου κληθήσεται, καὶ δώσει
33 αὐτῷ κύριοσ ὁ θεὸσ τὸν θρόνον Δαυεὶδ τοῦ πατρὸσ αὐτοῦ, ³³ καὶ
βασιλεύσει ἐπὶ τὸν οἶκον Ἰακὼβ εἰσ τοὺσ αἰῶνασ, καὶ τῆσ βασι- Mich 4, 7
34 λείασ αὐτοῦ οὐκ ἔσται τέλοσ. ³⁴ εἶπεν δὲ Μαριὰμ πρὸσ τὸν Dan 7, 14
35 ἄγγελον· πῶσ ἔσται τοῦτο, ἐπεὶ ἄνδρα οὐ γινώσκω; ³⁵ καὶ ἀπο-
κριθεὶσ ὁ ἄγγελοσ εἶπεν αὐτῇ· πνεῦμα ἅγιον ἐπελεύσεται ἐπὶ σέ,
καὶ δύναμισ ὑψίστου ἐπισκιάσει σοι· διὸ καὶ τὸ γεννώμενον ἅγιον
36 κληθήσεται υἱὸσ θεοῦ. ³⁶ καὶ ἰδοὺ Ἐλισάβετ ἡ συγγενίσ σου καὶ
αὐτὴ συνειληφυῖα υἱὸν ἐν γήρει αὐτῆσ, καὶ οὗτοσ μὴν ἕκτοσ ἐστὶν
37 αὐτῇ τῇ καλουμένῃ στείρᾳ· ³⁷ ὅτι οὐκ ἀδυνατήσει παρὰ τοῦ θεοῦ
38 πᾶν ῥῆμα. ³⁸ εἶπεν δὲ Μαριάμ· ἰδοὺ ἡ δούλη κυρίου· γένοιτό
μοι κατὰ τὸ ῥῆμά σου. καὶ ἀπῆλθεν ἀπ' αὐτῆσ ὁ ἄγγελοσ.
39 Ἀναστᾶσα δὲ Μαριὰμ ἐν ταῖσ ἡμέραισ ταύταισ ἐπορεύθη
40 εἰσ τὴν ὀρεινὴν μετὰ σπουδῆσ εἰσ πόλιν Ἰούδα, ⁴⁰ καὶ εἰσῆλθεν
41 εἰσ τὸν οἶκον Ζαχαρίου καὶ ἠσπάσατο τὴν Ἐλισάβετ. ⁴¹ καὶ
ἐγένετο ὡσ ἤκουσεν τὸν ἀσπασμὸν τῆσ Μαρίασ ἡ Ἐλισάβετ, ἐσκίρ-
τησεν τὸ βρέφοσ ἐν τῇ κοιλίᾳ αὐτῆσ. καὶ ἐπλήσθη πνεύματοσ
42 ἁγίου ἡ Ἐλισάβετ, ⁴² καὶ ἀνεφώνησεν κραυγῇ μεγάλῃ καὶ εἶπεν·
εὐλογημένη σὺ ἐν γυναιξίν, καὶ εὐλογημένοσ ὁ καρπὸσ τῆσ κοιλίασ
43 σου. ⁴³ καὶ πόθεν μοι τοῦτο ἵνα ἔλθῃ ἡ μήτηρ τοῦ κυρίου μου
44 πρὸσ ἐμέ; ⁴⁴ ἰδοὺ γὰρ ὡσ ἐγένετο ἡ φωνὴ τοῦ ἀσπασμοῦ σου εἰσ
τὰ ὦτά μου, ἐσκίρτησεν ἐν ἀγαλλιάσει τὸ βρέφοσ ἐν τῇ κοιλίᾳ
45 μου. ⁴⁵ καὶ μακαρία ἡ πιστεύσασα ὅτι ἔσται τελείωσισ τοῖσ λελα-
λημένοισ αὐτῇ παρὰ κυρίου.
46 Καὶ εἶπεν Μαριάμ· μεγαλύνει ἡ ψυχή μου τὸν κύριον, 46 ss
47 ⁴⁷ καὶ ἠγαλλίασεν τὸ πνεῦμά μου ἐπὶ τῷ θεῷ τῷ σωτῆρί μου, 1 Sam 2, 1 ss
48 ⁴⁸ ὅτι ἐπέβλεψεν ἐπὶ τὴν ταπείνωσιν τῆσ δούλησ αὐτοῦ. ἰδοὺ γὰρ
49 ἀπὸ τοῦ νῦν μακαριοῦσίν με πᾶσαι αἱ γενεαί, ⁴⁹ ὅτι ἐποίησέν μοι
50 μεγάλα ὁ δυνατόσ. καὶ ἅγιον τὸ ὄνομα αὐτοῦ, ⁵⁰ καὶ τὸ ἔλεοσ
51 αὐτοῦ εἰσ γενεὰσ καὶ γενεὰσ τοῖσ φοβουμένοισ αὐτόν. ⁵¹ ἐποίησεν
κράτοσ ἐν βραχίονι αὐτοῦ, διεσκόρπισεν ὑπερηφάνουσ διανοίᾳ
52 καρδίασ αὐτῶν· ⁵² καθεῖλεν δυνάστασ ἀπὸ θρόνων καὶ ὕψωσεν
53 ταπεινούσ, ⁵³ πεινῶντασ ἐνέπλησεν ἀγαθῶν καὶ πλουτοῦντασ
54 ἐξαπέστειλεν κενούσ. ⁵⁴ ἀντελάβετο Ἰσραὴλ παιδὸσ αὐτοῦ, μνη-
55 σθῆναι ἐλέουσ, ⁵⁵ καθὼσ ἐλάλησεν πρὸσ τοὺσ πατέρασ ἡμῶν, τῷ
Ἀβραὰμ καὶ τῷ σπέρματι αὐτοῦ εἰσ τὸν αἰῶνα.

31. συλληψη 32. δαβιδ 36. συγγενησ | ℵ συνειληφεν | γηρα 37. παρα
τω θεω 39. ℵ επορευετο 41. η ελισ. : post ηκουσεν | ℵ* εσκιρτ. εν
αγαλλιασει 42. ℵ ανεβοησεν | κραυγη : ς ℵ φωνη 43. προσ με 49. μεγα-
λεια | ο δυνατοσ, και αγιον το ον. αυτου· (hac interpunctione) 50. ℵ εισ
γενεαν και γενεαν, ς εισ γενεασ γενεων 51. ℵc διανοιασ

Ἔμεινεν δὲ Μαριὰμ σὺν αὐτῇ ὡσ μῆνασ τρεῖσ, καὶ ὑπέστρεψεν 56 εἰσ τὸν οἶκον αὐτῆσ.

Τῇ δὲ Ἐλισάβετ ἐπλήσθη ὁ χρόνοσ τοῦ τεκεῖν αὐτήν, καὶ 57 ἐγέννησεν υἱόν. ⁵⁸ καὶ ἤκουσαν οἱ περίοικοι καὶ οἱ συγγενεῖσ αὐ- 58 τῆσ ὅτι ἐμεγάλυνεν κύριοσ τὸ ἔλεοσ αὐτοῦ μετ᾿ αὐτῆς, καὶ συνέχαιρον αὐτῇ. ⁵⁹ καὶ ἐγένετο ἐν τῇ ἡμέρᾳ τῇ ὀγδόῃ ἦλθον περι- 59 τεμεῖν τὸ παιδίον, καὶ ἐκάλουν αὐτὸ ἐπὶ τῷ ὀνόματι τοῦ πατρὸσ αὐτοῦ Ζαχαρίαν. ⁶⁰ καὶ ἀποκριθεῖσα ἡ μήτηρ αὐτοῦ εἶπεν· οὐχί, 60 ἀλλὰ κληθήσεται Ἰωάννησ. ⁶¹ καὶ εἶπαν πρὸσ αὐτὴν ὅτι οὐδείσ 61 ἐστιν ἐκ τῆσ συγγενείασ σου ὃσ καλεῖται τῷ ὀνόματι τούτῳ. ⁶² ἐνένευον δὲ τῷ πατρὶ αὐτοῦ τὸ τί ἂν θέλοι καλεῖσθαι αὐτό. 62 ⁶³ καὶ αἰτήσασ πινακίδιον ἔγραψεν λέγων· Ἰωάννησ ἐστὶν τὸ ὄνομα 63 αὐτοῦ. καὶ ἐθαύμασαν πάντεσ. ⁶⁴ ἀνεῴχθη δὲ τὸ στόμα αὐτοῦ 64 παραχρῆμα καὶ ἡ γλῶσσα αὐτοῦ, καὶ ἐλάλει εὐλογῶν τὸν θεόν. ⁶⁵ καὶ ἐγένετο ἐπὶ πάντασ φόβοσ τοὺσ περιοικοῦντασ αὐτούσ, καὶ 65 ἐν ὅλῃ τῇ ὀρεινῇ τῆσ Ἰουδαίασ διελαλεῖτο πάντα τὰ ῥήματα ταῦτα, ⁶⁶ καὶ ἔθεντο πάντεσ οἱ ἀκούσαντεσ ἐν τῇ καρδίᾳ αὐτῶν, 66 λέγοντεσ· τί ἄρα τὸ παιδίον τοῦτο ἔσται; καὶ γὰρ χεὶρ κυρίου ἦν μετ᾿ αὐτοῦ.

Καὶ Ζαχαρίασ ὁ πατὴρ αὐτοῦ ἐπλήσθη πνεύματοσ ἁγίου καὶ 67 ἐπροφήτευσεν λέγων· ⁶⁸ εὐλογητὸσ κύριοσ ὁ θεὸσ τοῦ Ἰσραήλ, 68 ὅτι ἐπεσκέψατο καὶ ἐποίησεν λύτρωσιν τῷ λαῷ αὐτοῦ, ⁶⁹ καὶ 69 ἤγειρεν κέρασ σωτηρίασ ἡμῖν ἐν οἴκῳ Δαυεὶδ παιδὸσ αὐτοῦ, ⁷⁰ καθὼσ ἐλάλησεν διὰ στόματοσ τῶν ἁγίων ἀπ᾿ αἰῶνοσ προ- 70
Act 3, 21 φητῶν αὐτοῦ, ⁷¹ σωτηρίαν ἐξ ἐχθρῶν ἡμῶν καὶ ἐκ χειρὸσ πάντων 71 τῶν μισούντων ἡμᾶσ, ⁷² ποιῆσαι ἔλεοσ μετὰ τῶν πατέρων ἡμῶν 72
Gen 22,16 καὶ μνησθῆναι διαθήκησ ἁγίασ αὐτοῦ, ⁷³ ὅρκον ὃν ὤμοσεν πρὸσ 73 Ἀβραὰμ τὸν πατέρα ἡμῶν, τοῦ δοῦναι ἡμῖν ⁷⁴ ἀφόβωσ ἐκ χειρὸσ 74 ἐχθρῶν ῥυσθέντασ λατρεύειν αὐτῷ ⁷⁵ ἐν ὁσιότητι καὶ δικαιοσύνῃ 75 ἐνώπιον αὐτοῦ πάσασ τὰσ ἡμέρασ ἡμῶν. ⁷⁶ καὶ σὺ δὲ παιδίον 76 προφήτησ ὑψίστου κληθήσῃ· προπορεύσῃ γὰρ πρὸ προσώπου κυρίου ἑτοιμάσαι ὁδοὺσ αὐτοῦ, ⁷⁷ τοῦ δοῦναι γνῶσιν σωτηρίασ τῷ 77 λαῷ αὐτοῦ ἐν ἀφέσει ἁμαρτιῶν αὐτῶν ⁷⁸ διὰ σπλάγχνα ἐλέουσ 78 θεοῦ ἡμῶν, ἐν οἷσ ἐπεσκέψατο ἡμᾶσ ἀνατολὴ ἐξ ὕψουσ ⁷⁹ ἐπι- 79 φᾶναι τοῖσ ἐν σκότει καὶ σκιᾷ θανάτου καθημένοισ, τοῦ κατευθῦναι τοὺσ πόδασ ἡμῶν εἰσ ὁδὸν εἰρήνησ.

2, 40 Τὸ δὲ παιδίον ηὔξανεν καὶ ἐκραταιοῦτο πνεύματι, καὶ ἦν 80 ἐν ταῖσ ἐρήμοισ ἕωσ ἡμέρασ ἀναδείξεωσ αὐτοῦ πρὸσ τὸν Ἰσραήλ.

---

56. ωσει 59. τη ογδοη ημερα 61. ειπον | εν τη συγγενεια 62. αυτο: αυτον 65. ℵ εγενετ. δε | διελαλ. παντα τα (sic ℵᵃ) : ℵ nil nisi δια τα 66. om γαρ 67. προεφητευσε 69. εν τω οικω | δαβιδ | του παιδοσ 70. των αγι. των απ 74. των εχθρων ημων 75. τ. ημε. τησ ζωησ ημ. 76. και συ sine δε | πρ. προσωπου : ℵ ενωπιον 78. ℵ* επισκεψεται

II.

Occasione census Iesus Bethlehemi nascitur. Angeli et pastores. Circumcisio. Infans sistitur deo. Symeon et Anna. Puer in templo.

1 Ἐγένετο δὲ ἐν ταῖσ ἡμέραισ ἐκείναισ ἐξῆλθεν δόγμα παρὰ Act 5, 37
Καίσαροσ Αὐγούστου ἀπογράφεσθαι πᾶσαν τὴν οἰκουμένην.
2 ²αὕτη ἀπογραφὴ ἐγένετο πρώτη ἡγεμονεύοντοσ τῆσ Συρίασ Κυ-
3 ρηνίου. ³καὶ ἐπορεύοντο πάντεσ ἀπογράφεσθαι, ἕκαστοσ εἰσ
4 τὴν ἑαυτοῦ πόλιν. ⁴ἀνέβη δὲ καὶ Ἰωσὴφ ἀπὸ τῆσ Γαλιλαίασ ἐκ
πόλεωσ Ναζαρὲθ εἰσ τὴν Ἰουδαίαν εἰσ πόλιν Δαυεὶδ ἥτισ καλεῖται
5 Βηθλεέμ, διὰ τὸ εἶναι αὐτὸν ἐξ οἴκου καὶ πατριᾶσ Δαυείδ, ⁵ἀπο-
γράψασθαι σὺν Μαριὰμ τῇ ἐμνηστευμένῃ αὐτῷ, οὔσῃ ἐγκύῳ.
6 ⁶Ἐγένετο δὲ ἐν τῷ εἶναι αὐτοὺσ ἐκεῖ ἐπλήσθησαν αἱ ἡμέραι τοῦ Mt 1, 25
7 τεκεῖν αὐτήν, ⁷καὶ ἔτεκεν τὸν υἱὸν αὐτῆσ τὸν πρωτότοκον, καὶ et 2, 1
ἐσπαργάνωσεν αὐτὸν καὶ ἀνέκλινεν αὐτὸν ἐν φάτνῃ, διότι οὐκ ἦν
αὐτοῖσ τόποσ ἐν τῷ καταλύματι.
8 Καὶ ποιμένεσ ἦσαν ἐν τῇ χώρᾳ τῇ αὐτῇ ἀγραυλοῦντεσ καὶ
9 φυλάσσοντεσ φυλακὰσ τῆσ νυκτὸσ ἐπὶ τὴν ποίμνην αὐτῶν. ⁹καὶ
ἄγγελοσ κυρίου ἐπέστη αὐτοῖσ καὶ δόξα κυρίου περιέλαμψεν αὐ-
10 τούσ, καὶ ἐφοβήθησαν φόβον μέγαν. ¹⁰καὶ εἶπεν αὐτοῖσ ὁ ἄγγελοσ·
μὴ φοβεῖσθε· ἰδοὺ γὰρ εὐαγγελίζομαι ὑμῖν χαρὰν μεγάλην, ἥτισ
11 ἔσται παντὶ τῷ λαῷ, ¹¹ὅτι ἐτέχθη ὑμῖν σήμερον σωτήρ, ὅσ ἐστιν
12 Χριστὸσ κύριοσ, ἐν πόλει Δαυείδ. ¹²καὶ τοῦτο ὑμῖν τὸ σημεῖον,
13 εὑρήσετε βρέφοσ ἐσπαργανωμένον ἐν φάτνῃ. ¹³καὶ ἐξαίφνησ
ἐγένετο σὺν τῷ ἀγγέλῳ πλῆθοσ στρατιᾶσ οὐρανίου αἰνούντων
14 τὸν θεὸν καὶ λεγόντων· ¹⁴δόξα ἐν ὑψίστοισ θεῷ καὶ ἐπὶ γῆσ
15 εἰρήνη ἐν ἀνθρώποισ εὐδοκίασ. ¹⁵Καὶ ἐγένετο ὡσ ἀπῆλθον ἀπ'
αὐτῶν εἰσ τὸν οὐρανὸν οἱ ἄγγελοι, οἱ ποιμένεσ ἐλάλουν πρὸσ
ἀλλήλουσ· διέλθωμεν δὴ ἕωσ Βηθλεὲμ καὶ ἴδωμεν τὸ ῥῆμα τοῦτο
16 τὸ γεγονὸσ ὃ ὁ κύριοσ ἐγνώρισεν ἡμῖν. ¹⁶καὶ ἦλθαν σπεύσαντεσ,
καὶ ἀνεῦραν τήν τε Μαριὰμ καὶ τὸν Ἰωσὴφ καὶ τὸ βρέφοσ
17 κείμενον ἐν τῇ φάτνῃ· ¹⁷ἰδόντεσ δὲ ἐγνώρισαν περὶ τοῦ ῥήματοσ
18 τοῦ λαληθέντοσ αὐτοῖσ περὶ τοῦ παιδίου τούτου. ¹⁸καὶ πάντεσ
οἱ ἀκούσαντεσ ἐθαύμασαν περὶ τῶν λαληθέντων ὑπὸ τῶν ποιμένων
19 πρὸσ αὐτούσ· ¹⁹ἡ δὲ Μαρία πάντα συνετήρει τὰ ῥήματα ταῦτα
20 συνβάλλουσα ἐν τῇ καρδίᾳ αὐτῆσ. ²⁰καὶ ὑπέστρεψαν οἱ ποιμένεσ,
δοξάζοντεσ καὶ αἰνοῦντεσ τὸν θεὸν ἐπὶ πᾶσιν οἷσ ἤκουσαν καὶ
ἴδον καθὼσ ἐλαλήθη πρὸσ αὐτούσ.

II, 1. ℵ* αγουστου 2. αυτη η απογρ. | πρωτη εγεν. 3. ℵ* κ. επορ.
εκαστοσ απογρ. εισ την εαυτων πολ. | εαυτου : ιδιαν 4. ϛ (non ϛᵉ)
ναζαρετ | ℵ* εισ την πολιν | δαβιδ 5. ℵ* απογραφεσθαι | μεμνηστευ-
μενη αυτω γυναικι 7. εν τη φατνη 9. και ιδου αγγελ. | κυριου sec : ℵᶜ
θεου | ℵ* επελαμψεν αυτοισ 10. εσται : ℵ* εστιν 11. δαβιδ 12. εσπαργ.
κειμενον εν τη φατνη 14. ευδοκια 15. οι (ita ℵᵃ, ℵ* om) ποιμενεσ :
praem και οι ανθρωποι | ελαλ. : ειπον 16. ϛ ℵ ηλθον | ϛ ℵ* ανευρον
17. διεγνωρισαν 19. μαριαμ | συμβαλλ. 20. επεστρεψαν | ειδον

Καὶ ὅτε ἐπλήσθησαν ἡμέραι ὀκτὼ τοῦ περιτεμεῖν αὐτόν, 21
καὶ ἐκλήθη τὸ ὄνομα αὐτοῦ Ἰησοῦσ, τὸ κληθὲν ὑπὸ τοῦ ἀγγέλου
πρὸ τοῦ συλλημφθῆναι αὐτὸν ἐν τῇ κοιλίᾳ.

Καὶ ὅτε ἐπλήσθησαν αἱ ἡμέραι τοῦ καθαρισμοῦ αὐτῶν, 22
κατὰ τὸν νόμον Μωϋσέωσ, ἀνήγαγον αὐτὸν εἰσ Ἱεροσόλυμα παρα-
στῆσαι τῷ κυρίῳ, ²³ καθὼσ γέγραπται ἐν νόμῳ κυρίου ὅτι πᾶν 23
ἄρσεν διανοῖγον μήτραν ἅγιον τῷ κυρίῳ κληθήσεται, ²⁴ καὶ τοῦ 24
δοῦναι θυσίαν κατὰ τὸ εἰρημένον ἐν τῷ νόμῳ κυρίου, ζεῦγοσ τρυ-
γόνων ἢ δύο νοσσοὺσ περιστερῶν.

Καὶ ἰδοὺ ἄνθρωποσ ἦν ἐν Ἱερουσαλήμ, ᾧ ὄνομα Συμεών, 25
καὶ ὁ ἄνθρωποσ οὗτοσ δίκαιοσ καὶ εὐλαβήσ, προσδεχόμενοσ παρά-
κλησιν τοῦ Ἰσραήλ, καὶ πνεῦμα ἦν ἅγιον ἐπ' αὐτόν· ²⁶ καὶ ἦν 26
αὐτῷ κεχρηματισμένον ὑπὸ τοῦ πνεύματοσ τοῦ ἁγίου, μὴ ἰδεῖν
θάνατον πρὶν ἢ ἂν ἴδῃ τὸν Χριστὸν κυρίου. ²⁷ καὶ ἦλθεν ἐν τῷ 27
πνεύματι εἰσ τὸ ἱερόν· καὶ ἐν τῷ εἰσαγαγεῖν τοὺσ γονεῖσ τὸ παιδίον
Ἰησοῦν τοῦ ποιῆσαι αὐτοὺσ κατὰ τὸ εἰθισμένον τοῦ νόμου περὶ
αὐτοῦ, ²⁸ καὶ αὐτὸσ ἐδέξατο αὐτὸ εἰσ τὰσ ἀγκάλασ καὶ εὐλόγησεν 28
τὸν θεὸν καὶ εἶπεν· ²⁹ νῦν ἀπολύεισ τὸν δοῦλόν σου, δέσποτα, 29
κατὰ τὸ ῥῆμά σου ἐν εἰρήνῃ, ³⁰ ὅτι εἶδον οἱ ὀφθαλμοί μου τὸ 30
σωτήριόν σου, ³¹ ὃ ἡτοίμασας κατὰ πρόσωπον πάντων τῶν λαῶν, 31
³² φῶσ εἰσ ἀποκάλυψιν ἐθνῶν καὶ δόξαν λαοῦ σου Ἰσραήλ. ³³ καὶ 32 33
ἦν ὁ πατὴρ αὐτοῦ καὶ ἡ μήτηρ αὐτοῦ θαυμάζοντεσ ἐπὶ τοῖσ λαλου-
μένοισ περὶ αὐτοῦ. ³⁴ καὶ εὐλόγησεν αὐτοὺσ Συμεὼν καὶ εἶπεν 34
πρὸσ Μαριὰμ τὴν μητέρα αὐτοῦ· ἰδοὺ οὗτοσ κεῖται εἰσ πτῶσιν
καὶ ἀνάστασιν πολλῶν ἐν τῷ Ἰσραὴλ καὶ εἰσ σημεῖον ἀντιλεγό-
μενον. ³⁵ καὶ σοῦ δὲ αὐτῆσ τὴν ψυχὴν διελεύσεται ῥομφαία, ὅπωσ 35
ἂν ἀποκαλυφθῶσιν ἐκ πολλῶν καρδιῶν διαλογισμοί. ³⁶ Καὶ ἦν 36
Ἄννα προφῆτισ, θυγάτηρ Φανουήλ, ἐκ φυλῆσ Ἀσήρ· αὕτη προ-
βεβηκυῖα ἐν ἡμέραισ πολλαῖσ, ζήσασα μετὰ ἀνδρὸσ ἔτη ἑπτὰ
ἀπὸ τῆσ παρθενίασ αὐτῆσ, ³⁷ καὶ αὐτὴ χήρα ἕωσ ἐτῶν ὀγδοή- 37
κοντα τεσσάρων, ἣ οὐκ ἀφίστατο τοῦ ἱεροῦ νηστείαισ καὶ δεήσεσι
λατρεύουσα νύκτα καὶ ἡμέραν. ³⁸ καὶ αὐτῇ τῇ ὥρᾳ ἐπιστᾶσα 38
ἀνθωμολογεῖτο τῷ θεῷ καὶ ἐλάλει περὶ αὐτοῦ πᾶσιν τοῖσ προσδε-
χομένοισ λύτρωσιν Ἱερουσαλήμ.

Καὶ ὡσ ἐτέλεσαν πάντα κατὰ τὸν νόμον κυρίου, ἐπέστρεψαν 39
εἰσ τὴν Γαλιλαίαν εἰσ πόλιν ἑαυτῶν Ναζαρέθ. ⁴⁰ τὸ δὲ παιδίον 40

21. αυτον : το παιδιον | κληθεν : ℵ* λεχθεν | συλληφθ. 22. αυτων :
ϛᵉ αυτησ | μωσεωσ 23. ℵ* διανοιγων 24. εν νομω | νεοσσουσ 25. ην
ανθρωποσ | ℵ* ω ονομα αυτου | ℵ* ευσεβησ | αγιον ην 26. πριν η αν :
ℵ εωσ αν, ϛ πριν η 28. ℵ* και αυτοσ δε | εισ τασ αγκ. αυτου 33. και
ην ιωσηφ και η μητηρ αυτου 34. ℵ ηυλογ. 35. διαλογισμοι : ℵ* add
πονηροι 36. ετη μετ. ανδρ. επτα 37. και αὑτη | εωσ : ωσ | ογδοηκ. :
ℵ* εβδομηκ. | ℵ* εκ του ιερου 38. και αὑτη αὑτῇ τῇ | θεω : κυριω |
εν ιερουσαλημ 39. ℵ* ετελεσεν | απαντα | τα κατα | ℵ* επεστρεψεν,
ϛ υπεστρεψαν | ℵ* om την | εισ την πολιν αυτων | ϛ (non ϛᵉ) ℵ ναζαρετ

7*

ηὔξανεν καὶ ἐκραταιοῦτο πληρούμενον σοφίασ, καὶ χάρισ θεοῦ ἦν ἐπ᾽ αὐτό.

41 Καὶ ἐπορεύοντο οἱ γονεῖσ αὐτοῦ κατ᾽ ἔτοσ εἰσ Ἱερουσαλὴμ 42 τῇ ἑορτῇ τοῦ πάσχα. ⁴² καὶ ὅτε ἐγένετο ἐτῶν δώδεκα, ἀναβαινόν- 43 των αὐτῶν κατὰ τὸ ἔθοσ τῆσ ἑορτῆσ, ⁴³ καὶ τελειωσάντων τὰσ ἡμέρασ, ἐν τῷ ὑποστρέφειν αὐτοὺσ ὑπέμεινεν Ἰησοῦσ ὁ παῖσ ἐν 44 Ἱερουσαλήμ, καὶ οὐκ ἔγνωσαν οἱ γονεῖσ αὐτοῦ. ⁴⁴ νομίσαντεσ δὲ αὐτὸν εἶναι ἐν τῇ συνοδίᾳ ἦλθον ἡμέρασ ὁδὸν καὶ ἀνεζήτουν 45 αὐτὸν ἐν τοῖσ συγγενέσιν καὶ τοῖσ γνωστοῖσ, ⁴⁵ καὶ μὴ εὑρόντεσ 46 ὑπέστρεψαν εἰσ Ἱερουσαλὴμ ἀναζητοῦντεσ αὐτόν. ⁴⁶ καὶ ἐγένετο μετὰ ἡμέρασ τρεῖσ εὗρον αὐτὸν ἐν τῷ ἱερῷ καθεζόμενον ἐν μέσῳ τῶν διδασκάλων καὶ ἀκούοντα αὐτῶν καὶ ἐπερωτῶντα αὐτούσ· 47 ⁴⁷ ἐξίσταντο δὲ πάντεσ οἱ ἀκούοντεσ αὐτοῦ ἐπὶ τῇ συνέσει καὶ 48 ταῖσ ἀποκρίσεσιν αὐτοῦ. ⁴⁸ καὶ ἰδόντεσ αὐτὸν ἐξεπλάγησαν, καὶ εἶπεν πρὸσ αὐτὸν ἡ μήτηρ αὐτοῦ· τέκνον, τί ἐποίησασ ἡμῖν 49 οὕτωσ; ἰδοὺ ὁ πατήρ σου κἀγὼ ὀδυνώμενοι ἐζητοῦμέν σε. ⁴⁹ καὶ εἶπεν πρὸσ αὐτούσ· τί ὅτι ἐζητεῖτέ με; οὐκ ᾔδειτε ὅτι ἐν τοῖσ 50 τοῦ πατρόσ μου δεῖ εἶναί με; ⁵⁰ καὶ αὐτοὶ οὐ συνῆκαν τὸ ῥῆμα 51 ὃ ἐλάλησεν αὐτοῖσ. ⁵¹ καὶ κατέβη μετ᾽ αὐτῶν καὶ ἦλθεν εἰσ Ναζαρέθ, καὶ ἦν ὑποτασσόμενοσ αὐτοῖσ. καὶ ἡ μήτηρ αὐτοῦ διετήρει 52 πάντα τὰ ῥήματα ἐν τῇ καρδίᾳ αὐτῆσ. ⁵² καὶ Ἰησοῦσ προέκοπτεν ἐν τῇ σοφίᾳ καὶ ἡλικίᾳ καὶ χάριτι παρὰ θεῷ καὶ ἀνθρώποισ.

III.

Iohannes baptista in deserto. Herodes. Iesu immersio et genealogia.

1 Ἐν ἔτει δὲ πεντεκαιδεκάτῳ τῆσ ἡγεμονίασ Τιβερίου Καίσαροσ, ἡγεμονεύοντοσ Ποντίου Πειλάτου τῆσ Ἰουδαίασ, καὶ τετρααρχοῦντοσ τῆσ Γαλιλαίασ Ἡρώδου, Φιλίππου δὲ τοῦ ἀδελφοῦ αὐτοῦ τετρααρχοῦντοσ τῆσ Ἰτουραίασ καὶ Τραχωνίτιδοσ χώρασ, 2 καὶ Λυσανίου τῆσ Ἀβιληνῆσ τετρααρχοῦντοσ, ² ἐπὶ ἀρχιερέωσ Ἄννα καὶ Καϊάφα, ἐγένετο ῥῆμα θεοῦ ἐπὶ Ἰωάννην τὸν Ζαχαρίου 3 υἱὸν ἐν τῇ ἐρήμῳ, ³ καὶ ἦλθεν εἰσ πᾶσαν τὴν περίχωρον τοῦ Ἰορ- 4 δάνου κηρύσσων βάπτισμα μετανοίασ εἰσ ἄφεσιν ἁμαρτιῶν, ⁴ ὡσ γέγραπται ἐν βίβλῳ λόγων Ἡσαΐου τοῦ προφήτου· φωνὴ βοῶντοσ ἐν τῇ ἐρήμῳ· ἑτοιμάσατε τὴν ὁδὸν κυρίου, εὐθείασ ποιεῖτε τὰσ

---

40. εκραταιουτο : add πνευματι | ℵᶜ σοφια 41. ετοσ : ℵ εθοσ 42. αναβαινοντ. (ℵ και αν.) αυτ. : αναβαντων αυτ. εισ ιεροσολυμα 43. ℵ* om ιησουσ | ουκ εγνω ιωσηφ και η μητηρ αυτου 44. αυτον εν τη συνοδια ειναι | και (ς add εν) τοισ γνωστ. : ℵ* om 45. ευροντεσ : add αυτον | ς ℵ* ζητουντεσ 46. μεθ ημ. 48. κ. προσ αυτ. η μητ. αυτ. ειπεν | ℵ* ζητουμεν 49. ℵ* ζητειτε 51. ς (non ςᵉ) ℵ ναζαρετ | ρηματα : add ταυτα 52. ℵ* ο ιησουσ | εν τη : om | παρα θεω : ℵ θεου (sed pergit κ. ανθρωποισ)

III, 1. ς ℵ πιλατου | ℵ* om τ. ιουδ. | τετραρχουντ. | ιτουρ. usque λυσαν. rescripsit ℵᵃ | ℵᵃ τετραχωνιτ. 2. επ αρχιερεων | τον του ζαχαρ. 4. προφητου : add λεγοντοσ

τρίβουσ αὐτοῦ· ⁵πᾶσα φάραγξ πληρωθήσεται καὶ πᾶν ὄροσ καὶ 5
βουνὸσ ταπεινωθήσεται, καὶ ἔσται τὰ σκολιὰ εἰσ εὐθείασ καὶ αἱ
τραχεῖαι εἰσ ὁδοὺσ λείασ, ⁶καὶ ὄψεται πᾶσα σὰρξ τὸ σωτήριον 6
τοῦ θεοῦ. ⁷Ἔλεγεν οὖν τοῖσ ἐκπορευομένοισ ὄχλοισ βαπτισθῆναι 7
ὑπ' αὐτοῦ· γεννήματα ἐχιδνῶν, τίσ ὑπέδειξεν ὑμῖν φυγεῖν ἀπὸ τῆσ
μελλούσησ ὀργῆσ; ⁸ποιήσατε οὖν καρποὺσ ἀξίουσ τῆσ μετανοίασ, 8
καὶ μὴ ἄρξησθε λέγειν ἐν ἑαυτοῖσ· πατέρα ἔχομεν τὸν Ἀβραάμ·
λέγω γὰρ ὑμῖν ὅτι δύναται ὁ θεὸσ ἐκ τῶν λίθων τούτων ἐγεῖραι
τέκνα τῷ Ἀβραάμ. ⁹ἤδη δὲ καὶ ἡ ἀξίνη πρὸσ τὴν ῥίζαν τῶν 9
δένδρων κεῖται· πᾶν οὖν δένδρον μὴ ποιοῦν καρπὸν καλὸν ἐκ-
κόπτεται καὶ εἰσ πῦρ βάλλεται. ¹⁰Καὶ ἐπηρώτων αὐτὸν οἱ ὄχλοι 10
λέγοντεσ· τί οὖν ποιήσωμεν; ¹¹ἀποκριθεὶσ δὲ ἔλεγεν αὐτοῖσ· ὁ 11
ἔχων δύο χιτῶνασ μεταδότω τῷ μὴ ἔχοντι, καὶ ὁ ἔχων βρώματα
ὁμοίωσ ποιείτω. ¹²ἦλθον δὲ καὶ τελῶναι βαπτισθῆναι καὶ εἶπαν 12
πρὸσ αὐτόν· διδάσκαλε, τί ποιήσωμεν; ¹³ὁ δὲ εἶπεν πρὸσ αὐτούσ· 13
μηδὲν πλέον παρὰ τὸ διατεταγμένον ὑμῖν πράσσετε. ¹⁴ἐπηρώ- 14
των δὲ αὐτὸν καὶ στρατευόμενοι λέγοντεσ· τί ποιήσωμεν καὶ
ἡμεῖσ; καὶ εἶπεν πρὸσ αὐτούσ· μηδένα διασείσητε, μηδένα συκο-
φαντήσητε, καὶ ἀρκεῖσθε τοῖσ ὀψωνίοισ ὑμῶν. ¹⁵Προσδοκῶντοσ 15
δὲ τοῦ λαοῦ καὶ διαλογιζομένων πάντων ἐν ταῖσ καρδίαισ αὐτῶν
περὶ τοῦ Ἰωάννου, μήποτε αὐτὸσ εἴη ὁ Χριστόσ, ¹⁶ἀπεκρίνατο 16
λέγων πᾶσιν ὁ Ἰωάννησ· ἐγὼ μὲν ὕδατι βαπτίζω ὑμᾶσ· ἔρχεται
δὲ ὁ ἰσχυρότερόσ μου, οὗ οὐκ εἰμὶ ἱκανὸσ λῦσαι τὸν ἱμάντα τῶν
ὑποδημάτων αὐτοῦ, αὐτὸσ ὑμᾶσ βαπτίσει ἐν πνεύματι ἁγίῳ καὶ
πυρί· ¹⁷οὗ τὸ πτύον ἐν τῇ χειρὶ αὐτοῦ διακαθᾶραι τὴν ἅλωνα 17
αὐτοῦ καὶ συναγαγεῖν τὸν σῖτον εἰσ τὴν ἀποθήκην αὐτοῦ, τὸ δὲ
ἄχυρον κατακαύσει πυρὶ ἀσβέστῳ.

Πολλὰ μὲν οὖν καὶ ἕτερα παρακαλῶν εὐηγγελίζετο τὸν λαόν· 18
¹⁹ὁ δὲ Ἡρώδησ ὁ τετραάρχησ, ἐλεγχόμενοσ ὑπ' αὐτοῦ περὶ Ἡρω- 19
διάδοσ τῆσ γυναικὸσ τοῦ ἀδελφοῦ αὐτοῦ καὶ περὶ πάντων ὧν
ἐποίησεν πονηρῶν ὁ Ἡρώδησ, ²⁰προσέθηκεν καὶ τοῦτο ἐπὶ πᾶσιν, 20
κατέκλεισεν τὸν Ἰωάννην ἐν φυλακῇ.

Ἐγένετο δὲ ἐν τῷ βαπτισθῆναι ἅπαντα τὸν λαὸν καὶ Ἰησοῦ 21
βαπτισθέντοσ καὶ προσευχομένου ἀνεῳχθῆναι τὸν οὐρανόν, ²²καὶ 22
καταβῆναι τὸ πνεῦμα τὸ ἅγιον σωματικῷ εἴδει ὡσ περιστερὰν
ἐπ' αὐτόν, καὶ φωνὴν ἐξ οὐρανοῦ γενέσθαι· σὺ εἶ ὁ υἱόσ μου ὁ
ἀγαπητόσ, ἐν σοὶ εὐδόκησα.

---

5. ϛ ℵ εισ ευθειαν 10. ποιησομεν 11. λεγει 12. ειπον | ποιησομει
13. ℵ* om ειπ. πρ. αυτουσ 14. και ημεισ τι ποιησομεν | μηδε συκοφ.
15. ℵᵃ καρδ. εαυτων 16. απεκριν. ο ιωανν. απασι λεγων | αυτοσ : ℵ*
om 17. και διακαθαριει | συναξει | ℵ* κατασβεσι 19. τετραρχησ | τ.
αδελφ. αυτου : praem φιλιππου | ℵ* παντ. των πονηρων ων εποι. ο
ηρωδ. 20. και κατεκλεισε | εν τη φυλακη 21. ℵ παντα 22. ωσει
περιστ. | γενεσθαι : add λεγουσαν | ηυδοκησα

3, 23.   LUC.

23 Καὶ αὐτὸσ ἦν Ἰησοῦσ ἀρχόμενοσ ὡσεὶ ἐτῶν τριάκοντα, ὢν
24 υἱόσ, ὡσ ἐνομίζετο, Ἰωσήφ, τοῦ Ἡλεὶ ²⁴τοῦ Ματθὰθ τοῦ Λευεὶ
25 τοῦ Μελχεὶ τοῦ Ἰανναὶ τοῦ Ἰωσὴφ ²⁵τοῦ Ματταθίου τοῦ Ἀμὼσ
26 τοῦ Ναοὺμ τοῦ Ἑσλεὶ τοῦ Ναγγαὶ ²⁶τοῦ Μαὰθ τοῦ Ματταθίου
27 τοῦ Σεμεεὶν τοῦ Ἰωσὴχ τοῦ Ἰωδὰ ²⁷τοῦ Ἰωανὰν τοῦ Ῥησὰ τοῦ
28 Ζοροβάβελ τοῦ Σαλαθιὴλ τοῦ Νηρεὶ ²⁸τοῦ Μελχεὶ τοῦ Ἀδδεὶ
29 τοῦ Κωσὰμ τοῦ Ἐλμαδὰμ τοῦ Ἤρ ²⁹τοῦ Ἰησοῦ τοῦ Ἑλιέζερ
30 τοῦ Ἰωρεὶμ τοῦ Ματθὰθ τοῦ Λευεὶ ³⁰τοῦ Συμεὼν τοῦ Ἰούδα
31 τοῦ Ἰωσὴφ τοῦ Ἰωνὰμ τοῦ Ἑλιακεὶμ ³¹τοῦ Μελεὰ τοῦ Μεννὰ
32 τοῦ Ματταθὰ τοῦ Ναθὰμ τοῦ Δαυεὶδ ³²τοῦ Ἰεσσαὶ τοῦ Ἰωβὴδ
33 τοῦ Βοὸσ τοῦ Σαλὰ τοῦ Ναασσὼν ³³τοῦ Ἀμιναδὰβ τοῦ Ἀδμεὶν
34 τοῦ Ἀρνεὶ τοῦ Ἐσρὼμ τοῦ Φάρεσ τοῦ Ἰούδα ³⁴τοῦ Ἰακὼβ τοῦ
35 Ἰσαὰκ τοῦ Ἀβραὰμ τοῦ Θάρα τοῦ Ναχὼρ ³⁵τοῦ Σεροὺχ τοῦ
36 Ῥαγαῦ τοῦ Φαλὲκ τοῦ Ἕβερ τοῦ Σαλὰ ³⁶τοῦ Καϊνὰμ τοῦ Ἀρ-
37 φαξὰδ τοῦ Σὴμ τοῦ Νῶε τοῦ Λάμεχ ³⁷τοῦ Μαθουσαλὰ τοῦ
38 Ἐνὼχ τοῦ Ἰάρετ τοῦ Μελελεὴλ τοῦ Καϊνὰμ ³⁸τοῦ Ἐνὼσ τοῦ
Σὴθ τοῦ Ἀδὰμ τοῦ θεοῦ.

IV.

Temptatio. Iesus Nazarethi vitae periculum subit. Sanantur Capharnaumi
daemoniacus, socrus Petri, alii. Discedit docturus per Galilaeam.

1 Ἰησοῦσ δὲ πλήρησ πνεύματοσ ἁγίου ὑπέστρεψεν ἀπὸ τοῦ
2 Ἰορδάνου, καὶ ἤγετο ἐν τῷ πνεύματι ἐν τῇ ἐρήμῳ ²ἡμέρασ τεσ-
σεράκοντα πειραζόμενοσ ὑπὸ τοῦ διαβόλου. καὶ οὐκ ἔφαγεν
οὐδὲν ἐν ταῖσ ἡμέραισ ἐκείναισ, καὶ συντελεσθεισῶν αὐτῶν ἐπεί-
3 νασεν. ³εἶπεν δὲ αὐτῷ ὁ διάβολοσ· εἰ υἱὸσ εἶ τοῦ θεοῦ, εἰπὲ τῷ
4 λίθῳ τούτῳ ἵνα γένηται ἄρτοσ. ⁴καὶ ἀπεκρίθη πρὸσ αὐτὸν ὁ
Ἰησοῦσ· γέγραπται ὅτι οὐκ ἐπ' ἄρτῳ μόνῳ ζήσεται ὁ ἄνθρωποσ.
5 ⁵καὶ ἀναγαγὼν αὐτὸν ἔδειξεν αὐτῷ πάσασ τὰσ βασιλείασ τῆσ
6 οἰκουμένησ ἐν στιγμῇ χρόνου. ⁶καὶ εἶπεν αὐτῷ ὁ διάβολοσ· σοὶ
δώσω τὴν ἐξουσίαν ταύτην ἅπασαν καὶ τὴν δόξαν αὐτῶν, ὅτι
7 ἐμοὶ παραδέδοται καὶ ᾧ ἐὰν θέλω δίδωμι αὐτήν· ⁷σὺ οὖν ἐὰν
8 προσκυνήσῃσ ἐνώπιον ἐμοῦ, ἔσται σοῦ πᾶσα. ⁸καὶ ἀποκριθεὶσ ὁ

23. ο ιησουσ | ωσει ετων τριακ. αρχομενος, ων ωσ ενομιζ. υιοσ | ηλι
24. ματθατ | λευϊ | μελχι | ιαννα 25. εσλι 26. σεμεϊ | ιωσηφ | ιουδα
27. ℵ* ιωναν, 𝔰 ιωαννα | νηρι 28. μελχι | αδδι | ℵ* κωσα | ελμωδαμ
29. ιωση | ℵ* ελιαζερ | ℵ ιωριμ | ℵ* μαθθααθ, 𝔰 ματθατ | λευϊ 30. ιωναν
31. μεννα : μαϊναν | ναθαν | δαβιδ 32. ℵ* ιωβηλ, 𝔰 ωβηδ | βοοσ : ℵ*
βαλλοσ, 𝔰 βοοζ | σαλα : σαλμων 33. αμιναδαβ : ℵ* αδαμ | τ. αδμειν
(ℵ -μιν) τ. αραμ : του αραμ | 𝔰ᶜ εσρων 34. ℵ* ισακ 35. σαρουχ
36. καϊναν 37. ιαρεδ | μαλελεηλ | καϊναν
IV, 1. πνευμ. αγι. πληρ. | εισ την ερημον 2. τεσσαρακοντα | συντε-
λεσ. αυτων : add υστερον 3. και ειπεν αυτω 4. απεκρ. ιησουσ προσ
αυτ. λεγων | ο ανθρωποσ : add αλλ επι παντι ρηματι θεου 5. αναγαγ.
αυτον : add ο διαβολοσ εισ οροσ υψηλον. 6. ℵ πασαν | ℵ* δωσω
7. 𝔰 εν'ωπ. μου, ℵ μοι ενωπ. εμου | πασα : παντα 8. κ. αποκρ. αυτω

Ἰησοῦσ εἶπεν αὐτῷ· γέγραπται· προσκυνήσεισ κύριον τὸν θεόν σου
καὶ αὐτῷ μόνῳ λατρεύσεισ. ⁹ ἤγαγεν δὲ αὐτὸν εἰσ Ἱερουσαλὴμ 9
καὶ ἔστησεν ἐπὶ τὸ πτερύγιον τοῦ ἱεροῦ, καὶ εἶπεν αὐτῷ· εἰ υἱὸσ
εἶ τοῦ θεοῦ, βάλε σεαυτὸν ἐντεῦθεν κάτω· ¹⁰ γέγραπται γὰρ ὅτι 10
τοῖσ ἀγγέλοισ αὐτοῦ ἐντελεῖται περὶ σοῦ τοῦ διαφυλάξαι σε, ¹¹ καὶ 11
ὅτι ἐπὶ χειρῶν ἀροῦσίν σε, μήποτε προσκόψῃσ πρὸσ λίθον τὸν
πόδα σου. ¹² καὶ ἀποκριθεὶσ εἶπεν αὐτῷ ὁ Ἰησοῦσ ὅτι εἴρηται· 12
οὐκ ἐκπειράσεισ κύριον τὸν θεόν σου. ¹³ καὶ συντελέσασ πάντα 13
πειρασμὸν ὁ διάβολοσ ἀπέστη ἀπ' αὐτοῦ ἄχρι καιροῦ.

Καὶ ὑπέστρεψεν ὁ Ἰησοῦσ ἐν τῇ δυνάμει τοῦ πνεύματοσ εἰσ 14
τὴν Γαλιλαίαν· καὶ φήμη ἐξῆλθεν καθ' ὅλησ τῆσ περιχώρου περὶ
αὐτοῦ. ¹⁵ καὶ αὐτὸσ ἐδίδασκεν ἐν ταῖσ συναγωγαῖσ αὐτῶν, δοξα- 15
ζόμενοσ ὑπὸ πάντων.

Καὶ ἦλθεν εἰσ Ναζαρά, οὗ ἦν ἀνατεθραμμένοσ, καὶ εἰσῆλθεν 16
κατὰ τὸ εἰωθὸσ αὐτῷ ἐν τῇ ἡμέρᾳ τῶν σαββάτων εἰσ τὴν συνα-
γωγήν, καὶ ἀνέστη ἀναγνῶναι. ¹⁷ καὶ ἐπεδόθη αὐτῷ βιβλίον τοῦ 17
προφήτου Ἠσαΐου, καὶ ἀναπτύξασ τὸ βιβλίον εὗρεν τόπον οὗ ἦν
γεγραμμένον· ¹⁸ πνεῦμα κυρίου ἐπ' ἐμέ, οὗ εἵνεκεν ἔχρισέν με 18
εὐαγγελίσασθαι πτωχοῖσ, ἀπέσταλκέν με ¹⁹ κηρῦξαι αἰχμαλώτοισ 19
ἄφεσιν καὶ τυφλοῖσ ἀνάβλεψιν, ἀποστεῖλαι τεθραυσμένουσ ἐν
ἀφέσει, κηρῦξαι ἐνιαυτὸν κυρίου δεκτόν. ²⁰ καὶ πτύξασ τὸ βιβλίον 20
ἀποδοὺσ τῷ ὑπηρέτῃ ἐκάθισεν, καὶ πάντων οἱ ὀφθαλμοὶ ἐν τῇ
συναγωγῇ ἦσαν ἀτενίζοντεσ αὐτῷ. ²¹ ἤρξατο δὲ λέγειν πρὸσ αὐ- 21
τοὺσ ὅτι σήμερον πεπλήρωται ἡ γραφὴ αὕτη ἐν τοῖσ ὠσὶν ὑμῶν.
²² καὶ πάντεσ ἐμαρτύρουν αὐτῷ καὶ ἐθαύμαζον ἐπὶ τοῖσ λόγοισ 22
τῆσ χάριτοσ τοῖσ ἐκπορευομένοισ ἐκ τοῦ στόματοσ αὐτοῦ, καὶ
ἔλεγον· οὐχὶ υἱόσ ἐστιν Ἰωσὴφ οὗτοσ; ²³ καὶ εἶπεν πρὸσ αὐτούσ· 23
πάντωσ ἐρεῖτέ μοι τὴν παραβολὴν ταύτην· ἰατρέ, θεράπευσον
σεαυτόν· ὅσα ἠκούσαμεν γενόμενα εἰσ τὴν Καφαρναούμ, ποίησον
καὶ ὧδε ἐν τῇ πατρίδι σου. ²⁴ εἶπεν δέ· ἀμὴν λέγω ὑμῖν ὅτι 24
οὐδεὶσ προφήτησ δεκτόσ ἐστιν ἐν τῇ πατρίδι ἑαυτοῦ. ²⁵ ἐπ' ἀλη- 25
θείασ δὲ λέγω ὑμῖν ὅτι πολλαὶ χῆραι ἦσαν ἐν ταῖσ ἡμέραισ Ἠλείου
ἐν τῷ Ἰσραήλ, ὅτε ἐκλείσθη ὁ οὐρανὸσ ἐπὶ ἔτη τρία καὶ μῆνασ
ἕξ, ὡσ ἐγένετο λιμὸσ μέγασ ἐπὶ πᾶσαν τὴν γῆν, ²⁶ καὶ πρὸσ οὐδε- 26
μίαν αὐτῶν ἐπέμφθη Ἠλείασ εἰ μὴ εἰσ Σάρεπτα τῆσ Σιδωνίασ
πρὸσ γυναῖκα χήραν. ²⁷ καὶ πολλοὶ λεπροὶ ἦσαν ἐν τῷ Ἰσραὴλ 27

ειπεν ο ιησουσ· υπαγε οπισω μου σατανα· γεγραπται γαρ | א κυρ.
τ. θε. σου προσκυν. 9. καὶ ηγαγεν αυτον | εστησεν : add αυτον |
ο υιοσ 10. א* om γαρ 12. א² om οτι 14. περιχωρον : א χωρασ
16. εισ την ναζαρετ (5ᵉ -ρεθ) | τεθραμμενοσ 17. βιβλ. ησαι. του προ-
φητ. | τον τοπον 18. ενεκεν | ευαγγελιζεσθαι | απεστ. με : add ιασασθαι
τουσ συντετριμμενουσ την καρδιαν 20. παντων εν τ. συνα. οι οφθαλμ.
ησαν 22. ουχ ουτοσ εστιν ο υιοσ ιωσηφ 23. εν τη καπερναουμ
24. πατρ. αυτου 25. om οτι | ηλιου 26. ηλιασ | τησ σιδωνοσ 27. εν
τω ισρα. post προφη. pon

ἐπὶ Ἑλισαίου τοῦ προφήτου, καὶ οὐδεὶσ αὐτῶν ἐκαθαρίσθη εἰ
28 μὴ Ναιμὰν ὁ Σύροσ. ²⁸ καὶ ἐπλήσθησαν πάντεσ θυμοῦ ἐν τῇ
29 συναγωγῇ ἀκούοντεσ ταῦτα, ²⁹ καὶ ἀναστάντεσ ἐξέβαλον αὐτὸν
ἔξω τῆσ πόλεωσ, καὶ ἤγαγον αὐτὸν ἔωσ ὀφρύοσ τοῦ ὄρουσ ἐφ᾽
30 οὗ ἡ πόλισ ᾠκοδόμητο αὐτῶν, ὥστε κατακρημνίσαι αὐτόν· ³⁰ αὐ-
τὸσ δὲ διελθὼν διὰ μέσου αὐτῶν ἐπορεύετο.
31 Καὶ κατῆλθεν εἰσ Καφαρναοὺμ πόλιν τῆσ Γαλιλαίασ, καὶ
32 ἦν διδάσκων αὐτοὺσ ἐν τοῖσ σάββασιν· ³² καὶ ἐξεπλήσσοντο ἐπὶ
τῇ διδαχῇ αὐτοῦ, ὅτι ἐν ἐξουσίᾳ ἦν ὁ λόγοσ αὐτοῦ.
33 Καὶ ἐν τῇ συναγωγῇ ἦν ἄνθρωποσ ἔχων πνεῦμα δαιμονίου
34 ἀκαθάρτου, καὶ ἀνέκραξεν φωνῇ μεγάλῃ· ³⁴ ἔα, τί ἡμῖν καὶ σοί,
Ἰησοῦ Ναζαρηνέ; ἦλθεσ ἀπολέσαι ἡμᾶσ; οἶδά σε τίσ εἶ, ὁ ἅγιοσ
35 τοῦ θεοῦ. ³⁵ καὶ ἐπετίμησεν αὐτῷ ὁ Ἰησοῦσ λέγων· φιμώθητι καὶ
ἔξελθε ἀπ᾽ αὐτοῦ. καὶ ῥῖψαν αὐτὸν τὸ δαιμόνιον εἰσ τὸ μέσον
36 ἐξῆλθεν ἀπ᾽ αὐτοῦ, μηδὲν βλάψαν αὐτόν. ³⁶ καὶ ἐγένετο θάμβοσ
ἐπὶ πάντασ, καὶ συνελάλουν πρὸσ ἀλλήλουσ λέγοντεσ· τίσ ὁ λόγοσ
οὗτοσ, ὅτι ἐν ἐξουσίᾳ καὶ δυνάμει ἐπιτάσσει τοῖσ ἀκαθάρτοισ
37 πνεύμασιν καὶ ἐξέρχονται; ³⁷ καὶ ἐξεπορεύετο ἦχοσ περὶ αὐτοῦ
εἰσ πάντα τόπον τῆσ περιχώρου.
38 Ἀναστὰσ δὲ ἀπὸ τῆσ συναγωγῆσ εἰσῆλθεν εἰσ τὴν οἰκίαν
Σίμωνοσ. πενθερὰ δὲ τοῦ Σίμωνοσ ἦν συνεχομένη πυρετῷ με-
39 γάλῳ, καὶ ἠρώτησαν αὐτὸν περὶ αὐτῆσ. ³⁹ καὶ ἐπιστὰσ ἐπάνω
αὐτῆσ ἐπετίμησεν τῷ πυρετῷ, καὶ ἀφῆκεν αὐτήν· παραχρῆμα δὲ
ἀναστᾶσα διηκόνει αὐτοῖσ.
40 Δύνοντοσ δὲ τοῦ ἡλίου πάντεσ ὅσοι εἶχον ἀσθενοῦντασ νόσοισ
ποικίλαισ ἤγαγον αὐτοὺσ πρὸσ αὐτόν· ὁ δὲ ἑνὶ ἑκάστῳ αὐτῶν
41 τὰσ χεῖρασ ἐπιτιθεὶσ ἐθεράπευεν αὐτούσ. ⁴¹ ἐξήρχοντο δὲ καὶ
δαιμόνια ἀπὸ πολλῶν, κραυγάζοντα καὶ λέγοντα ὅτι σὺ εἶ ὁ υἱὸσ
τοῦ θεοῦ. καὶ ἐπιτιμῶν οὐκ εἴα αὐτὰ λαλεῖν, ὅτι ᾔδεισαν τὸν
Χριστὸν αὐτὸν εἶναι.
42 Γενομένησ δὲ ἡμέρασ ἐξελθὼν ἐπορεύθη εἰσ ἔρημον τόπον,
καὶ οἱ ὄχλοι ἐπεζήτουν αὐτόν· καὶ ἦλθον ἕωσ αὐτοῦ, καὶ κατεῖ-
43 χον αὐτὸν τοῦ μὴ πορεύεσθαι ἀπ᾽ αὐτῶν. ⁴³ ὁ δὲ εἶπεν πρὸσ
αὐτοὺσ ὅτι καὶ ταῖσ ἑτέραισ πόλεσιν εὐαγγελίσασθαί με δεῖ τὴν
44 βασιλείαν τοῦ θεοῦ, ὅτι ἐπὶ τοῦτο ἀπεστάλην. ⁴⁴ καὶ ἦν κηρύσσων
εἰσ τὰσ συναγωγὰσ τῆσ Γαλιλαίασ.

27. ελισσαιου | νεεμαν 29. εωσ τησ οφρυοσ | αυτων ωκοδομητο | ωστε:
εισ το 31. καπερναουμ 33. φων. μεγαλη : add λεγων 35. εξελθε
εξ 38. απο : εκ | η πενθερα δε 39. αφηκ. αυτην : א add ο πυρετοσ
40. τασ χειρ. επιθεισ, א επιθεισ τ. χ. | ϛ א εθεραπευσεν 41. εξηρ-
χετο | ϛ א κραζοντα | ει ο χριστοσ ο υι. τ. θε. 42. א* om τοπον |
εζητουν 43. τ. βασιλειαν (אa) : א* το ευαγγελιον | εισ τουτο απεσταλμαι
44. εν ταισ συναγωγαισ | א ιουδαιασ pro γαλιλ.

V.

Piscatus Petri. Leprosus. Paralyticus per tectum illatus; blasphemiae criminatio. Levi eiusque convivium. Discipuli non ieiunantes.

1 Ἐγένετο δὲ ἐν τῷ τὸν ὄχλον ἐπικεῖσθαι αὐτῷ καὶ ἀκούειν τὸν λόγον τοῦ θεοῦ, καὶ αὐτὸσ ἦν ἑστὼσ παρὰ τὴν λίμνην Γεννησαρέτ, ² καὶ ἴδεν δύο πλοιάρια ἑστῶτα παρὰ τὴν λίμνην· οἱ δὲ ἁλεεῖσ ἀπ᾿ αὐτῶν ἀποβάντεσ ἔπλυναν τὰ δίκτυα. ³ ἐμβὰσ δὲ εἰσ ἓν τῶν πλοίων, ὃ ἦν Σίμωνοσ, ἠρώτησεν αὐτὸν ἀπὸ τῆσ γῆσ ἐπαναγαγεῖν ὀλίγον· καθίσασ δὲ ἐν τῷ πλοίῳ ἐδίδασκεν τοὺσ ὄχλουσ. ⁴ ὡσ δὲ ἐπαύσατο λαλῶν, εἶπεν πρὸσ τὸν Σίμωνα· ἐπανάγαγε εἰσ τὸ βάθοσ, καὶ χαλάσατε τὰ δίκτυα ὑμῶν εἰσ ἄγραν. ⁵ καὶ ἀποκριθεὶσ Σίμων εἶπεν· ἐπιστάτα, δι᾿ ὅλησ νυκτὸσ κοπιάσαντεσ οὐδὲν ἐλάβομεν· ἐπὶ δὲ τῷ ῥήματί σου χαλάσω τὰ δίκτυα. ⁶ καὶ τοῦτο ποιήσαντεσ συνέκλεισαν πλῆθοσ ἰχθύων πολύ· διερήσσετο δὲ τὰ δίκτυα αὐτῶν. ⁷ καὶ κατένευσαν τοῖσ μετόχοισ ἐν τῷ ἑτέρῳ πλοίῳ τοῦ ἐλθόντασ συλλαβέσθαι αὐτοῖσ· καὶ ἦλθαν, καὶ ἔπλησαν ἀμφότερα τὰ πλοῖα, ὥστε βυθίζεσθαι αὐτά. ⁸ ἰδὼν δὲ Σίμων Πέτροσ προσέπεσεν τοῖσ γόνασιν Ἰησοῦ λέγων· ἔξελθε ἀπ᾿ ἐμοῦ, ὅτι ἀνὴρ ἁμαρτωλόσ εἰμι, κύριε. ⁹ θάμβοσ γὰρ περιέσχεν αὐτὸν καὶ πάντασ τοὺσ σὺν αὐτῷ ἐπὶ τῇ ἄγρᾳ τῶν ἰχθύων ᾗ συνέλαβον, ¹⁰ ὁμοίωσ δὲ καὶ Ἰάκωβον καὶ Ἰωάννην υἱοὺσ Ζεβεδαίου, οἳ ἦσαν κοινωνοὶ τῷ Σίμωνι. καὶ εἶπεν πρὸσ τὸν Σίμωνα ὁ Ἰησοῦσ· μὴ φοβοῦ· ἀπὸ τοῦ νῦν ἀνθρώπουσ ἔσῃ ζωγρῶν. ¹¹ καὶ καταγαγόντεσ τὰ πλοῖα ἐπὶ τὴν γῆν, ἀφέντεσ πάντα ἠκολούθησαν αὐτῷ.

¹² Καὶ ἐγένετο ἐν τῷ εἶναι αὐτὸν ἐν μιᾷ τῶν πόλεων, καὶ ἰδοὺ ἀνὴρ πλήρησ λέπρασ· ἰδὼν δὲ τὸν Ἰησοῦν, πεσὼν ἐπὶ πρόσωπον ἐδεήθη αὐτοῦ λέγων· κύριε, ἐὰν θέλῃσ, δύνασαί με καθαρίσαι. ¹³ καὶ ἐκτείνασ τὴν χεῖρα ἥψατο αὐτοῦ εἰπών· θέλω, καθαρίσθητι. καὶ εὐθέωσ ἡ λέπρα ἀπῆλθεν ἀπ᾿ αὐτοῦ. ¹⁴ καὶ αὐτὸσ παρήγγειλεν αὐτῷ μηδενὶ εἰπεῖν, ἀλλὰ ἀπελθὼν δεῖξον σεαυτὸν τῷ ἱερεῖ, καὶ προσένεγκε περὶ τοῦ καθαρισμοῦ σου καθὼσ προσέταξεν Μωϋσῆσ, εἰσ μαρτύριον αὐτοῖσ. ¹⁵ διήρχετο δὲ μᾶλλον ὁ λόγοσ περὶ αὐτοῦ, καὶ συνήρχοντο ὄχλοι πολλοὶ ἀκούειν καὶ θεραπεύεσθαι

V, 1. τ. οχλ. επικεισθ. αυτω : ℵ* συναχθηναι τ. οχλ. | και ακου. : του ακου. | ℵ* om λιμνην 2. ϛ ℵ ειδε (-δεν) | ϛ ℵ πλοια | ℵ* om δυο | αλιεισ | απ (ℵ* om) αυτων : post αποβαντ. | απεπλυναν 3. του σιμωνοσ | και καθισ. εδιδασκ. εκ του πλοιου 5. ο σιμων (ℵ* σιμ. post ειπ.) | ειπεν αυτω | οληστησ | το δικτυον 6. ιχθυ. πληθ. πολυ | ℵ διερρησσετο, ϛ διερρηγνυτο | το δικτυον 7. τοισ μετοχ. τοισ | ℵ* συνλαμβανεσθαι | ηλθον | ℵ* αμφοτεροι 8. του ιησου | ℵ* om κυριε 9. αυτον : ℵ* αυτουσ 10. ℵ ιακωβοσ και ιωαννησ οι υιοι 11. απαντα 12. και ιδων 13. ειπων: ℵ λεγων 14. ℵ* om δειξον σεαυτ. τ. ιερ. και | μωσησ 15. περι αυτ. (ℵª) : ℵ* om περι | θεραπ. υπ αυτου

16 ἀπὸ τῶν ἀσθενειῶν αὐτῶν· ¹⁶ αὐτὸσ δὲ ἦν ὑποχωρῶν ἐν ταῖσ ἐρήμοισ καὶ προσευχόμενοσ.

17 Καὶ ἐγένετο ἐν μιᾷ τῶν ἡμερῶν καὶ αὐτὸσ ἦν διδάσκων, καὶ ἦσαν καθήμενοι Φαρισαῖοι καὶ νομοδιδάσκαλοι, οἳ ἦσαν ἐληλυθότεσ ἐκ πάσησ κώμησ τῆσ Γαλιλαίασ καὶ Ἰουδαίασ καὶ Ἱερου-
18 σαλήμ· καὶ δύναμισ κυρίου ἦν εἰσ τὸ ἰᾶσθαι αὐτόν. ¹⁸ καὶ ἰδοὺ ἄνδρεσ φέροντεσ ἐπὶ κλίνησ ἄνθρωπον ὃσ ἦν παραλελυμένοσ, καὶ
19 ἐζήτουν αὐτὸν εἰσενεγκεῖν καὶ θεῖναι ἐνώπιον αὐτοῦ. ¹⁹ καὶ μὴ εὑρόντεσ ποίασ εἰσενέγκωσιν αὐτὸν διὰ τὸν ὄχλον, ἀναβάντεσ ἐπὶ τὸ δῶμα διὰ τῶν κεράμων καθῆκαν αὐτὸν σὺν τῷ κλινιδίῳ
20 εἰσ τὸ μέσον ἔμπροσθεν τοῦ Ἰησοῦ. ²⁰ καὶ ἰδὼν τὴν πίστιν αὐτῶν
21 εἶπεν· ἄνθρωπε, ἀφέωνταί σοι αἱ ἁμαρτίαι σου. ²¹ καὶ ἤρξαντο διαλογίζεσθαι οἱ γραμματεῖσ καὶ οἱ Φαρισαῖοι λέγοντεσ· τίσ ἐστιν οὗτοσ ὃσ λαλεῖ βλασφημίασ; τίσ δύναται ἁμαρτίασ ἀφεῖναι εἰ
22 μὴ μόνοσ ὁ θεόσ; ²² ἐπιγνοὺσ δὲ ὁ Ἰησοῦσ τοὺσ διαλογισμοὺσ αὐτῶν ἀποκριθεὶσ εἶπεν πρὸσ αὐτούσ· τί διαλογίζεσθε ἐν ταῖσ
23 καρδίαισ ὑμῶν; ²³ τί ἐστιν εὐκοπώτερον, εἰπεῖν· ἀφέωνταί σοι αἱ
24 ἁμαρτίαι σου, ἢ εἰπεῖν· ἔγειρε καὶ περιπάτει; ²⁴ ἵνα δὲ εἰδῆτε ὅτι ὁ υἱὸσ τοῦ ἀνθρώπου ἐξουσίαν ἔχει ἐπὶ τῆσ γῆσ ἀφιέναι ἁμαρτίασ, εἶπεν τῷ παραλελυμένῳ· σοὶ λέγω, ἔγειρε καὶ ἄρασ τὸ κλινίδιόν
25 σου πορεύου εἰσ τὸν οἶκόν σου. ²⁵ καὶ παραχρῆμα ἀναστὰσ ἐνώπιον αὐτῶν, ἄρασ ἐφ' ὃ κατέκειτο, ἀπῆλθεν εἰσ τὸν οἶκον
26 αὐτοῦ δοξάζων τὸν θεόν. ²⁶ καὶ ἔκστασισ ἔλαβεν ἅπαντασ, καὶ ἐδόξαζον τὸν θεόν, καὶ ἐπλήσθησαν φόβου λέγοντεσ ὅτι εἴδομεν παράδοξα σήμερον.

27 Καὶ μετὰ ταῦτα ἐξῆλθεν, καὶ ἐθεάσατο τελώνην ὀνόματι Λευεὶν καθήμενον ἐπὶ τὸ τελώνιον, καὶ εἶπεν αὐτῷ· ἀκολούθει
28 29 μοι. ²⁸ καὶ καταλιπὼν πάντα ἀναστὰσ ἠκολούθει αὐτῷ. ²⁹ καὶ ἐποίησεν δοχὴν μεγάλην Λευεὶσ αὐτῷ ἐν τῇ οἰκίᾳ αὐτοῦ· καὶ ἦν ὄχλοσ πολὺσ τελωνῶν καὶ ἄλλων οἳ ἦσαν μετ' αὐτῶν κατακείμενοι.
30 ³⁰ καὶ ἐγόγγυζον οἱ Φαρισαῖοι καὶ οἱ γραμματεῖσ αὐτῶν πρὸσ τοὺσ μαθητὰσ αὐτοῦ λέγοντεσ· διατί μετὰ τῶν τελωνῶν καὶ
31 ἁμαρτωλῶν ἐσθίετε καὶ πίνετε; ³¹ καὶ ἀποκριθεὶσ ὁ Ἰησοῦσ εἶπεν πρὸσ αὐτούσ· οὐ χρείαν ἔχουσιν οἱ ὑγιαίνοντεσ ἰατροῦ ἀλλὰ οἱ
32 κακῶσ ἔχοντεσ· ³² οὐκ ἐλήλυθα καλέσαι δικαίουσ ἀλλὰ ἁμαρτωλοὺσ εἰσ μετάνοιαν.

---

17. οι ησαν (אᵃ) : א* om οι | αυτον : αυτουσ 18. א ανθρωπον επι κλιν. βεβλημενον οσ 19. δια ποιασ 20. ειπεν : add αυτω | א σου αι αμαρτιαι 21. 𝔰 א αφιεναι αμαρτιασ 23. א σου αι αμαρτιαι | εγειραι 24. εξουσ. εχει : 𝔰 א post οτι | א τω παραλυτικω | εγειραι | א και αρον posteaque και πορευου 25. א ενωπ. αυτου | εφ ω 27. λευϊν 28. 𝔰 απαντα, א* παντασ | 𝔰 א ηκολουθησεν 29. ο λευϊσ | א om αυτω | א εν τω οικω | τελωνων πολυσ | א* om και αλλων 30. αυτων : א om | οι γραμματ. αυτων και οι φαρισ. | om των ante τελω. 31. 𝔰 א αλλ οι 32. αμαρτωλουσ (אᵃ) : א* ασεβεισ

LUC. 6, 8. 107

33-35
Mt 9, 14 s
Mc 2, 18-20
Οἱ δὲ εἶπαν πρὸς αὐτόν· οἱ μαθηταὶ Ἰωάννου νηστεύουσιν 33
πυκνὰ καὶ δεήσεισ ποιοῦνται, ὁμοίωσ καὶ οἱ τῶν Φαρισαίων, οἱ
δὲ σοὶ ἐσθίουσιν καὶ πίνουσιν. ³⁴ ὁ δὲ Ἰησοῦσ εἶπεν πρὸσ αὐτούσ· 34
μὴ δύνασθε τοὺσ υἱοὺσ τοῦ νυμφῶνοσ, ἐν ᾧ ὁ νυμφίοσ μετ' αὐ-
τῶν ἐστίν, ποιῆσαι νηστεῦσαι; ³⁵ ἐλεύσονται δὲ ἡμέραι, καὶ ὅταν 35
ἀπαρθῇ ἀπ' αὐτῶν ὁ νυμφίοσ, τότε νηστεύσουσιν ἐν ἐκείναισ ταῖσ

36-39
Mt 9, 16 s
Mc 2, 21 s
ἡμέραισ. ³⁶ Ἔλεγεν δὲ καὶ παραβολὴν πρὸσ αὐτοὺσ ὅτι οὐδεὶσ 36
ἐπίβλημα ἀπὸ ἱματίου καινοῦ σχίσασ ἐπιβάλλει ἐπὶ ἱμάτιον πα-
λαιόν· εἰ δὲ μήγε, καὶ τὸ καινὸν σχίσει καὶ τῷ παλαιῷ οὐ συμ-
φωνήσει τὸ ἐπίβλημα τὸ ἀπὸ τοῦ καινοῦ. ³⁷ καὶ οὐδεὶσ βάλλει 37
οἶνον νέον εἰσ ἀσκοὺσ παλαιούσ· εἰ δὲ μήγε, ῥήξει ὁ οἶνοσ ὁ νέοσ
τοὺσ ἀσκούσ, καὶ αὐτὸσ ἐκχυθήσεται καὶ οἱ ἀσκοὶ ἀπολοῦνται·
³⁸ ἀλλὰ οἶνον νέον εἰσ ἀσκοὺσ καινοὺσ βλητέον. ³⁹ καὶ οὐδεὶσ 38 39
πιὼν παλαιὸν θέλει νέον· λέγει γάρ· ὁ παλαιὸσ χρηστόσ ἐστιν.

VI.

Discipuli sabbato spicas evellunt. Sicca manus sabbato sanatur. Apostolorum XII electio. Oratio ad populos.

1-5
Mc 2, 23-28
Mt 12, 1-8
Ἐγένετο δὲ ἐν σαββάτῳ δευτεροπρώτῳ διαπορεύεσθαι αὐτὸν 1
διὰ σπορίμων, καὶ ἔτιλλον οἱ μαθηταὶ αὐτοῦ τοὺσ στάχυασ καὶ
ἤσθιον ψώχοντεσ ταῖσ χερσίν. ² τινὲσ δὲ τῶν Φαρισαίων εἶπον· 2
τί ποιεῖτε ὃ οὐκ ἔξεστιν ποιεῖν τοῖσ σάββασιν; ³ καὶ ἀποκριθεὶσ 3
1Sam 21, 6 ὁ Ἰησοῦσ πρὸσ αὐτοὺσ εἶπεν· οὐδὲ τοῦτο ἀνέγνωτε ὃ ἐποίησεν
Δανείδ, ὁπότε ἐπείνασεν αὐτὸσ καὶ οἱ μετ' αὐτοῦ ὄντεσ; ⁴ ὡσ 4
εἰσῆλθεν εἰσ τὸν οἶκον τοῦ θεοῦ καὶ τοὺσ ἄρτουσ τῆσ προθέσεωσ
ἔλαβεν καὶ ἔφαγεν καὶ ἔδωκεν καὶ τοῖσ μετ' αὐτοῦ, οὓσ οὐκ ἔξε-
στιν φαγεῖν εἰ μὴ μόνουσ τοὺσ ἱερεῖσ; ⁵ καὶ ἔλεγεν αὐτοῖσ ὅτι 5
κύριόσ ἐστιν ὁ υἱὸσ τοῦ ἀνθρώπου καὶ τοῦ σαββάτου.

6-11
Mc 3, 1-6
Mt 12, 9-14
Ἐγένετο δὲ ἐν ἑτέρῳ σαββάτῳ εἰσελθεῖν αὐτὸν εἰσ τὴν συνα- 6
γωγὴν καὶ διδάσκειν. καὶ ἦν ἄνθρωποσ ἐκεῖ καὶ ἡ χεὶρ αὐτοῦ ἡ
δεξιὰ ἦν ξηρά· ⁷ παρετηροῦντο δὲ οἱ γραμματεῖσ καὶ οἱ Φαρισαῖοι 7
εἰ ἐν τῷ σαββάτῳ θεραπεύει, ἵνα εὕρωσιν κατηγορεῖν αὐτοῦ.
⁸ αὐτὸσ δὲ ᾔδει τοὺσ διαλογισμοὺσ αὐτῶν· εἶπεν δὲ τῷ ἀνδρὶ τῷ 8

33. ς ℵ ειπον | ς ℵ* διατι οι μαθητ. 34. om ιησους | ℵ* μη δυνανται οι
υιοι | ℵ* om ποιησαι | ς ℵ* νηστευειν 35. ℵ om και | ℵ και τοτε | ℵ*
verba εν εκει. τ. ημερ. ad seqq trahit 36. ℵ* om δε και | ℵ* πρ. αυτ.
παραβ. | om απο | om σχισας | ℵ* om και ante το καιν. | σχιζει et συμφωνει |
ς om το ante επιβλ. 37. ς ο νεοσ οινοσ, ℵ om ο νεοσ 38. βλητεον (ℵa):
ℵ* βαλλουσιν. Praeterea ς add και αμφοτεροι συντηρουνται 39. ευθεωσ
θελει | χρηστοτεροσ

VI, 1. ℵ om δευτεροπρωτω | δια των σπορ. | ℵ om τουσ 2. ειπον :
add αυτοισ | εν τοισ σαββ. 3. προσ αυτ. ειπεν ο ιησους | δαβιδ | οποτε :
ℵ οτε | ℵ om οντεσ 4. ωσ : ℵᶜ πωσ | ελαβ. και : ℵ om 5. οτι : ℵ* om |
ℵ εστιν του σαββατ. ο υι. τ. ανθρ. 6. εγεν. δε και | εκει ανθρωπ.
7. ς ℵ παρετηρουν | παρετ. δε : ς ℵ add αυτον | θεραπευσει | ευρ. κατηγοριαν αυτου 8. και ειπε τω ανθρωπω

ξηρὰν ἔχοντι τὴν χεῖρα· ἔγειρε καὶ στῆθι εἰσ τὸ μέσον. καὶ
9 ἀναστὰσ ἔστη. ⁹εἶπεν δὲ ὁ Ἰησοῦσ πρὸσ αὐτούσ· ἐπερωτῶ ὑμᾶσ
εἰ ἔξεστιν τῷ σαββάτῳ ἀγαθοποιῆσαι ἢ κακοποιῆσαι, ψυχὴν
10 σῶσαι ἢ ἀπολέσαι. ¹⁰ καὶ περιβλεψάμενοσ πάντασ αὐτοὺσ εἶπεν
αὐτῷ· ἔκτεινον τὴν χεῖρά σου. ὁ δὲ ἐποίησεν, καὶ ἀπεκατεστάθη
11 ἡ χεὶρ αὐτοῦ. ¹¹ αὐτοὶ δὲ ἐπλήσθησαν ἀνοίας, καὶ διελάλουν
πρὸσ ἀλλήλουσ τί ἂν ποιήσαιεν τῷ Ἰησοῦ.
12 Ἐγένετο δὲ ἐν ταῖσ ἡμέραισ ταύταισ ἐξελθεῖν αὐτὸν εἰσ τὸ Mc 3, 12 s
ὄροσ προσεύξασθαι, καὶ ἦν διανυκτερεύων ἐν τῇ προσευχῇ τοῦ 13-15
13 θεοῦ. ¹³ καὶ ὅτε ἐγένετο ἡμέρα, προσεφώνησεν τοὺσ μαθητὰσ
αὐτοῦ, καὶ ἐκλεξάμενοσ ἀπ' αὐτῶν δώδεκα, οὓσ καὶ ἀποστόλουσ
14 ὠνόμασεν, ¹⁴ Σίμωνα, ὃν καὶ ὠνόμασεν Πέτρον, καὶ Ἀνδρέαν τὸν Mc 3, 14-16
ἀδελφὸν αὐτοῦ, καὶ Ἰάκωβον καὶ Ἰωάννην καὶ Φίλιππον καὶ Mt 10,2-4 16-19
15 Βαρθολομαῖον ¹⁵ καὶ Ματθαῖον καὶ Θωμᾶν, καὶ Ἰάκωβον Ἀλ- Act 1, 13
16 φαίου, καὶ Σίμωνα τὸν καλούμενον ζηλωτήν, ¹⁶ καὶ Ἰούδαν Ἰα-
17 κώβου, καὶ Ἰούδαν Ἰσκαριώθ, ὃσ ἐγένετο προδότησ, ¹⁷ καὶ κατα- Mc 3, 7 ss 17-19
βὰσ μετ' αὐτῶν ἔστη ἐπὶ τόπου πεδινοῦ, καὶ ὄχλοσ πολὺσ μαθητῶν Mt 4, 24 s
αὐτοῦ, καὶ πλῆθοσ πολὺ τοῦ λαοῦ ἀπὸ πάσησ τῆσ Ἰουδαίασ καὶ
Ἱερουσαλὴμ καὶ τῆσ παραλίου Τύρου καὶ Σιδῶνοσ, οἳ ἦλθον
18 ἀκοῦσαι αὐτοῦ καὶ ἰαθῆναι ἀπὸ τῶν νόσων αὐτῶν, ¹⁸ καὶ οἱ
19 ἐνοχλούμενοι ἀπὸ πνευμάτων ἀκαθάρτων ἐθεραπεύοντο· ¹⁹ καὶ
πᾶσ ὁ ὄχλοσ ἐζήτουν ἅπτεσθαι αὐτοῦ, ὅτι δύναμισ παρ' αὐτοῦ
ἐξήρχετο καὶ ἰᾶτο πάντασ.
20 Καὶ αὐτὸσ ἐπάρασ τοὺσ ὀφθαλμοὺσ αὐτοῦ εἰσ τοὺσ μαθητὰσ Mt 5, 3-6 20 s
αὐτοῦ ἔλεγεν· μακάριοι οἱ πτωχοί, ὅτι ὑμετέρα ἐστὶν ἡ βασιλεία
21 τοῦ θεοῦ. ²¹ μακάριοι οἱ πεινῶντεσ νῦν, ὅτι χορτασθήσεσθε.
22 μακάριοι οἱ κλαίοντεσ νῦν, ὅτι γελάσετε. ²² μακάριοί ἐστε ὅταν Mt 5, 11 s 22-26
μισήσωσιν ὑμᾶσ οἱ ἄνθρωποι, καὶ ὅταν ἀφορίσωσιν ὑμᾶσ καὶ
ὀνειδίσωσιν καὶ ἐκβάλωσιν τὸ ὄνομα ὑμῶν ὡσ πονηρὸν ἕνεκα τοῦ
23 υἱοῦ τοῦ ἀνθρώπου. ²³ χάρητε ἐν ἐκείνῃ τῇ ἡμέρᾳ καὶ σκιρτήσατε·
ἰδοὺ γὰρ ὁ μισθὸσ ὑμῶν πολὺσ ἐν τῷ οὐρανῷ· κατὰ τὰ αὐτὰ
24 γὰρ ἐποίουν τοῖσ προφήταισ οἱ πατέρεσ αὐτῶν. ²⁴ Πλὴν οὐαὶ
25 ὑμῖν τοῖσ πλουσίοισ, ὅτι ἀπέχετε τὴν παράκλησιν ὑμῶν. ²⁵ οὐαὶ
ὑμῖν οἱ ἐμπεπλησμένοι νῦν, ὅτι πεινάσετε. οὐαὶ οἱ γελῶντεσ νῦν,

---

8. ℵ την ξηραν | εγειραι | ο δε αναστασ 9. ειπεν ουν | επερωτησω | υμασ
τι· εξεστ. τοισ σαββασιν 10. αυτω : ϛ ℵ τω ανθρωπω | ϛ εποιησεν
ουτωσ, ℵ εξετεινεν | ϛ αποκατεσταθη, ℵ* απεκατεστη | η χειρ αυτου : add
υγιησ ωσ η αλλη 11. ϛ ποιησειαν, ℵ ποιησειεν 12. εξελθειν αυτον :
εξηλθεν | ℵ* επι τη πρ. 14. om και ante ιακω. et ante φιλιππ. | ℵ* om
και βαρθ. 15. om και prim | ματθαιον | om και ante ιακω. | τον του
αλφαιου 16. om και prim | ισκαριωτην | om και εγε. 17. om πολυσ |
ℵ* om του λαου | ιερουσαλημ : ℵ* add και πιραιασ 18. οχλουμενοι |
απο : υπο | και εθεραπ. 19. εζητει 21. ℵ* χορτασθησονται 23. χαι-
ρετε | ϛ ℵ κατα ταυτα (ϛ ταῦτ.) 25. om νυν pri | ουαι sec : add
υμιν

ὅτι πενθήσετε καὶ κλαύσετε. ²⁶ οὐαὶ ὅταν καλῶσ εἴπωσιν ὑμᾶσ πάντεσ οἱ ἄνθρωποι· κατὰ τὰ αὐτὰ γὰρ ἐποίουν τοῖσ ψευδοπροφήταισ οἱ πατέρεσ αὐτῶν. ²⁷ Ἀλλὰ ὑμῖν λέγω τοῖσ ἀκούουσιν· ἀγαπᾶτε τοὺσ ἐχθροὺσ ὑμῶν, καλῶσ ποιεῖτε τοῖσ μισοῦσιν ὑμᾶσ, ²⁸ εὐλογεῖτε τοὺσ καταρωμένουσ ὑμᾶσ, προσεύχεσθε περὶ τῶν ἐπηρεαζόντων ὑμᾶσ. ²⁹ τῷ τύπτοντί σε εἰσ τὴν σιαγόνα πάρεχε καὶ τὴν ἄλλην, καὶ ἀπὸ τοῦ αἴροντόσ σου τὸ ἱμάτιον καὶ τὸν χιτῶνα μὴ κωλύσῃσ. ³⁰ παντὶ αἰτοῦντί σε δίδου, καὶ ἀπὸ τοῦ αἴροντοσ τὰ σὰ μὴ ἀπαίτει. ³¹ καὶ καθὼσ θέλετε ἵνα ποιῶσιν ὑμῖν οἱ ἄνθρωποι, καὶ ὑμεῖσ ποιεῖτε αὐτοῖσ ὁμοίωσ. ³² καὶ εἰ ἀγαπᾶτε τοὺσ ἀγαπῶντασ ὑμᾶσ, ποία ὑμῖν χάρισ ἐστίν; καὶ γὰρ οἱ ἁμαρτωλοὶ τοὺσ ἀγαπῶντασ αὐτοὺσ ἀγαπῶσιν. ³³ καὶ γὰρ ἐὰν ἀγαθοποιῆτε τοὺσ ἀγαθοποιοῦντασ ὑμᾶσ, ποία ὑμῖν χάρισ ἐστίν; καὶ οἱ ἁμαρτωλοὶ τὸ αὐτὸ ποιοῦσιν. ³⁴ καὶ ἐὰν δανίσητε παρ' ὧν ἐλπίζετε λαβεῖν, ποία ὑμῖν χάρισ ἐστίν; καὶ ἁμαρτωλοὶ ἁμαρτωλοῖσ δανίζουσιν ἵνα ἀπολάβωσιν τὰ ἴσα. ³⁵ Πλὴν ἀγαπᾶτε τοὺσ ἐχθροὺσ ὑμῶν καὶ ἀγαθοποιεῖτε καὶ δανίζετε μηδένα ἀπελπίζοντεσ· καὶ ἔσται ὁ μισθὸσ ὑμῶν πολύσ, καὶ ἔσεσθε υἱοὶ ὑψίστου, ὅτι αὐτὸσ χρηστόσ ἐστιν ἐπὶ τοὺσ ἀχαρίστουσ καὶ πονηροὺσ. ³⁶ γίνεσθε οἰκτίρμονεσ, καθὼσ ὁ πατὴρ ὑμῶν οἰκτίρμων ἐστίν. ³⁷ καὶ μὴ κρίνετε, καὶ οὐ μὴ κριθῆτε· καὶ μὴ καταδικάζετε, καὶ οὐ μὴ καταδικασθῆτε. ἀπολύετε, καὶ ἀπολυθήσεσθε· ³⁸ δίδοτε, καὶ δοθήσεται ὑμῖν· μέτρον καλὸν πεπιεσμένον σεσαλευμένον ὑπερεκχυννόμενον δώσουσιν εἰσ τὸν κόλπον ὑμῶν· ᾧ γὰρ μέτρῳ μετρεῖτε ἀντιμετρηθήσεται ὑμῖν. ³⁹ Εἶπεν δὲ καὶ παραβολὴν αὐτοῖσ. μήτι δύναται τυφλὸσ τυφλὸν ὁδηγεῖν; οὐχὶ ἀμφότεροι εἰσ βόθυνον ἐμπεσοῦνται; ⁴⁰ οὐκ ἔστιν μαθητὴσ ὑπὲρ τὸν διδάσκαλον· κατηρτισμένοσ δὲ πᾶσ ἔσται ὡσ ὁ διδάσκαλοσ αὐτοῦ. ⁴¹ τί δὲ βλέπεισ τὸ κάρφοσ τὸ ἐν τῷ ὀφθαλμῷ τοῦ ἀδελφοῦ σου, τὴν δὲ δοκὸν τὴν ἐν τῷ ἰδίῳ ὀφθαλμῷ οὐ κατανοεῖσ; ⁴² πῶσ δύνασαι λέγειν τῷ ἀδελφῷ σου· ἀδελφέ, ἄφεσ ἐκβάλω τὸ κάρφοσ τὸ ἐν τῷ ὀφθαλμῷ σου, αὐτὸσ τὴν ἐν τῷ ὀφθαλμῷ σοῦ δοκὸν οὐ βλέπων; ὑποκριτά, ἔκβαλε πρῶτον τὴν δοκὸν ἐκ τοῦ ὀφθαλμοῦ σοῦ, καὶ τότε διαβλέψεισ τὸ κάρφοσ τὸ ἐν τῷ ὀφθαλμῷ τοῦ ἀδελφοῦ σου ἐκβαλεῖν. ⁴³ Οὐ γάρ ἐστιν δένδρον καλὸν ποιοῦν

---

26. ουαι υμιν | καλ. υμασ ειπωσι | ϛ א* κατα ταυτα (ϛ ταῦτ.) 27. αλλ 28. τ. καταρω. υμιν | και προσευχ. υπερ των 29. εισ : επι | σιαγονα : א* praem δεξιαν 30. παντι δε τω 33. om γαρ | και γαρ οι αμ. 34. δανειζητε | ελπ. απολαβειν | και γαρ οι αμαρτ. | δανειζουσιν 35. δανειζετε | μηδεν | πολυσ : אa add εν τοισ ουρανοισ | του υψιστου 36. γινεσθε ουν | καθωσ και | ο πατ. υμων : אa add ο εν τοισ ουρανοισ 37. om και ante μη καταδικ. 38. πεπιεσμ. (א* πεπιασμ.) και σεσαλευμ. και υπερεκχυννομενον | τω γαρ αυτω μετρῳ ω μετρ. 39. om και | ουχι : א ουκ | ϛ א πεσουνται 40. τον διδασκ. αυτου | א κατηρτ. δε εστω 42. ϛ η πωσ, א πωσ δε | εκβαλειν : ϛ א post διαβλεψ.

καρπὸν σαπρόν, οὐδὲ πάλιν δένδρον σαπρὸν ποιοῦν καρπὸν
44 καλόν. ⁴⁴ ἕκαστον γὰρ δένδρον ἐκ τοῦ ἰδίου καρποῦ γινώσκεται·
οὐ γὰρ ἐξ ἀκανθῶν συλλέγουσιν σῦκα, οὐδὲ ἐκ βάτου σταφυλὴν
45 τρυγῶσιν. ⁴⁵ ὁ ἀγαθὸσ ἄνθρωποσ ἐκ τοῦ ἀγαθοῦ θησαυροῦ τῆσ
καρδίασ προφέρει τὸ ἀγαθόν, καὶ ὁ πονηρὸσ ἐκ τοῦ πονηροῦ
προφέρει τὸ πονηρόν· ἐκ γὰρ περισσεύματοσ καρδίασ λαλεῖ τὸ
46 στόμα αὐτοῦ. ⁴⁶ Τί δέ με καλεῖτε· κύριε κύριε, καὶ οὐ ποιεῖτε
47 ἃ λέγω; ⁴⁷ πᾶσ ὁ ἐρχόμενοσ πρόσ με καὶ ἀκούων μου τῶν λόγων
48 καὶ ποιῶν αὐτούσ, ὑποδείξω ὑμῖν τίνι ἐστὶν ὅμοιοσ. ⁴⁸ ὅμοιόσ
ἐστιν ἀνθρώπῳ οἰκοδομοῦντι οἰκίαν, ὃσ ἔσκαψεν καὶ ἐβάθυνεν
καὶ ἔθηκεν θεμέλιον ἐπὶ τὴν πέτραν· πλημμύρησ δὲ γενομένησ
προσέρηξεν ὁ ποταμὸσ τῇ οἰκίᾳ ἐκείνῃ, καὶ οὐκ ἴσχυσεν σαλεῦσαι
49 αὐτὴν διὰ τὸ καλῶσ οἰκοδομῆσθαι αὐτήν. ⁴⁹ ὁ δὲ ἀκούσασ καὶ
μὴ ποιήσασ ὅμοιόσ ἐστιν ἀνθρώπῳ οἰκοδομήσαντι οἰκίαν ἐπὶ τὴν
γῆν χωρὶσ θεμελίου, ᾗ προσέρηξεν ὁ ποταμόσ, καὶ εὐθὺσ συνέπε-
σεν, καὶ ἐγένετο τὸ ῥῆγμα τῆσ οἰκίασ ἐκείνησ μέγα.

VII.

Centurionis servus. Iuvenis Naini mortuus. Iohannis baptistae legati;
Iesu de eo et aequalibus sententia. Peccatrix Iesum ungens veniam nacta.
Parabola de duobus debitoribus.

1 Ἐπειδὴ ἐπλήρωσεν πάντα τὰ ῥήματα αὐτοῦ εἰσ τὰσ ἀκοὰσ
τοῦ λαοῦ, εἰσῆλθεν εἰσ Καφαρναούμ.
2 Ἑκατοντάρχου δέ τινοσ δοῦλοσ κακῶσ ἔχων ἤμελλεν τελευ-
3 τᾶν, ὃσ ἦν αὐτῷ ἔντιμοσ. ³ ἀκούσασ δὲ περὶ τοῦ Ἰησοῦ ἀπέστει-
λεν πρὸσ αὐτὸν πρεσβυτέρουσ τῶν Ἰουδαίων, ἐρωτῶν αὐτὸν ὅπωσ
4 ἐλθὼν διασώσῃ τὸν δοῦλον αὐτοῦ. ⁴ οἱ δὲ παραγενόμενοι πρὸσ
τὸν Ἰησοῦν ἠρώτων αὐτὸν σπουδαίωσ, λέγοντεσ ὅτι ἄξιόσ ἐστιν
5 ᾧ παρέξῃ τοῦτο· ⁵ ἀγαπᾷ γὰρ τὸ ἔθνοσ ἡμῶν, καὶ τὴν συναγωγὴν
6 αὐτὸσ ᾠκοδόμησεν ἡμῖν. ⁶ ὁ δὲ Ἰησοῦσ ἐπορεύετο σὺν αὐτοῖσ.
ἤδη δὲ αὐτοῦ οὐ μακρὰν ἀπέχοντοσ τῆσ οἰκίασ, ἔπεμψεν φίλουσ
ὁ ἑκατοντάρχησ λέγων· κύριε, μὴ σκύλλου· οὐ γὰρ ἱκανόσ εἰμι
7 ἵνα ὑπὸ τὴν στέγην μου εἰσέλθῃσ· ⁷ διὸ οὐδὲ ἐμαυτὸν ἠξίωσα
8 πρόσ σε ἐλθεῖν· ἀλλὰ εἰπὲ λόγῳ, καὶ ἰαθήτω ὁ παῖσ μου. ⁸ καὶ
γὰρ ἐγὼ ἄνθρωπόσ εἰμι ὑπὸ ἐξουσίαν τασσόμενοσ, ἔχων ὑπ᾽ ἐμαυ-
τὸν στρατιώτασ, καὶ λέγω τούτῳ· πορεύθητι, καὶ πορεύεται, καὶ

43. om παλιν 44. א συνλεγ. | βατου (אa) : א* βλαστου | τρυγωσι στα-
φυλ. 45. τησ καρδι. αυτου | πονηροσ : add ανθρωποσ | πονηρον : add
θησαυρου τησ καρδιασ αυτου | του περισσευμ. της καρδ. | λαλει : א post
το στ. αυτ. 48. πλημμυρασ | προσερρηξεν | δια το etc : τεθεμελιωτο
γαρ επι την πετραν 49. ς א προσερρηξ. | κ. ευθεωσ επεσε
VII, 1. ς א επει δε | א* om παντα | καπερναουμ 2. א* om κακ.
εχων 3. οπωσ : add αυτοσ 4. ηρωταν : παρεκαλουν | παρεξει
6. απο τησ οικι. | επεμψεν : add προσ αυτον | φιλουσ: post εκατοντ. |
ς א εκατονταρχοσ | λεγων : add αυτω | ειμι ικανοσ | א μου υπο τ. στεγ.
7. א αλλ | ς א ιαθησεται

LUC. 7, 26. 111

ἄλλῳ· ἔρχου, καὶ ἔρχεται, καὶ τῷ δούλῳ μου· ποίησον τοῦτο, καὶ ποιεῖ. ⁹ ἀκούσας δὲ ταῦτα ὁ Ἰησοῦς ἐθαύμασεν αὐτόν, καὶ στρα- 9 φεὶς τῷ ἀκολουθοῦντι αὐτῷ ὄχλῳ εἶπεν· λέγω ὑμῖν, οὐδὲ ἐν τῷ Ἰσραὴλ τοσαύτην πίστιν εὗρον. ¹⁰ καὶ ὑποστρέψαντες εἰσ τὸν 10 οἶκον οἱ πεμφθέντεσ εὗρον τὸν δοῦλον ὑγιαίνοντα.
Καὶ ἐγένετο ἐν τῇ ἑξῆσ ἐπορεύθη εἰσ πόλιν καλουμένην 11 Ναΐν, καὶ συνεπορεύοντο αὐτῷ οἱ μαθηταὶ αὐτοῦ ἱκανοὶ καὶ ὄχλοσ πολύσ. ¹² ὡσ δὲ ἤγγισεν τῇ πύλῃ τῆσ πόλεωσ, καὶ ἰδοὺ ἐξεκομί- 12 ζετο τεθνηκὼσ μονογενὴσ υἱὸσ τῇ μητρὶ αὐτοῦ, καὶ αὕτη ἦν χήρα, καὶ ὄχλοσ τῆσ πόλεωσ ἱκανὸσ ἦν σὺν αὐτῇ. ¹³ καὶ ἰδὼν αὐτὴν 13 ὁ κύριοσ ἐσπλαγχνίσθη ἐπ' αὐτὴν καὶ εἶπεν αὐτῇ· μὴ κλαῖε. ¹⁴ καὶ 14 προσελθὼν ἥψατο τῆσ σοροῦ, οἱ δὲ βαστάζοντες ἔστησαν, καὶ εἶπεν· νεανίσκε, σοὶ λέγω, ἐγέρθητι. ¹⁵ καὶ ἀνεκάθισεν ὁ νεκρὸσ 15 καὶ ἤρξατο λαλεῖν, καὶ ἔδωκεν αὐτὸν τῇ μητρὶ αὐτοῦ. ¹⁶ ἔλαβεν 16 δὲ φόβος ἅπαντας, καὶ ἐδόξαζον τὸν θεὸν λέγοντεσ ὅτι προφήτησ μέγασ ἠγέρθη ἐν ἡμῖν, καὶ ὅτι ἐπεσκέψατο ὁ θεὸσ τὸν λαὸν αὐτοῦ. ¹⁷ καὶ ἐξῆλθεν ὁ λόγοσ οὗτοσ ἐν ὅλῃ τῇ Ἰουδαίᾳ περὶ 17 αὐτοῦ καὶ πάσῃ τῇ περιχώρῳ.

Καὶ ἀπήγγειλαν Ἰωάννει οἱ μαθηταὶ αὐτοῦ περὶ πάντων 18 τούτων. ¹⁹ καὶ προσκαλεσάμενος δύο τινὰσ τῶν μαθητῶν αὐτοῦ 19 ὁ Ἰωάννησ ἔπεμψεν πρὸσ τὸν κύριον λέγων· σὺ εἶ ὁ ἐρχόμενοσ, ἢ ἄλλον προσδοκῶμεν; ²⁰ παραγενόμενοι δὲ πρὸς αὐτὸν οἱ ἄνδρεσ 20 εἶπαν· Ἰωάννησ ὁ βαπτιστὴσ ἀπέσταλκεν ἡμᾶς πρόσ σε λέγων· σὺ εἶ ὁ ἐρχόμενοσ, ἢ ἄλλον προσδοκῶμεν; ²¹ ἐν ἐκείνῃ τῇ ὥρᾳ 21 ἐθεράπευσεν πολλοὺς ἀπὸ νόσων καὶ μαστίγων καὶ πνευμάτων πονηρῶν, καὶ τυφλοῖσ πολλοῖσ ἐχαρίσατο βλέπειν. ²² καὶ ἀπο- 22 κριθεὶσ εἶπεν αὐτοῖσ· πορευθέντεσ ἀπαγγείλατε Ἰωάννει ἃ εἴδετε καὶ ἠκούσατε, ὅτι τυφλοὶ ἀναβλέπουσιν, χωλοὶ περιπατοῦσιν, λεπροὶ καθαρίζονται, κωφοὶ ἀκούουσιν, νεκροὶ ἐγείρονται, πτωχοὶ εὐαγγελίζονται· ²³ καὶ μακάριός ἐστιν ὃσ ἐὰν μὴ σκανδαλισθῇ ἐν ἐμοί. 23

Ἀπελθόντων δὲ τῶν ἀγγέλων Ἰωάννου ἤρξατο λέγειν πρὸσ 24 τοὺσ ὄχλουσ περὶ Ἰωάννου· τί ἐξεληλύθατε εἰσ τὴν ἔρημον θεάσασθαι; κάλαμον ὑπὸ ἀνέμου σαλευόμενον; ²⁵ ἀλλὰ τί ἐξεληλύθατε 25 ἰδεῖν; ἄνθρωπον ἐν μαλακοῖσ ἱματίοισ ἠμφιεσμένον; ἰδοὺ οἱ ἐν ἱματισμῷ ἐνδόξῳ καὶ τρυφῇ ὑπάρχοντεσ ἐν τοῖσ βασιλείοισ εἰσίν. ²⁶ ἀλλὰ τί ἐξεληλύθατε ἰδεῖν; προφήτην; ναὶ λέγω ὑμῖν, καὶ 26

---

10. οι πεμφθεντ. εισ τ. οικ. | τον ασθενουντα δουλον 11. אᶜ εν τω εξησ | επορευετο | א* om καλουμενην | א om ικανοι 12. υιος μονογενης | και αυτη ην : ϛᵉ om ην | ην συν αυτη (et. ϛᵉ) : ϛ om ην 13. επ αυτη 16. ευηγερται 17. א* (non item ᵃ) om περι αυτου | και εν παση 18. ιωαννη 19. κυριον : ϛ א ιησουν | αλλον : א ετερον 20. א* om οι ανδρ. | ειπον | א απεστειλεν | αλλον : א ετερον 21. εν αυτη δε τη ωρ. | ωρα : א* ημερα | πονηρων : א* ακαθαρτων | το βλεπειν 22. αποκριθεις : add ο ιησους | ιωαννη | οτι : א om | א και κωφοι et και πτωχοι 23. א οσ αν 24. λεγ. τοισ οχλοισ | א εξηλθατε 25. א εξηλθατε 26. א εξηλθατε

27 περισσότερον προφήτου. ²⁷ ούτόσ έστιν περὶ οὗ γέγραπται· ίδοὺ ἀποστέλλω τὸν ἄγγελόν μου πρὸ προσώπου σου, ὃσ κατασκευάσει 28 τὴν ὁδόν σου ἔμπροσθέν σου. ²⁸ λέγω ὑμῖν, μείζων ἐν γεννητοῖσ γυναικῶν προφήτησ Ἰωάννου οὐδείσ ἐστιν· ὁ δὲ μικρότεροσ ἐν 29 τῇ βασιλείᾳ τοῦ θεοῦ μείζων αὐτοῦ ἐστίν. ²⁹ καὶ πᾶσ ὁ λαὸσ ἀκούσασ καὶ οἱ τελῶναι ἐδικαίωσαν τὸν θεόν, βαπτισθέντεσ τὸ 30 βάπτισμα Ἰωάννου· ³⁰ οἱ δὲ Φαρισαῖοι καὶ οἱ νομικοὶ τὴν βουλὴν τοῦ θεοῦ ἠθέτησαν εἰσ ἑαυτούσ, μὴ βαπτισθέντεσ ὑπ' αὐτοῦ. 31 ³¹ Τίνι οὖν ὁμοιώσω τοὺσ ἀνθρώπουσ τῆσ γενεᾶσ ταύτησ, καὶ 32 τίνι εἰσὶν ὅμοιοι; ³² ὅμοιοί εἰσιν παιδίοισ τοῖσ ἐν ἀγορᾷ καθημένοισ καὶ προσφωνοῦσιν ἀλλήλοισ λέγοντεσ· ηὐλήσαμεν ὑμῖν καὶ 33 οὐκ ὠρχήσασθε, ἐθρηνήσαμεν καὶ οὐκ ἐκλαύσατε. ³³ ἐλήλυθεν γὰρ Ἰωάννησ ὁ βαπτιστὴσ μὴ ἐσθίων ἄρτον μηδὲ πίνων οἶνον, 34 καὶ λέγετε· δαιμόνιον ἔχει. ³⁴ ἐλήλυθεν ὁ υἱὸσ τοῦ ἀνθρώπου ἐσθίων καὶ πίνων, καὶ λέγετε· ἰδοὺ ἄνθρωποσ φάγοσ καὶ οἰνοπό-35 τησ, φίλοσ τελωνῶν καὶ ἁμαρτωλῶν. ³⁵ καὶ ἐδικαιώθη ἡ σοφία ἀπὸ τῶν τέκνων αὐτῆσ πάντων.

36 Ἠρώτα δέ τισ αὐτὸν τῶν Φαρισαίων ἵνα φάγῃ μετ' αὐτοῦ· 37 καὶ εἰσελθὼν εἰσ τὸν οἶκον τοῦ Φαρισαίου κατεκλίθη. ³⁷ καὶ ἰδοὺ γυνὴ ἥτισ ἦν ἐν τῇ πόλει ἁμαρτωλόσ, καὶ ἐπιγνοῦσα ὅτι κατάκειται ἐν τῇ οἰκίᾳ τοῦ Φαρισαίου, κομίσασα ἀλάβαστρον 38 μύρου ³⁸ καὶ στᾶσα ὀπίσω παρὰ τοὺσ πόδασ αὐτοῦ κλαίουσα τοῖσ δάκρυσιν ἤρξατο βρέχειν τοὺσ πόδασ αὐτοῦ καὶ ταῖσ θριξὶν τῆσ κεφαλῆσ αὐτῆσ ἐξέμαξεν, καὶ κατεφίλει τοὺσ πόδασ αὐτοῦ καὶ 39 ἤλειφεν τῷ μύρῳ. ³⁹ ἰδὼν δὲ ὁ Φαρισαῖοσ ὁ καλέσασ αὐτὸν εἶπεν ἐν ἑαυτῷ λέγων· οὗτοσ εἰ ἦν προφήτησ, ἐγίνωσκεν ἂν τίσ καὶ πο-40 ταπὴ ἡ γυνὴ ἥτισ ἅπτεται αὐτοῦ, ὅτι ἁμαρτωλόσ ἐστιν. ⁴⁰ καὶ ἀποκριθεὶσ ὁ Ἰησοῦσ εἶπεν πρὸσ αὐτόν· Σίμων, ἔχω σοί τι εἰπεῖν. 41 ὁ δέ· διδάσκαλε εἰπέ, φησίν. ⁴¹ δύο χρεοφειλέται ἦσαν δανιστῇ τινί· ὁ εἷσ ὤφειλεν δηνάρια πεντακόσια, ὁ δὲ ἕτεροσ πεντήκοντα. 42 ⁴² μὴ ἐχόντων αὐτῶν ἀποδοῦναι, ἀμφοτέροισ ἐχαρίσατο. τίσ οὖν 43 αὐτῶν πλεῖον ἀγαπήσει αὐτόν; ⁴³ ἀποκριθεὶσ Σίμων εἶπεν· ὑπολαμβάνω ὅτι ᾧ τὸ πλεῖον ἐχαρίσατο. ὁ δὲ εἶπεν αὐτῷ· ὀρθῶσ 44 ἔκρινασ. ⁴⁴ καὶ στραφεὶσ πρὸσ τὴν γυναῖκα τῷ Σίμωνι ἔφη· βλέπεισ ταύτην τὴν γυναῖκα; εἰσῆλθόν σου εἰσ τὴν οἰκίαν, ὕδωρ

27. ιδου εγω 28. ϛ λεγω γαρ, א αμην λεγω | א om προφητησ | ιωαννου του βαπτιστου 30. א om εισ εαυτουσ 31. τινι ουν (א δε) : praem ειπε δε ο κυριοσ 32. λεγοντεσ: אᶜ λεγοντα, א* α λεγει, ϛ και λεγουσιν | εθρηνησ. υμιν 33. μη et μηδε : μητε et μητε | αρτ. εσθ. et οιν. πιν. 34. τελωνων φιλοσ 35. א απο παντ. των εργων αυτ. 36. εισ την οικιαν | κατεκλιθη (אᶜ) : א* κατεκειτο, ϛ ανεκλιθη 37. γυν. εν τη πολ. ητισ ην | om και ante επιγν. | ανακειται 38. οπισω : post παρ. τ. ποδ. αυτ. | τοισ δακρ. : post τουσ ποδ. αυτ. | εξεμασσεν 40. φησιν : post ο δε 41. χρεωφειλετ. | δανειστη 42. ϛ א μη εχοντ. δε | τισ ουν αυτων : add ειπε | αυτον αγαπησει 43. ϛ א αποκριθ. δε ο (א om) σιμων

μου ἐπὶ τοὺσ πόδασ οὐκ ἔδωκασ· αὕτη δὲ τοῖσ δάκρυσιν ἔβρεξέν
μου τοὺσ πόδασ καὶ ταῖσ θριξὶν αὐτῆσ ἐξέμαξεν. ⁴⁵φίλημά μοι 45
οὐκ ἔδωκασ· αὕτη δὲ ἀφ᾿ ἧσ εἰσῆλθον οὐ διέλειπεν καταφιλοῦσά
μου τοὺσ πόδασ. ⁴⁶ἐλαίῳ τὴν κεφαλήν μου οὐκ ἤλειψασ· αὕτη 46
δὲ μύρῳ ἤλειψέν μου τοὺσ πόδασ. ⁴⁷οὗ χάριν, λέγω σοι, ἀφέωνται 47
αὐτῆσ αἱ ἁμαρτίαι αἱ πολλαί, ὅτι ἠγάπησεν πολύ· ᾧ δὲ ὀλίγον
ἀφίεται, ὀλίγον ἀγαπᾷ. ⁴⁸εἶπεν δὲ αὐτῇ· ἀφέωνταί σου αἱ ἁμαρ- 48
τίαι. ⁴⁹καὶ ἤρξαντο οἱ συνανακείμενοι λέγειν ἐν ἑαυτοῖσ· τίσ 49
οὗτόσ ἐστιν, ὃσ καὶ ἁμαρτίασ ἀφίησιν; ⁵⁰εἶπεν δὲ πρὸσ τὴν
γυναῖκα· ἡ πίστισ σου σέσωκέν σε, πορεύου εἰσ εἰρήνην.

VIII.

Feminae victum ministrantes. Parabola de satore. Candela non occultanda.
Christi mater et fratres. Tempestas. Daemones Legionis et sues. Iairi
filia et mulier sanguine fluens.

Καὶ ἐγένετο ἐν τῷ καθεξῆσ καὶ αὐτὸσ διώδευεν κατὰ πόλιν 1
καὶ κώμην κηρύσσων καὶ εὐαγγελιζόμενοσ τὴν βασιλείαν τοῦ θεοῦ,
καὶ οἱ δώδεκα σὺν αὐτῷ, ²καὶ γυναῖκέσ τινεσ αἳ ἦσαν τεθερα- 2
πευμέναι ἀπὸ πνευμάτων πονηρῶν καὶ ἀσθενειῶν, Μαρία ἡ κα-
λουμένη Μαγδαληνή, ἀφ᾿ ἧσ δαιμόνια ἑπτὰ ἐξεληλύθει, ³καὶ 3
Ἰωάννα γυνὴ Χουζᾶ ἐπιτρόπου Ἡρώδου καὶ Σουσάννα καὶ ἕτεραι
πολλαί, αἵτινεσ διηκόνουν αὐτοῖσ ἐκ τῶν ὑπαρχόντων αὐταῖσ.

Συνιόντοσ δὲ ὄχλου πολλοῦ καὶ τῶν κατὰ πόλιν ἐπιπορευο- 4
μένων πρὸσ αὐτὸν εἶπεν διὰ παραβολῆσ· ⁵ἐξῆλθεν ὁ σπείρων τοῦ 5
σπεῖραι τὸν σπόρον αὐτοῦ. καὶ ἐν τῷ σπείρειν αὐτὸν ὃ μὲν
ἔπεσεν παρὰ τὴν ὁδόν, καὶ κατεπατήθη, καὶ τὰ πετεινὰ τοῦ οὐρα-
νοῦ κατέφαγεν αὐτό· ⁶καὶ ἕτερον κατέπεσεν ἐπὶ τὴν πέτραν, 6
καὶ φυὲν ἐξηράνθη διὰ τὸ μὴ ἔχειν ἰκμάδα· ⁷καὶ ἕτερον ἔπεσεν 7
ἐν μέσῳ τῶν ἀκανθῶν, καὶ συνφυεῖσαι αἱ ἄκανθαι ἀπέπνιξαν
αὐτό· ⁸καὶ ἕτερον ἔπεσεν εἰσ τὴν γῆν τὴν ἀγαθήν, καὶ φυὲν ἐποί- 8
ησεν καρπὸν ἑκατονταπλασίονα. ταῦτα λέγων ἐφώνει· ὁ ἔχων
ὦτα ἀκούειν ἀκουέτω.

Ἐπηρώτων δὲ αὐτὸν οἱ μαθηταὶ αὐτοῦ τίσ αὕτη εἴη ἡ πα- 9
ραβολή. ¹⁰ὁ δὲ εἶπεν· ὑμῖν δέδοται γνῶναι τὰ μυστήρια τῆσ 10
βασιλείασ τοῦ θεοῦ, τοῖσ δὲ λοιποῖσ ἐν παραβολαῖσ, ἵνα βλέπον-
τεσ μὴ βλέπωσιν καὶ ἀκούοντεσ μὴ συνιῶσιν. ¹¹ἔστιν δὲ αὕτη 11
ἡ παραβολή. ὁ σπόροσ ἐστὶν ὁ λόγοσ τοῦ θεοῦ. ¹²οἱ δὲ παρὰ 12
τὴν ὁδὸν εἰσιν οἱ ἀκούσαντεσ, εἶτα ἔρχεται ὁ διάβολοσ καὶ αἴρει

---

44. επι τουσ ποδ. μου | θριξιν : add τησ κεφαλησ 45. διελιπε 47. λεγω :
א* ειπον | א* αφεονται (item v. seq) | αι αμαρτ. αυτησ αι πολλαι
VIII, 1. א διωδευσεν 3. αυτοισ : ς א αυτω | εκ : απο | αυταισ :
א* αυτων 4. א* συνοντοσ 6. ς א επεσεν | א* και δια το 7. συμφυ. |
א* επνιξαν 8. επεσεν : א* εφυεν | επι την γην | א* και εφυεν και εποι-
ησεν 9. τισ : praem λεγοντεσ | τισ ειη η παρ. αυτη 10. א και ακουοντ.
ακουωσιν και μη συνιωσιν 12. οι ακουοντεσ

Nov. Test. ed. Tf. 8

τὸν λόγον ἀπὸ τῆσ καρδίασ αὐτῶν, ἵνα μὴ πιστεύσαντεσ σωθῶσιν. 13 ¹³ οἱ δὲ ἐπὶ τὴν πέτραν οἳ ὅταν ἀκούσωσιν μετὰ χαρᾶσ δέχονται τὸν λόγον, καὶ οὗτοι ῥίζαν οὐκ ἔχουσιν, οἳ πρὸσ καιρὸν πιστεύου- 14 σιν καὶ ἐν καιρῷ πειρασμοῦ ἀφίστανται. ¹⁴ τὸ δὲ εἰσ τὰσ ἀκάνθασ πεσόν, οὗτοί εἰσιν οἱ ἀκούσαντεσ, καὶ ὑπὸ μεριμνῶν καὶ πλούτου καὶ ἡδονῶν τοῦ βίου πορευόμενοι συνπνίγονται καὶ οὐ τελεσφο- 15 ροῦσιν. ¹⁵ τὸ δὲ ἐν τῇ καλῇ γῇ, οὗτοί εἰσιν οἵτινεσ ἐν καρδίᾳ καλῇ καὶ ἀγαθῇ ἀκούσαντεσ τὸν λόγον κατέχουσιν καὶ καρπο- 16 φοροῦσιν ἐν ὑπομονῇ. ¹⁶ Οὐδεὶσ δὲ λύχνον ἅψασ καλύπτει αὐτὸν σκεύει ἢ ὑποκάτω κλίνησ τίθησιν, ἀλλ' ἐπὶ λυχνίασ τίθησιν, ἵνα 17 οἱ εἰσπορευόμενοι βλέπωσιν τὸ φῶσ. ¹⁷ οὐ γάρ ἐστιν κρυπτὸν ὃ οὐ φανερὸν γενήσεται, οὐδὲ ἀπόκρυφον ὃ οὐ μὴ γνωσθῇ καὶ εἰσ 18 φανερὸν ἔλθῃ. ¹⁸ βλέπετε οὖν πῶσ ἀκούετε· ὃσ ἂν γὰρ ἔχῃ, δοθήσεται αὐτῷ, καὶ ὃσ ἂν μὴ ἔχῃ, καὶ ὃ δοκεῖ ἔχειν ἀρθήσεται ἀπ' αὐτοῦ.
19 Παρεγένετο δὲ πρὸσ αὐτὸν ἡ μήτηρ αὐτοῦ καὶ οἱ ἀδελφοὶ 20 αὐτοῦ, καὶ οὐκ ἠδύναντο συντυχεῖν αὐτῷ διὰ τὸν ὄχλον. ²⁰ ἀπ- ηγγέλη δὲ αὐτῷ ὅτι ἡ μήτηρ σου καὶ οἱ ἀδελφοί σου ἑστήκασιν 21 ἔξω ἰδεῖν σε θέλοντεσ. ²¹ ὁ δὲ ἀποκριθεὶσ εἶπεν πρὸσ αὐτούσ· μήτηρ μου καὶ ἀδελφοί μου οὗτοί εἰσιν οἱ τὸν λόγον τοῦ θεοῦ ἀκούοντεσ καὶ ποιοῦντεσ.
22 Ἐγένετο δὲ ἐν μιᾷ τῶν ἡμερῶν καὶ αὐτὸσ ἐνέβη εἰσ πλοῖον καὶ οἱ μαθηταὶ αὐτοῦ, καὶ εἶπεν πρὸσ αὐτούσ· διέλθωμεν εἰσ τὸ 23 πέραν τῆσ λίμνησ· καὶ ἀνήχθησαν. ²³ πλεόντων δὲ αὐτῶν ἀφύ- πνωσεν· καὶ κατέβη λαῖλαψ ἀνέμου εἰσ τὴν λίμνην, καὶ συνε- 24 πληροῦντο καὶ ἐκινδύνευον. ²⁴ προσελθόντεσ δὲ διήγειραν αὐτὸν λέγοντεσ· ἐπιστάτα ἐπιστάτα, ἀπολλύμεθα. ὁ δὲ διεγερθεὶσ ἐπετί- μησεν τῷ ἀνέμῳ καὶ τῷ κλύδωνι τοῦ ὕδατοσ· καὶ ἐπαύσαντο, καὶ 25 ἐγένετο γαλήνη. ²⁵ εἶπεν δὲ αὐτοῖσ· ποῦ ἡ πίστισ ὑμῶν; φοβη- θέντεσ δὲ ἐθαύμασαν, λέγοντεσ πρὸσ ἀλλήλουσ· τίσ ἄρα οὗτόσ ἐστιν, ὅτι καὶ τοῖσ ἀνέμοισ ἐπιτάσσει καὶ τῷ ὕδατι, καὶ ὑπακούου- σιν αὐτῷ;
26 Καὶ κατέπλευσαν εἰσ τὴν χώραν τῶν Γεργεσηνῶν, ἥτισ ἐστὶν 27 ἀντίπερα τῆσ Γαλιλαίασ. ²⁷ ἐξελθόντι δὲ αὐτῷ ἐπὶ τὴν γῆν ὑπήντησεν ἀνήρ τισ ἐκ τῆσ πόλεωσ ἔχων δαιμόνια, καὶ χρόνῳ ἱκανῷ οὐκ ἐνεδύσατο ἱμάτιον, καὶ ἐν οἰκίᾳ οὐκ ἔμενεν ἀλλ' ἐν

---

13. επι τησ πετρασ | τ. λογον : ℵ* add του θεου | ℵ* om και ante ουτοι
14. συμπνιγ. 16. ℵ* επι την λυχνιαν | επιτιθησιν 17. ο ου γνωσθη-
σεται 18. οσ γαρ αν 19. ς ℵ παρεγενοντο | ς om αυτου pri 20. και
απηγγ. αυτω λεγοντων | οτι : om | ℵ om σου pri 21. ℵ om του θεου|
ποιουντεσ : add αυτον 22. και εγενετ. | εν : ℵ* om | και αυτοσ (ℵᵃ) :
ℵ* om 24. ℵᵃ om alterum επιστ. | εγερθεισ | ℵ επαυσατο 25. που :
add εστιν | ℵ οι δε φοβηθ. | πρ. αλληλουσ : ℵ om 26. γαδαρηνων | αντι-
περαν 27. υπηντησεν : add αυτω | οσ ειχε δαιμο. εκ χρονων ικανων
και ιματιον ουκ ενεδιδυσκετο

τοῖσ μνήμασιν. ²⁸ἰδὼν δὲ τὸν Ἰησοῦν, ἀνακράξασ προσέπεσεν 28
αὐτῷ καὶ φωνῇ μεγάλῃ εἶπεν· τί ἐμοὶ καὶ σοί, Ἰησοῦ υἱὲ τοῦ θεοῦ
τοῦ ὑψίστου; δέομαί σου, μή με βασανίσῃσ. ²⁹παρήγγελλεν γὰρ 29
τῷ πνεύματι τῷ ἀκαθάρτῳ ἐξελθεῖν ἀπὸ τοῦ ἀνθρώπου· πολλοῖσ
γὰρ χρόνοισ συνηρπάκει αὐτόν, καὶ ἐδεσμεύετο ἁλύσεσιν καὶ πέ-
δαισ φυλασσόμενοσ, καὶ διαρήσσων τὰ δεσμὰ ἠλαύνετο ὑπὸ τοῦ
δαιμονίου εἰσ τὰσ ἐρήμουσ. ³⁰ἐπηρώτησεν δὲ αὐτὸν ὁ Ἰησοῦσ 30
λέγων· τί σοι ὄνομά ἐστιν; ὁ δὲ εἶπεν· λεγιών, ὅτι εἰσῆλθεν δαι-
μόνια πολλὰ εἰσ αὐτόν. ³¹καὶ παρεκάλουν αὐτὸν ἵνα μὴ ἐπιτάξῃ 31
αὐτοῖσ εἰσ τὴν ἄβυσσον ἀπελθεῖν. ³²ἦν δὲ ἐκεῖ ἀγέλη χοίρων 32
ἱκανῶν βοσκομένων ἐν τῷ ὄρει, καὶ παρεκάλεσαν αὐτὸν ἵνα ἐπι-
τρέψῃ αὐτοῖσ εἰσ ἐκείνουσ εἰσελθεῖν. καὶ ἐπέτρεψεν αὐτοῖσ.
³³ἐξελθόντα δὲ τὰ δαιμόνια ἀπὸ τοῦ ἀνθρώπου εἰσῆλθον εἰσ 33
τοὺσ χοίρουσ, καὶ ὥρμησεν ἡ ἀγέλη κατὰ τοῦ κρημνοῦ εἰσ τὴν
λίμνην καὶ ἀπεπνίγη. ³⁴ἰδόντεσ δὲ οἱ βόσκοντεσ τὸ γεγονὸσ 34
ἔφυγον καὶ ἀπήγγειλαν εἰσ τὴν πόλιν καὶ εἰσ τοὺσ ἀγρούσ. ³⁵ἐξῆλ- 35
θον δὲ ἰδεῖν τὸ γεγονόσ, καὶ ἦλθον πρὸσ τὸν Ἰησοῦν, καὶ εὗρον
καθήμενον τὸν ἄνθρωπον, ἀφ᾽ οὗ τὰ δαιμόνια ἐξῆλθεν, ἱματισ-
μένον καὶ σωφρονοῦντα παρὰ τοὺσ πόδασ τοῦ Ἰησοῦ, καὶ ἐφοβή-
θησαν. ³⁶ἀπήγγειλαν δὲ αὐτοῖσ οἱ ἰδόντεσ πῶσ ἐσώθη ὁ δαι-36
μονισθείσ. ³⁷καὶ ἠρώτησαν αὐτὸν ἅπαν τὸ πλῆθοσ τῆσ περι-37
χώρου τῶν Γεργεσηνῶν ἀπελθεῖν ἀπ᾽ αὐτῶν, ὅτι φόβῳ μεγάλῳ
συνείχοντο· αὐτὸσ δὲ ἐμβὰσ εἰσ πλοῖον ὑπέστρεψεν. ³⁸ἐδέετο 38
δὲ αὐτοῦ ὁ ἀνὴρ ἀφ᾽ οὗ ἐξεληλύθει τὰ δαιμόνια, εἶναι σὺν αὐτῷ·
ἀπέλυσεν δὲ αὐτὸν λέγων· ³⁹ὑπόστρεφε εἰσ τὸν οἶκόν σου, καὶ 39
διηγοῦ ὅσα σοι ἐποίησεν ὁ θεόσ. καὶ ἀπῆλθεν, καθ᾽ ὅλην τὴν
πόλιν κηρύσσων ὅσα ἐποίησεν αὐτῷ ὁ Ἰησοῦσ.

Ἐγένετο δὲ ἐν τῷ ὑποστρέφειν τὸν Ἰησοῦν ἀπεδέξατο αὐτὸν 40
ὁ ὄχλοσ· ἦσαν γὰρ πάντεσ προσδοκῶντεσ αὐτόν. ⁴¹καὶ ἰδοὺ 41
ἦλθεν ἀνὴρ ᾧ ὄνομα Ἰάειροσ, καὶ αὐτὸσ ἄρχων τῆσ συναγωγῆσ
ὑπῆρχεν· καὶ πεσὼν παρὰ τοὺσ πόδασ Ἰησοῦ παρεκάλει αὐτὸν
εἰσελθεῖν εἰσ τὸν οἶκον αὐτοῦ, ⁴²ὅτι θυγάτηρ μονογενὴσ ἦν αὐτῷ 42
ὡσ ἐτῶν δώδεκα καὶ αὕτη ἀπέθνησκεν. ἐν δὲ τῷ ὑπάγειν αὐτὸν
οἱ ὄχλοι συνέπνιγον αὐτόν. ⁴³καὶ γυνὴ οὖσα ἐν ῥύσει αἵματοσ 43

---

28. και ανακραξασ. 29. ϛᵉ παρηγγειλε | εδεσμειτο | ℵ* (non item a) om
και post φυλασσομ. | ϛ ℵ διαρρησσων | δαιμονοσ 30. ℵ* om ο ιησουσ et
λεγων | σοι εστ. ονομα | λεγεων | οτι δαιμ. πολλ. εισηλθεν εισ αυτον
31. παρεκαλει 32. ℵ βοσκομενη | ϛ ℵ* παρεκαλουν | ℵ* om αυτοισ sec
33. εισηλθεν | λιμνην : ℵ θαλασσαν 34. το γεγενημενον | και απελθον-
τεσ απηγγ. 35. εξεληλυθει 36. απηγγ. δε : ℵ add λεγοντεσ | και οι
ιδοντεσ 37. ℵ ηρωτησεν | ℵ παν | γαδαρηνων | εισ το πλοι. | ℵ* επεστρε-
ψεν, ℵᵃ συνεστρ. 38. ℵᵃ εδειτο | λεγων : praem ο ιησουσ 39. οσα
εποιησε σοι ο θεοσ 40. ℵᶜ Ἐν δε τω υποστρ. | υποστρεψαι | αυτον
(ℵᵃ) : ℵ* τον θεον 41. του ιησου 42. ην : ℵ* om

ἀπὸ ἐτῶν δώδεκα, ἥτισ ἰατροῖσ προσαναλώσασα ὅλον τὸν βίον
44 οὐκ ἴσχυσεν ἀπ᾽ οὐδενὸσ θεραπευθῆναι, ⁴⁴ προσελθοῦσα ὄπισθεν
ἥψατο τοῦ κρασπέδου τοῦ ἱματίου αὐτοῦ, καὶ παραχρῆμα ἔστη
45 ἡ ῥύσισ τοῦ αἵματοσ αὐτῆσ. ⁴⁵ καὶ εἶπεν ὁ Ἰησοῦσ· τίσ ὁ ἁψά-
μενόσ μου; ἀρνουμένων δὲ πάντων εἶπεν ὁ Πέτροσ καὶ οἱ σὺν
46 αὐτῷ· ἐπιστάτα, οἱ ὄχλοι συνέχουσίν σε καὶ ἀποθλίβουσιν. ⁴⁶ ὁ
δὲ Ἰησοῦσ εἶπεν· ἥψατό μου τίσ· ἐγὼ γὰρ ἔγνων δύναμιν ἐξελη-
47 λυθυῖαν ἀπ᾽ ἐμοῦ. ⁴⁷ ἰδοῦσα δὲ ἡ γυνὴ ὅτι οὐκ ἔλαθεν, τρέ-
μουσα ἦλθεν καὶ προσπεσοῦσα αὐτῷ δι᾽ ἣν αἰτίαν ἥψατο αὐτοῦ
ἀπήγγειλεν ἐνώπιον παντὸσ τοῦ λαοῦ, καὶ ὡσ ἰάθη παραχρῆμα.
48 ⁴⁸ ὁ δὲ εἶπεν αὐτῇ· θύγατερ, ἡ πίστισ σου σέσωκέν σε· πορεύου
49 εἰσ εἰρήνην. ⁴⁹ Ἔτι αὐτοῦ λαλοῦντοσ ἔρχεταί τισ παρὰ τοῦ   ⁴⁹⁻⁵⁶
ἀρχισυναγώγου λέγων ὅτι τέθνηκεν ἡ θυγάτηρ σου, μηκέτι σκύλλε   Mc 5,
50 τὸν διδάσκαλον. ⁵⁰ ὁ δὲ Ἰησοῦσ ἀκούσασ ἀπεκρίθη αὐτῷ· μὴ   Mt 9,
51 φοβοῦ· μόνον πίστευσον, καὶ σωθήσεται. ⁵¹ ἐλθὼν δὲ εἰσ τὴν
οἰκίαν οὐκ ἀφῆκεν εἰσελθεῖν τινὰ σὺν αὐτῷ εἰ μὴ Πέτρον καὶ
Ἰωάννην καὶ Ἰάκωβον καὶ τὸν πατέρα τῆσ παιδὸσ καὶ τὴν μη-
52 τέρα. ⁵² ἔκλαιον δὲ πάντεσ καὶ ἐκόπτοντο αὐτήν. ὁ δὲ εἶπεν·
53 μὴ κλαίετε· οὐκ ἀπέθανεν ἀλλὰ καθεύδει. ⁵³ καὶ κατεγέλων
54 αὐτοῦ, εἰδότεσ ὅτι ἀπέθανεν. ⁵⁴ αὐτὸσ δὲ κρατήσασ τῆσ χειρὸσ
55 αὐτῆσ ἐφώνησεν λέγων· ἡ παῖσ, ἐγείρου. ⁵⁵ καὶ ἐπέστρεψεν τὸ
πνεῦμα αὐτῆσ, καὶ ἀνέστη παραχρῆμα, καὶ διέταξεν αὐτῇ δοθῆ-
56 ναι φαγεῖν. ⁵⁶ καὶ ἐξέστησαν οἱ γονεῖσ αὐτῆσ· ὁ δὲ παρήγγειλεν
αὐτοῖσ μηδενὶ εἰπεῖν τὸ γεγονόσ.

IX.

Mandata ad apostolos. Herodes de Iesu. Quinque milibus cibus prae-
betur. Quis sit Christus et quales poscat discipulos. Transfiguratio.
Daemoniacus ab apostolis non sanatus. Eorum ambitio et iracundia.
Sectandi impedimenta.

1   Συνκαλεσάμενοσ δὲ τοὺσ δώδεκα ἔδωκεν αὐτοῖσ δύναμιν καὶ   ¹⁻⁶
2 ἐξουσίαν ἐπὶ πάντα τὰ δαιμόνια καὶ νόσουσ θεραπεύειν. ² καὶ   Mt 10, 1
ἀπέστειλεν αὐτοὺσ κηρύσσειν τὴν βασιλείαν τοῦ θεοῦ καὶ ἰᾶσθαι,
3 ³ καὶ εἶπεν πρὸσ αὐτούσ· μηδὲν αἴρετε εἰσ τὴν ὁδόν, μήτε ῥάβδον

---

43. εισ ιατρουσ | βιον : א* add εαυτησ | א* και ουκ ισχυ. | ϛ א υπ ουδενοσ
45. και οι μετ αυτου | αποθλιβουσιν : add και λεγεισ τισ ο αψαμενοσ
μου 46. εξελθουσαν 47. ιδουσα usq ηλθεν (אa) : א* om | א om δι ην
αιτ. ηψ. αυτ. | απηγγ. (א διηγγ.) : add αυτω 48. αυτη : א om | θυγατερ :
praem θαρσει 49. λεγων : add αυτω | μηκετι : μη 50. απεκριθη : א*
ειπεν | αυτω : add λεγων | ϛ א πιστευε 51. εισελθων | א ουδενα αφηκεν
συνεισελθειν αυτω | τινα συν αυτω : ουδενα | ϛ א ιακω. και ιωανν.
52. א ου γαρ απεθα. 54. αυτοσ δε : add εκβαλων εξω παντασ και | א
εγειρε 55. και ανεστ. παραχρ. (אa) : א* om
IX, 1. συγκαλ. | δωδεκα : ϛ add μαθητασ αυτου, item א αποστο-
λουσ | א δεδωκεν 2. ιασθαι : ϛ add τουσ ασθενουντασ, item א τουσ
ασθενεισ 3. ραβδουσ

μήτε πήραν μήτε ἄρτον μήτε ἀργύριον, μήτε ἀνὰ δύο χιτῶνασ ἔχειν. ⁴ καὶ εἰσ ἣν ἂν οἰκίαν εἰσέλθητε, ἐκεῖ μένετε καὶ ἐκεῖθεν 4 ἐξέρχεσθε. ⁵ καὶ ὅσοι ἂν μὴ δέχωνται ὑμᾶσ, ἐξερχόμενοι ἀπὸ 5 τῆσ πόλεωσ ἐκείνησ καὶ τὸν κονιορτὸν ἀπὸ τῶν ποδῶν ὑμῶν ἀποτινάσσετε εἰσ μαρτύριον ἐπ᾽ αὐτούσ. ⁶ ἐξερχόμενοι δὲ διήρ- 6 χοντο κατὰ τὰσ κώμασ εὐαγγελιζόμενοι καὶ θεραπεύοντεσ πανταχοῦ.

Ἤκουσεν δὲ Ἡρώδησ ὁ τετραάρχησ τὰ γινόμενα πάντα, καὶ 7 διηπόρει διὰ τὸ λέγεσθαι ὑπό τινων ὅτι Ἰωάννησ ἠγέρθη ἐκ νεκρῶν, ⁸ ὑπό τινων δὲ ὅτι Ἡλείασ ἐφάνη, ἄλλων δὲ ὅτι προφήτησ τισ 8 τῶν ἀρχαίων ἀνέστη. ⁹ εἶπεν δὲ Ἡρώδησ· Ἰωάννην ἐγὼ ἀπε- 9 κεφάλισα· τίσ δέ ἐστιν οὗτοσ περὶ οὗ ἀκούω τοιαῦτα; καὶ ἐζήτει ἰδεῖν αὐτόν.

Καὶ ὑποστρέψαντεσ οἱ ἀπόστολοι διηγήσαντο αὐτῷ ὅσα 10 ἐποίησαν. καὶ παραλαβὼν αὐτοὺσ ὑπεχώρησεν κατ᾽ ἰδίαν εἰσ πόλιν καλουμένην Βηθσαϊδά. ¹¹ οἱ δὲ ὄχλοι γνόντεσ ἠκολούθησαν 11 αὐτῷ, καὶ ἀποδεξάμενοσ αὐτοὺσ ἐλάλει αὐτοῖσ περὶ τῆσ βασιλείασ τοῦ θεοῦ, καὶ τοὺσ χρείαν ἔχοντασ θεραπείασ ἰᾶτο. ¹² ἡ δὲ ἡμέρα 12 ἤρξατο κλίνειν· προσελθόντεσ δὲ οἱ δώδεκα εἶπον αὐτῷ· ἀπόλυσον τὸν ὄχλον, ἵνα πορευθέντεσ εἰσ τὰσ κύκλῳ κώμασ καὶ ἀγροὺσ καταλύσωσιν καὶ εὕρωσιν ἐπισιτισμόν, ὅτι ὧδε ἐν ἐρήμῳ τόπῳ ἐσμέν. ¹³ εἶπεν δὲ πρὸσ αὐτούσ· δότε αὐτοῖσ φαγεῖν ὑμεῖσ. 13 οἱ δὲ εἶπαν· οὐκ εἰσὶν ἡμῖν πλεῖον ἢ ἄρτοι πέντε καὶ ἰχθύεσ δύο, εἰ μήτι πορευθέντεσ ἡμεῖσ ἀγοράσωμεν εἰσ πάντα τὸν λαὸν τοῦτον βρώματα. ¹⁴ ἦσαν δὲ ὡσεὶ ἄνδρεσ πεντακισχίλιοι. εἶπεν δὲ 14 πρὸσ τοὺσ μαθητὰσ αὐτοῦ· κατακλίνατε αὐτοὺσ κλισίασ ἀνὰ πεντήκοντα. ¹⁵ καὶ ἐποίησαν οὕτωσ καὶ κατέκλιναν ἅπαντασ. 15 ¹⁶ λαβὼν δὲ τοὺσ πέντε ἄρτουσ καὶ τοὺσ δύο ἰχθύασ, ἀναβλέψασ 16 εἰσ τὸν οὐρανὸν εὐλόγησεν αὐτοὺσ καὶ κατέκλασεν, καὶ ἐδίδου τοῖσ μαθηταῖσ παραθεῖναι τῷ ὄχλῳ. ¹⁷ καὶ ἔφαγον καὶ ἐχορ- 17 τάσθησαν πάντεσ, καὶ ἤρθη τὸ περισσεῦσαν αὐτοῖσ κλασμάτων, κόφινοι δώδεκα.

Καὶ ἐγένετο ἐν τῷ εἶναι αὐτὸν προσευχόμενον κατὰ μόνασ 18 συνῆσαν αὐτῷ οἱ μαθηταί, καὶ ἐπηρώτησεν αὐτοὺσ λέγων· τίνα

3. ανα : ℵ om | εχειν : ℵᵃ εχετε, ℵ* om 4. μενετε : ℵ* μινατε 5. δεξωνται | απο : ℵ εκ | ℵ om και ante τον κονιορτ. | αποτιναξατε | επ αυτουσ : ℵ αυτοισ | τετρααρχ. (sic ℵᵃ, ℵ* om ο τετρ.) : τετραρχ. | γινομενα : add υπ αυτου | εγηγερται 8. ηλιασ | τισ : εισ 9. και ειπεν ο ηρωδ. | εγω ακουω 10. οσα : ℵ α | πολ. καλουμ. (ℵᶜ) : ℵ* τοπον ερημον, ς τοπον ερημον πολεωσ καλουμενησ | ℵ* om βηθσα. 11. δεξαμενοσ | ℵ ελαλησεν 12. τουσ οχλουσ | πορευθ. : απελθοντεσ | και τουσ αγρουσ 13. πρ. αυτουσ : ℵ αυτοισ | υμεισ : ς ℵ ante φαγ. | ειπον | ℵ πλειονεσ αρτ. πε. | η πεντ. αρτ. κ. δυο ιχθυ. 14. δε : γαρ | ℵ ωσει ανα 15. ανεκλιναν | ℵ παντασ 16. αυτουσ : ℵ om | παρατιθεναι 18. αυτον : ℵᵃ add εν τοπω (ℵᶜ rursus delet) | αυτουσ : ℵ add ο ιησουσ

19 με οἱ ὄχλοι λέγουσιν εἶναι; ¹⁹ οἱ δὲ ἀποκριθέντεσ εἶπαν· Ἰωάννην
τὸν βαπτιστήν, ἄλλοι δὲ Ἡλείαν, ἄλλοι δὲ ὅτι προφήτησ τισ τῶν
20 ἀρχαίων ἀνέστη. ²⁰ εἶπεν δὲ αὐτοῖσ· ὑμεῖσ δὲ τίνα με λέγετε
21 εἶναι; Πέτροσ δὲ ἀποκριθεὶσ εἶπεν· τὸν Χριστὸν τοῦ θεοῦ. ²¹ ὁ
22 δὲ ἐπιτιμήσασ αὐτοῖσ παρήγγειλεν μηδενὶ λέγειν τοῦτο, ²² εἰπὼν
ὅτι δεῖ τὸν υἱὸν τοῦ ἀνθρώπου πολλὰ παθεῖν καὶ ἀποδοκιμασθῆ-
ναι ἀπὸ τῶν πρεσβυτέρων καὶ ἀρχιερέων καὶ γραμματέων καὶ
ἀποκτανθῆναι καὶ τῇ τρίτῃ ἡμέρᾳ ἐγερθῆναι.
23 Ἔλεγεν δὲ πρὸς πάντασ· εἴ τισ θέλει ὀπίσω μου ἔρχεσθαι,
ἀρνησάσθω ἑαυτὸν καὶ ἀράτω τὸν σταυρὸν αὐτοῦ καθ' ἡμέραν,
24 καὶ ἀκολουθείτω μοι. ²⁴ ὃσ γὰρ ἐὰν θέλῃ τὴν ψυχὴν αὐτοῦ
σῶσαι, ἀπολέσει αὐτήν· ὃσ δ' ἂν ἀπολέσῃ τὴν ψυχὴν αὐτοῦ
25 ἕνεκεν ἐμοῦ, οὗτοσ σώσει αὐτήν. ²⁵ τί γὰρ ὠφελεῖται ἄνθρωποσ
κερδήσασ τὸν κόσμον ὅλον, ἑαυτὸν δὲ ἀπολέσασ ἢ ζημιωθείσ;
26 ²⁶ ὃσ γὰρ ἂν ἐπαισχυνθῇ με καὶ τοὺσ ἐμοὺσ λόγουσ, τοῦτον ὁ
υἱὸσ τοῦ ἀνθρώπου ἐπαισχυνθήσεται, ὅταν ἔλθῃ ἐν τῇ δόξῃ αὐτοῦ
27 καὶ τοῦ πατρὸσ καὶ τῶν ἁγίων ἀγγέλων. ²⁷ λέγω δὲ ὑμῖν ἀληθῶσ,
εἰσίν τινεσ τῶν αὐτοῦ ἑστηκότων οἳ οὐ μὴ γεύσωνται θανάτου
ἕωσ ἂν ἴδωσιν τὴν βασιλείαν τοῦ θεοῦ.
28 Ἐγένετο δὲ μετὰ τοὺσ λόγουσ τούτουσ, ὡσεὶ ἡμέραι ὀκτώ,
καὶ παραλαβὼν Πέτρον καὶ Ἰωάννην καὶ Ἰάκωβον ἀνέβη εἰσ τὸ
29 ὄροσ προσεύξασθαι. ²⁹ καὶ ἐγένετο ἐν τῷ προσεύχεσθαι αὐτὸν
τὸ εἶδοσ τοῦ προσώπου αὐτοῦ ἕτερον καὶ ὁ ἱματισμὸσ αὐτοῦ
30 λευκὸσ ἐξαστράπτων. ³⁰ καὶ ἰδοὺ ἄνδρεσ δύο συνελάλουν αὐτῷ,
31 οἵτινεσ ἦσαν Μωϋσῆσ καὶ Ἡλείασ, ³¹ οἳ ὀφθέντεσ ἐν δόξῃ ἔλεγον
32 τὴν ἔξοδον αὐτοῦ, ἣν ἤμελλεν πληροῦν ἐν Ἱερουσαλήμ. ³² ὁ δὲ
Πέτροσ καὶ οἱ σὺν αὐτῷ ἦσαν βεβαρημένοι ὕπνῳ· διαγρηγορή-
σαντεσ δὲ εἶδαν τὴν δόξαν αὐτοῦ καὶ τοὺσ δύο ἄνδρασ τοὺσ συνε-
33 στῶτασ αὐτῷ. ³³ καὶ ἐγένετο ἐν τῷ διαχωρίζεσθαι αὐτοὺσ ἀπ'
αὐτοῦ εἶπεν ὁ Πέτροσ πρὸς τὸν Ἰησοῦν· ἐπιστάτα, καλόν ἐστιν
ἡμᾶσ ὧδε εἶναι, καὶ ποιήσωμεν σκηνὰσ τρεῖσ, μίαν σοὶ καὶ μίαν
34 Μωϋσεῖ καὶ μίαν Ἡλείᾳ, μὴ εἰδὼσ ὃ λέγει. ³⁴ ταῦτα δὲ αὐτοῦ
λέγοντοσ ἐγένετο νεφέλη καὶ ἐπεσκίαζεν αὐτούσ· ἐφοβήθησαν δὲ
35 ἐν τῷ εἰσελθεῖν αὐτοὺσ εἰσ τὴν νεφέλην. ³⁵ καὶ φωνὴ ἐγένετο ἐκ
τῆσ νεφέλησ λέγουσα· οὗτόσ ἐστιν ὁ υἱόσ μου ὁ ἐκλελεγμένοσ,
36 αὐτοῦ ἀκούετε. ³⁶ καὶ ἐν τῷ γενέσθαι τὴν φωνὴν εὑρέθη Ἰησοῦσ

---

18. λεγουσιν οι οχλοι ειναι 19. ειπον | ϛ ℵ ηλιαν 20. αποκριθεισ δε ο
πετροσ 21. λεγει: ειπειν 22. ℵ* οτι τον υι. του ανθρ. δει 23. ερ-
χεσθαι: ελθειν | απαρνησασθω | ℵᶜ om καθ ημεραν 24. γαρ αν 25. ℵ
ωφελει ανθρωποσ 27. αυτου : ωδε | γευσονται 28. ℵ* om και ante
παραλαβ. | τον πετρον | ℵ προσευχεσθαι 29. εγενετο : ℵ* transfert ante
ετερον | ℵ προσευξασθαι 30. μωσησ | ηλιασ 31. εμελλεν 32. ειδον
33. ℵ και ποιησομεν | ℵ σοι μιαν | μωσει | ϛ ℵ μωσει (ℵ μων-) μιαν | ϛ ℵ
ηλια 34. επεσκιασεν | εν τω εκεινουσ εισελθειν 35. εκλελεγμ. : αγα-
πητοσ 36. ο ιησουσ

μόνοσ. καὶ αὐτοὶ ἐσίγησαν καὶ οὐδενὶ ἀπήγγειλαν ἐν ἐκείναισ ταῖσ ἡμέραισ οὐδὲν ὧν ἑώρακαν. Ἐγένετο δὲ τῇ ἑξῆσ ἡμέρᾳ κατελθόντων αὐτῶν ἀπὸ τοῦ 37 ὄρουσ συνήντησεν αὐτῷ ὄχλοσ πολύσ. 38 καὶ ἰδοὺ ἀνὴρ ἀπὸ τοῦ 38 ὄχλου ἐβόησεν λέγων· διδάσκαλε, δέομαί σου, ἐπίβλεψαι ἐπὶ τὸν υἱόν μου, ὅτι μονογενήσ μοι ἐστίν, 39 καὶ ἰδοὺ πνεῦμα λαμβάνει 39 αὐτὸν καὶ ἐξαίφνησ κράζει καὶ σπαράσσει αὐτὸν μετὰ ἀφροῦ, καὶ μόγισ ἀποχωρεῖ ἀπ' αὐτοῦ συντρῖβον αὐτόν. 40 καὶ ἐδεήθην 40 τῶν μαθητῶν σου ἵνα ἐκβάλωσιν αὐτό, καὶ οὐκ ἠδυνήθησαν. 41 ἀποκριθεὶσ δὲ ὁ Ἰησοῦσ εἶπεν· ὦ γενεὰ ἄπιστοσ καὶ διεστραμ- 41 μένη, ἕωσ πότε ἔσομαι πρὸσ ὑμᾶσ καὶ ἀνέξομαι ὑμῶν; προσάγαγε ὧδε τὸν υἱόν σου. 42 ἔτι δὲ προσερχομένου αὐτοῦ ἔρρηξεν αὐτὸν 42 τὸ δαιμόνιον καὶ συνεσπάραξεν· ἐπετίμησεν δὲ ὁ Ἰησοῦσ τῷ πνεύματι τῷ ἀκαθάρτῳ, καὶ ἰάσατο τὸν παῖδα καὶ ἀπέδωκεν αὐτὸν τῷ πατρὶ αὐτοῦ. 43 ἐξεπλήσσοντο δὲ πάντεσ ἐπὶ τῇ μεγα- 43 λειότητι τοῦ θεοῦ.

Πάντων δὲ θαυμαζόντων ἐπὶ πᾶσιν οἷσ ἐποίει, εἶπεν πρὸσ τοὺσ μαθητὰσ αὐτοῦ· 44 θέσθε ὑμεῖσ εἰσ τὰ ὦτα ὑμῶν τοὺσ λόγουσ 44 τούτουσ· ὁ γὰρ υἱὸσ τοῦ ἀνθρώπου μέλλει παραδίδοσθαι εἰσ χεῖρασ ἀνθρώπων. 45 οἱ δὲ ἠγνόουν τὸ ῥῆμα τοῦτο, καὶ ἦν παρα- 45 κεκαλυμμένον ἀπ' αὐτῶν ἵνα μὴ αἴσθωνται αὐτό, καὶ ἐφοβοῦντο ἐρωτῆσαι αὐτὸν περὶ τοῦ ῥήματοσ τούτου.

Εἰσῆλθεν δὲ διαλογισμὸσ ἐν αὐτοῖσ, τὸ τίσ ἂν εἴη μείζων 46 αὐτῶν. 47 ὁ δὲ Ἰησοῦσ εἰδὼσ τὸν διαλογισμὸν τῆσ καρδίασ αὐτῶν, 47 ἐπιλαβόμενοσ παιδίου ἔστησεν αὐτὸ παρ' ἑαυτῷ, 48 καὶ εἶπεν 48 αὐτοῖσ· ὃσ ἐὰν δέξηται τοῦτο τὸ παιδίον ἐπὶ τῷ ὀνόματί μου, ἐμὲ δέχεται· καὶ ὃσ ἂν ἐμὲ δέξηται, δέχεται τὸν ἀποστείλαντά με· ὁ γὰρ μικρότεροσ ἐν πᾶσιν ὑμῖν ὑπάρχων, οὗτόσ ἐστιν μέγασ. 49 Ἀποκριθεὶσ δὲ ὁ Ἰωάννησ εἶπεν· ἐπιστάτα, εἴδομέν τινα ἐπὶ 49 τῷ ὀνόματί σου ἐκβάλλοντα δαιμόνια, καὶ ἐκωλύσαμεν αὐτόν, ὅτι οὐκ ἀκολουθεῖ μεθ' ἡμῶν. 50 εἶπεν δὲ πρὸσ αὐτὸν Ἰησοῦσ· μὴ 50 κωλύετε· ὃσ γὰρ οὐκ ἔστιν καθ' ὑμῶν, ὑπὲρ ὑμῶν ἐστίν.

Ἐγένετο δὲ ἐν τῷ συμπληροῦσθαι τὰσ ἡμέρασ τῆσ ἀνα- 51 λήμψεωσ αὐτοῦ, καὶ αὐτὸσ τὸ πρόσωπον αὐτοῦ ἐστήρισεν τοῦ πορεύεσθαι εἰσ Ἱερουσαλήμ, 52 καὶ ἀπέστειλεν ἀγγέλουσ πρὸ προσ- 52 ώπου αὐτοῦ. καὶ πορευθέντεσ εἰσῆλθον εἰσ πόλιν Σαμαριτῶν, ὥστε ἑτοιμάσαι αὐτῷ· 53 καὶ οὐκ ἐδέξαντο αὐτόν, ὅτι τὸ πρόσωπον 53

---

36. ϛ א εωρακασιν 37. εν τη εξ. ημερ. 38. ανεβοησε | ϛ א επιβλεψον | εστι μοι· 39. א om ιδου | κραζει: א add και ρασσει (sic) 40. εκβαλλωσιν 41. μεθ' υμων εσομαι | προσαγαγε: אc add μοι 42. א* προσευχομενον 43. οισ εποιησεν ο ιησους 47. ειδωσ: ιδων 48. οσ αν: οσ εαν | א και οσ εμε δεχεται | εστιν: εσται 49: εν τω ονοματ. | τα δαιμονια | א εκωλυομεν 50. και ειπε πρ. αυτ. ο ιησουσ | א καθ' υμ. υπ. ημων, ϛ καθ' ημ. υπ. ημων 51. αναληψεωσ| א* om αυτου pri |ϛ א εστηριξε 52. πολιν: κωμην | σαμαρειτων | ωστε: ωσ

54 αὐτοῦ ἦν πορευόμενον εἰσ Ἱερουσαλήμ. ⁵⁴ἰδόντεσ δὲ οἱ μαθηταὶ
Ἰάκωβοσ καὶ Ἰωάννησ εἶπαν· κύριε, θέλεισ εἴπωμεν πῦρ κατα-
55 βῆναι ἀπὸ τοῦ οὐρανοῦ καὶ ἀναλῶσαι αὐτούσ; ⁵⁵ στραφεὶσ δὲ
56 ἐπετίμησεν αὐτοῖσ. ⁵⁶ καὶ ἐπορεύθησαν εἰσ ἑτέραν κώμην.
57 Καὶ πορευομένων αὐτῶν ἐν τῇ ὁδῷ εἶπέν τισ πρὸσ αὐτόν·
58 ἀκολουθήσω σοι ὅπου ἂν ἀπέρχῃ. ⁵⁸ καὶ εἶπεν αὐτῷ ὁ Ἰησοῦσ·
αἱ ἀλώπεκεσ φωλεοὺσ ἔχουσιν καὶ τὰ πετεινὰ τοῦ οὐρανοῦ κατα-
σκηνώσεισ, ὁ δὲ υἱὸσ τοῦ ἀνθρώπου οὐκ ἔχει ποῦ τὴν κεφαλὴν
59 κλίνῃ. ⁵⁹ εἶπεν δὲ πρὸσ ἕτερον· ἀκολούθει μοι. ὁ δὲ εἶπεν·
60 ἐπίτρεψόν μοι πρῶτον ἀπελθόντι θάψαι τὸν πατέρα μου. ⁶⁰ εἶπεν
δὲ αὐτῷ· ἄφεσ τοὺσ νεκροὺσ θάψαι τοὺσ ἑαυτῶν νεκρούσ, σὺ δὲ
61 ἀπελθὼν διάγγελλε τὴν βασιλείαν τοῦ θεοῦ. ⁶¹ εἶπεν δὲ καὶ ἕτεροσ·
ἀκολουθήσω σοι, κύριε· πρῶτον δὲ ἐπίτρεψόν μοι ἀποτάξασθαι
62 τοῖσ εἰσ τὸν οἶκόν μου. ⁶² εἶπεν δὲ πρὸσ αὐτὸν ὁ Ἰησοῦσ· οὐδεὶσ
ἐπιβαλὼν τὴν χεῖρα αὐτοῦ ἐπ᾽ ἄροτρον καὶ βλέπων εἰσ τὰ ὀπίσω
εὔθετόσ ἐστιν τῇ βασιλείᾳ τοῦ θεοῦ.

X.

Septuaginta discipuli ablegantur et gaudentes redeunt. Quid ut vivas sit
faciendum, et quis proximus. Parabola de Samaritano misericorde. Martha
et Maria.

1 Μετὰ δὲ ταῦτα ἀνέδειξεν ὁ κύριοσ καὶ ἑτέρουσ ἑβδομήκοντα,
καὶ ἀπέστειλεν αὐτοὺσ ἀνὰ δύο πρὸ προσώπου αὐτοῦ εἰσ πᾶσαν
2 πόλιν καὶ τόπον οὗ ἤμελλεν αὐτὸσ ἔρχεσθαι. ² ἔλεγεν δὲ πρὸσ
αὐτούσ· ὁ μὲν θερισμὸσ πολύσ, οἱ δὲ ἐργάται ὀλίγοι· δεήθητε
οὖν τοῦ κυρίου τοῦ θερισμοῦ ὅπωσ ἐργάτασ ἐκβάλῃ εἰσ τὸν
3 θερισμὸν αὐτοῦ. ³ ὑπάγετε· ἰδοὺ ἀποστέλλω ὑμᾶσ ὡσ ἄρνασ ἐν
4 μέσῳ λύκων. ⁴ μὴ βαστάζετε βαλλάντιον, μὴ πήραν, μὴ ὑποδή-
5 ματα· μηδένα κατὰ τὴν ὁδὸν ἀσπάσησθε. ⁵ εἰσ ἣν δ᾽ ἂν εἰσέλ-
6 θητε οἰκίαν, πρῶτον λέγετε· εἰρήνη τῷ οἴκῳ τούτῳ. ⁶ καὶ ἐὰν
ᾖ ἐκεῖ υἱὸσ εἰρήνησ, ἐπαναπαήσεται ἐπ᾽ αὐτὸν ἡ εἰρήνη ὑμῶν· εἰ
7 δὲ μήγε, ἐφ᾽ ὑμᾶσ ἀνακάμψει. ⁷ ἐν αὐτῇ δὲ τῇ οἰκίᾳ μένετε,
ἔσθοντεσ καὶ πίνοντεσ τὰ παρ᾽ αὐτῶν· ἄξιοσ γὰρ ὁ ἐργάτησ τοῦ
8 μισθοῦ αὐτοῦ. μὴ μεταβαίνετε ἐξ οἰκίασ εἰσ οἰκίαν. ⁸ καὶ εἰσ
ἣν ἂν πόλιν εἰσέρχησθε καὶ δέχωνται ὑμᾶσ, ἐσθίετε τὰ παρα-
9 τιθέμενα ὑμῖν, ⁹ καὶ θεραπεύετε τοὺσ ἐν αὐτῇ ἀσθενεῖσ, καὶ

54. οι μαθηται : add αυτον | ειπον | αναλωσ. αυτουσ : add ωσ και ηλιασ
εποιησε 55. επετιμ. αυτοισ : add και ειπεν· ουκ οιδατε οιου πνευμα-
τοσ εστε υμεισ; 56. και επορευθ. : praem ο γαρ υιοσ του ανθρωπου
ουκ ηλθε ψυχασ ανθρωπων απολεσαι αλλα σωσαι 57. Και : εγενετο
δε | απερχη : add κυριε 59. επιτρεψον : ϛ ℵ praem κυριε | απελθοντι
πρωτον 60. ειπ. δε αυτω : add ο ιησουσ 62. εισ την βασιλειαν
X, 1. εμελλεν 2. δε : ουν | ϛ ℵ εκβ. (ϛ εκβαλλη) εργατ. 3. ιδου
εγω 4. βαλαντιον | μηδε υποδημ. | και μηδενα 5. αν οικιαν εισερ-
χησθε 6. και εαν μεν | ϛ᾽ ο υιοσ | επαναπαυσεται 7. ϛ ℵ εσθιοντεσ·
τ. μισθ. αυτ. εστι 8. και εισ ην δ αν

λέγετε αὐτοῖσ· ἤγγικεν ἐφ᾽ ὑμᾶσ ἡ βασιλεία τοῦ θεοῦ. ¹⁰ εἰσ ἣν δ᾽ ἂν πόλιν εἰσέλθητε καὶ μὴ δέχωνται ὑμᾶσ, ἐξελθόντεσ εἰσ τὰσ πλατείασ αὐτῆσ εἴπατε· ¹¹ καὶ τὸν κονιορτὸν τὸν κολληθέντα ἡμῖν ἐκ τῆσ πόλεωσ ὑμῶν εἰσ τοὺσ πόδασ ἀπομασσόμεθα ὑμῖν· πλὴν τοῦτο γινώσκετε, ὅτι ἤγγικεν ἡ βασιλεία τοῦ θεοῦ. ¹² λέγω δὲ ὑμῖν ὅτι Σοδόμοισ ἐν τῇ ἡμέρᾳ ἐκείνῃ ἀνεκτότερον ἔσται ἢ τῇ πόλει ἐκείνῃ. ¹³ Οὐαί σοι Χοραζείν, οὐαί σοι Βηθσαϊδά· ὅτι εἰ ἐν Τύρῳ καὶ Σιδῶνι ἐγενήθησαν αἱ δυνάμεισ αἱ γενόμεναι ἐν ὑμῖν, πάλαι ἂν ἐν σάκκῳ καὶ σποδῷ καθήμενοι μετενόησαν. ¹⁴ πλὴν Τύρῳ καὶ Σιδῶνι ἀνεκτότερον ἔσται ἐν τῇ κρίσει ἢ ὑμῖν. ¹⁵ καὶ σὺ Καφαρναούμ, μὴ ἕωσ οὐρανοῦ ὑψωθήσῃ; ἕωσ ᾅδου καταβιβασθήσῃ. ¹⁶ Ὁ ἀκούων ὑμῶν ἐμοῦ ἀκούει, καὶ ὁ ἀθετῶν ὑμᾶσ ἐμὲ ἀθετεῖ· ὁ δὲ ἐμὲ ἀθετῶν ἀθετεῖ τὸν ἀποστείλαντά με.

Ὑπέστρεψαν δὲ οἱ ἑβδομήκοντα μετὰ χαρᾶσ λέγοντεσ· κύριε, καὶ τὰ δαιμόνια ὑποτάσσεται ἡμῖν ἐν τῷ ὀνόματί σου. ¹⁸ εἶπεν δὲ αὐτοῖσ· ἐθεώρουν τὸν σατανᾶν ὡσ ἀστραπὴν ἐκ τοῦ οὐρανοῦ πεσόντα. ¹⁹ ἰδοὺ δέδωκα ὑμῖν τὴν ἐξουσίαν τοῦ πατεῖν ἐπάνω ὄφεων καὶ σκορπίων, καὶ ἐπὶ πᾶσαν τὴν δύναμιν τοῦ ἐχθροῦ, καὶ οὐδὲν ὑμᾶσ οὐ μὴ ἀδικήσει. ²⁰ πλὴν ἐν τούτῳ μὴ χαίρετε ὅτι τὰ πνεύματα ὑμῖν ὑποτάσσεται, χαίρετε δὲ ὅτι τὰ ὀνόματα ὑμῶν ἐνγέγραπται ἐν τοῖσ οὐρανοῖσ.

Ἐν αὐτῇ τῇ ὥρᾳ ἠγαλλιάσατο ἐν τῷ πνεύματι τῷ ἁγίῳ καὶ εἶπεν· ἐξομολογοῦμαί σοι πάτερ, κύριε τοῦ οὐρανοῦ καὶ τῆσ γῆσ, ὅτι ἀπέκρυψασ ταῦτα ἀπὸ σοφῶν καὶ συνετῶν, καὶ ἀπεκάλυψασ αὐτὰ νηπίοισ· ναὶ ὁ πατήρ, ὅτι οὕτωσ ἐγένετο εὐδοκία ἔμπροσθέν σου. ²² καὶ στραφεὶσ πρὸσ τοὺσ μαθητὰσ εἶπεν· πάντα μοι παρεδόθη ὑπὸ τοῦ πατρόσ μου, καὶ οὐδεὶσ γινώσκει τίσ ἐστιν ὁ υἱὸσ εἰ μὴ ὁ πατήρ, καὶ τίσ ἐστιν ὁ πατὴρ εἰ μὴ ὁ υἱὸσ καὶ ᾧ ἐὰν βούληται ὁ υἱὸσ ἀποκαλύψαι. ²³ Καὶ στραφεὶσ πρὸσ τοὺσ μαθητὰσ κατ᾽ ἰδίαν εἶπεν· μακάριοι οἱ ὀφθαλμοὶ οἱ βλέποντεσ ἃ βλέπετε. ²⁴ λέγω γὰρ ὑμῖν ὅτι πολλοὶ προφῆται καὶ βασιλεῖσ ἠθέλησαν ἰδεῖν ἃ ὑμεῖσ βλέπετε, καὶ οὐκ ἴδαν, καὶ ἀκοῦσαι ἃ ἀκούετε, καὶ οὐκ ἤκουσαν.

Καὶ ἰδοὺ νομικόσ τισ ἀνέστη ἐκπειράζων αὐτόν, λέγων· διδάσκαλε, τί ποιήσασ ζωὴν αἰώνιον κληρονομήσω; ²⁶ ὁ δὲ εἶπεν πρὸσ αὐτόν· ἐν τῷ νόμῳ τί γέγραπται; πῶσ ἀναγινώσκεισ; ²⁷ ὁ δὲ ἀποκριθεὶσ εἶπεν· ἀγαπήσεισ κύριον τὸν θεόν σου ἐξ ὅλησ τῆσ

---

10. εισερχησθε 11. א* κολληθ. υμιν | om εισ τ. ποδασ | א* γινωσκ. υμεισ | ηγγικεν: add εφ υμασ 13. ϛᵉ χοραζιν, ϛ χωραζιν | א βηθσαϊδαν |· εγενοντο | καθημεναι 15. καπερναουμ | η εωσ του ουρ. υψωθεισα 19. ιδ. διδωμι | א* om ου μη | αδικηση 20. χαιρετε δε μαλλον | εγραφη 21. εν τω: om εν | πνευμ. τω αγιω : πνευμ. ο ιησου 22. ϛᵉ א om και στραφ. προσ τ. μαθητ. ειπ. | παρεδ. μοι 24. ουκ ειδον 25. και λεγων | ποιησασ: א* add ινα 27. εξ ολησ τησ ψυχησ σου κ. εξ ολησ τησ ισχυοσ σου κ. εξ

καρδίασ σου καὶ ἐν ὅλῃ τῇ ψυχῇ σου καὶ ἐν ὅλῃ τῇ ἰσχύϊ σου καὶ
28 ἐν ὅλῃ τῇ διανοίᾳ σου, καὶ τὸν πλησίον σου ὡσ σεαυτόν. ²⁸ εἶπεν
29 δὲ αὐτῷ· ὀρθῶσ ἀπεκρίθησ· τοῦτο ποίει, καὶ ζήσῃ. ²⁹ ὁ δὲ
θέλων δικαιῶσαι ἑαυτὸν εἶπεν πρὸσ τὸν Ἰησοῦν· καὶ τίσ ἐστίν
30 μου πλησίον; ³⁰ ὑπολαβὼν ὁ Ἰησοῦσ εἶπεν· ἄνθρωπόσ τισ κατ-
έβαινεν ἀπὸ Ἰερουσαλὴμ εἰσ Ἱεριχώ, καὶ λῃσταῖσ περιέπεσεν, οἳ
καὶ ἐκδύσαντεσ αὐτὸν καὶ πληγὰσ ἐπιθέντεσ ἀπῆλθον, ἀφέντεσ
31 ἡμιθανῆ. ³¹ κατὰ συγκυρίαν δὲ ἱερεύσ τισ κατέβαινεν ἐν τῇ ὁδῷ
32 ἐκείνῃ, καὶ ἰδὼν αὐτὸν ἀντιπαρῆλθεν. ³² ὁμοίωσ δὲ καὶ Λευείτησ
γενόμενοσ κατὰ τὸν τόπον, ἐλθὼν καὶ ἰδὼν ἀντιπαρῆλθεν.
33 ³³ Σαμαρίτησ δέ τισ ὁδεύων ἦλθεν κατ᾽ αὐτὸν καὶ ἰδὼν ἐσπλαγ-
34 χνίσθη, ³⁴ καὶ προσελθὼν κατέδησεν τὰ τραύματα αὐτοῦ ἐπιχέων
ἔλαιον καὶ οἶνον, ἐπιβιβάσασ δὲ αὐτὸν ἐπὶ τὸ ἴδιον κτῆνοσ ἤγαγεν
35 αὐτὸν εἰσ πανδοκίον καὶ ἐπεμελήθη αὐτοῦ. ³⁵ καὶ ἐπὶ τὴν αὔριον
ἐκβαλὼν δύο δηνάρια ἔδωκεν τῷ πανδοκεῖ καὶ εἶπεν· ἐπιμελήθητι
αὐτοῦ, καὶ ὅ τι ἂν προσδαπανήσῃσ ἐγὼ ἐν τῷ ἐπανέρχεσθαί με
36 ἀποδώσω σοι. ³⁶ τίσ τούτων τῶν τριῶν πλησίον δοκεῖ σοι γε-
37 γονέναι τοῦ ἐμπεσόντοσ εἰσ τοὺσ λῃστάσ; ³⁷ ὁ δὲ εἶπεν· ὁ ποιήσασ
τὸ ἔλεοσ μετ᾽ αὐτοῦ. εἶπεν δὲ αὐτῷ ὁ Ἰησοῦσ· πορεύου καὶ σὺ
ποίει ὁμοίωσ.

38 Ἐγένετο δὲ ἐν τῷ πορεύεσθαι αὐτοὺσ καὶ αὐτὸσ εἰσῆλθεν
εἰσ κώμην τινά· γυνὴ δέ τισ ὀνόματι Μάρθα ὑπεδέξατο αὐτὸν
39 εἰσ τὴν οἰκίαν. ³⁹ καὶ τῇδε ἦν ἀδελφὴ καλουμένη Μαριάμ, ἣ
καὶ παρακαθεσθεῖσα πρὸσ τοὺσ πόδασ τοῦ κυρίου ἤκουεν τὸν
40 λόγον αὐτοῦ· ⁴⁰ ἡ δὲ Μάρθα περιεσπᾶτο περὶ πολλὴν διακονίαν.
ἐπιστᾶσα δὲ εἶπεν· κύριε, οὐ μέλει σοι ὅτι ἡ ἀδελφή μου μόνην
με κατέλιπεν διακονεῖν; εἰπὸν οὖν αὐτῇ ἵνα μοι συναντιλάβηται.
41 ⁴¹ ἀποκριθεὶσ δὲ εἶπεν αὐτῇ ὁ κύριοσ· Μάρθα Μάρθα, μεριμνᾶσ
42 καὶ θορυβάζῃ περὶ πολλά, ⁴² ἑνὸσ δέ ἐστιν χρεία· Μαρία γὰρ τὴν
ἀγαθὴν μερίδα ἐξελέξατο, ἥτισ οὐκ ἀφαιρεθήσεται αὐτῆσ.

XI.

Oratio dominica. Precandi assiduitas et fiducia. Criminatio auxilii dia-
bolici. Quis vere beatus sit. Aequales depravati. Sermones convivales
adversus Pharisaeos et legis peritos.

1 Καὶ ἐγένετο ἐν τῷ εἶναι αὐτὸν ἐν τόπῳ τινὶ προσευχόμενον,
ὡσ ἐπαύσατο, εἶπέν τισ τῶν μαθητῶν αὐτοῦ πρὸσ αὐτόν· κύριε,

ολησ τησ διανοιασ σου   29. δικαιουν | εαυτον : ℵ* αυτον. 30. υπολαβ.
δε | ς ℵ ιεριχω | ημιθανη : add τυγχανοντα 32. ℵ* om versum | ς ℵᶜ λευι-
τησ | ℵᶜ om γενομενοσ 33. σαμαρειτησ | ιδων : add αυτον 34. παν-
δοχειον 35. αυριον : add εξελθων | πανδοχει | ειπεν : ς ℵ add αυτω
εγω : ℵ om 36. τισ ουν | ℵ* om των | δοκει σοι πλησ. γεγον. 37. δε
sec : ουν 38. εγεν. δε etc : ℵ εν δε τω πορευεσθαι αυτουσ αυτοσ | ε.
την οικιαν : ε. τον οικον αυτησ 39. μαρια | ῃ και : ℵ* om η | παρα-
καθισασα παρα | κυριου : ιησου 40. ειπον : ς ℵ ειπε 41. κυριοσ :
ιησουσ | τυρβαζῃ 42. ℵ ολιγων δε εστι χρεια (χρ. suppl. ℵᶜ, ℵ* om) η
ενοσ | γαρ : δε | αφαιρ. απ αυτησ

δίδαξον ἡμᾶσ προσεύχεσθαι, καθὼσ καὶ Ἰωάννησ ἐδίδαξεν τοὺσ μαθητὰσ αὐτοῦ. ²εἶπεν δὲ αὐτοῖσ· ὅταν προσεύχησθε, λέγετε· πάτερ, ἁγιασθήτω τὸ ὄνομά σου· ἐλθάτω ἡ βασιλεία σου· ³τὸν ἄρτον ἡμῶν τὸν ἐπιούσιον δίδου ἡμῖν τὸ καθ' ἡμέραν· ⁴καὶ ἄφεσ ἡμῖν τὰσ ἁμαρτίασ ἡμῶν, καὶ γὰρ αὐτοὶ ἀφίομεν παντὶ ὀφείλοντι ἡμῖν· καὶ μὴ εἰσενέγκῃσ ἡμᾶσ εἰσ πειρασμόν.

Καὶ εἶπεν πρὸσ αὐτούσ· τίσ ἐξ ὑμῶν ἕξει φίλον, καὶ πορεύσεται πρὸσ αὐτὸν μεσονυκτίου καὶ εἴπῃ αὐτῷ· φίλε, χρῆσόν μοι τρεῖσ ἄρτουσ, ⁶ἐπειδὴ φίλοσ μου παρεγένετο ἐξ ὁδοῦ πρόσ με καὶ οὐκ ἔχω ὃ παραθήσω αὐτῷ. ⁷κἀκεῖνοσ ἔσωθεν ἀποκριθεὶσ εἴπῃ· μή μοι κόπουσ πάρεχε· ἤδη ἡ θύρα κέκλεισται, καὶ τὰ παιδία μου μετ' ἐμοῦ εἰσ τὴν κοίτην εἰσίν· οὐ δύναμαι ἀναστὰσ δοῦναί σοι. ⁸λέγω ὑμῖν, εἰ καὶ οὐ δώσει αὐτῷ ἀναστὰσ διὰ τὸ εἶναι φίλον αὐτοῦ, διά γε τὴν ἀναιδίαν αὐτοῦ ἐγερθεὶσ δώσει αὐτῷ ὅσων χρῄζει. ⁹Κἀγὼ ὑμῖν λέγω, αἰτεῖτε, καὶ δοθήσεται ὑμῖν· ζητεῖτε, καὶ εὑρήσετε· κρούετε, καὶ ἀνοιγθήσεται ὑμῖν. ¹⁰πᾶσ γὰρ ὁ αἰτῶν λαμβάνει, καὶ ὁ ζητῶν εὑρίσκει, καὶ τῷ κρούοντι ἀνοιχθήσεται. ¹¹τίνα δὲ ἐξ ὑμῶν τὸν πατέρα αἰτήσει ὁ υἱὸσ ἄρτον, μὴ λίθον ἐπιδώσει αὐτῷ; ἢ καὶ ἰχθύν, μὴ ἀντὶ ἰχθύοσ ὄφιν αὐτῷ ἐπιδώσει; ¹²ἢ καὶ αἰτήσει ᾠόν, μὴ ἐπιδώσει αὐτῷ σκορπίον; ¹³εἰ οὖν ὑμεῖσ πονηροὶ ὑπάρχοντεσ οἴδατε δόματα ἀγαθὰ διδόναι τοῖσ τέκνοισ ὑμῶν, πόσῳ μᾶλλον ὁ πατὴρ ὁ ἐξ οὐρανοῦ δώσει πνεῦμα ἅγιον τοῖσ αἰτοῦσιν αὐτόν.

Καὶ ἦν ἐκβάλλων δαιμόνιον, καὶ αὐτὸ ἦν κωφόν· ἐγένετο ¹⁴δὲ τοῦ δαιμονίου ἐξελθόντοσ ἐλάλησεν ὁ κωφόσ. καὶ ἐθαύμασαν οἱ ὄχλοι· ¹⁵τινὲσ δὲ ἐξ αὐτῶν εἶπον· ἐν Βεελζεβοὺλ τῷ ἄρχοντι τῶν δαιμονίων ἐκβάλλει τὰ δαιμόνια· ¹⁶ἕτεροι δὲ πειράζοντεσ σημεῖον ἐξ οὐρανοῦ ἐζήτουν παρ' αὐτοῦ. ¹⁷αὐτὸσ δὲ εἰδὼσ αὐτῶν τὰ διανοήματα εἶπεν αὐτοῖσ· πᾶσα βασιλεία διαμερισθεῖσα ἐφ' ἑαυτὴν ἐρημοῦται, καὶ οἶκοσ ἐπὶ οἶκον πίπτει. ¹⁸εἰ δὲ καὶ ὁ σατανᾶσ ἐφ' ἑαυτὸν διεμερίσθη, πῶσ σταθήσεται ἡ βασιλεία αὐτοῦ; ὅτι λέγετε ἐν Βεελζεβοὺλ ἐκβάλλειν με τὰ δαιμόνια. ¹⁹εἰ δὲ ἐγὼ ἐν Βεελζεβοὺλ ἐκβάλλω τὰ δαιμόνια, οἱ υἱοὶ ὑμῶν ἐν τίνι ἐκβάλλουσιν; διὰ τοῦτο αὐτοὶ κριταὶ ἔσονται ὑμῶν. ²⁰εἰ δὲ ἐν

XI, 2. λεγετε : ℵ* add ουτω | πατερ : add ημων ο εν τοισ ουρανοισ| ελθετω | η βασ. σου : ϛ ℵ add γενηθητω το θελημα σου ωσ εν ουρανω και επι τησ (ℵ* om) γησ 3. διδον : ℵ δοσ | ℵ* om το 4. και γαρ αυτοι : ℵ* ωσ και αυτ. | ϛ ℵ* αφιεμεν·| εισ πειρασμον : add αλλα ρυσαι ημασ απο του πονηρου 5. ℵᵃ μεσονυκτιον 7. εισ την κοιτ. μετ εμ. ει. και ου 8. αυτου φιλον | αναιδειαν | ℵᶜ οσον 9 et 10. ϛ ℵ ανοιγησεται 11. τινα : ℵ τισ | εξ υμων : om εξ | ℵ om ο υιοσ | η και : ℵ η, ϛ ει και | ϛ ℵ οφ. επιδ. αυτω 12. η και : add εαν | ϛ (non ϛᵉ) αιτηση 13. υπαρχ. : ℵ οντεσ | αγαθα δοματα | ℵ om ο ante εξ ουρ. 15. et vv. sqq ℵ βεεζεβουλ 15. om τω ante αρχοντι 16. παρ αυτ. εζητ. εξ ουρ. 17. εφ εαυτ. διαμερισθ. 18. ℵ εμερισθη|οτι (ℵᵃ) : ℵ* τι 19. κριτ. υμ. αυτοι εσοντ.

δακτύλῳ θεοῦ ἐκβάλλω τὰ δαιμόνια, ἄρα ἔφθασεν ἐφ᾽ ὑμᾶσ ἡ
21 βασιλεία τοῦ θεοῦ. ²¹ Ὅταν ὁ ἰσχυρὸσ καθωπλισμένοσ φυλάσσῃ
22 τὴν ἑαυτοῦ αὐλήν, ἐν εἰρήνῃ ἐστὶν τὰ ὑπάρχοντα αὐτοῦ· ²² ἐπὰν
δὲ ἰσχυρότεροσ αὐτοῦ ἐπελθὼν νικήσῃ αὐτόν, τὴν πανοπλίαν
αὐτοῦ αἴρει ἐφ᾽ ᾗ ἐπεποίθει, καὶ τὰ σκῦλα αὐτοῦ διαδίδωσιν.
23 ²³ ὁ μὴ ὢν μετ᾽ ἐμοῦ κατ᾽ ἐμοῦ ἐστίν, καὶ ὁ μὴ συνάγων μετ᾽
24 ἐμοῦ σκορπίζει. ²⁴ Ὅταν τὸ ἀκάθαρτον πνεῦμα ἐξέλθῃ ἀπὸ τοῦ
ἀνθρώπου, διέρχεται δι᾽ ἀνύδρων τόπων ζητοῦν ἀνάπαυσιν, καὶ
μὴ εὑρίσκον λέγει· ὑποστρέψω εἰσ τὸν οἶκόν μου ὅθεν ἐξῆλθον.
25 26 ²⁵ καὶ ἐλθὸν εὑρίσκει σεσαρωμένον καὶ κεκοσμημένον. ²⁶ τότε
πορεύεται καὶ παραλαμβάνει ἕτερα πνεύματα πονηρότερα ἑαυτοῦ
ἑπτά, καὶ εἰσελθόντα κατοικεῖ ἐκεῖ, καὶ γίνεται τὰ ἔσχατα τοῦ
ἀνθρώπου ἐκείνου χείρονα τῶν πρώτων.
27 ⁷Ἐγένετο δὲ ἐν τῷ λέγειν αὐτὸν ταῦτα ἐπάρασά τισ φωνὴν
γυνὴ ἐκ τοῦ ὄχλου εἶπεν αὐτῷ· μακαρία ἡ κοιλία ἡ βαστάσασά
28 σε καὶ μαστοὶ οὕσ ἐθήλασασ. ²⁸ αὐτὸσ δὲ εἶπεν· μενοῦν μακάριοι
οἱ ἀκούοντεσ τὸν λόγον τοῦ θεοῦ καὶ φυλάσσοντεσ.
29 Τῶν δὲ ὄχλων ἐπαθροιζομένων ἤρξατο λέγειν· ἡ γενεὰ αὕτη
γενεὰ πονηρά ἐστιν· σημεῖον ζητεῖ, καὶ σημεῖον οὐ δοθήσεται
30 αὐτῇ εἰ μὴ τὸ σημεῖον Ἰωνᾶ. ³⁰ καθὼσ γὰρ ἐγένετο Ἰωνᾶσ τοῖσ
Νινευείταισ σημεῖον, οὕτωσ ἔσται καὶ ὁ υἱὸσ τοῦ ἀνθρώπου τῇ
31 γενεᾷ ταύτῃ. ³¹ βασίλισσα νότου ἐγερθήσεται ἐν τῇ κρίσει μετὰ
τῶν ἀνδρῶν τῆσ γενεᾶσ ταύτησ καὶ κατακρινεῖ αὐτούσ· ὅτι ἦλθεν
ἐκ τῶν περάτων τῆσ γῆσ ἀκοῦσαι τὴν σοφίαν Σολομῶνοσ, καὶ
32 ἰδοὺ πλεῖον Σολομῶνοσ ὧδε. ³² ἄνδρεσ Νινευεῖται ἀναστήσον-
ται ἐν τῇ κρίσει μετὰ τῆσ γενεᾶσ ταύτησ καὶ κατακρινοῦσιν
αὐτήν· ὅτι μετενόησαν εἰσ τὸ κήρυγμα Ἰωνᾶ, καὶ ἰδοὺ πλεῖον
33 Ἰωνᾶ ὧδε. ³³ Οὐδεὶσ λύχνον ἅψασ εἰσ κρυπτὴν τίθησιν οὐδὲ
ὑπὸ τὸν μόδιον, ἀλλ᾽ ἐπὶ τὴν λυχνίαν, ἵνα οἱ εἰσπορευόμενοι τὸ
34 φέγγοσ βλέπωσιν. ³⁴ ὁ λύχνοσ τοῦ σώματόσ ἐστιν ὁ ὀφθαλμόσ
σου. ὅταν ὁ ὀφθαλμόσ σου ἁπλοῦσ ᾖ, καὶ ὅλον τὸ σῶμά σου
φωτεινόν ἐστιν· ἐπὰν δὲ πονηρὸσ ᾖ, καὶ τὸ σῶμά σου σκοτεινόν.
35 36 ³⁵ σκόπει οὖν μὴ τὸ φῶσ τὸ ἐν σοὶ σκότοσ ἐστίν. ³⁶ εἰ οὖν τὸ
σῶμά σου ὅλον φωτεινόν, μὴ ἔχον τι μέροσ σκοτεινόν, ἔσται
φωτεινὸν ὅλον ὡσ ὅταν ὁ λύχνοσ τῇ ἀστραπῇ φωτίζῃ σε.

20. א^a εγω εκβαλλω 21. א* om ο | εστιν : א εσται 22. ο ισχυροτ.
23. σκορπιζει : א* add με 24. ευρισκον : א^c add τοτε 25. σεσαρω. :
א^c praem σχολαζοντα 26. παραλαμβ. : א^corr add μεθ εαυτου | επτα
στερ. πνευμ. πονηρ. εαυτου 27. επαρ. τισ γυν. φων. 28. μενουνγε |
φυλασσοντ. : ϛ add αυτον, א* τον λογον του θεου 29. om γενεα sec |
επιζητει | ιωνα : add του προφητου 30. א om γαρ | σημειον τοισ
νινευϊταισ 31. ανδρων : א* ανθρωπων | σολομωντοσ 32. ανδρ. νινευϊ
33. ουδεισ δε | ϛ et ϛ^c 1633. (non 1624.) εισ κρυπτον | ϛ^c αλλα επι | φεγ-
γοσ : א φωσ | א βλεπουσιν 34. om σου prim | οταν ουν 36. א* om ο
λυχν.

Ἐν δὲ τῷ λαλῆσαι ἐρωτᾷ αὐτὸν Φαρισαῖοσ ὅπωσ ἀριστήσῃ 37 παρ' αὐτῷ· εἰσελθὼν δὲ ἀνέπεσεν. ³⁸ ὁ δὲ Φαρισαῖοσ ἰδὼν ἐθαύ- 38 μασεν ὅτι οὐ πρῶτον ἐβαπτίσθη πρὸ τοῦ ἀρίστου. ³⁹ εἶπεν δὲ ὁ 39 κύριοσ πρὸσ αὐτόν· νῦν ὑμεῖσ οἱ Φαρισαῖοι τὸ ἔξωθεν τοῦ ποτηρίου καὶ τοῦ πίνακοσ καθαρίζετε, τὸ δὲ ἔσωθεν ὑμῶν γέμει ἁρπαγῆσ καὶ πονηρίασ. ⁴⁰ ἄφρονεσ, οὐχ ὁ ποιήσασ τὸ ἔξωθεν καὶ τὸ 40 ἔσωθεν ἐποίησεν; ⁴¹ πλὴν τὰ ἐνόντα δότε ἐλεημοσύνην, καὶ ἰδοὺ 41 πάντα καθαρὰ ὑμῖν ἐστίν. ⁴² ἀλλὰ οὐαὶ ὑμῖν τοῖσ Φαρισαίοισ, 42 ὅτι ἀποδεκατοῦτε τὸ ἡδύοσμον καὶ τὸ πήγανον καὶ πᾶν λάχανον, καὶ παρέρχεσθε τὴν κρίσιν καὶ τὴν ἀγάπην τοῦ θεοῦ· ταῦτα ἔδει ποιῆσαι κἀκεῖνα μὴ παρεῖναι. ⁴³ οὐαὶ ὑμῖν τοῖσ Φαρισαίοισ, ὅτι 43 ἀγαπᾶτε τὴν πρωτοκαθεδρίαν ἐν ταῖσ συναγωγαῖσ καὶ τοὺσ ἀσπασμοὺσ ἐν ταῖσ ἀγοραῖσ. ⁴⁴ οὐαὶ ὑμῖν, ὅτι ἐστὲ ὡσ τὰ μνημεῖα 44 τὰ ἄδηλα, καὶ οἱ ἄνθρωποι οἱ περιπατοῦντεσ ἐπάνω οὐκ οἴδασιν. ⁴⁵ Ἀποκριθεὶσ δέ τισ τῶν νομικῶν λέγει αὐτῷ· διδάσκαλε, ταῦτα 45 λέγων καὶ ἡμᾶσ ὑβρίζεισ. ⁴⁶ ὁ δὲ εἶπεν· καὶ ὑμῖν τοῖσ νομικοῖσ 46 οὐαί, ὅτι φορτίζετε τοὺσ ἀνθρώπουσ φορτία δυσβάστακτα, καὶ αὐτοὶ ἑνὶ τῶν δακτύλων ὑμῶν οὐ προσψαύετε τοῖσ φορτίοισ. ⁴⁷ οὐαὶ ὑμῖν, ὅτι οἰκοδομεῖτε τὰ μνημεῖα τῶν προφητῶν, καὶ οἱ 47 πατέρεσ ὑμῶν ἀπέκτειναν αὐτούσ. ⁴⁸ ἄρα μάρτυρέσ ἐστε καὶ 48 συνευδοκεῖτε τοῖσ ἔργοισ τῶν πατέρων ὑμῶν, ὅτι αὐτοὶ μὲν ἀπέκτειναν αὐτούσ, ὑμεῖσ δὲ οἰκοδομεῖτε. ⁴⁹ διὰ τοῦτο καὶ ἡ σοφία 49 τοῦ θεοῦ εἶπεν· ἀποστελῶ εἰσ αὐτοὺσ προφήτασ καὶ ἀποστόλουσ, καὶ ἐξ αὐτῶν ἀποκτενοῦσιν καὶ ἐκδιώξουσιν, ⁵⁰ ἵνα ἐκζητηθῇ τὸ 50 αἷμα πάντων τῶν προφητῶν τὸ ἐκχυννόμενον ἀπὸ καταβολῆσ κόσμου ἀπὸ τῆσ γενεᾶσ ταύτησ, ⁵¹ ἀπὸ αἵματοσ Ἄβελ ἕωσ αἵμα- 51 τοσ Ζαχαρίου τοῦ ἀπολομένου μεταξὺ τοῦ θυσιαστηρίου καὶ τοῦ οἴκου· ναὶ λέγω ὑμῖν, ἐκζητηθήσεται ἀπὸ τῆσ γενεᾶσ ταύτησ. ⁵² οὐαὶ ὑμῖν τοῖσ νομικοῖσ, ὅτι ἤρατε τὴν κλεῖδα τῆσ γνώσεωσ· 52 αὐτοὶ οὐκ εἰσήλθατε καὶ τοὺσ εἰσερχομένουσ ἐκωλύσατε.

Κἀκεῖθεν ἐξελθόντοσ αὐτοῦ ἤρξαντο οἱ γραμματεῖσ καὶ οἱ 53 Φαρισαῖοι δεινῶσ ἐνέχειν καὶ ἀποστοματίζειν αὐτὸν περὶ πλειόνων, ⁵⁴ ἐνεδρεύοντεσ, θηρεῦσαί τι ἐκ τοῦ στόματοσ αὐτοῦ. 54

XII.

Fermentum Pharisaeorum. Quis metuendus sit. Peccatum in spiritum sanctum. Lis hereditatis. Parabola de divite vana meditante. Non anxie

---

37. ηρωτα|φαρισ. τισ 42. αλλ ουαι|παν : ℵ* vel ᵃ ex το correxit|ταυτα : ℵᵃ add δε | ℵ αφειναι, ϛ αφιεναι 43. ℵ ουαι υμιν φαρισαιοι 44. ουαι υμιν:add γραμματεισ και φαρισαιοι υποκριται 47. οι δε πατ. 48. μαρτ. εστε : μαρτυρειτε | οικοδομ. : add αυτων τα μνημεια 49. ℵ* αποκτεινουσιν | ℵ διωξουσιν 50. ℵᶜ ινα εκδικηθη | εκχυνομενον 51. απο του αιμ. | εωσ του 52. εισηλθετε 53. κακ. εξελθ. αυτου : λεγοντοσ δε αυτου ταυτα προσ αυτουσ 54. ενεδρευ. : add αυτον και ζητουντεσ | στομ. αυτου : add ινα κατηγορησωσιν αυτου

curandum nec metuendum, sed caelestia sectanda et vigilandum. Immissio ignis. Signa temporum.

1 Ἐν οἷσ ἐπισυναχθεισῶν τῶν μυριάδων τοῦ ὄχλου, ὥστε κατα- πατεῖν ἀλλήλουσ, ἤρξατο λέγειν πρὸσ τοὺσ μαθητὰσ αὐτοῦ πρῶ- τον· προσέχετε ἑαυτοῖσ ἀπὸ τῆσ ζύμησ τῶν Φαρισαίων, ἥτισ 2 ἐστὶν ὑπόκρισισ. ² οὐδὲν δὲ συγκεκαλυμμένον ἐστὶν ὃ οὐκ ἀπο- 3 καλυφθήσεται, καὶ κρυπτὸν ὃ οὐ γνωσθήσεται. ³ ἀνθ' ὧν ὅσα ἐν τῇ σκοτίᾳ εἴπατε, ἐν τῷ φωτὶ ἀκουσθήσεται, καὶ ὃ πρὸσ τὸ οὖσ ἐλαλήσατε ἐν τοῖσ ταμείοισ, κηρυχθήσεται ἐπὶ τῶν δωμάτων. 4 ⁴Λέγω δὲ ὑμῖν τοῖσ φίλοισ μου, μὴ φοβηθῆτε ἀπὸ τῶν ἀποκτεν- νόντων τὸ σῶμα καὶ μετὰ ταῦτα μὴ ἐχόντων περισσότερόν τι 5 ποιῆσαι. ⁵ ὑποδείξω δὲ ὑμῖν τίνα φοβηθῆτε· φοβήθητε τὸν μετὰ τὸ ἀποκτεῖναι ἔχοντα ἐξουσίαν ἐμβαλεῖν εἰσ τὴν γέενναν. ναὶ λέγω 6 ὑμῖν, τοῦτον φοβήθητε. ⁶ οὐχὶ πέντε στρουθία πωλοῦνται ἀσσα- ρίων δύο; καὶ ἓν ἐξ αὐτῶν οὐκ ἔστιν ἐπιλελησμένον ἐνώπιον τοῦ 7 θεοῦ. ⁷ ἀλλὰ καὶ αἱ τρίχεσ τῆσ κεφαλῆσ ὑμῶν πᾶσαι ἠρίθ- 8 μηνται. μὴ φοβεῖσθε· πολλῶν στρουθίων διαφέρετε. ⁸ λέγω δὲ ὑμῖν, πᾶσ ὃσ ἂν ὁμολογήσῃ ἐν ἐμοὶ ἔμπροσθεν τῶν ἀνθρώπων, καὶ ὁ υἱὸσ τοῦ ἀνθρώπου ὁμολογήσει ἐν αὐτῷ ἔμπροσθεν τῶν 9 ἀγγέλων τοῦ θεοῦ· ⁹ ὁ δὲ ἀρνησάμενόσ με ἐνώπιον τῶν ἀνθρώ- 10 πων ἀπαρνηθήσεται ἐνώπιον τῶν ἀγγέλων τοῦ θεοῦ. ¹⁰ καὶ πᾶσ ὃσ ἐρεῖ λόγον εἰσ τὸν υἱὸν τοῦ ἀνθρώπου, ἀφεθήσεται αὐτῷ· τῷ 11 δὲ εἰσ τὸ ἅγιον πνεῦμα βλασφημήσαντι οὐκ ἀφεθήσεται. ¹¹ ὅταν δὲ εἰσφέρωσιν ὑμᾶσ ἐπὶ τὰσ συναγωγὰσ καὶ τὰσ ἀρχὰσ καὶ τὰσ ἐξουσίασ, μὴ μεριμνήσητε πῶσ ἢ τί ἀπολογήσησθε ἢ τί εἴπητε· 12 ¹² τὸ γὰρ ἅγιον πνεῦμα διδάξει ὑμᾶσ ἐν αὐτῇ τῇ ὥρᾳ ἃ δεῖ εἰπεῖν.

13 Εἶπεν δέ τισ ἐκ τοῦ ὄχλου αὐτῷ· διδάσκαλε, εἰπὲ τῷ ἀδελφῷ 14 μου μερίσασθαι μετ' ἐμοῦ τὴν κληρονομίαν. ¹⁴ ὁ δὲ εἶπεν αὐτῷ· 15 ἄνθρωπε, τίσ με κατέστησεν κριτὴν ἢ μεριστὴν ἐφ' ὑμᾶσ; ¹⁵ εἶπεν δὲ πρὸσ αὐτούσ· ὁρᾶτε καὶ φυλάσσεσθε ἀπὸ πάσησ πλεονεξίασ, ὅτι οὐκ ἐν τῷ περισσεύειν τινὶ ἡ ζωὴ αὐτοῦ ἐστιν ἐκ τῶν ὑπαρ- 16 χόντων αὐτῷ. ¹⁶ Εἶπεν δὲ παραβολὴν πρὸσ αὐτοὺσ λέγων· ἀν- 17 θρώπου τινὸσ πλουσίου εὐφόρησεν ἡ χώρα. ¹⁷ καὶ διελογίζετο ἐν ἑαυτῷ λέγων· τί ποιήσω, ὅτι οὐκ ἔχω ποῦ συνάξω τοὺσ καρποὺσ 18 μου; ¹⁸ καὶ εἶπεν· τοῦτο ποιήσω· καθελῶ μου τὰσ ἀποθήκασ καὶ μείζονασ οἰκοδομήσω, καὶ συνάξω ἐκεῖ πάντα τὰ γενήματά μου 19 καὶ τὰ ἀγαθά μου, ¹⁹ καὶ ἐρῶ τῇ ψυχῇ μου· ψυχή, ἔχεισ πολλὰ (Sir 11,19)

XII, 1. πρωτον : ϛᵉ cum seqq coni 2. δε : א om | א κεκαλυμμενον
4. αποκτεινοντων 5. א om φοβηθητε | εξουσ. εχοντ. 6. πωλειται
7. ϛ א μη ουν φοβ. 8. υμιν : א add οτι | א* om των αγγελ. 9. א* απαρ-
νησεται 10. א βλασφημουντι 11. προσφερωσιν | επι : א εισ | μεριμνατε
13. αυτω εκ του οχλ. 14. κριτην : δικαστην 15. πασησ : τησ | αυτω :
ϛ א* αυτου 18. א* ανοικοδομησω | τα γενηματ. (ϛᵉ γεννη-) : אᵃ (omisso
παντα) et ᶜ τον σιτον | א* om και τα αγ. μου

ἀγαθὰ κείμενα εἰσ ἔτη πολλά· ἀναπαύου, φάγε, πίε, εὐφραίνου. ²⁰εἶπεν δὲ αὐτῷ ὁ θεόσ· ἄφρων, ταύτῃ τῇ νυκτὶ τὴν ψυχήν σου 20 ἀπαιτοῦσιν ἀπὸ σοῦ· ἃ δὲ ἡτοίμασασ, τίνι ἔσται; ²¹οὕτωσ ὁ 21 θησαυρίζων αὐτῷ καὶ μὴ εἰσ θεὸν πλουτῶν.
Εἶπεν δὲ πρὸσ τοὺσ μαθητὰσ αὐτοῦ· διὰ τοῦτο ὑμῖν λέγω, 22 μὴ μεριμνᾶτε τῇ ψυχῇ τί φάγητε, μηδὲ τῷ σώματι τί ἐνδύσησθε. ²³ἡ ψυχὴ πλεῖόν ἐστιν τῆσ τροφῆσ καὶ τὸ σῶμα τοῦ ἐνδύματοσ. 23 ²⁴κατανοήσατε τοὺσ κόρακασ, ὅτι οὔτε σπείρουσιν οὔτε θερίζου- 24 σιν, οἶσ οὐκ ἔστιν ταμεῖον οὐδὲ ἀποθήκη, καὶ ὁ θεὸσ τρέφει αὐτούσ· πόσῳ μᾶλλον ὑμεῖσ διαφέρετε τῶν πετεινῶν. ²⁵τίσ δὲ 25 ἐξ ὑμῶν μεριμνῶν δύναται προσθεῖναι ἐπὶ τὴν ἡλικίαν αὐτοῦ πῆχυν; ²⁶εἰ οὖν οὐδὲ ἐλάχιστον δύνασθε, τί περὶ τῶν λοιπῶν 26 μεριμνᾶτε; ²⁷κατανοήσατε τὰ κρίνα, πῶσ οὔτε νήθει οὔτε ὑφαίνει· 27 λέγω δὲ ὑμῖν, οὐδὲ Σολομὼν ἐν πάσῃ τῇ δόξῃ αὐτοῦ περιεβάλετο ὡσ ἓν τούτων. ²⁸εἰ δὲ ἐν ἀγρῷ τὸν χόρτον ὄντα σήμερον καὶ 28 αὔριον εἰσ κλίβανον βαλλόμενον ὁ θεὸσ οὕτωσ ἀμφιέζει, πόσῳ μᾶλλον ὑμᾶσ, ὀλιγόπιστοι. ²⁹καὶ ὑμεῖσ μὴ ζητεῖτε τί φάγητε 29 καὶ τί πίητε, καὶ μὴ μετεωρίζεσθε· ³⁰ταῦτα γὰρ πάντα τὰ ἔθνη 30 τοῦ κόσμου ἐπιζητοῦσιν· ὑμῶν δὲ ὁ πατὴρ οἶδεν ὅτι χρῄζετε τούτων. ³¹πλὴν ζητεῖτε τὴν βασιλείαν αὐτοῦ, καὶ ταῦτα προστεθή- 31 σεται ὑμῖν. ³²Μὴ φοβοῦ, τὸ μικρὸν ποίμνιον· ὅτι εὐδόκησεν ὁ 32 πατὴρ ὑμῶν δοῦναι ὑμῖν τὴν βασιλείαν. ³³Πωλήσατε τὰ ὑπάρ- 33 χοντα ὑμῶν καὶ δότε ἐλεημοσύνην· ποιήσατε ἑαυτοῖσ βαλλάντια μὴ παλαιούμενα, θησαυρὸν ἀνέκλειπτον ἐν τοῖσ οὐρανοῖσ, ὅπου κλέπτησ οὐκ ἐγγίζει οὐδὲ σὴσ διαφθείρει. ³⁴ὅπου γάρ ἐστιν ὁ 34 θησαυρὸσ ὑμῶν, ἐκεῖ καὶ ἡ καρδία ὑμῶν ἔσται. ³⁵Ἔστωσαν 35 ὑμῶν αἱ ὀσφύεσ περιεζωσμέναι καὶ οἱ λύχνοι καιόμενοι· ³⁶καὶ 36 ὑμεῖσ ὅμοιοι ἀνθρώποισ προσδεχομένοισ τὸν κύριον ἑαυτῶν, πότε ἀναλύσῃ ἐκ τῶν γάμων, ἵνα ἐλθόντοσ καὶ κρούσαντοσ εὐθέωσ ἀνοίξωσιν αὐτῷ. ³⁷μακάριοι οἱ δοῦλοι ἐκεῖνοι, οὓσ ἐλθὼν ὁ 37 κύριοσ εὑρήσει γρηγοροῦντασ· ἀμὴν λέγω ὑμῖν ὅτι περιζώσεται καὶ ἀνακλινεῖ αὐτοὺσ καὶ παρελθὼν διακονήσει αὐτοῖσ. ³⁸κἂν 38 ἐν τῇ δευτέρᾳ, κἂν ἐν τῇ τρίτῃ φυλακῇ ἔλθῃ καὶ εὕρῃ οὕτωσ, μακάριοί εἰσιν. ³⁹τοῦτο δὲ γινώσκετε, ὅτι εἰ ᾔδει ὁ οἰκοδεσπό- 39 τησ ποίᾳ ὥρᾳ ὁ κλέπτησ ἔρχεται, οὐκ ἂν ἀφῆκεν διορυχθῆναι τὸν

---

20. ϛ et ϛᵉ 1633. (non 1624.) αφρον 21. εαυτω 22. ℵ λεγω υμιν | τη ψυχη υμων 23. ℵ η γαρ ψυχη 24. ου σπειρ. ουδε θεριζ. 25. πηχυν: add ενα 26. ουτε | ελαχιστ.: ℵ* add τι 27. ϛ ℵ πωσ αυξανει· ου κοπια ουδε νηθει· | ℵ οτι ουδε 28. ει δε τ. χο. εν τω αγρ. σημερ. οντα | ϛ ℵ αμφιεννυσι 29. η τι πιητ. 30. επιζητει 31. αυτου: του θεου | ταυτα: add παντα 32. ℵ υμων ο πατηρ 33. βαλαντια 36. αναλυσει 37. και παρ. διακ. αυτοισ (ℵᵃ): ℵ* om 38. και εαν ελθη εν τη δευτ. φυλακη και εν τη τριτ. φυλ. ελθη και ευρη ουτω | μακ. εισιν: ℵᵃ add εκεινοι, ϛ οι δουλοι εκεινοι 39. ϛ ℵᵃ εγρηγορησεν αν και ουκ αν (ℵᵃ om) αφηκεν | διορυγηναι

40 οἶκον αὐτοῦ. ⁴⁰ καὶ ὑμεῖσ γίνεσθε ἕτοιμοι, ὅτι ᾗ ὥρᾳ οὐ δοκεῖτε ὁ υἱὸσ τοῦ ἀνθρώπου ἔρχεται.

41 Εἶπεν δὲ αὐτῷ ὁ Πέτροσ· κύριε, πρὸσ ἡμᾶσ τὴν παραβολὴν 42 ταύτην λέγεισ ἢ καὶ πρὸσ πάντασ; ⁴² καὶ εἶπεν ὁ κύριοσ· τίσ ἄρα ἐστὶν ὁ πιστὸσ οἰκονόμοσ ὁ φρόνιμοσ, ὃν καταστήσει ὁ κύριοσ ἐπὶ τῆσ θεραπείασ αὐτοῦ τοῦ διδόναι ἐν καιρῷ τὸ σιτομέ- 43 τριον; ⁴³ μακάριοσ ὁ δοῦλοσ ἐκεῖνοσ, ὃν ἐλθὼν ὁ κύριοσ αὐτοῦ 44 εὑρήσει ποιοῦντα οὕτωσ. ⁴⁴ ἀληθῶσ λέγω ὑμῖν ὅτι ἐπὶ πᾶσιν 45 τοῖσ ὑπάρχουσιν αὐτοῦ καταστήσει αὐτόν. ⁴⁵ ἐὰν δὲ εἴπῃ ὁ δοῦλοσ ἐκεῖνοσ ἐν τῇ καρδίᾳ αὐτοῦ· χρονίζει ὁ κύριόσ μου ἔρχεσθαι, καὶ ἄρξηται τύπτειν τοὺσ παῖδασ καὶ τὰσ παιδίσκασ, ἐσθίειν τε καὶ 46 πίνειν καὶ μεθύσκεσθαι· ⁴⁶ ἥξει ὁ κύριοσ τοῦ δούλου ἐκείνου ἐν ἡμέρᾳ ᾗ οὐ προσδοκᾷ καὶ ἐν ὥρᾳ ᾗ οὐ γινώσκει, καὶ διχοτομήσει 47 αὐτόν, καὶ τὸ μέροσ αὐτοῦ μετὰ τῶν ἀπίστων θήσει. ⁴⁷ ἐκεῖνοσ δὲ ὁ δοῦλοσ ὁ γνοὺσ τὸ θέλημα τοῦ κυρίου αὐτοῦ καὶ μὴ ἑτοιμάσασ ἢ ποιήσασ πρὸσ τὸ θέλημα αὐτοῦ δαρήσεται πολλάσ· 48 ⁴⁸ ὁ δὲ μὴ γνούσ, ποιήσασ δὲ ἄξια πληγῶν, δαρήσεται ὀλίγασ. παντὶ δὲ ᾧ ἐδόθη πολύ, πολὺ ζητηθήσεται παρ' αὐτοῦ, καὶ ᾧ παρ- 49 έθεντο πολύ, περισσότερον αἰτήσουσιν αὐτόν. ⁴⁹ Πῦρ ἦλθον 50 βαλεῖν ἐπὶ τὴν γῆν, καὶ τί θέλω εἰ ἤδη ἀνήφθη. ⁵⁰ βάπτισμα 51 δὲ ἔχω βαπτισθῆναι, καὶ πῶσ συνέχομαι ἕωσ ὅτου τελεσθῇ. ⁵¹ δο- κεῖτε ὅτι εἰρήνην παρεγενόμην δοῦναι ἐν τῇ γῇ; οὐχὶ λέγω ὑμῖν 52 ἀλλ' ἢ διαμερισμόν. ⁵² ἔσονται γὰρ ἀπὸ τοῦ νῦν πέντε ἐν ἑνὶ 53 οἴκῳ διαμεμερισμένοι, τρεῖσ ἐπὶ δυσὶν καὶ δύο ἐπὶ τρισὶν ⁵³ διαμε- ρισθήσονται, πατὴρ ἐπὶ υἱῷ καὶ υἱὸσ ἐπὶ πατρί, μήτηρ ἐπὶ θυ- γατέρα καὶ θυγάτηρ ἐπὶ μητέρα, πενθερὰ ἐπὶ τὴν νύμφην καὶ νύμφη ἐπὶ τὴν πενθεράν.

54 Ἔλεγεν δὲ καὶ τοῖσ ὄχλοισ· ὅταν ἴδητε νεφέλην ἀνατέλλουσαν ἐπὶ δυσμῶν, εὐθέωσ λέγετε ὅτι ὄμβροσ ἔρχεται, καὶ γίνεται οὕτωσ· 55 ⁵⁵ καὶ ὅταν νότον πνέοντα, λέγετε ὅτι καύσων ἔσται, καὶ γίνεται. 56 ⁵⁶ ὑποκριταί, τὸ πρόσωπον τῆσ γῆσ καὶ τοῦ οὐρανοῦ οἴδατε δοκι- 57 μάζειν, τὸν δὲ καιρὸν τοῦτον πῶσ οὐ δοκιμάζετε; ⁵⁷ Τί δὲ καὶ 58 ἀφ' ἑαυτῶν οὐ κρίνετε τὸ δίκαιον; ⁵⁸ ὡσ γὰρ ὑπάγεισ μετὰ τοῦ ἀντιδίκου σου ἐπ' ἄρχοντα, ἐν τῇ ὁδῷ δὸσ ἐργασίαν ἀπηλλάχθαι ἀπ' αὐτοῦ, μήποτε κατασύρῃ σε πρὸσ τὸν κριτήν, καὶ ὁ κριτήσ σε παραδώσει τῷ πράκτορι, καὶ ὁ πράκτωρ σε βαλεῖ εἰσ φυλακήν. 59 ⁵⁹ λέγω σοι, οὐ μὴ ἐξέλθῃσ ἐκεῖθεν ἕωσ καὶ τὸ ἔσχατον λεπτὸν ἀποδῷσ.

40. και υμεισ ουν 42. ειπε δε | οικονομοσ : א* δουλοσ | ς א και φρονι- μοσ | א* κατεστησεν | א* του διαδουναι 43. א ουτωσ ποιουντα 45. א* μου ο κυριοσ 47. του κυρ. : εισ | η ποι. : μηδε ποι. 48. א* om δε prim 49. επι : εισ 50. εωσ ου | אᶜ συντελεσθη 52. εν οικω επι 53. επι τρισιν. 53 διαμερισθησεται | εφ υιω | επι θυγατρι | επι μητρι | επι την νυμφ. αυτησ | πενθεραν : add αυτησ 54. την νεφελην | επι : απο. | οτι : om 55. א* λεγετε· καυσ. ερχεται 56. א ουκ οιδατε pro ου δοκιμ. 58. σε παραδω | βαλλη 59. εωσ ου

XIII.

Galilaei occisi. Parabola de ficu. Mulier sabbato sanata. Granum sinapis et fermentum. Porta angusta. Herodes vulpes; Hierosolyma prophetarum interfectrix.

Παρῆσαν δέ τινεσ ἐν αὐτῷ τῷ καιρῷ ἀπαγγέλλοντεσ αὐτῷ 1
περὶ τῶν Γαλιλαίων ὧν τὸ αἷμα Πειλᾶτοσ ἔμιξεν μετὰ τῶν θυσιῶν
αὐτῶν. ² καὶ ἀποκριθεὶσ εἶπεν αὐτοῖσ· δοκεῖτε ὅτι οἱ Γαλιλαῖοι 2
οὗτοι ἁμαρτωλοὶ παρὰ πάντασ τοὺσ Γαλιλαίουσ ἐγένοντο, ὅτι
ταῦτα πεπόνθασιν; ³ οὐχὶ λέγω ὑμῖν, ἀλλ' ἐὰν μὴ μετανοῆτε, 3
πάντεσ ὁμοίωσ ἀπολεῖσθε. ⁴ ἢ ἐκεῖνοι οἱ δεκαοκτώ, ἐφ' οὓσ 4
ἔπεσεν ὁ πύργοσ ἐν τῷ Σιλωὰμ καὶ ἀπέκτεινεν αὐτούσ, δοκεῖτε
ὅτι αὐτοὶ ὀφειλέται ἐγένοντο παρὰ πάντασ τοὺσ ἀνθρώπουσ τοὺσ
κατοικοῦντασ ἐν Ἱερουσαλήμ; ⁵ οὐχὶ λέγω ὑμῖν, ἀλλ' ἐὰν μὴ μετα- 5
νοήσητε, πάντεσ ὡσαύτωσ ἀπολεῖσθε.

Ἔλεγεν δὲ ταύτην τὴν παραβολήν. Συκῆν εἶχέν τισ πεφυ- 6
τευμένην ἐν τῷ ἀμπελῶνι αὐτοῦ, καὶ ἦλθεν ζητῶν καρπὸν ἐν αὐτῇ
καὶ οὐχ εὗρεν. ⁷ εἶπεν δὲ πρὸσ τὸν ἀμπελουργόν· ἰδοὺ τρία ἔτη 7
ἀφ' οὗ ἔρχομαι ζητῶν καρπὸν ἐν τῇ συκῇ ταύτῃ καὶ οὐχ εὑρίσκω·
ἔκκοψον αὐτήν· ἱνατί καὶ τὴν γῆν καταργεῖ; ⁸ ὁ δὲ ἀποκριθεὶσ 8
λέγει αὐτῷ· κύριε, ἄφεσ αὐτὴν καὶ τοῦτο τὸ ἔτοσ, ἕωσ ὅτου
σκάψω περὶ αὐτὴν καὶ βάλω κόπρια, ⁹ κἂν μὲν ποιήσῃ καρπὸν 9
εἰσ τὸ μέλλον· εἰ δὲ μήγε, ἐκκόψεισ αὐτήν.

Ἦν δὲ διδάσκων ἐν μιᾷ τῶν συναγωγῶν ἐν τοῖσ σάββασιν. 10
¹¹ καὶ ἰδοὺ γυνὴ πνεῦμα ἔχουσα ἀσθενείασ ἔτη δεκαοκτώ, καὶ ἦν 11
συνκύπτουσα καὶ μὴ δυναμένη ἀνακύψαι εἰσ τὸ παντελέσ. ¹² ἰδὼν 12
δὲ αὐτὴν ὁ Ἰησοῦσ προσεφώνησεν καὶ εἶπεν αὐτῇ· γύναι, ἀπο-
λέλυσαι ἀπὸ τῆσ ἀσθενείασ σου, ¹³ καὶ ἐπέθηκεν αὐτῇ τὰσ χεῖρασ· 13
καὶ παραχρῆμα ἀνορθώθη, καὶ ἐδόξαζεν τὸν θεόν. ¹⁴ ἀποκριθεὶσ 14
δὲ ὁ ἀρχισυνάγωγοσ, ἀγανακτῶν ὅτι τῷ σαββάτῳ ἐθεράπευσεν ὁ
Ἰησοῦσ, ἔλεγεν τῷ ὄχλῳ ὅτι ἓξ ἡμέραι εἰσὶν ἐν αἷσ δεῖ ἐργάζεσθαι·
ἐν αὐταῖσ οὖν ἐρχόμενοι θεραπεύεσθε καὶ μὴ τῇ ἡμέρᾳ τοῦ σαβ-
βάτου. ¹⁵ ἀπεκρίθη δὲ αὐτῷ ὁ κύριοσ καὶ εἶπεν· ὑποκριταί, 15
ἕκαστοσ ὑμῶν τῷ σαββάτῳ οὐ λύει τὸν βοῦν αὐτοῦ ἢ τὸν ὄνον
ἀπὸ τῆσ φάτνησ καὶ ἀπαγαγὼν ποτίζει; ¹⁶ ταύτην δὲ θυγατέρα 16
Ἀβραὰμ οὖσαν, ἣν ἔδησεν ὁ σατανᾶσ ἰδοὺ δέκα καὶ ὀκτὼ ἔτη,
οὐκ ἔδει λυθῆναι ἀπὸ τοῦ δεσμοῦ τούτου τῇ ἡμέρᾳ τοῦ σαββάτου;

XIII, 1. πιλατοσ 2. αποκριθεισ : add ο ιησουσ | ταυτα : τοιαυτα
3. ομοιωσ : ωσαυτωσ 4. δεκα και οκτω | א επεπεσεν | αυτοι : ουτοι | om
τουσ pr 5. μετανοητε | ωσαυτωσ : ομοιωσ 6. εν τ. αμπελ. αυτ. πεφυ-
τευμ. | καρπ. ζητ. 7. om αφ ου 8. ϛᵉ 1624. 1633. κοπρία, ϛᵉ 1656.
ϛ κοπριαν 9. ει δε μηγε, εισ το μελλον 11. γυνη : add ην | δεκα και
οκτω | συγκυπτ. 12. om απο 13. ανωρθωθη 14. om οτι | א* om εν
αισ δει εργαζ. | εν ταυταισ ουν 15. απεκριθ. ουν | υποκριτα | א* om τω
σαββατ. | א* απαγων

17 ¹⁷ καὶ ταῦτα λέγοντοσ αὐτοῦ κατῃσχύνοντο πάντεσ οἱ ἀντικείμενοι αὐτῷ, καὶ πᾶσ ὁ ὄχλοσ ἔχαιρεν ἐπὶ πᾶσιν τοῖσ ἐνδόξοισ τοῖσ γινομένοισ ὑπ' αὐτοῦ.

18 Ἔλεγεν οὖν· τίνι ὁμοία ἐστὶν ἡ βασιλεία τοῦ θεοῦ, καὶ τίνι
19 ὁμοιώσω αὐτήν; ¹⁹ ὁμοία ἐστὶν κόκκῳ σινάπεωσ, ὃν λαβὼν ἄνθρωποσ ἔβαλεν εἰσ κῆπον ἑαυτοῦ, καὶ ηὔξησεν καὶ ἐγένετο εἰσ δένδρον, καὶ τὰ πετεινὰ τοῦ οὐρανοῦ κατεσκήνωσεν ἐν τοῖσ
20 κλάδοισ αὐτοῦ. ²⁰ Καὶ πάλιν εἶπεν· τίνι ὁμοιώσω τὴν βασιλείαν
21 τοῦ θεοῦ; ²¹ ὁμοία ἐστὶν ζύμῃ, ἣν λαβοῦσα γυνὴ ἔκρυψεν εἰσ ἀλεύρου σάτα τρία, ἕωσ οὗ ἐζυμώθη ὅλον.
22 Καὶ διεπορεύετο κατὰ πόλεισ καὶ κώμασ διδάσκων καὶ
23 πορείαν ποιούμενοσ εἰσ Ἱεροσόλυμα. ²³ Εἶπεν δέ τισ αὐτῷ·
24 κύριε, εἰ ὀλίγοι οἱ σῳζόμενοι; ὁ δὲ εἶπεν πρὸσ αὐτούσ· ²⁴ ἀγωνίζεσθε εἰσελθεῖν διὰ τῆσ στενῆσ θύρασ, ὅτι πολλοί, λέγω ὑμῖν,
25 ζητήσουσιν εἰσελθεῖν καὶ οὐκ ἰσχύσουσιν. ²⁵ ἀφ' οὗ ἂν ἐγερθῇ ὁ οἰκοδεσπότησ καὶ ἀποκλείσῃ τὴν θύραν, καὶ ἄρξησθε ἔξω ἑστάναι καὶ κρούειν τὴν θύραν λέγοντεσ· κύριε ἄνοιξον ἡμῖν, καὶ
26 ἀποκριθεὶσ ἐρεῖ ὑμῖν· οὐκ οἶδα ὑμᾶσ πόθεν ἐστέ. ²⁶ τότε ἄρξεσθε λέγειν· ἐφάγομεν ἐνώπιόν σου καὶ ἐπίομεν, καὶ ἐν ταῖσ πλατείαισ
27 ἡμῶν ἐδίδαξασ. ²⁷ καὶ ἐρεῖ· λέγω ὑμῖν, οὐκ οἶδα ὑμᾶσ πόθεν
28 ἐστέ· ἀπόστητε ἀπ' ἐμοῦ πάντεσ ἐργάται ἀδικίασ. ²⁸ ἐκεῖ ἔσται ὁ κλαυθμὸσ καὶ ὁ βρυγμὸσ τῶν ὀδόντων, ὅταν ὄψεσθε Ἀβραὰμ καὶ Ἰσαὰκ καὶ Ἰακὼβ καὶ πάντασ τοὺσ προφήτασ ἐν τῇ βασι-
29 λείᾳ τοῦ θεοῦ, ὑμᾶσ δὲ ἐκβαλλομένουσ ἔξω. ²⁹ καὶ ἥξουσιν ἀπὸ ἀνατολῶν καὶ δυσμῶν καὶ βορρᾶ καὶ νότου, καὶ ἀνακλιθήσονται
30 ἐν τῇ βασιλείᾳ τοῦ θεοῦ. ³⁰ καὶ ἰδοὺ εἰσὶν ἔσχατοι οἳ ἔσονται πρῶτοι, καὶ εἰσὶν πρῶτοι οἳ ἔσονται ἔσχατοι.
31 Ἐν αὐτῇ τῇ ὥρᾳ προσῆλθάν τινεσ Φαρισαῖοι λέγοντεσ αὐτῷ· ἔξελθε καὶ πορεύου ἐντεῦθεν, ὅτι Ἡρώδησ θέλει σε ἀπο-
32 κτεῖναι. ³² καὶ εἶπεν αὐτοῖσ· πορευθέντεσ εἴπατε τῇ ἀλώπεκι ταύτῃ· ἰδοὺ ἐκβάλλω δαιμόνια καὶ ἰάσεισ ἀποτελῶ σήμερον καὶ
33 αὔριον, καὶ τῇ τρίτῃ τελειοῦμαι. ³³ πλὴν δεῖ με σήμερον καὶ αὔριον καὶ τῇ ἐχομένῃ πορεύεσθαι, ὅτι οὐκ ἐνδέχεται προφήτην
34 ἀπολέσθαι ἔξω Ἱερουσαλήμ. ³⁴ Ἱερουσαλὴμ Ἱερουσαλήμ, ἡ ἀποκτείνουσα τοὺσ προφήτασ καὶ λιθοβολοῦσα τοὺσ ἀπεσταλμένουσ πρὸσ αὐτήν, ποσάκισ ἠθέλησα ἐπισυνάξαι τὰ τέκνα σου ὃν τρόπον ὄρνιξ τὴν ἑαυτῆσ νοσσιὰν ὑπὸ τὰσ πτέρυγασ, καὶ οὐκ

17. γινομενοισ : א* λεγομενοισ 18. ουν : δε 19. εισ : אᵃ add τον |
δενδρον : add μεγα 21. ϛ א ενεκρυψεν 22. א πορειαν | ιερουσαλημ
24. θυρασ : πυλησ 25. א* om (suppl ᵃ) εξω εσταν. και | κυριε κυριε
26. א αρξησθε 27. λεγω : א om | πα. οι εργατ. τησ αδικ. 28. ϛ οψησθε,
א ιδητε | א* ισακ 29. και απο βορρα 31. ωρα : ημερα |ϛ א προσηλθον
32. επιτελω 33. א* om αυριον και | א ερχομενη 34. αυτην : א* αυτον |
ορνισ | εαυτησ : א* εαυτον

ἠθελήσατε. ³⁵ ἰδοὺ ἀφίεται ὑμῖν ὁ οἶκοσ ὑμῶν. λέγω ὑμῖν ὅτι 35
Ps 118, 26 οὐ μὴ ἴδητέ με ἕωσ ἥξει ὅτε εἴπητε· εὐλογημένοσ ὁ ἐρχόμενοσ ἐν
ὀνόματι κυρίου.

XIV.

Hydropicus sabbato sanatus. Sermones convivales; parabola de spreto
epulo. Christus quales sectatores poscat; crux suscipienda; turri fundamenta iacienda; rex bellum inchoaturus; sal putidum.

Καὶ ἐγένετο ἐν τῷ ἐλθεῖν αὐτὸν εἰσ οἶκόν τινοσ τῶν ἀρχόν- 1
των τῶν Φαρισαίων σαββάτῳ φαγεῖν ἄρτον, καὶ αὐτοὶ ἦσαν
παρατηρούμενοι αὐτόν. ² καὶ ἰδοὺ ἄνθρωπόσ τισ ἦν ὑδρωπικὸσ 2
Mt 12, 10 ἔμπροσθεν αὐτοῦ. ³ καὶ ἀποκριθεὶσ ὁ Ἰησοῦσ εἶπεν πρὸσ τοὺσ 3
νομικοὺσ καὶ Φαρισαίουσ λέγων· ἔξεστιν τῷ σαββάτῳ θεραπεῦσαι
ἢ οὔ; οἱ δὲ ἡσύχασαν. ⁴ καὶ ἐπιλαβόμενοσ ἰάσατο αὐτὸν καὶ 4
13, 15 ἀπέλυσεν. ⁵ καὶ ἀποκριθεὶσ πρὸσ αὐτοὺσ εἶπεν· τίνος ὑμῶν υἱὸσ 5
Mt 12, 11
ἢ βοῦσ εἰσ φρέαρ πεσεῖται, καὶ οὐκ εὐθέωσ ἀνασπάσει αὐτὸν ἐν
ἡμέρᾳ τοῦ σαββάτου; ⁶ καὶ οὐκ ἴσχυσαν ἀνταποκριθῆναι πρὸσ 6
ταῦτα.

Ἔλεγεν δὲ πρὸσ τοὺσ κεκλημένους παραβολήν, ἐπέχων πῶσ 7
τὰσ πρωτοκλισίας ἐξελέγοντο, λέγων πρὸσ αὐτούσ· ⁸ ὅταν κληθῇσ 8
ὑπό τινοσ εἰσ γάμουσ, μὴ κατακλιθῇσ εἰσ τὴν πρωτοκλισίαν, μήποτε ἐντιμότερός σου ᾖ κεκλημένοσ ὑπ' αὐτοῦ, ⁹ καὶ ἐλθὼν ὁ 9
σὲ καὶ αὐτὸν καλέσασ ἐρεῖ σοι· δὸσ τούτῳ τόπον, καὶ τότε ἄρξῃ
μετὰ αἰσχύνησ τὸν ἔσχατον τόπον κατέχειν. ¹⁰ ἀλλ' ὅταν κληθῇσ, 10
πορευθεὶσ ἀνάπεσε εἰσ τὸν ἔσχατον τόπον, ἵνα ὅταν ἔλθῃ ὁ κεκληκώσ σε ἐρεῖ σοι· φίλε, προσανάβηθι ἀνώτερον· τότε ἔσται σοι
18, 14 δόξα ἐνώπιον πάντων τῶν συνανακειμένων σοι. ¹¹ ὅτι πᾶσ ὁ 11
Mt 23, 12
ὑψῶν ἑαυτὸν ταπεινωθήσεται, καὶ ὁ ταπεινῶν ἑαυτὸν ὑψωθήσεται.

Ἔλεγεν δὲ καὶ τῷ κεκληκότι αὐτόν· ὅταν ποιῇσ ἄριστον 12
ἢ δεῖπνον, μὴ φώνει τοὺσ φίλουσ σου μηδὲ τοὺσ ἀδελφούσ σου
μηδὲ τοὺσ συγγενεῖς σου μηδὲ γείτονασ πλουσίουσ, μήποτε καὶ
αὐτοὶ ἀντικαλέσωσίν σε καὶ γένηται ἀνταπόδομά σοι. ¹³ ἀλλ' 13
ὅταν ποιῇσ δοχήν, κάλει πτωχούσ, ἀναπήρουσ, χωλούσ, τυφλούσ,
¹⁴ καὶ μακάριος ἔσῃ, ὅτι οὐκ ἔχουσιν ἀνταποδοῦναί σοι· ἀντα- 14
ποδοθήσεται δέ σοι ἐν τῇ ἀναστάσει τῶν δικαίων.

Ἀκούσας δέ τισ τῶν συνανακειμένων ταῦτα εἶπεν αὐτῷ· 15
16 ss μακάριος ὅστις φάγεται ἄρτον ἐν τῇ βασιλείᾳ τοῦ θεοῦ. ¹⁶ ὁ δὲ 16
Mt 22, 1 ss
εἶπεν αὐτῷ· ἄνθρωπός τισ ἐποίει δεῖπνον μέγα, καὶ ἐκάλεσεν

---

35. ο οικ. υμων : add ερημοσ | אᶜ λεγω δε, ϛ αμην δε λεγω | א om οτι |
με ιδητε | εωσ : ϛ א add αν | εωσ ηξ. ο. ειπητε : א εωσ αν ειπητε
XIV, 3. ει εξεστι | θεραπευειν | η ου : om 5. αποκριθεισ : אᶜ om |
υιοσ : ϛ א ονοσ | εμπεσειται | εν τη ημερ. 6. ανταποκριθ. (א αποκρι.) :
add αυτω 8. υπ αυτου : א* om (suppl ª) υπ 9. μετ αισχ. 10. αναπεσον | ερει : ειπη | σοι : א* om (suppl ª) | om παντων 12. א om σου post
συγγ. | σε αντικαλ. | σοι ανταποδ. 13. א δοχην ποιησῃσ | א αναπειρουσ
14. δε : γαρ 15. ταυτα : א* om (suppl ª) | οστισ : οσ 16. εποιησε

17 πολλούσ, ¹⁷ καὶ ἀπέστειλεν τὸν δοῦλον αὐτοῦ τῇ ὥρᾳ τοῦ δείπνου
18 εἰπεῖν τοῖσ κεκλημένοισ· ἔρχεσθε, ὅτι ἤδη ἕτοιμά εἰσιν. ¹⁸ καὶ
ἤρξαντο ἀπὸ μιᾶσ πάντεσ παραιτεῖσθαι. ὁ πρῶτοσ εἶπεν αὐτῷ·
ἀγρὸν ἠγόρασα, καὶ ἔχω ἀνάγκην ἐξελθὼν ἰδεῖν αὐτόν· ἐρωτῶ σε,
19 ἔχε με παρῃτημένον. ¹⁹ καὶ ἕτεροσ εἶπεν· ζεύγη βοῶν ἠγόρασα
πέντε, καὶ πορεύομαι δοκιμάσαι αὐτά· ἐρωτῶ σε, ἔχε με παρῃτη-
20 μένον. ²⁰ καὶ ἕτεροσ εἶπεν· γυναῖκα ἔγημα, καὶ διὰ τοῦτο οὐ δύ-
21 ναμαι ἐλθεῖν. ²¹ καὶ παραγενόμενοσ ὁ δοῦλοσ ἀπήγγειλεν τῷ
κυρίῳ αὐτοῦ ταῦτα. τότε ὀργισθεὶσ ὁ οἰκοδεσπότησ εἶπεν τῷ
δούλῳ αὐτοῦ· ἔξελθε ταχέωσ εἰσ τὰσ πλατείασ καὶ ῥύμασ τῆσ
πόλεωσ, καὶ τοὺσ πτωχοὺσ καὶ ἀναπήρουσ καὶ τυφλοὺσ καὶ χω-
22 λοὺσ εἰσάγαγε ὧδε. ²² καὶ εἶπεν ὁ δοῦλοσ· κύριε, γέγονεν ὃ
23 ἐπέταξασ, καὶ ἔτι τόποσ ἐστίν. ²³ καὶ εἶπεν ὁ κύριοσ πρὸσ τὸν
δοῦλον· ἔξελθε εἰσ τὰσ ὁδοὺσ καὶ φραγμοὺσ καὶ ἀνάγκασον
24 εἰσελθεῖν, ἵνα γεμισθῇ μου ὁ οἶκοσ· ²⁴ λέγω γὰρ ὑμῖν ὅτι οὐδεὶσ
τῶν ἀνδρῶν ἐκείνων τῶν κεκλημένων γεύσεταί μου τοῦ δείπνου.
25 Συνεπορεύοντο δὲ αὐτῷ ὄχλοι πολλοί, καὶ στραφεὶσ εἶπεν   ²⁶ ˢ
26 πρὸσ αὐτούσ· ²⁶ εἴ τισ ἔρχεται πρόσ με καὶ οὐ μισεῖ τὸν πατέρα   Mt 10, 37 s
αὐτοῦ καὶ τὴν μητέρα καὶ τὴν γυναῖκα καὶ τὰ τέκνα καὶ τοὺσ
ἀδελφοὺσ καὶ τὰσ ἀδελφάσ, ἔτι δὲ καὶ τὴν ἑαυτοῦ ψυχήν, οὐ
27 δύναται εἶναί μου μαθητήσ. ²⁷ ὅστισ οὐ βαστάζει τὸν σταυρὸν
ἑαυτοῦ καὶ ἔρχεται ὀπίσω μου, οὐ δύναται εἶναί μου μαθητήσ.
28 ²⁸ Τίσ γὰρ ἐξ ὑμῶν θέλων πύργον οἰκοδομῆσαι οὐχὶ πρῶτον
29 καθίσασ ψηφίζει τὴν δαπάνην, εἰ ἔχει εἰσ ἀπαρτισμόν; ²⁹ ἵνα
μήποτε θέντοσ αὐτοῦ θεμέλιον καὶ μὴ ἰσχύοντοσ ἐκτελέσαι πάντεσ
30 οἱ θεωροῦντεσ ἄρξωνται αὐτῷ ἐμπαίζειν, ³⁰ λέγοντεσ ὅτι οὗτοσ ὁ
31 ἄνθρωποσ ἤρξατο οἰκοδομεῖν καὶ οὐκ ἴσχυσεν ἐκτελέσαι. ³¹ Ἢ
τίσ βασιλεὺσ πορευόμενοσ ἑτέρῳ βασιλεῖ συμβαλεῖν εἰσ πόλεμον
οὐχὶ καθίσασ πρῶτον βουλεύσεται εἰ δυνατόσ ἐστιν ἐν δέκα χιλιά-
σιν ὑπαντῆσαι τῷ μετὰ εἴκοσι χιλιάδων ἐρχομένῳ ἐπ᾿ αὐτόν;
32 ³² εἰ δὲ μήγε, ἔτι αὐτοῦ πόρρω ὄντοσ πρεσβείαν ἀποστείλασ
33 ἐρωτᾷ τὰ πρὸσ εἰρήνην. ³³ οὕτωσ οὖν πᾶσ ἐξ ὑμῶν ὃσ οὐκ ἀπο-
τάσσεται πᾶσιν τοῖσ ἑαυτοῦ ὑπάρχουσιν οὐ δύναται εἶναί μου
34 μαθητήσ. ³⁴ Καλὸν οὖν τὸ ἅλα· ἐὰν δὲ καὶ τὸ ἅλα μωρανθῇ, ἐν Mt 5, 13
35 τίνι ἀρτυθήσεται; ³⁵ οὔτε εἰσ γῆν οὔτε εἰσ κοπρίαν εὔθετόν ἐστιν· Mc 9, 50
ἔξω βάλλουσιν αὐτό. ὁ ἔχων ὦτα ἀκούειν ἀκουέτω.

17. ℵ ερχεσθαι | εισιν : εστι παντα   18. παραιτεισθ. παντ. | εξελθειν
και ιδειν | ℵ* om (suppl a) σε   21. ο δουλοσ : add εκεινοσ | και τουσ
(ℵ* et c) : ℵa και οσουσ εαν ευρητε | ℵ αναπειρουσ | χωλ. και τυφλ.
22. ωσ επεταξ.   23. ο οικ. μου   24. ανδρων : ℵ ανθρωπων   26. ℵ πρ.
εμε | πατερ. εαυτου|ℵ την ψυχ. εαυτ. | μου μαθητ. ειναι   27. και οστισ|
ς ℵ τ. σταυρ. αυτου | μου ειν. μαθητ.   28. ℵ τα εισ απαρτ., ς τα προσ
απαρτ.   29. εμπαιζ. αυτω   31. συμβ. ετε. βασιλ. | βουλευεται | απαν-
τησαι   32. τα προσ : ℵ* προσ   33. μου ειν. μαθητ.   34. om ουν | το
αλασ bis | om και

XV.

Parabolae de ove et drachma perdita, deque filio degenere.

Ἦσαν δὲ αὐτῷ ἐγγίζοντεσ πάντεσ οἱ τελῶναι καὶ οἱ ἁμαρ- 1
τωλοὶ ἀκούειν αὐτοῦ. ² καὶ διεγόγγυζον οἵ τε Φαρισαῖοι καὶ οἱ 2
γραμματεῖσ λέγοντεσ ὅτι οὗτοσ ἁμαρτωλοὺσ προσδέχεται καὶ
συνεσθίει αὐτοῖσ. ³ εἶπεν δὲ πρὸσ αὐτοὺσ τὴν παραβολὴν ταύτην 3
λέγων· ⁴ τίσ ἄνθρωποσ ἐξ ὑμῶν ἔχων ἑκατὸν πρόβατα καὶ ἀπο- 4
λέσασ ἐξ αὐτῶν ἓν οὐ καταλείπει τὰ ἐνενήκοντα ἐννέα ἐν τῇ
ἐρήμῳ καὶ πορεύεται ἐπὶ τὸ ἀπολωλόσ, ἕωσ εὕρῃ αὐτό; ⁵ καὶ 5
εὑρὼν ἐπιτίθησιν ἐπὶ τοὺσ ὤμουσ αὐτοῦ χαίρων, ⁶ καὶ ἐλθὼν εἰσ 6
τὸν οἶκον συνκαλεῖ τοὺσ φίλουσ καὶ τοὺσ γείτονασ, λέγων αὐτοῖσ·
συνχάρητέ μοι, ὅτι εὗρον τὸ πρόβατόν μου τὸ ἀπολωλόσ. ⁷ λέγω 7
ὑμῖν ὅτι οὕτωσ χαρὰ ἐν τῷ οὐρανῷ ἔσται ἐπὶ ἑνὶ ἁμαρτωλῷ μετα-
νοοῦντι ἢ ἐπὶ ἐνενήκοντα ἐννέα δικαίοισ οἵτινεσ οὐ χρείαν ἔχου-
σιν μετανοίασ. ⁸ Ἢ τίσ γυνὴ δραχμὰσ ἔχουσα δέκα, ἐὰν ἀπο- 8
λέσῃ δραχμὴν μίαν, οὐχὶ ἅπτει λύχνον καὶ σαροῖ τὴν οἰκίαν καὶ
ζητεῖ ἐπιμελῶσ ἕωσ ὅτου εὕρῃ; ⁹ καὶ εὑροῦσα συνκαλεῖ τὰσ φίλασ 9
καὶ γείτονασ λέγουσα· συνχάρητέ μοι, ὅτι εὗρον τὴν δραχμὴν ἣν
ἀπώλεσα. ¹⁰ οὕτωσ, λέγω ὑμῖν, γίνεται χαρὰ ἐνώπιον τῶν ἀγγέ- 10
λων τοῦ θεοῦ ἐπὶ ἑνὶ ἁμαρτωλῷ μετανοοῦντι.

Εἶπεν δέ· ἄνθρωπόσ τισ εἶχεν δύο υἱούσ. ¹² καὶ εἶπεν ὁ 11 12
νεώτεροσ αὐτῶν τῷ πατρί· πάτερ, δόσ μοι τὸ ἐπιβάλλον μέροσ
τῆσ οὐσίασ. καὶ διεῖλεν αὐτοῖσ τὸν βίον. ¹³ καὶ μετ᾽ οὐ πολλὰσ 13
ἡμέρασ συναγαγὼν ἅπαντα ὁ νεώτεροσ υἱὸσ ἀπεδήμησεν εἰσ χώραν
μακράν, καὶ ἐκεῖ διεσκόρπισεν τὴν οὐσίαν αὐτοῦ ζῶν ἀσώτωσ.
¹⁴ δαπανήσαντοσ δὲ αὐτοῦ πάντα ἐγένετο λιμὸσ ἰσχυρὰ κατὰ τὴν 14
χώραν ἐκείνην, καὶ αὐτὸσ ἤρξατο ὑστερεῖσθαι. ¹⁵ καὶ πορευθεὶσ 15
ἐκολλήθη ἑνὶ τῶν πολιτῶν τῆσ χώρασ ἐκείνησ, καὶ ἔπεμψεν αὐτὸν
εἰσ τοὺσ ἀγροὺσ αὐτοῦ βόσκειν χοίρουσ· ¹⁶ καὶ ἐπεθύμει γεμίσαι 16
τὴν κοιλίαν αὐτοῦ ἀπὸ τῶν κερατίων ὧν ἤσθιον οἱ χοῖροι, καὶ
οὐδεὶσ ἐδίδου αὐτῷ. ¹⁷ εἰσ ἑαυτὸν δὲ ἐλθὼν ἔφη· πόσοι μίσθιοι 17
τοῦ πατρόσ μου περισσεύουσιν ἄρτων· ἐγὼ δὲ λιμῷ ὧδε ἀπόλ-
λυμαι. ¹⁸ ἀναστὰσ πορεύσομαι πρὸσ τὸν πατέρα μου καὶ ἐρῶ 18
αὐτῷ· πάτερ, ἥμαρτον εἰσ τὸν οὐρανὸν καὶ ἐνώπιόν σου, ¹⁹ οὐκέτι 19
εἰμὶ ἄξιοσ κληθῆναι υἱόσ σου· ποίησόν με ὡσ ἕνα τῶν μισθίων
σου. ²⁰ καὶ ἀναστὰσ ἦλθεν πρὸσ τὸν πατέρα αὐτοῦ. ἔτι δὲ αὐτοῦ 20
μακρὰν ἀπέχοντοσ εἶδεν αὐτὸν ὁ πατὴρ αὐτοῦ καὶ ἐσπλαγχνίσθη,

XV, 1. εγγιζ. αυτω παντ. 2. om τε 4. εν εξ αυτ. | εννενηκοντα |
א εωσ ου 5. ωμ. εαυτου 6. συγκαλ. et συγχαρ. 7. χαρ. εστ. εν τ.
ουρ. | εννενηκοντα 8. א εωσ ου 9. συγκαλειται | και τασ γειτον. | συγ-
χαρ. 10. ουσι. χαρα γινεται 12. πατερ: א* om | א^c ο δε διειλεν 13. א τ.
ουσι. εαυτου 14. ισχυροσ 16. γεμι. τ. κοιλ. αυτου: א χορτασθηναι |
απο : א εκ 17. εφη: ειπε | om ωδε post λιμω 18. א* αναστ. δε 19. και
ουκετι 20. πατερ. εαυτου

καὶ δραμὼν ἐπέπεσεν ἐπὶ τὸν τράχηλον αὐτοῦ καὶ κατεφίλησεν
21 αὐτόν. ²¹ εἶπεν δὲ αὐτῷ ὁ υἱόσ· πάτερ, ἥμαρτον εἰσ τὸν οὐρανὸν
22 καὶ ἐνώπιόν σου, οὐκέτι εἰμὶ ἄξιοσ κληθῆναι υἱόσ σου. ²² εἶπεν
δὲ ὁ πατὴρ πρὸσ τοὺσ δούλουσ αὐτοῦ· ἐξενέγκατε στολὴν τὴν
πρώτην καὶ ἐνδύσατε αὐτόν, καὶ δότε δακτύλιον εἰσ τὴν χεῖρα
23 αὐτοῦ καὶ ὑποδήματα εἰσ τοὺσ πόδασ, ²³ καὶ φέρετε τὸν μόσχον
24 τὸν σιτευτόν, θύσατε, καὶ φαγόντεσ εὐφρανθῶμεν, ²⁴ ὅτι οὗτοσ ὁ
υἱόσ μου νεκρὸσ ἦν καὶ ἀνέζησεν, ἦν ἀπολωλὼσ καὶ εὑρέθη. καὶ ³²
25 ἤρξαντο εὐφραίνεσθαι. ²⁵ ἦν δὲ ὁ υἱὸσ αὐτοῦ ὁ πρεσβύτεροσ ἐν
ἀγρῷ· καὶ ὡσ ἐρχόμενοσ ἤγγισεν τῇ οἰκίᾳ, ἤκουσεν συμφωνίασ
26 καὶ χορῶν, ²⁶ καὶ προσκαλεσάμενοσ ἕνα τῶν παίδων ἐπυνθάνετο
27 τί εἴη ταῦτα. ²⁷ ὁ δὲ εἶπεν αὐτῷ ὅτι ὁ ἀδελφόσ σου ἥκει, καὶ
ἔθυσεν ὁ πατήρ σου τὸν μόσχον τὸν σιτευτόν, ὅτι ὑγιαίνοντα
28 αὐτὸν ἀπέλαβεν. ²⁸ ὠργίσθη δὲ καὶ οὐκ ἤθελεν εἰσελθεῖν· ὁ δὲ
29 πατὴρ αὐτοῦ ἐξελθὼν παρεκάλει αὐτόν. ²⁹ ὁ δὲ ἀποκριθεὶσ
εἶπεν τῷ πατρί· ἰδοὺ τοσαῦτα ἔτη δουλεύω σοι καὶ οὐδέποτε
ἐντολήν σου παρῆλθον, καὶ ἐμοὶ οὐδέποτε ἔδωκασ ἔριφον ἵνα
30 μετὰ τῶν φίλων μου εὐφρανθῶ· ³⁰ ὅτε δὲ ὁ υἱόσ σου οὗτοσ ὁ
καταφαγών σου τὸν βίον μετὰ πορνῶν ἦλθεν, ἔθυσασ αὐτῷ τὸν
31 σιτευτὸν μόσχον. ³¹ ὁ δὲ εἶπεν αὐτῷ· τέκνον, σὺ πάντοτε μετ᾽
32 ἐμοῦ εἶ, καὶ πάντα τὰ ἐμὰ σά ἐστιν· ³² εὐφρανθῆναι δὲ καὶ
χαρῆναι ἔδει, ὅτι ὁ ἀδελφόσ σου οὗτοσ νεκρὸσ ἦν καὶ ἔζησεν,
ἀπολωλὼσ καὶ εὑρέθη.

XVI.

Parabolae de oeconomo iniusto sed callido, deque Lazaro et divite. De Pharisaeis, Iohanne, lege, divortio.

1 Ἔλεγεν δὲ καὶ πρὸσ τοὺσ μαθητάσ· ἄνθρωπόσ τισ ἦν πλού-
σιοσ ὃσ εἶχεν οἰκονόμον, καὶ οὗτοσ διεβλήθη αὐτῷ ὡσ διασκορ-
2 πίζων τὰ ὑπάρχοντα αὐτοῦ. ² καὶ φωνήσασ αὐτὸν εἶπεν αὐτῷ·
τί τοῦτο ἀκούω περὶ σοῦ; ἀπόδοσ τὸν λόγον τῆσ οἰκονομίασ σου·
3 οὐ γὰρ δύνῃ ἔτι οἰκονομεῖν. ³ εἶπεν δὲ ἐν ἑαυτῷ ὁ οἰκονόμοσ·
τί ποιήσω, ὅτι ὁ κύριόσ μου ἀφαιρεῖται τὴν οἰκονομίαν ἀπ᾽ ἐμοῦ;
4 σκάπτειν οὐκ ἰσχύω, ἐπαιτεῖν αἰσχύνομαι. ⁴ ἔγνων τί ποιήσω,
ἵνα ὅταν μετασταθῶ ἐκ τῆσ οἰκονομίασ δέξωνταί με εἰσ τοὺσ
5 οἴκουσ ἑαυτῶν. ⁵ καὶ προσκαλεσάμενοσ ἕνα ἕκαστον τῶν χρεο-
φειλετῶν τοῦ κυρίου ἑαυτοῦ ἔλεγεν τῷ πρώτῳ· πόσον ὀφείλεισ

---

21. και ουκετι | υιοσ σου : ℵ add ποιησον με ως ενα των μισθιων σου
22. ℵ δουλ. εαυτου | ℵ ταχυ εξενεγκ. | την στολην   23. φερετε : ενενκαν-
τεσ 24. ℵ ο υι. μου ουτοσ | και απολωλωσ ην | ℵ* om και ante ηρξ.
26. παιδων : ς (non ς^e) add αυτον 28. ο δε : ο ουν 30. τον μοσχ. τον
σιτευτ. 32. ανεζησεν | και απολωλ. ην

XVI, 1. μαθητασ : add αυτον 2. δυνηση 4. ℵ ινα αν μετ. | om εκ |
οικ. αυτων 5. χρεωφειλ. | εαυτου : ℵ* αυτου

τῷ κυρίῳ μου; ⁶ ὁ δὲ εἶπεν· ἑκατὸν βάτουσ ἐλαίου. ὁ δὲ εἶπεν 6
αὐτῷ· δέξαι σου τὰ γράμματα καὶ καθίσασ ταχέωσ γράψον πεντή-
κοντα. ⁷ ἔπειτα ἑτέρῳ εἶπεν· σὺ δὲ πόσον ὀφείλεισ; ὁ δὲ εἶπεν· 7
ἑκατὸν κόρουσ σίτου. λέγει αὐτῷ· δέξαι σου τὰ γράμματα καὶ
γράψον ὀγδοήκοντα. ⁸ καὶ ἐπήνεσεν ὁ κύριοσ τὸν οἰκονόμον τῆσ 8
ἀδικίασ, ὅτι φρονίμωσ ἐποίησεν· ὅτι οἱ υἱοὶ τοῦ αἰῶνοσ τούτου
φρονιμώτεροι ὑπὲρ τοὺσ υἱοὺσ τοῦ φωτὸσ εἰσ τὴν γενεὰν τὴν
ἑαυτῶν εἰσίν. ⁹ καὶ ἐγὼ ὑμῖν λέγω, ἑαυτοῖσ ποιήσατε φίλουσ ἐκ 9
τοῦ μαμωνᾶ τῆσ ἀδικίασ, ἵνα ὅταν ἐκλίπῃ δέξωνται ὑμᾶσ εἰσ τὰσ
αἰωνίουσ σκηνάσ. ¹⁰ ὁ πιστὸσ ἐν ἐλαχίστῳ καὶ ἐν πολλῷ πιστόσ 10
ἐστιν, καὶ ὁ ἐν ἐλαχίστῳ ἄδικοσ καὶ ἐν πολλῷ ἄδικόσ ἐστιν. ¹¹ εἰ 11
οὖν ἐν τῷ ἀδίκῳ μαμωνᾷ πιστοὶ οὐκ ἐγένεσθε, τὸ ἀληθινὸν τίσ
ὑμῖν πιστεύσει; ¹² καὶ εἰ ἐν τῷ ἀλλοτρίῳ πιστοὶ οὐκ ἐγένεσθε, τὸ 12
Mt 6, 24 ὑμέτερον τίσ δώσει ὑμῖν; ¹³ οὐδεὶσ οἰκέτησ δύναται δυσὶ κυρίοισ 13
δουλεύειν· ἢ γὰρ τὸν ἕνα μισήσει καὶ τὸν ἕτερον ἀγαπήσει, ἢ
ἑνὸσ ἀνθέξεται καὶ τοῦ ἑτέρου καταφρονήσει. οὐ δύνασθε θεῷ
δουλεύειν καὶ μαμωνᾷ.

Ἤκουον δὲ ταῦτα πάντα οἱ Φαρισαῖοι φιλάργυροι ὑπάρ- 14
χοντεσ, καὶ ἐξεμυκτήριζον αὐτόν. ¹⁵ καὶ εἶπεν αὐτοῖσ· ὑμεῖσ ἐστὲ 15
οἱ δικαιοῦντεσ ἑαυτοὺσ ἐνώπιον τῶν ἀνθρώπων, ὁ δὲ θεὸσ γινώ-
σκει τὰσ καρδίασ ὑμῶν· ὅτι τὸ ἐν ἀνθρώποισ ὑψηλὸν βδέλυγμα
Mt 11,12 s ἐνώπιον τοῦ θεοῦ. ¹⁶ ὁ νόμοσ καὶ οἱ προφῆται μέχρι Ἰωάννου· 16
ἀπὸ τότε ἡ βασιλεία τοῦ θεοῦ εὐαγγελίζεται καὶ πᾶσ εἰσ αὐτὴν
Mt 5, 18 βιάζεται. ¹⁷ εὐκοπώτερον δέ ἐστιν τὸν οὐρανὸν καὶ τὴν γῆν 17
Mt 5, 32 παρελθεῖν ἢ τοῦ νόμου μίαν κεραίαν πεσεῖν. ¹⁸ πᾶσ ὁ ἀπολύων 18
19, 9
Mc 10,11s τὴν γυναῖκα αὐτοῦ καὶ γαμῶν ἑτέραν μοιχεύει, καὶ ὁ ἀπολελυ-
μένην ἀπὸ ἀνδρὸσ γαμῶν μοιχεύει. ¹⁹ Ἄνθρωποσ δέ τισ ἦν 19
πλούσιοσ, καὶ ἐνεδιδύσκετο πορφύραν καὶ βύσσον εὐφραινόμενοσ
καθ᾽ ἡμέραν λαμπρῶσ. ²⁰ πτωχὸσ δέ τισ ὀνόματι Λάζαροσ ἐβέ- 20
βλητο πρὸσ τὸν πυλῶνα αὐτοῦ εἱλκωμένοσ ²¹ καὶ ἐπιθυμῶν χορ- 21
τασθῆναι ἀπὸ τῶν πιπτόντων ἀπὸ τῆσ τραπέζησ τοῦ πλουσίου·
ἀλλὰ καὶ οἱ κύνεσ ἐρχόμενοι ἐπέλειχον τὰ ἕλκη αὐτοῦ. ²² ἐγένετο 22
δὲ ἀποθανεῖν τὸν πτωχὸν καὶ ἀπενεχθῆναι αὐτὸν ὑπὸ τῶν ἀγγέ-
λων εἰσ τὸν κόλπον Ἀβραάμ· ἀπέθανεν δὲ καὶ ὁ πλούσιοσ καὶ
ἐτάφη. ²³ καὶ ἐν τῷ ᾅδῃ ἐπάρασ τοὺσ ὀφθαλμοὺσ αὐτοῦ, ὑπάρ- 23
χων ἐν βασάνοισ, ὁρᾷ Ἀβραὰμ ἀπὸ μακρόθεν καὶ Λάζαρον ἐν
τοῖσ κόλποισ αὐτοῦ. ²⁴ καὶ αὐτὸσ φωνήσασ εἶπεν· πάτερ Ἀβραάμ, 24

---

6. א βαδουσ | και ειπεν αυτω· δεξ. σ. το γραμμα   7. א λεγει δε, ϛ και
λεγει | το γραμμα   8. א φρονιμωτερ. post οτι pon   9. καγω | ποιησατε
εαυτοισ | εκλιπητε   12. υμιν δωσει   14. οι φαρισαιοι (sic אᵃ, א* om) :
ϛ praem και   15. του θεον : add εστιν   16. μεχρι : εωσ | א* om και παϛ
εισ αυτ. βιαζετ.   18. και πασ ο απολελυμ.   20. δε τισ : add ην | οσ εβε-
βλητ. | ηλκωμενοσ   21. απ. των ψιχιων των πιπτοντ. | απελειχον
22. του αβρααμ   23. και pri : א* om | του αβρααμ

ἐλέησόν με καὶ πέμψον Λάζαρον ἵνα βάψῃ τὸ ἄκρον τοῦ δακτύλου αὐτοῦ ὕδατοσ καὶ καταψύξῃ τὴν γλῶσσάν μου, ὅτι ὀδυνῶμαι
25 ἐν τῇ φλογὶ ταύτῃ. ²⁵ εἶπεν δὲ Ἀβραάμ· τέκνον, μνήσθητι ὅτι ἀπέλαβεσ τὰ ἀγαθά σου ἐν τῇ ζωῇ σου, καὶ Λάζαροσ ὁμοίωσ
26 τὰ κακά· νῦν δὲ ὧδε παρακαλεῖται, σὺ δὲ ὀδυνᾶσαι. ²⁶ καὶ ἐν πᾶσι τούτοισ μεταξὺ ἡμῶν καὶ ὑμῶν χάσμα μέγα ἐστήρικται, ὅπωσ οἱ θέλοντεσ διαβῆναι ἔνθεν πρὸσ ὑμᾶσ μὴ δύνωνται, μηδὲ
27 οἱ ἐκεῖθεν πρὸσ ἡμᾶσ διαπερῶσιν. ²⁷ εἶπεν δέ· ἐρωτῶ οὖν σε,
28 πάτερ, ἵνα πέμψῃσ αὐτὸν εἰσ τὸν οἶκον τοῦ πατρόσ μου· ²⁸ ἔχω γὰρ πέντε ἀδελφούσ· ὅπωσ διαμαρτύρηται αὐτοῖσ, ἵνα μὴ καὶ
29 αὐτοὶ ἔλθωσιν εἰσ τὸν τόπον τοῦτον τῆσ βασάνου. ²⁹ λέγει δὲ Ἀβραάμ· ἔχουσι Μωϋσέα καὶ τοὺσ προφήτασ· ἀκουσάτωσαν αὐ-
30 τῶν. ³⁰ ὁ δὲ εἶπεν· οὐχί, πάτερ Ἀβραάμ, ἀλλ' ἐάν τισ ἀπὸ
31 νεκρῶν πορευθῇ πρὸσ αὐτούσ, μετανοήσουσιν. ³¹ εἶπεν δὲ αὐτῷ· εἰ Μωϋσέωσ καὶ τῶν προφητῶν οὐκ ἀκούουσιν, οὐδὲ ἐάν τισ ἐκ νεκρῶν ἀναστῇ πεισθήσονται.

XVII.

Cavenda offensio; placabilitas sectanda.   Vis fidei; servi inutiles.   Decem leprosi.   Regnum divinum quando et quomodo sit venturum.

1 Εἶπεν δὲ πρὸσ τοὺσ μαθητὰσ αὐτοῦ· ἀνένδεκτόν ἐστιν τοῦ
2 τὰ σκάνδαλα μὴ ἐλθεῖν, οὐαὶ δὲ δι' οὗ ἔρχεται· ² λυσιτελεῖ αὐτῷ εἰ λίθοσ μυλικὸσ περίκειται περὶ τὸν τράχηλον αὐτοῦ καὶ ἔρριπται εἰσ τὴν θάλασσαν, ἢ ἵνα σκανδαλίσῃ τῶν μικρῶν τούτων ἕνα.
3 ³ προσέχετε ἑαυτοῖσ. ἐὰν ἁμάρτῃ ὁ ἀδελφόσ σου, ἐπιτίμησον
4 αὐτῷ, καὶ ἐὰν μετανοήσῃ, ἄφεσ αὐτῷ. ⁴ καὶ ἐὰν ἑπτάκισ τῆσ ἡμέρασ ἁμαρτήσῃ εἰσ σὲ καὶ ἑπτάκισ ἐπιστρέψῃ πρόσ σε λέγων· μετανοῶ, ἀφήσεισ αὐτῷ.
5 Καὶ εἶπαν οἱ ἀπόστολοι τῷ κυρίῳ· πρόσθεσ ἡμῖν πίστιν.
6 ⁶ εἶπεν δὲ ὁ κύριοσ· εἰ ἔχετε πίστιν ὡσ κόκκον σινάπεωσ, ἐλέγετε ἂν τῇ συκαμίνῳ ταύτῃ· ἐκριζώθητι καὶ φυτεύθητι ἐν τῇ θαλάσσῃ,
7 καὶ ὑπήκουσεν ἂν ὑμῖν. ⁷ Τίσ δὲ ἐξ ὑμῶν δοῦλον ἔχων ἀροτριῶντα ἢ ποιμαίνοντα, ὃσ εἰσελθόντι ἐκ τοῦ ἀγροῦ ἐρεῖ αὐτῷ· εὐθέωσ
8 παρελθὼν ἀνάπεσε; ⁸ ἀλλ' οὐχὶ ἐρεῖ αὐτῷ· ἑτοίμασον τί δειπνήσω, καὶ περιζωσάμενοσ διακόνει μοι ἕωσ φάγω καὶ πίω, καὶ μετὰ
9 ταῦτα φάγεσαι καὶ πίεσαι σύ; ⁹ μὴ ἔχει χάριν τῷ δούλῳ ὅτι
10 ἐποίησεν τὰ διαταχθέντα; ¹⁰ οὕτωσ καὶ ὑμεῖσ, ὅταν ποιήσητε

---

24. א υδατι   25. απελαβες συ | ωδε : οδε   26. επι πασι | ενθεν : εντευθεν | א* om οι ante εκειθεν   29. λεγει αυτω αβρα. | μωσεα   30. πορευθη πρ. αυτ. : א αναστη πρ. αυτ.   31. ϛ א μωσεως

XVII, 1. om αυτου | του : ϛᵉ om | μη ελθ. τα σκανδαλ. | א πλην ουαι δι ου   2. μυλος ονικος | ενα των μικρ. τουτ.   3. εαν : add δε | αμαρτη : add εισ σε   4. ϛ א αμαρτη | κ. επτακισ τησ ημερασ επιστρ. επι σε   5. ειπον   6. ει ειχετε | א om ταυτη   7. om αυτω | ευθεωσ· παρ. αναπεσαι   8. א ετοιμ. μοι   9. χαριν εχει | τω δουλω (אa) : א* om, ϛ add εκεινω | τ. διαταχθ.: add αυτω; ου δοκω

πάντα τὰ διαταχθέντα ὑμῖν, λέγετε ὅτι δοῦλοι ἀχρεῖοί ἐσμεν, ὃ ὠφείλομεν ποιῆσαι πεποιήκαμεν.

Καὶ ἐγένετο ἐν τῷ πορεύεσθαι εἰσ Ἱερουσαλήμ, καὶ αὐτὸσ 11 διήρχετο διὰ μέσον Σαμαρίασ καὶ Γαλιλαίασ. ¹² καὶ εἰσερχομένου 12 αὐτοῦ εἴσ τινα κώμην ὑπήντησαν αὐτῷ δέκα λεπροὶ ἄνδρεσ, οἳ ἔστησαν πόρρωθεν, ¹³ καὶ αὐτοὶ ἦραν φωνὴν λέγοντεσ· Ἰησοῦ 13 ἐπιστάτα, ἐλέησον ἡμᾶσ. ¹⁴ καὶ ἰδὼν εἶπεν αὐτοῖσ· πορευθέντεσ 14 ἐπιδείξατε ἑαυτοὺσ τοῖσ ἱερεῦσιν. καὶ ἐγένετο ἐν τῷ ὑπάγειν αὐτοὺσ ἐκαθαρίσθησαν. ¹⁵ εἷσ δὲ ἐξ αὐτῶν, ἰδὼν ὅτι ἰάθη, ὑπέ- 15 στρεψεν μετὰ φωνῆσ μεγάλησ δοξάζων τὸν θεόν, ¹⁶ καὶ ἔπεσεν 16 ἐπὶ πρόσωπον παρὰ τοὺς πόδασ αὐτοῦ εὐχαριστῶν αὐτῷ· καὶ αὐτὸσ ἦν Σαμαρίτησ. ¹⁷ ἀποκριθεὶσ δὲ ὁ Ἰησοῦσ εἶπεν· οὐχὶ οἱ 17 δέκα ἐκαθαρίσθησαν; οἱ ἐννέα ποῦ; ¹⁸ οὐχ εὑρέθησαν ὑποστρέ- 18 ψαντεσ δοῦναι δόξαν τῷ θεῷ εἰ μὴ ὁ ἀλλογενὴσ οὗτοσ; ¹⁹ καὶ 19 εἶπεν αὐτῷ· ἀναστὰσ πορεύου· ἡ πίστισ σου σέσωκέν σε.

Ἐπερωτηθεὶσ δὲ ὑπὸ τῶν Φαρισαίων πότε ἔρχεται ἡ βασιλεία 20 τοῦ θεοῦ, ἀπεκρίθη αὐτοῖσ καὶ εἶπεν· οὐκ ἔρχεται ἡ βασιλεία τοῦ θεοῦ μετὰ παρατηρήσεωσ, ²¹ οὐδὲ ἐροῦσιν· ἰδοὺ ὧδε ἢ ἐκεῖ· ἰδοὺ 21 γὰρ ἡ βασιλεία τοῦ θεοῦ ἐντὸσ ὑμῶν ἐστίν.

Εἶπεν δὲ πρὸσ τοὺσ μαθητάσ· ἐλεύσονται ἡμέραι ὅτε ἐπι- 22 θυμήσετε μίαν τῶν ἡμερῶν τοῦ υἱοῦ τοῦ ἀνθρώπου ἰδεῖν, καὶ οὐκ ὄψεσθε. ²³ καὶ ἐροῦσιν ὑμῖν· ἰδοὺ ἐκεῖ, ἰδοὺ ὧδε· μὴ ἀπέλθητε 23 μηδὲ διώξητε. ²⁴ ὥσπερ γὰρ ἡ ἀστραπὴ ἀστράπτουσα ἐκ τῆσ 24 ὑπὸ τὸν οὐρανὸν εἰσ τὴν ὑπ᾽ οὐρανὸν λάμπει, οὕτωσ ἔσται ὁ υἱὸσ τοῦ ἀνθρώπου ἐν τῇ ἡμέρᾳ αὐτοῦ. ²⁵ πρῶτον δὲ δεῖ αὐτὸν πολλὰ 25 παθεῖν καὶ ἀποδοκιμασθῆναι ἀπὸ τῆσ γενεᾶσ ταύτησ. ²⁶ καὶ 26 καθὼσ ἐγένετο ἐν ταῖσ ἡμέραισ Νῶε, οὕτωσ ἔσται καὶ ἐν ταῖσ ἡμέραισ τοῦ υἱοῦ τοῦ ἀνθρώπου· ²⁷ ἤσθιον, ἔπινον, ἐγάμουν, 27 ἐγαμίζοντο, ἄχρι ἧσ ἡμέρασ εἰσῆλθεν Νῶε εἰσ τὴν κιβωτόν, καὶ ἦλθεν ὁ κατακλυσμὸσ καὶ ἀπώλεσεν ἅπαντασ. ²⁸ ὁμοίωσ καθὼσ 28 ἐγένετο ἐν ταῖσ ἡμέραισ Λώτ· ἤσθιον, ἔπινον, ἠγόραζον, ἐπώλουν, ἐφύτευον, ᾠκοδόμουν· ²⁹ ᾗ δὲ ἡμέρᾳ ἐξῆλθεν Λὼτ ἀπὸ Σοδόμων, 29 ἔβρεξεν πῦρ καὶ θεῖον ἀπ᾽ οὐρανοῦ καὶ ἀπώλεσεν ἅπαντασ. ³⁰ κατὰ 30 τὰ αὐτὰ ἔσται ᾗ ἡμέρᾳ ὁ υἱὸσ τοῦ ἀνθρώπου ἀποκαλύπτεται. ³¹ ἐν ἐκείνῃ τῇ ἡμέρᾳ ὃσ ἔσται ἐπὶ τοῦ δώματοσ καὶ τὰ σκεύη 31 αὐτοῦ ἐν τῇ οἰκίᾳ, μὴ καταβάτω ἆραι αὐτά, καὶ ὁ ἐν ἀγρῷ ὁμοίωσ μὴ ἐπιστρεψάτω εἰσ τὰ ὀπίσω. ³² μνημονεύετε τῆσ γυναικὸσ Λώτ. 32

---

10. εσμεν, οτι ο | א* ωφειλαμεν   11. πορενεσϑ.: add αυτον | δια μεσον | σαμαρειασ   12. απηντησαν | א* om οι εστ. πορρωϑ.   13. א την φωνην   16. σαμαρειτησ   17. οι δε εννεα   21. η ιδου εκει   23. א ιδ. εκει και ιδ. ωδε, ϛ ιδ. ωδε η ιδ. εκει | א μητε διωξ.   24. η αστραπτουσα | εκ τησ υπ ουρανον | εσται: add και   26. του νωε | ϛᵉ 1624. 1633. om (per errorem) του ante υιον   27. εξεγαμιζοντ.   28. ομοιωσ και ωσ   30. ϛ א* κατα ταυτα (ϛ ταυτα)   31. εν τω αγρω

33 ³³ ὅσ ἐὰν ζητήσῃ τὴν ψυχὴν αὐτοῦ περιποιήσασθαι, ἀπολέσει
34 αὐτήν, καὶ ὅσ ἐὰν ἀπολέσει, ζωογονήσει αὐτήν. ³⁴ λέγω ὑμῖν,
ταύτῃ τῇ νυκτὶ ἔσονται δύο ἐπὶ κλίνησ μιᾶσ, ὁ εἶσ παραλημφθή-
35 σεται καὶ ὁ ἕτεροσ ἀφεθήσεται· ³⁵ ἔσονται δύο ἀλήθουσαι ἐπὶ
37 τὸ αὐτό, ἡ μία παραλημφθήσεται, ἡ δὲ ἑτέρα ἀφεθήσεται. ³⁷ καὶ
ἀποκριθέντεσ λέγουσιν αὐτῷ· ποῦ, κύριε; ὁ δὲ εἶπεν αὐτοῖσ· ὅπου
τὸ σῶμα, ἐκεῖ καὶ οἱ ἀετοὶ ἐπισυναχθήσονται.

XVIII.

Parabolae de iudice et vidua, deque Pharisaeo et portitore. Christus bene
precatur infantibus. Iuvenis dives; divitiarum pericula. Christianorum
praemia. De Christi morte et reditu. Caecus Hierichunticus.

1 Ἔλεγεν δὲ παραβολὴν αὐτοῖσ πρὸσ τὸ δεῖν πάντοτε προσ-
2 εύχεσθαι αὐτοὺσ καὶ μὴ ἐνκακεῖν, ² λέγων· κριτήσ τισ ἦν ἔν τινι
πόλει τὸν θεὸν μὴ φοβούμενοσ καὶ ἄνθρωπον μὴ ἐντρεπόμενοσ.
3 ³ χήρα δὲ ἦν ἐν τῇ πόλει ἐκείνῃ, καὶ ἤρχετο πρὸσ αὐτὸν λέγουσα·
4 ἐκδίκησόν με ἀπὸ τοῦ ἀντιδίκου μου. ⁴ καὶ οὐκ ἤθελεν ἐπὶ χρόνον·
μετὰ δὲ ταῦτα εἶπεν ἐν ἑαυτῷ· εἰ καὶ τὸν θεὸν οὐ φοβοῦμαι οὐδὲ
5 ἄνθρωπον ἐντρέπομαι, ⁵ διά γε τὸ παρέχειν μοι κόπον τὴν χήραν
ταύτην, ἐκδικήσω αὐτήν, ἵνα μὴ εἰσ τέλοσ ἐρχομένη ὑπωπιάζῃ με.
6 ⁶ εἶπεν δὲ ὁ κύριοσ· ἀκούσατε τί ὁ κριτὴσ τῆσ ἀδικίασ λέγει·
7 ⁷ ὁ δὲ θεὸσ οὐ μὴ ποιήσῃ τὴν ἐκδίκησιν τῶν ἐκλεκτῶν αὐτοῦ τῶν
βοώντων αὐτῷ ἡμέρασ καὶ νυκτόσ, καὶ μακροθυμεῖ ἐπ᾽ αὐτοῖσ;
8 ⁸ λέγω ὑμῖν ὅτι ποιήσει τὴν ἐκδίκησιν αὐτῶν ἐν τάχει. πλὴν ὁ
υἱὸσ τοῦ ἀνθρώπου ἐλθὼν ἆρα εὑρήσει τὴν πίστιν ἐπὶ τῆσ γῆσ;
9 Εἶπεν δὲ καὶ πρόσ τινασ τοὺσ πεποιθότασ ἐφ᾽ ἑαυτοῖσ ὅτι
εἰσὶν δίκαιοι καὶ ἐξουθενοῦντασ τοὺσ λοιποὺσ τὴν παραβολὴν
10 ταύτην. ¹⁰ ἄνθρωποι δύο ἀνέβησαν εἰσ τὸ ἱερὸν προσεύξασθαι, ὁ
11 εἶσ Φαρισαῖοσ καὶ ὁ ἕτεροσ τελώνησ. ¹¹ ὁ Φαρισαῖοσ σταθεὶσ
ταῦτα προσηύχετο· ὁ θεόσ, εὐχαριστῶ σοι ὅτι οὐκ εἰμὶ ὥσπερ οἱ
λοιποὶ τῶν ἀνθρώπων, ἅρπαγεσ, ἄδικοι, μοιχοί, ἢ καὶ ὡσ οὗτοσ
12 ὁ τελώνησ· ¹² νηστεύω δὶσ τοῦ σαββάτου, ἀποδεκατεύω πάντα
13 ὅσα κτῶμαι. ¹³ ὁ δὲ τελώνησ μακρόθεν ἑστὼσ οὐκ ἤθελεν οὐδὲ
τοὺσ ὀφθαλμοὺσ ἐπᾶραι εἰσ τὸν οὐρανόν, ἀλλ᾽ ἔτυπτεν τὸ στῆθοσ
14 αὐτοῦ λέγων· ὁ θεόσ, ἱλάσθητί μοι τῷ ἁμαρτωλῷ. ¹⁴ λέγω ὑμῖν,

33. περιποιησ. : ς ℵ σωσαι | και οσ εαν : ℵ οσ δ αν | απολεση αυτην
34. παραληφθησεται 35. ℵ* om versum, suppl ℵᵃ | δυο εσ. | ς(non ςᵉ) μια
pro η μια | παραληφθ. | και η ετερ. 36. ςᵉ (non item ς) δυο εσονται εν
τω αγρω· ο εισ παραληφθησεται, και ο ετεροσ αφεθησεται 37. εκει
συναχθησονται οι αετοι
XVIII, 1. Ελεγε δε και | om αυτουσ | εκκακειν 3. ςᵉ (non ς) χηρα
δε τισ 4. ηθελησεν | και ανθρω. ουκ εντρ. 5. παρεχειν : ς* παρενοχ-
λειν | ℵ* κοπουσ 6. ακουσατε (ℵᵃ) : ℵ* om 7. ποιησει | των βοωντ.
προσ αυτον | και μακροθυμων 11. ταυτα : ς praem προσ εαυτον,
ℵᶜ add πρ. εαυτ. 12. αποδεκατω 13. και ο τελω. | εισ τ. ουρα. επαραι |
εισ το στηθοσ | ℵ* om c θεοσ

κατέβη οὗτοσ δεδικαιωμένοσ εἰσ τὸν οἶκον αὐτοῦ ἢ γὰρ ἐκεῖνοσ· ὅτι πᾶσ ὁ ὑψῶν ἑαυτὸν ταπεινωθήσεται, ὁ δὲ ταπεινῶν ἑαυτὸν ὑψωθήσεται.

Προσέφερον δὲ αὐτῷ καὶ τὰ βρέφη ἵνα αὐτῶν ἅπτηται· 15 ἰδόντεσ δὲ οἱ μαθηταὶ ἐπετίμων αὐτοῖσ. ¹⁶ ὁ δὲ Ἰησοῦσ προσεκα- 16 λέσατο αὐτὰ λέγων· ἄφετε τὰ παιδία ἔρχεσθαι πρόσ με καὶ μὴ κωλύετε αὐτά· τῶν γὰρ τοιούτων ἐστὶν ἡ βασιλεία τοῦ θεοῦ. ¹⁷ ἀμὴν λέγω ὑμῖν, ὃσ ἂν μὴ δέξηται τὴν βασιλείαν τοῦ θεοῦ ὡσ 17 παιδίον, οὐ μὴ εἰσέλθῃ εἰσ αὐτήν.

Καὶ ἐπηρώτησέν τισ αὐτὸν ἄρχων λέγων· διδάσκαλε ἀγαθέ, 18 τί ποιήσασ ζωὴν αἰώνιον κληρονομήσω; ¹⁹ εἶπεν δὲ αὐτῷ ὁ Ἰησοῦσ· 19 τί με λέγεισ ἀγαθόν; οὐδεὶσ ἀγαθὸσ εἰ μὴ εἷσ θεόσ. ²⁰ τὰσ 20 ἐντολὰσ οἶδασ· μὴ μοιχεύσῃσ, μὴ φονεύσῃσ, μὴ κλέψῃσ, μὴ ψευδομαρτυρήσῃσ, τίμα τὸν πατέρα σου καὶ τὴν μητέρα σου. ²¹ ὁ δὲ 21 εἶπεν· ταῦτα πάντα ἐφύλαξα ἐκ νεότητοσ. ²² ἀκούσασ δὲ ὁ Ἰη- 22 σοῦσ εἶπεν αὐτῷ· ἔτι ἕν σοι λείπει· πάντα ὅσα ἔχεισ πώλησον καὶ διάδοσ πτωχοῖσ, καὶ ἕξεισ θησαυρὸν ἐν οὐρανοῖσ, καὶ δεῦρο ἀκολούθει μοι. ²³ ὁ δὲ ἀκούσασ ταῦτα περίλυπος ἐγενήθη· ἦν γὰρ 23 πλούσιοσ σφόδρα. ²⁴ ἰδὼν δὲ αὐτὸν ὁ Ἰησοῦσ εἶπεν· πῶσ δυσκό- 24 λωσ οἱ τὰ χρήματα ἔχοντεσ εἰσ τὴν βασιλείαν τοῦ θεοῦ εἰσπορεύονται· ²⁵ εὐκοπώτερον γάρ ἐστιν κάμηλον διὰ τρήματοσ βε- 25 λόνησ εἰσελθεῖν ἢ πλούσιον εἰσ τὴν βασιλείαν τοῦ θεοῦ εἰσελθεῖν. ²⁶ εἶπαν δὲ οἱ ἀκούσαντεσ· καὶ τίσ δύναται σωθῆναι; ²⁷ ὁ δὲ 26 27 εἶπεν· τὰ ἀδύνατα παρὰ ἀνθρώποισ δυνατὰ παρὰ τῷ θεῷ ἐστίν.

Εἶπεν δὲ Πέτροσ· ἰδοὺ ἡμεῖσ ἀφέντεσ τὰ ἴδια ἠκολουθήσαμέν 28 σοι. ²⁹ ὁ δὲ εἶπεν αὐτοῖσ· ἀμὴν λέγω ὑμῖν, οὐδείσ ἐστιν ὃσ ἀφῆκεν 29 οἰκίαν ἢ γυναῖκα ἢ ἀδελφοὺσ ἢ γονεῖσ ἢ τέκνα εἵνεκεν τῆσ βασιλείασ τοῦ θεοῦ, ³⁰ ὃσ οὐχὶ μὴ ἀπολάβῃ πολλαπλασίονα ἐν τῷ 30 καιρῷ τούτῳ, καὶ ἐν τῷ αἰῶνι τῷ ἐρχομένῳ ζωὴν αἰώνιον.

Παραλαβὼν δὲ τοὺσ δώδεκα εἶπεν πρὸσ αὐτούσ· ἰδοὺ ἀναβαί- 31 νομεν εἰσ Ἱερουσαλήμ, καὶ τελεσθήσεται πάντα τὰ γεγραμμένα διὰ τῶν προφητῶν τῷ υἱῷ τοῦ ἀνθρώπου· ³² παραδοθήσεται γὰρ 32 τοῖσ ἔθνεσιν καὶ ἐμπαιχθήσεται καὶ ὑβρισθήσεται καὶ ἐμπτυσθήσεται, ³³ καὶ μαστιγώσαντεσ ἀποκτενοῦσιν αὐτόν, καὶ τῇ ἡμέρᾳ 33 τῇ τρίτῃ ἀναστήσεται. ³⁴ καὶ αὐτοὶ οὐδὲν τούτων συνῆκαν, καὶ 34 ἦν τὸ ῥῆμα τοῦτο κεκρυμμένον ἀπ' αὐτῶν, καὶ οὐκ ἐγίνωσκον τὰ λεγόμενα.

14. η εκεινοσ, א παρ εκεινου 15. επετιμησαν 16. προσκαλεσαμενοσ αυτα ειπεν 17. οσ εαν 19. ο θεοσ 21. εφυλαξαμην | εκ νεοτ. : ϛ א add μου 22. ακουσ. δε : add ταυτα | ετι : א* οτι | א δοσ | εν ουρανω 23. א ταυτα παντα | εγενετο 24. αυτον ο ιησουσ περιλυπον γενομενου ειπε | εισπορευοντ. : ϛ א εισελευσονται, idque ϛ ante εισ την 25. δια τρυμαλιασ ραφιδοσ 26. ειπον 27. εστιν : post δυνατα 28. ϛ א ο πετροσ | ϛ א* ημ. αφηκαμεν παντα και ηκ. 29. υμιν : add οτι | η γονεισ η αδελφ. η γυναικ. | ενεκεν 30. οσ ου μη 31. εισ ιεροσολυμα

140   18, 35.   LUC.

35 Ἐγένετο δὲ ἐν τῷ ἐγγίζειν αὐτὸν εἰσ Ἱερειχὼ τυφλόσ τισ
36 ἐκάθητο παρὰ τὴν ὁδὸν ἐπαιτῶν. ³⁶ἀκούσασ δὲ ὄχλου δια-
37 πορευομένου ἐπυνθάνετο τί εἴη τοῦτο. ³⁷ἀπήγγειλαν δὲ αὐτῷ
38 ὅτι Ἰησοῦσ ὁ Ναζωραῖοσ παρέρχεται. ³⁸καὶ ἐβόησεν λέγων·
39 Ἰησοῦ υἱὲ Δαυείδ, ἐλέησόν με. ³⁹καὶ οἱ προάγοντεσ ἐπετίμων
   αὐτῷ ἵνα σιγήσῃ· αὐτὸσ δὲ πολλῷ μᾶλλον ἔκραζεν· υἱὲ Δαυείδ,
40 ἐλέησόν με. ⁴⁰σταθεὶσ δὲ ὁ Ἰησοῦσ ἐκέλευσεν αὐτὸν ἀχθῆναι
41 πρὸσ αὐτόν. ἐγγίσαντοσ δὲ αὐτοῦ ἐπηρώτησεν αὐτόν· ⁴¹τί σοι
42 θέλεισ ποιήσω; ὁ δὲ εἶπεν· κύριε, ἵνα ἀναβλέψω. ⁴²καὶ ὁ Ἰη-
43 σοῦσ εἶπεν αὐτῷ· ἀνάβλεψον· ἡ πίστισ σου σέσωκέν σε. ⁴³καὶ
   παραχρῆμα ἀνέβλεψεν, καὶ ἠκολούθει αὐτῷ δοξάζων τὸν θεόν.
   καὶ πᾶσ ὁ λαὸσ ἰδὼν ἔδωκεν αἶνον τῷ θεῷ.

XIX.

Zacchaeus.   Parabola de regnum capessituro servis argentum committente.
Pullo adducto Iesus intrat Hierosolymam, refutat Pharisaeos, deplorat
urbem, purgat templum.

1 2 Καὶ εἰσελθὼν διήρχετο τὴν Ἱερειχώ. ²καὶ ἰδοὺ ἀνὴρ ὀνόματι
     καλούμενοσ Ζακχαῖοσ, καὶ αὐτὸσ ἦν ἀρχιτελώνησ, καὶ ἦν πλού-
3 σιοσ· ³καὶ ἐζήτει ἰδεῖν τὸν Ἰησοῦν τίσ ἐστιν, καὶ οὐκ ἠδύνατο
4 ἀπὸ τοῦ ὄχλου, ὅτι τῇ ἡλικίᾳ μικρὸσ ἦν. ⁴καὶ προδραμὼν εἰσ
  τὸ ἔμπροσθεν ἀνέβη ἐπὶ συκομορέαν, ἵνα ἴδῃ αὐτόν, ὅτι ἐκείνησ
5 ἤμελλεν διέρχεσθαι. ⁵καὶ ὡσ ἦλθεν ἐπὶ τὸν τόπον, ἀναβλέψασ
  ὁ Ἰησοῦσ εἶπεν πρὸσ αὐτόν· Ζακχαῖε, σπεύσασ κατάβηθι· σήμερον
6 γὰρ ἐν τῷ οἴκῳ σου δεῖ με μεῖναι. ⁶καὶ σπεύσασ κατέβη, καὶ
7 ὑπεδέξατο αὐτὸν χαίρων. ⁷καὶ ἰδόντεσ πάντεσ διεγόγγυζον, λέ-
8 γοντεσ ὅτι παρὰ ἁμαρτωλῷ ἀνδρὶ εἰσῆλθεν καταλῦσαι. ⁸σταθεὶσ
  δὲ Ζακχαῖοσ εἶπεν πρὸσ τὸν κύριον· ἰδοὺ τὰ ἡμίσειά μου τῶν
  ὑπαρχόντων, κύριε, τοῖσ πτωχοῖσ δίδωμι, καὶ εἴ τινόσ τι ἐσυκο-
9 φάντησα, ἀποδίδωμι τετραπλοῦν. ⁹εἶπεν δὲ πρὸσ αὐτὸν ὁ Ἰη-
  σοῦσ ὅτι σήμερον σωτηρία τῷ οἴκῳ τούτῳ ἐγένετο, καθότι καὶ
10 αὐτὸσ υἱὸσ Ἀβραάμ· ¹⁰ἦλθεν γὰρ ὁ υἱὸσ τοῦ ἀνθρώπου ζητῆσαι
   καὶ σῶσαι τὸ ἀπολωλόσ.
11   Ἀκουόντων δὲ αὐτῶν ταῦτα προσθεὶσ εἶπεν παραβολήν, διὰ
     τὸ ἐγγὺσ εἶναι Ἱερουσαλὴμ αὐτὸν καὶ δοκεῖν αὐτοὺσ ὅτι παρα-
12 χρῆμα μέλλει ἡ βασιλεία τοῦ θεοῦ ἀναφαίνεσθαι. ¹²εἶπεν οὖν·
   ἄνθρωπόσ τισ εὐγενὴσ ἐπορεύθη εἰσ χώραν μακράν, λαβεῖν ἑαυτῷ

---

35. ϛ ℵ ιεριχω | προσαιτων   37. ℵ* οι δε απηγγειλ. αυτω   38. δαβιδ
39. σιγηση : ϛ ℵ σιωπηση | αυτ. δε : ℵ ο δε | υιε : ℵ praem ιησου | δαβιδ
41. λεγων· τι σοι   43. ℵ ηκολ. αυτον
    XIX, 1. ιεριχω   2. και ουτοσ ην πλουσ.   4. om εισ το | ϛ (non
item ϛe) συκομωραιαν | ινα ιδη : ℵ* του ιδειν | δι εκεινησ   5. αναβλ. ο
ιησ. : add ειδεν αυτον και   7. απαντεσ | ℵ ανδρι αμαρτωλ.   8. ℵ ο
ζακχ. | τα ημιση των υπαρχ. μου | διδωμ. τοισ πτωχ.   9. υι. αβρααμ :
add εστιν   11. εγγυσ αυτ. ειν. ιερουσαλ. | ℵ* και δοκει αυτοισ

βασιλείαν καὶ ὑποστρέψαι. ¹³ καλέσασ δὲ δέκα δούλουσ ἑαυτοῦ 13
ἔδωκεν αὐτοῖσ δέκα μνᾶσ, καὶ εἶπεν πρὸσ αὐτούσ· πραγματεύσασθε
ἐν ᾧ ἔρχομαι. ¹⁴ οἱ δὲ πολῖται αὐτοῦ ἐμίσουν αὐτόν, καὶ ἀπέστει- 14
λαν πρεσβείαν ὀπίσω αὐτοῦ λέγοντεσ· οὐ θέλομεν τοῦτον βασι-
λεῦσαι ἐφ᾽ ἡμᾶσ. ¹⁵ καὶ ἐγένετο ἐν τῷ ἐπανελθεῖν αὐτὸν λαβόντα 15
τὴν βασιλείαν, καὶ εἶπεν φωνηθῆναι αὐτῷ τοὺσ δούλουσ τούτουσ
οἷσ δεδώκει τὸ ἀργύριον, ἵνα γνοῖ τίσ τί διεπραγματεύσατο.
¹⁶ παρεγένετο δὲ ὁ πρῶτοσ λέγων· κύριε, ἡ μνᾶ σου δέκα προσ- 16
ηργάσατο μνᾶσ. ¹⁷ καὶ εἶπεν αὐτῷ· εὖγε, ἀγαθὲ δοῦλε, ὅτι ἐν 17
ἐλαχίστῳ πιστὸσ ἐγένου, ἴσθι ἐξουσίαν ἔχων ἐπάνω δέκα πόλεων.
¹⁸ καὶ ἦλθεν ὁ δεύτεροσ λέγων· ἡ μνᾶ σου, κύριε, ἐποίησεν πέντε 18
μνᾶσ. ¹⁹ εἶπεν δὲ καὶ τούτῳ· καὶ σὺ ἐπάνω γίνου πέντε πόλεων. 19
²⁰ καὶ ὁ ἕτεροσ ἦλθεν λέγων· κύριε, ἰδοὺ ἡ μνᾶ σου, ἣν εἶχον 20
ἀποκειμένην ἐν σουδαρίῳ· ²¹ ἐφοβούμην γάρ σε, ὅτι ἄνθρωποσ 21
αὐστηρὸσ εἶ, αἴρεισ ὃ οὐκ ἔθηκασ, καὶ θερίζεισ ὃ οὐκ ἔσπειρασ.
²² λέγει αὐτῷ· ἐκ τοῦ στόματόσ σου κρινῶ σε, πονηρὲ δοῦλε. 22
ᾔδεισ ὅτι ἐγὼ ἄνθρωποσ αὐστηρόσ εἰμι, αἴρων ὃ οὐκ ἔθηκα, καὶ
θερίζων ὃ οὐκ ἔσπειρα; ²³ καὶ διατί οὐκ ἔδωκάσ μου τὸ ἀργύ- 23
ριον ἐπὶ τράπεζαν; κἀγὼ ἐλθὼν σὺν τόκῳ ἂν αὐτὸ ἔπραξα.
²⁴ καὶ τοῖσ παρεστῶσιν εἶπεν· ἄρατε ἀπ᾽ αὐτοῦ τὴν μνᾶν καὶ 24
δότε τῷ τὰσ δέκα μνᾶσ ἔχοντι. ²⁵ καὶ εἶπαν αὐτῷ· κύριε, ἔχει 25
δέκα μνᾶσ. ²⁶ λέγω ὑμῖν ὅτι παντὶ τῷ ἔχοντι δοθήσεται, ἀπὸ 26
δὲ τοῦ μὴ ἔχοντοσ καὶ ὃ ἔχει ἀρθήσεται. ²⁷ πλὴν τοὺσ ἐχθρούσ 27
μου τούτουσ τοὺσ μὴ θελήσαντάσ με βασιλεῦσαι ἐπ᾽ αὐτοὺσ ἀγά-
γετε ὧδε καὶ κατασφάξατε αὐτοὺσ ἔμπροσθέν μου.

Καὶ εἰπὼν ταῦτα ἐπορεύετο ἔμπροσθεν, ἀναβαίνων εἰσ Ἱερο- 28
σόλυμα. ²⁹ καὶ ἐγένετο ὡσ ἤγγισεν εἰσ Βηθφαγὴ καὶ Βηθανίαν 29
πρὸσ τὸ ὄροσ τὸ καλούμενον ἐλαιῶν, ἀπέστειλεν δύο τῶν μαθη-
τῶν ³⁰ εἰπών· ὑπάγετε εἰσ τὴν κατέναντι κώμην, ἐν ᾗ εἰσπορευό- 30
μενοι εὑρήσετε πῶλον δεδεμένον, ἐφ᾽ ὃν οὐδεὶσ πώποτε ἀνθρώ-
πων ἐκάθισεν, καὶ λύσαντεσ αὐτὸν ἀγάγετε. ³¹ καὶ ἐάν τισ ὑμᾶσ 31
ἐρωτᾷ· διατί λύετε; οὕτωσ ἐρεῖτε· ὅτι ὁ κύριοσ αὐτοῦ χρείαν ἔχει.
³² ἀπελθόντεσ δὲ οἱ ἀπεσταλμένοι εὗρον καθὼσ εἶπεν αὐτοῖσ. 32
³³ λυόντων δὲ αὐτῶν τὸν πῶλον εἶπαν οἱ κύριοι αὐτοῦ πρὸσ αὐ- 33
τούσ· τί λύετε τὸν πῶλον; ³⁴ οἱ δὲ εἶπαν· ὅτι ὁ κύριοσ αὐτοῦ χρείαν 34
ἔχει. ³⁵ καὶ ἤγαγον αὐτὸν πρὸσ τὸν Ἰησοῦν, καὶ ἐπιρίψαντεσ 35

13. εν ω : εωσ 15. οισ εδωκε | γνω | τισ τι διεπρ. : א τι διεπραγματευ-
σαντο 16. προσειργασατο δεκ. μνασ 17. ϛ א ευ | א δουλε αγαθε
18. κυριε : ante η μν. σου 19. γινου : ante επανω 20. om ο ante
ετεροσ 23. λεγει δε αυτω 23. το αργυρ. μου | επι την τραπε. | και
εγω ελθ. | επραξα αυτο 25. ειπον 26. λεγω γαρ | υμιν (אa) : א* om |
αρθησεται : add απ αυτου 27. τουτουσ : εκεινουσ | א κατασφαξετε |
αυτουσ : om 29. א* και βηθανια | των μαθητ. αυτου 30. א λεγων |
ϛ א om και ante λυσαντ. 31. ερειτε : add αυτω 33. ειπον 34. ειπον |
om οτι 35. επιρριψαντεσ

36 αὐτῶν τὰ ἱμάτια ἐπὶ τὸν πῶλον ἐπεβίβασαν τὸν Ἰησοῦν. ³⁶ πο-
ρευομένου δὲ αὐτοῦ ὑπεστρώννυον τὰ ἱμάτια αὐτῶν ἐν τῇ ὁδῷ.
37 ³⁷ ἐγγίζοντοσ δὲ αὐτοῦ ἤδη πρὸσ τῇ καταβάσει τοῦ ὄρουσ τῶν
ἐλαιῶν ἤρξαντο ἅπαν τὸ πλῆθοσ τῶν μαθητῶν χαίροντεσ αἰνεῖν
38 τὸν θεὸν φωνῇ μεγάλῃ περὶ πασῶν ὧν εἶδον δυνάμεων, ³⁸ λέγον-
τεσ· εὐλογημένοσ ὁ βασιλεὺσ ἐν ὀνόματι κυρίου· ἐν οὐρανῷ
39 εἰρήνη, καὶ δόξα ἐν ὑψίστοισ. ³⁹ καί τινεσ τῶν Φαρισαίων ἀπὸ
τοῦ ὄχλου εἶπαν πρὸσ αὐτόν· διδάσκαλε, ἐπιτίμησον τοῖσ μαθη-
40 ταῖσ σου. ⁴⁰ καὶ ἀποκριθεὶσ εἶπεν· λέγω ὑμῖν ὅτι ἐὰν οὗτοι σιω-
πήσουσιν, οἱ λίθοι κράξουσιν.
41 Καὶ ὡσ ἤγγισεν, ἰδὼν τὴν πόλιν ἔκλαυσεν ἐπ᾽ αὐτήν, λέγων
42 ⁴² ὅτι εἰ ἔγνωσ καὶ σὺ καίγε ἐν τῇ ἡμέρᾳ σου ταύτῃ τὰ πρὸσ
43 εἰρήνην σου· νῦν δὲ ἐκρύβη ἀπὸ ὀφθαλμῶν σου. ⁴³ ὅτι ἥξουσιν
ἡμέραι ἐπὶ σέ, καὶ παρεμβαλοῦσιν οἱ ἐχθροί σου χάρακά σοι καὶ
44 περικυκλώσουσίν σε καὶ συνέξουσιν σε πάντοθεν, ⁴⁴ καὶ ἐδαφιοῦσίν
σε καὶ τὰ τέκνα σου ἐν σοί, καὶ οὐκ ἀφήσουσιν λίθον ἐπὶ λίθον
ἐν σοί, ἀνθ᾽ ὧν οὐκ ἔγνωσ τὸν καιρὸν τῆσ ἐπισκοπῆσ σου.
45 Καὶ εἰσελθὼν εἰσ τὸ ἱερὸν ἤρξατο ἐκβάλλειν τοὺσ πωλοῦν-
46 τασ, ⁴⁶ λέγων αὐτοῖσ· γέγραπται· καὶ ἔσται ὁ οἶκόσ μου οἶκοσ
προσευχῆσ· ὑμεῖσ δὲ αὐτὸν ἐποιήσατε σπήλαιον λῃστῶν.
47 Καὶ ἦν διδάσκων τὸ καθ᾽ ἡμέραν ἐν τῷ ἱερῷ· οἱ δὲ ἀρχιε-
ρεῖσ καὶ οἱ γραμματεῖσ ἐζήτουν αὐτὸν ἀπολέσαι καὶ οἱ πρῶτοι
48 τοῦ λαοῦ, ⁴⁸ καὶ οὐχ εὕρισκον τὸ τί ποιήσωσιν· ὁ λαὸσ γὰρ ἅπασ
ἐξεκρέμετο αὐτοῦ ἀκούων.

XX.

Unde Iohannis baptisma? Parabola de vinitoribus filii occisoribus. Lapis
angularis. Quaestiones captiosae de censu solvendo, de resurrectione, de
Messia Davidis filio. Legis peritorum fastus et avaritia.

1 Καὶ ἐγένετο ἐν μιᾷ τῶν ἡμερῶν διδάσκοντοσ αὐτοῦ τὸν λαὸν
ἐν τῷ ἱερῷ καὶ εὐαγγελιζομένου ἐπέστησαν οἱ ἱερεῖσ καὶ οἱ γραμ-
2 ματεῖσ σὺν τοῖσ πρεσβυτέροισ, ² καὶ εἶπαν λέγοντεσ πρὸσ αὐτόν·
εἰπὸν ἡμῖν ἐν ποίᾳ ἐξουσίᾳ ταῦτα ποιεῖσ, ἢ τίσ ἐστιν ὁ δούσ σοι
3 τὴν ἐξουσίαν ταύτην; ³ ἀποκριθεὶσ δὲ εἶπεν πρὸσ αὐτούσ· ἐρω-
4 τήσω ὑμᾶσ κἀγὼ λόγον, καὶ εἴπατέ μοι· ⁴ τὸ βάπτισμα τὸ Ἰω-
5 άννου ἐξ οὐρανοῦ ἦν ἢ ἐξ ἀνθρώπων; ⁵ οἱ δὲ συνελογίσαντο

35. εαυτων τα ιμ. 38. ο ερχομενος βασιλευσ | ειρη. εν ουρ. 39. ειπον
40. ειπεν: add αυτοισ | σιωπησωσιν | κεκραξονται 41. επ αυτη 42. א
ει εγνωσ εν τη ημερα ταυτη και συ τα | א om σου post ειρη. 43. περι-
βαλουσι | א* om σε bis 44. αφησ. εν σοι λιθ. επι λιθω 45. τ. πω-
λουντασ: add εν αυτω και αγοραζοντασ 46. και εσται (haec א* om) ο
οικ. etc : οτι (ς om, non ςᵉ) ο οικ. μ. οικ. προσευχ. εστιν 48. εξεκρε-
ματο

XX, 1. των ημερων : add εκεινων | ιερεισ : ς א αρχιερεισ 2. ειπον|
λεγοντεσ : post πρ. αυτ. | ειπον (ς ειπε) ημιν : א* om 3. א* προσ αυτον|
ενα λογον 4. om το sec 5. א συνελογιζοντο

πρὸσ ἑαυτοὺσ λέγοντεσ ὅτι ἐὰν εἴπωμεν· ἐξ οὐρανοῦ, ἐρεῖ· διατί
οὐκ ἐπιστεύσατε αὐτῷ; ⁶ἐὰν δὲ εἴπωμεν· ἐξ ἀνθρώπων, ὁ λαὸσ 6
ἅπασ καταλιθάσει ἡμᾶσ· πεπεισμένοσ γάρ ἐστιν Ἰωάννην προφή-
την εἶναι. ⁷ καὶ ἀπεκρίθησαν μὴ εἰδέναι πόθεν. ⁸ καὶ ὁ Ἰησοῦσ 7 8
εἶπεν αὐτοῖσ· οὐδὲ ἐγὼ λέγω ὑμῖν ἐν ποίᾳ ἐξουσίᾳ ταῦτα ποιῶ.
Ἤρξατο δὲ πρὸσ τὸν λαὸν λέγειν τὴν παραβολὴν ταύτην. 9
ἄνθρωποσ ἐφύτευσεν ἀμπελῶνα καὶ ἐξέδετο αὐτὸν γεωργοῖσ, καὶ
ἀπεδήμησεν χρόνουσ ἱκανούσ. ¹⁰ καὶ καιρῷ ἀπέστειλεν πρὸσ 10
τοὺσ γεωργοὺσ δοῦλον, ἵνα ἀπὸ τοῦ καρποῦ τοῦ ἀμπελῶνοσ δώ-
σουσιν αὐτῷ· οἱ δὲ γεωργοὶ ἐξαπέστειλαν αὐτὸν δείραντεσ κενόν.
¹¹ καὶ προσέθετο ἕτερον πέμψαι δοῦλον· οἱ δὲ κἀκεῖνον δείραντεσ 11
καὶ ἀτιμάσαντεσ ἐξαπέστειλαν κενόν. ¹² καὶ προσέθετο τρίτον 12
πέμψαι· οἱ δὲ καὶ τοῦτον τραυματίσαντεσ ἐξέβαλον. ¹³ εἶπεν δὲ 13
ὁ κύριοσ τοῦ ἀμπελῶνοσ· τί ποιήσω; πέμψω τὸν υἱόν μου τὸν
ἀγαπητόν· ἴσωσ τοῦτον ἐντραπήσονται. ¹⁴ ἰδόντεσ δὲ αὐτὸν οἱ 14
γεωργοὶ διελογίζοντο πρὸσ ἀλλήλουσ λέγοντεσ· οὗτόσ ἐστιν ὁ
κληρονόμοσ· ἀποκτείνωμεν αὐτόν, ἵνα ἡμῶν γένηται ἡ κληρονο-
μία. ¹⁵ καὶ ἐκβαλόντεσ αὐτὸν ἔξω τοῦ ἀμπελῶνοσ ἀπέκτειναν. 15
τί οὖν ποιήσει αὐτοῖσ ὁ κύριοσ τοῦ ἀμπελῶνοσ; ¹⁶ ἐλεύσεται καὶ 16
ἀπολέσει τοὺσ γεωργοὺσ τούτουσ, καὶ δώσει τὸν ἀμπελῶνα ἄλλοισ.
ἀκούσαντεσ δὲ εἶπαν· μὴ γένοιτο. ¹⁷ ὁ δὲ ἐμβλέψασ αὐτοῖσ εἶπεν· 17
τί οὖν ἐστιν τὸ γεγραμμένον τοῦτο· λίθον ὃν ἀπεδοκίμασαν οἱ
οἰκοδομοῦντεσ, οὗτοσ ἐγενήθη εἰσ κεφαλὴν γωνίασ; ¹⁸ πᾶσ ὁ πε- 18
σὼν ἐπ' ἐκεῖνον τὸν λίθον συνθλασθήσεται· ἐφ' ὃν δ' ἂν πέσῃ,
λικμήσει αὐτόν. ¹⁹ καὶ ἐζήτησαν οἱ γραμματεῖσ καὶ οἱ ἀρχιερεῖσ 19
ἐπιβαλεῖν ἐπ' αὐτὸν τὰσ χεῖρασ ἐν αὐτῇ τῇ ὥρᾳ, καὶ ἐφοβήθησαν
τὸν λαόν· ἔγνωσαν γὰρ ὅτι πρὸσ αὐτοὺσ εἶπεν τὴν παραβολὴν
ταύτην.

Καὶ παρατηρήσαντεσ ἀπέστειλαν ἐνκαθέτουσ ὑποκρινομένουσ 20
ἑαυτοὺσ δικαίουσ εἶναι, ἵνα ἐπιλάβωνται αὐτοῦ λόγου, ὥστε παρα-
δοῦναι αὐτὸν τῇ ἀρχῇ καὶ τῇ ἐξουσίᾳ τοῦ ἡγεμόνοσ. ²¹ καὶ ἐπη- 21
ρώτησαν αὐτὸν λέγοντεσ· διδάσκαλε, οἴδαμεν ὅτι ὀρθῶσ λέγεισ
καὶ διδάσκεισ καὶ οὐ λαμβάνεισ πρόσωπον, ἀλλ' ἐπ' ἀληθείασ
τὴν ὁδὸν τοῦ θεοῦ διδάσκεισ· ²² ἔξεστιν ἡμᾶσ Καίσαρι φόρον 22
δοῦναι ἢ οὔ; ²³ κατανοήσασ δὲ αὐτῶν τὴν πανουργίαν εἶπεν πρὸσ 23
αὐτούσ· ²⁴ δείξατέ μοι δηνάριον. τίνοσ ἔχει εἰκόνα καὶ ἐπιγραφήν; 24

5. א* προσ αυτουσ] διατι : add ουν   6. πασ ο λαοσ   8. א* αποκριθεισ
pro ο ιησ. | א* ουδ   9. ανθρωπ. τισ | εξεδοτο   10. και εν καιρω | א* om
καρπου του | δωσιν | δειραντ. αυτ. εξαπεστ. κενον   11. א* εθετο |
πεμψαι ετερ.   12. προσεθετ. πεμψ. τριτ.   13. ιδοντεσ εντραπ.   14. א*
om αυτον pri | αλληλ. : εαυτουσ | ς א δευτε εστιν αποκτειν.   16. א* om τουσ
γεωργ. | ειπον   19. ς א οι αρχιερ. και οι γραμμ. | εγνωσα. γαρ (אa) : א* om |
ειπεν : post τ. παραβ. ταυτ.   20. εγκαθετ. | א* αποκρινομενουσ | ωστε :
εισ το   22. ημασ : ημιν   23. πρ. αυτουσ : add τι με πειραζετε   24. επι-
δειξατε | δηναριον : א add οι δε εδειξαν αυτω. και ειπεν

25 οἱ δὲ εἶπαν· Καίσαροσ. ²⁵ ὁ δὲ εἶπεν πρὸσ αὐτούσ· τοίνυν ἀπό-
26 δοτε τὰ Καίσαροσ Καίσαρι καὶ τὰ τοῦ θεοῦ τῷ θεῷ. ²⁶ καὶ οὐκ
ἴσχυσαν ἐπιλαβέσθαι αὐτοῦ ῥήματοσ ἐναντίον τοῦ λαοῦ, καὶ θαυ-
μάσαντεσ ἐπὶ τῇ ἀποκρίσει αὐτοῦ ἐσίγησαν.
27 Προσελθόντεσ δέ τινεσ τῶν Σαδδουκαίων, οἱ ἀντιλέγοντεσ
28 ἀνάστασιν μὴ εἶναι, ἐπηρώτησαν αὐτὸν ²⁸ λέγοντεσ· διδάσκαλε,
Μωϋσῆσ ἔγραψεν ἡμῖν, ἐάν τινοσ ἀδελφὸσ ἀποθάνῃ ἔχων γυναῖκα,
καὶ οὗτοσ ἄτεκνοσ ᾖ, ἵνα λάβῃ ὁ ἀδελφὸσ αὐτοῦ τὴν γυναῖκα καὶ
29 ἐξαναστήσῃ σπέρμα τῷ ἀδελφῷ αὐτοῦ. ²⁹ ἑπτὰ οὖν ἀδελφοὶ
30 ἦσαν. καὶ ὁ πρῶτοσ λαβὼν γυναῖκα ἀπέθανεν ἄτεκνοσ· ³⁰ καὶ ὁ
31 δεύτεροσ ³¹ καὶ ὁ τρίτοσ ἔλαβεν αὐτήν, ὡσαύτωσ δὲ καὶ οἱ ἑπτὰ
32 οὐ κατέλιπον τέκνα καὶ ἀπέθανον. ³² ὕστερον καὶ ἡ γυνὴ ἀπέθα-
33 νεν. ³³ ἡ γυνὴ οὖν ἐν τῇ ἀναστάσει τίνοσ αὐτῶν γίνεται γυνή; οἱ
34 γὰρ ἑπτὰ ἔσχον αὐτὴν γυναῖκα. ³⁴ καὶ εἶπεν αὐτοῖσ ὁ Ἰησοῦσ· οἱ
35 υἱοὶ τοῦ αἰῶνοσ τούτου γαμοῦσιν καὶ γαμίσκονται, ³⁵ οἱ δὲ κατα-
ξιωθέντεσ τοῦ αἰῶνοσ ἐκείνου τυχεῖν καὶ τῆσ ἀναστάσεωσ τῆσ ἐκ
36 νεκρῶν οὔτε γαμοῦσιν οὔτε γαμίζονται· ³⁶ οὔτε γὰρ ἀποθανεῖν
ἔτι δύνανται, ἰσάγγελοι γάρ εἰσιν, καὶ υἱοί εἰσιν θεοῦ τῆσ ἀναστά-
37 σεωσ υἱοὶ ὄντεσ. ³⁷ ὅτι δὲ ἐγείρονται οἱ νεκροί, καὶ Μωϋσῆσ ἐμή-
νυσεν ἐπὶ τῆσ βάτου, ὡσ λέγει κύριον τὸν θεὸν Ἀβραὰμ καὶ θεὸν
38 Ἰσαὰκ καὶ θεὸν Ἰακώβ· ³⁸ θεὸσ δὲ οὐκ ἔστιν νεκρῶν ἀλλὰ ζών-
39 των· πάντεσ γὰρ αὐτῷ ζῶσιν. ³⁹ ἀποκριθέντεσ δέ τινεσ τῶν
40 γραμματέων εἶπαν· διδάσκαλε, καλῶσ εἶπασ. ⁴⁰ οὐκέτι γὰρ ἐτόλ-
μων ἐπερωτᾶν αὐτὸν οὐδέν.
41 Εἶπεν δὲ πρὸσ αὐτούσ· πῶσ λέγουσιν τὸν Χριστὸν εἶναι
42 Δαυεὶδ υἱόν; ⁴² αὐτὸσ γὰρ Δαυεὶδ λέγει ἐν βίβλῳ ψαλμῶν· εἶπεν
43 ὁ κύριοσ τῷ κυρίῳ μου· κάθου ἐκ δεξιῶν μου ⁴³ ἕωσ ἂν θῶ τοὺσ
44 ἐχθρούσ σου ὑποπόδιον τῶν ποδῶν σου; ⁴⁴ Δαυεὶδ οὖν κύριον
αὐτὸν καλεῖ, καὶ πῶσ αὐτοῦ υἱόσ ἐστιν;
45 46 Ἀκούοντοσ δὲ παντὸσ τοῦ λαοῦ εἶπεν τοῖσ μαθηταῖσ· ⁴⁶ προσ-
έχετε ἀπὸ τῶν γραμματέων τῶν θελόντων περιπατεῖν ἐν στολαῖσ
καὶ φιλούντων ἀσπασμοὺσ ἐν ταῖσ ἀγοραῖσ καὶ πρωτοκαθεδρίασ
47 ἐν ταῖσ συναγωγαῖσ καὶ πρωτοκλισίασ ἐν τοῖσ δείπνοισ, ⁴⁷ οἳ
κατεσθίουσιν τὰσ οἰκίασ τῶν χηρῶν καὶ προφάσει μακρὰ προσ-
εύχονται· οὗτοι λήμψονται περισσότερον κρίμα.

24. οι δε ειπ. : αποκριθεντεσ δε ειπον   25. ειπ. αυτοισ· αποδοτ. τοιν.
26. א επιλαβ. του ρηματοσ   27. א οι λεγοντεσ   28. ϛ א μωσησ | ἤ :
αποθανῃ   29. ησαν : אᵃ add παρ ημιν   30. και ελαβεν ο δευτερ. την
γυναικα, και ουτοσ απεθανεν ατεκνοσ   31. ϛᵉ (non ϛ) και ου κατελ.
32. υστερ. δε παντων απεθαν. και η γυνη   33. ϛ א εν τη ουν (א* om)
αναστασει | א* om αυτων | γινεται : א εσται   34. και αποκριθεισ ειπ. |
εκγαμισκοντ.   35. εκγαμισκοντ.   36. εισιν : א post θεου | του θεου
37. ϛ א μωσησ | και τον Θε. ισ. κ. τον Θε. ιακ. | א* ισακ   39. ειπον
40. ουκετ. δε   41. υιον δαβιδ ειναι   42. και αυτοσ δαβιδ   44. δαβιδ |
ϛ א υιοσ αυτου εστ.   45. ϛ א τοισ μαθ. αυτου   46. εν στολ. περιπατ.
47. ϛ (non ϛᵉ) μακρᾷ | ληψοντ.

XXI.

Munusculum viduae. Finis templi, civitatis, saeculi; sors apostolorum; reditus Messiae inopinatus.

Ἀναβλέψας δὲ εἶδεν τοὺσ βάλλοντασ εἰσ τὸ γαζοφυλάκιον 1 τὰ δῶρα αὐτῶν πλουσίουσ. ² εἶδεν δέ τινα χήραν πενιχρὰν βάλ- 2 λουσαν ἐκεῖ δύο λεπτά, ³ καὶ εἶπεν· ἀληθῶσ λέγω ὑμῖν ὅτι ἡ χήρα 3 ἡ πτωχὴ αὕτη πλείω πάντων ἔβαλεν· ⁴ ἅπαντεσ γὰρ οὗτοι ἐκ τοῦ 4 περισσεύοντοσ αὐτοῖσ ἔβαλον εἰσ τὰ δῶρα, αὕτη δὲ ἐκ τοῦ ὑστερή-ματοσ αὐτῆσ ἅπαντα τὸν βίον ὃν εἶχεν ἔβαλεν.

Καί τινων λεγόντων περὶ τοῦ ἱεροῦ, ὅτι λίθοισ καλοῖσ καὶ 5 ἀναθέμασιν κεκόσμηται, εἶπεν· ⁶ ταῦτα ἃ θεωρεῖτε, ἐλεύσονται 6 ἡμέραι ἐν αἷσ οὐκ ἀφεθήσεται λίθοσ ἐπὶ λίθῳ, ὃσ οὐ καταλυθή-σεται. ⁷ ἐπηρώτησαν δὲ αὐτὸν λέγοντεσ· διδάσκαλε, πότε οὖν 7 ταῦτα ἔσται; καὶ τί τὸ σημεῖον ὅταν μέλλῃ ταῦτα γίνεσθαι; ⁸ ὁ 8 δὲ εἶπεν· βλέπετε μὴ πλανηθῆτε· πολλοὶ γὰρ ἐλεύσονται ἐπὶ τῷ ὀνόματί μου, λέγοντεσ· ἐγώ εἰμι, καὶ ὁ καιρὸσ ἤγγικεν· μὴ πορευ-θῆτε ὀπίσω αὐτῶν. ⁹ ὅταν δὲ ἀκούσητε πολέμουσ καὶ ἀκαταστα- 9 σίασ, μὴ πτοηθῆτε· δεῖ γὰρ ταῦτα γενέσθαι πρῶτον, ἀλλ᾽ οὐκ εὐθέωσ τὸ τέλοσ. ¹⁰ τότε ἔλεγεν αὐτοῖσ· ἐγερθήσεται ἔθνοσ ἐπ᾽ 10 ἔθνοσ καὶ βασιλεία ἐπὶ βασιλείαν, ¹¹ σεισμοί τε μεγάλοι καὶ κατὰ 11 τόπουσ λιμοὶ καὶ λοιμοὶ ἔσονται, φόβητρά τε καὶ σημεῖα ἀπ᾽ οὐρανοῦ μεγάλα ἔσται. ¹² Πρὸ δὲ τούτων πάντων ἐπιβαλοῦσιν 12 ἐφ᾽ ὑμᾶσ τὰσ χεῖρασ αὐτῶν καὶ διώξουσιν, παραδιδόντεσ εἰσ τὰσ συναγωγὰσ καὶ φυλακάσ, ἀπαγομένουσ ἐπὶ βασιλεῖσ καὶ ἡγεμόνασ ἕνεκεν τοῦ ὀνόματόσ μου· ¹³ ἀποβήσεται ὑμῖν εἰσ μαρτύριον. 13 ¹⁴ θέτε οὖν ἐν ταῖσ καρδίαισ ὑμῶν μὴ προμελετᾶν ἀπολογηθῆναι· 14 ¹⁵ ἐγὼ γὰρ δώσω ὑμῖν στόμα καὶ σοφίαν, ᾗ οὐ δυνήσονται ἀντι- 15 στῆναι ἢ ἀντειπεῖν ἅπαντεσ οἱ ἀντικείμενοι ὑμῖν. ¹⁶ παραδο- 16 θήσεσθε δὲ καὶ ὑπὸ γονέων καὶ ἀδελφῶν καὶ συγγενῶν καὶ φίλων, καὶ θανατώσουσιν ἐξ ὑμῶν, ¹⁷ καὶ ἔσεσθε μισούμενοι ὑπὸ πάντων 17 διὰ τὸ ὄνομά μου. ¹⁸ καὶ θρὶξ ἐκ τῆσ κεφαλῆσ ὑμῶν οὐ μὴ 18 ἀπόληται· ¹⁹ ἐν τῇ ὑπομονῇ ὑμῶν κτήσασθε τὰσ ψυχὰσ ὑμῶν. 19 ²⁰ Ὅταν δὲ ἴδητε κυκλουμένην ὑπὸ στρατοπέδων Ἰερουσαλήμ, 20 τότε γνῶτε ὅτι ἤγγικεν ἡ ἐρήμωσισ αὐτῆσ. ²¹ τότε οἱ ἐν τῇ Ἰου- 21 δαίᾳ φευγέτωσαν εἰσ τὰ ὄρη, καὶ οἱ ἐν μέσῳ αὐτῆσ ἐκχωρείτωσαν, καὶ οἱ ἐν ταῖσ χώραισ μὴ εἰσερχέσθωσαν εἰσ αὐτήν, ²² ὅτι ἡμέραι 22 ἐκδικήσεωσ αὗταί εἰσιν τοῦ πλησθῆναι πάντα τὰ γεγραμμένα.

XXI, 1. τα δωρ. αυτ. εισ το γαζοφυλ. 2. ειδ. δε και τινα | א λεπτ. δυο 3. א αυτη η πτωχ. | ϛ πλειον, א πλεον 4. א παντεσ | εισ τ. δωρ. του θεου | א παντα 5. καλοισ : א ᵃ μεγαλοισ | αναθημασι 6. επι λιθω : א add ωδε 8. λεγοντεσ : add οτι | μη : add ουν 10. επι εθν. 11. μεγαλ. κατ. τοπ. και | απ ουρανου : א post μεγαλ. 12. απαντων | om τασ ante συναγω. | αγομενουσ 13. αποβησ. δε 14. θεσθε | א* om ουν | εισ τασ καρδιασ 15. αντειπ. ουδε αντιστην. | ϛ א παντεσ 20. την ιερουσαλ. 22. εισιν : א om | πληρωθηναι

Nov. Test. ed. Tf.

23 ²³ οὐαὶ ταῖσ ἐν γαστρὶ ἐχούσαισ καὶ ταῖσ θηλαζούσαισ ἐν ἐκείναισ ταῖσ ἡμέραισ· ἔσται γὰρ ἀνάγκη μεγάλη ἐπὶ τῆσ γῆσ καὶ ὀργὴ
24 τῷ λαῷ τούτῳ, ²⁴ καὶ πεσοῦνται στόματι μαχαίρησ καὶ αἰχμαλωτισθήσονται εἰσ τὰ ἔθνη πάντα, καὶ Ἱερουσαλὴμ ἔσται πατουμένη
25 ὑπὸ ἐθνῶν, ἄχρι οὗ πληρωθῶσιν καιροὶ ἐθνῶν. ²⁵ Καὶ ἔσονται σημεῖα ἐν ἡλίῳ καὶ σελήνῃ καὶ ἄστροισ, καὶ ἐπὶ τῆσ γῆσ συνοχὴ
26 ἐθνῶν ἐν ἀπορίᾳ ἤχουσ θαλάσσησ καὶ σάλου, ²⁶ ἀποψυχόντων ἀνθρώπων ἀπὸ φόβου καὶ προσδοκίασ τῶν ἐπερχομένων τῇ οἰκου-
27 μένῃ· αἱ γὰρ δυνάμεισ τῶν οὐρανῶν σαλευθήσονται. ²⁷ καὶ τότε ὄψονται τὸν υἱὸν τοῦ ἀνθρώπου ἐρχόμενον ἐν νεφέλῃ μετὰ δυνά-
28 μεωσ καὶ δόξησ πολλῆσ. ²⁸ ἀρχομένων δὲ τούτων γίνεσθαι ἀνακύψατε καὶ ἐπάρατε τὰσ κεφαλὰσ ὑμῶν, διότι ἐγγίζει ἡ ἀπολύ-
29 τρωσισ ὑμῶν. ²⁹ Καὶ εἶπεν παραβολὴν αὐτοῖσ. ἴδετε τὴν συκῆν
30 καὶ πάντα τὰ δένδρα· ³⁰ ὅταν προβάλωσιν ἤδη, βλέποντεσ ἀφ᾽
31 ἑαυτῶν γινώσκετε ὅτι ἤδη ἐγγὺσ τὸ θέροσ ἐστίν. ³¹ οὕτωσ καὶ ὑμεῖσ, ὅταν ἴδητε ταῦτα γινόμενα, γινώσκετε ὅτι ἐγγύσ ἐστιν ἡ
32 βασιλεία τοῦ θεοῦ. ³² ἀμὴν λέγω ὑμῖν ὅτι οὐ μὴ παρέλθῃ ἡ
33 γενεὰ αὕτη ἕωσ ἂν πάντα γένηται. ³³ ὁ οὐρανὸσ καὶ ἡ γῆ παρ-
34 ελεύσονται, οἱ δὲ λόγοι μου οὐ μὴ παρελεύσονται. ³⁴ Προσέχετε δὲ ἑαυτοῖσ μήποτε βαρηθῶσιν ὑμῶν αἱ καρδίαι ἐν κραιπάλῃ καὶ μέθῃ καὶ μερίμναισ βιωτικαῖσ, καὶ ἐπιστῇ ἐφ᾽ ὑμᾶσ αἰφνίδιοσ ἡ
35 ἡμέρα ἐκείνη ³⁵ ὡσ παγίσ· ἐπεισελεύσεται γὰρ ἐπὶ πάντασ τοὺσ
36 καθημένουσ ἐπὶ πρόσωπον πάσησ τῆσ γῆσ. ³⁶ ἀγρυπνεῖτε δὲ ἐν παντὶ καιρῷ δεόμενοι ἵνα κατισχύσητε ἐκφυγεῖν ταῦτα πάντα τὰ μέλλοντα γίνεσθαι, καὶ σταθῆναι ἔμπροσθεν τοῦ υἱοῦ τοῦ ἀνθρώπου.
37 ³⁷ Ἦν δὲ τὰσ ἡμέρασ ἐν τῷ ἱερῷ διδάσκων, τὰσ δὲ νύκτασ
38 ἐξερχόμενοσ ηὐλίζετο εἰσ τὸ ὄροσ τὸ καλούμενον ἐλαιών. ³⁸ καὶ πᾶσ ὁ λαὸσ ὤρθριζεν πρὸσ αὐτὸν ἐν τῷ ἱερῷ ἀκούειν αὐτοῦ.

XXII.

. Pactio proditoris. Coena paschalis; eucharistia. Petrus lapsurus; instans periculum. Discipulorum ambitio. Iesus capitur; a Petro negatur; irridetur; damnatur coram synedrio.

1 2 Ἤγγιζεν δὲ ἡ ἑορτὴ τῶν ἀζύμων ἡ λεγομένη πάσχα, ² καὶ ἐζήτουν οἱ ἀρχιερεῖσ καὶ οἱ γραμματεῖσ τὸ πῶσ ἀνέλωσιν αὐτόν· ἐφοβοῦντο γὰρ τὸν λαόν.
3 Εἰσῆλθεν δὲ σατανᾶσ εἰσ Ἰούδαν τὸν καλούμενον Ἰσκαριώ-

23. ουαι : ς ℵ add δε | εστ. γαρ : ℵ* add εν εκειναισ ταισ ημεραισ | οργ. εν τω λαω 24. ς ℵ μαχαιρασ | παντα τα εθν. | αχρι sine ου 25. εσονται : εσται | ℵ και εν απορια | ηχουσησ 26. ℵ επαρχομενων 30. ℵᶜ βλε. απ αυτων | ℵ οτι εγγ. εστιν ηδη το θερ. 33. ου μη παρελθωσι 34. δε : ℵ om | βαρυνθωσιν | αιφνιδ. εφ υμ. επιστ. | ημ. εκεινη· ³⁵ ωσ παγισ γαρ επελευσεται 36. δε : ουν | ινα καταξιωθητε εκφ. | ℵ* om ταυτα 37. Ἐλαιῶν
XXII, 3. ο σατανασ | επικαλουμενον

την, ὄντα ἐκ τοῦ ἀριθμοῦ τῶν δώδεκα, ⁴ καὶ ἀπελθὼν συνελά- 4
λησεν τοῖσ ἀρχιερεῦσιν καὶ στρατηγοῖσ τὸ πῶσ αὐτοῖσ παραδῷ
αὐτόν. ⁵ καὶ ἐχάρησαν, καὶ συνέθεντο αὐτῷ ἀργύριον δοῦναι. 5
⁶ καὶ ἐξωμολόγησεν, καὶ ἐζήτει εὐκαιρίαν τοῦ παραδοῦναι αὐτὸν 6
ἄτερ ὄχλου αὐτοῖσ.
Ἦλθεν δὲ ἡ ἡμέρα τῶν ἀζύμων, ἐν ᾗ ἔδει θύεσθαι τὸ πάσχα, 7
⁸ καὶ ἀπέστειλεν Πέτρον καὶ Ἰωάννην εἰπών· πορευθέντεσ ἑτοι- 8
μάσατε ἡμῖν τὸ πάσχα, ἵνα φάγωμεν. ⁹ οἱ δὲ εἶπαν αὐτῷ· ποῦ 9
θέλεισ ἑτοιμάσωμεν; ¹⁰ ὁ δὲ εἶπεν αὐτοῖσ· ἰδοὺ εἰσελθόντων ὑμῶν 10
εἰσ τὴν πόλιν συναντήσει ὑμῖν ἄνθρωποσ κεράμιον ὕδατοσ βαστά-
ζων· ἀκολουθήσατε αὐτῷ εἰσ τὴν οἰκίαν εἰσ ἣν εἰσπορεύεται,
¹¹ καὶ ἐρεῖτε τῷ οἰκοδεσπότῃ τῆσ οἰκίασ· λέγει σοι ὁ διδάσκαλοσ· 11
ποῦ ἐστιν τὸ κατάλυμα ὅπου τὸ πάσχα μετὰ τῶν μαθητῶν μου
φάγω; ¹² κἀκεῖνοσ ὑμῖν δείξει ἀνάγαιον μέγα ἐστρωμένον· ἐκεῖ 12
ἑτοιμάσατε. ¹³ ἀπελθόντεσ δὲ εὗρον καθὼσ εἰρήκει αὐτοῖσ, καὶ 13
ἡτοίμασαν τὸ πάσχα.
Καὶ ὅτε ἐγένετο ἡ ὥρα, ἀνέπεσεν, καὶ οἱ ἀπόστολοι σὺν 14
αὐτῷ. ¹⁵ καὶ εἶπεν πρὸσ αὐτούσ· ἐπιθυμίᾳ ἐπεθύμησα τοῦτο τὸ 15
πάσχα φαγεῖν μεθ' ὑμῶν πρὸ τοῦ με παθεῖν· ¹⁶ λέγω γὰρ ὑμῖν 16
ὅτι οὐκέτι οὐ μὴ φάγω αὐτὸ ἕωσ ὅτου πληρωθῇ ἐν τῇ βασιλείᾳ
τοῦ θεοῦ. ¹⁷ καὶ δεξάμενοσ ποτήριον εὐχαριστήσασ εἶπεν· λάβετε 17
τοῦτο καὶ διαμερίσατε εἰσ ἑαυτούσ· ¹⁸ λέγω γὰρ ὑμῖν ὅτι οὐ μὴ 18
πίω ἀπὸ τοῦ νῦν ἀπὸ τοῦ γενήματοσ τῆσ ἀμπέλου ἕωσ ὅτου ἡ
βασιλεία τοῦ θεοῦ ἔλθῃ. ¹⁹ Καὶ λαβὼν ἄρτον εὐχαριστήσασ 19
ἔκλασεν καὶ ἔδωκεν αὐτοῖσ λέγων· τοῦτό ἐστιν τὸ σῶμά μου τὸ
ὑπὲρ ὑμῶν διδόμενον· τοῦτο ποιεῖτε εἰσ τὴν ἐμὴν ἀνάμνησιν. ²⁰ καὶ 20
τὸ ποτήριον ὡσαύτωσ μετὰ τὸ δειπνῆσαι, λέγων· τοῦτο τὸ ποτή-
ριον ἡ καινὴ διαθήκη ἐν τῷ αἵματί μου, τὸ ὑπὲρ ὑμῶν ἐκχυννό-
μενον. ²¹ Πλὴν ἰδοὺ ἡ χεὶρ τοῦ παραδιδόντοσ με μετ' ἐμοῦ ἐπὶ 21
τῆσ τραπέζησ. ²² ὅτι ὁ υἱὸσ μὲν τοῦ ἀνθρώπου κατὰ τὸ ὡρισ- 22
μένον πορεύσεται, πλὴν οὐαὶ τῷ ἀνθρώπῳ ἐκείνῳ δι' οὗ παραδί-
δοται. ²³ καὶ αὐτοὶ ἤρξαντο συνζητεῖν πρὸσ ἑαυτοὺσ τὸ τίσ ἄρα 23
εἴη ἐξ αὐτῶν ὁ τοῦτο μέλλων πράσσειν.
Ἐγένετο δὲ καὶ φιλονεικία ἐν αὐτοῖσ, τὸ τίσ αὐτῶν δοκεῖ 24
εἶναι μείζων. ²⁵ ὁ δὲ εἶπεν αὐτοῖσ· οἱ βασιλεῖσ τῶν ἐθνῶν 25

4. και τοισ στρατ. | αυτον παραδω αυτοισ 6. κ. εξωμολογ. (אᶜᵇ) : א*
et cᵃ om | αυτοισ : ante ατερ 9. ειπον 10. א* om υδατοσ | εισ ην : ου |
τησ οικιασ : א add λεγοντεσ | א το καταλυ. μου 12. αναωγεον | א κακει
13. ειρηκεν 14. ϛ οι δωδεκα αποστολοι, אᶜᵃ tantum οι δωδεκ. 16. א
om ουκετι | αυτο : εξ αυτου 17. א* om τουτο | εισ εαυτουσ : εαυτοισ,
א* αλληλοισ 18. om απο του νυν | γεννηματοσ | οτου : א ου 20. ωσαυτ.
και το ποτηρ. | εκχυνόμενον 22. οτι : και | ο μεν υιοσ, א* om μεν |
πορευεται : ante κατα 23. συζητ. 24. δε και : א om και | εν αυτοισ :
א* εισ αυτουσ

10*

κυριεύουσιν αὐτῶν, καὶ οἱ ἐξουσιάζοντεσ αὐτῶν εὐεργέται καλοῦν-
26 ται· ²⁶ ὑμεῖσ δὲ οὐχ οὕτωσ, ἀλλ' ὁ μείζων ἐν ὑμῖν γινέσθω ὡσ ὁ
27 νεώτεροσ, καὶ ὁ ἡγούμενοσ ὡσ ὁ διακονῶν. ²⁷ τίσ γὰρ μείζων,
ὁ ἀνακείμενοσ ἢ ὁ διακονῶν; οὐχὶ ὁ ἀνακείμενοσ; ἐγὼ δὲ ἐν μέσῳ
28 ὑμῶν εἰμὶ ὡσ ὁ διακονῶν. ²⁸ ὑμεῖσ δέ ἐστε οἱ διαμεμενηκότεσ
29 μετ' ἐμοῦ ἐν τοῖσ πειρασμοῖσ μου. ²⁹ κἀγὼ διατίθεμαι ὑμῖν καθὼσ
30 διέθετό μοι ὁ πατήρ μου βασιλείαν, ³⁰ ἵνα ἔσθητε καὶ πίνητε ἐπὶ Mt 19, 28
τῆσ τραπέζησ μου ἐν τῇ βασιλείᾳ μου, καὶ καθήσεσθε ἐπὶ θρόνων
31 κρίνοντεσ τὰσ δώδεκα φυλὰσ τοῦ Ἰσραήλ. ³¹ Σίμων Σίμων, ἰδοὺ
32 ὁ σατανᾶσ ἐξῃτήσατο ὑμᾶσ τοῦ σινιάσαι ὡσ τὸν σῖτον· ³² ἐγὼ δὲ
ἐδεήθην περὶ σοῦ, ἵνα μὴ ἐκλίπῃ ἡ πίστισ σου. καὶ σύ ποτε
33 ἐπιστρέψασ στήρισον τοὺσ ἀδελφούσ σου. ³³ ὁ δὲ εἶπεν αὐτῷ· Mt 26, 33 s 33-35
κύριε, μετὰ σοῦ ἕτοιμόσ εἰμι καὶ εἰσ φυλακὴν καὶ εἰσ θάνατον Mc 14, 29-31
34 πορεύεσθαι. ³⁴ ὁ δὲ εἶπεν· λέγω σοι, Πέτρε, οὐ φωνήσει σήμερον Io 13, 36-38
ἀλέκτωρ ἕωσ τρὶσ ἀπαρνήσῃ μὴ εἰδέναι με.
35 Καὶ εἶπεν αὐτοῖσ· ὅτε ἀπέστειλα ὑμᾶσ ἄτερ βαλλαντίου καὶ
πήρασ καὶ ὑποδημάτων, μή τινοσ ὑστερήσατε; οἱ δὲ εἶπαν· οὐθε-
36 νόσ. ³⁶ ὁ δὲ εἶπεν αὐτοῖσ· ἀλλὰ νῦν ὁ ἔχων βαλλάντιον ἀράτω,
ὁμοίωσ καὶ πήραν, καὶ ὁ μὴ ἔχων πωλησάτω τὸ ἱμάτιον αὐτοῦ
37 καὶ ἀγορασάτω μάχαιραν. ³⁷ λέγω γὰρ ὑμῖν ὅτι τοῦτο τὸ γεγραμ-
μένον δεῖ τελεσθῆναι ἐν ἐμοί, τό· καὶ μετὰ ἀνόμων ἐλογίσθη· καὶ Es 53, 12
38 γὰρ τὸ περὶ ἐμοῦ τέλοσ ἔχει. ³⁸ οἱ δὲ εἶπαν· κύριε, ἰδοὺ μάχαιραι
ὧδε δύο. ὁ δὲ εἶπεν αὐτοῖσ· ἱκανόν ἐστιν.
39 Καὶ ἐξελθὼν ἐπορεύθη κατὰ τὸ ἔθοσ εἰσ τὸ ὄροσ τῶν ἐλαιῶν· Mt 26, 30 Mc 14, 26 Io 18, 1
40 ἠκολούθησαν δὲ αὐτῷ καὶ οἱ μαθηταί. ⁴⁰ γενόμενοσ δὲ ἐπὶ τοῦ 40 ss
τόπου εἶπεν αὐτοῖσ· προσεύχεσθε μὴ εἰσελθεῖν εἰσ πειρασμόν. Mc 14,32ss Mt26,36ss
41 ⁴¹ καὶ αὐτὸσ ἀπεσπάσθη ἀπ' αὐτῶν ὡσεὶ λίθου βολήν, καὶ θεὶσ
42 τὰ γόνατα προσηύχετο ⁴² λέγων· πάτερ, εἰ βούλει παρενέγκαι
τοῦτο τὸ ποτήριον ἀπ' ἐμοῦ· πλὴν μὴ τὸ θέλημα μού ἀλλὰ τὸ
43 σὸν γινέσθω. ⁴³ ὤφθη δὲ αὐτῷ ἄγγελοσ ἀπ' οὐρανοῦ ἐνισχύων
44 αὐτόν. ⁴⁴ καὶ γενόμενοσ ἐν ἀγωνίᾳ ἐκτενέστερον προσηύχετο. καὶ
ἐγένετο ὁ ἱδρὼσ αὐτοῦ ὡσεὶ θρόμβοι αἵματοσ καταβαίνοντοσ ἐπὶ
45 τὴν γῆν. ⁴⁵ καὶ ἀναστὰσ ἀπὸ τῆσ προσευχῆσ, ἐλθὼν πρὸσ

25. οι εξουσ. αυτ. ευεργεται : א* οι αρχοντεσ των (supple εθνων?)
εξουσιαζουσιν αυτων και ευεργεται 26. γενεσθω 27. א* τισ γαρ ο
μειζ. | ειμι εν μεσω υμ. 30. ϛ א εσθιητε | καθισησθε | אᶜ επι δωδεκα
θρον. 31. σιμ. σιμ. (א om alterum) : ϛ א praem ειπε δε ο κυριοσ |
א* ξινιασαι 32. εκλειπη | στηριξον 34. ου μη φων. | εωσ : πριν η |
א τρισ με απαρν. ειδεναι. 35. βαλαντιον | τινοσ : א* τι | ϛ א ειπον |
ουδενοσ 36. ειπεν ουν αυτοισ, אᶜ ειπ. δε αυτ. | βαλαντιον 37. οτι :
add ετι | τα περι εμου 38. ειπον | א* om κυριε 39. οι μαθητ.
αυτου 41. א προσηυξατο 42. παρενεγκειν | τουτ. το πο. (sic אᵃ,
א* τουτ. τ. π. τουτο) : το ποτ. τουτο | γενεσθω 43 et 44. אᵃ om
versum utrumq 44. א γεναμενοσ | εγενετο δε | א om ο ante ιδρωσ | κατα-
βαινοντεσ

τούσ μαθητάσ εύρεν κοιμωμένουσ αυτούσ άπό τήσ λύπησ, ⁴⁶ καὶ εἶπεν αὐτοῖσ· τί καθεύδετε; ἀναστάντεσ προσεύχεσθε, ἵνα μὴ εἰσέλθητε εἰσ πειρασμόν. ⁴⁷ Ἔτι αὐτοῦ λαλοῦντοσ, ἰδοὺ ὄχλοσ, καὶ ὁ λεγόμενοσ Ἰούδασ εἷσ τῶν δώδεκα προήρχετο αὐτούσ, καὶ ἤγγισεν τῷ Ἰησοῦ φιλῆσαι αὐτόν. ⁴⁸ Ἰησοῦσ δὲ εἶπεν αὐτῷ· Ἰούδα, φιλήματι τὸν υἱὸν τοῦ ἀνθρώπου παραδίδωσ; ⁴⁹ ἰδόντεσ δὲ οἱ περὶ αὐτὸν τὸ ἐσόμενον εἶπαν· κύριε, εἰ πατάξομεν ἐν μαχαίρῃ; ⁵⁰ καὶ ἐπάταξεν εἷσ τισ ἐξ αὐτῶν τοῦ ἀρχιερέωσ τὸν δοῦλον καὶ ἀφεῖλεν τὸ οὖσ αὐτοῦ τὸ δεξιόν. ⁵¹ ἀποκριθεὶσ δὲ ὁ Ἰησοῦσ εἶπεν· ἐᾶτε ἕωσ τούτου. καὶ ἁψάμενοσ τοῦ ὠτίου ἰάσατο αὐτόν. ⁵² εἶπεν δὲ Ἰησοῦσ πρὸσ τοὺσ παραγενομένουσ πρὸσ αὐτὸν ἀρχιερεῖσ καὶ στρατηγοὺσ τοῦ ἱεροῦ καὶ πρεσβυτέρουσ· ὡσ ἐπὶ λῃστὴν ἐξελήλύθατε μετὰ μαχαιρῶν καὶ ξύλων· ⁵³ καθ' ἡμέραν ὄντοσ μου μεθ' ὑμῶν ἐν τῷ ἱερῷ οὐκ ἐξετείνατε τὰσ χεῖρασ ἐπ' ἐμέ. ἀλλ' αὕτη ἐστὶν ὑμῶν ἡ ὥρα καὶ ἡ ἐξουσία τοῦ σκότουσ. Συλλαβόντεσ δὲ αὐτὸν ἤγαγον καὶ εἰσήγαγον εἰσ τὴν οἰκίαν τοῦ ἀρχιερέωσ· ὁ δὲ Πέτροσ ἠκολούθει μακρόθεν. ⁵⁵ περιαψάντων δὲ πῦρ ἐν μέσῳ τῆσ αὐλῆσ καὶ συνκαθισάντων ἐκάθητο ὁ Πέτροσ μέσοσ αὐτῶν. ⁵⁶ ἰδοῦσα δὲ αὐτὸν παιδίσκη τισ καθήμενον πρὸσ τὸ φῶσ καὶ ἀτενίσασα αὐτῷ εἶπεν· καὶ οὗτοσ σὺν αὐτῷ ἦν. ⁵⁷ ὁ δὲ ἠρνήσατο αὐτὸν λέγων· οὐκ οἶδα αὐτόν, γύναι. ⁵⁸ καὶ μετὰ βραχὺ ἕτεροσ ἰδὼν αὐτὸν ἔφη· καὶ σὺ ἐξ αὐτῶν εἶ. ὁ δὲ Πέτροσ ἔφη· ἄνθρωπε, οὐκ εἰμί. ⁵⁹ καὶ διαστάσησ ὡσεὶ ὥρασ μιᾶσ ἄλλοσ τισ διϊσχυρίζετο λέγων· ἐπ' ἀληθείασ καὶ οὗτοσ μετ' αὐτοῦ ἦν, καὶ γὰρ Γαλιλαῖόσ ἐστιν. ⁶⁰ εἶπεν δὲ ὁ Πέτροσ· ἄνθρωπε, οὐκ οἶδα ὃ λέγεισ. καὶ παραχρῆμα ἔτι λαλοῦντοσ αὐτοῦ ἐφώνησεν ἀλέκτωρ, ⁶¹ καὶ στραφεὶσ ὁ κύριοσ ἐνέβλεψεν τῷ Πέτρῳ· καὶ ὑπεμνήσθη ὁ Πέτροσ τοῦ λόγου τοῦ κυρίου, ὡσ εἶπεν αὐτῷ ὅτι πρὶν ἀλέκτορα φωνῆσαι σήμερον ἀπαρνήσῃ με τρίσ. ⁶² καὶ ἐξελθὼν ἔξω ἔκλαυσεν πικρῶσ.

Καὶ οἱ ἄνδρεσ οἱ συνέχοντεσ αὐτὸν ἐνέπαιζον αὐτῷ δέροντεσ, ⁶⁴ καὶ περικαλύψαντεσ αὐτὸν ἐπηρώτων λέγοντεσ· προφήτευσον, τίσ ἐστιν ὁ παίσασ σε; ⁶⁵ καὶ ἕτερα πολλὰ βλασφημοῦντεσ ἔλεγον εἰσ αὐτόν.

45. ϛᵉ τ. μαθητ. αυτου | αυτουσ κοιμωμ. 47. ετι δε | προηρχ. αυτων 48. ο δε ιησουσ | א* om ιουδα 49. ειπον αυτω· κυριε | εν μαχαιρα 50. τον δουλ. του αρχιερ. | αυτου το ουσ 51. ωτιον : add αυτου . 52. ο ιησουσ | προσ sec : επ | א εξηλθατε 53. υμων : ϛ ante εστιν, א* om 54. κ. εισηγαγον : add αυτον | ε. τον οικον 55. αφαντων | συγκαθισαντ. αυτων εκαθ. | א εν μεσω 57. א om αυτον pri | γυναι : ante ουκ οιδ. 58. μετ. βραχυ : אᵃ add παλιν | εφη sec : ειπεν | ην(אᵃ) : א* om 60. ὃ : א τι | ο αλεκτωρ 61. λογου : א ρηματοσ | om σημερον 62. εξω : add ο πετροσ 63. αυτον : τον ιησουν | א* ενεπεζαν 64. א περικαλ. επηρ. αυτ. λεγ., ϛ περικαλ. αυτον ετυπτον αυτο το προσωπον και επηρ. αυτον λεγ.

66 Καὶ ὡς ἐγένετο ἡμέρα, συνήχθη τὸ πρεσβυτέριον τοῦ λαοῦ
ἀρχιερεῖσ τε καὶ γραμματεῖσ, καὶ ἀπήγαγον αὐτὸν εἰσ τὸ συν-
67 έδριον αὐτῶν, λέγοντεσ· εἰ σὺ εἶ ὁ Χριστόσ, εἰπὸν ἡμῖν. ⁶⁷ εἶπεν
68 δὲ αὐτοῖσ· ἐὰν ὑμῖν εἴπω, οὐ μὴ πιστεύσητε· ⁶⁸ ἐὰν δὲ ἐρωτήσω,
69 οὐ μὴ ἀποκριθῆτε. ⁶⁹ ἀπὸ τοῦ νῦν δὲ ἔσται ὁ υἱὸσ τοῦ ἀν-
70 θρώπου καθήμενοσ ἐκ δεξιῶν τῆσ δυνάμεωσ τοῦ θεοῦ. ⁷⁰ εἶπαν
δὲ πάντεσ· σὺ οὖν εἶ ὁ υἱὸσ τοῦ θεοῦ; ὁ δὲ πρὸσ αὐτοὺσ ἔφη·
71 ὑμεῖσ λέγετε, ὅτι ἐγώ εἰμι. ⁷¹ οἱ δὲ εἶπαν· τί ἔτι ἔχομεν μαρτυ-
ρίασ χρείαν; αὐτοὶ γὰρ ἠκούσαμεν ἀπὸ τοῦ στόματοσ αὐτοῦ.

XXIII.

Christus coram Pilato et Herode interrogatur; damnatur; cruci affigitur;
irridetur. Latro poenitens. Portenta et mors. Iosephus; sepultura.

1 Καὶ ἀναστὰν ἅπαν τὸ πλῆθοσ αὐτῶν ἤγαγον αὐτὸν ἐπὶ τὸν
2 Πειλᾶτον. ² ἤρξαντο δὲ κατηγορεῖν αὐτοῦ λέγοντεσ· τοῦτον εὕρα-
μεν διαστρέφοντα τὸ ἔθνοσ ἡμῶν καὶ κωλύοντα φόρουσ Καίσαρι
3 διδόναι, καὶ λέγοντα ἑαυτὸν Χριστὸν βασιλέα εἶναι. ³ ὁ δὲ Πει-
λᾶτοσ ἠρώτησεν αὐτὸν λέγων· σὺ εἶ ὁ βασιλεὺσ τῶν Ἰουδαίων;
4 ὁ δὲ ἀποκριθεὶσ αὐτῷ ἔφη· σὺ λέγεισ. ⁴ ὁ δὲ Πειλᾶτοσ εἶπεν
πρὸσ τοὺσ ἀρχιερεῖσ καὶ τοὺσ ὄχλουσ· οὐδὲν εὑρίσκω αἴτιον ἐν
5 τῷ ἀνθρώπῳ τούτῳ. ⁵ οἱ δὲ ἐπίσχυον λέγοντεσ ὅτι ἀνασείει τὸν
λαόν, διδάσκων καθ᾽ ὅλησ τῆσ Ἰουδαίασ καὶ ἀρξάμενοσ ἀπὸ
6 τῆσ Γαλιλαίασ ἕωσ ὧδε. ⁶ Πειλᾶτοσ δὲ ἀκούσασ ἐπηρώτησεν εἰ
7 ὁ ἄνθρωποσ Γαλιλαῖόσ ἐστιν, ⁷ καὶ ἐπιγνοὺσ ὅτι ἐκ τῆσ ἐξουσίασ
Ἡρώδου ἐστίν, ἀνέπεμψεν αὐτὸν πρὸσ Ἡρώδην, ὄντα καὶ αὐτὸν
8 ἐν Ἱεροσολύμοισ ἐν ταύταισ ταῖσ ἡμέραισ. ⁸ ὁ δὲ Ἡρώδησ ἰδὼν
τὸν Ἰησοῦν ἐχάρη λίαν· ἦν γὰρ ἐξ ἱκανῶν χρόνων θέλων ἰδεῖν
αὐτὸν διὰ τὸ ἀκούειν περὶ αὐτοῦ, καὶ ἤλπιζέν τι σημεῖον ἰδεῖν
9 ὑπ᾽ αὐτοῦ γινόμενον. ⁹ ἐπηρώτα δὲ αὐτὸν ἐν λόγοισ ἱκανοῖσ·
10 αὐτὸσ δὲ οὐδὲν ἀπεκρίνατο αὐτῷ. ¹⁰ εἱστήκεισαν δὲ οἱ ἀρχιερεῖσ
11 καὶ οἱ γραμματεῖσ εὐτόνωσ κατηγοροῦντεσ αὐτοῦ. ¹¹ ἐξουθενήσασ
δὲ αὐτὸν καὶ ὁ Ἡρώδησ σὺν τοῖσ στρατεύμασιν αὐτοῦ καὶ ἐμπαί-
ξασ, περιβαλὼν ἐσθῆτα λαμπρὰν ἀνέπεμψεν αὐτὸν τῷ Πειλάτῳ.
12 ¹² ἐγένοντο δὲ φίλοι ὅ τε Ἡρώδησ καὶ ὁ Πειλᾶτοσ ἐν αὐτῇ τῇ ἡμέρᾳ
μετ᾽ ἀλλήλων· προϋπῆρχον γὰρ ἐν ἔχθρᾳ ὄντεσ πρὸσ αὐτούσ.

---
66. ℵ ημερ. εγενετ. | ανηγαγον | αυτων : εαυτ. | ειπε ημ. 67. ℵ* om
υμιν 68. εαν δε και | αποκριθητε : add μοι η απολυσητε 69. δε : om
70. ειπον 71. ειπον | ς ℵ χρει. εχομ. μαρτυρ.
XXIII, 1. ηγαγεν | ς ℵ πιλατ. 2. ς ℵ ευρομεν | om ημων | καισ.
φορ. διδον. | om και ante λεγοντ. 3. ς ℵ πιλατ. | επηρωτησεν 4. ς ℵ
πιλατ. 5. λαον : ℵ οχλον | ℵ* om διδασκ. | om και ante αρξαμ. 6. πιλατ.
(non ℵ) | ακουσασ : add γαλιλαιαν 7. ταυταισ : ℵ* αυταισ 8. ℵ* om
δε | θελων εξ ικανον ιδ. | ακουειν : add πολλα 9. ℵ* om δε | ουδεν : ℵ
ουκ 11. δε αυτον : ℵ* τε, ℵᶜ τε αυτον | om και pri | περιβαλων : add
αυτον | ℵ* επεμψεν | ς ℵ (etiam vv 12 et 13) πιλατ. 12. ο τε πιλατ. και
ο ηρωδ. | ℵ* προϋπηρχοντο | προσ εαυτουσ

LUC. 23, 34. 151

Πειλᾶτοσ δὲ συνκαλεσάμενοσ τοὺσ ἀρχιερεῖσ καὶ τοὺσ ἄρχον- 13
τασ καὶ τὸν λαὸν ¹⁴ εἶπεν πρὸσ αὐτούσ· προσηνέγκατέ μοι τὸν 14
ἄνθρωπον τοῦτον ὡσ ἀποστρέφοντα τὸν λαόν, καὶ ἰδοὺ ἐγὼ ἐνώ-
πιον ὑμῶν ἀνακρίνασ οὐθὲν εὗρον ἐν τῷ ἀνθρώπῳ τούτῳ αἴτιον
ὧν κατηγορεῖτε κατ' αὐτοῦ. ¹⁵ ἀλλ' οὐδὲ Ἡρώδησ· ἀνέπεμψεν 15
γὰρ αὐτὸν πρὸσ ἡμᾶσ, καὶ ἰδοὺ οὐδὲν ἄξιον θανάτου ἐστὶν πε-
πραγμένον αὐτῷ. ¹⁶ παιδεύσασ οὖν αὐτὸν ἀπολύσω. ¹⁸ ἀνέκρα- 16 18
γον δὲ πανπληθεὶ λέγοντεσ· αἶρε τοῦτον, ἀπόλυσον δὲ ἡμῖν τὸν
Βαραββᾶν· ¹⁹ ὅστισ ἦν διὰ στάσιν τινὰ γενομένην ἐν τῇ πόλει 19
καὶ φόνον βληθεὶσ ἐν τῇ φυλακῇ. ²⁰ πάλιν δὲ ὁ Πειλᾶτοσ 20
προσεφώνησεν, θέλων ἀπολῦσαι τὸν Ἰησοῦν. ²¹ οἱ δὲ ἐπεφώνουν 21
λέγοντεσ· σταύρου σταύρου αὐτόν. ²² ὁ δὲ τρίτον εἶπεν πρὸσ αὐ- 22
τούσ· τί γὰρ κακὸν ἐποίησεν οὗτοσ; οὐδὲν αἴτιον θανάτου εὗρον
ἐν αὐτῷ· παιδεύσασ οὖν αὐτὸν ἀπολύσω. ²³ οἱ δὲ ἐπέκειντο 23
φωναῖσ μεγάλαισ αἰτούμενοι αὐτὸν σταυρωθῆναι, καὶ κατίσχυον
αἱ φωναὶ αὐτῶν. ²⁴ καὶ Πειλᾶτοσ ἐπέκρινεν γενέσθαι τὸ αἴτημα 24
αὐτῶν· ²⁵ ἀπέλυσεν δὲ τὸν διὰ στάσιν καὶ φόνον βεβλημένον εἰσ 25
φυλακήν, ὃν ᾐτοῦντο, τὸν δὲ Ἰησοῦν παρέδωκεν τῷ θελήματι
αὐτῶν.

Καὶ ὡσ ἀπήγαγον αὐτόν, ἐπιλαβόμενοι Σίμωνά τινα Κυρη- 26
ναῖον ἐρχόμενον ἀπ' ἀγροῦ ἐπέθηκαν αὐτῷ τὸν σταυρὸν φέρειν
ὄπισθεν τοῦ Ἰησοῦ. ²⁷ ἠκολούθει δὲ αὐτῷ πολὺ πλῆθοσ τοῦ λαοῦ 27
καὶ γυναικῶν, αἳ ἐκόπτοντο καὶ ἐθρήνουν αὐτόν. ²⁸ στραφεὶσ δὲ 28
πρὸσ αὐτὰσ Ἰησοῦσ εἶπεν· θυγατέρεσ Ἱερουσαλήμ, μὴ κλαίετε
ἐπ' ἐμέ· πλὴν ἐφ' ἑαυτὰσ κλαίετε καὶ ἐπὶ τὰ τέκνα ὑμῶν, ²⁹ ὅτι 29
ἰδοὺ ἔρχονται ἡμέραι ἐν αἷσ ἐροῦσιν· μακάριαι αἱ στεῖραι, καὶ αἱ
κοιλίαι αἳ οὐκ ἐγέννησαν, καὶ μαστοὶ οἳ οὐκ ἔθρεψαν. ³⁰ τότε 30
ἄρξονται λέγειν τοῖσ ὄρεσιν· πέσατε ἐφ' ἡμᾶσ, καὶ τοῖσ βουνοῖσ·
καλύψατε ἡμᾶσ· ³¹ ὅτι εἰ ἐν τῷ ὑγρῷ ξύλῳ ταῦτα ποιοῦσιν, ἐν 31
τῷ ξηρῷ τί γένηται; ³² ἤγοντο δὲ καὶ ἕτεροι δύο κακοῦργοι σὺν 32
αὐτῷ ἀναιρεθῆναι.

Καὶ ὅτε ἀπῆλθον ἐπὶ τὸν τόπον τὸν καλούμενον Κρανίον, 33
ἐκεῖ ἐσταύρωσαν αὐτὸν καὶ τοὺσ κακούργουσ, ὃν μὲν ἐκ δεξιῶν,
ὃν δὲ ἐξ ἀριστερῶν. ³⁴ ὁ δὲ Ἰησοῦσ ἔλεγεν· πάτερ, ἄφεσ αὐτοῖσ· 34

---

13. συγκαλ. 14. ουδεν | ℵ om κατ 15. ανεπεμψα γαρ υμασ προσ αυτον |
17. ϛ ℵ αναγκην δε ειχεν απολυειν αυτοισ κατα εορτησ ενα 18. ανε-
κραξαν | παμπληθει 19. ϛ ℵᵃ βεβλημενοσ, ℵ* om | εισ φυλακην 20. δε:
ουν | ϛ ℵ πιλατ. | προσεφωνησεν : ℵ add αυτοισ 21. σταυρωσον σταυ-
ρωσον 23. ℵ εκειντο | αι φω. αυτων : add και των αρχιερεων 24. ϛ ℵ
πιλατ. | ο δε πιλατ. επεκρι.. 25. απελυ. δε : add αυτοισ | εισ την φυλακ.
26. σιμωνοσ τινοσ κυρηναιου· του ερχομενου | φερειν : ℵᵃ αιρειν, ℵ* om
27. γυναικων αι : ϛ add και, ℵ om αι 28. ο ιησουσ 29. ημεραι ερχοντ. |
ℵ om αι ante στειραι | om αι ante κοιλιαι | εθρεψαν : εθηλασαν 30. ϛ ℵ*
πεσετε 32. ℵ κακουργ. δυο 33. ℵ οτε ηλθον 34. ο δε ιησουσ usque
ποιουσιν : ℵᵃ om

152   23, 35.   LUC.

οὐ γὰρ οἴδασιν τί ποιοῦσιν διαμεριζόμενοι δὲ τὰ ἱμάτια αὐτοῦ
35 ἔβαλον κλήρουσ. ³⁵ καὶ εἱστήκει ὁ λαὸσ θεωρῶν· ἐξεμυκτήριζον
δὲ οἱ ἄρχοντεσ λέγοντεσ· ἄλλουσ ἔσωσεν, σωσάτω ἑαυτόν, εἰ
36 οὗτόσ ἐστιν ὁ Χριστὸσ τοῦ θεοῦ ὁ ἐκλεκτόσ. ³⁶ ἐνέπαιξαν δὲ
αὐτῷ καὶ οἱ στρατιῶται προσερχόμενοι, ὄξοσ προσφέροντεσ αὐτῷ
37 ³⁷ καὶ λέγοντεσ· εἰ σὺ εἶ ὁ βασιλεὺσ τῶν Ἰουδαίων, σῶσον σεαυτόν.
38 ³⁸ ἦν δὲ καὶ ἐπιγραφὴ ἐπ᾽ αὐτῷ· ὁ βασιλεὺσ τῶν Ἰουδαίων οὗτοσ.
39 ³⁹ Εἷσ δὲ τῶν κρεμασθέντων κακούργων ἐβλασφήμει αὐτόν· οὐχὶ Mt 27, 44
40 σὺ εἶ ὁ Χριστός; σῶσον σεαυτὸν καὶ ἡμᾶσ. ⁴⁰ ἀποκριθεὶσ δὲ ὁ Mc 15, 32
ἕτεροσ ἐπιτιμῶν αὐτῷ ἔφη· οὐδὲ φοβῇ σὺ τὸν θεόν, ὅτι ἐν τῷ
41 αὐτῷ κρίματι εἶ; ⁴¹ καὶ ἡμεῖσ μὲν δικαίωσ, ἄξια γὰρ ὧν ἐπράξα-
42 μεν ἀπολαμβάνομεν· οὗτοσ δὲ οὐδὲν ἄτοπον ἔπραξεν. ⁴² καὶ
ἔλεγεν· Ἰησοῦ, μνήσθητί μου ὅταν ἔλθῃσ ἐν τῇ βασιλείᾳ σου.
43 ⁴³ καὶ εἶπεν αὐτῷ· ἀμήν σοι λέγω, σήμερον μετ᾽ ἐμοῦ ἔσῃ ἐν τῷ
παραδείσῳ.
44 Καὶ ἦν ἤδη ὡσεὶ ὥρα ἕκτη καὶ σκότοσ ἐγένετο ἐφ᾽ ὅλην τὴν 44-49 Mt 27, 45-56
45 γῆν ἕωσ ὥρασ ἐνάτησ, ⁴⁵ τοῦ ἡλίου ἐκλιπόντοσ· ἐσχίσθη δὲ τὸ Mc 15, 33-41
46 καταπέτασμα τοῦ ναοῦ μέσον. ⁴⁶ καὶ φωνήσασ φωνῇ μεγάλῃ ὁ
Ἰησοῦσ εἶπεν· πάτερ, εἰσ χεῖράσ σου παρατίθεμαι τὸ πνεῦμά μου. Ps 30 (31), 6
47 τοῦτο δὲ εἰπὼν ἐξέπνευσεν. ⁴⁷ ἰδὼν δὲ ὁ ἑκατοντάρχησ τὸ γενό-
μενον ἐδόξαζεν τὸν θεὸν λέγων· ὄντωσ ὁ ἄνθρωποσ οὗτοσ δίκαιοσ
48 ἦν. ⁴⁸ καὶ πάντεσ οἱ συνπαραγενόμενοι ὄχλοι ἐπὶ τὴν θεωρίαν
ταύτην, θεωρήσαντεσ τὰ γενόμενα, τύπτοντεσ τὰ στήθη ὑπέστρε-
49 φον. ⁴⁹ εἱστήκεισαν δὲ πάντεσ οἱ γνωστοὶ αὐτῷ ἀπὸ μακρόθεν, Io 19, 25
καὶ γυναῖκεσ αἱ συνακολουθοῦσαι αὐτῷ ἀπὸ τῆσ Γαλιλαίασ,
ὁρῶσαι ταῦτα.
50 Καὶ ἰδοὺ ἀνὴρ ὀνόματι Ἰωσὴφ βουλευτὴσ ὑπάρχων, καὶ 50-54 Mt 27, 57-60
51 ἀνὴρ ἀγαθὸσ καὶ δίκαιοσ, ⁵¹ οὗτοσ οὐκ ἦν συνκατατιθέμενοσ τῇ Mc 15, 42-46
βουλῇ καὶ τῇ πράξει αὐτῶν, ἀπὸ Ἀριμαθαίασ πόλεωσ τῶν Ἰου- Io 19, 38-42
52 δαίων, ὃσ προσεδέχετο τὴν βασιλείαν τοῦ θεοῦ, ⁵² οὗτοσ προσ-
53 ελθὼν τῷ Πειλάτῳ ᾐτήσατο τὸ σῶμα τοῦ Ἰησοῦ, ⁵³ καὶ καθελὼν
ἐνετύλιξεν αὐτὸ σινδόνι, καὶ ἔθηκεν αὐτὸν ἐν μνήματι λαξευτῷ,

---

34. ϛ א κληρον 35. εξεμ. δε και | οι αρχοντ. συν αυτοις | א* ο (אᵃ om)
του θε. ο εκλ., ϛ ο του θε. εκλ. 36. ενεπαιζον | א om και ante οι στρατ.|
οξοσ: praem και 38. επιγρα. γεγραμμενη επ αυτω, praetereaque ϛ א*
et ᶜᵇ (non item אᶜᵃ) add γραμμασιν ελληνικοισ και (א* et ᶜᵇ om) ρωμαϊκοισ
και (א* et ᶜᵇ om) εβραϊκοισ | ουτοσ εστιν ο βασι. των ιουδ. 39. ουχι
(א praem λεγων) : λεγων· ει 40. επέτιμα αυτ. λεγων | א* ου φοβη
42. τω ιησου· μν. μου κυριε 43. ειπ. αυτω : add ο ιησουσ | ϛ א αμην
λεγω σοι 44. ϛ ην δε ωσει ωρα, και ην ωρ. ωσει | א* om και ante
σκοτοσ | εννατησ 45. του ηλ. εκλιποντοσ: και εσκοτισθη ο ηλιοσ· | και
εσχισθη 46. παραθησομαι | και ταυτα ειπων 47. εκατονταρχοσ |
εδοξασε | א οτι οντωσ 48. συμπαραγ. | θεωρουντεσ | εαυτων τα στηθη
49. ϛ א οι γνωστ. αυτου|om απο ante μακρ.|συνακολουθησασαι 50. om
και ante ανηρ 51. συγκατατεθειμενοσ | οσ και προσεδεχ. και αυτοσ
52. ϛ א πιλατ. 53. καθελων : add αυτο | εθηκ. αυτο

οὗ οὐκ ἦν οὐδεὶσ οὐδέπω κείμενοσ. ⁵⁴καὶ ἡμέρα ἦν παρασκευῆσ, 54
καὶ σάββατον ἐπέφωσκεν.

Κατακολουθήσασαι δὲ γυναῖκεσ, αἵτινεσ ἦσαν συνεληλυθυῖαι 55
ἐκ τῆσ Γαλιλαίασ αὐτῷ, ἐθεάσαντο τὸ μνημεῖον καὶ ὡσ ἐτέθη τὸ
σῶμα αὐτοῦ, ⁵⁶ὑποστρέψασαν δὲ ἡτοίμασαν ἀρώματα καὶ μύρα· 56
καὶ τὸ μὲν σάββατον ἡσύχασαν κατὰ τὴν ἐντολήν.

XXIV.

Resurrectio. Viatores Emmauntini. Iesus redivivus cum discipulis versatur
et ultima mandata dat. Discessio.

Τῇ δὲ μιᾷ τῶν σαββάτων ὄρθρου βαθέωσ ἐπὶ τὸ μνῆμα ἦλθον 1
φέρουσαι ἃ ἡτοίμασαν ἀρώματα. ²εὗρον δὲ τὸν λίθον ἀποκεκυ- 2
λισμένον ἀπὸ τοῦ μνημείου, ³εἰσελθοῦσαι δὲ οὐχ εὗρον τὸ σῶμα 3
τοῦ κυρίου Ἰησοῦ. ⁴καὶ ἐγένετο ἐν τῷ ἀπορεῖσθαι αὐτὰσ περὶ τού- 4
του, καὶ ἰδοὺ ἄνδρεσ δύο ἐπέστησαν αὐταῖσ ἐν ἐσθῆτι ἀστραπτούσῃ·
⁵ἐμφόβων δὲ γενομένων αὐτῶν καὶ κλινουσῶν τὰ πρόσωπα εἰσ τὴν 5
γῆν, εἶπαν πρὸσ αὐτάσ· τί ζητεῖτε τὸν ζῶντα μετὰ τῶν νεκρῶν;
⁶οὐκ ἔστιν ὧδε, ἀλλὰ ἠγέρθη. μνήσθητε ὡσ ἐλάλησεν ὑμῖν ἔτι 6
ὢν ἐν τῇ Γαλιλαίᾳ, ⁷λέγων τὸν υἱὸν τοῦ ἀνθρώπου ὅτι δεῖ παρα- 7
δοθῆναι εἰσ χεῖρασ ἀνθρώπων ἁμαρτωλῶν καὶ σταυρωθῆναι καὶ
τῇ τρίτῃ ἡμέρᾳ ἀναστῆναι. ⁸καὶ ἐμνήσθησαν τῶν ῥημάτων αὐτοῦ, 8
⁹καὶ ὑποστρέψασαι ἀπὸ τοῦ μνημείου ἀπήγγειλαν πάντα ταῦτα 9
τοῖσ ἕνδεκα καὶ πᾶσιν τοῖσ λοιποῖσ. ¹⁰ἦσαν δὲ ἡ Μαγδαληνὴ 10
Μαρία καὶ Ἰωάννα καὶ Μαρία ἡ Ἰακώβου, καὶ αἱ λοιπαὶ σὺν
αὐταῖσ ἔλεγον πρὸσ τοὺσ ἀποστόλουσ ταῦτα. ¹¹καὶ ἐφάνησαν 11
ἐνώπιον αὐτῶν ὡσεὶ λῆροσ τὰ ῥήματα ταῦτα, καὶ ἠπίστουν
αὐταῖσ.

Καὶ ἰδοὺ δύο ἐξ αὐτῶν ἐν αὐτῇ τῇ ἡμέρᾳ ἦσαν πορευόμενοι 13
εἰσ κώμην ἀπέχουσαν σταδίουσ ἑξήκοντα ἀπὸ Ἱερουσαλήμ, ᾗ
ὄνομα Ἐμμαούσ, ¹⁴καὶ αὐτοὶ ὡμίλουν πρὸσ ἀλλήλουσ περὶ πάν- 14
των τῶν συμβεβηκότων τούτων. ¹⁵καὶ ἐγένετο ἐν τῷ ὁμαλεῖν αὐ- 15
τοὺσ καὶ συνζητεῖν, καὶ αὐτὸσ Ἰησοῦσ ἐγγίσασ συνεπορεύετο
αὐτοῖσ· ¹⁶οἱ δὲ ὀφθαλμοὶ αὐτῶν ἐκρατοῦντο τοῦ μὴ ἐπιγνῶναι 16
αὐτόν. ¹⁷εἶπεν δὲ πρὸσ αὐτούσ· τίνεσ οἱ λόγοι οὗτοι, οὓσ ἀντι- 17
βάλλετε πρὸσ ἀλλήλουσ περιπατοῦντεσ; καὶ ἐστάθησαν σκυθρωποί.

53. ουδεπω ουδεισ 54. παρασκευη | om και ante σαββ. 55. δε και
γυναικεσ | αυτω εκ τ. γαλιλ.
XXIV, 1. βαθεοσ | ϛ א μνημειον | ηλθον: ante επι το μνημ. | αρω
ματα: add και τινεσ συν αυταισ 3. και εισελθ. | א ουκ ευρ. 4. δια
πορεισθαι | δυο ανδρ. | εν εσθησεσιν αστραπτουσαισ 5. το προσωπον |
ειπον 6. αλλ 7. οτι δει τον υι. του ανθρ. 9. ταυτα παντα 10. א
η μαγδ. μαριαμ | μαρια ιακω. | αι ελεγον 11. ταυτα: αυτων 12. ϛ א
sic: ο δε πετροσ αναστασ εδραμεν επι το μνημειον, και παρακυψασ
βλεπει τα οθονια κειμενα μονα, και απηλθε προσ εαυτον, θαυμαζων
το γεγονοσ 13. א εν τη αυτη | ησαν πορευομ. : post εξ αυτων | א εκατον
εξηκοντα 15. συζητ. | ο ιησουσ 17. και εσταθησαν : και εστε

18 ¹⁸ ἀποκριθεὶσ δὲ εἷσ, ᾧ ὄνομα Κλεόπασ, εἶπεν πρὸσ αὐτόν· σὺ μόνοσ παροικεῖσ Ἱερουσαλὴμ καὶ οὐκ ἔγνωσ τὰ γενόμενα ἐν αὐτῇ
19 ἐν ταῖσ ἡμέραισ ταύταισ; ¹⁹ καὶ εἶπεν αὐτοῖσ· ποῖα; οἱ δὲ εἶπαν αὐτῷ· τὰ περὶ Ἰησοῦ τοῦ Ναζαρηνοῦ, ὃσ ἐγένετο ἀνὴρ προφήτησ δυνατὸσ ἐν ἔργῳ καὶ λόγῳ ἐναντίον τοῦ θεοῦ καὶ παντὸσ τοῦ
20 λαοῦ, ²⁰ ὅπωσ τε παρέδωκαν αὐτὸν οἱ ἀρχιερεῖσ καὶ οἱ ἄρχοντεσ
21 ἡμῶν εἰσ κρίμα θανάτου καὶ ἐσταύρωσαν αὐτόν. ²¹ ἡμεῖσ δὲ ἠλπίζομεν ὅτι αὐτόσ ἐστιν ὁ μέλλων λυτροῦσθαι τὸν Ἰσραήλ· ἀλλά γε καὶ σὺν πᾶσιν τούτοισ τρίτην ταύτην ἡμέραν ἄγει ἀφ᾽
22 οὗ ταῦτα ἐγένετο. ²² ἀλλὰ καὶ γυναῖκέσ τινεσ ἐξ ἡμῶν ἐξέστησαν
23 ἡμᾶσ, γενόμεναι ὀρθριναὶ ἐπὶ τὸ μνημεῖον, ²³ καὶ μὴ εὑροῦσαι τὸ σῶμα αὐτοῦ ἦλθον λέγουσαι καὶ ὀπτασίαν ἀγγέλων ἑωρακέναι,
24 οἳ λέγουσιν αὐτὸν ζῆν. ²⁴ καὶ ἀπῆλθόν τινεσ τῶν σὺν ἡμῖν ἐπὶ τὸ μνημεῖον, καὶ εὗρον οὕτωσ καθὼσ καὶ αἱ γυναῖκεσ εἶπον,
25 αὐτὸν δὲ οὐκ εἶδον. ²⁵ καὶ αὐτὸσ εἶπεν πρὸσ αὐτούσ· ὦ ἀνόητοι καὶ βραδεῖσ τῇ καρδίᾳ τοῦ πιστεύειν ἐπὶ πᾶσιν οἷσ ἐλάλησαν οἱ
26 προφῆται. ²⁶ οὐχὶ ταῦτα ἔδει παθεῖν τὸν Χριστὸν καὶ εἰσελθεῖν
27 εἰσ τὴν δόξαν αὐτοῦ; ²⁷ καὶ ἀρξάμενοσ ἀπὸ Μωϋσέωσ καὶ ἀπὸ πάντων τῶν προφητῶν διερμήνευσεν αὐτοῖσ ἐν πάσαισ ταῖσ γρα-
28 φαῖσ τὰ περὶ ἑαυτοῦ. ²⁸ καὶ ἤγγισαν εἰσ τὴν κώμην οὗ ἐπορεύοντο,
29 καὶ αὐτὸσ προσεποιήσατο πορρωτέρω πορεύεσθαι· ²⁹ καὶ παρεβιάσαντο αὐτὸν λέγοντεσ· μεῖνον μεθ᾽ ἡμῶν, ὅτι πρὸσ ἑσπέραν ἐστὶν καὶ κέκλικεν ἤδη ἡ ἡμέρα. καὶ εἰσῆλθεν τοῦ μεῖναι σὺν αὐτοῖσ.
30 ³⁰ καὶ ἐγένετο ἐν τῷ κατακλιθῆναι αὐτὸν μετ᾽ αὐτῶν, λαβὼν τὸν
31 ἄρτον εὐλόγησεν καὶ κλάσασ ἐπεδίδου αὐτοῖσ· ³¹ αὐτῶν δὲ διηνοίχθησαν οἱ ὀφθαλμοί, καὶ ἐπέγνωσαν αὐτόν· καὶ αὐτὸσ ἄφαν-
32 τοσ ἐγένετο ἀπ᾽ αὐτῶν. ³² καὶ εἶπαν πρὸσ ἀλλήλουσ· οὐχὶ ἡ καρδία ἡμῶν καιομένη ἦν ἐν ἡμῖν, ὡσ ἐλάλει ἡμῖν ἐν τῇ ὁδῷ, ὡσ
33 διήνοιγεν ἡμῖν τὰσ γραφάσ; ³³ Καὶ ἀναστάντεσ αὐτῇ τῇ ὥρᾳ ὑπέστρεψαν εἰσ Ἱερουσαλήμ, καὶ εὗρον ἠθροισμένουσ τοὺσ ἕνδεκα
34 καὶ τοὺσ σὺν αὐτοῖσ, ³⁴ λέγοντασ ὅτι ὄντωσ ἠγέρθη ὁ κύριοσ καὶ
35 ὤφθη Σίμωνι. ³⁵ καὶ αὐτοὶ ἐξηγοῦντο τὰ ἐν τῇ ὁδῷ καὶ ὡσ ἐγνώσθη αὐτοῖσ ἐν τῇ κλάσει τοῦ ἄρτου.
36 Ταῦτα δὲ αὐτῶν λαλούντων αὐτὸσ ἔστη ἐν μέσῳ αὐτῶν. Io 20,19ss [Mc 16,14]
37 ³⁷ πτοηθέντεσ δὲ καὶ ἔμφοβοι γενόμενοι ἐδόκουν πνεῦμα θεωρεῖν.
38 ³⁸ καὶ εἶπεν αὐτοῖσ· τί τεταραγμένοι ἐστέ, καὶ διατί διαλογισμοὶ

---

18. ο εισ | ω ονομα : ονοματι | εν ιερουσαλημ | א και ταυτα ουκ   19. ειπον | ναζωραιον | א εν λογω και εργω   21. א ελπιζομεν | om και post αλλα γε | αγει (א* om) : add σημερον   22. ορθριαι   27. ς א μωσεωσ | ς διηρμηνευεν, א* και διερμηνευειν | εν πασαισ ταισ : א τι ην εν ταισ | ς^c περι αυτου   28. προσεποιειτο   29. om ηδη   30. א ηυλογησεν | א εδιδου   31. א* διηνοιγησαν | א* om (א^a suppl) και επεγν. αυτον   32. ειπον | και ωσ διηνοιγ.   33. συνηθροισμ.   34. ηγερθ. ο κυρ. οντωσ   36. αυτοσ : add ο ιησουσ | εν με. αυτων : ς א add και λεγει αυτοισ· ειρηνη υμιν   37. א φοβηθεντεσ δε

ἀναβαίνουσιν ἐν τῇ καρδίᾳ ὑμῶν; ³⁹ ἴδετε τὰσ χεῖράσ μου καὶ 39
τοὺσ πόδασ μον, ὅτι ἐγώ εἰμι αὐτόσ· ψηλαφήσατέ με καὶ ἴδετε,
ὅτι πνεῦμα σάρκασ καὶ ὀστέα οὐκ ἔχει καθὼσ ἐμὲ θεωρεῖτε
ἔχοντα. ⁴¹ ἔτι δὲ ἀπιστούντων αὐτῶν ἀπὸ τῆσ χαρᾶσ καὶ θαυμα- 41
ζόντων, εἶπεν αὐτοῖσ· ἔχετέ τι βρώσιμον ἐνθάδε; ⁴² οἱ δὲ ἐπέ- 42
δωκαν αὐτῷ ἰχθύοσ ὀπτοῦ μέροσ· ⁴³ καὶ λαβὼν ἐνώπιον αὐτῶν 43
ἔφαγεν. Εἶπεν δὲ πρὸσ αὐτούσ· οὗτοι οἱ λόγοι μου, οὓσ ἐλάλησα 44
πρὸσ ὑμᾶσ ἔτι ὢν σὺν ὑμῖν, ὅτι δεῖ πληρωθῆναι πάντα τὰ γεγραμ-
μένα ἐν τῷ νόμῳ Μωϋσέωσ καὶ προφήταισ καὶ ψαλμοῖσ περὶ
ἐμοῦ. ⁴⁵ τότε διήνοιξεν αὐτῶν τὸν νοῦν τοῦ συνιέναι τὰσ γραφάσ, 45
⁴⁶ καὶ εἶπεν αὐτοῖσ ὅτι οὕτωσ γέγραπται παθεῖν τὸν Χριστὸν 46
καὶ ἀναστῆναι ἐκ νεκρῶν τῇ τρίτῃ ἡμέρᾳ, ⁴⁷ καὶ κηρυχθῆναι ἐπὶ 47
τῷ ὀνόματι αὐτοῦ μετάνοιαν εἰσ ἄφεσιν ἁμαρτιῶν εἰσ πάντα τὰ
ἔθνη, ἀρξάμενοι ἀπὸ Ἱερουσαλήμ. ⁴⁸ ὑμεῖσ μάρτυρεσ τούτων. 48
⁴⁹ κἀγὼ ἐξαποστέλλω τὴν ἐπαγγελίαν τοῦ πατρόσ μου ἐφ' ὑμᾶσ· 49
ὑμεῖσ δὲ καθίσατε ἐν τῇ πόλει ἕωσ οὗ ἐνδύσησθε ἐξ ὕψουσ
δύναμιν. Ἐξήγαγεν δὲ αὐτοὺσ ἕωσ πρὸσ Βηθανίαν, καὶ ἐπάρασ τὰσ 50
χεῖρασ αὐτοῦ εὐλόγησεν αὐτούσ. ⁵¹ καὶ ἐγένετο ἐν τῷ εὐλογεῖν 51
αὐτὸν αὐτοὺσ διέστη ἀπ' αὐτῶν. ⁵² καὶ αὐτοὶ ὑπέστρεψαν εἰσ 52
Ἱερουσαλὴμ μετὰ χαρᾶσ μεγάλησ, ⁵³ καὶ ἦσαν διαπαντὸσ ἐν τῷ 53
ἱερῷ αἰνοῦντεσ τὸν θεόν.

ΚΑΤΑ ΙΩΑΝΝΗΝ.

I.

Verbum caro factum. Testimonium Iohannis baptistae; immersio Iesu.
Andreas cum socio, Petrus, Philippus, Nathanael.

Ἐν ἀρχῇ ἦν ὁ λόγος, καὶ ὁ λόγος ἦν πρὸς τὸν θεόν, καὶ 1
θεὸσ ἦν ὁ λόγοσ. ² οὗτοσ ἦν ἐν ἀρχῇ πρὸς τὸν θεόν. ³ πάντα δι' 2 3

---

38. ς ℵ εν ταισ καρδιαισ   39. ℵ τ. ποδ. μου και τασ χειρ. μου | οτι
αυτοσ εγω ειμι | σαρκα   40. ς ℵ sic : και τουτο ειπων επεδειξεν (ℵ
εδειξεν) αυτοισ τασ χειρασ και τουσ ποδασ   41. ενθαδε : ℵ* ωδε.
42. ιχθ. οπτ. μεροσ : add και απο μελισσιου κηριου   44. ειπ. δε αυτοισ |
μου : ς ℵ om | ς ℵ μωσεωσ | και προφητ. : ℵ εν τοισ προφητ.   46. γε-
γραπται : add και οντωσ εδει   47. μεταν. και αφεσ. | αρξαμενον
48. υμεισ δε | ς ℵ εστε μαρτυρεσ   49. και ιδου εγω | ς ℵ* αποστελλω |
πολει : add ιερουσαλημ | δυναμ. εξ υψουσ   50. αυτουσ : add εξω | εωσ
εισ βηθ. | ℵ ηυλογησεν   51. απ αυτων : add και ανεφερετο εισ τον
ουρανον.   52. αυτοι : ς ℵ add προσκυνησαντεσ αυτον   53. αινουντεσ :
ℵ ευλογουντεσ, ς αινουντ. και ευλογουντεσ | τ. θεον : add αμην.

* ς το κατα ιωανν. (ς add αγιον, non item ςᵉ) ευαγγελιον.

4 αὐτοῦ ἐγένετο, καὶ χωρὶσ αὐτοῦ ἐγένετο οὐδὲ ἓν ὃ γέγονεν. ⁴ ἐν
5 αὐτῷ ζωή ἐστιν, καὶ ἡ ζωὴ ἦν τὸ φῶσ τῶν ἀνθρώπων. ⁵ καὶ τὸ
φῶσ ἐν τῇ σκοτίᾳ φαίνει, καὶ ἡ σκοτία αὐτὸ οὐ κατέλαβεν.
6 ⁶ Ἐγένετο ἄνθρωποσ, ἀπεσταλμένοσ παρὰ θεοῦ, ὄνομα αὐτῷ
7 Ἰωάννησ· ⁷ οὗτοσ ἦλθεν εἰσ μαρτυρίαν, ἵνα μαρτυρήσῃ περὶ τοῦ
8 φωτόσ, ἵνα πάντεσ πιστεύσωσιν δι' αὐτοῦ. ⁸ οὐκ ἦν ἐκεῖνοσ τὸ
9 φῶσ, ἀλλ' ἵνα μαρτυρήσῃ περὶ τοῦ φωτόσ. ⁹ Ἦν τὸ φῶσ τὸ
ἀληθινόν, ὃ φωτίζει πάντα ἄνθρωπον, ἐρχόμενον εἰσ τὸν κόσμον.
10 ¹⁰ ἐν τῷ κόσμῳ ἦν, καὶ ὁ κόσμοσ δι' αὐτοῦ ἐγένετο, καὶ ὁ κόσμοσ
11 αὐτὸν οὐκ ἔγνω. ¹¹ εἰσ τὰ ἴδια ἦλθεν, καὶ οἱ ἴδιοι αὐτὸν οὐ
12 παρέλαβον. ¹² ὅσοι δὲ ἔλαβον αὐτόν, ἔδωκεν αὐτοῖσ ἐξουσίαν
13 τέκνα θεοῦ γενέσθαι, τοῖσ πιστεύουσιν εἰσ τὸ ὄνομα αὐτοῦ, ¹³ οἳ
οὐκ ἐξ αἱμάτων οὐδὲ ἐκ θελήματοσ σαρκὸσ οὐδὲ ἐκ θελήματοσ
14 ἀνδρὸσ ἀλλ' ἐκ θεοῦ ἐγεννήθησαν. ¹⁴ καὶ ὁ λόγοσ σὰρξ ἐγένετο
καὶ ἐσκήνωσεν ἐν ἡμῖν, καὶ ἐθεασάμεθα τὴν δόξαν αὐτοῦ δόξαν
ὡσ μονογενοῦσ παρὰ πατρόσ, πλήρησ χάριτοσ καὶ ἀληθείασ.
15 ¹⁵ Ἰωάννησ μαρτυρεῖ περὶ αὐτοῦ καὶ κέκραγεν λέγων· οὗτοσ ἦν
ὃν εἶπον· ὁ ὀπίσω μου ἐρχόμενοσ ἔμπροσθέν μου γέγονεν, ὅτι
16 πρῶτόσ μου ἦν. ¹⁶ ὅτι ἐκ τοῦ πληρώματοσ αὐτοῦ ἡμεῖσ πάντεσ
17 ἐλάβομεν, καὶ χάριν ἀντὶ χάριτοσ· ¹⁷ ὅτι ὁ νόμοσ διὰ Μωϋσέωσ
ἐδόθη, ἡ χάρισ καὶ ἡ ἀλήθεια διὰ Ἰησοῦ Χριστοῦ ἐγένετο.
18 ¹⁸ θεὸν οὐδεὶσ ἑώρακεν πώποτε· ὁ μονογενὴσ υἱὸσ ὁ ὢν εἰσ τὸν
κόλπον τοῦ πατρόσ, ἐκεῖνοσ ἐξηγήσατο.
19   Καὶ αὕτη ἐστὶν ἡ μαρτυρία τοῦ Ἰωάννου, ὅτε ἀπέστειλαν οἱ
Ἰουδαῖοι ἐξ Ἱεροσολύμων ἱερεῖσ καὶ Λευείτασ ἵνα ἐρωτήσωσιν
20 αὐτόν· σὺ τίσ εἶ; ²⁰ καὶ ὡμολόγησεν καὶ οὐκ ἠρνήσατο, καὶ ὡμο-
21 λόγησεν ὅτι ἐγὼ οὐκ εἰμὶ ὁ Χριστόσ. ²¹ καὶ ἠρώτησαν αὐτόν· τί
οὖν; Ἡλείασ εἶ; λέγει· οὐκ εἰμί. ὁ προφήτησ εἶ σύ; καὶ ἀπε-
22 κρίθη· οὔ. ²² εἶπαν οὖν αὐτῷ· τίσ εἶ; ἵνα ἀπόκρισιν δῶμεν τοῖσ
23 πέμψασιν ἡμᾶσ· τί λέγεισ περὶ σεαυτοῦ; ²³ ἔφη· ἐγὼ φωνὴ βοῶν-
τοσ ἐν τῇ ἐρήμῳ· εὐθύνατε τὴν ὁδὸν κυρίου, καθὼσ εἶπεν Ἡσαΐασ
24 ὁ προφήτησ. ²⁴ καὶ ἀπεσταλμένοι ἦσαν ἐκ τῶν Φαρισαίων.
25 ²⁵ καὶ ἠρώτησαν αὐτὸν καὶ εἶπαν αὐτῷ· τί οὖν βαπτίζεισ, εἰ σὺ
26 οὐκ εἶ ὁ Χριστὸσ οὐδὲ Ἡλείασ οὐδὲ ὁ προφήτησ; ²⁶ ἀπεκρίθη αὐ-
τοῖσ ὁ Ἰωάννησ λέγων· ἐγὼ βαπτίζω ἐν ὕδατι· μέσοσ ὑμῶν στήκει,

I, 3. ουδε εν : א* ουδεν | ὁ γεγονεν : testes multi ad seqq trahunt, atque sic etiam Ln edidit   4. εστιν : ς ην   6. א* ην ονομα αυτω   10. א* δι αυτον   13. א* om εκ ante θελ. ανδροσ   15. λεγων : א* om | ον ειπον : אᵃ ο ειπων, א* om addito οσ post ερχομενοσ   16. οτι : και   17. μωυσεωσ| א* om χριστου   18. א om ο ante μονογενησ | υιοσ : א θεοσ | ο ων (אᵇ) : א* om   19. λευιτασ | א επερωτησωσιν   20. א om και ωμολογ. | ουκ ειμι εγω   21. א* επηρωτησαν | αυτον : א* παλιν, אᶜ αυτον παλιν | ηλειασ (ς א -λιασ) ει : add συ | και λεγει | א* om ο ante προφ.   22. ς א ειπον   24. οι απεσταλμενοι   25. א om και ηρωτ. αυτον | ς א ειπον | bis ουτε | ς א ηλιασ   26. א* εν τω υδατι | μεσ. δε υμ. εστηκεν

ΙΟΗ. 1, 45. 157

ὃν ὑμεῖσ οὐκ οἴδατε, ²⁷ ὁ ὀπίσω μου ἐρχόμενοσ, οὗ οὐκ εἰμὶ ἐγὼ 27
ἄξιοσ ἵνα λύσω αὐτοῦ τὸν ἱμάντα τοῦ ὑποδήματοσ. ²⁸ ταῦτα 28
ἐν Βηθανίᾳ ἐγένετο πέραν τοῦ Ἰορδάνου, ὅπου ἦν ὁ Ἰωάννησ
βαπτίζων.

1, 36 Τῇ ἐπαύριον βλέπει τὸν Ἰησοῦν ἐρχόμενον πρὸσ αὐτόν, καὶ 29
λέγει· ἴδε ὁ ἀμνὸσ τοῦ θεοῦ ὁ αἴρων τὴν ἁμαρτίαν τοῦ κόσμου.
1, 15. 27 ³⁰ οὗτόσ ἐστιν ὑπὲρ οὗ ἐγὼ εἶπον· ὀπίσω μου ἔρχεται ἀνὴρ ὃσ 30
ἔμπροσθέν μου γέγονεν, ὅτι πρῶτόσ μου ἦν. ³¹ κἀγὼ οὐκ ᾔδειν 31
αὐτόν, ἀλλ' ἵνα φανερωθῇ τῷ Ἰσραήλ, διὰ τοῦτο ἦλθον ἐγὼ ἐν
Mt 3, 16 ὕδατι βαπτίζων. ³² καὶ ἐμαρτύρησεν Ἰωάννησ λέγων ὅτι τεθέαμαι 32
Mc 1, 10
Lc 3, 22 τὸ πνεῦμα καταβαῖνον ὡσ περιστερὰν ἐξ οὐρανοῦ, καὶ ἔμεινεν
ἐπ' αὐτόν. ³³ κἀγὼ οὐκ ᾔδειν αὐτόν, ἀλλ' ὁ πέμψασ με βαπτί- 33
ζειν ἐν ὕδατι, ἐκεῖνόσ μοι εἶπεν· ἐφ' ὃν ἂν ἴδῃσ τὸ πνεῦμα κατα-
βαῖνον καὶ μένον ἐπ' αὐτόν, οὗτόσ ἐστιν ὁ βαπτίζων ἐν πνεύματι
ἁγίῳ. ³⁴ κἀγὼ ἑώρακα, καὶ μεμαρτύρηκα ὅτι οὗτόσ ἐστιν ὁ υἱὸσ 34
τοῦ θεοῦ.

Τῇ ἐπαύριον πάλιν εἱστήκει ὁ Ἰωάννησ καὶ ἐκ τῶν μαθητῶν 35
1, 29 αὐτοῦ δύο, ³⁶ καὶ ἐμβλέψασ τῷ Ἰησοῦ περιπατοῦντι λέγει· ἴδε ὁ 36
ἀμνὸσ τοῦ θεοῦ. ³⁷ ἤκουσαν οἱ δύο μαθηταὶ αὐτοῦ λαλοῦντοσ, 37
καὶ ἠκολούθησαν τῷ Ἰησοῦ. ³⁸ στραφεὶσ δὲ ὁ Ἰησοῦσ καὶ θεασά- 38
μενοσ αὐτοὺσ ἀκολουθοῦντασ λέγει αὐτοῖσ· ³⁹ τί ζητεῖτε; οἱ δὲ 39
εἶπαν αὐτῷ· ῥαββεί, ὃ λέγεται ἑρμηνευόμενον διδάσκαλε, ποῦ
μένεισ; ⁴⁰ λέγει αὐτοῖσ· ἔρχεσθε καὶ ὄψεσθε. ἦλθαν οὖν καὶ 40
εἶδαν ποῦ μένει, καὶ παρ' αὐτῷ ἔμειναν τὴν ἡμέραν ἐκείνην· ὥρα
ἦν ὡσ δεκάτη. ⁴¹ ἦν Ἀνδρέασ ὁ ἀδελφὸσ Σίμωνοσ Πέτρου εἷσ 41
ἐκ τῶν δύο τῶν ἀκουσάντων παρὰ Ἰωάννου καὶ ἀκολουθησάντων
αὐτῷ· ⁴² εὑρίσκει οὗτοσ πρῶτον τὸν ἀδελφὸν τὸν ἴδιον Σίμωνα 42
καὶ λέγει αὐτῷ· εὑρήκαμεν τὸν Μεσσίαν, ὅ ἐστιν μεθερμηνευό-
μενον Χριστόσ. ⁴³ ἤγαγεν αὐτὸν πρὸσ τὸν Ἰησοῦν. ἐμβλέψασ 43
αὐτῷ ὁ Ἰησοῦσ εἶπεν· σὺ εἶ Σίμων ὁ υἱὸσ Ἰωάννου, σὺ κληθήσῃ
Κηφᾶσ, ὃ ἑρμηνεύεται Πέτροσ.

Τῇ ἐπαύριον ἠθέλησεν ἐξελθεῖν εἰσ τὴν Γαλιλαίαν, καὶ 44
εὑρίσκει Φίλιππον. καὶ λέγει αὐτῷ ὁ Ἰησοῦσ· ἀκολούθει μοι.
⁴⁵ ἦν δὲ ὁ Φίλιπποσ ἀπὸ Βηθσαϊδά, ἐκ τῆσ πόλεωσ Ἀνδρέου 45

---

27. ο ℵ* om) οπισω : praem αυτοσ εστιν | ερχομενοσ : add οσ εμπροσθεν
μου γεγονεν | εγω : ϛ ante ουκ ειμι, ℵ om 28. εν βηθαβαρα | ℵ εγεν. εν
βηθαν. | ιορδανου : ℵ add ποταμου | om ο ante ιωανν. 29. βλεπει : add
ο ιωαννησ 30. υπερ : περι 31. εν τω υδατι 32. λεγων : ℵ (ℵᵇ) : ℵ* om |
ℵ ωσ περιστ. καταβ. | ωσει περ. | ℵ και μενον 33. ℵ και εγω | ℵ εν τω
υδατι 34. υιοσ : ℵ* εκλεκτοσ 37. και ηκουσαν | αυτου : ante οι δυο
μαθ. 38. στραφεισ : add δε | ℵ* om αυτοισ 39. ϛ ℵ ειπον | ραββι | ℵᶜ
μεθερμηνευομενον 40. οψεσθε : ϛ ℵ ιδετε | ϛ ℵ ηλθον et ειδον (ℵ ιδ.) |
ουν : om | ωρα δε 41. ℵ*.om των ante ακουσ. 42. ℵᶜ πρωτον | ο χριστ.
43. και ηγαγεν | εμβλεψ. δε | ο υι. ιωνα 44. ηθελησ. ο ιησουσ | ο (ℵ* om)
ιησουσ : om 45. ℵ* om δε | ℵ* om ο ante φιλιππ. | ℵ* βηθσαϊδαν | ℵ* om εκ

46 καὶ Πέτρου. ⁴⁶εὑρίσκει Φίλιππος τὸν Ναθαναὴλ καὶ λέγει αὐτῷ·
ὃν ἔγραψεν Μωϋσῆσ ἐν τῷ νόμῳ καὶ οἱ προφῆται, εὑρήκαμεν,
47 Ἰησοῦν υἱὸν τοῦ Ἰωσὴφ τὸν ἀπὸ Ναζαρέτ. ⁴⁷εἶπεν αὐτῷ
Ναθαναήλ· ἐκ Ναζαρὲτ δύναταί τι ἀγαθὸν εἶναι; λέγει αὐτῷ
48 Φίλιππος· ἔρχου καὶ ἴδε. ⁴⁸εἶδεν Ἰησοῦσ τὸν Ναθαναὴλ ἐρχό-
μενον πρὸσ αὐτὸν καὶ λέγει περὶ αὐτοῦ· ἴδε ἀληθῶσ Ἰσραηλείτησ,
49 ἐν ᾧ δόλοσ οὐκ ἔστιν. ⁴⁹λέγει αὐτῷ Ναθαναήλ· πόθεν με γινώ-
σκεισ; ἀπεκρίθη Ἰησοῦσ καὶ εἶπεν αὐτῷ· πρὸ τοῦ σε Φίλιππον
50 φωνῆσαι ὄντα ὑπὸ τὴν συκῆν εἶδόν σε. ⁵⁰ἀπεκρίθη αὐτῷ Ναθα-
ναήλ· ῥαββεί, σὺ εἶ ὁ υἱὸσ τοῦ θεοῦ, σὺ βασιλεὺσ εἶ τοῦ Ἰσραήλ.
51 ⁵¹ἀπεκρίθη Ἰησοῦσ καὶ εἶπεν αὐτῷ· ὅτι εἶπόν σοι ὅτι εἰδόν σε
52 ὑποκάτω τῆσ συκῆσ, πιστεύεισ; μείζω τούτων ὄψῃ. ⁵²καὶ λέγει
αὐτῷ· ἀμὴν ἀμὴν λέγω ὑμῖν, ὄψεσθε τὸν οὐρανὸν ἀνεῳγότα καὶ
τοὺσ ἀγγέλουσ τοῦ θεοῦ ἀναβαίνοντασ καὶ καταβαίνοντασ ἐπὶ
τὸν υἱὸν τοῦ ἀνθρώπου.

II.

Iesus Canae vinum ex aqua facit. Mercatores templo pulsi; templum triduo restituendum. Iesus fidem habentibus non confidens.

1 Καὶ τῇ ἡμέρᾳ τῇ τρίτῃ γάμοσ ἐγένετο ἐν Κανᾶ τῆσ Γαλι-
2 λαίασ, καὶ ἦν ἡ μήτηρ τοῦ Ἰησοῦ ἐκεῖ· ²ἐκλήθη δὲ καὶ ὁ Ἰησοῦσ
3 καὶ οἱ μαθηταὶ αὐτοῦ εἰσ τὸν γάμον. ³καὶ οἶνον οὐκ εἶχον, ὅτι
συνετελέσθη ὁ οἶνοσ τοῦ γάμου. εἶτα λέγει ἡ μήτηρ τοῦ Ἰησοῦ
4 πρὸσ αὐτόν· οἶνοσ οὐκ ἔστιν. ⁴λέγει αὐτῇ ὁ Ἰησοῦσ· τί ἐμοὶ καὶ
5 σοί, γύναι; οὔπω ἥκει ἡ ὥρα μου. ⁵λέγει ἡ μήτηρ αὐτοῦ τοῖσ
6 διακόνοισ· ὅ τι ἂν λέγῃ ὑμῖν, ποιήσατε. ⁶ἦσαν δὲ ἐκεῖ λίθιναι
ὑδρίαι ἓξ κατὰ τὸν καθαρισμὸν τῶν Ἰουδαίων κείμεναι, χωροῦσαι
7 ἀνὰ μετρητὰσ δύο ἢ τρεῖσ. ⁷λέγει αὐτοῖσ ὁ Ἰησοῦσ· γεμίσατε
8 τὰσ ὑδρίασ ὕδατοσ. καὶ ἐγέμισαν αὐτὰσ ἕωσ ἄνω. ⁸καὶ λέγει
αὐτοῖσ· ἀντλήσατε νῦν καὶ φέρετε τῷ ἀρχιτρικλίνῳ. οἱ δὲ ἤνεγκαν.
9 ⁹ὡσ δὲ ἐγεύσατο ὁ ἀρχιτρίκλινοσ τὸ ὕδωρ οἶνον γεγενημένοσ, καὶ
οὐκ ᾔδει πόθεν ἐστίν, οἱ δὲ διάκονοι ᾔδεισαν οἱ ἠντληκότεσ τὸ
10 ὕδωρ, φωνεῖ τὸν νυμφίον ὁ ἀρχιτρίκλινοσ ¹⁰καὶ λέγει αὐτῷ· πᾶσ
ἄνθρωποσ πρῶτον τὸν καλὸν οἶνον τίθησιν, καὶ ὅταν μεθυσθῶσιν
11 τὸν ἐλάσσω· σὺ τετήρηκασ τὸν καλὸν οἶνον ἕωσ ἄρτι. ¹¹ταύτην

---

46. ϛ ℵ μωσησ | τον υιον | ϛᵉ ναζαρεϑ 47. και ειπεν | ϛᵉ ναζαρεϑ | ℵ*
αγαϑον τι 48. ειδεν — και λεγει : ℵ* ιδων — λεγει | ϛ ℵ ο ιησουσ | αυτου :
ℵ* του ναϑαναηλ | ℵ ισδραηλειτησ, ϛ ισραηλιτησ 49. ϛ ℵ ο ιησουσ 50. ℵ
απεκριϑη ναϑα. και ειπεν, ϛ απεκρ. ναϑα. και λεγει αυτω | ραββι. |
ϛ ℵ συ ει ο βασι. του 51. om οτι ante ειδον | ℵ μειζονα | οψει 52. απαρτι
οψεσϑε | ℵ ηνεωγοτα
II, 3. και οινον ουκ etc : και υστερησαντοσ οινου λεγει η | οιν. ο.
εστιν : οινον ουκ εχουσιν 4. ℵᶜ και λεγει 5. ℵ οτι ο αν λεγη 6. υδρι.
λιϑι. | κειμεναι : ϛ post εξ pon, ℵ* om 7. ℵ και λεγει 8. οι δε : και
10. ℵ om αυτω | τοτε τον ελασσω | ℵ συ δε

ἐποίησεν ἀρχὴν τῶν σημείων ὁ Ἰησοῦσ ἐν Κανᾶ τῆσ Γαλιλαίασ καὶ ἐφανέρωσεν τὴν δόξαν αὐτοῦ, καὶ ἐπίστευσαν εἰσ αὐτὸν οἱ μαθηταὶ αὐτοῦ. ¹²Μετὰ τοῦτο κατέβη εἰσ Καφαρναούμ αὐτὸσ 12 καὶ ἡ μήτηρ αὐτοῦ καὶ οἱ ἀδελφοὶ αὐτοῦ καὶ οἱ μαθηταὶ αὐτοῦ, καὶ ἐκεῖ ἔμειναν οὐ πολλὰσ ἡμέρασ. Καὶ ἐγγὺσ ἦν τὸ πάσχα τῶν Ἰουδαίων, καὶ ἀνέβη εἰσ Ἱερο- 13 σόλυμα ὁ Ἰησοῦσ. ¹⁴ καὶ εὗρεν ἐν τῷ ἱερῷ τοὺσ πωλοῦντασ βόασ 14 καὶ πρόβατα καὶ περιστερὰσ καὶ τοὺσ κερματιστὰσ καθημένουσ, ¹⁵ καὶ ποιήσασ φραγέλλιον ἐκ σχοινίων πάντασ ἐξέβαλεν ἐκ τοῦ 15 ἱεροῦ, τά τε πρόβατα καὶ τοὺσ βόασ, καὶ τῶν κολλυβιστῶν ἐξέχεεν τὸ κέρμα καὶ τὰσ τραπέζασ ἀνέστρεψεν, ¹⁶ καὶ τοῖσ τὰσ περιστε- 16 ρὰσ πωλοῦσιν εἶπεν· ἄρατε ταῦτα ἐντεῦθεν, μὴ ποιεῖτε τὸν οἶκον τοῦ πατρόσ μου οἶκον ἐμπορίου. ¹⁷ ἐμνήσθησαν οἱ μαθηταὶ αὐτοῦ 17 ὅτι γεγραμμένον ἐστίν· ὁ ζῆλοσ τοῦ οἴκου σου καταφάγεταί με. ¹⁸ ἀπεκρίθησαν οὖν οἱ Ἰουδαῖοι καὶ εἶπαν αὐτῷ· τί σημεῖον δει- 18 κνύεισ ἡμῖν, ὅτι ταῦτα ποιεῖσ; ¹⁹ ἀπεκρίθη Ἰησοῦσ καὶ εἶπεν αὐ- 19 τοῖσ· λύσατε τὸν ναὸν τοῦτον, καὶ ἐν τρισὶν ἡμέραισ ἐγερῶ αὐτόν. ²⁰ εἶπαν οὖν οἱ Ἰουδαῖοι· τεσσεράκοντα καὶ ἓξ ἔτεσιν οἰκοδομήθη 20 ὁ ναὸσ οὗτοσ, καὶ σὺ ἐν τρισὶν ἡμέραισ ἐγερεῖσ αὐτόν; ²¹ ἐκεῖνοσ 21 δὲ ἔλεγεν περὶ τοῦ ναοῦ τοῦ σώματοσ αὐτοῦ. ²² ὅτε οὖν ἠγέρθη 22 ἐκ νεκρῶν, ἐμνήσθησαν οἱ μαθηταὶ αὐτοῦ ὅτι τοῦτο ἔλεγεν, καὶ ἐπίστευσαν τῇ γραφῇ καὶ τῷ λόγῳ ὃν εἶπεν ὁ Ἰησοῦσ.

Ὡσ δὲ ἦν ἐν τοῖσ Ἱεροσολύμοισ ἐν τῷ πάσχα ἐν τῇ ἑορτῇ, 23 πολλοὶ ἐπίστευσαν εἰσ τὸ ὄνομα αὐτοῦ, θεωροῦντεσ αὐτοῦ τὰ σημεῖα ἃ ἐποίει· ²⁴ αὐτὸσ δὲ Ἰησοῦσ οὐκ ἐπίστευεν αὐτὸν αὐτοῖσ 24 διὰ τὸ αὐτὸν γινώσκειν πάντασ, ²⁵ καὶ ὅτι οὐ χρείαν εἶχεν ἵνα 25 τισ μαρτυρήσῃ περὶ τοῦ ἀνθρώπου· αὐτὸσ γὰρ ἐγίνωσκεν τί ἦν ἐν τῷ ἀνθρώπῳ.

III.

Nicodemus; regeneratio; serpens aeneus. Iohannes baptista de se et incrementis Iesu disserit.

Ἦν δὲ ἄνθρωποσ ἐκ τῶν Φαρισαίων, Νικόδημοσ ὄνομα 1 αὐτῷ, ἄρχων τῶν Ἰουδαίων· ² οὗτοσ ἦλθεν πρὸσ αὐτὸν νυκτὸσ 2 καὶ εἶπεν αὐτῷ· ῥαββεί, οἴδαμεν ὅτι ἀπὸ θεοῦ ἐλήλυθασ διδάσκαλοσ· οὐδεὶσ γὰρ δύναται ταῦτα τὰ σημεῖα ποιεῖν ἃ σὺ ποιεῖσ, ἐὰν

---

11. ϛ ℵ την αρχην | τησ γαλιλ. : ℵ* add πρωτην | ℵ* om αυτου post δοξ. | ℵ* οἱ μαθ. αυτ. εἰσ αυτ. 12. καπερναουμ | ℵ om και οι μαθ. αυτ. 13. ℵ εγγυσ δε 14. ℵ τ. πωλ. και τα προβα. και βοασ 15. και ποιησασ : ℵ* εποιησεν | ℵ* και παντ. εξεβ. | ℵ* τα προβ. και βοασ | ℵ κατεστρεψ. 17. εμνησθ. δε | κατεφαγε 18. ϛ ℵ ειπον 19. ϛ ℵ ο ιησους 20. ϛ ℵ ειπον | τεσσαρακ. | ωκοδομηθη | ℵ om εν 21. ℵ om αυτου 22. ελεγεν : add αυτοισ | ω ειπεν 23. om τοισ 24. ϛ ℵ ο ιησους | εαυτον αυτοισ | ℵ om αυτον sec | ℵ γιγνωσκ. 25. χρει. ουκ ειχ.

III, 1. ονομ. αυτω : ℵ* ονοματι 2. προσ τον ιησουν | νυκτοσ : ℵ ante προσ | ῥαββι | ℵ και ουδεισ | δυναται : post ταυτ. τ. σημ.

3 μὴ ᾖ ὁ θεὸσ μετ᾽ αὐτοῦ. ³ἀπεκρίθη Ἰησοῦσ καὶ εἶπεν αὐτῷ·
ἀμὴν ἀμὴν λέγω σοι, ἐὰν μή τισ γεννηθῇ ἄνωθεν, οὐ δύναται
4 ἰδεῖν τὴν βασιλείαν τοῦ θεοῦ. ⁴λέγει πρὸσ αὐτὸν ὁ Νικόδημοσ·
πῶσ δύναται ἄνθρωποσ γεννηθῆναι γέρων ὤν; μὴ δύναται εἰσ
τὴν κοιλίαν τῆσ μητρὸσ αὐτοῦ δεύτερον εἰσελθεῖν καὶ γεννηθῆναι;
5 ⁵ἀπεκρίθη Ἰησοῦσ· ἀμὴν ἀμὴν λέγω σοι, ἐὰν μή τισ γεννηθῇ ἐξ
ὕδατοσ καὶ πνεύματοσ, οὐ δύναται εἰσελθεῖν εἰσ τὴν βασιλείαν
6 τῶν οὐρανῶν. ⁶τὸ γεγεννημένον ἐκ τῆσ σαρκὸσ σάρξ ἐστιν, καὶ
7 τὸ γεγεννημένον ἐκ τοῦ πνεύματοσ πνεῦμά ἐστιν. ⁷μὴ θαυμάσῃσ
8 ὅτι εἶπόν σοι· δεῖ ὑμᾶσ γεννηθῆναι ἄνωθεν. ⁸τὸ πνεῦμα ὅπου
θέλει πνεῖ, καὶ τὴν φωνὴν αὐτοῦ ἀκούεισ, ἀλλ᾽ οὐκ οἶδασ πόθεν
ἔρχεται καὶ ποῦ ὑπάγει· οὕτωσ ἐστὶν πᾶσ ὁ γεγεννημένοσ ἐκ τοῦ
9 πνεύματοσ. ⁹ἀπεκρίθη Νικόδημοσ καὶ εἶπεν αὐτῷ· πῶσ δύναται
10 ταῦτα γενέσθαι; ¹⁰ἀπεκρίθη Ἰησοῦσ καὶ εἶπεν αὐτῷ· σὺ εἶ ὁ
11 διδάσκαλοσ τοῦ Ἰσραὴλ καὶ ταῦτα οὐ γινώσκεισ; ¹¹ἀμὴν ἀμὴν
λέγω σοι ὅτι ὃ οἴδαμεν λαλοῦμεν καὶ ὃ ἑωράκαμεν μαρτυροῦμεν,
12 καὶ τὴν μαρτυρίαν ἡμῶν οὐ λαμβάνετε. ¹²εἰ τὰ ἐπίγεια εἶπον
ὑμῖν καὶ οὐ πιστεύετε, πῶσ ἐὰν εἴπω ὑμῖν τὰ ἐπουράνια πιστεύ-
13 σετε; ¹³καὶ οὐδεὶσ ἀναβέβηκεν εἰσ τὸν οὐρανὸν εἰ μὴ ὁ ἐκ τοῦ
οὐρανοῦ καταβάσ, ὁ υἱὸσ τοῦ ἀνθρώπου ὁ ὢν ἐν τῷ οὐρανῷ.
14 ¹⁴καὶ καθὼσ Μωϋσῆσ ὕψωσεν τὸν ὄφιν ἐν τῇ ἐρήμῳ, οὕτωσ Nm21,8.9
15 ὑψωθῆναι δεῖ τὸν υἱὸν τοῦ ἀνθρώπου, ¹⁵ἵνα πᾶσ ὁ πιστεύων ἐν
16 αὐτῷ ἔχῃ ζωὴν αἰώνιον. ¹⁶οὕτωσ γὰρ ἠγάπησεν ὁ θεὸσ τὸν
κόσμον, ὥστε τὸν υἱὸν τὸν μονογενῆ ἔδωκεν, ἵνα πᾶσ ὁ πιστεύων
17 εἰσ αὐτὸν μὴ ἀπόληται ἀλλ᾽ ἔχῃ ζωὴν αἰώνιον. ¹⁷οὐ γὰρ ἀπέστει-
λεν ὁ θεὸσ τὸν υἱὸν εἰσ τὸν κόσμον ἵνα κρίνῃ τὸν κόσμον, ἀλλ᾽ 12, 47
18 ἵνα σωθῇ ὁ κόσμοσ δι᾽ αὐτοῦ. ¹⁸ὁ πιστεύων εἰσ αὐτὸν οὐ
κρίνεται· ὁ μὴ πιστεύων ἤδη κέκριται, ὅτι μὴ πεπίστευκεν εἰσ τὸ
19 ὄνομα τοῦ μονογενοῦσ υἱοῦ τοῦ θεοῦ. ¹⁹αὕτη δέ ἐστιν ἡ κρίσισ,
ὅτι τὸ φῶσ ἐλήλυθεν εἰσ τὸν κόσμον καὶ ἠγάπησαν οἱ ἄνθρωποι
μᾶλλον τὸ σκότοσ ἢ τὸ φῶσ· ἦν γὰρ αὐτῶν πονηρὰ τὰ ἔργα.
20 ²⁰πᾶσ γὰρ ὁ φαῦλα πράσσων μισεῖ τὸ φῶσ καὶ οὐκ ἔρχεται
21 πρὸσ τὸ φῶσ, ἵνα μὴ ἐλεγχθῇ τὰ ἔργα αὐτοῦ· ²¹ὁ δὲ ποιῶν τὴν
ἀλήθειαν ἔρχεται πρὸσ τὸ φῶσ, ἵνα φανερωθῇ αὐτοῦ τὰ ἔργα,
ὅτι ἐν θεῷ ἐστιν εἰργασμένα.

22 Μετὰ ταῦτα ἦλθεν ὁ Ἰησοῦσ καὶ οἱ μαθηταὶ αὐτοῦ εἰσ τὴν

---

3. ϛ ℵ ο ιησ. | ℵ* om κ.ειπ. αυτ. 4. ℵ γερ. ων γενν. 5. απεκρ. (ϛ add ο) ιησ.:
ℵᶜ add και ειπεν αυτω | εισελθ. εισ : ℵ* ειδειν | τ. ουρανων : του θεου
6. ϛᵉ 1624. (non amplius 1633.) γεγενημενον 8. εκ τ. πνευμ. : ℵ εκ του
υδατοσ και του πν. 10. ϛ ℵ ο ιησουσ 13. ℵ om ο ων εν τ. ουρ.
14. μωσησ 15. εν αυτω : ϛ ℵ εισ αυτον | εχη : praem μη απολητε αλλ
16. τ. υιον : add αυτου 17. τ. υιον : add αυτου 18. ο δε μη πιστ.
19. κ. οι ανθρ. ηγαπ. | ℵ το σκοτ. μαλλ. | πονηρα αυτων 20. ℵ* και
ουκ ερχ. πρ. τ. φωσ 21. ℵ* om ο δε ποιων usq τα εργ. αυτ. | ℵ* ειργασ-
μενον (ℵᵃ -να)

Ἰουδαίαν γῆν, καὶ ἐκεῖ διέτριβεν μετ' αὐτῶν καὶ ἐβάπτιζεν. ²³ ἦν 23 δὲ καὶ Ἰωάννησ βαπτίζων ἐν Αἰνὼν ἐγγὺσ τοῦ Σαλείμ, ὅτι ὕδατα πολλὰ ἦν ἐκεῖ, καὶ παρεγίνοντο καὶ ἐβαπτίζοντο· ²⁴ οὔπω γὰρ ἦν 24 βεβλημένοσ εἰσ τὴν φυλακὴν Ἰωάννησ. ²⁵ ἐγένετο οὖν ζήτησισ 25 ἐκ τῶν μαθητῶν Ἰωάννου μετὰ Ἰουδαίου περὶ καθαρισμοῦ. ²⁶ καὶ 26 ἦλθον πρὸσ τὸν Ἰωάννην καὶ εἶπον αὐτῷ· ῥαββεί, ὃσ ἦν μετὰ σοῦ πέραν τοῦ Ἰορδάνου, ᾧ σὺ μεμαρτύρηκασ, ἴδε οὗτοσ βαπτίζει καὶ πάντεσ ἔρχονται πρὸσ αὐτόν. ²⁷ ἀπεκρίθη Ἰωάννησ καὶ εἶπεν· 27 οὐ δύναται ἄνθρωποσ λαμβάνειν οὐδέν, ἐὰν μὴ ᾖ δεδομένον αὐτῷ ἐκ τοῦ οὐρανοῦ. ²⁸ αὐτοὶ ὑμεῖσ μοι μαρτυρεῖτε ὅτι εἶπον· οὐκ 28 εἰμὶ ἐγὼ ὁ Χριστόσ, ἀλλ' ὅτι ἀπεσταλμένοσ εἰμὶ ἔμπροσθεν ἐκείνου. ²⁹ ὁ ἔχων τὴν νύμφην νυμφίοσ ἐστίν· ὁ δὲ φίλοσ τοῦ νυμ- 29 φίου, ὁ ἑστηκὼσ καὶ ἀκούων αὐτοῦ, χαρᾷ χαίρει διὰ τὴν φωνὴν τοῦ νυμφίου. αὕτη οὖν ἡ χαρὰ ἡ ἐμὴ πεπλήρωται. ³⁰ ἐκεῖνον 30 δεῖ αὐξάνειν, ἐμὲ δὲ ἐλαττοῦσθαι. ³¹ ὁ ἄνωθεν ἐρχόμενοσ ἐπάνω 31 πάντων ἐστίν· ὁ ὢν ἐκ τῆσ γῆσ ἐκ τῆσ γῆσ ἐστὶν καὶ ἐκ τῆσ γῆσ λαλεῖ. ὁ ἐκ τοῦ οὐρανοῦ ἐρχόμενοσ ³² ὃ ἑώρακεν καὶ ἤκουσεν 32 μαρτυρεῖ, καὶ τὴν μαρτυρίαν αὐτοῦ οὐδεὶσ λαμβάνει. ³³ ὁ λαβὼν 33 αὐτοῦ τὴν μαρτυρίαν ἐσφράγισεν ὅτι ὁ θεὸσ ἀληθήσ ἐστιν. ³⁴ ὃν 34 γὰρ ἀπέστειλεν ὁ θεόσ, τὰ ῥήματα τοῦ θεοῦ λαλεῖ· οὐ γὰρ ἐκ μέτρου δίδωσιν τὸ πνεῦμα. ³⁵ ὁ πατὴρ ἀγαπᾷ τὸν υἱόν, καὶ 35 πάντα δέδωκεν ἐν τῇ χειρὶ αὐτοῦ. ³⁶ ὁ πιστεύων εἰσ τὸν υἱὸν 36 ἔχει ζωὴν αἰώνιον· ὁ ἀπειθῶν τῷ υἱῷ οὐκ ὄψεται ζωήν, ἀλλ' ἡ ὀργὴ τοῦ θεοῦ μένει ἐπ' αὐτόν.

IV.

Mulier Samaritana; aqua viva; cultus verus; Sichemitae. Filium ministri regii Capharnaumi absens sanat.

Ὡσ οὖν ἔγνω ὁ Ἰησοῦσ ὅτι ἤκουσαν οἱ Φαρισαῖοι ὅτι Ἰη- 1 σοῦσ πλείονασ μαθητὰσ ποιεῖ καὶ βαπτίζει ἢ Ἰωάννησ, ² καίτοιγε 2 Ἰησοῦσ αὐτὸσ οὐκ ἐβάπτιζεν ἀλλ' οἱ μαθηταὶ αὐτοῦ, ³ ἀφῆκεν 3 τὴν Ἰουδαίαν καὶ ἀπῆλθεν πάλιν εἰσ τὴν Γαλιλαίαν. ⁴ ἔδει δὲ 4 αὐτὸν διέρχεσθαι διὰ τῆσ Σαμαρίασ. ⁵ ἔρχεται οὖν εἰσ πόλιν 5 τῆσ Σαμαρίασ λεγομένην Συχάρ, πλησίον τοῦ χωρίου ὃ ἔδωκεν Ἰακὼβ Ἰωσὴφ τῷ υἱῷ αὐτοῦ. ⁶ ἦν δὲ ἐκεῖ πηγὴ τοῦ Ἰακώβ. ὁ 6 οὖν Ἰησοῦσ κεκοπιακὼσ ἐκ τῆσ ὁδοιπορίασ ἐκαθέζετο οὕτωσ ἐπὶ τῇ πηγῇ· ὥρα ἦν ὡσ ἕκτη. ⁷ ἔρχεται γυνὴ ἐκ τῆσ Σαμαρίασ 7 ἀντλῆσαι ὕδωρ. λέγει αὐτῇ ὁ Ἰησοῦσ· δόσ μοι πεῖν. ⁸ οἱ γὰρ 8

24. ο ιωανν. 25. ℵ* εγεν. δε συνζητησισ | ς ℵ* ιουδαιων 26. ραββι 27. ℵ λαβιν 28. ℵ om μοι 29. αυτου.: ℵ post εστηκωσ 31. ℵ* ο δε ων επι τησ | ερχομενοσ : add επανω παντων εστι 32. ο (ℵ* ον) εωρ.: praem και | μαρτυρει : praem τουτο 34. διδωσιν : add ο θεοσ 36. ο δε απειθ. | οψεται : ℵᵃ εχει | ℵ επ αυτον μενει
IV, 1. ιησουσ pr: κυριοσ 4. σαμαρειασ. Item vv sqq. 5. ςᶜ σιχαρ | ℵ τω ιωσηφ 6. ωσει εκτη. 7. ℵ τισ γυνη | σαμαρειασ | πιειν

Nov. Test. ed. Tf. 11

μαθηταὶ αὐτοῦ ἀπεληλύθεισαν εἰσ τὴν πόλιν, ἵνα τροφὰσ ἀγορά-
9 σωσιν. ⁹ λέγει αὐτῷ ἡ γυνὴ ἡ Σαμαρῖτισ· πῶσ σὺ Ἰουδαῖοσ ὢν
10 παρ᾽ ἐμοῦ πεῖν αἰτεῖσ γυναικὸσ Σαμαρίτιδοσ οὖσησ; ¹⁰ ἀπεκρίθη
Ἰησοῦσ καὶ εἶπεν αὐτῇ· εἰ ᾔδεισ τὴν δωρεὰν τοῦ θεοῦ, καὶ τίσ
ἐστιν ὁ λέγων σοι· δόσ μοι πεῖν, σὺ ἂν ᾔτησασ αὐτὸν καὶ ἔδωκεν
11 ἄν σοι ὕδωρ ζῶν. ¹¹ λέγει αὐτῷ ἡ γυνή· κύριε, οὔτε ἄντλημα
ἔχεισ, καὶ τὸ φρέαρ ἐστὶν βαθύ· πόθεν ἔχεισ τὸ ὕδωρ τὸ ζῶν;
12 ¹² μὴ σὺ μείζων εἶ τοῦ πατρὸσ ἡμῶν Ἰακώβ, ὃσ ἔδωκεν ἡμῖν τὸ
φρέαρ, καὶ αὐτὸσ ἐξ αὐτοῦ ἔπιεν καὶ οἱ υἱοὶ αὐτοῦ καὶ τὰ θρέμ-
13 ματα αὐτοῦ; ¹³ ἀπεκρίθη Ἰησοῦσ καὶ εἶπεν αὐτῇ· πᾶσ ὁ πίνων
14 ἐκ τοῦ ὕδατοσ τούτου διψήσει πάλιν· ¹⁴ ὃσ δ᾽ ἂν πίῃ ἐκ τοῦ
ὕδατοσ οὗ ἐγὼ δώσω αὐτῷ, οὐ μὴ διψήσει εἰσ τὸν αἰῶνα, ἀλλὰ
τὸ ὕδωρ ὃ ἐγὼ δώσω αὐτῷ γενήσεται ἐν αὐτῷ πηγὴ ὕδατοσ ἀλλο-
15 μένου εἰσ ζωὴν αἰώνιον. ¹⁵ λέγει πρὸσ αὐτὸν ἡ γυνή· κύριε, δόσ
μοι τοῦτο τὸ ὕδωρ, ἵνα μὴ διψῶ μηδὲ διέρχωμαι ἐνθάδε ἀντλεῖν.
16 ¹⁶ λέγει αὐτῇ· ὕπαγε φώνησον τὸν ἄνδρα σου καὶ ἐλθὲ ἐνθάδε.
17 ¹⁷ ἀπεκρίθη ἡ γυνὴ καὶ εἶπεν· ἄνδρα οὐκ ἔχω. λέγει αὐτῇ ὁ
18 Ἰησοῦσ· καλῶσ εἶπεσ ὅτι ἄνδρα οὐκ ἔχω· ¹⁸ πέντε γὰρ ἄνδρασ
ἔσχεσ, καὶ νῦν ὃν ἔχεισ οὐκ ἔστιν σου ἀνήρ. τοῦτο ἀληθὲσ
19 εἴρηκασ. ¹⁹ λέγει αὐτῷ ἡ γυνή· κύριε, θεωρῶ ὅτι προφήτησ εἶ σύ.
20 ²⁰ οἱ πατέρεσ ἡμῶν ἐν τῷ ὄρει τούτῳ προσεκύνησαν· καὶ ὑμεῖσ
λέγετε ὅτι ἐν Ἱεροσολύμοισ ἐστὶν ὁ τόποσ ὅπου προσκυνεῖν δεῖ.
21 ²¹ λέγει αὐτῇ ὁ Ἰησοῦσ· πίστευέ μοι, γύναι, ὅτι ἔρχεται ὥρα ὅτε
οὔτε ἐν τῷ ὄρει τούτῳ οὔτε ἐν Ἱεροσολύμοισ προσκυνήσετε τῷ
22 πατρί. ²² ὑμεῖσ προσκυνεῖτε ὃ οὐκ οἴδατε, ἡμεῖσ προσκυνοῦμεν
23 ὃ οἴδαμεν, ὅτι ἡ σωτηρία ἐκ τῶν Ἰουδαίων ἐστίν· ²³ ἀλλὰ ἔρχεται
ὥρα καὶ νῦν ἐστίν, ὅτε οἱ ἀληθινοὶ προσκυνηταὶ προσκυνήσουσιν
τῷ πατρὶ ἐν πνεύματι καὶ ἀληθείᾳ· καὶ γὰρ ὁ πατὴρ τοιούτουσ
24 ζητεῖ τοὺσ προσκυνοῦντασ αὐτόν. ²⁴ πνεῦμα ὁ θεόσ, καὶ τοὺσ
25 προσκυνοῦντασ ἐν πνεύματι καὶ ἀληθείᾳ προσκυνεῖν δεῖ. ²⁵ λέγει
αὐτῷ ἡ γυνή· οἶδα ὅτι Μεσσίασ ἔρχεται, ὁ λεγόμενοσ Χριστόσ·
26 ὅταν ἔλθῃ ἐκεῖνοσ, ἀναγγελεῖ ἡμῖν ἅπαντα. ²⁶ λέγει αὐτῇ ὁ Ἰη-
27 σοῦσ· ἐγώ εἰμι, ὁ λαλῶν σοι. ²⁷ Καὶ ἐπὶ τούτῳ ἦλθαν οἱ μαθη-
ταὶ αὐτοῦ, καὶ ἐθαύμαζον ὅτι μετὰ γυναικὸσ ἐλάλει· οὐδεὶσ μέντοι

---

9. λεγει ουν | σαμαρειτισ et σαμαρειτιδοσ | πιειν | ουσησ γυναικ. σαμαρ.,
atque his ϛ ℵᵃ add ου γαρ συγχρωνται (ℵᵃ συνχρ-) ιουδαιοι σαμαρειταισ
10. πιειν 11. η γυνη : ℵ* εκεινη | ποθεν : add ουν 12. οσ : ℵ οστισ |
και αυτοσ : ℵ* αυτ. και 13. ο ιησους 14. οσ δ αν πιη : ℵ* ο δε πινων |
διψηση | om εγω sec | ℵ om αυτω sec 15. ερχωμαι, ℵᶜ διερχομαι
16. λεγει αυτη : ℵ* add ιησους, ϛ ο ιησ. 17. ℵ* om και ειπ. | ουκ εχω
ανδρ. | ειπασ | ℵ οτι ανδρ. ουκ εχεισ 18. ℵ αληθωσ 19. ℵ* om κυριε
20. εν τουτ. τω ορει | ℵ om ο τοποσ | δει προσκυ. 21. γυναι πιστευσον
μοι 23. αλλ | αυτον : ℵ* αυτω 24. τουσ προσκ. : add αυτον | ℵ* εν
πνευματι αληθειασ | δει προσκυ. 25. ℵᶜ οιδαμεν | ℵ* αναγγελλει | παντα
27. ℵ* εν τουτω | ℵ* επηλθαν, ϛ ηλθον | εθαυμασαν

εἶπεν· τί ζητεῖσ ἢ τί λαλεῖσ μετ' αὐτῆσ; ²⁸ἀφῆκεν οὖν τὴν ὑδρίαν 28
αὐτῆσ ἡ γυνὴ καὶ ἀπῆλθεν εἰσ τὴν πόλιν, καὶ λέγει τοῖσ ἀνθρώ-
ποισ· ²⁹δεῦτε ἴδετε ἄνθρωπον ὅσ εἶπέν μοι πάντα ἃ ἐποίησα· 29
μήτι οὗτόσ ἐστιν ὁ Χριστόσ; ³⁰ ἐξῆλθον ἐκ τῆσ πόλεωσ, καὶ 30
ἤρχοντο πρὸσ αὐτόν. ³¹ Ἐν τῷ μεταξὺ ἠρώτων αὐτὸν οἱ μαθη- 31
ταὶ λέγοντεσ· ῥαββεί, φάγε. ³² ὁ δὲ εἶπεν αὐτοῖσ· ἐγὼ βρῶσιν 32
ἔχω φαγεῖν ἣν ὑμεῖσ οὐκ οἴδατε. ³³ ἔλεγον οὖν οἱ μαθηταὶ πρὸσ 33
ἀλλήλουσ· μή τισ ἤνεγκεν αὐτῷ φαγεῖν; ³⁴ λέγει αὐτοῖσ ὁ Ἰησοῦσ· 34
ἐμὸν βρῶμά ἐστιν ἵνα ποιῶ τὸ θέλημα τοῦ πέμψαντόσ με καὶ
τελειώσω αὐτοῦ τὸ ἔργον. ³⁵ οὐχ ὑμεῖσ λέγετε ὅτι ἔτι τετράμηνόσ 35
ἐστιν καὶ ὁ θερισμὸσ ἔρχεται; ἰδοὺ λέγω ὑμῖν, ἐπάρατε τοὺσ ὀφ-
θαλμοὺσ ὑμῶν καὶ θεάσασθε τὰσ χώρασ, ὅτι λευκαί εἰσιν πρὸσ
θερισμόν. ³⁶ ἤδη ὁ θερίζων μισθὸν λαμβάνει καὶ συνάγει καρπὸν 36
εἰσ ζωὴν αἰώνιον, ἵνα καὶ ὁ σπείρων ὁμοῦ χαίρῃ καὶ ὁ θερίζων.
³⁷ ἐν γὰρ τούτῳ ὁ λόγοσ ἐστὶν ἀληθινόσ, ὅτι ἄλλοσ ἐστὶν ὁ σπεί- 37
ρων καὶ ἄλλοσ ὁ θερίζων. ³⁸ ἐγὼ ἀπέσταλκα ὑμᾶσ θερίζειν ὃ 38
οὐχ ὑμεῖσ κεκοπιάκατε· ἄλλοι κεκοπιάκασιν, καὶ ὑμεῖσ εἰσ τὸν
κόπον αὐτῶν εἰσεληλύθατε. ³⁹ Ἐκ δὲ τῆσ πόλεωσ ἐκείνησ πολλοὶ 39
ἐπίστευσαν εἰσ αὐτὸν τῶν Σαμαριτῶν διὰ τὸν λόγον τῆσ γυναικὸσ
μαρτυρούσησ ὅτι εἶπέν μοι πάντα ἃ ἐποίησα. ⁴⁰ ὡσ οὖν ἦλθον 40
πρὸσ αὐτὸν οἱ Σαμαρῖται, ἠρώτων αὐτὸν μεῖναι παρ' αὐτοῖσ· καὶ
ἔμεινεν ἐκεῖ δύο ἡμέρασ. ⁴¹ καὶ πολλῷ πλείουσ ἐπίστευσαν διὰ 41
τὸν λόγον αὐτοῦ, ⁴² τῇ τε γυναικὶ ἔλεγον ὅτι οὐκέτι διὰ τὴν σὴν 42
λαλιὰν πιστεύομεν· αὐτοὶ γὰρ ἀκηκόαμεν, καὶ οἴδαμεν ὅτι οὗτόσ
ἐστιν ἀληθῶσ ὁ σωτὴρ τοῦ κόσμου.

Μετὰ δὲ τὰσ δύο ἡμέρασ ἐξῆλθεν ἐκεῖθεν εἰσ τὴν Γαλιλαίαν. 43
⁴⁴ αὐτὸσ γὰρ Ἰησοῦσ ἐμαρτύρησεν ὅτι προφήτησ ἐν τῇ ἰδίᾳ πα- 44
τρίδι τιμὴν οὐκ ἔχει. ⁴⁵ ὡσ οὖν ἦλθεν εἰσ τὴν Γαλιλαίαν, ἐδέξαντο 45
αὐτὸν οἱ Γαλιλαῖοι, πάντα ἑωρακότεσ ἃ ἐποίησεν ἐν Ἱεροσο-
λύμοισ ἐν τῇ ἑορτῇ· καὶ αὐτοὶ γὰρ ἦλθον εἰσ τὴν ἑορτήν. ⁴⁶ ἦλ- 46
θεν οὖν πάλιν εἰσ τὴν Κανᾶ τῆσ Γαλιλαίασ, ὅπου ἐποίησεν τὸ
ὕδωρ οἶνον.

Ἦν δέ τισ βασιλικόσ, οὗ ὁ υἱὸσ ἠσθένει, ἐν Καφαρναούμ·
⁴⁷ οὗτοσ ἀκούσασ ὅτι Ἰησοῦσ ἥκει ἐκ τῆσ Ἰουδαίασ εἰσ τὴν Γαλι- 47
λαίαν, ἀπῆλθεν πρὸσ αὐτόν, καὶ ἠρώτα ἵνα καταβῇ καὶ ἰάσηται

27. ειπεν : ℵ add αυτω 29. παντ. οσα 30. ϛ ℵ εξηλθ. ουν 31. εν
δε τω μετ. | ραββι 33. λεγουσιν | ουν : ℵ* om 35. τετραμηνον 35 sq
θερισμὸν ἤδη. 36. καὶ ὁ θερίζ. 37. εστ. ο αληθινοσ 38. απεστειλα
39. σαμαρειτων | παντ. οσα 40. σαμαρειται | εκει : ℵ παρ αυτοισ |
ℵ ημερ. δυο 42. ℵ* και ελεγον τη γυναικι | λαλιαν : ℵ* μαρτυριαν |
ℵ ακηκοαμ. παρ αυτου | ℵ οτι αληθ. ουτ. εστ. | κοσμου : add ο χριστοσ
43. εξηλθ. εκειθ. ; add και απηλθεν 44. ο ιησουσ 45. ωσ : οτε | ℵᶜ οσα
εποι. | ηλθον : ℵ εληλυθεισαν 46. ℵ ηλθαν | ο ιησουσ παλιν | ℵ* καναν |
ℵ* εποιησαν | και ην τισ | καπερναουμ 47. ουτοσ : ℵ* om | ℵ ο ιησουσ |
απηλθεν : ℵ* ηλθεν ουν | και ηρωτ. αυτον

48 αὐτοῦ τὸν υἱόν· ἤμελλεν γὰρ ἀποθνήσκειν. ⁴⁸ εἶπεν οὖν ὁ Ἰησοῦσ
πρὸσ αὐτόν· ἐὰν μὴ σημεῖα καὶ τέρατα ἴδητε, οὐ μὴ πιστεύσητε.
49 ⁴⁹ λέγει πρὸσ αὐτὸν ὁ βασιλικόσ· κύριε, κατάβηθι πρὶν ἀποθανεῖν
50 τὸ παιδίον μου. ⁵⁰ λέγει αὐτῷ ὁ Ἰησοῦσ· πορεύου· ὁ υἱόσ σου ζῇ.
ἐπίστευσεν ὁ ἄνθρωποσ τῷ λόγῳ ὃν εἶπεν αὐτῷ ὁ Ἰησοῦσ, καὶ
51 ἐπορεύετο. ⁵¹ ἤδη δὲ αὐτοῦ καταβαίνοντοσ οἱ δοῦλοι ὑπήντησαν
52 αὐτῷ καὶ ἤγγειλαν ὅτι ὁ παῖσ αὐτοῦ ζῇ. ⁵² ἐπύθετο οὖν τὴν
ὥραν παρ᾽ αὐτῶν ἐν ᾗ κομψότερον ἔσχεν· εἶπον οὖν αὐτῷ ὅτι
53 ἐχθὲσ ὥραν ἑβδόμην ἀφῆκεν αὐτὸν ὁ πυρετόσ. ⁵³ ἔγνω οὖν ὁ
πατὴρ ὅτι ἐκείνῃ τῇ ὥρᾳ ἐν ᾗ εἶπεν αὐτῷ ὁ Ἰησοῦσ· ὁ υἱόσ σου
54 ζῇ· καὶ ἐπίστευσεν αὐτὸσ καὶ ἡ οἰκία αὐτοῦ ὅλη. ⁵⁴ Τοῦτο πάλιν
δεύτερον σημεῖον ἐποίησεν ὁ Ἰησοῦσ ἐλθὼν ἐκ τῆσ Ἰουδαίασ εἰσ
τὴν Γαλιλαίαν.

V.

Aegrotus ad piscinam Bethesda; de sabbato et duplici resurrectione; de
Iohannis baptistae, dei, Mosis testimoniis et Iudaeorum incredulitate.

1   Μετὰ ταῦτα ἦν ἡ ἑορτὴ τῶν Ἰουδαίων, καὶ ἀνέβη Ἰησοῦσ
2 εἰσ Ἱεροσόλυμα. ² ἔστιν δὲ ἐν τοῖσ Ἱεροσολύμοισ ἐπὶ τῇ προβα-
τικῇ κολυμβήθρα, τὸ λεγόμενον Ἑβραϊστὶ Βηθζαθά, πέντε στοὰσ
3 ἔχουσα. ³ ἐν ταύταισ κατέκειτο πλῆθοσ τῶν ἀσθενούντων, τυφλῶν,
5 χωλῶν, ξηρῶν. ⁵ ἦν δέ τισ ἄνθρωποσ ἐκεῖ τριάκοντα καὶ ὀκτὼ
6 ἔτη ἔχων ἐν τῇ ἀσθενείᾳ αὐτοῦ· ⁶ τοῦτον ἰδὼν ὁ Ἰησοῦσ κατακεί-
μενον, καὶ γνοὺσ ὅτι πολὺν ἤδη χρόνον ἔχει, λέγει αὐτῷ· θέλεισ
7 ὑγιὴσ γενέσθαι; ⁷ ἀπεκρίθη αὐτῷ ὁ ἀσθενῶν· κύριε, ἄνθρωπον
οὐκ ἔχω, ἵνα ὅταν ταραχθῇ τὸ ὕδωρ βάλῃ με εἰσ τὴν κολυμβή-
8 θραν· ἐν ᾧ δὲ ἔρχομαι ἐγώ, ἄλλοσ πρὸ ἐμοῦ καταβαίνει. ⁸ λέγει
αὐτῷ ὁ Ἰησοῦσ· ἔγειρε ἆρον τὸν κράβαττόν σου καὶ περιπάτει.
9 ⁹ καὶ ἐγένετο ὑγιὴσ ὁ ἄνθρωποσ, καὶ ἦρεν τὸν κράβαττον αὐτοῦ
10 καὶ περιεπάτει· ἦν δὲ σάββατον ἐν ἐκείνῃ τῇ ἡμέρᾳ. ¹⁰ ἔλεγον
οὖν οἱ Ἰουδαῖοι τῷ τεθεραπευμένῳ· σάββατόν ἐστιν, καὶ οὐκ Ex 20, 10
11 ἔξεστίν σοι ἆραι τὸν κράβαττον. ¹¹ ἀπεκρίθη αὐτοῖσ· ὁ ποιήσασ

49. א τον παιδα μου 50. και επιστευσεν | ον (ϛ ω) ειπ. αυτω ο (ϛ om)
ιησ. : א* nil nisi του ιησου, אc του ιησου ον ειπ. αυτω 51. οι δουλοι :
add αυτου | απηντησαν | ηγγειλαν : απηγγειλαν λεγοντεσ | ο παισ σου ζη
52. παρ αυτων την ωραν | ϛ א και ειπον αυτω | χθεσ 53. οτι εν εκεινη |
א* om ο ιησ. | οτι ο υι. σου
    V, 1. ην εορτη | ϛ א ο ιησουσ 2. επι (אc εν) τη : א* om | ϛe 1633.
κολυμβηθρα | η επιλεγομενη | βηθεσδα 3. πληθοσ : add πολυ | ξηρων :
add εκδεχομενων την του υδατοσ κινησιν 4. sic : ἄγγελοσ γὰρ κατὰ
καιρὸν κατέβαινεν ἐν τῇ κολυμβήθρᾳ καὶ ἐτάρασσε τὸ ὕδωρ· ὁ οὖν
πρῶτοσ ἐμβὰσ μετὰ τὴν ταραχὴν τοῦ ὕδατοσ ὑγιὴσ ἐγίνετο, ᾧ δήποτε
κατείχετο νοσήματι. 5. א om εκει | om και et αυτου 6. א* ανακειμενον
7. βαλλη | προ: ϛ (non ϛe) προσ 8. εγειραι | ϛ κραββατον, א κραβακτον.
Item vv sqq. 9. και pri : א* om | κ. ευθεωσ εγεν. υγι. | και ηρεν : א praem
και ηγερθη 10. om και ante ουκ | τον κρα. : א add σου 11. א ο δε
απεκρινατο (אc απεκριθη)

ΙΟΗ. 5, 29.

με ύγιῆ, ἐκεῖνόσ μοι εἶπεν· ἆρον τὸν κράβαττόν σου καὶ περιπάτει. ¹² ἠρώτησαν αὐτόν· τίσ ἐστιν ὁ ἄνθρωποσ ὁ εἰπών σοι· ἆρον καὶ περιπάτει; ¹³ ὁ δὲ ἀσθενῶν οὐκ ᾔδει τίσ ἐστιν· ὁ γὰρ Ἰησοῦσ ἐξένευσεν ὄχλου ὄντοσ ἐν τῷ τόπῳ. ¹⁴ μετὰ ταῦτα εὑρίσκει αὐτὸν ὁ Ἰησοῦσ ἐν τῷ ἱερῷ καὶ εἶπεν αὐτῷ· ἴδε ὑγιὴσ γέγονασ· μηκέτι ἁμάρτανε, ἵνα μὴ χεῖρόν σοί τι γένηται. ¹⁵ ἀπῆλθεν ὁ ἄνθρωποσ καὶ εἶπεν τοῖσ Ἰουδαίοισ ὅτι Ἰησοῦσ ἐστὶν ὁ ποιήσασ αὐτὸν ὑγιῆ. ¹⁶ καὶ διὰ τοῦτο ἐδίωκον οἱ Ἰουδαῖοι τὸν Ἰησοῦν, ὅτι ταῦτα ἐποίει ἐν σαββάτῳ. ¹⁷ ὁ δὲ ἀπεκρίνατο αὐτοῖσ· ὁ πατήρ μου ἕωσ ἄρτι ἐργάζεται, κἀγὼ ἐργάζομαι. ¹⁸ διὰ τοῦτο μᾶλλον ἐζήτουν αὐτὸν οἱ Ἰουδαῖοι ἀποκτεῖναι, ὅτι οὐ μόνον ἔλυεν τὸ σάββατον, ἀλλὰ καὶ πατέρα ἴδιον ἔλεγεν τὸν θεόν, ἴσον ἑαυτὸν ποιῶν τῷ θεῷ. ¹⁹ Ἀπεκρίνατο οὖν ὁ Ἰησοῦσ καὶ ἔλεγεν αὐτοῖσ· ἀμὴν ἀμὴν λέγω ὑμῖν, οὐ δύναται ὁ υἱὸσ ποιεῖν ἀφ᾽ ἑαυτοῦ οὐδέν, ἂν μή τι βλέπῃ τὸν πατέρα ποιοῦντα· ἃ γὰρ ἂν ἐκεῖνοσ ποιῇ, ταῦτα καὶ ὁ υἱὸσ ποιεῖ ὁμοίωσ. ²⁰ ὁ γὰρ πατὴρ φιλεῖ τὸν υἱὸν καὶ πάντα δείκνυσιν αὐτῷ ἃ αὐτὸσ ποιεῖ, καὶ μείζονα τούτων δείξει αὐτῷ ἔργα, ἵνα ὑμεῖσ θαυμάζετε. ²¹ ὥσπερ γὰρ ὁ πατὴρ ἐγείρει τοὺσ νεκροὺσ καὶ ζωοποιεῖ, οὕτωσ καὶ ὁ υἱὸσ οὓσ θέλει ζωοποιεῖ. ²² οὐδὲ γὰρ ὁ πατὴρ κρίνει οὐδένα, ἀλλὰ τὴν κρίσιν πᾶσαν δέδωκεν τῷ υἱῷ, ²³ ἵνα πάντεσ τιμῶσι τὸν υἱὸν καθὼσ τιμῶσι τὸν πατέρα. ὁ μὴ τιμῶν τὸν υἱὸν οὐ τιμᾷ τὸν πατέρα τὸν πέμψαντα αὐτόν. ²⁴ ἀμὴν ἀμὴν λέγω ὑμῖν ὅτι ὁ τὸν λόγον μου ἀκούων καὶ πιστεύων τῷ πέμψαντί με ἔχει ζωὴν αἰώνιον, καὶ εἰσ κρίσιν οὐκ ἔρχεται ἀλλὰ μεταβέβηκεν ἐκ τοῦ θανάτου εἰσ τὴν ζωήν. ²⁵ ἀμὴν ἀμὴν λέγω ὑμῖν ὅτι ἔρχεται ὥρα καὶ νῦν ἐστίν, ὅτε οἱ νεκροὶ ἀκούσουσιν τῆσ φωνῆσ τοῦ υἱοῦ τοῦ θεοῦ καὶ οἱ ἀκούσαντεσ ζήσουσιν. ²⁶ ὥσπερ γὰρ ὁ πατὴρ ἔχει ζωὴν ἐν ἑαυτῷ, οὕτωσ καὶ τῷ υἱῷ ἔδωκεν ζωὴν ἔχειν ἐν ἑαυτῷ. ²⁷ καὶ ἐξουσίαν ἔδωκεν αὐτῷ κρίσιν ποιεῖν, ὅτι υἱὸσ ἀνθρώπου ἐστίν. ²⁸ μὴ θαυμάζετε τοῦτο, ὅτι ἔρχεται ὥρα ἐν ᾗ πάντεσ οἱ ἐν τοῖσ μνημείοισ ἀκούσουσιν τῆσ φωνῆσ αὐτοῦ, ²⁹ καὶ ἐκπορεύσονται

---

11. ℵ* υγιην | ℵ* αραι τον κραβακτον και περιπατειν 12. ηρωτησαν ουν | ℵ* αραι και περιπατειν | αρον : add τον κραββατον σου. 13. ασθενων (cum D itcodd) : ς ℵ ιαθεισ | ℵ* ενευσεν | τοπω : ℵ* μεσω 14. αυτον : ℵ* τον τεθεραπευμενον | ο ιησουσ : ℵ* post ευρισκει | ς ℵ χειρ. τι σοι 15. ℵᶜ απηλθ. ουν | ειπεν : ανηγγειλεν 16. τον ιησουν οι ιουδαι., και εζητουν αυτον αποκτειναι 17. ο δε ιησουσ | ℵ απεκρινετο 18. δια τουτο : add ουν 19. απεκρινατο etc : ℵ* ελεγεν ουν αυτοισ ο ιησουσ | ελεγεν : ειπεν | ℵ* om αμην alterum | εαν μη | ομοιωσ ποιει 20. ℵ εργα δειξει αυτω | θαυμαζητε 21. ℵ ωσ γαρ 25. ℵ* om και νυν εστιν. | ℵ ακουσωσιν, ς ακουσονται | ℵ* om οι ante ακουσαντεσ | ζησονται 26. ℵ* ωσ γαρ | ℵ ζωην εχει | εδωκε και τω υιω 27. ℵ και κρισιν εδωκ. αυτω εξουσιαν ποιειν | κρισιν : και κρισιν 28. ℵ ακουσωσιν, ς ακουσονται

οἱ τὰ ἀγαθὰ ποιήσαντεσ εἰσ ἀνάστασιν ζωῆσ, οἱ τὰ φαῦλα πρά-
30 ξαντεσ εἰσ ἀνάστασιν κρίσεωσ. ³⁰ οὐ δύναμαι ἐγὼ ποιεῖν ἀπ'
ἐμαυτοῦ οὐδέν· καθὼσ ἀκούω κρίνω, καὶ ἡ κρίσισ ἡ ἐμὴ δικαία
ἐστίν, ὅτι οὐ ζητῶ τὸ θέλημα τὸ ἐμὸν ἀλλὰ τὸ θέλημα τοῦ πέμ-
31 ψαντόσ με. ³¹ ἐὰν ἐγὼ μαρτυρῶ περὶ ἐμαυτοῦ, ἡ μαρτυρία μου
32 οὐκ ἔστιν ἀληθήσ· ³² ἄλλοσ ἐστὶν ὁ μαρτυρῶν περὶ ἐμοῦ, καὶ
οἴδατε ὅτι ἀληθήσ ἐστιν ἡ μαρτυρία ἣν μαρτυρεῖ περὶ ἐμοῦ. 1, 19 ss
33 ³³ ὑμεῖσ ἀπεστάλκατε πρὸσ Ἰωάννην, καὶ μεμαρτύρηκεν τῇ ἀλη-
34 θείᾳ· ³⁴ ἐγὼ δὲ οὐ παρὰ ἀνθρώπου τὴν μαρτυρίαν λαμβάνω,
35 ἀλλὰ ταῦτα λέγω ἵνα ὑμεῖσ σωθῆτε. ³⁵ ἐκεῖνοσ ἦν ὁ λύχνοσ ὁ
καιόμενοσ καὶ φαίνων, ὑμεῖσ δὲ ἠθελήσατε ἀγαλλιαθῆναι πρὸσ
36 ὥραν ἐν τῷ φωτὶ αὐτοῦ. ³⁶ ἐγὼ δὲ ἔχω τὴν μαρτυρίαν μείζω τοῦ 10, 25
Ἰωάννου· τὰ γὰρ ἔργα ἃ δέδωκέν μοι ὁ πατήρ ἵνα τελειώσω
αὐτά, αὐτὰ τὰ ἔργα ἃ ποιῶ μαρτυρεῖ περὶ ἐμοῦ ὅτι ὁ πατήρ με
37 ἀπέσταλκεν. ³⁷ καὶ ὁ πέμψασ με πατήρ, ἐκεῖνοσ μεμαρτύρηκεν
περὶ ἐμοῦ· οὔτε φωνὴν αὐτοῦ πώποτε ἀκηκόατε, οὔτε εἶδοσ αὐτοῦ
38 ἑωράκατε, ³⁸ καὶ τὸν λόγον αὐτοῦ οὐκ ἔχετε ἐν ὑμῖν μένοντα, ὅτι
39 ὃν ἀπέστειλεν ἐκεῖνοσ, τούτῳ ὑμεῖσ οὐ πιστεύετε. ³⁹ ἐραυνᾶτε
τὰσ γραφάσ, ὅτι ὑμεῖσ δοκεῖτε ἐν αὐταῖσ ζωὴν αἰώνιον ἔχειν,
40 καὶ ἐκεῖναί εἰσιν αἱ μαρτυροῦσαι περὶ ἐμοῦ· ⁴⁰ καὶ οὐ θέλετε
41 ἐλθεῖν πρόσ με ἵνα ζωὴν ἔχητε. ⁴¹ δόξαν παρὰ ἀνθρώπων οὐ
42 λαμβάνω, ⁴² ἀλλὰ ἔγνωκα ὑμᾶσ ὅτι οὐκ ἔχετε τὴν ἀγάπην τοῦ
43 θεοῦ ἐν ἑαυτοῖσ. ⁴³ ἐγὼ ἐλήλυθα ἐν τῷ ὀνόματι τοῦ πατρόσ μου,
καὶ οὐ λαμβάνετέ με· ἐὰν ἄλλοσ ἔλθῃ ἐν τῷ ὀνόματι τῷ ἰδίῳ,
44 ἐκεῖνον λήμψεσθε. ⁴⁴ πῶσ δύνασθε ὑμεῖσ πιστεῦσαι, δόξαν παρὰ
ἀλλήλων λαμβάνοντεσ, καὶ τὴν δόξαν τὴν παρὰ τοῦ μόνου θεοῦ
45 οὐ ζητεῖτε; ⁴⁵ μὴ δοκεῖτε ὅτι ἐγὼ κατηγορήσω ὑμῶν πρὸσ τὸν
πατέρα· ἔστιν ὁ κατηγορῶν ὑμῶν Μωϋσῆσ, εἰσ ὃν ὑμεῖσ ἠλπί-
46 κατε. ⁴⁶ εἰ γὰρ ἐπιστεύετε Μωϋσεῖ, ἐπιστεύετε ἂν ἐμοί· περὶ γὰρ
47 ἐμοῦ ἐκεῖνοσ ἔγραψεν. ⁴⁷ εἰ δὲ τοῖσ ἐκείνου γράμμασιν οὐ πιστεύετε, Gen 3, 15
πῶσ τοῖσ ἐμοῖσ ῥήμασιν πιστεύσετε;   Dt 18, 15

VI.

Cibatio quinque millium. Periculum regni; incessio maris. Oratio de
pane caelesti, carne, sanguine. Multi offenduntur; apostolorum professio.

1   Μετὰ ταῦτα ἀπῆλθεν ὁ Ἰησοῦσ πέραν τῆσ θαλάσσησ τῆσ Mt 14, 13-21
2 Γαλιλαίασ τῆσ Τιβεριάδοσ· ² ἠκολούθει δὲ αὐτῷ ὄχλοσ πο- Mc 6, 32-44
λύσ, ὅτι ἑώρων τὰ σημεῖα ἃ ἐποίει ἐπὶ τῶν ἀσθενούντων. Lc 9,10-17

29. ϛ ℵ οι δε τα φαυλ. 30. ℵ* om και (ℵᵃ add) ante η κρισισ | τον πεμψ.
με : add πατροσ 32 και οιδα οτι 35. ℵ* om δε | αγαλλιασθηναι
36. ℵ om την | εδωκεν | α εγω ποιω | ℵ εμε 37. εκεινοσ : αυτοσ | ακηκοα.
πωποτε 38. μενοντα εν υμιν 39. ερευνατε 42. ϛ ℵ αλλ | ουκ εχετε :
ante εν εαυτοισ 43. ληψεσθε 44. ℵ* ου ζητουντεσ 45. μωσησ
46. ϛ μωση, ℵ μωσει | ℵ* γεγραφεν
VI, 2. και ηκολουθει | ℵ πολυσ οχλ. | αυτου τα σημεια | επι : ℵ περι

ΙΟΗ. 6, 21.

³ἀνῆλθεν δὲ εἰσ τὸ ὄροσ Ἰησοῦσ, καὶ ἐκεῖ ἐκαθέζετο μετὰ τῶν 3
μαθητῶν αὐτοῦ. ⁴ ἦν δὲ ἐγγὺσ τὸ πάσχα ἡ ἑορτὴ τῶν Ἰουδαίων. 4
⁵ ἐπάρασ οὖν τοὺσ ὀφθαλμοὺσ ὁ Ἰησοῦσ καὶ θεασάμενοσ ὅτι 5
πολὺσ ὄχλοσ ἔρχεται πρὸσ αὐτόν, λέγει πρὸσ Φίλιππον· πόθεν
ἀγοράσωμεν ἄρτουσ ἵνα φάγωσιν οὗτοι; ⁶ τοῦτο δὲ ἔλεγεν πει- 6
ράζων αὐτόν· αὐτὸσ γὰρ ᾔδει τί ἔμελλεν ποιεῖν. ⁷ ἀποκρίνεται 7
αὐτῷ ὁ Φίλιπποσ· διακοσίων δηναρίων ἄρτοι οὐκ ἀρκοῦσιν αὐ-
τοῖσ, ἵνα ἕκαστοσ βραχύ τι λάβῃ. ⁸ λέγει αὐτῷ εἶσ ἐκ τῶν μαθη- 8
τῶν αὐτοῦ, Ἀνδρέασ ὁ ἀδελφὸσ Σίμωνοσ Πέτρου· ⁹ ἔστιν παι- 9
δάριον ὧδε ὃσ ἔχει πέντε ἄρτουσ κριθίνουσ καὶ δύο ὀψάρια· ἀλλὰ
ταῦτα τί ἐστιν εἰσ τοσούτουσ; ¹⁰ εἶπεν ὁ Ἰησοῦσ· ποιήσατε τοὺσ 10
ἀνθρώπουσ ἀναπεσεῖν. ἦν δὲ χόρτοσ πολὺσ ἐν τῷ τόπῳ. ἀνέπε-
σαν οὖν οἱ ἄνδρεσ τὸν ἀριθμὸν ὡσ πεντακισχίλιοι. ¹¹ ἔλαβεν οὖν 11
τοὺσ ἄρτουσ ὁ Ἰησοῦσ καὶ εὐχαρίστησεν καὶ ἔδωκεν τοῖσ ἀνακει-
μένοισ, ὁμοίωσ καὶ ἐκ τῶν ὀψαρίων ὅσον ἤθελον. ¹² ὡσ δὲ ἐνε- 12
πλήσθησαν, λέγει τοῖσ μαθηταῖσ αὐτοῦ· συναγάγετε τὰ περισσεύ-
σαντα κλάσματα, ἵνα μή τι ἀπόληται. ¹³ συνήγαγον οὖν, καὶ 13
ἐγέμισαν δώδεκα κοφίνουσ κλασμάτων ἐκ τῶν πέντε ἄρτων τῶν
κριθίνων, ἃ ἐπερίσσευσαν τοῖσ βεβρωκόσιν.
 Οἱ οὖν ἄνθρωποι ἰδόντες ὃ ἐποίησεν σημεῖον ἔλεγον ὅτι 14
οὗτός ἐστιν ἀληθῶς ὁ προφήτης ὁ εἰσ τὸν κόσμον ἐρχόμενοσ.
¹⁵ Ἰησοῦσ οὖν γνοὺσ ὅτι μέλλουσιν ἔρχεσθαι καὶ ἁρπάζειν αὐτὸν 15
ἵνα ποιήσωσιν βασιλέα, φεύγει πάλιν εἰσ τὸ ὄροσ αὐτὸσ μόνοσ.
 Ὡσ δὲ ὀψία ἐγένετο, κατέβησαν οἱ μαθηταὶ αὐτοῦ ἐπὶ τὴν 16
θάλασσαν, ¹⁷ καὶ ἐμβάντεσ εἰσ πλοῖον ἤρχοντο πέραν τῆσ θα- 17
λάσσησ εἰσ Καφαρναούμ. κατέλαβεν δὲ αὐτοὺσ ἡ σκοτία καὶ
οὔπω ἐληλύθει Ἰησοῦσ πρὸσ αὐτούσ, ¹⁸ ἥ τε θάλασσα ἀνέμου 18
μεγάλου πνέοντοσ διηγείρετο. ¹⁹ ἐληλακότεσ οὖν ὡσ στάδια εἴκοσι 19
πέντε ἢ τριάκοντα θεωροῦσιν τὸν Ἰησοῦν περιπατοῦντα ἐπὶ τῆσ
θαλάσσησ καὶ ἐγγὺσ τοῦ πλοίου γινόμενον, καὶ ἐφοβήθησαν.
²⁰ ὁ δὲ λέγει αὐτοῖσ· ἐγώ εἰμι, μὴ φοβεῖσθε. ²¹ ἤθελον οὖν 20 21
λαβεῖν αὐτὸν εἰσ τὸ πλοῖον, καὶ εὐθέωσ ἐγένετο τὸ πλοῖον ἐπὶ τὴν
γῆν εἰσ ἣν ὑπῆγον.

---

3. א* και απηλθεν εισ | ο ιησουσ | א* om εκει | εκαθητο 5. ο (א* om)
ιησους : ante τους οφθ. | א οχλ. πολ. | πρ. τον φιλ. | αγορασωμεν | א ουτοι
φαγωσιν 6. א* τουτο γαρ et αυτοσ δε 7. απεκριθη | αυτω (א* om)
φιλιππ. | א om αυτοισ | εκαστοσ αυτων 9. παιδαρ. εν | οσ : ϛ א ο
10. ειπε δε | χορτοσ : א* τοποσ | ανεπεσον | ωσει πεντ. | א* τρισχιλιοι
11. ουν : ϛ א* δε | ευχαριστησασ διεδωκε τοισ μαθηταισ, οι δε μαθηται
τοισ ανακει. 13. ϛ א επερισσευσεν 14. ο επο. σημ. : add ο ιησους |
οτι : א om | ο ερχομεν. εισ τον κοσμ. 15. ϛ ινα ποι. αυτον βασιλ., א*
και αναδεικνυναι βασιλεα | φευγει : ανεχωρησε | א μονοσ αυτοσ 17. εισ
το πλοι. | א ερχονται | καπερναουμ | κατελ. etc : και σκοτια ηδη εγεγονει |
ουπω : ουκ | πρ. αυτ. ο ιησ. 19. σταδιους 20. ο δε : א και 21. ηθελον :
א ηλθον | ϛ א το πλοι. εγεν. | επι τησ γησ | υπηγον : א* υπηντησαν

22 Τῇ ἐπαύριον ὁ ὄχλοσ ὁ ἑστηκὼσ πέραν τῆσ θαλάσσησ εἶδον ὅτι πλοιάριον ἄλλο οὐκ ἦν ἐκεῖ εἰ μὴ ἕν, καὶ ὅτι οὐ συνεισῆλθεν τοῖσ μαθηταῖσ αὐτοῦ ὁ Ἰησοῦσ εἰσ τὸ πλοῖον ἀλλὰ μόνοι οἱ 23 μαθηταὶ αὐτοῦ ἀπῆλθον· ²³ ἄλλα ἦλθον πλοιάρια ἐκ Τιβεριάδοσ ἐγγὺσ τοῦ τόπου ὅπου ἔφαγον τὸν ἄρτον εὐχαριστήσαντοσ τοῦ 24 κυρίου. ²⁴ ὅτε οὖν εἶδεν ὁ ὄχλοσ ὅτι Ἰησοῦσ οὐκ ἔστιν ἐκεῖ οὐδὲ οἱ μαθηταὶ αὐτοῦ, ἐνέβησαν αὐτοὶ εἰσ τὰ πλοιάρια καὶ ἦλθον 25 εἰσ Καφαρναούμ ζητοῦντεσ τὸν Ἰησοῦν. ²⁵ καὶ εὑρόντεσ αὐτὸν πέραν τῆσ θαλάσσησ εἶπον αὐτῷ· ῥαββεί, πότε ὧδε γέγονασ; 26 ²⁶ ἀπεκρίθη αὐτοῖσ ὁ Ἰησοῦσ καὶ εἶπεν· ἀμὴν ἀμὴν λέγω ὑμῖν, ζητεῖτέ με οὐχ ὅτι εἴδετε σημεῖα, ἀλλ' ὅτι ἐφάγετε ἐκ τῶν ἄρτων 27 καὶ ἐχορτάσθητε. ²⁷ ἐργάζεσθε μὴ τὴν βρῶσιν τὴν ἀπολλυμένην, ἀλλὰ τὴν βρῶσιν τὴν μένουσαν εἰσ ζωὴν αἰώνιον, ἣν ὁ υἱὸσ τοῦ ἀνθρώπου δίδωσιν ὑμῖν· τοῦτον γὰρ ὁ πατὴρ ἐσφράγισεν, ὁ θεόσ. 28 ²⁸ εἶπον οὖν πρὸσ αὐτόν· τί ποιῶμεν ἵνα ἐργαζώμεθα τὰ ἔργα 29 τοῦ θεοῦ; ²⁹ ἀπεκρίθη Ἰησοῦσ καὶ εἶπεν αὐτοῖσ· τοῦτό ἐστιν τὸ 30 ἔργον τοῦ θεοῦ, ἵνα πιστεύητε εἰσ ὃν ἀπέστειλεν ἐκεῖνοσ. ³⁰ εἶπον οὖν αὐτῷ· τί οὖν ποιεῖσ σὺ σημεῖον, ἵνα ἴδωμεν καὶ πιστεύσωμέν 31 σοι, τί ἐργάζῃ; ³¹ οἱ πατέρεσ ἡμῶν τὸ μάννα ἔφαγον ἐν τῇ ἐρήμῳ, καθώσ ἐστιν γεγραμμένον· ἄρτον ἐκ τοῦ οὐρανοῦ ἔδωκεν αὐτοῖσ Ps 78, 24 32 φαγεῖν. ³² εἶπεν οὖν αὐτοῖσ ὁ Ἰησοῦσ· ἀμὴν ἀμὴν λέγω ὑμῖν, οὐ Μωϋσῆσ δέδωκεν ὑμῖν τὸν ἄρτον ἐκ τοῦ οὐρανοῦ, ἀλλ' ὁ πατήρ μου δίδωσιν ὑμῖν τὸν ἄρτον ἐκ τοῦ οὐρανοῦ τὸν ἀληθινόν. 33 ³³ ὁ γὰρ ἄρτοσ ὁ τοῦ θεοῦ ἐστὶν ὁ καταβαίνων ἐκ τοῦ οὐρανοῦ 34 καὶ ζωὴν διδοὺσ τῷ κόσμῳ. ³⁴ εἶπον οὖν πρὸσ αὐτόν· κύριε, 35 πάντοτε δὸσ ἡμῖν τὸν ἄρτον τοῦτον. ³⁵ εἶπεν οὖν αὐτοῖσ ὁ Ἰησοῦσ· ἐγώ εἰμι ὁ ἄρτοσ τῆσ ζωῆσ· ὁ ἐρχόμενοσ πρὸσ ἐμὲ οὐ μὴ 36 πεινάσῃ, καὶ ὁ πιστεύων εἰσ ἐμὲ οὐ μὴ διψήσει πώποτε. ³⁶ ἀλλ' 37 εἶπον ὑμῖν ὅτι καὶ ἑωράκατε καὶ οὐ πιστεύετε. ³⁷ πᾶν ὃ δίδωσίν μοι ὁ πατὴρ πρὸσ ἐμὲ ἥξει, καὶ τὸν ἐρχόμενον πρὸσ ἐμὲ οὐ μὴ 38 ἐκβάλω ἔξω, ³⁸ ὅτι καταβέβηκα ἀπὸ τοῦ οὐρανοῦ οὐχ ἵνα ποιήσω 39 τὸ θέλημα τὸ ἐμὸν ἀλλὰ τὸ θέλημα τοῦ πέμψαντόσ με. ³⁹ τοῦτο

---

22. א ο εστωσ | ειδον : א ειδεν, ϛ ιδων | ει μη εν : ϛ א* add εκεινο εισ ο ενεβησαν οι μαθηται αυτου (א* τον ιησου) | και οτι etc : א* και οτι ου συνεληλυθει αυτοισ ο ιησουσ | εισ το πλοιαριον | א* om απηλθον
23. αλλα (ϛ add δε) ηλθ. πλοιαρ. : א επελθοντων ουν των πλοιων | א εγγυσ ουσησ (אᶜ του τοπου pro ουσησ) οπου και (אᶜ om) εφαγον αρτον
24. οτε ουν etc : א* και ιδοντεσ οτι ουκ ην εκει ο ιησουσ ουδε οι μαθηται, ανεβησαν εισ το πλοιον | αυτοι etc : και αυτοι εισ τα πλοια | καπερναουμ   25. ραββι | γεγονασ : א ηλθεσ   26. א om ο   27. א εργαζ. βρωσιν μη την απολλ. αλλα την μεν. | υμιν δωσει   28. τι ποιουμεν | א* ιν εργ.   29. ο ιησουσ | πιστευσητε   30. om ουν sec | א ποι. σημ. συ   31. א δεδωκεν   32. μωυσησ   33. om ο post αρτοσ   34. א παντοτ. κυριε   35. ειπε δε | προσ με | διψηση   36. εωρακατε : add με   37. τ. ερχομ. προσ με | א* om εξω   38. απο : ϛ א εκ | א* οτι ου καταβε. omisso ουχ quod sequitur | ινα ποιω

ΙΟΗ. 6, 58. 169

δέ ἐστιν τὸ θέλημα τοῦ πέμψαντός με, ἵνα πᾶν ὃ δέδωκέν μοι μὴ ἀπολέσω ἐξ αὐτοῦ, ἀλλὰ ἀναστήσω αὐτὸ ἐν τῇ ἐσχάτῃ ἡμέρᾳ. ⁴⁰ τοῦτο γάρ ἐστιν τὸ θέλημα τοῦ πατρός μου, ἵνα πᾶσ ὁ θεωρῶν 40 τὸν υἱὸν καὶ πιστεύων εἰσ αὐτὸν ἔχῃ ζωὴν αἰώνιον καὶ ἀναστήσω αὐτὸν ἐγὼ ἐν τῇ ἐσχάτῃ ἡμέρᾳ. ⁴¹ Ἐγόγγυζον οὖν οἱ Ἰουδαῖοι 41 περὶ αὐτοῦ, ὅτι εἶπεν· ἐγώ εἰμι ὁ ἄρτοσ ὁ καταβὰσ ἐκ τοῦ οὐρανοῦ, ⁴² καὶ ἔλεγον· οὐχ οὗτόσ ἐστιν Ἰησοῦσ ὁ υἱὸσ Ἰωσήφ, 42 οὗ ἡμεῖσ οἴδαμεν τὸν πατέρα καὶ τὴν μητέρα; πῶσ νῦν λέγει οὗτοσ ὅτι ἐκ τοῦ οὐρανοῦ καταβέβηκα; ⁴³ ἀπεκρίθη Ἰησοῦσ καὶ 43 εἶπεν αὐτοῖσ· μὴ γογγύζετε μετ᾿ ἀλλήλων. ⁴⁴ οὐδεὶσ δύναται 44
6, 65 ἐλθεῖν πρόσ με ἐὰν μὴ ὁ πατὴρ ὁ πέμψασ με ἑλκύσῃ αὐτόν, κἀγὼ
Es 54, 13 ἀναστήσω αὐτὸν ἐν τῇ ἐσχάτῃ ἡμέρᾳ. ⁴⁵ ἔστιν γεγραμμένον ἐν 45 τοῖσ προφήταισ· καὶ ἔσονται πάντεσ διδακτοὶ θεοῦ· πᾶσ ὁ ἀκούσασ παρὰ τοῦ πατρὸσ καὶ μαθὼν ἔρχεται πρὸσ ἐμέ. ⁴⁶ οὐχ ὅτι 46
1, 18 τὸν πατέρα ἑώρακέν τισ, εἰ μὴ ὁ ὢν παρὰ τοῦ θεοῦ, οὗτοσ ἑώρακεν τὸν θεόν. ⁴⁷ ἀμὴν ἀμὴν λέγω ὑμῖν, ὁ πιστεύων ἔχει ζωὴν 47
Ex 16, 15 αἰώνιον. ⁴⁸ ἐγώ εἰμι ὁ ἄρτοσ τῆσ ζωῆσ. ⁴⁹ οἱ πατέρεσ ὑμῶν 48 49 ἔφαγον ἐν τῇ ἐρήμῳ τὸ μάννα καὶ ἀπέθανον· ⁵⁰ οὗτόσ ἐστιν ὁ 50 ἄρτοσ ὁ ἐκ τοῦ οὐρανοῦ καταβαίνων, ἵνα τισ ἐξ αὐτοῦ φάγῃ καὶ μὴ ἀποθάνῃ. ⁵¹ ἐγώ εἰμι ὁ ἄρτοσ ὁ ζῶν ὁ ἐκ τοῦ οὐρανοῦ κατα- 51 βάσ· ἐάν τισ φάγῃ ἐκ τοῦ ἐμοῦ ἄρτου, ζήσει εἰσ τὸν αἰῶνα· καὶ ὁ ἄρτοσ δὲ ὃν ἐγὼ δώσω ὑπὲρ τῆσ τοῦ κόσμου ζωῆσ, ἡ σάρξ μου ἐστίν. ⁵² Ἐμάχοντο οὖν πρὸσ ἀλλήλουσ οἱ Ἰουδαῖοι λέγοντεσ· 52 πῶσ δύναται ἡμῖν οὗτοσ δοῦναι τὴν σάρκα φαγεῖν; ⁵³ εἶπεν οὖν 53 αὐτοῖσ ὁ Ἰησοῦσ· ἀμὴν ἀμὴν λέγω ὑμῖν, ἐὰν μὴ φάγητε τὴν σάρκα τοῦ υἱοῦ τοῦ ἀνθρώπου καὶ πίητε αὐτοῦ τὸ αἷμα, οὐκ ἔχετε ζωὴν ἐν ἑαυτοῖσ. ⁵⁴ ὁ τρώγων μου τὴν σάρκα καὶ πίνων μου τὸ 54 αἷμα ἔχει ζωὴν αἰώνιον, κἀγὼ ἀναστήσω αὐτὸν τῇ ἐσχάτῃ ἡμέρᾳ. ⁵⁵ ἡ γὰρ σάρξ μου ἀληθήσ ἐστιν βρῶσισ, καὶ τὸ αἷμά μου ἀληθήσ 55 ἐστιν πόσισ. ⁵⁶ ὁ τρώγων μου τὴν σάρκα καὶ πίνων μου τὸ αἷμα 56 ἐν ἐμοὶ μένει κἀγὼ ἐν αὐτῷ. ⁵⁷ καθὼσ ἀπέστειλέν με ὁ ζῶν 57 πατὴρ κἀγὼ ζῶ διὰ τὸν πατέρα, καὶ ὁ τρώγων με κἀκεῖνοσ ζήσει δι᾿ ἐμέ. ⁵⁸ οὗτόσ ἐστιν ὁ ἄρτοσ ὁ ἐξ οὐρανοῦ καταβάσ, οὐ καθὼσ 58 ἔφαγον οἱ πατέρεσ καὶ ἀπέθανον· ὁ τρώγων τοῦτον τὸν ἄρτον

39. τ. πεμψαντ. με: add πατροσ   40. γαρ : δε | τ. πατρ. μου : τ. πεμψαντοσ με | εν : om   42. א* και τον πατερα omissis και την μητερ. | νυν: ϛ א ουν | οτι : א εγω   43. ϛ א απεκρ. ουν | ο ιησουσ   44. και εγω | εν : ϛ א om   45. του θεου | πασ ουν | προσ με   46. τισ εωρακ. | τ. θεου : א τ. πατροσ | τ. θεον : τ. πατερα   47. ο πιστευων : add εισ εμε   49. ϛ א το μανν. εν τ. ερημ.   51. εκ τουτου του αρτου, ζησεται | א* om και | א om δε post αρτοσ | ον εγω δωσω, η σαρξ μου εστιν, ην εγω δωσω υπερ τησ του κοσμ. ζωησ   52. ουτοσ ημιν   53. ζωην : א add αιωνιον   54. και εγω   55. ϛ bis αληθωσ, item א* (sed transiluit ab altero ad alterum) | ποσισ : א* ποτον   57. ζησεται   58. א* om εστιν | εξ : ϛ א εκ του | א* καταβαινων | οι πατερεσ : add υμων το μαννα

59 ζήσει εἰσ τὸν αἰῶνα. ⁵⁹ ταῦτα εἶπεν ἐν συναγωγῇ διδάσκων ἐν Καφαρναούμ.

60 Πολλοὶ οὖν ἀκούσαντεσ ἐκ τῶν μαθητῶν αὐτοῦ εἶπον· σκλη-
61 ρόσ ἐστιν ὁ λόγοσ οὗτοσ· τίσ δύναται αὐτοῦ ἀκούειν; ⁶¹ εἰδὼσ δὲ ὁ Ἰησοῦσ ἐν ἑαυτῷ ὅτι γογγύζουσιν περὶ τούτου οἱ μαθηταὶ
62 αὐτοῦ, εἶπεν αὐτοῖσ· τοῦτο ὑμᾶσ σκανδαλίζει; ⁶² ἐὰν οὖν θεωρῆτε τὸν υἱὸν τοῦ ἀνθρώπου ἀναβαίνοντα ὅπου ἦν τὸ πρότερον;
63 ⁶³ τὸ πνεῦμά ἐστιν τὸ ζωοποιοῦν, ἡ σὰρξ οὐκ ὠφελεῖ οὐδέν· τὰ 2 Co 3, 6
64 ῥήματα ἃ ἐγὼ λελάληκα ὑμῖν πνεῦμά ἐστιν καὶ ζωή ἐστιν. ⁶⁴ ἀλλ' εἰσὶν ἐξ ὑμῶν τινεσ οἳ οὐ πιστεύουσιν. ᾔδει γὰρ ἐξ ἀρχῆσ ὁ Ἰησοῦσ τίνεσ εἰσὶν οἱ μὴ πιστεύοντεσ καὶ τίσ ἐστιν ὁ παραδώσων
65 αὐτόν. ⁶⁵ καὶ ἔλεγεν· διὰ τοῦτο εἴρηκα ὑμῖν ὅτι οὐδεὶσ δύναται 6, 44 ἐλθεῖν πρὸσ ἐμὲ ἐὰν μὴ ᾖ δεδομένον αὐτῷ ἐκ τοῦ πατρόσ.

66 Ἐκ τούτου οὖν πολλοὶ τῶν μαθητῶν αὐτοῦ ἀπῆλθον εἰσ τὰ
67 ὀπίσω καὶ οὐκέτι μετ' αὐτοῦ περιεπάτουν. ⁶⁷ εἶπεν οὖν ὁ Ἰησοῦσ
68 τοῖσ δώδεκα· μὴ καὶ ὑμεῖσ θέλετε ὑπάγειν; ⁶⁸ ἀπεκρίθη αὐτῷ Σίμων Πέτροσ· κύριε, πρὸσ τίνα ἀπελευσόμεθα; ῥήματα ζωῆσ
69 αἰωνίου ἔχεισ· ⁶⁹ καὶ ἡμεῖσ πεπιστεύκαμεν καὶ ἐγνώκαμεν ὅτι σὺ Lc 4, 34
70 εἶ ὁ ἅγιοσ τοῦ θεοῦ. ⁷⁰ ἀπεκρίθη αὐτοῖσ ὁ Ἰησοῦσ· οὐκ ἐγὼ Mc 1, 24
ὑμᾶσ τοὺσ δώδεκα ἐξελεξάμην; καὶ ἐξ ὑμῶν εἷσ διάβολόσ ἐστιν. 11, 27 Mt 16, 16
71 ⁷¹ ἔλεγεν δὲ τὸν Ἰούδαν Σίμωνοσ Ἰσκαριώτου· οὗτοσ γὰρ ἔμελλεν αὐτὸν παραδιδόναι, εἷσ ὢν ἐκ τῶν δώδεκα.

VII.

Fratres increduli; profectio ad festum tabernaculorum. Iesus Dei legatus. Aqua viva. Varia iudicia. Synedrii insidiae. Nicodemus.

1 Μετὰ ταῦτα περιεπάτει ὁ Ἰησοῦσ ἐν τῇ Γαλιλαίᾳ· οὐ γὰρ ἤθελεν ἐν τῇ Ἰουδαίᾳ περιπατεῖν, ὅτι ἐζήτουν αὐτὸν οἱ Ἰουδαῖοι 5, 18
2 ἀποκτεῖναι. ² ἦν δὲ ἐγγὺσ ἡ ἑορτὴ τῶν Ἰουδαίων ἡ σκηνοπηγία. Lev 23, 34
3 ³ εἶπον οὖν πρὸσ αὐτὸν οἱ ἀδελφοὶ αὐτοῦ· μετάβηθι ἐντεῦθεν καὶ ὕπαγε εἰσ τὴν Ἰουδαίαν, ἵνα καὶ οἱ μαθηταί σου θεωρήσουσιν
4 τὰ ἔργα σου ἃ ποιεῖσ· ⁴ οὐδεὶσ γάρ τι ἐν κρυπτῷ ποιεῖ καὶ ζητεῖ αὐτὸσ ἐν παρρησίᾳ εἶναι. εἰ ταῦτα ποιεῖσ, φανέρωσον σεαυτὸν

---

58. ζησεται 59. καπερναουμ 60. ουτοσ ο λογοσ 61. א* εγνω ουν ιησουσ et και ειπεν 62. א* om ουν 63. א* om το ante πνευμ. | α εγω λαλω | א om εστιν ult 64. א εξ υμ. εισ. τινεσ | א απ αρχησ | ο ιησουσ : א ο σωτηρ | א om μη | א και τισ (supplevit demum אc) ην ο μελλων αυτον παραδιδοναι 65. προσ με | αυτω : א* om | πατροσ : add μου 66. om ουν | א om αυτου pri | απηλθον : post πολλοι pon 68. απεκρι. ουν 69. συ ει ο Χριστοσ ο υιοσ τ. Θε. του ζωντοσ 70. א απεκριθη ιησουσ και ειπεν αυτοισ | א ουχι εγω υμ. εξελεξ. (אc add τουσ) δωδεκ. | א* om εισ, אc suppl ante εξ υμ. 71. א* om τον | ς ισκαριωτην, א απο καρυωτου | ημελλεν

VII, 1. και περιεπατ. ο ιησουσ μετα ταυτα 3. א οι αδελφ. αυτ. πρ. αυτ. | ς θεωρησωσι, א* θεωρουσιν | σου : א* om 4. εν κρυπτ. τι | ποιει και : א* ποιων

τῷ κόσμῳ. ⁵ οὐδὲ γὰρ οἱ ἀδελφοὶ αὐτοῦ ἐπίστευον εἰσ αὐτόν. 5
⁶ λέγει αὐτοῖσ ὁ Ἰησοῦσ· ὁ καιρὸσ ὁ ἐμὸσ οὔπω πάρεστιν, ὁ δὲ 6
καιρὸσ ὁ ὑμέτεροσ πάντοτέ ἐστιν ἕτοιμοσ. ⁷ οὐ δύναται ὁ κόσμοσ 7
μισεῖν ὑμᾶσ, ἐμὲ δὲ μισεῖ, ὅτι ἐγὼ μαρτυρῶ περὶ αὐτοῦ ὅτι τὰ
ἔργα αὐτοῦ πονηρά ἐστιν. ⁸ ὑμεῖσ ἀνάβητε εἰσ τὴν ἑορτήν· ἐγὼ 8
οὐκ ἀναβαίνω εἰσ τὴν ἑορτὴν ταύτην, ὅτι ὁ ἐμὸσ καιρὸσ οὔπω
πεπλήρωται. ⁹ ταῦτα εἰπὼν αὐτὸσ ἔμεινεν ἐν τῇ Γαλιλαίᾳ. 9
¹⁰ ὡσ δὲ ἀνέβησαν οἱ ἀδελφοὶ αὐτοῦ εἰσ τὴν ἑορτήν, τότε καὶ 10
αὐτὸσ ἀνέβη, οὐ φανερῶσ ἀλλ' ἐν κρυπτῷ. ¹¹ οἱ οὖν Ἰουδαῖοι 11
ἐζήτουν αὐτὸν ἐν τῇ ἑορτῇ καὶ ἔλεγον· ποῦ ἐστὶν ἐκεῖνοσ; ¹² καὶ 12
γογγυσμὸσ ἦν περὶ αὐτοῦ πολὺσ ἐν τῷ ὄχλῳ· οἱ μὲν ἔλεγον ὅτι
ἀγαθόσ ἐστιν· ἄλλοι ἔλεγον· οὔ, ἀλλὰ πλανᾷ τὸν ὄχλον. ¹³ οὐδεὶσ 13
μέντοι παρρησίᾳ ἐλάλει περὶ αὐτοῦ διὰ τὸν φόβον τῶν Ἰου-
δαίων.
Ἤδη δὲ τῆσ ἑορτῆσ μεσούσησ ἀνέβη Ἰησοῦσ εἰσ τὸ ἱερὸν 14
καὶ ἐδίδασκεν. ¹⁵ ἐθαύμαζον οὖν οἱ Ἰουδαῖοι λέγοντεσ· πῶσ οὗτοσ 15
γράμματα οἶδεν μὴ μεμαθηκώσ; ¹⁶ ἀπεκρίθη οὖν αὐτοῖσ Ἰησοῦσ 16
καὶ εἶπεν· ἡ ἐμὴ διδαχὴ οὐκ ἔστιν ἐμὴ ἀλλὰ τοῦ πέμψαντόσ με·
¹⁷ ἐάν τισ θέλῃ τὸ θέλημα αὐτοῦ ποιεῖν, γνώσεται περὶ τῆσ διδα- 17
χῆσ, πότερον ἐκ θεοῦ ἐστὶν ἢ ἐγὼ ἀπ' ἐμαυτοῦ λαλῶ. ¹⁸ ὁ ἀφ' 18
ἑαυτοῦ λαλῶν τὴν δόξαν τὴν ἰδίαν ζητεῖ· ὁ δὲ ζητῶν τὴν δόξαν
τοῦ πέμψαντοσ αὐτόν, οὗτοσ ἀληθήσ ἐστιν καὶ ἀδικία ἐν αὐτῷ
οὐκ ἔστιν. ¹⁹ οὐ Μωϋσῆσ δέδωκεν ὑμῖν τὸν νόμον; καὶ οὐδεὶσ ἐξ 19
ὑμῶν ποιεῖ τὸν νόμον. τί με ζητεῖτε ἀποκτεῖναι; ²⁰ ἀπεκρίθη ὁ 20
ὄχλοσ· δαιμόνιον ἔχεισ· τίσ σε ζητεῖ ἀποκτεῖναι; ²¹ ἀπεκρίθη Ἰη- 21
σοῦσ καὶ εἶπεν αὐτοῖσ· ἓν ἔργον ἐποίησα καὶ πάντεσ θαυμάζετε.
²² ὁ Μωϋσῆσ δέδωκεν ὑμῖν τὴν περιτομήν, οὐχ ὅτι ἐκ τοῦ Μωϋ- 22
σέωσ ἐστίν, ἀλλ' ἐκ τῶν πατέρων, καὶ ἐν σαββάτῳ περιτέμνετε
ἄνθρωπον. ²³ εἰ περιτομὴν λαμβάνει ἄνθρωποσ ἐν σαββάτῳ ἵνα 23
μὴ λυθῇ ὁ νόμοσ ὁ Μωϋσέωσ, ἐμοὶ χολᾶτε ὅτι ὅλον ἄνθρωπον
ὑγιῆ ἐποίησα ἐν σαββάτῳ; ²⁴ μὴ κρίνετε κατ' ὄψιν, ἀλλὰ τὴν 24
δικαίαν κρίσιν κρίνατε. ²⁵ Ἔλεγον οὖν τινὲσ ἐκ τῶν Ἱεροσολυ- 25
μειτῶν· οὐχ οὗτόσ ἐστιν ὃν ζητοῦσιν ἀποκτεῖναι; ²⁶ καὶ ἴδε παρ- 26
ρησίᾳ λαλεῖ, καὶ οὐδὲν αὐτῷ λέγουσιν. μήποτε ἀληθῶσ ἔγνωσαν
οἱ ἄρχοντεσ ὅτι οὗτόσ ἐστιν ὁ Χριστόσ; ²⁷ ἀλλὰ τοῦτον οἴδαμεν 27

6. λεγει ουν | ℵ* om ο ante ιησ. | ουπω : ℵ* ου   7. ℵ* ο κοσμ. ου δυν. |
ℵ om περι αυτου   8. εισ τ. εορτ. pri : ϛ ℵ* add ταυτην | ουκ : ουπω |
ℵ om ο ante εμοσ | ο καιρ. ο εμοσ   9. ταυτα : add δε | αυτοσ : αυτοισ
10. εισ τ. εορτην : post ανεβη | αλλ ωσ εν κρυπτ.   12. περι αυτου ην |
πολυσ : ϛ ℵ post γογγυσμοσ | εν τοισ οχλοισ | αλλοι δε   13. ℵ περι αυτ.
ελαλ.   14. ο ιησους   15. και εθαυμαζον   16. om ουν | ο ιησους   17. εκ
του θεου   18. ℵ και ο ζητων   19. μωσησ   20. απεκρ. ο οχλ. : add και
ειπε   21. ο ιησους   22. δια τουτο μωσησ | ϛ ℵ μωσεωσ | ℵ αλλ οτι εκ
των   23. ο νομοσ μωσεωσ   25. ℵ om εκ | ιεροσολυμιτων   26. μηποτε :
ℵ μητι | αρχοντεσ : ℵ αρχιερεισ | εστιν : add αληθωσ.

πόθεν ἐστίν· ὁ δὲ Χριστὸσ ὅταν ἔρχηται, οὐδεὶσ γινώσκει πόθεν
28 ἐστίν. ²⁸ἔκραξεν οὖν ἐν τῷ ἱερῷ διδάσκων ὁ Ἰησοῦσ καὶ λέγων·
κἀμὲ οἴδατε καὶ οἴδατε πόθεν εἰμί· καὶ ἀπ' ἐμαυτοῦ οὐκ ἐλήλυθα,
29 ἀλλ' ἔστιν ἀληθινὸσ ὁ πέμψασ με, ὃν ὑμεῖσ οὐκ οἴδατε· ²⁹ἐγὼ
30 οἶδα αὐτόν, ὅτι παρ' αὐτοῦ εἰμὶ κἀκεῖνόσ με ἀπέσταλκεν. ³⁰ἐζή-
τουν οὖν αὐτὸν πιάσαι, καὶ οὐδεὶσ ἐπέβαλεν ἐπ' αὐτὸν τὴν χεῖρα,
31 ὅτι οὔπω ἐληλύθει ἡ ὥρα αὐτοῦ. ³¹Πολλοὶ δὲ ἐπίστευσαν ἐκ τοῦ
ὄχλου εἰσ αὐτόν, καὶ ἔλεγον· ὁ Χριστὸσ ὅταν ἔλθῃ, μὴ πλείονα
32 σημεῖα ποιήσει ὧν οὗτοσ ποιεῖ; ³²ἤκουσαν οἱ Φαρισαῖοι τοῦ
ὄχλου γογγύζοντοσ περὶ αὐτοῦ ταῦτα, καὶ ἀπέστειλαν ὑπηρέτασ
33 οἱ ἀρχιερεῖσ καὶ οἱ Φαρισαῖοι ἵνα πιάσωσιν αὐτόν. ³³εἶπεν οὖν
ὁ Ἰησοῦσ· ἔτι χρόνον μικρὸν μεθ' ὑμῶν εἰμι καὶ ὑπάγω πρὸσ
34 τὸν πέμψαντά με. ³⁴ζητήσετέ με καὶ οὐχ εὑρήσετε, καὶ ὅπου
35 εἰμὶ ἐγὼ ὑμεῖσ οὐ δύνασθε ἐλθεῖν. ³⁵εἶπον οὖν οἱ Ἰουδαῖοι πρὸσ
ἑαυτούσ· ποῦ μέλλει οὗτοσ πορεύεσθαι, ὅτι οὐχ εὑρήσομεν αὐτόν;
μὴ εἰσ τὴν διασπορὰν τῶν Ἑλλήνων μέλλει πορεύεσθαι καὶ δι-
36 δάσκειν τοὺσ Ἕλληνασ; ³⁶τίσ ἐστιν ὁ λόγοσ οὗτοσ ὃν εἶπεν·
ζητήσετέ με καὶ οὐχ εὑρήσετε, καὶ ὅπου εἰμὶ ἐγὼ ὑμεῖσ οὐ δύνασθε
ἐλθεῖν;
37 Ἐν δὲ τῇ ἐσχάτῃ ἡμέρᾳ τῇ μεγάλῃ τῆσ ἑορτῆσ εἱστήκει ὁ
Ἰησοῦσ καὶ ἔκραζεν λέγων· ἐάν τισ διψᾷ, ἐρχέσθω καὶ πινέτω.
38 ³⁸ὁ πιστεύων εἰσ ἐμέ, καθὼσ εἶπεν ἡ γραφή, ποταμοὶ ἐκ τῆσ
39 κοιλίασ αὐτοῦ ῥεύσουσιν ὕδατοσ ζῶντοσ. ³⁹τοῦτο δὲ εἶπεν περὶ
τοῦ πνεύματοσ οὗ ἤμελλον λαμβάνειν οἱ πιστεύοντεσ εἰσ αὐτόν·
40 οὔπω γὰρ ἦν πνεῦμα, ὅτι Ἰησοῦσ οὐδέπω ἐδοξάσθη. ⁴⁰Ἐκ τοῦ
ὄχλου οὖν ἀκούσαντεσ τῶν λόγων τούτων ἔλεγον· οὗτόσ ἐστιν ἀλη-
41 θῶσ ὁ προφήτησ· ⁴¹ἄλλοι ἔλεγον· οὗτόσ ἐστιν ὁ Χριστόσ· ἄλλοι
42 ἔλεγον· μὴ γὰρ ἐκ τῆσ Γαλιλαίασ ὁ Χριστὸσ ἔρχεται; ⁴²οὐχὶ ἡ
γραφὴ εἶπεν ὅτι ἐκ τοῦ σπέρματοσ Δαυεὶδ καὶ ἀπὸ Βηθλεὲμ τῆσ
43 κώμησ, ὅπου ἦν Δαυείδ, ὁ Χριστὸσ ἔρχεται; ⁴³σχίσμα οὖν ἐγένετο
44 ἐν τῷ ὄχλῳ δι' αὐτόν. ⁴⁴τινὲσ δὲ ἤθελον ἐξ αὐτῶν πιάσαι αὐτόν,
ἀλλ' οὐδεὶσ ἐπέβαλεν ἐπ' αὐτὸν τὰσ χεῖρασ.

---

27. א om δε | ϛᵉ א ερχεται | γινωσκει : א add αυτον 28. ο ιησους : א post
εκραξ. ουν | א και εμε | א αλλα εστ. αληθησ 29. ϛ א εγω δε | א* παρ
αυτω | απεστειλεν 30. א οι δε εζητουν 31. πολλοι δε εκ του οχλου
επιστευσαν | οτι ο χριστ. | μη : μητι | σημεια : add τουτων | ποιει :
εποιησεν 32. ηκουσαν : א add δε | א ταυτα περι αυτου | υπηρετασ (א
τουσ υπ.) : ante ινα pon | οι φαρισ. και οι αρχιερ. 33. ειπεν ουν αυτοισ |
μικρ. χρον. 35. א* om προσ εαυτ. | ϛ א ουτοσ μελλει | οτι : add ημεισ
36. τισ : א τι | ϛ א ουτοσ ο λογ. 37. εκραξε | ερχεσθω : add προσ με
39. ειπεν : א ελεγεν | ου εμελλον | πνευμα : add αγιον | ο ιησους|א ουπω|
א* δεδοξαστο 40. πολλοι ουν εκ του οχλου | א* αυτον των λογ. τουτ.,
ϛ nil nisi τον λογον | ουτοσ εστιν : א post αληθωσ 41. αλλοι sec : add
δε 42. δαβιδ | א οπ. ην ο δαν. 43. εν τ. οχλ. εγεν. 44. ηθελον : א*
ελεγον | επ αυτον : א* αυτω

ΙΟΗ. 8, 14. 173

Ἦλθον οὖν οἱ ὑπηρέται πρὸσ τοὺσ ἀρχιερεῖσ καὶ Φαρισαίουσ, 45
καὶ εἶπον αὐτοῖσ ἐκεῖνοι· διατί οὐκ ἠγάγετε αὐτόν; ⁴⁶ ἀπεκρίθη- 46
σαν οἱ ὑπηρέται· οὐδέποτε ἐλάλησεν οὕτωσ ἄνθρωποσ, ὡσ οὗτοσ
λαλεῖ ὁ ἄνθρωποσ. ⁴⁷ ἀπεκρίθησαν αὐτοῖσ οἱ Φαρισαῖοι· μὴ καὶ 47
ὑμεῖσ πεπλάνησθε; ⁴⁸ μή τισ ἐκ τῶν ἀρχόντων ἐπίστευσεν εἰσ αὐ- 48
τὸν ἢ ἐκ τῶν Φαρισαίων; ⁴⁹ ἀλλὰ ὁ ὄχλοσ οὗτοσ ὁ μὴ γινώσκων 49
3,1.19,39 τὸν νόμον ἐπάρατοί εἰσιν. ⁵⁰ λέγει Νικόδημοσ πρὸσ αὐτούσ, εἷσ 50
Dt19,15ss ὢν ἐξ αὐτῶν· ⁵¹ μὴ ὁ νόμοσ ἡμῶν κρίνει τὸν ἄνθρωπον ἐὰν μὴ 51
ἀκούσῃ πρῶτον παρ' αὐτοῦ καὶ γνῷ τί ποιεῖ; ⁵² ἀπεκρίθησαν καὶ 52
εἶπαν αὐτῷ· μὴ καὶ σὺ ἐκ τῆσ Γαλιλαίασ εἶ; ἐραύνησον καὶ ἴδε
ὅτι προφήτησ ἐκ τῆσ Γαλιλαίασ οὐκ ἐγείρεται.

VIII.

[Adultera.] Christus de se testis. Frustra quaeretur. Vera libertas. Iudaei
diaboli progenies; Christus Abrahamo prior.

Πάλιν οὖν αὐτοῖσ ἐλάλησεν ὁ Ἰησοῦσ λέγων· ἐγώ εἰμι τὸ 12
12, 46 φῶσ τοῦ κόσμου· ὁ ἀκολουθῶν ἐμοὶ οὐ μὴ περιπατήσῃ ἐν τῇ σκο-
τίᾳ, ἀλλ' ἕξει τὸ φῶσ τῆσ ζωῆσ. ¹³ εἶπον οὖν αὐτῷ οἱ Φαρι- 13
σαῖοι· σὺ περὶ σεαυτοῦ μαρτυρεῖσ· ἡ μαρτυρία σου οὐκ ἔστιν
ἀληθήσ. ¹⁴ ἀπεκρίθη Ἰησοῦσ καὶ εἶπεν αὐτοῖσ· κἂν ἐγὼ μαρ- 14
τυρῶ περὶ ἐμαυτοῦ, ἀληθήσ ἐστιν ἡ μαρτυρία μου, ὅτι οἶδα πόθεν

---

45. ειπον : א λεγουσιν 46. א οι δε υπηρε. απεκριθ. | א* ουτωσ ανθρ.
ελαλ., ς ουτ. ελαλ. ανθρ. | λαλει : om 47. απεκριθ. ουν 48. א* πιστευει
49. ς א αλλ | επικαταρατοι 50. λεγει : א ειπεν δε | προσ αυτουσ : ς add
ο ελθων νυκτοσ προσ αυτον, item אᶜ ο ελθων προσ αυτον προτερον
51. ακου. παρ αυτ. προτερον | א* om παρ αυτ. 52. ς א ειπον | ερευνη-
σον | εγηγερται, atque post hanc vocem add:
7,53 καὶ ἐπορεύθη ἕκαστοσ εἰσ τὸν οἶκον αὐτοῦ.
8,1 Ἰησοῦσ δὲ ἐπορεύθη εἰσ τὸ ὄροσ τῶν ἐλαιῶν. ² ὄρθρου δὲ 1 2
πάλιν παρεγένετο εἰσ τὸ ἱερόν, καὶ πᾶσ ὁ λαὸσ ἤρχετο πρὸσ αὐ-
τόν, καὶ καθίσασ ἐδίδασκεν αὐτούσ. ³ ἄγουσι δὲ οἱ γραμματεῖσ καὶ 3
οἱ Φαρισαῖοι πρὸσ αὐτὸν γυναῖκα ἐν μοιχείᾳ κατειλημμένην, καὶ
στήσαντεσ αὐτὴν ἐν μέσῳ ⁴ λέγουσιν αὐτῷ· διδάσκαλε, αὕτη ἡ γυνὴ 4
κατειλήφθη ἐπαυτοφώρῳ μοιχευομένη. ⁵ ἐν δὲ τῷ νόμῳ Μωσῆσ ἡμῖν 5
ἐνετείλατο τὰσ τοιαύτασ λιθοβολεῖσθαι· σὺ οὖν τί λέγεισ; ⁶ τοῦτο 6
δὲ ἔλεγον πειράζοντεσ αὐτόν, ἵνα ἔχωσι κατηγορεῖν αὐτοῦ. ὁ δὲ Ἰη-
σοῦσ κάτω κύψασ τῷ δακτύλῳ ἔγραφεν εἰσ τὴν γῆν. ⁷ ὡσ δὲ ἐπέμε- 7
νον ἐρωτῶντεσ αὐτόν, ἀνακύψασ εἶπε πρὸσ αὐτούσ· ὁ ἀναμάρτητοσ
ὑμῶν πρῶτοσ τὸν λίθον ἐπ' αὐτῇ βαλέτω. ⁸ καὶ πάλιν κάτω κύψασ 8
ἔγραφεν εἰσ τὴν γῆν. ⁹ οἱ δὲ ἀκούσαντεσ καὶ ὑπὸ τῆσ συνειδήσεωσ 9
ἐλεγχόμενοι ἐξήρχοντο εἷσ καθ' εἷσ, ἀρξάμενοι ἀπὸ τῶν πρεσβυτέρων
ἕωσ τῶν ἐσχάτων, καὶ κατελείφθη μόνοσ ὁ Ἰησοῦσ καὶ ἡ γυνὴ ἐν
μέσῳ ἑστῶσα. ¹⁰ ἀνακύψασ δὲ ὁ Ἰησοῦσ καὶ μηδένα θεασάμενοσ 10
πλὴν τῆσ γυναικόσ, εἶπεν αὐτῇ· ἡ γυνή, ποῦ εἰσὶν ἐκεῖνοι οἱ κατή-
γοροί σου; οὐδείσ σε κατέκρινεν; ¹¹ ἡ δὲ εἶπεν· οὐδείσ, κύριε. εἶπε 11
δὲ αὐτῇ ὁ Ἰησοῦσ· οὐδὲ ἐγώ σε κατακρίνω· πορεύου καὶ μηκέτι
ἁμάρτανε.
VIII, 12. ο ιησουσ αυτοισ ελαλησε | א* εγω φωσ ειμι του | περι-
πατησει | א* αλλ εχει 14. απεκριθη etc : א ειπεν αυτοισ ο ιησ.

ἦλθον καὶ ποῦ ὑπάγω. ὑμεῖσ οὐκ οἴδατε πόθεν ἔρχομαι ἢ ποῦ
15 ὑπάγω. ¹⁵ ὑμεῖσ κατὰ τὴν σάρκα κρίνετε, ἐγὼ οὐ κρίνω οὐδένα.
16 ¹⁶ καὶ ἐὰν κρίνω δὲ ἐγώ, ἡ κρίσισ ἡ ἐμὴ ἀληθινή ἐστιν, ὅτι μόνοσ
17 οὐκ εἰμί, ἀλλ' ἐγὼ καὶ ὁ πέμψασ με. ¹⁷ καὶ ἐν τῷ νόμῳ δὲ τῷ
ὑμετέρῳ γεγραμμένον ἐστὶν ὅτι δύο ἀνθρώπων ἡ μαρτυρία ἀληθήσ
18 ἐστιν. ¹⁸ ἐγώ εἰμι ὁ μαρτυρῶν περὶ ἐμαυτοῦ, καὶ μαρτυρεῖ περὶ
19 ἐμοῦ ὁ πέμψασ με πατήρ. ¹⁹ ἔλεγον οὖν αὐτῷ· ποῦ ἔστιν ὁ
πατήρ σου; ἀπεκρίθη Ἰησοῦσ· οὔτε ἐμὲ οἴδατε οὔτε τὸν πατέρα
20 μου· εἰ ἐμὲ ᾔδειτε, καὶ τὸν πατέρα μου ἂν ᾔδειτε. ²⁰ ταῦτα τὰ
ῥήματα ἐλάλησεν ἐν τῷ γαζοφυλακίῳ διδάσκων ἐν τῷ ἱερῷ· καὶ
οὐδεὶσ ἐπίασεν αὐτόν, ὅτι οὔπω ἐληλύθει ἡ ὥρα αὐτοῦ.
21 Εἶπεν οὖν πάλιν αὐτοῖσ· ἐγὼ ὑπάγω καὶ ζητήσετέ με, καὶ
ἐν τῇ ἁμαρτίᾳ ὑμῶν ἀποθανεῖσθε· ὅπου ἐγὼ ὑπάγω ὑμεῖσ οὐ
22 δύνασθε ἐλθεῖν. ²² ἔλεγον οὖν οἱ Ἰουδαῖοι· μήτι ἀποκτενεῖ ἑαυ-
23 τόν, ὅτι λέγει· ὅπου ἐγὼ ὑπάγω ὑμεῖσ οὐ δύνασθε ἐλθεῖν; ²³ καὶ
ἔλεγεν αὐτοῖσ· ὑμεῖσ ἐκ τῶν κάτω ἐστέ, ἐγὼ ἐκ τῶν ἄνω εἰμί·
ὑμεῖσ ἐκ τοῦ κόσμου τούτου ἐστέ, ἐγὼ οὐκ εἰμὶ ἐκ τοῦ κόσμου
24 τούτου. ²⁴ εἶπον οὖν ὑμῖν ὅτι ἀποθανεῖσθε ἐν ταῖσ ἁμαρτίαισ
ὑμῶν· ἐὰν γὰρ μὴ πιστεύσητε ὅτι ἐγώ εἰμι, ἀποθανεῖσθε ἐν ταῖσ
25 ἁμαρτίαισ ὑμῶν. ²⁵ ἔλεγον οὖν αὐτῷ· σὺ τίσ εἶ; εἶπεν αὐτοῖσ ὁ
26 Ἰησοῦσ· τὴν ἀρχὴν ὅ τι καὶ λαλῶ ὑμῖν. ²⁶ πολλὰ ἔχω περὶ ὑμῶν
λαλεῖν καὶ κρίνειν· ἀλλ' ὁ πέμψασ με ἀληθήσ ἐστιν, κἀγὼ ἃ
27 ἤκουσα παρ' αὐτοῦ, ταῦτα λαλῶ εἰσ τὸν κόσμον. ²⁷ οὐκ ἔγνωσαν
28 ὅτι τὸν πατέρα αὐτοῖσ ἔλεγεν. ²⁸ εἶπεν οὖν ὁ Ἰησοῦσ· ὅταν
ὑψώσητε τὸν υἱὸν τοῦ ἀνθρώπου, τότε γνώσεσθε ὅτι ἐγώ εἰμι,
καὶ ἀπ' ἐμαυτοῦ ποιῶ οὐδέν, ἀλλὰ καθὼσ ἐδίδαξέν με ὁ πατήρ,
29 ταῦτα λαλῶ. ²⁹ καὶ ὁ πέμψασ με μετ' ἐμοῦ ἐστιν· οὐκ ἀφῆκέν
με μόνον, ὅτι ἐγὼ τὰ ἀρεστὰ αὐτῷ ποιῶ πάντοτε.
30 Ταῦτα αὐτοῦ λαλοῦντοσ πολλοὶ ἐπίστευσαν εἰσ αὐτόν.
31 ³¹ ἔλεγεν οὖν ὁ Ἰησοῦσ πρὸσ τοὺσ πεπιστευκότασ αὐτῷ Ἰου-
δαίουσ· ἐὰν ὑμεῖσ μείνητε ἐν τῷ λόγῳ τῷ ἐμῷ, ἀληθῶσ μαθηταί
32 μου ἐστέ, ³² καὶ γνώσεσθε τὴν ἀλήθειαν, καὶ ἡ ἀλήθεια ἐλευθερώ-
33 σει ὑμᾶσ. ³³ ἀπεκρίθησαν πρὸσ αὐτόν· σπέρμα Ἀβραάμ ἐσμεν,
καὶ οὐδενὶ δεδουλεύκαμεν πώποτε· πῶσ σὺ λέγεισ ὅτι ἐλεύθεροι
34 γενήσεσθε; ³⁴ ἀπεκρίθη αὐτοῖσ ὁ Ἰησοῦσ· ἀμὴν ἀμὴν λέγω ὑμῖν

14. υμεισ δε | ϛ ℵ και που 16. και εαν : ℵ καν | ϛ ℵ αληθησ | ο πεμψ.
με : add πατηρ 17. γεγρ. εστ. : γεγραπται 19. ϛ ℵ ο ιησους atque ℵ
add και ειπεν | ℵ om μου sec | ϛ ℵ αν post ηδειτ. pon 20. ελαλησεν : add
ο ιησουσ 21. ℵ ελεγεν ουν et om παλιν | αυτοισ : add ο ιησουσ
22. οπου : ℵ* add αν 23. ελεγεν : ειπεν 24. ℵ om ουν | πιστευσητε :
ℵ add μοι 25. ℵ om ουν | ϛ και ειπεν, ℵ ειπ. ουν | ὅ τι : ϛ (non item ϛᵉ)
ὅτι 26. ℵ παρ αυτω | λαλω : λεγω 27. ελεγεν : ℵ* add τον θεον
28. ϛ ειπ. ουν αυτοισ ο ιησ., ℵ ειπ. ουν αυτοισ ο ιησ. παλιν | ο πατηρ
μου | ταυτα : ℵ ουτωσ 29. ℵ ουκ αφη. με μονον· μετ εμου εστ.|μονον :
add ο πατηρ 31. ℵ* om ο ante ιησ. | ℵ* om μου 33. πρ. αυτον : αυτω

ΙΟΗ.   8, 54.   175

ὅτι πᾶσ ὁ ποιῶν τὴν ἁμαρτίαν δοῦλόσ ἐστιν τῆσ ἁμαρτίασ. ³⁵ ὁ 35
δὲ δοῦλοσ οὐ μένει ἐν τῇ οἰκίᾳ εἰσ τὸν αἰῶνα· ὁ υἱὸσ μένει εἰσ
τὸν αἰῶνα. ³⁶ ἐὰν οὖν ὁ υἱὸσ ὑμᾶσ ἐλευθερώσῃ, ὄντωσ ἐλεύθεροι 36
ἔσεσθε. ³⁷ οἶδα ὅτι σπέρμα Ἀβραάμ ἐστε· ἀλλὰ ζητεῖτέ με ἀπο- 37
κτεῖναι, ὅτι ὁ λόγοσ ὁ ἐμὸσ οὐ χωρεῖ ἐν ὑμῖν. ³⁸ ἃ ἐγὼ ἑώρακα 38
παρὰ τῷ πατρὶ λαλῶ· καὶ ὑμεῖσ οὖν ἃ ἠκούσατε παρὰ τοῦ
πατρὸσ ποιεῖτε. ³⁹ ἀπεκρίθησαν καὶ εἶπαν αὐτῷ· ὁ πατὴρ ἡμῶν 39
Ἀβραάμ ἐστιν. λέγει αὐτοῖσ ὁ Ἰησοῦσ· εἰ τέκνα τοῦ Ἀβραάμ
ἐστε, τὰ ἔργα τοῦ Ἀβραὰμ ἐποιεῖτε· ⁴⁰ νῦν δὲ ζητεῖτέ με ἀπο- 40
κτεῖναι, ἄνθρωπον ὃσ τὴν ἀλήθειαν ὑμῖν λελάληκα, ἣν ἤκουσα
παρὰ τοῦ θεοῦ· τοῦτο Ἀβραὰμ οὐκ ἐποίησεν. ⁴¹ ὑμεῖσ ποιεῖτε 41
τὰ ἔργα τοῦ πατρὸσ ὑμῶν. εἶπαν αὐτῷ· ἡμεῖσ ἐκ πορνείασ οὐ
γεγεννήμεθα, ἕνα πατέρα ἔχομεν τὸν θεόν. ⁴² εἶπεν αὐτοῖσ ὁ 42
Ἰησοῦσ· εἰ ὁ θεὸσ πατὴρ ὑμῶν ἦν, ἠγαπᾶτε ἂν ἐμέ· ἐγὼ γὰρ ἐκ
τοῦ θεοῦ ἐξῆλθον καὶ ἥκω· οὐδὲ γὰρ ἀπ᾽ ἐμαυτοῦ ἐλήλυθα, ἀλλ᾽
ἐκεῖνόσ με ἀπέστειλεν. ⁴³ διατί τὴν λαλιὰν τὴν ἐμὴν οὐ γινώσκετε; 43
ὅτι οὐ δύνασθε ἀκούειν τὸν λόγον τὸν ἐμόν. ⁴⁴ ὑμεῖσ ἐκ τοῦ 44
πατρὸσ τοῦ διαβόλου ἐστὲ καὶ τὰσ ἐπιθυμίασ τοῦ πατρὸσ ὑμῶν
θέλετε ποιεῖν. ἐκεῖνοσ ἀνθρωποκτόνοσ ἦν ἀπ᾽ ἀρχῆσ καὶ ἐν τῇ
ἀληθείᾳ οὐκ ἔστηκεν, ὅτι οὐκ ἔστιν ἀλήθεια ἐν αὐτῷ. ὅταν λαλῇ
τὸ ψεῦδοσ, ἐκ τῶν ἰδίων λαλεῖ, ὅτι ψεύστησ ἐστὶν καὶ ὁ πατὴρ
αὐτοῦ. ⁴⁵ ἐγὼ δὲ ὅτι τὴν ἀλήθειαν λέγω, οὐ πιστεύετέ μοι. ⁴⁶ τίσ 45 46
ἐξ ὑμῶν ἐλέγχει με περὶ ἁμαρτίασ; εἰ ἀλήθειαν λέγω, διατί ὑμεῖσ
οὐ πιστεύετέ μοι; ⁴⁷ ὁ ὢν ἐκ τοῦ θεοῦ τὰ ῥήματα τοῦ θεοῦ ἀκούει· 47
διὰ τοῦτο ὑμεῖσ οὐκ ἀκούετε, ὅτι ἐκ τοῦ θεοῦ οὐκ ἐστέ. ⁴⁸ ἀπε- 48
κρίθησαν οἱ Ἰουδαῖοι καὶ εἶπαν αὐτῷ· οὐ καλῶσ λέγομεν ἡμεῖσ
ὅτι Σαμαρίτησ εἶ σὺ καὶ δαιμόνιον ἔχεισ; ⁴⁹ ἀπεκρίθη Ἰησοῦσ· 49
ἐγὼ δαιμόνιον οὐκ ἔχω, ἀλλὰ τιμῶ τὸν πατέρα μου, καὶ ὑμεῖσ
ἀτιμάζετέ με. ⁵⁰ ἐγὼ δὲ οὐ ζητῶ τὴν δόξαν μου· ἔστιν ὁ ζητῶν 50
καὶ κρίνων. ⁵¹ ἀμὴν ἀμὴν λέγω ὑμῖν, ἐάν τισ τὸν ἐμὸν λόγον 51
τηρήσῃ, θάνατον οὐ μὴ θεωρήσῃ εἰσ τὸν αἰῶνα. ⁵² εἶπαν αὐτῷ 52
οἱ Ἰουδαῖοι· νῦν ἐγνώκαμεν ὅτι δαιμόνιον ἔχεισ. Ἀβραὰμ ἀπέ-
θανεν καὶ οἱ προφῆται, καὶ σὺ λέγεισ· ἐάν τισ τὸν λόγον μου
τηρήσῃ, οὐ μὴ γεύσηται θανάτου εἰσ τὸν αἰῶνα· ⁵³ μὴ σὺ μείζων 53
εἶ τοῦ πατρὸσ ἡμῶν Ἀβραάμ, ὅστισ ἀπέθανεν; καὶ οἱ προφῆται
ἀπέθανον· τίνα σεαυτὸν ποιεῖσ; ⁵⁴ ἀπεκρίθη Ἰησοῦσ· ἐὰν ἐγὼ 54
δοξάσω ἐμαυτόν, ἡ δόξα μου οὐδέν ἐστιν· ἔστιν ὁ πατήρ μου ὁ

---

35. א om ο υι. μεν. εισ τ. αιω. 38. εγω ο εωρακ. | πατρι : ϛ א add μου |
κ. υμ. ουν ο | ηκουσατε : ϛ א* εωρακατε | παρ. του πατροσ : ϛ παρ. τω
πατρι, praeterea ϛ א add υμων 39. ειπον | λεγει : א απεκριθη | εστε :
ητε | εποιειτε : add αν 41. υμεισ : אc add δε | ειπον ουν αυτ. | א* ουκ
εγεννημεθα 42. ειπεν : ϛ א add ουν 44. εκ του : om του | ουχ εστηκ.
46. ει : add δε 48. απεκριθ. ουν | ειπον | σαμαρειτησ | א* om συ 49. απ.
ιησουσ : א add και ειπεν 51. τον λογ. τον εμον | א τηρησει et θεωρησει
52. ειπον ουν | γευσεται 53. σεαυτον : add συ 54. א ο ιησου

55 δοξάζων με, ὃν ὑμεῖσ λέγετε ὅτι θεὸσ ἡμῶν ἐστίν, ⁵⁵ καὶ οὐκ ἐγνώκατε αὐτόν, ἐγὼ δὲ οἶδα αὐτόν. κἂν εἴπω ὅτι οὐκ οἶδα αὐτόν, ἔσομαι ὅμοιοσ ὑμῶν ψεύστησ· ἀλλὰ οἶδα αὐτὸν καὶ τὸν 56 λόγον αὐτοῦ τηρῶ. ⁵⁶ Ἀβραὰμ ὁ πατὴρ ὑμῶν ἠγαλλιάσατο ἵνα 57 εἴδῃ τὴν ἡμέραν τὴν ἐμήν, καὶ εἶδεν καὶ ἐχάρη. ⁵⁷ εἶπαν οὖν οἱ Gen 18,17 Ἰουδαῖοι πρὸσ αὐτόν· πεντήκοντα ἔτη οὔπω ἔχεισ καὶ Ἀβραὰμ 58 ἑώρακασ; ⁵⁸ εἶπεν αὐτοῖσ Ἰησοῦσ· ἀμὴν ἀμὴν λέγω ὑμῖν, πρὶν 59 Ἀβραὰμ γενέσθαι ἐγὼ εἰμί. ⁵⁹ ἦραν οὖν λίθουσ ἵνα βάλωσιν ἐπ' 10, 31 αὐτόν· Ἰησοῦσ δὲ ἐκρύβη καὶ ἐξῆλθεν ἐκ τοῦ ἱεροῦ.

IX.

Caecigenus sabbato sanatus. Pharisaeorum maligna de sanatione iudicia.
Sanati professio et fides; Pharisaeorum caecitas.

1 2 Καὶ παράγων εἶδεν ἄνθρωπον τυφλὸν ἐκ γενετῆσ. ² καὶ ἠρώτησαν αὐτὸν οἱ μαθηταὶ αὐτοῦ λέγοντεσ· ῥαββεί, τίσ ἥμαρτεν, 3 οὗτοσ ἢ οἱ γονεῖσ αὐτοῦ, ἵνα τυφλὸσ γεννηθῇ; ³ ἀπεκρίθη Ἰησοῦσ· οὔτε οὗτοσ ἥμαρτεν οὔτε οἱ γονεῖσ αὐτοῦ, ἀλλ' ἵνα φανερωθῇ τὰ 4 ἔργα τοῦ θεοῦ ἐν αὐτῷ. ⁴ ἡμᾶσ δεῖ ἐργάζεσθαι τὰ ἔργα τοῦ πέμψαντοσ ἡμᾶσ ἕωσ ἡμέρα ἐστίν· ἔρχεται νὺξ ὅτε οὐδεὶσ δύναται 5 ἐργάζεσθαι. ⁵ ὅταν ἐν τῷ κόσμῳ ὦ, φῶσ εἰμὶ τοῦ κόσμου. 8, 12 6 ⁶ ταῦτα εἰπὼν ἔπτυσεν χαμαὶ καὶ ἐποίησεν πηλὸν ἐκ τοῦ πτύσμα-7 τοσ, καὶ ἐπέχρισεν αὐτοῦ τὸν πηλὸν ἐπὶ τοὺσ ὀφθαλμούσ, ⁷ καὶ εἶπεν αὐτῷ· ὕπαγε νίψαι εἰσ τὴν κολυμβῆθραν τοῦ Σιλωάμ, ὃ Neh 3, 15 ἑρμηνεύεται ἀπεσταλμένοσ. ἀπῆλθεν οὖν καὶ ἐνίψατο, καὶ ἦλθεν 8 βλέπων. ⁸ Οἱ οὖν γείτονεσ καὶ οἱ θεωροῦντεσ αὐτὸν τὸ πρότερον, ὅτι προσαίτησ ἦν, ἔλεγον· οὐχ οὗτόσ ἐστιν ὁ καθήμενοσ καὶ προσ-9 αιτῶν; ⁹ ἄλλοι ἔλεγον ὅτι οὗτόσ ἐστιν· ἄλλοι ἔλεγον· οὐχί, ἀλλὰ 10 ὅμοιοσ αὐτῷ ἐστίν. ἐκεῖνοσ ἔλεγεν ὅτι ἐγώ εἰμι. ¹⁰ ἔλεγον οὖν 11 αὐτῷ· πῶσ οὖν ἠνεῴχθησάν σου οἱ ὀφθαλμοί; ¹¹ ἀπεκρίθη ἐκεῖνοσ· ὁ ἄνθρωποσ ὁ λεγόμενοσ Ἰησοῦσ πηλὸν ἐποίησεν καὶ ἐπέχρισέν μου τοὺσ ὀφθαλμοὺσ καὶ εἶπέν μοι ὅτι ὕπαγε εἰσ τὸν Σιλωὰμ καὶ νίψαι. ἀπελθὼν οὖν καὶ νιψάμενοσ ἀνέβλεψα. 12 ¹² εἶπαν αὐτῷ· ποῦ ἔστιν ἐκεῖνοσ; λέγει· οὐκ οἶδα. 13 ¹³ Ἄγουσιν αὐτὸν πρὸσ τοὺσ Φαρισαίουσ, τόν ποτε τυφλόν. 14 ¹⁴ ἦν δὲ σάββατον ἐν ᾗ ἡμέρᾳ τὸν πηλὸν ἐποίησεν ὁ Ἰησοῦσ καὶ

54. δοξαζω | ϛ ℵ οτι θεοσ υμων 55. και εαν ειπω | ϛ ℵ αλλ 56. ινα ιδη 57. ειπον | ℵ* εωρακεν σε 58. ϛ ℵ ο ιησουσ 59. εκ τ. ιερου : add διελθων δια μεσου αυτων, και παρηγεν ουτωσ.
IX, 2. ραββι 3. ο ιησουσ 4. ημασ pri : εμε | ημασ sec : με 6. τον πηλον επι τ. οφθ. του τυφλου 8. προσαιτησ : τυφλοσ 9. οτι pri : ℵ om | αλλοι (ℵ add δε) ελεγ. ουχι αλλα : αλλοι δε οτι | εκεινοσ : ℵ* add δε | οτι sec : ℵᶜᵃ om 10. ℵ* ελεγαν | πωσ ουν : om ουν | ανεωχθησαν|σου : ϛᵉ σοι 11. απεκριθ. εκειν. και ειπεν· ανθρωποσ λεγομενοσ| om οτι | εισ την κολυμβηθραν του σιλωαμ | απελθων δε 12. ειπαν (ℵ praem και) : ειπον ουν 14. εν η ημερα : οτε

ἀνέῳξεν αὐτοῦ τοὺσ ὀφθαλμούσ. ¹⁵ πάλιν οὖν ἠρώτων αὐτὸν καὶ 15
οἱ Φαρισαῖοι πῶσ ἀνέβλεψεν. ὁ δὲ εἶπεν αὐτοῖσ· πηλὸν ἐπέθηκέν
μου ἐπὶ τοὺσ ὀφθαλμούσ, καὶ ἐνιψάμην καὶ βλέπω. ¹⁶ ἔλεγον οὖν 16
ἐκ τῶν Φαρισαίων τινέσ· οὐκ ἔστιν οὗτοσ παρὰ θεοῦ ὁ ἄνθρωποσ,
ὅτι τὸ σάββατον οὐ τηρεῖ. ἄλλοι ἔλεγον· πῶσ δύναται ἄνθρωποσ
ἁμαρτωλὸσ τοιαῦτα σημεῖα ποιεῖν; καὶ σχίσμα ἦν ἐν αὐτοῖσ.
¹⁷ λέγουσιν οὖν τῷ τυφλῷ πάλιν· σὺ τί λέγεισ περὶ αὐτοῦ, ὅτι 17
ἤνοιξέν σου τοὺσ ὀφθαλμούσ; ὁ δὲ εἶπεν ὅτι προφήτησ ἐστίν.
¹⁸ οὐκ ἐπίστευσαν οὖν οἱ Ἰουδαῖοι περὶ αὐτοῦ, ὅτι ἦν τυφλὸσ καὶ 18
ἀνέβλεψεν, ἕωσ ὅτου ἐφώνησαν τοὺσ γονεῖσ αὐτοῦ τοῦ ἀναβλέψαν-
τοσ, ¹⁹ καὶ ἠρώτησαν αὐτοὺσ λέγοντεσ· οὗτόσ ἐστιν ὁ υἱὸσ ὑμῶν, 19
ὃν ὑμεῖσ λέγετε ὅτι τυφλὸσ ἐγεννήθη; πῶσ οὖν βλέπει ἄρτι;
²⁰ ἀπεκρίθησαν οὖν οἱ γονεῖσ αὐτοῦ καὶ εἶπαν· οἴδαμεν ὅτι οὗτόσ 20
ἐστιν ὁ υἱὸσ ἡμῶν καὶ ὅτι τυφλὸσ ἐγεννήθη· ²¹ πῶσ δὲ νῦν βλέπει 21
οὐκ οἴδαμεν, ἢ τίσ ἤνοιξεν αὐτοῦ τοὺσ ὀφθαλμοὺσ ἡμεῖσ οὐκ
οἴδαμεν· αὐτὸν ἐρωτήσατε, ἡλικίαν ἔχει, αὐτὸσ περὶ ἑαυτοῦ λα-
λήσει. ²² ταῦτα εἶπον οἱ γονεῖσ αὐτοῦ ὅτι ἐφοβοῦντο τοὺσ Ἰου- 22
δαίουσ· ἤδη γὰρ συνετέθειντο οἱ Ἰουδαῖοι ἵνα ἐάν τισ αὐτὸν
ὁμολογήσῃ Χριστόν, ἀποσυνάγωγοσ γένηται. ²³ διὰ τοῦτο οἱ 23
γονεῖσ αὐτοῦ εἶπαν ὅτι ἡλικίαν ἔχει, αὐτὸν ἐπερωτήσατε. ²⁴ Ἐφώ- 24
νησαν οὖν τὸν ἄνθρωπον ἐκ δευτέρου, ὃσ ἦν τυφλόσ, καὶ εἶπαν
αὐτῷ· δὸσ δόξαν τῷ θεῷ· ἡμεῖσ οἴδαμεν ὅτι ὁ ἄνθρωποσ οὗτοσ
ἁμαρτωλόσ ἐστιν. ²⁵ ἀπεκρίθη οὖν ἐκεῖνοσ· εἰ ἁμαρτωλόσ ἐστιν 25
οὐκ οἶδα· ἓν οἶδα, ὅτι τυφλὸσ ὢν ἄρτι βλέπω. ²⁶ εἶπον οὖν αὐτῷ· 26
τί ἐποίησέν σοι; πῶσ ἤνοιξέν σου τοὺσ ὀφθαλμούσ; ²⁷ ἀπεκρίθη 27
αὐτοῖσ· εἶπον ὑμῖν ἤδη καὶ οὐκ ἠκούσατε· τί πάλιν θέλετε ἀκούειν;
μὴ καὶ ὑμεῖσ θέλετε αὐτοῦ μαθηταὶ γενέσθαι; ²⁸ ἐλοιδόρησαν αὐ- 28
τὸν καὶ εἶπαν· σὺ μαθητὴσ εἶ ἐκείνου, ἡμεῖσ δὲ τοῦ Μωϋσέωσ
ἐσμὲν μαθηταί· ²⁹ ἡμεῖσ οἴδαμεν ὅτι Μωϋσεῖ λελάληκεν ὁ θεόσ, 29
τοῦτον δὲ οὐκ οἴδαμεν πόθεν ἐστίν. ³⁰ ἀπεκρίθη ὁ ἄνθρωποσ 30
καὶ εἶπεν αὐτοῖσ· ἐν τούτῳ γὰρ τὸ θαυμαστόν ἐστιν, ὅτι ὑμεῖσ
οὐκ οἴδατε πόθεν ἐστίν, καὶ ἤνοιξέν μου τοὺσ ὀφθαλμούσ. ³¹ οἴδα- 31
μεν ὅτι ἁμαρτωλῶν ὁ θεὸσ οὐκ ἀκούει, ἀλλ᾽ ἐάν τισ θεοσεβὴσ ᾖ
καὶ τὸ θέλημα αὐτοῦ ποιῇ, τούτου ἀκούει. ³² ἐκ τοῦ αἰῶνοσ οὐκ 32

---

15. επι τουσ οφθ. μου 16. א* ελεγαν | ουτ. ο ανθρω. ουκ εστ. παρα τ.
θεου | αλλοι : א add δε 17. ουν : om | παλιν : א* add ουν | א τι συ λεγεισ |
א* περι σεαυτου 18. οτι τυφλ. ην 19. λεγοντεσ : א* om | א* ει ουτοσ |
א* εγενηθη | αρτι βλεπει 20. απεκριθησαν αυτοισ οι | ειπον 21. αυτον
ερωτησατε : ς post ηλικ. εχει pon, א* om | ς א* αυτοσ ηλικ. εχει | αυτοσ :
א* om | περι αυτου 22. א ειπαν 23. ειπον | ερωτησατε 24. εκ δευ-
τερου : post εφων. ουν | ειπον | א ουτοσ ο ανθρωπ. 25. εκεινοσ : add
και ειπεν | εν : א* add δε 26. א ειπαν | ουν : ς δε, א* om | αυτω : add
παλιν 27. א μαθητ. αυτου 28. ς ελοιδορ. ουν, א* και ελοιδορ. | ειπον |
ει μαθητ. εκειν. | μωσεωσ 29. μωση 30. εν γαρ τουτω | om το | ανεωξε
31. οιδαμ. δε

Nov. Test. ed. Tf.   12

33 ἠκούσθη ὅτι ἤνοιξέν τισ ὀφθαλμοὺσ τυφλοῦ γεγεννημένου· ³³ εἰ μὴ
34 ἦν οὗτοσ παρὰ θεοῦ, οὐκ ἠδύνατο ποιεῖν οὐδέν. ³⁴ ἀπεκρίθησαν
καὶ εἶπαν αὐτῷ· ἐν ἁμαρτίαισ σὺ ἐγεννήθησ ὅλοσ, καὶ σὺ δι-
δάσκεισ ἡμᾶς; καὶ ἐξέβαλον αὐτὸν ἔξω.
35 Ἤκουσεν Ἰησοῦσ ὅτι ἐξέβαλον αὐτὸν ἔξω, καὶ εὑρὼν αὐτὸν
36 εἶπεν· σὺ πιστεύεισ εἰσ τὸν υἱὸν τοῦ ἀνθρώπου; ³⁶ ἀπεκρίθη
ἐκεῖνοσ καὶ εἶπεν· καὶ τίσ ἐστιν, κύριε, ἵνα πιστεύσω εἰσ αὐτόν;
37 ³⁷ εἶπεν αὐτῷ ὁ Ἰησοῦσ· καὶ ἑώρακασ αὐτόν, καὶ ὁ λαλῶν μετὰ
38 σοῦ ἐκεῖνόσ ἐστιν. ³⁸ ὁ δὲ ἔφη· πιστεύω, κύριε· καὶ προσεκύνησεν
39 αὐτῷ. ³⁹ καὶ εἶπεν ὁ Ἰησοῦσ· εἰσ κρίμα ἐγὼ εἰσ τὸν κόσμον τοῦ-
τον ἦλθον, ἵνα οἱ μὴ βλέποντεσ βλέπωσιν καὶ οἱ βλέποντεσ τυφλοὶ
40 γένωνται. ⁴⁰ ἤκουσαν ἐκ τῶν Φαρισαίων οἱ μετ' αὐτοῦ ὄντεσ, καὶ
41 εἶπαν αὐτῷ· μὴ καὶ ἡμεῖσ τυφλοί ἐσμεν; ⁴¹ εἶπεν αὐτοῖσ ὁ Ἰη-
σοῦσ· εἰ τυφλοὶ ἦτε, οὐκ ἂν εἴχετε ἁμαρτίαν· νῦν δὲ λέγετε ὅτι
βλέπομεν· ἡ ἁμαρτία ὑμῶν μένει.

X.

Christus pastor et ianua ovium; fures et latrones; grex unus. Dissidium de Christo. Lapidatio suscepta. Nomen filiorum dei. Iohannes baptista testis.

1 Ἀμὴν ἀμὴν λέγω ὑμῖν, ὁ μὴ εἰσερχόμενοσ διὰ τῆσ θύρασ
εἰσ τὴν αὐλὴν τῶν προβάτων ἀλλὰ ἀναβαίνων ἀλλαχόθεν, ἐκεῖνοσ
2 κλέπτησ ἐστὶν καὶ λῃστήσ· ² ὁ δὲ εἰσερχόμενοσ διὰ τῆσ θύρασ
3 ποιμήν ἐστιν τῶν προβάτων. ³ τούτῳ ὁ θυρωρὸσ ἀνοίγει, καὶ τὰ
πρόβατα τῆσ φωνῆσ αὐτοῦ ἀκούει, καὶ τὰ ἴδια πρόβατα φωνεῖ
4 κατ' ὄνομα καὶ ἐξάγει αὐτά. ⁴ ὅταν τὰ ἴδια πάντα ἐκβάλῃ, ἔμ-
προσθεν αὐτῶν πορεύεται, καὶ τὰ πρόβατα αὐτῷ ἀκολουθεῖ, ὅτι
5 οἴδασιν τὴν φωνὴν αὐτοῦ· ⁵ ἀλλοτρίῳ δὲ οὐ μὴ ἀκολουθήσουσιν,
ἀλλὰ φεύξονται ἀπ' αὐτοῦ, ὅτι οὐκ οἴδασιν τῶν ἀλλοτρίων τὴν
6 φωνήν. ⁶ Ταύτην τὴν παροιμίαν εἶπεν αὐτοῖσ ὁ Ἰησοῦσ· ἐκεῖνοι
7 δὲ οὐκ ἔγνωσαν τίνα ἦν ἃ ἐλάλει αὐτοῖσ. ⁷ εἶπεν οὖν ὁ Ἰησοῦσ·
ἀμὴν ἀμὴν λέγω ὑμῖν ὅτι ἐγώ εἰμι ἡ θύρα τῶν προβάτων.
8 ⁸ πάντεσ ὅσοι ἦλθον κλέπται εἰσὶν καὶ λῃσταί, ἀλλ' οὐκ ἤκουσαν
9 αὐτῶν τὰ πρόβατα. ⁹ ἐγώ εἰμι ἡ θύρα· δι' ἐμοῦ ἐάν τισ εἰσέλθῃ,
σωθήσεται, καὶ εἰσελεύσεται καὶ ἐξελεύσεται καὶ νομὴν εὑρήσει.
10 ¹⁰ ὁ κλέπτησ οὐκ ἔρχεται εἰ μὴ ἵνα κλέψῃ καὶ θύσῃ καὶ ἀπολέσῃ·
11 ἐγὼ ἦλθον ἵνα ζωὴν ἔχωσιν καὶ περισσὸν ἔχωσιν. ¹¹ ἐγώ εἰμι ὁ

34. ειπον 35. ℵ* και ηκουσεν | ο ιησους | ειπεν : add αυτω | ανθρωπου : ϑεου 36. και τις : om και | κυριε : ℵ ante και τ. εστ. pon 37. ειπεν (ℵ εφη) : add δε 38. ℵ* om ο δε εφη usque ³⁹ και ειπ. ο ιησου 40. και ηκουσαν | εκ τ. φαρισ. : add ταυτα | οι οντες μετ αυτ. | ειπον 41. η ουν αμαρτια
X, 3. φωνει ; καλει 4. και οταν | τα ιδια παντα (ℵ* et cb om παντ.) : τα ιδια προβατα 5. ς ℵ ακολουϑησουσιν 6. εκειν. δε : ℵ* και 7. ειπεν ουν : add παλιν αυτοις 8. ηλϑον : ς προ εμου ηλϑ., ℵᶜ ηλϑ. προ εμου

ποιμὴν ὁ καλόσ. ὁ ποιμὴν ὁ καλὸσ τὴν ψυχὴν αὑτοῦ τίθησιν
ὑπὲρ τῶν προβάτων· ¹² ὁ μισθωτὸσ καὶ οὐκ ὢν ποιμήν, οὗ οὐκ
ἔστιν τὰ πρόβατα ἴδια, θεωρεῖ τὸν λύκον ἐρχόμενον καὶ ἀφίησιν
τὰ πρόβατα καὶ φεύγει, καὶ ὁ λύκοσ ἁρπάζει αὑτὰ καὶ σκορπίζει·
¹³ ὅτι μισθωτόσ ἐστιν, καὶ οὐ μέλει αὐτῷ περὶ τῶν προβάτων.
¹⁴ ἐγώ εἰμι ὁ ποιμὴν ὁ καλόσ, καὶ γινώσκω τὰ ἐμά, καὶ γινώ-
σκουσί με τὰ ἐμά, ¹⁵ καθὼσ γινώσκει με ὁ πατὴρ κἀγὼ γινώσκω
τὸν πατέρα, καὶ τὴν ψυχήν μου τίθημι ὑπὲρ τῶν προβάτων.
¹⁶ καὶ ἄλλα πρόβατα ἔχω, ἃ οὐκ ἔστιν ἐκ τῆσ αὐλῆσ ταύτησ·
κἀκεῖνα δεῖ με ἀγαγεῖν, καὶ τῆσ φωνῆσ μου ἀκούσουσιν, καὶ γενή-
σεται μία ποίμνη, εἷσ ποιμήν. ¹⁷ διὰ τοῦτό με ὁ πατὴρ ἀγαπᾷ,
ὅτι ἐγὼ τίθημι τὴν ψυχήν μου, ἵνα πάλιν λάβω αὐτήν. ¹⁸ οὐδεὶσ
αἴρει αὐτὴν ἀπ᾿ ἐμοῦ, ἀλλ᾿ ἐγὼ τίθημι αὐτὴν ἀπ᾿ ἐμαυτοῦ. ἐξου-
σίαν ἔχω θεῖναι αὐτήν, καὶ ἐξουσίαν ἔχω πάλιν λαβεῖν αὐτήν·
ταύτην τὴν ἐντολὴν ἔλαβον παρὰ τοῦ πατρόσ μου. ¹⁹ σχίσμα
πάλιν ἐγένετο ἐν τοῖσ Ἰουδαίοισ διὰ τοὺσ λόγουσ τούτουσ. ²⁰ ἔλεγον
οὖν πολλοὶ ἐξ αὐτῶν· δαιμόνιον ἔχει καὶ μαίνεται· τί αὐτοῦ ἀκούετε;
²¹ ἄλλοι ἔλεγον· ταῦτα τὰ ῥήματα οὐκ ἔστιν δαιμονιζομένου· μὴ
δαιμόνιον δύναται τυφλῶν ὀφθαλμοὺσ ἀνοῖξαι;
Ἐγένετο δὲ τὰ ἐγκαίνια ἐν Ἱεροσολύμοισ· χειμὼν ἦν· ²³ καὶ 22 23
περιεπάτει ὁ Ἰησοῦσ ἐν τῷ ἱερῷ ἐν τῇ στοᾷ Σολομῶνοσ. ²⁴ ἐκύ-
κλωσαν οὖν αὐτὸν οἱ Ἰουδαῖοι καὶ ἔλεγον αὐτῷ· ἕωσ πότε τὴν
ψυχὴν ἡμῶν αἴρεισ; εἰ σὺ εἶ ὁ Χριστόσ, εἰπὸν ἡμῖν παρρησίᾳ.
²⁵ ἀπεκρίθη ὁ Ἰησοῦσ· εἶπον ὑμῖν, καὶ οὐ πιστεύετε· τὰ ἔργα ἃ
ἐγὼ ποιῶ ἐν τῷ ὀνόματι τοῦ πατρόσ μου, ταῦτα μαρτυρεῖ περὶ
ἐμοῦ· ²⁶ ἀλλὰ ὑμεῖσ οὐ πιστεύετε, ὅτι οὐκ ἐστὲ ἐκ τῶν προβάτων
τῶν ἐμῶν. ²⁷ τὰ πρόβατα τὰ ἐμὰ τῆσ φωνῆσ μου ἀκούουσιν,
κἀγὼ γινώσκω αὐτά, καὶ ἀκολουθοῦσίν μοι, ²⁸ κἀγὼ δίδωμι αὐ-
τοῖσ ζωὴν αἰώνιον, καὶ οὐ μὴ ἀπόλωνται εἰσ τὸν αἰῶνα, καὶ οὐχ
ἁρπάσει τισ αὐτὰ ἐκ τῆσ χειρόσ μου. ²⁹ ὁ πατήρ ὃ δέδωκέν μοι
πάντων μεῖζόν ἐστιν, καὶ οὐδεὶσ δύναται ἁρπάζειν ἐκ τῆσ χειρὸσ
τοῦ πατρόσ. ³⁰ ἐγὼ καὶ ὁ πατὴρ ἕν ἐσμεν. ³¹ ἐβάστασαν πάλιν
λίθουσ οἱ Ἰουδαῖοι ἵνα λιθάσωσιν αὐτόν. ³² ἀπεκρίθη αὐτοῖσ ὁ

---

11. א* διδωσιν 12. ο μισθωτοσ : ϛ ο μισθ. δε, א ο δε μισθ. | εστιν :
εισιν | σκορπιζει : add τα προβατα 13. οτι μισθ. εστιν : praem ο δε
μισθωτοσ φευγει 14. γινωσκ. με τα εμα : γινωσκομαι υπο των εμων
15. τιθημι : א* διδωμι 16. με δει | א ακουσουσιν | Kᶜ γενησονται 17. ο
πατ. με 18. αιρει : א* ηρεν ; 19. σχισμα ουν 20. א* ελεγαν | ουν : δε
21. ανοιγει 22. εγκαινια | εν τοισ ιεροσολ. | χειμων : praem και | του
σολομωντοσ 24. א* om αυτον | ειπον : ειπε 25. απεκριθη : add αυ-
τοισ 26. αλλ | οτι ουκ : ου γαρ | των εμων : add καθως ειπον υμιν
27. ακουει 28. ζω. αιων. διδ. αυτ. | א* απολητai | א ου μη αρπαση
29. ο πατηρ : add μου | ο δεδωκεν : οσ δεδ. | μειζ. παντ. εστ. |
μειζον : ϛ א ζων | τ. πατροσ : add μου 31. εβαστασαν : add
ουν

12*

180   10, 33.   ΙΟΗ.

Ἰησοῦσ· πολλὰ ἔργα καλὰ ἔδειξα ὑμῖν ἐκ τοῦ πατρόσ· διὰ ποῖον
33 αὐτῶν ἔργον ἐμὲ λιθάζετε; ³³ ἀπεκρίθησαν αὐτῷ οἱ Ἰουδαῖοι· περὶ
καλοῦ ἔργου οὐ λιθάζομέν σε ἀλλὰ περὶ βλασφημίας, καὶ ὅτι σὺ
34 ἄνθρωποσ ὢν ποιεῖσ σεαυτὸν θεόν. ³⁴ ἀπεκρίθη αὐτοῖσ ὁ Ἰησοῦσ·
οὐκ ἔστιν γεγραμμένον ἐν τῷ νόμῳ ὑμῶν ὅτι ἐγὼ εἶπα· θεοί ἐστε;
35 ³⁵ εἰ ἐκείνουσ εἶπεν θεούσ, πρὸσ οὖσ ὁ λόγοσ ἐγένετο τοῦ θεοῦ, καὶ Ps81(82),
36 οὐ δύναται λυθῆναι ἡ γραφή· ³⁶ ὃν ὁ πατὴρ ἡγίασεν καὶ ἀπέ-   6
στειλεν εἰσ τὸν κόσμον, ὑμεῖσ λέγετε ὅτι βλασφημεῖσ, ὅτι εἶπον·
37 υἱὸσ θεοῦ εἰμί; ³⁷ εἰ οὐ ποιῶ τὰ ἔργα τοῦ πατρόσ μου, μὴ
38 πιστεύετέ μοι· ³⁸ εἰ δὲ ποιῶ, κἂν ἐμοὶ μὴ πιστεύετε, τοῖσ ἔργοισ
πιστεύετε, ἵνα γνῶτε καὶ γινώσκητε ὅτι ἐν ἐμοὶ ὁ πατὴρ κἀγὼ
39 ἐν τῷ πατρί. ³⁹ Ἐζήτουν οὖν αὐτὸν πιάσαι, καὶ ἐξῆλθεν ἐκ τῆσ 7, 30
χειρὸσ αὐτῶν.
40   Καὶ ἀπῆλθεν πάλιν πέραν τοῦ Ἰορδάνου εἰσ τὸν τόπον ὅπου
41 ἦν Ἰωάννησ τὸ πρῶτον βαπτίζων, καὶ ἔμεινεν ἐκεῖ. ⁴¹ καὶ πολλοὶ
ἦλθον πρὸσ αὐτὸν καὶ ἔλεγον ὅτι Ἰωάννησ μὲν σημεῖον ἐποίησεν
οὐδέν, πάντα δὲ ὅσα εἶπεν Ἰωάννησ περὶ τούτου ἀληθῆ ἦν.
42 ⁴² καὶ πολλοὶ ἐπίστευσαν εἰσ αὐτὸν ἐκεῖ.

XI.

Lazarus. Caiaphae consilium de uno pro multis occidendo. Christi secessio.

1   Ἦν δέ τισ ἀσθενῶν, Λάζαροσ ἀπὸ Βηθανίασ, ἐκ τῆσ κώ- Lc 10, 38
2 μησ τῆσ Μαρίασ καὶ Μάρθασ τῆσ ἀδελφῆσ αὐτῆσ. ² ἦν δὲ Μαρία 12, 3
ἡ ἀλείψασα τὸν κύριον μύρῳ καὶ ἐκμάξασα τοὺσ πόδασ αὐτοῦ
3 ταῖσ θριξὶν αὐτῆσ, ἧσ ὁ ἀδελφὸσ Λάζαροσ ἠσθένει. ³ ἀπέστειλαν
οὖν αἱ ἀδελφαὶ πρὸσ αὐτὸν λέγουσαι· κύριε, ἴδε ὃν φιλεῖσ ἀσθενεῖ.
4 ⁴ ἀκούσασ δὲ ὁ Ἰησοῦσ εἶπεν· αὕτη ἡ ἀσθένεια οὐκ ἔστιν πρὸσ
θάνατον ἀλλ' ὑπὲρ τῆσ δόξησ τοῦ θεοῦ, ἵνα δοξασθῇ ὁ υἱὸσ τοῦ
5 θεοῦ δι' αὐτῆσ. ⁵ ἠγάπα δὲ ὁ Ἰησοῦσ τὴν Μάρθαν καὶ τὴν ἀδελ-
6 φὴν αὐτῆσ καὶ τὸν Λάζαρον. ⁶ ὡσ οὖν ἤκουσεν ὅτι ἀσθενεῖ, τότε
7 μὲν ἔμεινεν ἐν ᾧ ἦν τόπῳ δύο ἡμέρασ· ⁷ ἔπειτα μετὰ τοῦτο λέγει
8 τοῖσ μαθηταῖσ· ἄγωμεν εἰσ τὴν Ἰουδαίαν πάλιν. ⁸ λέγουσιν αὐτῷ
οἱ μαθηταί· ῥαββεί, νῦν ἐζήτουν σε λιθάσαι οἱ Ἰουδαῖοι, καὶ 10, 31
9 πάλιν ὑπάγεισ ἐκεῖ; ⁹ ἀπεκρίθη Ἰησοῦσ· οὐχὶ δώδεκα ὡραί εἰσιν
τῆσ ἡμέρασ; ἐάν τισ περιπατῇ ἐν τῇ ἡμέρᾳ, οὐ προσκόπτει, ὅτι
10 τὸ φῶσ τοῦ κόσμου τούτου βλέπει· ¹⁰ ἐὰν δέ τισ περιπατῇ ἐν τῇ

---

32. καλα εργα | πατροσ : add μου | λιθαζ. μ8   33. απεκρ. α. οι ιουδ.
λεγοντεσ | και οτι : א om και   34. υμων : א* om | οτι : om | א* om εγω
35. ς א ο λογ. του θεου εγεν.   36. του θεου   38. μη πιστευητε | τ.
εργ. πιστευσατε | και γινωσκητε : ς א κ. πιστευσητε | εν τω πατρι : εν
αυτω   39. αυτον : ς praem παλιν, אᶜ add παλ.   40. א* om εισ τ. τοπον |
το πρωτον : א το προτερον   41. οτι : א om   42. επιστευ. πολλ. εκει
εισ αυτ.
XI, 1. om τησ ante μαριασ   3. א προσ αυτ. αι αδελφ.   4. א αλλ ινα
δοξασθ.   7. παλιν : א* om   8. ῥαββὶ   9. ο ιησουσ | εισ. ωρ. τησ ημερ.

νυκτί, προσκόπτει, ὅτι τὸ φῶσ οὐκ ἔστιν ἐν αὐτῷ. ¹¹ταῦτα 11
εἶπεν, καὶ μετὰ τοῦτο λέγει αὐτοῖσ· Λάζαροσ ὁ φίλοσ ἡμῶν
κεκοίμηται· ἀλλὰ πορεύομαι ἵνα ἐξυπνίσω αὐτόν. ¹²εἶπον οὖν 12
αὐτῷ οἱ μαθηταί· κύριε, εἰ κεκοίμηται, σωθήσεται. ¹³εἰρήκει δὲ 13
ὁ Ἰησοῦσ περὶ τοῦ θανάτου αὐτοῦ· ἐκεῖνοι δὲ ἔδοξαν ὅτι περὶ
τῆσ κοιμήσεωσ τοῦ ὕπνου λέγει. ¹⁴τότε οὖν εἶπεν αὐτοῖσ ὁ 14
Ἰησοῦσ παρρησίᾳ· Λάζαροσ ἀπέθανεν, ¹⁵καὶ χαίρω δι' ὑμᾶσ, ἵνα 15
πιστεύσητε, ὅτι οὐκ ἤμην ἐκεῖ· ἀλλὰ ἄγωμεν πρὸσ αὐτόν. ¹⁶εἶπεν 16
οὖν Θωμᾶσ ὁ λεγόμενοσ Δίδυμοσ τοῖσ συνμαθηταῖσ· ἄγωμεν καὶ
ἡμεῖσ ἵνα ἀποθάνωμεν μετ' αὐτοῦ.

Ἐλθὼν οὖν ὁ Ἰησοῦσ εὗρεν αὐτὸν τέσσαρασ ἡμέρασ ἔχοντα 17
ἐν τῷ μνημείῳ. ¹⁸ἦν δὲ Βηθανία ἐγγὺσ τῶν Ἱεροσολύμων ὡσ 18
ἀπὸ σταδίων δεκαπέντε. ¹⁹πολλοὶ δὲ ἐκ τῶν Ἰουδαίων ἐληλύθει- 19
σαν πρὸσ τὰσ περὶ Μάρθαν καὶ Μαριάμ, ἵνα παραμυθήσωνται
αὐτὰσ περὶ τοῦ ἀδελφοῦ. ²⁰ἡ οὖν Μάρθα ὡσ ἤκουσεν ὅτι Ἰη- 20
σοῦσ ἔρχεται, ὑπήντησεν αὐτῷ· Μαρία δὲ ἐν τῷ οἴκῳ ἐκαθέζετο.
²¹εἶπεν οὖν ἡ Μάρθα πρὸσ Ἰησοῦν· κύριε, εἰ ἦσ ὧδε, οὐκ ἂν 21
ἀπέθανεν ὁ ἀδελφόσ μου. ²²καὶ νῦν οἶδα ὅτι ὅσα ἂν αἰτήσῃ 22
τὸν θεόν, δώσει σοι ὁ θεόσ. ²³λέγει αὐτῇ ὁ Ἰησοῦσ· ἀναστή- 23
σεται ὁ ἀδελφόσ σου. ²⁴λέγει αὐτῷ ἡ Μάρθα· οἶδα ὅτι ἀνα- 24
στήσεται ἐν τῇ ἀναστάσει ἐν τῇ ἐσχάτῃ ἡμέρᾳ. ²⁵εἶπεν αὐτῇ ὁ 25
Ἰησοῦσ· ἐγώ εἰμι ἡ ἀνάστασισ καὶ ἡ ζωή· ὁ πιστεύων εἰσ ἐμὲ κἂν
ἀποθάνῃ ζήσεται, ²⁶καὶ πᾶσ ὁ ζῶν καὶ πιστεύων εἰσ ἐμὲ οὐ μὴ 26
ἀποθάνῃ εἰσ τὸν αἰῶνα· πιστεύεισ τοῦτο; ²⁷λέγει αὐτῷ· ναί, 27
κύριε· ἐγὼ πεπίστευκα ὅτι σὺ εἶ ὁ Χριστὸσ ὁ υἱὸσ τοῦ θεοῦ ὁ εἰσ
τὸν κόσμον ἐρχόμενοσ. ²⁸καὶ τοῦτο εἰποῦσα ἀπῆλθεν καὶ ἐφώ- 28
νησεν Μαριὰμ τὴν ἀδελφὴν αὐτῆσ λάθρα εἰποῦσα· ὁ διδάσκαλοσ
πάρεστιν καὶ φωνεῖ σε. ²⁹ἐκείνη ὡσ ἤκουσεν, ἐγείρεται ταχὺ καὶ 29
ἔρχεται πρὸσ αὐτόν· ³⁰οὔπω δὲ ἐληλύθει ὁ Ἰησοῦσ εἰσ τὴν κώμην, 30
ἀλλ' ἦν ἐν τῷ τόπῳ ὅπου ὑπήντησεν αὐτῷ ἡ Μάρθα. ³¹οἱ οὖν 31
Ἰουδαῖοι οἱ ὄντεσ μετ' αὐτῆσ ἐν τῇ οἰκίᾳ καὶ παραμυθούμενοι αὐ-
τήν, ἰδόντεσ τὴν Μαριὰμ ὅτι ταχέωσ ἀνέστη καὶ ἐξῆλθεν, ἠκολού-
θησαν αὐτῇ, δόξαντεσ ὅτι ὑπάγει εἰσ τὸ μνημεῖον ἵνα κλαύσῃ
ἐκεῖ. ³²ἡ οὖν Μαριὰμ ὡσ ἦλθεν ὅπου ἦν Ἰησοῦσ, ἰδοῦσα αὐτὸν 32
ἔπεσεν αὐτοῦ πρὸσ τοὺσ πόδασ, λέγουσα αὐτῷ· κύριε, εἰ ἦσ ὧδε,
οὐκ ἄν μου ἀπέθανεν ὁ ἀδελφόσ. ³³Ἰησοῦσ οὖν ὡσ εἶδεν αὐτὴν 33

12. ℵ ειπαν | αυτω οι μαθ.: οι μαθ. αυτου 13. ℵ* om αυτου 14. ℵ* om
ο ante ιησ. | ℵ* παρρησια 15. αλλ 16. συμμαθητ. 17. ο ιησουσ: ℵcb
add εισ βηθανιαν | ϛ ℵ τεσσαρασ (ℵ -ρεσ) ημερ. ηδη 18. η βηθανια
19. και πολλοι εκ | προσ τασ περι: ℵ προσ την | ϛ ℵ μαριαν | αδελφου:
add αυτων 20. ο ιησουσ 21. τον ιησουν | ο αδελφ. μου ουκ αν ετεθνηκει
22. αλλα και νυν | ℵ οσα εαν αιτησει 24. ϛ ℵ ℵ* om η 25. ειπεν: ℵ* add δε
28. τουτο: ταυτα | ϛ ℵ μαριαμ 29. ℵ εκεινη δε | ℵ ηγερθη et ηρχετο
30. αλλ ην: ℵ add ετι 31. ϛ ℵ την μαριαν | δοξαντεσ: λεγοντεσ 32. ϛ ℵ
μαρια | ο ιησουσ | εισ τουσ ποδασ αυτου | μου: post απεθαν. pon

κλαίουσαν καὶ τοὺσ συνελθόντασ αὐτῇ Ἰουδαίουσ κλαίοντασ, ἐν-
34 εβριμήσατο τῷ πνεύματι καὶ ἐτάραξεν ἑαυτόν, ³⁴ καὶ εἶπεν· ποῦ
35 τεθείκατε αὐτόν; λέγουσιν αὐτῷ· κύριε, ἔρχου καὶ ἴδε. ³⁵ ἐδά-
36 κρυσεν ὁ Ἰησοῦσ. ³⁶ ἔλεγον οὖν οἱ Ἰουδαῖοι· ἴδε πῶσ ἐφίλει αὐ-
37 τόν. ³⁷ τινὲσ δὲ ἐξ αὐτῶν εἶπον· οὐκ ἐδύνατο οὗτοσ ὁ ἀνοίξασ
τοὺσ ὀφθαλμοὺσ τοῦ τυφλοῦ ποιῆσαι ἵνα καὶ οὗτοσ μὴ ἀποθάνῃ;
38 ³⁸ Ἰησοῦσ οὖν πάλιν ἐμβριμούμενοσ ἐν ἑαυτῷ ἔρχεται εἰσ τὸ μνη-
39 μεῖον· ἦν δὲ σπήλαιον, καὶ λίθοσ ἐπέκειτο ἐπ' αὐτῷ. ³⁹ λέγει ὁ
Ἰησοῦσ· ἄρατε τὸν λίθον. λέγει αὐτῷ ἡ ἀδελφὴ τοῦ τετελευτη-
40 κότοσ Μάρθα· κύριε, ἤδη ὄζει· τεταρταῖοσ γάρ ἐστιν. ⁴⁰ λέγει
αὐτῇ ὁ Ἰησοῦσ· οὐκ εἶπόν σοι ὅτι ἐὰν πιστεύσῃσ ὄψῃ τὴν δόξαν
41 τοῦ θεοῦ; ⁴¹ ἦραν οὖν τὸν λίθον· ὁ δὲ Ἰησοῦσ ἦρεν τοὺσ ὀφθαλ-
μοὺσ ἄνω καὶ εἶπεν· πάτερ, εὐχαριστῶ σοι ὅτι ἤκουσάσ μου.
42 ⁴² ἐγὼ δὲ ᾔδειν ὅτι πάντοτέ μου ἀκούεισ· ἀλλὰ διὰ τὸν ὄχλον
τὸν περιεστῶτα εἶπον, ἵνα πιστεύσωσιν ὅτι σύ με ἀπέστειλασ.
43 ⁴³ καὶ ταῦτα εἰπὼν φωνῇ μεγάλῃ ἐκραύγασεν· Λάζαρε, δεῦρο ἔξω.
44 ⁴⁴ ἐξῆλθεν ὁ τεθνηκὼσ δεδεμένοσ τοὺσ πόδασ καὶ τὰσ χεῖρασ
κειρίαισ, καὶ ἡ ὄψισ αὐτοῦ σουδαρίῳ περιεδέδετο. λέγει αὐτοῖσ
ὁ Ἰησοῦσ· λύσατε αὐτὸν καὶ ἄφετε αὐτὸν ὑπάγειν.
45 Πολλοὶ οὖν ἐκ τῶν Ἰουδαίων, οἱ ἐλθόντεσ πρὸσ τὴν Μαριὰμ
46 καὶ θεασάμενοι ἃ ἐποίησεν, ἐπίστευσαν εἰσ αὐτόν· ⁴⁶ τινὲσ δὲ
ἐξ αὐτῶν ἀπῆλθον πρὸσ τοὺσ Φαρισαίουσ καὶ εἶπαν αὐτοῖσ ἃ
ἐποίησεν Ἰησοῦσ.
47 Συνήγαγον οὖν οἱ ἀρχιερεῖσ καὶ οἱ Φαρισαῖοι συνέδριον,
καὶ ἔλεγον· τί ποιοῦμεν, ὅτι οὗτοσ ὁ ἄνθρωποσ πολλὰ ποιεῖ ση-
48 μεῖα; ⁴⁸ ἐὰν ἀφῶμεν αὐτὸν οὕτωσ, πάντεσ πιστεύσουσιν εἰσ αὐ-
τόν, καὶ ἐλεύσονται οἱ Ῥωμαῖοι καὶ ἀροῦσιν ἡμῶν καὶ τὸν τόπον
49 καὶ τὸ ἔθνοσ. ⁴⁹ εἷσ δέ τισ ἐξ αὐτῶν Καϊάφασ, ἀρχιερεὺσ ὢν
τοῦ ἐνιαυτοῦ ἐκείνου, εἶπεν αὐτοῖσ· ὑμεῖσ οὐκ οἴδατε οὐδέν,
50 ⁵⁰ οὐδὲ λογίζεσθε ὅτι συμφέρει ὑμῖν ἵνα εἷσ ἄνθρωποσ ἀποθάνῃ 18, 14
51 ὑπὲρ τοῦ λαοῦ καὶ μὴ ὅλον τὸ ἔθνοσ ἀπόληται. ⁵¹ τοῦτο δὲ ἀφ'
ἑαυτοῦ οὐκ εἶπεν, ἀλλὰ ἀρχιερεὺσ ὢν τοῦ ἐνιαυτοῦ ἐκείνου ἐπρο-
φήτευσεν ὅτι ἔμελλεν Ἰησοῦσ ἀποθνήσκειν ὑπὲρ τοῦ ἔθνουσ,
52 ⁵² καὶ οὐχ ὑπὲρ τοῦ ἔθνουσ μόνον, ἀλλ' ἵνα καὶ τὰ τέκνα τοῦ 10, 16
53 θεοῦ τὰ διεσκορπισμένα συναγάγῃ εἰσ ἕν. ⁵³ ἀπ' ἐκείνησ οὖν
τῆσ ἡμέρασ ἐβουλεύσαντο ἵνα ἀποκτείνωσιν αὐτόν.

---

33. ℵ* εβριμησατο (ℵᵃ ενεβρ.) 35. ℵ και εδακρυσεν ιησουσ 36. ℵ*
ελεγαν 37. ℵ* ειπαν | ς ℵ ηδυνατο 38. εμβριμωμενοσ | ℵ* om επ
39. του τεθνηκοτοσ 40. οψει 41. τον λιθον: add ου ην ο τεθνηκωσ
κειμενοσ 43. ℵ* εκραυγαζεν | ℵ* λαζαρ 44. ς ℵ και εξηλθεν | ς ℵ om
αυτον sec 45. ουν : ℵ δε | προσ τ. μαριαν | εποιησεν : ς ℵ add o (ℵ om)
ιησουσ 46. ειπον | ς ℵ ο ιησουσ 47. πολλ. σημ. ποιει 48. ℵ πιστευου-
σιν 50. διαλογιζεσθε | υμιν : ς ημιν, ℵ om 51. προεφητευσεν | ο ιησουσ
53. συνεβουλευσαντο

Ἰησοῦσ οὖν οὐκέτι παρρησίᾳ περιεπάτει ἐν τοῖσ Ἰουδαίοισ, 54
ἀλλὰ ἀπῆλθεν ἐκεῖθεν εἰσ τὴν χώραν ἐγγὺσ τῆσ ἐρήμου, εἰσ Ἐφραῒμ
λεγομένην πόλιν, κἀκεῖ διέτριβεν μετὰ τῶν μαθητῶν. ⁵⁵ ἦν δὲ 55
ἐγγὺσ τὸ πάσχα τῶν Ἰουδαίων, καὶ ἀνέβησαν πολλοὶ εἰσ Ἱεροσό-
λυμα ἐκ τῆσ χώρασ πρὸ τοῦ πάσχα, ἵνα ἁγνίσωσιν ἑαυτούσ.
⁵⁶ ἐζήτουν οὖν τὸν Ἰησοῦν καὶ ἔλεγαν μετ' ἀλλήλων ἐν τῷ ἱερῷ 56
ἑστηκότεσ· τί δοκεῖ ὑμῖν, ὅτι οὐ μὴ ἔλθῃ εἰσ τὴν ἑορτήν; ⁵⁷ δεδώ- 57
κεισαν δὲ οἱ ἀρχιερεῖσ καὶ οἱ Φαρισαῖοι ἐντολὰσ ἵνα ἐάν τισ γνῷ
ποῦ ἔστιν μηνύσῃ, ὅπωσ πιάσωσιν αὐτόν.

XII.

Christus a Maria ungitur. Lazari fama. Ingressio cum ovantium comitatu.
Graeci Iesum visuri; mors grani; vox de caelo; Messias moriturus. De
contumacia Iudaeorum. Res Christi res dei.

Ὁ οὖν Ἰησοῦσ πρὸ ἓξ ἡμερῶν τοῦ πάσχα ἦλθεν εἰσ Βηθα- 1
νίαν, ὅπου ἦν Λάζαροσ, ὃν ἤγειρεν ἐκ νεκρῶν Ἰησοῦσ. ² ἐποί- 2
ησαν οὖν αὐτῷ δεῖπνον ἐκεῖ, καὶ ἡ Μάρθα διηκόνει, ὁ δὲ Λάζαροσ
εἷσ ἦν ἐκ τῶν ἀνακειμένων σὺν αὐτῷ· ³ ἡ οὖν Μαρία λαβοῦσα 3
λίτραν μύρου νάρδου πιστικῆσ πολυτίμου ἤλειψεν τοὺσ πόδασ
τοῦ Ἰησοῦ καὶ ἐξέμαξεν ταῖσ θριξὶν αὐτῆσ τοὺσ πόδασ αὐτοῦ·
ἡ δὲ οἰκία ἐπληρώθη ἐκ τῆσ ὀσμῆσ τοῦ μύρου. ⁴ λέγει δὲ Ἰούδασ 4
ὁ Ἰσκαριώτησ, εἷσ ἐκ τῶν μαθητῶν αὐτοῦ, ὁ μέλλων αὐτὸν παρα-
διδόναι· ⁵ διατί τοῦτο τὸ μύρον οὐκ ἐπράθη τριακοσίων δηνα- 5
ρίων καὶ ἐδόθη πτωχοῖσ; ⁶ εἶπεν δὲ τοῦτο οὐχ ὅτι περὶ τῶν 6
πτωχῶν ἔμελεν αὐτῷ, ἀλλ' ὅτι κλέπτησ ἦν καὶ τὸ γλωσσόκομον
ἔχων τὰ βαλλόμενα ἐβάσταζεν. ⁷ εἶπεν οὖν ὁ Ἰησοῦσ· ἄφεσ 7
αὐτήν, ἵνα εἰσ τὴν ἡμέραν τοῦ ἐνταφιασμοῦ μου τηρήσῃ αὐτό·
⁸ τοὺσ πτωχοὺσ γὰρ πάντοτε ἔχετε μεθ' ἑαυτῶν, ἐμὲ δὲ οὐ πάν- 8
τοτε ἔχετε.

Ἔγνω οὖν ὁ ὄχλοσ πολὺσ ἐκ τῶν Ἰουδαίων ὅτι ἐκεῖ ἐστίν, 9
καὶ ἦλθον οὐ διὰ τὸν Ἰησοῦν μόνον, ἀλλ' ἵνα καὶ τὸν Λάζαρον
ἴδωσιν, ὃν ἤγειρεν ἐκ νεκρῶν. ¹⁰ ἐβουλεύσαντο δὲ οἱ ἀρχιερεῖσ 10
ἵνα καὶ τὸν Λάζαρον ἀποκτείνωσιν, ¹¹ ὅτι πολλοὶ δι' αὐτὸν ὑπῆ- 11
γον τῶν Ἰουδαίων καὶ ἐπίστευον εἰσ τὸν Ἰησοῦν.

Τῇ ἐπαύριον ὄχλοσ πολὺσ ὁ ἐλθὼν εἰσ τὴν ἑορτήν, ἀκούσαν- 12
τεσ ὅτι ἔρχεται Ἰησοῦσ εἰσ Ἱεροσόλυμα, ¹³ ἔλαβον τὰ βαΐα τῶν 13
φοινίκων καὶ ἐξῆλθον εἰσ ὑπάντησιν αὐτῷ, καὶ ἐκραύγαζον·
ὡσαννά, εὐλογημένοσ ὁ ἐρχόμενοσ ἐν ὀνόματι κυρίου, καὶ ὁ βασι-

54. א ο ουν ιησουσ | א εφρεμ, ς εφραΐμ | διετριβεν: א εμεινεν | μαθητων:
add αυτου 56. ελεγον 57. δεδωκ. δε και | εντολην
XII, 1. λαζαρος: add ο τεθνηκως | om ιησους ad finem 2. εκ: om
4. λεγει ουν εις εκ τ. μαθητ. αυτ., ιουδασ σιμωνοσ ισκαριωτησ 6. εχων:
ειχε και 7. ινα: om | τηρηση: τετηρηκεν 9. om ο ante οχλος 12. א* om
ο ante ελθων | ο ιησους 13. εκραυγαζον (א add λεγοντεσ): ς εκραζον |
om και ante ο βασιλ.

184   12, 14.   ΙΟΗ.

14 λεὺσ τοῦ Ἰσραήλ. ¹⁴ εὑρὼν δὲ ὁ Ἰησοῦσ ὀνάριον ἐκάθισεν ἐπ᾽
15 αὐτό, καθώσ ἐστιν γεγραμμένον· ¹⁵ μὴ φοβοῦ, θυγάτηρ Σιών· Zch 9, 9
16 ἰδοὺ ὁ βασιλεύσ σου ἔρχεται καθήμενοσ ἐπὶ πῶλον ὄνου. ¹⁶ ταῦτα
οὐκ ἔγνωσαν αὐτοῦ οἱ μαθηταὶ τὸ πρῶτον, ἀλλ᾽ ὅτε ἐδοξάσθη
Ἰησοῦσ, τότε ἐμνήσθησαν ὅτι ταῦτα ἦν ἐπ᾽ αὐτῷ γεγραμμένα
17 καὶ ταῦτα ἐποίησαν αὐτῷ. ¹⁷ ἐμαρτύρει οὖν ὁ ὄχλοσ ὁ ὢν μετ᾽
αὐτοῦ ὅτι τὸν Λάζαρον ἐφώνησεν ἐκ τοῦ μνημείου καὶ ἤγειρεν 11, 43
18 αὐτὸν ἐκ νεκρῶν. ¹⁸ διὰ τοῦτο καὶ ὑπήντησεν αὐτῷ ὁ ὄχλοσ, ὅτι
19 ἤκουσαν τοῦτο αὐτὸν πεποιηκέναι τὸ σημεῖον. ¹⁹ οἱ οὖν Φαρι-
σαῖοι εἶπαν πρὸσ ἑαυτούσ· θεωρεῖτε ὅτι οὐκ ὠφελεῖτε οὐδέν· ἴδε
ὁ κόσμοσ ὀπίσω αὐτοῦ ἀπῆλθεν.

20   Ἦσαν δὲ Ἕλληνέσ τινεσ ἐκ τῶν ἀναβαινόντων ἵνα προσκυ-
21 νήσωσιν ἐν τῇ ἑορτῇ· ²¹ οὗτοι οὖν προσῆλθον Φιλίππῳ τῷ ἀπὸ
Βηθσαϊδὰ τῆσ Γαλιλαίασ, καὶ ἠρώτων αὐτὸν λέγοντεσ· κύριε,
22 θέλομεν τὸν Ἰησοῦν ἰδεῖν. ²² ἔρχεται Φίλιπποσ καὶ λέγει τῷ
Ἀνδρέᾳ, ἔρχεται Ἀνδρέασ καὶ Φίλιπποσ καὶ λέγουσιν τῷ Ἰησοῦ.
23 ²³ ὁ δὲ Ἰησοῦσ ἀποκρίνεται αὐτοῖσ λέγων· ἐλήλυθεν ἡ ὥρα ἵνα
24 δοξασθῇ ὁ υἱὸσ τοῦ ἀνθρώπου. ²⁴ ἀμὴν ἀμὴν λέγω ὑμῖν, ἐὰν
μὴ ὁ κόκκοσ τοῦ σίτου πεσὼν εἰσ τὴν γῆν ἀποθάνῃ, αὐτὸσ μόνοσ
25 μένει· ἐὰν δὲ ἀποθάνῃ, πολὺν καρπὸν φέρει. ²⁵ ὁ φιλῶν τὴν Mt 10, 39
ψυχὴν αὐτοῦ ἀπολλύει αὐτήν, καὶ ὁ μισῶν τὴν ψυχὴν αὐτοῦ ἐν Lc 17, 33
26 τῷ κόσμῳ τούτῳ εἰσ ζωὴν αἰώνιον φυλάξει αὐτήν. ²⁶ ἐὰν ἐμοί
τισ διακονῇ, ἐμοὶ ἀκολουθείτω, καὶ ὅπου εἰμὶ ἐγώ, ἐκεῖ καὶ ὁ
διάκονοσ ὁ ἐμὸσ ἔσται· ἐάν τισ ἐμοὶ διακονῇ, τιμήσει αὐτὸν ὁ
27 πατήρ. ²⁷ νῦν ἡ ψυχή μου τετάρακται, καὶ τί εἴπω; πάτερ,
σῶσόν με ἐκ τῆσ ὥρασ ταύτησ. ἀλλὰ διὰ τοῦτο ἦλθον εἰσ τὴν
28 ὥραν ταύτην· ²⁸ πάτερ, δόξασόν σου τὸ ὄνομα. ἦλθεν οὖν φωνὴ
29 ἐκ τοῦ οὐρανοῦ· καὶ ἐδόξασα καὶ πάλιν δοξάσω. ²⁹ ὁ οὖν ὄχλοσ 17, 4 s
ὁ ἑστὼσ ἀκούσασ ἔλεγεν βροντὴν γεγονέναι· ἄλλοι ἔλεγον· ἄγγελοσ
30 αὐτῷ λελάληκεν. ³⁰ ἀπεκρίθη Ἰησοῦσ καὶ εἶπεν· οὐ δι᾽ ἐμὲ ἡ
31 φωνὴ αὕτη γέγονεν ἀλλὰ δι᾽ ὑμᾶσ. ³¹ νῦν κρίσισ ἐστὶν τοῦ κόσμου 16, 11
32 τούτου· νῦν ὁ ἄρχων τοῦ κόσμου τούτου ἐκβληθήσεται ἔξω, ³² κἀγὼ 3, 14
33 ἐὰν ὑψωθῶ ἐκ τῆσ γῆσ, πάντασ ἑλκύσω πρὸσ ἐμαυτόν. ³³ τοῦτο 18, 32
34 δὲ ἔλεγεν σημαίνων ποίῳ θανάτῳ ἤμελλεν ἀποθνήσκειν. ³⁴ ἀπε- Ps 88(89),
κρίθη οὖν αὐτῷ ὁ ὄχλοσ· ἡμεῖσ ἠκούσαμεν ἐκ τοῦ νόμου ὅτι ὁ 110, 4
Χριστὸσ μένει εἰσ τὸν αἰῶνα, καὶ πῶσ λέγεισ σὺ ὅτι δεῖ ὑψωθῆναι Dan 7, 14
τὸν υἱὸν τοῦ ἀνθρώπου; τίσ ἐστιν οὗτοσ ὁ υἱὸσ τοῦ ἀνθρώπου;

---

15. ϛ ℵ θυγατερ 16. ταυτα δε | οι μαθητ. αυτου | ο ιησουσ 17. οτι :
ϛ (non ϛᵉ) ℵ οτε 18. ℵ υπηντ. αυτω οχλ. πολυσ | ηκουσε | ℵ αυτον τουτο
19. ειπον 20. τινεσ ελληνεσ 22. ερχ. (ℵ και παλιν ερχ.) ανδρ. κ. φι.
και λεγ. : και παλιν ανδρ. και φιλ. λεγουσιν 23. απεκρινατο 25. απο-
λεσει 26. εμοι διακο. τισ | εαν sec : και εαν 29. και ακουσασ 30. ο
ιησουσ | ℵ om και ειπεν | αυτη η φωνη 31. νυν ο αρχ. του κοσμ. τουτου :
ℵ* nil nisi και 32. ℵ παντα 33. ℵ εμελλεν 34. om ουν | ϛ ℵ συ λεγεισ

³⁵ εἶπεν οὖν αὐτοῖσ ὁ Ἰησοῦσ· ἔτι μικρὸν χρόνον τὸ φῶσ ἐν ὑμῖν ³⁵
ἐστίν. περιπατεῖτε ὡσ τὸ φῶσ ἔχετε, ἵνα μὴ σκοτία ὑμᾶσ κατα-
λάβῃ· καὶ ὁ περιπατῶν ἐν τῇ σκοτίᾳ οὐκ οἶδεν ποῦ ὑπάγει. ³⁶ ὡσ ³⁶
τὸ φῶσ ἔχετε, πιστεύετε εἰσ τὸ φῶσ, ἵνα υἱοὶ φωτὸσ γένησθε.
Ταῦτα ἐλάλησεν Ἰησοῦσ, καὶ ἀπελθὼν ἐκρύβη ἀπ᾽ αὐτῶν.
³⁷ τοσαῦτα δὲ αὐτοῦ σημεῖα πεποιηκότοσ ἔμπροσθεν αὐτῶν οὐκ ³⁷
ἐπίστευον εἰσ αὐτόν, ³⁸ ἵνα ὁ λόγοσ Ἡσαΐου τοῦ προφήτου πλη- ³⁸
ρωθῇ, ὃν εἶπεν· κύριε, τίσ ἐπίστευσεν τῇ ἀκοῇ ἡμῶν; καὶ ὁ βραχίων
κυρίου τίνι ἀπεκαλύφθη; ³⁹ διὰ τοῦτο οὐκ ἠδύναντο πιστεύειν, ³⁹
ὅτι πάλιν εἶπεν Ἡσαΐασ· ⁴⁰ τετύφλωκεν αὐτῶν τοὺσ ὀφθαλμοὺσ ⁴⁰
καὶ ἐπώρωσεν αὐτῶν τὴν καρδίαν, ἵνα μὴ ἴδωσιν τοῖσ ὀφθαλμοῖσ
καὶ νοήσωσιν τῇ καρδίᾳ καὶ στραφῶσιν καὶ ἰάσομαι αὐτούσ.
⁴¹ ταῦτα εἶπεν Ἡσαΐασ ὅτι εἶδεν τὴν δόξαν αὐτοῦ, καὶ ἐλάλησεν ⁴¹
περὶ αὐτοῦ. ⁴² ὅμωσ μέντοι καὶ ἐκ τῶν ἀρχόντων πολλοὶ ἐπίστευ- ⁴²
σαν εἰσ αὐτόν, ἀλλὰ διὰ τοὺσ Φαρισαίουσ οὐχ ὡμολόγουν, ἵνα
μὴ ἀποσυνάγωγοι γένωνται· ⁴³ ἠγάπησαν γὰρ τὴν δόξαν τῶν ⁴³
ἀνθρώπων μᾶλλον ἤπερ τὴν δόξαν τοῦ θεοῦ. ⁴⁴ Ἰησοῦσ δὲ ⁴⁴
ἔκραξεν καὶ εἶπεν· ὁ πιστεύων εἰσ ἐμὲ οὐ πιστεύει εἰσ ἐμὲ ἀλλὰ
εἰσ τὸν πέμψαντά με, ⁴⁵ καὶ ὁ θεωρῶν ἐμὲ θεωρεῖ τὸν πέμψαντά ⁴⁵
με. ⁴⁶ ἐγὼ φῶσ εἰσ τὸν κόσμον ἐλήλυθα, ἵνα πᾶσ ὁ πιστεύων ⁴⁶
εἰσ ἐμὲ ἐν τῇ σκοτίᾳ μὴ μείνῃ. ⁴⁷ καὶ ἐάν τίσ μου ἀκούσῃ τῶν ⁴⁷
ῥημάτων καὶ μὴ φυλάξῃ, ἐγὼ οὐ κρίνω αὐτόν· οὐ γὰρ ἦλθον ἵνα
κρίνω τὸν κόσμον, ἀλλ᾽ ἵνα σώσω τὸν κόσμον. ⁴⁸ ὁ ἀθετῶν ἐμὲ ⁴⁸
καὶ μὴ λαμβάνων τὰ ῥήματά μου ἔχει τὸν κρίνοντα αὐτόν· ὁ
λόγοσ ὃν ἐλάλησα, ἐκεῖνοσ κρινεῖ αὐτὸν ἐν τῇ ἐσχάτῃ ἡμέρᾳ. ⁴⁹ ὅτι ⁴⁹
ἐγὼ ἐξ ἐμαυτοῦ οὐκ ἐλάλησα, ἀλλ᾽ ὁ πέμψασ με πατὴρ αὐτόσ
μοι ἐντολὴν δέδωκεν τί εἴπω καὶ τί λαλήσω. ⁵⁰ καὶ οἶδα ὅτι ἡ ⁵⁰
ἐντολὴ αὐτοῦ ζωὴ αἰώνιόσ ἐστιν. ἃ οὖν ἐγὼ λαλῶ, καθὼσ εἴρηκέν
μοι ὁ πατήρ, οὕτωσ λαλῶ.

XIII.

Caena ultima; lavatio pedum. Notatio proditoris; praeceptum novum;
Petrus magistrum negaturus.

Πρὸ δὲ τῆσ ἑορτῆσ τοῦ πάσχα εἰδὼσ ὁ Ἰησοῦσ ὅτι ἦλθεν 1
αὐτοῦ ἡ ὥρα ἵνα μεταβῇ ἐκ τοῦ κόσμου τούτου πρὸσ τὸν πατέρα,
ἀγαπήσασ τοὺσ ἰδίουσ τοὺσ ἐν τῷ κόσμῳ, εἰσ τέλοσ ἠγάπησεν
αὐτούσ. ² καὶ δείπνου γινομένου, τοῦ διαβόλου ἤδη βεβληκότοσ 2
εἰσ τὴν καρδίαν ἵνα παραδοῖ αὐτὸν Ἰούδασ Σίμωνοσ Ἰσκαριώτησ,
³ εἰδὼσ ὅτι πάντα ἔδωκεν αὐτῷ ὁ πατὴρ εἰσ τὰσ χεῖρασ, καὶ ὅτι 3

35. εν υμιν : μεθ υμων | ωσ : ϛ א εωσ | אᶜ η σκοτια 36. ωσ : εωσ |
ο ιησουσ 40. επωρωσεν (א επηρωσεν ex επηρωτησεν restitutum) : πεπω-
ρωκεν | επιστραφωσι | ιασωμαι 41. οτι : οτε 43. ηπερ : א υπερ
44. αλλ 47. φυλαξη : πιστευση 49. εδωκε 50. ουν λαλω εγω
XIII, 1. εληλυθεν 2. γενομενου | ινα παραδοι etc : ιουδα σιμωνοσ
ισκαριωτου ινα αυτον παραδω 3. ειδωσ : add ο ιησουσ | δεδωκεν

4 ἀπὸ θεοῦ ἐξῆλθεν καὶ πρὸσ τὸν θεὸν ὑπάγει, ⁴ἐγείρεται ἐκ τοῦ δείπνου καὶ τίθησιν τὰ ἱμάτια, καὶ λαβὼν λέντιον διέζωσεν ἑαυ-
5 τόν· ⁵εἶτα βάλλει ὕδωρ εἰσ τὸν νιπτῆρα, καὶ ἤρξατο νίπτειν τοὺσ πόδασ τῶν μαθητῶν καὶ ἐκμάσσειν τῷ λεντίῳ ᾧ ἦν διε-
6 ζωσμένοσ. ⁶ἔρχεται οὖν πρὸσ Σίμωνα Πέτρον· λέγει αὐτῷ·
7 κύριε, σύ μου νίπτεισ τοὺσ πόδασ; ⁷ἀπεκρίθη Ἰησοῦσ καὶ εἶπεν αὐτῷ· ὃ ἐγὼ ποιῶ σὺ οὐκ οἶδασ ἄρτι, γνώσῃ δὲ μετὰ ταῦτα.
8 ⁸λέγει αὐτῷ Πέτροσ· οὐ μὴ νίψῃσ μου τοὺσ πόδασ εἰσ τὸν αἰῶνα. ἀπεκρίθη Ἰησοῦσ αὐτῷ· ἐὰν μὴ νίψω σε, οὐκ ἔχεισ μέροσ μετ'
9 ἐμοῦ. ⁹λέγει αὐτῷ Σίμων Πέτροσ· κύριε, μὴ τοὺσ πόδασ μου
10 μόνον ἀλλὰ καὶ τὰσ χεῖρασ καὶ τὴν κεφαλήν. ¹⁰λέγει αὐτῷ Ἰησοῦσ· ὁ λελουμένοσ οὐκ ἔχει χρείαν νίψασθαι, ἀλλ' ἔστιν 15, 3
11 καθαρὸσ ὅλοσ· καὶ ὑμεῖσ καθαροί ἐστε, ἀλλ' οὐχὶ πάντεσ. ¹¹ᾔδει 6, 64 γὰρ τὸν παραδιδόντα αὐτόν· διὰ τοῦτο εἶπεν ὅτι οὐχὶ πάντεσ καθαροί ἐστε.
12 Ὅτε οὖν ἔνιψεν τοὺσ πόδασ αὐτῶν καὶ ἔλαβεν τὰ ἱμάτια αὐτοῦ καὶ ἀνέπεσεν πάλιν, εἶπεν αὐτοῖσ· γινώσκετε τί πεποίηκα
13 ὑμῖν; ¹³ὑμεῖσ φωνεῖτέ με· ὁ διδάσκαλοσ καὶ ὁ κύριοσ, καὶ καλῶσ
14 λέγετε· εἰμὶ γάρ. ¹⁴εἰ οὖν ἐγὼ ἔνιψα ὑμῶν τοὺσ πόδασ ὁ κύριοσ καὶ ὁ διδάσκαλοσ, καὶ ὑμεῖσ ὀφείλετε ἀλλήλων νίπτειν τοὺσ
15 πόδασ· ¹⁵ὑπόδειγμα γὰρ δέδωκα ὑμῖν, ἵνα καθὼσ ἐγὼ ἐποίησα 15, 20
16 ὑμῖν καὶ ὑμεῖσ ποιῆτε. ¹⁶ἀμὴν ἀμὴν λέγω ὑμῖν, οὐκ ἔστιν δοῦλοσ Mt 10, 24 Lc 6, 40 μείζων τοῦ κυρίου αὐτοῦ, οὐδὲ ἀπόστολοσ μείζων τοῦ πέμψαντοσ 22, 27
17 αὐτόν. ¹⁷εἰ ταῦτα οἴδατε, μακάριοί ἐστε ἐὰν ποιῆτε αὐτά.
18 ¹⁸οὐ περὶ πάντων ὑμῶν λέγω· ἐγὼ οἶδα τίνασ ἐξελεξάμην· ἀλλ' Ps 40(41), 9 (10.) ἵνα ἡ γραφὴ πληρωθῇ· ὁ τρώγων μετ' ἐμοῦ τὸν ἄρτον ἐπῆρκεν Act 1, 16
19 ἐπ' ἐμὲ τὴν πτέρναν αὐτοῦ. ¹⁹ἀπάρτι λέγω ὑμῖν πρὸ τοῦ γενέ- 14, 29
20 σθαι, ἵνα πιστεύσητε ὅταν γένηται ὅτι ἐγώ εἰμι. ²⁰ἀμὴν ἀμὴν Mc 10, 40 Lc 9, 48 λέγω ὑμῖν, ὁ λαμβάνων ἄν τινα πέμψω ἐμὲ λαμβάνει, ὁ δὲ ἐμὲ λαμβάνων λαμβάνει τὸν πέμψαντά με.
21 Ταῦτα εἰπὼν Ἰησοῦσ ἐταράχθη τῷ πνεύματι καὶ ἐμαρτύρησεν Mt 26, 21-55 καὶ εἶπεν· ἀμὴν ἀμὴν λέγω ὑμῖν ὅτι εἶσ ἐξ ὑμῶν παραδώσει με.
22 ²²ἔβλεπον εἰσ ἀλλήλουσ οἱ μαθηταί, ἀπορούμενοι περὶ τίνοσ λέγει. Mc 14, 18-21
23 ²³ἦν ἀνακείμενοσ εἶσ ἐκ τῶν μαθητῶν αὐτοῦ ἐν τῷ κόλπῳ τοῦ Lc 22, 21-23
24 Ἰησοῦ, ὃν ἠγάπα ὁ Ἰησοῦσ· ²⁴νεύει οὖν τούτῳ Σίμων Πέτροσ
25 καὶ λέγει αὐτῷ· εἰπὲ τίσ ἐστιν περὶ οὗ λέγει. ²⁵ἐπιπεσὼν οὖν 21, 20

---

6. ς ℵ και λεγει αυτω, additque ς εκεινοσ | ℵ* om κυριε 7. ℵ* α εγω
8. ς ℵ τουσ ποδασ μου | απεκρ. αυτω ο ιησουσ 9. ℵ* om κυριε 10. ς ℵ
ο ιησουσ | ου χρειαν εχει η τουσ ποδασ νιψασθαι 11. ς ℵ om οτι
12. αυτων : ς* αυτου | ℵ om και ante ελαβεν | και ανεπεσεν : ς αναπε-
σων, ℵᶜ και αναπεσων 14. νιπτειν αλληλων 15. εδωκα 18. εγω :
ℵ add γαρ | τινασ : ουσ | επηρεν 19. ινα οταν γεν. πιστευν. 20. εαν
τινα 21. ο ιησουσ 22. ς ℵ* εβλεπ. ουν 23. ς ℵ ην δε ανακει. | εκ : om
24. και (ℵ praem πυθεσθαι τισ αν ειη περι ου ελεγεν) λεγει αυτω·
ειπε etc : πυθεσθαι τισ αν ειη 25. ουν : δε

ἐκεῖνόσ οὕτωσ ἐπὶ τὸ στῆθοσ τοῦ Ἰησοῦ λέγει αὐτῷ· κύριε, τίσ ἐστιν; ²⁶ ἀποκρίνεται ὁ Ἰησοῦσ· ἐκεῖνόσ ἐστιν ᾧ ἐγὼ βάψω τὸ 26 ψωμίον καὶ δώσω αὐτῷ. βάψασ οὖν τὸ ψωμίον λαμβάνει καὶ δίδωσιν Ἰούδᾳ Σίμωνοσ Ἰσκαριώτου. ²⁷ καὶ μετὰ τὸ ψωμίον, 27 τότε εἰσῆλθεν εἰσ ἐκεῖνον ὁ σατανᾶσ. λέγει οὖν αὐτῷ Ἰησοῦσ· ὃ ποιεῖσ ποίησον τάχιον. ²⁸ τοῦτο δὲ οὐδεὶσ ἔγνω τῶν ἀνακει- 28 μένων πρὸσ τί εἶπεν αὐτῷ· ²⁹ τινὲσ γὰρ ἐδόκουν, ἐπεὶ τὸ γλωσ- 29 σόκομον εἶχεν Ἰούδασ, ὅτι λέγει αὐτῷ Ἰησοῦσ· ἀγόρασον ὧν χρείαν ἔχομεν εἰσ τὴν ἑορτήν, ἢ τοῖσ πτωχοῖσ ἵνα τι δῷ. ³⁰ λαβὼν 30 οὖν τὸ ψωμίον ἐκεῖνοσ ἐξῆλθεν εὐθύσ· ἦν δὲ νύξ.

Ὅτε οὖν ἐξῆλθεν, λέγει Ἰησοῦσ· νῦν ἐδοξάσθη ὁ υἱὸσ τοῦ 31 ἀνθρώπου, καὶ ὁ θεὸσ ἐδοξάσθη ἐν αὐτῷ. ³² εἰ ὁ θεὸσ ἐδοξάσθη 32 ἐν αὐτῷ, καὶ ὁ θεὸσ δοξάσει αὐτὸν ἐν αὐτῷ, καὶ εὐθὺσ δοξάσει αὐτόν. ³³ τεκνία, ἔτι μικρὸν μεθ' ὑμῶν εἰμί· ζητήσετέ με, καὶ 33 καθὼσ εἶπον τοῖσ Ἰουδαίοισ ὅτι ὅπου ἐγὼ ὑπάγω ὑμεῖσ οὐ δύνασθε ἐλθεῖν, καὶ ὑμῖν λέγω ἄρτι. ³⁴ ἐντολὴν καινὴν δίδωμι ὑμῖν, ἵνα 34 ἀγαπᾶτε ἀλλήλουσ, καθὼσ ἠγάπησα ὑμᾶσ ἵνα καὶ ὑμεῖσ ἀγαπᾶτε ἀλλήλουσ. ³⁵ ἐν τούτῳ γνώσονται πάντεσ ὅτι ἐμοὶ μαθηταί ἐστε, 35 ἐὰν ἀγάπην ἔχητε ἐν ἀλλήλοισ. ³⁶ Λέγει αὐτῷ Σίμων Πέτροσ· 36 κύριε, ποῦ ὑπάγεισ; ἀπεκρίθη Ἰησοῦσ· ὅπου ἐγὼ ὑπάγω οὐ δύνασαί μοι νῦν ἀκολουθῆσαι, ἀκολουθήσεισ δὲ ὕστερον. ³⁷ λέγει 37 αὐτῷ Πέτροσ· κύριε, διατί οὐ δύναμαί σοι ἀκολουθῆσαι ἄρτι; τὴν ψυχήν μου ὑπὲρ σοῦ θήσω. ³⁸ ἀποκρίνεται Ἰησοῦσ· τὴν ψυ- 38 χήν σου ὑπὲρ ἐμοῦ θήσεισ; ἀμὴν ἀμὴν λέγω σοι, οὐ μὴ ἀλέκτωρ φωνήσῃ ἕωσ οὗ ἀρνήσῃ με τρίσ.

XIV.

Mansiones caelestes; abitus ad patrem. Christus et pater. Paracletus, unio cum fidelibus, pax Christi.

Μὴ ταρασσέσθω ὑμῶν ἡ καρδία· πιστεύετε εἰσ τὸν θεόν, καὶ 1 εἰσ ἐμὲ πιστεύετε. ² ἐν τῇ οἰκίᾳ τοῦ πατρόσ μου μοναὶ πολλαί 2 εἰσιν· εἰ δὲ μή, εἶπον ἂν ὑμῖν· ὅτι πορεύομαι ἑτοιμάσαι τόπον ὑμῖν· ³ καὶ ἐὰν πορευθῶ καὶ ἑτοιμάσω τόπον ὑμῖν, πάλιν ἔρχομαι 3 καὶ παραλήμψομαι ὑμᾶσ πρὸσ ἐμαυτόν, ἵνα ὅπου εἰμὶ ἐγὼ καὶ ὑμεῖσ ἦτε. ⁴ καὶ ὅπου ἐγὼ ὑπάγω οἴδατε τὴν ὁδόν. ⁵ Λέγει 4 5

---

25. ουτωσ : ϛ ℵ om 26. ℵᶜ αποκρι. ουν | ο ιησουσ : ℵ add και λεγει | ϛ ℵ ω εγω βαψασ το ψωμι. επιδωσω | και εμβαψασ το ψω. | ϛ ℵ* om λαμβαν. και | ισκαριωτη 27. ℵ om τοτε | ϛ ℵ ο ιησουσ 29. ο ιουδασ | ο ιησουσ 30. ευθεωσ εξηλθεν | ην δε νυξ 31. οτε εξηλθε. λεγει ο ιησ. 32. ℵ* om ει ο θε. εδοξ. εν αυτω | δοξ. αυ. εν εαυτω 33. μικρον : ℵ add χρονον | οτι : ℵ* om | υπαγω εγω 36. ϛ ℵ απεκριθη αυτω ο ιησ. | om εγω | υστερ. δε ακολουθ. μοι 37. ο πετροσ | ℵ* om κυριε | ℵ υπερ σου τ. ψυ. μου θησ. 38. απεκριθη αυτω ο ιησ. | φωνησει | ϛ ℵ απαρνηση
XIV, 2. ℵ om αν | om οτι 3. υμιν τοπον | παραληψομαι 4. οιδατε και την οδον οιδατε

αὐτῷ Θωμᾶσ· κύριε, οὐκ οἴδαμεν ποῦ ὑπάγεισ, καὶ πῶσ οἴδαμεν
τὴν ὁδόν; ⁶ λέγει αὐτῷ Ἰησοῦσ· ἐγώ εἰμι ἡ ὁδὸσ καὶ ἡ ἀλήθεια
καὶ ἡ ζωή· οὐδεὶσ ἔρχεται πρὸσ τὸν πατέρα εἰ μὴ δι' ἐμοῦ. ⁷ εἰ
ἐγνώκατε ἐμέ, καὶ τὸν πατέρα μου γνώσεσθε· καὶ ἀπάρτι γι-
νώσκετε αὐτὸν καὶ ἑωράκατε αὐτόν. ⁸ Λέγει αὐτῷ Φίλιππος·
κύριε, δεῖξον ἡμῖν τὸν πατέρα, καὶ ἀρκεῖ ἡμῖν. ⁹ λέγει αὐτῷ ὁ
Ἰησοῦσ· τοσούτῳ χρόνῳ μεθ' ὑμῶν εἰμί, καὶ οὐκ ἔγνωκάσ με,
Φίλιππε; ὁ ἑωρακὼσ ἐμὲ ἑώρακεν τὸν πατέρα· πῶσ σὺ λέγεισ·
δεῖξον ἡμῖν τὸν πατέρα; ¹⁰ οὐ πιστεύεισ ὅτι ἐγὼ ἐν τῷ πατρὶ
καὶ ὁ πατὴρ ἐν ἐμοί ἐστιν; τὰ ῥήματα ἃ ἐγὼ λέγω ὑμῖν ἀπ' ἐμ-
αυτοῦ οὐ λαλῶ· ὁ δὲ πατὴρ ὁ ἐν ἐμοὶ μένων ποιεῖ τὰ ἔργα αὐτοῦ.
¹¹ πιστεύετέ μοι ὅτι ἐγὼ ἐν τῷ πατρὶ καὶ ὁ πατὴρ ἐν ἐμοί· εἰ δὲ
μή, διὰ τὰ ἔργα αὐτὰ πιστεύετε. ¹² ἀμὴν ἀμὴν λέγω ὑμῖν, ὁ πι-
στεύων εἰσ ἐμέ, τὰ ἔργα ἃ ἐγὼ ποιῶ κἀκεῖνοσ ποιήσει, καὶ μείζονα
τούτων ποιήσει· ὅτι ἐγὼ πρὸσ τὸν πατέρα πορεύομαι, ¹³ καὶ ὅ τι
ἂν αἰτήσητε ἐν τῷ ὀνόματί μου, τοῦτο ποιήσω, ἵνα δοξασθῇ ὁ
πατὴρ ἐν τῷ υἱῷ. ¹⁴ ἐάν τι αἰτήσητέ με ἐν τῷ ὀνόματί μου,
ἐγὼ ποιήσω. ¹⁵ Ἐὰν ἀγαπᾶτέ με, τὰς ἐντολὰσ τὰσ ἐμὰσ τηρή-
σετε. ¹⁶ κἀγὼ ἐρωτήσω τὸν πατέρα καὶ ἄλλον παράκλητον δώ-
σει ὑμῖν, ἵνα μεθ' ὑμῶν ᾖ εἰσ τὸν αἰῶνα, ¹⁷ τὸ πνεῦμα τῆσ ἀλη-
θείασ, ὃ ὁ κόσμοσ οὐ δύναται λαβεῖν, ὅτι οὐ θεωρεῖ αὐτὸ οὐδὲ
γινώσκει αὐτό· ὑμεῖσ γινώσκετε αὐτό, ὅτι παρ' ὑμῖν μένει καὶ ἐν
ὑμῖν ἔσται. ¹⁸ οὐκ ἀφήσω ὑμᾶς ὀρφανούσ, ἔρχομαι πρὸσ ὑμᾶσ.
¹⁹ ἔτι μικρὸν καὶ ὁ κόσμοσ με οὐκέτι θεωρεῖ· ὑμεῖσ δὲ θεωρεῖτέ
με, ὅτι ἐγὼ ζῶ καὶ ὑμεῖσ ζήσετε. ²⁰ ἐν ἐκείνῃ τῇ ἡμέρᾳ γνώσεσθε
ὑμεῖσ ὅτι ἐγὼ ἐν τῷ πατρί μου καὶ ὑμεῖσ ἐν ἐμοὶ κἀγὼ ἐν ὑμῖν.
²¹ ὁ ἔχων τὰς ἐντολάσ μου καὶ τηρῶν αὐτάσ, ἐκεῖνός ἐστιν ὁ
ἀγαπῶν με· ὁ δὲ ἀγαπῶν με ἀγαπηθήσεται ὑπὸ τοῦ πατρός μου,
κἀγὼ ἀγαπήσω αὐτὸν καὶ ἐμφανίσω αὐτῷ ἐμαυτόν. ²² Λέγει
αὐτῷ Ἰούδασ, οὐχ ὁ Ἰσκαριώτησ· κύριε, καὶ τί γέγονεν ὅτι ἡμῖν
μέλλεισ ἐμφανίζειν σεαυτὸν καὶ οὐχὶ τῷ κόσμῳ; ²³ ἀπεκρίθη Ἰη-
σοῦσ καὶ εἶπεν αὐτῷ· ἐάν τισ ἀγαπᾷ με, τὸν λόγον μου τηρήσει,
καὶ ὁ πατήρ μου ἀγαπήσει αὐτόν, καὶ πρὸς αὐτὸν ἐλευσόμεθα
καὶ μονὴν παρ' αὐτῷ ποιησόμεθα. ²⁴ ὁ μὴ ἀγαπῶν με τοὺς
λόγουσ μου οὐ τηρεῖ· καὶ ὁ λόγοσ ὃν ἀκούετε οὐκ ἔστιν ἐμὸσ
ἀλλὰ τοῦ πέμψαντόσ με πατρός.
²⁵ ²⁶ Ταῦτα λελάληκα ὑμῖν παρ' ὑμῖν μένων· ²⁶ ὁ δὲ παράκλητοσ,

5. οιδαμ. τ. οδον : ϛ δυναμεθα την οδ. ειδεναι, א την οδ. ειδ. δυναμεθ.
6. ο ιησου 7. ει εγνωκειτε με | γνωσεσθε : εγνωκειτε αν | γινωσκετε :
א γνωσεσθε 9. τοσουτον χρονον | ϛ (non ϛᵉ) με; φιλιππε, | και πωσ |
א* οτι δειξον 10. εγω λεγω : ϛ א εγ. λαλω | αυτοσ ποιει τα εργα (om
αυτον) 11. εν εμοι : ϛᵉ add εστιν | א* om δια | πιστευετε : add μοι
12. πατερα : add μου 14. om με 15. א* om με | τηρησατε 16. και εγω |
μεθ' υμ. η : μενη μεθ' υμ. 17. αυτο sec : א om | υμεισ : add δε 19. ϛ א
ζησεσθε 21. και εγω 22. om και ante τι 23. ο ιησουσ | ποιησομεν

ΙΟΗ. 15, 15. 189

16, 13 τὸ πνεῦμα τὸ ἅγιον ὃ πέμψει ὁ πατὴρ ἐν τῷ ὀνόματί μου, ἐκεῖνοσ
ὑμᾶσ διδάξει πάντα καὶ ὑπομνήσει ὑμᾶσ πάντα ἃ εἶπον ὑμῖν.
²⁷ εἰρήνην ἀφίημι ὑμῖν, εἰρήνην τὴν ἐμὴν δίδωμι ὑμῖν· οὐ καθὼσ 27
ὁ κόσμοσ δίδωσιν ἐγὼ δίδωμι ὑμῖν. μὴ ταρασσέσθω ὑμῶν ἡ
καρδία μηδὲ δειλιάτω. ²⁸ ἠκούσατε ὅτι ἐγὼ εἶπον ὑμῖν· ὑπάγω 28
10, 29 ³ καὶ ἔρχομαι πρὸσ ὑμᾶσ. εἰ ἠγαπᾶτέ με, ἐχάρητε ἂν ὅτι πορεύο-
μαι πρὸσ τὸν πατέρα, ὅτι ὁ πατὴρ μείζων μου ἐστίν. ²⁹ καὶ 29
13, 19 νῦν εἴρηκα ὑμῖν πρὶν γενέσθαι, ἵνα ὅταν γένηται πιστεύσητε.
12, 31 ³⁰ οὐκέτι πολλὰ λαλήσω μεθ᾽ ὑμῶν· ἔρχεται γὰρ ὁ τοῦ κόσμου 30
ἄρχων, καὶ ἐν ἐμοὶ οὐκ ἔχει οὐδέν, ³¹ ἀλλ᾽ ἵνα γνῷ ὁ κόσμοσ ὅτι 31
ἀγαπῶ τὸν πατέρα, καὶ καθὼσ ἐνετείλατό μοι ὁ πατήρ, οὕτωσ
Mt 26, 46
Mc 14, 42 ποιῶ. ἐγείρεσθε, ἄγωμεν ἐντεῦθεν.

XV.

Vitis et palmites; amor summus; amici electi; mundi odium et culpa.
Paracletus.

Ἐγώ εἰμι ἡ ἄμπελοσ ἡ ἀληθινή, καὶ ὁ πατήρ μου ὁ γεωργόσ 1
ἐστιν. ² πᾶν κλῆμα ἐν ἐμοὶ μὴ φέρον καρπόν, αἴρει αὐτό, καὶ 2
πᾶν τὸ καρπὸν φέρον, καθαίρει αὐτὸ ἵνα καρπὸν πλείονα φέρῃ.
13, 10 ³ ἤδη ὑμεῖσ καθαροί ἐστε διὰ τὸν λόγον ὃν λελάληκα ὑμῖν· 3
⁴ μείνατε ἐν ἐμοί, κἀγὼ ἐν ὑμῖν. καθὼσ τὸ κλῆμα οὐ δύναται 4
καρπὸν φέρειν ἀφ᾽ ἑαυτοῦ ἐὰν μὴ μένῃ ἐν τῇ ἀμπέλῳ, οὕτωσ
οὐδὲ ὑμεῖσ ἐὰν μὴ ἐν ἐμοὶ μένητε. ⁵ ἐγώ εἰμι ἡ ἄμπελοσ, ὑμεῖσ 5
τὰ κλήματα. ὁ μένων ἐν ἐμοὶ κἀγὼ ἐν αὐτῷ, οὗτοσ φέρει καρπὸν
πολύν, ὅτι χωρὶσ ἐμοῦ οὐ δύνασθε ποιεῖν οὐδέν. ⁶ ἐὰν μή τισ 6
μένῃ ἐν ἐμοί, ἐβλήθη ἔξω ὡσ τὸ κλῆμα καὶ ἐξηράνθη, καὶ συνά-
γουσιν αὐτὸ καὶ εἰσ τὸ πῦρ βάλλουσιν, καὶ καίεται. ⁷ ἐὰν μείνητε 7
14, 13 ἐν ἐμοὶ καὶ τὰ ῥήματά μου ἐν ὑμῖν μείνῃ, ὃ ἐὰν θέλητε αἰτήσασθε,
καὶ γενήσεται ὑμῖν. ⁸ ἐν τούτῳ ἐδοξάσθη ὁ πατήρ μου, ἵνα καρ- 8
πὸν πολὺν φέρητε καὶ γενήσεσθε ἐμοὶ μαθηταί. ⁹ καθὼσ ἠγάπη- 9
σέν με ὁ πατήρ, κἀγὼ ἠγάπησα ὑμᾶσ· μείνατε ἐν τῇ ἀγάπῃ τῇ
14, 15 ἐμῇ. ¹⁰ ἐὰν τὰσ ἐντολάσ μου τηρήσητε, μενεῖτε ἐν τῇ ἀγάπῃ μου, 10
καθὼσ κἀγὼ τοῦ πατρόσ μου τὰσ ἐντολὰσ τετήρηκα καὶ μένω
17, 13 αὐτοῦ ἐν τῇ ἀγάπῃ. ¹¹ ταῦτα λελάληκα ὑμῖν ἵνα ἡ χαρὰ ἡ ἐμὴ 11
13, 34 ἐν ὑμῖν ᾖ καὶ ἡ χαρὰ ὑμῶν πληρωθῇ. ¹² αὕτη ἐστὶν ἡ ἐντολὴ ἡ 12
ἐμή, ἵνα ἀγαπᾶτε ἀλλήλουσ καθὼσ ἠγάπησα ὑμᾶσ. ¹³ μείζονα 13
1 Io 3, 16 ταύτησ ἀγάπην οὐδεὶσ ἔχει ἵνα τὴν ψυχὴν αὐτοῦ θῇ ὑπὲρ τῶν
8, 31 φίλων αὐτοῦ. ¹⁴ ὑμεῖσ φίλοι μου ἐστέ, ἐὰν ποιῆτε ἃ ἐγὼ ἐντέλ- 14
λομαι ὑμῖν. ¹⁵ οὐκέτι λέγω ὑμᾶσ δούλουσ, ὅτι ὁ δοῦλοσ οὐκ οἶδεν 15

27. διδωσιν : א add υμιν 28. οτι πορευ. : οτι ειπον· πορευομαι | ο
πατηρ : ϛ א* add μου 30. του κοσμου : add τουτου
XV, 2. αυτο sec : א αυτον | πλειονα (א πλειω) : ante καρπ. pon
4. μεινη et μεινητε 6. μεινη | αυτο : αυτα | εισ πυρ 7. א οσα εαν | ϛ א
αιτησεσθε 10. καγω : εγω | του πατρ. μου : post τασ εντολ. pon | א
ετηρησα 11. ᾖ : ϛ א μεινη 13. ινα : add τισ 14. οσα εγω 15. υμασ λεγω

τί ποιεῖ αὐτοῦ ὁ κύριοσ· ὑμᾶσ δὲ εἴρηκα φίλουσ, ὅτι πάντα ἃ
ἤκουσα παρὰ τοῦ πατρόσ μου ἐγνώρισα ὑμῖν. ¹⁶ οὐχ ὑμεῖσ με
ἐξελέξασθε, ἀλλ' ἐγὼ ἐξελεξάμην ὑμᾶς, καὶ ἔθηκα ὑμᾶς ἵνα ὑμεῖσ
ὑπάγητε καὶ καρπὸν φέρητε καὶ ὁ καρπὸσ ὑμῶν μένῃ, ἵνα ὅ τι
ἂν αἰτήσητε τὸν πατέρα ἐν τῷ ὀνόματί μου δῷ ὑμῖν. ¹⁷ ταῦτα
ἐντέλλομαι ὑμῖν, ἵνα ἀγαπᾶτε ἀλλήλουσ.
¹⁸ Εἰ ὁ κόσμοσ ὑμᾶσ μισεῖ, γινώσκετε ὅτι ἐμὲ πρῶτον με-
μίσηκεν. ¹⁹ εἰ ἐκ τοῦ κόσμου ἦτε, ὁ κόσμοσ ἂν τὸ ἴδιον ἐφίλει·
ὅτι δὲ ἐκ τοῦ κόσμου οὐκ ἐστέ, ἀλλ' ἐγὼ ἐξελεξάμην ὑμᾶς ἐκ τοῦ
κόσμου, διὰ τοῦτο μισεῖ ὑμᾶς ὁ κόσμοσ. ²⁰ μνημονεύετε τοῦ
λόγου οὗ ἐγὼ εἶπον ὑμῖν· οὐκ ἔστιν δοῦλοσ μείζων τοῦ κυρίου
αὐτοῦ. εἰ ἐμὲ ἐδίωξαν, καὶ ὑμᾶς διώξουσιν· εἰ τὸν λόγον μοῦ
ἐτήρησαν, καὶ τὸν ὑμέτερον τηρήσουσιν. ²¹ ἀλλὰ ταῦτα πάντα
ποιήσουσιν εἰσ ὑμᾶς διὰ τὸ ὄνομά μου, ὅτι οὐκ οἴδασιν τὸν
πέμψαντά με. ²² εἰ μὴ ἦλθον καὶ ἐλάλησα αὐτοῖσ, ἁμαρτίαν
οὐκ εἴχοσαν· νῦν δὲ πρόφασιν οὐκ ἔχουσιν περὶ τῆσ ἁμαρτίασ
αὐτῶν. ²³ ὁ ἐμὲ μισῶν καὶ τὸν πατέρα μου μισεῖ. ²⁴ εἰ τὰ
ἔργα μὴ ἐποίησα ἐν αὐτοῖσ ἃ οὐδεὶσ ἄλλοσ ἐποίησεν, ἁμαρτίαν
οὐκ εἴχοσαν· νῦν δὲ καὶ ἑωράκασιν καὶ μεμισήκασιν καὶ ἐμὲ καὶ
τὸν πατέρα μου. ²⁵ ἀλλ' ἵνα πληρωθῇ ὁ λόγοσ ὁ ἐν τῷ νόμῳ
αὐτῶν γεγραμμένοσ ὅτι ἐμίσησάν με δωρεάν. ²⁶ ὅταν ἔλθῃ ὁ
παράκλητοσ ὃν ἐγὼ πέμψω ὑμῖν παρὰ τοῦ πατρόσ, τὸ πνεῦμα
τῆσ ἀληθείασ ὃ παρὰ τοῦ πατρόσ ἐκπορεύεται, ἐκεῖνοσ μαρτυρή-
σει περὶ ἐμοῦ· ²⁷ καὶ ὑμεῖσ δὲ μαρτυρεῖτε, ὅτι ἀπ' ἀρχῆσ μετ'
ἐμοῦ ἐστέ.

XVI.

Periculorum praedictio.   Paracleti victoria et institutio.   Luctus in gaudium
cedens.   Preces Christi nomine ratae.   Discipuli fugituri.

Ταῦτα λελάληκα ὑμῖν ἵνα μὴ σκανδαλισθῆτε. ² ἀποσυνα-
γώγουσ ποιήσουσιν ὑμᾶς· ἀλλ' ἔρχεται ὥρα ἵνα πᾶσ ὁ ἀποκτείνασ
ὑμᾶς δόξῃ λατρείαν προσφέρειν τῷ θεῷ. ³ καὶ ταῦτα ποιήσουσιν
ὅτι οὐκ ἔγνωσαν τὸν πατέρα οὐδὲ ἐμέ. ⁴ ἀλλὰ ταῦτα λελάληκα
ὑμῖν ἵνα ὅταν ἔλθῃ ἡ ὥρα μνημονεύητε αὐτῶν, ὅτι ἐγὼ εἶπον
ὑμῖν. ταῦτα δὲ ὑμῖν ἐξ ἀρχῆσ οὐκ εἶπον, ὅτι μεθ' ὑμῶν ἤμην.
⁵ νῦν δὲ ὑπάγω πρὸς τὸν πέμψαντά με, καὶ οὐδεὶσ ἐξ ὑμῶν ἐρωτᾷ
με· ποῦ ὑπάγεισ; ⁶ ἀλλ' ὅτι ταῦτα λελάληκα ὑμῖν, ἡ λύπη πεπλή-
ρωκεν ὑμῶν τὴν καρδίαν. ⁷ ἀλλ' ἐγὼ τὴν ἀλήθειαν λέγω ὑμῖν,
συμφέρει ὑμῖν ἵνα ἐγὼ ἀπέλθω. ἐὰν γὰρ μὴ ἀπέλθω, ὁ παρά-

---

16. ινα sec : ℵ* om | αν : ℵ εαν | δω : ℵ δωσει   18. πρωτον : add υμων |
ℵ* εμισηκεν   20. ℵ τον λογον ον ελαλησα υμιν | ℵ τηρησωσιν   21. εισ
υμασ : υμιν   22. ειχον | ℵ* om δε   24. πεποιηκεν | ειχον   25. ο γεγραμμ.
εν τ. νο. αυτ.   26. οταν δε

XVI. 3. ποιησουσιν (ℵ -σωσιν) : ς ℵ add υμιν   4. οταν : ℵ αν,
ℵᶜ εαν | αυτων : ℵᶜᵃ om | υμιν sec : ℵ* om   5. ℵ εγω υπαγω

κλητοσ οὐκ ἐλεύσεται πρὸσ ὑμᾶσ· ἐὰν δὲ πορευθῶ, πέμψω αὐτὸν πρὸσ ὑμᾶσ. ⁸ καὶ ἐλθὼν ἐκεῖνοσ ἐλέγξει τὸν κόσμον περὶ ἁμαρτίασ καὶ περὶ δικαιοσύνησ καὶ περὶ κρίσεωσ. ⁹ περὶ ἁμαρτίασ μέν, ὅτι οὐ πιστεύουσιν εἰσ ἐμέ· ¹⁰ περὶ δικαιοσύνησ δέ, ὅτι πρὸσ τὸν πατέρα ὑπάγω καὶ οὐκέτι θεωρεῖτέ με· ¹¹ περὶ δὲ κρίσεωσ, ὅτι ὁ ἄρχων τοῦ κόσμου τούτου κέκριται. ¹² ἔτι πολλὰ ἔχω ὑμῖν λέγειν, ἀλλ' οὐ δύνασθε βαστάζειν ἄρτι· ¹³ ὅταν δὲ ἔλθῃ ἐκεῖνοσ, τὸ πνεῦμα τῆσ ἀληθείασ, ὁδηγήσει ὑμᾶσ ἐν τῇ ἀληθείᾳ πάσῃ· οὐ γὰρ λαλήσει ἀφ' ἑαυτοῦ, ἀλλ' ὅσα ἀκούει λαλήσει, καὶ τὰ ἐρχόμενα ἀναγγελεῖ ὑμῖν. ¹⁴ ἐκεῖνοσ ἐμὲ δοξάσει, ὅτι ἐκ τοῦ ἐμοῦ λήμψεται καὶ ἀναγγελεῖ ὑμῖν. ¹⁵ πάντα ὅσα ἔχει ὁ πατὴρ ἐμά ἐστιν· διὰ τοῦτο εἶπον ὅτι ἐκ τοῦ ἐμοῦ λαμβάνει καὶ ἀναγγελεῖ ὑμῖν. ¹⁶ μικρὸν καὶ οὐκέτι θεωρεῖτέ με, καὶ πάλιν μικρὸν καὶ ὄψεσθέ με. ¹⁷ Εἶπον οὖν ἐκ τῶν μαθητῶν αὐτοῦ πρὸσ ἀλλήλουσ· τί ἐστιν τοῦτο ὃ λέγει ἡμῖν· μικρὸν καὶ οὐ θεωρεῖτέ με, καὶ πάλιν μικρὸν καὶ ὄψεσθέ με; καὶ ὅτι ὑπάγω πρὸσ τὸν πατέρα; ¹⁸ ἔλεγον οὖν· τοῦτο τί ἐστιν ὃ λέγει τὸ μικρόν; οὐκ οἴδαμεν τί λαλεῖ. ¹⁹ ἔγνω Ἰησοῦσ ὅτι ἤθελον αὐτὸν ἐρωτᾶν, καὶ εἶπεν αὐτοῖσ· περὶ τούτου ζητεῖτε μετ' ἀλλήλων ὅτι εἶπον· μικρὸν καὶ οὐ θεωρεῖτέ με, καὶ πάλιν μικρὸν καὶ ὄψεσθέ με; ²⁰ ἀμὴν ἀμὴν λέγω ὑμῖν ὅτι κλαύσετε καὶ θρηνήσετε ὑμεῖσ, ὁ δὲ κόσμοσ χαρήσεται· ὑμεῖσ λυπηθήσεσθε, ἀλλ' ἡ λύπη ὑμῶν εἰσ χαρὰν γενήσεται. ²¹ ἡ γυνὴ ὅταν τίκτῃ λύπην ἔχει, ὅτι ἦλθεν ἡ ὥρα αὐτῆσ· ὅταν δὲ γεννήσῃ τὸ παιδίον, οὐκέτι μνημονεύει τῆσ θλίψεωσ διὰ τὴν χαρὰν ὅτι ἐγεννήθη ἄνθρωποσ εἰσ τὸν κόσμον. ²² καὶ ὑμεῖσ οὖν νῦν μὲν λύπην ἔχετε· πάλιν δὲ ὄψομαι ὑμᾶσ, καὶ χαρήσεται ὑμῶν ἡ καρδία, καὶ τὴν χαρὰν ὑμῶν οὐδεὶσ αἴρει ἀφ' ὑμῶν. ²³ καὶ ἐν ἐκείνῃ τῇ ἡμέρᾳ ἐμὲ οὐκ ἐρωτήσετε οὐδέν. ἀμὴν ἀμὴν λέγω ὑμῖν, ἄν τι αἰτήσητε τὸν πατέρα, δώσει ὑμῖν ἐν τῷ ὀνόματί μου. ²⁴ ἕωσ ἄρτι οὐκ ᾐτήσατε οὐδὲν ἐν τῷ ὀνόματί μου· αἰτεῖτε, καὶ λήμψεσθε, ἵνα ἡ χαρὰ ὑμῶν ᾖ πεπληρωμένη.

Ταῦτα ἐν παροιμίαισ λελάληκα ὑμῖν· ἔρχεται ὥρα ὅτε οὐκέτι ἐν παροιμίαισ λαλήσω ὑμῖν, ἀλλὰ παρρησίᾳ περὶ τοῦ πατρὸσ ἀπαγγελῶ ὑμῖν. ²⁶ ἐν ἐκείνῃ τῇ ἡμέρᾳ ἐν τῷ ὀνόματί μου αἰτήσεσθε,

10. πατερα : add μου 12. λεγειν υμιν | αρτι : ℵ* om 13. εν τ. ἀληθ. παση (ℵ* om πα.) : εισ πασαν την αληθειαν | οσα : add αν | ακουση 14. ληψεται 15. ℵ* om totum versum | ειπον : ℵc add υμιν | λαμβανει : ς ληψεται, ℵc λημψ. | ℵc αναγγελλει 16. ουκετι : ου | οψ. με : add οτι εγω υπαγω προσ τον πατερα 17. υπαγω : praem εγω 18. ℵ τι εστιν τουτο | ℵ* om ο λεγει | ℵc om το 19. εγνω : add ουν | ς ℵ ο ιησουσ | ηθελον : ℵ ημελλον 20. υμεισ δε λυπηθ. 21. ℵ* ο ανθρωπ. 22. ουν (ℵ* post μεν pon) νυν μεν λυπην : ουν λυπην μεν νυν | εχετε : ℵc εξετε 23. ℵ ερωτησητε | λεγ. : ς ℵ add οτι | αν τι : ℵ ο αν, ς οσα αν | εν τ. ον. μου : post τον πατερα pon 24. ℵ αιτησασθε | ληψεσθε 25. αλλ ερχεται | οτε : ℵ* οπου | ℵ απαγγελλω, ς αναγγελω 26. αιτησασθε εν τω ον. μου

27 καὶ οὐ λέγω ὑμῖν ὅτι ἐγὼ ἐρωτήσω τὸν πατέρα περὶ ὑμῶν· ²⁷ αὐτὸσ γὰρ ὁ πατὴρ φιλεῖ ὑμᾶσ, ὅτι ὑμεῖσ ἐμὲ πεφιλήκατε καὶ
28 πεπιστεύκατε ὅτι ἐγὼ παρὰ τοῦ θεοῦ ἐξῆλθον. ²⁸ ἐξῆλθον ἐκ τοῦ πατρὸσ καὶ ἐλήλυθα εἰσ τὸν κόσμον· πάλιν ἀφίημι τὸν
29 κόσμον καὶ πορεύομαι πρὸσ τὸν πατέρα. ²⁹ Λέγουσιν οἱ μαθηταὶ αὐτοῦ· ἴδε νῦν ἐν παρρησίᾳ λαλεῖσ, καὶ παροιμίαν οὐδεμίαν
30 λέγεισ. ³⁰ νῦν οἴδαμεν ὅτι οἶδασ πάντα καὶ οὐ χρείαν ἔχεισ ἵνα τίσ σε ἐρωτᾷ· ἐν τούτῳ πιστεύομεν ὅτι ἀπὸ θεοῦ ἐξῆλθεσ.
31 32 ³¹ ἀπεκρίθη αὐτοῖσ Ἰησοῦσ· ἄρτι πιστεύετε; ³² ἰδοὺ ἔρχεται ὥρα καὶ ἐλήλυθεν ἵνα σκορπισθῆτε ἕκαστοσ εἰσ τὰ ἴδια κἀμὲ μόνον
33 ἀφῆτε· καὶ οὐκ εἰμὶ μόνοσ, ὅτι ὁ πατὴρ μετ᾽ ἐμοῦ ἐστίν. ³³ ταῦτα λελάληκα ὑμῖν ἵνα ἐν ἐμοὶ εἰρήνην ἔχητε. ἐν τῷ κόσμῳ θλίψιν ἔχετε· ἀλλὰ θαρσεῖτε, ἐγὼ νενίκηκα τὸν κόσμον.

XVII.

Christi precatio sacerdotalis pro re sua, pro apostolis omnibusque suis.

1 Ταῦτα ἐλάλησεν Ἰησοῦσ, καὶ ἐπάρασ τοὺσ ὀφθαλμοὺσ αὐτοῦ εἰσ τὸν οὐρανὸν εἶπεν· πάτερ, ἐλήλυθεν ἡ ὥρα· δόξασόν σου
2 τὸν υἱόν, ἵνα ὁ υἱὸσ δοξάσῃ σέ, ² καθὼσ ἔδωκασ αὐτῷ ἐξουσίαν πάσησ σαρκόσ, ἵνα πᾶν ὃ δέδωκασ αὐτῷ δώσῃ αὐτοῖσ ζωὴν
3 αἰώνιον. ³ αὕτη δέ ἐστιν ἡ αἰώνιοσ ζωή, ἵνα γινώσκουσιν σὲ τὸν
4 μόνον ἀληθινὸν θεὸν καὶ ὃν ἀπέστειλασ Ἰησοῦν Χριστόν. ⁴ ἐγώ σε ἐδόξασα ἐπὶ τῆσ γῆσ, τὸ ἔργον τελειώσασ ὃ δέδωκάσ μοι ἵνα
5 ποιήσω· ⁵ καὶ νῦν δόξασόν με σύ, πάτερ, παρὰ σεαυτῷ τῇ δόξῃ
6 ᾗ εἶχον πρὸ τοῦ τὸν κόσμον εἶναι παρὰ σοί. ⁶ Ἐφανέρωσά σου τὸ ὄνομα τοῖσ ἀνθρώποισ οὓσ ἔδωκάσ μοι ἐκ τοῦ κόσμου. σοὶ ἦσαν καὶ ἐμοὶ αὐτοὺσ ἔδωκασ, καὶ τὸν λόγον σου τετήρηκαν·
7 8 ⁷ νῦν ἔγνωκαν ὅτι πάντα ὅσα δέδωκάσ μοι παρὰ σοῦ εἰσίν· ⁸ ὅτι τὰ ῥήματα ἃ ἔδωκάσ μοι δέδωκα αὐτοῖσ, καὶ αὐτοὶ ἔλαβον, καὶ ἔγνωσαν ἀληθῶσ ὅτι παρὰ σοῦ ἐξῆλθον, καὶ ἐπίστευσαν ὅτι σύ
9 με ἀπέστειλασ. ⁹ ἐγὼ περὶ αὐτῶν ἐρωτῶ· οὐ περὶ τοῦ κόσμου
10 ἐρωτῶ, ἀλλὰ περὶ ὧν δέδωκάσ μοι, ὅτι σοί εἰσιν, ¹⁰ καὶ τὰ ἐμὰ
11 πάντα σά ἐστιν καὶ τα σὰ ἐμά, καὶ δεδόξασμαι ἐν αὐτοῖσ. ¹¹ καὶ οὐκέτι εἰμὶ ἐν τῷ κόσμῳ, καὶ αὐτοὶ ἐν τῷ κόσμῳ εἰσίν, κἀγὼ πρὸσ σὲ ἔρχομαι. πάτερ ἅγιε, τήρησον αὐτοὺσ ἐν τῷ ὀνόματί
12 σου ᾧ δέδωκάσ μοι, ἵνα ὦσιν ἓν καθὼσ ἡμεῖσ. ¹² ὅτε ἤμην

27. א με | παρα του θεου   28. εκ : ϛ א παρα   29. λεγουσιν αυτω | αυτου : א* αυτω | om εν ante παρρ.   31. ϛ א ο ιησους   32. εληλυθεν : ϛ praem νυν, א* add η ωρα | καμε : και εμε   33. εχετε : ϛε εξετε
XVII, 1. א λελαληκεν | ο ιησους | επηρε et και ειπεν | ινα και ο υιοσ σου   2. א* δωσω αυτω ζω.   3. ϛ א γινωσκωσιν   4. ετελειωσα   5. א* ην ειχον   6. ους δεδωκασ | αυτους δεδωκας | ϛ τετηρηκασι, א ετηρησαν   7. א εγνων | εισιν : εστιν   8. ϛ א δεδωκασ, א* om και εγνωσαν   10. א και εμοι αυτους εδωκας pro και τα εμα πα. σα εστ. και τ. σα εμα   11. κ. αυτοι : κ. ουτοι | και εγω | ω δεδ. (א εδ.) μοι : ους δεδ. μοι

ΙΩΗ. 18, 3.

μετ' αὐτῶν, ἐγὼ ἐτήρουν αὐτοὺσ ἐν τῷ ὀνόματί σου ᾧ δέδωκάσ μοι, καὶ ἐφύλαξα, καὶ οὐδεὶσ ἐξ αὐτῶν ἀπώλετο εἰ μὴ ὁ υἱὸσ τῆσ ἀπωλείασ, ἵνα ἡ γραφὴ πληρωθῇ. ¹³ νῦν δὲ πρὸσ σὲ ἔρχομαι, 13 καὶ ταῦτα λαλῶ ἐν τῷ κόσμῳ ἵνα ἔχωσιν τὴν χαρὰν τὴν ἐμὴν πεπληρωμένην ἐν ἑαυτοῖσ. ¹⁴ ἐγὼ δέδωκα αὐτοῖσ τὸν λόγον σου, 14 καὶ ὁ κόσμοσ ἐμίσησεν αὐτούσ, ὅτι οὐκ εἰσὶν ἐκ τοῦ κόσμου καθὼσ ἐγὼ οὐκ εἰμὶ ἐκ τοῦ κόσμου. ¹⁵ οὐκ ἐρωτῶ ἵνα ἄρῃσ αὐτοὺσ ἐκ 15 τοῦ κόσμου, ἀλλ᾽ ἵνα τηρήσῃσ αὐτοὺσ ἐκ τοῦ πονηροῦ. ¹⁶ ἐκ τοῦ 16 κόσμου οὐκ εἰσὶν καθὼσ ἐγὼ οὐκ εἰμὶ ἐκ τοῦ κόσμου. ¹⁷ ἁγίασον 17 αὐτοὺσ ἐν τῇ ἀληθείᾳ· ὁ λόγοσ ὁ σὸσ ἀλήθειά ἐστιν. ¹⁸ καθὼσ 18 ἐμὲ ἀπέστειλασ εἰσ τὸν κόσμον, κἀγὼ ἀπέστειλα αὐτοὺσ εἰσ τὸν κόσμον· ¹⁹ καὶ ὑπὲρ αὐτῶν ἁγιάζω ἐμαυτόν, ἵνα ὦσιν καὶ αὐτοὶ 19 ἡγιασμένοι ἐν ἀληθείᾳ. ²⁰ Οὐ περὶ τούτων δὲ ἐρωτῶ μόνον, ἀλλὰ 20 καὶ περὶ τῶν πιστευόντων διὰ τοῦ λόγου αὐτῶν εἰσ ἐμέ, ²¹ ἵνα 21 πάντεσ ἓν ὦσιν, καθὼσ σὺ πατὴρ ἐν ἐμοὶ κἀγὼ ἐν σοί, ἵνα καὶ αὐτοὶ ἐν ἡμῖν ὦσιν, ἵνα ὁ κόσμοσ πιστεύῃ ὅτι σύ με ἀπέστειλασ. ²² κἀγὼ τὴν δόξαν ἣν δέδωκάσ μοι δέδωκα αὐτοῖσ, ἵνα ὦσιν ἓν 22 καθὼσ ἡμεῖσ ἕν· ²³ ἐγὼ ἐν αὐτοῖσ καὶ σὺ ἐν ἐμοί, ἵνα ὦσιν τετε- 23 λειωμένοι εἰσ ἕν, ἵνα γινώσκῃ ὁ κόσμοσ ὅτι σύ με ἀπέστειλασ καὶ ἠγάπησασ αὐτοὺσ καθὼσ ἐμὲ ἠγάπησασ. ²⁴ πατήρ, ὃ δέδωκάσ 24 μοι, θέλω ἵνα ὅπου εἰμὶ ἐγὼ κἀκεῖνοι ὦσιν μετ᾽ ἐμοῦ, ἵνα θεωρῶσιν τὴν δόξαν τὴν ἐμήν, ἣν δέδωκάσ μοι ὅτι ἠγάπησάσ με πρὸ καταβολῆσ κόσμου. ²⁵ πατὴρ δίκαιε, καὶ ὁ κόσμοσ σε οὐκ ἔγνω, 25 ἐγὼ δέ σε ἔγνων, καὶ οὗτοι ἔγνωσαν ὅτι σύ με ἀπέστειλασ· ²⁶ καὶ 26 ἐγνώρισα αὐτοῖσ τὸ ὄνομά σου καὶ γνωρίσω, ἵνα ἡ ἀγάπη ἣν ἠγάπησάσ με ἐν αὐτοῖσ ᾖ κἀγὼ ἐν αὐτοῖσ.

XVIII.

Terror militum et vulneratio Malchi. Captio Iesu et cognitio apud pontificem. Petri lapsus. Pilatus et rex veritatis. Barabbas.

Ταῦτα εἰπὼν Ἰησοῦσ ἐξῆλθεν σὺν τοῖσ μαθηταῖσ αὐτοῦ 1 πέραν τοῦ χειμάρρου τοῦ κέδρου, ὅπου ἦν κῆποσ, εἰσ ὃν εἰσῆλθεν αὐτὸσ καὶ οἱ μαθηταὶ αὐτοῦ. ² ᾔδει δὲ καὶ Ἰούδασ ὁ παραδιδοὺσ 2 αὐτὸν τὸν τόπον, ὅτι πολλάκισ συνήχθη Ἰησοῦσ ἐκεῖ μετὰ τῶν μαθητῶν αὐτοῦ. ³ ὁ οὖν Ἰούδασ λαβὼν τὴν σπεῖραν καὶ ἐκ τῶν 3 ἀρχιερέων καὶ ἐκ τῶν Φαρισαίων ὑπηρέτασ ἔρχεται ἐκεῖ μετὰ

12. μετ αυτων : add εν τω κοσμω | ω (ς ουσ, אc o) δεδωκ. μοι : א* om | και εφυλαξα (א* εφυλασσον) : om και 13. εν αυτοισ 14. א* om εγω post καθωσ 16. ουκ ειμι : post εκ τ. κοσμ. pon 17. εν τ. αληθ. : add σου 19. εγω αγιαζω | ινα και αυτοι ωσιν 20. πιστευσοντων 21. ς א πατερ | εν ημιν : ς א add εν | πιστευση 22. και εγω | א εδωκα | ημεισ εν (א* om εν) : add εσμεν 23. ινα sec : א και, ς και ινα 24. ς א πατερ | ουσ δεδωκ. μοι | και εκεινοι | ην εδωκασ 25. ς א πατερ 26. ηγαπ. με : א ηγαπ. αυτουσ
XVIII, 1. ο ιησουσ | των κεδρων 2. ο ιησουσ 3. και φαρισαιων | εκει : א* om

Nov. Test. ed. Tf. 13

4 φανῶν καὶ λαμπάδων καὶ ὅπλων. ⁴Ἰησοῦσ οὖν εἰδὼσ πάντα τὰ
5 ἐρχόμενα ἐπ' αὐτὸν ἐξῆλθεν καὶ λέγει αὐτοῖσ· τίνα ζητεῖτε; ⁵ ἀπεκρίθησαν αὐτῷ· Ἰησοῦν τὸν Ναζωραῖον. λέγει αὐτοῖσ Ἰησοῦσ·
ἐγώ εἰμι. εἱστήκει δὲ καὶ Ἰούδασ ὁ παραδιδοὺσ αὐτὸν μετ' αὐ-
6 τῶν. ⁶ ὡσ οὖν εἶπεν αὐτοῖσ· ἐγώ εἰμι, ἀπῆλθαν εἰσ τὰ ὀπίσω
7 καὶ ἔπεσαν χαμαί. ⁷ πάλιν οὖν αὐτοὺσ ἐπηρώτησεν· τίνα ζητεῖτε;
8 οἱ δὲ εἶπον· Ἰησοῦν τὸν Ναζωραῖον. ⁸ ἀπεκρίθη Ἰησοῦσ· εἶπον
ὑμῖν ὅτι ἐγώ εἰμι· εἰ οὖν ἐμὲ ζητεῖτε, ἄφετε τούτουσ ὑπάγειν.
9 ⁹ ἵνα πληρωθῇ ὁ λόγοσ ὃν εἶπεν, ὅτι οὓσ δέδωκάσ μοι, οὐκ
10 ἀπώλεσα ἐξ αὐτῶν οὐδένα. ¹⁰ Σίμων οὖν Πέτροσ ἔχων μάχαιραν
εἵλκυσεν αὐτὴν καὶ ἔπαισεν τὸν τοῦ ἀρχιερέωσ δοῦλον καὶ ἀπέκο-
ψεν αὐτοῦ τὸ ὠτάριον τὸ δεξιόν· ἦν δὲ ὄνομα τῷ δούλῳ Μάλχοσ.
11 ¹¹ εἶπεν οὖν ὁ Ἰησοῦσ τῷ Πέτρῳ· βάλε τὴν μάχαιραν εἰσ τὴν
θήκην. τὸ ποτήριον ὃ δέδωκέν μοι ὁ πατήρ, οὐ μὴ πίω αὐτό;
12 Ἡ οὖν σπεῖρα καὶ ὁ χιλίαρχοσ καὶ οἱ ὑπηρέται τῶν Ἰου-
13 δαίων συνέλαβον τὸν Ἰησοῦν καὶ ἔδησαν αὐτόν, ¹³ καὶ ἤγαγον
πρὸσ Ἄνναν πρῶτον· ἦν γὰρ πενθερὸσ τοῦ Καϊάφα, ὃσ ἦν
14 ἀρχιερεὺσ τοῦ ἐνιαυτοῦ ἐκείνου· ¹⁴ ἦν δὲ Καϊάφασ ὁ συμβουλεύσασ
τοῖσ Ἰουδαίοισ ὅτι συμφέρει ἕνα ἄνθρωπον ἀποθανεῖν ὑπὲρ τοῦ
15 λαοῦ. ¹⁵ Ἠκολούθει δὲ τῷ Ἰησοῦ Σίμων Πέτροσ καὶ ἄλλοσ
μαθητήσ. ὁ δὲ μαθητὴσ ἐκεῖνοσ ἦν γνωστὸσ τῷ ἀρχιερεῖ καὶ
16 συνεισῆλθεν τῷ Ἰησοῦ εἰσ τὴν αὐλὴν τοῦ ἀρχιερέωσ, ¹⁶ ὁ δὲ
Πέτροσ εἱστήκει πρὸσ τῇ θύρᾳ ἔξω. ἐξῆλθεν οὖν ὁ μαθητὴσ ὁ
ἄλλοσ ὁ γνωστὸσ τοῦ ἀρχιερέωσ καὶ εἶπεν τῇ θυρωρῷ, καὶ εἰσή-
17 γαγεν τὸν Πέτρον. ¹⁷ λέγει οὖν τῷ Πέτρῳ ἡ παιδίσκη ἡ θυρωρόσ·
μὴ καὶ σὺ ἐκ τῶν μαθητῶν εἶ τοῦ ἀνθρώπου τούτου; λέγει ἐκεῖ-
18 νοσ· οὐκ εἰμί. ¹⁸ εἱστήκεισαν δὲ οἱ δοῦλοι καὶ οἱ ὑπηρέται ἀν-
θρακιὰν πεποιηκότεσ, ὅτι ψῦχοσ ἦν, καὶ ἐθερμαίνοντο· ἦν δὲ
19 καὶ ὁ Πέτροσ μετ' αὐτῶν ἑστὼσ καὶ θερμαινόμενοσ. ¹⁹ Ὁ οὖν
ἀρχιερεὺσ ἠρώτησεν τὸν Ἰησοῦν περὶ τῶν μαθητῶν αὐτοῦ καὶ
20 περὶ τῆσ διδαχῆσ αὐτοῦ. ²⁰ ἀπεκρίθη αὐτῷ Ἰησοῦσ· ἐγὼ παρ-
ρησίᾳ λελάληκα τῷ κόσμῳ· ἐγὼ πάντοτε ἐδίδαξα ἐν συναγωγῇ
καὶ ἐν τῷ ἱερῷ, ὅπου πάντεσ οἱ Ἰουδαῖοι συνέρχονται, καὶ ἐν
21 κρυπτῷ ἐλάλησα οὐδέν. ²¹ τί με ἐρωτᾷσ; ἐρώτησον τοὺσ ἀκη-
κοότασ τί ἐλάλησα αὐτοῖσ· ἴδε οὗτοι οἴδασιν ἃ εἶπον ἐγώ.
22 ²² ταῦτα δὲ αὐτοῦ εἰπόντοσ εἷσ παρεστηκὼσ τῶν ὑπηρετῶν ἔδωκεν

4. ουν : א δε | ϛ א εξελθων ειπεν αυτοισ   5. αυτοισ ο ιησουσ   6. א* om
αυτοισ | οτι εγω ειμ. | απηλθον | επεσον   8. ο ιησουσ   10. א τον δουλ.
του αρχιερ. | το ωτιον   11. την μαχαιρ. σου   13. απηγαγον αυτον
14. αποθανειν : απολεσθαι   15. και ο αλλοσ   16. εξω : א ante πρ. τ.
ϑυρ. pon | ϛ א οσ ην γνωστ. τω αρχιερει   17. τω πετρω : ϛ א post
ϑυρωροσ   18. δε pri : א add και | ην δε μετ αυτ. ο πετρ.   20. απεκριθη :
א* praem και | αυτω : א* post ιησ. pon | ο ιησουσ | ελαλησα | εν τη συναγωγ. |
παντεσ : ϛ παντοτε, ϛᵉ παντοϑεν   21. επερωτασ; επερωτησον   22. ϛ εισ
των υπηρετων παρεστηκωσ, אᶜ εισ των παρεστηκοτ. υπηρετων

ΙΟΗ.   18, 39.   195

ῥάπισμα τῷ Ἰησοῦ εἰπών· οὕτωσ ἀποκρίνῃ τῷ ἀρχιερεῖ; ²³ ἀπε- 23
κρίθη αὐτῷ Ἰησοῦσ· εἰ κακῶσ ἐλάλησα, μαρτύρησον περὶ τοῦ
κακοῦ· εἰ δὲ καλῶσ, τί με δέρεισ; ²⁴ ἀπέστειλεν οὖν αὐτὸν ὁ 24
Ἄννασ δεδεμένον πρὸσ Καϊάφαν τὸν ἀρχιερέα. ²⁵ Ἦν δὲ Σίμων 25
Πέτροσ ἑστὼσ καὶ θερμαινόμενοσ. εἶπον οὖν αὐτῷ· μὴ καὶ
σὺ ἐκ τῶν μαθητῶν αὐτοῦ εἶ; ἠρνήσατο ἐκεῖνοσ καὶ εἶπεν· οὐκ
εἰμί. ²⁶ λέγει εἷσ ἐκ τῶν δούλων τοῦ ἀρχιερέωσ, συγγενὴσ ὢν 26
οὗ ἀπέκοψεν Πέτροσ τὸ ὠτίον· οὐκ ἐγώ σε εἶδον ἐν τῷ κήπῳ
μετ' αὐτοῦ; ²⁷ πάλιν οὖν ἠρνήσατο Πέτροσ, καὶ εὐθέωσ ἀλέκτωρ 27
ἐφώνησεν.
  Ἄγουσιν οὖν τὸν Ἰησοῦν ἀπὸ τοῦ Καϊάφα εἰσ τὸ πραιτώριον· 28
ἦν δὲ πρωΐ· καὶ αὐτοὶ οὐκ εἰσῆλθον εἰσ τὸ πραιτώριον, ἵνα μὴ
μιανθῶσιν ἀλλὰ φάγωσιν τὸ πάσχα. ²⁹ ἐξῆλθεν οὖν ὁ Πειλᾶτοσ 29
ἔξω πρὸσ αὐτοὺσ καὶ φησίν· τίνα κατηγορίαν φέρετε τοῦ ἀνθρώ-
που τούτου; ³⁰ ἀπεκρίθησαν καὶ εἶπαν αὐτῷ· εἰ μὴ ἦν οὗτοσ 30
κακὸν ποιῶν, οὐκ ἄν σοι παρεδώκαμεν αὐτόν. ³¹ εἶπεν οὖν αὐ- 31
τοῖσ ὁ Πειλᾶτοσ· λάβετε αὐτὸν ὑμεῖσ καὶ κατὰ τὸν νόμον ὑμῶν
κρίνατε. εἶπον οὖν αὐτῷ οἱ Ἰουδαῖοι· ἡμῖν οὐκ ἔξεστιν ἀποκτεῖναι
οὐδένα. ³² ἵνα ὁ λόγοσ τοῦ Ἰησοῦ πληρωθῇ, ὃν εἶπεν σημαίνων 32
ποίῳ θανάτῳ ἤμελλεν ἀποθνήσκειν. ³³ Εἰσῆλθεν οὖν εἰσ τὸ 33
πραιτώριον πάλιν ὁ Πειλᾶτοσ καὶ ἐφώνησεν τὸν Ἰησοῦν καὶ εἶπεν
αὐτῷ· σὺ εἶ ὁ βασιλεὺσ τῶν Ἰουδαίων; ³⁴ ἀπεκρίθη Ἰησοῦσ· ἀφ' 34
ἑαυτοῦ σὺ τοῦτο λέγεισ, ἢ ἄλλοι σοι εἶπον περὶ ἐμοῦ; ³⁵ ἀπεκρίθη 35
ὁ Πειλᾶτοσ· μήτι ἐγὼ Ἰουδαῖόσ εἰμι; τὸ ἔθνοσ τὸ σὸν καὶ οἱ
ἀρχιερεῖσ παρέδωκάν σε ἐμοί· τί ἐποίησασ; ³⁶ ἀπεκρίθη Ἰησοῦσ· 36
ἡ βασιλεία ἡ ἐμὴ οὐκ ἔστιν ἐκ τοῦ κόσμου τούτου. εἰ ἐκ τοῦ
κόσμου τούτου ἦν ἡ βασιλεία ἡ ἐμή, οἱ ὑπηρέται ἂν οἱ ἐμοὶ
ἠγωνίζοντο, ἵνα μὴ παραδοθῶ τοῖσ Ἰουδαίοισ· νῦν δὲ ἡ βασιλεία
ἡ ἐμὴ οὐκ ἔστιν ἐντεῦθεν. ³⁷ εἶπεν οὖν αὐτῷ ὁ Πειλᾶτοσ· οὐκοῦν 37
βασιλεὺσ εἶ σύ; ἀπεκρίθη ὁ Ἰησοῦσ· σὺ λέγεισ, ὅτι βασιλεύσ εἰμι.
ἐγὼ εἰσ τοῦτο γεγέννημαι καὶ εἰσ τοῦτο ἐλήλυθα εἰσ τὸν κόσμον,
ἵνα μαρτυρήσω τῇ ἀληθείᾳ· πᾶσ ὁ ὢν ἐκ τῆσ ἀληθείασ ἀκούει
μου τῆσ φωνῆσ. ³⁸ λέγει αὐτῷ ὁ Πειλᾶτοσ· τί ἐστιν ἀλήθεια; 38
καὶ τοῦτο εἰπὼν πάλιν ἐξῆλθεν πρὸσ τοὺσ Ἰουδαίουσ, καὶ λέγει
αὐτοῖσ· ἐγὼ οὐδεμίαν εὑρίσκω ἐν αὐτῷ αἰτίαν. ³⁹ ἔστιν δὲ συνήθεια 39

---

23. ϛ απ. αυτ. ο ιησουσ, ℵ ο δε ιησ. ειπεν αυτω | ελαλησα : ℵ* ειπον
24. απεστ. ουν:ℵ απεστ. δε, ϛ nil nisi απεστ. 27. ϛ ℵ ο πετρ. 28. πρωϊα |
αλλ ινα φαγ. 29. ϛ ℵ πιλατ. | εξω : om | φησιν : ειπεν | φερετε : add
κατα 30. ειπον | κακ. ποιων (ℵ* ποιησασ) : κακοποιοσ | ℵ παρεδωκει-
μεν 31. ϛ ℵ πιλατ. | κρινατε : add αυτον 32. ℵ* om ον ειπεν 33. ϛ ℵ
πιλατ. Item vv sqq 34. ϛ ℵ απεκριϑ. αυτω ο ιησουσ | ℵ απο σεαυτου |
ℵ* om συ | λεγεισ : ℵ* ειπασ 35. μητι:ℵ* μη | ℵ* ο αρχιερευσ 36. ο ιη-
σουσ | ℵ ter η εμη βασιλεια | ℵ και οι υπηρετ. | αν : ℵ post ηγωνιζ. 37. βασ.
ειμι. εγω. εγω εισ | ℵ* μαρτ. περι τησ αληϑειασ | ℵ* om εκ | τι : ℵ* τισ |
ϛ ℵ ουδεμ. αιτι. ευρ. εν αυτω

13*

ὑμῖν ἵνα ἕνα ἀπολύσω ὑμῖν ἐν τῷ πάσχα· βούλεσθε οὖν ἀπολύσω
40 ὑμῖν τὸν βασιλέα τῶν Ἰουδαίων; ⁴⁰ἐκραύγασαν οὖν πάλιν λέγοντεσ· μὴ τοῦτον, ἀλλὰ τὸν Βαραββᾶν. ἦν δὲ ὁ Βαραββᾶσ
ληστήσ.

XIX.

Ecce homo; damnatio, crucifixio. Titulus et Iesu vestes. Mater et Iohannes. Mors. Percussio lateris. Sepultura.

1 Τότε οὖν ἔλαβεν ὁ Πειλᾶτοσ τὸν Ἰησοῦν καὶ ἐμαστίγωσεν.
2 ²καὶ οἱ στρατιῶται πλέξαντεσ στέφανον ἐξ ἀκανθῶν ἐπέθηκαν
αὐτοῦ τῇ κεφαλῇ, καὶ ἱμάτιον πορφυροῦν περιέβαλον αὐτόν,
3 ³καὶ ἤρχοντο πρὸσ αὐτὸν καὶ ἔλεγον· χαῖρε ὁ βασιλεὺσ τῶν Ἰου-
4 δαίων· καὶ ἐδίδοσαν αὐτῷ ῥαπίσματα. ⁴Ἐξῆλθεν πάλιν ὁ Πει-
λᾶτοσ ἔξω καὶ λέγει αὐτοῖσ· ἴδε ἄγω ὑμῖν αὐτὸν ἔξω, ἵνα γνῶτε
5 ὅτι αἰτίαν οὐχ εὑρίσκω. ⁵ἐξῆλθεν οὖν ὁ Ἰησοῦσ ἔξω, φορῶν τὸν
ἀκάνθινον στέφανον καὶ τὸ πορφυροῦν ἱμάτιον. καὶ λέγει αὐ-
6 τοῖσ· ἰδοὺ ὁ ἄνθρωποσ. ⁶ὅτε οὖν ἴδον αὐτὸν οἱ ἀρχιερεῖσ καὶ
οἱ ὑπηρέται, ἐκραύγασαν· σταύρωσον σταύρωσον. λέγει αὐτοῖσ
ὁ Πειλᾶτοσ· λάβετε αὐτὸν ὑμεῖσ καὶ σταυρώσατε· ἐγὼ γὰρ οὐχ
7 εὑρίσκω ἐν αὐτῷ αἰτίαν. ⁷ἀπεκρίθησαν οἱ Ἰουδαῖοι· ἡμεῖσ νόμον
ἔχομεν, καὶ κατὰ τὸν νόμον ὀφείλει ἀποθανεῖν, ὅτι υἱὸν θεοῦ
8 ἑαυτὸν ἐποίησεν. ⁸Ὅτε οὖν ἤκουσεν ὁ Πειλᾶτοσ τοῦτον τὸν
9 λόγον, μᾶλλον ἐφοβήθη, ⁹καὶ εἰσῆλθεν εἰσ τὸ πραιτώριον πάλιν
καὶ λέγει τῷ Ἰησοῦ· πόθεν εἶ σύ; ὁ δὲ Ἰησοῦσ ἀπόκρισιν οὐκ
10 ἔδωκεν αὐτῷ. ¹⁰λέγει αὐτῷ ὁ Πειλᾶτοσ· ἐμοὶ οὐ λαλεῖσ; οὐκ
οἶδασ ὅτι ἐξουσίαν ἔχω ἀπολῦσαί σε καὶ ἐξουσίαν ἔχω σταυρῶσαί
11 σε; ¹¹ἀπεκρίθη Ἰησοῦσ· οὐκ ἔχεισ ἐξουσίαν κατ᾿ ἐμοῦ οὐδεμίαν
εἰ μὴ ἦν δεδομένον σοι ἄνωθεν· διὰ τοῦτο ὁ παραδούσ με σοὶ
12 μείζονα ἁμαρτίαν ἔχει. ¹²ἐκ τούτου ὁ Πειλᾶτοσ ἐζήτει ἀπολῦσαι
αὐτόν· οἱ δὲ Ἰουδαῖοι ἐκραύγαζον λέγοντεσ· ἐὰν τοῦτον ἀπολύσῃσ,
οὐκ εἶ φίλοσ τοῦ Καίσαροσ· πᾶσ ὁ βασιλέα ἑαυτὸν ποιῶν ἀντι-
13 λέγει τῷ Καίσαρι. ¹³ὁ οὖν Πειλᾶτοσ ἀκούσασ τῶν λόγων τού-
των ἤγαγεν ἔξω τὸν Ἰησοῦν, καὶ ἐκάθισεν ἐπὶ βήματοσ εἰσ τόπον
14 λεγόμενον Λιθόστρωτον, Ἑβραϊστὶ δὲ Γαββαθᾶ. ¹⁴ἦν δὲ παρα-

---

39. απολυσω pri : post υμιν pon | βουλεσθ. ουν : א add ινα | απολυσω
sec : post υμιν 40. ουν παλιν : add παντεσ
XIX, 1. א ο πιλ. λαβων τ. ιησ. εμαστιγ. 3. om και ηρχοντ. πρ.
αυτ. | א χαιρε βασιλευ | εδιδουν 4. εξηλθεν ουν εξω ο πιλ. | אa αιτ.
ουδεμιαν ευρισκω εν αυτω, ϛ εν αυτω ουδεμιαν αιτ. ευρ. 5. ιδε
6. ειδον | εκραυγασαν (א* εκραξαν) : add λεγοντεσ | σταυρ. σταυρ. : א
add αυτον 7. απεκριθησ. αυτω | κατ. τ. νομ. ημων | ϛ- του θεου |
εαυτον : ante υι. θεου 9. παλιν (et. אa) : א* om 10. λεγει ουν |
σταυρωσαι σε, tum απολυσ. σε 11. απεκριθη : א add αυτω | ϛ א ο ιη-
σουσ | ουκ ειχεσ | εξουσ. ουδεμ. κατ εμου | σοι δεδομενον | ο παραδιδουσ
12. εζητ. ο πιλ. | εκραυγαζ. (ϛ εκραξον) λεγοντεσ : א* ελεγον | εαυτον :
αυτον 13. τουτον τον λογον | επι του βηματοσ | δε : א om

ΙΟΗ. 19, 30.

σκευὴ τοῦ πάσχα, ὥρα ἦν ὡσ ἕκτη. καὶ λέγει τοῖσ Ἰουδαίοισ·
ἴδε ὁ βασιλεὺσ ὑμῶν. ¹⁵ ἐκραύγασαν οὖν ἐκεῖνοι· ἆρον ἆρον, 15
σταύρωσον αὐτόν. λέγει αὐτοῖσ ὁ Πειλᾶτοσ· τὸν βασιλέα ὑμῶν
σταυρώσω; ἀπεκρίθησαν οἱ ἀρχιερεῖσ· οὐκ ἔχομεν βασιλέα εἰ
μὴ Καίσαρα. ¹⁶ τότε οὖν παρέδωκεν αὐτὸν αὐτοῖσ ἵνα σταυ- 16
ρωθῇ.

Mt27,32ss   Παρέλαβον οὖν τὸν Ἰησοῦν, ¹⁷ καὶ βαστάζων ἑαυτῷ τὸν 17
Mc15,21ss
Lc23,26ss σταυρὸν ἐξῆλθεν εἰσ τὸν λεγόμενον Κρανίου τόπον, ὃ λέγεται
Ἑβραϊστὶ Γολγοθᾶ, ¹⁸ ὅπου αὐτὸν ἐσταύρωσαν, καὶ μετ' αὐτοῦ 18
ἄλλουσ δύο ἐντεῦθεν καὶ ἐντεῦθεν, μέσον δὲ τὸν Ἰησοῦν. ¹⁹ ἔγρα- 19
ψεν δὲ καὶ τίτλον ὁ Πειλᾶτοσ καὶ ἔθηκεν ἐπὶ τοῦ σταυροῦ· ἦν
δὲ γεγραμμένον· Ἰησοῦσ ὁ Ναζωραῖοσ ὁ βασιλεὺσ τῶν Ἰουδαίων.
²⁰ τοῦτον οὖν τὸν τίτλον πολλοὶ ἀνέγνωσαν τῶν Ἰουδαίων, ὅτι 20
ἐγγὺσ ἦν ὁ τόποσ τῆσ πόλεωσ ὅπου ἐσταυρώθη ὁ Ἰησοῦσ· καὶ
ἦν γεγραμμένον Ἑβραϊστί, Ῥωμαϊστί, Ἑλληνιστί. ²¹ ἔλεγον οὖν 21
τῷ Πειλάτῳ οἱ ἀρχιερεῖσ τῶν Ἰουδαίων· μὴ γράφε· ὁ βασιλεὺσ
τῶν Ἰουδαίων, ἀλλ' ὅτι ἐκεῖνοσ εἶπεν· βασιλεὺσ εἰμι τῶν Ἰου-
δαίων. ²² ἀπεκρίθη ὁ Πειλᾶτοσ· ὃ γέγραφα, γέγραφα. 22

Mt 27, 35   Οἱ οὖν στρατιῶται, ὅτε ἐσταύρωσαν τὸν Ἰησοῦν, ἔλαβον τὰ 23
Mc 15, 24
Lc 23, 34 ἱμάτια αὐτοῦ, καὶ ἐποίησαν τέσσερα μέρη, ἑκάστῳ στρατιώτῃ
μέροσ, καὶ τὸν χιτῶνα. ἦν δὲ ὁ χιτὼν ἄραφοσ, ἐκ τῶν ἄνωθεν
ὑφαντὸσ δι' ὅλου. ²⁴ εἶπαν οὖν πρὸσ ἀλλήλουσ· μὴ σχίσωμεν 24
Ps 21,(22) αὐτόν, ἀλλὰ λάχωμεν περὶ αὐτοῦ, τίνοσ ἔσται. ἵνα ἡ γραφὴ πλη-
19
ρωθῇ· διεμερίσαντο τὰ ἱμάτιά μου ἑαυτοῖσ καὶ ἐπὶ τὸν ἱματισμόν
μου ἔβαλον κλῆρον. Οἱ μὲν οὖν στρατιῶται ταῦτα ἐποίησαν.
Mt27,55s ²⁵ εἱστήκεισαν δὲ παρὰ τῷ σταυρῷ τοῦ Ἰησοῦ ἡ μήτηρ αὐτοῦ καὶ 25
ἡ ἀδελφὴ τῆσ μητρὸσ αὐτοῦ, Μαριὰμ ἡ τοῦ Κλωπᾶ, καὶ Μαριὰμ
ἡ Μαγδαληνή. ²⁶ Ἰησοῦσ οὖν ἰδὼν τὴν μητέρα καὶ τὸν μαθητὴν 26
παρεστῶτα ὃν ἠγάπα, λέγει τῇ μητρί· γύναι, ἴδε ὁ υἱόσ σου.
20, 2 ²⁷ εἶτα λέγει τῷ μαθητῇ· ἴδε ἡ μήτηρ σου. καὶ ἀπ' ἐκείνησ τῆσ 27
Ps 68(69), ὥρασ ἔλαβεν αὐτὴν ὁ μαθητὴσ εἰσ τὰ ἴδια. ²⁸ Μετὰ τοῦτο εἰδὼσ 28
22
ὁ Ἰησοῦσ ὅτι ἤδη πάντα τετέλεσται, ἵνα τελειωθῇ ἡ γραφή, λέγει·
Mt 27, διψῶ. ²⁹ σκεῦοσ ἔκειτο ὄξουσ μεστόν· σπόγγον οὖν μεστὸν ὄξουσ 29
48 pp
Mt 27, ὑσσώπῳ περιθέντεσ προσήνεγκαν αὐτοῦ τῷ στόματι. ³⁰ ὅτε οὖν 30
50 pp

14. ωρα δε ωσει | εκτη : אᶜ τριτη 15. εκραυ. ουν εκ. : ϛ οι δε εκραυγα-
σαν, א* οι δε ελεγον | אᶜᵃ om αρον alterum 16. αυτοισ αυτον | παρελ.
ουν τ, ιησουν : ϛ παρελαβον δε τ. ιησ. και απηγαγον, אᶜ παραλαβοντεσ
ουν τ. ιησ. απηγαγον, א* οι δε λαβοντεσ τ. ιησ. απηγαγον 17. εαυτω :
αυτου idque post τ. σταυρ. | οσ λεγεται 20. τησ πολεωσ ο τοπ. | εβρα.
ελλην. ρωμαϊστ. 23. οτε εσταυρ.: א οι σταυρωσαντεσ | τεσσαρα | א* om
και τον χιτωνα | αραφοσ 24. ειπον | περ. αλληλ. : א πρ. αυτουσ (אᶜ
εαυτ.) | η γρ.: πληρωθη : add η λεγουσα | א μου τα ιματι. 25. μαριαμ
bis : ϛ μαρια bis 26. ουν : אᵃ δε | א* και λεγει | τη μητρι : add αυτον | ϛ א
ιδου 27. ιδου 28. ηδη : ϛ א post παντα | τελειωθη : א πληρωθη
29. σκευ. ουν εκειτ. οξ. μεστ. οι δε πλησαντεσ σπογγον οξουσ και

ἔλαβεν τὸ ὄξοσ, εἶπεν· τετέλεσται, καὶ κλίνασ τὴν κεφαλὴν παρέδωκεν τὸ πνεῦμα.

31 Οἱ οὖν Ἰουδαῖοι, ἐπεὶ παρασκευὴ ἦν, ἵνα μὴ μείνῃ ἐπὶ τοῦ σταυροῦ τὰ σώματα ἐν τῷ σαββάτῳ, ἦν γὰρ μεγάλη ἡ ἡμέρα ἐκείνου τοῦ σαββάτου, ἠρώτησαν τὸν Πειλᾶτον ἵνα κατεαγῶσιν 32 αὐτῶν τὰ σκέλη καὶ ἀρθῶσιν. ³² ἦλθον οὖν οἱ στρατιῶται, καὶ τοῦ μὲν πρώτου κατέαξαν τὰ σκέλη καὶ τοῦ ἄλλου τοῦ συνσταυ- 33 ρωθέντοσ αὐτῷ· ³³ ἐπὶ δὲ τὸν Ἰησοῦν ἐλθόντεσ ὡσ εἶδον ἤδη 34 αὐτὸν τεθνηκότα, οὐ κατέαξαν αὐτοῦ τὰ σκέλη, ³⁴ ἀλλ᾽ εἶσ τῶν στρατιωτῶν λόγχῃ αὐτοῦ τὴν πλευρὰν ἔνυξεν, καὶ ἐξῆλθεν εὐθὺσ 35 αἷμα καὶ ὕδωρ. ³⁵ καὶ ὁ ἑωρακὼσ μεμαρτύρηκεν, καὶ ἀληθινὴ αὐτοῦ ἐστιν ἡ μαρτυρία, κἀκεῖνοσ οἶδεν ὅτι ἀληθῆ λέγει, ἵνα καὶ 36 ὑμεῖσ πιστεύητε. ³⁶ ἐγένετο γὰρ ταῦτα ἵνα ἡ γραφὴ πληρωθῇ· 37 ὀστοῦν οὐ συντριβήσεται αὐτοῦ. ³⁷ καὶ πάλιν ἑτέρα γραφὴ λέγει· ὄψονται εἰσ ὃν ἐξεκέντησαν.

38 Μετὰ δὲ ταῦτα ἠρώτησεν τὸν Πειλᾶτον Ἰωσὴφ ὁ ἀπὸ Ἀριμαθαίασ, ὢν μαθητὴσ τοῦ Ἰησοῦ κεκρυμμένοσ δὲ διὰ τὸν φόβον τῶν Ἰουδαίων, ἵνα ἄρῃ τὸ σῶμα τοῦ Ἰησοῦ· καὶ ἐπέτρεψεν ὁ 39 Πειλᾶτοσ. ἦλθον οὖν καὶ ἦραν αὐτόν. ³⁹ ἦλθεν δὲ καὶ Νικόδημοσ ὁ ἐλθὼν πρὸσ αὐτὸν νυκτὸσ τὸ πρῶτον, φέρων μῖγμα 40 σμύρνησ καὶ ἀλόησ ὡσ λίτρασ ἑκατόν. ⁴⁰ ἔλαβον οὖν τὸ σῶμα τοῦ Ἰησοῦ καὶ ἔδησαν αὐτὸ ὀθονίοισ μετὰ τῶν ἀρωμάτων, καθὼσ 41 ἔθοσ ἐστὶν τοῖσ Ἰουδαίοισ ἐνταφιάζειν. ⁴¹ ἦν δὲ ἐν τῷ τόπῳ ὅπου ἐσταυρώθη κῆποσ, καὶ ἐν τῷ κήπῳ μνημεῖον καινόν, ἐν ᾧ 42 οὐδέπω οὐδεὶσ ἐτέθη· ⁴² ἐκεῖ οὖν διὰ τὴν παρασκευὴν τῶν Ἰουδαίων, ὅτι ἐγγὺσ ἦν τὸ μνημεῖον, ἔθηκαν τὸν Ἰησοῦν.

XX.

Resurrectio. Petrus et Iohannes. Duo angeli. Iesus et Maria. Discipuli clausis portis. Thomas. Conclusio.

1 Τῇ δὲ μιᾷ τῶν σαββάτων Μαριὰμ ἡ Μαγδαληνὴ ἔρχεται πρωῒ σκοτίασ ἔτι οὔσησ εἰσ τὸ μνημεῖον, καὶ βλέπει τὸν λίθον 2 ἠρμένον ἐκ τοῦ μνημείου. ² τρέχει οὖν καὶ ἔρχεται πρὸσ Σίμωνα Πέτρον καὶ πρὸσ τὸν ἄλλον μαθητὴν ὃν ἐφίλει ὁ Ἰησοῦσ, καὶ λέγει αὐτοῖσ· ἦραν τὸν κύριον ἐκ τοῦ μνημείου, καὶ οὐκ οἴδαμεν 3 ποῦ ἔθηκαν αὐτόν. ³ ἐξῆλθεν οὖν ὁ Πέτροσ καὶ ὁ ἄλλοσ μαθη-

---

30. το οξοσ : add ο ιησουσ 31. επει παρασκ. ην : post εν τω σαββ. pon | א om η ante ημερα | εκεινου : ϛᵉ εκεινη | ηρωτησαν : א* add ουν 32. συσταυρωθ. 33. ωσ ειδον : א* ευρον et και ου.κατ. | ϛ א αυτον ηδη 34. ευθυσ εξηλθ. 35. αληθινη | א αληθησ | om και ante υμεισ | πιστευσητε 36. א συντρι. απ αυτ. 38. ο ιωσηφ | ηλθεν et ηρεν | αυτον : אᶜ το σωμα αυτου, ϛ το σωμα του ιησου 39. αυτον : τον ιησουν | μιγμα : א* ελιγμα|א σζμυρνησ|ωσ : ωσει 40. εστιν : א*ην 41. א ουδεισ ουδεπω | ετεθη : א ην τεθειμενοσ
XX, 1. μαρια | א απο τησ θυρασ εκ τ. μνημ.

τῆσ, καὶ ἤρχοντο εἰσ τὸ μνημεῖον. ⁴ἔτρεχον δὲ οἱ δύο ὁμοῦ· 4
καὶ ὁ ἄλλοσ μαθητὴσ προέδραμεν τάχιον τοῦ Πέτρου καὶ ἦλθεν
πρῶτοσ εἰσ τὸ μνημεῖον, ⁵καὶ παρακύψασ βλέπει κείμενα τὰ ὀθό- 5
νια, οὐ μέντοι εἰσῆλθεν. ⁶ἔρχεται οὖν Σίμων Πέτροσ ἀκολουθῶν 6
αὐτῷ, καὶ εἰσῆλθεν εἰσ τὸ μνημεῖον, καὶ θεωρεῖ τὰ ὀθόνια κεί-
μενα, ⁷καὶ τὸ σουδάριον, ὃ ἦν ἐπὶ τῆσ κεφαλῆσ αὐτοῦ, οὐ μετὰ 7
τῶν ὀθονίων κείμενον ἀλλὰ χωρὶσ ἐντετυλιγμένον εἰσ ἕνα τόπον.
⁸τότε οὖν εἰσῆλθεν καὶ ὁ ἄλλοσ μαθητὴσ ὁ ἐλθὼν πρῶτοσ εἰσ 8
τὸ μνημεῖον, καὶ εἶδεν καὶ ἐπίστευσεν· ⁹οὐδέπω γὰρ ᾔδεισαν τὴν 9
γραφήν, ὅτι δεῖ αὐτὸν ἐκ νεκρῶν ἀναστῆναι. ¹⁰ἀπῆλθον οὖν 10
πάλιν πρὸσ αὑτοὺσ οἱ μαθηταί. ¹¹Μαριὰμ δὲ εἱστήκει πρὸσ 11
τῷ μνημείῳ ἔξω κλαίουσα. ὡσ οὖν ἔκλαιεν, παρέκυψεν εἰσ τὸ
μνημεῖον, ¹²καὶ θεωρεῖ δύο ἀγγέλουσ ἐν λευκοῖσ καθεζομένουσ, 12
ἕνα πρὸσ τῇ κεφαλῇ καὶ ἕνα πρὸσ τοῖσ ποσίν, ὅπου ἔκειτο τὸ
σῶμα τοῦ Ἰησοῦ. ¹³λέγουσιν αὐτῇ ἐκεῖνοι· γύναι, τί κλαίεισ; 13
λέγει αὐτοῖσ ὅτι ἦραν τὸν κύριόν μου, καὶ οὐκ οἶδα ποῦ ἔθηκαν
αὐτόν. ¹⁴ταῦτα εἰποῦσα ἐστράφη εἰσ τὰ ὀπίσω, καὶ θεωρεῖ τὸν 14
Ἰησοῦν ἑστῶτα, καὶ οὐκ ᾔδει ὅτι Ἰησοῦσ ἐστίν. ¹⁵λέγει αὐτῇ 15
Ἰησοῦσ· γύναι, τί κλαίεισ; τίνα ζητεῖσ; ἐκείνη δοκοῦσα ὅτι ὁ
κηπουρόσ ἐστιν, λέγει αὐτῷ· κύριε, εἰ σὺ ἐβάστασασ αὐτόν, εἰπέ
μοι ποῦ ἔθηκασ αὐτόν, κἀγὼ αὐτὸν ἀρῶ. ¹⁶λέγει αὐτῇ Ἰησοῦσ· 16
Μαριάμ. στραφεῖσα ἐκείνη λέγει αὐτῷ Ἑβραϊστί· Ῥαββουνί, ὃ
λέγεται διδάσκαλε. ¹⁷λέγει αὐτῇ Ἰησοῦσ· μή μου ἅπτου· οὔπω 17
γὰρ ἀναβέβηκα πρὸσ τὸν πατέρα· πορεύου δὲ πρὸσ τοὺσ ἀδελ-
φούσ μου καὶ εἰπὲ αὐτοῖσ· ἀναβαίνω πρὸσ τὸν πατέρα μου καὶ
πατέρα ὑμῶν καὶ θεόν μου καὶ θεὸν ὑμῶν. ¹⁸ἔρχεται Μαριὰμ 18
ἡ Μαγδαληνὴ ἀγγέλλουσα τοῖσ μαθηταῖσ ὅτι ἑώρακα τὸν κύριον,
καὶ ταῦτα εἶπεν αὐτῇ.

Οὔσησ οὖν ὀψίασ τῇ ἡμέρᾳ ἐκείνῃ τῇ μιᾷ σαββάτων, καὶ 19
τῶν θυρῶν κεκλεισμένων ὅπου ἦσαν οἱ μαθηταὶ διὰ τὸν φόβον
τῶν Ἰουδαίων, ἦλθεν ὁ Ἰησοῦσ καὶ ἔστη εἰσ τὸ μέσον, καὶ λέγει
αὐτοῖσ· εἰρήνη ὑμῖν. ²⁰καὶ τοῦτο εἰπὼν ἔδειξεν τὰσ χεῖρασ καὶ 20
τὴν πλευρὰν αὐτοῖσ. ἐχάρησαν οὖν οἱ μαθηταὶ ἰδόντεσ τὸν

---

3. א* om καὶ ηρχοντ. εισ το μνημ. 4. א και ετρεχ. οι δυο ομου | και ο αλλος usq ταχ. του πετρ. : א* προεδραμεν δε ταχιον του πετρου | πρωτος : א post εις το μνημ. 9. א* ηδει 10. προς εαυτους 11. μαρια | ς προς το μνημειον, א εν τω μνημειω | εξω : ς post κλαιουσα, א* om 12. א* om δυο | א καθεζ. εν λευκ. 13. και λεγουσιν 14. και ταυτα | ο ιησους 15. ο ιησους | εκεινη : א* add δε | א* ει συ ει ο βαστασας | αυτον εθηκας 16. ς א ο ιησους | μαρια | א στραφεισα δε | om εβραϊστ. | διδασκαλε : אca add και προσεδραμεν αψασθαι αυτου. 17. ο ιησους | πατερα pri : add μου | אca προς τουσ ουν | א om μου post αδελφ. 18. μαρια | απαγγελλουσα | εωρακεν 19. א* om τη ante μια | των σαββατων | οι μαθηται : add συνηγμενοι | א* om αυτοις 20. εδειξεν αυτοισ et πλευραν αυτου

21 κύριον. ²¹ εἶπεν οὖν αὐτοῖσ πάλιν· εἰρήνη ὑμῖν· καθὼσ ἀπέσταλ- 17, 18
22 κέν με ὁ πατήρ, κἀγὼ πέμπω ὑμᾶσ. ²² καὶ τοῦτο εἰπὼν ἐνεφύσησεν
23 καὶ λέγει αὐτοῖσ· λάβετε πνεῦμα ἅγιον. ²³ ἄν τινων ἀφῆτε τὰσ
    ἁμαρτίασ, ἀφέωνται αὐτοῖσ· ἄν τινων κρατῆτε, κεκράτηνται. Mt 18, 19
24 Θωμᾶσ δὲ εἷσ ἐκ τῶν δώδεκα, ὁ λεγόμενοσ Δίδυμοσ, οὐκ
25 ἦν μετ' αὐτῶν ὅτε ἦλθεν Ἰησοῦσ. ²⁵ ἔλεγον οὖν αὐτῷ οἱ ἄλλοι
    μαθηταί· ἑωράκαμεν τὸν κύριον. ὁ δὲ εἶπεν αὐτοῖσ· ἐὰν μὴ ἴδω
    ἐν ταῖσ χερσὶν αὐτοῦ τὸν τύπον τῶν ἥλων καὶ βάλω μου τὸν
    δάκτυλον εἰσ τὸν τόπον τῶν ἥλων καὶ βάλω μου τὴν χεῖρα εἰσ
26 τὴν πλευρὰν αὐτοῦ, οὐ μὴ πιστεύσω. ²⁶ Καὶ μεθ' ἡμέρασ ὀκτὼ
    πάλιν ἦσαν ἔσω οἱ μαθηταὶ αὐτοῦ, καὶ Θωμᾶσ μετ' αὐτῶν.
    ἔρχεται ὁ Ἰησοῦσ τῶν θυρῶν κεκλεισμένων, καὶ ἔστη εἰσ τὸ μέσον
27 καὶ εἶπεν· εἰρήνη ὑμῖν. ²⁷ εἶτα λέγει τῷ Θωμᾷ· φέρε τὸν δάκτυλόν
    σου ὧδε καὶ ἴδε τὰσ χεῖράσ μου, καὶ φέρε τὴν χεῖρά σου καὶ
    βάλε εἰσ τὴν πλευράν μου, καὶ μὴ γίνου ἄπιστοσ ἀλλὰ πιστόσ.
28 ²⁸ ἀπεκρίθη Θωμᾶσ καὶ εἶπεν αὐτῷ· ὁ κύριόσ μου καὶ ὁ θεόσ
29 μου. ²⁹ λέγει αὐτῷ ὁ Ἰησοῦσ· ὅτι ἑώρακάσ με, πεπίστευκασ·
    μακάριοι οἱ μὴ ἰδόντεσ καὶ πιστεύσαντεσ.
30 Πολλὰ μὲν οὖν καὶ ἄλλα σημεῖα ἐποίησεν ὁ Ἰησοῦσ ἐνώ- 21, 25
    πιον τῶν μαθητῶν, ἃ οὐκ ἔστιν γεγραμμένα ἐν τῷ βιβλίῳ τούτῳ·
31 ³¹ ταῦτα δὲ γέγραπται ἵνα πιστεύητε ὅτι Ἰησοῦσ ἐστὶν ὁ Χριστόσ
    ὁ υἱὸσ τοῦ θεοῦ, καὶ ἵνα πιστεύοντεσ ζωὴν ἔχητε ἐν τῷ ὀνόματι
    αὐτοῦ.

XXI.

Tertia redivivi manifestatio ad lacum Tiberiados. Petri restitutio; Iohannes non moriturus. De auctore evangelii.

1 Μετὰ ταῦτα ἐφανέρωσεν ἑαυτὸν πάλιν Ἰησοῦσ τοῖσ μαθη-
  ταῖσ ἐπὶ τῆσ θαλάσσησ τῆσ Τιβεριάδοσ· ἐφανέρωσεν δὲ οὕτωσ.
2 ² ἦσαν ὁμοῦ Σίμων Πέτροσ καὶ Θωμᾶσ ὁ λεγόμενοσ Δίδυμοσ καὶ
  Ναθαναὴλ ὁ ἀπὸ Κανᾶ τῆσ Γαλιλαίασ καὶ οἱ τοῦ Ζεβεδαίου καὶ
3 ἄλλοι ἐκ τῶν μαθητῶν αὐτοῦ δύο. ³ λέγει αὐτοῖσ Σίμων Πέτροσ·
  ὑπάγω ἁλιεύειν. λέγουσιν αὐτῷ· ἐρχόμεθα καὶ ἡμεῖσ σὺν σοί.
  ἐξῆλθον καὶ ἐνέβησαν εἰσ τὸ πλοῖον, καὶ ἐν ἐκείνῃ τῇ νυκτὶ ἐπίασαν

---

21. ℵᶜᵃ και ειπεν | παλιν : praem ο ιησουσ | ℵ* πεμψω, ℵᶜᵃ αποστελλω
23. ς αφιενται, ℵ* αφεθησεται | αν sec loco : ℵ* εαν δε   24 sq οτε
ηλθεν etc : ℵ* οτε ουν ηλθεν ιησουσ, ελεγον αυτω οι μαθηται | ο ιησουσ
25. ℵ* om αλλοι (vide ante) | ℵ* om αυτου post χερσιν | τον δακτυλ. μου |
ς ℵᶜ εισ τ. τυπον των ηλων, ℵ* εισ την χειραν αυτου | την χειρι μου
26. ℵ om αυτου   28. και απεκριθη | ς ℵ ο Θωμασ   29. ℵᶜ λεγει δε,
ℵ* ειπεν δε | με : ς add Θωμα, ℵ add και | ιδοντεσ : ℵ* add με   30. τ.
μαθηται : ς ℵ add αυτου   31. πιστευσητε | ο ιησουσ | ℵ* om και ante
ινα | ζωην : ℵ add αιωνιον

XXI, 1. παλιν : ℵ ante εαυτον | ς ℵ ο ιησουσ   2. ℵ οι υιοι ζεβεδαιου
3. ℵ εξηλθον ουν | ανεβησαν | εισ τ. πλοιον : add ευθυσ | επιασαν : ℵ*
εκοπιασαν

ΙΟΗ. 21, 19.

οὐδέν. ⁴ πρωίασ δὲ ἤδη γινομένησ ἔστη Ἰησοῦσ ἐπὶ τὸν αἰγιαλόν· οὐ μέντοι ᾔδεισαν οἱ μαθηταὶ ὅτι Ἰησοῦσ ἐστίν. ⁵ λέγει οὖν αὐτοῖσ Ἰησοῦσ· παιδία, μή τι προσφάγιον ἔχετε; ἀπεκρίθησαν αὐτῷ· οὔ. ⁶ λέγει αὐτοῖσ· βάλετε εἰσ τὰ δεξιὰ μέρη τοῦ πλοίου τὸ δίκτυον, καὶ εὑρήσετε. ἔβαλον οὖν, καὶ οὐκέτι αὐτὸ ἑλκύσαι ἴσχυον ἀπὸ τοῦ πλήθουσ τῶν ἰχθύων. ⁷ λέγει οὖν ὁ μαθητὴσ ἐκεῖνοσ ὃν ἠγάπα ὁ Ἰησοῦσ τῷ Πέτρῳ· ὁ κύριόσ ἐστιν. Σίμων οὖν Πέτροσ, ἀκούσασ ὅτι ὁ κύριόσ ἐστιν, τὸν ἐπενδύτην διεζώσατο, ἦν γὰρ γυμνόσ, καὶ ἔβαλεν ἑαυτὸν εἰσ τὴν θάλασσαν· ⁸ οἱ δὲ ἄλλοι μαθηταὶ τῷ πλοιαρίῳ ἦλθον, οὐ γὰρ ἦσαν μακρὰν ἀπὸ τῆσ γῆσ ἀλλὰ ὡσ ἀπὸ πηχῶν διακοσίων, σύροντεσ τὸ δίκτυον τῶν ἰχθύων. ⁹ ὡσ οὖν ἀπέβησαν εἰσ τὴν γῆν, βλέπουσιν ἀνθρακιὰν κειμένην καὶ ὀψάριον ἐπικείμενον καὶ ἄρτον. ¹⁰ λέγει αὐτοῖσ ὁ Ἰησοῦσ· ἐνέγκατε ἀπὸ τῶν ὀψαρίων ὧν ἐπιάσατε νῦν. ¹¹ ἀνέβη Σίμων Πέτροσ καὶ εἵλκυσεν τὸ δίκτυον εἰσ τὴν γῆν μεστὸν ἰχθύων μεγάλων ἑκατὸν πεντήκοντα τριῶν· καὶ τοσούτων ὄντων οὐκ ἐσχίσθη τὸ δίκτυον. ¹² λέγει αὐτοῖσ ὁ Ἰησοῦσ· δεῦτε ἀριστήσατε. οὐδεὶσ δὲ ἐτόλμα τῶν μαθητῶν ἐξετάσαι αὐτόν· σὺ τίσ εἶ; εἰδότεσ ὅτι ὁ κύριόσ ἐστιν. ¹³ ἔρχεται Ἰησοῦσ καὶ λαμβάνει τὸν ἄρτον καὶ δίδωσιν αὐτοῖσ, καὶ τὸ ὀψάριον ὁμοίωσ. ¹⁴ τοῦτο ἤδη τρίτον ἐφανερώθη Ἰησοῦσ τοῖσ μαθηταῖσ ἐγερθεὶσ ἐκ νεκρῶν.

Ὅτε οὖν ἠρίστησαν, λέγει τῷ Σίμωνι Πέτρῳ ὁ Ἰησοῦσ· Σίμων Ἰωάννου, ἀγαπᾷσ με πλέον τούτων; λέγει αὐτῷ· ναὶ κύριε, σὺ οἶδασ ὅτι φιλῶ σε. λέγει αὐτῷ· βόσκε τὰ ἀρνία μου. ¹⁶ λέγει αὐτῷ πάλιν δεύτερον· Σίμων Ἰωάννου, ἀγαπᾷσ με; λέγει αὐτῷ· ναὶ κύριε, σὺ οἶδασ ὅτι φιλῶ σε. λέγει αὐτῷ· ποίμαινε τὰ προβάτιά μου. ¹⁷ λέγει αὐτῷ τὸ τρίτον· Σίμων Ἰωάννου, φιλεῖσ με; ἐλυπήθη ὁ Πέτροσ ὅτι εἶπεν αὐτῷ τὸ τρίτον· φιλεῖσ με; καὶ λέγει αὐτῷ· κύριε, πάντα σὺ οἶδασ, σὺ γινώσκεισ ὅτι φιλῶ σε. λέγει αὐτῷ· βόσκε τὰ προβάτιά μου. ¹⁸ ἀμὴν ἀμὴν λέγω σοι, ὅτε ἦσ νεώτεροσ, ἐζώννυεσ σεαυτὸν καὶ περιεπάτεισ ὅπου ἤθελεσ· ὅταν δὲ γηράσῃσ, ἐκτενεῖσ τὰσ χεῖράσ σου, καὶ ἄλλοσ σε ζώσει καὶ οἴσει ὅπου οὐ θέλεισ. ¹⁹ τοῦτο δὲ εἶπεν σημαίνων ποίῳ θανάτῳ

---

4. ηδη : ℵ* om | ϛ ℵ γενομενησ | ο ιησουσ | επι : εισ | ηδεισαν : ℵ εγνωσαν
5. ο ιησουσ | μη τι : ℵ* μη 6. ο δε ειπεν αυτοισ | ευρησετε : ℵᶜᵃ add οἱ δε ειπον· δι ολησ τησ νυκτοσ σκοπιασαμεν και ουδεν ελαβομεν· επι δε τω σω ρηματι βαλουμεν. | εβαλ. ουν : ℵ* οἱ δε εβαλ. | ℵ* ἱλκυσαι | ισχυσαν. 8. πλοιαριω : ℵ praem αλλω | αλλ. 9. ℵ* ανεβησαν | ℵᶜᵃ επι την 11. ℵ ενεβη ουν | επι τησ γησ 13. ερχεται ουν | ϛ ℵ ο ιησουσ 14. τουτο : ℵ add δε | ϛ ℵ ο ιησουσ | τ. μαθηταισ αυτου· 15. ℵᵃ ιωανου, ϛ ιωνα | πλειον 16. παλιν : ℵ ante λεγ. αυτ. | δευτερ. (ℵᵃ το δευ.) : ℵ* om | ιωνα | ℵ* om ναι | προβατια : ϛ ℵ -τα 17. ιωνα | ℵ ελυπηθη δε | φιλεισ (ℵᵃ) : ℵ* praem και | λεγει sec : ειπεν | συ παντα | λεγει (ℵ praem και) αυτω : add ο ιησουσ | ϛ ℵ προβατα 18. ℵ* εκτ. την χειραν σου | ℵ* αλλοι ζωσουσιν σε | οισει : ℵᶜ αποισουσιν σε, ℵ* ποιησουσιν σοι | οπου : ℵ* οσα

δοξάσει τὸν θεόν. καὶ τοῦτο εἰπὼν λέγει αὐτῷ· ἀκολούθει μοι. 20 ²⁰ἐπιστραφεὶσ ὁ Πέτροσ βλέπει τὸν μαθητὴν ὃν ἠγάπα ὁ Ἰησοῦσ ἀκολουθοῦντα, ὃσ καὶ ἀνέπεσεν ἐν τῷ δείπνῳ ἐπὶ τὸ στῆθοσ αὐ- 21 τοῦ καὶ εἶπεν· κύριε, τίσ ἐστιν ὁ παραδιδούσ σε; ²¹τοῦτον οὖν 22 ἰδὼν ὁ Πέτροσ λέγει τῷ Ἰησοῦ· κύριε, οὗτοσ δὲ τί; ²²λέγει αὐτῷ ὁ Ἰησοῦσ· ἐὰν αὐτὸν θέλω μένειν ἕωσ ἔρχομαι, τί πρὸσ σέ; 23 σύ μοι ἀκολούθει. ²³ἐξῆλθεν οὖν οὗτοσ ὁ λόγοσ εἰσ τοὺσ ἀδελφοὺσ ὅτι ὁ μαθητὴσ ἐκεῖνοσ οὐκ ἀποθνήσκει· καὶ οὐκ εἶπεν αὐτῷ ὁ Ἰησοῦσ ὅτι οὐκ ἀποθνήσκει, ἀλλ'· ἐὰν αὐτὸν θέλω μένειν ἕωσ ἔρχομαι.
24 Οὗτόσ ἐστιν ὁ μαθητὴσ ὁ μαρτυρῶν περὶ τούτων καὶ γράψασ ταῦτα, καὶ οἴδαμεν ὅτι ἀληθὴσ αὐτοῦ ἡ μαρτυρία ἐστίν.

ΠΡΑΞΕΙC.

I.

Iesu redivivi mandata et in caelum reditus. Apostoli. Petro suasore Iudae suffectus Matthias.

1 Τὸν μὲν πρῶτον λόγον ἐποιησάμην περὶ πάντων, ὦ Θεόφιλε, 2 ὧν ἤρξατο ὁ Ἰησοῦσ ποιεῖν τε καὶ διδάσκειν, ²ἄχρι ἧσ ἡμέρασ ἐντειλάμενοσ τοῖσ ἀποστόλοισ διὰ πνεύματοσ ἁγίου οὓσ ἐξελέξατο 3 ἀνελήμφθη· ³οἷσ καὶ παρέστησεν ἑαυτὸν ζῶντα μετὰ τὸ παθεῖν αὐτὸν ἐν πολλοῖσ τεκμηρίοισ, δι' ἡμερῶν τεσσεράκοντα ὀπτανό- 4 μενοσ αὐτοῖσ καὶ λέγων τὰ περὶ τῆσ βασιλείασ τοῦ θεοῦ· ⁴καὶ συναλιζόμενοσ παρήγγειλεν αὐτοῖσ ἀπὸ Ἱεροσολύμων μὴ χωρίζεσθαι, ἀλλὰ περιμένειν τὴν ἐπαγγελίαν τοῦ πατρὸσ ἣν ἠκούσατέ 5 μου· ⁵ὅτι Ἰωάννησ μὲν ἐβάπτισεν ὕδατι, ὑμεῖσ δὲ ἐν πνεύματι 6 βαπτισθήσεσθε ἁγίῳ οὐ μετὰ πολλὰσ ταύτασ ἡμέρασ. ⁶οἱ μὲν οὖν συνελθόντεσ ἠρώτων αὐτὸν λέγοντεσ· κύριε, εἰ ἐν τῷ χρόνῳ 7 τούτῳ ἀποκαθιστάνεισ τὴν βασιλείαν τῷ Ἰσραήλ; ⁷εἶπεν πρὸσ αὐτούσ· οὐχ ὑμῶν ἐστιν γνῶναι χρόνουσ ἢ καιροὺσ οὓσ ὁ πατὴρ 8 ἔθετο ἐν τῇ ἰδίᾳ ἐξουσίᾳ, ⁸ἀλλὰ λήμψεσθε δύναμιν ἐπελθόντοσ

20. ϛ ℵ επιστραφεισ δε | ακολουθ. οσ : ℵ* om, ℵ* suppl ακολουθ. et ℵᶜ add οσ | και ειπεν (ℵ* λεγει) : ℵ add αυτω 21. om ουν | λεγει : ℵ ειπεν| ℵ om κυριε 22. ακολουθει μοι 23. ο λογ. ουτοσ | ℵ ουκ ειπεν δε | ερχομαι : add τι προσ σε 24. και pri : ℵᵃ ο και | ϛ ℵ εστιν η μαρτυρια αυτου 25. omisimus versum cum ℵ*, ϛ ℵᵃ vero sic : εστιν (εστι) δε και αλλα πολλα οσα (ℵᵃ a) εποιησεν ο ιησουσ, ατινα εαν γραφηται καθ εν, ουδε (ℵᵃ ουδ) αυτον οιμαιτον κοσμον χωρησαι (ℵᵃ -ρησειν) τα γραφομενα βιβλια. Praeterea ϛ add αμην.

* ϛ πραξεισ των αγιων αποστολων
I, 2. ανεληφθη 3. τεσσαρακοντα 5. βαπτισθησεσθ. εν πνευμ. αγιω 6. ℵ* ελθοντεσ | επηρωτων 7. ϛ ℵ ειπεν δε 8. ληψεσθε

τοῦ ἁγίου πνεύματοσ ἐφ᾽ ὑμᾶσ, καὶ ἔσεσθέ μου μάρτυρεσ ἔν τε
Ἱερουσαλὴμ καὶ ἐν πάσῃ τῇ Ἰουδαίᾳ καὶ Σαμαρίᾳ καὶ ἕωσ ἐσχά-
του τῆσ γῆσ. ⁹ καὶ ταῦτα εἰπὼν βλεπόντων αὐτῶν ἐπήρθη, καὶ 9
νεφέλη ὑπέλαβεν αὐτὸν ἀπὸ τῶν ὀφθαλμῶν αὐτῶν. ¹⁰ καὶ ὡσ 10
ἀτενίζοντεσ ἦσαν εἰσ τὸν οὐρανὸν πορευομένου αὐτοῦ, καὶ ἰδοὺ
ἄνδρεσ δύο παρειστήκεισαν αὐτοῖσ ἐν ἐσθήσεσι λευκαῖσ, ¹¹ οἳ καὶ 11
εἶπαν· ἄνδρεσ Γαλιλαῖοι, τί ἑστήκατε βλέποντεσ εἰσ τὸν οὐρανόν;
οὗτοσ ὁ Ἰησοῦσ ὁ ἀναλημφθεὶσ ἀφ᾽ ὑμῶν εἰσ τὸν οὐρανὸν οὕτωσ
ἐλεύσεται ὃν τρόπον ἐθεάσασθε αὐτὸν πορευόμενον εἰσ τὸν οὐ-
ρανόν.

Τότε ὑπέστρεψαν εἰσ Ἱερουσαλὴμ ἀπὸ ὄρουσ τοῦ καλου- 12
μένου ἐλαιῶνοσ, ὅ ἐστιν ἐγγὺσ Ἱερουσαλὴμ σαββάτου ἔχον ὁδόν.
¹³ καὶ ὅτε εἰσῆλθον, εἰσ τὸ ὑπερῷον ἀνέβησαν οὗ ἦσάν καταμένον- 13
τεσ, ὅ τε Πέτροσ καὶ Ἰωάννησ καὶ Ἰάκωβοσ καὶ Ἀνδρέασ, Φίλιπ-
ποσ καὶ Θωμᾶσ, Βαρθολομαῖοσ καὶ Μαθθαῖοσ, Ἰάκωβοσ Ἀλ-
φαίου καὶ Σίμων ὁ ζηλωτὴσ καὶ Ἰούδασ Ἰακώβου. ¹⁴ οὗτοι 14
πάντεσ ἦσαν προσκαρτεροῦντεσ ὁμοθυμαδὸν τῇ προσευχῇ σὺν
γυναιξὶν καὶ Μαριὰμ τῇ μητρὶ τοῦ Ἰησοῦ καὶ τοῖσ ἀδελφοῖσ
αὐτοῦ.

Καὶ ἐν ταῖσ ἡμέραισ ταύταισ ἀναστὰσ Πέτροσ ἐν μέσῳ τῶν 15
ἀδελφῶν εἶπεν· ἦν τε ὄχλοσ ὀνομάτων ἐπὶ τὸ αὐτὸ ὡσεὶ ἑκατὸν
εἴκοσι· ¹⁶ ἄνδρεσ ἀδελφοί, ἔδει πληρωθῆναι τὴν γραφὴν ἣν προ- 16
εῖπεν τὸ πνεῦμα τὸ ἅγιον διὰ στόματοσ Δαυεὶδ περὶ Ἰούδα τοῦ
γενομένου ὁδηγοῦ τοῖσ συλλαβοῦσιν Ἰησοῦν, ¹⁷ ὅτι κατηριθμημένοσ 17
ἦν ἐν ἡμῖν καὶ ἔλαχεν τὸν κλῆρον τῆσ διακονίασ ταύτησ. ¹⁸ οὗτοσ 18
μὲν οὖν ἐκτήσατο χωρίον ἐκ μισθοῦ τῆσ ἀδικίασ, καὶ πρηνὴσ
γενόμενοσ ἐλάκησεν μέσοσ, καὶ ἐξεχύθη πάντα τὰ σπλάγχνα αὐ-
τοῦ· ¹⁹ ὃ καὶ γνωστὸν ἐγένετο πᾶσι τοῖσ κατοικοῦσιν Ἱερουσαλήμ, 19
ὥστε κληθῆναι τὸ χωρίον ἐκεῖνο τῇ ἰδίᾳ διαλέκτῳ αὐτῶν Ἀχελ-
δαμάχ, τοῦτ᾽ ἔστιν χωρίον αἵματοσ. ²⁰ γέγραπται γὰρ ἐν βίβλῳ 20
ψαλμῶν· γενηθήτω ἡ ἔπαυλισ αὐτοῦ ἔρημοσ καὶ μὴ ἔστω ὁ κατοι-
κῶν ἐν αὐτῇ, καί· τὴν ἐπισκοπὴν αὐτοῦ λαβέτω ἕτεροσ. ²¹ δεῖ 21
οὖν τῶν συνελθόντων ἡμῖν ἀνδρῶν ἐν παντὶ χρόνῳ ᾧ εἰσῆλθεν
καὶ ἐξῆλθεν ἐφ᾽ ἡμᾶσ ὁ κύριοσ Ἰησοῦσ, ²² ἀρξάμενοσ ἀπὸ τοῦ 22
βαπτίσματοσ Ἰωάννου ἄχρι τῆσ ἡμέρασ ἧσ ἀνελήμφθη ἀφ᾽ ἡμῶν,
μάρτυρα τῆσ ἀναστάσεωσ αὐτοῦ σὺν ἡμῖν γενέσθαι ἕνα τούτων.
²³ Καὶ ἔστησαν δύο, Ἰωσὴφ τὸν καλούμενον Βαρσαββᾶν, ὃσ 23

8. εσεσθ. μοι μαρτ. | σαμαρεια 10. εν εσθητι λευκη 11. ειπον | εμβλε-
ποντεσ | αναληφθεισ 13. ανεβησ. εισ το υπερ. | ιακωβ. και ιωανν. |
ματθαιοσ | א* om ο ante ζηλωτησ 14. א* ησ. ομοθυμ. προσκ. ομοθυμ.
(אᶜ delet ομοθ. posterius) | τ. προσευχη : add και τη δεησει | ς.א μαρια. |
και συν τοισ 15. αδελφων :: μαθητων | ωσει : ωσ | εικοσιν 16. τ.
γραφην : add ταυτην | δαβιδ | τον ιησουν 17. ην εν : ην συν 18. εκ
του μισθου 19. ο και : om ο | א om ιδια | ακελδαμα 20. λαβοι 21. εν
ω εισηλθ. 22. αχρι : εωσ | ανεληφθη | γενεσθ. συν ημιν. 23. βαρσαβαν

24 ἐπεκλήθη Ἰοῦστοσ, καὶ Μαθθίαν. ²⁴ καὶ προσευξάμενοι εἶπαν·
σὺ κύριε καρδιογνῶστα πάντων, ἀνάδειξον ὃν ἐξελέξω ἐκ τούτων
25 τῶν δύο ἕνα ²⁵ λαβεῖν τὸν τόπον τῆσ διακονίασ ταύτησ καὶ ἀποστολῆσ, ἀφ᾽ ἧσ παρέβη Ἰούδασ πορευθῆναι εἰσ τὸν τόπον τὸν
26 ἴδιον. ²⁶ καὶ ἔδωκαν κλήρουσ αὐτοῖσ, καὶ ἔπεσεν ὁ κλῆροσ ἐπὶ
Μαθθίαν, καὶ συνκατεψηφίσθη μετὰ τῶν ἕνδεκα ἀποστόλων.

II.

Effusio spiritus sancti. Linguarum donum. Petri oratio de vaticiniis Iohelis et Davidis. Tria milia ad Christum convertuntur. Credentium communio.

1   Καὶ ἐν τῷ συνπληροῦσθαι τὴν ἡμέραν τῆσ πεντηκοστῆσ ἦσαν   Dt 16, 9 s
2 πάντεσ ὁμοῦ ἐπὶ τὸ αὐτό. ² καὶ ἐγένετο ἄφνω ἐκ τοῦ οὐρανοῦ
ἦχοσ ὥσπερ φερομένησ πνοῆσ βιαίασ καὶ ἐπλήρωσεν ὅλον τὸν
3 οἶκον οὗ ἦσαν καθήμενοι, ³ καὶ ὤφθησαν αὐτοῖσ διαμεριζόμεναι
4 γλῶσσαι ὡσεὶ πυρόσ, καὶ ἐκάθισεν ἐφ᾽ ἕνα ἕκαστον αὐτῶν, ⁴ καὶ 10, 46.
ἐπλήσθησαν πάντεσ πνεύματοσ ἁγίου, καὶ ἤρξαντο λαλεῖν ἑτέραισ 1 Co 12 89
γλώσσαισ καθὼσ τὸ πνεῦμα ἐδίδου ἀποφθέγγεσθαι αὐτοῖσ.   [Mc16,17]
5   ⁵ Ἦσαν δὲ εἰσ Ἰερουσαλὴμ κατοικοῦντεσ Ἰουδαῖοι, ἄνδρεσ εὐλα-
6 βεῖσ ἀπὸ παντὸσ ἔθνουσ τῶν ὑπὸ τὸν οὐρανόν· ⁶ γενομένησ δὲ
τῆσ φωνῆσ ταύτησ συνῆλθεν τὸ πλῆθοσ καὶ συνεχύθη, ὅτι ἤκουον
7 εἷσ ἕκαστοσ τῇ ἰδίᾳ διαλέκτῳ λαλούντων αὐτῶν. ⁷ ἐξίσταντο δὲ
πάντεσ καὶ ἐθαύμαζον λέγοντεσ· οὐχ ἰδοὺ ἅπαντεσ οὗτοί εἰσιν οἱ
8 λαλοῦντεσ Γαλιλαῖοι; ⁸ καὶ πῶσ ἡμεῖσ ἀκούομεν ἕκαστοσ τῇ ἰδίᾳ
9 διαλέκτῳ ἡμῶν ἐν ᾗ ἐγεννήθημεν, ⁹ Πάρθοι καὶ Μῆδοι καὶ Ἐλαμεῖται, καὶ οἱ κατοικοῦντεσ τὴν Μεσοποταμίαν, Ἰουδαίαν τε καὶ
10 Καππαδοκίαν, Πόντον καὶ τὴν Ἀσίαν, ¹⁰ Φρυγίαν τε καὶ Παμφυλίαν, Αἴγυπτον καὶ τὰ μέρη τῆσ Λιβύησ τῆσ κατὰ Κυρήνην,
καὶ οἱ ἐπιδημοῦντεσ Ῥωμαῖοι, Ἰουδαῖοί τε καὶ προσήλυτοι,
11 ¹¹ Κρῆτεσ καὶ Ἄραβεσ, ἀκούομεν λαλούντων αὐτῶν ταῖσ ἡμετέ-
12 ραισ γλώσσαισ τὰ μεγαλεῖα τοῦ θεοῦ; ¹² ἐξίσταντο δὲ πάντεσ καὶ
διηποροῦντο, ἄλλοσ πρὸσ ἄλλον λέγοντεσ· τί θέλει τοῦτο εἶναι;
13 ¹³ ἕτεροι δὲ διαχλευάζοντεσ ἔλεγον ὅτι γλεύκουσ μεμεστωμένοι
εἰσίν.
14   Σταθεὶσ δὲ ὁ Πέτροσ σὺν τοῖσ ἕνδεκα ἐπῆρεν τὴν φωνὴν
αὐτοῦ καὶ ἀπεφθέγξατο αὐτοῖσ· ἄνδρεσ Ἰουδαῖοι καὶ οἱ κατοι-

---

23. ϛ א ματϑιαν   24. ειπον | ον εξελεξω : post ενα pon   25. τοπον :
ϛ א κληρον | αφ : εξ   26. αυτοισ : αυτων | ϛ א ματϑιαν | ϛ συγκατεψηφ.,
א * κατεψηφισθη
II, 1. συμπληρουσϑ. | παντεσ (ϛ απαντεσ) : א* om | ομου : ομοϑυμαδον   2. καϑεζομενοι   3. א* και εκαϑισαν, ϛ εκαϑισε τε   4. απαντεσ |
αυτοισ αποφϑεγγ.   5. εν ιερουσαλ. | א om ιουδαιοι   6. א ηκουσεν |
א om εισ   7. παντεσ : א* απαντ. | λεγοντεσ : add προσ αλληλουσ | ουκ
ιδου | παντεσ   9. ϛ אᶜ ελαμιται (א* om και ελαμ.)   12. διηπορουν |
τι : add αν | ϛ א ϑελοι   13. χλευαζοντεσ   14. om ο ante πετρ.

κοῦντεσ Ἱερουσαλὴμ πάντεσ, τοῦτο ὑμῖν γνωστὸν ἔστω, καὶ ἐνωτίσασθε τὰ ῥήματά μου. ¹⁵ οὐ γὰρ ὡσ ὑμεῖσ ὑπολαμβάνετε οὗτοι μεθύουσιν, ἔστιν γὰρ ὥρα τρίτη τῆσ ἡμέρασ, ¹⁶ ἀλλὰ τοῦτό ἐστιν τὸ εἰρημένον διὰ τοῦ προφήτου Ἰωήλ· ¹⁷ καὶ ἔσται ἐν ταῖσ ἐσχάταισ ἡμέραισ, λέγει ὁ θεόσ, ἐκχεῶ ἀπὸ τοῦ πνεύματόσ μου ἐπὶ πᾶσαν σάρκα, καὶ προφητεύσουσιν οἱ υἱοὶ ὑμῶν καὶ αἱ θυγατέρεσ ὑμῶν, καὶ οἱ νεανίσκοι ὑμῶν ὁράσεισ ὄψονται, καὶ οἱ πρεσβύτεροι ὑμῶν ἐνυπνίοισ ἐνυπνιασθήσονται· ¹⁸ καίγε ἐπὶ τοὺσ δούλουσ μου καὶ ἐπὶ τὰσ δούλασ μου ἐν ταῖσ ἡμέραισ ἐκείναισ ἐκχεῶ ἀπὸ τοῦ πνεύματόσ μου, καὶ προφητεύσουσιν. ¹⁹ καὶ δώσω τέρατα ἐν τῷ οὐρανῷ ἄνω καὶ σημεῖα ἐπὶ τῆσ γῆσ κάτω, αἷμα καὶ πῦρ καὶ ἀτμίδα καπνοῦ. ²⁰ ὁ ἥλιοσ μεταστραφήσεται εἰσ σκότοσ καὶ ἡ σελήνη εἰσ αἷμα, πρὶν ἐλθεῖν ἡμέραν κυρίου τὴν μεγάλην. ²¹ καὶ ἔσται πᾶσ ὃσ ἂν ἐπικαλέσηται τὸ ὄνομα κυρίου σωθήσεται. ²² Ἄνδρεσ Ἰσραηλεῖται, ἀκούσατε τοὺσ λόγουσ τούτουσ· Ἰησοῦν τὸν Ναζωραῖον, ἄνδρα ἀποδεδειγμένον ἀπὸ τοῦ θεοῦ εἰσ ὑμᾶσ δυνάμεσι καὶ τέρασι καὶ σημείοισ, οἷσ ἐποίησεν δι' αὐτοῦ ὁ θεὸσ ἐν μέσῳ ὑμῶν, καθὼσ αὐτοὶ οἴδατε, ²³ τοῦτον τῇ ὡρισμένῃ βουλῇ καὶ προγνώσει τοῦ θεοῦ ἔκδοτον διὰ χειρὸσ ἀνόμων προσπήξαντεσ ἀνείλατε, ²⁴ ὃν ὁ θεὸσ ἀνέστησεν λύσασ τὰσ ὠδῖνασ τοῦ θανάτου, καθότι οὐκ ἦν δυνατὸν κρατεῖσθαι αὐτὸν ὑπ' αὐτοῦ. ²⁵ Δαυεὶδ γὰρ λέγει εἰσ αὐτόν· προορώμην τὸν κύριόν μου ἐνώπιόν μου διαπαντόσ, ὅτι ἐκ δεξιῶν μου ἐστὶν, ἵνα μὴ σαλευθῶ. ²⁶ διὰ τοῦτο ηὐφράνθη μου ἡ καρδία καὶ ἠγαλλιάσατο ἡ γλῶσσά μου, ἔτι δὲ καὶ ἡ σάρξ μου κατασκηνώσει ἐφ' ἐλπίδι, ²⁷ ὅτι οὐκ ἐνκαταλείψεισ τὴν ψυχήν μου εἰσ ᾅδην οὐδὲ δώσεισ τὸν ὅσιόν σου ἰδεῖν διαφθοράν. ²⁸ ἐγνώρισάσ μοι ὁδοὺσ ζωῆσ, πληρώσεισ με εὐφροσύνησ μετὰ τοῦ προσώπου σου. ²⁹ Ἄνδρεσ ἀδελφοί, ἐξὸν εἰπεῖν μετὰ παρρησίασ πρὸσ ὑμᾶσ περὶ τοῦ πατριάρχου Δαυείδ, ὅτι καὶ ἐτελεύτησεν καὶ ἐτάφη, καὶ τὸ μνῆμα αὐτοῦ ἔστιν ἐν ἡμῖν ἄχρι τῆσ ἡμέρασ ταύτησ. ³⁰ προφήτησ οὖν ὑπάρχων καὶ εἰδὼσ ὅτι ὅρκῳ ὤμοσεν αὐτῷ ὁ θεὸσ ἐκ καρποῦ τῆσ ὀσφύοσ αὐτοῦ καθίσαι ἐπὶ τὸν θρόνον αὐτοῦ, ³¹ προϊδὼν ἐλάλησεν περὶ τῆσ ἀναστάσεωσ τοῦ Χριστοῦ, ὅτι οὔτε ἐνκατελείφθη εἰσ ᾅδην οὔτε ἡ σὰρξ αὐτοῦ εἶδεν διαφθοράν. ³² τοῦτον τὸν Ἰησοῦν ἀνέστησεν ὁ θεόσ, οὗ πάντεσ ἡμεῖσ ἐσμὲν μάρτυρεσ. ³³ τῇ δεξιᾷ οὖν τοῦ

---

14. απαντεσ 17. ενυπνια 18. א επι τὰσ δουλασ μου και επι τουσ δουλουσ μου 20. πριν η | την ημερ. τ. μεγαλ. και επιφανη 21. א* om versum, suppl ᵃ 22. א ισδραηλειτ., ϛ ισραηλιται | א* ναζοραιον | απο τ. θεου αποδεδειγμ. | καθωσ και 23. εκδοτον: add λαβοντεσ | δια χειρων | ανειλετε 25. δαβιδ | προωρωμην | om μου post τ. κυριον 26. ευφρανθη | η καρδι. μου | εφ ελπ. : επ ελπ. 27. ϛ א εγκαταλ. | εισ αδον 29. δαβιδ 30. καθισαι : praem το κατα σαρκα αναστησειν τον χριστον | επι του θρονου 31. ουτε pri : ου | ουτε sec : ουδε | κατελειφθη η ψυχη αυτου εισ αδου 32. εσμεν : א ante ημεισ pon

θεοῦ ὑψωθεὶσ τήν τε ἐπαγγελίαν τοῦ πνεύματοσ τοῦ ἁγίου λαβὼν παρὰ τοῦ πατρὸσ ἐξέχεεν τοῦτο ὃ ὑμεῖσ καὶ βλέπετε καὶ ἀκούετε.
34 ⁣³⁴ οὐ γὰρ Δαυεὶδ ἀνέβη εἰσ τοὺσ οὐρανούσ, λέγει δὲ αὐτόσ· εἶπεν
35 κύριοσ τῷ κυρίῳ μου· κάθου ἐκ δεξιῶν μου, ³⁵ ἕωσ ἂν θῶ τοὺσ
36 ἐχθρούσ σου ὑποπόδιον τῶν ποδῶν σου. ³⁶ ἀσφαλῶσ οὖν γινω-
σκέτω πᾶσ οἶκοσ Ἰσραὴλ ὅτι καὶ κύριον αὐτὸν καὶ Χριστὸν ἐποίησεν ὁ θεόσ, τοῦτον τὸν Ἰησοῦν ὃν ὑμεῖσ ἐσταυρώσατε.
37 Ἀκούσαντεσ δὲ κατενύγησαν τὴν καρδίαν, εἶπόν τε πρὸσ τὸν Πέτρον καὶ τοὺσ λοιποὺσ ἀποστόλουσ· τί ποιήσωμεν, ἄνδρεσ
38 ἀδελφοί; ³⁸ Πέτροσ δὲ πρὸσ αὐτούσ· μετανοήσατε, φησίν, καὶ βαπτισθήτω ἕκαστοσ ὑμῶν ἐπὶ τῷ ὀνόματι Ἰησοῦ Χριστοῦ εἰσ ἄφεσιν τῶν ἁμαρτιῶν ὑμῶν, καὶ λήμψεσθε τὴν δωρεὰν τοῦ ἁγίου
39 πνεύματοσ. ³⁹ ὑμῖν γάρ ἐστιν ἡ ἐπαγγελία καὶ τοῖσ τέκνοισ ὑμῶν καὶ πᾶσιν τοῖσ εἰσ μακράν, ὅσουσ ἂν προσκαλέσηται κύριοσ ὁ
40 θεὸσ ἡμῶν. ⁴⁰ ἑτέροισ τε λόγοισ πλείοσιν διεμαρτύρατο, καὶ παρεκάλει αὐτοὺσ λέγων· σώθητε ἀπὸ τῆσ γενεᾶσ τῆσ σκολιᾶσ
41 ταύτησ. ⁴¹ οἱ μὲν οὖν ἀποδεξάμενοι τὸν λόγον αὐτοῦ ἐβαπτίσθησαν, καὶ προσετέθησαν ἐν τῇ ἡμέρᾳ ἐκείνῃ ψυχαὶ ὡσεὶ τρισχίλιαι·
42 ⁴² ἦσαν δὲ προσκαρτεροῦντεσ τῇ διδαχῇ τῶν ἀποστόλων καὶ τῇ κοινωνίᾳ, τῇ κλάσει τοῦ ἄρτου καὶ ταῖσ προσευχαῖσ.
43 Ἐγίνετο δὲ πάσῃ ψυχῇ φόβοσ· πολλὰ δὲ τέρατα καὶ σημεῖα διὰ τῶν ἀποστόλων ἐγίνετο ἐν Ἱερουσαλήμ, φόβοσ τε ἦν μέγασ
44 ἐπὶ πάντασ. ⁴⁴ καὶ πάντεσ δὲ οἱ πιστεύσαντεσ ἦσαν ἐπὶ τὸ αὐτὸ
45 καὶ εἶχον ἅπαντα κοινά, ⁴⁵ καὶ τὰ κτήματα καὶ τὰσ ὑπάρξεισ ἐπίπρασκον καὶ διεμέριζον αὐτὰ πᾶσιν, καθότι ἄν τισ χρείαν
46 εἶχεν· ⁴⁶ καθ' ἡμέραν τε προσκαρτεροῦντεσ ὁμοθυμαδὸν ἐν τῷ ἱερῷ, κλῶντέσ τε κατ' οἶκον ἄρτον, μετελάμβανον τροφῆσ ἐν
47 ἀγαλλιάσει καὶ ἀφελότητι καρδίασ, ⁴⁷ αἰνοῦντεσ τὸν θεὸν καὶ ἔχοντεσ χάριν πρὸσ ὅλον τὸν λαόν. ὁ δὲ κύριοσ προσετίθει τοὺσ σωζομένουσ καθ' ἡμέραν ἐπὶ τὸ αὐτό.

III.

Petrus sanat mendicum claudum et cohortatur stupentem populum ad poenitentiam ac fidem.

1 Πέτροσ δὲ καὶ Ἰωάννησ ἀνέβαινον εἰσ τὸ ἱερὸν ἐπὶ τὴν
2 ὥραν τῆσ προσευχῆσ τὴν ἐνάτην. ² καί τισ ἀνὴρ χωλὸσ ἐκ κοι-

33. του αγιου πνευματοσ | ο νυν υμεισ | ϛ ℵ om και ante βλεπετε
34. δαβιδ | ειπ. ο κυριοσ   36. ϛᵉ om και ante κυριον | αυτον : post χριστ. pon | ο θεοσ εποιησεν   37. τη καρδια | ειπον τε : ℵ ειποντεσ | ποιησομεν   38. φησιν : ϛ εφη ante μετανοησ. | των αμαρτ. υμων : αμαρτιων tantum | ληψεσθε   40. διεμαρτυρετο | αυτουσ : om   41. ασμενωσ αποδεξαμενοι | εν τη : om εν | 42. και τη κλασει 43. εγενετο δε | πολλα τε τερ. | om εν ιερουσαλ. | φοβ. τε ην μεγ. επι παντασ : om 44. om και ab initio | οι πιστευοντεσ   47. επι το αυτο.   3,1 πετρ. δε : τη εκκλησια.   3,1 Επι το αυτο δε πετροσ
III, 1. vide ante | εννατην

λίασ μητρὸσ αὐτοῦ ὑπάρχων ἐβαστάζετο, ὃν ἐτίθουν καθ' ἡμέραν πρὸσ τὴν θύραν τοῦ ἱεροῦ τὴν λεγομένην ὡραίαν τοῦ αἰτεῖν ἐλεημοσύνην παρὰ τῶν εἰσπορευομένων εἰσ τὸ ἱερόν· ³ ὃσ ἰδὼν Πέτρον 3 καὶ Ἰωάννην μέλλοντασ εἰσιέναι εἰσ τὸ ἱερὸν ἠρώτα ἐλεημοσύνην λαβεῖν. ⁴ ἀτενίσασ δὲ Πέτροσ εἰσ αὐτὸν σὺν τῷ Ἰωάννῃ εἶπεν· 4 βλέψον εἰσ ἡμᾶσ. ⁵ ὁ δὲ ἐπεῖχεν αὐτοῖσ προσδοκῶν τι παρ' αὐ- 5 τῶν λαβεῖν. ⁶ εἶπεν δὲ Πέτροσ· ἀργύριον καὶ χρυσίον οὐχ ὑπάρχει 6 μοι· ὃ δὲ ἔχω, τοῦτό σοι δίδωμι· ἐν τῷ ὀνόματι Ἰησοῦ Χριστοῦ τοῦ Ναζωραίου περιπάτει. ⁷ καὶ πιάσασ αὐτὸν τῆσ δεξιᾶσ χειρὸσ 7 ἤγειρεν αὐτόν· παραχρῆμα δὲ ἐστερεώθησαν αἱ βάσεισ αὐτοῦ καὶ τὰ σφυδρά, ⁸ καὶ ἐξαλλόμενοσ ἔστη, καὶ περιεπάτει, καὶ εἰσῆλθεν 8 σὺν αὐτοῖσ εἰσ τὸ ἱερὸν περιπατῶν καὶ ἁλλόμενος καὶ αἰνῶν τὸν θεόν. ⁹ καὶ εἶδεν πᾶσ ὁ λαὸσ αὐτὸν περιπατοῦντα καὶ αἰνοῦντα 9 τὸν θεόν· ¹⁰ ἐπεγίνωσκον δὲ αὐτόν, ὅτι αὐτόσ ἦν ὁ πρὸσ τὴν 10 ἐλεημοσύνην καθήμενοσ ἐπὶ τῇ ὡραίᾳ πύλῃ τοῦ ἱεροῦ, καὶ ἐπλήσθησαν θάμβουσ καὶ ἐκστάσεωσ ἐπὶ τῷ συμβεβηκότι αὐτῷ.

Κρατοῦντοσ δὲ αὐτοῦ τὸν Πέτρον καὶ τὸν Ἰωάννην συνέδρα- 11
5, 12 μεν πᾶσ ὁ λαὸσ πρὸσ αὐτοὺσ ἐπὶ τῇ στοᾷ τῇ καλουμένῃ Σολομῶντοσ ἔκθαμβοι. ¹² ἰδὼν δὲ ὁ Πέτροσ ἀπεκρίνατο πρὸσ τὸν 12 λαόν· ἄνδρεσ Ἰσραηλεῖται, τί θαυμάζετε ἐπὶ τούτῳ, ἢ ἡμῖν τί ἀτενίζετε ὡσ ἰδίᾳ δυνάμει ἢ εὐσεβείᾳ πεποιηκόσιν τοῦ περιπατεῖν
Lc 20, 37 αὐτόν; ¹³ ὁ θεὸσ Ἀβραὰμ καὶ ὁ θεὸσ Ἰσαὰκ καὶ ὁ θεὸσ Ἰακώβ, 13
pp
Ex 3, 6 ὁ θεὸσ τῶν πατέρων ἡμῶν, ἐδόξασεν τὸν παῖδα αὐτοῦ Ἰησοῦν, ὃν ὑμεῖσ μὲν παρεδώκατε καὶ ἠρνήσασθε κατὰ πρόσωπον Πειλάτου, κρίναντοσ ἐκείνου ἀπολύειν· ¹⁴ ὑμεῖσ δὲ τὸν ἅγιον καὶ δίκαιον 14 ἠρνήσασθε, καὶ ᾐτήσασθε ἄνδρα φονέα χαρισθῆναι ὑμῖν, ¹⁵ τὸν 15
5, 31 δὲ ἀρχηγὸν τῆσ ζωῆσ ἀπεκτείνατε, ὃν ὁ θεὸσ ἤγειρεν ἐκ νεκρῶν, οὗ ἡμεῖσ μάρτυρέσ ἐσμεν. ¹⁶ καὶ ἐπὶ τῇ πίστει τοῦ ὀνόματοσ αὐ- 16 τοῦ τοῦτον, ὃν θεωρεῖτε καὶ οἴδατε, ἐστερέωσεν τὸ ὄνομα αὐτοῦ, καὶ ἡ πίστισ ἡ δι' αὐτοῦ ἔδωκεν αὐτῷ τὴν ὁλοκληρίαν ταύτην ἀπέναντι πάντων ὑμῶν. ¹⁷ καὶ νῦν, ἀδελφοί, οἶδα ὅτι κατὰ 17 ἄγνοιαν ἐπράξατε, ὥσπερ καὶ οἱ ἄρχοντεσ ὑμῶν· ¹⁸ ὁ δὲ θεὸσ ἃ 18 προκατήγγειλεν διὰ στόματοσ πάντων τῶν προφητῶν, παθεῖν τὸν Χριστὸν αὐτοῦ, ἐπλήρωσεν οὕτωσ. ¹⁹ μετανοήσατε οὖν καὶ 19 ἐπιστρέψατε πρὸσ τὸ ἐξαλειφθῆναι ὑμῶν τὰσ ἁμαρτίασ, ὅπωσ ἂν ἔλθωσιν καιροὶ ἀναψύξεωσ ἀπὸ προσώπου τοῦ κυρίου ²⁰ καὶ 20

4. εισ αυτ. : ℵ προσ αυτ. 6. ℵ οὐχ υπαρχ. | ℵ* ναζοραιου | εγειραι και περιπατει 7. om αυτον post ηγειρ. | αυτον αι βασεισ | σφυρα 9. αυτον πασ ο λαοσ 10. δε : τε | αυτον (ℵᵃ) : ℵ* om | αυτοσ : ουτοσ | ℵ* επι την ωραιαν πυλην 11. αυτου : του ιαθεντοσ χωλου | om τον ante ιωανν. | προσ αυτ. πασ ο λα. 12. om ο ante πετρ. | ℵ ισδραηλειται, ς ισραηλιται | η ημιν : ℵ ει ημ. 13. om ο θεοσ sec et tert | παιδα : ℵ* miro errore πατερα | om μεν | ηρνησασθ. αυτον | ς ℵ πιλατου 16. επι : ℵ* om 18. αυτου : post προφητων pon 19. προσ : εισ

21 ἀποστείλῃ τὸν προκεχειρισμένον ὑμῖν Χριστὸν Ἰησοῦν, 21 ὃν δεῖ οὐρανὸν μὲν δέξασθαι ἄχρι χρόνων ἀποκαταστάσεως πάντων ὧν ἐλάλησεν ὁ θεὸσ διὰ στόματοσ τῶν ἁγίων ἀπ᾽ αἰῶνοσ αὐτοῦ 22 προφητῶν. 22 Μωϋσῆσ μὲν εἶπεν ὅτι προφήτην ὑμῖν ἀναστήσει Lc 1, 70 Dt 18, 15 κύριοσ ὁ θεὸσ ἡμῶν ἐκ τῶν ἀδελφῶν ὑμῶν ὡσ ἐμέ· αὐτοῦ ἀκού- 19 23 σεσθε κατὰ πάντα ὅσα ἂν λαλήσῃ πρὸσ ὑμᾶσ. 23 ἔσται δὲ πᾶσα ψυχὴ ἥτισ ἐὰν μὴ ἀκούσῃ τοῦ προφήτου ἐκείνου ἐξολεθρευθήσεται Gen 17, 14 24 ἐκ τοῦ λαοῦ. 24 καὶ πάντεσ δὲ οἱ προφῆται ἀπὸ Σαμουὴλ καὶ τῶν καθεξῆσ ὅσοι ἐλάλησαν, καὶ κατήγγειλαν τὰσ ἡμέρασ ταύ- 25 τασ. 25 ὑμεῖσ ἐστὲ οἱ υἱοὶ τῶν προφητῶν καὶ τῆσ διαθήκησ ἧσ διέθετο ὁ θεὸσ πρὸσ τοὺσ πατέρασ ἡμῶν, λέγων πρὸσ Ἀβραάμ· Gn 12, 3 22, 18 καὶ ἐν τῷ σπέρματί σου ἐνευλογηθήσονται πᾶσαι αἱ πατριαὶ τῆσ Gal 3, 8 26 γῆσ. 26 ὑμῖν πρῶτον ἀναστήσασ ὁ θεὸσ τὸν παῖδα αὐτοῦ ἀπέστειλεν αὐτὸν εὐλογοῦντα ὑμᾶσ ἐν τῷ ἀποστρέφειν ἕκαστον ἀπὸ τῶν πονηριῶν ὑμῶν.

IV.

Petrus et Iohannes capti coram synedrio. Dimittuntur cum interdicto. Supplicatio apostolorum. Communio bonorum; Barnabae liberalitas.

1 Λαλούντων δὲ αὐτῶν πρὸσ τὸν λαόν, ἐπέστησαν αὐτοῖσ οἱ 2 ἱερεῖσ καὶ ὁ στρατηγὸσ τοῦ ἱεροῦ καὶ οἱ Σαδδουκαῖοι, 2 διαπονούμενοι διὰ τὸ διδάσκειν αὐτοὺσ τὸν λαὸν καὶ καταγγέλλειν ἐν 3 τῷ Ἰησοῦ τὴν ἀνάστασιν τὴν ἐκ νεκρῶν, 3 καὶ ἐπέβαλον αὐτοῖσ 5, 18 τὰσ χεῖρασ καὶ ἔθεντο εἰσ τήρησιν εἰσ τὴν αὔριον· ἦν γὰρ ἑσπέρα 4 ἤδη. 4 πολλοὶ δὲ τῶν ἀκουσάντων τὸν λόγον ἐπίστευσαν, καὶ ἐγενήθη ἀριθμὸσ τῶν ἀνδρῶν χιλιάδεσ πέντε.
5 Ἐγένετο δὲ ἐπὶ τὴν αὔριον συναχθῆναι αὐτῶν τοὺσ ἄρχοντασ καὶ τοὺσ πρεσβυτέρουσ καὶ τοὺσ γραμματεῖσ εἰσ Ἱερουσαλήμ, 6 6 καὶ Ἄννασ ὁ ἀρχιερεὺσ καὶ Καϊάφασ καὶ Ἰωάννησ καὶ Ἀλέ- 7 ξανδροσ καὶ ὅσοι ἦσαν ἐκ γένουσ ἀρχιερατικοῦ, 7 καὶ στήσαντεσ αὐτοὺσ ἐν τῷ μέσῳ ἐπυνθάνοντο· ἐν ποίᾳ δυνάμει ἢ ἐν ποίῳ 8 ὀνόματι τοῦτο ἐποιήσατε ὑμεῖσ; 8 τότε Πέτροσ πλησθεὶσ πνεύματοσ ἁγίου εἶπεν πρὸσ αὐτούσ· ἄρχοντεσ τοῦ λαοῦ καὶ πρεσβύ- 9 τεροι, 9 εἰ ἡμεῖσ σήμερον ἀνακρινόμεθα ἐπὶ εὐεργεσίᾳ ἀνθρώπου 10 ἀσθενοῦσ, ἐν τίνι οὗτοσ σέσωται, 10 γνωστὸν ἔστω πᾶσιν ὑμῖν καὶ 3, 6. 15 παντὶ τῷ λαῷ Ἰσραήλ, ὅτι ἐν τῷ ὀνόματι Ἰησοῦ Χριστοῦ τοῦ Ναζωραίου, ὃν ὑμεῖσ ἐσταυρώσατε, ὃν ὁ θεὸσ ἤγειρεν ἐκ νεκρῶν,

---

20. προκεκηρυγμενον | ιησουν χριστον 21. δια στοματος παντων αγι. αυτου προφητ. απ αιωνος 22. ϛ ℵ μωσης | μεν : add γαρ | ειπεν : praem προσ τουσ πατερασ | ο θεοσ υμων 23. ητιο αν | εξολοθρευθ. 24. οσοι : ℵ οι | προκατηγγειλαν 25. εστε νιοι | εν τω : om εν 26. ο θε. αναστ. | τον παιδ. αυτ. ιησουν
IV, 4. ο αριθμ. | ωσει χιλιαδ. 5. om τουσ sec et tert 6. και ανναν τον αρχιερεα κ. καϊαφαν κ. ιωαννην κ. αλεξανδρον 7. εποιησατε ipse ℵ* ex ποιειτε corr | εποιησ. τουτ. υμεισ 8. πρεσβν. του ισραηλ 9. σεσωσται 10. ℵ* ναζοραιον

ἐν τούτῳ οὗτοσ παρέστηκεν ἐνώπιον ὑμῶν ὑγιήσ. ¹¹ οὗτόσ ἐστιν ὁ λίθοσ ὁ ἐξουθενηθεὶσ ὑφ᾽ ὑμῶν τῶν οἰκοδόμων, ὁ γενόμενοσ εἰσ κεφαλὴν γωνίασ. ¹² καὶ οὐκ ἔστιν ἐν ἄλλῳ οὐδενὶ ἡ σωτηρία· οὐδὲ γὰρ ὄνομά ἐστιν ἕτερον ὑπὸ τὸν οὐρανὸν τὸ δεδομένον ἐν ἀνθρώποισ ἐν ᾧ δεῖ σωθῆναι ἡμᾶσ. ¹³ Θεωροῦντεσ δὲ τὴν τοῦ Πέτρου παρρησίαν καὶ Ἰωάννου, καὶ καταλαβόμενοι ὅτι ἄνθρωποι ἀγράμματοί εἰσιν καὶ ἰδιῶται, ἐθαύμαζον, ἐπεγίνωσκόν τε αὐτοὺσ ὅτι σὺν τῷ Ἰησοῦ ἦσαν, ¹⁴ τόν τε ἄνθρωπον βλέποντεσ σὺν αὐτοῖσ ἑστῶτα τὸν τεθεραπευμένον, οὐδὲν εἶχον ἀντειπεῖν. ¹⁵ κελεύσαντεσ δὲ αὐτοὺσ ἔξω τοῦ συνεδρίου ἀπελθεῖν, συνέβαλλον πρὸσ ἀλλήλουσ ¹⁶ λέγοντεσ· τί ποιήσωμεν τοῖσ ἀνθρώποισ τούτοισ; ὅτι μὲν γὰρ γνωστὸν σημεῖον γέγονεν δι᾽ αὐτῶν, πᾶσιν τοῖσ κατοικοῦσιν Ἱερουσαλὴμ φανερόν, καὶ οὐ δυνάμεθα ἀρνεῖσθαι· ¹⁷ ἀλλ᾽ ἵνα μὴ ἐπὶ πλεῖον διανεμηθῇ εἰσ τὸν λαόν, ἀπειλησώμεθα αὐτοῖσ μηκέτι λαλεῖν ἐπὶ τῷ ὀνόματι τούτῳ μηδενὶ ἀνθρώπων. ¹⁸ καὶ καλέσαντεσ αὐτοὺσ παρήγγειλαν καθόλου μὴ φθέγγεσθαι μηδὲ διδάσκειν ἐπὶ τῷ ὀνόματι τοῦ Ἰησοῦ. ¹⁹ ὁ δὲ Πέτροσ καὶ Ἰωάννησ ἀποκριθέντεσ εἶπον πρὸσ αὐτούσ· εἰ δίκαιόν ἐστιν ἐνώπιον τοῦ θεοῦ, ὑμῶν ἀκούειν μᾶλλον ἢ τοῦ θεοῦ, κρίνατε· ²⁰ οὐ δυνάμεθα γὰρ ἡμεῖσ ἃ εἴδαμεν καὶ ἠκούσαμεν μὴ λαλεῖν. ²¹ οἱ δὲ προσαπειλησάμενοι ἀπέλυσαν αὐτούσ, μηδὲν εὑρίσκοντεσ τὸ πῶσ κολάσωνται αὐτούσ, διὰ τὸν λαόν, ὅτι πάντεσ ἐδόξαζον τὸν θεὸν ἐπὶ τῷ γεγονότι· ²² ἐτῶν γὰρ ἦν πλειόνων τεσσεράκοντα ὁ ἄνθρωποσ ἐφ᾽ ὃν γεγόνει τὸ σημεῖον τοῦτο τῆσ ἰάσεωσ.

Ἀπολυθέντεσ δὲ ἦλθον πρὸς τοὺς ἰδίους καὶ ἀπήγγειλαν ὅσα πρὸς αὐτοὺς οἱ ἀρχιερεῖσ καὶ οἱ πρεσβύτεροι εἶπαν. ²⁴ οἱ δὲ ἀκούσαντες ὁμοθυμαδὸν ἦραν φωνὴν πρὸς τὸν θεὸν καὶ εἶπαν· δέσποτα, σὺ ὁ ποιήσας τὸν οὐρανὸν καὶ τὴν γῆν καὶ τὴν θάλασσαν καὶ πάντα τὰ ἐν αὐτοῖς, ²⁵ ὁ τοῦ πατρὸσ ἡμῶν διὰ πνεύματοσ ἁγίου στόματοσ Δαυεὶδ παιδόσ σου εἰπών· ἱνατί ἐφρύαξαν ἔθνη καὶ λαοὶ ἐμελέτησαν κενά; ²⁶ παρέστησαν οἱ βασιλεῖσ τῆσ γῆσ· καὶ οἱ ἄρχοντεσ συνήχθησαν ἐπὶ τὸ αὐτὸ κατὰ τοῦ κυρίου καὶ κατὰ τοῦ Χριστοῦ αὐτοῦ. ²⁷ συνήχθησαν γὰρ ἐπ᾽ ἀληθείασ ἐν τῇ πόλει ταύτῃ ἐπὶ τὸν ἅγιον παῖδά σου Ἰησοῦν, ὃν ἔχρισασ, Ἡρώδησ τε καὶ Πόντιοσ Πειλᾶτοσ σὺν ἔθνεσιν καὶ λαοῖσ Ἰσραήλ, ²⁸ ποιῆσαι ὅσα ἡ χείρ σου καὶ ἡ βουλή σου προώρισεν γενέσθαι. ²⁹ καὶ τὰ νῦν, κύριε, ἔπιδε ἐπὶ τὰσ ἀπειλὰσ αὐτῶν, καὶ δὸσ τοῖσ δούλοισ σου μετὰ παρρησίασ πάσησ λαλεῖν τὸν λόγον σου ³⁰ ἐν

---

11. οικοδομουντων 12. ουτε γαρ | א ετερ. ονομ. εστ. 14. τον δε ανθρ..
15. συνεβαλον 16. ποιησομεν | αρνησασθαι 17. απειλη απειλησωμ.
18. παρηγγειλαν: add αυτοισ | το καθολου 19. πρ. αυτ. ειπ. 20. ειδομεν 22. τεσσαρακ. | ς א εγεγονει 23. א ανηγγειλαν | ειπον 24. ειπον | συ : add ο θεοσ 25. ο δια στοματοσ δαβιδ του παιδοσ σου ειπων 27. om εν τη πολει ταυτ. | ς א πιλατοσ

Nov. Test. ed. Tf. 14

τῷ τὴν χεῖρά σου ἐκτείνειν σε εἰσ ἴασιν καὶ σημεῖα καὶ τέρατα
31 γίνεσθαι διὰ τοῦ ὀνόματος τοῦ ἁγίου παιδόσ σου Ἰησοῦ. ³¹ καὶ
δεηθέντων αὐτῶν ἐσαλεύθη ὁ τόποσ ἐν ᾧ ἦσαν συνηγμένοι, καὶ
ἐπλήσθησαν ἅπαντεσ τοῦ ἁγίου πνεύματοσ, καὶ ἐλάλουν τὸν
λόγον τοῦ θεοῦ μετὰ παρρησίασ.
32   Τοῦ δὲ πλήθουσ τῶν πιστευσάντων ἦν καρδία καὶ ψυχὴ
μία, καὶ οὐδὲ εἷσ τι τῶν ὑπαρχόντων αὐτῷ ἔλεγεν ἴδιον εἶναι, 2, 44
33 ἀλλ' ἦν αὐτοῖσ ἅπαντα κοινά. ³³ καὶ δυνάμει μεγάλῃ ἀπεδίδουν
τὸ μαρτύριον οἱ ἀπόστολοι τῆσ ἀναστάσεωσ Ἰησοῦ Χριστοῦ τοῦ
34 κυρίου, χάρισ τε μεγάλη ἦν ἐπὶ πάντασ αὐτούσ. ³⁴ οὐδὲ γὰρ
ἐνδεήσ τισ ἦν ἐν αὐτοῖσ· ὅσοι γὰρ κτήτορεσ χωρίων ἢ οἰκιῶν
35 ὑπῆρχον, πωλοῦντεσ ἔφερον τὰσ τιμὰσ τῶν πιπρασκομένων ³⁵ καὶ 2, 45
ἐτίθουν παρὰ τοὺσ πόδασ τῶν ἀποστόλων· διεδίδετο δὲ ἑκάστῳ
36 καθότι ἄν τισ χρείαν εἶχεν. ³⁶ Ἰωσὴφ δὲ ὁ ἐπικληθεὶσ Βαρνάβασ
ἀπὸ τῶν ἀποστόλων, ὅ ἐστιν μεθερμηνευόμενον υἱὸσ παρακλή-
37 σεωσ, Λευείτησ, Κύπριοσ τῷ γένει, ³⁷ ὑπάρχοντοσ αὐτῷ ἀγροῦ,
πωλήσασ ἤνεγκεν τὸ χρῆμα καὶ ἔθηκεν πρὸσ τοὺσ πόδασ τῶν
ἀποστόλων.

V.

Ananias et Sapphira. Apostolorum miracula. Capti ab angelo liberantur;
iterum in iudicium vocati Gamalielis consilio dimittuntur.

1   Ἀνὴρ δέ τισ Ἀνανίασ ὀνόματι σὺν Σαπφείρῃ τῇ γυναικὶ
2 αὐτοῦ ἐπώλησεν κτῆμα, ² καὶ ἐνοσφίσατο ἀπὸ τῆσ τιμῆσ, συν-
ειδυίησ καὶ τῆσ γυναικόσ, καὶ ἐνέγκας μέροσ τι παρὰ τοὺσ πόδασ
3 τῶν ἀποστόλων ἔθηκεν. ³ εἶπεν δὲ ὁ Πέτροσ· Ἀνανία, διατί
ἐπλήρωσεν ὁ σατανᾶσ τὴν καρδίαν σου, ψεύσασθαί σε τὸ πνεῦμα
4 τὸ ἅγιον καὶ νοσφίσασθαι ἀπὸ τῆσ τιμῆσ τοῦ χωρίου; ⁴ οὐχὶ
μένον σοὶ ἔμενεν καὶ πραθὲν ἐν τῇ σῇ ἐξουσίᾳ ὑπῆρχεν; τί ὅτι
ἔθου ἐν τῇ καρδίᾳ σου τὸ πρᾶγμα τοῦτο; οὐκ ἐψεύσω ἀνθρώποισ
5 ἀλλὰ τῷ θεῷ. ⁵ ἀκούων δὲ ὁ Ἀνανίασ τοὺσ λόγουσ τούτουσ,
πεσὼν ἐξέψυξεν. καὶ ἐγένετο φόβοσ μέγασ ἐπὶ πάντασ τοὺσ
6 ἀκούοντασ· ⁶ ἀναστάντεσ δὲ οἱ νεώτεροι συνέστειλαν αὐτὸν καὶ
7 ἐξενέγκαντεσ ἔθαψαν. ⁷ Ἐγένετο δὲ ὡσ ὡρῶν τριῶν διάστημα
8 καὶ ἡ γυνὴ αὐτοῦ μὴ εἰδυῖα τὸ γεγονὸσ εἰσῆλθεν. ⁸ ἀπεκρίθη δὲ
πρὸσ αὐτὴν Πέτροσ· εἰπέ μοι, εἰ τοσούτου τὸ χωρίον ἀπέδοσθε;
9 ἡ δὲ εἶπεν· ναί, τοσούτου. ⁹ ὁ δὲ Πέτροσ πρὸσ αὐτήν· τί ὅτι
συνεφωνήθη ὑμῖν πειράσαι τὸ πνεῦμα κυρίου; ἰδοὺ οἱ πόδεσ τῶν

30. אᶜ om σε 31. א* παντεσ | απαντ. πνευματ. αγιου 32. η καρδια
et η ψυχη 33. μεγαλη δυναμει 34. τισ ην : τισ υπηρχεν | א* om υπηρ-
χον 35. διεδιδοτο 36. ιωσησ δε | απο : υπο |·ϛ א λευἴτησ 37. παρα
τουσ
V, 1. אᶜ σαμφιρη (א* παμφιρ.) 2. συνειδυιασ | γυναικοσ : add
αυτου 3. om ο ante πετρ. | א* επηρωσεν 5. om ο ante ανανιασ | τ.
ακουοντασ : add ταυτα 7. ωσ : א* εωσ 8. πρ. αυτην : αυτη | ο πετρ.
9. ο δε πετρ. ειπε | א* τι ουν

θαψάντων τὸν ἄνδρα σου ἐπὶ τῇ θύρᾳ, καὶ ἐξοίσουσίν σε. ¹⁰ ἔπεσεν
δὲ παραχρῆμα πρὸσ τοὺσ πόδασ αὐτοῦ καὶ ἐξέψυξεν· εἰσελθόντεσ
δὲ οἱ νεανίσκοι εὗρον αὐτὴν νεκράν, καὶ ἐξενέγκαντεσ ἔθαψαν
πρὸσ τὸν ἄνδρα αὐτῆσ. ¹¹ καὶ ἐγένετο φόβοσ μέγασ ἐφ᾽ ὅλην
τὴν ἐκκλησίαν καὶ ἐπὶ πάντασ τοὺσ ἀκούοντασ ταῦτα.

Διὰ δὲ τῶν χειρῶν τῶν ἀποστόλων ἐγίνετο σημεῖα καὶ τέ-
ρατα πολλὰ ἐν τῷ λαῷ· καὶ ἦσαν ὁμοθυμαδὸν ἅπαντεσ ἐν τῇ
στοᾷ Σολομῶντοσ· ¹³ τῶν δὲ λοιπῶν οὐδεὶσ ἐτόλμα κολλᾶσθαι
αὐτοῖσ, ἀλλ᾽ ἐμεγάλυνεν αὐτοὺσ ὁ λαόσ· ¹⁴ μᾶλλον δὲ προσετί-
θεντο πιστεύοντεσ τῷ κυρίῳ, πλήθη ἀνδρῶν τε καὶ γυναικῶν,
¹⁵ ὥστε καὶ εἰσ τὰσ πλατείασ ἐκφέρειν τοὺσ ἀσθενεῖσ καὶ τιθέναι
ἐπὶ κλιναρίων καὶ κραβάττων, ἵνα ἐρχομένου Πέτρου κἂν ἡ σκιὰ
ἐπισκιάσῃ τινὶ αὐτῶν. ¹⁶ συνήρχετο δὲ καὶ τὸ πλῆθοσ τῶν πέριξ
πόλεων Ἰερουσαλήμ, φέροντεσ ἀσθενεῖσ καὶ ὀχλουμένουσ ὑπὸ
πνευμάτων ἀκαθάρτων, οἵτινεσ ἐθεραπεύοντο ἅπαντεσ.

Ἀναστὰσ δὲ ὁ ἀρχιερεὺσ καὶ πάντεσ οἱ σὺν αὐτῷ, ἡ οὖσα
αἵρεσισ τῶν Σαδδουκαίων, ἐπλήσθησαν ζήλου ¹⁸ καὶ ἐπέβαλον
τὰσ χεῖρασ ἐπὶ τοὺσ ἀποστόλουσ καὶ ἔθεντο αὐτοὺσ ἐν τηρήσει
δημοσίᾳ. ¹⁹ ἄγγελοσ δὲ κυρίου διὰ νυκτὸσ ἀνοίξασ τὰσ θύρασ
τῆσ φυλακῆσ ἐξαγαγών τε αὐτοὺσ εἶπεν· ²⁰ πορεύεσθε καὶ στα-
θέντεσ λαλεῖτε ἐν τῷ ἱερῷ τῷ λαῷ πάντα τὰ ῥήματα τῆσ ζωῆσ
ταύτησ. ²¹ ἀκούσαντεσ δὲ εἰσῆλθον ὑπὸ τὸν ὄρθρον εἰσ τὸ ἱερὸν
καὶ ἐδίδασκον. παραγενόμενοσ δὲ ὁ ἀρχιερεὺσ καὶ οἱ σὺν αὐτῷ
συνεκάλεσαν τὸ συνέδριον καὶ πᾶσαν τὴν γερουσίαν τῶν υἱῶν
Ἰσραήλ, καὶ ἀπέστειλαν εἰσ τὸ δεσμωτήριον ἀχθῆναι αὐτούσ.
²² οἱ δὲ παραγενόμενοι ὑπηρέται οὐχ εὗρον αὐτοὺσ ἐν τῇ φυλακῇ·
ἀναστρέψαντεσ δὲ ἀπήγγειλαν ²³ λέγοντεσ ὅτι τὸ δεσμωτήριον
εὕρομεν κεκλεισμένον ἐν πάσῃ ἀσφαλείᾳ καὶ τοὺσ φύλακασ ἑστῶ-
τασ ἐπὶ τῶν θυρῶν, ἀνοίξαντεσ δὲ ἔσω οὐδένα εὕρομεν. ²⁴ ὡσ
δὲ ἤκουσαν τοὺσ λόγουσ τούτουσ ὅ τε στρατηγὸσ τοῦ ἱεροῦ καὶ
οἱ ἀρχιερεῖσ, διηπόρουν περὶ αὐτῶν, τί ἂν γένοιτο τοῦτο. ²⁵ παρα-
γενόμενοσ δέ τισ ἀπήγγειλεν αὐτοῖσ ὅτι ἰδοὺ οἱ ἄνδρεσ οὓσ ἔθεσθε
ἐν τῇ φυλακῇ εἰσὶν ἐν τῷ ἱερῷ ἑστῶτεσ καὶ διδάσκοντεσ τὸν λαόν.
²⁶ Τότε ἀπελθὼν ὁ στρατηγὸσ σὺν τοῖσ ὑπηρέταισ ἦγεν αὐτούσ,
οὐ μετὰ βίασ, ἐφοβοῦντο γὰρ τὸν λαόν, μὴ λιθασθῶσιν· ²⁷ ἀγα-
γόντεσ δὲ αὐτοὺσ ἔστησαν ἐν τῷ συνεδρίῳ. καὶ ἐπηρώτησεν αὐ-
τοὺσ ὁ ἀρχιερεὺσ ²⁸ λέγων· παραγγελίᾳ παρηγγείλαμεν ὑμῖν μὴ

10. προσ pr: παρα 12. ς (non ςe) εγενετο | εν τ. λαω πολλα | א σαλομων-
τοσ 15. και εισ τασ : κατα τασ | κλινων | κραββατων 16. εισ ιερου-
σαλημ 18. τ. χειρασ : add αυτων 19. δια τησ νυκτ. | ηνοιξε 22. οι δε
υπηρ. παραγ. 23. οτι το μεν | εξω εστωτασ | επι : προ 24. ο τε ιερευσ
και ο στρατηγ. τ. ιερ. και οι αρχιερ. | א* το τι αν 25. απηγγ. αυτ.
λεγων | א* om οι | א* om εστωτ. και 26. ηγαγεν | ινα μη λιθ. 28. ου
παραγγελια

14*

διδάσκειν επι τω ονόματι τούτω, και ιδού πεπληρώκατε την
Ιερουσαλήμ τήσ διδαχήσ υμών, και βούλεσθε επαγαγείν εφ' ημάσ
29 το αίμα του ανθρώπου τούτου. ²⁹ αποκριθείσ δε Πέτροσ και οι
30 απόστολοι είπαν· πειθαρχείν δεί θεώ μάλλον ή ανθρώποισ. ³⁰ ο
θεόσ των πατέρων ημών ήγειρεν Ιησούν, ον υμείσ διεχειρίσασθε
31 κρεμάσαντεσ επί ξύλου· ³¹ τούτον ο θεόσ αρχηγόν και σωτήρα
ύψωσεν τη δεξιά αυτού του δούναι μετάνοιαν τω Ισραήλ και
32 άφεσιν αμαρτιών. ³² και ημείσ εσμεν μάρτυρεσ των ρημάτων
τούτων, και το πνεύμα το άγιον ο έδωκεν ο θεόσ τοίσ πειθαρ-
33 χούσιν αυτώ. ³³ οι δε ακούσαντεσ διεπρίοντο και εβουλεύοντο
34 ανελείν αυτούσ. ³⁴ Αναστάσ δέ τισ εν τω συνεδρίω Φαρισαίοσ
ονόματι Γαμαλιήλ, νομοδιδάσκαλοσ τίμιοσ παντι τω λαώ, εκέλευ-
35 σεν έξω βραχύ τούσ ανθρώπουσ ποιήσαι, ³⁵ είπέν τε προσ αυτούσ·
άνδρεσ Ισραηλείται, προσέχετε εαυτοίσ επι τοίσ ανθρώποισ τού-
36 τοισ, τί μέλλετε πράσσειν. ³⁶ προ γαρ τούτων των ημερών ανέστη
Θευδάσ, λέγων είναί τινα εαυτόν, ω προσεκλίθη ανδρών αριθμόσ
ωσ τετρακοσίων, οσ ανηρέθη, και πάντεσ όσοι επείθοντο αυτώ
37 διελύθησαν και εγένοντο εισ ουδέν. ³⁷ μετά τούτον ανέστη Ιού-
δασ ο Γαλιλαίοσ εν ταίσ ημέραισ τησ απογραφησ και απέστησεν
λαον οπίσω αυτού· κακείνοσ απώλετο, και πάντεσ όσοι επείθοντο
38 αυτώ διεσκορπίσθησαν. ³⁸ και τα νυν λέγω υμίν, απόστητε από
των ανθρώπων τούτων και άφετε αυτούσ· ότι εάν η εξ ανθρώπων
39 η βουλή αύτη η το έργον τούτο, καταλυθήσεται· ³⁹ ει δε εκ θεού
εστίν, ου δυνήσεσθε καταλύσαι αυτούσ, μήποτε και θεομάχοι
40 ευρεθήτε. ⁴⁰ επείσθησαν δε αυτώ, και προσκαλεσάμενοι τουσ
αποστόλουσ δείραντεσ παρήγγειλαν μη λαλείν επί τω ονόματι
41 του Ιησού, και απέλυσαν. ⁴¹ Οι μεν ουν επορεύοντο χαίροντεσ
από προσώπου του συνεδρίου, ότι κατηξιώθησαν υπερ του ονό-
42 ματοσ ατιμασθήναι· ⁴² πάσάν τε ημέραν εν τω ιερώ και κατ'
οίκον ουκ επαύοντο διδάσκοντεσ και ευαγγελιζόμενοι τον Χριστόν
Ιησούν.

VI.

Septem diaconi pauperum curam habentes. Stephanus impietatis accusatus.

1 Εν δε ταίσ ημέραισ ταύταισ πληθυνόντων των μαθητών
εγένετο γογγυσμόσ των Ελληνιστών προσ τουσ Εβραίουσ, ότι
παρεθεωρούντο. εν τη διακονία τη καθημερινή αι χήραι αυτών.
2 ² προσκαλεσάμενοι δε οι δώδεκα το πλήθοσ των μαθητών είπαν·

---

28. א επληρωσατε   29. ο πετροσ | ειπον   30. א ο δε θεοσ   31. om
τον   32. αυτου μαρτυρ. | και το πν. δε   34. βραχυ τι | ανθρωπουσ:
αποστολουσ   35. ιοδραηλειται, ισραηλιται | κ πραττειν   36. ω προσ-
εκολληθη | αριθμ. ανδρων | ωσ : ϛ א* ωσει | א* τετρακοσιοι   37. λαον:
add ικανον   38. א* om υμιν | αφετε : εασατε   39. δυνασθε | αυτουσ :
αυτο   40. απελυσαν αυτουσ   41. οτι υπ. τ. ονομ. αυτου κατηξιω. ατιμ.
42: ευαγγ. ιησουν τον χριστον
VI, 2. ϛ א ειπον

οὐκ ἀρεστόν ἐστιν ἡμᾶσ καταλείψαντασ τὸν λόγον τοῦ θεοῦ διακονεῖν τραπέζαισ. ³ ἐπισκέψασθε δέ, ἀδελφοί, ἄνδρασ ἐξ ὑμῶν μαρτυρουμένουσ ἑπτὰ πλήρεισ πνεύματοσ καὶ σοφίασ, οὖσ καταστήσομεν ἐπὶ τῆσ χρείασ ταύτησ· ⁴ ἡμεῖσ δὲ τῇ προσευχῇ καὶ τῇ διακονίᾳ τοῦ λόγου προσκαρτερήσομεν. ⁵ καὶ ἤρεσεν ὁ λόγοσ ἐνώπιον παντὸσ τοῦ πλήθουσ, καὶ ἐξελέξαντο Στέφανον, ἄνδρα πλήρη πίστεωσ καὶ πνεύματοσ ἁγίου, καὶ Φίλιππον καὶ Πρόχορον καὶ Νικάνορα καὶ Τίμωνα καὶ Παρμενᾶν καὶ Νικόλαον προσήλυτον Ἀντιοχέα, ⁶ οὓσ ἔστησαν ἐνώπιον τῶν ἀποστόλων, καὶ προσευξάμενοι ἐπέθηκαν αὐτοῖσ τὰσ χεῖρασ.

Καὶ ὁ λόγοσ τοῦ θεοῦ ηὔξανεν, καὶ ἐπληθύνετο ὁ ἀριθμὸσ τῶν μαθητῶν ἐν Ἱερουσαλὴμ σφόδρα, πολύσ τε ὄχλοσ τῶν ἱερέων ὑπήκουον τῇ πίστει.

Στέφανοσ δὲ πλήρησ χάριτοσ καὶ δυνάμεωσ ἐποίει τέρατα καὶ σημεῖα μεγάλα ἐν τῷ λαῷ. ⁹ ἀνέστησαν δέ τινεσ τῶν ἐκ τῆσ συναγωγῆσ τῶν λεγομένων Λιβερτίνων καὶ Κυρηναίων καὶ Ἀλεξανδρέων καὶ τῶν ἀπὸ Κιλικίασ καὶ Ἀσίασ συνζητοῦντεσ τῷ Στεφάνῳ, ¹⁰ καὶ οὐκ ἴσχυον ἀντιστῆναι τῇ σοφίᾳ καὶ τῷ πνεύματι ᾧ ἐλάλει. ¹¹ τότε ὑπέβαλον ἄνδρασ λέγοντασ ὅτι ἀκηκόαμεν αὐτοῦ λαλοῦντοσ ῥήματα βλάσφημα εἰσ Μωϋσῆν καὶ τὸν θεόν· ¹² συνεκίνησάν τε τὸν λαὸν καὶ τοὺσ πρεσβυτέρουσ καὶ τοὺσ γραμματεῖσ, καὶ ἐπιστάντεσ συνήρπασαν αὐτὸν καὶ ἤγαγον εἰσ τὸ συνέδριον, ¹³ ἔστησάν τε μάρτυρασ ψευδεῖσ λέγοντασ· ὁ ἄνθρωποσ οὗτοσ οὐ παύεται λαλῶν ῥήματα κατὰ τοῦ τόπου τοῦ ἁγίου καὶ τοῦ νόμου· ¹⁴ ἀκηκόαμεν γὰρ αὐτοῦ λέγοντοσ ὅτι Ἰησοῦσ ὁ Ναζωραῖοσ οὗτοσ καταλύσει τὸν τόπον τοῦτον καὶ ἀλλάξει τὰ ἔθη ἃ παρέδωκεν ἡμῖν Μωϋσῆσ. ¹⁵ καὶ ἀτενίσαντεσ εἰσ αὐτὸν πάντεσ οἱ καθεζόμενοι ἐν τῷ συνεδρίῳ εἶδον τὸ πρόσωπον αὐτοῦ ὡσεὶ πρόσωπον ἀγγέλου.

VII.

Stephani oratio de varia continuaque dei gratia in populum contumacem et perfidum. Interpellatus lapidatur.

Εἶπεν δὲ ὁ ἀρχιερεύσ· εἰ ταῦτα οὕτωσ ἔχει; ² ὁ δὲ ἔφη· ἄνδρεσ ἀδελφοὶ καὶ πατέρεσ, ἀκούσατε. ὁ θεὸσ τῆσ δόξησ ὤφθη τῷ πατρὶ ἡμῶν Ἀβραὰμ ὄντι ἐν τῇ Μεσοποταμίᾳ πρὶν ἢ κατοικῆσαι αὐτὸν ἐν Χαρράν, ³ καὶ εἶπεν πρὸσ αὐτόν· ἔξελθε ἐκ τῆσ γῆσ σου καὶ ἐκ τῆσ συγγενείασ σου, καὶ δεῦρο εἰσ τὴν γῆν ἣν ἄν

---

3. δε : ουν | πνευματοσ : add αγιον | א* om και ante σοφιασ | ϛᵉ καταστησωμεν 5. πληρη : א πληρησ 7. ιερεων : א* ιουδαιων 8. χαριτοσ : πιστεωσ 9. א om των ante εκ τησ | τησ λεγομενησ | συζητουντ. 11. א λεγοντεσ | א* βλασφημιασ (sed ipse * substituit –μα) | μωσην 12. א* om επιστantεσ 13. א λεγοντεσ | λαλων : ante κατα του | ρηματα : add βλασφημα | του αγιου : add τουτον 15. απαντεσ

VII, 1. ει : add αρα 3. om την | א* ην εαν

4 σοι δείξω. ⁴ τότε ἐξελθὼν ἐκ γῆς Χαλδαίων κατῴκησεν ἐν Χαρ-
ράν. κἀκεῖθεν μετὰ τὸ ἀποθανεῖν τὸν πατέρα αὐτοῦ μετῴκισεν
5 αὐτὸν εἰς τὴν γῆν ταύτην εἰς ἣν ὑμεῖς νῦν κατοικεῖτε, ⁵ καὶ οὐκ
ἔδωκεν αὐτῷ κληρονομίαν ἐν αὐτῇ οὐδὲ βῆμα ποδός, καὶ ἐπηγ-
γείλατο δοῦναι αὐτῷ εἰς κατάσχεσιν αὐτὴν καὶ τῷ σπέρματι αὐ-
6 τοῦ μετ' αὐτόν, οὐκ ὄντος αὐτῷ τέκνου. ⁶ ἐλάλησεν δὲ οὕτως ὁ
θεός, ὅτι ἔσται τὸ σπέρμα αὐτοῦ πάροικον ἐν γῇ ἀλλοτρίᾳ, καὶ
7 δουλώσουσιν αὐτὸ καὶ κακώσουσιν ἔτη τετρακόσια· ⁷ καὶ τὸ ἔθνος
ᾧ ἐὰν δουλεύσουσιν κρινῶ ἐγώ, ὁ θεὸς εἶπεν, καὶ μετὰ ταῦτα
8 ἐξελεύσονται καὶ λατρεύσουσίν μοι ἐν τῷ τόπῳ τούτῳ. ⁸ καὶ
ἔδωκεν αὐτῷ διαθήκην περιτομῆς· καὶ οὕτως ἐγέννησεν τὸν Ἰσαὰκ
καὶ περιέτεμεν αὐτὸν τῇ ἡμέρᾳ τῇ ὀγδόῃ, καὶ Ἰσαὰκ τὸν Ἰακώβ,
9 καὶ Ἰακὼβ τοὺς δώδεκα πατριάρχας. ⁹ Καὶ οἱ πατριάρχαι ζηλώ-
σαντες τὸν Ἰωσὴφ ἀπέδοντο εἰς Αἴγυπτον· καὶ ἦν ὁ θεὸς μετ'
10 αὐτοῦ, ¹⁰ καὶ ἐξείλατο αὐτὸν ἐκ πασῶν τῶν θλίψεων αὐτοῦ, καὶ
ἔδωκεν αὐτῷ χάριν καὶ σοφίαν ἔναντι Φαραὼ βασιλέως Αἰγύ-
πτου, καὶ κατέστησεν αὐτὸν ἡγούμενον ἐπ' Αἴγυπτον καὶ ἐφ' ὅλον
11 τὸν οἶκον αὐτοῦ. ¹¹ ἦλθεν δὲ λιμὸς ἐφ' ὅλην τὴν Αἴγυπτον καὶ
Χαναὰν καὶ θλῖψις μεγάλη, καὶ οὐχ εὕρισκον χορτάσματα οἱ
12 πατέρες ἡμῶν. ¹² ἀκούσας δὲ Ἰακὼβ ὄντα σιτία εἰς Αἴγυπτον
13 ἐξαπέστειλεν τοὺς πατέρας ἡμῶν πρῶτον· ¹³ καὶ ἐν τῷ δευτέρῳ
ἀνεγνωρίσθη Ἰωσὴφ τοῖς ἀδελφοῖς αὐτοῦ, καὶ φανερὸν ἐγένετο
14 τῷ Φαραὼ τὸ γένος αὐτοῦ. ¹⁴ ἀποστείλας δὲ Ἰωσὴφ μετεκαλέ-
σατο Ἰακὼβ τὸν πατέρα αὐτοῦ καὶ πᾶσαν τὴν συγγένειαν ἐν
15 ψυχαῖς ἑβδομήκοντα πέντε. ¹⁵ καὶ κατέβη Ἰακὼβ εἰς Αἴγυπτον,
16 καὶ ἐτελεύτησεν αὐτὸς καὶ οἱ πατέρες ἡμῶν, ¹⁶ καὶ μετετέθησαν
εἰς Συχὲμ καὶ ἐτέθησαν ἐν τῷ μνήματι ᾧ ὠνήσατο Ἀβραὰμ τιμῆς
17 ἀργυρίου παρὰ τῶν υἱῶν Ἑμμὼρ ἐν Συχέμ. ¹⁷ καθὼς δὲ ἤγγιζεν
ὁ χρόνος τῆς ἐπαγγελίας ἧς ὡμολόγησεν ὁ θεὸς τῷ Ἀβραάμ,
18 ηὔξησεν ὁ λαὸς καὶ ἐπληθύνθη ἐν Αἰγύπτῳ, ¹⁸ ἄχρι οὗ ἀνέστη
19 βασιλεὺς ἕτερος ἐπ' Αἴγυπτον, ὃς οὐκ ᾔδει τὸν Ἰωσήφ. ¹⁹ οὗτος
κατασοφισάμενος τὸ γένος ἡμῶν ἐκάκωσεν τοὺς πατέρας τοῦ
20 ποιεῖν τὰ βρέφη ἔκθετα αὐτῶν εἰς τὸ μὴ ζωογονεῖσθαι. ²⁰ Ἐν
ᾧ καιρῷ ἐγεννήθη Μωϋσῆς, καὶ ἦν ἀστεῖος τῷ θεῷ. ὃς ἀνετράφη
21 μῆνας τρεῖς ἐν τῷ οἴκῳ τοῦ πατρός· ²¹ ἐκτεθέντος δὲ αὐτοῦ

---

5. ℵ δουναι αυτην εις κατασχ. αυτω, ϛ αυτω δουν. εις κατασχ. αυτην
6. ουτως : ℵ αυτω | ℵ το σπερμ. σου 7. ϛ ℵ δουλευσωσιν | ειπ. ο θεος
8. ογδοη : ℵ* εβδομη | και ο ισαακ | ο ιακω. 10. εξειλετο | εναντιον |
εφ ολον : om εφ 11. ολην τ. γην αιγυπτω 12. σιτα | εν αιγυπτω
13. ℵ om τω ante φαραω | το γενος του ιωσηφ 14. ιακωβ. : post τ.
πατερ. αυτου | συγγενειαν : add αυτου. 15. κατεβ. δε 16. ο ωνησατ. |
εμμορ] ℵᶜ του εν συχεμ, ϛ του συχεμ 17. ωμολογ. (ℵ ομολ.) : ωμοσεν
18. ϛ ℵ αχρις | om επ αιγυπτ. 19. τους πατερ. : add ημων | εκθετα :
post ποιειν 20. μωσης | του πατρος : add αυτου 21. εκτεθεντα δε
αυτον

ἀνείλατο αὐτὸν ἡ θυγάτηρ Φαραὼ καὶ ἀνεθρέψατο αὐτὸν ἑαυτῇ
εἰσ υἱόν. ²² καὶ ἐπαιδεύθη Μωϋσῆσ ἐν πάσῃ σοφίᾳ Αἰγυπτίων· 22
ἦν δὲ δυνατὸσ ἐν λόγοισ καὶ ἔργοισ αὐτοῦ. ²³ ὡσ δὲ ἐπληροῦτο 23
αὐτῷ τεσσερακονταέτησ χρόνοσ, ἀνέβη ἐπὶ τὴν καρδίαν αὐτοῦ
ἐπισκέψασθαι τοὺσ ἀδελφοὺσ αὐτοῦ τοὺσ υἱοὺσ Ἰσραήλ. ²⁴ καὶ 24
ἰδών τινα ἀδικούμενον ἠμύνατο, καὶ ἐποίησεν ἐκδίκησιν τῷ καταπονουμένῳ
πατάξασ τὸν Αἰγύπτιον. ²⁵ ἐνόμιζεν δὲ συνιέναι τοὺσ 25
ἀδελφοὺσ ὅτι ὁ θεὸσ διὰ χειρὸσ αὐτοῦ δίδωσιν σωτηρίαν αὐτοῖσ·
οἱ δὲ οὐ συνῆκαν. ²⁶ τῇ τε ἐπιούσῃ ἡμέρᾳ ὤφθη αὐτοῖσ μαχο- 26
μένοισ, καὶ συνήλλασσεν αὐτοὺσ εἰσ εἰρήνην εἰπών· ἄνδρεσ, ἀδελφοί
ἐστε· ἱνατί ἀδικεῖτε ἀλλήλουσ; ²⁷ ὁ δὲ ἀδικῶν τὸν πλησίον 27
ἀπώσατο αὐτὸν εἰπών· τίσ σε κατέστησεν ἄρχοντα καὶ δικαστὴν
ἐφ' ἡμῶν; ²⁸ μὴ ἀνελεῖν με σὺ θέλεισ, ὃν τρόπον ἀνεῖλεσ ἐχθὲσ 28
τὸν Αἰγύπτιον; ²⁹ ἔφυγεν δὲ Μωϋσῆσ ἐν τῷ λόγῳ τούτῳ, καὶ 29
ἐγένετο πάροικοσ ἐν γῇ Μαδιάμ, οὗ ἐγέννησεν υἱοὺσ δύο. ³⁰ Καὶ 30
πληρωθέντων ἐτῶν τεσσεράκοντα ὤφθη αὐτῷ ἐν τῇ ἐρήμῳ τοῦ
ὄρουσ Σινᾶ ἄγγελοσ ἐν φλογὶ πυρὸσ βάτου. ³¹ ὁ δὲ Μωϋσῆσ 31
ἰδὼν ἐθαύμαζεν τὸ ὅραμα· προσερχομένου δὲ αὐτοῦ κατανοῆσαι
ἐγένετο φωνὴ κυρίου· ³² ἐγὼ ὁ θεὸσ τῶν πατέρων σου, ὁ θεὸσ 32
Ἀβραὰμ καὶ Ἰσαὰκ καὶ Ἰακώβ. ἔντρομοσ δὲ γενόμενοσ Μωϋσῆσ
οὐκ ἐτόλμα κατανοῆσαι. ³³ εἶπεν δὲ αὐτῷ ὁ κύριοσ· λῦσον τὸ 33
ὑπόδημα τῶν ποδῶν σου· ὁ γὰρ τόποσ ἐφ' ᾧ ἕστηκασ γῆ ἁγία
ἐστίν. ³⁴ ἰδὼν εἶδον τὴν κάκωσιν τοῦ λαοῦ μου τοῦ ἐν Αἰγύπτῳ, 34
καὶ τοῦ στεναγμοῦ αὐτῶν ἤκουσα, καὶ κατέβην ἐξελέσθαι αὐτούσ·
καὶ νῦν δεῦρο ἀποστείλω σε εἰσ Αἴγυπτον. ³⁵ Τοῦτον τὸν Μωϋ- 35
σῆν, ὃν ἠρνήσαντο εἰπόντεσ· τίσ σε κατέστησεν ἄρχοντα καὶ
δικαστήν; τοῦτον ὁ θεὸσ καὶ ἄρχοντα καὶ λυτρωτὴν ἀπέσταλκεν
σὺν χειρὶ ἀγγέλου τοῦ ὀφθέντοσ αὐτῷ ἐν τῇ βάτῳ. ³⁶ οὗτοσ ἐξή- 36
γαγεν αὐτοὺσ ποιήσασ τέρατα καὶ σημεῖα ἐν γῇ Αἰγύπτῳ καὶ ἐν
ἐρυθρᾷ θαλάσσῃ καὶ ἐν τῇ ἐρήμῳ ἔτη τεσσεράκοντα. ³⁷ οὗτόσ 37
ἐστιν ὁ Μωϋσῆσ ὁ εἴπασ τοῖσ υἱοῖσ Ἰσραήλ· προφήτην ὑμῖν ἀναστήσει
ὁ θεὸσ ἐκ τῶν ἀδελφῶν ὑμῶν ὡσ ἐμέ. ³⁸ οὗτόσ ἐστιν ὁ 38
γενόμενοσ ἐν τῇ ἐκκλησίᾳ ἐν τῇ ἐρήμῳ μετὰ τοῦ ἀγγέλου τοῦ
λαλοῦντοσ αὐτῷ ἐν τῷ ὄρει Σινᾶ καὶ τῶν πατέρων ἡμῶν, ὃσ
ἐδέξατο λόγια ζῶντα δοῦναι ἡμῖν, ³⁹ ᾧ οὐκ ἠθέλησαν ὑπήκοοι 39

---

21. ανειλετο 22. μωσησ | om εν ante παση | εν λογ. και εν εργ. | αυτου : om 23. τεσσαράκ. 25. τ. αδελφουσ : add αυτον | αυτοισ σωτηριαν
26. τη τε : ϛᵉ (non ϛ) τη δε | συνηλασεν | εστε : add υμεῖσ 27. εφ ημασ
28. χθες 29. μωσησ 30. τεσσαρακ. | αγγελοσ : add κυριον 31. μωσησ |
εθαυμασεν | εγ. φω. κυριου : add προσ αυτον 32. και ο θεοσ ισ. και ο
θεοσ ιακ. | γενομενοσ : ℵ post μωυσ. pon | μωσησ | ℵ ετολμησεν 33. εφ :
εν 34. αποστελω 35. δικαστην : ℵ add εφ ημων | και ante αρχοντ.
sec (ℵᵃ) : ϛ ℵ* om | λυτρωτην : ℵ* δικαστ. | απεστειλεν | ϛ ℵ εν χειρι 36. εν
γη αιγυπτου | τεσσαρακ. 37. ειπων | κυριου ο θεοσ υμων | ℵ* om υμων
post αδελφων | ωσ εμε : add αυτου ακουσεσθε 38. ημων et ημιν : ℵ υμων
et υμιν

γενέσθαι οι πατέρεσ ημών, αλλά απώσαντο και εστράφησαν εν
40 ταῖσ καρδίαισ αυτών εισ Αἴγυπτον, ⁴⁰ ειπόντεσ τῷ Ἀαρών· ποίη- Ex 32, 1
σον ημῖν θεοὺσ οἳ προπορεύσονται ημών· ὁ γὰρ Μωϋσῆσ οὗτοσ,
ὃσ εξήγαγεν ημᾶσ εκ γῆσ Αιγύπτου, ουκ οἴδαμεν τί εγένετο αυτῷ.
41 ⁴¹ και εμοσχοποίησαν εν ταῖσ ημέραισ εκείναισ και ανήγαγον Ex 32, 6
θυσίαν τῷ ειδώλῳ, και ευφραίνοντο εν τοῖσ έργοισ των χειρών
42 αυτών. ⁴² έστρεψεν δὲ ὁ θεὸσ και παρέδωκεν αυτοὺσ λατρεύειν Ier 19, 13
τῇ στρατιᾷ τοῦ ουρανοῦ, καθὼσ γέγραπται εν βίβλῳ των προ-
φητών· μὴ σφάγια και θυσίασ προσηνέγκατέ μοι έτη τεσσερά- Am 5,
25-27
43 κοντα εν τῇ ερήμῳ, οἶκοσ Ισραήλ, ⁴³ και ανελάβετε τὴν σκηνὴν
τοῦ Μολὸχ και τὸ άστρον τοῦ θεοῦ Ῥομφάν, τοὺσ τύπουσ οὓσ
εποιήσατε προσκυνεῖν αυτοῖσ; και μετοικιῶ ὑμᾶσ επέκεινα Βα-
44 βυλώνοσ. ⁴⁴ Ἡ σκηνὴ τοῦ μαρτυρίου ἦν τοῖσ πατράσιν ημών εν Ex 25, 40
τῇ ερήμῳ, καθὼσ διετάξατο ὁ λαλών τῷ Μωϋσῇ ποιῆσαι αυτὴν
45 κατὰ τὸν τύπον ὃν εωράκει· ⁴⁵ ἣν και εισήγαγον διαδεξάμενοι οι Ios 3, 14
πατέρεσ ημών μετὰ Ιησοῦ εν τῇ κατασχέσει των εθνών, ὧν
εξέωσεν ὁ θεὸσ απὸ προσώπου των πατέρων ημών, έωσ των
46 ημερών Δαυείδ, ⁴⁶ ὃσ εὗρεν χάριν ενώπιον τοῦ θεοῦ και ητήσατο Ps 131
(132), 5
47 ευρεῖν σκήνωμα τῷ οίκῳ Ιακώβ. ⁴⁷ Σαλωμὼν δὲ ῳκοδόμησεν 1 Reg 6, 1
48 αυτῷ οἶκον. ⁴⁸ αλλ' ουχ ὁ ὕψιστοσ εν χειροποιήτοισ κατοικεῖ,
49 καθὼσ ὁ προφήτησ λέγει· ⁴⁹ ὁ ουρανόσ μοι θρόνοσ, ἡ δὲ γῆ 17, 24
ὑποπόδιον των ποδών μου· ποῖον οἶκον οικοδομήσετέ μοι, λέγει Es 66, 1 s
50 κύριοσ, ἢ τίσ τόποσ τῆσ καταπαύσεώσ μου; ⁵⁰ ουχι η χείρ μου
51 εποίησεν ταῦτα πάντα; ⁵¹ Σκληροτράχηλοι και απερίτμητοι καρ-
δίαισ και τοῖσ ωσίν, ὑμεῖσ αει τῷ πνεύματι τῷ αγίῳ αντιπίπτετε,
52 ὡσ οι πατέρεσ ὑμών και ὑμεῖσ. ⁵² τίνα των προφητών ουκ εδίω-
ξαν οι πατέρεσ ὑμών; και απέκτειναν τοὺσ προκαταγγείλαντασ
περι τῆσ ελεύσεωσ τοῦ δικαίου, οὗ νῦν ὑμεῖσ προδόται και φονεῖσ
53 εγένεσθε, ⁵³ οίτινεσ ελάβετε τὸν νόμον εισ διαταγὰσ αγγέλων, Gal 3, 19
Heb 2, 2
και ουκ εφυλάξατε.
54 Ακούοντεσ δὲ ταῦτα διεπρίοντο ταῖσ καρδίαισ αυτών και
55 έβρυχον τοὺσ οδόντασ επ' αυτόν. ⁵⁵ ὑπάρχων δὲ πλήρησ πνεύ-
ματοσ αγίου, ατενίσασ εισ τὸν ουρανὸν εἶδεν δόξαν θεοῦ και
56 Ιησοῦν εστώτα εκ δεξιών τοῦ θεοῦ, ⁵⁶ και εἶπεν· ιδοὺ θεωρώ Mt 26, 64
τοὺσ ουρανοὺσ διηνοιγμένουσ και τὸν υιὸν τοῦ ανθρώπου εκ
57 δεξιών εστώτα τοῦ θεοῦ. ⁵⁷ κράξαντεσ δὲ φωνῇ μεγάλῃ συνέσχον
58 τὰ ώτα αυτών και ώρμησαν ομοθυμαδὸν επ' αυτόν, ⁵⁸ και εκβα-
λόντεσ έξω τῆσ πόλεωσ ελιθοβόλουν. και οι μάρτυρεσ απέθεντο

---

39. αλλ | om εν 40. μωσησ | ουτοσ : א add ο ανθρωποσ | γεγονεν
42. τεσσαρακ. 43. θεου : ϛ א add υμων | ϛ ρεμφαν, אᶜ ρεφαν 44. ην
εν τοισ | א* εταξατο | μωση 45. εξωσεν | δαβιδ 46. οικω : θεω
47. σολομων 48. εν χειροποιητ. ναοισ 51. א ταισ καρδιαισ υμων, ϛ τη
καρδια 52. γεγενησθε 54. ταυτα : א* om 55. πνευματοσ : א praem
πιστεωσ και 56. ανεωγμενουσ | א* εστωτα εκ δεξιων

τὰ ἱμάτια αὐτῶν παρὰ τοὺσ πόδασ νεανίου καλουμένου Σαύλου, 59 καὶ ἐλιθοβόλουν τὸν Στέφανον, ἐπικαλούμενον καὶ λέγοντα· 59 κύριε Ἰησοῦ, δέξαι τὸ πνεῦμά μου. 60 θεὶσ δὲ τὰ γόνατα ἔκραξεν 60 φωνῇ μεγάλῃ· κύριε, μὴ στήσῃσ αὐτοῖσ τὴν ἁμαρτίαν ταύτην. καὶ τοῦτο εἰπὼν ἐκοιμήθη. (8, 1.) Σαῦλοσ δὲ ἦν συνευδοκῶν τῇ (8, 1) ἀναιρέσει αὐτοῦ.

VIII.

Saulus saeviens. Philippus in Samaria. Simon magus et Petrus. Philippus et Aethiops Candaces.

Ἐγένετο δὲ ἐν ἐκείνῃ τῇ ἡμέρᾳ διωγμὸσ μέγασ ἐπὶ τὴν ἐκ- 1 κλησίαν τὴν ἐν Ἱεροσολύμοισ· πάντεσ διεσπάρησαν κατὰ τὰσ χώρασ τῆσ Ἰουδαίασ καὶ Σαμαρίασ πλὴν τῶν ἀποστόλων. 2 συνε- 2 κόμισαν δὲ τὸν Στέφανον ἄνδρεσ εὐλαβεῖσ καὶ ἐποίησαν κοπετὸν μέγαν ἐπ' αὐτῷ. 3 Σαῦλοσ δὲ ἐλυμαίνετο τὴν ἐκκλησίαν, κατὰ 3 τοὺσ οἴκουσ εἰσπορευόμενοσ, σύρων τε ἄνδρασ καὶ γυναῖκασ παρεδίδου εἰσ φυλακήν.

Οἱ μὲν οὖν διασπαρέντεσ διῆλθον εὐαγγελιζόμενοι τὸν λόγον· 4 5 Φίλιπποσ δὲ κατελθὼν εἰσ τὴν πόλιν τῆσ Σαμαρίασ ἐκήρυσσεν 5 αὐτοῖσ τὸν Χριστόν. 6 προσεῖχον δὲ οἱ ὄχλοι τοῖσ λεγομένοισ ὑπὸ 6 τοῦ Φιλίππου ὁμοθυμαδὸν ἐν τῷ ἀκούειν αὐτοὺσ καὶ βλέπειν τὰ σημεῖα ἃ ἐποίει. 7 πολλοὶ γὰρ τῶν ἐχόντων πνεύματα ἀκάθαρτα, 7 βοῶντα φωνῇ μεγάλῃ ἐξήρχοντο πολλοὶ δὲ παραλελυμένοι καὶ χωλοὶ ἐθεραπεύθησαν· 8 ἐγένετο δὲ πολλὴ χαρὰ ἐν τῇ πόλει ἐκείνῃ. 8 9 Ἀνὴρ δέ τισ ὀνόματι Σίμων προϋπῆρχεν ἐν τῇ πόλει μαγεύων 9 καὶ ἐξιστάνων τὸ ἔθνοσ τῆσ Σαμαρίασ, λέγων εἶναί τινα ἑαυτὸν μέγαν, 10 ᾧ προσεῖχον πάντεσ ἀπὸ μικροῦ ἕωσ μεγάλου λέγοντεσ· 10 οὗτόσ ἐστιν ἡ δύναμισ τοῦ θεοῦ ἡ καλουμένη μεγάλη. 11 προσ- 11 εἶχον δὲ αὐτῷ διὰ τὸ ἱκανῷ χρόνῳ ταῖσ μαγίαισ ἐξεστακέναι αὐτούσ. 12 ὅτε δὲ ἐπίστευσαν τῷ Φιλίππῳ εὐαγγελιζομένῳ περὶ τῆσ 12 βασιλείασ τοῦ θεοῦ καὶ τοῦ ὀνόματοσ Ἰησοῦ Χριστοῦ, ἐβαπτίζοντο ἄνδρεσ τε καὶ γυναῖκεσ. 13 ὁ δὲ Σίμων καὶ αὐτὸσ ἐπίστευσεν, 13 καὶ βαπτισθεὶσ ἦν προσκαρτερῶν τῷ Φιλίππῳ, θεωρῶν τε σημεῖα καὶ δυνάμεισ μεγάλασ γινομένασ ἐξίστατο. 14 ἀκούσαντεσ δὲ οἱ 14 ἐν Ἱεροσολύμοισ ἀπόστολοι ὅτι δέδεκται ἡ Σαμαρία τὸν λόγον τοῦ θεοῦ, ἀπέστειλαν πρὸσ αὐτοὺσ Πέτρον καὶ Ἰωάννην, 15 οἵτινεσ 15 καταβάντεσ προσηύξαντο περὶ αὐτῶν ὅπωσ λάβωσιν πνεῦμα ἅγιον. 16 οὐδέπω γὰρ ἦν ἐπ' οὐδενὶ αὐτῶν ἐπιπεπτωκόσ, μόνον δὲ 16

60. א* om φων. μεγαλ.
VIII, 1. παντεσ : add τε | σαμαρειασ 2. εποιησαντο 3. א* τουσ ανδρ. 4. א* ηλθον 5. εισ πολιν | σαμαρειασ 6. προσειχ. τε 7. πολλων. | μεγαλ. φων. | εξηρχετο 8. και εγενετ. | χαρα μεγαλη 9. εξιστων | σαμαρειασ 10. א προσειχαν | om καλουμενη 11. μαγειαισ 12. א* του φιλιππου ευαγγελιζομενου | τα περι | θεου : א* κυριου | του ιησ. χριστ. 14. σαμαρεια | θεου : א* χριστου | τον πετρον 16. ουπω γαρ

17 βεβαπτισμένοι ὑπῆρχον εἰσ τὸ ὄνομα τοῦ κυρίου Ἰησοῦ. ¹⁷ τότε ἐπετίθεσαν τὰσ χεῖρασ ἐπ' αὐτούσ, καὶ ἐλάμβανον πνεῦμα ἅγιον. 18 ¹⁸ ἰδὼν δὲ ὁ Σίμων ὅτι διὰ τῆσ ἐπιθέσεωσ τῶν χειρῶν τῶν ἀπο- 19 στόλων δίδοται τὸ πνεῦμα, προσήνεγκεν αὐτοῖσ χρήματα ¹⁹ λέγων· δότε κἀμοὶ τὴν ἐξουσίαν ταύτην, ἵνα ᾧ ἐὰν ἐπιθῶ τὰσ χεῖρασ 20 λαμβάνῃ πνεῦμα ἅγιον. ²⁰ Πέτροσ δὲ εἶπεν πρὸσ αὐτόν· τὸ ἀργύριόν σου σὺν σοὶ εἴη εἰσ ἀπώλειαν, ὅτι τὴν δωρεὰν τοῦ 21 θεοῦ ἐνόμισασ διὰ χρημάτων κτᾶσθαι. ²¹ οὐκ ἔστιν σοι μερὶσ οὐδὲ κλῆροσ ἐν τῷ λόγῳ τούτῳ· ἡ γὰρ καρδία σου οὐκ ἔστιν 22 εὐθεῖα ἔναντι τοῦ θεοῦ. ²² μετανόησον οὖν ἀπὸ τῆσ κακίασ σου ταύτησ, καὶ δεήθητι τοῦ κυρίου εἰ ἄρα ἀφεθήσεταί σοι ἡ ἐπίνοια 23 τῆσ καρδίασ σου· ²³ εἰσ γὰρ χολὴν πικρίασ καὶ σύνδεσμον ἀδικίασ 24 ὁρῶ σε ὄντα. ²⁴ ἀποκριθεὶσ δὲ ὁ Σίμων εἶπεν· δεήθητε ὑμεῖσ ὑπὲρ ἐμοῦ πρὸσ τὸν κύριον, ὅπωσ μηδὲν ἐπέλθῃ ἐπ' ἐμὲ ὧν εἰρήκατε.

25   Οἱ μὲν οὖν διαμαρτυράμενοι καὶ λαλήσαντεσ τὸν λόγον τοῦ κυρίου ὑπέστρεφον εἰσ Ἱεροσόλυμα, πολλάσ τε κώμασ τῶν Σαμα- ριτῶν εὐηγγελίζοντο.

26   Ἄγγελοσ δὲ κυρίου ἐλάλησεν πρὸσ Φίλιππον λέγων· ἀνάστηθι καὶ πορεύου κατὰ μεσημβρίαν ἐπὶ τὴν ὁδὸν τὴν καταβαίνουσαν Zeph 2, 4 27 ἀπὸ Ἱερουσαλὴμ εἰσ Γάζαν· αὕτη ἐστὶν ἔρημοσ. ²⁷ καὶ ἀναστὰσ ἐπορεύθη. καὶ ἰδοὺ ἀνὴρ Αἰθίοψ εὐνοῦχοσ δυνάστησ Κανδάκησ βασιλίσσησ Αἰθιόπων, ὃσ ἦν ἐπὶ πάσησ τῆσ γάζησ αὐτῆσ, ἐλη- 28 λύθει προσκυνήσων εἰσ Ἱερουσαλήμ, ²⁸ ἦν τε ὑποστρέφων, καὶ καθήμενοσ ἐπὶ τοῦ ἅρματοσ αὐτοῦ ἀνεγίνωσκεν τὸν προφήτην 29 Ἡσαΐαν. ²⁹ εἶπεν δὲ τὸ πνεῦμα τῷ Φιλίππῳ· πρόσελθε καὶ κολ- 30 λήθητι τῷ ἅρματι τούτῳ. ³⁰ προσδραμὼν δὲ ὁ Φίλιπποσ ἤκουσεν αὐτοῦ ἀναγινώσκοντοσ Ἡσαΐαν τὸν προφήτην, καὶ εἶπεν· ἆράγε 31 γινώσκεισ ἃ ἀναγινώσκεισ; ³¹ ὁ δὲ εἶπεν· πῶσ γὰρ ἂν δυναίμην ἐὰν μή τισ ὁδηγήσει με; παρεκάλεσέν τε τὸν Φίλιππον ἀναβάντα 32 καθίσαι σὺν αὐτῷ. ³² ἡ δὲ περιοχὴ τῆσ γραφῆσ ἣν ἀνεγίνωσκεν Es 53, 7. 8 ἦν αὕτη· ὡσ πρόβατον ἐπὶ σφαγὴν ἤχθη, καὶ ὡσ ἀμνὸσ ἐναντίον τοῦ κείραντοσ αὐτὸν ἄφωνοσ, οὕτωσ οὐκ ἀνοίγει τὸ στόμα αὐτοῦ. 33 ³³ ἐν τῇ ταπεινώσει ἡ κρίσισ αὐτοῦ ἤρθη· τὴν γενεὰν αὐτοῦ τίσ 34 διηγήσεται; ὅτι αἴρεται ἀπὸ τῆσ γῆσ ἡ ζωὴ αὐτοῦ. ³⁴ ἀποκρι- θεὶσ δὲ ὁ εὐνοῦχοσ τῷ Φιλίππῳ εἶπεν· δέομαί σου, περὶ τίνοσ ὁ 35 προφήτησ λέγει τοῦτο; περὶ ἑαυτοῦ ἢ περὶ ἑτέρου τινόσ; ³⁵ ἀν-

---

16. א* εβαπτισμενοι   17. επετιθουν   18. ιδων : θεασαμενοσ | το πνευμα : add το αγιον   19. ϛ (non ϛͤ) ω αν   21. εναντι : ενωπιον 22. κυριου : θεου   25. א διαμαρτυρομενοι | υπεστρεψαν εισ ιερουσα- λημ | σαμαρειτων | ευηγγελισαντο   26. א* την καλουμενην καταβαινου- σαν   27. τησ βασιλισσησ | οσ εληλυθει   28. και ανεγινωσκε   30. τον προφ. ησαι.   31. οδηγηση   32. κειροντοσ   33. ταπεινωσει : add αυτου | την δε γενεαν

ACT. 9, 12. 219

οἶξασ δὲ ὁ Φίλιπποσ τὸ στόμα αὐτοῦ καὶ ἀρξάμενοσ ἀπὸ τῆσ γραφῆσ ταύτησ εὐηγγελίσατο αὐτῷ τὸν Ἰησοῦν. ³⁶ ὡσ δὲ ἐπο- 36 ρεύοντο κατὰ τὴν ὁδόν, ἦλθον ἐπί τι ὕδωρ, καί φησιν ὁ εὐνοῦχοσ· ἰδοὺ ὕδωρ· τί κωλύει με βαπτισθῆναι; ³⁸ καὶ ἐκέλευσεν στῆναι τὸ 38 ἅρμα, καὶ κατέβησαν ἀμφότεροι εἰσ τὸ ὕδωρ, ὅ τε Φίλιππος καὶ ὁ εὐνοῦχοσ, καὶ ἐβάπτισεν αὐτόν. ³⁹ ὅτε δὲ ἀνέβησαν ἐκ τοῦ 39 ὕδατοσ, πνεῦμα κυρίου ἥρπασεν τὸν Φίλιππον, καὶ οὐκ εἶδεν αὐτὸν οὐκέτι ὁ εὐνοῦχοσ· ἐπορεύετο γὰρ τὴν ὁδὸν αὐτοῦ χαίρων. ⁴⁰ Φίλιπποσ δὲ εὑρέθη εἰσ Ἄζωτον, καὶ διερχόμενοσ εὐηγγελίζετο 40 τὰσ πόλεισ πάσασ ἕωσ τοῦ ἐλθεῖν αὐτὸν εἰσ Καισαρίαν.

IX.

Saulus divina voce convertitur et Damasci ab Anania baptizatur. Insidiantibus Iudaeis fugit Hierosolymam indeque Tarsum. Petrus Lyddae Aeneam sanat, Ioppes Tabitham in vitam revocat.

Ὁ δὲ Σαῦλοσ ἔτι ἐμπνέων ἀπειλῆσ καὶ φόνου εἰσ τοὺσ μα- 1 θητὰσ τοῦ κυρίου, προσελθὼν τῷ ἀρχιερεῖ ² ᾐτήσατο παρ' αὐτοῦ 2 ἐπιστολὰσ εἰσ Δαμασκὸν πρὸς τὰσ συναγωγάσ; ὅπωσ ἄν τινασ εὕρῃ ὄντασ τῆσ ὁδοῦ, ἄνδρασ τε καὶ γυναῖκασ, δεδεμένουσ ἀγάγῃ εἰσ Ἰερουσαλήμ. ³ ἐν δὲ τῷ πορεύεσθαι ἐγένετο αὐτὸν ἐγγίζειν 3 τῇ Δαμασκῷ, ἐξαίφνησ τε αὐτὸν περιήστραψεν φῶσ ἐκ τοῦ οὐρανοῦ, ⁴ καὶ πεσὼν ἐπὶ τὴν γῆν ἤκουσεν φωνὴν λέγουσαν αὐτῷ· 4 Σαοὺλ Σαούλ, τί με διώκεισ; ⁵ εἶπεν δέ· τίσ εἶ, κύριε; ὁ δέ· 5 ἐγώ εἰμι Ἰησοῦσ, ὃν σὺ διώκεισ. ⁶ ἀλλὰ ἀνάστηθι καὶ εἴσελθε 6 εἰσ τὴν πόλιν, καὶ λαληθήσεταί σοι ὅ τι σε δεῖ ποιεῖν. ⁷ οἱ δὲ 7 ἄνδρεσ οἱ συνοδεύοντεσ αὐτῷ εἱστήκεισαν ἐνεοί, ἀκούοντεσ μὲν τῆσ φωνῆσ, μηδένα δὲ θεωροῦντεσ. ⁸ ἠγέρθη δὲ Σαῦλοσ ἀπὸ 8 τῆσ γῆσ, ἠνοιγμένων δὲ τῶν ὀφθαλμῶν αὐτοῦ οὐδὲν ἔβλεπεν· χειραγωγοῦντεσ δὲ αὐτὸν εἰσήγαγον εἰσ Δαμασκόν. ⁹ καὶ ἦν ἡμέ- 9 ρασ τρεῖσ μὴ βλέπων, καὶ οὐκ ἔφαγεν οὐδὲ ἔπιεν.

Ἦν δέ τισ μαθητὴσ ἐν Δαμασκῷ ὀνόματι Ἀνανίασ, καὶ 10 εἶπεν πρὸσ αὐτὸν ἐν ὁράματι ὁ κύριοσ· Ἀνανία. ὁ δὲ εἶπεν· ἰδοὺ ἐγώ, κύριε. ¹¹ ὁ δὲ κύριοσ πρὸσ αὐτόν· ἀναστὰσ πορεύθητι ἐπὶ 11 τὴν ῥύμην τὴν καλουμένην εὐθεῖαν καὶ ζήτησον ἐν οἰκίᾳ Ἰούδα Σαῦλον ὀνόματι Ταρσέα· ἰδοὺ γὰρ προσεύχεται, ¹² καὶ εἶδεν 12

---

35. ℵ* και ευηγγελισατο 37. ειπε δὲ ὁ Φίλιπποσ· ει πιστευεισ ἐξ ὅλησ τῆσ καρδίασ, ἔξεστιν. αποκριθεὶσ δὲ ειπε· πιστευω τὸν υἱὸν τοῦ θεοῦ ειναι τὸν Ἰησοῦν Χριστόν. 40. καισαρειαν

IX, 1. ετι : ℵ* om | εμπνεων 2. επιστ. παρ αυτ. | εαν τινασ | τησ οδου οντασ 3. και εξαιφνησ | αυτον : post περιηστρ. (ϛᵉ περιεστρ.) | εκ : απο 5. ὁ δε : ℵ add ειπεν, item ϛ κυριοσ ειπε 5. διωκεισ : add σκληρόν σοι πρὸσ κέντρα λακτίζειν. 6. αλλα αναστ. : τρεμων δε και θαμβων ειπε· κύριε, τί με θέλεισ ποιῆσαι; και ὁ κυριοσ πρὸσ αὐτόν· ἀνάστηθι | ο τι : τι 7. εννεοι | ℵ* ορωντεσ 8. ο σαυλοσ | ℵᶜ ηνεωγμενων, ϛ ανεωγμενων | ουδενα 10. ο κυρ. εν οραματ.

ἄνδρα Ἀνανίαν ὀνόματι εἰσελθόντα καὶ ἐπιθέντα αὐτῷ χεῖρας,
13 ὅπωσ ἀναβλέψῃ. ¹³ ἀπεκρίθη δὲ Ἀνανίασ· κύριε, ἤκουσα ἀπὸ
πολλῶν περὶ τοῦ ἀνδρὸσ τούτου, ὅσα κακὰ τοῖσ ἁγίοισ σου ἐποίη-
14 σεν ἐν Ἱερουσαλήμ· ¹⁴ καὶ ὧδε ἔχει ἐξουσίαν παρὰ τῶν ἀρχιε-
15 ρέων δῆσαι πάντασ τοὺσ ἐπικαλουμένουσ τὸ ὄνομά σου. ¹⁵ εἶπεν
δὲ πρὸσ αὐτὸν ὁ κύριοσ· πορεύου, ὅτι σκεῦοσ ἐκλογῆσ ἐστίν μοι
οὗτοσ τοῦ βαστάσαι τὸ ὄνομά μου ἐνώπιον ἐθνῶν τε καὶ βασιλέων
16 υἱῶν τε Ἰσραήλ· ¹⁶ ἐγὼ γὰρ ὑποδείξω αὐτῷ ὅσα δεῖ αὐτὸν ὑπὲρ
17 τοῦ ὀνόματόσ μου παθεῖν. ¹⁷ Ἀπῆλθεν δὲ Ἀνανίασ καὶ εἰσῆλθεν
εἰσ τὴν οἰκίαν, καὶ ἐπιθεὶσ ἐπ᾽ αὐτὸν τὰσ χεῖρασ εἶπεν· Cαοὺλ
ἀδελφέ, ὁ κύριοσ ἀπέσταλκέν με, Ἰησοῦσ ὁ ὀφθείσ σοι ἐν τῇ
ὁδῷ ᾗ ἤρχου, ὅπωσ ἀναβλέψῃσ καὶ πλησθῇσ πνεύματοσ ἁγίου.
18 ¹⁸ καὶ εὐθέωσ ἀπέπεσαν αὐτοῦ ἀπὸ τῶν ὀφθαλμῶν ὡσ λεπίδεσ,
19 ἀνέβλεψέν τε, καὶ ἀναστὰσ ἐβαπτίσθη, ¹⁹ καὶ λαβὼν τροφὴν
ἐνίσχυσεν.

Ἐγένετο δὲ μετὰ τῶν ἐν Δαμασκῷ μαθητῶν ἡμέρασ τινάσ,
20 ²⁰ καὶ εὐθέωσ ἐν ταῖσ συναγωγαῖσ ἐκήρυσσεν τὸν Ἰησοῦν, ὅτι
21 οὗτός ἐστιν ὁ υἱὸσ τοῦ θεοῦ. ²¹ ἐξίσταντο δὲ πάντεσ οἱ ἀκούον-
τεσ καὶ ἔλεγον· οὐχ οὗτός ἐστιν ὁ πορθήσασ εἰσ Ἱερουσαλὴμ τοὺσ 8,1ss
ἐπικαλουμένουσ τὸ ὄνομα τοῦτο, καὶ ὧδε εἰσ τοῦτο ἐληλύθει, ἵνα 9,2
22 δεδεμένουσ αὐτοὺσ ἀγάγῃ ἐπὶ τοὺσ ἀρχιερεῖσ; ²² Cαῦλοσ δὲ μᾶλ-
λον ἐνεδυναμοῦτο καὶ συνέχυννεν Ἰουδαίουσ τοὺσ κατοικοῦντασ
23 ἐν Δαμασκῷ, συμβιβάζων ὅτι οὗτός ἐστιν ὁ Χριστός. ²³ Ὡσ δὲ ² Co 11,
ἐπληροῦντο ἡμέραι ἱκαναί, συνεβουλεύσαντο οἱ Ἰουδαῖοι ἀνελεῖν 32,33
24 αὐτόν· ²⁴ ἐγνώσθη δὲ τῷ Cαύλῳ ἡ ἐπιβουλὴ αὐτῶν. παρετη-
ροῦντο δὲ καὶ τὰσ πύλασ ἡμέρασ τε καὶ νυκτόσ, ὅπωσ αὐτὸν
25 ἀνέλωσιν· ²⁵ λαβόντεσ δὲ οἱ μαθηταὶ αὐτοῦ νυκτὸσ διὰ τοῦ
τείχουσ καθῆκαν αὐτὸν χαλάσαντεσ ἐν σπυρίδι.

26 Παραγενόμενοσ δὲ εἰσ Ἱερουσαλὴμ ἐπείραζεν κολλᾶσθαι τοῖσ Gal 1,18s
μαθηταῖσ· καὶ πάντεσ ἐφοβοῦντο αὐτόν, μὴ πιστεύοντεσ ὅτι ἐστὶν
27 μαθητήσ. ²⁷ Βαρνάβασ δὲ ἐπιλαβόμενοσ αὐτὸν ἤγαγεν πρὸσ τοὺσ
ἀποστόλουσ, καὶ διηγήσατο αὐτοῖσ πῶσ ἐν τῇ ὁδῷ εἶδεν τὸν κύ-
ριον καὶ ὅτι ἐλάλησεν αὐτῷ, καὶ πῶσ ἐν Δαμασκῷ ἐπαρρησιάσατο
28 ἐν τῷ ὀνόματι Ἰησοῦ, ²⁸ καὶ ἦν μετ᾽ αὐτῶν εἰσπορευόμενοσ καὶ
ἐκπορευόμενοσ εἰσ Ἱερουσαλήμ, παρρησιαζόμενοσ ἐν τῷ ὀνόματι
29 τοῦ κυρίου, ²⁹ ἐλάλει τε καὶ συνεζήτει πρὸσ τοὺσ Ἑλληνιστάσ· 11,20

12. εν οραματι ανδρα | ονοματι ανανιαν | אᶜ τασ χειρασ, ς χειρα 13. ο
ανανια | ακηκοα | εποιησεν : ante τοισ αγι. σον pon 15. μοι εστιν | τε
pri : om 17. η ηρχον (אᵃ) : א* om 18. απεπεσον | αυτου : post απ. τ.
οφθαλμ. | ωσ : ωσει | ανεβλε. τε (א δε) : add παραχρημα 19. εγενετο
δε : add ο σαυλοσ 20. ιησουν : χριστον 21. εν ιερουσαλημ 22. συνεχυν-
νεν | τουσ ιουδαιουσ 24. παρετηρουν τε τασ | אᶜ ανελ. αυτ. 25. δε
αυτον οι μαθηται νυκτ. καθηκαν δια του τειχ. | א σφυριδι 26. παρα-
γεν. δε : add ο σαυλοσ | επειρατο 27. א* om και ante πωσ | ς κ του ιησου
28. ἐν ιερουσαλημ | παρρησιαζ. (א παρησα-) : praem και | του κυρ. ιησου

οἱ δὲ ἐπεχείρουν ἀνελεῖν αὐτόν. ³⁰ ἐπιγνόντεσ δὲ οἱ ἀδελφοὶ κατ- 30
ήγαγον αὐτὸν εἰσ Καισαρίαν, καὶ ἐξαπέστειλαν αὐτὸν εἰσ Ταρσόν.
Ἡ μὲν οὖν ἐκκλησία καθ' ὅλησ τῆσ Ἰουδαίασ καὶ Γαλιλαίασ 31
καὶ Σαμαρίασ εἶχεν εἰρήνην, οἰκοδομουμένη καὶ πορευομένη τῷ
φόβῳ τοῦ κυρίου, καὶ τῇ παρακλήσει τοῦ ἁγίου πνεύματοσ ἐπλη-
θύνετο. ³² ἐγένετο δὲ Πέτρον διερχόμενον διὰ πάντων κατελθεῖν 32
καὶ πρὸσ τοὺσ ἁγίουσ τοὺσ κατοικοῦντασ Λύδδα. ³³ εὗρεν δὲ 33
ἐκεῖ ἄνθρωπόν τινα ὀνόματι Αἰνέαν ἐξ ἐτῶν ὀκτὼ κατακείμενον
ἐπὶ κραβάττου, ὃσ ἦν παραλελυμένοσ. ³⁴ καὶ εἶπεν αὐτῷ ὁ Πέ- 34
τροσ· Αἰνέα, ἰᾶταί σε Ἰησοῦσ Χριστόσ· ἀνάστηθι καὶ στρῶσον
σεαυτῷ. καὶ εὐθέωσ ἀνέστη. ³⁵ καὶ εἶδαν αὐτὸν πάντεσ οἱ κατ- 35
οικοῦντεσ Λύδδα καὶ τὸν Σάρωνα, οἵτινεσ ἐπέστρεψαν ἐπὶ τὸν
κύριον.

Ἐν Ἰόππῃ δέ τισ ἦν μαθήτρια ὀνόματι Ταβιθά, ἣ διερμη- 36
νευομένη λέγεται Δορκάσ· αὕτη ἦν πλήρησ ἀγαθῶν ἔργων καὶ
ἐλεημοσυνῶν ὧν ἐποίει. ³⁷ ἐγένετο δὲ ἐν ταῖσ ἡμέραισ ἐκείναισ 37
ἀσθενήσασαν αὐτὴν ἀποθανεῖν· λούσαντεσ δὲ ἔθηκαν αὐτὴν ἐν
ὑπερῴῳ. ³⁸ ἐγγὺσ δὲ οὔσησ Λύδδασ τῇ Ἰόππῃ οἱ μαθηταὶ ἀκού- 38
σαντεσ ὅτι Πέτροσ ἐστὶν ἐν αὐτῇ, ἀπέστειλαν δύο ἄνδρασ πρὸσ
αὐτὸν παρακαλοῦντεσ· μὴ ὀκνήσῃσ διελθεῖν ἕωσ ἡμῶν. ³⁹ ἀναστὰσ 39
δὲ Πέτροσ συνῆλθεν αὐτοῖσ· ὃν παραγενόμενον ἀνήγαγον εἰσ τὸ
ὑπερῷον, καὶ παρέστησαν αὐτῷ πᾶσαι αἱ χῆραι κλαίουσαι καὶ
ἐπιδεικνύμεναι χιτῶνασ καὶ ἱμάτια, ὅσα ἐποίει μετ' αὐτῶν οὖσα
ἡ Δορκάς. ⁴⁰ ἐκβαλὼν δὲ ἔξω πάντασ ὁ Πέτροσ καὶ θεὶσ τὰ 40
γόνατα προσηύξατο, καὶ ἐπιστρέψασ πρὸσ τὸ σῶμα εἶπεν· Ταβιθὰ
ἀνάστηθι. ἡ δὲ ἤνοιξεν τοὺσ ὀφθαλμοὺσ αὐτῆσ, καὶ ἰδοῦσα τὸν
Πέτρον ἀνεκάθισεν. ⁴¹ δοὺσ δὲ αὐτῇ χεῖρα ἀνέστησεν αὐτήν· 41
φωνήσασ δὲ τοὺσ ἁγίουσ καὶ τὰσ χήρασ παρέστησεν αὐτὴν ζῶσαν.
⁴² γνωστὸν δὲ ἐγένετο καθ' ὅλησ τῆσ Ἰόππησ, καὶ ἐπίστευσαν 42
πολλοὶ ἐπὶ τὸν κύριον. ⁴³ ἐγένετο δὲ ἡμέρασ ἱκανὰσ μεῖναι ἐν 43
Ἰόππῃ παρά τινι Σίμωνι βυρσεῖ.

X.

Cornelius divinitus admonitus Petrum visione animalium perculsum arcessit
Caesaream. Ipsi gentiles spiritu sancto imbuti.

Ἀνὴρ δέ τισ ἐν Καισαρίᾳ ὀνόματι Κορνήλιοσ, ἑκατοντάρχησ 1
ἐκ σπείρησ τῆσ καλουμένησ Ἰταλικῆσ, ² εὐσεβὴσ καὶ φοβούμενοσ 2

29. αυτ. ανελειν 30. καισαρειαν 31. αι μεν ουν εκκλησιαι — ειχον ειρ.
οικοδομουμεναι και πορευομεναι — επληθυνοντο | σαμαρειασ 32. λυδ-
δαν 33. αινεαν ονοματι | επι κραβαττου (ℵ*-ακτου) : επι κραββατω
34. ιησ. ο χριστ. 35. ϛ ℵ ειδον | λυδδαν | ℵ* om τον pri | σαρωνα
(ℵ σαρρ-) : σαρωναν 37. αυτην εθηκαν 38. λυδδησ | μη οκνησαι δι.
ε. αυτων 40. om και ante θεισ 42. πολλ. επιστ. 43. εγεν. δε : ℵᶜ add
αυτον, item ϛ post ημ. ικα. μει. add
X, 1. δε τισ : add ην | καισαρεια

τὸν θεὸν σὺν παντὶ τῷ οἴκῳ αὑτοῦ, ποιῶν ἐλεημοσύνασ πολλὰσ
3 τῷ λαῷ καὶ δεόμενοσ τοῦ θεοῦ διαπαντόσ, ³ εἶδεν ἐν ὁράματι
φανερῶσ, ὡσεὶ περὶ ὥραν ἐνάτην τῆσ ἡμέρασ, ἄγγελον τοῦ θεοῦ
4 εἰσελθόντα πρὸσ αὐτὸν καὶ εἰπόντα αὐτῷ· Κορνήλιε. ⁴ ὁ δὲ
ἀτενίσασ αὐτῷ καὶ ἔμφοβοσ γενόμενοσ εἶπεν· τί ἐστιν, κύριε;
εἶπεν δὲ αὐτῷ· αἱ προσευχαί σου καὶ αἱ ἐλεημοσύναι σου ἀνέβη-
5 σαν εἰσ μνημόσυνον ἔμπροσθεν τοῦ θεοῦ. ⁵ καὶ νῦν πέμψον
ἄνδρασ εἰσ Ἰόππην καὶ μετάπεμψαι Σίμωνά τινα ὃσ ἐπικαλεῖται
6 Πέτροσ· ⁶ οὗτοσ ξενίζεται παρά τινι Σίμωνι βυρσεῖ, ᾧ ἐστὶν
7 οἰκία παρὰ θάλασσαν. ⁷ ὡσ δὲ ἀπῆλθεν ὁ ἄγγελοσ ὁ λαλῶν
αὐτῷ, φωνήσασ δύο τῶν οἰκετῶν καὶ στρατιώτην εὐσεβῆ τῶν
8 προσκαρτερούντων αὐτῷ, ⁸ καὶ ἐξηγησάμενοσ ἅπαντα αὐτοῖσ
ἀπέστειλεν αὐτοὺσ εἰσ τὴν Ἰόππην.
9 Τῇ δὲ ἐπαύριον ὁδοιπορούντων αὐτῶν καὶ τῇ πόλει ἐγγιζόν-
των ἀνέβη Πέτροσ ἐπὶ τὸ δῶμα προσεύξασθαι περὶ ὥραν ἕκτην.
10 ¹⁰ ἐγένετο δὲ πρόσπεινοσ καὶ ἤθελεν γεύσασθαι· παρασκευαζόν-
11 των δὲ αὐτῶν ἐγένετο ἐπ' αὐτὸν ἔκστασισ, ¹¹ καὶ θεωρεῖ τὸν
οὐρανὸν ἀνεῳγμένον καὶ καταβαῖνον σκεῦόσ τι ὡσ ὀθόνην μεγά-
12 λην, τέσσαρσιν ἀρχαῖσ καθιέμενον ἐπὶ τῆσ γῆσ, ¹² ἐν ᾧ ὑπῆρχεν
πάντα τὰ τετράποδα καὶ ἑρπετὰ τῆσ γῆσ καὶ πετεινὰ τοῦ οὐρα-
13 νοῦ. ¹³ καὶ ἐγένετο φωνὴ πρὸσ αὐτόν· ἀναστὰσ Πέτρε θῦσον
14 καὶ φάγε. ¹⁴ ὁ δὲ Πέτροσ εἶπεν· μηδαμῶσ, κύριε, ὅτι οὐδέποτε
15 ἔφαγον πᾶν κοινὸν καὶ ἀκάθαρτον. ¹⁵ καὶ φωνὴ πάλιν ἐκ δευ-
16 τέρου πρὸσ αὐτόν· ἃ ὁ θεὸσ ἐκαθάρισεν σὺ μὴ κοίνου. ¹⁶ τοῦτο
δὲ ἐγένετο ἐπὶ τρίσ, καὶ εὐθὺσ ἀνελήμφθη τὸ σκεῦοσ εἰσ τὸν
17 οὐρανόν. ¹⁷ ὡσ δὲ ἐν ἑαυτῷ διηπόρει ὁ Πέτροσ, τί ἂν εἴη τὸ
ὅραμα ὃ εἶδεν, ἰδοὺ οἱ ἄνδρεσ οἱ ἀπεσταλμένοι ὑπὸ τοῦ Κορ-
νηλίου διερωτήσαντεσ τὴν οἰκίαν τοῦ Σίμωνοσ ἐπέστησαν ἐπὶ
18 τὸν πυλῶνα, ¹⁸ καὶ φωνήσαντεσ ἐπυνθάνοντο εἰ Σίμων ὁ ἐπικα-
19 λούμενοσ Πέτροσ ἐνθάδε ξενίζεται. ¹⁹ τοῦ δὲ Πέτρου διενθυμου-
μένου περὶ τοῦ ὁράματοσ εἶπεν τὸ πνεῦμα αὐτῷ· ἰδοὺ ἄνδρεσ
20 ζητοῦντέσ σε· ²⁰ ἀλλὰ ἀναστὰσ κατάβηθι, καὶ πορεύου σὺν αὐ-
21 τοῖσ μηδὲν διακρινόμενοσ, ὅτι ἐγὼ ἀπέσταλκα αὐτούσ. ²¹ καταβὰσ
δὲ Πέτροσ πρὸσ τοὺσ ἄνδρασ εἶπεν· ἰδοὺ ἐγώ εἰμι ὃν ζητεῖτε·

---

2. ποιων : add τε 3. ωσει : א* ωσ | περι : om | εννατην 4. א* om εισ μνημοσυνον | εμπροσθεν : ενωπιον 5. εισ ιοππ. ανδρ. | τινα : ς א om 6. παρ. θαλασσαν : add ουτοσ λαλησει σοι τι σε δει ποιειν 7. αυτω pri : τω κορνηλιω | οικετων : add αυτω 8. αυτοισ απαντα 9. αυτων : εκεινων | εκτην : אc ενατην 10. αυτων : εκεινων | εγενετο sec : επεπεσεν 11. καταβαινον : add επ αυτον | καθιεμενον : praem δεδεμενον και 12. τετραποδα : add και τα θηρια | τησ γησ : post τετραπ. pon | τα ερπετα και τα πετεινν. 14. κοιν. η ακαθαρτ. 16. ευθυσ : παλιν | ανελήφθη 17. και ιδου | υπο: απο | om του ante σιμωνοσ 19. ενθυμουμενον | αυτω : post ειπεν pon | ανδρεσ : ς א add τρεισ | ζητουσι 20. διοτι 21. πρ. τ. ανδρασ : add τουσ απεσταλμενουσ απο του κορνηλιου προσ αυτον

τίσ ἡ αἰτία δι' ἣν πάρεστε; ²² οἱ δὲ εἶπαν· Κορνήλιοσ ἑκατον- 22
τάρχησ, ἀνὴρ δίκαιοσ καὶ φοβούμενοσ τὸν θεόν, μαρτυρούμενόσ
τε ὑπὸ ὅλου τοῦ ἔθνουσ τῶν Ἰουδαίων, ἐχρηματίσθη ὑπὸ ἀγγέλου
ἁγίου μεταπέμψασθαί σε εἰσ τὸν οἶκον αὐτοῦ καὶ ἀκοῦσαι ῥήματα
παρὰ σοῦ. ²³ εἰσκαλεσάμενοσ οὖν αὐτοὺσ ἐξένισεν. 23
Τῇ δὲ ἐπαύριον ἀναστὰσ ἐξῆλθεν σὺν αὐτοῖσ, καί τινεσ τῶν
ἀδελφῶν τῶν ἀπὸ Ἰόππησ συνῆλθον αὐτῷ. ²⁴ τῇ δὲ ἐπαύριον 24
εἰσῆλθαν εἰσ τὴν Καισαρίαν· ὁ δὲ Κορνήλιοσ ἦν προσδοκῶν αὐ-
τούσ, συνκαλεσάμενοσ τοὺσ συγγενεῖσ αὐτοῦ καὶ τοὺσ ἀναγκαίουσ
φίλουσ. ²⁵ ὡσ δὲ ἐγένετο τοῦ εἰσελθεῖν τὸν Πέτρον, συναντήσασ 25
αὐτῷ ὁ Κορνήλιοσ πεσὼν ἐπὶ τοὺσ πόδασ προσεκύνησεν. ²⁶ ὁ δὲ 26
Πέτροσ ἤγειρεν αὐτὸν λέγων· ἀνάστηθι· καὶ ἐγὼ αὐτὸσ ἄνθρωπόσ
εἰμι. ²⁷ καὶ συνομιλῶν αὐτῷ εἰσῆλθεν, καὶ εὑρίσκει συνεληλυθό- 27
τασ πολλούσ, ²⁸ ἔφη τε πρὸσ αὐτούσ· ὑμεῖσ ἐπίστασθε ὡσ ἀθέμι- 28
τόν ἐστιν ἀνδρὶ Ἰουδαίῳ κολλᾶσθαι ἢ προσέρχεσθαι ἀλλοφύλῳ·
κἀμοὶ ἔδειξεν ὁ θεὸσ μηδένα κοινὸν ἢ ἀκάθαρτον λέγειν ἄνθρω-
πον· ²⁹ διὸ καὶ ἀναντιρρήτωσ ἦλθον μεταπεμφθείσ. πυνθάνομαι 29
οὖν, τίνι λόγῳ μετεπέμψασθέ με; ³⁰ καὶ ὁ Κορνήλιοσ ἔφη· ἀπὸ 30
τετάρτησ ἡμέρασ μέχρι ταύτησ τῆσ ὥρασ ἤμην τὴν ἐνάτην προσ-
ευχόμενοσ ἐν τῷ οἴκῳ μου, καὶ ἰδοὺ ἀνὴρ ἔστη ἐνώπιόν μου ἐν ἐσθῆτι
λαμπρᾷ, ³¹ καὶ φησίν· Κορνήλιε, εἰσηκούσθη σου ἡ προσευχὴ καὶ 31
αἱ ἐλεημοσύναι σου ἐμνήσθησαν ἐνώπιον τοῦ θεοῦ. ³² πέμψον 32
οὖν εἰσ Ἰόππην καὶ μετακάλεσαι Σίμωνα ὃσ ἐπικαλεῖται Πέτροσ·
οὗτοσ ξενίζεται ἐν οἰκίᾳ Σίμωνοσ βυρσέωσ παρὰ θάλασαν.
³³ ἐξαυτῆσ οὖν ἔπεμψα πρόσ σε, σύ τε καλῶσ ἐποίησασ παρα- 33
γενόμενοσ. νῦν οὖν πάντεσ ἡμεῖσ ἐνώπιον τοῦ θεοῦ πάρεσμεν ἀκοῦ-
σαι πάντα τὰ προστεταγμένα σοι ὑπὸ τοῦ κυρίου. ³⁴ Ἀνοίξασ δὲ 34
Πέτροσ τὸ στόμα εἶπεν· ἐπ' ἀληθείασ καταλαμβάνομαι ὅτι οὐκ
ἔστιν προσωπολήμπτησ ὁ θεόσ, ³⁵ ἀλλ' ἐν παντὶ ἔθνει ὁ φοβού- 35
μενοσ αὐτὸν καὶ ἐργαζόμενοσ δικαιοσύνην δεκτὸσ αὐτῷ ἐστίν·
³⁶ τὸν λόγον ὃν ἀπέστειλεν τοῖσ υἱοῖσ Ἰσραὴλ εὐαγγελιζόμενοσ 36
εἰρήνην διὰ Ἰησοῦ Χριστοῦ· οὗτός ἐστιν πάντων κύριοσ. ³⁷ ὑμεῖσ 37
οἴδατε τὸ γενόμενον ῥῆμα καθ' ὅλησ τῆσ Ἰουδαίασ, ἀρξάμενοσ
ἀπὸ τῆσ Γαλιλαίασ μετὰ τὸ βάπτισμα ὃ ἐκήρυξεν Ἰωάννησ,
³⁸ Ἰησοῦν τὸν ἀπὸ Ναζαρέθ, ὡσ ἔχρισεν αὐτὸν ὁ θεὸσ πνεύματι 38
ἁγίῳ καὶ δυνάμει, ὃσ διῆλθεν εὐεργετῶν καὶ ἰώμενοσ πάντασ
τοὺσ καταδυναστευομένουσ ὑπὸ τοῦ διαβόλου, ὅτι ὁ θεὸσ ἦν μετ'

---

22. ειπον 23· αναστασ : ο πετροσ | απο τησ ιοππησ. : 24. τη δε :
και τη | εισηλθον | καισαρειαν | συγκαλεσ. 25. om του 26· αυτον
ηγειρεν | καγω αυτοσ 28. και εμοι | ο θεοσ εδειξ. 30. ημην : add
νηστευων και | ενατην : εννατην ωραν | א ενωπ. εμου 32. παρ. θαλασ-
σαν : add οσ παραγενομενοσ λαλησει σοι 33. υπο (אc απο) τ. κυριου :
υπ. τ. θεου 34. το στομα : אc add αυτου | προσωποληπτησ 36. ὃν :
אa om 37. αρξαμενον 38. ς (non item ςc) ναζαρετ | οσ : א* ωσ

39 αὐτοῦ· ³⁹ καὶ ἡμεῖσ μάρτυρεσ πάντων ὧν ἐποίησεν ἔν τε τῇ χώρᾳ
τῶν Ἰουδαίων καὶ ἐν Ἱερουσαλήμ, ὃν καὶ ἀνεῖλαν κρεμάσαντεσ
40 ἐπὶ ξύλου. ⁴⁰ τοῦτον ὁ θεὸσ ἤγειρεν ἐν τῇ τρίτῃ ἡμέρᾳ καὶ ἔδωκεν
41 αὐτὸν ἐμφανῆ γενέσθαι, ⁴¹ οὐ παντὶ τῷ λαῷ, ἀλλὰ μάρτυσιν τοῖσ
προκεχειροτονημένοισ ὑπὸ τοῦ θεοῦ, ἡμῖν οἵτινεσ συνεφάγομεν
42 καὶ συνεπίομεν αὐτῷ μετὰ τὸ ἀναστῆναι αὐτὸν ἐκ νεκρῶν· ⁴² καὶ
παρήγγειλεν ἡμῖν κηρῦξαι τῷ λαῷ καὶ διαμαρτύρασθαι ὅτι αὐτόσ
ἐστιν ὁ ὡρισμένοσ ὑπὸ τοῦ θεοῦ κριτὴσ ζώντων καὶ νεκρῶν.
43 ⁴³ τούτῳ πάντεσ οἱ προφῆται μαρτυροῦσιν, ἄφεσιν ἁμαρτιῶν
λαβεῖν διὰ τοῦ ὀνόματοσ αὐτοῦ πάντα τὸν πιστεύοντα εἰσ αὐτόν.
44 Ἔτι λαλοῦντοσ τοῦ Πέτρου τὰ ῥήματα ταῦτα ἐπέπεσεν τὸ
45 πνεῦμα τὸ ἅγιον ἐπὶ πάντασ τοὺσ ἀκούοντασ τὸν λόγον. ⁴⁵ καὶ
ἐξέστησαν οἱ ἐκ περιτομῆσ πιστοὶ ὅσοι συνῆλθαν τῷ Πέτρῳ, ὅτι
καὶ ἐπὶ τὰ ἔθνη ἡ δωρεὰ τοῦ ἁγίου πνεύματοσ ἐκκέχυται·
46 ⁴⁶ ἤκουον γὰρ αὐτῶν λαλούντων γλώσσαισ καὶ μεγαλυνόντων τὸν
47 θεόν. τότε ἀπεκρίθη Πέτροσ· ⁴⁷ μήτι τὸ ὕδωρ δύναται κωλῦσαί
τισ τοῦ μὴ βαπτισθῆναι τούτουσ, οἵτινεσ τὸ πνεῦμα τὸ ἅγιον
48 ἔλαβον ὡσ καὶ ἡμεῖσ; ⁴⁸ προσέταξεν δὲ αὐτοῖσ ἐν τῷ ὀνόματι
Ἰησοῦ Χριστοῦ βαπτισθῆναι. τότε ἠρώτησαν αὐτὸν ἐπιμεῖναι
ἡμέρασ τινάσ.

XI.

Petrus Hierosolymae visionem animalium remque cum Cornelio gestam
exponit. Barnabas et Saulus. Christiani Antiochiae. Agabus.

1 Ἤκουσαν δὲ οἱ ἀπόστολοι καὶ οἱ ἀδελφοὶ οἱ ὄντεσ κατὰ τὴν
2 Ἰουδαίαν ὅτι καὶ τὰ ἔθνη ἐδέξαντο τὸν λόγον τοῦ θεοῦ. ² ὅτε δὲ
ἀνέβη Πέτροσ εἰσ Ἱερουσαλήμ, διεκρίνοντο πρὸσ αὐτὸν οἱ ἐκ
3 περιτομῆσ, ³ λέγοντεσ ὅτι εἰσῆλθεσ πρὸσ ἄνδρασ ἀκροβυστίαν
4 ἔχοντασ καὶ συνέφαγεσ αὐτοῖσ. ⁴ ἀρξάμενοσ δὲ Πέτροσ ἐξετίθετο
5 αὐτοῖσ καθεξῆσ λέγων· ⁵ ἐγὼ ἤμην ἐν πόλει Ἰόππῃ προσευχό-
μενοσ, καὶ εἶδον ἐν ἐκστάσει ὅραμα, καταβαῖνον σκεῦόσ τι ὡσ
ὀθόνην μεγάλην τέσσαρσιν ἀρχαῖσ καθιεμένην ἐκ τοῦ οὐρανοῦ,
6 καὶ ἦλθεν ἄχρι ἐμοῦ· ⁶ εἰσ ἣν ἀτενίσασ κατενόουν, καὶ εἶδον τὰ
τετράποδα τῆσ γῆσ καὶ τὰ θηρία καὶ τὰ ἑρπετὰ καὶ τὰ πετεινὰ
7 τοῦ οὐρανοῦ. ⁷ ἤκουσα δὲ καὶ φωνῆσ λεγούσησ μοι· ἀναστὰσ
8 Πέτρε θῦσον καὶ φάγε. ⁸ εἶπον δέ· μηδαμῶσ, κύριε, ὅτι κοινὸν
9 ἢ ἀκάθαρτον οὐδέποτε εἰσῆλθεν εἰσ τὸ στόμα μου. ⁹ ἀπεκρίθη
δὲ φωνὴ ἐκ δευτέρου ἐκ τοῦ οὐρανοῦ· ἃ ὁ θεὸσ ἐκαθάρισεν σὺ

---

39. ημεισ : add εσμεν | ον και : om και | ανειλον 40. om εν
45. συνηλθον 46. ο πετροσ 47. κωλυσαι δυναται τισ | ωσ : καθωσ
48. προσετ. τε | αυτοισ : αυτουσ | ιησ. χριστου : του κυριου | βαπτισθη-
ναι : ante εν τω ονομ. του

XI, 2. οτε δε : και οτε | ιεροσολυμα 3. εισηλθ. post ακρο. εχοντασ
4. ο πετροσ 5. ℵ* om προσευχομ. | αχρισ 7. ηκουσα δε sine και
8. παν κοινον 9. απεκρι. δε : add μοι

μὴ κοίνου. ¹⁰ τοῦτο δὲ ἐγένετο ἐπὶ τρίσ, καὶ ἀνεσπάσθη πάλιν 10
ἅπαντα εἰσ τὸν οὐρανόν. ¹¹ καὶ ἰδοὺ ἐξαυτῆσ τρεῖσ ἄνδρεσ ἐπέ- 11
στησαν ἐπὶ τὴν οἰκίαν ἐν ᾗ ἦμεν, ἀπεσταλμένοι ἀπὸ Καισαρίασ
πρόσ με. ¹² εἶπεν δὲ τὸ πνεῦμά μοι συνελθεῖν αὐτοῖσ μηδὲν 12
διακρίναντα. ἦλθον δὲ σὺν ἐμοὶ καὶ οἱ ἓξ ἀδελφοὶ οὗτοι, καὶ
εἰσήλθομεν εἰσ τὸν οἶκον τοῦ ἀνδρόσ. ¹³ ἀπήγγειλεν δὲ ἡμῖν πῶσ 13
εἶδεν τὸν ἄγγελον ἐν τῷ οἴκῳ αὐτοῦ σταθέντα καὶ εἰπόντα· ἀπό-
στειλον εἰσ Ἰόππην καὶ μετάπεμψαι Σίμωνα τὸν ἐπικαλούμενον
Πέτρον, ¹⁴ ὃσ λαλήσει ῥήματα πρόσ σε, ἐν οἷσ σωθήσῃ σὺ καὶ 14
πᾶσ ὁ οἶκόσ σου. ¹⁵ ἐν δὲ τῷ ἄρξασθαί με λαλεῖν ἐπέπεσεν τὸ 15
πνεῦμα τὸ ἅγιον ἐπ' αὐτοὺσ ὥσπερ καὶ ἐφ' ἡμᾶσ ἐν ἀρχῇ. ¹⁶ ἐμνή- 16
σθην δὲ τοῦ ῥήματοσ τοῦ κυρίου, ὡσ ἔλεγεν· Ἰωάννησ μὲν ἐβά-
πτισεν ὕδατι, ὑμεῖσ δὲ βαπτισθήσεσθε ἐν πνεύματι ἁγίῳ. ¹⁷ εἰ 17
οὖν τὴν ἴσην δωρεὰν ἔδωκεν αὐτοῖσ ὁ θεὸσ ὡσ καὶ ἡμῖν, πιστεύ-
σασιν ἐπὶ τὸν κύριον Ἰησοῦν Χριστόν, ἐγὼ τίσ ἤμην δυνατὸσ
κωλῦσαι τὸν θεόν; ¹⁸ ἀκούσαντεσ δὲ ταῦτα ἡσύχασαν, καὶ ἐδόξα- 18
σαν τὸν θεὸν λέγοντεσ· ἄρα καὶ τοῖσ ἔθνεσιν ὁ θεὸσ τὴν μετάνοιαν
εἰσ ζωὴν ἔδωκεν.

Οἱ μὲν οὖν διασπαρέντεσ ἀπὸ τῆσ θλίψεωσ τῆσ γενομένησ 19
ἐπὶ Στεφάνῳ διῆλθον ἕωσ Φοινίκησ καὶ Κύπρου καὶ Ἀντιοχείασ,
μηδενὶ λαλοῦντεσ τὸν λόγον εἰ μὴ μόνον Ἰουδαίοισ. ²⁰ ἦσαν δέ 20
τινεσ ἐξ αὐτῶν ἄνδρεσ Κύπριοι καὶ Κυρηναῖοι, οἵτινεσ ἐλθόντεσ
εἰσ Ἀντιόχειαν ἐλάλουν καὶ πρὸσ τοὺσ Ἕλληνασ, εὐαγγελιζόμενοι
τὸν κύριον Ἰησοῦν. ²¹ καὶ ἦν χεὶρ κυρίου μετ' αὐτῶν, πολύσ τε 21
ἀριθμὸσ ὁ πιστεύσασ ἐπέστρεψεν ἐπὶ τὸν κύριον. ²² Ἠκούσθη δὲ 22
ὁ λόγοσ εἰσ τὰ ὦτα τῆσ ἐκκλησίασ τῆσ οὔσησ ἐν Ἱερουσαλὴμ
περὶ αὐτῶν, καὶ ἐξαπέστειλαν Βαρνάβαν ἕωσ Ἀντιοχείασ. ²³ ὃσ 23
παραγενόμενοσ καὶ ἰδὼν τὴν χάριν τὴν τοῦ θεοῦ ἐχάρη, καὶ
παρεκάλει πάντασ τῇ προθέσει τῆσ καρδίασ προσμένειν τῷ κυρίῳ,
²⁴ ὅτι ἦν ἀνὴρ ἀγαθὸσ καὶ πλήρησ πνεύματοσ ἁγίου καὶ πίστεωσ. 24
καὶ προσετέθη ὄχλοσ ἱκανὸσ τῷ κυρίῳ. ²⁵ ἐξῆλθεν δὲ εἰσ Ταρσὸν 25
ἀναζητῆσαι Σαῦλον, καὶ εὑρὼν ἤγαγεν εἰσ Ἀντιόχειαν. ²⁶ ἐγένετο 26
δὲ αὐτοῖσ καὶ ἐνιαυτὸν ὅλον συναχθῆναι ἐν τῇ ἐκκλησίᾳ καὶ δι-
δάξαι ὄχλον ἱκανόν, χρηματίσαι τε πρώτωσ ἐν Ἀντιοχείᾳ τοὺσ
μαθητὰσ Χριστιανούσ.

Ἐν ταύταισ δὲ ταῖσ ἡμέραισ κατῆλθον ἀπὸ Ἱεροσολύμων 27

---

10. παλιν ανεσπασθη 11. ημεν : ημην | καισαρειασ | με : ℵ* εμε 12. μοι
το πνευμ. | ℵ* διακρινοντα, ϛ διακρινομενον 13. απηγγ. τε | ειποντα :
add αυτω | εισ ιοππην : add ανδρασ 16. om του ante κυριου | ιωαννησ :
ℵᶜ praem οτι 17. ℵ δεδωκεν | εγω : add δε 18. εδοξαζον | αραγε | εδωκ.
εισ ζωην 20. εισελθοντεσ | ελαλ. και : om και | ελληνασ : ελληνιστασ
(ℵ* miro vitio ευαγγελιστασ) 21. om ο ante πιστευσασ 22. om ουσησ |
εν ιεροσολυμοισ | εωσ αντιοχ. : praem διελθειν 23. om την sec 24. ℵ
ανηρ ην 25. εισ ταρσον : add ο βαρναβασ | ευρων : add αυτόν | ηγαγεν :
add αυτον 26. αυτοισ : αυτουσ | om και ante ενιαυτον | πρωτον
Nov. Test. ed. Tf. 15

28 προφῆται εἰσ Ἀντιόχειαν· ²⁸ ἀναστὰσ δὲ εἶσ ἐξ αὐτῶν ὀνόματι
Ἄγαβοσ ἐσήμανεν διὰ τοῦ πνεύματοσ λιμὸν μεγάλην μέλλειν ἔσε-
29 σθαι ἐφ᾽ ὅλην τὴν οἰκουμένην, ἥτισ ἐγένετο ἐπὶ Κλαυδίου. ²⁹ τῶν
δὲ μαθητῶν καθὼσ εὐπορεῖτό τισ, ὥρισαν ἕκαστοσ αὐτῶν εἰσ
30 διακονίαν πέμψαι τοῖσ κατοικοῦσιν ἐν τῇ Ἰουδαίᾳ ἀδελφοῖσ· ³⁰ ὅ
καὶ ἐποίησαν ἀποστείλαντεσ πρὸσ τοὺσ πρεσβυτέρουσ διὰ χειρὸσ
Βαρνάβα καὶ Σαύλου.

XII.

Herodes Agrippa Iacobum occidit et Petrum in vincula coniicit. Petrus
liberatus ab angelo pulsat fores domus Mariae. Herodes subito perit.

1 Κατ᾽ ἐκεῖνον δὲ τὸν καιρὸν ἐπέβαλεν ὁ βασιλεὺσ Ἡρώδησ
2 τὰσ χεῖρασ κακῶσαί τινασ τῶν ἀπὸ τῆσ ἐκκλησίασ. ² ἀνεῖλεν δὲ
3 Ἰάκωβον τὸν ἀδελφὸν Ἰωάννου μαχαίρῃ. ³ ἰδὼν δὲ ὅτι ἀρεστόν
ἐστιν τοῖσ Ἰουδαίοισ, προσέθετο συλλαβεῖν καὶ Πέτρον, ἦσαν δὲ
4 ἡμέραι τῶν ἀζύμων, ⁴ ὃν καὶ πιάσασ ἔθετο εἰσ φυλακήν, παρα-
δοὺσ τέσσαρσιν τετραδίοισ στρατιωτῶν φυλάσσειν αὐτόν, βουλό-
5 μενοσ μετὰ τὸ πάσχα ἀναγαγεῖν αὐτὸν τῷ λαῷ. ⁵ ὁ μὲν οὖν
Πέτροσ ἐτηρεῖτο ἐν τῇ φυλακῇ· προσευχὴ δὲ ἦν ἐκτενῶσ γινομένη
6 ὑπὸ τῆσ ἐκκλησίασ πρὸσ τὸν θεὸν περὶ αὐτοῦ. ⁶ ὅτε δὲ ἤμελλεν
προαγαγεῖν αὐτὸν ὁ Ἡρώδησ, τῇ νυκτὶ ἐκείνῃ ἦν ὁ Πέτροσ κοι-
μώμενοσ μεταξὺ δύο στρατιωτῶν, δεδεμένοσ ἁλύσεσιν δυσίν, φύ-
7 λακέσ τε πρὸ τῆσ θύρασ ἐτήρουν τὴν φυλακήν. ⁷ καὶ ἰδοὺ ἄγγε-
λοσ κυρίου ἐπέστη, καὶ φῶσ ἔλαμψεν ἐν τῷ οἰκήματι· πατάξασ
δὲ τὴν πλευρὰν τοῦ Πέτρου ἤγειρεν αὐτὸν λέγων· ἀνάστα ἐν
8 τάχει. καὶ ἐξέπεσαν αὐτοῦ αἱ ἁλύσεισ ἐκ τῶν χειρῶν. ⁸ εἶπέν τε
ὁ ἄγγελοσ πρὸσ αὐτόν· ζῶσαι καὶ ὑπόδησαι τὰ σανδάλιά σου.
ἐποίησεν δὲ οὕτωσ. καὶ λέγει αὐτῷ· περιβαλοῦ τὸ ἱμάτιόν σου
9 καὶ ἀκολούθει μοι. ⁹ καὶ ἐξελθὼν ἠκολούθει, καὶ οὐκ ᾔδει ὅτι
ἀληθέσ ἐστιν τὸ γινόμενον διὰ τοῦ ἀγγέλου, ἐδόκει δὲ ὅραμα
10 βλέπειν. ¹⁰ διελθόντεσ δὲ πρώτην φυλακὴν καὶ δευτέραν ἦλθαν
ἐπὶ τὴν πύλην τὴν σιδηρᾶν τὴν φέρουσαν εἰσ τὴν πόλιν, ἥτισ
αὐτομάτη ἠνοίγη αὐτοῖσ, καὶ ἐξελθόντεσ προῆλθον ῥύμην μίαν,
11 καὶ εὐθέωσ ἀπέστη ὁ ἄγγελοσ ἀπ᾽ αὐτοῦ. ¹¹ καὶ ὁ Πέτροσ ἐν
ἑαυτῷ γενόμενοσ εἶπεν· νῦν οἶδα ἀληθῶσ ὅτι ἐξαπέστειλεν κύριοσ
τὸν ἄγγελον αὐτοῦ καὶ ἐξείλατό με ἐκ χειρὸσ Ἡρώδου καὶ πάσησ
12 τῆσ προσδοκίασ τοῦ λαοῦ τῶν Ἰουδαίων. ¹² συνιδών τε ἦλθεν
ἐπὶ τὴν οἰκίαν τῆσ Μαρίασ τῆσ μητρὸσ Ἰωάννου τοῦ ἐπικαλου-
μένου Μάρκου, οὗ ἦσαν ἱκανοὶ συνηθροισμένοι καὶ προσευχόμενοι.

28. μεγαν et οστισ και | κλαυδιον : add καισαροσ   29. ηυπορειτο
    XII, 1. ηρωδ. ο βασιλ.   2. μαχαιρα   3. και ιδων | א* om εστιν
5. εκτενησ | περι : υπερ   6. εμελλε | ς προαγειν, א προσαγειν | αυτον :
ante προαγ.   7. εξεπεσον   8. περιζωσαι   9. ηκολουθει : add αυτω |
א* om δε   10. ηλθον | ηνοιχθη   11. γενομ. εν εαυτ. | εξειλετο   12. om
τησ ante μαριασ

¹³ κρούσαντοσ δὲ αὐτοῦ τὴν θύραν τοῦ πυλῶνοσ προσῆλθεν παι- 13
δίσκη ὑπακοῦσαι, ὀνόματι Ῥόδη, ¹⁴ καὶ ἐπιγνοῦσα τὴν φωνὴν τοῦ 14
Πέτρου ἀπὸ τῆσ χαρᾶσ οὐκ ἤνοιξεν τὸν πυλῶνα, εἰσδραμοῦσα
δὲ ἀπήγγειλεν ἑστάναι τὸν Πέτρον πρὸ τοῦ πυλῶνοσ. ¹⁵ οἱ δὲ 15
πρὸσ αὐτὴν εἶπαν· μαίνῃ. ἡ δὲ διϊσχυρίζετο οὕτωσ ἔχειν. οἱ δὲ
ἔλεγον· ὁ ἄγγελόσ ἐστιν αὐτοῦ. ¹⁶ ὁ δὲ Πέτροσ ἐπέμενεν κρούων· 16
ἀνοίξαντεσ δὲ εἶδαν αὐτὸν καὶ ἐξέστησαν. ¹⁷ κατασείσασ δὲ αὐ- 17
τοῖσ τῇ χειρὶ σιγᾶν διηγήσατο πῶσ ὁ κύριοσ αὐτὸν ἐξήγαγεν ἐκ
τῆσ φυλακῆσ, εἶπέν τε· ἀπαγγείλατε Ἰακώβῳ καὶ τοῖσ ἀδελφοῖσ
ταῦτα. καὶ ἐξελθὼν ἐπορεύθη εἰσ ἕτερον τόπον. ¹⁸ γενομένησ 18
δὲ ἡμέρασ ἦν τάραχοσ οὐκ ὀλίγοσ ἐν τοῖσ στρατιώταισ, τί ἄρα
ὁ Πέτροσ ἐγένετο. ¹⁹ Ἡρώδησ δὲ ἐπιζητήσασ αὐτὸν καὶ μὴ εὑρών, 19
ἀνακρίνασ τοὺσ φύλακασ ἐκέλευσεν ἀπαχθῆναι, καὶ κατελθὼν
ἀπὸ τῆσ Ἰουδαίασ εἰσ Καισαρίαν διέτριβεν. ²⁰ ἦν δὲ θυμομαχῶν 20
Τυρίοισ καὶ Σιδωνίοισ· ὁμοθυμαδὸν δὲ παρῆσαν πρὸσ αὐτόν,
καὶ πείσαντεσ Βλάστον τὸν ἐπὶ τοῦ κοιτῶνοσ τοῦ βασιλέωσ
ᾐτοῦντο εἰρήνην, διὰ τὸ τρέφεσθαι αὐτῶν τὴν χώραν ἀπὸ τῆσ
βασιλικῆσ. ²¹ τακτῇ δὲ ἡμέρᾳ ὁ Ἡρώδησ ἐνδυσάμενοσ ἐσθῆτα 21
βασιλικὴν καθίσασ ἐπὶ τοῦ βήματοσ ἐδημηγόρει πρὸσ αὐτούσ·
²² ὁ δὲ δῆμοσ ἐπεφώνει· θεοῦ φωνὴ καὶ οὐκ ἀνθρώπου. ²³ παρα- 22 23
χρῆμα δὲ ἐπάταξεν αὐτὸν ἄγγελοσ κυρίου ἀνθ' ὧν οὐκ ἔδωκεν
τὴν δόξαν τῷ θεῷ, καὶ γενόμενοσ σκωληκόβρωτοσ ἐξέψυξεν.
Ὁ δὲ λόγοσ τοῦ θεοῦ ηὔξανεν καὶ ἐπληθύνετο. ²⁵ Βαρ- 24 25
νάβασ δὲ καὶ Σαῦλοσ ὑπέστρεψαν ἐξ Ἱερουσαλήμ, πληρώσαντεσ
τὴν διακονίαν, συνπαραλαβόντεσ Ἰωάννην τὸν ἐπικληθέντα
Μάρκον.

XIII.

Barnabae et Sauli iter ad exteros. Bariesus magus, Sergius Paulus proconsul. Oratio Pauli Antiochiae Pisidiae in synagoga. Barnabas et Paulus Iudaeorum invidia urbe eiecti.

Ἦσαν δὲ ἐν Ἀντιοχείᾳ κατὰ τὴν οὖσαν ἐκκλησίαν προφῆται 1
καὶ διδάσκαλοι ὅ τε Βαρνάβασ καὶ Συμεὼν ὁ καλούμενοσ Νίγερ,
καὶ Λούκιοσ ὁ Κυρηναῖοσ, Μαναήν τε Ἡρώδου τοῦ τετραάρχου
σύντροφοσ καὶ Σαῦλοσ. ² λειτουργούντων δὲ αὐτῶν τῷ κυρίῳ 2
καὶ νηστευόντων εἶπεν τὸ πνεῦμα τὸ ἅγιον· ἀφορίσατε δή μοι
τὸν Βαρνάβαν καὶ Σαῦλον εἰσ τὸ ἔργον ὃ προσκέκλημαι αὐτούσ.
³ τότε νηστεύσαντεσ καὶ προσευξάμενοι καὶ ἐπιθέντεσ τὰσ χεῖρασ 3
αὐτοῖσ ἀπέλυσαν. ⁴ αὐτοὶ μὲν οὖν ἐκπεμφθέντεσ ὑπὸ τοῦ ἁγίου 4

---

13. αυτου : τον πετρον | א προηλθε | א* υπακουουσα   15. ειπον | δε : δ' |
א* om ο ante αγγελ. | αυτου εστιν 16. ϛ א ειδον 17. διηγησατο : add αυ-
τοισ | ειπ. δε 19. א ουχ ολιγ. | εισ την καισαρειαν 20. ην δε : add ο
ηρωδησ 21. και καθισασ 22. א* ανθρωπων 25. εξ ιερουσαλημ : א
εισ ιερ. | συμπαραλα. | και ιωαννην | א επικαλουμενον

XIII, 1. ησαν δε : add τινεσ | τετραρχου 2. τον τε βαρνα. | ϛ א*
τον σαυλον 4. αυτοι : ουτοι

15*

πνεύματοσ κατῆλθον εἰσ Σελευκίαν, ἐκεῖθέν τε ἀπέπλευσαν εἰσ
5 Κύπρον, ⁵ καὶ γενόμενοι ἐν Σαλαμῖνι κατήγγελλον τὸν λόγον τοῦ
θεοῦ ἐν ταῖσ συναγωγαῖσ τῶν Ἰουδαίων· εἶχον δὲ καὶ Ἰωάννην
6 ὑπηρέτην. ⁶ διελθόντεσ δὲ ὅλην τὴν νῆσον ἄχρι Πάφου εὗρον
ἄνδρα τινὰ μάγον ψευδοπροφήτην Ἰουδαῖον, ᾧ ὄνομα Βαριησοῦ,
7 ⁷ ὃσ ἦν σὺν τῷ ἀνθυπάτῳ Σεργίῳ Παύλῳ, ἀνδρὶ συνετῷ. οὗτοσ
προσκαλεσάμενοσ Βαρνάβαν καὶ Σαῦλον ἐπεζήτησεν ἀκοῦσαι τὸν
8 λόγον τοῦ θεοῦ· ⁸ ἀνθίστατο δὲ αὐτοῖσ Ἑλύμασ ὁ μάγοσ, οὕτωσ
γὰρ μεθερμηνεύεται τὸ ὄνομα αὐτοῦ, ζητῶν διαστρέψαι τὸν ἀν-
9 θύπατον ἀπὸ τῆσ πίστεωσ. ⁹ Σαῦλοσ δέ, ὁ καὶ Παῦλοσ, πλη-
10 σθεὶσ πνεύματοσ ἁγίου ἀτενίσασ εἰσ αὐτὸν ¹⁰ εἶπεν· ὦ πλήρησ
παντὸσ δόλου καὶ πάσησ ῥᾳδιουργίασ, υἱὲ διαβόλου, ἐχθρὲ πάσησ
δικαιοσύνησ, οὐ παύσῃ διαστρέφων τὰσ ὁδοὺσ κυρίου τὰσ εὐθείασ;
11 ¹¹ καὶ νῦν ἰδοὺ χεὶρ κυρίου ἐπὶ σέ, καὶ ἔσῃ τυφλὸσ μὴ βλέπων
τὸν ἥλιον ἄχρι καιροῦ. παραχρῆμά τε ἔπεσεν ἐπ' αὐτὸν ἀχλὺσ
12 καὶ σκότοσ, καὶ περιάγων ἐζήτει χειραγωγούσ. ¹² τότε ἰδὼν ὁ
ἀνθύπατοσ τὸ γεγονὸσ ἐπίστευσεν, ἐκπλησσόμενοσ ἐπὶ τῇ διδαχῇ
τοῦ κυρίου.
13 Ἀναχθέντεσ δὲ ἀπὸ τῆσ Πάφου οἱ περὶ Παῦλον ἦλθον εἰσ 15, 38
Πέργην τῆσ Παμφυλίασ· Ἰωάννησ δὲ ἀποχωρήσασ ἀπ' αὐτῶν
14 ὑπέστρεψεν εἰσ Ἱεροσόλυμα. ¹⁴ αὐτοὶ δὲ διελθόντεσ ἀπὸ τῆσ
Πέργησ παρεγένοντο εἰσ Ἀντιόχειαν τὴν Πισιδίαν, καὶ ἐλθόντεσ
15 εἰσ τὴν συναγωγὴν τῇ ἡμέρᾳ τῶν σαββάτων ἐκάθισαν. ¹⁵ μετὰ
δὲ τὴν ἀνάγνωσιν τοῦ νόμου καὶ τῶν προφητῶν ἀπέστειλαν οἱ
ἀρχισυνάγωγοι πρὸσ αὐτοὺσ λέγοντεσ· ἄνδρεσ ἀδελφοί, εἴ τισ ἐστὶν
16 ἐν ὑμῖν λόγοσ παρακλήσεωσ πρὸσ τὸν λαόν, λέγετε. ¹⁶ ἀναστὰσ δὲ
Παῦλοσ καὶ κατασείσασ τῇ χειρὶ εἶπεν· ἄνδρεσ Ἰσραηλεῖται καὶ
17 οἱ φοβούμενοι τὸν θεόν, ἀκούσατε. ¹⁷ ὁ θεὸσ τοῦ λαοῦ τούτου 7, 2 ss
Ἰσραὴλ ἐξελέξατο τοὺσ πατέρασ ἡμῶν, καὶ τὸν λαὸν ὕψωσεν ἐν
τῇ παροικίᾳ ἐν γῇ Αἰγύπτῳ, καὶ μετὰ βραχίονοσ ὑψηλοῦ ἐξήγαγεν Ex 6, 1
18 αὐτοὺσ ἐξ αὐτῆσ, ¹⁸ καὶ ὡσ τεσσερακονταέτη χρόνον ἐτροφοφόρη- 7, 36
19 σεν αὐτοὺσ ἐν τῇ ἐρήμῳ, ¹⁹ καὶ καθελὼν ἔθνη ἑπτὰ ἐν γῇ Χανααν Dt 1, 31
20 κατεκληρονόμησεν τὴν γῆν αὐτῶν, ²⁰ ὡσ ἔτεσιν τετρακοσίοισ καὶ Ios 14, 1
πεντήκοντα. καὶ μετὰ ταῦτα ἔδωκεν κριτὰσ ἕωσ Σαμουὴλ προ-
21 φήτου. ²¹ κἀκεῖθεν ᾐτήσαντο βασιλέα, καὶ ἔδωκεν αὐτοῖσ ὁ θεὸσ 1 Sam 8, 5
τὸν Σαοὺλ υἱὸν Κείσ, ἄνδρα ἐκ φυλῆσ Βενιαμείν, ἔτη τεσσερά- 10, 21.
22 κοντα· ²² καὶ μεταστήσασ αὐτὸν ἤγειρεν τὸν Δαυεὶδ αὐτοῖσ εἰσ 16, 1

4. του πνευμ. του αγι. | εισ την σελευκειαν | εισ την κυπρ. 6. om ολην |
om ανδρα | βαριησουσ 9. και ατενισασ 10. ℵ* του κυριου 11. του
κυριου | παραχρ. δε | επεπεσεν 13. οι παυλον 14. τησ πισιδιασ |
εισελθοντεσ 15. om τισ | λογοσ εν υμιν παρακλη. 16. ℵ ισδραη-, 5
ισραηλιται 17. ℵ αιγυπτου 18. τεσσαρακ. | ϛ ℵ ετροποφορησεν
19. κατεκληροδοτησεν αυτοισ 20. και μετα ταυτα pon ante ωσ ετεσι
τετρα. κ. πεντ. | του προφητου 21. κισ | βενιαμιν | τεσσαρακ. 22. αυ-
τοισ τον δαβιδ

ACT. 13, 43. 229

βασιλέα, ᾧ καὶ εἶπεν μαρτυρήσασ· εὗρον Δαυεὶδ τὸν τοῦ Ἰεσσαί, ἄνδρα κατὰ τὴν καρδίαν μου, ὃσ ποιήσει πάντα τὰ θελήματά μου. ²³τούτου ὁ θεὸσ ἀπὸ τοῦ σπέρματοσ κατ᾽ ἐπαγγελίαν ἤγαγεν 23 τῷ Ἰσραὴλ σωτῆρα Ἰησοῦν, ²⁴προκηρύξαντοσ Ἰωάννου πρὸ προσ- 24 ώπου τῆσ εἰσόδου αὐτοῦ βάπτισμα μετανοίασ παντὶ τῷ λαῷ Ἰσραήλ. ²⁵ὡσ δὲ ἐπλήρου Ἰωάννησ τὸν δρόμον, ἔλεγεν· τί ἐμὲ 25 ὑπονοεῖτε εἶναι, οὐκ εἰμὶ ἐγώ· ἀλλ᾽ ἰδοὺ ἔρχεται μετ᾽ ἐμὲ οὗ οὐκ εἰμὶ ἄξιοσ τὸ ὑπόδημα τῶν ποδῶν λῦσαι. ²⁶ἄνδρεσ ἀδελφοί, υἱοὶ 26 γένουσ Ἀβραὰμ καὶ οἱ ἐν ὑμῖν φοβούμενοι τὸν θεόν, ἡμῖν ὁ λόγοσ τῆσ σωτηρίασ ταύτησ ἐξαπεστάλη. ²⁷οἱ γὰρ κατοικοῦντεσ ἐν 27 Ἱερουσαλὴμ καὶ οἱ ἄρχοντεσ αὐτῶν τοῦτον ἀγνοήσαντεσ καὶ τὰσ φωνὰσ τῶν προφητῶν τὰσ κατὰ πᾶν σάββατον ἀναγινωσκομένασ κρίναντεσ ἐπλήρωσαν, ²⁸καὶ μηδεμίαν αἰτίαν θανάτου εὑρόντεσ 28 ᾐτήσαντο Πειλᾶτον ἀναιρεθῆναι αὐτόν· ²⁹ὡσ δὲ ἐτέλεσαν πάντα 29 τὰ περὶ αὐτοῦ γεγραμμένα, καθελόντεσ ἀπὸ τοῦ ξύλου ἔθηκαν εἰσ μνημεῖον. ³⁰ὁ δὲ θεὸσ ἤγειρεν αὐτὸν ἐκ νεκρῶν, ³¹ὃσ 30 31 ὤφθη ἐπὶ ἡμέρασ πλείουσ τοῖσ συναναβᾶσιν αὐτῷ ἀπὸ τῆσ Γαλιλαίασ εἰσ Ἱερουσαλήμ, οἵτινεσ νῦν εἰσὶν μάρτυρεσ αὐτοῦ πρὸσ τὸν λαόν. ³²καὶ ἡμεῖσ ὑμᾶσ εὐαγγελιζόμεθα τὴν πρὸσ τοὺσ 32 πατέρασ ἐπαγγελίαν γενομένην, ὅτι ταύτην ὁ θεὸσ ἐκπεπλήρωκεν τοῖσ τέκνοισ ἡμῶν ἀναστήσασ Ἰησοῦν, ³³ὡσ καὶ ἐν τῷ πρώτῳ 33 ψαλμῷ γέγραπται· υἱόσ μου εἶ σύ, ἐγὼ σήμερον γεγέννηκά σε. ³⁴ὅτι δὲ ἀνέστησεν αὐτὸν ἐκ νεκρῶν μηκέτι μέλλοντα ὑποστρέφειν 34 εἰσ διαφθοράν, οὕτωσ εἴρηκεν ὅτι δώσω ὑμῖν τὰ ὅσια Δαυεὶδ τὰ πιστά. ³⁵διότι καὶ ἐν ἑτέρῳ λέγει· οὐ δώσεισ τὸν ὅσιόν σου ἰδεῖν 35 διαφθοράν. ³⁶Δαυεὶδ μὲν γὰρ ἰδίᾳ γενεᾷ ὑπηρετήσασ τῇ τοῦ 36 θεοῦ βουλῇ ἐκοιμήθη καὶ προσετέθη πρὸσ τοὺσ πατέρασ αὐτοῦ καὶ εἶδεν διαφθοράν· ³⁷ὃν δὲ ὁ θεὸσ ἤγειρεν, οὐκ εἶδεν δια- 37 φθοράν. ³⁸γνωστὸν οὖν ἔστω ὑμῖν, ἄνδρεσ ἀδελφοί, ὅτι διὰ 38 τούτου ὑμῖν ἄφεσισ ἁμαρτιῶν καταγγέλλεται· ³⁹ἀπὸ πάντων ὧν 39 οὐκ ἠδυνήθητε ἐν νόμῳ Μωϋσέωσ δικαιωθῆναι, ἐν τούτῳ πᾶσ ὁ πιστεύων δικαιοῦται. ⁴⁰βλέπετε οὖν μὴ ἐπέλθῃ τὸ εἰρημένον ἐν 40 τοῖσ προφήταισ· ⁴¹ἴδετε, οἱ καταφρονηταί, καὶ θαυμάσατε καὶ 41 ἀφανίσθητε, ὅτι ἔργον ἐργάζομαι ἐγὼ ἐν ταῖσ ἡμέραισ ὑμῶν, ἔργον ὃ οὐ μὴ πιστεύσητε ἐάν τισ ἐκδιηγῆται ὑμῖν.

Ἐξιόντων δὲ αὐτῶν παρεκάλουν εἰσ τὸ μεταξὺ σάββατον 42 λαληθῆναι αὐτοῖσ τὰ ῥήματα ταῦτα. ⁴³λυθείσησ δὲ τῆσ συνα- 43

23. ηγαγεν: ηγειρε 25. ο ιωανν. | τινα με 26. ημιν : υμιν | απεσταλη 28. ϛ ℵ πιλατ. 29. απαντα 31. νυν (ℵ post εισιν) : om 32. τοισ τε. αυτων ημιν 33. ℵ εν τ. ψα. γεγρ. τω δευτερω, ϛ εν τω ψα. τω δευτερω γεγρ. 34. δαβιδ 35. διο 36. δαβιδ 38. υμιν εστω 39. και απο παντων | εν τω νομω μωσεωσ 40. επελθη (ℵ* απελθ.) : add εφ υμασ 41. ℵ θαυμασετε | οτι εργον εγω εργαζ. | ὃ : ᾧ 42. εξιοντων δε εκ τησ συναγωγησ των ιουδαιων | παρεκαλουν : add τα εθνη 43. λυθεισησ δε: ℵ* add αυτοισ

γωγῆσ ἠκολούθησαν πολλοὶ τῶν Ἰουδαίων καὶ τῶν σεβομένων προσηλύτων τῷ Παύλῳ καὶ τῷ Βαρνάβᾳ, οἵτινεσ προσλαλοῦντεσ 44 αὐτοῖσ ἔπειθον αὐτοὺσ προσμένειν τῇ χάριτι τοῦ θεοῦ. ⁴⁴ τῷ δὲ ἐρχομένῳ σαββάτῳ σχεδὸν πᾶσα ἡ πόλισ συνήχθη ἀκοῦσαι τὸν 45 λόγον τοῦ κυρίου. ⁴⁵ ἰδόντεσ δὲ οἱ Ἰουδαῖοι τοὺσ ὄχλουσ ἐπλήσθησαν ζήλου, καὶ ἀντέλεγον τοῖσ ὑπὸ Παύλου λαλουμένοισ ἀντι- 46 λέγοντεσ καὶ βλασφημοῦντεσ. ⁴⁶ παρρησιασάμενοί τε ὁ Παῦλοσ καὶ ὁ Βαρνάβασ εἶπαν· ὑμῖν ἦν ἀναγκαῖον πρῶτον λαληθῆναι τὸν λόγον τοῦ θεοῦ· ἐπειδὴ ἀπωθεῖσθε αὐτὸν καὶ οὐκ ἀξίουσ κρίνετε ἑαυτοὺσ τῆσ αἰωνίου ζωῆσ, ἰδοὺ στρεφόμεθα εἰσ τὰ ἔθνη. 47 ⁴⁷ οὕτωσ γὰρ ἐντέταλται ἡμῖν ὁ κύριοσ· τέθεικά σε εἰσ φῶσ ἐθνῶν Es 49, 6 Lc 2, 32 48 τοῦ εἶναί σε εἰσ σωτηρίαν ἕωσ ἐσχάτου τῆσ γῆσ. ⁴⁸ ἀκούοντα δὲ τὰ ἔθνη ἔχαιρον καὶ ἐδόξαζον τὸν λόγον τοῦ κυρίου, καὶ 49 ἐπίστευσαν ὅσοι ἦσαν τεταγμένοι εἰσ ζωὴν αἰώνιον· ⁴⁹ διεφέρετο 50 δὲ ὁ λόγοσ τοῦ κυρίου καθ᾽ ὅλησ τῆσ χώρασ. ⁵⁰ οἱ δὲ Ἰουδαῖοι παρώτρυναν τὰσ σεβομένασ γυναῖκασ τὰσ εὐσχήμονασ καὶ τοὺσ πρώτουσ τῆσ πόλεωσ, καὶ ἐπήγειραν διωγμὸν ἐπὶ τὸν Παῦλον καὶ Βαρνάβαν, καὶ ἐξέβαλον αὐτοὺσ ἀπὸ τῶν ὁρίων αὐτῶν. 51 ⁵¹ οἱ δὲ ἐκτιναξάμενοι τὸν κονιορτὸν τῶν ποδῶν ἐπ᾽ αὐτοὺσ ἦλθον Lc 9, 5 52 εἰσ Ἰκόνιον· ⁵² οἱ δὲ μαθηταὶ ἐπληροῦντο χαρᾶσ καὶ πνεύματοσ ἁγίου.

XIV.

Barnabas et Paulus Iconio pulsi. Lystrae pro diis habentur, sed a Iudaeis fere lapidati iter per Asiam pergunt redeuntque Antiochiam Syriae.

1 Ἐγένετο δὲ ἐν Ἰκονίῳ κατὰ τὸ αὐτὸ εἰσελθεῖν αὐτοὺσ εἰσ τὴν συναγωγὴν τῶν Ἰουδαίων καὶ λαλῆσαι οὕτωσ ὥστε πιστεῦσαι 2 Ἰουδαίων τε καὶ Ἑλλήνων πολὺ πλῆθοσ. ² οἱ δὲ ἀπειθήσαντεσ Ἰουδαῖοι ἐπήγειραν καὶ ἐκάκωσαν τὰσ ψυχὰσ τῶν ἐθνῶν κατὰ 3 τῶν ἀδελφῶν. ³ ἱκανὸν μὲν οὖν χρόνον διέτριψαν παρρησιαζόμενοι ἐπὶ τῷ κυρίῳ τῷ μαρτυροῦντι ἐπὶ τῷ λόγῳ τῆσ χάριτοσ αὐτοῦ, διδόντοσ σημεῖα καὶ τέρατα γίνεσθαι διὰ τῶν χειρῶν αὐτῶν. 5, 12 4 ⁴ ἐσχίσθη δὲ τὸ πλῆθοσ τῆσ πόλεωσ, καὶ οἱ μὲν ἦσαν σὺν τοῖσ 5 Ἰουδαίοισ, οἱ δὲ σὺν τοῖσ ἀποστόλοισ. ⁵ ὡσ δὲ ἐγένετο ὁρμὴ τῶν ἐθνῶν τε καὶ Ἰουδαίων σὺν τοῖσ ἄρχουσιν αὐτῶν ὑβρίσαι καὶ 6 λιθοβολῆσαι αὐτούσ, ⁶ συνιδόντεσ κατέφυγον εἰσ τὰσ πόλεισ τῆσ 7 Λυκαονίασ Λύστραν καὶ Δέρβην καὶ τὴν περίχωρον· ⁷ κἀκεῖ εὐαγγελιζόμενοι ἦσαν.
8 Καί τισ ἀνὴρ ἀδύνατοσ ἐν Λύστροισ τοῖσ ποσὶν ἐκάθητο,

43. επιμενειν 44. κυριου : θεον 45. τοισ υπ. του παυλου λεγομενοισ | א om αντιλεγοντ. και 46. τε : δε | ειπον | επειδη : add δε 47. א* om ο ante κυριοσ 49. δι ολησ 50. και τασ ευσχημ. | τον βαρναβ. 51. ποδων : add αυτων
XIV, 1. א* om των ιουδαι. 2. απειθουντεσ 3. om επι ante τω λογω | και διδοντι 7. ησαν ευαγγελιζ. 8. εν λυστρ. αδυνατ.

χωλὸσ ἐκ κοιλίασ μητρὸσ αὐτοῦ, ὃσ οὐδέποτε περιεπάτησεν. ⁹ οὗ- 9
τοσ ἤκουσεν τοῦ Παύλου λαλοῦντοσ, ὃσ ἀτενίσασ αὐτῷ καὶ ἰδὼν
ὅτι ἔχει πίστιν τοῦ σωθῆναι, ¹⁰ εἶπεν μεγάλῃ φωνῇ· ἀνάστηθι 10
ἐπὶ τοὺσ πόδασ σου ὀρθόσ. καὶ ἥλατο, καὶ περιεπάτει. ¹¹ οἵ τε 11
ὄχλοι ἰδόντεσ ὃ ἐποίησεν Παῦλοσ ἐπῆραν τὴν φωνὴν αὐτῶν Λυ-
καονιστὶ λέγοντεσ· οἱ θεοὶ ὁμοιωθέντεσ ἀνθρώποισ κατέβησαν
πρὸσ ἡμᾶσ, ¹² ἐκάλουν τε τὸν Βαρνάβαν Δία, τὸν δὲ Παῦλον 12
Ἑρμῆν, ἐπειδὴ αὐτὸσ ἦν ὁ ἡγούμενοσ τοῦ λόγου. ¹³ ὅ τε ἱερεὺσ 13
τοῦ Διὸσ τοῦ ὄντοσ πρὸ τῆσ πόλεωσ, ταύρουσ καὶ στέμματα ἐπὶ
τοὺσ πυλῶνασ ἐνέγκασ, σὺν τοῖσ ὄχλοισ ἤθελεν θύειν. ¹⁴ ἀκού- 14
σαντεσ δὲ οἱ ἀπόστολοι Βαρνάβασ καὶ Παῦλοσ, διαρρήξαντεσ τὰ
ἱμάτια αὐτῶν ἐξεπήδησαν εἰσ τὸν ὄχλον, κράζοντεσ ¹⁵ καὶ λέγον- 15
τεσ· ἄνδρεσ, τί ταῦτα ποιεῖτε; καὶ ἡμεῖσ ὁμοιοπαθεῖσ ἐσμὲν ὑμῖν
ἄνθρωποι, εὐαγγελιζόμενοι ὑμᾶσ ἀπὸ τούτων τῶν ματαίων ἐπι-
4, 24 στρέφειν ἐπὶ θεὸν ζῶντα, ὃσ ἐποίησεν τὸν οὐρανὸν καὶ τὴν γῆν καὶ
τὴν θάλασσαν καὶ πάντα τὰ ἐν αὐτοῖσ, ¹⁶ ὃσ ἐν ταῖσ παρῳχη- 16
17, 24 ss μέναισ γενεαῖσ εἴασεν πάντα τὰ ἔθνη πορεύεσθαι ταῖσ ὁδοῖσ αὐ-
τῶν· ¹⁷ καίτοι οὐκ ἀμάρτυρον αὐτὸν ἀφῆκεν ἀγαθουργῶν, οὐρανό- 17
θεν ὑμῖν ὑετοὺσ διδοὺσ καὶ καιροὺσ καρποφόρουσ, ἐμπιπλῶν τρο-
φῆσ καὶ εὐφροσύνησ τὰσ καρδίασ ὑμῶν. ¹⁸ καὶ ταῦτα λέγοντεσ 18
μόλισ κατέπαυσαν τοὺσ ὄχλουσ τοῦ μὴ θύειν αὐτοῖσ.
2Co 11,25 Ἐπῆλθαν δὲ ἀπὸ Ἀντιοχείασ καὶ Ἰκονίου Ἰουδαῖοι, καὶ πεί- 19
σαντεσ τοὺσ ὄχλουσ καὶ λιθάσαντεσ τὸν Παῦλον ἔσυρον ἔξω τῆσ
πόλεωσ, νομίζοντεσ αὐτὸν τεθνηκέναι· ²⁰ κυκλωσάντων δὲ τῶν 20
μαθητῶν αὐτὸν ἀναστὰσ εἰσῆλθεν εἰσ τὴν πόλιν. καὶ τῇ ἐπαύριον
ἐξῆλθεν σὺν τῷ Βαρνάβᾳ εἰσ Δέρβην· ²¹ εὐαγγελιζόμενοί τε τὴν 21
πόλιν ἐκείνην καὶ μαθητεύσαντεσ ἱκανοὺσ ὑπέστρεψαν εἰσ τὴν
Λύστραν καὶ εἰσ Ἰκόνιον καὶ εἰσ Ἀντιόχειαν, ²² ἐπιστηρίζοντεσ 22
τὰσ ψυχὰσ τῶν μαθητῶν, παρακαλοῦντεσ ἐνμένειν τῇ πίστει, καὶ
ὅτι διὰ πολλῶν θλίψεων δεῖ ἡμᾶσ εἰσελθεῖν εἰσ τὴν βασιλείαν τοῦ
θεοῦ. ²³ χειροτονήσαντεσ δὲ αὐτοῖσ κατ᾽ ἐκκλησίαν πρεσβυτέρουσ, 23
προσευξάμενοι μετὰ νηστειῶν παρέθεντο αὐτοὺσ τῷ κυρίῳ, εἰσ ὃν
πεπιστεύκεισαν. ²⁴ καὶ διελθόντεσ τὴν Πισιδίαν ἦλθον εἰσ τὴν 24
Παμφυλίαν, ²⁵ καὶ λαλήσαντεσ εἰσ τὴν Πέργην τὸν λόγον κατέ- 25
βησαν εἰσ Ἀτταλίαν, ²⁶ κἀκεῖθεν ἀπέπλευσαν εἰσ Ἀντιόχειαν, ὅθεν 26

8. μητρ. αυτου : add υπαρχων | ϛᵉ περιεπεπατηκέι, ϛ περιπεπατηκει
9. ηκουε | λαλουντοσ : א* λεγοντ. | πιστιν εχει 10. μεγαλ. τη φων. |
ηλλετο 11. οι δε οχλ. | ο παυλ. | αυτων : א* om 12. τον μεν βαρναβ. |
επειδη : א* επι 13. ο δε ιερ. | τησ πολ. αυτων 14. אᶜ τα ιμα. εαυτων |
εισεπηδησαν 15. א επι θεον τον ζωντα, ϛ επι τον θε. τον ζω. 17. ϛ א*
καιτοιγε | αμαρτ. εαυτον | αγαθοποιων | υμιν : ημιν | א διδουσ υετουσ |
υμων : ημων 19. επηλθον | א* om εξω | νομισαντεσ | τεθναναι 20. αυ-
τον των μαθητων 21. ευαγγελισαμενοι | om εισ sec et tert 22. εμμε-
νειν 23. πρεσβυ. κατ εκκλη. 24. εισ την πισιδ. | om την ante παμφυ.
25. λαλ. εν περγη | λογον : א add του κυριου | ατταλειαν

ἦσαν παραδεδομένοι τῇ χάριτι τοῦ θεοῦ εἰσ τὸ ἔργον ὃ ἐπλήρωσαν. 27 ²⁷παραγενόμενοι δὲ καὶ συναγαγόντεσ τὴν ἐκκλησίαν, ἀνήγγελλον ὅσα ἐποίησεν ὁ θεὸσ μετ' αὐτῶν, καὶ ὅτι ἤνοιξεν τοῖσ ἔθνεσιν 28 θύραν πίστεωσ. ²⁸διέτριβον δὲ χρόνον οὐκ ὀλίγον σὺν τοῖσ μαθηταῖσ.

XV.

Contentio Antiochensis de gentilium circumcisione. Paulus Hierosolymam legatur. Petrus et Iacobus. Decretum hierosolymitanum. Alterum Pauli ad exteros iter apostolicum.

1 Καί τινεσ κατελθόντεσ ἀπὸ τῆσ Ἰουδαίασ ἐδίδασκον τοὺσ ἀδελφοὺσ ὅτι ἐὰν μὴ περιτμηθῆτε τῷ ἔθει τῷ Μωϋσέωσ, οὐ 2 δύνασθε σωθῆναι. ²γενομένησ δὲ στάσεωσ καὶ ζητήσεωσ οὐκ ὀλίγησ τῷ Παύλῳ καὶ τῷ Βαρνάβᾳ πρὸσ αὐτούσ, ἔταξαν ἀναβαίνειν Παῦλον καὶ Βαρνάβαν καί τινασ ἄλλουσ ἐξ αὐτῶν πρὸσ τοὺσ ἀποστόλουσ καὶ πρεσβυτέρουσ εἰσ Ἱερουσαλὴμ περὶ τοῦ 3 ζητήματοσ τούτου. ³οἱ μὲν οὖν προπεμφθέντεσ ὑπὸ τῆσ ἐκκλησίασ διήρχοντο τήν τε Φοινίκην καὶ Σαμαρίαν, ἐκδιηγούμενοι τὴν ἐπιστροφὴν τῶν ἐθνῶν, καὶ ἐποίουν χαρὰν μεγάλην πᾶσιν 4 τοῖσ ἀδελφοῖσ. ⁴παραγενόμενοι δὲ εἰσ Ἱερουσαλὴμ παρεδέχθησαν ὑπὸ τῆσ ἐκκλησίασ καὶ τῶν ἀποστόλων καὶ τῶν πρεσβυτέρων, 5 ἀνήγγειλάν τε ὅσα ὁ θεὸσ ἐποίησεν μετ' αὐτῶν. ⁵ἐξανέστησαν δέ τινεσ τῶν ἀπὸ τῆσ αἱρέσεωσ τῶν Φαρισαίων πεπιστευκότεσ, λέγοντεσ ὅτι δεῖ περιτέμνειν αὐτοὺσ παραγγέλλειν τε τηρεῖν τὸν νόμον Μωϋσέωσ.

6 Συνήχθησαν δὲ οἱ ἀπόστολοι καὶ οἱ πρεσβύτεροι ἰδεῖν περὶ 7 τοῦ λόγου τούτου. ⁷πολλῆσ δὲ ζητήσεωσ γενομένησ ἀναστὰσ Πέτροσ εἶπεν πρὸσ αὐτούσ· ἄνδρεσ ἀδελφοί, ὑμεῖσ ἐπίστασθε ὅτι ἀφ' ἡμερῶν ἀρχαίων ἐν ὑμῖν ἐξελέξατο ὁ θεὸσ διὰ τοῦ στόματόσ μου ἀκοῦσαι τὰ ἔθνη τὸν λόγον τοῦ εὐαγγελίου καὶ πιστεῦσαι. 8 ⁸καὶ ὁ καρδιογνώστησ θεὸσ ἐμαρτύρησεν αὐτοῖσ δοὺσ τὸ πνεῦμα 9 τὸ ἅγιον καθὼσ καὶ ἡμῖν, ⁹καὶ οὐθὲν διέκρινεν μεταξὺ ἡμῶν τε 10 καὶ αὐτῶν, τῇ πίστει καθαρίσασ τὰσ καρδίασ αὐτῶν. ¹⁰νῦν οὖν τί πειράζετε τὸν θεόν, ἐπιθεῖναι ζυγὸν ἐπὶ τὸν τράχηλον τῶν μαθητῶν, ὃν οὔτε οἱ πατέρεσ ἡμῶν οὔτε ἡμεῖσ ἰσχύσαμεν βαστά- 11 σαι; ¹¹ἀλλὰ διὰ τῆσ χάριτοσ τοῦ κυρίου Ἰησοῦ πιστεύομεν σω- 12 θῆναι καθ' ὃν τρόπον κἀκεῖνοι. ¹²ἐσίγησεν δὲ πᾶν τὸ πλῆθοσ, καὶ ἤκουον Βαρνάβα καὶ Παύλου ἐξηγουμένων ὅσα ἐποίησεν ὁ 13 θεὸσ σημεῖα καὶ τέρατα ἐν τοῖσ ἔθνεσιν δι' αὐτῶν. ¹³Μετὰ δὲ

---

27. ανηγγειλαν | א ο Θε. εποιη. 28. διετρι. δε εκει | א ουχ ολιγ.
XV, 1. περιτεμνησθε | om τω post εθει 2. γενομ. ουν στα. και συζητησεωσ | א εξ αυτων αλλουσ 3. om τε | σαμαρειαν | א διηγουμενοι 4. απεδεχθησαν | א* om και post εκκλη. | א* om τε 7. συζητησεωσ | ο θεοσ εν ημιν εξελεξ. 8. δουσ : add αυτοισ 9. ϛ א ουδεν 11. om του | ιησου χριστου | א πιστευσομεν

τὸ σιγῆσαι αὐτοὺσ ἀπεκρίθη Ἰάκωβοσ λέγων· ἄνδρεσ ἀδελφοί, ἀκούσατέ μου. ¹⁴ Συμεὼν ἐξηγήσατο καθὼσ πρῶτόν ὁ θεὸσ ἐπεσκέψατο λαβεῖν ἐξ ἐθνῶν λαὸν τῷ ὀνόματι αὐτοῦ. ¹⁵ καὶ τούτῳ συμφωνοῦσιν οἱ λόγοι τῶν προφητῶν, καθὼσ γέγραπται· ¹⁶ μετὰ ταῦτα ἀναστρέψω καὶ ἀνοικοδομήσω τὴν σκηνὴν Δαυεὶδ τὴν πεπτωκυῖαν, καὶ τὰ κατεστραμμένα αὐτῆσ ἀνοικοδομήσω καὶ ἀνορθώσω αὐτήν, ¹⁷ ὅπωσ ἂν ἐκζητήσωσιν οἱ κατάλοιποι τῶν ἀνθρώπων τὸν κύριον, καὶ πάντα τὰ ἔθνη ἐφ᾽ οὖσ ἐπικέκληται τὸ ὄνομά μου ἐπ᾽ αὐτούσ, λέγει κύριοσ ποιῶν ταῦτα ¹⁸ γνωστὰ ἀπ᾽ αἰῶνοσ. ¹⁹ διὸ ἐγὼ κρίνω μὴ παρενοχλεῖν τοῖσ ἀπὸ τῶν ἐθνῶν ἐπιστρέφουσιν ἐπὶ τὸν θεόν, ²⁰ ἀλλὰ ἐπιστεῖλαι αὐτοῖσ τοῦ ἀπέχεσθαι τῶν ἀλισγημάτων τῶν εἰδώλων καὶ τῆσ πορνείασ καὶ τοῦ πνικτοῦ καὶ τοῦ αἵματοσ. ²¹ Μωϋσῆσ γὰρ ἐκ γενεῶν ἀρχαίων κατὰ πόλιν τοὺσ κηρύσσοντασ αὐτὸν ἔχει ἐν ταῖσ συναγωγαῖσ κατὰ πᾶν σάββατον ἀναγινωσκόμενοσ.

Τότε ἔδοξε τοῖσ ἀποστόλοισ καὶ τοῖσ πρεσβυτέροισ σὺν ὅλῃ τῇ ἐκκλησίᾳ, ἐκλεξαμένουσ ἄνδρασ ἐξ αὐτῶν πέμψαι εἰσ Ἀντιόχειαν σὺν τῷ Παύλῳ καὶ Βαρνάβᾳ, Ἰούδαν τὸν καλούμενον Βαρσαββᾶν καὶ Σίλαν, ἄνδρασ ἡγουμένουσ ἐν τοῖσ ἀδελφοῖσ, ²³ γράψαντεσ διὰ χειρὸσ αὐτῶν· οἱ ἀπόστολοι καὶ οἱ πρεσβύτεροι ἀδελφοὶ τοῖσ κατὰ τὴν Ἀντιόχειαν καὶ Συρίαν καὶ Κιλικίαν ἀδελφοῖσ τοῖσ ἐξ ἐθνῶν χαίρειν. ²⁴ ἐπειδὴ ἠκούσαμεν ὅτι τινὲσ ἐξ ἡμῶν ἐξελθόντεσ ἐτάραξαν ὑμᾶσ λόγοισ ἀνασκευάζοντεσ τὰσ ψυχὰσ ὑμῶν, οἷσ οὐ διεστειλάμεθα, ²⁵ ἔδοξεν ἡμῖν γενομένοισ ὁμοθυμαδόν, ἐκλεξαμένουσ ἄνδρασ πέμψαι πρὸσ ὑμᾶσ σὺν τοῖσ ἀγαπητοῖσ ἡμῶν Βαρνάβᾳ καὶ Παύλῳ, ²⁶ ἀνθρώποισ παραδεδωκόσι τὰσ ψυχὰσ αὐτῶν ὑπὲρ τοῦ ὀνόματοσ τοῦ κυρίου ἡμῶν Ἰησοῦ Χριστοῦ. ²⁷ ἀπεστάλκαμεν οὖν Ἰούδαν καὶ Σίλαν, καὶ αὐτοὺσ διὰ λόγου ἀπαγγέλλοντασ τὰ αὐτά. ²⁸ ἔδοξεν γὰρ τῷ πνεύματι τῷ ἁγίῳ καὶ ἡμῖν, μηδὲν πλέον ἐπιτίθεσθαι ὑμῖν βάροσ πλὴν τούτων τῶν ἐπάναγκεσ, ²⁹ ἀπέχεσθαι εἰδωλοθύτων καὶ αἵματοσ καὶ πνικτῶν καὶ πορνείασ, ἐξ ὧν διατηροῦντεσ ἑαυτοὺσ εὖ πράξετε. ἔρρωσθε.

Οἱ μὲν οὖν ἀπολυθέντεσ κατῆλθον εἰσ Ἀντιόχειαν, καὶ συναγαγόντεσ τὸ πλῆθοσ ἐπέδωκαν τὴν ἐπιστολήν. ³¹ ἀναγνόντεσ δὲ ἐχάρησαν ἐπὶ τῇ παρακλήσει. ³² Ἰούδασ τε καὶ Σίλασ, καὶ αὐτοὶ προφῆται ὄντεσ, διὰ λόγου πολλοῦ παρεκάλεσαν τοὺσ ἀδελφοὺσ

---

14. επι τω ονομ. αυτ. 16. δαβιδ | κατεσκαμμενα 17. ο ποιων ταυτα παντα 18. γνωστ. απ αιωνοσ : add εστι τω θεω παντα τα εργα αυτου 20. απο των αλισγη. 21. μωσησ 22. επικαλουμένον | βαρσαβαν 23. δια χει. αυτων : add ταδε | αδελφοί : praem και οι 24. א* επι δε ηκου. | א* εξ υμων | א* om εξελθοντ. | τασ ψυ. υμων : add λεγοντεσ περιτεμνεσθαι και τηρειν τον νομον 28. τω αγιω πνευματι | τουτ. των (א* om) επαναγκ. (א επ αναγκαισ) : των επαν. τουτ. 29. και πνικτου 30. ηλθον 32. τε : 5e δε

33 καὶ ἐπεστήριξαν· ³³ ποιήσαντεσ δὲ χρόνον ἀπελύθησαν μετ' εἰρήνησ ἀπὸ τῶν ἀδελφῶν πρὸσ τοὺσ ἀποστείλαντασ αὐτούσ.
35 Παῦλοσ δὲ καὶ Βαρνάβασ διέτριβον ἐν Ἀντιοχείᾳ, διδάσκοντεσ καὶ εὐαγγελιζόμενοι μετὰ καὶ ἑτέρων πολλῶν τὸν λόγον
36 τοῦ κυρίου. ³⁶ Μετὰ δέ τινασ ἡμέρασ εἶπεν πρὸσ Βαρνάβαν Παῦλοσ· ἐπιστρέψαντεσ δὴ ἐπισκεψώμεθα τοὺσ ἀδελφοὺσ κατὰ πόλιν πᾶσαν ἐν αἷσ κατηγγείλαμεν τὸν λόγον τοῦ κυρίου, πῶσ
37 ἔχουσιν. ³⁷ Βαρνάβασ δὲ ἐβούλετο συνπαραλαβεῖν καὶ τὸν Ἰωάν- 12, 25
38 νην τὸν καλούμενον Μάρκον· ³⁸ Παῦλοσ δὲ ἠξίου, τὸν ἀποστάντα ἀπ' αὐτῶν ἀπὸ Παμφυλίασ καὶ μὴ συνελθόντα αὐτοῖσ εἰσ τὸ 13, 13
39 ἔργον, μὴ συνπαραλαμβάνειν τοῦτον. ³⁹ ἐγένετο δὲ παροξυσμόσ, Gal 2, 13 ὥστε ἀποχωρισθῆναι αὐτοὺσ ἀπ' ἀλλήλων, τόν τε Βαρνάβαν παραλαβόντα τὸν Μάρκον ἐκπλεῦσαι εἰσ Κύπρον.
40 Παῦλοσ δὲ ἐπιλεξάμενοσ Σίλαν ἐξῆλθεν, παραδοθεὶσ τῇ
41 χάριτι τοῦ κυρίου ὑπὸ τῶν ἀδελφῶν· ⁴¹ διήρχετο δὲ τὴν Συρίαν καὶ Κιλικίαν ἐπιστηρίζων τὰσ ἐκκλησίασ.

XVI.

Timothei circumcisio. Paulus cum Sila et Timotheo profectus visione in Macedoniam vocatur. Lydia et ancilla fatidica. Paulus et Silas Philippis capti mirabiliter aperto carcere et custode baptizato honeste dimittuntur.

1 Κατήντησεν δὲ εἰσ Δέρβην καὶ εἰσ Λύστραν. καὶ ἰδοὺ μαθητήσ τισ ἦν ἐκεῖ ὀνόματι Τιμόθεοσ, υἱὸσ γυναικὸσ Ἰουδαίασ πιστῆσ
2 πατρὸσ δὲ Ἕλληνοσ, ² ὃσ ἐμαρτυρεῖτο ὑπὸ τῶν ἐν Λύστροισ καὶ
3 Ἰκονίῳ ἀδελφῶν. ³ τοῦτον ἠθέλησεν ὁ Παῦλοσ σὺν αὐτῷ ἐξελθεῖν, καὶ λαβὼν περιέτεμεν αὐτὸν διὰ τοὺσ Ἰουδαίουσ τοὺσ ὄντασ ἐν τοῖσ τόποισ ἐκείνοισ· ᾔδεισαν γὰρ ἅπαντεσ τὸν πατέρα αὐτοῦ ὅτι Ἕλλην ὑπῆρχεν.
4 Ὡσ δὲ διεπορεύοντο τὰσ πόλεισ, παρεδίδοσαν αὐτοῖσ φυλάσσειν τὰ δόγματα τὰ κεκριμένα ὑπὸ τῶν ἀποστόλων καὶ πρεσβυ- 15, 20. 29 τέρων τῶν ἐν Ἱεροσολύμοισ.
5 Αἱ μὲν οὖν ἐκκλησίαι ἐστερεοῦντο τῇ πίστει καὶ ἐπερίσσευον
6 τῷ ἀριθμῷ καθ' ἡμέραν. ⁶ διῆλθον δὲ τὴν Φρυγίαν καὶ Γαλα- 18, 23 τικὴν χώραν, κωλυθέντες ὑπὸ τοῦ ἁγίου πνεύματος λαλῆσαι τὸν
7 λόγον ἐν τῇ Ἀσίᾳ· ⁷ ἐλθόντεσ δὲ κατὰ τὴν Μυσίαν ἐπείραζον εἰσ τὴν Βιθυνίαν πορευθῆναι, καὶ οὐκ εἴασεν αὐτοὺσ τὸ πνεῦμα Ἰη-
8 σοῦ· ⁸ παρελθόντεσ δὲ τὴν Μυσίαν κατέβησαν εἰσ Τρῳάδα.

32. א* om και επεστηρ. 33. πρ. τ. αποστει. αυτ. (א* εαυτ.) : πρ. τ. αποστολουσ 34. εδοξε δε τω σιλα επιμειναι αυτου 36. παυλοσ πρ. βαρναβ. | δη : א* δε | τ. αδελφ. ημων | πασαν πολιν 37. εβουλευσατο | συμπαραλ. τον ιω. | א^c επικαλουμ. 38. συμπαραλαβειν 39. δε : συν 40. κυριου : θεου
XVI, 1. om εισ sec | γυναικοσ : add τινοσ 2. א ικονιον 3. τον πατερα etc : א οτι ελλην ο πατηρ αυτου υπηρχεν 4. παρεδιδουν | και των πρεσβυτ. | ιερουσαλημ 6. διελθοντεσ | την γαλατικην 7. om δε | εισ τ. βιθ. : κατα τ. βιθ. | πορευεσθαι | ιησου : om

⁹ καὶ ὅραμα διὰ νυκτὸσ τῷ Παύλῳ ὤφθη, ἀνὴρ Μακεδών τισ ἦν
ἑστὼσ καὶ παρακαλῶν αὐτὸν καὶ λέγων· διαβὰσ εἰσ Μακεδονίαν
βοήθησον ἡμῖν. ¹⁰ ὡσ δὲ τὸ ὅραμα εἶδεν, εὐθέωσ ἐζητήσαμεν
ἐξελθεῖν εἰσ Μακεδονίαν, συμβιβάζοντεσ ὅτι προσκέκληται ἡμᾶσ
ὁ θεὸσ εὐαγγελίσασθαι αὐτούσ.

Ἀναχθέντεσ δὲ ἀπὸ Τρῳάδοσ εὐθυδρομήσαμεν εἰσ Σαμο-
θρᾴκην, τῇ δὲ ἐπιούσῃ εἰσ Νέαν πόλιν, ¹² κἀκεῖθεν εἰσ Φιλίπ-
πουσ, ἥτισ ἐστὶν πρώτη τῆσ μερίδοσ Μακεδονίασ πόλισ, κολωνία.
ἦμεν δὲ ἐν ταύτῃ τῇ πόλει διατρίβοντεσ ἡμέρασ τινάσ. ¹³ τῇ τε
ἡμέρᾳ τῶν σαββάτων ἐξήλθομεν ἔξω τῆσ πύλησ παρὰ ποταμὸν
οὗ ἐνομίζομεν προσευχὴν εἶναι, καὶ καθίσαντεσ ἐλαλοῦμεν ταῖσ
συνελθούσαισ γυναιξίν. ¹⁴ καί τισ γυνὴ ὀνόματι Λυδία, πορφυ-
ρόπωλισ πόλεωσ Θυατείρων, σεβομένη τὸν θεόν, ἤκουεν, ἧσ ὁ
κύριοσ διήνοιξεν τὴν καρδίαν προσέχειν τοῖσ λαλουμένοισ ὑπὸ
Παύλου. ¹⁵ ὡσ δὲ ἐβαπτίσθη καὶ ὁ οἶκοσ αὐτῆσ, παρεκάλεσεν
λέγουσα· εἰ κεκρίκατέ με πιστὴν τῷ κυρίῳ εἶναι, εἰσελθόντεσ εἰσ
τὸν οἶκόν μου μένετε· καὶ παρεβιάσατο ἡμᾶσ.

Ἐγένετο δὲ πορευομένων ἡμῶν εἰσ τὴν προσευχήν, παιδίσκην
τινὰ ἔχουσαν πνεῦμα πύθωνα ὑπαντῆσαι ἡμῖν, ἥτισ ἐργασίαν πολ-
λὴν παρεῖχεν τοῖσ κυρίοισ αὐτῆσ μαντευομένη. ¹⁷ αὕτη κατακο-
λουθοῦσα τῷ Παύλῳ καὶ ἡμῖν ἔκραζεν λέγουσα· οὗτοι οἱ ἄνθρω-
ποι δοῦλοι τοῦ θεοῦ τοῦ ὑψίστου εἰσίν, οἵτινεσ καταγγέλλουσιν
ὑμῖν ὁδὸν σωτηρίασ. ¹⁸ τοῦτο δὲ ἐποίει ἐπὶ πολλὰσ ἡμέρασ. δια-
πονηθεὶσ δὲ Παῦλοσ καὶ ἐπιστρέψασ τῷ πνεύματι εἶπεν· παρ-
αγγέλλω σοι ἐν ὀνόματι Ἰησοῦ Χριστοῦ ἐξελθεῖν ἀπ᾽ αὐτῆσ· καὶ
ἐξῆλθεν αὐτῇ τῇ ὥρᾳ. ¹⁹ ἰδόντεσ δὲ οἱ κύριοι αὐτῆσ ὅτι ἐξῆλθεν
ἡ ἐλπὶσ τῆσ ἐργασίασ αὐτῶν, ἐπιλαβόμενοι τὸν Παῦλον καὶ τὸν
Σίλαν εἵλκυσαν εἰσ τὴν ἀγορὰν ἐπὶ τοὺσ ἄρχοντασ, ²⁰ καὶ προσ-
αγαγόντεσ αὐτοὺσ τοῖσ στρατηγοῖσ εἶπαν· οὗτοι οἱ ἄνθρωποι
ἐκταράσσουσιν ἡμῶν τὴν πόλιν, Ἰουδαῖοι ὑπάρχοντεσ, ²¹ καὶ κατ-
αγγέλλουσιν ἔθη ἃ οὐκ ἔξεστιν ἡμῖν παραδέχεσθαι οὐδὲ ποιεῖν
Ῥωμαίοισ οὖσιν. ²² καὶ συνεπέστη ὁ ὄχλοσ κατ᾽ αὐτῶν, καὶ οἱ
στρατηγοὶ περιρρήξαντεσ αὐτῶν τὰ ἱμάτια ἐκέλευον ῥαβδίζειν,
²³ πολλάσ τε ἐπιθέντεσ αὐτοῖσ πληγὰσ ἔβαλον εἰσ φυλακήν, παρ-
αγγείλαντεσ τῷ δεσμοφύλακι ἀσφαλῶσ τηρεῖν αὐτούσ· ²⁴ ὃσ παρ-
αγγελίαν τοιαύτην λαβὼν ἔβαλεν αὐτοὺσ εἰσ τὴν ἐσωτέραν φυλακὴν
καὶ τοὺσ πόδασ ἠσφαλίσατο αὐτῶν εἰσ τὸ ξύλον. ²⁵ κατὰ δὲ

9. ς ℵ δια τησ νυκτ. | ωφθη τω παυλω | ανηρ τισ ην μακεδων | om και
ante παρακαλ. 10. ℵ εξητησαμεν | εισ την μακεδ. | ℵ* om ημασ | θεοσ :
κυριοσ 11. δε : ουν | απο τησ τρω. | τη τε επι. | νεαπολιν 12. εκειθ.
τε | τησ μακεδ. 13. πυλησ : πολεωσ | ενομιζετο προσευχη ειναι | συνελ-
θουσαισ : ℵ* add ημιν 14. ς ℵ υπο του παυλ. 15. ℵᶜ αυτη και ο οικ.
αυτ. | μεινατε 16. om την | πυθωνοσ | απαντησαι 17. κατακολου-
θησασα | υμιν : ς (non ςᵉ) ημιν 18. ο παυλ. | εν τω ονομ. 20. ειπον
22. περιρρηξαντ. 24. λαβων : ειληφωσ | αυτων ησφαλισ.

τὸ μεσονύκτιον Παῦλοσ καὶ Σίλασ προσευχόμενοι ὕμνουν τὸν
26 θεόν· ἐπηκροῶντο δὲ αὐτῶν οἱ δέσμιοι. ²⁶ ἄφνω δὲ σεισμὸσ
ἐγένετο μέγασ, ὥστε σαλευθῆναι τὰ θεμέλια τοῦ δεσμωτηρίου·
ἠνοίχθησαν δὲ παραχρῆμα αἱ θύραι πᾶσαι, καὶ πάντων τὰ δεσμὰ
27 ἀνέθη. ²⁷ ἔξυπνοσ δὲ γενόμενοσ ὁ δεσμοφύλαξ καὶ ἰδὼν ἀνεῳγ-
μένασ τὰσ θύρασ τῆσ φυλακῆσ, σπασάμενοσ μάχαιραν ἤμελλεν
28 ἑαυτὸν ἀναιρεῖν, νομίζων ἐκπεφευγέναι τοὺσ δεσμίουσ. ²⁸ ἐφώνη-
σεν δὲ φωνῇ μεγάλῃ Παῦλοσ λέγων· μηδὲν πράξῃσ σεαυτῷ κακόν·
29 ἅπαντεσ γάρ ἐσμεν ἐνθάδε. ²⁹ αἰτήσασ δὲ φῶτα εἰσεπήδησεν, καὶ
30 ἔντρομοσ γενόμενοσ προσέπεσεν τῷ Παύλῳ καὶ τῷ Σίλᾳ, ³⁰ καὶ
προαγαγὼν αὐτοὺσ ἔξω ἔφη· κύριοι, τί με δεῖ ποιεῖν ἵνα σωθῶ;
31 ³¹ οἱ δὲ εἶπαν· πίστευσον ἐπὶ τὸν κύριον Ἰησοῦν, καὶ σωθήσῃ σὺ   Ioh 3, 16 etc
32 καὶ ὁ οἶκόσ σου. ³² καὶ ἐλάλησαν αὐτῷ τὸν λόγον τοῦ κυρίου
33 σὺν πᾶσιν τοῖσ ἐν τῇ οἰκίᾳ αὐτοῦ. ³³ καὶ παραλαβὼν αὐτοὺσ ἐν
ἐκείνῃ τῇ ὥρᾳ τῆσ νυκτὸσ ἔλουσεν ἀπὸ τῶν πληγῶν, καὶ ἐβα-
34 πτίσθη αὐτὸσ καὶ οἱ αὐτοῦ ἅπαντεσ παραχρῆμα, ³⁴ ἀναγαγών τε
αὐτοὺσ εἰσ τὸν οἶκον παρέθηκεν τράπεζαν, καὶ ἠγαλλιάσατο
35 πανοικεὶ πεπιστευκὼσ τῷ θεῷ. ³⁵ Ἡμέρασ δὲ γενομένησ ἀπέστει-
λαν οἱ στρατηγοὶ τοὺσ ῥαβδούχουσ λέγοντεσ· ἀπόλυσον τοὺσ ἀν-
36 θρώπουσ ἐκείνουσ. ³⁶ ἀπήγγειλεν δὲ ὁ δεσμοφύλαξ τοὺσ λόγουσ
τούτουσ πρὸσ τὸν Παῦλον, ὅτι ἀπέσταλκαν οἱ στρατηγοὶ ἵνα   Iac 2, 16
37 ἀπολυθῆτε· νῦν οὖν ἐξελθόντεσ πορεύεσθε ἐν εἰρήνῃ. ³⁷ ὁ δὲ
Παῦλοσ ἔφη πρὸσ αὐτούσ· δείραντεσ ἡμᾶσ δημοσίᾳ ἀκατακρί-
τουσ, ἀνθρώπουσ Ῥωμαίουσ ὑπάρχοντασ, ἔβαλαν εἰσ φυλακήν,
καὶ νῦν λάθρα ἡμᾶσ ἐκβάλλουσιν; οὐ γάρ, ἀλλὰ ἐλθόντεσ αὐτοὶ
38 ἡμᾶσ ἐξαγαγέτωσαν. ³⁸ ἀπήγγειλάν τε τοῖσ στρατηγοῖσ οἱ ῥαβ-
δοῦχοι τὰ ῥήματα ταῦτα. ἐφοβήθησαν δὲ ἀκούσαντεσ ὅτι Ῥω-
39 μαῖοί εἰσιν, ³⁹ καὶ ἐλθόντεσ παρεκάλεσαν αὐτούσ, καὶ ἐξαγαγόντεσ
40 ἠρώτων ἀπελθεῖν ἀπὸ τῆσ πόλεωσ. ⁴⁰ ἐξελθόντεσ δὲ ἀπὸ τῆσ   16, 14
φυλακῆσ εἰσῆλθον πρὸσ τὴν Λυδίαν, καὶ ἰδόντεσ παρεκάλεσαν
τοὺσ ἀδελφούσ, καὶ ἐξῆλθαν.

XVII.

Tumultus propter Paulum Thessalonicae et Beroeae. Iason. Oratio Pauli
in Areopago. Dionysius Areopagita.

1 Διοδεύσαντεσ δὲ τὴν Ἀμφίπολιν καὶ τὴν Ἀπολλωνίαν ἦλθον
2 εἰσ Θεσσαλονίκην, ὅπου ἦν συναγωγὴ τῶν Ἰουδαίων. ² κατὰ δὲ

---

25. א om το 26. ανεωχθησαν | δε : τε | א* ανελυθη 27. א δεσμοφυλασ |
εμελλεν 28. ο παυλ. 30. א* προαγων 31. ειπον | ιησουν : add χριστον
32. τ. κυριου : א* τ. θεον | συν (א συμ) πασιν : και πασι 33. παντεσ
34. εισ τον οικον : ς א add αυτου | πανοικι 36. απεσταλκασιν | א εισ
ειρηνην 37. εβαλον 38. ανηγγειλ. | τε : δε | και εφοβηθ. 39. εξελθειν
τησ πολεωσ 40. εκ τησ φυλακ. | προσ : εισ | ιδοντ. τουσ αδελφ. παρεκαλ.
αυτουσ | εξηλθον
XVII, 1. om την ante απολλων. | η συναγωγ

τὸ εἰωθὸσ τῷ Παύλῳ εἰσῆλθεν πρὸσ αὐτούσ, καὶ ἐπὶ σάββατα
τρία διελέξατο αὐτοῖσ ἀπὸ τῶν γραφῶν, ³ διανοίγων καὶ παρα-
τιθέμενοσ ὅτι τὸν Χριστὸν ἔδει παθεῖν καὶ ἀναστῆναι ἐκ νεκρῶν,
καὶ ὅτι οὗτόσ ἐστιν Χριστὸσ Ἰησοῦσ, ὃν ἐγὼ καταγγέλλω ὑμῖν.
⁴ καί τινεσ ἐξ αὐτῶν ἐπείσθησαν καὶ προσεκληρώθησαν τῷ Παύλῳ
καὶ τῷ Σίλᾳ, τῶν τε σεβομένων Ἑλλήνων πλῆθοσ πολύ, γυναικῶν
τε τῶν πρώτων οὐκ ὀλίγαι. ⁵ ζηλώσαντεσ δὲ οἱ Ἰουδαῖοι καὶ προσ-
λαβόμενοι τῶν ἀγοραίων τινὰσ ἄνδρασ πονηροὺσ καὶ ὀχλοποιή-
σαντεσ ἐθορύβουν τὴν πόλιν, καὶ ἐπιστάντεσ τῇ οἰκίᾳ Ἰάσονοσ
ἐζήτουν αὐτοὺσ προαγαγεῖν εἰσ τὸν δῆμον· ⁶ μὴ εὑρόντεσ δὲ αὐ-
τοὺσ ἔσυρον Ἰάσονα καί τινασ ἀδελφοὺσ ἐπὶ τοὺσ πολιτάρχασ,
βοῶντεσ ὅτι οἱ τὴν οἰκουμένην ἀναστατώσαντεσ οὗτοι καὶ ἐνθάδε
πάρεισιν, ⁷ οὓσ ὑποδέδεκται Ἰάσων· καὶ οὗτοι πάντεσ ἀπέναντι
τῶν δογμάτων Καίσαροσ πράσσουσιν, βασιλέα ἕτερον λέγοντεσ
εἶναι Ἰησοῦν. ⁸ ἐτάραξαν δὲ τὸν ὄχλον καὶ τοὺσ πολιτάρχασ
ἀκούοντασ ταῦτα, ⁹ καὶ λαβόντεσ τὸ ἱκανὸν παρὰ τοῦ Ἰάσονοσ
καὶ τῶν λοιπῶν ἀπέλυσαν αὐτούσ.

Οἱ δὲ ἀδελφοὶ εὐθέωσ διὰ νυκτὸσ ἐξέπεμψαν τόν τε Παῦ-
λον καὶ τὸν Σίλαν εἰσ Βέροιαν, οἵτινεσ παραγενόμενοι εἰσ τὴν
συναγωγὴν τῶν Ἰουδαίων ἀπῄεσαν· ¹¹ οὗτοι δὲ ἦσαν εὐγενέστεροι
τῶν ἐν Θεσσαλονίκῃ, οἵτινεσ ἐδέξαντο τὸν λόγον μετὰ πάσησ
προθυμίασ, καθ' ἡμέραν ἀνακρίνοντεσ τὰσ γραφάσ, εἰ ἔχοι ταῦτα
οὕτωσ. ¹² πολλοὶ μὲν οὖν ἐξ αὐτῶν ἐπίστευσαν, καὶ τῶν Ἑλληνί-
δων γυναικῶν τῶν εὐσχημόνων καὶ ἀνδρῶν οὐκ ὀλίγοι· ¹³ ὡσ δὲ
ἔγνωσαν οἱ ἀπὸ τῆσ Θεσσαλονίκησ Ἰουδαῖοι ὅτι καὶ ἐν τῇ Βεροίᾳ
κατηγγέλη ὑπὸ τοῦ Παύλου ὁ λόγοσ τοῦ θεοῦ, ἦλθον κἀκεῖ σαλεύ-
οντεσ καὶ ταράσσοντεσ τοὺσ ὄχλουσ. ¹⁴ εὐθέωσ δὲ τότε τὸν Παῦ-
λον ἐξαπέστειλαν οἱ ἀδελφοὶ πορεύεσθαι ἕωσ ἐπὶ τὴν θάλασσαν·
ὑπέμεινάν τε ὅ τε Σίλασ καὶ ὁ Τιμόθεοσ ἐκεῖ. ¹⁵ οἱ δὲ καθιστά-
νοντεσ τὸν Παῦλον ἤγαγον ἕωσ Ἀθηνῶν, καὶ λαβόντεσ ἐντολὴν
πρὸσ τὸν Σίλαν καὶ τὸν Τιμόθεον, ἵνα ὡσ τάχιστα ἔλθωσιν πρὸσ
αὐτόν, ἐξῄεσαν.

Ἐν δὲ ταῖσ Ἀθήναισ ἐκδεχομένου αὐτοὺσ τοῦ Παύλου,
παρωξύνετο τὸ πνεῦμα αὐτοῦ ἐν αὐτῷ, θεωροῦντοσ κατείδωλον
οὖσαν τὴν πόλιν. ¹⁷ διελέγετο μὲν οὖν ἐν τῇ συναγωγῇ τοῖσ Ἰου-
δαίοισ καὶ τοῖσ σεβομένοισ καὶ ἐν τῇ ἀγορᾷ κατὰ πᾶσαν ἡμέραν
πρὸσ τοὺσ παρατυγχάνοντασ. ¹⁸ τινὲσ δὲ καὶ τῶν Ἐπικουρίων

2. διελεγετο 3. ϛ ο χριστ. ιησ., א ιησ. χριστ. 4. πολυ πληθ. 5. ζηλω-
σαντεσ δε οι απειθουντεσ ιουδ. και προσλαβ. | επισταντ. τε.| αγαγειν
6. εσυρον : א* ευρον | τον ιασονα 7. πραττουσι | λεγοντεσ ετερ. ειν.
10. δια τησ νυκτοσ | א εξεπεμψ. ante δια νυκτ. pon 11. το καθ' ημερ.
13. om και ταρασσοντ. 14. εωσ : ωσ| υπεμεινον| τε : δε 15. καθιστων-
τεσ | ηγαγον : add αυτον | om τον ante τιμοθ. 16. αυτουσ : א* αυτου |
א* om τ. παυλ. | θεωρουντι 18. τινεσ δε και : om και | επικουρειων

καὶ Στοϊκῶν φιλοσόφων συνέβαλλον αὐτῷ, καί τινεσ ἔλεγον· τί ἂν θέλοι ὁ σπερμολόγοσ οὗτοσ λέγειν; οἱ δέ· ξένων δαιμονίων δοκεῖ καταγγελεὺσ εἶναι, ὅτι τὸν Ἰησοῦν καὶ τὴν ἀνάστασιν 19 εὐηγγελίζετο. ¹⁹ ἐπιλαβόμενοί τε αὐτοῦ ἐπὶ τὸν Ἄριον πάγον ἤγαγον, λέγοντεσ· δυνάμεθα γνῶναι τίσ ἡ καινὴ αὕτη ἡ ὑπὸ σοῦ 20 λαλουμένη διδαχή; ²⁰ ξενίζοντα γάρ τινα εἰσφέρεισ εἰσ τὰσ ἀκοὰσ 21 ἡμῶν· βουλόμεθα οὖν γνῶναι τίνα θέλει ταῦτα εἶναι. ²¹ Ἀθη- ναῖοι δὲ πάντεσ καὶ οἱ ἐπιδημοῦντεσ ξένοι εἰσ οὐδὲν ἕτερον 22 ηὐκαίρουν ἢ λέγειν τι ἢ ἀκούειν τι καινότερον. ²² Σταθεὶσ δὲ Παῦλοσ ἐν μέσῳ τοῦ Ἀρίου πάγου ἔφη· ἄνδρεσ Ἀθηναῖοι, κατὰ 23 πάντα ὡσ δεισιδαιμονεστέρουσ ὑμᾶσ θεωρῶ. ²³ διερχόμενοσ γὰρ καὶ ἀναθεωρῶν τὰ σεβάσματα ὑμῶν εὗρον καὶ βωμὸν ἐν ᾧ ἐπε- γέγραπτο· ἀγνώστῳ θεῷ. ὃ οὖν ἀγνοοῦντεσ εὐσεβεῖτε, τοῦτο ἐγὼ 24 καταγγέλλω ὑμῖν. ²⁴ ὁ θεὸσ ὁ ποιήσασ τὸν κόσμον καὶ πάντα τὰ ἐν αὐτῷ, οὗτοσ οὐρανοῦ καὶ γῆσ ὑπάρχων κύριοσ οὐκ ἐν 25 χειροποιήτοισ ναοῖσ κατοικεῖ, ²⁵ οὐδὲ ὑπὸ χειρῶν ἀνθρωπίνων θεραπεύεται προσδεόμενόσ τινοσ, αὐτὸσ διδοὺσ πᾶσιν ζωὴν καὶ 26 πνοὴν καὶ τὰ πάντα· ²⁶ ἐποίησέν τε ἐξ ἑνὸσ πᾶν ἔθνοσ ἀνθρώπων κατοικεῖν ἐπὶ παντὸσ προσώπου τῆσ γῆσ, ὁρίσασ προστεταγμένουσ 27 καιροὺσ καὶ τὰσ ὁροθεσίασ τῆσ κατοικίασ αὐτῶν, ²⁷ ζητεῖν τὸν θεόν, εἰ ἄραγε ψηλαφήσειαν αὐτὸν καὶ εὕροιεν, καίγε οὐ μακρὰν 28 ἀπὸ ἑνὸσ ἑκάστου ἡμῶν ὑπάρχοντα. ²⁸ ἐν αὐτῷ γὰρ ζῶμεν καὶ κινούμεθα καὶ ἐσμέν, ὡσ καί τινεσ τῶν καθ' ὑμᾶσ ποιητῶν 29 εἰρήκασιν· τοῦ γὰρ καὶ γένοσ ἐσμέν. ²⁹ γένοσ οὖν ὑπάρχοντεσ τοῦ θεοῦ οὐκ ὀφείλομεν νομίζειν, χρυσῷ ἢ ἀργύρῳ ἢ λίθῳ, χαράγματι τέχνησ καὶ ἐνθυμήσεωσ ἀνθρώπου, τὸ θεῖον εἶναι 30 ὅμοιον. ³⁰ τοὺσ μὲν οὖν χρόνουσ τῆσ ἀγνοίασ ὑπεριδὼν ὁ θεὸσ τὰ νῦν ἀπαγγέλλει τοῖσ ἀνθρώποισ πάντασ πανταχοῦ μετανοεῖν, 31 ³¹ καθότι ἔστησεν ἡμέραν ἐν ᾗ μέλλει κρίνειν τὴν οἰκουμένην ἐν δικαιοσύνῃ, ἐν ἀνδρὶ ᾧ ὥρισεν, πίστιν παρασχὼν πᾶσιν ἀναστήσασ 32 αὐτὸν ἐκ νεκρῶν. ³² ἀκούσαντεσ δὲ ἀνάστασιν νεκρῶν, οἱ μὲν ἐχλεύαζον, οἱ δὲ εἶπαν· ἀκουσόμεθά σου περὶ τούτου καὶ πάλιν. 33 34 ³³ οὕτωσ ὁ Παῦλοσ ἐξῆλθεν ἐκ μέσου αὐτῶν. ³⁴ τινὲσ δὲ ἄνδρεσ κολληθέντεσ αὐτῷ ἐπίστευσαν, ἐν οἷσ καὶ Διονύσιοσ ὁ Ἀρεοπαγεί- τησ καὶ γυνὴ ὀνόματι Δάμαρισ, καὶ ἕτεροι σὺν αὐτοῖσ.

18. κ. των στωϊκων | κ καταγγελλευσ | ευηγγελιζετο : ς praem (et ℵᶜ add) αυτοισ 19. αρειον 20. τι αν θελοι 21. ευκαιρουν | και ακουειν καινοτ. 22. ο παυλ. | αρειον | εφη : ℵ ειπεν 23. ον et τουτον 24. κυριοσ υπαρχ. 25. χειρων : ℵ post ανθρω. pon | ανθρωπων | ℵ* ωσ προσδεο. | και τα (ℵ* om) παντα : ς (non ςᶜ) κατα παντα 26. εξ ενοσ : add αιματοσ | επι παν το προσωπον | προστεταγμενουσ 27. τ. θεον : τ. κυριον | ℵ ψηλαφησειεν | ς ℵ καιτοιγε 29. ℵ χρυσιω 30. παραγγελλει | παντασ : πασι 31. διοτι 32. ειπον | ακουσ. σου παλιν περ. τουτου. 33 και ουτωσ 34. αρεοπαγιτησ

XVIII.

Pauli acta Corinthi. Aquila et Priscilla; Iustus, Crispus; Gallio proconsul, Sosthenes. Paulus in itinere. Apollos Ephesi.

Μετὰ ταῦτα χωρισθεὶσ ἐκ τῶν Ἀθηνῶν ἦλθεν εἰσ Κόρινθον. 1 ² καὶ εὑρών τινα Ἰουδαῖον ὀνόματι Ἀκύλαν, Ποντικὸν τῷ γένει, 2 προσφάτωσ ἐληλυθότα ἀπὸ τῆσ Ἰταλίασ, καὶ Πρίσκιλλαν γυναῖκα αὐτοῦ, διὰ τὸ τεταχέναι Κλαύδιον χωρίζεσθαι πάντασ τοὺσ Ἰουδαίουσ ἀπὸ τῆσ Ῥώμησ, προσῆλθεν αὐτοῖσ, ³ καὶ διὰ τὸ ὁμότεχνον 3 εἶναι ἔμενεν. παρ' αὐτοῖσ, καὶ ἠργάζοντο· ἦσαν γὰρ σκηνοποιοὶ τῇ τέχνῃ. ⁴ διελέγετο δὲ ἐν τῇ συναγωγῇ κατὰ πᾶν σάββατον, 4 ἔπειθέν τε Ἰουδαίουσ καὶ Ἕλληνασ.

Ὡσ δὲ κατῆλθον ἀπὸ τῆσ Μακεδονίασ ὅ τε Σίλασ καὶ ὁ 5 ²⁸ Τιμόθεοσ, συνείχετο τῷ λόγῳ ὁ Παῦλοσ, διαμαρτυρόμενοσ τοῖσ Ἰουδαίοισ εἶναι τὸν Χριστὸν Ἰησοῦν. ⁶ ἀντιτασσομένων δὲ αὐτῶν 6 καὶ βλασφημούντων ἐκτιναξάμενοσ τὰ ἱμάτια εἶπεν πρὸσ αὐτούσ· τὸ αἷμα ὑμῶν ἐπὶ τὴν κεφαλὴν ὑμῶν· καθαρὸσ ἐγὼ ἀπὸ τοῦ νῦν εἰσ τὰ ἔθνη πορεύσομαι. ⁷ καὶ μεταβὰσ ἐκεῖθεν εἰσῆλθεν εἰσ 7 οἰκίαν τινὸσ ὀνόματι Τιτίου Ἰούστου σεβομένου τὸν θεόν, οὗ ἡ οἰκία ἦν συνομοροῦσα τῇ συναγωγῇ. ⁸ Κρίσποσ δὲ ὁ ἀρχισυνάγω- 8 γοσ ἐπίστευσεν τῷ κυρίῳ σὺν ὅλῳ τῷ οἴκῳ αὐτοῦ, καὶ πολλοὶ τῶν Κορινθίων ἀκούοντεσ ἐπίστευον καὶ ἐβαπτίζοντο. ⁹ εἶπεν δὲ ὁ 9 κύριοσ ἐν νυκτὶ δι' ὁράματοσ τῷ Παύλῳ· μὴ φοβοῦ, ἀλλὰ λάλει καὶ μὴ σιωπήσῃσ, ¹⁰ διότι ἐγώ εἰμι μετὰ σοῦ καὶ οὐδεὶσ ἐπιθή- 10 σεταί σοι τοῦ κακῶσαί σε, διότι λαόσ ἐστίν μοι πολὺσ ἐν τῇ πόλει ταύτῃ. ¹¹ ἐκάθισεν δὲ ἐνιαυτὸν καὶ μῆνασ ἓξ διδάσκων ἐν 11 αὐτοῖσ τὸν λόγον τοῦ θεοῦ. ¹² Γαλλίωνοσ δὲ ἀνθυπάτου ὄντοσ 12 τῆσ Ἀχαΐασ κατεπέστησαν ὁμοθυμαδὸν οἱ Ἰουδαῖοι τῷ Παύλῳ καὶ ἤγαγον αὐτὸν ἐπὶ τὸ βῆμα, ¹³ λέγοντεσ ὅτι παρὰ τὸν νόμον 13 ἀναπείθει οὗτοσ τοὺσ ἀνθρώπουσ σέβεσθαι τὸν θεόν. ¹⁴ μέλλον- 14 τοσ δὲ τοῦ Παύλου ἀνοίγειν τὸ στόμα εἶπεν ὁ Γαλλίων πρὸσ τοὺσ Ἰουδαίουσ· εἰ μὲν ἦν ἀδίκημά τι ἢ ῥᾳδιούργημα πονηρόν, ὦ Ἰουδαῖοι, κατὰ λόγον ἂν ἀνεσχόμην ὑμῶν· ¹⁵ εἰ δὲ ζητήματά ἐστιν 15 περὶ λόγου καὶ ὀνομάτων καὶ νόμου τοῦ καθ' ὑμᾶσ, ὄψεσθε αὐτοί· κριτὴσ ἐγὼ τούτων οὐ βούλομαι εἶναι. ¹⁶ καὶ ἀπήλασεν αὐ- 16 τοὺσ ἀπὸ τοῦ βήματοσ. ¹⁷ ἐπιλαβόμενοι δὲ πάντεσ Σωσθένην 17 τὸν ἀρχισυνάγωγον ἔτυπτον ἔμπροσθεν τοῦ βήματοσ· καὶ οὐδὲν τούτων τῷ Γαλλίωνι ἔμελεν.

XVIII, 1. μετα δε ταυτ. | χωρισθεισ : add ο παυλοσ 2. διατεταχεναι | εκ τησ ρωμ. 3. ειργαζετο | την τεχνην 5. λογω : πνευματι | om ειναι 7. ηλθεν | τιτιου (ℵ τιτου) : ϛ om 9. δι οραμ. εν νυκτ. 11. εκαθ. τε | ενιαυτον : ℵ add ενα 12. ανθυπατευοντοσ 13. ουτοσ αναπειθει 14. ει μεν ουν | αν ηνεσχομην 15. ζητημα | κριτησ : add γαρ 17. παντεσ : add οι ελληνεσ

18 Ὁ δὲ Παῦλοσ ἔτι προσμείνασ ἡμέρασ ἱκανάσ, τοῖσ ἀδελφοῖσ ἀποταξάμενοσ ἐξέπλει εἰσ τὴν Συρίαν, καὶ σὺν αὐτῷ Πρίσκιλλα καὶ Ἀκύλασ, κειράμενοσ ἐν Κενχρεαῖσ τὴν κεφαλήν· εἶχεν γὰρ 19 εὐχήν. ¹⁹ κατήντησαν δὲ εἰσ Ἔφεσον, κἀκείνουσ κατέλιπεν αὐτοῦ, αὐτὸσ δὲ εἰσελθὼν εἰσ τὴν συναγωγὴν διελέξατο τοῖσ Ἰου-
20 δαίοισ. ²⁰ ἐρωτώντων δὲ αὐτῶν ἐπὶ πλείονα χρόνον μεῖναι οὐκ
21 ἐπένευσεν, ²¹ ἀλλὰ ἀποταξάμενοσ καὶ εἰπών· πάλιν ἀνακάμψω
22 πρὸσ ὑμᾶσ τοῦ θεοῦ θέλοντοσ, ἀνήχθη ἀπὸ τῆσ Ἐφέσου, ²² καὶ κατελθὼν εἰσ Καισαρίαν, ἀναβὰσ καὶ ἀσπασάμενοσ τὴν ἐκκλη-
23 σίαν κατέβη εἰσ Ἀντιόχειαν, ²³ καὶ ποιήσασ χρόνον τινὰ ἐξῆλθεν, διερχόμενοσ καθεξῆσ τὴν Γαλατικὴν χώραν καὶ Φρυγίαν, στηρίζων πάντασ τοὺσ μαθητάσ.

24 Ἰουδαῖοσ δέ τισ Ἀπολλὼσ ὀνόματι, Ἀλεξανδρεὺσ τῷ γένει, ἀνὴρ λόγιοσ, κατήντησεν εἰσ Ἔφεσον, δυνατὸσ ὢν ἐν ταῖσ γραφαῖσ.
25 ²⁵ οὗτοσ ἦν κατηχημένοσ τὴν ὁδὸν τοῦ κυρίου, καὶ ζέων τῷ πνεύματι ἐλάλει καὶ ἐδίδασκεν ἀκριβῶσ τὰ περὶ τοῦ Ἰησοῦ, ἐπιστά-
26 μενοσ μόνον τὸ βάπτισμα Ἰωάννου, ²⁶ οὗτόσ τε ἤρξατο παρρησιάζεσθαι ἐν τῇ συναγωγῇ. ἀκούσαντεσ δὲ αὐτοῦ Πρίσκιλλα καὶ Ἀκύλασ προσελάβοντο αὐτὸν καὶ ἀκριβέστερον αὐτῷ ἐξέθεντο τὴν
27 ὁδὸν τοῦ θεοῦ. ²⁷ βουλομένου δὲ αὐτοῦ διελθεῖν εἰσ τὴν Ἀχαΐαν, προτρεψάμενοι οἱ ἀδελφοὶ ἔγραψαν τοῖσ μαθηταῖσ ἀποδέξασθαι αὐτόν. ὃσ παραγενόμενοσ συνεβάλετο πολὺ τοῖσ πεπιστευκόσιν
28 διὰ τῆσ χάριτοσ. ²⁸ εὐτόνωσ γὰρ τοῖσ Ἰουδαίοισ διακατηλέγχετο δημοσίᾳ ἐπιδεικνὺσ διὰ τῶν γραφῶν εἶναι τὸν Χριστὸν Ἰησοῦν.

XIX.

Pauli acta Ephesi. Discipuli Iohannis baptistae; schola Tyranni, miracula; exorcistae, libri magici; iter hierosolymitanum susceptum; seditio Demetrii adversus Paulum et Alexandrum.

1 Ἐγένετο δὲ ἐν τῷ τὸν Ἀπολλὼ εἶναι ἐν Κορίνθῳ Παῦλον διελθόντα τὰ ἀνωτερικὰ μέρη κατελθεῖν εἰσ Ἔφεσον καὶ εὑρεῖν
2 τινὰσ μαθητάσ, ² εἶπέν τε πρὸσ αὐτούσ· εἰ πνεῦμα ἅγιον ἐλάβετε πιστεύσαντεσ; οἱ δὲ πρὸσ αὐτόν· ἀλλ᾽ οὐδ᾽ εἰ πνεῦμα ἅγιον ἔστιν
3 ἠκούσαμεν. ³ ὁ δὲ εἶπεν· εἰσ τί οὖν ἐβαπτίσθητε; οἱ δὲ εἶπαν· εἰσ
4 τὸ Ἰωάννου βάπτισμα. ⁴ εἶπεν δὲ Παῦλοσ· Ἰωάννησ ἐβάπτισεν βάπτισμα μετανοίασ, τῷ λαῷ λέγων εἰσ τὸν ἐρχόμενον μετ᾽ αὐτὸν

18. την κεφαλην εν κεγχρεαισ 19. κατηντησε | αυτου: א εκει | διελεχθη
20. μειναι (אc επιμειναι) : add παρ αυτοισ 21. ἀλλ | απεταξατο αυτοισ ειπων· δει με παντωσ την εορτην την ερχομενην ποιησαι εισ ιεροσολυμα | παλιν : add δε | και ανηχθη, א* ανηχθη δε 22. καισαρειαν
23. א* και καθεξησ | επιστηριζων 24. א* απελλησ 25. ελαλει : א* ω ελαλει | ιησου : κυριου 26. א παρησιαζεσθ. | πρισκ. κ. ακυλασ (א -λα) : ακυ. κ. πρισκ. | την του θεου οδον
XIX, 1. א* τον απελλην | ελθειν | ευρων 2. om τε | οι δε : add ειπον | ουδε 3. ο δε ειπ. : ειπε τε προσ αυτουσ | ειπον 4. ιωαννησ : add μεν

ἵνα πιστεύσωσιν, τοῦτ' ἔστιν εἰσ τὸν Ἰησοῦν. ⁵ἀκούσαντεσ δὲ ἐβαπτίσθησαν εἰσ τὸ ὄνομα τοῦ κυρίου Ἰησοῦ, ⁶καὶ ἐπιθέντοσ αὐτοῖσ τοῦ Παύλου χεῖρασ ἦλθε τὸ πνεῦμα τὸ ἅγιον ἐπ' αὐτούσ, ἐλάλουν τε γλώσσαισ καὶ ἐπροφήτευον. ⁷ἦσαν δὲ οἱ πάντεσ ἄνδρεσ ὡσεὶ δώδεκα.

Εἰσελθὼν δὲ εἰσ τὴν συναγωγὴν ἐπαρρησιάζετο ἐπὶ μῆνασ τρεῖσ διαλεγόμενοσ καὶ πείθων τὰ περὶ τῆσ βασιλείασ τοῦ θεοῦ. ⁹ὡσ δέ τινεσ ἐσκληρύνοντο καὶ ἠπείθουν κακολογοῦντεσ τὴν ὁδὸν ἐνώπιον τοῦ πλήθουσ, ἀποστὰσ ἀπ' αὐτῶν ἀφώρισεν τοὺσ μαθητάσ, καθ' ἡμέραν διαλεγόμενοσ ἐν τῇ σχολῇ Τυράννου. ¹⁰τοῦτο δὲ ἐγένετο ἐπὶ ἔτη δύο, ὥστε πάντασ τοὺσ κατοικοῦντασ τὴν Ἀσίαν ἀκοῦσαι τὸν λόγον τοῦ κυρίου, Ἰουδαίουσ τε καὶ Ἕλληνασ. ¹¹Δυνάμεισ τε οὐ τὰσ τυχούσασ ὁ θεὸσ ἐποίει διὰ τῶν χειρῶν Παύλου, ¹²ὥστε καὶ ἐπὶ τοὺσ ἀσθενοῦντασ ἀποφέρεσθαι ἀπὸ τοῦ χρωτὸσ αὐτοῦ σουδάρια ἢ σιμικίνθια καὶ ἀπαλλάσσεσθαι ἀπ' αὐτῶν τὰσ νόσουσ τά τε πνεύματα τὰ πονηρὰ ἐκπορεύεσθαι. ¹³ἐπεχείρησαν δέ τινεσ καὶ τῶν περιερχομένων Ἰουδαίων ἐξορκιστῶν ὀνομάζειν ἐπὶ τοὺσ ἔχοντασ τὰ πνεύματα τὰ πονηρὰ τὸ ὄνομα τοῦ κυρίου Ἰησοῦ, λέγοντεσ· ὁρκίζω ὑμᾶσ τὸν Ἰησοῦν ὃν Παῦλοσ κηρύσσει. ¹⁴ἦσαν δέ τινεσ Σκευᾶ Ἰουδαίου ἀρχιερέωσ ἑπτὰ υἱοὶ τοῦτο ποιοῦντεσ. ¹⁵ἀποκριθὲν δὲ τὸ πνεῦμα τὸ πονηρὸν εἶπεν αὐτοῖσ· τὸν Ἰησοῦν γινώσκω καὶ τὸν Παῦλον ἐπίσταμαι· ὑμεῖσ δὲ τίνεσ ἐστέ; ¹⁶καὶ ἐφαλόμενοσ ὁ ἄνθρωποσ ἐπ' αὐτούσ, ἐν ᾧ ἦν τὸ πνεῦμα τὸ πονηρόν, κατακυριεύσασ ἀμφοτέρων ἴσχυσεν κατ' αὐτῶν, ὥστε γυμνοὺσ καὶ τετραυματισμένουσ ἐκφυγεῖν ἐκ τοῦ οἴκου ἐκείνου. ¹⁷τοῦτο δὲ ἐγένετο γνωστὸν πᾶσιν Ἰουδαίοισ τε καὶ Ἕλλησιν τοῖσ κατοικοῦσιν τὴν Ἔφεσον, καὶ ἐπέπεσεν φόβοσ ἐπὶ πάντασ αὐτούσ, καὶ ἐμεγαλύνετο τὸ ὄνομα τοῦ κυρίου Ἰησοῦ, ¹⁸πολλοί τε τῶν πεπιστευκότων ἤρχοντο ἐξομολογούμενοι καὶ ἀναγγέλλοντεσ τὰσ πράξεισ αὐτῶν. ¹⁹ἱκανοὶ δὲ τῶν τὰ περίεργα πραξάντων συνενέγκαντεσ τὰσ βίβλουσ κατέκαιον ἐνώπιον πάντων· καὶ συνεψήφισαν τὰσ τιμὰσ αὐτῶν καὶ εὗρον ἀργυρίου μυριάδασ πέντε.

²⁰Οὕτωσ κατὰ κράτοσ τοῦ κυρίου ὁ λόγοσ ηὔξανεν καὶ ἴσχυεν. ²¹Ὡσ δὲ ἐπληρώθη ταῦτα, ἔθετο ὁ Παῦλοσ ἐν τῷ πνεύματι διελθὼν τὴν Μακεδονίαν καὶ Ἀχαΐαν πορεύεσθαι εἰσ Ἱεροσόλυμα, εἰπὼν ὅτι μετὰ τὸ γενέσθαι με ἐκεῖ δεῖ με καὶ Ῥώμην ἰδεῖν.

4. τον χριστον ιησουν 6. τασ χειρασ | προεφητ. 7. ωσει δεκαδυο 9. τυραννου: add τινοσ 10. τ. κυριου: add ιησου 11. επoι. ὁ θεοσ 12. επιφερεσθαι | εκπορ. : εξερχεσθαι απ αυτων 13. om και post τινεσ | απο των περιερχ. | ορκιζομεν | א* τον κυριον ιησουν | ο παυλοσ 14. υιοι. : ante σκευα ιουδαιου | οι τουτο ποιουντ. 15. αυτοισ : om | אᶜ τον μεν ιησουν 16. εφαλλομενοσ | επ αυτ. ὁ ανθρωπ. | ς א* και κατακυριευσασ | αμφοτερων : αυτων | א ενισχυσεν 17. א* ὁ φοβοσ 20. ο λογοσ του κυριου 21. εισ ιερουσαλημ

Nov. Test. ed. Tf.   16

22 ²² ἀποστείλασ δὲ εἰσ Μακεδονίαν δύο τῶν διακονούντων αὐτῷ,
Τιμόθεον καὶ Ἔραστον, αὐτὸσ ἐπέσχεν χρόνον εἰσ τὴν Ἀσίαν.
23 Ἐγένετο δὲ κατὰ τὸν καιρὸν ἐκεῖνον τάραχοσ οὐκ ὀλίγοσ
24 περὶ τῆσ ὁδοῦ. ²⁴ Δημήτριοσ γάρ τισ ὀνόματι, ἀργυροκόποσ,
ποιῶν ναοὺσ ἀργυροῦσ Ἀρτέμιδοσ παρείχετο τοῖσ τεχνίταισ οὐκ
25 ὀλίγην ἐργασίαν, ²⁵ οὓσ συναθροίσασ καὶ τοὺσ περὶ τὰ τοιαῦτα
ἐργάτασ εἶπεν· ἄνδρεσ, ἐπίστασθε ὅτι ἐκ ταύτησ τῆσ ἐργασίασ
26 ἡ εὐπορία ἡμῖν ἐστίν, ²⁶ καὶ θεωρεῖτε καὶ ἀκούετε ὅτι οὐ μόνον
Ἐφέσου ἀλλὰ σχεδὸν πάσησ τῆσ Ἀσίασ ὁ Παῦλοσ οὗτοσ πείσασ
μετέστησεν ἱκανὸν ὄχλον, λέγων ὅτι οὐκ εἰσὶν θεοὶ οἱ διὰ χειρῶν
27 γινόμενοι. ²⁷ οὐ μόνον δὲ τοῦτο κινδυνεύει ἡμῖν τὸ μέροσ εἰσ
ἀπελεγμὸν ἐλθεῖν, ἀλλὰ καὶ τὸ τῆσ μεγάλησ θεᾶσ ἱερὸν Ἀρτέμιδοσ
εἰσ οὐθὲν λογισθῆναι, μέλλειν τε καὶ καθαιρεῖσθαι τῆσ μεγαλειό-
28 τητοσ αὐτῆσ, ἣν ὅλη ἡ Ἀσία καὶ ἡ οἰκουμένη σέβεται. ²⁸ ἀκού-
σαντεσ δὲ καὶ γενόμενοι πλήρεισ θυμοῦ ἔκραζον λέγοντεσ· μεγάλη
29 ἡ Ἄρτεμισ Ἐφεσίων. ²⁹ καὶ ἐπλήσθη ἡ πόλισ τῆσ συγχύσεωσ,
ὥρμησάν τε ὁμοθυμαδὸν εἰσ τὸ θέατρον, συναρπάσαντεσ Γάϊον
30 καὶ Ἀρίσταρχον Μακεδόνασ, συνεκδήμουσ Παύλου. ³⁰ Παύλου
δὲ βουλομένου εἰσελθεῖν εἰσ τὸν δῆμον, οὐκ εἴων αὐτὸν οἱ μαθη-
31 ταί· ³¹ τινὲσ δὲ καὶ τῶν Ἀσιαρχῶν, ὄντεσ αὐτῷ φίλοι, πέμψαντεσ
πρὸσ αὐτὸν παρεκάλουν μὴ δοῦναι ἑαυτὸν εἰσ τὸ θέατρον.
32 ³² ἄλλοι μὲν οὖν ἄλλο τι ἔκραζον· ἦν γὰρ ἡ ἐκκλησία συνκεχυ-
μένη, καὶ οἱ πλείουσ οὐκ ᾔδεισαν τίνοσ ἕνεκα συνεληλύθεισαν.
33 ³³ ἐκ δὲ τοῦ ὄχλου συνεβίβασαν Ἀλέξανδρον, προβαλόντων αὐτὸν
τῶν Ἰουδαίων· ὁ δὲ Ἀλέξανδροσ κατασείσασ τὴν χεῖρα ἤθελεν
34 ἀπολογεῖσθαι τῷ δήμῳ. ³⁴ ἐπιγνόντεσ δὲ ὅτι Ἰουδαῖόσ ἐστιν, φωνὴ
ἐγένετο μία ἐκ πάντων, ὡσ ἐπὶ ὥρασ δύο κραζόντεσ· μεγάλη ἡ
35 Ἄρτεμισ Ἐφεσίων. ³⁵ καταστείλασ δὲ ὁ γραμματεὺσ τὸν ὄχλον
φησίν· ἄνδρεσ Ἐφέσιοι, τίσ γάρ ἐστιν ἀνθρώπων ὃσ οὐ γινώσκει
τὴν Ἐφεσίων πόλιν νεωκόρον οὖσαν τῆσ μεγάλησ Ἀρτέμιδοσ
36 καὶ τοῦ διοπετοῦσ; ³⁶ ἀναντιρρήτων οὖν ὄντων τούτων δέον
ἐστὶν ὑμᾶσ κατεσταλμένουσ ὑπάρχειν καὶ μηδὲν προπετὲσ πράσ-
37 σειν. ³⁷ ἠγάγετε γὰρ τοὺσ ἄνδρασ τούτουσ οὔτε ἱεροσύλουσ οὔτε
38 βλασφημοῦντασ τὴν θεὸν ἡμῶν. ³⁸ εἰ μὲν οὖν Δημήτριοσ καὶ οἱ
σὺν αὐτῷ τεχνῖται ἔχουσι πρόσ τινα λόγον, ἀγοραῖοι ἄγονται καὶ
39 ἀνθύπατοί εἰσιν, ἐγκαλείτωσαν ἀλλήλοισ. ³⁹ εἰ δέ τι περὶ ἑτέρων

---

22. εισ την μακεδον. 23. (et. v. sq) ℵ ουχ ολιγ. 24. ℵ ναον αργυρουν |
εργασ. ουκ ολιγ. 25. ημιν : ημων 26. ℵ* om οι post θεοι 27. ℵ* om
αλλα | ϛ ℵ αρτεμιδοσ ιερον | εισ ουδεν | τε (et. ϛᵉ) : ϛ δε | την μεγαλειοτητα
29. η πολισ ολη | om τησ | του παυλου 30. του δε παυλου βουλομ.
31. εαυτον : ℵ* αυτον 32. συγκεχ. | ενεκεν 33. προεβιβασαν | ϛᵉ
προβαλλοντων | ℵ* ο δ ουν αλεξ. | ℵᶜ τη χειρι | ηθελεν : ℵ* ηλθεν
34. επιγνοντων | κραζοντων 35. εφεσιοι : ℵ* αδελφοι | ανθρωποσ |
τησ (ℵ* και τησ) μεγαλησ : add θεασ 36. ℵ* om τουτων | πραττειν
37. την θεαν υμων 38. προσ τινα λογ. εχουσι

ἐπιζητεῖτε, ἐν τῇ ἐννόμῳ ἐκκλησίᾳ ἐπιλυθήσεται. ⁴⁰ καὶ γὰρ 40
κινδυνεύομεν ἐγκαλεῖσθαι στάσεως περὶ τῆσ σήμερον, μηδενὸσ
αἰτίου ὑπάρχοντοσ περὶ οὗ οὐ δυνησόμεθα ἀποδοῦναι λόγον περὶ
τῆσ συστροφῆσ ταύτησ. ⁴¹ καὶ ταῦτα εἰπὼν ἀπέλυσεν τὴν ἐκκλησίαν. 41

XX.

Paulus et comites in Macedonia et Graecia. Troade Eutycho vitam reddit.
Mileti presbyteris Ephesinis valedicit.

Μετὰ δὲ τὸ παύσασθαι τὸν θόρυβον μεταπεμψάμενοσ ὁ 1
Παῦλοσ τοὺσ μαθητὰσ καὶ παρακαλέσασ, ἀσπασάμενοσ ἐξῆλθεν
πορεύεσθαι εἰσ Μακεδονίαν. ² διελθὼν δὲ τὰ μέρη ἐκεῖνα καὶ 2
παρακαλέσασ αὐτοὺσ λόγῳ πολλῷ ἦλθεν εἰσ τὴν Ἑλλάδα, ³ ποι- 3
ήσασ τε μῆνασ τρεῖσ, γενομένησ ἐπιβουλῆσ αὐτῷ ὑπὸ τῶν Ἰου-
δαίων μέλλοντι ἀνάγεσθαι εἰσ τὴν Συρίαν, ἐγένετο γνώμησ τοῦ
19, 29
27, 2 ὑποστρέφειν διὰ Μακεδονίασ. ⁴ συνείπετο δὲ αὐτῷ Σώπατροσ 4
Ro 16, 21.
23 Πύρρου Βεροιαῖοσ, Θεσσαλονικέων δὲ Ἀρίσταρχοσ καὶ Σέκουνδοσ
Eph 6, 21
2Ti 4, 20. καὶ Γάϊοσ Δερβαῖοσ καὶ Τιμόθεοσ, Ἀσιανοὶ δὲ Τυχικὸσ καὶ
16, 8
Τρόφιμοσ· ⁵ οὗτοι δὲ προελθόντεσ ἔμενον ἡμᾶσ ἐν Τρῳάδι· 5
⁶ ἡμεῖσ δὲ ἐξεπλεύσαμεν μετὰ τὰσ ἡμέρασ τῶν ἀζύμων ἀπὸ Φιλίπ- 6
πων, καὶ ἤλθομεν πρὸσ αὐτοὺσ εἰσ τὴν Τρῳάδα ἄχρι ἡμερῶν
πέντε, ὅπου διετρίψαμεν ἡμέρασ ἑπτά.

Ἐν δὲ τῇ μιᾷ τῶν σαββάτων συνηγμένων ἡμῶν κλάσαι ἄρτον 7
ὁ Παῦλοσ διελέγετο αὐτοῖσ, μέλλων ἐξιέναι τῇ ἐπαύριον, παρέ-
τεινέν τε τὸν λόγον μέχρι μεσονυκτίου· ⁸ ἦσαν δὲ λαμπάδεσ ἱκα- 8
ναὶ ἐν τῷ ὑπερῴῳ οὗ ἦμεν συνηγμένοι. ⁹ καθεζόμενοσ δέ τισ 9
νεανίασ ὀνόματι Εὔτυχοσ ἐπὶ τῆσ θυρίδοσ, καταφερόμενοσ ὕπνῳ
βαθεῖ, διαλεγομένου τοῦ Παύλου ἐπὶ πλεῖον, κατενεχθεὶσ ἀπὸ
τοῦ ὕπνου ἔπεσεν ἀπὸ τοῦ τριστέγου κάτω καὶ ἤρθη νεκρόσ.
¹⁰ καταβὰσ δὲ ὁ Παῦλοσ ἐπέπεσεν αὐτῷ καὶ συνπεριλαβὼν εἶπεν· 10
μὴ θορυβεῖσθε· ἡ γὰρ ψυχὴ αὐτοῦ ἐν αὐτῷ ἐστίν. ¹¹ ἀναβὰσ δὲ 11
καὶ κλάσασ τὸν ἄρτον καὶ γευσάμενοσ, ἐφ᾽ ἱκανόν τε ὁμιλήσασ
ἄχρι αὐγῆσ, οὕτωσ ἐξῆλθεν. ¹² ἤγαγον δὲ τὸν παῖδα ζῶντα, καὶ 12
παρεκλήθησαν οὐ μετρίωσ.

Ἡμεῖσ δὲ προελθόντεσ ἐπὶ τὸ πλοῖον ἀνήχθημεν ἐπὶ τὴν 13
Ἄσσον, ἐκεῖθεν μέλλοντεσ ἀναλαμβάνειν τὸν Παῦλον· οὕτωσ γὰρ
διατεταγμένοσ ἦν, μέλλων αὐτὸσ πεζεύειν. ¹⁴ ὡσ δὲ συνέβαλλεν 14
ἡμῖν εἰσ τὴν Ἄσσον, ἀναλαβόντεσ αὐτὸν ἤλθομεν εἰσ Μιτυλήνην.

40. om οὐ | om περι ante τησ συστρ.
XX, 1. μεταπεμψ. : προσκαλεσαμενοσ | κ και παρακα. και ασπασ.,
ϛ και ασπασ. (omisso παρακ.) | πορευθηναι | εισ την μακεδ. 3. αυτω
επιβουλησ | γνωμη 4. συνειπ. δε αυτω : add ἀχρι τησ ασιασ | om πυρρου |
א* βεροιοσ 5. om δε post ουτοι | א προελθοντεσ 6. ϛ αχρισ, א απο |
οπου : ου 7. ημων : των μαθητων | του κλασαι 8. ημεν : ησαν
9. καθημενοσ 10. συμπεριλ. 11. om τον ante αρτον | αχρισ 13. επι
την : εισ την | ην διατεταγμ. 14. συνεβαλεν | εισ την : א* επι την

16*

15 ¹⁵ κἀκεῖθεν ἀποπλεύσαντεσ τῇ ἐπιούσῃ κατηντήσαμεν ἄντικρυσ
Χίου, τῇ δὲ ἑτέρᾳ παρεβάλομεν εἰσ Σάμον, τῇ δὲ ἐχομένῃ ἤλθο-
16 μεν εἰσ Μίλητον. ¹⁶ κεκρίκει γὰρ ὁ Παῦλοσ παραπλεῦσαι τὴν
Ἔφεσον, ὅπωσ μὴ γένηται αὐτῷ χρονοτριβῆσαι ἐν τῇ Ἀσίᾳ·
ἔσπευδεν γάρ, εἰ δυνατὸν εἴη αὐτῷ, τὴν ἡμέραν τῆσ πεντηκοστῆσ
γενέσθαι εἰσ Ἱερουσαλήμ.
17 Ἀπὸ δὲ τῆσ Μιλήτου πέμψασ εἰσ Ἔφεσον μετεκαλέσατο
18 τοὺσ πρεσβυτέρουσ τῆσ ἐκκλησίασ. ¹⁸ ὡσ δὲ παρεγένοντο πρὸσ
αὐτόν, εἶπεν αὐτοῖσ· ὑμεῖσ ἐπίστασθε, ἀπὸ πρώτησ ἡμέρασ ἀφ'
ἧσ ἐπέβην εἰσ τὴν Ἀσίαν, πῶσ μεθ' ὑμῶν τὸν πάντα χρόνον
19 ἐγενόμην, ¹⁹ δουλεύων τῷ κυρίῳ μετὰ πάσησ ταπεινοφροσύνησ καὶ
δακρύων καὶ πειρασμῶν τῶν συμβάντων μοι ἐν ταῖσ ἐπιβουλαῖσ
20 τῶν Ἰουδαίων, ²⁰ ὡσ οὐδὲν ὑπεστειλάμην τῶν συμφερόντων τοῦ
μὴ ἀναγγεῖλαι ὑμῖν καὶ διδάξαι ὑμᾶσ δημοσίᾳ καὶ κατ' οἴκουσ,
21 ²¹ διαμαρτυρόμενοσ Ἰουδαίοισ τε καὶ Ἕλλησιν τὴν εἰσ θεὸν μετά-
22 νοιαν καὶ πίστιν εἰσ τὸν κύριον ἡμῶν Ἰησοῦν Χριστόν. ²² καὶ
νῦν ἰδοὺ δεδεμένοσ ἐγὼ τῷ πνεύματι πορεύομαι εἰσ Ἱερουσαλήμ,
23 τὰ ἐν αὐτῇ συναντήσοντα ἐμοὶ μὴ εἰδώσ, ²³ πλὴν ὅτι τὸ πνεῦμα
τὸ ἅγιον κατὰ πόλιν διαμαρτύρεταί μοι λέγον ὅτι δεσμὰ καὶ
24 θλίψεισ με μένουσιν. ²⁴ ἀλλ' οὐδενὸσ λόγου ποιοῦμαι τὴν ψυχὴν
τιμίαν ἐμαυτῷ ὡσ τελειῶσαι τὸν δρόμον μου καὶ τὴν διακονίαν
ἣν ἔλαβον παρὰ τοῦ κυρίου Ἰησοῦ, διαμαρτύρασθαι τὸ εὐαγγέλιον
25 τῆσ χάριτοσ τοῦ θεοῦ. ²⁵ καὶ νῦν ἰδοὺ ἐγὼ οἶδα ὅτι οὐκέτι
ὄψεσθε τὸ πρόσωπόν μου ὑμεῖσ πάντεσ ἐν οἷσ διῆλθον κηρύσσων
26 τὴν βασιλείαν. ²⁶ διότι μαρτύρομαι ὑμῖν ἐν τῇ σήμερον ἡμέρᾳ
27 ὅτι καθαρόσ εἰμι ἀπὸ τοῦ αἵματοσ πάντων· ²⁷ οὐ γὰρ ὑπεστει-
λάμην τοῦ μὴ ἀναγγεῖλαι πᾶσαν τὴν βουλὴν τοῦ θεοῦ ὑμῖν.
28 ²⁸ προσέχετε ἑαυτοῖσ καὶ παντὶ τῷ ποιμνίῳ, ἐν ᾧ ὑμᾶσ τὸ πνεῦμα
τὸ ἅγιον ἔθετο ἐπισκόπουσ, ποιμαίνειν τὴν ἐκκλησίαν τοῦ κυρίου,
29 ἣν περιεποιήσατο διὰ τοῦ αἵματοσ τοῦ ἰδίου. ²⁹ ἐγὼ οἶδα ὅτι
εἰσελεύσονται μετὰ τὴν ἄφιξίν μου λύκοι βαρεῖσ εἰσ ὑμᾶσ, μὴ
30 φειδόμενοι τοῦ ποιμνίου, ³⁰ καὶ ἐξ ὑμῶν αὐτῶν ἀναστήσονται
ἄνδρεσ λαλοῦντεσ διεστραμμένα τοῦ ἀποσπᾶν τοὺσ μαθητὰσ
31 ὀπίσω ἑαυτῶν. ³¹ διὸ γρηγορεῖτε, μνημονεύοντεσ ὅτι τριετίαν
νύκτα καὶ ἡμέραν οὐκ ἐπαυσάμην μετὰ δακρύων νουθετῶν ἕνα

15. αντικρυ | τη δε εχομενη : και μειναντεσ εν τρωγυλλιω, τη εχομενη
16. εκρινε | ειη : ην | εισ ιεροσολυμα 19. και πολλων δακρυων 21. εισ
τον θεον | και πιστ. την εισ 22. εγω δεδεμενοσ | συναντ. μοι 23. א*
διεμαρτυρατο | om μοι | με : post δεσμα 24. א* αλλ ουδενοσ λογον εχω
ουδε ποιουμαι την ψυχ. τιμι. εμαυτω, ϛ αλλ ουδενοσ λογον ποιουμαι
ουδε εχω την ψυχ. μου τιμι. εμαυτω | ωσ : א* εωσ | א τελειωσω | τ. δρομ.
μου : add μετα χαρασ 25. ουκετι : א ουκ | τ. βασιλειαν : add του θεου
26. διο | καθαροσ εγω απο 27. υμιν : post αναγγειλαι 28. προσεχετε :
add ουν | του κυριου : ϛ א του θεου | δια του ιδιου αιματ. 29. ϛ εγω
γαρ, א* εγω δε | οιδα : add τουτο 30. εαυτων : αυτων

ACT. 21, 9. 245

ἕκαστον. ³² καὶ τὰ νῦν παρατίθεμαι ὑμᾶσ τῷ θεῷ καὶ τῷ λόγῳ 32
τῆσ χάριτοσ αὐτοῦ, τῷ δυναμένῳ οἰκοδομῆσαι καὶ δοῦναι τὴν
κληρονομίαν ἐν τοῖσ ἡγιασμένοισ πᾶσιν. ³³ ἀργυρίου ἢ χρυσίου 33
ἢ ἱματισμοῦ οὐθενὸσ ἐπεθύμησα· ³⁴ αὐτοὶ γινώσκετε ὅτι ταῖσ 34
18, 3 χρείαισ μου καὶ τοῖσ οὖσιν μετ' ἐμοῦ ὑπηρέτησαν αἱ χεῖρεσ αὗται.
³⁵ πάντα ὑπέδειξα ὑμῖν, ὅτι οὕτωσ κοπιῶντασ δεῖ ἀντιλαμβάνεσθαι 35
τῶν ἀσθενούντων, μνημονεύειν τε τῶν λόγων τοῦ κυρίου Ἰησοῦ,
ὅτι αὐτὸσ εἶπεν· μακάριόν ἐστιν μᾶλλον διδόναι ἢ λαμβάνειν.
³⁶ καὶ ταῦτα εἰπών, θεὶσ τὰ γόνατα αὐτοῦ σὺν πᾶσιν αὐτοῖσ 36
προσηύξατο. ³⁷ ἱκανὸσ δὲ κλαυθμὸσ ἐγένετο πάντων, καὶ ἐπιπε- 37
σόντεσ ἐπὶ τὸν τράχηλον τοῦ Παύλου κατεφίλουν αὐτόν, ³⁸ ὀδυνώ- 38
μενοι μάλιστα ἐπὶ τῷ λόγῳ ᾧ εἰρήκει, ὅτι οὐκέτι μέλλουσιν τὸ
πρόσωπον αὐτοῦ θεωρεῖν. προέπεμπον δὲ αὐτὸν εἰσ τὸ πλοῖον.

XXI.

Paulus it Hierosolymam. Philippus et filia. Agabus dissuadens iter.
Paulus Hierosolymae ex Iacobi consilio voto obstrictus. Tumultus plebis;
Lysiae tribuni intercessio.

Ὡσ δὲ ἐγένετο ἀναχθῆναι ἡμᾶσ ἀποσπασθέντασ ἀπ' αὐτῶν, 1
εὐθυδρομήσαντεσ ἤλθομεν εἰσ τὴν Κῶ, τῇ δὲ ἑξῆσ εἰσ τὴν Ῥόδον,
κἀκεῖθεν εἰσ Πάταρα. ² καὶ εὑρόντεσ πλοῖον διαπερῶν εἰσ Φοι- 2
νίκην, ἐπιβάντεσ ἀνήχθημεν. ³ ἀναφάναντεσ δὲ τὴν Κύπρον καὶ 3
καταλιπόντεσ αὐτὴν εὐώνυμον ἐπλέομεν εἰσ Συρίαν, καὶ κατήλθο-
μεν εἰσ Τύρον· ἐκεῖσε γὰρ τὸ πλοῖον ἦν ἀποφορτιζόμενον τὸν
γόμον. ⁴ ἀνευρόντεσ δὲ τοὺσ μαθητὰσ ἐπεμείναμεν αὐτοῦ ἡμέρασ 4
20, 23 ἑπτά, οἵτινεσ τῷ Παύλῳ ἔλεγον διὰ τοῦ πνεύματοσ μὴ ἐπιβαίνειν
εἰσ Ἱεροσόλυμα. ⁵ ὅτε δὲ ἐγένετο ἡμᾶσ ἐξαρτίσαι τὰσ ἡμέρασ, 5
ἐξελθόντεσ ἐπορευόμεθα προπεμπόντων ἡμᾶσ πάντων σὺν γυναιξὶ
καὶ τέκνοισ ἕωσ ἔξω τῆσ πόλεωσ, καὶ θέντεσ τὰ γόνατα ἐπὶ τὸν
αἰγιαλὸν προσευξάμενοι ⁶ ἀπησπασάμεθα ἀλλήλουσ, καὶ ἀνέβημεν 6
εἰσ τὸ πλοῖον, ἐκεῖνοι δὲ ὑπέστρεψαν εἰσ τὰ ἴδια.
Ἡμεῖσ δὲ τὸν πλοῦν διανύσαντεσ ἀπὸ Τύρου κατηντήσαμεν 7
εἰσ Πτολεμαΐδα, καὶ ἀσπασάμενοι τοὺσ ἀδελφοὺσ ἐμείναμεν ἡμέραν
μίαν παρ' αὐτοῖσ. ⁸ τῇ δὲ ἐπαύριον ἐξελθόντεσ ἤλθομεν εἰσ Και- 8
σαρίαν, καὶ εἰσελθόντεσ εἰσ τὸν οἶκον Φιλίππου τοῦ εὐαγγελιστοῦ
6, 5 ὄντοσ ἐκ τῶν ἑπτά, ἐμείναμεν παρ' αὐτῷ. ⁹ τούτῳ δὲ ἦσαν 9

32. παρατ. υμασ : add αδελφοι | εποικοδομησαι | δουναι : add υμιν |
om την ante κληρονομι. 33. ουδενοσ 34. αυτοι : add δε 35. διδον.
μαλλον 37. δε : ℵ τε | εγενετ. κλαυθμ. | ℵ* κατεφιλων
XXI, 1. ℵ* αναχθεντασ | εισ τ. κων 2. ℵc διαπερον 3. ϛᶜ ανα-
φανεντεσ | κατηλθ. : κατηχθημεν | ην το πλοιον 4. και ανευροντ. |
αναβαινειν εισ ιερουσαλημ 5. ℵ om εωσ|προσηυξαμεθα. 6 και ασπασα-
μενοι αλληλ. επεβημεν 6. ϛ επεβημεν, ℵᶜ ενεβ. 7. ℵᶜ κατεβημεν εισ
πτο.|ℵ* πτολεμαϊδαν 8. εξελθοντεσ : add οι περι τον παυλον|ϛ (non ϛᶜ)
ηλθον | καισαρειαν | του οντοσ

10 θυγατέρεσ τέσσαρεσ παρθένοι προφητεύουσαι. ¹⁰ ἐπιμενόντων δὲ
ἡμέρασ πλείουσ κατῆλθέν τισ ἀπὸ τῆσ Ἰουδαίασ προφήτησ ὀνό-
11 ματι Ἄγαβοσ, ¹¹ καὶ ἐλθὼν πρὸσ ἡμᾶσ καὶ ἄρασ τὴν ζώνην τοῦ
Παύλου, δήσασ ἑαυτοῦ τοὺσ πόδασ καὶ τὰσ χεῖρασ εἶπεν· τάδε
λέγει τὸ πνεῦμα τὸ ἅγιον· τὸν ἄνδρα οὗ ἐστὶν ἡ ζώνη αὕτη οὕ-
τωσ δήσουσιν ἐν Ἱερουσαλὴμ οἱ Ἰουδαῖοι καὶ παραδώσουσιν εἰσ
12 χεῖρασ ἐθνῶν. ¹² ὡσ δὲ ἠκούσαμεν ταῦτα, παρεκαλοῦμεν ἡμεῖσ
τε καὶ οἱ ἐντόπιοι τοῦ μὴ ἀναβαίνειν αὐτὸν εἰσ Ἱερουσαλήμ.
13 ¹³ τότε ἀπεκρίθη ὁ Παῦλοσ καὶ εἶπεν· τί ποιεῖτε κλαίοντεσ καὶ
συνθρύπτοντέσ μου τὴν καρδίαν; ἐγὼ γὰρ οὐ μόνον δεθῆναι ἀλλὰ
καὶ ἀποθανεῖν εἰσ Ἱερουσαλὴμ ἑτοίμωσ ἔχω ὑπὲρ τοῦ ὀνόματοσ
14 τοῦ κυρίου Ἰησοῦ. ¹⁴ μὴ πειθομένου δὲ αὐτοῦ ἡσυχάσαμεν εἰπόν-
τεσ· τοῦ κυρίου τὸ θέλημα γινέσθω.
15 Μετὰ δὲ τὰσ ἡμέρασ ταύτασ ἐπισκευασάμενοι ἀνεβαίνομεν
16 εἰσ Ἱεροσόλυμα· ¹⁶ συνῆλθον δὲ καὶ τῶν μαθητῶν ἀπὸ Καισα-
ρίασ σὺν ἡμῖν, ἄγοντεσ παρ' ᾧ ξενισθῶμεν Μνάσωνί τινι Κυπρίῳ,
ἀρχαίῳ μαθητῇ.
17 Γενομένων δὲ ἡμῶν εἰσ Ἱεροσόλυμα, ἀσμένωσ ἀπεδέξαντο
18 ἡμᾶσ οἱ ἀδελφοί. ¹⁸ τῇ τε ἐπιούσῃ εἰσῄει ὁ Παῦλοσ σὺν ἡμῖν
19 πρὸσ Ἰάκωβον, πάντεσ τε παρεγένοντο οἱ πρεσβύτεροι. ¹⁹ καὶ
ἀσπασάμενοσ αὐτοὺσ ἐξηγεῖτο καθ' ἓν ἕκαστον ὧν ἐποίησεν ὁ
20 θεὸσ ἐν τοῖσ ἔθνεσιν διὰ τῆσ διακονίασ αὐτοῦ. ²⁰ οἱ δὲ ἀκούσαν-
τεσ ἐδόξαζον τὸν θεόν, εἶπάν τε αὐτῷ· θεωρεῖσ, ἀδελφέ, πόσαι
μυριάδεσ εἰσὶν τῶν πεπιστευκότων, καὶ πάντεσ ζηλωταὶ τοῦ νό-
21 μου ὑπάρχουσιν· ²¹ κατηχήθησαν δὲ περὶ σοῦ ὅτι ἀποστασίαν
διδάσκεισ ἀπὸ Μωϋσέωσ τοὺσ κατὰ τὰ ἔθνη πάντασ Ἰουδαίουσ,
λέγων μὴ περιτέμνειν αὐτοὺσ τὰ τέκνα μηδὲ τοῖσ ἔθεσιν περι-
22 πατεῖν. ²² τί οὖν ἐστίν; πάντωσ δεῖ συνελθεῖν πλῆθοσ· ἀκούσον-
23 ταί γὰρ ὅτι ἐλήλυθασ. ²³ τοῦτο οὖν ποίησον ὅ σοι λέγομεν. εἰσὶν
24 ἡμῖν ἄνδρεσ τέσσαρεσ εὐχὴν ἔχοντεσ ἐφ' ἑαυτῶν· ²⁴ τούτουσ παρα-
λαβὼν ἁγνίσθητι σὺν αὐτοῖσ, καὶ δαπάνησον ἐπ' αὐτοῖσ ἵνα ξυρή-
σονται τὴν κεφαλήν, καὶ γνώσονται πάντεσ ὅτι ὧν κατήχηνται
περὶ σοῦ οὐδέν ἐστιν, ἀλλὰ στοιχεῖσ καὶ αὐτὸσ φυλάσσων τὸν
25 νόμον. ²⁵ περὶ δὲ τῶν πεπιστευκότων ἐθνῶν ἡμεῖσ ἐπεστείλαμεν
κρίναντεσ φυλάσσεσθαι αὐτοὺσ τό τε εἰδωλόθυτον καὶ αἷμα καὶ

---

9. ϑυγατ. παρϑε. τεσσαρ. 10. επιμενοντ. δε : ς add ημων, item ℵ* αυ-
των 11. δησ. τε αὐτου τασ χειρ. και τουσ ποδασ | ℵ* εισ τασ χειρασ
13. απεκριϑη δε ο παυλ. | om και ειπεν | ℵ* om κλαιοντ. και | ℵ* εν (sed
ipse * suprascrips εισ) ιερουσαλημ 14. το ϑελημ. του κυρ. γενεσϑω
15. αποσκευασαμενοι | εισ ιερουσαλημ 16. καισαρειασ | ℵ ιασονι
17. εδεξαντο 18. τη δε επιουση 19. ℵ* om δια 20. ℵ εδοξασαν |
ϑεον : κυριον | ειπον τε | μυριαδ. εισιν : add ιουδαιων 21. ℵ* om δε |
μωσεως 22. πληϑ. συνελϑ. 23. εφ : ℵ αφ 24. ξυρησονται | και
γνωσι | τον νομ. φυλασσ. 25. φυλαυσεσϑαι : praem μηδεν τοιουτον
τηρειν αυτουσ ει μη | και το αιμα

πνικτὸν καὶ πορνείαν. ²⁶ τότε ὁ Παῦλοσ παραλαβὼν τοὺσ ἄνδρασ 26
τῇ ἐχομένῃ ἡμέρᾳ σὺν αὐτοῖσ ἁγνισθεὶσ εἰσῄει εἰσ τὸ ἱερόν, διαγ-
γέλλων τὴν ἐκπλήρωσιν τῶν ἡμερῶν τοῦ ἁγνισμοῦ, ἕωσ οὗ προσ-
ηνέχθη ὑπὲρ ἑνὸσ ἑκάστου αὐτῶν ἡ προσφορά.

Ὡσ δὲ ἔμελλον αἱ ἑπτὰ ἡμέραι συντελεῖσθαι, οἱ ἀπὸ τῆσ 27
Ἀσίασ Ἰουδαῖοι θεασάμενοι αὐτὸν ἐν τῷ ἱερῷ συνέχεον πάντα
τὸν ὄχλον, καὶ ἐπέβαλαν ἐπ᾽ αὐτὸν τὰσ χεῖρασ, ²⁸ κράζοντεσ 28
ἄνδρεσ Ἰσραηλεῖται, βοηθεῖτε· οὗτός ἐστιν ὁ ἄνθρωποσ ὁ κατὰ
τοῦ λαοῦ καὶ τοῦ νόμου καὶ τοῦ τόπου τούτου πάντασ πανταχῇ
διδάσκων, ἔτι τε καὶ Ἕλληνασ εἰσήγαγεν εἰσ τὸ ἱερὸν καὶ κεκοί-
νωκεν τὸν ἅγιον τόπον τοῦτον. ²⁹ ἦσαν γὰρ προεωρακότεσ Τρό- 29
φιμον τὸν Ἐφέσιον ἐν τῇ πόλει σὺν αὐτῷ, ὃν ἐνόμιζον ὅτι εἰσ τὸ
ἱερὸν εἰσήγαγεν ὁ Παῦλοσ. ³⁰ ἐκινήθη τε ἡ πόλισ ὅλη καὶ ἐγένετο 30
συνδρομὴ τοῦ λαοῦ, καὶ ἐπιλαβόμενοι τοῦ Παύλου εἷλκον αὐτὸν
ἔξω τοῦ ἱεροῦ, καὶ εὐθέωσ ἐκλείσθησαν αἱ θύραι. ³¹ ζητούντων 31
τε αὐτὸν ἀποκτεῖναι ἀνέβη φάσισ τῷ χιλιάρχῳ τῆσ σπείρησ ὅτι
ὅλη συνχύννεται Ἰερουσαλήμ, ³² ὃσ ἐξαυτῆσ παραλαβὼν στρατιώ- 32
τασ καὶ ἑκατοντάρχασ κατέδραμεν ἐπ᾽ αὐτούσ· οἱ δὲ ἰδόντεσ τὸν
χιλίαρχον καὶ τοὺσ στρατιώτασ ἐπαύσαντο τύπτοντεσ τὸν Παῦλον.
³³ τότε ἐγγίσασ ὁ χιλίαρχοσ ἐπελάβετο αὐτοῦ, καὶ ἐκέλευσεν δε- 33
θῆναι ἁλύσεσι δυσί, καὶ ἐπυνθάνετο τίσ εἴη καὶ τί ἐστιν πεποι-
ηκώσ. ³⁴ ἄλλοι δὲ ἄλλο τι ἐπεφώνουν ἐν τῷ ὄχλῳ· μὴ δυναμένου 34
δὲ αὐτοῦ γνῶναι τὸ ἀσφαλὲσ διὰ τὸν θόρυβον, ἐκέλευσεν ἄγεσθαι
αὐτὸν εἰσ τὴν παρεμβολήν. ³⁵ ὅτε δὲ ἐγένετο ἐπὶ τοὺσ ἀναβαθ- 35
μούσ, συνέβη βαστάζεσθαι αὐτὸν ὑπὸ τῶν στρατιωτῶν διὰ τὴν
βίαν τοῦ ὄχλου· ³⁶ ἠκολούθει γὰρ τὸ πλῆθοσ τοῦ λαοῦ κράζοντεσ 36
αἶρε αὐτόν. ³⁷ μέλλων τε εἰσάγεσθαι εἰσ τὴν παρεμβολὴν ὁ Παῦ- 37
λοσ λέγει τῷ χιλιάρχῳ· εἰ ἔξεστίν μοι εἰπεῖν τι πρόσ σε; ὁ δὲ
ἔφη· ἑλληνιστὶ γινώσκεισ; ³⁸ οὐκ ἄρα σὺ εἶ ὁ Αἰγύπτιοσ ὁ πρὸ 38
τούτων τῶν ἡμερῶν ἀναστατώσασ καὶ ἐξαγαγὼν εἰσ τὴν ἔρημον
τοὺσ τετρακισχιλίουσ ἄνδρασ τῶν σικαρίων; ³⁹ εἶπεν δὲ ὁ Παῦλοσ· 39
ἐγὼ ἄνθρωποσ μέν εἰμι Ἰουδαῖοσ, Ταρσεύσ, τῆσ Κιλικίασ οὐκ
ἀσήμου πόλεωσ πολίτησ· δέομαι δέ σου, ἐπίτρεψόν μοι λαλῆσαι
πρὸσ τὸν λαόν. ⁴⁰ ἐπιτρέψαντοσ δὲ αὐτοῦ ὁ Παῦλοσ ἑστὼσ ἐπὶ 40
τῶν ἀναβαθμῶν κατέσεισεν τῇ χειρὶ τῷ λαῷ· πολλῆσ δὲ σιγῆσ
γενομένησ προσεφώνησεν τῇ Ἑβραΐδι διαλέκτῳ λέγων·

27: επεβαλον | τασ χειρ. επ αυτ. 28. א ισδραη-, ς ισραηλιται | πανταχου
29. א om τον ante εφεσιον 31. ζητουντ. δε | συγκεχυται 32. εκατον-
ταρχουσ 33. τισ αν ειη. 34. επεφων. : εβοων | μη δυναμενου δε γν.
36. κραζον 39. א* om ειμι | א* λογον λαλησαι

XXII.

Pauli defensio: narratio conversionis et legationis ad gentes. Interpellatus civitatis Romanae professione verbera evadit. Sistitur synedrio.

1 Ἄνδρεσ ἀδελφοὶ καὶ πατέρεσ, ἀκούσατέ μου τῆσ πρὸσ ὑμᾶσ
2 νυνὶ ἀπολογίασ. ² ἀκούσαντεσ δὲ ὅτι τῇ Ἑβραΐδι διαλέκτῳ προσε-
3 φώνει αὐτοῖσ, μᾶλλον παρέσχον ἡσυχίαν. καὶ φησίν· ³ ἐγώ εἰμι
ἀνὴρ Ἰουδαῖοσ, γεγεννημένοσ ἐν Ταρσῷ τῆσ Κιλικίασ, ἀνατεθραμ-
μένοσ δὲ ἐν τῇ πόλει ταύτῃ, παρὰ τοὺσ πόδασ Γαμαλιὴλ πεπαι-
δευμένοσ κατὰ ἀκρίβειαν τοῦ πατρῴου νόμου, ζηλωτὴσ ὑπάρχων
4 τοῦ θεοῦ καθὼσ πάντεσ ὑμεῖσ ἐστὲ σήμερον, ⁴ ὃσ ταύτην τὴν
ὁδὸν ἐδίωξα ἄχρι θανάτου, δεσμεύων καὶ παραδιδοὺσ εἰσ φυλακὰσ
5 ἄνδρασ τε καὶ γυναῖκασ, ⁵ ὡσ καὶ ὁ ἀρχιερεὺσ μαρτυρεῖ μου καὶ
πᾶν τὸ πρεσβυτέριον, παρ' ὧν καὶ ἐπιστολὰσ δεξάμενοσ πρὸσ
τοὺσ ἀδελφοὺσ εἰσ Δαμασκὸν ἐπορευόμην, ἄξων καὶ τοὺσ ἐκεῖσε
6 ὄντασ δεδεμένουσ εἰσ Ἱερουσαλὴμ ἵνα τιμωρηθῶσιν. ⁶ Ἐγένετο
δέ μοι πορευομένῳ καὶ ἐγγίζοντι τῇ Δαμασκῷ περὶ μεσημβρίαν
ἐξαίφνησ ἐκ τοῦ οὐρανοῦ περιαστράψαι φῶσ ἱκανὸν περὶ ἐμέ,
7 ⁷ ἔπεσά τε εἰσ τὸ ἔδαφοσ καὶ ἤκουσα φωνῆσ λεγούσησ μοι· Σαούλ
8 Σαούλ, τί με διώκεισ; ⁸ ἐγὼ δὲ ἀπεκρίθην· τίσ εἶ, κύριε; εἶπέν
9 τε πρὸσ ἐμέ· ἐγώ εἰμι Ἰησοῦσ ὁ Ναζωραῖοσ, ὃν σὺ διώκεισ. ⁹ οἱ
δὲ σὺν ἐμοὶ ὄντεσ τὸ μὲν φῶσ ἐθεάσαντο, τὴν δὲ φωνὴν οὐκ
10 ἤκουσαν τοῦ λαλοῦντόσ μοι. ¹⁰ εἶπον δέ· τί ποιήσω, κύριε; ὁ δὲ
κύριοσ εἶπεν πρόσ με· ἀναστὰσ πορεύου εἰσ Δαμασκόν, κἀκεῖ σοι
11 λαληθήσεται περὶ πάντων ὧν τέτακταί σοι ποιῆσαι. ¹¹ ὡσ δὲ
οὐκ ἐνέβλεπον ἀπὸ τῆσ δόξησ τοῦ φωτὸσ ἐκείνου, χειραγωγού-
12 μενοσ ὑπὸ τῶν συνόντων μοι ἦλθον εἰσ Δαμασκόν. ¹² Ἀνανίασ
δέ τισ, ἀνὴρ εὐλαβὴσ κατὰ τὸν νόμον, μαρτυρούμενοσ ὑπὸ πάν-
13 των τῶν κατοικούντων Ἰουδαίων, ¹³ ἐλθὼν πρὸσ ἐμὲ καὶ ἐπιστὰσ
εἶπέν μοι· Σαοὺλ ἀδελφέ, ἀνάβλεψον. κἀγὼ αὐτῇ τῇ ὥρᾳ
14 ἀνέβλεψα εἰσ αὐτόν. ¹⁴ ὁ δὲ εἶπεν· ὁ θεὸσ τῶν πατέρων ἡμῶν
προεχειρίσατό σε γνῶναι τὸ θέλημα αὐτοῦ καὶ ἰδεῖν τὸν δίκαιον
15 καὶ ἀκοῦσαι φωνὴν ἐκ τοῦ στόματοσ αὐτοῦ, ¹⁵ ὅτι ἔσῃ μάρτυσ
16 αὐτῷ πρὸσ πάντασ ἀνθρώπουσ ὧν ἑώρακασ καὶ ἤκουσασ. ¹⁶ καὶ
νῦν τί μέλλεισ; ἀναστὰσ βάπτισαι καὶ ἀπόλουσαι τὰσ ἁμαρτίασ
17 σου, ἐπικαλεσάμενοσ τὸ ὄνομα αὐτοῦ. ¹⁷ Ἐγένετο δέ μοι ὑπο-
στρέψαντι εἰσ Ἱερουσαλὴμ καὶ προσευχομένου μου ἐν τῷ ἱερῷ
18 γενέσθαι με ἐν ἐκστάσει, ¹⁸ καὶ ἰδὸν αὐτὸν λέγοντά μοι· σπεῦσον
καὶ ἔξελθε ἐν τάχει ἐξ Ἱερουσαλήμ, διότι οὐ παραδέξονταί σου
19 μαρτυρίαν περὶ ἐμοῦ. ¹⁹ κἀγὼ εἶπον· κύριε, αὐτοὶ ἐπίστανται

XXII, 1. νυν 3. εγω : add μεν | ανηρ : א ante ειμι 7. επεσον
8. απεκριθην : א add και ειπα | προσ με | א* ναζοραιοσ 9. εθεασαντο :
add και εμφοβοι εγενοντο | אᶜ ηκουον 12. ευλαβησ : ευσεβησ 13. προσ
με 16. αυτου : του κυριου 18. και ιδειν | την μαρτυριαν

ὅτι ἐγὼ ἤμην φυλακίζων καὶ δέρων κατὰ τὰς συναγωγὰς τοὺς πιστεύοντας ἐπὶ σέ· ²⁰ καὶ ὅτε ἐξεχύννετο τὸ αἷμα Στεφάνου τοῦ μάρτυρός σου, καὶ αὐτὸς ἤμην ἐφεστὼς καὶ συνευδοκῶν καὶ φυλάσσων τὰ ἱμάτια τῶν ἀναιρούντων αὐτόν. ²¹ καὶ εἶπεν πρός με· πορεύου, ὅτι ἐγὼ εἰς ἔθνη μακρὰν ἐξαποστελῶ σε. ²² Ἤκουον δὲ αὐτοῦ ἄχρι τούτου τοῦ λόγου, καὶ ἐπῆραν τὴν φωνὴν αὐτῶν λέγοντες· αἶρε ἀπὸ τῆς γῆς τὸν τοιοῦτον· οὐ γὰρ καθῆκεν αὐτὸν ζῆν. ²³ κραυγαζόντων δὲ αὐτῶν καὶ ῥιπτούντων τὰ ἱμάτια καὶ κονιορτὸν βαλλόντων εἰς τὸν ἀέρα, ²⁴ ἐκέλευσεν ὁ χιλίαρχος εἰσάγεσθαι αὐτὸν εἰς τὴν παρεμβολήν, εἴπας μάστιξιν ἀνετάζεσθαι αὐτόν, ἵνα ἐπιγνῷ δι᾽ ἣν αἰτίαν οὕτως ἐπεφώνουν αὐτῷ. ²⁵ ὡς δὲ προέτειναν αὐτὸν τοῖς ἱμᾶσιν, εἶπεν πρὸς τὸν ἑστῶτα ἑκατόνταρχον ὁ Παῦλος· εἰ ἄνθρωπον Ῥωμαῖον καὶ ἀκατάκριτον ἔξεστιν ὑμῖν μαστίζειν; ²⁶ ἀκούσας δὲ ὁ ἑκατοντάρχης προσελθὼν τῷ χιλιάρχῳ ἀπήγγειλεν λέγων· τί μέλλεις ποιεῖν; ὁ γὰρ ἄνθρωπος οὗτος Ῥωμαῖός ἐστιν. ²⁷ προσελθὼν δὲ ὁ χιλίαρχος εἶπεν αὐτῷ· λέγε μοι, σὺ Ῥωμαῖος εἶ; ὁ δὲ ἔφη· ναί. ²⁸ ἀπεκρίθη δὲ ὁ χιλίαρχος· ἐγὼ πολλοῦ κεφαλαίου τὴν πολιτείαν ταύτην ἐκτησάμην. ὁ δὲ Παῦλος ἔφη· ἐγὼ δὲ καὶ γεγέννημαι. ²⁹ εὐθέως οὖν ἀπέστησαν ἀπ᾽ αὐτοῦ οἱ μέλλοντες αὐτὸν ἀνετάζειν· καὶ ὁ χιλίαρχος δὲ ἐφοβήθη, ἐπιγνοὺς ὅτι Ῥωμαῖός ἐστιν καὶ ὅτι αὐτὸν ἦν δεδεκώς.

XXIII.

Paulus increpat pontificem. Pharisaeorum et Sadducaeorum dissidium. Reus visione erigitur; Iudaeorum coniurationi eripitur Caesaream deductus. Lysiae ad Felicem epistula.

Τῇ δὲ ἐπαύριον βουλόμενος γνῶναι τὸ ἀσφαλές, τὸ τί κατηγορεῖται ὑπὸ τῶν Ἰουδαίων, ἔλυσεν αὐτὸν καὶ ἐκέλευσεν συνελθεῖν τοὺς ἀρχιερεῖς καὶ πᾶν τὸ συνέδριον, καὶ καταγαγὼν τὸν Παῦλον ἔστησεν εἰς αὐτούς. (XXIII.) ¹ ἀτενίσας δὲ τῷ συνεδρίῳ ὁ Παῦλος εἶπεν· ἄνδρες ἀδελφοί, ἐγὼ πάσῃ συνειδήσει ἀγαθῇ πεπολίτευμαι τῷ θεῷ ἄχρι ταύτης τῆς ἡμέρας. ² ὁ δὲ ἀρχιερεὺς Ἀνανίας ἐπέταξεν τοῖς παρεστῶσιν αὐτῷ τύπτειν αὐτοῦ τὸ στόμα. ³ τότε ὁ Παῦλος πρὸς αὐτὸν εἶπεν· τύπτειν σε μέλλει ὁ θεός, τοῖχε κεκονιαμένε· καὶ σὺ κάθῃ κρίνων με κατὰ τὸν νόμον, καὶ παρανομῶν κελεύεις με τύπτεσθαι; ⁴ οἱ δὲ παρεστῶτες εἶπαν· τὸν ἀρχιερέα τοῦ θεοῦ λοιδορεῖς; ⁵ ἔφη τε ὁ Παῦλος· οὐκ ᾔδειν,

20. εξεχειτο. | συνευδοκων : add τη αναιρεσει αυτου 22. καθηκον 23. א* αεραν 24. ex. αυτον ο χιλιαρχ. αγεσθαι | ειπων 25. προετεινεν 26. εκατονταρχος | απηγγ. τω χιλιαρχ. | λεγων· ορα, τι 27. א* om μοι | συ : praem ει 28. δε : τε | א* om δε post εγω 29. א* om δε | οτι ην αυτον 30. υπο : παρα | ελ. αυτον : add απο των δεσμων | ελθειν | και ολον το συνεδρι. αυτων

XXIII. 1. ο παυλος τω συνεδριω 2. αυτω : א* om 3. προς αυτον : א ante ο παυλ. 4. ειπον

ἀδελφοί, ὅτι ἔστιν ἀρχιερεύσ· γέγραπται γὰρ ὅτι ἄρχοντα τοῦ
6 λαοῦ σου οὐκ ἐρεῖσ κακῶσ. ⁶ γνοὺσ δὲ ὁ Παῦλοσ ὅτι τὸ ἓν μέροσ
ἐστὶν Cαδδουκαίων τὸ δὲ ἕτερον Φαρισαίων, ἔκραζεν ἐν τῷ
συνεδρίῳ· ἄνδρεσ ἀδελφοί, ἐγὼ Φαρισαῖόσ εἰμι, υἱὸσ Φαρισαίων·
7 περὶ ἐλπίδοσ καὶ ἀναστάσεωσ νεκρῶν ἐγὼ κρίνομαι. ⁷ τοῦτο δὲ
αὐτοῦ λαλήσαντοσ ἐγένετο στάσισ τῶν Φαρισαίων καὶ Cαδδου-
8 καίων, καὶ ἐσχίσθη τὸ πλῆθοσ. ⁸ Cαδδουκαῖοι μὲν γὰρ λέγουσιν
μὴ εἶναι ἀνάστασιν μήτε ἄγγελον μήτε πνεῦμα, Φαρισαῖοι δὲ
9 ὁμολογοῦσιν τὰ ἀμφότερα. ⁹ ἐγένετο δὲ κραυγὴ μεγάλη, καὶ
ἀναστάντεσ τινὲσ τῶν γραμματέων τοῦ μέρουσ τῶν Φαρισαίων
διεμάχοντο λέγοντεσ· οὐδὲν κακὸν εὑρίσκομεν ἐν τῷ ἀνθρώπῳ
10 τούτῳ· εἰ δὲ πνεῦμα ἐλάλησεν αὐτῷ ἢ ἄγγελοσ; ¹⁰ πολλῆσ δὲ
γινομένησ στάσεωσ φοβηθεὶσ ὁ χιλίαρχοσ μὴ διασπασθῇ ὁ Παῦλοσ
ὑπ᾽ αὐτῶν, ἐκέλευσεν τὸ στράτευμα καταβὰν ἁρπάσαι αὐτὸν ἐκ
11 μέσου αὐτῶν ἄγειν τε εἰσ τὴν παρεμβολήν. ¹¹ τῇ δὲ ἐπιούσῃ
νυκτὶ ἐπιστὰσ αὐτῷ ὁ κύριοσ εἶπεν· θάρσει· ὡσ γὰρ διεμαρτύρω
τὰ περὶ ἐμοῦ εἰσ Ἱερουσαλήμ, οὕτω σε δεῖ καὶ εἰσ Ῥώμην μαρ-
τυρῆσαι.
12 Γενομένησ δὲ ἡμέρασ ποιήσαντεσ συστροφὴν οἱ Ἰουδαῖοι
ἀνεθεμάτισαν ἑαυτούσ, λέγοντεσ μήτε φαγεῖν μήτε πιεῖν ἕωσ οὗ
13 ἀποκτείνωσιν τὸν Παῦλον. ¹³ ἦσαν δὲ πλείουσ τεσσεράκοντα οἱ
14 ταύτην τὴν συνωμοσίαν ποιησάμενοι, ¹⁴ οἵτινεσ προσελθόντεσ
τοῖσ ἀρχιερεῦσιν καὶ τοῖσ πρεσβυτέροισ εἶπαν· ἀναθέματι ἀνεθε-
ματίσαμεν ἑαυτοὺσ μηδενὸσ γεύσασθαι ἕωσ οὗ ἀποκτείνωμεν τὸν
15 Παῦλον. ¹⁵ νῦν οὖν ὑμεῖσ ἐμφανίσατε τῷ χιλιάρχῳ σὺν τῷ συνε-
δρίῳ, ὅπωσ καταγάγῃ αὐτὸν εἰσ ὑμᾶσ ὡσ μέλλοντασ διαγινώσκειν
ἀκριβέστερον τὰ περὶ αὐτοῦ· ἡμεῖσ δὲ πρὸ τοῦ ἐγγίσαι αὐτὸν
16 ἕτοιμοί ἐσμεν τοῦ ἀνελεῖν αὐτόν. ¹⁶ Ἀκούσασ δὲ ὁ υἱὸσ τῆσ
ἀδελφῆσ Παύλου τὴν ἐνέδραν, παραγενόμενοσ καὶ εἰσελθὼν εἰσ
17 τὴν παρεμβολὴν ἀπήγγειλεν τῷ Παύλῳ. ¹⁷ προσκαλεσάμενοσ δὲ
ὁ Παῦλοσ ἕνα τῶν ἑκατονταρχῶν ἔφη· τὸν νεανίαν τοῦτον ἄπαγε
18 πρὸσ τὸν χιλίαρχον, ἔχει γάρ τι ἀπαγγεῖλαι αὐτῷ. ¹⁸ ὁ μὲν οὖν
παραλαβὼν αὐτὸν ἤγαγεν πρὸσ τὸν χιλίαρχον καὶ φησίν· ὁ
δέσμιοσ Παῦλοσ προσκαλεσάμενόσ με ἠρώτησεν τοῦτον τὸν νεα-
19 νίσκον ἀγαγεῖν πρὸσ σέ, ἔχοντά τι λαλῆσαί σοι. ¹⁹ ἐπιλαβόμενοσ
δὲ τῆσ χειρὸσ αὐτοῦ ὁ χιλίαρχοσ καὶ ἀναχωρήσασ κατ᾽ ἰδίαν

---

5. om οτι post γεγρ. γαρ   6. εκραξεν | υιοσ φαρισαιου   7. ℵ* ειπαντοσ,
ℵᶜ ειποντοσ | ς add των ante σαδδουκ., ℵ σαδδουκ. et φαρισ. hoc ordine
8. μηδε αγγελ.   9. ανασταντ. οι γραμματεισ | λεγοντεσ : ℵ praem προσ
αλληλουσ | ℵ* om εν | αγγελοσ : add μη θεομαχωμεν   10. γενομενησ |
φοβηθεισ : ευλαβηθεισ | ℵ* om εκ μεσ. αυτων   11. θαρσει : add παυλε
12. ποιη. τινεσ των ιουδαιων συστροφ. | ℵᶜ om λεγοντεσ   13. τεσ-
σαρακ. | πεποιηκοτεσ   14. ειπον   15. οπωσ αυριον αυτον καταγαγη
προσ υμασ | ℵ* om του ante ανελειν   16. ς (non ςᵉ) το ενεδρον   17. εκα-
τονταρχων | απαγαγε   18. νεανιαν

ἐπυνθάνετο· τί ἐστιν ὃ ἔχεισ ἀπαγγεῖλαί μοι; ²⁰ εἶπεν δὲ ὅτι οἱ
Ἰουδαῖοι συνέθεντο τοῦ ἐρωτῆσαί σε ὅπωσ αὔριον τὸν Παῦλον
καταγάγῃσ εἰσ τὸ συνέδριον ὡσ μέλλων τι ἀκριβέστερον πυνθάνεσθαι περὶ αὐτοῦ. ²¹ σὺ οὖν μὴ πεισθῇσ αὐτοῖσ· ἐνεδρεύουσιν
γὰρ αὐτὸν ἐξ αὐτῶν ἄνδρεσ πλείουσ τεσσεράκοντα, οἵτινεσ ἀνεθεμάτισαν ἑαυτοὺσ μήτε φαγεῖν μήτε πιεῖν ἕωσ οὗ ἀνέλωσιν αὐτόν,
καὶ νῦν εἰσὶν ἕτοιμοι προσδεχόμενοι τὴν ἀπὸ σοῦ ἐπαγγελίαν.
²² ὁ μὲν οὖν χιλίαρχοσ ἀπέλυσε τὸν νεανίσκον, παραγγείλασ μηδενὶ
ἐκλαλῆσαι ὅτι ταῦτα ἐνεφάνισασ πρὸσ ἐμέ. ²³ Καὶ προσκαλεσάμενόσ τινασ δύο τῶν ἑκατοντάρχων εἶπεν· ἑτοιμάσατε στρατιώτασ
διακοσίουσ ὅπωσ πορευθῶσιν ἕωσ Καισαρίασ, καὶ ἱππεῖσ ἑβδομήκοντα καὶ δεξιολάβουσ διακοσίουσ, ἀπὸ τρίτησ ὥρασ τῆσ νυκτόσ,
²⁴ κτήνη τε παραστῆσαι, ἵνα ἐπιβιβάσαντεσ τὸν Παῦλον διασώσωσι πρὸσ Φήλικα τὸν ἡγεμόνα, ²⁵ γράψασ ἐπιστολὴν ἔχουσαν
τὸν τύπον τοῦτον· ²⁶ Κλαύδιοσ Λυσίασ τῷ κρατίστῳ ἡγεμόνι
Φήλικι χαίρειν. ²⁷ τὸν ἄνδρα τοῦτον συλλημφθέντα ὑπὸ τῶν Ἰουδαίων καὶ μέλλοντα ἀναιρεῖσθαι ὑπ᾽ αὐτῶν ἐπιστὰσ σὺν τῷ στρατεύματι ἐξειλάμην, μαθὼν ὅτι Ῥωμαῖόσ ἐστιν· ²⁸ βουλόμενόσ τε
ἐπιγνῶναι τὴν αἰτίαν δι᾽ ἣν ἐνεκάλουν αὐτῷ, κατήγαγον εἰσ τὸ
συνέδριον αὐτῶν, ²⁹ ὃν εὗρον ἐγκαλούμενον περὶ ζητημάτων τοῦ
νόμου αὐτῶν, μηδὲν δὲ ἄξιον θανάτου ἢ δεσμῶν ἔχοντα ἔγκλημα.
³⁰ μηνυθείσησ δέ μοι ἐπιβουλῆσ εἰσ τὸν ἄνδρα ἔσεσθαι ἐξ αὐτῶν,
ἔπεμψα πρὸσ σέ, παραγγείλασ καὶ τοῖσ κατηγόροισ λέγειν αὐτοὺσ
ἐπὶ σοῦ.

Οἱ μὲν οὖν στρατιῶται κατὰ τὸ διατεταγμένον αὐτοῖσ ἀναλαβόντεσ τὸν Παῦλον ἤγαγον διὰ νυκτὸσ εἰσ τὴν Ἀντιπατρίδα,
³² τῇ δὲ ἐπαύριον ἐάσαντεσ τοὺσ ἱππεῖσ ἀπέρχεσθαι σὺν αὐτῷ,
ὑπέστρεψαν εἰσ τὴν παρεμβολήν. ³³ οἵτινεσ εἰσελθόντεσ εἰσ τὴν
Καισαρίαν καὶ ἀναδόντεσ τὴν ἐπιστολὴν τῷ ἡγεμόνι, παρέστησαν
καὶ τὸν Παῦλον αὐτῷ. ³⁴ ἀναγνοὺσ δὲ καὶ ἐπερωτήσασ ἐκ ποίασ
ἐπαρχείασ ἐστίν, καὶ πυθόμενοσ ὅτι ἀπὸ Κιλικίασ, ³⁵ διακούσομαί σου, ἔφη, ὅταν καὶ οἱ κατήγοροί σου παραγένωνται, κελεύσασ
ἐν τῷ πραιτωρίῳ τοῦ Ἡρώδου φυλάσσεσθαι αὐτόν.

---

20. εισ το συνεδρ. καταγαγ. τον παυλον | ℵ* μελλον, ϛ μελλοντεσ 21. τεσσαραχ. | ετοιμ. εισι 22. νεανιαν | προσ με 23. δυο τινασ | εκατοντάρχων | καισαρειασ 24. ℵ* φιλικα 25. περιεχουσαν 27. συλληφθεντ. | εξειλομην αυτον 28. βουλομ. δε γνωναι | κατηγαγον : add αυτον 29. εγκλη. εχοντ. 30. εισ τ. ανδρα μελλειν εσεσθ. υπο των ιουδαιων | εξ αυτων : εξαυτησ | λεγειν τα προσ αυτον επι σου. ερρωσο 31. δια τησ νυκτοσ 32. απερχεσθ. : πορευεσθαι | ℵ επεστρεψαν 33. καισαρειαν 34. αναγν. δε : add ο ηγεμων | επαρχιασ | απο κιλικ. : ℵ add εστιν 35. εκελευσε τε αυτον εν τω πρ. τ. ηρω. φυλ.

XXIV.

Adventus accusatorum; Tertyllus. Pauli defensio coram Felice atque etiam Drusilla.

1 Μετὰ δὲ πέντε ἡμέρασ κατέβη ὁ ἀρχιερεὺσ Ἀνανίασ μετὰ
πρεσβυτέρων τινῶν καὶ ῥήτοροσ Τερτύλλου τινόσ, οἵτινεσ ἐνεφάνι-
2 σαν τῷ ἡγεμόνι κατὰ τοῦ Παύλου. ² κληθέντοσ δὲ αὐτοῦ ἤρξατο
3 κατηγορεῖν ὁ Τέρτυλλοσ λέγων· ³ πολλῆσ εἰρήνησ τυγχάνοντεσ διὰ
σοῦ καὶ διορθωμάτων γινομένων τῷ ἔθνει τούτῳ διὰ τῆσ σῆσ
προνοίασ, πάντη τε καὶ πανταχοῦ ἀποδεχόμεθα, κράτιστε Φῆλιξ,
4 μετὰ πάσησ εὐχαριστίασ. ⁴ ἵνα δὲ μὴ ἐπὶ πλεῖόν σε ἐνκόπτω,
5 παρακαλῶ ἀκοῦσαί σε ἡμῶν συντόμωσ τῇ σῇ ἐπιεικείᾳ. ⁵ εὑρόν-
τεσ γὰρ τὸν ἄνδρα τοῦτον λοιμὸν καὶ κινοῦντα στάσεισ πᾶσιν
τοῖσ Ἰουδαίοισ τοῖσ κατὰ τὴν οἰκουμένην, πρωτοστάτην τε τῆσ
6 τῶν Ναζωραίων αἱρέσεωσ, ⁶ ὃσ καὶ τὸ ἱερὸν ἐπείρασεν βεβηλῶ-
8 σαι, ὃν καὶ ἐκρατήσαμεν, ⁸ παρ᾽ οὗ δυνήσῃ αὐτὸσ ἀνακρίνασ
περὶ πάντων τούτων ἐπιγνῶναι ὧν ἡμεῖσ κατηγοροῦμεν αὐτοῦ.
9 ⁹ συνεπέθεντο δὲ καὶ οἱ Ἰουδαῖοι φάσκοντεσ ταῦτα οὕτωσ ἔχειν.
10 ¹⁰ Ἀπεκρίθη τε ὁ Παῦλοσ, νεύσαντοσ αὐτῷ τοῦ ἡγεμόνοσ λέγειν·
ἐκ πολλῶν ἐτῶν ὄντα σε κριτὴν τῷ ἔθνει τούτῳ ἐπιστάμενοσ,
11 εὐθύμωσ τὰ περὶ ἐμαυτοῦ ἀπολογοῦμαι, ¹¹ δυναμένου σου ἐπιγνῶ-
ναι ὅτι οὐ πλείουσ εἰσίν μοι ἡμέραι δώδεκα ἀφ᾽ ἧσ ἀνέβην
12 προσκυνήσων εἰσ Ἱερουσαλήμ. ¹² καὶ οὔτε ἐν τῷ ἱερῷ εὗρόν με
πρόσ τινα διαλεγόμενον ἢ ἐπίστασιν ποιοῦντα ὄχλου, οὔτε ἐν
13 ταῖσ συναγωγαῖσ οὔτε κατὰ τὴν πόλιν, ¹³ οὐδὲ παραστῆσαι δύ-
14 νανταί σοι περὶ ὧν νυνὶ κατηγοροῦσίν μου. ¹⁴ ὁμολογῶ δὲ τοῦτό
σοι, ὅτι κατὰ τὴν ὁδὸν ἣν λέγουσιν αἵρεσιν οὕτωσ λατρεύω τῷ
πατρῴῳ θεῷ, πιστεύων πᾶσι τοῖσ κατὰ τὸν νόμον καὶ τοῖσ ἐν
15 τοῖσ προφήταισ γεγραμμένοισ, ¹⁵ ἐλπίδα ἔχων πρὸσ τὸν θεόν, ἣν
καὶ αὐτοὶ οὗτοι προσδέχονται, ἀνάστασιν μέλλειν ἔσεσθαι δικαίων
16 τε καὶ ἀδίκων. ¹⁶ ἐν τούτῳ καὶ αὐτὸσ ἀσκῶ ἀπρόσκοπον συνείδη-
17 σιν ἔχειν πρὸσ τὸν θεὸν καὶ τοὺσ ἀνθρώπουσ διαπαντόσ. ¹⁷ δι᾽ ἐτῶν
δὲ πλειόνων ἐλεημοσύνασ ποιήσων εἰσ τὸ ἔθνοσ μου παρεγενόμην
18 καὶ προσφοράσ, ¹⁸ ἐν αἷσ εὗρόν με ἡγνισμένον ἐν τῷ ἱερῷ, οὐ
μετὰ ὄχλου οὐδὲ μετὰ θορύβου, τινὲσ δὲ ἀπὸ τῆσ Ἀσίασ Ἰου-
19 δαῖοι, ¹⁹ οὓσ ἔδει ἐπὶ σοῦ παρεῖναι καὶ κατηγορεῖν, εἴ τι ἔχοιεν

XXIV, 1. μετα των πρεσβυτερων και 3. κατορθωματων 4. εγ-
κοπτω 5. στασιν 6. εκρατησαμεν : add και κατα τον ημετερον
νομον ηθελησαμεν κρινειν. ⁷ κατελθων δε λυσιασ ο χιλιαρχοσ μετα
πολλησ βιασ εκ των χειρων ημων απηγαγε, ⁸ κελευσασ τουσ κατηγορουσ
αυτου ερχεσθαι επι σε 9. συνεθεντο 10. τε : δε | ευθυμοτερον
11. γνωναι | ημεραι η δεκαδυο | εν ιερουσαλημ 12. επιιστυοντασ 13. ουδε:
ουτε | παραστησαι : ϛ (non ϛᵉ) : add με | om ͫ σοι | νυν 14. ϛᵉ και εν τοισ
προφηταισ, ϛ και τοισ προφηταισ 15. εισ τον θεον | א om ουτοι |
εσεσθαι : add νεκρων 16. εν του. δε αυτοσ 17. παρεγενομην : post
πλειονων | אᶜᵏ. προσφ. παρε. 18. εναισ : εν οισ | ϛᵉ om 19. δει

πρὸσ ἐμέ. ²⁰ ἢ αὐτοὶ οὗτοι εἰπάτωσαν τί εὗρον ἀδίκημα στάντοσ μου ἐπὶ τοῦ συνεδρίου, ²¹ ἢ περὶ μιᾶσ ταύτησ φωνῆσ ἧσ ἐκέκραξα ἐν αὐτοῖσ ἑστὼσ ὅτι περὶ ἀναστάσεωσ νεκρῶν ἐγὼ κρίνομαι σήμερον ἐφ᾽ ὑμῶν. ²²Ἀνεβάλετο δὲ αὐτοὺσ ὁ Φῆλιξ, ἀκριβέστερον εἰδὼσ τὰ περὶ τῆσ ὁδοῦ, εἴπασ· ὅταν Λυσίασ ὁ χιλίαρχοσ καταβῇ, διαγνώσομαι τὰ καθ᾽ ὑμᾶσ, ²³ διαταξάμενοσ τῷ ἑκατοντάρχῃ τηρεῖσθαι αὐτὸν ἔχειν τε ἄνεσιν καὶ μηδένα κωλύειν τῶν ἰδίων αὐτοῦ ὑπηρετεῖν αὐτῷ.

Μετὰ δὲ ἡμέρασ τινὰσ παραγενόμενοσ ὁ Φῆλιξ σὺν Δρουσίλλῃ τῇ ἰδίᾳ γυναικὶ οὔσῃ Ἰουδαίᾳ μετεπέμψατο τὸν Παῦλον, καὶ ἤκουσεν αὐτοῦ περὶ τῆσ εἰσ Χρστὸν Ἰησοῦν πίστεωσ. ²⁵ διαλεγομένου δὲ αὐτοῦ περὶ δικαιοσύνησ καὶ ἐγκρατείασ καὶ τοῦ κρίματοσ τοῦ μέλλοντοσ ἔμφοβοσ γενόμενοσ ὁ Φῆλιξ ἀπεκρίθη· τὸ νῦν ἔχον πορεύου, καιρὸν δὲ μεταλαβὼν μετακαλέσομαί σε, ²⁶ ἅμα καὶ ἐλπίζων ὅτι χρήματα δοθήσεται αὐτῷ ὑπὸ τοῦ Παύλου· διὸ καὶ πυκνότερον αὐτὸν μεταπεμπόμενοσ ὡμίλει αὐτῷ. ²⁷ διετίασ δὲ πληρωθείσησ ἔλαβεν διάδοχον ὁ Φῆλιξ Πόρκιον Φῆστον· θέλων τε χάριτα καταθέσθαι τοῖσ Ἰουδαίοισ ὁ Φῆλιξ κατέλιπε τὸν Παῦλον δεδεμένον.

XXV.

Paulus coram Festo provocat ad Caesarem. Festus procurator Agrippam regem consulit.

Φῆστοσ οὖν ἐπιβὰσ τῇ ἐπαρχείῳ μετὰ τρεῖσ ἡμέρασ ἀνέβη εἰσ Ἱεροσόλυμα ἀπὸ Καισαρίασ, ² ἐνεφάνισάν τε αὐτῷ οἱ ἀρχιερεῖσ καὶ οἱ πρῶτοι τῶν Ἰουδαίων κατὰ τοῦ Παύλου, καὶ παρεκάλουν αὐτὸν ³ αἰτούμενοι χάριν κατ᾽ αὐτοῦ, ὅπως μεταπέμψηται αὐτὸν εἰσ Ἱερουσαλήμ, ἐνέδραν ποιοῦντες ἀνελεῖν αὐτὸν κατὰ τὴν ὁδόν. ⁴ ὁ μὲν οὖν Φῆστος ἀπεκρίθη τηρεῖσθαι τὸν Παῦλον εἰσ Καισαρίαν, ἑαυτὸν δὲ μέλλειν ἐν τάχει ἐκπορεύεσθαι· ⁵ οἱ οὖν ἐν ὑμῖν, φησίν, δυνατοὶ συνκαταβάντεσ, εἴ τι ἐστὶν ἐν τῷ ἀνδρὶ ἄτοπον, κατηγορείτωσαν αὐτοῦ. ⁶ διατρίψασ δὲ ἐν αὐτοῖσ ἡμέρασ οὐ πλείουσ ὀκτὼ ἢ δέκα, καταβὰσ εἰσ Καισαρίαν, τῇ ἐπαύριον καθίσασ ἐπὶ τοῦ βήματοσ ἐκέλευσεν τὸν Παῦλον ἀχθῆναι. ⁷ παραγενομένου δὲ αὐτοῦ περιέστησαν αὐτὸν οἱ ἀπὸ Ἱεροσολύμων καταβεβη-

19. προσ με 20. ει τι ευρον εν εμοι 21. εκραξα εστωσ εν αυτοισ | υφ υμων 22. ακουσασ δε ταυτα ο φηλιξ ανεβαλ. αυτουσ | ειπων 23. διαταξαμ. τε | τηρεισθ. τον παυλον | υπηρετειν : add η προσερχεσθαι 24. ϛ ℵ* τη γυναικι αυτου, ℵᵃ τη ιδια γυν. αυτου | ℵ* και μετεπεμψατο | om ιησουν 25. ℵ περι εγκρα. κ. δικαι. | μελλοντοσ : add εσεσθαι 26. αμα δε και | παυλου : add οπωσ λυση αυτον 27. ℵᶜ θελων δε | χαριτασ

XXV, 1. τη επαρχια | καισαρειασ 2. τε : δε | ο αρχιερευσ 4. εν καισαρεια | εν ταχει : ℵᶜ post εκπορ. 5. δυνατοι εν υμιν φησιν | ϛ συγκαταβ., ℵ καταβαντ. | ατοπον : τουτω 6. ημερ. (ℵ post πλει.) ου πλει. οκτ. η δεκα : ημερ. πλειουσ η δεκα | καισαρειαν | ℵ* προαχθηναι 7. om αυτον

κότεσ Ἰουδαῖοι, πολλὰ καὶ βαρέα αἰτιώματα καταφέροντεσ, ἃ
8 οὐκ ἴσχυον ἀποδεῖξαι, ⁸ τοῦ Παύλου ἀπολογουμένου ὅτι οὔτε εἰσ
τὸν νόμον τῶν Ἰουδαίων οὔτε εἰσ τὸ ἱερὸν οὔτε εἰσ Καίσαρά τι
9 ἥμαρτον. ⁹ ὁ Φῆστοσ δὲ θέλων τοῖσ Ἰουδαίοισ χάριν καταθέσθαι,
ἀποκριθεὶσ τῷ Παύλῳ εἶπεν· θέλεισ εἰσ Ἱεροσόλυμα ἀναβὰσ ἐκεῖ
10 περὶ τούτων κριθῆναι ἐπ' ἐμοῦ; ¹⁰ εἶπεν δὲ ὁ Παῦλοσ· ἑστὼσ
ἐπὶ τοῦ βήματοσ Καίσαρόσ εἰμι, οὗ με δεῖ κρίνεσθαι. Ἰουδαίουσ
11 οὐδὲν ἠδίκηκα, ὡσ καὶ σὺ κάλλιον ἐπιγινώσκεισ. ¹¹ εἰ μὲν οὖν
ἀδικῶ καὶ ἄξιον θανάτου πέπραχά τι, οὐ παραιτοῦμαι τὸ ἀπο-
θανεῖν· εἰ δὲ οὐδέν ἐστιν ὧν οὗτοι κατηγοροῦσίν μου, οὐδείσ με
12 δύναται αὐτοῖσ χαρίσασθαι· Καίσαρα ἐπικαλοῦμαι. ¹² τότε ὁ
Φῆστοσ συνλαλήσασ μετὰ τοῦ συμβουλίου ἀπεκρίθη· Καίσαρα
ἐπικέκλησαι, ἐπὶ Καίσαρα πορεύσῃ.
13   Ἡμερῶν δὲ διαγενομένων τινῶν Ἀγρίππασ ὁ βασιλεὺσ καὶ
Βερνίκη κατήντησαν εἰσ Καισαρίαν ἀσπασάμενοι τὸν Φῆστον.
14 ¹⁴ ὡσ δὲ πλείουσ ἡμέρασ διέτριβον ἐκεῖ, ὁ Φῆστοσ τῷ βασιλεῖ
ἀνέθετο τὰ κατὰ τὸν Παῦλον λέγων· ἀνήρ τισ ἐστὶν καταλελειμ-
15 μένοσ ὑπὸ Φήλικοσ δέσμιοσ, ¹⁵ περὶ οὗ γενομένου μου εἰσ Ἱεροσό-
λυμα ἐνεφάνισαν οἱ ἀρχιερεῖσ καὶ οἱ πρεσβύτεροι τῶν Ἰουδαίων,
16 αἰτούμενοι κατ' αὐτοῦ καταδίκην· ¹⁶ πρὸσ οὓσ ἀπεκρίθην ὅτι οὐκ
ἔστιν ἔθοσ Ῥωμαίοισ χαρίζεσθαί τινα ἄνθρωπον πρὶν ἢ ὁ κατη-
γορούμενοσ κατὰ πρόσωπον ἔχοι τοὺσ κατηγόρουσ τόπον τε ἀπολο-
17 γίασ λάβοι περὶ τοῦ ἐγκλήματοσ. ¹⁷ συνελθόντων οὖν αὐτῶν ἐν-
θάδε ἀναβολὴν μηδεμίαν ποιησάμενοσ, τῇ ἑξῆσ καθίσασ ἐπὶ τοῦ
18 βήματοσ ἐκέλευσα ἀχθῆναι τὸν ἄνδρα· ¹⁸ περὶ οὗ σταθέντεσ οἱ
κατήγοροι οὐδεμίαν αἰτίαν ἔφερον ὧν ἐγὼ ὑπενόουν πονηράν,
19 ¹⁹ ζητήματα δέ τινα περὶ τῆσ ἰδίασ δεισιδαιμονίασ εἶχον πρὸσ
αὐτὸν καὶ περί τινοσ Ἰησοῦ τεθνηκότοσ, ὃν ἔφασκεν ὁ Παῦλοσ
20 ζῆν. ²⁰ ἀπορούμενοσ δὲ ἐγὼ τὴν περὶ τούτων ζήτησιν ἔλεγον εἰ
βούλοιτο πορεύεσθαι εἰσ Ἱεροσόλυμα κἀκεῖ κρίνεσθαι περὶ τού-
21 των. ²¹ τοῦ δὲ Παύλου ἐπικαλεσαμένου τηρηθῆναι αὐτὸν εἰσ τὴν
τοῦ Σεβαστοῦ διάγνωσιν, ἐκέλευσα τηρεῖσθαι αὐτὸν ἕωσ οὗ ἀνα-
22 πέμψω αὐτὸν πρὸσ Καίσαρα. ²² Ἀγρίππασ δὲ πρὸσ τὸν Φῆστον·
ἐβουλόμην καὶ αὐτὸσ τοῦ ἀνθρώπου ἀκοῦσαι. αὔριον, φησίν,
ἀκούσῃ αὐτοῦ.
23   Τῇ οὖν ἐπαύριον ἐλθόντοσ τοῦ Ἀγρίππα καὶ τῆσ Βερνίκησ
μετὰ πολλῆσ φαντασίασ, καὶ εἰσελθόντων εἰσ τὸ ἀκροατήριον σὺν

---

7. αιτιαματα | φεροντεσ κατα του παυλου | א* ισχυσαν   8. του παυ.
απολ.: απολ. αυτου   9. τοισ ιουδαιοισ θελων | κρινεσθαι   10. επι τ.
βημ. καισ. εστωσ ειμι | ηδικησα   11. ουν: γαρ   12. συλλαλησασ   13. και-
σαρειαν | ασπασομενοι   15. δικην   16. ανθρωπον : add εισ απωλειαν |
εχοι : א ante κατ. προσωπ.   18. επεφερον | υπενοουν εγω | πονηραν :
om   20. εισ την περι τουτου ζητ. | ιερουσαλημ   21. πεμψω   22. πρ.
τ. φηστον : add εφη | αυριον : praem ο δε   23. א* ακρωτηριον

τε χιλιάρχοισ καὶ ἀνδράσιν τοῖσ κατ᾿ ἐξοχὴν τῆσ πόλεωσ, καὶ κελεύσαντοσ τοῦ Φήστου ἤχθη ὁ Παῦλοσ. ²⁴ καί φησιν ὁ Φῆστοσ· ²⁴
¹⁵ Ἀγρίππα βασιλεῦ καὶ πάντεσ οἱ συνπαρόντεσ ἡμῖν ἄνδρεσ, θεωρεῖτε τοῦτον περὶ οὗ ἅπαν τὸ πλῆθοσ τῶν Ἰουδαίων ἐνέτυχόν μοι ἔν τε Ἱεροσολύμοισ καὶ ἐνθάδε, βοῶντεσ μὴ δεῖν αὐτὸν ζῆν μη-
²²,²² κέτι. ²⁵ ἐγὼ δὲ κατελαβόμην μηδὲν ἄξιον αὐτὸν θανάτου πέπρα- ²⁵
²³, ²⁹/₁₁ χέναι, αὐτοῦ δὲ τούτου ἐπικαλεσαμένου τὸν Σεβαστὸν ἔκρινα πέμπειν. ²⁶ περὶ οὗ ἀσφαλέσ τι γράψαι τῷ κυρίῳ οὐκ ἔχω· διὸ ²⁶
προήγαγον αὐτὸν ἐφ᾿ ὑμῶν καὶ μάλιστα ἐπὶ σοῦ, βασιλεῦ Ἀγρίππα, ὅπωσ τῆσ ἀνακρίσεωσ γενομένησ σχῶ τί γράψω· ²⁷ ἄλογον γάρ μοι ²⁷
δοκεῖ πέμποντα δέσμιον μὴ καὶ τὰσ κατ᾿ αὐτοῦ αἰτίασ σημᾶναι.

XXVI.

Pauli coram Agrippa et Festo defensio. Agrippae propensio ad fidem.

Ἀγρίππασ δὲ πρὸσ τὸν Παῦλον ἔφη· ἐπιτρέπεταί σοι περὶ 1
σεαυτοῦ λέγειν. τότε ὁ Παῦλοσ ἐκτείνασ τὴν χεῖρα ἀπελογεῖτο·
² περὶ πάντων ὧν ἐγκαλοῦμαι ὑπὸ Ἰουδαίων, βασιλεῦ Ἀγρίππα, 2
ἥγημαι ἐμαυτὸν μακάριον ἐπὶ σοῦ μέλλων σήμερον ἀπολογεῖσθαι,
³ μάλιστα γνώστην σε ὄντα πάντων τῶν κατὰ Ἰουδαίουσ ἐθῶν τε 3
καὶ ζητημάτων· διὸ δέομαι μακροθύμωσ ἀκοῦσαί μου. ⁴ τὴν μὲν 4
οὖν βίωσίν μου τὴν ἐκ νεότητοσ τὴν ἀπ᾿ ἀρχῆσ γενομένην ἐν τῷ
ἔθνει μου ἔν τε Ἱεροσολύμοισ ἴσασι πάντεσ οἱ Ἰουδαῖοι, ⁵ προ- 5
²²,³ γινώσκοντέσ με ἄνωθεν, ἐὰν θέλωσι μαρτυρεῖν, ὅτι κατὰ τὴν
Phil 3, 5
²³, ⁶ ἀκριβεστάτην αἵρεσιν τῆσ ἡμετέρασ θρησκίασ ἔζησα Φαρισαῖοσ.
⁶ καὶ νῦν ἐπ᾿ ἐλπίδι τῆσ εἰσ τοὺσ πατέρασ ἡμῶν ἐπαγγελίασ γενο- 6
²⁴, ¹⁵ μένησ ὑπὸ τοῦ θεοῦ ἕστηκα κρινόμενοσ, ⁷ εἰσ ἣν τὸ δωδεκάφυλον 7
ἡμῶν ἐν ἐκτενείᾳ νύκτα καὶ ἡμέραν λατρεῦον ἐλπίζει καταντῆσαι·
περὶ ἧσ ἐλπίδοσ ἐγκαλοῦμαι ὑπὸ Ἰουδαίων, βασιλεῦ. ⁸ τί ἄπιστον 8
⁸,³,⁹,¹ κρίνεται παρ᾿ ὑμῖν εἰ ὁ θεὸσ νεκροὺσ ἐγείρει; ⁹ ἐγὼ μὲν οὖν 9
²², ¹⁴ s ἔδοξα ἐμαυτῷ πρὸσ τὸ ὄνομα Ἰησοῦ τοῦ Ναζωραίου δεῖν πολλὰ
ἐναντία πρᾶξαι· ¹⁰ ὃ καὶ ἐποίησα ἐν Ἱεροσολύμοισ, καὶ πολλοὺσ 10
τε τῶν ἁγίων ἐγὼ ἐν φυλακαῖσ κατέκλεισα, τὴν παρὰ τῶν ἀρχιερέων ἐξουσίαν λαβών, ἀναιρουμένων τε αὐτῶν κατήνεγκα ψῆφον,
¹¹ καὶ κατὰ πάσασ τὰσ συναγωγὰσ πολλάκισ τιμωρῶν αὐτοὺσ 11
ἠνάγκαζον βλασφημεῖν, περισσῶσ τε ἐμμαινόμενοσ αὐτοῖσ ἐδίω-
⁹,³ ss κον ἕωσ καὶ εἰσ τὰσ ἔξω πόλεισ. ¹² Ἐν οἷσ πορευόμενοσ εἰσ 12
²², ⁶ ss

---

23. τοισ χιλιαρχοισ | τοισ κατ εξοχην : add ουσι 24. συμπαρ. | παν | επιβοωντεσ | ζην αυτον 25. ϛ ℵ* καταλαβομενοσ | αυτον : ϛ ℵ post θανατου. | και αυτου δε τουτου | πεμπειν : add αυτον 26. τι γραψαι
XXVI, 1. περι : υπερ | απελογειτ. εκτει. τ. χειρα 2. μελλων απολογ. επι σου σημερ. 3. οντα σε | ζητηματων : ℵᶜ add επισταμενοσ | δεομαι : add σου 4. εν τε : om τε 5. θρησκειασ 6. εισ τουσ : προσ τουσ | ημων : om 7. βασιλευ αγριππα υπο των ιουδαι. 9. ℵ* του ιησου | ℵ ναζοραιου 10. om τε post πολλουσ | om εν ante φυλακαισ
12. εν οισ : add και

τὴν Δαμασκὸν μετ' ἐξουσίασ καὶ ἐπιτροπῆσ τῆσ τῶν ἀρχιερέων,
13 ¹³ ἡμέρασ μέσησ κατὰ τὴν ὁδὸν εἶδον, βασιλεῦ, οὐρανόθεν ὑπὲρ
τὴν λαμπρότητα τοῦ ἡλίου περιλάμψαν με φῶσ καὶ τοὺσ σὺν
14 ἐμοὶ πορευομένουσ· ¹⁴ πάντων τε καταπεσόντων ἡμῶν εἰσ τὴν γῆν
ἤκουσα φωνὴν λέγουσαν πρόσ με τῇ Ἑβραΐδι διαλέκτῳ· Σαοὺλ
Σαούλ, τί με διώκεισ; σκληρόν σοι πρὸσ κέντρα λακτίζειν.
15 ¹⁵ ἐγὼ δὲ εἶπα· τίσ εἶ, κύριε; ὁ δὲ κύριοσ εἶπεν· ἐγώ εἰμι Ἰησοῦσ
16 ὃν σὺ διώκεισ. ¹⁶ ἀλλὰ ἀνάστηθι καὶ στῆθι ἐπὶ τοὺσ πόδασ σου·
εἰσ τοῦτο γὰρ ὤφθην σοι, προχειρίσασθαί σε ὑπηρέτην καὶ μάρ-
17 τυρα ὧν τε εἶδεσ ὧν τε ὀφθήσομαί σοι, ¹⁷ ἐξαιρούμενόσ σε ἐκ
18 τοῦ λαοῦ καὶ ἐκ τῶν ἐθνῶν, εἰσ οὓσ ἐγὼ ἀποστέλλω σε, ¹⁸ ἀνοῖξαι
ὀφθαλμοὺσ αὐτῶν, τοῦ ἐπιστρέψαι ἀπὸ σκότουσ εἰσ φῶσ καὶ τῆσ
ἐξουσίασ τοῦ σατανᾶ ἐπὶ τὸν θεόν, τοῦ λαβεῖν αὐτοὺσ ἄφεσιν 20, 32
ἁμαρτιῶν καὶ κλῆρον ἐν τοῖσ ἡγιασμένοισ πίστει τῇ εἰσ ἐμέ.
19 ¹⁹ ὅθεν, βασιλεῦ Ἀγρίππα, οὐκ ἐγενόμην ἀπειθὴσ τῇ οὐρανίῳ
20 ὀπτασίᾳ, ²⁰ ἀλλὰ τοῖσ ἐν Δαμασκῷ πρῶτόν τε καὶ Ἱεροσολύμοισ
πᾶσάν τε τὴν χώραν τῆσ Ἰουδαίασ καὶ τοῖσ ἔθνεσιν ἀπήγγελλον
μετανοεῖν καὶ ἐπιστρέφειν ἐπὶ τὸν θεόν, ἄξια τῆσ μετανοίασ ἔργα
21 πράσσοντασ. ²¹ ἕνεκα τούτων με Ἰουδαῖοι συλλαβόμενοί ὄντα ἐν 21, 27
22 τῷ ἱερῷ ἐπειρῶντο διαχειρίσασθαι. ²² ἐπικουρίασ οὖν τυχὼν τῆσ
ἀπὸ τοῦ θεοῦ ἄχρι τῆσ ἡμέρασ ταύτησ ἕστηκα μαρτυρόμενοσ
μικρῷ τε καὶ μεγάλῳ, οὐδὲν ἐκτὸσ λέγων ὧν τε οἱ προφῆται 24, 14
23 ἐλάλησαν μελλόντων γίνεσθαι καὶ Μωϋσῆσ, ²³ εἰ παθητὸσ ὁ Χρι-
στόσ, εἰ πρῶτοσ ἐξ ἀναστάσεωσ νεκρῶν φῶσ μέλλει καταγγέλλειν
24 τῷ τε λαῷ καὶ τοῖσ ἔθνεσιν. ²⁴ ταῦτα δὲ αὐτοῦ ἀπολογουμένου
ὁ Φῆστοσ μεγάλῃ τῇ φωνῇ φησίν· μαίνῃ, Παῦλε· τὰ πολλά σε
25 γράμματα εἰσ μανίαν περιτρέπει. ²⁵ ὁ δὲ Παῦλοσ· οὐ μαίνομαι,
φησίν, κράτιστε Φῆστε, ἀλλὰ ἀληθείασ καὶ σωφροσύνησ ῥήματα
26 ἀποφθέγγομαι. ²⁶ ἐπίσταται γὰρ περὶ τούτων ὁ βασιλεύσ, πρὸσ
ὃν καὶ παρρησιαζόμενοσ λαλῶ· λανθάνειν γὰρ αὐτόν τι τούτων
οὐ πείθομαι οὐθέν· οὐ γάρ ἐστιν ἐν γωνίᾳ πεπραγμένον τοῦτο.
27 ²⁷ πιστεύεισ, βασιλεῦ Ἀγρίππα, τοῖσ προφήταισ; οἶδα ὅτι πιστεύεισ.
28 ²⁸ ὁ δὲ Ἀγρίππασ πρὸσ τὸν Παῦλον· ἐν ὀλίγῳ με πείθεισ Χρι-
29 στιανὸν ποιῆσαι. ²⁹ ὁ δὲ Παῦλοσ· εὐξάμην ἂν τῷ θεῷ καὶ ἐν
ὀλίγῳ καὶ ἐν μεγάλῳ οὐ μόνον σὲ ἀλλὰ καὶ πάντασ τοὺσ ἀκούον-
τάσ μου σήμερον γενέσθαι τοιούτουσ ὁποῖοσ κἀγώ εἰμι, παρεκτὸσ
30 τῶν δεσμῶν τούτων. ³⁰ ἀνέστη τε ὁ βασιλεὺσ καὶ ὁ ἡγεμὼν ἥ τε

12. τησ παρα των αρχ. 14. παντων δε | φωνην λαλουσαν προσ με και
λεγουσαν 15. ϛ ℵ ειπον | om κυριοσ 17. om εκ sec | εισ ουσ νυν σε
αποστ. 20. om τε post πρωτ. | εισ πασαν τε | ϛ (non ϛᶜ) απαγγελλων
21. οι ιουδαιοι | οντα (ℵ* add με) : om 22. απο : παρα | μαρτυρού-
μενοσ | μωσησ 23. ℵ* μελλειν | om τε 24. εφη 25. om παυλοσ | αλλ
26. ϛ ουδεν, ℵᶜ om 28. προσ τ. παυλον : add εφη | ποιησαι : γενεσθαι
29. ο δε παυλοσ : add ειπεν | ευξαιμην | μεγαλω : πολλω 30. ανεστη τε :
και ταυτα ειποντοσ αυτου ανεστη

ACT. 27, 14. 257

Βερνίκη καὶ οἱ συνκαθήμενοι αὐτοῖσ, ³¹ καὶ ἀναχωρήσαντεσ ἐλά- 31
λουν πρὸσ ἀλλήλουσ λέγοντεσ ὅτι οὐδὲν θανάτου ἢ δεσμῶν ἄξιόν
τι πράσσει ὁ ἄνθρωποσ οὗτοσ. ³² Ἀγρίππασ δὲ τῷ Φήστῳ ἔφη· 32
ἀπολελύσθαι ἐδύνατο ὁ ἄνθρωποσ οὗτοσ εἰ μὴ ἐπεκέκλητο Καί-
σαρα.

XXVII.

Navigatio Romana. Tempestas; fortitudo Pauli. Naufragium ad Melitam insulam.

Ὡσ δὲ ἐκρίθη τοῦ ἀποπλεῖν ἡμᾶσ εἰσ τὴν Ἰταλίαν, παρεδί- 1
δουν τόν τε Παῦλον καί τινασ ἑτέρουσ δεσμώτασ ἑκατοντάρχῃ
ὀνόματι Ἰουλίῳ σπείρησ Σεβαστῆσ. ² ἐπιβάντεσ δὲ πλοίῳ Ἀδρα- 2
μυττηνῷ μέλλοντι πλεῖν εἰσ τοὺσ κατὰ τὴν Ἀσίαν τόπουσ, ἀνήχθη-
μεν, ὄντοσ σὺν ἡμῖν Ἀριστάρχου Μακεδόνοσ Θεσσαλονικέωσ· ³ τῇ 3
τε ἑτέρᾳ κατήχθημεν εἰσ Σιδῶνα, φιλανθρώπωσ τε ὁ Ἰούλιοσ τῷ
Παύλῳ χρησάμενοσ ἐπέτρεψεν πρὸσ τοὺσ φίλουσ πορευθέντι ἐπι-
μελείασ τυχεῖν. ⁴ κἀκεῖθεν ἀναχθέντεσ ὑπεπλεύσαμεν τὴν Κύπρον 4
διὰ τὸ τοὺσ ἀνέμουσ εἶναι ἐναντίουσ, ⁵ τό τε πέλαγοσ τὸ κατὰ 5
τὴν Κιλικίαν καὶ Παμφυλίαν διαπλεύσαντεσ κατήλθαμεν εἰσ
Μύρρα τῆσ Λυκίασ. ⁶ Κἀκεῖ εὑρὼν ὁ ἑκατοντάρχησ πλοῖον Ἀλε- 6
ξανδρινὸν πλέον εἰσ τὴν Ἰταλίαν ἐνεβίβασεν ἡμᾶσ εἰσ αὐτό. ⁷ ἐν 7
ἱκαναῖσ δὲ ἡμέραισ βραδυπλοοῦντεσ καὶ μόλισ γενόμενοι κατὰ
τὴν Κνίδον, μὴ προσεῶντοσ ἡμᾶσ τοῦ ἀνέμου, ὑπεπλεύσαμεν τὴν
Κρήτην κατὰ Σαλμώνην, ⁸ μόλισ τε παραλεγόμενοι αὐτὴν ἤλθο- 8
μεν εἰσ τόπον τινὰ καλούμενον Καλοὺσ λιμένασ, ᾧ ἐγγὺσ πόλισ
ἦν Λασαία. ⁹ ἱκανοῦ δὲ χρόνου διαγενομένου καὶ ὄντοσ ἤδη ἐπισφα- 9
λοῦσ τοῦ πλοὸσ διὰ τὸ καὶ τὴν νηστείαν ἤδη παρεληλυθέναι,
παρῄνει ὁ Παῦλοσ ¹⁰ λέγων αὐτοῖσ· ἄνδρεσ, θεωρῶ ὅτι μετὰ 10
ὕβρεωσ καὶ πολλῆσ ζημίασ οὐ μόνον τοῦ φορτίου καὶ τοῦ πλοίου
ἀλλὰ καὶ τῶν ψυχῶν ἡμῶν μέλλειν ἔσεσθαι τὸν πλοῦν. ¹¹ ὁ δὲ 11
ἑκατοντάρχησ τῷ κυβερνήτῃ καὶ τῷ ναυκλήρῳ μᾶλλον ἐπείθετο
ἢ τοῖσ ὑπὸ Παύλου λεγομένοισ. ¹² ἀνευθέτου δὲ τοῦ λιμένοσ 12
ὑπάρχοντοσ πρὸσ παραχειμασίαν, οἱ πλείονεσ ἔθεντο βουλὴν
ἀναχθῆναι ἐκεῖθεν, εἴπωσ δύναιντο καταντήσαντεσ εἰσ Φοίνικα
παραχειμάσαι, λιμένα τῆσ Κρήτησ βλέποντα κατὰ λίβα καὶ κατὰ
χῶρον. ¹³ ὑποπνεύσαντοσ δὲ νότου δόξαντεσ τῆσ προθέσεωσ κε- 13
κρατηκέναι, ἄραντεσ ἆσσον παρελέγοντο τὴν Κρήτην. ¹⁴ μετ᾽ οὐ 14
πολὺ δὲ ἔβαλεν κατ᾽ αὐτῆσ ἄνεμοσ τυφωνικὸσ ὁ καλούμενοσ

30. συγκαθημ. 31. θανατ. αξιον η δεσμ. | τι : om.
XXVII, 2. μελλοντι : -ντεσ | εισ τουσ : om εισ 3. τη τε : ℵᶜ τη δε |
ℵ* σιδονα | τουσ φιλουσ : om τουσ per errorem | πορευθεντα 5. κατηλ-
θομεν | ϛ μυρα, ℵ λυστραν 6. εκατονταρχοσ | εισ αυτο : ℵ* add τουτο
8. ην πολισ | ℵ* λασσαια, ℵᶜ λαϊσσα 10. φορτου 11. εκατονταρχοσ |
επείθετ. μαλλὸν | υπο του παυλου 12. πλειουσ | κακειθεν 14. ℵ κατα
ταυτησ

Nov. Test. ed. Tf. 17

15 εὐρακύλων· ¹⁵ συναρπασθέντοσ δὲ τοῦ πλοίου καὶ μὴ δυναμένου
16 ἀντοφθαλμεῖν τῷ ἀνέμῳ ἐπιδόντεσ ἐφερόμεθα. ¹⁶ νησίον δέ τι
ὑποδραμόντεσ καλούμενον Κλαῦδα ἰσχύσαμεν μόλισ περικρατεῖσ
17 γενέσθαι τῆσ σκάφησ, ¹⁷ ἣν ἄραντεσ βοηθείαισ ἐχρῶντο, ὑποζων-
νύντεσ τὸ πλοῖον· φοβούμενοί τε μὴ εἰσ τὴν Σύρτιν ἐκπέσωσιν,
18 χαλάσαντεσ τὸ σκεῦοσ, οὕτωσ ἐφέροντο. ¹⁸ σφοδρῶσ δὲ χειμαζο-
19 μένων ἡμῶν τῇ ἑξῆσ ἐκβολὴν ἐποιοῦντο, ¹⁹ καὶ τῇ τρίτῃ αὐτό-
20 χειρεσ τὴν σκευὴν τοῦ πλοίου ἔριψαν· ²⁰ μήτε δὲ ἡλίου μήτε
ἄστρων ἐπιφαινόντων ἐπὶ πλείονασ ἡμέρασ, χειμῶνόσ τε οὐκ
ὀλίγου ἐπικειμένου, λοιπὸν περιῃρεῖτο ἐλπὶσ πᾶσα τοῦ σῴζεσθαι
21 ἡμᾶσ. ²¹ πολλῆσ τε ἀσιτίασ ὑπαρχούσησ, τότε σταθεὶσ ὁ Παῦλοσ
ἐν μέσῳ αὐτῶν εἶπεν· ἔδει μέν, ὦ ἄνδρεσ, πειθαρχήσαντάσ μοι
μὴ ἀνάγεσθαι ἀπὸ τῆσ Κρήτησ κερδῆσαί τε τὴν ὕβριν ταύτην
22 καὶ τὴν ζημίαν. ²² καὶ τὰ νῦν παραινῶ ὑμᾶσ εὐθυμεῖν· ἀποβολὴ
23 γὰρ ψυχῆσ οὐδεμία ἔσται ἐξ ὑμῶν πλὴν τοῦ πλοίου. ²³ παρέστη
γάρ μοι ταύτῃ τῇ νυκτὶ τοῦ θεοῦ οὗ εἰμὶ ἐγώ, ᾧ καὶ λατρεύω,
24 ἄγγελοσ ²⁴ λέγων· μὴ φοβοῦ, Παῦλε· Καίσαρί σε δεῖ παραστῆναι,
καὶ ἰδοὺ κεχάρισταί σοι ὁ θεὸσ πάντασ τοὺσ πλέοντασ μετὰ σοῦ.
25 ²⁵ διὸ εὐθυμεῖτε, ἄνδρεσ· πιστεύω γὰρ τῷ θεῷ ὅτι οὕτωσ ἔσται καθ᾽
26 ὃν τρόπον λελάληταί μοι. ²⁶ εἰσ νῆσον δέ τινα δεῖ ἡμᾶσ ἐκπεσεῖν.
27 Ὡσ δὲ τεσσαρεσκαιδεκάτη νὺξ ἐγένετο διαφερομένων ἡμῶν
ἐν τῷ Ἀδρίᾳ, κατὰ μέσον τῆσ νυκτὸσ ὑπενόουν οἱ ναῦται προσ-
28 ἄγειν τινὰ αὐτοῖσ χώραν. ²⁸ καὶ βολίσαντεσ εὗρον ὀργυιὰσ εἴκοσι,
βραχὺ δὲ διαστήσαντεσ καὶ πάλιν βολίσαντεσ εὗρον ὀργυιὰσ δεκα-
29 πέντε· ²⁹ φοβούμενοί τε μήπου κατὰ τραχεῖσ τόπουσ ἐκπέσωμεν,
ἐκ πρύμνησ ῥίψαντεσ ἀγκύρασ τέσσαρασ εὔχοντο ἡμέραν γενέσθαι.
30 ³⁰ τῶν δὲ ναυτῶν ζητούντων φυγεῖν ἐκ τοῦ πλοίου καὶ χαλασάν-
των τὴν σκάφην εἰσ τὴν θάλασσαν προφάσει ὡσ ἐκ πρῴρησ ἀγκύ-
31 ρασ μελλόντων ἐκτείνειν, ³¹ εἶπεν ὁ Παῦλοσ τῷ ἑκατοντάρχῃ καὶ
τοῖσ στρατιώταισ· ἐὰν μὴ οὗτοι μείνωσιν ἐν τῷ πλοίῳ, ὑμεῖσ σω-
32 θῆναι οὐ δύνασθε. ³² τότε ἀπέκοψαν οἱ στρατιῶται τὰ σχοινία
33 τῆσ σκάφησ καὶ εἴασαν αὐτὴν ἐκπεσεῖν. ³³ Ἄχρι δὲ οὗ ἡμέρα
ἔμελλεν γίνεσθαι, παρεκάλει ὁ Παῦλοσ ἅπαντασ μεταλαβεῖν τρο-
φῆσ λέγων· τεσσαρεσκαιδεκάτην σήμερον ἡμέραν προσδοκῶντεσ
34 ἄσιτοι διατελεῖτε, μηθὲν προσλαβόμενοι. ³⁴ διὸ παρακαλῶ ὑμᾶσ
μεταλαβεῖν τροφῆσ· τοῦτο γὰρ πρὸσ τῆσ ὑμετέρασ σωτηρίασ

---

14. ευροκλυδων 16. κλαυδα : ϛ κλαυδην, ℵᶜ καυδα | μολισ : ante ισχυσαμ.
17. ℵ* βοηθιαν | ℵ εκπεσωσιν | ℵ* om το ante σκευοσ 19. ερριψαμεν
20. ℵ* πλειουσ | ϛ ℵ πασα ελπισ 21. πολλησ δε 22. ουδεμια : ℵ* ante
ψυχησ 23. ℵ* τηδε τη νυκτι, ϛ τη νυκτ. ταυτη | om εγω | αγγελοσ : ante
του θεου 27. ℵ* προαγαγειν 28. ℵ* οιτινεσ βολισαντ. 29. τε : ℵ δε |
μηπωσ | κατα : εισ | εκπεσωσιν | ℵ τεσσαρεσ | ϛ ℵ ηχοντο 30. πρωρασ |
αγκυρασ : ℵ post μελλοντ. 31. ℵ* εν τω πλοι. μεινωσιν 32. απεκο-
ψαν : post οι στρατ. 33. ημερα : post ειελλ. | μηδεν 34. προσλαβειν |
ℵ* τι τροφησ

Lc 21, 18 ὑπάρχει· οὐδενὸσ γὰρ ὑμῶν θρὶξ ἀπὸ τῆσ κεφαλῆσ ἀπολεῖται. ³⁵ εἴπασ δὲ ταῦτα καὶ λαβὼν ἄρτον εὐχαρίστησεν τῷ θεῷ ἐνώπιον 35 πάντων καὶ κλάσασ ἤρξατο ἐσθίειν. ³⁶ εὔθυμοι δὲ γενόμενοι 36 πάντεσ καὶ αὐτοὶ προσελάβοντο τροφῆσ. ³⁷ ἤμεθα δὲ αἱ πᾶσαι 37 ψυχαὶ ἐν τῷ πλοίῳ διακόσιαι ἑβδομήκοντα ἕξ. ³⁸ κορεσθέντεσ δὲ 38 τροφῆσ ἐκούφιζον τὸ πλοῖον ἐκβαλλόμενοι τὸν σῖτον εἰσ τὴν θάλασσαν. ³⁹ Ὅτε δὲ ἡμέρα ἐγένετο, τὴν γῆν οὐκ ἐπεγίνωσκον, 39 κόλπον δέ τινα κατενόουν ἔχοντα αἰγιαλόν, εἰσ ὃν ἐβουλεύοντο εἰ δύναιντο ἐξῶσαι τὸ πλοῖον. ⁴⁰ καὶ τὰσ ἀγκύρασ περιελόντεσ 40 εἴων εἰσ τὴν θάλασσαν, ἅμα ἀνέντεσ τὰσ ζευκτηρίασ τῶν πηδαλίων, καὶ ἐπάραντεσ τὸν ἀρτέμωνα τῇ πνεούσῃ κατεῖχον εἰσ τὸν αἰγιαλόν. ⁴¹ περιπεσόντεσ δὲ εἰσ τόπον διθάλασσον ἐπέκειλαν 41 τὴν ναῦν, καὶ ἡ μὲν πρῷρα ἐρείσασα ἔμεινεν ἀσάλευτοσ, ἡ δὲ πρύμνα ἐλύετο ὑπὸ τῆσ βίασ. ⁴² τῶν δὲ στρατιωτῶν βουλὴ ἐγένετο 42 ἵνα τοὺσ δεσμώτασ ἀποκτείνωσιν, μή τισ ἐκκολυμβήσασ διαφύγῃ· ⁴³ ὁ δὲ ἑκατοντάρχησ βουλόμενοσ διασῶσαι τὸν Παῦλον ἐκώλυσεν 43 αὐτοὺσ τοῦ βουλήματοσ, ἐκέλευσέν τε τοὺσ δυναμένουσ κολυμβᾶν ἀπορίψαντασ πρώτουσ ἐπὶ τὴν γῆν ἐξιέναι, ⁴⁴ καὶ τοὺσ λοιποὺσ 44 οὓσ μὲν ἐπὶ σανίσιν, οὓσ δὲ ἐπί τινων τῶν ἀπὸ τοῦ πλοίου. καὶ οὕτωσ ἐγένετο πάντασ διασωθῆναι ἐπὶ τὴν γῆν.

XXVIII.

Naufragi apud Melitenses. Vipera de manu excussa; aegroti sanati. Iter Italicum. Biennium Romanum.

27, 26. 39 Καὶ διασωθέντεσ τότε ἐπέγνωμεν ὅτι Μελίτη ἡ νῆσοσ κα- 1 λεῖται. ² οἵ τε βάρβαροι παρεῖχαν οὐ τὴν τυχοῦσαν φιλανθρω- 2 πίαν ἡμῖν· ἅψαντεσ γὰρ πυρὰν προσελάβοντο πάντασ ἡμᾶσ διὰ τὸν ὑετὸν τὸν ἐφεστῶτα καὶ διὰ τὸ ψῦχοσ. ³ συστρέψαντοσ δὲ 3 τοῦ Παύλου φρυγάνων τι πλῆθοσ καὶ ἐπιθέντοσ ἐπὶ τὴν πυράν, ἔχιδνα ἀπὸ τῆσ θέρμησ ἐξελθοῦσα καθῆψεν τῆσ χειρὸσ αὐτοῦ. ⁴ ὡσ δὲ εἶδον οἱ βάρβαροι κρεμάμενον τὸ θηρίον ἐκ τῆσ χειρὸσ 4 αὐτοῦ, πρὸσ ἀλλήλουσ ἔλεγον· πάντωσ φονεύσ ἐστιν ὁ ἄνθρωποσ οὗτοσ, ὃν διασωθέντα ἐκ τῆσ θαλάσσησ ἡ δίκη ζῆν οὐκ εἴασεν. ⁵ ὁ μὲν οὖν ἀποτινάξασ τὸ θηρίον εἰσ τὸ πῦρ ἔπαθεν οὐδὲν 5 κακόν· ⁶ οἱ δὲ προσεδόκων αὐτὸν μέλλειν ἐμπιπρᾶσθαι ἢ κατα- 6 πίπτειν ἄφνω νεκρόν. ἐπὶ πολὺ δὲ αὐτῶν προσδοκώντων καὶ

34. απο τησ : ς ℵ εκ τησ | απολειται : πεσειται 35. ειπων | ℵ ευχαριστησασ 36. ℵ* απαντεσ | ℵ μεταλαβαν (sic) 37. ημεν | εν τω πλοιω : ante αι πασ. ψυχ. 38. ℵ* om την 39. εβουλευσαντο 40. ℵ* προελοντεσ | αρτεμονα 41. επωκειλαν | ℵ ελυτο | υπο (ℵᵃ απο) τησ βιασ : add των κυματων 42. μη τισ | ℵᶜ praem ινα | διαφυγοι 43. εκατονταρχοσ | απορριψ. | ℵ επι τησ γησ
XXVIII, 1. επεγνωσαν 2. ς ℵ οι δε βαρβ. | παρειχον | αναψαντεσ | ℵ* προσανελαμβανον | ℵ* om δια sec 3. om τι | απο : εκ | διεξελθουσα 4. ελεγ. πρ. αλληλ. | ℵ* om τησ ante θαλ. 5. ℵ* om κακον 6. πιμπρασθαι

θεωρούντων μηδὲν ἄτοπον εἰσ αὐτὸν γινόμενον, μεταβαλλόμενοι
7 ἔλεγον αὐτὸν εἶναι θεόν. ⁷Ἐν δὲ τοῖσ περὶ τὸν τόπον ἐκεῖνον
ὑπῆρχεν χωρία τῷ πρώτῳ τῆσ νήσου ὀνόματι Ποπλίῳ, ὃσ ἀναδεξά-
8 μενοσ ἡμᾶσ τρεῖσ ἡμέρασ φιλοφρόνωσ ἐξένισεν. ⁸ἐγένετο δὲ τὸν
πατέρα τοῦ Ποπλίου πυρετοῖσ καὶ δυσεντερίῳ συνεχόμενον κατα-
κεῖσθαι, πρὸσ ὃν ὁ Παῦλοσ εἰσελθὼν καὶ προσευξάμενοσ, ἐπιθεὶσ
9 τὰσ χεῖρασ αὐτῷ, ἰάσατο αὐτόν. ⁹τούτου δὲ γενομένου καὶ οἱ
λοιποὶ οἱ ἐν τῇ νήσῳ ἔχοντεσ ἀσθενείασ προσήρχοντο καὶ ἐθερα-
10 πεύοντο, ¹⁰οἳ καὶ πολλαῖσ τιμαῖσ ἐτίμησαν ἡμᾶσ καὶ ἀναγομένοισ
ἐπέθεντο τὰ πρὸσ τὰσ χρείασ.
11 Μετὰ δὲ τρεῖσ μῆνασ ἀνήχθημεν ἐν πλοίῳ παρακεχειμακότι ἐν
12 τῇ νήσῳ, Ἀλεξανδρινῷ, παρασήμῳ Διοσκούροισ. ¹²καὶ καταχθέν-
13 τεσ εἰσ Συρακούσασ ἐπεμείναμεν ἡμέρασ τρεῖσ, ¹³ὅθεν περιελ-
θόντεσ κατηντήσαμεν εἰσ Ῥήγιον. καὶ μετὰ μίαν ἡμέραν ἐπιγενο-
14 μένου νότου δευτεραῖοι ἤλθομεν εἰσ Ποτιόλουσ, ¹⁴οὗ εὑρόντεσ
ἀδελφοὺσ παρεκλήθημεν παρ᾽ αὐτοῖσ ἐπιμεῖναι ἡμέρασ ἑπτά· καὶ
15 οὕτωσ εἰσ τὴν Ῥώμην ἤλθαμεν. ¹⁵κἀκεῖθεν οἱ ἀδελφοὶ ἀκού-
σαντες τὰ περὶ ἡμῶν ἦλθαν εἰσ ἀπάντησιν ἡμῖν ἄχρι Ἀππίου
φόρου καὶ Τριῶν ταβερνῶν, οὓσ ἰδὼν ὁ Παῦλοσ εὐχαριστήσασ
τῷ θεῷ ἔλαβε θάρσοσ.
16 Ὅτε δὲ εἰσήλθομεν εἰσ τὴν Ῥώμην, ἐπετράπη τῷ Παύλῳ
17 μένειν καθ᾽ ἑαυτὸν σὺν τῷ φυλάσσοντι αὐτὸν στρατιώτῃ. ¹⁷ἐγέ-
νετο δὲ μετὰ ἡμέρασ τρεῖσ συνκαλέσασθαι αὐτὸν τοὺσ ὄντασ τῶν
Ἰουδαίων πρώτουσ· συνελθόντων δὲ αὐτῶν ἔλεγεν πρὸσ αὐτούσ·
ἐγώ, ἄνδρεσ ἀδελφοί, οὐδὲν ἐναντίον ποιήσασ τῷ λαῷ ἢ τοῖσ ἔθεσι
τοῖσ πατρῴοισ, δέσμιοσ ἐξ Ἱεροσολύμων παρεδόθην εἰσ τὰσ χεῖ-
18 ρασ τῶν Ῥωμαίων, ¹⁸οἵτινες ἀνακρίναντέσ με ἐβούλοντο ἀπο-
19 λῦσαι διὰ τὸ μηδεμίαν αἰτίαν θανάτου ὑπάρχειν ἐν ἐμοί· ¹⁹ἀντι-
λεγόντων δὲ τῶν Ἰουδαίων ἠναγκάσθην ἐπικαλέσασθαι Καίσαρα,
20 οὐχ ὡσ τοῦ ἔθνουσ μου ἔχων τι κατηγορεῖν. ²⁰διὰ ταύτην οὖν
τὴν αἰτίαν παρεκάλεσα ὑμᾶσ ἰδεῖν καὶ προσλαλῆσαι· εἵνεκεν γὰρ
21 τῆσ ἐλπίδοσ τοῦ Ἰσραὴλ τὴν ἄλυσιν ταύτην περίκειμαι. ²¹οἱ δὲ
πρὸσ αὐτὸν εἶπαν· ἡμεῖσ οὔτε γράμματα περὶ σοῦ ἐδεξάμεθα
ἀπὸ τῆσ Ἰουδαίασ, οὔτε παραγενόμενόσ τισ τῶν ἀδελφῶν ἀπήγ-
22 γειλεν ἢ ἐλάλησέν τι περὶ σοῦ πονηρόν. ²²ἀξιοῦμεν δὲ παρὰ σοῦ
ἀκοῦσαι ἃ φρονεῖσ· περὶ μὲν γὰρ τῆσ αἱρέσεωσ ταύτησ γνωστὸν

6. θεον αυτον ειναι 8. δυσεντερια 9. δε : ουν | εν τη νησω : post
εχοντ. ασθεν. 10. τα : ℵ* om | προσ την χρειαν 13. ℵ* περιελοντεσ
14. επ αυτοισ | ηλθομεν 15. εξηλθον | ℵ* υπαντησιν | αχρισ 16. ηλθο-
μεν | om την | επετραπη τ. παυλω : ο εκατονταρχοσ παρεδωκε τουσ
δεσμιουσ τω στρατοπεδαρχη, τω δε παυλω επετραπη 17. συγκαλε. |
αυτον : τον παυλον | εγω (ℵ* λεγων) : post ανδρ. αδελφ. 18. ℵ* ανα-
κρινοντεσ | εβουλοντο : ℵ* add με 19. κατηγορησαι 20. ενεκεν | ℵ
ισδραηλ 21. ειπον | περι (ℵ κατα) σου : post εδεξαμ. 22. ακουσαι :
ℵ ante παρ. σου

ΑCT. — IAC. 1, 6. 261

ἡμῖν ἐστὶν ὅτι πανταχοῦ ἀντιλέγεται. ²³ ταξάμενοι δὲ αὐτῷ ἡμέραν 23
ἦλθον πρὸσ αὐτὸν εἰσ τὴν ξενίαν πλείονεσ, οἶσ ἐξετίθετο διαμαρτυ-
ρόμενοσ τὴν βασιλείαν τοῦ θεοῦ, πείθων τε αὐτοὺσ περὶ τοῦ Ἰη-
σοῦ ἀπό τε τοῦ νόμου Μωϋσέωσ καὶ τῶν προφητῶν, ἀπὸ πρωΐ
ἕωσ ἑσπέρασ. ²⁴ καὶ οἱ μὲν ἐπείθοντο τοῖσ λεγομένοισ, οἱ δὲ 24
ἠπίστουν· ²⁵ ἀσύμφωνοί τε ὄντεσ πρὸσ ἀλλήλουσ ἀπελύοντο 25
εἰπόντοσ τοῦ Παύλου ῥῆμα ἕν, ὅτι καλῶσ τὸ πνεῦμα τὸ ἅγιον
ἐλάλησεν διὰ Ἡσαΐου τοῦ προφήτου πρὸσ τοὺσ πατέρασ ὑμῶν
Es 6, 9 s 26 λέγων· πορεύθητι πρὸσ τὸν λαὸν τοῦτον καὶ εἰπόν· ἀκοῇ 26
Mc 13, 14s
Io 12, 40 ἀκούσετε καὶ οὐ μὴ συνῆτε, καὶ βλέποντεσ βλέψετε καὶ οὐ μὴ
ἴδητε· ²⁷ ἐπαχύνθη γὰρ ἡ καρδία τοῦ λαοῦ τούτου, καὶ τοῖσ ὠσὶν 27
βαρέωσ ἤκουσαν, καὶ τοὺσ ὀφθαλμοὺσ αὐτῶν ἐκάμμυσαν· μήποτε
ἴδωσιν τοῖσ ὀφθαλμοῖσ καὶ τοῖσ ὠσὶν ἀκούσωσιν καὶ τῇ καρδίᾳ
13, 46 συνῶσιν καὶ ἐπιστρέψωσιν, καὶ ἰάσομαι αὐτούσ. ²⁸ γνωστὸν οὖν 28
ἔστω ὑμῖν ὅτι τοῖσ ἔθνεσιν ἀπεστάλη τοῦτο τὸ σωτήριον τοῦ
θεοῦ· αὐτοὶ καὶ ἀκούσονται.
16 Ἐνέμεινεν δὲ διετίαν ὅλην ἐν ἰδίῳ μισθώματι, καὶ ἀπεδέ- 30
χετο πάντασ τοὺσ εἰσπορευομένουσ πρὸσ αὐτόν, ³¹ κηρύσσων τὴν 31
βασιλείαν τοῦ θεοῦ καὶ διδάσκων τὰ περὶ τοῦ κυρίου Ἰησοῦ μετὰ
πάσησ παρρησίασ ἀκωλύτωσ.

ΙΑΚⲰΒΟΥ ΕΠΙСΤΟΛΗ.

I.

Utile temptari. Sapientiam deum roga. Opes pereunt. Homo delicti,
deus boni auctor. Legem audi et fac. Linguam doma.

Ἰάκωβοσ θεοῦ καὶ κυρίου Ἰησοῦ Χριστοῦ δοῦλοσ ταῖσ δώ- 1
δεκα φυλαῖσ ταῖσ ἐν τῇ διασπορᾷ χαίρειν.
1Pe1,6.7 Πᾶσαν χαρὰν ἡγήσασθε, ἀδελφοί μου, ὅταν πειρασμοῖσ 2
Ro 5, 3 s περιπέσητε ποικίλοισ, ³ γινώσκοντεσ ὅτι τὸ δοκίμιον ὑμῶν τῆσ 3
πίστεωσ κατεργάζεται ὑπομονήν. ⁴ ἡ δὲ ὑπομονὴ ἔργον τέλειον 4
ἐχέτω, ἵνα ἦτε τέλειοι καὶ ὁλόκληροι, ἐν μηδενὶ λειπόμενοι. ⁵ εἰ 5
δέ τισ ὑμῶν λείπεται σοφίασ, αἰτείτω παρὰ τοῦ διδόντοσ θεοῦ
Mt 21, 21 πᾶσιν ἁπλῶσ καὶ μὴ ὀνειδίζοντοσ, καὶ δοθήσεται αὐτῷ. ⁶ αἰτείτω 6

22. εστιν ημιν 23. ηλθον : ηκον | κ διαμαρτυραμενοσ | κ* om τε post
πειθων | τα περι του ιησ. | μωσεωσ 24. κ* και οι μεν ουν 25. τε : δε
υμων : ημων 26. λεγον | και ειπε | κ* βλεψητε 27. κ* εβαρυνθη |
ωσιν : κ add αυτων | κ* om και τη καρδ. συνωσιν | ιασωμαι 28. om
τουτο 29. και ταυτα αυτου ειπόντοσ απηλθον οι ιουδαιοι, πολλην
εχοντεσ εν εαυτοῖσ συζητησιν. 30. ενεμεινεν : εμεινεν | δε : add ο παυ-
λοσ 31. ιησου : add χριστου
* ς ιακωβου καθολικη επιστολη, ςᵉ ιακωβου του αποστολου επι-
στολη καθολικη. κ nil inscriptum habet, sed subscriptum επιστολη
ιακωβου.

δὲ ἐν πίστει, μηδὲν διακρινόμενοσ· ὁ γὰρ διακρινόμενοσ ἔοικεν
7 κλύδωνι θαλάσσησ ἀνεμιζομένῳ καὶ ῥιπιζομένῳ. ⁷μὴ γὰρ οἰέσθω
8 ὁ ἄνθρωποσ ἐκεῖνοσ ὅτι λήμψεταί τι παρὰ τοῦ κυρίου, ⁸ἀνὴρ
9 δίψυχοσ, ἀκατάστατοσ ἐν πάσαισ ταῖσ ὁδοῖσ αὐτοῦ. ⁹Καυχάσθω
10 δὲ ὁ ἀδελφὸσ ὁ ταπεινὸσ ἐν τῷ ὕψει αὐτοῦ, ¹⁰ὁ δὲ πλούσιοσ
ἐν τῇ ταπεινώσει αὐτοῦ, ὅτι ὡσ ἄνθοσ χόρτου παρελεύσεται.
11 ¹¹ἀνέτειλεν γὰρ ὁ ἥλιος σὺν τῷ καύσωνι καὶ ἐξήρανεν τὸν χόρτον, 1 Pe 1, 24
καὶ τὸ ἄνθοσ αὐτοῦ ἐξέπεσεν καὶ ἡ εὐπρέπεια τοῦ προσώπου Es 40, 6 s
αὐτοῦ ἀπώλετο· οὕτως καὶ ὁ πλούσιοσ ἐν ταῖσ πορείαισ αὐτοῦ
μαρανθήσεται.
12 Μακάριοσ ἀνὴρ ὃσ ὑπομένει πειρασμόν, ὅτι δόκιμοσ γενό- 5, 11
μενοσ λήμψεται τὸν στέφανον τῆσ ζωῆσ, ὃν ἐπηγγείλατο τοῖσ 2 Ti 4, 8
13 ἀγαπῶσιν αὐτόν. ¹³μηδεὶσ πειραζόμενοσ λεγέτω ὅτι ἀπὸ θεοῦ
πειράζομαι. ὁ γὰρ θεὸσ ἀπείραστόσ ἐστιν κακῶν, πειράζει δὲ 1 Co 10, 13
14 αὐτὸσ οὐδένα. ¹⁴ἕκαστοσ δὲ πειράζεται ὑπὸ τῆσ ἰδίασ ἐπιθυμίασ
15 ἐξελκόμενοσ καὶ δελεαζόμενοσ· ¹⁵εἶτα ἡ ἐπιθυμία συλλαβοῦσα
τίκτει ἁμαρτίαν, ἡ δὲ ἁμαρτία ἀποτελεσθεῖσα ἀποκύει θάνατον. Ro 6, 23
16 17 Μὴ πλανᾶσθε, ἀδελφοί μου ἀγαπητοί. ¹⁷πᾶσα δόσισ
ἀγαθὴ καὶ πᾶν δώρημα τέλειον ἄνωθέν ἐστιν καταβαῖνον ἀπὸ
τοῦ πατρὸσ τῶν φώτων, παρ᾽ ᾧ οὐκ ἔνι παραλλαγὴ ἢ τροπῆσ
18 ἀποσκίασμα. ¹⁸βουληθεὶσ ἀπεκύησεν ἡμᾶσ λόγῳ ἀληθείασ, εἰσ Ro 8, 23
τὸ εἶναι ἡμᾶσ ἀπαρχήν τινα τῶν αὐτοῦ κτισμάτων.
19 Ἴστε, ἀδελφοί μου ἀγαπητοί· ἔστω δὲ πᾶσ ἄνθρωποσ ταχὺσ
20 εἰσ τὸ ἀκοῦσαι, βραδὺσ εἰσ τὸ λαλῆσαι, βραδὺσ εἰσ ὀργήν· ²⁰ὀργὴ
21 γὰρ ἀνδρὸσ δικαιοσύνην θεοῦ οὐκ ἐργάζεται. ²¹διὸ ἀποθέμενοι 1 Pe 2, 1
πᾶσαν ῥυπαρίαν καὶ περισσείαν κακίασ ἐν πραΰτητι δέξασθε τὸν
22 ἔμφυτον λόγον τὸν δυνάμενον σῶσαι τὰσ ψυχὰσ ὑμῶν. ²²γίνεσθε
δὲ ποιηταὶ λόγου, καὶ μὴ μόνον ἀκροαταὶ παραλογιζόμενοι ἑαυ-
23 τούσ. ²³ὅτι εἴ τισ ἀκροατὴσ λόγου ἐστὶν καὶ οὐ ποιητήσ, οὗτοσ Mt 7, 26
ἔοικεν ἀνδρὶ κατανοοῦντι τὸ πρόσωπον τῆσ γενέσεωσ αὐτοῦ ἐν
24 ἐσόπτρῳ· ²⁴κατενόησεν γὰρ ἑαυτὸν καὶ ἀπελήλυθεν, καὶ εὐθέωσ
25 ἐπελάθετο ὁποῖοσ ἦν. ²⁵ὁ δὲ παρακύψασ εἰσ νόμον τέλειον τὸν
τῆσ ἐλευθερίασ καὶ παραμείνασ, οὐκ ἀκροατὴσ ἐπιλησμονῆσ γενό-
μενοσ ἀλλὰ ποιητὴσ ἔργου, οὗτοσ μακάριοσ ἐν τῇ ποιήσει αὐτοῦ
26 ἔσται. ²⁶εἴ τισ δοκεῖ θρησκὸσ εἶναι, μὴ χαλιναγωγῶν γλῶσσαν
αὐτοῦ ἀλλὰ ἀπατῶν καρδίαν αὐτοῦ, τούτου μάταιοσ ἡ θρησκία.
27 ²⁷θρησκία καθαρὰ καὶ ἀμίαντοσ παρὰ θεῷ καὶ πατρὶ αὕτη
ἐστίν, ἐπισκέπτεσθαι ὀρφανοὺσ καὶ χήρασ ἐν τῇ θλίψει αὐτῶν,
ἄσπιλον ἑαυτὸν τηρεῖν ἀπὸ τοῦ κόσμου.

I, 7. ληψεται | τι : ℵ om 12. ληψεται | επηγγειλατο : add ο κυριοσ
13. απο : ℵ υπο | του θεου 17. ουκ ενι : ℵ ουκ εστιν 18. αυτου :
ℵᶜ εαυτου 19. ιστε (ℵ* ιστω) : ωστε | εστω δε : om δε 20. ου κατ-
εργαζεται 21. ℵ εμ πραυτητι 25. ουκ ακροατησ : praem ουτοσ
26. θρησκ. ειναι : add εν υμιν | αλλ | θρησκεια 27. θρησκεια | παρα
τω θεω

II.

Ne postponas divitibus pauperes. Lex tota explenda. Fides probanda factis. Abraham et Rahab.

Ἀδελφοί μου, μὴ ἐν προσωπολημψίαισ ἔχετε τὴν πίστιν τοῦ κυρίου ἡμῶν Ἰησοῦ Χριστοῦ τῆσ δόξησ. ² ἐὰν γὰρ εἰσέλθῃ εἰσ συναγωγὴν ὑμῶν ἀνὴρ χρυσοδακτύλιοσ ἐν ἐσθῆτι λαμπρᾷ, εἰσέλθῃ δὲ καὶ πτωχὸσ ἐν ῥυπαρᾷ ἐσθῆτι, ³ καὶ ἐπιβλέψητε ἐπὶ τὸν φοροῦντα τὴν ἐσθῆτα τὴν λαμπρὰν καὶ εἴπητε· σὺ κάθου ὧδε καλῶσ, καὶ τῷ πτωχῷ εἴπητε· σὺ στῆθι ἐκεῖ ἢ κάθου ὑπὸ τὸ ὑποπόδιόν μου, ⁴ οὐ διεκρίθητε ἐν ἑαυτοῖσ καὶ ἐγένεσθε κριταὶ διαλογισμῶν πονηρῶν;

Ἀκούσατε, ἀδελφοί μου ἀγαπητοί. οὐχ ὁ θεὸσ ἐξελέξατο τοὺσ πτωχοὺσ τῷ κόσμῳ πλουσίουσ ἐν πίστει καὶ κληρονόμουσ τῆσ βασιλείασ ἧσ ἐπηγγείλατο τοῖσ ἀγαπῶσιν αὐτόν; ⁶ ὑμεῖσ δὲ ἠτιμάσατε τὸν πτωχόν. οὐχ οἱ πλούσιοι καταδυναστεύουσιν ὑμᾶσ, καὶ αὐτοὶ ἕλκουσιν ὑμᾶσ εἰσ κριτήρια; ⁷ οὐκ αὐτοὶ βλασφημοῦσιν τὸ καλὸν ὄνομα τὸ ἐπικληθὲν ἐφ᾽ ὑμᾶσ; ⁸ εἰ μέντοι νόμον τελεῖτε βασιλικὸν κατὰ τὴν γραφήν· ἀγαπήσεισ τὸν πλησίον σου ὡσ σεαυτόν, καλῶσ ποιεῖτε· ⁹ εἰ δὲ προσωπολημπτεῖτε, ἁμαρτίαν ἐργάζεσθε, ἐλεγχόμενοι ὑπὸ τοῦ νόμου ὡσ παραβάται. ¹⁰ ὅστισ γὰρ ὅλον τὸν νόμον τηρήσῃ, πταίσῃ δὲ ἐν ἑνί, γέγονεν πάντων ἔνοχοσ. ¹¹ ὁ γὰρ εἰπών· μὴ μοιχεύσῃσ, εἶπεν καί· μὴ φονεύσῃσ· εἰ δὲ οὐ μοιχεύεισ, φονεύεισ δέ, γέγονασ παραβάτησ νόμου. ¹² οὕτωσ λαλεῖτε καὶ οὕτωσ ποιεῖτε ὡσ διὰ νόμου ἐλευθερίασ μέλλοντεσ κρίνεσθαι. ¹³ ἡ γὰρ κρίσισ ἀνέλεοσ τῷ μὴ ποιήσαντι ἔλεοσ· κατακαυχᾶται ἔλεοσ κρίσεωσ.

Τί τὸ ὄφελοσ, ἀδελφοί μου, ἐὰν πίστιν λέγῃ τισ ἔχειν, ἔργα δὲ μὴ ἔχῃ; μὴ δύναται ἡ πίστισ σῶσαι αὐτόν; ¹⁵ ἐὰν ἀδελφὸσ ἢ ἀδελφὴ γυμνοὶ ὑπάρχωσιν καὶ λειπόμενοι τῆσ ἐφημέρου τροφῆσ, ¹⁶ εἴπῃ δέ τισ αὐτοῖσ ἐξ ὑμῶν· ὑπάγετε ἐν εἰρήνῃ, θερμαίνεσθε καὶ χορτάζεσθε, μὴ δῶτε δὲ αὐτοῖσ τὰ ἐπιτήδεια τοῦ σώματοσ, τί τὸ ὄφελοσ; ¹⁷ οὕτωσ καὶ ἡ πίστισ, ἐὰν μὴ ἔχῃ ἔργα, νεκρά ἐστιν καθ᾽ ἑαυτήν. ¹⁸ ἀλλ᾽ ἐρεῖ τισ· σὺ πίστιν ἔχεισ, κἀγὼ ἔργα ἔχω· δεῖξόν μοι τὴν πίστιν σου χωρὶσ τῶν ἔργων, κἀγώ σοι δείξω ἐκ τῶν ἔργων μου τὴν πίστιν. ¹⁹ σὺ πιστεύεισ ὅτι εἷσ ἐστιν ὁ θεόσ; καλῶσ ποιεῖσ· καὶ τὰ δαιμόνια πιστεύουσιν καὶ φρίσσουσιν.

II, 1. προσωποληψιαισ 2. εισ την 3. και ειπητε : add αυτω | η καθου : ς ℵ add ωδε 4. ου διεκριθητε : praem και 5. τω κοσμω : του κοσμου τουτου | βασιλειασ : ℵ* επαγγελιασ 6. καταδυνν. υμων 9. προσωποληπτειτε 10. τηρησει et πταισει 11. ℵ μη μοιχευσεισ | ει δε ου μοιχευσεισ, φονευσεισ δε 13. ανιλεωσ | και κατακαυχατ. 15. εαν : add δε | λειπομενοι : add ωσιν 17. εχῃ : post εργα 18. χωρισ των : εκ των | εργων pri : add σου | δειξω σοι | την πιστιν : add μου 19. οτι ο θεοσ εισ εστιν

20 ²⁰ θέλεισ δὲ γνῶναι, ὦ ἄνθρωπε κενέ, ὅτι ἡ πίστισ χωρὶσ τῶν
21 ἔργων ἀργή ἐστιν; ²¹Ἀβραὰμ ὁ πατὴρ ἡμῶν οὐκ ἐξ ἔργων ἐδι- Gn 22, 9 Heb 11,17
   καιώθη, ἀνενέγκασ Ἰσαὰκ τὸν υἱὸν αὐτοῦ ἐπὶ τὸ θυσιαστήριον;
22 ²² βλέπεισ ὅτι ἡ πίστισ συνεργεῖ τοῖσ ἔργοισ αὐτοῦ, καὶ ἐκ τῶν
23 ἔργων ἡ πίστισ ἐτελειώθη, ²³ καὶ ἐπληρώθη ἡ γραφὴ ἡ λέγουσα· Gn 15, 6 18, 17
   ἐπίστευσεν δὲ Ἀβραὰμ τῷ θεῷ, καὶ ἐλογίσθη αὐτῷ εἰσ δικαιο- Ro 4, 8 Gal 3, 6
24 σύνην, καὶ φίλοσ θεοῦ ἐκλήθη. ²⁴ ὁρᾶτε ὅτι ἐξ ἔργων δικαιοῦται Ro 3, 28
25 ἄνθρωποσ καὶ οὐκ ἐκ πίστεωσ μόνον. ²⁵ ὁμοίωσ δὲ καὶ Ῥαὰβ ἡ Ios 2, 1. 15. 6, 17
   πόρνη οὐκ ἐξ ἔργων ἐδικαιώθη, ὑποδεξαμένη τοὺσ ἀγγέλουσ καὶ Heb 11,31
26 ἑτέρᾳ ὁδῷ ἐκβαλοῦσα; ²⁶ ὥσπερ γὰρ τὸ σῶμα χωρὶσ πνεύματοσ
   νεκρόν ἐστιν, οὕτωσ καὶ ἡ πίστισ χωρὶσ ἔργων νεκρά ἐστιν.

III.

Adversus docendi libidinem. Linguae usus difficilis. De vera sapientia.

1   Μὴ πολλοὶ διδάσκαλοι γίνεσθε, ἀδελφοί μου, εἰδότεσ ὅτι
2 μεῖζον κρίμα λημψόμεθα. ² πολλὰ γὰρ πταίομεν ἅπαντεσ· εἴ τισ
   ἐν λόγῳ οὐ πταίει, οὗτοσ τέλειοσ ἀνήρ, δυνατὸσ χαλιναγωγῆσαι
3 καὶ ὅλον τὸ σῶμα. ³ εἰ δὲ τῶν ἵππων τοὺσ χαλινοὺσ εἰσ τὰ
   στόματα βάλλομεν εἰσ τὸ πείθεσθαι αὐτοὺσ ἡμῖν, καὶ ὅλον τὸ
4 σῶμα αὐτῶν μετάγομεν· ⁴ ἰδοὺ καὶ τὰ πλοῖα, τηλικαῦτα ὄντα
   καὶ ὑπὸ ἀνέμων σκληρῶν ἐλαυνόμενα, μετάγεται ὑπὸ ἐλαχίστου
5 πηδαλίου ὅπου ἡ ὁρμὴ τοῦ εὐθύνοντοσ βούλεται· ⁵ οὕτωσ καὶ ἡ
   γλῶσσα μικρὸν μέλοσ ἐστὶν καὶ μεγάλα αὐχεῖ. ἰδοὺ ἡλίκον πῦρ
6 ἡλίκην ὕλην ἀνάπτει ⁶ ἡ γλῶσσα. πῦρ, ὁ κόσμοσ τῆσ ἀδικίασ,
   ἡ γλῶσσα καθίσταται ἐν τοῖσ μέλεσιν ἡμῶν, καὶ σπιλοῦσα ὅλον
   τὸ σῶμα καὶ φλογίζουσα τὸν τροχὸν τῆσ γενέσεωσ καὶ φλογιζο-
7 μένη ὑπὸ τῆσ γεέννησ. ⁷ πᾶσα γὰρ φύσισ θηρίων τε καὶ πετεινῶν
   ἑρπετῶν τε καὶ ἐναλίων δαμάζεται καὶ δεδάμασται τῇ φύσει τῇ
8 ἀνθρωπίνῃ, ⁸ τὴν δὲ γλῶσσαν οὐδεὶσ δύναται δαμάσαι ἀνθρώπων· Ps 139 (140), 3
9 ἀκατάστατον κακόν, μεστὴ ἰοῦ θανατηφόρου. ⁹ ἐν αὐτῇ εὐλο-
   γοῦμεν τὸν κύριον καὶ πατέρα, καὶ ἐν αὐτῇ καταρώμεθα τοὺσ
10 ἀνθρώπουσ τοὺσ καθ᾽ ὁμοίωσιν θεοῦ γεγονότασ· ¹⁰ ἐκ τοῦ αὐτοῦ
   στόματοσ ἐξέρχεται εὐλογία καὶ κατάρα. οὐ χρή, ἀδελφοί μου,
11 ταῦτα οὕτωσ γίνεσθαι. ¹¹ μήτι ἡ πηγὴ ἐκ τῆσ αὐτῆσ ὀπῆσ βρύει
12 τὸ γλυκὺ καὶ τὸ πικρόν; ¹² μὴ δύναται, ἀδελφοί μου, συκῆ ἐλαίασ
   ποιῆσαι ἢ ἄμπελοσ σῦκα; οὔτε ἁλυκὸν γλυκὺ ποιῆσαι ὕδωρ.

---

20. αργη : ς א νεκρα   22. συνηργει   24. ορατε : add τοινυν   26. χωρισ των εργ.

III, 1. ληψομεθα   2. א δυναμενοσ   3. ει δε (א* add γαρ) : ιδου | εισ το : προσ το   4. σκληρ. ανεμ. | οπου : add αν | βουληται   5. ς א μεγαλαυχει | ηλικον : ολιγον   6. και η γλωσσ. anteaque plene interpg | οντωσ η γλωσσ. καθιστ. | και σπιλουσα : η σπιλ. | γενεσεωσ : א add ημων   8. δυνατ. ανθρω. δαμασαι | ακατασχετον   9. κυριον : θεον   12. ς א post συκα; add ουτωσ | ουτε (א ουδε) αλυ. γλυκυ : ουδεμια πηγη αλυκον και γλυκυ

Τίσ σοφὸσ καὶ ἐπιστήμων ἐν ὑμῖν; δειξάτω ἐκ τῆσ καλῆσ 13 ἀναστροφῆσ τὰ ἔργα αὐτοῦ ἐν πραΰτητι σοφίασ. ¹⁴ εἰ δὲ ζῆλον 14 πικρὸν ἔχετε καὶ ἐριθείαν ἐν τῇ καρδίᾳ ὑμῶν, μὴ κατακαυχᾶσθε 1, 17 τῆσ ἀληθείασ καὶ ψεύδεσθε. ¹⁵ οὐκ ἔστιν αὕτη ἡ σοφία ἄνωθεν 15 κατερχομένη, ἀλλὰ ἐπίγειοσ, ψυχική, δαιμονιώδησ. ¹⁶ ὅπου γὰρ 16 ζῆλοσ καὶ ἐριθεία, ἐκεῖ ἀκαταστασία καὶ πᾶν φαῦλον πρᾶγμα. ¹⁷ ἡ δὲ ἄνωθεν σοφία πρῶτον μὲν ἁγνή ἐστιν, ἔπειτα εἰρηνική, 17 ἐπιεικήσ, εὐπειθήσ, μεστὴ ἐλέουσ καὶ καρπῶν ἀγαθῶν, ἀδιάκριτοσ, ἀνυπόκριτοσ. ¹⁸ καρπὸσ δὲ δικαιοσύνησ ἐν εἰρήνῃ σπείρεται τοῖσ 18 ποιοῦσιν εἰρήνην.

IV.

Fugienda vana libido. Adversus obtrectationem et fiduciam sui.

Πόθεν πόλεμοι καὶ πόθεν μάχαι ἐν ὑμῖν; οὐκ ἐντεῦθεν, ἐκ 1
1 Pe 2, 11
Ro 7, 23 τῶν ἡδονῶν ὑμῶν τῶν στρατευομένων ἐν τοῖσ μέλεσιν ὑμῶν; ² ἐπιθυμεῖτε, καὶ οὐκ ἔχετε· φονεύετε καὶ ζηλοῦτε, καὶ οὐ δύ- 2
νασθε ἐπιτυχεῖν· μάχεσθε καὶ πολεμεῖτε. καὶ οὐκ ἔχετε διὰ τὸ
Mt 7, 7 μὴ αἰτεῖσθαι ὑμᾶσ· ³ αἰτεῖτε καὶ οὐ λαμβάνετε, διότι κακῶσ 3
αἰτεῖσθε, ἵνα ἐν ταῖσ ἡδοναῖσ ὑμῶν δαπανήσητε, ⁴ μοιχαλίδεσ. 4
Ro 8, 7 al
(Es 52, 9) οὐκ οἴδατε ὅτι ἡ φιλία τοῦ κόσμου ἔχθρα ἐστὶν τῷ θεῷ; ὃσ ἐὰν
οὖν βουληθῇ φίλοσ εἶναι τοῦ κόσμου, ἐχθρὸσ τοῦ θεοῦ καθίσταται.
⁵ ἢ δοκεῖτε ὅτι κενῶσ ἡ γραφὴ λέγει; πρὸσ φθόνον ἐπιποθεῖ τὸ 5
πνεῦμα ὃ κατῴκισεν ἐν ἡμῖν, ⁶ μείζονα δὲ δίδωσιν χάριν. διὸ 6
Prov 3, 34
1 Pe 5, 5 λέγει· ὁ θεὸσ ὑπερηφάνοισ ἀντιτάσσεται, ταπεινοῖσ δὲ δίδωσιν
χάριν. ⁷ ὑποτάγητε οὖν τῷ θεῷ· ἀντίστητε δὲ τῷ διαβόλῳ, καὶ 7
1 Pe 5, 6ss
Zach 1, 3 φεύξεται ἀφ' ὑμῶν· ⁸ ἐγγίσατε τῷ θεῷ, καὶ ἐγγιεῖ ὑμῖν. καθα- 8
ρίσατε χεῖρας, ἁμαρτωλοί, καὶ ἁγνίσατε καρδίας, δίψυχοι. ⁹ ταλαι- 9
πωρήσατε καὶ πενθήσατε, κλαύσατε· ὁ γέλωσ ὑμῶν εἰσ πένθοσ
μεταστραφήτω καὶ ἡ χαρὰ εἰσ κατήφειαν. ¹⁰ ταπεινώθητε ἐνώπιον 10
κυρίου, καὶ ὑψώσει ὑμᾶσ.

Μὴ καταλαλεῖτε ἀλλήλων, ἀδελφοί. ὁ καταλαλῶν ἀδελφοῦ 11
ἢ κρίνων τὸν ἀδελφὸν αὐτοῦ καταλαλεῖ νόμου καὶ κρίνει νόμον·
εἰ δὲ νόμον κρίνεισ, οὐκ εἶ ποιητὴσ νόμου ἀλλὰ κριτήσ. ¹² εἷσ 12
ἐστὶν ὁ νομοθέτησ καὶ κριτήσ, ὁ δυνάμενοσ σῶσαι καὶ ἀπολέσαι·
Ro 2, 1
14, 4 σὺ δὲ τίσ εἶ, ὁ κρίνων τὸν πλησίον;

Ἄγε νῦν οἱ λέγοντεσ· σήμερον ἢ αὔριον πορευσόμεθα εἰσ 13

---

14. ℵ εν ταισ καρδιαισ | τησ αλ. και ψευ. : και ψευδεσθε κατα τησ αληθ.
15. αλλ 16. εκει: ℵ add και 17. και ανυποκριτοσ 18. ℵ* καρπ. δε ο
δικαι. | τησ δικαιοσυνησ

IV, 1. om ποθεν sec 2. ουκ εχ. δε δια 3. ℵ* καταδαπαν. 4. μοιχοι
και μοιχαλι., ουκ | του κοσμου : ℵ add τουτον | εστ. τω θεω : του θεου
εστ. | οσ (ℵ* om) εαν : οσ αν | εχθροσ : ℵ* εχθρα. 5. λεγει· προσ φθόνον:
εν ημιν, | κατωκησεν 8. om δε 9. και κλαυσατε 10. του κυριου 11. η
κρινων : και κρι. 12. om και κριτησ | om δε post συ | ο κρινων : οσ
κρινεισ | πλησιον : ετερον 13. η αυριον (et. ϛe) : ϛ και αυρ. | ϛ (non ϛe)
πορευσωμεθα et (hoc et. ℵ) ποιησωμεν, item εμπορευσωμεθα κ. κερδη-
σωμεν

τήνδε τὴν πόλιν καὶ ποιήσομεν ἐκεῖ ἐνιαυτὸν καὶ ἐμπορευσόμεθα
14 καὶ κερδήσομεν, ¹⁴ οἵτινεσ οὐκ ἐπίστασθε τὸ τῆσ αὔριον· ποία
γὰρ ἡ ζωὴ ὑμῶν; ἀτμὶσ γάρ ἐστε ἡ πρὸσ ὀλίγον φαινομένη,
15 ἔπειτα καὶ ἀφανιζομένη· ¹⁵ ἀντὶ τοῦ λέγειν ὑμᾶσ· ἐὰν ὁ κύριοσ
16 θελήσῃ καὶ ζήσομεν, καὶ ποιήσομεν τοῦτο ἢ ἐκεῖνο. ¹⁶ νῦν δὲ
καυχᾶσθε ἐν ταῖσ ἀλαζονίαισ ὑμῶν· πᾶσα καύχησισ τοιαύτη
17 πονηρά ἐστιν. ¹⁷ εἰδότι οὖν καλὸν ποιεῖν καὶ μὴ ποιοῦντι, Lc 12, 47
ἁμαρτία αὐτῷ ἐστίν.

V.

Cohortatio ad divites. Patientia piorum. Non iurandum. Aegrotorum
cura, precum vis. De lapsis.

1 Ἄγε νῦν οἱ πλούσιοι, κλαύσατε ὀλολύζοντεσ ἐπὶ ταῖσ ταλαι-
2 πωρίαισ ὑμῶν ταῖσ ἐπερχομέναισ. ² ὁ πλοῦτοσ ὑμῶν σέσηπεν, καὶ
3 τὰ ἱμάτια ὑμῶν σητόβρωτα γέγονεν, ³ ὁ χρυσὸσ ὑμῶν καὶ ὁ ἄρ-
γυροσ κατίωται, καὶ ὁ ἰὸσ αὐτῶν εἰσ μαρτύριον ὑμῖν ἔσται καὶ Ps 21, 9
φάγεται τὰσ σάρκασ ὑμῶν ὡσ πῦρ. ἐθησαυρίσατε ἐν ἐσχάταισ
4 ἡμέραισ. ⁴ ἰδοὺ ὁ μισθὸσ τῶν ἐργατῶν τῶν ἀμησάντων τὰσ
χώρασ ὑμῶν ὁ ἀφυστερημένοσ ἀφ' ὑμῶν κράζει, καὶ αἱ βοαὶ τῶν
5 θερισάντων εἰσ τὰ ὦτα κυρίου σαβαὼθ εἰσελήλυθαν. ⁵ ἐτρυφή-
σατε ἐπὶ τῆσ γῆσ καὶ ἐσπαταλήσατε, ἐθρέψατε τὰσ καρδίασ ὑμῶν
6 ἐν ἡμέρᾳ σφαγῆσ. ⁶ κατεδικάσατε, ἐφονεύσατε τὸν δίκαιον· οὐκ
ἀντιτάσσεται ὑμῖν.

7 Μακροθυμήσατε οὖν, ἀδελφοί, ἕωσ τῆσ παρουσίασ τοῦ κυ-
ρίου. ἰδοὺ ὁ γεωργὸσ ἐκδέχεται τὸν τίμιον καρπὸν τῆσ γῆσ, μα-
8 κροθυμῶν ἐπ' αὐτῷ ἕωσ λάβῃ πρόϊμον καὶ ὄψιμον· ⁸ μακροθυ-
μήσατε καὶ ὑμεῖσ, στηρίξατε τὰσ καρδίασ ὑμῶν, ὅτι ἡ παρουσία
9 τοῦ κυρίου ἤγγικεν. ⁹ μὴ στενάζετε κατ' ἀλλήλων, ἀδελφοί, ἵνα 1 The 4,
10 μὴ κριθῆτε· ἰδοὺ ὁ κριτὴσ πρὸ τῶν θυρῶν ἕστηκεν. ¹⁰ ὑπόδειγμα 2 The 2, 1s
λάβετε, ἀδελφοί, τῆσ κακοπαθείασ καὶ τῆσ μακροθυμίασ τοὺσ
11 προφήτασ, οἳ ἐλάλησαν ἐν τῷ ὀνόματι κυρίου. ¹¹ ἰδοὺ μακαρί- 2 Pe 1, 21
ζομεν τοὺσ ὑπομείναντασ· τὴν ὑπομονὴν Ἰὼβ ἠκούσατε καὶ τὸ Ps 102
τέλοσ κυρίου εἴδετε, ὅτι πολύσπλαγχνόσ ἐστιν ὁ κύριοσ καὶ (103), 8
οἰκτίρμων.

12 Πρὸ πάντων δέ, ἀδελφοί μου, μὴ ὀμνύετε, μήτε τὸν οὐρανὸν Mt 5, 34 ss
23, 16

---

13. ενιαυτον : add ενα 14. γαρ pri : א* om | ατμ. γαρ εστε (ϛ εστιν) :
א om | επειτα δε αφανιζ. 15. ζησωμεν | ϛ (non ϛᵉ) και ποιησωμεν
16. א κατακαυχασθε | αλαζονειαισ | א απασα
V, 1. επερχομεναισ : א add υμιν 3. ωσ πυρ : אᶜ praem ο ιοσ
4. απεστερημενοσ | ϛ א εισεληλυθασιν 5. ωσ εν ημερ. 7. εωσ sec :
ϛ א add αν | πρόϊμον : πρωϊμον, praetereaque ϛ praem υετον, item א
καρπον τον (אᶜ delet τον) 8. א μακροθυμ. ουν 9. א κατα | κατα-
κριθητε | ο κριτησ : om ο 10. ϛ א αδελφοι μου, idque ϛ post κακοπαθ.
pon | א καλοκαγαθιασ pro κακοπαθ. | εν τω (א om) ονοματι : om εν
11. υπομενοντασ 12. א* προ παντ. ουν

μήτε τὴν γῆν μήτε ἄλλον τινὰ ὅρκον· ἤτω δὲ ὑμῶν τὸ ναὶ ναί, καὶ τὸ οὒ οὒ, ἵνα μὴ ὑπὸ κρίσιν πέσητε.

Κακοπαθεῖ τις ἐν ὑμῖν; προσευχέσθω· εὐθυμεῖ τις; ψαλ- 13 λέτω. ¹⁴ ἀσθενεῖ τις ἐν ὑμῖν; προσκαλεσάσθω τοὺσ πρεσβυτέ- 14 ρουσ τῆσ ἐκκλησίας, καὶ προσευξάσθωσαν ἐπ' αὐτόν, ἀλείψαντες ἐλαίῳ ἐν τῷ ὀνόματι τοῦ κυρίου. ¹⁵ καὶ ἡ εὐχὴ τῆσ πίστεωσ 15 σώσει τὸν κάμνοντα, καὶ ἐγερεῖ αὐτὸν ὁ κύριοσ· κἂν ἁμαρτίασ ᾖ πεποιηκώσ, ἀφεθήσεται αὐτῷ. ¹⁶ ἐξομολογεῖσθε οὖν ἀλλήλοισ 16 τὰσ ἁμαρτίασ, καὶ εὔχεσθε ὑπὲρ ἀλλήλων, ὅπωσ ἰαθῆτε· πολὺ ἰσχύει δέησισ δικαίου ἐνεργουμένη. ¹⁷ Ἡλείασ ἄνθρωποσ ἦν ὁμοιο- 17 παθὴσ ἡμῖν, καὶ προσευχῇ προσηύξατο τοῦ μὴ βρέξαι, καὶ οὐκ ἔβρεξεν ἐπὶ τῆσ γῆσ ἐνιαυτοὺσ τρεῖσ καὶ μῆνασ ἕξ· ¹⁸ καὶ πάλιν 18 προσηύξατο, καὶ ὁ οὐρανὸσ ἔδωκεν ὑετὸν καὶ ἡ γῆ ἐβλάστησεν τὸν καρπὸν αὐτῆσ.

Ἀδελφοί μου, ἐάν τισ ἐν ὑμῖν πλανηθῇ ἀπὸ τῆσ ἀληθείασ 19 καὶ ἐπιστρέψῃ τισ αὐτόν, ²⁰ γινωσκέτω ὅτι ὁ ἐπιστρέψασ ἁμαρ- 20 τωλὸν ἐκ πλάνησ ὁδοῦ αὐτοῦ σώσει ψυχὴν αὐτοῦ ἐκ θανάτου καὶ καλύψει πλῆθοσ ἁμαρτιῶν.

ΠΕΤΡΟΥ Α.

I.

Salus nostra Christus. Adversa fidem probant. Prophetae ad nos. Redemptis care regeneratisque verbo dei sancte vivendum.

Πέτροσ ἀπόστολοσ Ἰησοῦ Χριστοῦ ἐκλεκτοῖσ παρεπιδήμοισ 1 διασπορᾶσ Πόντου, Γαλατίασ, Καππαδοκίασ, Ἀσίασ καὶ Βιθυνίασ, ² κατὰ πρόγνωσιν θεοῦ πατρόσ, ἐν ἁγιασμῷ πνεύματοσ, εἰσ 2 ὑπακοὴν καὶ ῥαντισμὸν αἵματοσ Ἰησοῦ Χριστοῦ. χάρισ ὑμῖν καὶ εἰρήνη πληθυνθείη.

Εὐλογητὸσ ὁ θεὸσ καὶ πατὴρ τοῦ κυρίου ἡμῶν Ἰησοῦ Χρι- 3 στοῦ, ὁ κατὰ τὸ πολὺ αὐτοῦ ἔλεοσ ἀναγεννήσασ ἡμᾶσ εἰσ ἐλπίδα ζῶσαν δι' ἀναστάσεωσ Ἰησοῦ Χριστοῦ ἐκ νεκρῶν, ⁴ εἰσ κληρονο- 4 μίαν ἄφθαρτον καὶ ἀμίαντον καὶ ἀμάραντον, τετηρημένην ἐν οὐρανοῖσ εἰσ ὑμᾶσ ⁵ τοὺσ ἐν δυνάμει θεοῦ φρουρουμένουσ διὰ 5 πίστεωσ εἰσ σωτηρίαν ἑτοίμην ἀποκαλυφθῆναι ἐν καιρῷ ἐσχάτῳ.

---

12. ητω δε : א* add ο λογοσ | υπο κρισιν (et. ϛᵉ) : ϛ εισ υποκρισιν 14. επ αυτον : א* επ αυτουσ | αλειψαντεσ : ϛ א add αυτον 16. om ουν | τασ αμαρτ. : τα παραπτωματα 17. ϛ א ηλιασ 18. א εδωκ. τον υετον, ϛ υετον εδωκ. 19. om μου | א απο τησ οδου τησ αληθειασ 20. om αυτου post ψυχην

* א πετρου επιστ. α' (sed tantum πετρου α' in subscriptione et paginarum titulis), ϛᵉ πετρου του αποστολου επιστολη καθολικη πρωτη, ϛ πετρου καθολικη επιστ. πρω.

I, 1. εκλεκτοισ : א* add και | א* om ασιασ 3. ϛᵉ (ex errore) αναγενν. υμασ | א δια αναστ. 4. א κ. αμαρ. κ. αμιαντ. | א εν ουρανω | εισ ημασ 5. א* ετοιμωσ

6 ⁶ἐν ᾧ ἀγαλλιᾶσθε, ὀλίγον ἄρτι εἰ δέον λυπηθέντεσ ἐν ποικίλοισ
7 πειρασμοῖσ, ⁷ἵνα τὸ δοκίμιον ὑμῶν τῆσ πίστεωσ πολυτιμότερον Ia 1, 2. 3
  χρυσίου τοῦ ἀπολλυμένου, διὰ πυρὸσ δὲ δοκιμαζομένου, εὑρεθῇ εἰσ
8 ἔπαινον καὶ δόξαν καὶ τιμὴν ἐν ἀποκαλύψει Ἰησοῦ Χριστοῦ, ⁸ὃν
  οὐκ ἰδόντεσ ἀγαπᾶτε, εἰσ ὃν ἄρτι μὴ ὁρῶντεσ πιστεύοντεσ δὲ
9 ἀγαλλιᾶσθε χαρᾷ ἀνεκλαλήτῳ καὶ δεδοξασμένῃ, ⁹κομιζόμενοι τὸ
10 τέλοσ τῆσ πίστεωσ ὑμῶν σωτηρίαν ψυχῶν. ¹⁰περὶ ἧσ σωτηρίασ
  ἐξεζήτησαν καὶ ἐξηραύνησαν προφῆται οἱ περὶ τῆσ εἰσ ὑμᾶσ χάρι-
11 τοσ προφητεύσαντεσ, ¹¹ἐραυνῶντεσ εἰσ τίνα ἢ ποῖον καιρὸν
  ἐδήλου τὸ ἐν αὐτοῖσ πνεῦμα Χριστοῦ προμαρτυρόμενον τὰ εἰσ
12 Χριστὸν παθήματα καὶ τὰσ μετὰ ταῦτα δόξασ· ¹²οἷσ ἀπεκα-
  λύφθη ὅτι οὐχ ἑαυτοῖσ ὑμῖν δὲ διηκόνουν αὐτά, ἃ νῦν ἀνηγγέλη
  ὑμῖν διὰ τῶν εὐαγγελισαμένων ὑμᾶσ ἐν πνεύματι ἁγίῳ ἀποστα-
  λέντι ἀπ᾽ οὐρανοῦ, εἰσ ἃ ἐπιθυμοῦσιν ἄγγελοι παρακύψαι.
13   Διὸ ἀναζωσάμενοι τὰσ ὀσφύασ τῆσ διανοίασ ὑμῶν, νήφοντεσ,
  τελείωσ ἐλπίσατε ἐπὶ τὴν φερομένην ὑμῖν χάριν ἐν ἀποκαλύψει
14 Ἰησοῦ Χριστοῦ. ¹⁴ὡσ τέκνα ὑπακοῆσ, μὴ συσχηματιζόμενοι ταῖσ Ro 12, 2
15 πρότερον ἐν τῇ ἀγνοίᾳ ὑμῶν ἐπιθυμίαισ, ¹⁵ἀλλὰ κατὰ τὸν κα-
  λέσαντα ὑμᾶσ ἅγιον καὶ αὐτοὶ ἅγιοι ἐν πάσῃ ἀναστροφῇ γενήθητε,
16 17 ¹⁶διότι γέγραπται· ἅγιοι ἔσεσθε, διότι ἐγὼ ἅγιοσ. ¹⁷καὶ εἰ Lv 11, 44. 45
  πατέρα ἐπικαλεῖσθε τὸν ἀπροσωπολήμπτωσ κρίνοντα κατὰ τὸ 19, 2
  ἑκάστου ἔργον, ἐν φόβῳ τὸν τῆσ παροικίασ ὑμῶν χρόνον ἀναστρά- Mt 5, 48
18 φητε, ¹⁸εἰδότεσ ὅτι οὐ φθαρτοῖσ, ἀργυρίῳ ἢ χρυσίῳ, ἐλυτρώθητε
19 ἐκ τῆσ ματαίασ ὑμῶν ἀναστροφῆσ πατροπαραδότου, ¹⁹ἀλλὰ τι-
20 μίῳ αἵματι ὡσ ἀμνοῦ ἀμώμου καὶ ἀσπίλου Χριστοῦ, ²⁰προεγνω-
  σμένου μὲν πρὸ καταβολῆσ κόσμου, φανερωθέντοσ δὲ ἐπ᾽ ἐσχάτου
21 τῶν χρόνων δι᾽ ὑμᾶσ ²¹τοὺσ δι᾽ αὐτοῦ πιστοὺσ εἰσ θεὸν τὸν ἐγεί-
  ραντα αὐτὸν ἐκ νεκρῶν καὶ δόξαν αὐτῷ δόντα, ὥστε τὴν πίστιν
  ὑμῶν καὶ ἐλπίδα εἶναι εἰσ θεόν.
22   Τὰσ ψυχὰσ ὑμῶν ἡγνικότεσ ἐν τῇ ὑπακοῇ τῆσ ἀληθείασ εἰσ
  φιλαδελφίαν ἀνυπόκριτον, ἐκ καρδίασ ἀλλήλουσ ἀγαπήσατε ἐκ-
23 τενῶσ, ²³ἀναγεγεννημένοι οὐκ ἐκ σπορᾶσ φθαρτῆσ ἀλλὰ ἀφθάρ-
24 του, διὰ λόγου ζῶντοσ θεοῦ καὶ μένοντοσ. ²⁴διότι πᾶσα σὰρξ Es 40, 6 ss· Iac 1, 10 s
  ὡσ χόρτοσ, καὶ πᾶσα δόξα αὐτῆσ ὡσ ἄνθοσ χόρτου· ἐξηράνθη
25 ὁ χόρτοσ, καὶ τὸ ἄνθοσ ἐξέπεσεν· ²⁵τὸ δὲ ῥῆμα κυρίου μένει εἰσ
  τὸν αἰῶνα. τοῦτο δέ ἐστιν τὸ ῥῆμα τὸ εὐαγγελισθὲν εἰσ ὑμᾶσ.

---

6. ει δεον : add εστιν | ℵ* λυπηθεντασ   7. πολυ τιμωτερον | και τιμην
κ. δοξαν   8. ιδοντεσ : ειδοτεσ   10. εξερευνησαν   11. ερευνωντεσ
12. ημιν δε   16. ℵ οτι γεγραπτ. | εσεσθε : γενεσθε | οτι εγω αγιοσ ειμι
17. απροσωπολημπτωσ | ℵ* αναστρεφομενοι   18. ℵ* φθαρτου, item
αργυριον   20. ℵ* ανεγνωσμενον | εσχατων | ℵ του χρονου   21. πιστουσ :
ϛ ℵ πιστευοντασ | ℵ* εγειροντα   22. τησ αληθειασ : add δια πνευματοσ |
ϛ ℵ* εκ καθαρασ καρδιασ, ℵᶜ εκ καρδ. αληθινησ   23. μενοντοσ : add
εισ τον αιωνα   24. ωσ ante χορτοσ : ℵ* ωσει, ℵᶜ om | ℵ* πασα η δοξα |
αυτησ : ℵ* αυτου, ϛ ανθρωπου | και το ανθοσ : add αυτου

II.

Lapides vivi. Gens dei sancta. Vita pura gentium caussa. Parendum praepositis. Patiendum ad exemplum Christi.

Ia 1, 21   Ἀποθέμενοι οὖν πᾶσαν κακίαν καὶ πάντα δόλον καὶ ὑπο- 1
κρίσεισ καὶ φθόνουσ καὶ πάσασ καταλαλιάσ, ²ὡσ ἀρτιγέννητα 2
βρέφη τὸ λογικὸν ἄδολον γάλα ἐπιποθήσατε, ἵνα ἐν αὐτῷ αὐξη-
θῆτε εἰσ σωτηρίαν, ³ εἰ ἐγεύσασθε ὅτι χρηστὸσ ὁ κύριοσ. ⁴πρὸσ 3 4
Ps 34, 8. ὃν προσερχόμενοι, λίθον ζῶντα, ὑπὸ ἀνθρώπων μὲν ἀποδεδοκι-
(9)
Eph 2, 20 μασμένον παρὰ δὲ θεῷ ἐκλεκτόν, ἔντιμον, ⁵καὶ αὐτοὶ ὡσ λίθοι 5
ζῶντεσ ἐποικοδομεῖσθε οἶκοσ πνευματικόσ, εἰσ ἱεράτευμα ἅγιον,
Ro 12, 1 ἀνενέγκαι πνευματικὰσ θυσίασ εὐπροσδέκτουσ θεῷ διὰ Ἰησοῦ
Es 28, 16
Ro 9, 33 Χριστοῦ. ⁶ διότι περιέχει ἐν γραφῇ· ἰδοὺ τίθημι ἐν Cιὼν λίθον 6
ἀκρογωνιαῖον ἐκλεκτὸν ἔντιμον, καὶ ὁ πιστεύων ἐπ᾽ αὐτῷ οὐ μὴ
Ps 118, 22
Mt 21, 42 καταισχυνθῇ. ⁷ ὑμῖν οὖν ἡ τιμὴ τοῖσ πιστεύουσιν· ἀπιστοῦσιν δέ, 7
Es 8, 14 λίθον ὃν ἀπεδοκίμασαν οἱ οἰκοδομοῦντεσ, οὗτοσ ἐγενήθη εἰσ κεφα-
Ro 2, 39 λὴν γωνίασ καὶ λίθοσ προσκόμματοσ καὶ πέτρα σκανδάλου, ⁸οἳ 8
Ex 19, 6
Es 43, 20 s προσκόπτουσιν τῷ λόγῳ ἀπειθοῦντεσ, εἰσ ὃ καὶ ἐτέθησαν. ⁹ ὑμεῖσ
δὲ γένοσ ἐκλεκτόν, βασίλειον ἱεράτευμα, ἔθνοσ ἅγιον, λαὸσ εἰσ
περιποίησιν, ὅπωσ τὰσ ἀρετὰσ ἐξαγγείλητε τοῦ ἐκ σκότουσ ὑμᾶσ
Hos 2, 23
Ro 9, 25 s καλέσαντοσ εἰσ τὸ θαυμαστὸν αὐτοῦ φῶσ· ¹⁰ οἵ ποτε οὐ λαόσ, 10
νῦν δὲ λαὸσ θεοῦ, οἱ οὐκ ἠλεημένοι, νῦν δὲ ἐλεηθέντεσ.

    Ἀγαπητοί, παρακαλῶ ὡσ παροίκουσ καὶ παρεπιδήμουσ ἀπ- 11
Ia 4, 1
Ro 7, 23 έχεσθαι τῶν σαρκικῶν ἐπιθυμιῶν, αἵτινεσ στρατεύονται κατὰ τῆσ
ψυχῆσ, ¹² τὴν ἀναστροφὴν ὑμῶν ἐν τοῖσ ἔθνεσιν ἔχοντεσ καλήν, 12
3, 16 ἵνα ἐν ᾧ καταλαλοῦσιν ὑμῶν ὡσ κακοποιῶν, ἐκ τῶν καλῶν ἔργων
3, 2 ἐποπτεύοντεσ δοξάσωσιν τὸν θεὸν ἐν ἡμέρᾳ ἐπισκοπῆσ.
Ro 13, 1 ss   Ὑποτάγητε πάσῃ ἀνθρωπίνῃ κτίσει διὰ τὸν κύριον, εἴτε 13
βασιλεῖ ὡσ ὑπερέχοντι, ¹⁴ εἴτε ἡγεμόσιν ὡσ δι᾽ αὐτοῦ πεμπομέ- 14
νοισ εἰσ ἐκδίκησιν κακοποιῶν, ἔπαινον δὲ ἀγαθοποιῶν· ¹⁵ ὅτι 15
οὕτωσ ἐστὶν τὸ θέλημα τοῦ θεοῦ, ἀγαθοποιοῦντασ φιμοῦν τὴν
Ga 5, 13 τῶν ἀφρόνων ἀνθρώπων ἀγνωσίαν· ¹⁶ ὡσ ἐλεύθεροι, καὶ μὴ ὡσ 16
ἐπικάλυμμα ἔχοντεσ τῆσ κακίασ τὴν ἐλευθερίαν, ἀλλ᾽ ὡσ θεοῦ
δοῦλοι. ¹⁷ πάντασ τιμήσατε, τὴν ἀδελφότητα ἀγαπᾶτε, τὸν θεὸν 17
Eph 6, 5
Col 3, 22 φοβεῖσθε, τὸν βασιλέα τιμᾶτε. ¹⁸ Οἱ οἰκέται, ὑποτασσόμενοι ἐν 18
παντὶ φόβῳ τοῖσ δεσπόταισ, οὐ μόνον τοῖσ ἀγαθοῖσ καὶ ἐπιεικέσιν
ἀλλὰ καὶ τοῖσ σκολιοῖσ. ¹⁹ τοῦτο γὰρ χάρισ, εἰ διὰ συνείδησιν 19

    II, 1. א^c υποκρισιν | א* πασαν καταλαλιαν 2. εισ σωτηριαν : om
3. ειπερ 5. א* ωσ λιθοσ οντεσ | οικοδομεισθε | א* πνευματοσ | om
εισ ante ιερατευμα | א om πνευματικασ | τω θεω 6. διο και περ. εν τη
γραφ.|א* επ αυτον 7. απιστουσιν : απειθουσι | א^c λιθοσ ον|א πετραν
11. post ωσ παροικ. κ. παρεπιδημ. interpg 12. א τ. αναστροφ. υμιν |
εποπτευσαντεσ | א* δοξασουντρεμουσιν (duabus lectionibus confusis)
13. υποταγητε ουν|·א* om ανθρωπινη 14. εισ εκδικ. μεν 15. א* φι-
μοιν 16. δουλοι θεου 18. υποτασσομενοι : א post εν πα. φοβω

20 θεοῦ ὑποφέρει τισ λύπασ πάσχων ἀδίκωσ. ²⁰ποῖον γὰρ κλέοσ εἰ ἁμαρτάνοντεσ καὶ κολαφιζόμενοι ὑπομενεῖτε; ἀλλ' εἰ ἀγαθοποιοῦντεσ καὶ πάσχοντεσ ὑπομενεῖτε, τοῦτο χάρισ παρὰ θεῷ. 21 ²¹ εἰσ τοῦτο γὰρ ἐκλήθητε, ὅτι καὶ Χριστὸσ ἔπαθεν ὑπὲρ ὑμῶν, ὑμῖν ὑπολιμπάνων ὑπογραμμὸν ἵνα ἐπακολουθήσητε τοῖσ ἴχνεσιν 22 αὐτοῦ, ²² ὃσ ἁμαρτίαν οὐκ ἐποίησεν, οὐδὲ εὑρέθη δόλοσ ἐν τῷ 23 στόματι αὐτοῦ, ²³ ὃσ λοιδορούμενοσ οὐκ ἀντελοιδόρει, πάσχων 24 οὐκ ἠπείλει, παρεδίδου δὲ τῷ κρίνοντι δικαίωσ, ²⁴ ὃσ τὰσ ἁμαρτίασ ἡμῶν αὐτὸσ ἀνήνεγκεν ἐν τῷ σώματι αὐτοῦ ἐπὶ τὸ ξύλον, ἵνα ταῖσ ἁμαρτίαισ ἀπογενόμενοι τῇ δικαιοσύνῃ ζήσωμεν, οὗ τῷ 25 μώλωπι αὐτοῦ ἰάθητε. ²⁵ ἦτε γὰρ ὡσ πρόβατα πλανώμενοι, ἀλλ' ἐπεστράφητε νῦν ἐπὶ τὸν ποιμένα καὶ ἐπίσκοπον τῶν ψυχῶν ὑμῶν.

III.

Ad uxores et maritos. Commendantur caritas, temperantia, patientia. Christi passio et descensus ad inferos. Vis baptismi.

1 Ὁμοίωσ γυναῖκεσ, ὑποτασσόμεναι τοῖσ ἰδίοισ ἀνδράσιν, ἵνα καὶ εἴ τινεσ ἀπειθοῦσιν τῷ λόγῳ, διὰ τῆσ τῶν γυναικῶν ἀνα- 2 στροφῆσ ἄνευ λόγου κερδηθήσονται, ² ἐποπτεύσαντεσ τὴν ἐν φόβῳ 3 ἁγνὴν ἀναστροφὴν ὑμῶν. ³ ὧν ἔστω οὐχ ὁ ἔξωθεν ἐμπλοκῆσ τριχῶν καὶ περιθέσεωσ χρυσίων ἢ ἐνδύσεωσ ἱματίων κόσμοσ, 4 ⁴ ἀλλ' ὁ κρυπτὸσ τῆσ καρδίασ ἄνθρωποσ ἐν τῷ ἀφθάρτῳ τοῦ πραέωσ καὶ ἡσυχίου πνεύματοσ, ὅ ἐστιν ἐνώπιον τοῦ θεοῦ πολυ- 5 τελέσ. ⁵ οὕτωσ γάρ ποτε καὶ αἱ ἅγιαι γυναῖκεσ αἱ ἐλπίζουσαι εἰσ 6 θεὸν ἐκόσμουν ἑαυτάσ, ὑποτασσόμεναι τοῖσ ἰδίοισ ἀνδράσιν, ⁶ ὡσ Σάρρα ὑπήκουσεν τῷ Ἀβραάμ, κύριον αὐτὸν καλοῦσα, ἧσ ἐγενήθητε τέκνα ἀγαθοποιοῦσαι καὶ μὴ φοβούμεναι μηδεμίαν πτόησιν. 7 ⁷ Οἱ ἄνδρεσ ὁμοίωσ, συνοικοῦντεσ κατὰ γνῶσιν ὡσ ἀσθενεστέρῳ σκεύει τῷ γυναικείῳ, ἀπονέμοντεσ τιμὴν ὡσ καὶ συνκληρονόμοισ χάριτοσ ζωῆσ, εἰσ τὸ μὴ ἐνκόπτεσθαι τὰσ προσευχὰσ ὑμῶν.

8 Τὸ δὲ τέλοσ πάντεσ ὁμόφρονεσ, συμπαθεῖσ, φιλάδελφοι, 9 εὔσπλαγχνοι, ταπεινόφρονεσ, ⁹ μὴ ἀποδιδόντεσ κακὸν ἀντὶ κακοῦ ἢ λοιδορίαν ἀντὶ λοιδορίασ, τοὐναντίον δὲ εὐλογοῦντεσ, ὅτι εἰσ 10 τοῦτο ἐκλήθητε ἵνα εὐλογίαν κληρονομήσητε. ¹⁰ ὁ γὰρ θέλων ζωὴν ἀγαπᾶν καὶ ἰδεῖν ἡμέρασ ἀγαθὰσ παυσάτω τὴν γλῶσσαν 11 ἀπὸ κακοῦ καὶ χείλη τοῦ μὴ λαλῆσαι δόλον, ¹¹ ἐκκλινάτω ἀπὸ κακοῦ καὶ ποιησάτω ἀγαθόν, ζητησάτω εἰρήνην καὶ διωξάτω

---

21. επαθεν : א απεθανεν | υμων υμιν : ς (non ςᵉ) ημων ημιν 22. א ηυρεθη 23. א* ελοιδορει 24. א* om εν | אᶜ om αυτου sec 25. πλανωμενα | א επιστραφητε

III, 1. αι γυναικ.|κερδηθησωνται 2. א* εποπτευοντεσ 3. א ουκ ο 4. א* om τω | πραεοσ | א* om και 5. ς א επι τον θεον | εκοσμ. εαυτ. : א ante αι ελπ. | א* συνομιλουντεσ | א* om κατ. γνωσ. | συγκληρονομοι | א ποικιλησ χαριτ. | εκκοπτ. 8. φιλοφρ. pro ταπειν. 9. οτι : praem ειδοτεσ 10. ς א γλωσσ. αυτου | χειλ. αυτου 11. ς (non ςᵉ) om αγαθ. ζητησ.

αὐτήν, ¹²ὅτι ὀφθαλμοὶ κυρίου ἐπὶ δικαίουσ καὶ ὦτα αὐτοῦ εἰσ δέησιν αὐτῶν, πρόσωπον δὲ κυρίου ἐπὶ ποιοῦντασ κακά.

Καὶ τίσ ὁ κακώσων ὑμᾶσ ἐὰν τοῦ ἀγαθοῦ ζηλωταὶ γένησθε; ¹⁴ἀλλ' εἰ καὶ πάσχοιτε διὰ δικαιοσύνην, μακάριοι. τὸν δὲ φόβον αὐτῶν μὴ φοβηθῆτε μηδὲ ταραχθῆτε, ¹⁵κύριον δὲ τὸν Χριστὸν ἁγιάσατε ἐν ταῖσ καρδίαισ ὑμῶν, ἕτοιμοι ἀεὶ πρὸσ ἀπολογίαν παντὶ τῷ αἰτοῦντι ὑμᾶσ λόγον περὶ τῆσ ἐν ὑμῖν ἐλπίδοσ, ἀλλὰ μετὰ πραΰτητοσ καὶ φόβου, ¹⁶συνείδησιν ἔχοντεσ ἀγαθήν, ἵνα ἐν ᾧ καταλαλεῖσθε καταισχυνθῶσιν οἱ ἐπηρεάζοντεσ ὑμῶν τὴν ἀγαθὴν ἐν Χριστῷ ἀναστροφήν. ¹⁷κρεῖττον γὰρ ἀγαθοποιοῦντασ, εἰ θέλοι τὸ θέλημα τοῦ θεοῦ, πάσχειν ἢ κακοποιοῦντασ.

¹⁸ὅτι καὶ Χριστὸσ ἅπαξ περὶ ἁμαρτιῶν ἀπέθανεν, δίκαιοσ ὑπὲρ ἀδίκων, ἵνα ἡμᾶσ προσαγάγῃ τῷ θεῷ, θανατωθεὶσ μὲν σαρκί, ζωοποιηθεὶσ δὲ πνεύματι, ¹⁹ἐν ᾧ καὶ τοῖσ ἐν φυλακῇ πνεύμασιν πορευθεὶσ ἐκήρυξεν, ²⁰ἀπειθήσασίν ποτε ὅτε ἀπεξεδέχετο ἡ τοῦ θεοῦ μακροθυμία ἐν ἡμέραισ Νῶε κατασκευαζομένησ κιβωτοῦ, εἰσ ἣν ὀλίγοι, τοῦτ' ἔστιν ὀκτὼ ψυχαί, διεσώθησαν δι' ὕδατοσ. ²¹ὃ καὶ ὑμᾶσ ἀντίτυπον νῦν σῴζει βάπτισμα, οὐ σαρκὸσ ἀπόθεσισ ῥύπου, ἀλλὰ συνειδήσεωσ ἀγαθῆσ ἐπερώτημα εἰσ θεόν, δι' ἀναστάσεωσ Ἰησοῦ Χριστοῦ, ²²ὅσ ἐστιν ἐν δεξιᾷ θεοῦ, πορευθεὶσ εἰσ οὐρανόν, ὑποταγέντων αὐτῷ ἀγγέλων καὶ ἐξουσιῶν καὶ δυνάμεων.

IV.

Deo nova vita dicanda et fratribus. Gaudendum calamitatum probatione.

Χριστοῦ οὖν παθόντοσ σαρκὶ καὶ ὑμεῖσ τὴν αὐτὴν ἔννοιαν ὁπλίσασθε, ὅτι ὁ παθὼν σαρκὶ πέπαυται ἁμαρτίασ, ²εἰσ τὸ μηκέτι ἀνθρώπων ἐπιθυμίαισ ἀλλὰ θελήματι θεοῦ τὸν ἐπίλοιπον ἐν σαρκὶ βιῶσαι χρόνον. ³ἀρκετὸσ γὰρ ὁ παρεληλυθὼσ χρόνοσ τὸ βούλημα τῶν ἐθνῶν κατειργάσθαι, πεπορευμένουσ ἐν ἀσελγείαισ, ἐπιθυμίαισ, οἰνοφλυγίαισ, κώμοισ, πότοισ καὶ ἀθεμίτοισ εἰδωλολατρείαισ, ⁴ἐν ᾧ ξενίζονται, μὴ συντρεχόντων ὑμῶν εἰσ τὴν αὐτὴν τῆσ ἀσωτίασ ἀνάχυσιν, βλασφημοῦντεσ, ⁵οἳ ἀποδώσουσιν λόγον τῷ ἑτοίμωσ ἔχοντι κρῖναι ζῶντασ καὶ νεκρούσ ⁶εἰσ τοῦτο γὰρ

12. οι οφθ. 13. μιμηται 14. א μακαρ. εστε 15. χριστον : θεον | ετοιμοι : add δε | אᶜ απαιτουντι | om αλλα 16. ϛ א εν ω καταλαλωσιν (א -λαλουσιν) υμων ωσ κακοποιων | א* εισ χριστον 17. ει θελει 18. א* om και post οτι | א* περ. των αμαρτ. insuperque א add υπερ ημων | απεθανεν : επαθεν | א* om ημασ | τω πνευματι 20. απαξ εξεδεχετο | א* την τ. θε. μακροθυμιαν | ολιγαι 21. ὃ : ϛᵉ ᾧ, א* om | και ημασ | νυν : א ante αντιτυπ. pon 22. του θεου

IV, 1. παθοντοσ (א* αποθανοντοσ) : ϛ add υπερ ημων, א* υπερ υμων | ο παθ. εν σαρκι | אᶜ αμαρτιαισ 2. א* ανθρωπον 3. αρκετ. γαρ : add ημιν, item א* υμιν | א* παρεληλυθοσ | χρονοσ : add του βιου | βουλημα : θελημα | κατεργασασθαι | א πορευσμενουσ 4. א* και βλασφημουσιν

272   4, 7.   1 PET.

καὶ νεκροῖσ εὐηγγελίσθη, ἵνα κριθῶσι μὲν κατὰ ἀνθρώπουσ σαρκί, 3, 19
ζῶσι δὲ κατὰ θεὸν πνεύματι.

7 Πάντων δὲ τὸ τέλοσ ἤγγικεν. σωφρονήσατε οὖν καὶ νήψατε Ia 5, 8
8 εἰσ προσευχάσ, ⁸ πρὸ πάντων τὴν εἰσ ἑαυτοὺσ ἀγάπην ἐκτενῆ Ia 5, 20
9 ἔχοντεσ, ὅτι ἀγάπη καλύπτει πλῆθοσ ἁμαρτιῶν, ⁹ φιλόξενοι εἰσ (Prov 10, 12)
10 ἀλλήλουσ ἄνευ γογγυσμοῦ, ¹⁰ ἕκαστοσ καθὼσ ἔλαβεν χάρισμα, Heb 13, 2 Phil 2, 14
εἰσ ἑαυτοὺσ αὐτὸ διακονοῦντεσ ὡσ καλοὶ οἰκονόμοι ποικίλησ χάρι-
11 τοσ θεοῦ· ¹¹ εἴ τισ λαλεῖ, ὡσ λόγια θεοῦ, εἴ τισ διακονεῖ, ὡσ ἐξ Ro 12, 6
ἰσχύοσ ἧσ χορηγεῖ ὁ θεόσ, ἵνα ἐν πᾶσιν δοξάζηται ὁ θεὸσ διὰ
Ἰησοῦ Χριστοῦ, ᾧ ἐστὶν ἡ δόξα καὶ τὸ κράτοσ εἰσ τοὺσ αἰῶνασ Col 3, 17
τῶν αἰώνων· ἀμήν. 5, 11
12 Ἀγαπητοί, μὴ ξενίζεσθε τῇ ἐν ὑμῖν πυρώσει πρὸσ πειρασμὸν
13 ὑμῖν γινομένῃ, ὡσ ξένου ὑμῖν συμβαίνοντοσ, ¹³ ἀλλὰ καθὸ κοινω-
νεῖτε τοῖσ τοῦ Χριστοῦ παθήμασιν χαίρετε, ἵνα καὶ ἐν τῇ ἀπο- Ro 8, 17 Col 1, 7
14 καλύψει τῆσ δόξησ αὐτοῦ χαρῆτε ἀγαλλιώμενοι. ¹⁴ εἰ ὀνειδίζεσθε 3, 14 Mt 5, 10
ἐν ὀνόματι Χριστοῦ, μακάριοι, ὅτι τὸ τῆσ δόξησ καὶ τὸ τοῦ θεοῦ
15 πνεῦμα ἐφ' ὑμᾶσ ἀναπαύεται. ¹⁵ μὴ γάρ τισ ὑμῶν πασχέτω ὡσ 2, 20
16 φονεὺσ ἢ κλέπτησ ἢ κακοποιὸσ ἢ ὡσ ἀλλοτριεπίσκοποσ· ¹⁶ εἰ δὲ
ὡσ Χριστιανόσ, μὴ αἰσχυνέσθω, δοξαζέτω δὲ τὸν θεὸν ἐν τῷ
17 ὀνόματι τούτῳ. ¹⁷ ὅτι καιρὸσ τοῦ ἄρξασθαι τὸ κρίμα ἀπὸ τοῦ
οἴκου τοῦ θεοῦ· εἰ δὲ πρῶτον ἀφ' ἡμῶν, τί τὸ τέλοσ τῶν ἀπει-
18 θούντων τῷ τοῦ θεοῦ εὐαγγελίῳ; ¹⁸ καὶ εἰ ὁ δίκαιοσ μόλισ σώζε- Prov 11,31
19 ται, ὁ ἀσεβὴσ καὶ ὁ ἁμαρτωλὸσ ποῦ φανεῖται; ¹⁹ ὥστε καὶ οἱ
πάσχοντεσ κατὰ τὸ θέλημα τοῦ θεοῦ πιστῷ κτίστῃ παρατιθέσθω- 3, 17
σαν τὰσ ψυχὰσ αὐτῶν ἐν ἀγαθοποιΐᾳ.

V.

Presbyterorum ceterorumque officia.   Diabolo resistendum.   Vota et
salutationes.

1 Πρεσβυτέρουσ οὖν τοὺσ ἐν ὑμῖν παρακαλῶ ὁ συνπρεσβύτεροσ
καὶ μάρτυσ τῶν τοῦ Χριστοῦ παθημάτων, ὁ καὶ τῆσ μελλούσησ
2 ἀποκαλύπτεσθαι δόξησ κοινωνόσ· ² ποιμάνατε τὸ ἐν ὑμῖν ποίμνιον Act 20, 28
τοῦ θεοῦ, μὴ ἀναγκαστῶσ ἀλλὰ ἑκουσίωσ κατὰ θεόν, μηδὲ αἰσχρο-
3 κερδῶσ ἀλλὰ προθύμωσ, ³ μηδ' ὡσ κατακυριεύοντεσ τῶν κλήρων Tit 1,7.11
4 ἀλλὰ τύποι γινόμενοι τοῦ ποιμνίου· ⁴ καὶ φανερωθέντοσ τοῦ ἀρχι-
ποίμενοσ κομιεῖσθε τὸν ἀμαράντινον τῆσ δόξησ στέφανον.

---

6. ζωσι : אᶜ ζησωσι   7. א* om και ante νηψατε | εισ τασ προσευχασ
8. προ παντων : add δε|ϛᵉ η αγαπη | καλυψει   9. γογγυσμων   13. καϑο :
ϛᵉ καϑωσ   14. א* om εν | το τ. δοξησ : א add και τησ δυναμεωσ αυ-
του (אᶜ om αυτ.) | αναπαυεται (אᶜ επαναπεπαυνται) : add κατα μεν
αυτουσ βλασφημειται, κατα δε υμασ δοξαζεται   15. αλλοτριοεπισκοποσ
16. ονοματι : μερει   17. ϛ ο καιροσ | א* αφ υμων   18. και αμαρτωλοσ
19. ωσ πιστω κτιστη | αυτων : εαυτων
V, 1. ουν : om | συμπρεσβ.   2. μη αναγκαστωσ : praem επισκο-
πουντεσ | αλλ | om κατα θεον

Ὁμοίωσ νεώτεροι ὑποτάγητε πρεσβυτέροισ, πάντεσ δὲ ἀλλή- 5
λοισ τὴν ταπεινοφροσύνην ἐγκομβώσασθε, ὅτι ὁ θεὸσ ὑπερηφάνοισ
ἀντιτάσσεται, ταπεινοῖσ δὲ δίδωσιν χάριν. ⁶ ταπεινώθητε οὖν ὑπὸ 6
τὴν κραταιὰν χεῖραν τοῦ θεοῦ, ἵνα ὑμᾶσ ὑψώσῃ ἐν καιρῷ, ⁷ πᾶσαν 7
τὴν μέριμναν ὑμῶν ἐπιρίψαντεσ ἐπ᾽ αὐτόν, ὅτι αὐτῷ μέλει περὶ
ὑμῶν.
Νήψατε, γρηγορήσατε. ὁ ἀντίδικοσ ὑμῶν διάβολοσ ὡσ λέων 8
ὠρυόμενοσ περιπατεῖ ζητῶν τίνα καταπιεῖν· ⁹ ᾧ ἀντίστητε στε- 9
ρεοὶ τῇ πίστει, εἰδότεσ τὰ αὐτὰ τῶν παθημάτων τῇ ἐν τῷ κόσμῳ
ὑμῶν ἀδελφότητι ἐπιτελεῖσθαι. ¹⁰ ὁ δὲ θεὸσ πάσησ χάριτοσ, ὁ 10
καλέσασ ὑμᾶσ εἰσ τὴν αἰώνιον αὐτοῦ δόξαν ἐν Χριστῷ, ὀλίγον
παθόντασ αὐτὸσ καταρτίσει, στηρίξει, σθενώσει, θεμελιώσει.
¹¹ αὐτῷ τὸ κράτοσ εἰσ τοὺσ αἰῶνασ τῶν αἰώνων, ἀμήν. 11
Διὰ Σιλουανοῦ ὑμῖν τοῦ πιστοῦ ἀδελφοῦ, ὡσ λογίζομαι, δι᾽ 12
ὀλίγων ἔγραψα, παρακαλῶν καὶ ἐπιμαρτυρῶν ταύτην εἶναι ἀληθῆ
χάριν τοῦ θεοῦ, εἰσ ἣν στῆτε. ¹³ ἀσπάζεται ὑμᾶσ ἡ ἐν Βαβυ- 13
λῶνι συνεκλεκτὴ καὶ Μάρκοσ ὁ υἱόσ μου. ¹⁴ ἀσπάσασθε ἀλλή- 14
λουσ ἐν φιλήματι ἀγάπησ.
Εἰρήνη ὑμῖν πᾶσιν τοῖσ ἐν Χριστῷ.

ΠΕΤΡΟΥ Β.

I.

Augenda virtutis studia. Petrus brevi moriturus, testis transfigurationis.
Verbum propheticum.

Συμεὼν Πέτροσ δοῦλοσ καὶ ἀπόστολοσ Ἰησοῦ Χριστοῦ τοῖσ 1
ἰσότιμον ἡμῖν λαχοῦσιν πίστιν ἐν δικαιοσύνῃ τοῦ θεοῦ ἡμῶν καὶ
σωτῆροσ Ἰησοῦ Χριστοῦ. ² χάρισ ὑμῖν καὶ εἰρήνη πληθυνθείη ἐν 2
ἐπιγνώσει τοῦ θεοῦ καὶ Ἰησοῦ τοῦ κυρίου ἡμῶν.
Ὡσ τὰ πάντα ἡμῖν τῆσ θείασ δυνάμεωσ αὐτοῦ τὰ πρὸσ 3
ζωὴν καὶ εὐσέβειαν δεδωρημένησ διὰ τῆσ ἐπιγνώσεωσ τοῦ καλέ-
σαντοσ ἡμᾶσ ἰδίᾳ δόξῃ καὶ ἀρετῇ, ⁴ δι᾽ ὧν τὰ τίμια ἡμῖν καὶ 4
μέγιστα ἐπαγγέλματα δεδώρηται, ἵνα διὰ τούτων γένησθε θείασ

5. ομοιωσ : ℵ* add δε | ℵ τοισ πρεσβυτ..| αλληλοισ : add υποτασσομενοι
6. χειρα   7. επιρριψαντεσ | ℵ* περι ημων   8. οτι ο αντιδ. | τινα κατα-
πιειν (ℵ* καταπιν) : ς τινα καταπιη   9. om τω   10. υμασ : ημασ | εν
χριστω ιησου | καταρτισαι υμασ, στηριξαι, σθενωσαι, θεμελιωσαι   11. το
κρατοσ : ℵ praem η δοξα και   12. ταυτην : ℵ* praem και | εστηκατε
13. η εν βαβυλ. : ℵ add εκκλησια   14. εν χριστω : ς ℵ add ιησου· αμην

* ς επιστολη πετρου καθολικη δευτερα, ςᵉ πετρου του αποστολου
επιστολη καθολικ. δευτερα

I, 1. ℵ εισ δικαιοσυνην του κυρι. ημων | σωτηροσ : ςᵉ add ημων
2. ιησου : ℵ add χριστου   3. om τα ante παντα | ℵ* τα προσ τον θεον
και ζωην | ημασ δια δοξησ και αρετησ   4. τα μεγιστ. ημιν και τιμ. |
ℵ θει. φυσ. κοιν.

Nov. Test. ed. Tf.   18

κοινωνοὶ φύσεωσ, ἀποφυγόντεσ τῆσ ἐν τῷ κόσμῳ ἐν ἐπιθυμίᾳ
5 φθορᾶσ. ⁵ καὶ αὐτὸ τοῦτο δὲ σπουδὴν πᾶσαν παρεισενέγκαντεσ
ἐπιχορηγήσατε ἐν τῇ πίστει ὑμῶν τὴν ἀρετήν, ἐν δὲ τῇ ἀρετῇ τὴν
6 γνῶσιν, ⁶ ἐν δὲ τῇ γνώσει τὴν ἐγκράτειαν, ἐν δὲ τῇ ἐγκρατείᾳ τὴν
7 ὑπομονήν, ἐν δὲ τῇ ὑπομονῇ τὴν εὐσέβειαν, ⁷ ἐν δὲ τῇ εὐσεβείᾳ
8 τὴν φιλαδελφίαν, ἐν δὲ τῇ φιλαδελφίᾳ τὴν ἀγάπην. ⁸ ταῦτα
γὰρ ὑμῖν ὑπάρχοντα καὶ πλεονάζοντα οὐκ ἀργοὺσ οὐδὲ ἀκάρπουσ
καθίστησιν εἰσ τὴν τοῦ κυρίου ἡμῶν Ἰησοῦ Χριστοῦ ἐπίγνωσιν·
9 ⁹ ᾧ γὰρ μὴ πάρεστιν ταῦτα, τυφλόσ ἐστιν μυωπάζων, λήθην
10 λαβὼν τοῦ καθαρισμοῦ τῶν πάλαι αὐτοῦ ἁμαρτημάτων. ¹⁰ διὸ
μᾶλλον, ἀδελφοί, σπουδάσατε βεβαίαν ὑμῶν τὴν κλῆσιν καὶ
ἐκλογὴν ποιεῖσθαι· ταῦτα γὰρ ποιοῦντεσ οὐ μὴ πταίσητέ ποτε.
11 ¹¹ οὕτωσ γὰρ πλουσίωσ ἐπιχορηγηθήσεται ὑμῖν ἡ εἴσοδοσ εἰσ
τὴν αἰώνιον βασιλείαν τοῦ κυρίου ἡμῶν καὶ σωτῆροσ Ἰησοῦ
Χριστοῦ.
12 Διὸ μελλήσω ἀεὶ ὑμᾶσ ὑπομιμνήσκειν περὶ τούτων, καίπερ Iud 5
13 εἰδότασ καὶ ἐστηριγμένουσ ἐν τῇ παρούσῃ ἀληθείᾳ. ¹³ δίκαιον δὲ
ἡγοῦμαι, ἐφ᾽ ὅσον εἰμὶ ἐν τούτῳ τῷ σκηνώματι, διεγείρειν ὑμᾶσ 3, 1
14 ἐν ὑπομνήσει, ¹⁴ εἰδὼσ ὅτι ταχινή ἐστιν ἡ ἀπόθεσισ τοῦ σκηνώ- Io 21, 19
ματόσ μου, καθὼσ καὶ ὁ κύριοσ ἡμῶν Ἰησοῦσ Χριστὸσ ἐδήλωσέν
15 μοι. ¹⁵ σπουδάσω δὲ καὶ ἑκάστοτε ἔχειν ὑμᾶσ μετὰ τὴν ἐμὴν
16 ἔξοδον τὴν τούτων μνήμην ποιεῖσθαι. ¹⁶ οὐ γὰρ σεσοφισμένοισ
μύθοισ ἐξακολουθήσαντεσ ἐγνωρίσαμεν ὑμῖν τὴν τοῦ κυρίου ἡμῶν
Ἰησοῦ Χριστοῦ δύναμιν καὶ παρουσίαν, ἀλλ᾽ ἐπόπται γενηθέντεσ
17 τῆσ ἐκείνου μεγαλειότητοσ. ¹⁷ λαβὼν γὰρ παρὰ θεοῦ πατρὸσ
τιμὴν καὶ δόξαν φωνῆσ ἐνεχθείσησ αὐτῷ τοιᾶσδε ὑπὸ τῆσ μεγαλο- Mt 3, 17
πρεποῦσ δόξησ· οὗτόσ ἐστιν ὁ υἱόσ μου ὁ ἀγαπητόσ, εἰσ ὃν ἐγὼ 17, 5 pp
18 εὐδόκησα. ¹⁸ καὶ ταύτην τὴν φωνὴν ἡμεῖσ ἠκούσαμεν ἐξ οὐρανοῦ Mt 17,1 pp
19 ἐνεχθεῖσαν σὺν αὐτῷ ὄντεσ ἐν τῷ ὄρει τῷ ἁγίῳ. ¹⁹ καὶ ἔχομεν
βεβαιότερον τὸν προφητικὸν λόγον, ᾧ καλῶσ ποιεῖτε προσέχοντεσ
ὡσ λύχνῳ φαίνοντι ἐν αὐχμηρῷ τόπῳ, ἕωσ οὗ ἡμέρα διαυγάσῃ
20 καὶ φωσφόροσ ἀνατείλῃ ἐν ταῖσ καρδίαισ ὑμῶν, ²⁰ τοῦτο πρῶτον
γινώσκοντεσ, ὅτι πᾶσα προφητεία γραφῆσ ἰδίασ ἐπιλύσεωσ οὐ
21 γίνεται. ²¹ οὐ γὰρ θελήματι ἀνθρώπου ἠνέχθη ποτὲ προφη-
τεία, ἀλλὰ ὑπὸ πνεύματοσ ἁγίου φερόμενοι ἐλάλησαν ἀπὸ θεοῦ
ἄνθρωποι.

4. א την εν τω κοσμ. επιθυμιαν φθορασ | εν κοσμω 5. א και αυτο δε
τουτο 9. αμαρτιων 10. σπουδασατε : א add ινα δια των καλων εργων
(quae postea ποιεισθε postulant) 11. א om η ante εισοδοσ 12. ουκ
αμελησω | αει : post υμασ pon | א αει περι τουτ. υπομιμν. υμασ 13. א
εν τη υπομνησει 14. א om καθ. και ο κυρ. ημ. 15. א σπουδαζω
17. א του θεου 18. א εκ του ουρανου 19. η ημερα 21. αλλ | απο
θεου : א αγιοι θεου, ς οι αγιοι θεου

II.

Falsi doctores venturi. Exempla poenae quae manet effrenatos seductores.

Ἐγένοντο δὲ καὶ ψευδοπροφῆται ἐν τῷ λαῷ, ὡσ καὶ ἐν ὑμῖν 1 ἔσονται ψευδοδιδάσκαλοι, οἵτινεσ παρεισάξουσιν αἱρέσεισ ἀπωλείασ, καὶ τὸν ἀγοράσαντα αὐτοὺσ δεσπότην ἀρνούμενοι, ἐπάγοντεσ ἑαυτοῖσ ταχινὴν ἀπώλειαν, ² καὶ πολλοὶ ἐξακολουθήσουσιν 2 αὐτῶν ταῖσ ἀσελγείαισ, δι᾽ οὓσ ἡ ὁδὸσ τῆσ ἀληθείασ βλασφημηθήσεται, ³ καὶ ἐν πλεονεξίᾳ πλαστοῖσ λόγοισ ὑμᾶσ ἐμπορεύσονται, 3 οἷσ τὸ κρίμα ἔκπαλαι οὐκ ἀργεῖ, καὶ ἡ ἀπώλεια αὐτῶν οὐ νυστάζει. ⁴ εἰ γὰρ ὁ θεὸσ ἀγγέλων ἁμαρτησάντων οὐκ ἐφείσατο, ἀλλὰ 4 σιροῖσ ζόφου ταρταρώσασ παρέδωκεν εἰσ κρίσιν τηρουμένουσ, ⁵ καὶ ἀρχαίου κόσμου οὐκ ἐφείσατο, ἀλλὰ ὄγδοον Νῶε δικαιοσύνησ κήρυκα ἐφύλαξεν, κατακλυσμὸν κόσμῳ ἀσεβῶν ἐπάξασ, 5 ⁶ καὶ πόλεισ Σοδόμων καὶ Γομόρρασ τεφρώσασ καταστροφῇ κατέκρινεν, ὑπόδειγμα μελλόντων ἀσεβεῖν τεθεικώσ, ⁷ καὶ δίκαιον Λὼτ 7 καταπονούμενον ὑπὸ τῆσ τῶν ἀθέσμων ἐν ἀσελγείᾳ ἀναστροφῆσ ἐρρύσατο· ⁸ βλέμματι γὰρ καὶ ἀκοῇ ὁ δίκαιοσ ἐνκατοικῶν ἐν αὐτοῖσ ἡμέραν ἐξ ἡμέρασ ψυχὴν δικαίαν ἀνόμοισ ἔργοισ ἐβασάνιζεν· ⁹ οἶδεν κύριοσ εὐσεβεῖσ ἐκ πειρασμῶν ῥύεσθαι, ἀδίκουσ δὲ εἰσ ἡμέραν κρίσεωσ κολαζομένουσ τηρεῖν, ¹⁰ μάλιστα δὲ τοὺσ ὀπίσω 10 σαρκὸσ ἐν ἐπιθυμίᾳ μιασμοῦ πορευομένουσ καὶ κυριότητοσ καταφρονοῦντασ. τολμηταὶ αὐθάδεισ, δόξασ οὐ τρέμουσιν βλασφημοῦντεσ, ¹¹ ὅπου ἄγγελοι ἰσχύϊ καὶ δυνάμει μείζονεσ ὄντεσ οὐ 11 φέρουσιν κατ᾽ αὐτῶν παρὰ κυρίῳ βλάσφημον κρίσιν· ¹² οὗτοι δέ, 12 ὡσ ἄλογα ζῶα γεγενημένα φυσικὰ εἰσ ἅλωσιν καὶ φθοράν, ἐν οἷσ ἀγνοοῦσιν βλασφημοῦντεσ, ἐν τῇ φθορᾷ αὐτῶν καὶ φθαρήσονται ¹³ κομιούμενοι μισθὸν ἀδικίασ, ἡδονὴν ἡγούμενοι τὴν ἐν ἡμέρᾳ 13 τρυφήν, σπίλοι καὶ μῶμοι ἐντρυφῶντεσ ἐν ταῖσ ἀπάταισ αὐτῶν συνευωχούμενοι ὑμῖν, ¹⁴ ὀφθαλμοὺσ ἔχοντεσ μεστοὺσ μοιχαλίδοσ 14 καὶ ἀκαταπαύστουσ ἁμαρτίασ, δελεάζοντεσ ψυχὰσ ἀστηρίκτουσ, καρδίαν γεγυμνασμένην πλεονεξίασ ἔχοντεσ, κατάρασ τέκνα· ¹⁵ καταλείποντεσ εὐθεῖαν ὁδὸν ἐπλανήθησαν, ἐξακολουθήσαντεσ 15 τῇ ὁδῷ τοῦ Βαλαὰμ τοῦ Βοσόρ, ὃσ μισθὸν ἀδικίασ ἠγάπησεν, ¹⁶ ἔλεγξιν δὲ ἔσχεν ἰδίασ παρανομίασ· ὑποζύγιον ἄφωνον ἐν ἀν- 16 θρώπου φωνῇ φθεγξάμενον ἐκώλυσεν τὴν τοῦ προφήτου παρα-

---

II, 1. אc om εν τ. λαω 2. ασελγειαισ : απωλειαισ | η οδοσ : אc η δοξα 3. א* εκπορευσουσι. 4. σειραισ | ζοφου : א* ζοφοισ | τηρουμενουσ : ϛ τετηρημενουσ, א κολαζομενουσ τηρειν 5. αλλ | א* κοσμου 8. ενκατοικ. 9. πειρασμου | αδικ. δε : א* add πεφυλακισμενουσ 10. א* εν επιθυμιασ (sic) 12. א αυτοι δε | ϛe γεγεννημενα idque ϛ post φυσικα | א εν οισ αγνοουντεσ βλασφημουσιν | και φθαρ. : καταφθαρ. 13. κομιουμενοι : א αδικουμενοι 14. א μοιχαλιασ | א αμαρτιαισ | πλεονεξιαισ 15. καταλιποντεσ | την ευθειαν | βοσορ : א* βεωρσορ | οσ : א* om 16. א* om εν.

18*

276   2, 17.   2 PET.

17 φρονίαν. ¹⁷ ούτοί εισιν πηγαί άνυδροι και όμίχλαι υπό λαίλαπος Iud 13
18 έλαυνόμεναι, οίσ ό ζόφοσ του σκότουσ τετήρηται. ¹⁸ύπέρογκα Iud 16
    γάρ ματαιότητοσ φθεγγόμενοι δελεάζουσιν εν επιθυμίαισ σαρκόσ
    ασελγείαισ τούσ ολίγωσ αποφεύγοντασ, τούσ εν πλάνη αναστρεφο-
19 μένουσ, ¹⁹ ελευθερίαν αύτοίσ επαγγελλόμενοι, αυτοί δούλοι υπάρ- 1, 2
20 χοντεσ τήσ φθοράσ· ώ γάρ τις ήττηται, τούτω δεδούλωται. ²⁰ εί   3, 28
    γάρ αποφυγόντεσ τα μιάσματα του κόσμου εν επιγνώσει του Mt 12, 45
    κυρίου ημών και σωτήροσ Ιησού Χριστού, τούτοισ δε πάλιν
    εμπλακέντεσ ηττώνται, γέγονεν αύτοίσ τα έσχατα χείρονα τών
21 πρώτων. ²¹ κρείσσον γάρ ήν αύτοίσ μή επεγνωκέναι την οδόν
    τήσ δικαιοσύνησ, ή επιγνούσιν υποστρέψαι εκ τήσ παραδοθείσησ Prov26,11
22 αύτοίσ αγίασ εντολήσ. ²² συμβέβηκεν αύτοίσ τό τήσ αληθούσ
    παροιμίασ· κύων επιστρέψασ επί τό ίδιον εξέραμα, καί· ύσ
    λουσαμένη εισ κυλισμόν βορβόρου.

III.

Incendium mundi et instauratio; reditus Christi subitus. Novi caeli. De
Pauli epistulis.

1   Ταύτην ήδη, αγαπητοί, δευτέραν υμίν γράφω επιστολήν, εν 1, 13
2 αίσ διεγείρω υμών εν υπομνήσει την ειλικρινή διάνοιαν, ² μνησθή- Iud 17
    ναι τών προειρημένων ρημάτων υπό τών αγίων προφητών και τήσ
3 τών αποστόλων υμών εντολήσ του κυρίου και σωτήροσ, ³ τούτο
    πρώτον γινώσκοντεσ, ότι ελεύσονται επ' εσχάτων τών ημερών εν 1, 20
    εμπαιγμονή εμπαίκται κατά τάσ ιδίασ αυτών επιθυμίασ πορευό- Iud 18
4 μενοι ⁴ και λέγοντεσ· πού εστίν η επαγγελία τήσ παρουσίασ αυ-
    τού; αφ' ήσ γάρ οί πατέρεσ εκοιμήθησαν, πάντα ούτωσ διαμένει
5 απ' αρχήσ κτίσεωσ. ⁵ λανθάνει γάρ αυτούσ τούτο θέλοντασ ότι
    ουρανοί ήσαν έκπαλαι και γή εξ ύδατοσ και δι' ύδατοσ συνεστώσα
6 τώ του θεού λόγω, ⁶ δι' ών ο τότε κόσμοσ ύδατι κατακλυσθείσ Gn 7, 21
7 απώλετο· ⁷ οί δε νύν ουρανοί και η γή τώ αυτώ λόγω τεθησαυ-
    ρισμένοι εισίν, πυρί τηρούμενοι εισ ημέραν κρίσεωσ και απωλείασ Iud 15
8 τών ασεβών ανθρώπων. ⁸ εν δε τούτο μή λανθανέτω υμάσ, αγα- Ps 90, 4
    πητοί, ότι μία ημέρα παρά κυρίω ώσ χίλια έτη και χίλια έτη ώσ
9 ημέρα μία. ⁹ ου βραδύνει κύριοσ τήσ επαγγελίασ, ώσ τινεσ βρα-
    δυτήτα ηγούνται, αλλά μακροθυμεί δι' υμάσ, μή βουλόμενόσ
    τινασ απολέσθαι αλλά πάντασ εισ μετάνοιαν χωρήσαι. 1 Ti 2, 4
10   Ήξει δε ημέρα κυρίου ώσ κλέπτησ, εν ή ουρανοί ροιζηδόν 1 Th 5, 2

17. και ομιχλαι : νεφελαι | εισ αιωνα τετηρ. 18. ϛᵉ εν ασελγ.|ολιγωσ :
ϛ ℵ οντωσ|αποφυγοντασ 19. τουτω και δεδ. 20. om ημων 21. κρειτ-
τον | υποστρεψαι : ϛ επιστρεψαι, ℵ εισ τα οπισω ανακαμψαι | εκ : ℵ απο
22. συμβεβηκε δε | ϛ ℵ κυλισμα
III, 2. υμων : ημων 3. επ εσχατον | om εν εμπαιγμονη 5. ℵ δια
υδατοσ | ℵ* συνεστωτα 7. τω αυτω (et. ϛᵉ) : ℵ τω αυτου, ϛ' αυτου
8. ℵ παρα κυριον 9. ο κυριοσ | δι υμασ : εισ ημασ 10. ϛ ℵ η ημερα |
κλεπτησ : add εν νυκτι | ουρανοι (ℵ add μεν) : οι ουρ.

παρελεύσονται, στοιχεῖα δὲ καυσούμενα λυθήσεται, καὶ γῆ καὶ τὰ ἐν αὐτῇ ἔργα κατακαήσεται. ¹¹τούτων οὖν πάντων λυομένων 11 ποταπούσ δεῖ ὑπάρχειν ὑμᾶσ ἐν ἁγίαισ ἀναστροφαῖσ καὶ εὐσεβεί- αισ, ¹²προσδοκῶντασ καὶ σπεύδοντασ τὴν παρουσίαν τῆσ τοῦ 12 θεοῦ ἡμέρασ, δι' ἣν οὐρανοὶ πυρούμενοι λυθήσονται καὶ στοιχεῖα καυσούμενα τήκεται. ¹³καινοὺσ δὲ οὐρανοὺσ καὶ καινὴν γῆν κατὰ 13 τὰ ἐπαγγέλματα αὐτοῦ προσδοκῶμεν, ἐν οἷσ δικαιοσύνη κατοικεῖ.

Διό, ἀγαπητοί, ταῦτα προσδοκῶντεσ σπουδάσατε ἄσπιλοι 14 καὶ ἀμώμητοι αὐτῷ εὑρεθῆναι ἐν εἰρήνῃ, ¹⁵καὶ τὴν τοῦ κυρίου 15 ἡμῶν μακροθυμίαν σωτηρίαν ἡγεῖσθε, καθὼσ καὶ ὁ ἀγαπητὸσ ἡμῶν ἀδελφὸσ Παῦλοσ κατὰ τὴν δοθεῖσαν αὐτῷ σοφίαν ἔγραψεν ὑμῖν, ¹⁶ὡσ καὶ ἐν πάσαισ ταῖσ ἐπιστολαῖσ λαλῶν ἐν αὐταῖσ περὶ 16 τούτων, ἐν αἷσ ἐστιν δυσνόητά τινα, ἃ οἱ ἀμαθεῖσ καὶ ἀστήρικτοι στρεβλοῦσιν ὡσ καὶ τὰσ λοιπὰσ γραφὰσ πρὸσ τὴν ἰδίαν αὐτῶν ἀπώλειαν. ¹⁷ὑμεῖσ οὖν, ἀγαπητοί, προγινώσκοντεσ φυλάσσεσθε 17 ἵνα μὴ τῇ τῶν ἀθέσμων πλάνῃ συναπαχθέντεσ ἐκπέσητε τοῦ ἰδίου στηριγμοῦ, ¹⁸αὐξάνετε δὲ ἐν χάριτι καὶ γνώσει τοῦ κυρίου ἡμῶν 18 καὶ σωτῆροσ Ἰησοῦ Χριστοῦ. αὐτῷ ἡ δόξα καὶ νῦν καὶ εἰσ ἡμέραν αἰῶνοσ.

ΙѠΑΝΝΟΥ Α.

I.

Testimonium de Christo.   Deus lux.   Christi sanguis.

Ὅ ἦν ἀπ' ἀρχῆσ, ὃ ἀκηκόαμεν, ὃ ἑωράκαμεν τοῖσ ὀφθαλμοῖσ 1 ἡμῶν, ὃ ἐθεασάμεθα καὶ αἱ χεῖρεσ ἡμῶν ἐψηλάφησαν, περὶ τοῦ λόγου τῆσ ζωῆσ· ²καὶ ἡ ζωὴ ἐφανερώθη, καὶ ἑωράκαμεν καὶ 2 μαρτυροῦμεν καὶ ἀπαγγέλλομεν ὑμῖν τὴν ζωὴν τὴν αἰώνιον, ἥτισ ἦν πρὸσ τὸν πατέρα καὶ ἐφανερώθη ἡμῖν· ³ὃ ἑωράκαμεν καὶ 3 ἀκηκόαμεν, ἀπαγγέλλομεν καὶ ὑμῖν, ἵνα καὶ ὑμεῖσ κοινωνίαν ἔχητε μεθ' ἡμῶν. καὶ ἡ κοινωνία δὲ ἡ ἡμετέρα μετὰ τοῦ πατρὸσ καὶ μετὰ τοῦ υἱοῦ αὐτοῦ Ἰησοῦ Χριστοῦ. ⁴καὶ ταῦτα γράφομεν 4 ἡμεῖσ ἵνα ἡ χαρὰ ἡμῶν ᾖ πεπληρωμένη.

Καὶ ἔστιν αὕτη ἡ ἀγγελία ἣν ἀκηκόαμεν ἀπ' αὐτοῦ καὶ ἀν- 5 αγγέλλομεν ὑμῖν, ὅτι ὁ θεὸσ φῶσ ἐστιν καὶ σκοτία ἐν αὐτῷ οὐκ

---

10. λυθησονται | ℵ om και ante γη | κατακασεται : ℵ ευρεθησεται
11. υμασ : ℵ* ημασ   12. ℵ* om και σπευδοντ.   13. γην καινην | κατα το επαγγελμα   15. αυτω δοθεισαν   16. εν αισ : εν οισ   18. αιωνοσ : ς. ℵ add αμην

* ℵ ιωαννου επιστολη ᾱ (sed in subscriptione ut edidimus), ς επιστολη ιωαννου καθολικη πρωτη, ςᵉ ιωαννου του αποστολου επιστ. καθολ. πρωτη

I, 3. ο εωρακ. και ακηκ. : ℵ ο ακηκ. κ. εωρακ. | ℵ και απαγγελλ. | και υμιν : om και   4. ημεισ : υμιν | ςᵉ η χαρα υμων   5. εστ. αυτη : αυτη εστ. | η αγγελια (etiam ℵᶜ) : ς η επαγγελια, ℵ η απαγγελιασ unde ipse * restituit η αγαπη τησ επαγγελιασ.

6 ἔστιν οὐδεμία. ⁶ ἐὰν εἴπωμεν ὅτι κοινωνίαν ἔχομεν μετ' αὐτοῦ,
καὶ ἐν τῷ σκότει περιπατῶμεν, ψευδόμεθα καὶ οὐ ποιοῦμεν τὴν
7 ἀλήθειαν· ⁷ ἐὰν δὲ ἐν τῷ φωτὶ περιπατῶμεν ὡσ αὐτόσ ἐστιν ἐν
τῷ φωτί, κοινωνίαν ἔχομεν μετ' ἀλλήλων καὶ τὸ αἷμα Ἰησοῦ τοῦ
8 υἱοῦ αὐτοῦ καθαρίζει ἡμᾶσ ἀπὸ πάσησ ἁμαρτίασ. ⁸ ἐὰν εἴπωμεν
ὅτι ἁμαρτίαν οὐκ ἔχομεν, ἑαυτοὺσ πλανῶμεν καὶ ἡ ἀλήθεια οὐκ
9 ἔστιν ἐν ἡμῖν. ⁹ ἐὰν ὁμολογῶμεν τὰσ ἁμαρτίασ ἡμῶν, πιστόσ
ἐστιν καὶ δίκαιοσ, ἵνα ἀφῇ ἡμῖν τὰσ ἁμαρτίασ καὶ καθαρίσῃ
10 ἡμᾶσ ἀπὸ πάσησ ἀδικίασ. ¹⁰ ἐὰν εἴπωμεν ὅτι οὐχ ἡμαρτήκαμεν,
ψεύστην ποιοῦμεν αὐτόν, καὶ ὁ λόγοσ αὐτοῦ οὐκ ἔστιν ἐν ἡμῖν.

II.

Christus expiator et patronus noster. Caritatis mutuae mandatum. Amor mundi. Antichristi. Mendacii summa et veritatis unctio.

1 Τεκνία μου, ταῦτα γράφω ὑμῖν ἵνα μὴ ἁμάρτητε. καὶ ἐάν
τισ ἁμάρτῃ, παράκλητον ἔχομεν πρὸσ τὸν πατέρα, Ἰησοῦν Χρι-
2 στὸν δίκαιον· ² καὶ αὐτὸσ ἱλασμόσ ἐστιν περὶ τῶν ἁμαρτιῶν ἡμῶν,
οὐ περὶ τῶν ἡμετέρων δὲ μόνον ἀλλὰ καὶ περὶ ὅλου τοῦ κόσμου.
3 ³ καὶ ἐν τούτῳ γινώσκομεν ὅτι ἐγνώκαμεν αὐτόν, ἐὰν τὰσ ἐντολὰσ
4 αὐτοῦ τηρῶμεν. ⁴ ὁ λέγων ὅτι ἔγνωκα αὐτόν, καὶ τὰσ ἐντολὰσ
αὐτοῦ μὴ τηρῶν, ψεύστησ ἐστίν, καὶ ἐν τούτῳ ἡ ἀλήθεια οὐκ
5 ἔστιν· ⁵ ὃσ δ' ἂν τηρῇ αὐτοῦ τὸν λόγον, ἀληθῶσ ἐν τούτῳ ἡ
ἀγάπη τοῦ θεοῦ τετελείωται. ἐν τούτῳ γινώσκομεν ὅτι ἐν αὐτῷ
6 ἐσμέν. ⁶ ὁ λέγων ἐν αὐτῷ μένειν ὀφείλει καθὼσ ἐκεῖνοσ περιεπά-
τησεν καὶ αὐτὸσ οὕτωσ περιπατεῖν.
7 Ἀγαπητοί, οὐκ ἐντολὴν καινὴν γράφω ὑμῖν, ἀλλ' ἐντολὴν
παλαιάν, ἣν εἴχετε ἀπ' ἀρχῆσ· ἡ ἐντολὴ ἡ παλαιά ἐστιν ὁ λόγοσ
8 ὃν ἠκούσατε. ⁸ πάλιν ἐντολὴν καινὴν γράφω ὑμῖν, ὅ ἐστιν ἀληθὲσ
ἐν αὐτῷ καὶ ἐν ὑμῖν, ὅτι ἡ σκοτία παράγεται καὶ τὸ φῶσ τὸ ἀλη-
9 θινὸν ἤδη φαίνει. ⁹ ὁ λέγων ἐν τῷ φωτὶ εἶναι καὶ τὸν ἀδελφὸν
10 αὐτοῦ μισῶν ἐν τῇ σκοτίᾳ ἐστὶν ἕωσ ἄρτι. ¹⁰ ὁ ἀγαπῶν τὸν
ἀδελφὸν αὐτοῦ ἐν τῷ φωτὶ μένει, καὶ σκάνδαλον οὐκ ἔστιν ἐν
11 αὐτῷ· ¹¹ ὁ δὲ μισῶν τὸν ἀδελφὸν αὐτοῦ ἐν τῇ σκοτίᾳ ἐστὶν καὶ
ἐν τῇ σκοτίᾳ περιπατεῖ, καὶ οὐκ οἶδεν ποῦ ὑπάγει, ὅτι ἡ σκοτία
ἐτύφλωσεν τοὺσ ὀφθαλμοὺσ αὐτοῦ.
12 Γράφω ὑμῖν, τεκνία, ὅτι ἀφέωνται ὑμῖν αἱ ἁμαρτίαι διὰ τὸ
13 ὄνομα αὐτοῦ. ¹³ γράφω ὑμῖν, πατέρεσ, ὅτι ἐγνώκατε τὸν ἀπ'
ἀρχῆσ. γράφω ὑμῖν, νεανίσκοι, ὅτι νενικήκατε τὸν πονηρόν.
14 ἔγραψα ὑμῖν, παιδία, ὅτι ἐγνώκατε τὸν πατέρα. ¹⁴ ἔγραψα ὑμῖν,

---

7. ιησου : add χριστου   9. τασ αμαρτιασ : ℵ add ημων   10. ℵ ουκ ημαρτ.
    II, 3. τηρωμεν : ℵ* φυλαξωμεν   4. om οτι | ℵ om εν τουτω | η αληθεια : ℵ add του θεου   7. αγαπητοι : αδελφοι | ηκουσατε : add απ αρχησ   8. αληθεσ : ℵ add και   9. μισων : ℵ add ψευστησ εστιν και
    12. ℵ* αφεονται   13. ℵ το πονηρον | εγραψα : γραφω

1, 10 πατέρεσ, ὅτι ἐγνώκατε τὸν ἀπ᾽ ἀρχῆσ. ἔγραψα ὑμῖν, νεανίσκοι, ὅτι ἰσχυροί ἐστε καὶ ὁ λόγοσ τοῦ θεοῦ ἐν ὑμῖν μένει καὶ νενικήκατε τὸν πονηρόν. ¹⁵ μὴ ἀγαπᾶτε τὸν κόσμον μηδὲ τὰ ἐν τῷ 15
4ο4, 4 κόσμῳ. ἐάν τισ ἀγαπᾷ τὸν κόσμον, οὐκ ἔστιν ἡ ἀγάπη τοῦ πατρὸσ ἐν αὐτῷ, ¹⁶ ὅτι πᾶν τὸ ἐν τῷ κόσμῳ, ἡ ἐπιθυμία τῆσ 16 σαρκὸσ καὶ ἡ ἐπιθυμία τῶν ὀφθαλμῶν καὶ ἡ ἀλαζονία τοῦ βίου, οὐκ ἔστιν ἐκ τοῦ πατρόσ, ἀλλὰ ἐκ τοῦ κόσμου ἐστίν. ¹⁷ καὶ ὁ 17 κόσμοσ παράγεται καὶ ἡ ἐπιθυμία αὐτοῦ· ὁ δὲ ποιῶν τὸ θέλημα τοῦ θεοῦ μένει εἰσ τὸν αἰῶνα.

3, 22. 4, 3
 2 Ιο 7   Παιδία, ἐσχάτη ὥρα ἐστίν, καὶ καθὼσ ἠκούσατε ὅτι ἀντί- 18
1 Pe 4, 7 χριστοσ ἔρχεται, καὶ νῦν ἀντίχριστοι πολλοὶ γεγόνασιν· ὅθεν γινώ-
Act 20, 30 σκομεν ὅτι ἐσχάτη ὥρα ἐστίν. ¹⁹ ἐξ ἡμῶν ἐξῆλθαν, ἀλλ᾽ οὐκ ἦσαν 19
1 Co 11, 19 ἐξ ἡμῶν· εἰ γὰρ ἦσαν ἐξ ἡμῶν, μεμενήκεισαν ἂν μεθ᾽ ἡμῶν· ἀλλ᾽
2, 27 ἵνα φανερωθῶσιν ὅτι οὐκ εἰσὶν πάντεσ ἐξ ἡμῶν. ²⁰ καὶ ὑμεῖσ 20 χρῖσμα ἔχετε ἀπὸ τοῦ ἁγίου, καὶ οἴδατε πάντεσ· ²¹ οὐκ ἔγραψα 21 ὑμῖν ὅτι οὐκ οἴδατε τὴν ἀλήθειαν, ἀλλ᾽ ὅτι οἴδατε αὐτήν, καὶ ὅτι πᾶν ψεῦδοσ ἐκ τῆσ ἀληθείασ οὐκ ἔστιν. ²² τίσ ἐστιν ὁ ψεύστησ 22
 4, 3
2 Ιο 7 εἰ μὴ ὁ ἀρνούμενοσ ὅτι Ἰησοῦσ οὐκ ἔστιν ὁ Χριστόσ; οὗτόσ ἐστιν
Pe 2, 1 ὁ ἀντίχριστοσ, ὁ ἀρνούμενοσ τὸν πατέρα καὶ τὸν υἱόν. ²³ πᾶσ 23 ὁ ἀρνούμενοσ τὸν υἱὸν οὐδὲ τὸν πατέρα ἔχει· ὁ ὁμολογῶν τὸν
2 Ιο 9
Jo 5, 25. υἱὸν καὶ τὸν πατέρα ἔχει. ²⁴ ὑμεῖσ ὃ ἠκούσατε ἀπ᾽ ἀρχῆσ, ἐν 24
15, 23 ὑμῖν μενέτω. ἐὰν ἐν ὑμῖν μείνῃ ὃ ἀπ᾽ ἀρχῆσ ἠκούσατε, καὶ ὑμεῖσ
1, 5
5, 11 ἐν τῷ υἱῷ καὶ ἐν τῷ πατρὶ μενεῖτε. ²⁵ καὶ αὕτη ἐστὶν ἡ ἐπαγ- 25 γελία ἣν αὐτὸσ ἐπηγγείλατο ὑμῖν, τὴν ζωὴν τὴν αἰώνιον.
Ταῦτα ἔγραψα ὑμῖν περὶ τῶν πλανώντων ὑμᾶσ. ²⁷ καὶ 26 27
2, 20 ὑμεῖσ τὸ χρῖσμα ὃ ἐλάβετε ἀπ᾽ αὐτοῦ, μένει ἐν ὑμῖν, καὶ οὐ χρείαν ἔχετε ἵνα τισ διδάσκῃ ὑμᾶσ, ἀλλ᾽ ὡσ τὸ αὐτοῦ χρῖσμα διδάσκει
Jo 14, 26 ὑμᾶσ περὶ πάντων, καὶ ἀληθέσ ἐστιν καὶ οὐκ ἔστιν ψεῦδοσ, καὶ καθὼσ ἐδίδαξεν ὑμᾶσ μένετε ἐν αὐτῷ.
 4, 17
Eph 3, 12 Καὶ νῦν, τεκνία, μένετε ἐν αὐτῷ, ἵνα ἐὰν φανερωθῇ σχῶ- 28 μεν παρρησίαν καὶ μὴ αἰσχυνθῶμεν ἀπ᾽ αὐτοῦ ἐν τῇ παρουσίᾳ
3, 7. 9 αὐτοῦ. ²⁹ ἐὰν εἰδῆτε ὅτι δίκαιόσ ἐστιν, γινώσκετε ὅτι καὶ πᾶσ ὁ 29 ποιῶν τὴν δικαιοσύνην ἐξ αὐτοῦ γεγέννηται.

III.

Dei filii spe beati, sceleris puri, amantes fratrum; mundo invisi. Amor proximi et dei. Deus maior corde nostro.

Ἴδετε ποταπὴν ἀγάπην δέδωκεν ἡμῖν ὁ πατὴρ ἵνα τέκνα 1

---

16. αλαζονεια | ϛ ℵ αλλ εκ 18. ο αντιχριστ. 19. ϛ ℵ εξηλθον 20. οιδατ. παντα 22. τον πατερα : ℵ* praem και 23. om ο ομολογ. τ. υι. και τ. πα. εχει 24. υμεισ : add ουν | ℵ bis ακηκοατε | ℵ* om εν sec | απ αρχησ sec : ℵ post ακηκοατε | ℵ εν τω πατρ. και εν τω υιω 26. ταυτα : add δε 27. εν υμιν μενει | το αυτου : το αυτο | χρισμα sec : ℵ* πνευμα | ℵ αληθησ | μενετε : μενειτε 28. ινα οταν | ϛ ℵ* εχωμεν | απ αυτου : ℵ post εν τ. παρ. αυτου 29. οτι και : om και | ϛ (non ϛᵉ) γεγεννηται

θεοῦ κληθῶμεν, καὶ ἐσμέν. διὰ τοῦτο ὁ κόσμοσ οὐ γινώσκει
ἡμᾶσ, ὅτι οὐκ ἔγνω αὐτόν. Ἀγαπητοί, νῦν τέκνα θεοῦ ἐσμέν, καὶ οὔπω ἐφανερώθη τί
ἐσόμεθα. οἴδαμεν ὅτι ἐὰν φανερωθῇ ὅμοιοι αὐτῷ ἐσόμεθα, ὅτι
ὀψόμεθα αὐτὸν καθώσ ἐστιν. καὶ πᾶσ ὁ ἔχων τὴν ἐλπίδα ταύ-
την ἐπ᾽ αὐτῷ ἁγνίζει ἑαυτόν, καθὼσ ἐκεῖνοσ ἁγνόσ ἐστιν. πᾶσ
ὁ ποιῶν τὴν ἁμαρτίαν καὶ τὴν ἀνομίαν ποιεῖ, καὶ ἡ ἁμαρτία
ἐστὶν ἡ ἀνομία. καὶ οἴδατε ὅτι ἐκεῖνοσ ἐφανερώθη ἵνα τὰσ
ἁμαρτίασ ἄρῃ, καὶ ἁμαρτία ἐν αὐτῷ οὐκ ἔστιν. πᾶσ ὁ ἐν αὐτῷ
μένων οὐχ ἁμαρτάνει· πᾶσ ὁ ἁμαρτάνων οὐχ ἑώρακεν αὐτὸν
οὐδὲ ἔγνωκεν αὐτόν.

Τεκνία, μηδεὶσ πλανάτω ὑμᾶσ. ὁ ποιῶν τὴν δικαιοσύνην
δίκαιόσ ἐστιν, καθὼσ ἐκεῖνοσ δίκαιόσ ἐστιν· ὁ ποιῶν τὴν ἁμαρ-
τίαν ἐκ τοῦ διαβόλου ἐστίν, ὅτι ἀπ᾽ ἀρχῆσ ὁ διάβολοσ ἁμαρτάνει.
εἰσ τοῦτο ἐφανερώθη ὁ υἱὸσ τοῦ θεοῦ, ἵνα λύσῃ τὰ ἔργα τοῦ δια-
βόλου. πᾶσ ὁ γεγεννημένοσ ἐκ τοῦ θεοῦ ἁμαρτίαν οὐ ποιεῖ,
ὅτι σπέρμα αὐτοῦ ἐν αὐτῷ μένει· καὶ οὐ δύναται ἁμαρτάνειν, ὅτι
ἐκ τοῦ θεοῦ γεγέννηται. ἐν τούτῳ φανερά ἐστιν τὰ τέκνα τοῦ
θεοῦ καὶ τὰ τέκνα τοῦ διαβόλου· πᾶσ ὁ μὴ ποιῶν δικαιοσύνην
οὐκ ἔστιν ἐκ τοῦ θεοῦ, καὶ ὁ μὴ ἀγαπῶν τὸν ἀδελφὸν αὐτοῦ.
ὅτι αὕτη ἐστὶν ἡ ἀγγελία ἣν ἠκούσατε ἀπ᾽ ἀρχῆσ, ἵνα ἀγαπῶ-
μεν ἀλλήλουσ, οὐ καθὼσ Κάϊν ἐκ τοῦ πονηροῦ ἦν καὶ ἔσφαξεν
τὸν ἀδελφὸν αὐτοῦ· καὶ χάριν τίνοσ ἔσφαξεν αὐτόν; ὅτι τὰ ἔργα
αὐτοῦ πονηρὰ ἦν, τὰ δὲ τοῦ ἀδελφοῦ αὐτοῦ δίκαια.

Καὶ μὴ θαυμάζετε, ἀδελφοί, εἰ μισεῖ ὑμᾶσ ὁ κόσμοσ. ἡμεῖσ
οἴδαμεν ὅτι μεταβεβήκαμεν ἐκ τοῦ θανάτου εἰσ τὴν ζωήν, ὅτι
ἀγαπῶμεν τοὺσ ἀδελφούσ· ὁ μὴ ἀγαπῶν μένει ἐν τῷ θανάτῳ.
πᾶσ ὁ μισῶν τὸν ἀδελφὸν αὐτοῦ ἀνθρωποκτόνοσ ἐστίν, καὶ
οἴδατε ὅτι πᾶσ ἀνθρωποκτόνοσ οὐκ ἔχει ζωὴν αἰώνιον ἐν ἑαυτῷ
μένουσαν. ἐν τούτῳ ἐγνώκαμεν τὴν ἀγάπην, ὅτι ἐκεῖνοσ ὑπὲρ
ἡμῶν τὴν ψυχὴν αὐτοῦ ἔθηκεν· καὶ ἡμεῖσ ὀφείλομεν ὑπὲρ τῶν
ἀδελφῶν τὰσ ψυχὰσ θεῖναι. ὃσ δ᾽ ἂν ἔχῃ τὸν βίον τοῦ κόσμου
καὶ θεωρῇ τὸν ἀδελφὸν αὐτοῦ χρείαν ἔχοντα καὶ κλείσῃ τὰ
σπλάγχνα αὐτοῦ ἀπ᾽ αὐτοῦ, πῶσ ἡ ἀγάπη τοῦ θεοῦ μένει ἐν αὐτῷ;
Τεκνία, μὴ ἀγαπῶμεν λόγῳ μηδὲ τῇ γλώσσῃ, ἀλλὰ ἐν ἔργῳ
καὶ ἀληθείᾳ. καὶ ἐν τούτῳ γνωσόμεθα ὅτι ἐκ τῆσ ἀληθείασ
ἐσμέν, καὶ ἔμπροσθεν αὐτοῦ πείσομεν τὰσ καρδίασ ἡμῶν· ὅτι

III, 1. και εσμεν: om | ημασ: א* υμασ   2. οιδαμεν: add δε
4. και η αμαρτ. εστ.: א* add (sed ipse*? notavit) και   5. οιδατε: א οιδα-
μεν | τασ αμαρτ.: ς א add ημων | א ουκ εστ. εν αυτω   7. א* om την
11. א η επαγγελια   13. και μη: om και | αδελφοι: add μου   14. αδελ-
φουσ: א add ημων | ο μη αγαπων: add τον αδελφον   15. εν αυτω
16. τιθεναι   18. τεκνια μου | μηδε: א και | ς א om τη | αλλ | om εν
19. γνωσομεθα: γινωσκομεν | א εκπροσθεν

ἐὰν καταγινώσκῃ ἡμῶν ἡ καρδία, ὅτι μείζων ἐστὶν ὁ θεὸσ τῆσ
καρδίασ ἡμῶν, καὶ γινώσκει πάντα. Ἀγαπητοί, ἐὰν ἡ καρδία ἡμῶν μὴ καταγινώσκῃ ἡμῶν, παρ- 21
ρησίαν ἔχομεν πρὸσ τὸν θεόν, ²²καὶ ὃ ἐὰν αἰτῶμεν λαμβάνομεν 22
ἀπ᾽ αὐτοῦ, ὅτι τὰσ ἐντολὰσ αὐτοῦ τηροῦμεν καὶ τὰ ἀρεστὰ ἐνώ-
πιον αὐτοῦ ποιοῦμεν. ²³καὶ αὕτη ἐστὶν ἡ ἐντολὴ αὐτοῦ, ἵνα 23
πιστεύωμεν τῷ ὀνόματι τοῦ υἱοῦ αὐτοῦ Ἰησοῦ Χριστοῦ καὶ ἀγα-
πῶμεν ἀλλήλουσ καθὼσ ἔδωκεν ἐντολὴν ἡμῖν. ²⁴καὶ ὁ τηρῶν 24
τὰσ ἐντολὰσ αὐτοῦ ἐν αὐτῷ μένει καὶ αὐτὸσ ἐν αὐτῷ· καὶ ἐν τούτῳ
γινώσκομεν ὅτι μένει ἐν ἡμῖν, ἐκ τοῦ πνεύματοσ οὗ ἡμῖν ἔδωκεν.

IV.

Falsi spiritus cavendi. Dei amor in nos amore fratrum imitandus.

Ἀγαπητοί, μὴ παντὶ πνεύματι πιστεύετε, ἀλλὰ δοκιμάζετε 1
τὰ πνεύματα εἰ ἐκ τοῦ θεοῦ ἐστίν, ὅτι πολλοὶ ψευδοπροφῆται
ἐξεληλύθασιν εἰσ τὸν κόσμον. ² ἐν τούτῳ γινώσκετε τὸ πνεῦμα 2
τοῦ θεοῦ· πᾶν πνεῦμα ὃ ὁμολογεῖ Ἰησοῦν Χριστὸν ἐν σαρκὶ
ἐληλυθότα ἐκ τοῦ θεοῦ ἐστίν, ³καὶ πᾶν πνεῦμα ὃ μὴ ὁμολογεῖ 3
τὸν Ἰησοῦν, ἐκ τοῦ θεοῦ οὐκ ἔστιν· καὶ τοῦτό ἐστιν τὸ τοῦ ἀντι-
χρίστου, ὃ ἀκηκόατε ὅτι ἔρχεται, καὶ νῦν ἐν τῷ κόσμῳ ἐστὶν ἤδη.
Ὑμεῖσ ἐκ τοῦ θεοῦ ἐστέ, τεκνία, καὶ νενικήκατε αὐτούσ, ὅτι 4
μείζων ἐστὶν ὁ ἐν ὑμῖν ἢ ὁ ἐν τῷ κόσμῳ. ⁵αὐτοὶ ἐκ τοῦ κόσμου 5
εἰσίν· διὰ τοῦτο ἐκ τοῦ κόσμου λαλοῦσιν καὶ ὁ κόσμοσ αὐτῶν
ἀκούει. ⁶ἡμεῖσ ἐκ τοῦ θεοῦ ἐσμέν· ὁ γινώσκων τὸν θεὸν ἀκούει 6
ἡμῶν, ὃσ οὐκ ἔστιν ἐκ τοῦ θεοῦ οὐκ ἀκούει ἡμῶν. ἐκ τούτου
γινώσκομεν τὸ πνεῦμα τῆσ ἀληθείασ καὶ τὸ πνεῦμα τῆσ πλάνησ.
Ἀγαπητοί, ἀγαπῶμεν ἀλλήλουσ, ὅτι ἡ ἀγάπη ἐκ τοῦ θεοῦ 7
ἐστίν, καὶ πᾶσ ὁ ἀγαπῶν ἐκ τοῦ θεοῦ γεγέννηται καὶ γινώσκει
τὸν θεόν. ⁸ὁ μὴ ἀγαπῶν οὐκ ἔγνω τὸν θεόν, ὅτι ὁ θεὸσ ἀγάπη 8
ἐστίν. ⁹ἐν τούτῳ ἐφανερώθη ἡ ἀγάπη τοῦ θεοῦ ἐν ἡμῖν, ὅτι 9
τὸν υἱὸν αὐτοῦ τὸν μονογενῆ ἀπέσταλκεν ὁ θεὸσ εἰσ τὸν κόσμον,
ἵνα ζήσωμεν δι᾽ αὐτοῦ. ¹⁰ ἐν τούτῳ ἐστὶν ἡ ἀγάπη, οὐχ ὅτι ἡμεῖσ 10
ἠγαπήσαμεν τὸν θεόν, ἀλλ᾽ ὅτι αὐτὸσ ἠγάπησεν ἡμᾶσ καὶ ἀπέ-
στειλεν τὸν υἱὸν αὐτοῦ ἱλασμὸν περὶ τῶν ἁμαρτιῶν ἡμῶν.
Ἀγαπητοί, εἰ οὕτωσ ὁ θεὸσ ἠγάπησεν ἡμᾶσ, καὶ ἡμεῖσ 11
ὀφείλομεν ἀλλήλουσ ἀγαπᾶν. ¹²θεὸν οὐδεὶσ πώποτε τεθέαται· 12
ἐὰν ἀγαπῶμεν ἀλλήλουσ, ὁ θεὸσ ἐν ἡμῖν μένει καὶ ἡ ἀγάπη αὐτοῦ
τετελειωμένη ἐν ἡμῖν ἐστίν. ¹³ ἐν τούτῳ γινώσκομεν ὅτι ἐν αὐτῷ 13

21. αγαπητοι : א αδελφοι   22. αιτωμεν : א αιτωμεθα | απ αυτου :
παρ αυτ. | א τηρωμεν   23. πιστευωμεν | ημιν : om   24. א* om και ante
εν τουτω | א ου εδωκ. ημιν
IV, 2. א* γινωσκομεν   3. τον ιησουν : א ιησουν κυριον, ϛ τὸν ιησ.
χριστον, atque ϛ א add εν σαρκι εληλυθοτα | א οτι ακηκοατε οτι ερχ.
7. א γιγνωσκει   8. א* om ο μη αγαπ. ουκ εγν. τ. θεον, אc suppl tantum
ο μη αγ. ουκ εγνωκεν   9. א* ινα ζωμεν   10. η αγαπη : א add του θεου |
א απεσταλκεν   12. τετελ. εστ. εν ημιν

μένομεν καὶ αὐτὸσ ἐν ἡμῖν, ὅτι ἐκ τοῦ πνεύματοσ αὐτοῦ δέδωκεν
14 ἡμῖν. ¹⁴ καὶ ἡμεῖσ τεθεάμεθα καὶ μαρτυροῦμεν ὅτι ὁ πατὴρ
15 ἀπέσταλκεν τὸν υἱὸν σωτῆρα τοῦ κόσμου. ¹⁵ ὃσ ἂν ὁμολογήσῃ
ὅτι Ἰησοῦσ ἐστὶν ὁ υἱὸσ τοῦ θεοῦ, ὁ θεὸσ ἐν αὐτῷ μένει καὶ
16 αὐτὸσ ἐν τῷ θεῷ. ¹⁶ καὶ ἡμεῖσ ἐγνώκαμεν καὶ πεπιστεύκαμεν
τὴν ἀγάπην ἣν ἔχει ὁ θεὸσ ἐν ἡμῖν. ὁ θεὸσ ἀγάπη ἐστίν, καὶ
ὁ μένων ἐν τῇ ἀγάπῃ ἐν τῷ θεῷ μένει καὶ ὁ θεὸσ ἐν αὐτῷ μένει.
17   Ἐν τούτῳ τετελείωται ἡ ἀγάπη μεθ᾽ ἡμῶν, ἵνα παρρησίαν
ἔχωμεν ἐν τῇ ἡμέρᾳ τῆσ κρίσεωσ, ὅτι καθὼσ ἐκεῖνόσ ἐστιν καὶ
18 ἡμεῖσ ἐσμὲν ἐν τῷ κόσμῳ τούτῳ. ¹⁸ φόβοσ οὐκ ἔστιν ἐν τῇ ἀγάπῃ,
ἀλλ᾽ ἡ τελεία ἀγάπη ἔξω βάλλει τὸν φόβον, ὅτι ὁ φόβοσ κόλασιν
19 ἔχει, ὁ δὲ φοβούμενοσ οὐ τετελείωται ἐν τῇ ἀγάπῃ. ¹⁹ ἡμεῖσ ἀγα-
20 πῶμεν, ὅτι αὐτὸσ πρῶτοσ ἠγάπησεν ἡμᾶσ. ²⁰ ἐάν τισ εἴπῃ ὅτι
ἀγαπῶ τὸν θεόν, καὶ τὸν ἀδελφὸν αὐτοῦ μισῇ, ψεύστησ ἐστίν· ὁ
γὰρ μὴ ἀγαπῶν τὸν ἀδελφὸν αὐτοῦ ὃν ἑώρακεν, τὸν θεὸν ὃν
21 οὐχ ἑώρακεν οὐ δύναται ἀγαπᾶν. ²¹ καὶ ταύτην τὴν ἐντολὴν
ἔχομεν ἀπ᾽ αὐτοῦ, ἵνα ὁ ἀγαπῶν τὸν θεὸν ἀγαπᾷ καὶ τὸν ἀδελφὸν
αὐτοῦ.

V.

Fide et obsequio deum diligi.   Tres de Christo testes qui unum sunt.
Fiducia precandi.   Frater peccans non ad mortem.   Deus verus.

1   Πᾶσ ὁ πιστεύων ὅτι Ἰησοῦσ ἐστὶν ὁ Χριστόσ, ἐκ τοῦ θεοῦ
γεγέννηται, καὶ πᾶσ ὁ ἀγαπῶν τὸν γεννήσαντα ἀγαπᾷ καὶ τὸν
2 γεγεννημένον ἐξ αὐτοῦ. ² ἐν τούτῳ γινώσκομεν ὅτι ἀγαπῶμεν τὰ
τέκνα τοῦ θεοῦ, ὅταν τὸν θεὸν ἀγαπῶμεν καὶ τὰσ ἐντολὰσ αὐτοῦ
3 ποιῶμεν. ³ αὕτη γάρ ἐστιν ἡ ἀγάπη τοῦ θεοῦ, ἵνα τὰσ ἐντολὰσ
4 αὐτοῦ τηρῶμεν· καὶ αἱ ἐντολαὶ αὐτοῦ βαρεῖαι οὐκ εἰσίν, ⁴ ὅτι
πᾶν τὸ γεγεννημένον ἐκ τοῦ θεοῦ νικᾷ τὸν κόσμον· καὶ αὕτη
5 ἐστὶν ἡ νίκη ἡ νικήσασα τὸν κόσμον, ἡ πίστισ ἡμῶν. ⁵ τίσ ἐστιν
ὁ νικῶν τὸν κόσμον εἰ μὴ ὁ πιστεύων ὅτι Ἰησοῦσ ἐστὶν ὁ υἱὸσ
τοῦ θεοῦ;
6   Οὗτόσ ἐστιν ὁ ἐλθὼν δι᾽ ὕδατοσ καὶ αἵματοσ, Ἰησοῦσ Χρι-
στόσ· οὐκ ἐν τῷ ὕδατι μόνον, ἀλλ᾽ ἐν τῷ ὕδατι καὶ ἐν τῷ αἵματι·
καὶ τὸ πνεῦμά ἐστιν τὸ μαρτυροῦν, ὅτι τὸ πνεῦμά ἐστιν ἡ ἀλή-
7 8 θεια. ⁷ ὅτι τρεῖσ εἰσιν οἱ μαρτυροῦντεσ, ⁸ τὸ πνεῦμα καὶ τὸ ὕδωρ
καὶ τὸ αἷμα, καὶ οἱ τρεῖσ εἰσ τὸ ἕν εἰσιν. ⁹ εἰ τὴν μαρτυρίαν

16. και ο (א om) ϑε. εν αυτ. μενει : om μενει   17. μεϑ ημων : א add
(sic) εν ημιν | א εχομεν | εσμεν : א εσομεϑα   19. αγαπωμεν : א add τον
ϑεον, item ϛ αυτον   20. οτι αγαπω : א om οτι | ου : πωσ

V, 1. א το γεγεννημ.   2. ποιωμεν : ϛ א τηρωμεν   5. א τισ δε
εστιν   6. א δια υδατοσ | και αιματοσ : א add και πνευματοσ | ιησ. ο
χριστ. | εν tert : ϛ א om   7. א οτι οι τρεισ   7 et 8. μαρτυρουντεσ : add
εν τῳ ουρανῳ, ὁ πατήρ, ὁ λόγοσ καὶ τὸ ἅγιον πνεῦμα· καὶ οὗτοι οἱ
τρεῖσ ἕν εἰσι.   8 καὶ τρεῖσ εἰσιν οἱ μαρτυροῦντεσ ἐν τῇ γῇ

τῶν ἀνθρώπων λαμβάνομεν, ἡ μαρτυρία τοῦ θεοῦ μείζων ἐστίν, ὅτι αὕτη ἐστὶν ἡ μαρτυρία τοῦ θεοῦ, ὅτι μεμαρτύρηκεν περὶ τοῦ υἱοῦ αὐτοῦ. ¹⁰ὁ πιστεύων εἰσ τὸν υἱὸν τοῦ θεοῦ ἔχει τὴν μαρτυ- 10 ρίαν ἐν αὐτῷ· ὁ μὴ πιστεύων τῷ θεῷ ψεύστην πεποίηκεν αὐτόν, ὅτι οὐ πεπίστευκεν εἰσ τὴν μαρτυρίαν ἣν μεμαρτύρηκεν ὁ θεὸσ περὶ τοῦ υἱοῦ αὐτοῦ. ¹¹καὶ αὕτη ἐστὶν ἡ μαρτυρία, ὅτι ζωὴν 11 αἰώνιον ἔδωκεν ἡμῖν ὁ θεόσ, καὶ αὕτη ἡ ζωὴ ἐν τῷ υἱῷ αὐτοῦ ἐστίν. ¹²ὁ ἔχων τὸν υἱὸν ἔχει τὴν ζωήν· ὁ μὴ ἔχων τὸν υἱὸν τοῦ 12 θεοῦ τὴν ζωὴν οὐκ ἔχει.

Ταῦτα ἔγραψα ὑμῖν ἵνα εἰδῆτε ὅτι ζωὴν ἔχετε αἰώνιον, τοῖσ 13 πιστεύουσιν εἰσ τὸ ὄνομα τοῦ υἱοῦ τοῦ θεοῦ. ¹⁴καὶ αὕτη ἐστὶν 14 ἡ παρρησία ἣν ἔχομεν πρὸσ αὐτόν, ὅτι ἐάν τι αἰτώμεθα κατὰ τὸ θέλημα αὐτοῦ ἀκούει ἡμῶν. ¹⁵καὶ ἐὰν οἴδαμεν ὅτι ἀκούει ἡμῶν 15 ὃ ἐὰν αἰτώμεθα, οἴδαμεν ὅτι ἔχομεν τὰ αἰτήματα ἃ ᾐτήκαμεν ἀπ᾽ αὐτοῦ. ¹⁶ἐάν τισ ἴδῃ τὸν ἀδελφὸν αὐτοῦ ἁμαρτάνοντα 16 ἁμαρτίαν μὴ πρὸσ θάνατον, αἰτήσει, καὶ δώσει αὐτῷ ζωήν, τοῖσ ἁμαρτάνουσιν μὴ πρὸσ θάνατον. ἔστιν ἁμαρτία πρὸσ θάνατον· οὐ περὶ ἐκείνησ λέγω ἵνα ἐρωτήσῃ. ¹⁷πᾶσα ἀδικία ἁμαρτία 17 ἐστίν, καὶ ἔστιν ἁμαρτία οὐ πρὸσ θάνατον.

Οἴδαμεν ὅτι πᾶσ ὁ γεγεννημένοσ ἐκ τοῦ θεοῦ οὐχ ἁμαρτάνει, 18 ἀλλ᾽ ὁ γεννηθεὶσ ἐκ τοῦ θεοῦ τηρεῖ αὐτόν, καὶ ὁ πονηρὸσ οὐχ ἅπτεται αὐτοῦ. ¹⁹οἴδαμεν ὅτι ἐκ τοῦ θεοῦ ἐσμέν, καὶ ὁ κόσμοσ 19 ὅλοσ ἐν τῷ πονηρῷ κεῖται. ²⁰οἴδαμεν δὲ ὅτι ὁ υἱὸσ τοῦ θεοῦ 20 ἥκει, καὶ δέδωκεν ἡμῖν διάνοιαν ἵνα γινώσκομεν τὸν ἀληθινόν· καὶ ἐσμὲν ἐν τῷ ἀληθινῷ, ἐν τῷ υἱῷ αὐτοῦ Ἰησοῦ Χριστῷ· οὗτόσ ἐστιν ὁ ἀληθινὸσ θεὸσ καὶ ζωὴ αἰώνιοσ.

Τεκνία, φυλάξατε ἑαυτὰ ἀπὸ τῶν εἰδώλων. 21

ΙѠΑΝΝΟΥ Β.

Laudatur Cyria cum liberis. In caritate persistendum. Cavendi seductores. Spes visendi.

Ὁ πρεσβύτεροσ ἐκλεκτῇ Κυρίᾳ καὶ τοῖσ τέκνοισ αὐτῆσ, οὓσ 1 ἐγὼ ἀγαπῶ ἐν ἀληθείᾳ, καὶ οὐκ ἐγὼ μόνοσ ἀλλὰ καὶ πάντεσ οἱ ἐγνωκότεσ τὴν ἀλήθειαν, ²διὰ τὴν ἀλήθειαν τὴν μένουσαν ἐν 2

---

9. των ανθρ. : א* (per manifestam incuriam) του θεου | οτι sec : ην 10. ϛ א εν εαυτω | א ουκ επιστευκεν et εμαρτυρηκεν 13. ταυτ. εγρα. υμιν : add τοισ πιστευουσιν εισ το ονομα του υιου του θεου | א αιωνιον εχετε | τοισ πιστευουσιν : אᶜ οι πιστευοντεσ, ϛ και ινα πιστευητε 14. ϛ (non ϛᵉ) ακου. υμων 15. και εαν usque ακουει ημων : א* om | ο αν | απ : παρ 16. א* αιτησισ et δωσισ | אᶜ ερωτησησ 18. ϛ א τηρει ἑαυτον 20. ινα γινωσκωμεν | א* το αληθινον | και η ζωη 21. φυλ. εαυτουσ | ειδωλων : add αμην

* ϛᵉ ιωαννου του αποστολου επιστολη καθολικη δευτερα, ϛ επιστολη ιωαννου δευτερα

3 ἡμῖν, καὶ μεθ' ἡμῶν ἔσται εἰσ τὸν αἰῶνα. ³ἔσται μεθ' ἡμῶν
χάρισ ἔλεοσ εἰρήνη παρὰ θεοῦ πατρὸσ καὶ παρὰ Ἰησοῦ Χριστοῦ
τοῦ υἱοῦ τοῦ πατρόσ, ἐν ἀληθείᾳ καὶ ἀγάπῃ.
4 Ἐχάρην λίαν ὅτι εὕρηκα ἐκ τῶν τέκνων σου περιπατοῦντασ
5 ἐν ἀληθείᾳ καθὼσ ἐντολὴν ἐλάβομεν παρὰ τοῦ πατρόσ. ⁵καὶ
νῦν ἐρωτῶ σε, Κυρία, οὐχ ὡσ ἐντολὴν καινὴν γράφων σοι, ἀλλὰ
6 ἣν εἴχαμεν ἀπ' ἀρχῆσ, ἵνα ἀγαπῶμεν ἀλλήλουσ. ⁶καὶ αὕτη ἐστὶν
ἡ ἀγάπη, ἵνα περιπατῶμεν κατὰ τὰσ ἐντολὰσ αὐτοῦ· αὕτη ἡ
ἐντολή ἐστιν, ἵνα καθὼσ ἠκούσατε ἀπ' ἀρχῆσ, ἵνα ἐν αὐτῇ περι-
7 πατῆτε. ⁷ὅτι πολλοὶ πλάνοι ἐξῆλθον εἰσ τὸν κόσμον, οἱ μὴ
ὁμολογοῦντεσ Ἰησοῦν Χριστὸν ἐρχόμενον ἐν σαρκί· οὗτόσ ἐστιν
8 ὁ πλάνοσ καὶ ὁ ἀντίχριστοσ. ⁸βλέπετε ἑαυτούσ, ἵνα μὴ ἀπολέ-
9 σητε ἃ εἰργάσασθε, ἀλλὰ μισθὸν πλήρη ἀπολάβητε. ⁹πᾶσ ὁ
προάγων καὶ μὴ μένων ἐν τῇ διδαχῇ τοῦ Χριστοῦ θεὸν οὐκ ἔχει·
ὁ μένων ἐν τῇ διδαχῇ, οὗτοσ καὶ τὸν πατέρα καὶ τὸν υἱὸν ἔχει.
10 ¹⁰εἴ τισ ἔρχεται πρὸσ ὑμᾶσ καὶ ταύτην τὴν διδαχὴν οὐ φέρει, μὴ
11 λαμβάνετε αὐτὸν εἰσ οἰκίαν, καὶ χαίρειν αὐτῷ μὴ λέγετε· ¹¹ὁ
λέγων γὰρ αὐτῷ χαίρειν κοινωνεῖ τοῖσ ἔργοισ αὐτοῦ τοῖσ πονηροῖσ.
12 Πολλὰ ἔχων ὑμῖν γράφειν οὐκ ἐβουλήθην διὰ χάρτου καὶ
μέλανοσ, ἀλλὰ ἐλπίζω γενέσθαι πρὸσ ὑμᾶσ καὶ στόμα πρὸσ
13 στόμα λαλῆσαι, ἵνα ἡ χαρὰ ἡμῶν πεπληρωμένη ᾖ. ¹³ἀσπάζεταί
σε τὰ τέκνα τῆσ ἀδελφῆσ σου τῆσ ἐκλεκτῆσ.

ΙѠΑΝΝΟΥ Γ.

Caii hospitalitas laudatur.   Diotrephes et Demetrius.

1 Ὁ πρεσβύτεροσ Γαΐῳ τῷ ἀγαπητῷ, ὃν ἐγὼ ἀγαπῶ ἐν
ἀληθείᾳ.
2 Ἀγαπητέ, περὶ πάντων εὔχομαί σε εὐοδοῦσθαι καὶ ὑγιαίνειν,
3 καθὼσ εὐοδοῦταί σου ἡ ψυχή. ³ἐχάρην λίαν ἐρχομένων ἀδελφῶν
καὶ μαρτυρούντων σου τῇ ἀληθείᾳ, καθὼσ σὺ ἐν ἀληθείᾳ περι-
4 πατεῖσ. ⁴μειζοτέραν τούτων οὐκ ἔχω χαράν, ἵνα ἀκούω τὰ ἐμὰ
τέκνα ἐν τῇ ἀληθείᾳ περιπατοῦντα.
5 Ἀγαπητέ, πιστὸν ποιεῖσ ὃ ἐὰν ἐργάσῃ εἰσ τοὺσ ἀδελφοὺσ
6 καὶ τοῦτο ξένουσ, ⁶οἳ ἐμαρτύρησάν σου τῇ ἀγάπῃ ἐνώπιον ἐκκλη-

---

3. μεθ ημων : ϛᵉ μ. υμων | παρα θεου : א* απο θεου | א* om παρα
sec | ιησ. χρι. : praem κυριον | του πατροσ : א praem αυτου   4. א ελαβον
5. γραφω σοι καινην | ειχομεν   6. ϛ א αυτη εστ. η εντολη (א add αυτου) |
ινα καθωσ : ϛ om h. l.   ινα | א περιπατησητε   7. εισηλθον   8. απολε-
σωμεν et ἀπολαβωμεν | ειργασαμεθα   9. προαγων : παραβαινων | δι-
δαχη sec : add τον χριστον   11. ο γαρ λεγων   12. εχων : א* εχω |
ηβουληθην | γενεσθαι : ελθειν | η πεπληρωμ.   13. τ. εκλεκτησ : add αμην

* ϛ επιστολη ιωαννου τριτη, ϛᵉ ιωανν. του αποστολου επιστολὴ
καθολικη τριτη

3. εχαρην : add γαρ   5. και τουτο : και εισ τουσ

σίασ, ουσ καλώσ ποιήσεισ προπέμψασ αξίωσ του θεού. ⁷ύπὲρ 7
γὰρ του ονόματοσ εξήλθαν μηδὲν λαμβάνοντεσ ἀπὸ τών εθνικών.
⁸ημείσ οὖν οφείλομεν υπολαμβάνειν τούσ τοιούτουσ, ἵνα συνεργοὶ 8
γινώμεθα τῇ ἀληθείᾳ. ⁹έγραψά τι τῇ εκκλησίᾳ· αλλ' ὁ φιλο- 9
πρωτεύων αυτών Διοτρεφὴσ ουκ επιδέχεται ημάσ. ¹⁰διὰ τούτο, 10
εαν ελθω, υπομνήσω αυτού τὰ έργα ἃ ποιεί λόγοισ πονηροίσ
φλυαρών ημάσ, καὶ μὴ αρκούμενοσ επὶ τούτοισ ούτε αυτόσ επι-
δέχεται τούσ αδελφούσ καὶ τούσ βουλομένουσ κωλύει καὶ τῆσ εκ-
κλησίασ εκβάλλει.
1 Io 3, 10   Άγαπητέ, μὴ μιμού τὸ κακὸν αλλὰ τὸ αγαθόν. ὁ αγαθο- 11
ποιών εκ τού θεού εστίν· ὁ κακοποιών ουχ εώρακεν τὸν θεόν.
¹²Δημητρίῳ μεμαρτύρηται υπὸ πάντων καὶ υπὸ αυτῆσ τῆσ αλη- 12
Io 21, 24 θείασ· καὶ ημείσ δὲ μαρτυρούμεν, καὶ οίδασ ότι ἡ μαρτυρία ημών
αληθήσ εστιν.
2 Io 12   Πολλὰ είχον γράψαι σοι, αλλ' ου θέλω διὰ μέλανοσ καὶ 13
καλάμου σοι γράφειν· ¹⁴ελπίζω δὲ ευθέωσ σε ιδείν, καὶ στόμα 14
πρὸσ στόμα λαλήσομεν. ¹⁵ειρήνη σοι. ασπάζονταί σε οι φίλοι· 15
ασπάζου τούσ φίλουσ κατ' όνομα.

ΙΟΥΔΑ.

Adversus licentiam peccandi. Exempla poenae: Iudaei, angeli, Sodoma.
Michael et Satan. Henochi et apostolorum dicta. Consulendum deceptis.
Deo gloria.

Ιούδασ Ιησού Χριστού δούλοσ, αδελφὸσ δὲ Ιακώβου, τοίσ 1
εν θεώ πατρὶ ηγαπημένοισ καὶ Ιησού Χριστώ τετηρημένοισ κλη-
Pe 1, 2 τοίσ. ² έλεοσ υμίν καὶ ειρήνη καὶ αγάπη πληθυνθείη. 2
Αγαπητοί, πάσαν σπουδὴν ποιούμενοσ γράφειν υμίν περὶ 3
τῆσ κοινῆσ ημών σωτηρίασ, ανάγκην έσχον γράψαι υμίν παρακα-
λών επαγωνίζεσθαι τῇ άπαξ παραδοθείσῃ τοίσ αγίοισ πίστει.
⁴παρεισέδυσαν γάρ τινεσ άνθρωποι, οι πάλαι προγεγραμμένοι 4
Pe 2, 1ss εισ τούτο τὸ κρίμα, ασεβείσ, τὴν τού θεού ημών χάριτα μετατι-
θέντεσ εισ ασέλγειαν καὶ τὸν μόνον δεσπότην καὶ κύριον ημών
Ιησούν Χριστὸν αρνούμενοι.
Υπομνήσαι δὲ υμάσ βούλομαι, ειδότασ άπαξ πάντα, ότι 5
Nm 14, κύριοσ λαὸν εκ γῆσ Αιγύπτου σώσασ τὸ δεύτερον τούσ μὴ πιστεύ-
35 ss

7. του ονοματοσ : ϛᶜ add αυτου | εξηλθον | απο τ. εθνων 8. απο-
λαμβανειν | αληθεια : ℵ* εκκλησιά 9. εγραψα : ℵᶜ add αν | om τι 10. εκ
τησ εκκλ. 11. ο δε κακοποι. 12. υπ αυτησ|οιδασ : οιδατε 13. γραψαι
σοι : γραφειν et sine σοι|γραφειν : γραψαι 14. ϛ ℵ ιδειν σε 15. ℵ ασπα-
σαι τουσ

* ϛ et ϛᶜ ιουδα του αποστολου επιστολη καθολικη
1. ηγαπημενοισ : ηγιασμενοισ 3. αγαπητοι : ℵ ad πληθυνθ. trahit |
ℵ του γραφειν | ημων : om | σωτηριάσ : ℵ add και ζωησ | γραψαι : ℵ γρα-
φειν 4. ℵ οι και παλαι | ϛ ℵ χαριν | δεσποτην : add θεον 5. ειδοτασ :
ϛ ℵ add υμασ | απαξ : ℵ post κυριοσ | παντα : τουτο | οτι ο κυριοσ

6 σαντασ ἀπώλεσεν, ⁶ ἀγγέλουσ τε τοὺσ μὴ τηρήσαντασ τὴν ἑαυτῶν
   ἀρχὴν ἀλλὰ ἀπολιπόντασ τὸ ἴδιον οἰκητήριον εἰσ κρίσιν μεγάλησ
7 ἡμέρασ δεσμοῖσ ἀϊδίοισ ὑπὸ ζόφον τετήρηκεν· ⁷ ὡσ Σόδομα καὶ
   Γόμορρα καὶ αἱ περὶ αὐτὰσ πόλεισ, τὸν ὅμοιον τρόπον τούτοισ
   ἐκπορνεύσασαι καὶ ἀπελθοῦσαι ὀπίσω σαρκὸσ ἑτέρασ, πρόκεινται
8 δεῖγμα πυρὸσ αἰωνίου δίκην ὑπέχουσαι. ⁸ ὁμοίωσ μέντοι καὶ οὗτοι
   ἐνυπνιαζόμενοι σάρκα μὲν μιαίνουσιν, κυριότητα δὲ ἀθετοῦσιν,
9 δόξασ δὲ βλασφημοῦσιν. ⁹ ὁ δὲ Μιχαὴλ ὁ ἀρχάγγελοσ, ὅτε τῷ
   διαβόλῳ διακρινόμενοσ διελέγετο περὶ τοῦ Μωϋσέωσ σώματοσ, οὐκ
   ἐτόλμησεν κρίσιν ἐπενεγκεῖν βλασφημίασ, ἀλλὰ εἶπεν· ἐπιτιμήσαι
10 σοι κύριοσ. ¹⁰ οὗτοι δὲ ὅσα μὲν οὐκ οἴδασιν βλασφημοῦσιν, ὅσα
   δὲ φυσικῶσ ὡσ τὰ ἄλογα ζῶα ἐπίστανται, ἐν τούτοισ φθείρονται.
11 ¹¹ οὐαὶ αὐτοῖσ, ὅτι τῇ ὁδῷ τοῦ Κάϊν ἐπορεύθησαν, καὶ τῇ πλάνῃ
   τοῦ Βαλαὰμ μισθοῦ ἐξεχύθησαν, καὶ τῇ ἀντιλογίᾳ τοῦ Κορὲ ἀπώ-
12 λοντο. ¹² Οὗτοί εἰσιν οἱ ἐν ταῖσ ἀγάπαισ ὑμῶν σπιλάδεσ, συν-
   ευωχούμενοι ἀφόβωσ, ἑαυτοὺσ ποιμαίνοντεσ, νεφέλαι ἄνυδροι ὑπὸ
   ἀνέμων παραφερόμεναι, δένδρα φθινοπωρινὰ ἄκαρπα δὶσ ἀποθα-
13 νόντα ἐκριζωθέντα, ¹³ κύματα ἄγρια θαλάσσησ ἐπαφρίζοντα τὰσ
   ἑαυτῶν αἰσχύνασ, ἀστέρεσ πλανῆται, οἷσ ὁ ζόφοσ τοῦ σκότουσ
14 εἰσ αἰῶνα τετήρηται. ¹⁴ ἐπροφήτευσεν δὲ καὶ τούτοισ ἕβδομοσ
   ἀπὸ Ἀδὰμ Ἐνὼχ λέγων· ἰδοὺ ἦλθεν κύριοσ ἐν ἁγίαισ μυριάσιν
15 αὐτοῦ, ¹⁵ ποιῆσαι κρίσιν κατὰ πάντων καὶ ἐλέγξαι πάντασ τοὺσ
   ἀσεβεῖσ περὶ πάντων τῶν ἔργων ἀσεβείασ αὐτῶν ὧν ἠσέβησαν
   καὶ περὶ πάντων τῶν σκληρῶν λόγων ὧν ἐλάλησαν κατ᾽ αὐτοῦ
16 ἁμαρτωλοὶ ἀσεβεῖσ. ¹⁶ οὗτοί εἰσιν γογγυσταὶ μεμψίμοιροι, κατὰ
   τὰσ ἐπιθυμίασ αὐτῶν πορενόμενοι, καὶ τὸ στόμα αὐτῶν λαλεῖ
   ὑπέρογκα, θαυμάζοντεσ πρόσωπα ὠφελείασ χάριν.
17 Ὑμεῖσ δέ, ἀγαπητοί, μνήσθητε τῶν ῥημάτων τῶν προειρη-
   μένων ὑπὸ τῶν ἀποστόλων τοῦ κυρίου ἡμῶν Ἰησοῦ Χριστοῦ,
18 ¹⁸ ὅτι ἔλεγον ὑμῖν· ἐπ᾽ ἐσχάτου τοῦ χρόνου ἔσονται ἐμπαῖκται
19 κατὰ τὰσ ἑαυτῶν ἐπιθυμίασ πορενόμενοι τῶν ἀσεβειῶν. ¹⁹ οὗτοί
20 εἰσιν οἱ ἀποδιορίζοντεσ, ψυχικοί, πνεῦμα μὴ ἔχοντεσ. ²⁰ ὑμεῖσ δέ,
   ἀγαπητοί, ἐποικοδομοῦντεσ ἑαυτοὺσ τῇ ἁγιωτάτῃ ὑμῶν πίστει, ἐν
21 πνεύματι ἁγίῳ προσευχόμενοι, ²¹ ἑαυτοὺσ ἐν ἀγάπῃ θεοῦ τηρή-
   σατε, προσδεχόμενοι τὸ ἔλεοσ τοῦ κυρίου ἡμῶν Ἰησοῦ Χριστοῦ

---

7. om. τουτοισ τροπ. | א υπεχουσιν et προκεινται δε 8. א κυριοτητασ
9. μωσεωσ | ϛ א αλλ ειπ. | אᶜ ο κυριοσ, א* ο θεοσ 12. ουτοι εισιν etc :
א* ουτοι εισιν γογγυσται μεμψιμυροι κατα τασ επιθυμιασ αυτων
πορενομενοι | οι εν ταισ : ϛ א* om οι | א παντι ανεμω | περιφερομεναι |
א* φθινοπωρικα 13. א αγρι. κυματ. | εισ τον αιωνα 14. προεφητευσε |
א ο κυριοσ | ϛ εν μυριασιν αγιαισ αυτου, א εν μυρ. αγιων αγγελων
15. εξελεγξαι | παντασ τ. ασεβεισ : ϛ add αυτων, א nil nisi πασαν ψυχην |
א om ασεβεισσ αυτων | λογων : om 18. υμιν : add οτι | εν εσχατω
χρονω | εσονται : אᶜ ελευσονται | א τ. επιθυμ. αυτων (אᶜ εαυτων)
19. οι αποδιοριζ. : ϛᵉ add εαυτουσ 20. εποικοδ. εαυτ. post πιστει pon

εἰσ ζωὴν αἰώνιον. ²² καὶ οὓσ μὲν ἐλέγχετε διακρινομένουσ, ²³ οὓσ δὲ σώζετε ἐκ πυρὸσ ἁρπάζοντεσ, οὓσ δὲ ἐλεᾶτε ἐν φόβῳ, μισοῦντεσ καὶ τὸν ἀπὸ τῆσ σαρκὸσ ἐσπιλωμένον χιτῶνα. ²⁴ Τῷ δὲ δυναμένῳ φυλάξαι ὑμᾶσ ἀπταίστουσ καὶ στῆσαι κατενώπιον τῆσ δόξησ αὐτοῦ ἀμώμουσ ἐν ἀγαλλιάσει, ²⁵ μόνῳ θεῷ σωτῆρι ἡμῶν διὰ Ἰησοῦ Χριστοῦ τοῦ κυρίου ἡμῶν δόξα μεγαλωσύνη κράτοσ καὶ ἐξουσία πρὸ παντὸσ τοῦ αἰῶνοσ καὶ νῦν καὶ εἰσ πάντασ τοὺσ αἰῶνασ· ἀμήν.

ΠΡΟΣ ΡΩΜΑΙΟΥΣ.

I.

De evangelio. Laus Romanae ecclesiae et desiderium visendi. Ex fide iustitia. Lux naturae. Et gentes et Iudaei dei irae obnoxii.

¹ Παῦλοσ δοῦλοσ Χριστοῦ Ἰησοῦ, κλητὸσ ἀπόστολοσ ἀφωρισμένοσ εἰσ εὐαγγέλιον θεοῦ, ² ὃ προεπηγγείλατο διὰ τῶν προφητῶν αὐτοῦ ἐν γραφαῖσ ἁγίαισ, ³ περὶ τοῦ υἱοῦ αὐτοῦ τοῦ γενομένου ἐκ σπέρματοσ Δαυεὶδ κατὰ σάρκα, ⁴ τοῦ ὁρισθέντοσ υἱοῦ θεοῦ ἐν δυνάμει κατὰ πνεῦμα ἁγιωσύνησ ἐξ ἀναστάσεωσ νεκρῶν, Ἰησοῦ Χριστοῦ τοῦ κυρίου ἡμῶν, ⁵ δι' οὗ ἐλάβομεν χάριν καὶ ἀποστολὴν εἰσ ὑπακοὴν πίστεωσ ἐν πᾶσιν τοῖσ ἔθνεσιν ὑπὲρ τοῦ ὀνόματοσ αὐτοῦ, ⁶ ἐν οἷσ ἐστὲ καὶ ὑμεῖσ κλητοὶ Ἰησοῦ Χριστοῦ, ⁷ πᾶσιν τοῖσ οὖσιν ἐν Ῥώμῃ ἀγαπητοῖσ θεοῦ, κλητοῖσ ἁγίοισ. χάρισ ὑμῖν καὶ εἰρήνη ἀπὸ θεοῦ πατρὸσ ἡμῶν καὶ κυρίου Ἰησοῦ Χριστοῦ.

⁸ Πρῶτον μὲν εὐχαριστῶ τῷ θεῷ μου διὰ Ἰησοῦ Χριστοῦ περὶ πάντων ὑμῶν, ὅτι ἡ πίστισ ὑμῶν καταγγέλλεται ἐν ὅλῳ τῷ κόσμῳ. ⁹ μάρτυσ γάρ μου ἐστὶν ὁ θεόσ, ᾧ λατρεύω ἐν τῷ πνεύματί μου ἐν τῷ εὐαγγελίῳ τοῦ υἱοῦ αὐτοῦ, ὡσ ἀδιαλείπτωσ μνείαν ὑμῶν ποιοῦμαι ¹⁰ πάντοτε ἐπὶ τῶν προσευχῶν μου, δεόμενοσ εἴπωσ ἤδη ποτὲ εὐοδωθήσομαι ἐν τῷ θελήματι τοῦ θεοῦ ἐλθεῖν πρὸσ ὑμᾶσ. ¹¹ ἐπιποθῶ γὰρ ἰδεῖν ὑμᾶσ, ἵνα τι μεταδῶ χάρισμα ὑμῖν πνευματικὸν εἰσ τὸ στηριχθῆναι ὑμᾶσ, ¹² τοῦτο δέ ἐστιν συνπαρακληθῆναι ἐν ὑμῖν διὰ τῆσ ἐν ἀλλήλοισ πίστεωσ, ὑμῶν τε καὶ ἐμοῦ. ¹³ οὐ θέλω δὲ ὑμᾶσ ἀγνοεῖν, ἀδελφοί, ὅτι πολλάκισ προεθέμην ἐλθεῖν πρὸσ ὑμᾶσ, καὶ ἐκωλύθην ἄχρι τοῦ δεῦρο, ἵνα

---

22. ελεγχετε : ς ελεειτε, א ελεατε | διακρινομενοι 23. ουσ δε εν φοβω σωζετε εκ του πυροσ αρπαζοντεσ | om ουσ δε ελεατ. εν φοβ. 24. υμασ (et. ςᵉ) : ς αυτουσ 25. μονω | add σοφω | om δια ιησ. χρι. του κυρ. ημων | δοξα : א* ω δοξα | και μεγαλωσυνη | om προ παντ. του αιωνοσ | א om παντασ

*ς et ςᵉ παυλου του αποστολου η προσ ρωμαιουσ επιστολη

I, 1. ς א ιησου χριστου °3. δαβιδ 8. δια ιησ. χρι. (et. אᵃ) : א* om | περι : υπερ 12. συμπαρακληθ.

τινὰ καρπὸν σχῶ καὶ ἐν ὑμῖν καθὼσ καὶ ἐν τοῖσ λοιποῖσ ἔθνεσιν.
14 ¹⁴ Ἕλλησίν τε καὶ βαρβάροισ, σοφοῖσ τε καὶ ἀνοήτοισ ὀφειλέτησ
15 εἰμί· ¹⁵ οὕτωσ τὸ κατ' ἐμὲ πρόθυμον καὶ ὑμῖν τοῖσ ἐν Ῥώμῃ
16 εὐαγγελίσασθαι. ¹⁶ οὐ γὰρ ἐπαισχύνομαι τὸ εὐαγγέλιον· δύναμισ
γὰρ θεοῦ ἐστὶν εἰσ σωτηρίαν παντὶ τῷ πιστεύοντι, Ἰουδαίῳ τε
17 πρῶτόν καὶ Ἕλληνι. ¹⁷ δικαιοσύνη γὰρ θεοῦ ἐν αὐτῷ ἀποκα-
λύπτεται ἐκ πίστεωσ εἰσ πίστιν, καθὼσ γέγραπται· ὁ δὲ δίκαιοσ
ἐκ πίστεωσ ζήσεται.
18 Ἀποκαλύπτεται γὰρ ὀργὴ θεοῦ ἀπ' οὐρανοῦ ἐπὶ πᾶσαν ἀσέ-
βειαν καὶ ἀδικίαν ἀνθρώπων τῶν τὴν ἀλήθειαν ἐν ἀδικίᾳ κατε-
19 χόντων, ¹⁹ διότι τὸ γνωστὸν τοῦ θεοῦ φανερόν ἐστιν ἐν αὐτοῖσ·
20 ὁ θεὸσ γὰρ αὐτοῖσ ἐφανέρωσεν. ²⁰ τὰ γὰρ ἀόρατα αὐτοῦ ἀπὸ
κτίσεωσ κόσμου τοῖσ ποιήμασιν νοούμενα καθορᾶται, ἥ τε ἀΐδιοσ
αὐτοῦ δύναμισ καὶ θειότησ, εἰσ τὸ εἶναι αὐτοὺσ ἀναπολογήτουσ,
21 ²¹ διότι γνόντεσ τὸν θεὸν οὐχ ὡσ θεὸν ἐδόξασαν ἢ ηὐχαρίστησαν,
ἀλλ' ἐματαιώθησαν ἐν τοῖσ διαλογισμοῖσ αὐτῶν, καὶ ἐσκοτίσθη ἡ
22 ἀσύνετοσ αὐτῶν καρδία. ²² φάσκοντεσ εἶναι σοφοὶ ἐμωράνθησαν,
23 ²³ καὶ ἤλλαξαν τὴν δόξαν τοῦ ἀφθάρτου θεοῦ ἐν ὁμοιώματι
εἰκόνοσ φθαρτοῦ ἀνθρώπου καὶ πετεινῶν καὶ τετραπόδων καὶ
24 ἑρπετῶν. ²⁴ Διὸ παρέδωκεν αὐτοὺσ ὁ θεὸσ ἐν ταῖσ ἐπιθυμίαισ
τῶν καρδιῶν αὐτῶν εἰσ ἀκαθαρσίαν τοῦ ἀτιμάζεσθαι τὰ σώματα
25 αὐτῶν ἐν αὐτοῖσ, ²⁵ οἵτινεσ μετήλλαξαν τὴν ἀλήθειαν τοῦ θεοῦ
ἐν τῷ ψεύδει, καὶ ἐσεβάσθησαν καὶ ἐλάτρευσαν τῇ κτίσει παρὰ
26 τὸν κτίσαντα, ὅσ ἐστιν εὐλογητὸσ εἰσ τοὺσ αἰῶνασ, ἀμήν. ²⁶ διὰ
τοῦτο παρέδωκεν αὐτοὺσ ὁ θεὸσ εἰσ πάθη ἀτιμίασ· αἵ τε γὰρ
θήλειαι αὐτῶν μετήλλαξαν τὴν φυσικὴν χρῆσιν εἰσ τὴν παρὰ
27 φύσιν, ²⁷ ὁμοίωσ τε καὶ οἱ ἄρρενεσ ἀφέντεσ τὴν φυσικὴν χρῆσιν
τῆσ θηλείασ ἐξεκαύθησαν ἐν τῇ ὀρέξει αὐτῶν εἰσ ἀλλήλουσ, ἄρ-
ρενεσ ἐν ἄρρεσιν τὴν ἀσχημοσύνην κατεργαζόμενοι καὶ τὴν ἀντι-
μισθίαν ἣν ἔδει τῆσ πλάνησ αὐτῶν ἐν ἑαυτοῖσ ἀπολαμβάνοντεσ.
28 ²⁸ καὶ καθὼσ οὐκ ἐδοκίμασαν τὸν θεὸν ἔχειν ἐν ἐπιγνώσει, παρέ-
δωκεν αὐτοὺσ ὁ θεὸσ εἰσ ἀδόκιμον νοῦν, ποιεῖν τὰ μὴ καθήκοντα,
29 ²⁹ πεπληρωμένουσ πάσῃ ἀδικίᾳ πονηρίᾳ κακίᾳ πλεονεξίᾳ, μεστοὺσ
30 φθόνου φόνου ἔριδοσ δόλου κακοηθείασ, ³⁰ ψιθυριστάσ, καταλά-
λουσ, θεοστυγεῖσ, ὑβριστάσ, ὑπερηφάνουσ, ἀλαζόνασ, ἐφευρετὰσ
31 κακῶν, γονεῦσιν ἀπειθεῖσ, ³¹ ἀσυνέτουσ, ἀσυνθέτουσ, ἀστόργουσ,
32 ἀνελεήμονασ, ³² οἵτινεσ τὸ δικαίωμα τοῦ θεοῦ ἐπιγνόντεσ, ὅτι οἱ
τὰ τοιαῦτα πράσσοντεσ ἄξιοι θανάτου εἰσίν, οὐ μόνον αὐτὰ
ποιοῦσιν, ἀλλὰ καὶ συνευδοκοῦσιν τοῖσ πράσσουσιν.

---

13. καρπον τινα 16. το ευαγγελ.: add του χριστου | א* om τε 19. ο
γαρ θεοσ 21. ευχαριστησαν 24. διο: add και | εν εαυτοισ 27. ϛε
αρσενεσ bis et εν αρσεσιν 28. א* om ο θεοσ 29. αδικια: add πορνεια |
πονηρια πλεονεξια κακια 31. αστοργουσ: add ασπονδουσ

II.

Imminet dei iudicium iustum. Iudaei frustra lege gloriantur et circumcisione.

14, 10 Διὸ ἀναπολόγητοσ εἶ, ὦ ἄνθρωπε πᾶσ ὁ κρίνων. ἐν ᾧ γὰρ 1
κρίνεισ τὸν ἕτερον, σεαυτὸν κατακρίνεισ· τὰ γὰρ αὐτὰ πράσσεισ
ὁ κρίνων. ²οἴδαμεν γὰρ ὅτι τὸ κρίμα τοῦ θεοῦ ἐστὶν κατὰ ἀλή- 2
θειαν ἐπὶ τοὺσ τὰ τοιαῦτα πράσσοντασ. ³λογίζῃ δὲ τοῦτο, ὦ 3
ἄνθρωπε ὁ κρίνων τοὺσ τὰ τοιαῦτα πράσσοντασ καὶ ποιῶν αὐτά,
ὅτι σὺ ἐκφεύξῃ τὸ κρίμα τοῦ θεοῦ; ⁴ἢ τοῦ πλούτου τῆσ χρηστό- 4
2Pe 3, 15 τητοσ αὐτοῦ καὶ τῆσ ἀνοχῆσ καὶ τῆσ μακροθυμίασ καταφρονεῖσ,
ἀγνοῶν ὅτι τὸ χρηστὸν τοῦ θεοῦ εἰσ μετάνοιάν σε ἄγει; ⁵κατὰ 5
δὲ τὴν σκληρότητά σου καὶ ἀμετανόητον καρδίαν θησαυρίζεισ
σεαυτῷ ὀργὴν ἐν ἡμέρᾳ ὀργῆσ καὶ ἀποκαλύψεως δικαιοκρισίασ
τοῦ θεοῦ, ⁶ὃσ ἀποδώσει ἑκάστῳ κατὰ τὰ ἔργα αὐτοῦ, ⁷τοῖσ μὲν 6 7
καθ᾽ ὑπομονὴν ἔργου ἀγαθοῦ δόξαν καὶ τιμὴν καὶ ἀφθαρσίαν
Phi 1, 16 ζητοῦσιν ζωὴν αἰώνιον· ⁸τοῖσ δὲ ἐξ ἐριθείασ καὶ ἀπειθοῦσι τῇ 8
Eph 4, 31 ἀληθείᾳ, πειθομένοισ δὲ τῇ ἀδικίᾳ, ὀργὴ καὶ θυμόσ. ⁹θλίψισ 9
1, 16 καὶ στενοχωρία ἐπὶ πᾶσαν ψυχὴν ἀνθρώπου τοῦ κατεργαζομένου
τὸ κακόν, Ἰουδαίου τε πρῶτον καὶ Ἕλληνοσ· ¹⁰δόξα δὲ καὶ τιμὴ 10
καὶ εἰρήνη παντὶ τῷ ἐργαζομένῳ τὸ ἀγαθόν, Ἰουδαίῳ τε πρῶτον
καὶ Ἕλληνι.
Eph 6, 9 etc Οὐ γὰρ ἐστιν προσωπολημψία παρὰ τῷ θεῷ. ¹²ὅσοι γὰρ 11 12
ἀνόμωσ ἥμαρτον, ἀνόμωσ καὶ ἀπολοῦνται· καὶ ὅσοι ἐν νόμῳ
Ia 1, 22 ἥμαρτον, διὰ νόμου κριθήσονται· ¹³οὐ γὰρ οἱ ἀκροαταὶ νόμου 13
δίκαιοι παρὰ τῷ θεῷ, ἀλλ᾽ οἱ ποιηταὶ νόμου δικαιωθήσονται.
¹⁴ὅταν γὰρ ἔθνη τὰ μὴ νόμον ἔχοντα φύσει τὰ τοῦ νόμου ποιῶ- 14
He 8, 10 σιν, οὗτοι νόμον μὴ ἔχοντεσ ἑαυτοῖσ εἰσὶν νόμοσ, ¹⁵οἵτινεσ ἐνδεί- 15
Ro 9, 1 κνυνται τὸ ἔργον τοῦ νόμου γραπτὸν ἐν ταῖσ καρδίαισ αὐτῶν,
συνμαρτυρούσησ αὐτῶν τῆσ συνειδήσεωσ καὶ μεταξὺ ἀλλήλων
τῶν λογισμῶν κατηγορούντων ἢ καὶ ἀπολογουμένων, ¹⁶ἐν ἡμέρᾳ 16
16, 25 ὅτε κρινεῖ ὁ θεὸσ τὰ κρυπτὰ τῶν ἀνθρώπων κατὰ τὸ εὐαγγέλιόν
μου διὰ Χριστοῦ Ἰησοῦ. ¹⁷εἰ δὲ σὺ Ἰουδαῖοσ ἐπονομάζῃ καὶ 17
Phil 1, 10 ἐπαναπαύῃ νόμῳ καὶ καυχᾶσαι ἐν θεῷ ¹⁸καὶ γινώσκεισ τὸ θέλημα 18
καὶ δοκιμάζεισ τὰ διαφέροντα κατηχούμενοσ ἐκ τοῦ νόμου,
Mt 15, 14 ¹⁹πέποιθάσ τε σεαυτὸν ὁδηγὸν εἶναι τυφλῶν, φῶσ τῶν ἐν σκότει, 19
²⁰παιδευτὴν ἀφρόνων, διδάσκαλον νηπίων, ἔχοντα τὴν μόρφωσιν 20
τῆσ γνώσεωσ καὶ τῆσ ἀληθείας ἐν τῷ νόμῳ· ²¹ὁ οὖν διδάσκων 21
ἕτερον σεαυτὸν οὐ διδάσκεισ; ὁ κηρύσσων μὴ κλέπτειν κλέπτεισ;
²²ὁ λέγων μὴ μοιχεύειν μοιχεύεισ; ὁ βδελυσσόμενοσ τὰ εἴδωλα 22

II, 2. οιδαμ. δε 5. ΚΣ και δικαιοκρ. 8. απειθουσι : add μεν |
θυμοσ και οργη 11. προσωποληψια 13. bis του νομου 14. ποιη
15. συμμαρτυρ. 16. δια ιησου χριστου 17. ει δε : 5ᵉ ἰδὲ, ϛ ἴδε.| τω
νομω

23 ἱεροσυλεῖσ; ²³ ὃσ ἐν νόμῳ καυχᾶσαι, διὰ τῆσ παραβάσεωσ τοῦ
24 νόμου τὸν θεὸν ἀτιμάζεισ; ²⁴ τὸ γὰρ ὄνομα τοῦ θεοῦ δι' ὑμᾶσ
25 βλασφημεῖται ἐν τοῖσ ἔθνεσιν, καθὼσ γέγραπται. ²⁵ περιτομὴ
μὲν γὰρ ὠφελεῖ ἐὰν νόμον πράσσῃσ· ἐὰν δὲ παραβάτησ νόμου
26 ᾖσ, ἡ περιτομή σου ἀκροβυστία γέγονεν. ²⁶ ἐὰν οὖν ἡ ἀκροβυστία
τὰ δικαιώματα τοῦ νόμου φυλάσσῃ, οὐχ ἡ ἀκροβυστία αὐτοῦ εἰσ
27 περιτομὴν λογισθήσεται; ²⁷ καὶ κρινεῖ ἡ ἐκ φύσεωσ ἀκροβυστία
τὸν νόμον τελοῦσα σὲ τὸν διὰ γράμματοσ καὶ περιτομῆσ παρα-
28 βάτην νόμου. ²⁸ οὐ γὰρ ὁ ἐν τῷ φανερῷ Ἰουδαῖόσ ἐστιν, οὐδὲ
29 ἡ ἐν τῷ φανερῷ ἐν σαρκὶ περιτομή· ²⁹ ἀλλ' ὁ ἐν τῷ κρυπτῷ Ἰου-
δαῖοσ, καὶ περιτομὴ καρδίασ ἐν πνεύματι οὐ γράμματι, οὗ ὁ
ἔπαινοσ οὐκ ἐξ ἀνθρώπων ἀλλ' ἐκ τοῦ θεοῦ.

III.

Valent dei dicta Iudaeis concredita. Omnes pariter sontes dei gratia servat
fide habita Christo expiatori. Legem fides non destruit.

1 Τί οὖν τὸ περισσὸν τοῦ Ἰουδαίου, ἢ τίσ ἡ ὠφέλεια τῆσ περι-
2 τομῆσ; ²πολὺ κατὰ πάντα τρόπον. πρῶτον μὲν γὰρ ὅτι ἐπι-
3 στεύθησαν τὰ λόγια τοῦ θεοῦ. ³τί γὰρ εἰ ἠπίστησάν τινεσ; μὴ
4 ἡ ἀπιστία αὐτῶν τὴν πίστιν τοῦ θεοῦ καταργήσει; ⁴μὴ γένοιτο·
γινέσθω δὲ ὁ θεὸσ ἀληθήσ, πᾶσ δὲ ἄνθρωποσ ψεύστησ, καθάπερ
γέγραπται· ὅπωσ ἂν δικαιωθῇσ ἐν τοῖσ λόγοισ σου καὶ νικήσεισ
5 ἐν τῷ κρίνεσθαί σε. ⁵εἰ δὲ ἡ ἀδικία ἡμῶν θεοῦ δικαιοσύνην
συνίστησιν, τί ἐροῦμεν; μὴ ἄδικοσ ὁ θεὸσ ὁ ἐπιφέρων τὴν ὀργήν;
6 κατὰ ἄνθρωπον λέγω. ⁶μὴ γένοιτο· ἐπεὶ πῶσ κρινεῖ ὁ θεὸσ
7 τὸν κόσμον; ⁷εἰ δὲ ἡ ἀλήθεια τοῦ θεοῦ ἐν τῷ ἐμῷ ψεύσματι
ἐπερίσσευσεν εἰσ τὴν δόξαν αὐτοῦ, τί ἔτι κἀγὼ ὡσ ἁμαρτωλὸσ
8 κρίνομαι; ⁸καὶ μὴ καθὼσ βλασφημούμεθα καὶ καθώσ φασίν τινεσ
ἡμᾶσ λέγειν ὅτι ποιήσωμεν τὰ κακὰ ἵνα ἔλθῃ τὰ ἀγαθά; ὧν τὸ
κρίμα ἔνδικόν ἐστιν.

9 Τί οὖν; προεχόμεθα; οὐ πάντωσ· προῃτιασάμεθα γὰρ Ἰου-
10 δαίουσ τε καὶ Ἕλληνασ πάντασ ὑφ' ἁμαρτίαν εἶναι, ¹⁰ καθὼσ
11 γέγραπται ὅτι οὐκ ἔστιν δίκαιοσ οὐδὲ εἷσ, ¹¹ οὐκ ἔστιν ὁ συνιῶν,
12 οὐκ ἔστιν ὁ ἐκζητῶν τὸν θεόν· ¹²πάντεσ ἐξέκλιναν, ἅμα ἠχρεώ-
13 θησαν· οὐκ ἔστιν ὁ ποιῶν χρηστότητα, οὐκ ἔστιν ἕωσ ἑνόσ. ¹³ τά-
φοσ ἀνεῳγμένοσ ὁ λάρυγξ αὐτῶν, ταῖσ γλώσσαισ αὐτῶν ἐδολιοῦ-
14 σαν, ἰὸσ ἀσπίδων ὑπὸ τὰ χείλη αὐτῶν. ¹⁴ ὧν τὸ στόμα ἀρᾶσ
15 16 καὶ πικρίασ γέμει. ¹⁵ ὀξεῖσ οἱ πόδεσ αὐτῶν ἐκχέαι αἷμα, ¹⁶ σύν-
17 τριμμα καὶ ταλαιπωρία ἐν ταῖσ ὁδοῖσ αὐτῶν, ¹⁷ καὶ ὁδὸν εἰρήνησ
18 οὐκ ἔγνωσαν. ¹⁸ οὐκ ἔστιν φόβοσ θεοῦ ἀπέναντι τῶν ὀφθαλμῶν
19 αὐτῶν. ¹⁹ οἴδαμεν δὲ ὅτι ὅσα ὁ νόμοσ λέγει τοῖσ ἐν τῷ νόμῳ

---

26. ουχι η
III, 1. א* om ἡ 3. τί γάρ; εἰ ἠπίστ. τινεσ, μὴ etc 4. καθωσ
γεγρα.|νικησησ 7. ει γαρ η 12. ηχρειωθησαν|om ὁ 19. λεγει: א* λαλει

λαλεῖ, ἵνα πᾶν στόμα φραγῇ καὶ ὑπόδικοσ γένηται πᾶσ ὁ κόσμοσ
τῷ θεῷ. ²⁰ διότι ἐξ ἔργων νόμου οὐ δικαιωθήσεται πᾶσα σὰρξ 20
ἐνώπιον αὐτοῦ· διὰ γὰρ νόμου ἐπίγνωσισ ἁμαρτίασ.
  Νυνὶ δὲ χωρὶσ νόμου δικαιοσύνη θεοῦ πεφανέρωται, μαρ- 21
τυρουμένη ὑπὸ τοῦ νόμου καὶ τῶν προφητῶν, ²² δικαιοσύνη δὲ 22
θεοῦ διὰ πίστεωσ Ἰησοῦ Χριστοῦ, εἰσ πάντασ τοὺσ πιστεύοντασ.
οὐ γάρ ἐστιν διαστολή· ²³ πάντεσ γὰρ ἥμαρτον καὶ ὑστεροῦνται 23
τῆσ δόξησ τοῦ θεοῦ, ²⁴ δικαιούμενοι δωρεὰν τῇ αὐτοῦ χάριτι διὰ 24
τῆσ ἀπολυτρώσεωσ τῆσ ἐν Χριστῷ Ἰησοῦ, ²⁵ ὃν προέθετο ὁ 25
θεὸσ ἱλαστήριον διὰ πίστεωσ ἐν τῷ αὐτοῦ αἵματι, εἰσ ἔνδειξιν
τῆσ δικαιοσύνησ αὐτοῦ, διὰ τὴν πάρεσιν τῶν προγεγονότων ἁμαρ-
τημάτων ²⁶ ἐν τῇ ἀνοχῇ τοῦ θεοῦ, πρὸσ τὴν ἔνδειξιν τῆσ δικαιο- 26
σύνησ αὐτοῦ ἐν τῷ νῦν καιρῷ, εἰσ τὸ εἶναι αὐτὸν δίκαιον καὶ
δικαιοῦντα τὸν ἐκ πίστεωσ Ἰησοῦ.
  Ποῦ οὖν ἡ καύχησισ; ἐξεκλείσθη. διὰ ποίου νόμου; τῶν 27
ἔργων; οὐχί, ἀλλὰ διὰ νόμου πίστεωσ. ²⁸ λογιζόμεθα γὰρ δι- 28
καιοῦσθαι πίστει ἄνθρωπον χωρὶσ ἔργων νόμου. ²⁹ ἢ Ἰουδαίων 29
ὁ θεὸσ μόνον; οὐχὶ καὶ ἐθνῶν; ναὶ καὶ ἐθνῶν, ³⁰ εἴπερ εἷσ ὁ θεὸσ 30
ὃσ δικαιώσει περιτομὴν ἐκ πίστεωσ καὶ ἀκροβυστίαν διὰ τῆσ
πίστεωσ. ³¹ νόμον οὖν καταργοῦμεν διὰ τῆσ πίστεωσ; μὴ γένοιτο, 31
ἀλλὰ νόμον ἱστάνομεν.

IV.

Ipse Abrahamus ex fide iustus. Gratia dei erga Abrahamum nondum circumcisum.

  Τί οὖν ἐροῦμεν εὑρηκέναι Ἀβραὰμ τὸν προπάτορα ἡμῶν 1
κατὰ σάρκα; ² εἰ γὰρ Ἀβραὰμ ἐξ ἔργων ἐδικαιώθη, ἔχει καύχημα, 2
ἀλλ' οὐ πρὸσ θεόν. ³ τί γὰρ ἡ γραφὴ λέγει; ἐπίστευσεν δὲ 3
Ἀβραὰμ τῷ θεῷ, καὶ ἐλογίσθη αὐτῷ εἰσ δικαιοσύνην. ⁴ τῷ δὲ 4
ἐργαζομένῳ ὁ μισθὸσ οὐ λογίζεται κατὰ χάριν ἀλλὰ κατὰ ὀφεί-
λημα· ⁵ τῷ δὲ μὴ ἐργαζομένῳ, πιστεύοντι δὲ ἐπὶ τὸν δικαιοῦντα 5
τὸν ἀσεβῆν, λογίζεται ἡ πίστισ αὐτοῦ εἰσ δικαιοσύνην. ⁶ καθάπερ 6
καὶ Δαυεὶδ λέγει τὸν μακαρισμὸν τοῦ ἀνθρώπου ᾧ ὁ θεὸσ λογί-
ζεται δικαιοσύνην χωρὶσ ἔργων· ⁷ μακάριοι ὧν ἀφέθησαν αἱ ἀνο- 7
μίαι καὶ ὧν ἐπεκαλύφθησαν αἱ ἁμαρτίαι· ⁸ μακάριοσ ἀνὴρ οὗ 8
οὐ μὴ λογίσηται κύριοσ ἁμαρτίαν. ⁹ ὁ μακαρισμὸσ οὖν οὗτοσ 9
ἐπὶ τὴν περιτομὴν ἢ καὶ ἐπὶ τὴν ἀκροβυστίαν; λέγομεν γάρ·
ἐλογίσθη τῷ Ἀβραὰμ ἡ πίστισ εἰσ δικαιοσύνην. ¹⁰ πῶσ οὖν ἐλο- 10
γίσθη; ἐν περιτομῇ ὄντι ἢ ἐν ἀκροβυστίᾳ; οὐκ ἐν περιτομῇ ἀλλ'

---

22. εισ παντασ : add και επι παντασ 25. δια τησ πιστεωσ 26. προσ
ενδειξιν 28. γαρ : ουν | πιστει δικαι. ανθρωπ. 29. ουχι δε και
30. επειπερ 31. ιστωμεν
  IV₁. 1. ευρηκεναι: post αβρα. τ. πατερα (sic ϛ) ημων pon 2. τον θεον
4. το οφειλημα 5. ασεβη 6. δαβιδ 8. ω ου μη 9. λεγομ. γαρ οτι

11 ἐν ἀκροβυστίᾳ. ¹¹ καὶ σημεῖον ἔλαβεν περιτομῆσ σφραγῖδα τῆσ Gn 17, 11
δικαιοσύνησ τῆσ πίστεωσ τῆσ ἐν τῇ ἀκροβυστίᾳ, εἰσ τὸ εἶναι
αὐτὸν πατέρα πάντων τῶν πιστευόντων δι' ἀκροβυστίασ, εἰσ τὸ
12 λογισθῆναι αὐτοῖσ δικαιοσύνην, ¹² καὶ πατέρα περιτομῆσ τοῖσ
οὐκ ἐκ περιτομῆσ μόνον ἀλλὰ καὶ τοῖσ στοιχοῦσιν τοῖσ ἴχνεσιν
13 τῆσ ἐν ἀκροβυστίᾳ πίστεωσ τοῦ πατρὸσ ἡμῶν Ἀβραάμ. ¹³ οὐ
γὰρ διὰ νόμου ἡ ἐπαγγελία τῷ Ἀβραὰμ ἢ τῷ σπέρματι αὐτοῦ, Gn 22, 17
τὸ κληρονόμον αὐτὸν εἶναι κόσμου, ἀλλὰ διὰ δικαιοσύνησ πίστεωσ. etc
14 ¹⁴ εἰ γὰρ οἱ ἐκ νόμου κληρονόμοι, κεκένωται ἡ πίστισ καὶ κατήρ- Ga 3, 18
15 γηται ἡ ἐπαγγελία. ¹⁵ ὁ γὰρ νόμος ὀργὴν κατεργάζεται· οὗ δὲ
16 οὐκ ἔστιν νόμοσ, οὐδὲ παράβασισ. ¹⁶ διὰ τοῦτο ἐκ πίστεωσ, ἵνα
κατὰ χάριν, εἰσ τὸ εἶναι βεβαίαν τὴν ἐπαγγελίαν παντὶ τῷ σπέρ-
ματι, οὐ τῷ ἐκ τοῦ νόμου μόνον ἀλλὰ καὶ τῷ ἐκ πίστεωσ Ἀβραάμ, Ga 3, 9
17 ὅσ ἐστιν πατὴρ πάντων ἡμῶν, ¹⁷ καθὼσ γέγραπται ὅτι πατέρα Gn 17, 5
πολλῶν ἐθνῶν τέθεικά σε, κατέναντι οὗ ἐπίστευσεν θεοῦ τοῦ
ζωοποιοῦντοσ τοὺσ νεκροὺσ καὶ καλοῦντοσ τὰ μὴ ὄντα ὡσ ὄντα,
18 ¹⁸ ὃσ παρ' ἐλπίδα ἐπ' ἐλπίδι ἐπίστευσεν, εἰσ τὸ γενέσθαι αὐτὸν
πατέρα πολλῶν ἐθνῶν κατὰ τὸ εἰρημένον· οὕτωσ ἔσται τὸ σπέρμα Gn 15, 5
19 σου, ¹⁹ καὶ μὴ ἀσθενήσασ τῇ πίστει κατενόησεν τὸ ἑαυτοῦ σῶμα
νενεκρωμένον, ἑκατονταέτησ που ὑπάρχων, καὶ τὴν νέκρωσιν τῆσ Gn 17, 17
20 μήτρασ Σάρρασ· ²⁰ εἰσ δὲ τὴν ἐπαγγελίαν τοῦ θεοῦ οὐ διεκρίθη
τῇ ἀπιστίᾳ, ἀλλ' ἐνεδυναμώθη τῇ πίστει, δοὺσ δόξαν τῷ θεῷ,
21 ²¹ καὶ πληροφορηθεὶσ ὅτι ὃ ἐπήγγελται δυνατόσ ἐστιν καὶ ποιῆσαι. Io 9, 24
22 23 ²² διὸ καὶ ἐλογίσθη αὐτῷ εἰσ δικαιοσύνην. ²³ οὐκ ἐγράφη δὲ δι' Gn 15, 6
24 αὐτὸν μόνον ὅτι ἐλογίσθη αὐτῷ, ²⁴ ἀλλὰ καὶ δι' ἡμᾶσ, οἷσ μέλλει
λογίζεσθαι τοῖσ πιστεύουσιν ἐπὶ τὸν ἐγείραντα Ἰησοῦν τὸν κύριον
25 ἡμῶν ἐκ νεκρῶν, ²⁵ ὃσ παρεδόθη διὰ τὰ παραπτώματα ἡμῶν Es 53, 12
καὶ ἠγέρθη διὰ τὴν δικαίωσιν ἡμῶν.

V.

Salus iustorum ex fide. Christus pro nobis et mortuus est et vivit. Ut per
Adamum mors, ita per Christum vita.

1   Δικαιωθέντεσ οὖν ἐκ πίστεωσ εἰρήνην ἔχωμεν πρὸσ τὸν θεὸν
2 διὰ τοῦ κυρίου ἡμῶν Ἰησοῦ Χριστοῦ, ² δι' οὗ καὶ τὴν προσαγω- Eph 2, 18
γὴν ἐσχήκαμεν τῇ πίστει εἰσ τὴν χάριν ταύτην ἐν ᾗ ἑστήκαμεν, 1 Pe 5, 12
3 καὶ καυχώμεθα ἐπ' ἐλπίδι τῆσ δόξησ τοῦ θεοῦ. ³ οὐ μόνον δέ,
ἀλλὰ καὶ καυχώμεθα ἐν ταῖσ θλίψεσιν, εἰδότεσ ὅτι ἡ θλίψισ Ia 1, 3
4 ὑπομονὴν κατεργάζεται, ⁴ ἡ δὲ ὑπομονὴ δοκιμήν, ἡ δὲ δοκιμὴ
5 ἐλπίδα· ⁵ ἡ δὲ ἐλπὶσ οὐ καταισχύνει, ὅτι ἡ ἀγάπη τοῦ θεοῦ ἐκ-
κέχυται ἐν ταῖσ καρδίαισ ἡμῶν διὰ πνεύματοσ ἁγίου τοῦ δοθέν-
6 τοσ ἡμῖν. ⁶ ἔτι γὰρ Χριστόσ, ὄντων ἡμῶν ἀσθενῶν ἔτι, κατὰ

11. λογισθ. και αυτοισ | την δικαιοσυνην   12. τησ εν τη ακροβ.   13. του
κοσμου   15. ου γαρ ουκ   19. ου κατενοησε | ϛ κ ηδη νενεκρωμ.

V, 1. εχομεν   3. καυχωμενοι   6. om ετι sec

καιρὸν ὑπὲρ ἀσεβῶν ἀπέθανεν· ⁷μόλισ γὰρ ὑπὲρ δικαίου τισ ἀποθανεῖται· ὑπὲρ γὰρ τοῦ ἀγαθοῦ τάχα τισ καὶ τολμᾷ ἀποθανεῖν· ⁸συνίστησιν δὲ τὴν ἑαυτοῦ ἀγάπην εἰσ ἡμᾶσ ὁ θεὸσ ὅτι ἔτι ἁμαρτωλῶν ὄντων ἡμῶν Χριστὸσ ὑπὲρ ἡμῶν ἀπέθανεν· ⁹πολλῷ οὖν μᾶλλον δικαιωθέντεσ νῦν ἐν τῷ αἵματι αὐτοῦ σωθησόμεθα δι' αὐτοῦ ἀπὸ τῆσ ὀργῆσ. ¹⁰εἰ γὰρ ἐχθροὶ ὄντεσ κατηλλάγημεν τῷ θεῷ διὰ τοῦ θανάτου τοῦ υἱοῦ αὐτοῦ, πολλῷ μᾶλλον καταλλαγέντεσ σωθησόμεθα ἐν τῇ ζωῇ αὐτοῦ, ¹¹οὐ μόνον δέ, ἀλλὰ καὶ καυχώμενοι ἐν τῷ θεῷ διὰ τοῦ κυρίου ἡμῶν Ἰησοῦ Χριστοῦ, δι' οὗ νῦν τὴν καταλλαγὴν ἐλάβομεν.

Co 5, 21   Διὰ τοῦτο ὥσπερ δι' ἑνὸσ ἀνθρώπου ἡ ἁμαρτία εἰσ τὸν κόσμον εἰσῆλθεν, καὶ διὰ τῆσ ἁμαρτίασ ὁ θάνατοσ, καὶ οὕτωσ εἰσ πάντασ ἀνθρώπουσ ὁ θάνατοσ διῆλθεν, ἐφ' ᾧ πάντεσ ἥμαρτον· ¹³ἄχρι γὰρ νόμου ἁμαρτία ἦν ἐν κόσμῳ, ἁμαρτία δὲ οὐκ ἐλλογεῖται μὴ ὄντοσ νόμου· ¹⁴ἀλλὰ ἐβασίλευσεν ὁ θάνατοσ ἀπὸ Ἀδὰμ μέχρι Μωϋσέωσ καὶ ἐπὶ τοὺσ μὴ ἁμαρτήσαντασ ἐπὶ τῷ ὁμοιώματι τῆσ παραβάσεωσ Ἀδάμ, ὅσ ἐστιν τύποσ τοῦ μέλλοντοσ. ¹⁵ἀλλ' οὐχ ὡσ τὸ παράπτωμα, οὕτωσ καὶ τὸ χάρισμα· εἰ γὰρ τῷ τοῦ ἑνὸσ παραπτώματι οἱ πολλοὶ ἀπέθανον, πολλῷ μᾶλλον ἡ χάρισ τοῦ θεοῦ καὶ ἡ δωρεὰ ἐν χάριτι τῇ τοῦ ἑνὸσ ἀνθρώπου Ἰησοῦ Χριστοῦ εἰσ τοὺσ πολλοὺσ ἐπερίσσευσεν. ¹⁶καὶ οὐχ ὡσ δι' ἑνὸσ ἁμαρτήσαντοσ τὸ δώρημα· τὸ μὲν γὰρ κρίμα ἐξ ἑνὸσ εἰσ κατάκριμα, τὸ δὲ χάρισμα ἐκ πολλῶν παραπτωμάτων εἰσ δικαίωμα. ¹⁷εἰ γὰρ τῷ τοῦ ἑνὸσ παραπτώματι ὁ θάνατοσ ἐβασίλευσεν διὰ τοῦ ἑνόσ, πολλῷ μᾶλλον οἱ τὴν περισσείαν τῆσ χάριτοσ καὶ τῆσ δωρεᾶσ τῆσ δικαιοσύνησ λαμβάνοντεσ ἐν ζωῇ βασιλεύσουσιν διὰ τοῦ ἑνὸσ Ἰησοῦ Χριστοῦ. ¹⁸Ἄρα οὖν ὡσ δι' ἑνὸσ παραπτώματοσ εἰσ πάντασ ἀνθρώπουσ εἰσ κατάκριμα, οὕτωσ καὶ δι' ἑνὸσ δικαιώματοσ εἰσ πάντασ ἀνθρώπουσ εἰσ δικαίωσιν ζωῆσ· ¹⁹ὥσπερ γὰρ διὰ τῆσ παρακοῆσ τοῦ ἑνὸσ ἀνθρώπου ἁμαρτωλοὶ κατεστάθησαν οἱ πολλοί, οὕτωσ καὶ διὰ τῆσ ὑπακοῆσ τοῦ ἑνὸσ δίκαιοι κατασταθήσονται οἱ πολλοί. ²⁰νόμοσ δὲ παρεισῆλθεν ἵνα πλεονάσῃ τὸ παράπτωμα· οὗ δὲ ἐπλεόνασεν ἡ ἁμαρτία, ὑπερεπερίσσευσεν ἡ χάρισ, ²¹ἵνα ὥσπερ ἐβασίλευσεν ἡ ἁμαρτία ἐν τῷ θανάτῳ, οὕτωσ καὶ ἡ χάρισ βασιλεύσῃ διὰ δικαιοσύνησ εἰσ ζωὴν αἰώνιον διὰ Ἰησοῦ Χριστοῦ τοῦ κυρίου ἡμῶν.

VI.

Per Christum vitam nactis a peccato abstinendum; vindicatis in veram libertatem serviendum deo.

Τί οὖν ἐροῦμεν; ἐπιμένωμεν τῇ ἁμαρτίᾳ, ἵνα ἡ χάρισ πλεονάσῃ; ²μὴ γένοιτο. οἵτινεσ ἀπεθάνομεν τῇ ἁμαρτίᾳ, πῶσ ἔτι

---

7. μολισ : א* μογισ   13. א* ενελογειτο, אa ελλογαται   14. αλλ | μωσεωσ   18. ωσ δι ενοσ : א* add ανθρωπου

VI, 1. א επιμενομεν, ς επιμενουμεν

3 ζήσομεν ἐν αὐτῇ; ³ ἢ ἀγνοεῖτε ὅτι ὅσοι ἐβαπτίσθημεν εἰσ Χρι-
4 στὸν Ἰησοῦν, εἰσ τὸν θάνατον αὐτοῦ ἐβαπτίσθημεν; ⁴ συνετάφη-
μεν οὖν αὐτῷ διὰ τοῦ βαπτίσματοσ εἰσ τὸν θάνατον, ἵνα ὥσπερ
ἠγέρθη Χριστὸσ ἐκ νεκρῶν διὰ τῆσ δόξησ τοῦ πατρόσ, οὕτωσ
5 καὶ ἡμεῖσ ἐν καινότητι ζωῆσ περιπατήσωμεν. ⁵ εἰ γὰρ σύμφυτοι
γεγόναμεν τῷ ὁμοιώματι τοῦ θανάτου αὐτοῦ, ἀλλὰ καὶ τῆσ
6 ἀναστάσεωσ ἐσόμεθα, ⁶ τοῦτο γινώσκοντεσ, ὅτι ὁ παλαιὸσ ἡμῶν
ἄνθρωποσ συνεσταυρώθη, ἵνα καταργηθῇ τὸ σῶμα τῆσ ἁμαρτίασ,
7 τοῦ μηκέτι δουλεύειν ἡμᾶσ τῇ ἁμαρτίᾳ· ⁷ ὁ γὰρ ἀποθανὼν δεδι-
8 καίωται ἀπὸ τῆσ ἁμαρτίασ. ⁸ εἰ δὲ ἀπεθάνομεν σὺν Χριστῷ,
9 πιστεύομεν ὅτι καὶ συνζήσομεν αὐτῷ, ⁹ εἰδότεσ ὅτι Χριστὸσ
ἐγερθεὶσ ἐκ νεκρῶν οὐκέτι ἀποθνήσκει· θάνατοσ αὐτοῦ οὐκέτι
10 κυριεύει. ¹⁰ ὃ γὰρ ἀπέθανεν, τῇ ἁμαρτίᾳ ἀπέθανεν ἐφάπαξ· ὃ
11 δὲ ζῇ, ζῇ τῷ θεῷ. ¹¹ οὕτωσ καὶ ὑμεῖσ λογίζεσθε ἑαυτοὺσ εἶναι
νεκροὺσ μὲν τῇ ἁμαρτίᾳ, ζῶντασ δὲ τῷ θεῷ ἐν Χριστῷ Ἰησοῦ.
12 ¹² Μὴ οὖν βασιλευέτω ἡ ἁμαρτία ἐν τῷ θνητῷ ὑμῶν σώματι εἰσ
13 τὸ ὑπακούειν ταῖσ ἐπιθυμίαισ αὐτοῦ, ¹³ μηδὲ παριστάνετε τὰ
μέλη ὑμῶν ὅπλα ἀδικίασ τῇ ἁμαρτίᾳ, ἀλλὰ παραστήσατε ἑαυ-
τοὺσ τῷ θεῷ ὡσεὶ ἐκ νεκρῶν ζῶντασ καὶ τὰ μέλη ὑμῶν ὅπλα
14 δικαιοσύνησ τῷ θεῷ. ¹⁴ ἁμαρτία γὰρ ὑμῶν οὐ κυριεύσει· οὐ γὰρ
ἐστε ὑπὸ νόμον ἀλλὰ ὑπὸ χάριν.
15 Τί οὖν; ἁμαρτήσωμεν, ὅτι οὐκ ἐσμὲν ὑπὸ νόμον ἀλλὰ ὑπὸ
16 χάριν; μὴ γένοιτο. ¹⁶ οὐκ οἴδατε ὅτι ᾧ παριστάνετε ἑαυτοὺσ δού-
λουσ εἰσ ὑπακοήν, δοῦλοί ἐστε ᾧ ὑπακούετε, ἤτοι ἁμαρτίασ εἰσ
17 θάνατον ἢ ὑπακοῆσ εἰσ δικαιοσύνην; ¹⁷ χάρισ δὲ τῷ θεῷ ὅτι ἦτε
δοῦλοι τῆσ ἁμαρτίασ, ὑπηκούσατε δὲ ἐκ καρδίασ εἰσ ὃν παρεδό-
18 θητε τύπον διδαχῆσ, ¹⁸ ἐλευθερωθέντεσ δὲ ἀπὸ τῆσ ἁμαρτίασ
19 ἐδουλώθητε τῇ δικαιοσύνῃ. ¹⁹ ἀνθρώπινον λέγω διὰ τὴν ἀσθέ-
νειαν τῆσ σαρκὸσ ὑμῶν. ὥσπερ γὰρ παρεστήσατε τὰ μέλη ὑμῶν
δοῦλα τῇ ἀκαθαρσίᾳ καὶ τῇ ἀνομίᾳ εἰσ τὴν ἀνομίαν, οὕτωσ νῦν
παραστήσατε τὰ μέλη ὑμῶν δοῦλα τῇ δικαιοσύνῃ εἰσ ἁγιασμόν.
20 ²⁰ ὅτε γὰρ δοῦλοι ἦτε τῆσ ἁμαρτίασ, ἐλεύθεροι ἦτε τῇ δικαιοσύνῃ.
21 ²¹ τίνα οὖν καρπὸν εἴχετε τότε; ἐφ᾽ οἷσ νῦν ἐπαισχύνεσθε· τὸ
22 γὰρ τέλοσ ἐκείνων θάνατοσ. ²² νυνὶ δὲ ἐλευθερωθέντεσ ἀπὸ τῆσ
ἁμαρτίασ, δουλωθέντεσ δὲ τῷ θεῷ, ἔχετε τὸν καρπὸν ὑμῶν εἰσ
23 ἁγιασμόν, τὸ δὲ τέλοσ ζωὴν αἰώνιον. ²³ τὰ γὰρ ὀψώνια τῆσ
ἁμαρτίασ θάνατοσ· τὸ δὲ χάρισμα τοῦ θεοῦ ζωὴ αἰώνιοσ ἐν
Χριστῷ Ἰησοῦ τῷ κυρίῳ ἡμῶν.

8. συζησομεν 11. ειναι : post νεκρ. μεν | εν χρι. ιησου : ϛ ℵ add τω
κυριω ημων 12. υπακ. αυτη εν ταισ επιθυμιαισ αυτου 13. ωσει : ωσ
14. ℵ* ουκετι κυρι. | αλλ 15. αμαρτησομεν 18. δε : ℵ* ουν 21. τότε,
ἐφ᾽ οἷσ νῦν ἐπαισχ.;

VII.

Lege mortua Christo obstricti sumus. Lex sancta ex imbecillitate hominum mors facta. Caro rationi repugnans. Homo peccati servus.

¹ Ἢ ἀγνοεῖτε, ἀδελφοί, γινώσκουσιν γὰρ νόμον λαλῶ, ὅτι ὁ νόμος κυριεύει τοῦ ἀνθρώπου ἐφ᾿ ὅσον χρόνον ζῇ; ² ἡ γὰρ ὕπανδρος γυνὴ τῷ ζῶντι ἀνδρὶ δέδεται νόμῳ· ἐὰν δὲ ἀποθάνῃ ὁ ἀνήρ, κατήργηται ἀπὸ τοῦ νόμου τοῦ ἀνδρός. ³ ἄρα οὖν ζῶντος τοῦ ἀνδρὸς μοιχαλὶς χρηματίσει ἐὰν γένηται ἀνδρὶ ἑτέρῳ· ἐὰν δὲ ἀποθάνῃ ὁ ἀνήρ, ἐλευθέρα ἐστὶν ἀπὸ τοῦ νόμου, τοῦ μὴ εἶναι αὐτὴν μοιχαλίδα γενομένην ἀνδρὶ ἑτέρῳ. ⁴ ὥστε, ἀδελφοί μου, καὶ ὑμεῖς ἐθανατώθητε τῷ νόμῳ διὰ τοῦ σώματος τοῦ Χριστοῦ, εἰς τὸ γενέσθαι ὑμᾶς ἑτέρῳ, τῷ ἐκ νεκρῶν ἐγερθέντι, ἵνα καρποφορήσωμεν τῷ θεῷ. ⁵ ὅτε γὰρ ἦμεν ἐν τῇ σαρκί, τὰ παθήματα τῶν ἁμαρτιῶν τὰ διὰ τοῦ νόμου ἐνηργεῖτο ἐν τοῖς μέλεσιν ἡμῶν εἰς τὸ καρποφορῆσαι τῷ θανάτῳ· ⁶ νυνὶ δὲ κατηργήθημεν ἀπὸ τοῦ νόμου, ἀποθανόντες ἐν ᾧ κατειχόμεθα, ὥστε δουλεύειν ἡμᾶς ἐν καινότητι πνεύματος καὶ οὐ παλαιότητι γράμματος.

⁷ Τί οὖν ἐροῦμεν; ὁ νόμος ἁμαρτία; μὴ γένοιτο· ἀλλὰ τὴν ἁμαρτίαν οὐκ ἔγνων εἰ μὴ διὰ νόμου· τήν τε γὰρ ἐπιθυμίαν οὐκ ᾔδειν εἰ μὴ ὁ νόμος ἔλεγεν· οὐκ ἐπιθυμήσεις. ⁸ ἀφορμὴν δὲ λαβοῦσα ἡ ἁμαρτία διὰ τῆς ἐντολῆς κατηργάσατο ἐν ἐμοὶ πᾶσαν ἐπιθυμίαν· χωρὶς γὰρ νόμου ἁμαρτία νεκρά. ⁹ ἐγὼ δὲ ἔζων χωρὶς νόμου ποτέ· ἐλθούσης δὲ τῆς ἐντολῆς ἡ ἁμαρτία ἀνέζησεν, ¹⁰ ἐγὼ δὲ ἀπέθανον καὶ εὑρέθη μοι ἡ ἐντολὴ ἡ εἰς ζωήν, αὕτη εἰς θάνατον. ¹¹ ἡ γὰρ ἁμαρτία ἀφορμὴν λαβοῦσα διὰ τῆς ἐντολῆς ἐξηπάτησέν με καὶ δι᾿ αὐτῆς ἀπέκτεινεν. ¹² ὥστε ὁ μὲν νόμος ἅγιος, καὶ ἡ ἐντολὴ ἁγία καὶ δικαία καὶ ἀγαθή. ¹³ τὸ οὖν ἀγαθὸν ἐμοὶ ἐγένετο θάνατος; μὴ γένοιτο, ἀλλὰ ἡ ἁμαρτία, ἵνα φανῇ ἁμαρτία, διὰ τοῦ ἀγαθοῦ μοι κατεργαζομένη θάνατον, ἵνα γένηται καθ᾿ ὑπερβολὴν ἁμαρτωλὸς ἡ ἁμαρτία διὰ τῆς ἐντολῆς. ¹⁴ οἴδαμεν γὰρ ὅτι ὁ νόμος πνευματικός ἐστιν· ἐγὼ δὲ σάρκινός εἰμι, πεπραμένος ὑπὸ τὴν ἁμαρτίαν. ¹⁵ ὃ γὰρ κατεργάζομαι οὐ γινώσκω· οὐ γὰρ ὃ θέλω τοῦτο πράσσω, ἀλλ᾿ ὃ μισῶ τοῦτο ποιῶ. ¹⁶ εἰ δὲ ὃ οὐ θέλω τοῦτο ποιῶ, σύνφημι τῷ νόμῳ ὅτι καλός· ¹⁷ νυνὶ δὲ οὐκέτι ἐγὼ κατεργάζομαι αὐτὸ ἀλλὰ ἡ ἐνοικοῦσα ἐν ἐμοὶ ἁμαρτία. ¹⁸ οἶδα γὰρ ὅτι οὐκ οἰκεῖ ἐν ἐμοί, τοῦτ᾿ ἔστιν ἐν τῇ σαρκί μου, ἀγαθόν. τὸ γὰρ θέλειν παράκειταί μοι, τὸ δὲ κατεργάζεσθαι τὸ καλὸν οὔ· ¹⁹ οὐ γὰρ ὃ θέλω ποιῶ ἀγαθόν, ἀλλὰ ὃ οὐ θέλω κακὸν τοῦτο πράσσω. ²⁰ εἰ δὲ ὃ οὐ θέλω ἐγὼ τοῦτο ποιῶ, οὐκέτι ἐγὼ

VII. 2. του νομου : ςᵉ om per errorem 4. και υμεισ : ℵ ante αδελφ. μου 6. ςᵉ αποθανοντοσ sine teste 8. ς ℵ κατειργασατο 13. εγενετο : γεγονε 14. σαρκικοσ 15. ℵ αλλα ο; 16. συμφη. 17. αλλ | οικουσα 18. οὔ : ουχ ευρισκω 19. αλλ

21 κατεργάζομαι αὐτὸ ἀλλὰ ἡ οἰκοῦσα ἐν ἐμοὶ ἁμαρτία. ²¹ εὑρίσκω
ἄρα τὸν νόμον, τῷ θέλοντι ἐμοὶ ποιεῖν τὸ καλόν, ὅτι ἐμοὶ τὸ
22 κακὸν παράκειται· ²² συνήδομαι γὰρ τῷ νόμῳ τοῦ θεοῦ κατὰ
23 τὸν ἔσω ἄνθρωπον, ²³ βλέπω δὲ ἕτερον νόμον ἐν τοῖσ μέλεσίν
μου ἀντιστρατευόμενον τῷ νόμῳ τοῦ νοόσ μου καὶ αἰχμαλωτί-
ζοντά με ἐν τῷ νόμῳ τῆσ ἁμαρτίασ τῷ ὄντι ἐν τοῖσ μέλεσίν μου.
24 ²⁴ ταλαίπωροσ ἐγὼ ἄνθρωποσ· τίσ με ῥύσεται ἐκ τοῦ σώματοσ
25 τοῦ θανάτου τούτου; ²⁵ χάρισ τῷ θεῷ διὰ Ἰησοῦ Χριστοῦ τοῦ 1Co 15,57
κυρίου ἡμῶν· ἄρα οὖν αὐτὸσ ἐγὼ τῷ νοῒ δουλεύω νόμῳ θεοῦ, τῇ
δὲ σαρκὶ νόμῳ ἁμαρτίασ.

VIII.

Caro et lex atque spiritus Christi vivificans. Filiis dei omne malum leve.
Creatura gemens. Spiritus preces regens. Nihil nos a Christo separat
patrono nostro.

1 2   Οὐδὲν ἄρα νῦν κατάκριμα τοῖσ ἐν Χριστῷ Ἰησοῦ. ² ὁ γὰρ
νόμοσ τοῦ πνεύματοσ τῆσ ζωῆσ ἐν Χριστῷ Ἰησοῦ ἠλευθέρωσέν σε
3 ἀπὸ τοῦ νόμου τῆσ ἁμαρτίασ καὶ τοῦ θανάτου. ³ τὸ γὰρ ἀδύνα-
τον τοῦ νόμου, ἐν ᾧ ἠσθένει διὰ τῆσ σαρκόσ, ὁ θεὸσ τὸν ἑαυτοῦ Phil 2, 7
υἱὸν πέμψασ ἐν ὁμοιώματι σαρκὸσ ἁμαρτίασ καὶ περὶ ἁμαρτίασ
4 κατέκρινεν τὴν ἁμαρτίαν ἐν τῇ σαρκί, ⁴ ἵνα τὸ δικαίωμα τοῦ
νόμου πληρωθῇ ἐν ἡμῖν τοῖσ μὴ κατὰ σάρκα περιπατοῦσιν ἀλλὰ
5 κατὰ πνεῦμα. ⁵ οἱ γὰρ κατὰ σάρκα ὄντεσ τὰ τῆσ σαρκὸσ φρο-
6 νοῦσιν, οἱ δὲ κατὰ πνεῦμα τὰ τοῦ πνεύματοσ· ⁶ τὸ γὰρ φρόνημα
τῆσ σαρκὸσ θάνατοσ, τὸ δὲ φρόνημα τοῦ πνεύματοσ ζωὴ καὶ
7 εἰρήνη. ⁷ διότι τὸ φρόνημα τῆσ σαρκὸσ ἔχθρα εἰσ θεόν· τῷ γὰρ
8 νόμῳ τοῦ θεοῦ οὐχ ὑποτάσσεται· οὐδὲ γὰρ δύναται. ⁸ οἱ δὲ ἐν
9 σαρκὶ ὄντεσ θεῷ ἀρέσαι οὐ δύνανται. ⁹ ὑμεῖσ δὲ οὐκ ἐστὲ ἐν 1Co 3, 16
σαρκὶ ἀλλὰ ἐν πνεύματι, εἴπερ πνεῦμα θεοῦ οἰκεῖ ἐν ὑμῖν. εἰ δέ
10 τισ πνεῦμα Χριστοῦ οὐκ ἔχει, οὗτοσ οὐκ ἔστιν αὐτοῦ. ¹⁰ εἰ δὲ
Χριστὸσ ἐν ὑμῖν, τὸ μὲν σῶμα νεκρὸν διὰ ἁμαρτίαν, τὸ δὲ
11 πνεῦμα ζωὴ διὰ δικαιοσύνην. ¹¹ εἰ δὲ τὸ πνεῦμα τοῦ ἐγείραντοσ
τὸν Ἰησοῦν ἐκ νεκρῶν οἰκεῖ ἐν ὑμῖν, ὁ ἐγείρασ ἐκ νεκρῶν Χρι- 1Co 6, 14
στὸν Ἰησοῦν ζωοποιήσει καὶ τὰ θνητὰ σώματα ὑμῶν διὰ τοῦ 2Co 4, 14
ἐνοικοῦντοσ αὐτοῦ πνεύματοσ ἐν ὑμῖν.
12   Ἄρα οὖν, ἀδελφοί, ὀφειλέται ἐσμὲν οὐ τῇ σαρκὶ τοῦ κατὰ
13 σάρκα ζῆν. ¹³ εἰ γὰρ κατὰ σάρκα ζῆτε, μέλλετε ἀποθνήσκειν·
εἰ δὲ πνεύματι τὰσ πράξεισ τοῦ σώματοσ θανατοῦτε, ζήσεσθε. Ga 5, 18
14 15 ¹⁴ ὅσοι γὰρ πνεύματι θεοῦ ἄγονται, οὗτοι υἱοί εἰσιν θεοῦ. ¹⁵ οὐ 2Ti 1, 7

20. αλλ 23. με τω νομω 25. ℵᵃ χαρισ δε τω, ς ℵ* ευχαριστω τω |
τω μεν νοϊ
VIII, 1. εν χρ. ιησου : add μη κατα σαρκα περιπατουσιν αλλα κατα
πνευμα 2. σε : με 9. αλλ 10. δι αμαρτ. 11. τον ιησουν : om τον | χριστ.
ιησουν : τον χριστον | εκ νεκρων : ante ζωοποιησει pon | ℵ om και | ς (non
ςᵉ) δια το ενοικουν αυτου πνευμα 14. ς εισιν υιοι θεου, ℵ υι. θε. εισ.

γὰρ ἐλάβετε πνεῦμα δουλίασ πάλιν εἰσ φόβον, ἀλλὰ ἐλάβετε πνεῦμα υἱοθεσίασ, ἐν ᾧ κράζομεν· Ἀββᾶ ὁ πατήρ. ¹⁶ αὐτὸ τὸ πνεῦμα συμμαρτυρεῖ τῷ πνεύματι ἡμῶν ὅτι ἐσμὲν τέκνα θεοῦ. ¹⁷ εἰ δὲ τέκνα, καὶ κληρονόμοι· κληρονόμοι μὲν θεοῦ, συνκληρονόμοι δὲ Χριστοῦ, εἴπερ συνπάσχομεν ἵνα καὶ συνδοξασθῶμεν.

Λογίζομαι γὰρ ὅτι οὐκ ἄξια τὰ παθήματα τοῦ νῦν καιροῦ πρὸσ τὴν μέλλουσαν δόξαν ἀποκαλυφθῆναι εἰσ ἡμᾶσ. ¹⁹ ἡ γὰρ ἀποκαραδοκία τῆσ κτίσεωσ τὴν ἀποκάλυψιν τῶν υἱῶν τοῦ θεοῦ ἀπεκδέχεται. ²⁰ τῇ γὰρ ματαιότητι ἡ κτίσισ ὑπετάγη, οὐχ ἑκοῦσα, ἀλλὰ διὰ τὸν ὑποτάξαντα, ἐφ' ἑλπίδι ²¹ διότι καὶ αὐτὴ ἡ κτίσισ ἐλευθερωθήσεται ἀπὸ τῆσ δουλίασ τῆσ φθορᾶσ εἰσ τὴν ἐλευθερίαν τῆσ δόξησ τῶν τέκνων τοῦ θεοῦ. ²² οἴδαμεν γὰρ ὅτι πᾶσα ἡ κτίσισ συνστενάζει καὶ συνωδίνει ἄχρι τοῦ νῦν· ²³ οὐ μόνον δέ, ἀλλὰ καὶ αὐτοὶ τὴν ἀπαρχὴν τοῦ πνεύματοσ ἔχοντεσ, ἡμεῖσ καὶ αὐτοὶ ἐν ἑαυτοῖσ στενάζομεν υἱοθεσίαν ἀπεκδεχόμενοι, τὴν ἀπολύτρωσιν τοῦ σώματοσ ἡμῶν. ²⁴ τῇ γὰρ ἐλπίδι ἐσώθημεν· ἐλπὶσ δὲ βλεπομένη οὐκ ἔστιν ἐλπίσ· ὃ γὰρ βλέπει τισ, τί καὶ ἐλπίζει; ²⁵ εἰ δὲ ὃ οὐ βλέπομεν ἐλπίζομεν, δι' ὑπομονῆσ ἀπεκδεχόμεθα.

Ὡσαύτωσ δὲ καὶ τὸ πνεῦμα συναντιλαμβάνεται τῇ ἀσθενείᾳ ἡμῶν. τὸ γὰρ τί προσευξώμεθα καθὸ δεῖ οὐκ οἴδαμεν, ἀλλὰ αὐτὸ τὸ πνεῦμα ὑπερεντυγχάνει στεναγμοῖσ ἀλαλήτοισ· ²⁷ ὁ δὲ ἐραυνῶν τὰσ καρδίασ οἶδεν τί τὸ φρόνημα τοῦ πνεύματοσ, ὅτι κατὰ θεὸν ἐντυγχάνει ὑπὲρ ἁγίων. ²⁸ οἴδαμεν δὲ ὅτι τοῖσ ἀγαπῶσιν τὸν θεὸν πάντα συνεργεῖ εἰσ ἀγαθόν, τοῖσ κατὰ πρόθεσιν κλητοῖσ οὖσιν. ²⁹ ὅτι οὓσ προέγνω, καὶ προώρισεν συμμόρφουσ τῆσ εἰκόνοσ τοῦ υἱοῦ αὐτοῦ, εἰσ τὸ εἶναι αὐτὸν πρωτότοκον ἐν πολλοῖσ ἀδελφοῖσ· ³⁰ οὓσ δὲ προώρισεν, τούτουσ καὶ ἐκάλεσεν· καὶ οὓσ ἐκάλεσεν, τούτουσ καὶ ἐδικαίωσεν· οὓσ δὲ ἐδικαίωσεν, τούτουσ καὶ ἐδόξασεν.

Τί οὖν ἐροῦμεν πρὸσ ταῦτα; εἰ ὁ θεὸσ ὑπὲρ ἡμῶν, τίσ καθ' ἡμῶν; ³² ὅσ γε τοῦ ἰδίου υἱοῦ οὐκ ἐφείσατο, ἀλλὰ ὑπὲρ ἡμῶν πάντων παρέδωκεν αὐτόν, πῶσ οὐχὶ καὶ σὺν αὐτῷ τὰ πάντα ἡμῖν χαρίσεται; ³³ τίσ ἐγκαλέσει κατὰ ἐκλεκτῶν θεοῦ; θεὸσ ὁ δικαιῶν· ³⁴ τίσ ὁ κατακρίνων; Χριστὸσ Ἰησοῦσ ὁ ἀποθανών, μᾶλλον δὲ ἐγερθείσ, ὅσ ἐστιν ἐν δεξιᾷ τοῦ θεοῦ, ὃσ καὶ ἐντυγχάνει ὑπὲρ ἡμῶν. ³⁵ τίσ ἡμᾶσ χωρίσει ἀπὸ τῆσ ἀγάπησ τοῦ Χριστοῦ; θλίψισ ἢ στενοχωρία ἢ διωγμὸσ ἢ λιμὸσ ἢ γυμνότησ ἢ κίνδυνοσ ἢ μάχαιρα; ³⁶ καθὼσ γέγραπται ὅτι ἕνεκεν σοῦ θανατούμεθα ὅλην τὴν

---

15. δουλειασ | αλλ 16: συμμαρτ. 17. συγκληρονο. | συμπασχ. 20. επ ελπιδι 21. οτι | δουλειασ 22. συστεναζ. 23. εχοντεσ και ημεισ αυτοι 24. τι και : ℵ* om τι | ελπιζει : ℵ* υπομενει 26. ταισ ασθενειαισ | αλλ | υπερεντυγχανει : add υπερ ημων 27. ερευνων 29. ℵ* συμμορφ. 32. αλλ 34. χριστοσ sine ιησούσ | μαλλ. δε : add και | εγερθεισ : ℵ* add εκ νεκρων | οσ και εστιν 35. του χριστου : ℵ του θεου 36. ενεκα

37 ἡμέραν, ἐλογίσθημεν ὡσ πρόβατα σφαγῆσ. ³⁷ἀλλ' ἐν τούτοισ
38 πᾶσιν ὑπερνικῶμεν διὰ τοῦ ἀγαπήσαντοσ ἡμᾶσ. ³⁸πέπεισμαι
γὰρ ὅτι οὔτε θάνατοσ οὔτε ζωή, οὔτε ἄγγελοι οὔτε ἀρχαί, οὔτε
39 ἐνεστῶτα οὔτε μέλλοντα, οὔτε δυνάμεισ ³⁹οὔτε ὕψωμα οὔτε βάθοσ
οὔτε τισ κτίσισ ἑτέρα δυνήσεται ἡμᾶσ χωρίσαι ἀπὸ τῆσ ἀγάπησ 35
τοῦ θεοῦ τῆσ ἐν Χριστῷ Ἰησοῦ τῷ κυρίῳ ἡμῶν.

IX.

De Israele dolor. Dei promissa stant. Vera proles Abrahami. Libera
dei gratia. Pharao. Figuli imago. Vaticinia in electos dei et Israelem.

1 Ἀλήθειαν λέγω ἐν Χριστῷ, οὐ ψεύδομαι, συνμαρτυρούσησ 1 Ti 2, 7
2 μοι τῆσ συνειδήσεώσ μου ἐν πνεύματι ἁγίῳ, ²ὅτι λύπη μοί ἐστιν
3 μεγάλη καὶ ἀδιάλειπτοσ ὀδύνη τῇ καρδίᾳ μου. ³ηὐχόμην γὰρ
ἀνάθεμα εἶναι αὐτόσ ἐγὼ ἀπὸ τοῦ Χριστοῦ ὑπὲρ τῶν ἀδελφῶν
4 μου τῶν συγγενῶν μου κατὰ σάρκα, ⁴οἵτινέσ εἰσιν Ἰσραηλεῖται,
ὧν ἡ υἱοθεσία καὶ ἡ δόξα καὶ αἱ διαθῆκαι καὶ ἡ νομοθεσία καὶ
5 ἡ λατρεία καὶ αἱ ἐπαγγελίαι, ⁵ὧν οἱ πατέρεσ, καὶ ἐξ ὧν ὁ Χρι-
στὸσ τὸ κατὰ σάρκα. ὁ ὢν ἐπὶ πάντων θεὸσ εὐλογητὸσ εἰσ τοὺσ
6 αἰῶνασ, ἀμήν. ⁶Οὐχ οἷον δὲ ὅτι ἐκπέπτωκεν ὁ λόγοσ τοῦ θεοῦ. 1, 25
7 οὐ γὰρ πάντεσ οἱ ἐξ Ἰσραήλ, οὗτοι Ἰσραήλ· ⁷οὐδ' ὅτι εἰσὶν
σπέρμα Ἀβραάμ, πάντεσ τέκνα, ἀλλ'· ἐν Ἰσαὰκ κληθήσεταί σοι Gn 21, 12 He 11, 18
8 σπέρμα· ⁸τοῦτ' ἔστιν, οὐ τὰ τέκνα τῆσ σαρκὸσ ταῦτα τέκνα τοῦ
9 θεοῦ, ἀλλὰ τὰ τέκνα τῆσ ἐπαγγελίασ λογίζεται εἰσ σπέρμα. ⁹ἐπαγ-
γελίασ γὰρ ὁ λόγοσ οὗτοσ· κατὰ τὸν καιρὸν τοῦτον ἐλεύσομαι Gn 18, 20
10 καὶ ἔσται τῇ Σάρρᾳ υἱόσ. ¹⁰οὐ μόνον δέ, ἀλλὰ καὶ Ῥεβέκκα Gn 25, 21
11 ἐξ ἑνὸσ κοίτην ἔχουσα, Ἰσαὰκ τοῦ πατρὸσ ἡμῶν· ¹¹μήπω γὰρ
γεννηθέντων μηδὲ πραξάντων τι ἀγαθὸν ἢ φαῦλον, ἵνα ἡ κατ'
ἐκλογὴν πρόθεσισ τοῦ θεοῦ μένῃ, οὐκ ἐξ ἔργων ἀλλ' ἐκ τοῦ κα-
12 λοῦντοσ, ¹²ἐρρέθη αὐτῇ ὅτι ὁ μείζων δουλεύσει τῷ ἐλάσσονι,
13 ¹³καθὼσ γέγραπται· τὸν Ἰακὼβ ἠγάπησα, τὸν δὲ Ἠσαῦ ἐμίσησα. Gn 25, 23 Mal 1, 2.3
14 Τί οὖν ἐροῦμεν; μὴ ἀδικία παρὰ τῷ θεῷ; μὴ γένοιτο.
15 ¹⁵τῷ Μωϋσεῖ γὰρ λέγει· ἐλεήσω ὃν ἂν ἐλεῶ, καὶ οἰκτειρήσω ὃν Ex 33, 19
16 ἂν οἰκτείρω. ¹⁶ἄρα οὖν οὐ τοῦ θέλοντοσ οὐδὲ τοῦ τρέχοντοσ,
17 ἀλλὰ τοῦ ἐλεῶντοσ θεοῦ. ¹⁷λέγει γὰρ ἡ γραφὴ τῷ Φαραὼ ὅτι Ex 9, 16
εἰσ αὐτὸ τοῦτο ἐξήγειρά σε, ὅπωσ ἐνδείξωμαι ἐν σοὶ τὴν δύναμίν
18 μου, καὶ ὅπωσ διαγγελῇ τὸ ὄνομά μου ἐν πάσῃ τῇ γῇ. ¹⁸ἄρα Ex 7, 3
19 οὖν ὃν θέλει ἐλεεῖ, ὃν δὲ θέλει σκληρύνει. ¹⁹Ἐρεῖσ μοι οὖν· τί
20 ἔτι μέμφεται; τῷ γὰρ βουλήματι αὐτοῦ τίσ ἀνθέστηκεν; ²⁰ὦ
ἄνθρωπε, μενοῦνγε σὺ τίσ εἶ ὁ ἀνταποκρινόμενοσ τῷ θεῷ; μὴ Es 45, 9 29, 6
21 ἐρεῖ τὸ πλάσμα τῷ πλάσαντι· τί με ἐποίησασ οὕτωσ; ²¹ἢ οὐκ

38. ουτε δυναμεισ: ante ουτ. ενεστ. ουτ. μελλ. pon
IX, 1. συμμαρτ. 3. א ειν. αναθ. αυτ. εγω, ϛ αυτ. εγω αναθ. ειν.
4. ισραηλιται 7. (non item v. 10) א* ισακ 11. φαυλον : κακον | του
θεου προθεσισ 12. ερρηθη 15. τω γαρ μωση 16. ελεουντοσ 19. ουν
μοι | τι ουν ετι | ϛᵉ om γαρ 20. μενουνγ. ω ανθρ.

ROM. 10, 8. 299

ἔχει ἐξουσίαν ὁ κεραμεὺσ τοῦ πηλοῦ ἐκ τοῦ αὐτοῦ φυράματοσ
ποιῆσαι ὃ μὲν εἰσ τιμὴν σκεῦοσ, ὃ δὲ εἰσ ἀτιμίαν; ²² εἰ δὲ θέλων 22
ὁ θεὸσ ἐνδείξασθαι τὴν ὀργὴν καὶ γνωρίσαι τὸ δυνατὸν αὐτοῦ
ἤνεγκεν ἐν πολλῇ μακροθυμίᾳ σκεύη ὀργῆσ κατηρτισμένα εἰσ
ἀπώλειαν, ²³ καὶ ἵνα γνωρίσῃ τὸν πλοῦτον τῆσ δόξησ αὐτοῦ ἐπὶ 23
σκεύη ἐλέουσ, ἃ προητοίμασεν εἰσ δόξαν; ²⁴ οὓσ καὶ ἐκάλεσεν 24
ἡμᾶσ οὐ μόνον ἐξ Ἰουδαίων ἀλλὰ καὶ ἐξ ἐθνῶν, ²⁵ ὡσ καὶ ἐν τῷ 25
Hos 2, 25 Ὡσηὲ λέγει· καλέσω τὸν οὐ λαόν μου λαόν μου καὶ τὴν οὐκ
Hos 1, 10 ἠγαπημένην ἠγαπημένην, ²⁶ καὶ ἔσται ἐν τῷ τόπῳ οὗ ἐρρέθη 26
αὐτοῖσ· οὐ λαόσ μου ὑμεῖσ, ἐκεῖ κληθήσονται υἱοὶ θεοῦ ζῶντοσ.
Es 10, 22 s ²⁷ Ἠσαΐασ δὲ κράζει ὑπὲρ τοῦ Ἰσραήλ· ἐὰν ᾖ ὁ ἀριθμὸσ τῶν 27
υἱῶν Ἰσραὴλ ὡσ ἡ ἄμμοσ τῆσ θαλάσσησ, τὸ ὑπόλειμμα σωθήσε-
ται. ²⁸ λόγον γὰρ συντελῶν καὶ συντέμνων ποιήσει κύριοσ ἐπὶ 28
Es 1, 9 τῆσ γῆσ. ²⁹ καὶ καθὼσ προείρηκεν Ἠσαΐασ· εἰ μὴ κύριοσ Σαβαὼθ 29
ἐνκατέλιπεν ἡμῖν σπέρμα, ὡσ Σόδομα ἂν ἐγενήθημεν καὶ ὡσ
Γόμορρα ἂν ὡμοιώθημεν.

Τί οὖν ἐροῦμεν; ὅτι ἔθνη τὰ μὴ διώκοντα δικαιοσύνην 30
κατέλαβεν δικαιοσύνην, δικαιοσύνην δὲ τὴν ἐκ πίστεωσ, ³¹ Ἰσραὴλ 31
δὲ διώκων νόμον δικαιοσύνησ εἰσ νόμον οὐκ ἔφθασεν. ³² διατί; 32
ὅτι οὐκ ἐκ πίστεωσ ἀλλ' ὡσ ἐξ ἔργων· προσέκοψαν τῷ λίθῳ τοῦ
Es 8, 14. προσκόμματοσ, ³³ καθὼσ γέγραπται· ἰδοὺ τίθημι ἐν Σιὼν λίθον 33
28, 16
10, 11 προσκόμματοσ καὶ πέτραν σκανδάλου, καὶ ὁ πιστεύων ἐπ' αὐτῷ
οὐ καταισχυνθήσεται.

X.

Iudaei negantes Christo fidem. Vera fide omnes servantur. Vaticinia de
Iudaeis ac gentibus.

Ἀδελφοί, ἡ μὲν εὐδοκία τῆσ ἐμῆσ καρδίασ καὶ ἡ δέησισ 1
πρὸσ τὸν θεὸν ὑπὲρ αὐτῶν εἰσ σωτηρίαν. ² μαρτυρῶ γὰρ αὐτοῖσ 2
Phl 3, 9 ὅτι ζῆλον θεοῦ ἔχουσιν, ἀλλ' οὐ κατ' ἐπίγνωσιν· ³ ἀγνοοῦντεσ γὰρ 3
τὴν τοῦ θεοῦ δικαιοσύνην καὶ τὴν ἰδίαν δικαιοσύνην ζητοῦντεσ
στῆσαι, τῇ δικαιοσύνῃ τοῦ θεοῦ οὐχ ὑπετάγησαν. ⁴ τέλοσ γὰρ 4
νόμου Χριστὸσ εἰσ δικαιοσύνην παντὶ τῷ πιστεύοντι. ⁵ Μωϋσῆσ 5
Lv 18, 5 γὰρ γράφει ὅτι τὴν δικαιοσύνην τὴν ἐκ νόμου ὁ ποιήσασ ἄνθρωποσ
Gal 3, 1 ζήσεται ἐν αὐτῇ. ⁶ ἡ δὲ ἐκ πίστεωσ δικαιοσύνη οὕτωσ λέγει· μὴ 6
Dt 30, εἴπῃσ ἐν τῇ καρδίᾳ σου· τίσ ἀναβήσεται εἰσ τὸν οὐρανόν; τοῦτ'
11-14
ἔστιν Χριστὸν καταγαγεῖν· ⁷ ἤ· τίσ καταβήσεται εἰσ τὴν ἄβυσ- 7
σον; τοῦτ' ἔστιν Χριστὸν ἐκ νεκρῶν ἀναγαγεῖν. ⁸ ἀλλὰ τί λέγει; 8

26. א* τοπω ω ερρ. | ερρηθη 27. καταλειμμα 28. συντεμνων : add
εν δικαιοσυνη, οτι λογον συντετμημενον 29. εγκατελ. 31. εις νομον :
add δικαιοσυνησ 32. εξ εργων : add νομου | προσκοψ. γαρ 33. και
πασ ο πιστ.

X, 1. η δεησ. η προσ | υπερ αυτων : υπ. του ισραηλ | εστιν εισ
σωτηριαν 5. μωσησ | οτι : post νομου | εκ του νομου | ο ποιησασ : add
αυτα | εν αυτη : εν αυτοισ 6. ʒᵉ om τη

ἐγγύσ σου τὸ ῥῆμά ἐστιν, ἐν τῷ στόματί σου καὶ ἐν τῇ καρδίᾳ
9 σου· τοῦτ' ἔστιν τὸ ῥῆμα τῆσ πίστεωσ ὃ κηρύσσομεν. ⁹ ὅτι ἐὰν
ὁμολογήσῃσ ἐν τῷ στόματί σου κύριον Ἰησοῦν, καὶ πιστεύσῃσ ἐν
τῇ καρδίᾳ σου ὅτι ὁ θεὸσ αὐτὸν ἤγειρεν ἐκ νεκρῶν, σωθήσῃ·
10 ¹⁰ καρδίᾳ γὰρ πιστεύεται εἰσ δικαιοσύνην, στόματι δὲ ὁμολογεῖται
11 εἰσ σωτηρίαν. ¹¹ λέγει γὰρ ἡ γραφή· πᾶσ ὁ πιστεύων ἐπ' αὐτῷ
12 οὐ καταισχυνθήσεται. ¹² οὐ γάρ ἐστιν διαστολὴ Ἰουδαίου τε καὶ
Ἕλληνοσ· ὁ γὰρ αὐτὸσ κύριοσ πάντων, πλουτῶν εἰσ πάντασ τοὺσ
13 ἐπικαλουμένουσ αὐτόν. ¹³ πᾶσ γὰρ ὃσ ἂν ἐπικαλέσηται τὸ ὄνομα
14 κυρίου σωθήσεται. ¹⁴ πῶσ οὖν ἐπικαλέσωνται εἰσ ὃν οὐκ ἐπί-
στευσαν; πῶσ δὲ πιστεύσωσιν οὗ οὐκ ἤκουσαν; πῶσ δὲ ἀκούσονται
15 χωρὶσ κηρύσσοντοσ; ¹⁵ πῶσ δὲ κηρύξωσιν ἐὰν μὴ ἀποσταλῶσιν;
καθὼσ γέγραπται· ὡσ ὡραῖοι οἱ πόδεσ τῶν εὐαγγελιζομένων τὰ
ἀγαθά.
16 Ἀλλ' οὐ πάντεσ ὑπήκουσαν τῷ εὐαγγελίῳ. Ἡσαΐασ γὰρ
17 λέγει· κύριε, τίσ ἐπίστευσεν τῇ ἀκοῇ ἡμῶν; ¹⁷ ἄρα ἡ πίστισ ἐξ
18 ἀκοῆσ, ἡ δὲ ἀκοὴ διὰ ῥήματοσ Χριστοῦ. ¹⁸ ἀλλὰ λέγω, μὴ οὐκ
ἤκουσαν; μενοῦνγε· εἰσ πᾶσαν τὴν γῆν ἐξῆλθεν ὁ φθόγγοσ αὐτῶν,
19 καὶ εἰσ τὰ πέρατα τῆσ οἰκουμένησ τὰ ῥήματα αὐτῶν. ¹⁹ ἀλλὰ
λέγω, μὴ Ἰσραὴλ οὐκ ἔγνω; πρῶτοσ Μωϋσῆσ λέγει· ἐγὼ παραζη-
λώσω ὑμᾶσ ἐπ' οὐκ ἔθνει, ἐπ' ἔθνει ἀσυνέτῳ παροργιῶ ὑμᾶσ.
20 ²⁰ Ἡσαΐασ δὲ ἀποτολμᾷ καὶ λέγει· εὑρέθην τοῖσ ἐμὲ μὴ ζητοῦσιν,
21 ἐμφανὴσ ἐγενόμην τοῖσ ἐμὲ μὴ ἐπερωτῶσιν. ²¹ πρὸσ δὲ τὸν Ἰσραὴλ
λέγει· ὅλην τὴν ἡμέραν ἐξεπέτασα τὰσ χεῖράσ μου πρὸσ λαὸν
ἀπειθοῦντα καὶ ἀντιλέγοντα.

XI.

Iudaeorum pars electi, pars reiecti. Incredulitas Iudaeorum salus gentium
exstitit; sed manet salus et ipsum Israel.

1 Λέγω οὖν, μὴ ἀπώσατο ὁ θεὸσ τὸν λαὸν αὐτοῦ; μὴ γένοιτο·
καὶ γὰρ ἐγὼ Ἰσραηλείτησ εἰμί, ἐκ σπέρματοσ Ἀβραάμ, φυλῆσ
2 Βενιαμείν. ² οὐκ ἀπώσατο ὁ θεὸσ τὸν λαὸν αὐτοῦ ὃν προέγνω.
ἢ οὐκ οἴδατε ἐν Ἠλείᾳ τί λέγει ἡ γραφή, ὡσ ἐντυγχάνει τῷ θεῷ
3 κατὰ τοῦ Ἰσραήλ; ³ κύριε, τοὺσ προφήτασ σου ἀπέκτειναν, τὰ
θυσιαστήριά σου κατέσκαψαν, κἀγὼ ὑπελείφθην μόνοσ καὶ ζητοῦ-
4 σιν τὴν ψυχήν μου. ⁴ ἀλλὰ τί λέγει αὐτῷ ὁ χρηματισμόσ; κατέλι-
πον ἐμαυτῷ ἑπτακισχιλίουσ ἄνδρασ, οἵτινεσ οὐκ ἔκαμψαν γόνυ
5 τῇ Βάαλ. ⁵ οὕτωσ οὖν καὶ ἐν τῷ νῦν καιρῷ λεῖμμα κατ' ἐκλογὴν

---

14. επικαλεσονται | πιστευσουσιν | ς ακουσουσιν, א^c ακουσωσιν   15. κη-
ρυξουσιν | των ευαγγελιζομενων ειρηνην των ευαγγελιζομενων τα
(א^c om) αγαθα   17. χριστου : θεου   19. μη ουκ εγνω ισραηλ | μωσησ |
επι εθνει

XI, 1. τον λα. αυτου : א^c add ον προεγνω | ισραηλιτησ | βενιαμιν
2. ς א ηλια | ισραηλ : ς א* add λεγων   3. και τα θυσιαστηρ.

χάριτοσ γέγονεν· ⁶ εἰ δὲ χάριτι, οὐκέτι ἐξ ἔργων, ἐπεὶ ἡ χάρισ 6
οὐκέτι γίνεται χάρισ. ⁷ Τί οὖν; ὃ ἐπιζητεῖ Ἰσραήλ, τοῦτο οὐκ ἐπ- 7
έτυχεν, ἡ δὲ ἐκλογὴ ἐπέτυχεν· οἱ δὲ λοιποὶ ἐπωρώθησαν, ⁸ κα- 8
θάπερ γέγραπται· ἔδωκεν αὐτοῖσ ὁ θεὸσ πνεῦμα κατανύξεωσ,
ὀφθαλμοὺσ τοῦ μὴ βλέπειν καὶ ὦτα τοῦ μὴ ἀκούειν, ἕωσ τῆσ
σήμερον ἡμέρασ. ⁹ καὶ Δαυεὶδ λέγει· γενηθήτω ἡ τράπεζα αὐ- 9
τῶν εἰσ παγίδα καὶ εἰσ θήραν καὶ εἰσ σκάνδαλον καὶ εἰσ ἀντα-
πόδομα αὐτοῖσ, ¹⁰ σκοτισθήτωσαν οἱ ὀφθαλμοὶ αὐτῶν τοῦ μὴ 10
βλέπειν, καὶ τὸν νῶτον αὐτῶν διαπαντὸσ σύνκαμψον.
Λέγω οὖν, μὴ ἔπταισαν ἵνα πέσωσιν; μὴ γένοιτο· ἀλλὰ τῷ 11
αὐτῶν παραπτώματι ἡ σωτηρία τοῖσ ἔθνεσιν, εἰσ τὸ παραζηλῶ-
σαι αὐτούσ. ¹² εἰ δὲ τὸ παράπτωμα αὐτῶν πλοῦτοσ κόσμου καὶ 12
τὸ ἥττημα αὐτῶν πλοῦτοσ ἐθνῶν, πόσῳ μᾶλλον τὸ πλήρωμα
αὐτῶν. ¹³ ὑμῖν δὲ λέγω τοῖσ ἔθνεσιν. ἐφ᾽ ὅσον μὲν οὖν εἰμὶ ἐγὼ 13
ἐθνῶν ἀπόστολοσ, τὴν διακονίαν μου δοξάζω, ¹⁴ εἴπωσ παρα- 14
ζηλώσω μου τὴν σάρκα καὶ σώσω τινὰσ ἐξ αὐτῶν. ¹⁵ εἰ γὰρ ἡ 15
ἀποβολὴ αὐτῶν καταλλαγὴ κόσμου, τίσ ἡ πρόσλημψισ εἰ μὴ ζωὴ
ἐκ νεκρῶν; ¹⁶ εἰ δὲ ἡ ἀπαρχὴ ἁγία, καὶ τὸ φύραμα· καὶ εἰ ἡ ῥίζα 16
ἁγία, καὶ οἱ κλάδοι.
Εἰ δέ τινεσ τῶν κλάδων ἐξεκλάσθησαν, σὺ δὲ ἀγριέλαιοσ 17
ὢν ἐνεκεντρίσθησ ἐν αὐτοῖσ καὶ συνκοινωνὸσ τῆσ ῥίζησ τῆσ πιό-
τητοσ τῆσ ἐλαίασ ἐγένου, ¹⁸ μὴ κατακαυχῶ τῶν κλάδων· εἰ δὲ 18
κατακαυχᾶσαι, οὐ σὺ τὴν ῥίζαν βαστάζεισ ἀλλὰ ἡ ῥίζα σέ. ¹⁹ ἐρεῖσ 19
οὖν· ἐξεκλάσθησαν κλάδοι ἵνα ἐγὼ ἐνκεντρισθῶ. ²⁰ καλῶσ· τῇ 20
ἀπιστίᾳ ἐξεκλάσθησαν, σὺ δὲ τῇ πίστει ἕστηκασ. μὴ ὑψηλὰ
φρόνει, ἀλλὰ φοβοῦ· ²¹ εἰ γὰρ ὁ θεὸσ τῶν κατὰ φύσιν κλάδων 21
οὐκ ἐφείσατο, οὐδὲ σοῦ φείσεται. ²² ἴδε οὖν χρηστότητα καὶ 22
ἀποτομίαν θεοῦ· ἐπὶ μὲν τοὺσ πεσόντασ ἀποτομία, ἐπὶ δὲ σὲ
χρηστότησ θεοῦ, ἐὰν ἐπιμένῃσ τῇ χρηστότητι, ἐπεὶ καὶ σὺ ἐκκο-
πήσῃ. ²³ κἀκεῖνοι δέ, ἐὰν μὴ ἐπιμένωσιν τῇ ἀπιστίᾳ, ἐνκεν- 23
τρισθήσονται· δυνατὸσ γάρ ἐστιν ὁ θεὸσ πάλιν ἐνκεντρίσαι αὐ-
τούσ. ²⁴ εἰ γὰρ σὺ ἐκ τῆσ κατὰ φύσιν ἐξεκόπησ ἀγριελαίου καὶ 24
παρὰ φύσιν ἐνεκεντρίσθησ εἰσ καλλιέλαιον, πόσῳ μᾶλλον οὗτοι
οἱ κατὰ φύσιν ἐνκεντρισθήσονται τῇ ἰδίᾳ ἐλαίᾳ.
Οὐ γὰρ θέλω ὑμᾶσ ἀγνοεῖν, ἀδελφοί, τὸ μυστήριον τοῦτο, 25
ἵνα μὴ ἦτε παρ᾽ ἑαυτοῖσ φρόνιμοι, ὅτι πώρωσισ ἀπὸ μέρουσ τῷ
Ἰσραὴλ γέγονεν ἄχρισ οὗ τὸ πλήρωμα τῶν ἐθνῶν εἰσέλθῃ, ²⁶ καὶ 26

6. ουκετ. γιν. χαρισ : add ει δε εξ εργων, ουκετι εστι χαρισ, επει το
εργον ουκετι εστιν εργον 7. τουτο : τουτον 8. καθωσ γεγρ. 9. δαβιδ
10. συγκαμψον 13. υμιν γαρ | μὲν ουν : om ουν 15. προσληψισ
17. συγκοινωνοσ | τησ ριζ. και τησ 18. αλλ 19. οι κλαδοι | ενκεντρ.
20. υψηλοφρονει 21. μηπωσ ουδε σου φεισηται 22. αποτομιαν |
χρηστοτητα | θεου sec : om | επιμεινησ 23. και εκεινοι | επιμεινωσι |
ενκεντρ. bis 24. ενκεντρισθ. 25. א ου θελω γαρ

οὕτωσ πᾶσ Ἰσραὴλ σωθήσεται, καθὼσ γέγραπται· ἥξει ἐκ Σιὼν ὁ
27 ῥυόμενοσ, ἀποστρέψει ἀσεβείασ ἀπὸ Ἰακωβ. ²⁷ καὶ αὕτη αὐτοῖσ
ἡ παρ᾽ ἐμοῦ διαθήκη, ὅταν ἀφέλωμαι τὰσ ἁμαρτίασ αὐτῶν.
28 ²⁸ κατὰ μὲν τὸ εὐαγγέλιον ἐχθροὶ δι᾽ ὑμᾶσ, κατὰ δὲ τὴν ἐκλογὴν
29 ἀγαπητοὶ διὰ τοὺσ πατέρασ· ²⁹ ἀμεταμέλητα γὰρ τὰ χαρίσματα
30 καὶ ἡ κλῆσισ τοῦ θεοῦ. ³⁰ ὥσπερ γὰρ ὑμεῖσ ποτὲ ἠπειθήσατε τῷ
31 θεῷ, νῦν δὲ ἠλεήθητε τῇ τούτων ἀπειθείᾳ, ³¹ οὕτωσ καὶ οὗτοι
νῦν ἠπείθησαν τῷ ὑμετέρῳ ἐλέει ἵνα καὶ αὐτοὶ νῦν ἐλεηθῶσιν·
32 ³² συνέκλεισεν γὰρ ὁ θεὸσ τοὺσ πάντασ εἰσ ἀπείθειαν ἵνα τοὺσ
33 πάντασ ἐλεήσῃ. ³³ Ὦ βάθοσ πλούτου καὶ σοφίασ καὶ γνώσεωσ
θεοῦ· ὡσ ἀνεξεραύνητα τὰ κρίματα αὐτοῦ καὶ ἀνεξιχνίαστοι αἱ
34 ὁδοὶ αὐτοῦ. ³⁴ τίσ γὰρ ἔγνω νοῦν κυρίου; ἢ τίσ σύμβουλοσ αὐτοῦ
35 ἐγένετο; ³⁵ ἢ τίσ προέδωκεν αὐτῷ, καὶ ἀνταποδοθήσεται αὐτῷ;
36 ³⁶ ὅτι ἐξ αὐτοῦ καὶ δι᾽ αὐτοῦ καὶ εἰσ αὐτὸν τὰ πάντα· αὐτῷ ἡ
δόξα εἰσ τοὺσ αἰῶνασ, ἀμήν.

XII.

Sancte vivendum gratiaeque donis recte utendum. Amori, modestiae, mansuetudini studendum.

1 Παρακαλῶ οὖν ὑμᾶσ, ἀδελφοί, διὰ τῶν οἰκτιρμῶν τοῦ θεοῦ,
παραστῆσαι τὰ σώματα ὑμῶν θυσίαν ζῶσαν ἁγίαν τῷ θεῷ εὐά-
2 ρεστον, τὴν λογικὴν λατρείαν ὑμῶν· ² καὶ μὴ συνσχηματίζεσθε τῷ
αἰῶνι τούτῳ, ἀλλὰ μεταμορφοῦσθε τῇ ἀνακαινώσει τοῦ νοόσ, εἰσ
τὸ δοκιμάζειν ὑμᾶσ τί τὸ θέλημα τοῦ θεοῦ, τὸ ἀγαθὸν καὶ
3 εὐάρεστον καὶ τέλειον. ³ λέγω γὰρ διὰ τῆσ χάριτοσ τῆσ δοθείσησ
μοι παντὶ τῷ ὄντι ἐν ὑμῖν, μὴ ὑπερφρονεῖν παρ᾽ ὃ δεῖ φρονεῖν,
ἀλλὰ φρονεῖν εἰσ τὸ σωφρονεῖν, ἑκάστῳ ὡσ ὁ θεὸσ ἐμέρισεν
4 μέτρον πίστεωσ. ⁴ καθάπερ γὰρ ἐν ἑνὶ σώματι πολλὰ μέλη
5 ἔχομεν, τὰ δὲ μέλη πάντα οὐ τὴν αὐτὴν ἔχει πρᾶξιν, ⁵ οὕτωσ οἱ
πολλοὶ ἓν σῶμά ἐσμεν ἐν Χριστῷ, τὸ δὲ καθ᾽ εἶσ ἀλλήλων μέλη,
6 ⁶ ἔχοντεσ δὲ χαρίσματα κατὰ τὴν χάριν τὴν δοθεῖσαν ἡμῖν διά-
7 φορα· εἴτε προφητείαν, κατὰ τὴν ἀναλογίαν τῆσ πίστεωσ· ⁷ εἴτε
διακονίαν, ἐν τῇ διακονίᾳ· εἴτε ὁ διδάσκων, ἐν τῇ διδασκαλίᾳ·
8 ⁸ εἴτε ὁ παρακαλῶν, ἐν τῇ παρακλήσει· ὁ μεταδιδοὺσ ἐν ἁπλό-
τητι, ὁ προϊστάμενοσ ἐν σπουδῇ, ὁ ἐλεῶν ἐν ἱλαρότητι.
9 Ἡ ἀγάπη ἀνυπόκριτοσ. ἀποστυγοῦντεσ τὸ πονηρόν, κολλώ-
10 μενοι τῷ ἀγαθῷ, ¹⁰ τῇ φιλαδελφίᾳ εἰσ ἀλλήλουσ φιλόστοργοι, τῇ
11 τιμῇ ἀλλήλουσ προηγούμενοι, ¹¹ τῇ σπουδῇ μὴ ὀκνηροί, τῷ πνεύ-
12 ματι ζέοντεσ, τῷ κυρίῳ δουλεύοντεσ, ¹² τῇ ἐλπίδι χαίροντεσ, τῇ
13 θλίψει ὑπομένοντεσ, τῇ προσευχῇ προσκαρτεροῦντεσ, ¹³ ταῖσ χρείαισ

26. και αποστρεψει 30. ℵ* om versum, suppl^a | ωσπ. γαρ : add και
31. ℵ* om αυτοι | νυν sec : om 33. ανεξερευνητα
XII, 1. ευαρεστ. τω θεω 2. συσχηματ. | του νοοσ : add υμων
4 μελη πολλα 5. το δε : ο δε 8. ℵ προϊστανομενοσ 11. τω κυριω :
ϛ (non ϛᵉ) τ. καιρω

τῶν ἁγίων κοινωνοῦντεσ, τὴν φιλοξενίαν διώκοντεσ. ¹⁴ εὐλογεῖτε 14
τοὺσ διώκοντασ ὑμᾶσ, εὐλογεῖτε καὶ μὴ καταρᾶσθε. ¹⁵ χαίρειν 15
μετὰ χαιρόντων, κλαίειν μετὰ κλαιόντων. ¹⁶ τὸ αὐτὸ εἰσ ἀλλή- 16
λουσ φρονοῦντεσ, μὴ τὰ ὑψηλὰ φρονοῦντεσ ἀλλὰ τοῖσ ταπεινοῖσ
συναπαγόμενοι· μὴ γίνεσθε φρόνιμοι παρ᾽ ἑαυτοῖσ. ¹⁷ μηδενὶ κα- 17
κὸν ἀντὶ κακοῦ ἀποδιδόντες, προνοούμενοι καλὰ ἐνώπιον πάντων
ἀνθρώπων, ¹⁸ εἰ δυνατόν, τὸ ἐξ ὑμῶν, μετὰ πάντων ἀνθρώπων 18
εἰρηνεύοντεσ, ¹⁹ μὴ ἑαυτοὺσ ἐκδικοῦντεσ, ἀγαπητοί, ἀλλὰ δότε 19
τόπον τῇ ὀργῇ· γέγραπται γάρ· ἐμοὶ ἐκδίκησισ, ἐγὼ ἀνταποδώσω,
λέγει κύριοσ. ²⁰ ἀλλὰ ἐὰν πεινᾷ ὁ ἐχθρόσ σου, ψώμιζε αὐτόν· 20
ἐὰν διψᾷ, πότιζε αὐτόν· τοῦτο γὰρ ποιῶν ἄνθρακασ πυρὸσ
σωρεύσεισ ἐπὶ τὴν κεφαλὴν αὐτοῦ. ²¹ μὴ νικῶ ὑπὸ τοῦ κακοῦ, 21
ἀλλὰ νίκα ἐν τῷ ἀγαθῷ τὸ κακόν.

XIII.

Magistratibus parendum, suum cuique amanter tribuendum, vigilandum.

Πᾶσα ψυχὴ ἐξουσίαισ ὑπερεχούσαισ ὑποτασσέσθω. οὐ γὰρ 1
ἔστιν ἐξουσία εἰ μὴ ὑπὸ θεοῦ, αἱ δὲ οὖσαι ὑπὸ θεοῦ τεταγμέναι
εἰσίν. ² ὥστε ὁ ἀντιτασσόμενοσ τῇ ἐξουσίᾳ τῇ τοῦ θεοῦ δια- 2
ταγῇ ἀνθέστηκεν· οἱ δὲ ἀνθεστηκότεσ ἑαυτοῖσ κρίμα λήμψονται.
³ οἱ γὰρ ἄρχοντεσ οὐκ εἰσὶν φόβοσ τῷ ἀγαθῷ ἔργῳ ἀλλὰ τῷ 3
κακῷ. θέλεισ δὲ μὴ φοβεῖσθαι τὴν ἐξουσίαν; τὸ ἀγαθὸν ποίει,
καὶ ἕξεισ ἔπαινον ἐξ αὐτῆσ· ⁴ θεοῦ γὰρ διάκονόσ ἐστιν σοὶ εἰσ 4
τὸ ἀγαθόν. ἐὰν δὲ τὸ κακὸν ποιῇσ, φοβοῦ· οὐ γὰρ εἰκῇ τὴν
μάχαιραν φορεῖ· θεοῦ γὰρ διάκονόσ ἐστιν ἔκδικοσ εἰσ ὀργὴν τῷ
τὸ κακὸν πράσσοντι. ⁵ διὸ ἀνάγκη ὑποτάσσεσθαι, οὐ μόνον διὰ 5
τὴν ὀργὴν ἀλλὰ καὶ διὰ τὴν συνείδησιν. ⁶ διὰ τοῦτο γὰρ καὶ 6
φόρουσ τελεῖτε· λειτουργοὶ γὰρ θεοῦ εἰσὶν εἰσ αὐτὸ τοῦτο προσ-
καρτεροῦντεσ. ⁷ ἀπόδοτε πᾶσιν τὰσ ὀφειλάσ, τῷ τὸν φόρον τὸν 7
φόρον, τῷ τὸ τέλοσ τὸ τέλοσ, τῷ τὸν φόβον τὸν φόβον, τῷ τὴν
τιμὴν τὴν τιμήν. ⁸ Μηδενὶ μηδὲν ὀφείλετε, εἰ μὴ τὸ ἀλλήλουσ 8
ἀγαπᾶν· ὁ γὰρ ἀγαπῶν τὸν ἕτερον νόμον πεπλήρωκεν. ⁹ τὸ γὰρ 9
οὐ μοιχεύσεισ, οὐ φονεύσεισ, οὐ κλέψεισ, οὐκ ἐπιθυμήσεισ, καὶ εἴ
τισ ἑτέρα ἐντολή, ἐν τῷ λόγῳ τούτῳ ἀνακεφαλαιοῦται, ἐν τῷ·
ἀγαπήσεισ τὸν πλησίον σου ὡσ σεαυτόν. ¹⁰ ἡ ἀγάπη τῷ πλησίον 10
κακὸν οὐκ ἐργάζεται· πλήρωμα οὖν νόμου ἡ ἀγάπη. ¹¹ Καὶ 11
τοῦτο εἰδότεσ τὸν καιρόν, ὅτι ὥρα ἤδη ὑμᾶσ ἐξ ὕπνου ἐγερθῆναι·
νῦν γὰρ ἐγγύτερον ἡμῶν ἡ σωτηρία ἢ ὅτε ἐπιστεύσαμεν. ¹² ἡ νὺξ 12

15. και κλαιειν   20. αλλα (א αλλ) εαν : εαν ουν
XIII, 1. ει μη απο θεου | αι δε ουσαι : add εξουσιαι | υπο του
θεου· 2. λημψονται   3. των αγαθων εργων αλλα των κακων   4. א* εισ
οργην εκδικ.   7. αποδοτε : add ουν   8. א* οφιλοντεσ | αγαπαν αλλη-
λουσ   9. ου κλεψεισ :׳ א add ου ψευδομαρτυρησεισ | ει τισ ετερα : א*
add εστιν | τουτω τω λογω | ωσ εαυτον   11. ημασ ηδη εξ υπνου

προέκοψεν, ἡ δὲ ἡμέρα ἤγγικεν. ἀποθώμεθα οὖν τὰ ἔργα τοῦ
13 σκότουσ, ἐνδυσώμεθα δὲ τὰ ὅπλα τοῦ φωτόσ. ¹³ ὡσ ἐν ἡμέρᾳ
εὐσχημόνωσ περιπατήσωμεν, μὴ κώμοισ καὶ μέθαισ, μὴ κοίταισ
14 καὶ ἀσελγείαισ, μὴ ἔριδι καὶ ζήλῳ, ¹⁴ ἀλλὰ ἐνδύσασθε τὸν κύριον Ga 3, 27
Ἰησοῦν Χριστόν, καὶ τῆσ σαρκὸσ πρόνοιαν μὴ ποιεῖσθε εἰσ ἐπι-
θυμίασ.

XIV.

De ciborum dierumque usu. Imbecillis parcendum. Cavenda offensio
in ciborum ac dierum usu. Non temere iudicandum. Sequenda conscientia.

1 Τὸν δὲ ἀσθενοῦντα τῇ πίστει προσλαμβάνεσθε, μὴ εἰσ δια- 15, 1. 7
2 κρίσεισ διαλογισμῶν. ² ὃσ μὲν πιστεύει φαγεῖν πάντα, ὁ δὲ ἀσθε-
3 νῶν λάχανα ἐσθίει. ³ ὁ ἐσθίων τὸν μὴ ἐσθίοντα μὴ ἐξουθενείτω.
ὁ δὲ μὴ ἐσθίων τὸν ἐσθίοντα μὴ κρινέτω· ὁ θεὸσ γὰρ αὐτὸν 15, 7
4 προσελάβετο. ⁴ σὺ τίσ εἶ ὁ κρίνων ἀλλότριον οἰκέτην; τῷ ἰδίῳ ¹⁴, 10 Ia 4, 12
κυρίῳ στήκει ἢ πίπτει· σταθήσεται δέ, δυνατεῖ γὰρ ὁ κύριοσ 11, 23
5 στῆσαι αὐτόν. ⁵ ὃσ μὲν γὰρ κρίνει ἡμέραν παρ᾽ ἡμέραν, ὃσ δὲ
6 κρίνει πᾶσαν ἡμέραν· ἕκαστοσ ἐν τῷ ἰδίῳ νοῒ πληροφορείσθω. ⁶ ὁ
φρονῶν τὴν ἡμέραν κυρίῳ φρονεῖ· καὶ ὁ ἐσθίων κυρίῳ ἐσθίει,
εὐχαριστεῖ γὰρ τῷ θεῷ· καὶ ὁ μὴ ἐσθίων κυρίῳ οὐκ ἐσθίει καὶ
7 εὐχαριστεῖ τῷ θεῷ. ⁷ οὐδεὶσ γὰρ ἡμῶν ἑαυτῷ ζῇ, καὶ οὐδεὶσ
8 ἑαυτῷ ἀποθνήσκει· ⁸ ἐάν τε γὰρ ζῶμεν, τῷ κυρίῳ ζῶμεν, ἐάν τε
ἀποθνήσκωμεν, τῷ κυρίῳ ἀποθνήσκομεν. ἐάν τε οὖν ζῶμεν ἐάν
9 τε ἀποθνήσκωμεν, τοῦ κυρίου ἐσμέν. ⁹ εἰσ τοῦτο γὰρ Χριστὸσ 2 Co 5, 15 1 Th 4, 14
10 ἀπέθανεν καὶ ἔζησεν, ἵνα καὶ νεκρῶν καὶ ζώντων κυριεύσῃ. ¹⁰ σὺ
δὲ τί κρίνεισ τὸν ἀδελφόν σου; ἢ καὶ σὺ τί ἐξουθενεῖσ τὸν ἀδελφόν 14, 4 2 Co 5, 10
11 σου; πάντεσ γὰρ παραστησόμεθα τῷ βήματι τοῦ θεοῦ. ¹¹ γέγραπται Es 45, 23 Phi 2, 10 s
γάρ· ζῶ ἐγώ, λέγει κύριοσ, ὅτι ἐμοὶ κάμψει πᾶν γόνυ καὶ πᾶσα
12 γλῶσσα ἐξομολογήσεται τῷ θεῷ. ¹² ἄρα οὖν ἕκαστοσ ἡμῶν περὶ
ἑαυτοῦ λόγον δώσει τῷ θεῷ.
Mt 12, 36
13 Μηκέτι οὖν ἀλλήλουσ κρίνωμεν, ἀλλὰ τοῦτο κρίνατε μᾶλλον,
14 τὸ μὴ τιθέναι πρόσκομμα τῷ ἀδελφῷ ἢ σκάνδαλον. ¹⁴ οἶδα καὶ
πέπεισμαι ἐν κυρίῳ Ἰησοῦ ὅτι οὐδὲν κοινὸν δι᾽ ἑαυτοῦ, εἰ μὴ τῷ 20
15 λογιζομένῳ τι κοινὸν εἶναι, ἐκείνῳ κοινόν. ¹⁵ εἰ γὰρ διὰ βρῶμα
ὁ ἀδελφόσ σου λυπεῖται, οὐκέτι κατὰ ἀγάπην περιπατεῖσ. μὴ τῷ 1 Co 8, 11
16 βρώματί σου ἐκεῖνον ἀπόλλυε, ὑπὲρ οὗ Χριστὸσ ἀπέθανεν. ¹⁶ μὴ
17 βλασφημείσθω οὖν ὑμῶν τὸ ἀγαθόν. ¹⁷ οὐ γάρ ἐστιν ἡ βασιλεία 1 Co 8, 8
τοῦ θεοῦ βρῶσισ καὶ πόσισ, ἀλλὰ δικαιοσύνη καὶ εἰρήνη καὶ χαρὰ
18 ἐν πνεύματι ἁγίῳ· ¹⁸ ὁ γὰρ ἐν τούτῳ δουλεύων τῷ Χριστῷ εὐά-

---

12. ϛ και ενδυσωμεθα, א* om copulam 14. ϛ א αλλ
XIV, 3. και ο μη εσθι. 4. δυνατοσ γαρ εστιν ο θεοσ στ. αυτ.
5. om γαρ 6. κυριω φρονει : add και ο μη φρονων την ημεραν κυριω
ου φρονει | om και ante ο εσθιων 8. א τω κυριω αποθνησκωμεν
9. χριστ. και απεθα. και ανεστη και ανεζησεν 10. τω βημα. του χρι-
στου 15. ει γαρ : ει δε 18. εν τουτοισ

ρεστοσ τῷ θεῷ καὶ δόκιμοσ τοῖσ ἀνθρώποισ. ¹⁹ἄρα οὖν τὰ τῆσ 19
εἰρήνησ διώκομεν καὶ τὰ τῆσ οἰκοδομῆσ τῆσ εἰσ ἀλλήλουσ. ²⁰μὴ 20
Tit 1, 15 ἕνεκεν βρώματοσ κατάλυε τὸ ἔργον τοῦ θεοῦ. πάντα μὲν καθαρά,
ἀλλὰ κακὸν τῷ ἀνθρώπῳ τῷ διὰ προσκόμματοσ ἐσθίοντι· ²¹κα- 21
1 Co 8, 13 λὸν. τὸ μὴ φαγεῖν κρέα μηδὲ πιεῖν οἶνον μηδὲ ἐν ᾧ ὁ ἀδελφόσ
σου προσκόπτει. ²²σὺ πίστιν ἣν ἔχεισ κατὰ σεαυτὸν ἔχε ἐνώπιον 22
τοῦ θεοῦ. μακάριοσ ὁ μὴ κρίνων ἑαυτὸν ἐν ᾧ δοκιμάζει· ²³ὁ δὲ 23
διακρινόμενοσ ἐὰν φάγῃ κατακέκριται, ὅτι οὐκ ἐκ πίστεωσ· πᾶν
δὲ ὃ οὐκ ἐκ πίστεωσ ἁμαρτία ἐστίν.

XV.

Concordiae studendum mutuique amoris officiis. De epistulae severitate.
Paulus Romanos visurus. De collecta Hierosolymam perferenda ac periculo imminente.

14, 1   Ὀφείλομεν δὲ ἡμεῖσ οἱ δυνατοὶ τὰ ἀσθενήματα τῶν ἀδυνά- 1
των βαστάζειν καὶ μὴ ἑαυτοῖσ ἀρέσκειν. ²ἕκαστοσ ἡμῶν τῷ πλη- 2
σίον ἀρεσκέτω εἰσ τὸ ἀγαθὸν πρὸσ οἰκοδομήν· ³καὶ γὰρ ὁ Χρι- 3
Ps 68 (69), στὸσ οὐχ ἑαυτῷ ἤρεσεν, ἀλλὰ καθὼσ γέγραπται· οἱ ὀνειδισμοὶ
10 τῶν ὀνειδιζόντων σε ἐπέπεσαν ἐπ' ἐμέ. ⁴ὅσα γὰρ προεγράφη, 4
εἰσ τὴν ἡμετέραν διδασκαλίαν ἐγράφη, ἵνα διὰ τῆσ ὑπομονῆσ καὶ
διὰ τῆσ παρακλήσεωσ τῶν γραφῶν τὴν ἐλπίδα ἔχωμεν. ⁵ὁ δὲ 5
θεὸσ τῆσ ὑπομονῆσ καὶ τῆσ παρακλήσεωσ δῴη ὑμῖν τὸ αὐτὸ
φρονεῖν ἐν ἀλλήλοισ κατὰ Χριστὸν Ἰησοῦν, ⁶ἵνα ὁμοθυμαδὸν ἐν 6
ἑνὶ στόματι δοξάζητε τὸν θεὸν καὶ πατέρα τοῦ κυρίου ἡμῶν Ἰησοῦ
14, 1 Χριστοῦ. ⁷διὸ προσλαμβάνεσθε ἀλλήλουσ, καθὼσ καὶ ὁ Χρι- 7
στὸσ προσελάβετο ὑμᾶσ εἰσ δόξαν τοῦ θεοῦ. ⁸λέγω γὰρ Χρι- 8
στὸν διάκονον γεγενῆσθαι περιτομῆσ ὑπὲρ ἀληθείασ θεοῦ, εἰσ τὸ
2Sm 22,50 βεβαιῶσαι τὰσ ἐπαγγελίασ τῶν πατέρων, ⁹τὰ δὲ ἔθνη ὑπὲρ ἐλέουσ 9
Ps 17(18), δοξάσαι τὸν θεόν, καθὼσ γέγραπται· διὰ τοῦτο ἐξομολογήσομαί
50 σοι ἐν ἔθνεσιν καὶ τῷ ὀνόματί σου ψαλῶ. ¹⁰καὶ πάλιν λέγει· 10
Dt 32, 43
Ps 116 εὐφράνθητε ἔθνη μετὰ τοῦ λαοῦ αὐτοῦ. ¹¹καὶ πάλιν· αἰνεῖτε 11
(117), 1 πάντα τὰ ἔθνη τὸν κύριον, καὶ ἐπαινεσάτωσαν αὐτὸν πάντεσ οἱ
Es 11, 10 λαοί. ¹²καὶ πάλιν Ἠσαΐασ λέγει· ἔσται ἡ ῥίζα τοῦ Ἰεσσαὶ καὶ 12
Mt 12, 21 ὁ ἀνιστάμενοσ ἄρχειν ἐθνῶν, ἐπ' αὐτῷ ἔθνη ἐλπιοῦσιν. ¹³ὁ δὲ 13
θεὸσ τῆσ ἐλπίδοσ πληρῶσαι ὑμᾶσ πάσησ χαρᾶσ καὶ εἰρήνησ ἐν
τῷ πιστεύειν, εἰσ τὸ περισσεύειν ὑμᾶσ ἐν τῇ ἐλπίδι ἐν δυνάμει
πνεύματοσ ἁγίου.

---

19. διωκωμεν 20. א* απολλυε | καθαρα : אᶜ add τοισ καθαροισ
21. προσκοπτει : א* λυπειται, praetereaque ς add η σκανδαλιζεται η
ασθενει 22. ην εχεισ : om ην | ς (non ςe) κατ. σαυτον | א* om ενωπ. τ.
θεου (suppla)

XV, 2. εκαστοσ: add γαρ | εισ το αγαθον: א* om (suppla) 3. επεπε-
σον 4. εγραφη : προεγραφ. | om δια sec 5. א κατ. ιησουν χριστον
7. υμασ : ημασ | om του 8. γαρ : δε | χριστον : ιησουν χριστ. 9. εν
εθνεσιν : אᶜ add κυριε 11. τον κυριον παντα τα εθν. | επαινεσατε
12. א λεγει ησαι. | א ανιστανομενοσ

Nov. Test. ed. Tf.

14 Πέπεισμαι δέ, ἀδελφοί μου, καὶ αὐτὸσ ἐγὼ περὶ ὑμῶν, ὅτι καὶ αὐτοὶ μεστοί ἐστε ἀγαθωσύνησ, πεπληρωμένοι πάσησ τῆσ 15 γνώσεωσ, δυνάμενοι καὶ ἀλλήλουσ νουθετεῖν. ¹⁵ τολμηρότερον δὲ ἔγραψα ὑμῖν, ἀπὸ μέρουσ, ὡσ ἐπαναμιμνήσκων ὑμᾶσ διὰ τὴν 16 χάριν τὴν δοθεῖσάν μοι ἀπὸ τοῦ θεοῦ ¹⁶ εἰσ τὸ εἶναί με λειτουργὸν Χριστοῦ Ἰησοῦ εἰσ τὰ ἔθνη, ἱερουργοῦντα τὸ εὐαγγέλιον τοῦ θεοῦ, ἵνα γένηται ἡ προσφορὰ τῶν ἐθνῶν εὐπρόσδεκτοσ, ἡγιασμένη ἐν 17 πνεύματι ἁγίῳ. ¹⁷ ἔχω οὖν τὴν καύχησιν ἐν Χριστῷ Ἰησοῦ τὰ 18 πρὸσ τὸν θεόν· ¹⁸ οὐ γὰρ τολμήσω τι λαλεῖν ὧν οὐ κατειργάσατο 19 Χριστὸσ δι' ἐμοῦ εἰσ ὑπακοὴν ἐθνῶν, λόγῳ καὶ ἔργῳ, ¹⁹ ἐν δυνάμει σημείων καὶ τεράτων, ἐν δυνάμει πνεύματοσ θεοῦ, ὥστε με ἀπὸ Ἱερουσαλὴμ καὶ κύκλῳ μέχρι τοῦ Ἰλλυρικοῦ πεπληρωκέναι 20 τὸ εὐαγγέλιον τοῦ Χριστοῦ. ²⁰ οὕτωσ δὲ φιλοτιμούμενον, εὐαγγελίζεσθαι οὐχ ὅπου ὠνομάσθη Χριστόσ, ἵνα μὴ ἐπ' ἀλλότριον 21 θεμέλιον οἰκοδομῶ, ²¹ ἀλλὰ καθὼσ γέγραπται· οἷσ οὐκ ἀνηγγέλη Es 52, 15 περὶ αὐτοῦ ὄψονται, καὶ οἳ οὐκ ἀκηκόασιν συνήσουσιν.
22 Διὸ καὶ ἐνεκοπτόμην τὰ πολλὰ τοῦ ἐλθεῖν πρὸσ ὑμᾶσ, 23 ²³ νυνὶ δὲ μηκέτι τόπον ἔχων ἐν τοῖσ κλίμασι τούτοισ, ἐπιποθίαν Act 19, 21 24 δὲ ἔχων τοῦ ἐλθεῖν πρὸσ ὑμᾶσ ἀπὸ πολλῶν ἐτῶν, ²⁴ ὡσ ἂν πορεύωμαι εἰσ τὴν Σπανίαν· ἐλπίζω γὰρ διαπορευόμενοσ θεάσασθαι 28 ὑμᾶσ καὶ ὑφ' ὑμῶν προπεμφθῆναι ἐκεῖ, ἐὰν ὑμῶν πρῶτον ἀπὸ 25 μέρουσ ἐμπλησθῶ. ²⁵ νυνὶ δὲ πορεύομαι εἰσ Ἱερουσαλὴμ διακο- Act 20, 16; 21, 17 26 νῶν τοῖσ ἁγίοισ. ²⁶ ηὐδόκησαν γὰρ Μακεδονία καὶ Ἀχαΐα κοινωνίαν τινὰ ποιήσασθαι εἰσ τοὺσ πτωχοὺσ τῶν ἁγίων τῶν ἐν 1 Co 16, 1 2 Co 8, 9 27 Ἱερουσαλήμ. ²⁷ ηὐδόκησαν γάρ, καὶ ὀφειλέται εἰσὶν αὐτῶν· εἰ γὰρ τοῖσ πνευματικοῖσ αὐτῶν ἐκοινώνησαν τὰ ἔθνη, ὀφείλουσιν 1 Co 9, 11 28 καὶ ἐν τοῖσ σαρκικοῖσ λειτουργῆσαι αὐτοῖσ. ²⁸ τοῦτο οὖν ἐπιτελέσασ καὶ σφραγισάμενοσ αὐτοῖσ τὸν καρπὸν τοῦτον, ἀπελεύσομαι 29 δι' ὑμῶν εἰσ Σπανίαν· ²⁹ οἶδα δὲ ὅτι ἐρχόμενοσ πρὸσ ὑμᾶσ ἐν 24 30 πληρώματι εὐλογίασ Χριστοῦ ἐλεύσομαι. ³⁰ παρακαλῶ δὲ ὑμᾶσ, ἀδελφοί, διὰ τοῦ κυρίου ἡμῶν Ἰησοῦ Χριστοῦ καὶ διὰ τῆσ ἀγά- Col 4, 12 πησ τοῦ πνεύματοσ, συναγωνίσασθαί μοι ἐν ταῖσ προσευχαῖσ 31 ὑπὲρ ἐμοῦ πρὸσ τὸν θεόν, ³¹ ἵνα ῥυσθῶ ἀπὸ τῶν ἀπειθούντων ἐν τῇ Ἰουδαίᾳ καὶ ἡ διακονία μου ἡ εἰσ Ἱερουσαλὴμ εὐπρόσδεκτοσ 32 τοῖσ ἁγίοισ γένηται, ³² ἵνα ἐλθὼν ἐν χαρᾷ πρὸσ ὑμᾶσ διὰ θελή-33 ματοσ θεοῦ συναναπαύσωμαι ὑμῖν. ³³ ὁ δὲ θεὸσ τῆσ εἰρήνησ μετὰ πάντων ὑμῶν· ἀμήν.

14. om τησ post πασησ 15. εγρα. υμιν : add αδελφοι | υπο του θεου 16. ιησου χριστου 17. ϛ ℵ om την | om τον ante θεον 18. ℵᶜ τολμω | τι : ante ὧν pon 24. ωσ εαν | σπανιαν : add ελευσομαι προσ υμασ 25. ℵ* διακονησων 26. ευδοκησαν 27. ευδοκησαν | οφ. αυτων εισιν 28. την σπανιαν 29. χριστου : του ευαγγελιου του χριστ. 31. και ινα η διάκ. | γενηται τοισ αγιοισ 32. ινα εν. χαρα ελθω posteaque και συναναπ. | θεου : ℵ* ιησου χριστου

XVI.

Phoebe commendatur. Salutationes variae. Vitanda dissidia. Doxologia.

Cυνίστημι δὲ ὑμῖν Φοίβην τὴν ἀδελφὴν ἡμῶν, οὖσαν διάκο- 1
νον τῆσ ἐκκλησίας τῆσ ἐν Κενχρεαῖσ, ²ἵνα αὐτὴν προσδέξησθε 2
ἐν κυρίῳ ἀξίωσ τῶν ἁγίων καὶ παραστῆτε αὐτῇ ἐν ᾧ ἂν ὑμῶν
χρῄζῃ πράγματι· καὶ γὰρ αὐτὴ προστάτισ πολλῶν ἐγενήθη καὶ
ἐμοῦ αὐτοῦ.

Ἀσπάσασθε Πρίσκαν καὶ Ἀκύλαν τοὺσ συνεργούσ μου ἐν 3
Χριστῷ Ἰησοῦ, ⁴οἵτινεσ ὑπὲρ τῆσ ψυχῆσ μου τὸν ἑαυτῶν τράχη- 4
λον ὑπέθηκαν, οἷσ οὐκ ἐγὼ μόνοσ εὐχαριστῶ ἀλλὰ καὶ πᾶσαι αἱ
ἐκκλησίαι τῶν ἐθνῶν, ⁵καὶ τὴν κατ᾽ οἶκον αὐτῶν ἐκκλησίαν. 5
ἀσπάσασθε Ἐπαινετὸν τὸν ἀγαπητόν μου, ὅσ ἐστιν ἀπαρχὴ τῆσ
Ἀσίασ εἰσ Χριστόν. ⁶ἀσπάσασθε Μαριάμ, ἥτισ πολλὰ ἐκοπία- 6
σεν εἰσ ὑμᾶσ. ⁷ἀσπάσασθε Ἀνδρόνικον καὶ Ἰουνίαν τοὺσ συγγε- 7
νεῖσ μου καὶ συναιχμαλώτουσ μου, οἵτινέσ εἰσιν ἐπίσημοι ἐν τοῖσ
ἀποστόλοισ, οἳ καὶ πρὸ ἐμοῦ γέγοναν ἐν Χριστῷ. ⁸ἀσπάσασθε 8
Ἀμπλίατον τὸν ἀγαπητόν μου ἐν κυρίῳ. ⁹ἀσπάσασθε Οὐρβανὸν 9
τὸν συνεργὸν ἡμῶν ἐν Χριστῷ καὶ Στάχυν τὸν ἀγαπητόν μου.
¹⁰ἀσπάσασθε Ἀπελλῆν τὸν δόκιμον ἐν Χριστῷ. ἀσπάσασθε 10
τοὺσ ἐκ τῶν Ἀριστοβούλου. ¹¹ἀσπάσασθε Ἡρωδίωνα τὸν συγ- 11
γενῆ μου. ἀσπάσασθε τοὺσ ἐκ τῶν Ναρκίσσου τοὺσ ὄντασ ἐν κυ-
ρίῳ. ¹²ἀσπάσασθε Τρύφαιναν καὶ Τρυφῶσαν τὰσ κοπιώσασ 12
ἐν κυρίῳ. ἀσπάσασθε Περσίδα τὴν ἀγαπητήν, ἥτισ πολλὰ ἐκοπία-
σεν ἐν κυρίῳ. ¹³ἀσπάσασθε Ῥοῦφον τὸν ἐκλεκτὸν ἐν κυρίῳ καὶ 13
τὴν μητέρα αὐτοῦ καὶ ἐμοῦ. ¹⁴ἀσπάσασθε Ἀσύνκριτον, Φλέ- 14
γοντα, Ἑρμῆν, Πατρόβαν, Ἑρμᾶν, καὶ τοὺσ σὺν αὐτοῖσ ἀδελ-
φούσ· ¹⁵ἀσπάσασθε Φιλόλογον καὶ Ἰουλίαν, Νηρέα καὶ τὴν 15
ἀδελφὴν αὐτοῦ, καὶ Ὀλυμπᾶν, καὶ τοὺσ σὺν αὐτοῖσ πάντασ
ἁγίουσ. ¹⁶ἀσπάσασθε ἀλλήλουσ ἐν φιλήματι ἁγίῳ. ἀσπάζονται 16
ὑμᾶσ αἱ ἐκκλησίαι πᾶσαι τοῦ Χριστοῦ.

Παρακαλῶ δὲ ὑμᾶσ, ἀδελφοί, σκοπεῖν τοὺσ τὰσ διχοστα- 17
σίασ καὶ τὰ σκάνδαλα παρὰ τὴν διδαχὴν ἣν ὑμεῖσ ἐμάθετε ποι-
οῦντασ, καὶ ἐκκλίνετε ἀπ᾽ αὐτῶν· ¹⁸οἱ γὰρ τοιοῦτοι τῷ κυρίῳ 18
ἡμῶν Χριστῷ οὐ δουλεύουσιν ἀλλὰ τῇ ἑαυτῶν κοιλίᾳ, καὶ διὰ τῆσ
χρηστολογίασ καὶ εὐλογίασ ἐξαπατῶσιν τὰσ καρδίασ τῶν ἀκάκων.
¹⁹ἡ γὰρ ὑμῶν ὑπακοὴ εἰσ πάντασ ἀφίκετο· ἐφ᾽ ὑμῖν οὖν χαίρω, 19
θέλω δὲ ὑμᾶσ σοφοὺσ εἶναι εἰσ τὸ ἀγαθόν, ἀκεραίουσ δὲ εἰσ τὸ

XVI, 1. κενχρεαισ 2. א ϋγεν. και αυτου και εμου, ϛ ϋγεν. και
αυτου εμου 3. πρισκιλλαν 5. ασιασ: αχαϊασ 6. εισ ημασ 7. א* om.
οι | γεγονασιν 8. αμπλιαν 11. ϛ et ϛᵉ 1624. 1633. ηροδιωνα 12. א
τρυφεναν 14. ασυγκριτ. | ερμαν πατροβ. ερμην 16. om. πασαι 17. εκ-
κλινατε 18. κυριω ημων ιησου χριστω 19. χαιρω ουν το εφ υμιν· |
σοφουσ : ϛ א add μεν

20*

20 κακόν. ²⁰ ὁ δὲ θεὸσ τῆσ εἰρήνησ συντρίψει τὸν σατανᾶν ὑπὸ τοὺσ πόδασ ὑμῶν ἐν τάχει.

Ἡ χάρισ τοῦ κυρίου ἡμῶν Ἰησοῦ μεθ' ὑμῶν.

21 Ἀσπάζεται ὑμᾶσ Τιμόθεοσ ὁ συνεργόσ μου, καὶ Λούκιοσ
22 καὶ Ἰάσων καὶ Σωσίπατροσ οἱ συγγενεῖσ μου. ²² ἀσπάζομαι
23 ὑμᾶσ ἐγὼ Τέρτιοσ ὁ γράψασ τὴν ἐπιστολὴν ἐν κυρίῳ. ²³ ἀσπάζεται ὑμᾶσ Γάϊοσ ὁ ξένοσ μου καὶ ὅλησ τῆσ ἐκκλησίασ. ἀσπάζεται ὑμᾶσ Ἔραστοσ ὁ οἰκονόμοσ τῆσ πόλεωσ καὶ Κούαρτοσ ὁ ἀδελφόσ.

25   Τῷ δὲ δυναμένῳ ὑμᾶσ στηρίξαι κατὰ τὸ εὐαγγέλιόν μου καὶ τὸ κήρυγμα Ἰησοῦ Χριστοῦ, κατὰ ἀποκάλυψιν μυστηρίου
26 χρόνοισ αἰωνίοισ σεσιγημένου, ²⁶ φανερωθέντοσ δὲ νῦν διά τε γραφῶν προφητικῶν κατ' ἐπιταγὴν τοῦ αἰωνίου θεοῦ εἰσ ὑπακοὴν
27 πίστεωσ εἰσ πάντα τὰ ἔθνη γνωρισθέντοσ, ²⁷ μόνῳ σοφῷ θεῷ, διὰ Ἰησοῦ Χριστοῦ, ᾧ ἡ δόξα εἰσ τοὺσ αἰῶνασ τῶν αἰώνων· ἀμήν.

Act 13, 1
17, 5
20, 4
Act 20, 4
19, 32
1 Co 1, 14
2 Ti 4, 20

Iud 24 s
Eph 3, 20 s

1 Ti 1, 17
11, 36 etc

ΠΡΟΣ ΚΟΡΙΝΘΙΟΥΣ Α.

I.

Salutatio. Gratiarum actio pro Corinthiorum fide. Abiiciendae factiones.
Salus per Christum parta non nititur humana sapientia aut arte.

1   Παῦλοσ κλητὸσ ἀπόστολοσ Χριστοῦ Ἰησοῦ διὰ θελήματοσ
2 θεοῦ καὶ Σωσθένησ ὁ ἀδελφόσ ² τῇ ἐκκλησίᾳ τοῦ θεοῦ τῇ οὔσῃ ἐν Κορίνθῳ, ἡγιασμένοισ ἐν Χριστῷ Ἰησοῦ, κλητοῖσ ἁγίοισ, σὺν πᾶσιν τοῖσ ἐπικαλουμένοισ τὸ ὄνομα τοῦ κυρίου ἡμῶν Ἰησοῦ Χρι-
3 στοῦ ἐν παντὶ τόπῳ, αὐτῶν καὶ ἡμῶν. ³ χάρισ ὑμῖν καὶ εἰρήνη ἀπὸ θεοῦ πατρὸσ ἡμῶν καὶ κυρίου Ἰησοῦ Χριστοῦ.

4   Εὐχαριστῶ τῷ θεῷ μου πάντοτε περὶ ὑμῶν ἐπὶ τῇ χάριτι
5 τοῦ θεοῦ τῇ δοθείσῃ ὑμῖν ἐν Χριστῷ Ἰησοῦ, ⁵ ὅτι ἐν παντὶ ἐπλου-
6 τίσθητε ἐν αὐτῷ, ἐν παντὶ λόγῳ καὶ πάσῃ γνώσει, ⁶ καθὼσ τὸ
7 μαρτύριον τοῦ Χριστοῦ ἐβεβαιώθη ἐν ὑμῖν, ⁷ ὥστε ὑμᾶσ μὴ ὑστερεῖσθαι ἐν μηδενὶ χαρίσματι, ἀπεκδεχομένουσ τὴν ἀποκάλυψιν
8 τοῦ κυρίου ἡμῶν Ἰησοῦ Χριστοῦ, ⁸ ὃσ καὶ βεβαιώσει ὑμᾶσ ἕωσ τέλουσ ἀνεγκλήτουσ ἐν τῇ ἡμέρᾳ τοῦ κυρίου ἡμῶν Ἰησοῦ Χρι-
9 στοῦ. ⁹ πιστὸσ ὁ θεόσ, δι' οὗ ἐκλήθητε εἰσ κοινωνίαν τοῦ υἱοῦ αὐτοῦ Ἰησοῦ Χριστοῦ τοῦ κυρίου ἡμῶν.

2 Co 1, 1
Act 18, 17

Ro 1, 7 etc

2 Co 8, 7

1 Th 5, 23 s

---

20. ιησου : add χριστον | μεθ υμων : ϛᵉ add αμην 21. ασπαζονται
23. και τησ εκκλ. οληϲ 24. η χαρισ τοῦ κυριου ημων ιησου χριστου
μετα παντων υμων· αμην. 25. το κηρυγμα : א* κυριου 27. των
αιωνων : om

* ϛ η προσ τουσ κορινθιουσ επιστολη πρωτη, ϛᵉ παυλου του αποστολου η προσ κορινθιουσ επιστ. πρωτη

I, 1. ϛ א ιησου χριστου 2. αυτων τε και 4. א* om μου

Παρακαλῶ δὲ ὑμᾶσ, ἀδελφοί, διὰ τοῦ ὀνόματοσ τοῦ κυρίου 10
ἡμῶν Ἰησοῦ Χριστοῦ, ἵνα τὸ αὐτὸ λέγητε πάντεσ καὶ μὴ ᾖ ἐν
ὑμῖν σχίσματα, ἦτε δὲ κατηρτισμένοι ἐν τῷ αὐτῷ νοΐ καὶ ἐν τῇ
αὐτῇ γνώμῃ. ¹¹ ἐδηλώθη γάρ μοι περὶ ὑμῶν, ἀδελφοί μου, ὑπὸ 11
τῶν Χλόησ, ὅτι ἔριδεσ ἐν ὑμῖν εἰσίν. ¹² λέγω δὲ τοῦτο, ὅτι ἕκαστοσ 12
ὑμῶν λέγει· ἐγὼ μέν εἰμι Παύλου, ἐγὼ δὲ Ἀπολλώ, ἐγὼ δὲ Κηφᾶ,
ἐγὼ δὲ Χριστοῦ. ¹³ μεμέρισται ὁ Χριστόσ; μὴ Παῦλοσ ἐσταυ- 13
ρώθη ὑπὲρ ὑμῶν, ἢ εἰσ τὸ ὄνομα Παύλου ἐβαπτίσθητε; ¹⁴ εὐχα- 14
ριστῶ ὅτι οὐδένα ὑμῶν ἐβάπτισα εἰ μὴ Κρίσπον καὶ Γάϊον· ¹⁵ ἵνα 15
μή τισ εἴπῃ ὅτι εἰσ τὸ ἐμὸν ὄνομα ἐβαπτίσθητε. ¹⁶ ἐβάπτισα δὲ 16
καὶ τὸν Στεφανᾶ οἶκον· λοιπὸν οὐκ οἶδα εἴ τινα ἄλλον ἐβάπτισα·
¹⁷ οὐ γὰρ ἀπέστειλέν με Χριστὸσ βαπτίζειν ἀλλὰ εὐαγγελίζεσθαι, 17
οὐκ ἐν σοφίᾳ λόγου, ἵνα μὴ κενωθῇ ὁ σταυρὸσ τοῦ Χριστοῦ.
¹⁸ ὁ λόγοσ γὰρ ὁ τοῦ σταυροῦ τοῖσ μὲν ἀπολλυμένοισ μωρία 18
ἐστίν, τοῖσ δὲ σωζομένοισ ἡμῖν δύναμισ θεοῦ ἐστίν. ¹⁹ γέγραπται 19
γάρ· ἀπολῶ τὴν σοφίαν τῶν σοφῶν, καὶ τὴν σύνεσιν τῶν συνετῶν
ἀθετήσω. - ²⁰ ποῦ σοφόσ; ποῦ γραμματεύσ; ποῦ συνζητητὴσ τοῦ 20
αἰῶνοσ τούτου; οὐχὶ ἐμώρανεν ὁ θεὸσ τὴν σοφίαν τοῦ κόσμου;
²¹ ἐπειδὴ γὰρ ἐν τῇ σοφίᾳ τοῦ θεοῦ οὐκ ἔγνω ὁ κόσμοσ διὰ τῆσ 21
σοφίασ τὸν θεόν, εὐδόκησεν ὁ θεὸσ διὰ τῆσ μωρίασ τοῦ κηρύγμα-
τοσ σῶσαι τοὺσ πιστεύοντασ· ²² ἐπειδὴ καὶ Ἰουδαῖοι σημεῖα 22
αἰτοῦσιν καὶ Ἕλληνεσ σοφίαν ζητοῦσιν, ²³ ἡμεῖσ δὲ κηρύσσομεν 23
Χριστὸν ἐσταυρωμένον, Ἰουδαίοισ μὲν σκάνδαλον, ἔθνεσιν δὲ μω-
ρίαν, ²⁴ αὐτοῖσ δὲ τοῖσ κλητοῖσ, Ἰουδαίοισ τε καὶ Ἕλλησιν, Χρι- 24
στὸν θεοῦ δύναμιν καὶ θεοῦ σοφίαν· ²⁵ ὅτι τὸ μωρὸν τοῦ θεοῦ 25
σοφώτερον τῶν ἀνθρώπων ἐστίν, καὶ τὸ ἀσθενὲσ τοῦ θεοῦ ἰσχυ-
ρότερον τῶν ἀνθρώπων. ²⁶ Βλέπετε γὰρ τὴν κλῆσιν ὑμῶν, 26
ἀδελφοί, ὅτι οὐ πολλοὶ σοφοὶ κατὰ σάρκα, οὐ πολλοὶ δυνατοί,
οὐ πολλοὶ εὐγενεῖσ· ²⁷ ἀλλὰ τὰ μωρὰ τοῦ κόσμου ἐξελέξατο ὁ 27
θεὸσ ἵνα καταισχύνῃ τοὺσ σοφούσ, καὶ τὰ ἀσθενῆ τοῦ κόσμου
ἐξελέξατο ὁ θεὸσ ἵνα καταισχύνῃ τὰ ἰσχυρά, ²⁸ καὶ τὰ ἀγενῆ τοῦ 28
κόσμου καὶ τὰ ἐξουθενημένα ἐξελέξατο ὁ θεόσ, τὰ μὴ ὄντα, ἵνα
τὰ ὄντα καταργήσῃ, ²⁹ ὅπωσ μὴ καυχήσηται πᾶσα σὰρξ ἐνώπιον 29
τοῦ θεοῦ. ³⁰ ἐξ αὐτοῦ δὲ ὑμεῖσ ἐστὲ ἐν Χριστῷ Ἰησοῦ, ὃσ ἐγε- 30
νήθη σοφία ἡμῖν ἀπὸ θεοῦ δικαιοσύνη τε καὶ ἁγιασμὸσ καὶ
ἀπολύτρωσισ, ³¹ ἵνα καθὼσ γέγραπται· ὁ καυχώμενοσ ἐν κυρίῳ 31
καυχάσθω.

---

14. ευχαριστω : add τω θεω | κρισπον : א* πρισκον   15. εβαπτισα
17. αλλ   20. συζητητ.|του κοσμου : add τουτου   22. σημειον   23. εθνε-
σιν : ελλησι   25. ισχυρ. τ. ανθρω. εστι.   27. τους σοφ. καταισχ.
28. αγενη : א* ασθενη | και τα μη οντ.   29. ϛͤ 1624. 1633. καυχησεται |
του θεου : αυτου   30. ημιν σοφια

II.

Christi doctrina simplex, sed caelesti plena vi et spiritu, nec humane sed spiritu iudicanda.

1 Κἀγὼ ἐλθὼν πρὸσ ὑμᾶσ, ἀδελφοί, ἦλθον οὐ καθ᾽ ὑπεροχὴν
2 λόγου ἢ σοφίασ καταγγέλλων ὑμῖν τὸ μαρτύριον τοῦ θεοῦ. ² οὐ
γὰρ ἔκρινα εἰδέναι τι ἐν ὑμῖν εἰ μὴ Ἰησοῦν Χριστὸν καὶ τοῦτον
3 ἐσταυρωμένον. ³ κἀγὼ ἐν ἀσθενείᾳ καὶ ἐν φόβῳ καὶ ἐν τρόμῳ
4 πολλῷ ἐγενόμην πρὸσ ὑμᾶσ, ⁴ καὶ ὁ λόγοσ μου καὶ τὸ κήρυγμά 13
μου οὐκ ἐν πειθοῖσ σοφίασ λόγοισ, ἀλλ᾽ ἐν ἀποδείξει πνεύματοσ
5 καὶ δυνάμεωσ, ⁵ ἵνα ἡ πίστισ ὑμῶν μὴ ᾖ ἐν σοφίᾳ ἀνθρώπων 1 Th 1, 5
ἀλλ᾽ ἐν δυνάμει θεοῦ.
6 Σοφίαν δὲ λαλοῦμεν ἐν τοῖσ τελείοισ, σοφίαν δὲ οὐ τοῦ αἰῶ-
νοσ τούτου οὐδὲ τῶν ἀρχόντων τοῦ αἰῶνοσ τούτου τῶν καταργου-
7 μένων· ⁷ ἀλλὰ λαλοῦμεν θεοῦ σοφίαν ἐν μυστηρίῳ τὴν ἀποκε- Eph 3, 5
κρυμμένην, ἣν προώρισεν ὁ θεὸσ πρὸ τῶν αἰώνων εἰσ δόξαν Ro 16, 25
8 ἡμῶν, ⁸ ἣν οὐδεὶσ τῶν ἀρχόντων τοῦ αἰῶνοσ τούτου ἔγνωκεν· εἰ
9 γὰρ ἔγνωσαν, οὐκ ἂν τὸν κύριον τῆσ δόξησ ἐσταύρωσαν. ⁹ ἀλλὰ Es 64, 4
καθὼσ γέγραπται· ἃ ὀφθαλμὸσ οὐκ εἶδεν καὶ οὖσ οὐκ ἤκουσεν
καὶ ἐπὶ καρδίαν ἀνθρώπου οὐκ ἀνέβη, ἃ ἡτοίμασεν ὁ θεὸσ τοῖσ
10 ἀγαπῶσιν αὐτόν. ¹⁰ ἡμῖν δὲ ἀπεκάλυψεν ὁ θεὸσ διὰ τοῦ πνεύ-
ματοσ. τὸ γὰρ πνεῦμα πάντα ἐραυνᾷ, καὶ τὰ βάθη τοῦ θεοῦ.
11 ¹¹ τίσ γὰρ οἶδεν ἀνθρώπων τὰ τοῦ ἀνθρώπου εἰ μὴ τὸ πνεῦμα
τοῦ ἀνθρώπου τὸ ἐν αὐτῷ; οὕτωσ καὶ τὰ τοῦ θεοῦ οὐδεὶσ ἔγνωκεν Mt 11, 27
12 εἰ μὴ τὸ πνεῦμα τοῦ θεοῦ. ¹² ἡμεῖσ δὲ οὐ τὸ πνεῦμα τοῦ κόσμου
ἐλάβομεν ἀλλὰ τὸ πνεῦμα τὸ ἐκ τοῦ θεοῦ, ἵνα εἰδῶμεν τὰ ὑπὸ
13 τοῦ θεοῦ χαρισθέντα ἡμῖν, ¹³ ἃ καὶ λαλοῦμεν οὐκ ἐν διδακτοῖσ
ἀνθρωπίνησ σοφίασ λόγοισ, ἀλλ᾽ ἐν διδακτοῖσ πνεύματοσ, πνευ- 4
14 ματικοῖσ πνευματικὰ συνκρίνοντεσ. ¹⁴ ψυχικὸσ δὲ ἄνθρωποσ οὐ
δέχεται τὰ τοῦ πνεύματοσ τοῦ θεοῦ· μωρία γὰρ αὐτῷ ἐστίν, καὶ Io 14,
15 οὐ δύναται γνῶναι, ὅτι πνευματικῶσ ἀνακρίνεται. ¹⁵ ὁ δὲ πνευ-
ματικὸσ ἀνακρίνει πάντα, αὐτὸσ δὲ ὑπ᾽ οὐδενὸσ ἀνακρίνεται.
16 ¹⁶ τίσ γὰρ ἔγνω νοῦν κυρίου, ὃσ συμβιβάσει αὐτόν; ἡμεῖσ δὲ νοῦν Es 40, 13
Χριστοῦ ἔχομεν. Ro 11, 34

III.

Corinthiorum imbecillitas dissidiis conspicua. Unus Christus fundamentum,
Christiani templum dei. Sapientia mundi.

1 Κἀγώ, ἀδελφοί, οὐκ ἠδυνήθην λαλῆσαι ὑμῖν ὡσ πνευματικοῖσ He 5, 12
2 ἀλλ᾽ ὡσ σαρκίνοισ, ὡσ νηπίοισ ἐν Χριστῷ. ² γάλα ὑμᾶσ ἐπότισα, 1 Pe 2, 2
οὐ βρῶμα· οὔπω γὰρ ἐδύνασθε. ἀλλ᾽ οὐδὲ ἔτι νῦν δύνασθε·

II, 1. μαρτυριον : א* μυστηριον   2. εκρινα : add του   3. και εγω
4. ανθρωπινησ σοφιασ   7. σοφιαν θεου   10. ο θεοσ απεκαλυψ. | δια
τ. πνευμ. : add αυτου | ερευνα   11. εγνωκεν : οιδεν   13. πνευματοσ : add
αγιου | συγκριν.   15. א* (non item ᵃ) om versum | ϛ אᵃ ανακρινει μεν

III, 1. και εγω | σαρκικοισ   2. και ου βρωμ. | ηδυνασθε | αλλ ουτε

³ ἔτι γὰρ σαρκικοί ἐστε. ὅπου γὰρ ἐν ὑμῖν ζῆλοσ καὶ ἔρισ, οὐχὶ 3
σαρκικοί ἐστε καὶ κατὰ ἄνθρωπον περιπατεῖτε; ⁴ ὅταν γὰρ λέγῃ 4
τισ· ἐγὼ μέν εἰμι Παύλου, ἕτεροσ δέ· ἐγὼ Ἀπολλώ, οὐκ ἄνθρωποί
ἐστε; ⁵ τί οὖν ἐστὶν Ἀπολλώσ; τί δέ ἐστιν Παῦλοσ; διάκονοι δι' 5
ὧν ἐπιστεύσατε, καὶ ἑκάστῳ ὡσ ὁ κύριοσ ἔδωκεν. ⁶ ἐγὼ ἐφύτευσα, 6
Ἀπολλὼσ ἐπότισεν, ἀλλὰ ὁ θεὸσ ηὔξανεν· ⁷ ὥστε οὔτε ὁ φυτεύων 7
ἔστιν τι οὔτε ὁ ποτίζων, ἀλλ' ὁ αὐξάνων θεόσ. ⁸ ὁ φυτεύων δὲ 8
καὶ ὁ ποτίζων ἕν εἰσιν, ἕκαστοσ δὲ τὸν ἴδιον μισθὸν λήμψεται
κατὰ τὸν ἴδιον κόπον. ⁹ θεοῦ γάρ ἐσμεν συνεργοί· θεοῦ γεώργιον, 9
θεοῦ οἰκοδομή ἐστε.

Κατὰ τὴν χάριν τοῦ θεοῦ τὴν δοθεῖσάν μοι ὡσ σοφὸσ 10
ἀρχιτέκτων θεμέλιον ἔθηκα, ἄλλοσ δὲ ἐποικοδομεῖ. ἕκαστοσ δὲ
βλεπέτω πῶσ ἐποικοδομεῖ. ¹¹ θεμέλιον γὰρ ἄλλον οὐδεὶσ δύναται 11
θεῖναι παρὰ τὸν κείμενον, ὅσ ἐστιν Ἰησοῦσ Χριστόσ. ¹² εἰ δέ 12
τισ ἐποικοδομεῖ ἐπὶ τὸν θεμέλιον χρυσίον, ἀργύριον, λίθουσ τιμίουσ,
ξύλα, χόρτον, καλάμην, ¹³ ἑκάστου τὸ ἔργον φανερὸν γενήσεται· 13
ἡ γὰρ ἡμέρα δηλώσει, ὅτι ἐν πυρὶ ἀποκαλύπτεται, καὶ ἑκάστου
τὸ ἔργον ὁποῖόν ἐστιν τὸ πῦρ αὐτὸ δοκιμάσει. ¹⁴ εἴ τινοσ τὸ 14
ἔργον μενεῖ ὃ ἐποικοδόμησεν, μισθὸν λήμψεται· ¹⁵ εἴ τινοσ τὸ 15
ἔργον κατακαήσεται, ζημιωθήσεται, αὐτὸσ δὲ σωθήσεται, οὕτωσ
δὲ ὡσ διὰ πυρόσ.

Οὐκ οἴδατε ὅτι ναὸσ θεοῦ ἐστὲ καὶ τὸ πνεῦμα τοῦ θεοῦ 16
οἰκεῖ ἐν ὑμῖν; ¹⁷ εἴ τισ τὸν ναὸν τοῦ θεοῦ φθείρει, φθερεῖ τοῦ- 17
τον ὁ θεόσ· ὁ γὰρ ναὸσ τοῦ θεοῦ ἅγιόσ ἐστιν, οἵτινέσ ἐστε ὑμεῖσ.
¹⁸ Μηδεὶσ ἑαυτὸν ἐξαπατάτω· εἴ τισ δοκεῖ σοφὸσ εἶναι ἐν ὑμῖν 18
ἐν τῷ αἰῶνι τούτῳ, μωρὸσ γενέσθω, ἵνα γένηται σοφόσ. ¹⁹ ἡ 19
γὰρ σοφία τοῦ κόσμου τούτου μωρία παρὰ τῷ θεῷ ἐστιν. γέγρα-
πται γάρ· ὁ δρασσόμενοσ τοὺσ σοφοὺσ ἐν τῇ πανουργίᾳ αὐτῶν.
²⁰ καὶ πάλιν· κύριοσ γινώσκει τοὺσ διαλογισμοὺσ τῶν σοφῶν, ὅτι 20
εἰσὶν μάταιοι. ²¹ ὥστε μηδεὶσ καυχάσθω ἐν ἀνθρώποισ· πάντα 21
γὰρ ὑμῶν ἐστίν, ²² εἴτε Παῦλοσ εἴτε Ἀπολλὼσ εἴτε Κηφᾶσ, εἴτε 22
κόσμοσ εἴτε ζωὴ εἴτε θάνατοσ, εἴτε ἐνεστῶτα εἴτε μέλλοντα,
πάντα ὑμῶν, ²³ ὑμεῖσ δὲ Χριστοῦ, Χριστὸσ δὲ θεοῦ. 23

IV.

Ministri Christi. Paulus et quos generavit Corinthii. Timotheus Pauli
praecursor.

Οὕτωσ ἡμᾶσ λογιζέσθω ἄνθρωποσ ὡσ ὑπηρέτασ Χριστοῦ 1
καὶ οἰκονόμουσ μυστηρίων θεοῦ. ² ὧδε λοιπὸν ζητεῖται ἐν τοῖσ 2

3. ζηλ. κ. εριο : add και διχοστασιαι 4. ουκ : ουχι | ανθρωποι : σαρκικοι
5. τι bis : τισ | παυλ. et απολλ. hoc ordine | εστιν sec : om | αλλ η διακονοι
6. αλλ 7. ουτε sec : א* ουδε 8. ληψεται 10. τεθεικα 11. ιησ. ο χριστ.
12. επι τ. θεμελιον : add τουτον | χρυσον | αργυρον 13. ϛ א om αυτο
14. μενει | επωκοδομησε | ληψεται 22. παντα υμων : add εστιν
IV, 2. ωδε : ὃ δὲ | λοιπον : א* (non item אa) add τι | א ζητειτε

312   4, 3.   1 COR.

3 οἰκονόμοισ ἵνα πιστόσ τισ εὑρεθῇ. ³ἐμοὶ δὲ εἰσ ἐλάχιστόν ἐστιν
ἵνα ὑφ᾽ ὑμῶν ἀνακριθῶ ἢ ὑπὸ ἀνθρωπίνησ ἡμέρασ· ἀλλ᾽ οὐδὲ
4 ἐμαυτὸν ἀνακρίνω· ⁴οὐδὲν γὰρ ἐμαυτῷ σύνοιδα, ἀλλ᾽ οὐκ ἐν
5 τούτῳ δεδικαίωμαι· ὁ δὲ ἀνακρίνων με κύριόσ ἐστιν. ⁵ὥστε μὴ
πρὸ καιροῦ τι κρίνετε, ἕωσ ἂν ἔλθῃ ὁ κύριοσ, ὃσ καὶ φωτίσει τὰ
κρυπτὰ τοῦ σκότουσ καὶ φανερώσει τὰσ βουλὰσ τῶν καρδιῶν·
καὶ τότε ὁ ἔπαινοσ γενήσεται ἑκάστῳ ἀπὸ τοῦ θεοῦ.   Ro 2, 29
6   Ταῦτα δέ, ἀδελφοί, μετεσχημάτισα εἰσ ἐμαυτὸν καὶ Ἀπολ-
λῶν δι᾽ ὑμᾶσ, ἵνα ἐν ἡμῖν μάθητε τὸ μὴ ὑπὲρ ἃ γέγραπται, ἵνα Ro 12, 3
7 μὴ εἷσ ὑπὲρ τοῦ ἑνὸσ φυσιοῦσθε κατὰ τοῦ ἑτέρου. ⁷τίσ γάρ σε
διακρίνει; τί δὲ ἔχεισ ὃ οὐκ ἔλαβεσ; εἰ δὲ καὶ ἔλαβεσ, τί καυχᾶσαι
8 ὡσ μὴ λαβών; ⁸ἤδη κεκορεσμένοι ἐστέ· ἤδη ἐπλουτήσατε· χωρὶσ
ἡμῶν ἐβασιλεύσατε· καὶ ὄφελόν γε ἐβασιλεύσατε, ἵνα καὶ ἡμεῖσ
9 ὑμῖν συνβασιλεύσωμεν. ⁹δοκῶ γάρ, ὁ θεὸσ ἡμᾶσ τοὺσ ἀποστό- Ro 8, 36
λουσ ἐσχάτουσ ἀπέδειξεν, ὡσ ἐπιθανατίουσ, ὅτι θέατρον ἐγενήθη-
10 μεν τῷ κόσμῳ καὶ ἀγγέλοισ καὶ ἀνθρώποισ. ¹⁰ἡμεῖσ μωροὶ διὰ
Χριστόν, ὑμεῖσ δὲ φρόνιμοι ἐν Χριστῷ· ἡμεῖσ ἀσθενεῖσ, ὑμεῖσ δὲ
11 ἰσχυροί· ὑμεῖσ ἔνδοξοι, ἡμεῖσ δὲ ἄτιμοι. ¹¹ἄχρι τῆσ ἄρτι ὥρασ 2Co 11,27s
καὶ πεινῶμεν καὶ διψῶμεν καὶ γυμνιτεύομέν καὶ κολαφιζόμεθα
12 καὶ ἀστατοῦμεν ¹²καὶ κοπιῶμεν ἐργαζόμενοι ταῖσ ἰδίαισ χερσίν·
13 λοιδορούμενοι εὐλογοῦμεν, διωκόμενοι ἀνεχόμεθα, ¹³δυσφημού-
μενοι παρακαλοῦμεν, ὡσ περικαθάρματα τοῦ κόσμου ἐγενήθημεν,
πάντων περίψημα ἕωσ ἄρτι.
14   Οὐκ ἐντρέπων ὑμᾶσ γράφω ταῦτα, ἀλλ᾽ ὡσ τέκνα μου ἀγα- 1The 2,11
15 πητὰ νουθετῶν. ¹⁵ἐὰν γὰρ μυρίουσ παιδαγωγοὺσ ἔχητε ἐν Χριστῷ,
ἀλλ᾽ οὐ πολλοὺσ πατέρασ· ἐν γὰρ Χριστῷ Ἰησοῦ διὰ τοῦ εὐαγ-
16 γελίου ἐγὼ ὑμᾶσ ἐγέννησα. ¹⁶παρακαλῶ οὖν ὑμᾶσ, μιμηταί μου 11, 1 / Ga 4, 19
17 γίνεσθε. ¹⁷διὰ τοῦτο αὐτὸ ἔπεμψα ὑμῖν Τιμόθεον, ὅσ ἐστίν μου 16, 10
τέκνον ἀγαπητὸν καὶ πιστὸν ἐν κυρίῳ, ὃσ ὑμᾶσ ἀναμνήσει τὰσ
ὁδούσ μου τὰσ ἐν Χριστῷ Ἰησοῦ, καθὼσ πανταχοῦ ἐν πάσῃ ἐκ-
18 κλησίᾳ διδάσκω. ¹⁸ὡσ μὴ ἐρχομένου δέ μου πρὸσ ὑμᾶσ ἐφυσιώ-
19 θησάν τινεσ· ¹⁹ἐλεύσομαι δὲ ταχέωσ πρὸσ ὑμᾶσ, ἐὰν ὁ κύριοσ 16, 7 / Ia 4, 15
θελήσῃ, καὶ γνώσομαι οὐ τὸν λόγον τῶν πεφυσιωμένων ἀλλὰ
20 τὴν δύναμιν· ²⁰οὐ γὰρ ἐν λόγῳ ἡ βασιλεία τοῦ θεοῦ, ἀλλ᾽ ἐν
21 δυνάμει. ²¹τί θέλετε; ἐν ῥάβδῳ ἔλθω πρὸσ ὑμᾶσ, ἢ ἐν ἀγάπῃ
πνεύματί τε πραΰτητοσ;

V.

Contra flagitiosum coniugium.   Contra mala consortia.

1   Ὅλωσ ἀκούεται ἐν ὑμῖν πορνεία, καὶ τοιαύτη πορνεία ἥτισ
2 οὐδὲ ἐν τοῖσ ἔθνεσιν, ὥστε γυναῖκά τινα τοῦ πατρὸσ ἔχειν. ²καὶ Lv 18, 7

---

4. ο δε : א* ο γαρ   6. ταυτα δε (אa) : א* om δε | ς אa απολλω | υπερ ο |
γεγραπται : add φρονειν   8. συμβασιλ.   9. δοκω γαρ : add οτι
11. γυμνητευομεν   13. βλασφημουμενοι   14. νουθετω   17. om αυτο |
τεκν. μου | om ιησου   21. ς א πραοτητοσ
V, 1. εθνεσιν : add ονομαζεται

1 COR. 6, 9. 313

ὑμεῖσ πεφυσιωμένοι ἐστέ, καὶ οὐχὶ μᾶλλον ἐπενθήσατε, ἵνα ἀρθῇ
Col 2, 5 ἐκ μέσου ὑμῶν ὁ τὸ ἔργον τοῦτο πράξασ; ³ ἐγὼ μὲν γὰρ ἀπὼν 3
τῷ σώματι, παρὼν δὲ τῷ πνεύματι, ἤδη κέκρικα ὡσ παρὼν τὸν
οὕτωσ τοῦτο κατεργασάμενον, ⁴ ἐν τῷ ὀνόματι τοῦ κυρίου Ἰησοῦ 4
συναχθέντων ὑμῶν καὶ τοῦ ἐμοῦ πνεύματοσ σὺν τῇ δυνάμει τοῦ
κυρίου ἡμῶν Ἰησοῦ ⁵ παραδοῦναι τὸν τοιοῦτον τῷ σατανᾷ εἰσ 5
1,8 ὄλεθρον τῆσ σαρκόσ, ἵνα τὸ πνεῦμα σωθῇ ἐν τῇ ἡμέρᾳ τοῦ κυ-
Ga 5, 9 ρίου Ἰησοῦ. ⁶ Οὐ καλὸν τὸ καύχημα ὑμῶν. οὐκ οἴδατε ὅτι μικρὰ 6
ζύμη ὅλον τὸ φύραμα ζυμοῖ; ⁷ ἐκκαθάρατε τὴν παλαιὰν ζύμην, 7
ἵνα ἦτε νέον φύραμα, καθώσ ἐστε ἄζυμοι· καὶ γὰρ τὸ πάσχα
ἡμῶν ἐτύθη Χριστόσ. ⁸ ὥστε ἑορτάζωμεν μὴ ἐν ζύμῃ παλαιᾷ 8
μηδὲ ἐν ζύμῃ κακίασ καὶ πονηρίασ, ἀλλ᾽ ἐν ἀζύμοισ εἰλικρινίασ
καὶ ἀληθείασ.

Ἔγραψα ὑμῖν ἐν τῇ ἐπιστολῇ μὴ συναναμίγνυσθαι πόρνοισ, 9
¹⁰ οὐ πάντωσ τοῖσ πόρνοισ τοῦ κόσμου τούτου ἢ τοῖσ πλεονέκταισ 10
καὶ ἅρπαξιν ἢ εἰδωλολάτραισ, ἐπεὶ ὠφείλετε ἄρα ἐκ τοῦ κόσμου
ἐξελθεῖν. ¹¹ νυνὶ δὲ ἔγραψα ὑμῖν μὴ συναναμίγνυσθαι ἐάν τισ 11
ἀδελφὸσ ὀνομαζόμενοσ ᾖ πόρνοσ ἢ πλεονέκτησ ἢ εἰδωλολάτρησ ἢ
λοίδοροσ ἢ μέθυσοσ ἢ ἅρπαξ, τῷ τοιούτῳ μηδὲ συνεσθίειν. ¹² τί 12
Dt 17, 7 γάρ μοι τοὺσ ἔξω κρίνειν; οὐχὶ τοὺσ ἔσω ὑμεῖσ κρίνετε; ¹³ τοὺσ 13
δὲ ἔξω ὁ θεὸσ κρινεῖ. ἐξάρατε τὸν πονηρὸν ἐξ ὑμῶν αὐτῶν.

VI.

Contra lites, inprimis coram exteris. Ipsorum corporum sanctitas Christianis
colenda.

Τολμᾷ τισ ὑμῶν πρᾶγμα ἔχων πρὸσ τὸν ἕτερον κρίνεσθαι 1
ἐπὶ τῶν ἀδίκων καὶ οὐχὶ ἐπὶ τῶν ἁγίων; ² ἢ οὐκ οἴδατε ὅτι οἱ 2
ἅγιοι τὸν κόσμον κρινοῦσιν; καὶ εἰ ἐν ὑμῖν κρίνεται ὁ κόσμοσ,
ἀνάξιοί ἐστε κριτηρίων ἐλαχίστων; ³ οὐκ οἴδατε ὅτι ἀγγέλουσ 3
κρινοῦμεν, μήτιγε βιωτικά; ⁴ βιωτικὰ μὲν οὖν κριτήρια ἐὰν ἔχητε, 4
τοὺσ ἐξουθενημένουσ ἐν τῇ ἐκκλησίᾳ, τούτουσ καθίζετε; ⁵ πρὸσ 5
15, 34 ἐντροπὴν ὑμῖν λέγω. οὕτωσ οὐκ ἔνι ἐν ὑμῖν οὐδεὶσ σοφόσ, ὃσ
δυνήσεται διακρῖναι ἀνὰ μέσον τοῦ ἀδελφοῦ αὐτοῦ; ⁶ ἀλλὰ ἀδελ- 6
φὸσ μετὰ ἀδελφοῦ κρίνεται, καὶ τοῦτο ἐπὶ ἀπίστων; ⁷ ἤδη μὲν 7
ὅλωσ ἥττημα ὑμῖν ἐστὶν ὅτι κρίματα ἔχετε μεθ᾽ ἑαυτῶν. διατί
οὐχὶ μᾶλλον ἀδικεῖσθε; διατί οὐχὶ μᾶλλον ἀποστερεῖσθε; ⁸ ἀλλὰ 8
Ga 5, 21 ὑμεῖσ ἀδικεῖτε καὶ ἀποστερεῖτε, καὶ τοῦτο ἀδελφούσ. ⁹ ἢ οὐκ 9
Ro 1, 29ss οἴδατε ὅτι ἄδικοι θεοῦ βασιλείαν οὐ κληρονομήσουσιν; μὴ πλα-
Ga 5, 19ss

2. εξαρθη | πραξασ : ποιησασ 3. ωσ απων 4. κυριου : add ημων |
ιησου pri : ϛ א add χριστου | ιησου sec : add χριστου 7. εκκαθαρατ. ουν |
το πασχ. ημων : add υπερ ημων | ϛᵉ εδυθη. 8. ειλικρινειασ 10. και ου
παντωσ | η αρπαξιν | οφειλετε 11. אᶜ νυν | ῆ : ϛ (non ϛᵉ) ῇ 12. γαρ
μοι : add και | א* (non ᵃ) κρινειτε 13. κρίνει | και εξαρειτε
VI, 2. om η 5. ενι : εστιν | σοφοσ ουδε εισ | א* ανακριναι 7. ηδη
μεν : add ουν | εν υμιν εστ. | א κριμα 8. τουτο : ταυτα 9. βασιλ. θεου.

νᾶσθε· οὔτε πόρνοι οὔτε εἰδωλολάτραι οὔτε μοιχοὶ οὔτε μαλακοὶ
10 οὔτε ἀρσενοκοῖται ¹⁰ οὔτε κλέπται οὔτε πλεονέκται, οὐ μέθυσοι,
11 οὐ λοίδοροι, οὐχ ἅρπαγεσ βασιλείαν θεοῦ κληρονομήσουσιν. ¹¹ καὶ
ταῦτά τινεσ ἦτε· ἀλλὰ ἀπελούσασθε, ἀλλὰ ἡγιάσθητε, ἀλλὰ
ἐδικαιώθητε ἐν τῷ ὀνόματι τοῦ κυρίου Ἰησοῦ Χριστοῦ καὶ ἐν τῷ
πνεύματι τοῦ θεοῦ ἡμῶν.
12 Πάντα μοι ἔξεστιν, ἀλλ᾽ οὐ πάντα συμφέρει· πάντα μοι 10, 23
13 ἔξεστιν, ἀλλ᾽ οὐκ ἐγὼ ἐξουσιασθήσομαι ὑπό τινοσ. ¹³ τὰ βρώ-
ματα τῇ κοιλίᾳ, καὶ ἡ κοιλία τοῖσ βρώμασιν· ὁ δὲ θεὸσ καὶ
ταύτην καὶ ταῦτα καταργήσει. τὸ δὲ σῶμα οὐ τῇ πορνείᾳ ἀλλὰ
14 τῷ κυρίῳ, καὶ ὁ κύριοσ τῷ σώματι· ¹⁴ ὁ δὲ θεὸσ καὶ τὸν κύριον Ro 8, 11
15 ἤγειρεν καὶ ἡμᾶσ ἐξεγερεῖ διὰ τῆσ δυνάμεως αὐτοῦ. ¹⁵ οὐκ 2 Co 4, 14
οἴδατε ὅτι τὰ σώματα ὑμῶν μέλη Χριστοῦ ἐστίν; ἄρασ οὖν τὰ 12, 17
16 μέλη τοῦ Χριστοῦ ποιήσω πόρνησ μέλη; μὴ γένοιτο. ¹⁶ ἢ οὐκ
οἴδατε ὅτι ὁ κολλώμενος τῇ πόρνῃ ἓν σῶμά ἐστιν; ἔσονται γάρ, Gn 2, 24
17 φησίν, οἱ δύο εἰσ σάρκα μίαν. ¹⁷ ὁ δὲ κολλώμενος τῷ κυρίῳ ἓν Ga 5, 31
18 πνεῦμά ἐστιν. ¹⁸ φεύγετε τὴν πορνείαν. πᾶν ἁμάρτημα ὃ ἐὰν
ποιήσῃ ἄνθρωπος ἐκτὸσ τοῦ σώματός ἐστιν· ὁ δὲ πορνεύων εἰσ
19 τὸ ἴδιον σῶμα ἁμαρτάνει. ¹⁹ ἢ οὐκ οἴδατε ὅτι τὸ σῶμα ὑμῶν 3, 16
ναὸσ τοῦ ἐν ὑμῖν ἁγίου πνεύματός ἐστιν, οὗ ἔχετε ἀπὸ θεοῦ, 2 Co 6, 16
20 καὶ οὐκ ἐστὲ ἑαυτῶν; ²⁰ ἠγοράσθητε γὰρ τιμῆσ· δοξάσατε δὴ 7, 23
τὸν θεὸν ἐν τῷ σώματι ὑμῶν.

VII.

De coniugio, caelibatu, viduitate, divortio, coniugio dispari. De circum-
cisione. De servis. De virginibus. Continentia commendatur. Nupti et
innupti. Filia nubilis.

1 Περὶ δὲ ὧν ἐγράψατε, καλὸν ἀνθρώπῳ γυναικὸσ μὴ ἅπτε-
2 σθαι· ² διὰ δὲ τὰσ πορνείασ ἕκαστος τὴν ἑαυτοῦ γυναῖκα ἐχέτω,
3 καὶ ἑκάστη τὸν ἴδιον ἄνδρα ἐχέτω. ³ τῇ γυναικὶ ὁ ἀνὴρ τὴν ὀφει-
4 λὴν ἀποδιδότω, ὁμοίως δὲ καὶ ἡ γυνὴ τῷ ἀνδρί. ⁴ ἡ γυνὴ τοῦ
ἰδίου σώματοσ οὐκ ἐξουσιάζει ἀλλὰ ὁ ἀνήρ· ὁμοίως δὲ καὶ ὁ
5 ἀνὴρ τοῦ ἰδίου σώματοσ οὐκ ἐξουσιάζει ἀλλὰ ἡ γυνή. ⁵ μὴ
ἀποστερεῖτε ἀλλήλουσ, εἰ μήτι ἂν ἐκ συμφώνου πρὸς καιρὸν ἵνα Ex 19, 15
σχολάσητε τῇ προσευχῇ καὶ πάλιν ἐπὶ τὸ αὐτὸ ἦτε, ἵνα μὴ
6 πειράζῃ ὑμᾶσ ὁ σατανᾶσ διὰ τὴν ἀκρασίαν ὑμῶν. ⁶ τοῦτο δὲ
7 λέγω κατὰ συνγνώμην, οὐ κατ᾽ ἐπιταγήν. ⁷ θέλω δὲ πάντασ

---
10. ουτε μεϑυσοι | ου κληρονομησουσ. 11. om χριστου 14. ημασ :
ϛᵉ υμασ 15. υμων : א* ημων 19. אᶜ απο του ϑε. | εαυτων : א* αυτων·
20. א* om δη | σωματι υμων : add και εν τω πνευματι υμων, ατινα εστι
του ϑεου
VII, 1. εγραψατε : add μοι 3. την οφειλομενην ευνοιαν αποδ.
4. αλλ ο et αλλ η 5. σχολαζητε | τη νηστεια και τη προσευχη | ητε :
ϛᵉ συνερχεσϑε, ϛ συνερχησϑε 6. ϛ א συγγνωμην 7. δε : γαρ

ἀνθρώπουσ εἶναι ὡσ καὶ ἐμαυτόν· ἀλλὰ ἕκαστοσ ἴδιον ἔχει χάρισμα ἐκ θεοῦ, ὁ μὲν οὕτωσ, ὁ δὲ οὕτωσ.

Λέγω δὲ τοῖσ ἀγάμοισ καὶ ταῖσ χήραισ, καλὸν αὐτοῖσ ἐὰν 8 μείνωσιν ὡσ κἀγώ· ⁹ εἰ δὲ οὐκ ἐγκρατεύονται, γαμησάτωσαν· 9 κρεῖττον γάρ ἐστιν γαμεῖν ἢ πυροῦσθαι. ¹⁰ τοῖσ δὲ γεγαμηκόσιν 10 παραγγέλλω, οὐκ ἐγὼ ἀλλὰ ὁ κύριοσ, γυναῖκα ἀπὸ ἀνδρὸσ μὴ χωρισθῆναι, ¹¹ ἐὰν δὲ καὶ χωρισθῇ, μενέτω ἄγαμοσ ἢ. τῷ ἀνδρὶ 11 καταλλαγήτω, καὶ ἄνδρα γυναῖκα μὴ ἀφιέναι. ¹² τοῖσ δὲ λοιποῖσ 12 λέγω ἐγώ, οὐχ ὁ κύριοσ, εἴ τισ ἀδελφὸσ γυναῖκα ἔχει ἄπιστον καὶ αὕτη συνευδοκεῖ οἰκεῖν μετ᾿ αὐτοῦ, μὴ ἀφιέτω αὐτήν· ¹³ καὶ γυνὴ 13 εἴ τισ ἔχει ἄνδρα ἄπιστον καὶ οὗτοσ συνευδοκεῖ οἰκεῖν μετ᾿ αὐτῆσ, μὴ ἀφιέτω τὸν ἄνδρα. ¹⁴ ἡγίασται γὰρ ὁ ἀνὴρ ὁ ἄπιστοσ 14 ἐν τῇ γυναικί, καὶ ἡγίασται ἡ γυνὴ ἡ ἄπιστοσ ἐν τῷ ἀδελφῷ· ἐπεὶ ἄρα τὰ τέκνα ὑμῶν ἀκάθαρτά ἐστιν, νῦν δὲ ἅγιά ἐστιν. ¹⁵ εἰ δὲ ὁ ἄπιστοσ χωρίζεται, χωριζέσθω· οὐ δεδούλωται ὁ ἀδελ- 15 φὸσ ἢ ἡ ἀδελφὴ ἐν τοῖσ τοιούτοισ. ἐν δὲ εἰρήνῃ κέκληκεν ὑμᾶσ ὁ θεόσ. ¹⁶ τί γὰρ οἶδασ, γύναι, εἰ τὸν ἄνδρα σώσεισ; ἢ τί οἶδασ, 16 ἄνερ, εἰ τὴν γυναῖκα σώσεισ; ¹⁷ εἰ μὴ ἑκάστῳ ὡσ μεμέρικεν ὁ 17 κύριοσ, ἕκαστον. ὡσ κέκληκεν ὁ θεόσ, οὕτωσ περιπατείτω. καὶ οὕτωσ ἐν ταῖσ ἐκκλησίαισ πάσαισ διατάσσομαι. ¹⁸ περιτετμη- 18 μένοσ τισ ἐκλήθη; μὴ ἐπισπάσθω· ἐν ἀκροβυστίᾳ κέκληταί τισ; μὴ περιτεμνέσθω. ¹⁹ ἡ περιτομὴ οὐδέν ἐστιν, καὶ ἡ ἀκροβυστία 19 οὐδέν ἐστιν, ἀλλὰ τήρησισ ἐντολῶν θεοῦ. ²⁰ ἕκαστοσ ἐν τῇ κλήσει 20 ᾗ ἐκλήθη, ἐν ταύτῃ μενέτω. ²¹ δοῦλοσ ἐκλήθησ; μή σοι μελέτω· 21 ἀλλ᾿ εἰ καὶ δύνασαι ἐλεύθεροσ γενέσθαι, μᾶλλον χρῆσαι. ²² ὁ γὰρ 22 ἐν κυρίῳ κληθεὶσ δοῦλοσ ἀπελεύθεροσ κυρίου ἐστίν· ὁμοίωσ ὁ ἐλεύθεροσ κληθεὶσ δοῦλόσ ἐστιν Χριστοῦ. ²³ τιμῆσ ἠγοράσθητε· 23 μὴ γίνεσθε δοῦλοι ἀνθρώπων. ²⁴ ἕκαστοσ ἐν ᾧ ἐκλήθη, ἀδελφοί, 24 ἐν τούτῳ μενέτω παρὰ θεῷ.

Περὶ δὲ τῶν παρθένων ἐπιταγὴν κυρίου οὐκ ἔχω, γνώμην 25 δὲ δίδωμι ὡσ ἠλεημένοσ ὑπὸ κυρίου πιστὸσ εἶναι. ²⁶ νομίζω οὖν 26 τοῦτο καλὸν ὑπάρχειν διὰ τὴν ἐνεστῶσαν ἀνάγκην, ὅτι καλὸν ἀνθρώπῳ τὸ οὕτωσ εἶναι. ²⁷ δέδεσαι γυναικί; μὴ ζήτει λύσιν· λέλυ- 27 σαι ἀπὸ γυναικόσ; μὴ ζήτει γυναῖκα. ²⁸ ἐὰν δὲ καὶ γαμήσῃσ, 28 οὐχ ἥμαρτεσ, καὶ ἐὰν γήμῃ ἡ παρθένοσ, οὐχ ἥμαρτεν· θλίψιν δὲ τῇ σαρκὶ ἕξουσιν οἱ τοιοῦτοι, ἐγὼ δὲ ὑμῶν φείδομαι. ²⁹ τοῦτο δέ 29 φημι, ἀδελφοί, ὁ καιρὸσ συνεσταλμένοσ ἐστίν· τὸ λοιπὸν ἵνα καὶ

---

7. αλλ εκαστ. | χαρισμ. εχει | οσ μεν et οσ δε   8. αυτοισ : add εστιν
9. κρεισσον | γαμησαι   10. αλλ   12. εγω λεγω | αὕτη : αὐτὴ   13. ητισ εχει | οντοσ : αυτοσ | τον ανδρα : αυτον   14. αδελφω : ανδρι   15. η η αδελφη : א* om η | υμασ : ημασ   17. εμερισεν ο θεοσ | κεκληκ. ο κυριοσ | א εν πασαισ ταισ εκκλ.   18. εν ακροβ. τισ εκληθη   22. ομοιωσ : add και | א* χριστου εστιν   24. παρα τω θεω   28. γημησ   29. ο καιροσ : ϛᵉ praem οτι | ϛᵉ συνεσταλμ. το λοιπον εστι·, ϛ συνεσταλμενοσ· το λοι. εστι

30 οἱ ἔχοντεσ γυναῖκασ ὡσ μὴ ἔχοντεσ ὦσιν, ³⁰ καὶ οἱ κλαίοντεσ ὡσ
μὴ κλαίοντεσ, καὶ οἱ χαίροντεσ ὡσ μὴ χαίροντεσ, καὶ οἱ ἀγορά-
31 ζοντεσ ὡσ μὴ κατέχοντεσ, ³¹ καὶ οἱ χρώμενοι τὸν κόσμον ὡσ μὴ
καταχρώμενοι· παράγει γὰρ τὸ σχῆμα τοῦ κόσμου τούτου.
32 ³² θέλω δὲ ὑμᾶσ ἀμερίμνουσ εἶναι. ὁ ἄγαμοσ μεριμνᾷ τὰ τοῦ 1 Io 2, 17
33 κυρίου, πῶσ ἀρέσῃ τῷ κυρίῳ· ³³ ὁ δὲ γαμήσασ μεριμνᾷ τὰ τοῦ
34 κόσμου, πῶσ ἀρέσῃ τῇ γυναικί. ³⁴ καὶ μεμέρισται καὶ ἡ γυνὴ
καὶ ἡ παρθένοσ· ἡ ἄγαμοσ μεριμνᾷ τὰ τοῦ κυρίου, ἵνα ᾖ ἁγία
καὶ τῷ σώματι καὶ τῷ πνεύματι· ἡ δὲ γαμήσασα μεριμνᾷ τὰ τοῦ
35 κόσμου, πῶσ ἀρέσῃ τῷ ἀνδρί. ³⁵ τοῦτο δὲ πρὸσ τὸ ὑμῶν αὐτῶν
σύμφορον λέγω, οὐχ ἵνα βρόχον ὑμῖν ἐπιβάλω, ἀλλὰ πρὸσ τὸ
36 εὔσχημον καὶ εὐπάρεδρον τῷ κυρίῳ ἀπερισπάστωσ. ³⁶ εἰ δέ τισ
ἀσχημονεῖν ἐπὶ τὴν παρθένον αὐτοῦ νομίζει, ἐὰν ᾖ ὑπέρακμοσ,
καὶ οὕτωσ ὀφείλει γίνεσθαι, ὃ θέλει ποιείτω· οὐχ ἁμαρτάνει,
37 γαμείτωσαν. ³⁷ ὃσ δὲ ἕστηκεν ἐν τῇ καρδίᾳ αὐτοῦ ἑδραῖοσ, μὴ
ἔχων ἀνάγκην, ἐξουσίαν δὲ ἔχει περὶ τοῦ ἰδίου θελήματοσ, καὶ
τοῦτο κέκρικεν ἐν τῇ ἰδίᾳ καρδίᾳ, τηρεῖν τὴν ἑαυτοῦ παρθένον,
38 καλῶσ ποιήσει. ³⁸ ὥστε καὶ ὁ γαμίζων τὴν ἑαυτοῦ παρθένον Ro 7, 2
39 καλῶσ ποιεῖ, καὶ ὁ μὴ γαμίζων κρεῖσσον ποιήσει. ³⁹ γυνὴ δέδεται
ἐφ᾽ ὅσον χρόνον ζῇ ὁ ἀνὴρ αὐτῆσ· ἐὰν δὲ κοιμηθῇ ὁ ἀνήρ,
40 ἐλευθέρα ἐστὶν ᾧ θέλει γαμηθῆναι, μόνον ἐν κυρίῳ. ⁴⁰ μακαριω-
τέρα δέ ἐστιν ἐὰν οὕτωσ μείνῃ, κατὰ τὴν ἐμὴν γνώμην· δοκῶ δὲ
κἀγὼ πνεῦμα θεοῦ ἔχειν.

VIII.
In carnibus victimarum edendis aliorum offensio vitanda.

1 Περὶ δὲ τῶν εἰδωλοθύτων οἴδαμεν ὅτι πάντεσ γνῶσιν ἔχομεν.
2 ἡ γνῶσισ φυσιοῖ, ἡ δὲ ἀγάπη οἰκοδομεῖ. ² εἴ τισ δοκεῖ ἐγνωκέναι Ga 6, 3
3 τι, οὔπω ἔγνω καθὼσ δεῖ γνῶναι· ³ εἰ δέ τισ ἀγαπᾷ τὸν θεόν,
4 οὗτοσ ἔγνωσται ὑπ᾽ αὐτοῦ. ⁴ περὶ τῆσ βρώσεωσ οὖν τῶν εἰδωλο-
θύτων οἴδαμεν ὅτι οὐδὲν εἴδωλον ἐν κόσμῳ, καὶ ὅτι οὐδεὶσ θεὸσ
5 εἰ μὴ εἷσ. ⁵ καὶ γὰρ εἴπερ εἰσὶν λεγόμενοι θεοὶ εἴτε ἐν οὐρανῷ
6 εἴτε ἐπὶ γῆσ, ὥσπερ εἰσὶν θεοὶ πολλοὶ καὶ κύριοι πολλοί, ⁶ ἀλλ᾽
ἡμῖν εἷσ θεὸσ ὁ πατήρ, ἐξ οὗ τὰ πάντα καὶ ἡμεῖσ εἰσ αὐτόν, Ro 11, 36
καὶ εἷσ κύριοσ Ἰησοῦσ Χριστόσ, δι᾽ οὗ τὰ πάντα καὶ ἡμεῖσ δι᾽
7 αὐτοῦ. ⁷ ἀλλ᾽ οὐκ ἐν πᾶσιν ἡ γνῶσισ· τινὲσ δὲ τῇ συνηθείᾳ

29. ϛ^e om οι 31. τω κοσμω τουτω 32. αρεσει 33. αρεσει 34. om
και ante μεμεριστ. | om και ante η γυνη | om bis τω | αρεσει 35. συμφε-
ρον | ευπροσεδρον 37. εδραιοσ : post εστηκεν | om αυτου | εν τη καρδια
αυτου | του τηρειν | ποιει 38. εκγαμιζων | την εαυτου παρθενον : om |
ο δε μη εκγαμιζων κρει. ποιει 39. δεδεται : add νομω | ο ανηρ sec :
add αυτησ
VIII, 2. ει : add δε | εγνωκεναι : ειδεναι | ουδεπω ουδεν εγνωκε
3. א* om υπ αυτου 4. ουδεισ θεοσ : add ετεροσ 5. επι τησ γησ
6. א* om θεοσ 7. συνηθεια : συνειδησει

ἕωσ ἄρτι τοῦ εἰδώλου ὡσ εἰδωλόθυτον ἐσθίουσιν, καὶ ἡ συνείδησισ αὐτῶν ἀσθενὴσ οὖσα μολύνεται. ⁸ βρῶμα δὲ ἡμᾶσ οὐ παραστήσει τῷ θεῷ· οὔτε ἐὰν φάγωμεν περισσεύομεν, οὔτε ἐὰν μὴ φάγωμεν ὑστερούμεθα. ⁹ βλέπετε δὲ μήπωσ ἡ ἐξουσία ὑμῶν αὕτη πρόσκομμα γένηται τοῖσ ἀσθενέσιν. ¹⁰ ἐὰν γάρ τισ ἴδῃ σὲ τὸν ἔχοντα γνῶσιν ἐν εἰδωλίῳ κατακείμενον, οὐχὶ ἡ συνείδησισ αὐτοῦ ἀσθενοῦσ ὄντοσ οἰκοδομηθήσεται εἰσ τὸ τὰ εἰδωλόθυτα ἐσθίειν; ¹¹ ἀπόλλυται γὰρ ὁ ἀσθενῶν ἐν τῇ σῇ γνώσει, ὁ ἀδελφὸσ δι' ὃν Χριστὸσ ἀπέθανεν. ¹² οὕτωσ δὲ ἁμαρτάνοντεσ εἰσ τοὺσ ἀδελφοὺσ καὶ τύπτοντεσ αὐτῶν τὴν συνείδησιν ἀσθενοῦσαν εἰσ Χριστὸν ἁμαρτάνετε. ¹³ διόπερ εἰ βρῶμα σκανδαλίζει τὸν ἀδελφόν μου, οὐ μὴ φάγω κρέα εἰσ τὸν αἰῶνα, ἵνα μὴ τὸν ἀδελφόν μου σκανδαλίσω.

IX.

Paulus de se suoque apostolatu ac iure suo. .Abstinuit a mercede docendi debita, seque omnibus accommodavit Christi caussa. Certamen laudis.

¹⁹ Οὐκ εἰμὶ ἐλεύθεροσ; οὐκ εἰμὶ ἀπόστολοσ; οὐχὶ Ἰησοῦν τὸν κύριον ἡμῶν ἑόρακα; οὐ τὸ ἔργον μου ὑμεῖσ ἐστὲ ἐν κυρίῳ; ² εἰ ἄλλοισ οὐκ εἰμὶ ἀπόστολοσ, ἀλλά γε ὑμῖν εἰμί· ἡ γὰρ σφραγίσ μου τῆσ ἀποστολῆσ ὑμεῖσ ἐστὲ ἐν κυρίῳ. ³ ἡ ἐμὴ ἀπολογία τοῖσ ἐμὲ ἀνακρίνουσίν ἐστιν αὕτη. ⁴ μὴ οὐκ ἔχομεν ἐξουσίαν φαγεῖν καὶ πεῖν; ⁵ μὴ οὐκ ἔχομεν ἐξουσίαν ἀδελφὴν γυναῖκα περιάγειν, ὡσ καὶ οἱ λοιποὶ ἀπόστολοι καὶ οἱ ἀδελφοὶ τοῦ κυρίου καὶ Κηφᾶσ; ⁶ ἢ μόνοσ ἐγὼ καὶ Βαρνάβασ οὐκ ἔχομεν ἐξουσίαν μὴ ἐργάζεσθαι; ⁷ τίσ στρατεύεται ἰδίοισ ὀψωνίοισ ποτέ; τίσ φυτεύει ἀμπελῶνα καὶ τὸν καρπὸν αὐτοῦ οὐκ ἐσθίει; ἢ τίσ ποιμαίνει ποίμνην καὶ ἐκ τοῦ γάλακτοσ τῆσ ποίμνησ οὐκ ἐσθίει; ⁸ μὴ κατὰ ἄνθρωπον ταῦτα λαλῶ, ἢ καὶ ὁ νόμοσ ταῦτα οὐ λέγει; ⁹ ἐν γὰρ τῷ Μωϋσέωσ νόμῳ γέγραπται· οὐ κημώσεισ βοῦν ἀλοῶντα. μὴ τῶν βοῶν μέλει τῷ θεῷ; ¹⁰ ἢ δι' ἡμᾶσ πάντωσ λέγει; δι' ἡμᾶσ γὰρ ἐγράφη, ὅτι ὀφείλει ἐπ' ἐλπίδι ὁ ἀροτριῶν ἀροτριᾶν, καὶ ὁ ἀλοῶν ἐπ' ἐλπίδι τοῦ μετέχειν. ¹¹ Εἰ ἡμεῖσ ὑμῖν τὰ πνευματικὰ ἐσπείραμεν, μέγα εἰ ἡμεῖσ ὑμῶν τὰ σαρκικὰ θερίσομεν; ¹² εἰ ἄλλοι τῆσ ὑμῶν ἐξουσίασ μετέχουσιν, οὐ μᾶλλον ἡμεῖσ; ἀλλ' οὐκ ἐχρησάμεθα τῇ ἐξουσίᾳ ταύτῃ, ἀλλὰ πάντα στέγομεν ἵνα μή τινα ἐκκοπὴν

---

7. εωσ αρτι: post τ. ειδωλον pon 8. ℵ* υμασ | παριστησι | ουτε pri: add γαρ 9. ασθενουσιν 10. ℵ* γνωσ. εχοντα | ειδωλειω 11. ℵᶜ και απολλυται, ς και απολειται | εν τη: επι τη | ο αδελφ.: αδελφοσ, idque post ασθενων 13. ℵ* κρεασ

IX, 1. Ουκ ε. αποστολοσ; ο. ε. ελευθερ. | ιησουν χριστον | εωρακα 2. μου τησ: τησ εμησ | ςᶜ 1633. επιστολησ 3. αυτη εστι 4. πιειν 6. εξου. του μη 7. εκ του καρπου αυτου 8. η ουχι και ο νομ. ταυτ. λεγει 9. μωσεωσ | φιμωσεισ 10. εγρ. οτι επ ελπιδι οφειλει ο αροτρ. | ο αλ. τησ ελπιδοσ αυτου μετεχειν επ ελπιδι 12. τ. εξουσ. υμων | ℵᶜ ουχι μαλλ. | εγκοπην τινα

13 δῶμεν τῷ εὐαγγελίῳ τοῦ Χριστοῦ. ¹³ οὐκ οἴδατε ὅτι οἱ τὰ ἱερὰ
ἐργαζόμενοι τὰ ἐκ τοῦ ἱεροῦ ἐσθίουσιν; οἱ τῷ θυσιαστηρίῳ παρ-
14 εδρεύοντεσ τῷ θυσιαστηρίῳ συμμερίζονται; ¹⁴ οὕτωσ καὶ ὁ κύριοσ
διέταξεν τοῖσ τὸ εὐαγγέλιον καταγγέλλουσιν ἐκ τοῦ εὐαγγελίου
15 ζῆν· ¹⁵ ἐγὼ δὲ οὐ κέχρημαι οὐδενὶ τούτων. οὐκ ἔγραψα δὲ
ταῦτα ἵνα οὕτωσ γένηται ἐν ἐμοί· καλὸν γάρ μοι μᾶλλον ἀπο-
16 θανεῖν ἢ τὸ καύχημά μου οὐδεὶσ κενώσει. ¹⁶ ἐὰν γὰρ εὐαγγελί-
ζωμαι, οὐκ ἔστιν μοι καύχημα· ἀνάγκη γάρ μοι ἐπίκειται· οὐαὶ
17 γάρ μοί ἐστιν ἐὰν μὴ εὐαγγελίζωμαι. ¹⁷ εἰ γὰρ ἑκὼν τοῦτο
18 πράσσω, μισθὸν ἔχω· εἰ δὲ ἄκων, οἰκονομίαν πεπίστευμαι. ¹⁸ τίσ
οὖν μου ἐστὶν ὁ μισθόσ; ἵνα εὐαγγελιζόμενοσ ἀδάπανον θήσω τὸ
εὐαγγέλιον, εἰσ τὸ μὴ καταχρήσασθαι τῇ ἐξουσίᾳ μου ἐν τῷ εὐαγ-
19 γελίῳ. ¹⁹ Ἐλεύθεροσ γὰρ ὢν ἐκ πάντων πᾶσιν ἐμαυτὸν ἐδού-
20 λωσα, ἵνα τοὺσ πλείονασ κερδήσω· ²⁰ καὶ ἐγενόμην τοῖσ Ἰουδαίοισ
ὡσ Ἰουδαῖοσ, ἵνα Ἰουδαίουσ κερδήσω· τοῖσ ὑπὸ νόμον ὡσ ὑπὸ
νόμον, μὴ ὢν αὐτὸσ ὑπὸ νόμον, ἵνα τοὺσ ὑπὸ νόμον κερδήσω·
21 ²¹ τοῖσ ἀνόμοισ ὡσ ἄνομοσ, μὴ ὢν ἄνομοσ θεοῦ ἀλλ' ἔννομοσ
22 Χριστοῦ, ἵνα κερδάνω τοὺσ ἀνόμουσ· ²² ἐγενόμην τοῖσ ἀσθενέσιν
ἀσθενήσ, ἵνα τοὺσ ἀσθενεῖσ κερδήσω· τοῖσ πᾶσιν γέγονα πάντα,
23 ἵνα πάντωσ τινὰσ σώσω. ²³ πάντα δὲ ποιῶ διὰ τὸ εὐαγγέλιον,
24 ἵνα συνκοινωνὸσ αὐτοῦ γένωμαι. ²⁴ οὐκ οἴδατε ὅτι οἱ ἐν σταδίῳ
τρέχοντεσ πάντεσ μὲν τρέχουσιν, εἷσ δὲ λαμβάνει τὸ βραβεῖον;
25 οὕτωσ τρέχετε ἵνα καταλάβητε. ²⁵ πᾶσ δὲ ὁ ἀγωνιζόμενοσ πάντα
ἐγκρατεύεται, ἐκεῖνοι μὲν οὖν ἵνα φθαρτὸν στέφανον λάβωσιν,
26 ἡμεῖσ δὲ ἄφθαρτον. ²⁶ ἐγὼ τοίνυν οὕτωσ τρέχω ὡσ οὐκ ἀδήλωσ,
27 οὕτωσ πυκτεύω ὡσ οὐκ ἀέρα δέρων· ²⁷ ἀλλ' ὑπωπιάζω μου τὸ
σῶμα καὶ δουλαγωγῶ, μήπωσ ἄλλοισ κηρύξασ αὐτὸσ ἀδόκιμοσ
γένωμαι.

X.

Iudaeorum in deserto interitus exemplum severitatis divinae. Coena sacra cum epuis profanis non convenit. Cautio vescendi carnibus immolatis.

1   Οὐ θέλω γὰρ ὑμᾶσ ἀγνοεῖν, ἀδελφοί, ὅτι οἱ πατέρεσ ἡμῶν
πάντεσ ὑπὸ τὴν νεφέλην ἦσαν καὶ πάντεσ διὰ τῆσ θαλάσσησ
2 διῆλθον, ² καὶ πάντεσ εἰσ τὸν Μωϋσῆν ἐβαπτίσθησαν ἐν τῇ νεφέλῃ
3 καὶ ἐν τῇ θαλάσσῃ, ³ καὶ πάντεσ τὸ αὐτὸ πνευματικὸν βρῶμα
4 ἔφαγον, ⁴ καὶ πάντεσ τὸ αὐτὸ πνευματικὸν ἔπιον πόμα· ἔπινον

---

13. om τα sec | προσεδρευοντεσ 15. אc ουκ εχρησαμην ουδενι, ς ουδενι εχρησαμην | ουδεισ : ινα τισ | κενωση 16. καυχημα : א* χαρισ | ουαι δε 18. μοι εστιν | το ευαγγελιον : add του χριστου 20. om μη ων αυτ. υπο νομον 21. θεω et χριστω | κερδησω | om τουσ 22. ωσ ασθενησ | τα παντα 23. παντα : τουτο | συγκοινω. 27. ς (non ςe) δουλαγωγω (ex errore)

X, 1. γαρ : δε 2. ς א μωσην | εβαπτισαντο 3. א* om το αυτο | βρωμ. πνευματ. εφαγ. 4. πομ. πνευματ. επι.

Ex 17, 6 γὰρ ἐκ πνευματικῆσ ἀκολουθούσησ πέτρασ, ἡ πέτρα δὲ ἦν ὁ Χρι-
Nm 14, 30
26, 64 s στόσ· ⁵ ἀλλ' οὐκ ἐν τοῖσ πλείοσιν αὐτῶν εὐδόκησεν ὁ θεόσ· κατε- 5
στρώθησαν γὰρ ἐν τῇ ἐρήμῳ. ⁶ ταῦτα δὲ τύποι ἡμῶν ἐγενήθησαν, 6
Nm 11, 4 εἰσ τὸ μὴ εἶναι ἡμᾶσ ἐπιθυμητὰσ κακῶν, καθὼσ κἀκεῖνοι ἐπεθύ-
μησαν. ⁷ μηδὲ εἰδωλολάτραι γίνεσθε, καθώσ τινεσ αὐτῶν, ὥσπερ 7
Ex 32, 6 γέγραπται· ἐκάθισεν ὁ λαὸσ φαγεῖν καὶ πεῖν, καὶ ἀνέστησαν
Nm 25,1.9 παίζειν. ⁸ μηδὲ πορνεύωμεν, καθώσ τινεσ αὐτῶν ἐπόρνευσαν καὶ 8
Nm 21, 5 s ἔπεσαν μιᾷ ἡμέρᾳ εἰκοσιτρεῖσ χιλιάδεσ. ⁹ μηδὲ ἐκπειράζωμεν τὸν 9
κύριον, καθώσ τινεσ αὐτῶν ἐξεπείρασαν καὶ ὑπὸ τῶν ὄφεων
Nm 14, ἀπώλλυντο. ¹⁰ μηδὲ γογγύζετε, καθάπερ τινὲσ αὐτῶν ἐγόγγυσαν 10
2. 37
καὶ ἀπώλοντο ὑπὸ τοῦ ὀλοθρευτοῦ. ¹¹ ταῦτα δὲ τυπικῶσ συν- 11
Ro 15, 4 ἔβαινεν ἐκείνοισ, ἐγράφη δὲ πρὸσ νουθεσίαν ἡμῶν, εἰσ οὕσ τὰ
He 9, 26 τέλη τῶν αἰώνων κατήντηκεν. ¹² ὥστε ὁ δοκῶν ἑστάναι βλεπέτω 12
1, 9 μὴ πέσῃ. ¹³ πειρασμὸσ ὑμᾶσ οὐκ εἴληφεν εἰ μὴ ἀνθρώπινοσ· 13
πιστὸσ δὲ ὁ θεόσ, ὃσ οὐκ ἐάσει ὑμᾶσ πειρασθῆναι ὑπὲρ ὃ δύνασθε,
ἀλλὰ ποιήσει σὺν τῷ πειρασμῷ καὶ τὴν ἔκβασιν τοῦ δύνασθαι
ὑπενεγκεῖν.
1 Io 5, 21 Διόπερ, ἀγαπητοί μου, φεύγετε ἀπὸ τῆσ εἰδωλολατρείασ. 14
11, 24 ss ¹⁵ ὡσ φρονίμοισ λέγω· κρίνατε ὑμεῖσ ὅ φημι. ¹⁶ τὸ ποτήριον 15 16
τῆσ εὐλογίασ ὃ εὐλογοῦμεν, οὐχὶ κοινωνία τοῦ αἵματοσ τοῦ Χρι-
στοῦ ἐστίν; τὸν ἄρτον ὃν κλῶμεν, οὐχὶ κοινωνία τοῦ σώματοσ
12, 12
Ro 12, 5 τοῦ Χριστοῦ ἐστίν; ¹⁷ ὅτι εἷσ ἄρτοσ, ἓν σῶμα οἱ πολλοί ἐσμεν· 17
Lv 7, 6 οἱ γὰρ πάντεσ ἐκ τοῦ ἑνὸσ ἄρτου μετέχομεν. ¹⁸ βλέπετε τὸν 18
Ἰσραὴλ κατὰ σάρκα· οὐχ οἱ ἐσθίοντεσ τὰσ θυσίασ κοινωνοὶ τοῦ
8, 4 θυσιαστηρίου εἰσίν; ¹⁹ τί οὖν φημί; ὅτι εἰδωλόθυτόν τι ἐστίν; ἢ 19
ὅτι εἴδωλόν τι ἐστίν; ²⁰ ἀλλ' ὅτι ἃ θύουσιν, δαιμονίοισ καὶ οὐ 20
θεῷ θύουσιν· οὐ θέλω δὲ ὑμᾶσ κοινωνοὺσ τῶν δαιμονίων γίνεσθαι.
²¹ οὐ δύνασθε ποτήριον κυρίου πίνειν καὶ ποτήριον δαιμονίων· 21
οὐ δύνασθε τραπέζησ κυρίου μετέχειν καὶ τραπέζησ δαιμονίων.
Dt 32, 21 ²² ἢ παραζηλοῦμεν τὸν κύριον; μὴ ἰσχυρότεροι αὐτοῦ ἐσμέν; 22
6, 12 Πάντα ἔξεστιν, ἀλλ' οὐ πάντα συμφέρει· πάντα ἔξεστιν, 23
Phil 2, 4 ἀλλ' οὐ πάντα οἰκοδομεῖ. ²⁴ μηδεὶσ τὸ ἑαυτοῦ ζητείτω ἀλλὰ τὸ 24
τοῦ ἑτέρου. ²⁵ πᾶν τὸ ἐν μακέλλῳ πωλούμενον ἐσθίετε μηδὲν 25
Ps 23 (24), ἀνακρίνοντεσ διὰ τὴν συνείδησιν· ²⁶ τοῦ κυρίου γὰρ ἡ γῆ καὶ τὸ 26
1
πλήρωμα αὐτῆσ. ²⁷ εἴ τισ καλεῖ ὑμᾶσ τῶν ἀπίστων καὶ θέλετε 27
Lc 10, 7 πορεύεσθαι, πᾶν τὸ παρατιθέμενον ὑμῖν ἐσθίετε μηδὲν ἀνακρίνον-

---

4. η δε πετρα 7. ωσπερ : ωσ | πιειν 8. επεσον | εν μια 9. τ. κυριον :
τ. χριστον | καθως και | א* om αυτων | επειρασαν | απωλοντο 10. א
γογγυζωμεν | καθως και 11. ς ταυτα δε παντα, א παντα δε
ταυτ. | τυπικως : τυποι | συνεβαινον | προσ : א* εισ | κατηντησεν
13. υπενεγκειν : praem υμασ 18. ουχι 19. ς οτι ειδωλον, tum οτι
ειδωλοθυτ., א* (non item אa) nil nisi οτι ειδωλοθυτ. 20. ς οτι α θυει,
atque ς א add τα εθνη | δαιμ. θυει και ου θεω 23. bis παντα μοι εξεστιν
24. ετερου : add εκαστοσ 26. του γαρ κυρ. 27. ει δε τισ

28 τεσ διὰ τὴν συνείδησιν. ²⁸ ἐὰν δέ τισ ὑμῖν εἴπη· τοῦτο ἱερόθυτόν ἐστιν, μὴ ἐσθίετε δι᾽ ἐκεῖνον τὸν μηνύσαντα καὶ τὴν συνείδησιν.
29 ²⁹ συνείδησιν δὲ λέγω οὐχὶ τὴν ἑαυτοῦ ἀλλὰ τὴν τοῦ ἑτέρου. ἱνατί γὰρ ἡ ἐλευθερία μου κρίνεται ὑπὸ ἄλλησ συνειδήσεωσ;
30 ³⁰ εἰ ἐγὼ χάριτι μετέχω, τί βλασφημοῦμαι ὑπὲρ οὗ ἐγὼ εὐχαριστῶ;
31 ³¹ εἴτε οὖν ἐσθίετε εἴτε πίνετε εἴτε τι ποιεῖτε, πάντα εἰσ δόξαν Col 3, 17
32 θεοῦ ποιεῖτε. ³² ἀπρόσκοποι καὶ Ἰουδαίοισ γίνεσθε καὶ Ἕλλησιν
33 καὶ τῇ ἐκκλησίᾳ τοῦ θεοῦ, ³³ καθὼσ κἀγὼ πάντα πᾶσιν ἀρέσκω, μὴ ζητῶν τὸ ἐμαυτοῦ σύμφορον ἀλλὰ τὸ τῶν πολλῶν, ἵνα σωθῶ-
1 σιν. (XI.) ¹ Μιμηταί μου γίνεσθε, καθὼσ κἀγὼ Χριστοῦ. 4, 16

XI.

Viro orandum capite nudo, mulieri velato. De agapis. De institutione usuque coenae sacrae.

2 Ἐπαινῶ δὲ ὑμᾶσ, ὅτι πάντα μου μέμνησθε καὶ καθὼσ παρέ-
3 δωκα ὑμῖν τὰσ παραδόσεισ κατέχετε. ³ θέλω δὲ ὑμᾶσ εἰδέναι ὅτι παντὸσ ἀνδρὸσ ἡ κεφαλὴ ὁ Χριστόσ ἐστιν, κεφαλὴ δὲ γυναι- Eph 5, 23
4 κὸσ ὁ ἀνήρ, κεφαλὴ δὲ τοῦ Χριστοῦ ὁ θεόσ. ⁴ πᾶσ ἀνὴρ προσευχόμενος ἢ προφητεύων κατὰ κεφαλῆσ ἔχων καταισχύνει τὴν
5 κεφαλὴν αὐτοῦ. ⁵ πᾶσα δὲ γυνὴ προσευχομένη ἢ προφητεύουσα ἀκατακαλύπτῳ τῇ κεφαλῇ καταισχύνει τὴν κεφαλὴν αὐτῆσ· ἓν
6 γάρ ἐστιν καὶ τὸ αὐτὸ τῇ ἐξυρημένῃ. ⁶ εἰ γὰρ οὐ κατακαλύπτεται γυνή, καὶ κειράσθω· εἰ δὲ αἰσχρὸν γυναικὶ τὸ κείρασθαι ἢ ξυρᾶ-
7 σθαι, κατακαλυπτέσθω. ⁷ ἀνὴρ μὲν γὰρ οὐκ ὀφείλει κατακαλύπτεσθαι τὴν κεφαλήν, εἰκὼν καὶ δόξα θεοῦ ὑπάρχων· ἡ γυνὴ δὲ
8 δόξα ἀνδρόσ ἐστιν. ⁸ οὐ γάρ ἐστιν ἀνὴρ ἐκ γυναικόσ, ἀλλὰ γυνὴ
9 ἐξ ἀνδρόσ· ⁹ καὶ γὰρ οὐκ ἐκτίσθη ἀνὴρ διὰ τὴν γυναῖκα, ἀλλὰ Gn 2, 23; 18
10 γυνὴ διὰ τὸν ἄνδρα. ¹⁰ διὰ τοῦτο ὀφείλει ἡ γυνὴ ἐξουσίαν ἔχειν
11 ἐπὶ τῆσ κεφαλῆσ διὰ τοὺσ ἀγγέλουσ. ¹¹ πλὴν οὔτε γυνὴ χωρὶσ
12 ἀνδρόσ οὔτε ἀνὴρ χωρὶσ γυναικόσ ἐν κυρίῳ· ¹² ὥσπερ γὰρ ἡ γυνὴ ἐκ τοῦ ἀνδρόσ, οὕτωσ καὶ ὁ ἀνὴρ διὰ τῆσ γυναικόσ, τὰ δὲ
13 πάντα ἐκ τοῦ θεοῦ. ¹³ ἐν ὑμῖν αὐτοῖσ κρίνατε· πρέπον ἐστὶν γυ-
14 ναῖκα ἀκατακάλυπτον τῷ θεῷ προσεύχεσθαι; ¹⁴ οὐδὲ ἡ φύσισ αὐτὴ διδάσκει ὑμᾶσ ὅτι ἀνὴρ μὲν ἐὰν κομᾷ, ἀτιμία αὐτῷ ἐστίν,
15 ¹⁵ γυνὴ δὲ ἐὰν κομᾷ, δόξα αὐτῇ ἐστίν; ὅτι ἡ κόμη ἀντὶ περιβολαίου δέδοται αὐτῇ.
16 Εἰ δέ τισ δοκεῖ φιλόνεικοσ εἶναι, ἡμεῖσ τοιαύτην συνήθειαν οὐκ ἔχομεν, οὐδὲ αἱ ἐκκλησίαι τοῦ θεοῦ.
17 Τοῦτο δὲ παραγγέλλων οὐκ ἐπαινῶ ὅτι οὐκ εἰσ τὸ κρεῖσσον. 22

28. ειδωλοθυτον | συνειδησιν: add του γαρ κυριου η γη και το πληρωμα αυτησ 30. ει: add δε 32. απροσκ. γινεσθ. και ιουδ. 33. συμφερον
XI. 2. δε υμασ: add αδελφοι 3. om του 5. την κεφαλ. εαυτησ
7. ϛ א* om η ante γυνη 11. ουτε γυν. χωρ. ανδροσ: post ουτε ανηρ χωρ. γυν. 14. ουδε: praem η | αυτη η φυσισ 17. κρειττον

ἀλλὰ εἰσ τὸ ἧσσον συνέρχεσθε. ¹⁸ πρῶτον μὲν γὰρ συνερχομένων 18
ὑμῶν ἐν ἐκκλησίᾳ ἀκούω σχίσματα ἐν ὑμῖν ὑπάρχειν, καὶ μέροσ τι
πιστεύω. ¹⁹ δεῖ γὰρ καὶ αἱρέσεισ ἐν ὑμῖν εἶναι, ἵνα οἱ δόκιμοι 19
φανεροὶ γένωνται ἐν ὑμῖν. ²⁰ συνερχομένων οὖν ὑμῶν ἐπὶ τὸ αὐτὸ 20
οὐκ ἔστιν κυριακὸν δεῖπνον φαγεῖν· ²¹ ἕκαστοσ γὰρ τὸ ἴδιον δεῖ- 21
πνον προλαμβάνει ἐν τῷ φαγεῖν, καὶ ὃσ μὲν πεινᾷ, ὃσ δὲ μεθύει.
²² μὴ γὰρ οἰκίασ οὐκ ἔχετε εἰσ τὸ ἐσθίειν καὶ πίνειν; ἢ τῆσ ἐκ- 22
κλησίασ τοῦ θεοῦ καταφρονεῖτε, καὶ καταισχύνετε τοὺσ μὴ ἔχον-
τασ; τί εἴπω ὑμῖν; ἐπαινέσω ὑμᾶσ; ἐν τούτῳ οὐκ ἐπαινῶ. ²³ Ἐγὼ 23
γὰρ παρέλαβον ἀπὸ τοῦ κυρίου, ὃ καὶ παρέδωκα ὑμῖν, ὅτι ὁ
κύριοσ Ἰησοῦσ ἐν τῇ νυκτὶ ᾗ παρεδίδετο ἔλαβεν ἄρτον ²⁴ καὶ 24
εὐχαριστήσασ ἔκλασεν καὶ εἶπεν· τοῦτό μου ἐστὶν τὸ σῶμα τὸ
ὑπὲρ ὑμῶν· τοῦτο ποιεῖτε εἰσ τὴν ἐμὴν ἀνάμνησιν. ²⁵ ὡσαύτωσ 25
καὶ τὸ ποτήριον μετὰ τὸ δειπνῆσαι, λέγων· τοῦτο τὸ ποτήριον ἡ
καινὴ διαθήκη ἐστὶν ἐν τῷ ἐμῷ αἵματι· τοῦτο ποιεῖτε, ὁσάκισ ἐὰν
πίνητε, εἰσ τὴν ἐμὴν ἀνάμνησιν. ²⁶ ὁσάκισ γὰρ ἐὰν ἐσθίητε τὸν 26
ἄρτον τοῦτον καὶ τὸ ποτήριον πίνητε, τὸν θάνατον τοῦ κυρίου
καταγγέλλετε, ἄχρι οὗ ἔλθῃ. ²⁷ ὥστε ὃσ ἂν ἐσθίῃ τὸν ἄρτον ἢ 27
πίνῃ τὸ ποτήριον τοῦ κυρίου ἀναξίωσ, ἔνοχοσ ἔσται τοῦ σώματοσ
καὶ τοῦ αἵματοσ τοῦ κυρίου. ²⁸ δοκιμαζέτω δὲ ἄνθρωποσ ἑαυτόν, 28
καὶ οὕτωσ ἐκ τοῦ ἄρτου ἐσθιέτω καὶ ἐκ τοῦ ποτηρίου πινέτω·
²⁹ ὁ γὰρ ἐσθίων καὶ πίνων κρίμα ἑαυτῷ ἐσθίει καὶ πίνει μὴ δια- 29
κρίνων τὸ σῶμα. ³⁰ διὰ τοῦτο ἐν ὑμῖν πολλοὶ ἀσθενεῖσ καὶ ἄρ- 30
ρωστοι καὶ κοιμῶνται ἱκανοί. ³¹ εἰ δὲ ἑαυτοὺσ διεκρίνομεν, οὐκ 31
ἂν ἐκρινόμεθα· ³² κρινόμενοι δὲ ὑπὸ τοῦ κυρίου παιδευόμεθα, ἵνα 32
μὴ σὺν τῷ κόσμῳ κατακριθῶμεν. ³³ ὥστε, ἀδελφοί μου, συνερχό- 33
μενοι εἰσ τὸ φαγεῖν ἀλλήλουσ ἐκδέχεσθε. ³⁴ εἴ τισ πεινᾷ, ἐν οἴκῳ 34
ἐσθιέτω, ἵνα μὴ εἰσ κρίμα συνέρχησθε. τὰ δὲ λοιπὰ ὡσ ἂν ἔλθω
διατάξομαι.

XII.

Donorum spiritus sancti varietas et unitas. Sunt quasi membra multa in
uno corpore.

Περὶ δὲ τῶν πνευματικῶν, ἀδελφοί, οὐ θέλω ὑμᾶσ ἀγνοεῖν. 1
² οἴδατε ὅτι ὅτε ἔθνη ἦτε πρὸσ τὰ εἴδωλα τὰ ἄφωνα ὡσ ἂν 2
ἤγεσθε ἀπαγόμενοι. ³ διὸ γνωρίζω ὑμῖν ὅτι οὐδεὶσ ἐν πνεύματι 3
θεοῦ λαλῶν λέγει· ἀνάθεμα Ἰησοῦσ, καὶ οὐδεὶσ δύναται εἰπεῖν·
κύριοσ Ἰησοῦσ, εἰ μὴ ἐν πνεύματι ἁγίῳ.

17. αλλ | ηττον 18. εν τη εκκλησια 22. υμιν ειπω | ὑμᾶσ ἐν τούτῳ;
23. παρεδιδοτο. 24. ειπεν : add λαβετε φαγετε | το υπ. υμων : add
κλωμενον 25. εαν : αν 26. εαν : αν | το ποτηριον : add τουτο | αχρισ
ου αν 27. τον αρτον : add τουτον | τον κυρ. αναξιωσ : ℵ add του κυ-
ριου | om του ante αιματ. 29. κ. πινων : add αναξιωσ | το σωμα : add
του κυριου 31. ει δε : ει γαρ 32. υπο κυριου 34. ει δε τισ
XII, 2. om οτε 3. αναθεμ. ιησουν et κυριον ιησουν

322   12, 4.   1 COR.

⁴ ⁵ *Διαιρέσεισ δὲ χαρισμάτων εἰσίν, τὸ δὲ αὐτὸ πνεῦμα·* ⁵*καὶ* _{Ro 12, 6}
⁶ *διαιρέσεισ διακονιῶν εἰσίν, καὶ ὁ αὐτὸσ κύριοσ·* ⁶*καὶ διαιρέσεισ ἐνεργημάτων εἰσίν, ὁ δὲ αὐτὸσ θεὸσ ὁ ἐνεργῶν τὰ πάντα ἐν πᾶ-*
⁷ *σιν.* ⁷*ἑκάστῳ δὲ δίδοται ἡ φανέρωσισ τοῦ πνεύματοσ πρὸσ τὸ*
⁸ *συμφέρον.* ⁸*ᾧ μὲν γὰρ διὰ τοῦ πνεύματοσ δίδοται λόγοσ σοφίασ,*
⁹ *ἄλλῳ δὲ λόγοσ γνώσεωσ κατὰ τὸ αὐτὸ πνεῦμα,* ⁹*ἑτέρῳ πίστισ ἐν τῷ αὐτῷ πνεύματι, ἄλλῳ δὲ χαρίσματα ἰαμάτων ἐν τῷ ἑνὶ πνεύ-*
10 *ματι,* ¹⁰*ἄλλῳ δὲ ἐνεργήματα δυνάμεων, ἄλλῳ δὲ προφητεία, ἄλλῳ δὲ διάκρισισ πνευμάτων, ἑτέρῳ γένη γλωσσῶν, ἄλλῳ δὲ ἑρμηνεία*
11 *γλωσσῶν·* ¹¹*πάντα δὲ ταῦτα ἐνεργεῖ τὸ ἓν καὶ τὸ αὐτὸ πνεῦμα, διαιροῦν ἰδίᾳ ἑκάστῳ καθὼσ βούλεται.*
12   *Καθάπερ γὰρ τὸ σῶμα ἕν ἐστιν καὶ μέλη πολλὰ ἔχει, πάντα* _{27
6, 15
Ro 12, 4s}
      δὲ τὰ μέλη τοῦ σώματοσ πολλὰ ὄντα ἕν ἐστιν σῶμα, οὕτωσ καὶ
13 *ὁ Χριστόσ·* ¹³*καὶ γὰρ ἐν ἑνὶ πνεύματι ἡμεῖσ πάντεσ εἰσ ἓν σῶμα ἐβαπτίσθημεν, εἴτε Ἰουδαῖοι εἴτε Ἕλληνεσ, εἴτε δοῦλοι εἴτε ἐλεύ-* _{Ga 3, 28}
14 *θεροι, καὶ πάντεσ ἓν πνεῦμα ἐποτίσθημεν.* ¹⁴*καὶ γὰρ τὸ σῶμα*
15 *οὐκ ἔστιν ἓν μέλοσ ἀλλὰ πολλά.* ¹⁵*ἐὰν εἴπῃ ὁ πούσ· ὅτι οὐκ εἰμὶ χείρ, οὐκ εἰμὶ ἐκ τοῦ σώματοσ, οὐ παρὰ τοῦτο οὐκ ἔστιν ἐκ*
16 *τοῦ σώματοσ.* ¹⁶*καὶ ἐὰν εἴπῃ τὸ οὖσ· ὅτι οὐκ εἰμὶ ὀφθαλμόσ, οὐκ εἰμὶ ἐκ τοῦ σώματοσ, οὐ παρὰ τοῦτο οὐκ ἔστιν ἐκ τοῦ σώμα-*
17 *τοσ.* ¹⁷*εἰ ὅλον τὸ σῶμα ὀφθαλμόσ, ποῦ ἡ ἀκοή; εἰ ὅλον ἀκοή,*
18 *ποῦ ἡ ὄσφρησισ;* ¹⁸*νυνὶ δὲ ὁ θεὸσ ἔθετο τὰ μέλη, ἓν ἕκαστον*
19 *αὐτῶν ἐν τῷ σώματι καθὼσ ἠθέλησεν.* ¹⁹*εἰ δὲ ἦν τὰ πάντα ἓν*
20 *μέλοσ, ποῦ τὸ σῶμα;* ²⁰*νῦν δὲ πολλὰ μὲν μέλη, ἓν δὲ σῶμα.*
21 ²¹*οὐ δύναται δὲ ὁ ὀφθαλμὸσ εἰπεῖν τῇ χειρί· χρείαν σου οὐκ ἔχω,*
22 *ἢ πάλιν ἡ κεφαλὴ τοῖσ ποσίν· χρείαν ὑμῶν οὐκ ἔχω·* ²²*ἀλλὰ πολλῷ μᾶλλον τὰ δοκοῦντα μέλη τοῦ σώματοσ ἀσθενέστερα*
23 *ὑπάρχειν ἀναγκαῖά ἐστιν,* ²³*καὶ ἃ δοκοῦμεν ἀτιμότερα εἶναι τοῦ σώματοσ, τούτοισ τιμὴν περισσοτέραν περιτίθεμεν, καὶ τὰ ἀσχή-*
24 *μονα ἡμῶν εὐσχημοσύνην περισσοτέραν ἔχει,* ²⁴*τὰ δὲ εὐσχήμονα ἡμῶν οὐ χρείαν ἔχει. ἀλλὰ ὁ θεὸσ συνεκέρασεν τὸ σῶμα, τῷ*
25 *ὑστερουμένῳ περισσοτέραν δοὺσ τιμήν,* ²⁵*ἵνα μὴ ᾖ σχίσματα ἐν τῷ σώματι, ἀλλὰ τὸ αὐτὸ ὑπὲρ ἀλλήλων μεριμνῶσιν τὰ μέλη.*
26 ²⁶*καὶ εἴτε πάσχει ἓν μέλοσ, συνπάσχει πάντα τὰ μέλη· εἴτε*
27 *δοξάζεται μέλοσ, συνχαίρει πάντα τὰ μέλη.* ²⁷*ὑμεῖσ δέ ἐστε* ₁₂
28 *σῶμα Χριστοῦ καὶ μέλη ἐκ μέρουσ.* ²⁸*καὶ οὓσ μὲν ἔθετο ὁ* _{9. 10
Eph 4, 11}
θεὸσ ἐν τῇ ἐκκλησίᾳ πρῶτον ἀποστόλουσ, δεύτερον προφήτασ, τρίτον διδασκάλουσ, ἔπειτα δυνάμεισ, ἔπειτα χαρίσματα ἰαμάτων,

---

6. ϑεοσ : praem εστι 9. ετερω : add δε | εν τω ενι : ϛ ℵ εν τω αυτω
10. διακρισεισ | ετερω : add δε 12. εχει πολλα | του σωματοσ : add του
ενοσ 13. εν πνευμα : praem εισ 15 et 16. ϛ bis ad finem σώματοσ;
habet 21. om ο ante οφϑ. 23. ϛᵉ 1624. ατιμωτερα 24. αλλ | τω
υστερουντι 25. σχισμα 26. συμπασχ. et συγχαιρ. | δοξαζ. εν μελ.
28. επειτα sec : ειτα

ἀντιλήμψεισ, κυβερνήσεισ, γένη γλωσσῶν. ²⁹ μὴ πάντεσ ἀπό- 29
στολοι; μὴ πάντεσ προφῆται; μὴ πάντεσ διδάσκαλοι; μὴ πάντεσ
δυνάμεισ; ³⁰ μὴ πάντεσ χαρίσματα ἔχουσιν ἰαμάτων; μὴ πάντεσ 30
14, 1 γλώσσαισ λαλοῦσιν; μὴ πάντεσ διερμηνεύουσιν; ³¹ ζηλοῦτε δὲ 31
τὰ χαρίσματα τὰ μείζονα· καὶ ἔτι καθ᾽ ὑπερβολὴν ὁδὸν ὑμῖν
δείκνυμι.

XIII.

Caritas praestat omnibus, ipsisque fide et spe maior est.

Ἐὰν ταῖσ γλώσσαισ τῶν ἀνθρώπων λαλῶ καὶ τῶν ἀγγέλων, 1
ἀγάπην δὲ μὴ ἔχω, γέγονα χαλκὸσ ἠχῶν ἢ κύμβαλον ἀλαλάζον.
² καὶ ἐὰν ἔχω προφητείαν καὶ εἰδῶ τὰ μυστήρια πάντα καὶ πᾶσαν 2
14, 3 ss τὴν γνῶσιν, καὶ ἐὰν ἔχω πᾶσαν τὴν πίστιν ὥστε ὄρη μεθιστάναι,
ἀγάπην δὲ μὴ ἔχω, οὐθέν εἰμι. ³ καὶ ἐὰν ψωμίσω πάντα τὰ ὑπ- 3
άρχοντά μου, καὶ ἐὰν παραδῶ τὸ σῶμά μου ἵνα καυθήσομαι,
ἀγάπην δὲ μὴ ἔχω, οὐθὲν ὠφελοῦμαι. ⁴ ἡ ἀγάπη μακροθυμεῖ, 4
χρηστεύεται ἡ ἀγάπη, οὐ ζηλοῖ ἡ ἀγάπη, οὐ περπερεύεται, οὐ
10, 24 φυσιοῦται, ⁵ οὐκ ἀσχημονεῖ, οὐ ζητεῖ τὰ ἑαυτῆσ, οὐ παροξύνεται, 5
Phi 2, 4 οὐ λογίζεται τὸ κακόν, ⁶ οὐ χαίρει ἐπὶ τῇ ἀδικίᾳ, συνχαίρει δὲ τῇ 6
ἀληθείᾳ· ⁷ πάντα στέγει, πάντα πιστεύει, πάντα ἐλπίζει, πάντα 7
ὑπομένει.

Ἡ ἀγάπη οὐδέποτε πίπτει· εἴτε δὲ προφητεῖαι, καταργη- 8
θήσονται· εἴτε γλῶσσαι, παύσονται· εἴτε γνῶσισ, καταργηθήσε-
ται. ⁹ ἐκ μέρουσ γὰρ γινώσκομεν καὶ ἐκ μέρουσ προφητεύομεν· 9
12 ¹⁰ ὅταν δὲ ἔλθῃ τὸ τέλειον, τὸ ἐκ μέρουσ καταργηθήσεται. ¹¹ ὅτε 10 11
ἤμην νήπιοσ, ἐλάλουν ὡσ νήπιοσ, ἐφρόνουν ὡσ νήπιοσ, ἐλογιζό-
μην ὡσ νήπιοσ· ὅτε γέγονα ἀνήρ, κατήργηκα τὰ τοῦ νηπίου.
9 ¹² βλέπομεν γὰρ ἄρτι δι᾽ ἐσόπτρου ἐν αἰνίγματι, τότε δὲ πρόσω- 12
8, 3 πον πρὸσ πρόσωπον· ἄρτι γινώσκω ἐκ μέρουσ, τότε δὲ ἐπιγνώσο-
μαι καθὼσ καὶ ἐπεγνώσθην. ¹³ νυνὶ δὲ μένει πίστισ, ἐλπίσ, ἀγάπη, 13
τὰ τρία ταῦτα· μείζων δὲ τούτων ἡ ἀγάπη.

XIV.

Donum linguarum et donum prophetiae. De donorum gratiae in conven-
tibus sacris usu et abusu. Mulieri tacendum in ecclesia.

12, 31 Διώκετε τὴν ἀγάπην, ζηλοῦτε δὲ τὰ πνευματικά, μᾶλλον δὲ 1
5 ἵνα προφητεύητε. ² ὁ γὰρ λαλῶν γλώσσῃ οὐκ ἀνθρώποισ λαλεῖ 2
ἀλλὰ θεῷ· οὐδεὶσ γὰρ ἀκούει, πνεύματι δὲ λαλεῖ μυστήρια· ³ ὁ 3
δὲ προφητεύων ἀνθρώποισ λαλεῖ οἰκοδομὴν καὶ παράκλησιν καὶ

---

28. αντιληψεισ | א* om γενη 31. μειζονα : κρειττονα
XIII, 2. μεθιστανειν | ϛͨ ουδεν 3. ϛͨ ψωμιζω | καυθησωμ., א καυ-
χησωμαι | ουδεν 4. χρηστευεται· ἡ ἀγ. οὐ ζηλοῖ ἡ ἀγ. οὐ περπ., οὐ
6. ϛ א συγχαι. 8. εκπιπτει | א γνωσισ (sic) καταργηθησονται 10. τοτε
το εκ 11. ωσ νηπ. ελαλ., ωσ νηπ. εφρο., ωσ νηπ. ελογι. | οτε sec : add δε
XIV, 2. ουκ : א ουχ | τω θεω

4 παραμυθίαν. ⁴ὁ λαλῶν γλώσσῃ ἑαυτὸν οἰκοδομεῖ· ὁ δὲ προφη-
5 τεύων ἐκκλησίαν οἰκοδομεῖ. ⁵ θέλω δὲ πάντασ ὑμᾶσ λαλεῖν γλώσ-
σαισ, μᾶλλον δὲ ἵνα προφητεύητε· μείζων δὲ ὁ προφητεύων ἢ ὁ
λαλῶν γλώσσαισ, ἐκτὸσ εἰ μὴ διερμηνεύῃ, ἵνα ἡ ἐκκλησία οἰκοδο-
6 μὴν λάβῃ. ⁶ νῦν δέ, ἀδελφοί, ἐὰν ἔλθω πρὸσ ὑμᾶσ γλώσσαισ
λαλῶν, τί ὑμᾶσ ὠφελήσω, ἐὰν μὴ ὑμῖν λαλήσω ἢ ἐν ἀποκαλύψει
7 ἢ ἐν γνώσει ἢ ἐν προφητείᾳ ἢ διδαχῇ; ⁷ ὅμωσ τὰ ἄψυχα φωνὴν
διδόντα, εἴτε αὐλὸσ εἴτε κιθάρα, ἐὰν διαστολὴν τοῖσ φθόγγοισ
μὴ δῷ, πῶσ γνωσθήσεται τὸ αὐλούμενον ἢ τὸ κιθαριζόμενον;
8 ⁸ καὶ γὰρ ἐὰν ἄδηλον σάλπιγξ φωνὴν δῷ, τίσ παρασκευάσεται
9 εἰσ πόλεμον; ⁹ οὕτωσ καὶ ὑμεῖσ διὰ τῆσ γλώσσησ ἐὰν μὴ εὔσημον
λόγον δῶτε, πῶσ γνωσθήσεται τὸ λαλούμενον; ἔσεσθε γὰρ εἰσ
10 ἀέρα λαλοῦντεσ. ¹⁰ τοσαῦτα εἰ τύχοι γένη φωνῶν εἰσὶν ἐν κόσμῳ,
11 καὶ οὐδὲν ἄφωνον· ¹¹ ἐὰν οὖν μὴ εἰδῶ τὴν δύναμιν τῆσ φωνῆσ,
ἔσομαι τῷ λαλοῦντι βάρβαροσ καὶ ὁ λαλῶν ἐν ἐμοὶ βάρβαροσ.
12 ¹² οὕτωσ καὶ ὑμεῖσ, ἐπεὶ ζηλωταί ἐστε πνευμάτων, πρὸσ τὴν
13 οἰκοδομὴν τῆσ ἐκκλησίασ ζητεῖτε ἵνα περισσεύητε. ¹³ διὸ ὁ λαλῶν
14 γλώσσῃ προσευχέσθω ἵνα διερμηνεύῃ. ¹⁴ ἐὰν γὰρ προσεύχωμαι
γλώσσῃ, τὸ πνεῦμά μου προσεύχεται, ὁ δὲ νοῦσ μου ἄκαρπόσ
15 ἐστιν. ¹⁵ τί οὖν ἐστίν; προσεύξομαι τῷ πνεύματι, προσεύξομαι
16 δὲ καὶ τῷ νοΐ· ψαλῶ τῷ πνεύματι, ψαλῶ δὲ καὶ τῷ νοΐ. ¹⁶ ἐπεὶ
ἐὰν εὐλογῇσ πνεύματι, ὁ ἀναπληρῶν τὸν τόπον τοῦ ἰδιώτου πῶσ
ἐρεῖ τὸ ἀμὴν ἐπὶ τῇ σῇ εὐχαριστίᾳ; ἐπειδὴ τί λέγεισ οὐκ οἶδεν·
17 ¹⁷ σὺ μὲν γὰρ καλῶσ εὐχαριστεῖσ, ἀλλ' ὁ ἕτεροσ οὐκ οἰκοδομεῖται.
18 ¹⁸ εὐχαριστῶ τῷ θεῷ, πάντων ὑμῶν μᾶλλον γλώσσῃ λαλῶ·
19 ¹⁹ ἀλλὰ ἐν ἐκκλησίᾳ θέλω πέντε λόγουσ τῷ νοΐ μου λαλῆσαι, ἵνα
καὶ ἄλλουσ κατηχήσω, ἢ μυρίουσ λόγουσ ἐν γλώσσῃ.
20 Ἀδελφοί, μὴ παιδία γίνεσθε ταῖσ φρεσίν, ἀλλὰ τῇ κακίᾳ
21 νηπιάζετε, ταῖσ δὲ φρεσὶν τέλειοι γίνεσθε. ²¹ ἐν τῷ νόμῳ γέγρα-
πται ὅτι ἐν ἑτερογλώσσοισ καὶ ἐν χείλεσιν ἑτέρων λαλήσω τῷ λαῷ
22 τούτῳ, καὶ οὐδ' οὕτωσ εἰσακούσονταί μου, λέγει κύριοσ. ²² ὥστε
αἱ γλῶσσαι εἰσ σημεῖόν εἰσιν οὐ τοῖσ πιστεύουσιν ἀλλὰ τοῖσ ἀπί-
στοισ, ἡ δὲ προφητεία οὐ τοῖσ ἀπίστοισ ἀλλὰ τοῖσ πιστεύουσιν.
23 ²³ ἐὰν οὖν συνέλθῃ ἡ ἐκκλησία ὅλη ἐπὶ τὸ αὐτὸ καὶ πάντες λαλῶ-
σιν γλώσσαισ, εἰσέλθωσιν δὲ ἰδιῶται ἢ ἄπιστοι, οὐκ ἐροῦσιν ὅτι
24 μαίνεσθε; ²⁴ ἐὰν δὲ πάντες προφητεύωσιν, εἰσέλθῃ δέ τισ ἄπι
στοσ ἢ ἰδιώτησ, ἐλέγχεται ὑπὸ πάντων, ἀνακρίνεται ὑπὸ πάντων,
25 ²⁵ τὰ κρυπτὰ τῆσ καρδίασ αὐτοῦ φανερὰ γίνεται, καὶ οὕτωσ

---

5. μειζ. γαρ 6. νυνι | א om η post λαλησω | η εν διδαχ. 8. φων. σαλπ.
10. εισιν : εστιν | ουδεν : add αυτων 13. διοπερ 15. א προσευξωμαι
τω πνευμ. | ϛᵉ 1624. om τω ante νοϊ (per err.) 16. ευλογησησ | ϛ τω
πενυματι, אᶜ εν πνευμ. 18. τω θεω : add μου | γλωσσαισ | λαλων
19. ϛ אᵃ αλλ, א* om | τω νοϊ : δια του νοοσ 21. א* τι γεγραπτ.|ετερων :
ετεροισ 23. παντ. γλωσσ. λαλω. 25. τα κρυπτα : praem και ουτω

πεσὼν ἐπὶ πρόσωπον προσκυνήσει τῷ θεῷ, ἀπαγγέλλων ὅτι ὄντωσ θεόσ ἐν ὑμῖν ἐστίν.

Τί οὖν ἐστίν, ἀδελφοί; ὅταν συνέρχησθε, ἕκαστοσ ψαλμὸν 26 ἔχει, διδαχὴν ἔχει, ἀποκάλυψιν ἔχει, γλῶσσαν ἔχει, ἑρμηνείαν ἔχει· πάντα πρὸσ οἰκοδομὴν γινέσθω. ²⁷ εἴτε γλώσσῃ τισ λαλεῖ, 27 κατὰ δύο ἢ τὸ πλεῖστον τρεῖσ, καὶ ἀνὰ μέροσ, καὶ εἶσ διερ- 5 μηνευέτω· ²⁸ ἐὰν δὲ μὴ ᾖ διερμηνευτήσ, σιγάτω ἐν ἐκκλησίᾳ, 28 22 ἑαυτῷ δὲ λαλείτω καὶ τῷ θεῷ. ²⁹ προφῆται δὲ δύο ἢ τρεῖσ 29 λαλείτωσαν, καὶ οἱ ἄλλοι διακρινέτωσαν· ³⁰ ἐὰν δὲ ἄλλῳ ἀπο- 30 καλυφθῇ καθημένῳ, ὁ πρῶτοσ σιγάτω. ³¹ δύνασθε γὰρ καθ' ἕνα 31 πάντεσ προφητεύειν, ἵνα πάντεσ μανθάνωσιν καὶ πάντεσ παρακαλῶνται. ³² καὶ πνεύματα προφητῶν προφήταισ ὑποτάσσεται· 32 Ro 15, 33 ³³ οὐ γάρ ἐστιν ἀκαταστασίασ ὁ θεὸσ ἀλλὰ εἰρήνησ. 33

Ὡσ ἐν πάσαισ ταῖσ ἐκκλησίαισ τῶν ἁγίων, ³⁴ αἱ γυναῖκεσ 34 1 Ti 2, 11s ἐν ταῖσ ἐκκλησίαισ σιγάτωσαν· οὐ γὰρ ἐπιτρέπεται αὐταῖσ λαλεῖν, Gn 3, 16 ἀλλὰ ὑποτασσέσθωσαν, καθὼσ καὶ ὁ νόμοσ λέγει. ³⁵ εἰ δέ τι 35 μαθεῖν θέλουσιν, ἐν οἴκῳ τοὺσ ἰδίουσ ἄνδρασ ἐπερωτάτωσαν· αἰσχρὸν γάρ ἐστιν γυναικὶ λαλεῖν ἐν ἐκκλησίᾳ. ³⁶ ἢ ἀφ' ὑμῶν ὁ 36 λόγοσ τοῦ θεοῦ ἐξῆλθεν, ἢ εἰσ ὑμᾶσ μόνουσ κατήντησεν;

Εἴ τισ δοκεῖ προφήτησ εἶναι ἢ πνευματικόσ, ἐπιγινωσκέτω 37 ἃ γράφω ὑμῖν, ὅτι κυρίου ἐστίν· ³⁸ εἰ δέ τισ ἀγνοεῖ, ἀγνοεῖται. 38 ³⁹ ὥστε, ἀδελφοί μου, ζηλοῦτε τὸ προφητεύειν, καὶ τὸ λαλεῖν μὴ 39 κωλύετε γλώσσαισ· ⁴⁰ πάντα δὲ εὐσχημόνωσ καὶ κατὰ τάξιν γι- 40 νέσθω.

XV.

Christi resurrectio fundamentum nostrae fidei. Mors ultimus hostis. Baptisma pro mortuis. Resurrectio mortuorum. Novum corpus caeleste. Mysterium de subita immutatione superstitum.

Ga 1, 11 Γνωρίζω δὲ ὑμῖν, ἀδελφοί, τὸ εὐαγγέλιον ὃ εὐηγγελισάμην 1 ὑμῖν, ὃ καὶ παρελάβετε, ἐν ᾧ καὶ ἑστήκατε, ² δι' οὗ καὶ σώζεσθε, 2 τίνι λόγῳ εὐηγγελισάμην ὑμῖν εἰ κατέχετε, ἐκτὸσ εἰ μὴ εἰκῆ ἐπι- 11, 23 στεύσατε. ³ παρέδωκα γὰρ ὑμῖν ἐν πρώτοισ, ὃ καὶ παρέλαβον, 3 Lc 24, 26s Es 53, 8 ss ὅτι Χριστὸσ ἀπέθανεν ὑπὲρ τῶν ἁμαρτιῶν ἡμῶν κατὰ τὰσ γρα- Ps 15(16), 10 φάσ, ⁴ καὶ ὅτι ἐτάφη, καὶ ὅτι ἐγήγερται τῇ ἡμέρᾳ τῇ τρίτῃ κατὰ 4 Lc 24, 34. τὰσ γραφάσ, ⁵ καὶ ὅτι ὤφθη Κηφᾷ, ἔπειτα τοῖσ δώδεκα. ⁶ ἔπειτα 5. 6 36 ὤφθη ἐπάνω πεντακοσίοισ ἀδελφοῖσ ἐφάπαξ, ἐξ ὧν οἱ πλείονεσ μένουσιν ἕωσ ἄρτι, τινὲσ δὲ ἐκοιμήθησαν. ⁷ ἔπειτα ὤφθη Ἰακώβῳ, 7

---

25. ο θεοσ οντωσ 26. εκαστοσ: add υμων | γλωσσ. εχει, αποκαλ. εχει | γενεσθω 33. αλλ | ωσ εν πασαισ etc : ς ℵ cum antecedd coni 34. αι γυναικεσ: add υμων | επιτετραπται | αλλ | υποτασσεσθαι 35. ℵ* μανθανειν | γυναιξιν εν εκκλ. λαλειν 37. του κυριου | εστιν: ℵ εστ. εντολη, ς εισιν εντολαι 38. αγνοειτω 39. om μου | μη κωλυετε post γλωσσ. 40. om δε

XV, 4. τη τριτη ημερα 5. επειτα: ειτα 6. πλειουσ | τινεσ δε : add και 7. επειτα sec : ειτα

8 ἔπειτα τοῖσ ἀποστόλοισ πᾶσιν. ⁸ἔσχατον δὲ πάντων ὡσπερεὶ τῷ
9 ἐκτρώματι ὤφθη κἀμοί. ⁹ἐγὼ γὰρ εἰμι ὁ ἐλάχιστοσ τῶν ἀποστό-
λων, ὃσ οὐκ εἰμὶ ἱκανὸσ καλεῖσθαι ἀπόστολοσ, διότι ἐδίωξα τὴν
10 ἐκκλησίαν τοῦ θεοῦ· ¹⁰χάριτι δὲ θεοῦ εἰμὶ ὅ εἰμι, καὶ ἡ χάρισ
αὐτοῦ ἡ εἰσ ἐμὲ οὐ κενὴ ἐγενήθη, ἀλλὰ περισσότερον αὐτῶν πάν-
των ἐκοπίασα, οὐκ ἐγὼ δὲ ἀλλὰ ἡ χάρισ τοῦ θεοῦ σὺν ἐμοί.
11 ¹¹εἴτε οὖν ἐγὼ εἴτε ἐκεῖνοι, οὕτωσ κηρύσσομεν καὶ οὕτωσ ἐπι-
στεύσατε.

12 Εἰ δὲ Χριστὸσ κηρύσσεται ὅτι ἐκ νεκρῶν ἐγήγερται, πῶσ
13 λέγουσιν ἐν ὑμῖν τινὲσ ὅτι ἀνάστασισ νεκρῶν οὐκ ἔστιν; ¹³εἰ δὲ
14 ἀνάστασισ νεκρῶν οὐκ ἔστιν, οὐδὲ Χριστὸσ ἐγήγερται· ¹⁴εἰ δὲ
Χριστὸσ οὐκ ἐγήγερται, κενὸν ἄρα καὶ τὸ κήρυγμα ἡμῶν, κενὴ
15 καὶ ἡ πίστισ ὑμῶν· ¹⁵εὑρισκόμεθα δὲ καὶ ψευδομάρτυρεσ τοῦ
θεοῦ, ὅτι ἐμαρτυρήσαμεν κατὰ τοῦ θεοῦ ὅτι ἤγειρεν τὸν Χριστόν,
16 ὃν οὐκ ἤγειρεν εἴπερ ἄρα νεκροὶ οὐκ ἐγείρονται. ¹⁶εἰ γὰρ νεκροὶ
17 οὐκ ἐγείρονται, οὐδὲ Χριστὸσ ἐγήγερται· ¹⁷εἰ δὲ Χριστὸσ οὐκ
ἐγήγερται, ματαία ἡ πίστισ ὑμῶν, ἔτι ἐστὲ ἐν ταῖσ ἁμαρτίαισ
18 19 ὑμῶν, ¹⁸ἄρα καὶ οἱ κοιμηθέντεσ ἐν Χριστῷ ἀπώλοντο. ¹⁹εἰ ἐν
τῇ ζωῇ ταύτῃ ἐν Χριστῷ ἠλπικότεσ ἐσμὲν μόνον, ἐλεεινότεροι
20 πάντων ἀνθρώπων ἐσμέν. ²⁰Νυνὶ δὲ Χριστὸσ ἐγήγερται ἐκ νε-
21 κρῶν, ἀπαρχὴ τῶν κεκοιμημένων. ²¹ἐπειδὴ γὰρ δι' ἀνθρώπου
22 θάνατος, καὶ δι' ἀνθρώπου ἀνάστασισ νεκρῶν. ²²ὥσπερ γὰρ ἐν
τῷ Ἀδὰμ πάντεσ ἀποθνῄσκουσιν, οὕτωσ καὶ ἐν τῷ Χριστῷ πάν-
23 τεσ ζωοποιηθήσονται. ²³ἕκαστοσ δὲ ἐν τῷ ἰδίῳ τάγματι· ἀπαρχὴ
24 Χριστόσ, ἔπειτα οἱ τοῦ Χριστοῦ ἐν τῇ παρουσίᾳ αὐτοῦ, ²⁴εἶτα
τὸ τέλοσ, ὅταν παραδιδοῖ τὴν βασιλείαν τῷ θεῷ καὶ πατρί, ὅταν
25 καταργήσῃ πᾶσαν ἀρχὴν καὶ πᾶσαν ἐξουσίαν καὶ δύναμιν. ²⁵δεῖ
γὰρ αὐτὸν βασιλεύειν ἄχρι οὗ θῇ πάντασ τοὺσ ἐχθροὺσ ὑπὸ τοὺσ
26 πόδασ αὐτοῦ. ²⁶ἔσχατοσ ἐχθρὸσ καταργεῖται ὁ θάνατοσ.
27 ²⁷πάντα γὰρ ὑπέταξεν ὑπὸ τοὺσ πόδασ αὐτοῦ. ὅταν δὲ εἴπῃ
ὅτι πάντα ὑποτέτακται, δῆλον ὅτι ἐκτὸσ τοῦ ὑποτάξαντοσ αὐτῷ
28 τὰ πάντα· ²⁸ὅταν δὲ ὑποταγῇ αὐτῷ τὰ πάντα, τότε καὶ αὐτὸσ
ὁ υἱὸσ ὑποταγήσεται τῷ ὑποτάξαντι αὐτῷ τὰ πάντα, ἵνα ᾖ ὁ
θεὸσ τὰ πάντα ἐν πᾶσιν.

29 Ἐπεὶ τί ποιήσουσιν οἱ βαπτιζόμενοι ὑπὲρ τῶν νεκρῶν; εἰ
30 ὅλωσ νεκροὶ οὐκ ἐγείρονται, τί καὶ βαπτίζονται ὑπὲρ αὐτῶν; ³⁰τί
31 καὶ ἡμεῖσ κινδυνεύομεν πᾶσαν ὥραν; ³¹καθ' ἡμέραν ἀποθνήσκω,

10. א* απαντων | αλλ η | η συν εμοι 11. א* πιστευσατε 12. τινεσ εν
υμιν 14. om και post αρα | κενη δε και 15. τον χριστον : א* add αυτου
17. ετι : א* praem και 19. εν χριστω : post ηλπ. εσμεν 20. κεκοιμη-
μενων : add εγενετο 21. ο θανατοσ 23. δε : א* om | ϛ (sed ϛᵉ non
amplius 1656.) om τον ex errore 24. ϛ παραδω, א παραδιδω 25. αχρισ
ου αν 26. εσχ. εχθρ. κατ. ο θανατοσ : אᶜ post παντα γ. υπετ. υπ. τ.
ποδ. αυτ. 28. א* om οταν δε υπ. αυ. τα παντ. (suppl אᵃ) 29. νεκρων,
ει | υπερ αυτων : υπ. των νεκρων

νὴ τὴν ὑμετέραν καύχησιν, ἀδελφοί, ἣν ἔχω ἐν Χριστῷ Ἰησοῦ τῷ κυρίῳ ἡμῶν. ³²εἰ κατὰ ἄνθρωπον ἐθηριομάχησα ἐν Ἐφέσῳ, τί ³³ μοι τὸ ὄφελοσ; εἰ νεκροὶ οὐκ ἐγείρονται, φάγωμεν καὶ πίωμεν, αὔριον γὰρ ἀποθνήσκομεν. ³³ μὴ πλανᾶσθε· φθείρουσιν ἤθη χρη- στὰ ὁμιλίαι κακαί. ³⁴ἐκνήψατε δικαίωσ καὶ μὴ ἁμαρτάνετε· ἀγνωσίαν γὰρ θεοῦ τινὲσ ἔχουσιν· πρὸσ ἐντροπὴν ὑμῖν λαλῶ.

Ἀλλὰ ἐρεῖ τισ· πῶσ ἐγείρονται οἱ νεκροί; ποίῳ δὲ σώματι ³⁵ ἔρχονται; ³⁶ ἄφρων, σὺ ὃ σπείρεισ, οὐ ζωοποιεῖται ἐὰν μὴ ἀπο- ³⁶ θάνῃ· ³⁷ καὶ ὃ σπείρεισ, οὐ τὸ σῶμα τὸ γενησόμενον σπείρεισ, ³⁷ ἀλλὰ γυμνὸν κόκκον εἰ τύχοι σίτου ἤ τινοσ τῶν λοιπῶν· ³⁸ ὁ δὲ ³⁸ θεὸσ δίδωσιν αὐτῷ σῶμα καθὼσ ἠθέλησεν, καὶ ἑκάστῳ τῶν σπερμάτων ἴδιον σῶμα. ³⁹ οὐ πᾶσα σὰρξ ἡ αὐτὴ σάρξ, ἀλλὰ ἄλλη ³⁹ μὲν ἀνθρώπων, ἄλλη δὲ σὰρξ κτηνῶν, ἄλλη δὲ σὰρξ πτηνῶν, ἄλλη δὲ ἰχθύων. ⁴⁰ καὶ σώματα ἐπουράνια, καὶ σώματα ἐπίγεια· ἀλλὰ ⁴⁰ ἑτέρα μὲν ἡ τῶν ἐπουρανίων δόξα, ἑτέρα δὲ ἡ τῶν ἐπιγείων. ⁴¹ ἄλλη δόξα ἡλίου, καὶ ἄλλη δόξα σελήνησ, καὶ ἄλλη δόξα ἀστέ- ⁴¹ ρων· ἀστὴρ γὰρ ἀστέροσ διαφέρει ἐν δόξῃ. ⁴² οὕτωσ καὶ ἡ ἀνά- ⁴² στασισ τῶν νεκρῶν. σπείρεται ἐν φθορᾷ, ἐγείρεται ἐν ἀφθαρσίᾳ· ⁴³ σπείρεται ἐν ἀτιμίᾳ, ἐγείρεται ἐν δόξῃ· σπείρεται ἐν ἀσθενείᾳ, ⁴³ ἐγείρεται ἐν δυνάμει. ⁴⁴ σπείρεται σῶμα ψυχικόν, ἐγείρεται σῶμα ⁴⁴ πνευματικόν. εἰ ἔστιν σῶμα ψυχικόν, ἔστιν καὶ πνευματικόν. ⁴⁵ οὕτωσ καὶ γέγραπται· ἐγένετο ὁ πρῶτοσ ἄνθρωποσ Ἀδὰμ εἰσ ⁴⁵ ψυχὴν ζῶσαν, ὁ ἔσχατοσ Ἀδὰμ εἰσ πνεῦμα ζωοποιοῦν. ⁴⁶ ἀλλ' ⁴⁶ οὐ πρῶτον τὸ πνευματικὸν ἀλλὰ τὸ ψυχικόν, ἔπειτα τὸ πνευματικόν. ⁴⁷ ὁ πρῶτοσ ἄνθρωποσ ἐκ γῆσ χοϊκόσ, ὁ δεύτεροσ ἄνθρω- ⁴⁷ ποσ ἐξ οὐρανοῦ. ⁴⁸ οἷοσ ὁ χοϊκόσ, τοιοῦτοι καὶ οἱ χοϊκοί, καὶ οἷοσ ⁴⁸ ὁ ἐπουράνιοσ, τοιοῦτοι καὶ οἱ ἐπουράνιοι· ⁴⁹ καὶ καθὼσ ἐφορέσα- ⁴⁹ μεν τὴν εἰκόνα τοῦ χοϊκοῦ, φορέσωμεν καὶ τὴν εἰκόνα τοῦ ἐπουρανίου.

Τοῦτο δέ φημι, ἀδελφοί, ὅτι σὰρξ καὶ αἷμα βασιλείαν θεοῦ ⁵⁰ κληρονομῆσαι οὐ δύναται, οὐδὲ ἡ φθορὰ τὴν ἀφθαρσίαν κληρονομεῖ. ⁵¹ ἰδοὺ μυστήριον ὑμῖν λέγω· πάντεσ οὐ κοιμηθησόμεθα, ⁵¹ πάντεσ δὲ ἀλλαγησόμεθα, ⁵² ἐν ἀτόμῳ, ἐν ῥιπῇ ὀφθαλμοῦ, ἐν ⁵² τῇ ἐσχάτῃ σάλπιγγι· σαλπίσει γάρ, καὶ οἱ νεκροὶ ἐγερθήσονται ἄφθαρτοι καὶ ἡμεῖσ ἀλλαγησόμεθα. ⁵³ δεῖ γὰρ τὸ φθαρτὸν τοῦτο ⁵³ ἐνδύσασθαι ἀφθαρσίαν, καὶ τὸ θνητὸν τοῦτο ἐνδύσασθαι ἀθανασίαν. ⁵⁴ ὅταν δὲ τὸ φθαρτὸν τοῦτο ἐνδύσηται ἀφθαρσίαν καὶ ⁵⁴

31. υμετεραν : ϛ (non ϛᵉ) ημετ. | om αδελφοι 33. χρησθ'. 34. λαλοι : λεγω 35. ϛ ℵ αλλ 36. αφρον 37. σπειρεισ sec (et. ℵa) : ℵ* om 38. αυτω διδωσι | το ιδιον 39. αλλη μεν : add σαρξ | om σαρξ ante πτηνων | πτηνων — ιχθυων : ιχθυν. — πτην. 40. ϛ ℵ αλλ 44. om ει ante εστ. σωμα | εστιν και : και εστι σωμα 47. ο δευτερ. ανθρωποσ : add ο κυριοσ 49. φορεσομεν 50. δυνανται 51. παντεσ : ϛ ℵ add μεν | ου κοιμηθ. παντ. δε αλλαγ. : ℵ κοιμηθ. ου παντ. δε αλλαγ. 54. το φθαρτ. τουτ. ενδυσ. αφθαρσ. και : ℵ* om

τὸ θνητὸν τοῦτο ἐνδύσηται ἀθανασίαν, τότε γενήσεται ὁ λόγοσ
55 ὁ γεγραμμένοσ· κατεπόθη ὁ θάνατοσ εἰσ νῖκοσ. ⁵⁵ποῦ σου
56 θάνατε τὸ νῖκοσ; ποῦ σου θάνατε τὸ κέντρον; ⁵⁶τὸ δὲ κέντρον
τοῦ θανάτου ἡ ἁμαρτία, ἡ δὲ δύναμισ τῆσ ἁμαρτίασ ὁ νόμοσ.
57 ⁵⁷τῷ δὲ θεῷ χάρισ τῷ διδόντι ἡμῖν τὸ νῖκοσ διὰ τοῦ κυρίου
58 ἡμῶν Ἰησοῦ Χριστοῦ. ⁵⁸ὥστε, ἀδελφοί μου ἀγαπητοί, ἑδραῖοι
γίνεσθε, ἀμετακίνητοι, περισσεύοντεσ ἐν τῷ ἔργῳ τοῦ κυρίου
πάντοτε, εἰδότεσ ὅτι ὁ κόποσ ὑμῶν οὐκ ἔστιν κενὸσ ἐν κυρίῳ.

XVI.
De stipe pro sanctis colligenda. De Timotheo, Apollo, domo Stephanae. Salutationes.

1 Περὶ δὲ τῆσ λογίασ τῆσ εἰσ τοὺσ ἁγίουσ, ὥσπερ διέταξα
2 ταῖσ ἐκκλησίαισ τῆσ Γαλατίασ, οὕτωσ καὶ ὑμεῖσ ποιήσατε. ²κατὰ
μίαν σαββάτου ἕκαστοσ ὑμῶν παρ' ἑαυτῷ τιθέτω θησαυρίζων ὅ
3 τι ἂν εὐοδῶται, ἵνα μὴ ὅταν ἔλθω τότε λογίαι γίνωνται. ³ὅταν
δὲ παραγένωμαι, οὓσ ἐὰν δοκιμάσητε, δι' ἐπιστολῶν τούτουσ
4 πέμψω ἀπενεγκεῖν τὴν χάριν ὑμῶν εἰσ Ἰερουσαλήμ· ⁴ἐὰν δὲ ᾖ
5 ἄξιον τοῦ κἀμὲ πορεύεσθαι, σὺν ἐμοὶ πορεύσονται. ⁵ἐλεύσομαι
δὲ πρὸσ ὑμᾶσ ὅταν Μακεδονίαν διέλθω· Μακεδονίαν γὰρ διέρ-
6 χομαι, ⁶πρὸσ ὑμᾶσ δὲ τυχὸν παραμενῶ ἢ καὶ παραχειμάσω, ἵνα
7 ὑμεῖσ με προπέμψητε οὗ ἐὰν πορεύωμαι. ⁷οὐ θέλω γὰρ ὑμᾶσ
ἄρτι ἐν παρόδῳ ἰδεῖν· ἐλπίζω γὰρ χρόνον τινὰ ἐπιμεῖναι πρὸσ
8 ὑμᾶσ, ἐὰν ὁ κύριοσ ἐπιτρέψῃ. ⁸ἐπιμενῶ δὲ ἐν Ἐφέσῳ ἕωσ τῆσ
9 πεντηκοστῆσ· ⁹θύρα γάρ μοι ἀνέῳγεν μεγάλη καὶ ἐνεργήσ, καὶ
ἀντικείμενοι πολλοί.
10 ¹⁰Ἐὰν δὲ ἔλθῃ Τιμόθεοσ, βλέπετε ἵνα ἀφόβωσ γένηται πρὸσ
11 ὑμᾶσ· τὸ γὰρ ἔργον κυρίου ἐργάζεται ὡσ κἀγώ· ¹¹μή τισ οὖν
αὐτὸν ἐξουθενήσῃ. προπέμψατε δὲ αὐτὸν ἐν εἰρήνῃ, ἵνα ἔλθῃ
πρόσ με· ἐκδέχομαι γὰρ αὐτὸν μετὰ τῶν ἀδελφῶν.
12 Περὶ δὲ Ἀπολλὼ τοῦ ἀδελφοῦ, πολλὰ παρεκάλεσα αὐτὸν
ἵνα ἔλθῃ πρὸσ ὑμᾶσ μετὰ τῶν ἀδελφῶν· καὶ πάντωσ οὐκ ἦν θέ-
λημα ἵνα νῦν ἔλθῃ, ἐλεύσεται δὲ ὅταν εὐκαιρήσῃ.
13 Γρηγορεῖτε, στήκετε ἐν τῇ πίστει, ἀνδρίζεσθε, κραταιοῦσθε.
14 ¹⁴πάντα ὑμῶν ἐν ἀγάπῃ γινέσθω.
15 Παρακαλῶ δὲ ὑμᾶσ, ἀδελφοί· οἴδατε τὴν οἰκίαν Cτεφανᾶ,
ὅτι ἐστὶν ἀπαρχὴ τῆσ Ἀχαΐασ καὶ εἰσ διακονίαν τοῖσ ἁγίοισ ἔταξαν
16 ἑαυτούσ· ¹⁶ἵνα καὶ ὑμεῖσ ὑποτάσσησθε τοῖσ τοιούτοισ καὶ παντὶ
17 τῷ συνεργοῦντι καὶ κοπιῶντι. ¹⁷χαίρω δὲ ἐπὶ τῇ παρουσίᾳ

---

54. ℵ την αθανασιαν 55. νικοσ — κεντρον : κεντρ. — νικ. | θανατε bis: altero loco αδη et id quidem ante το νικοσ·

XVI. 2. σαββατου (ℵa) : ℵ* σαββατω, ϛ σαββατων 3. δι' ἐπιστολῶν cum antecedd coni 4. ℵc αξιον η 7. ελπιζ. δε | επιτρεπη 10. και εγω 11. δε : ℵ* om 12. απολλω : ℵ* (non item a) om | πολλα : ℵ* praem δηλω υμιν οτι 15. δε : ℵ* om | στεφανα : ℵc add και φορτουνατου

2Co 11, 9 Ϲτεφανᾶ καὶ Φορτουνάτου καὶ Ἀχαϊκοῦ, ὅτι τὸ ὑμέτερον ὑστέρημα οὗτοι ἀνεπλήρωσαν· ¹⁸ ἀνέπαυσαν γὰρ τὸ ἐμὸν πνεῦμα καὶ τὸ 18 ὑμῶν. ἐπιγινώσκετε οὖν τοὺσ τοιούτουσ.

Act 18, 2 Ἀσπάζονται ὑμᾶσ αἱ ἐκκλησίαι τῆσ Ἀσίασ. ἀσπάζεται ὑμᾶσ 19
Ro 16, 5 ἐν κυρίῳ πολλὰ Ἀκύλασ καὶ Πρίσκα σὺν τῇ κατ᾽ οἶκον αὐτῶν
Ro 16, 16 ἐκκλησίᾳ. ²⁰ ἀσπάζονται ὑμᾶσ οἱ ἀδελφοὶ πάντεσ. ἀσπάσασθε 20
etc ἀλλήλουσ ἐν φιλήματι ἁγίῳ.

2The 3,17 Ὁ ἀσπασμὸσ τῇ ἐμῇ χειρὶ Παύλου. ²² εἴ τισ οὐ φιλεῖ τὸν 21 22
Col 4, 18
Ro 16, 24 κύριον, ἤτω ἀνάθεμα. μαρὰν ἀθά. ²³ ἡ χάρισ τοῦ κυρίου Ἰησοῦ 23
μεθ᾽ ὑμῶν. ²⁴ ἡ ἀγάπη μου μετὰ πάντων ὑμῶν ἐν Χριστῷ Ἰησοῦ. 24

ΠΡΟϹ ΚΟΡΙΝΘΙΟΥϹ Β.

I.

Pauli calamitates perlatae deo iuvante. Consilium revisendi Corinthios. Promissa dei.

1Co 1,1etc Παῦλοσ ἀπόστολοσ Χριστοῦ Ἰησοῦ διὰ θελήματοσ θεοῦ καὶ 1
Τιμόθεοσ ὁ ἀδελφὸσ τῇ ἐκκλησίᾳ τοῦ θεοῦ τῇ οὔσῃ ἐν Κορίνθῳ
1Co 1,3etc σὺν τοῖσ ἁγίοισ πᾶσιν τοῖσ οὖσιν ἐν ὅλῃ τῇ Ἀχαΐᾳ. ² χάρισ ὑμῖν 2
καὶ εἰρήνη ἀπὸ θεοῦ πατρὸσ ἡμῶν καὶ κυρίου Ἰησοῦ Χριστοῦ.

Eph 1, 3 Εὐλογητὸσ ὁ θεὸσ καὶ πατὴρ τοῦ κυρίου ἡμῶν Ἰησου Χρι- 3
Ro 15, 5 στοῦ, ὁ πατὴρ τῶν οἰκτιρμῶν καὶ θεὸσ πάσησ παρακλήσεωσ, ⁴ ὁ 4
παρακαλῶν ἡμᾶσ ἐπὶ πάσῃ τῇ θλίψει ἡμῶν, εἰσ τὸ δύνασθαι.
ἡμᾶσ παρακαλεῖν τοὺσ ἐν πάσῃ θλίψει διὰ τῆσ παρακλήσεωσ ἧσ
Col 1, 24 παρακαλούμεθα αὐτοὶ ὑπὸ τοῦ θεοῦ, ⁵ ὅτι καθὼσ περισσεύει τὰ 5
παθήματα τοῦ Χριστοῦ εἰσ ἡμᾶσ, οὕτωσ διὰ τοῦ Χριστοῦ περισ-
σεύει καὶ ἡ παράκλησισ ἡμῶν. ⁶ εἴτε δὲ θλιβόμεθα, ὑπὲρ τῆσ 6
ὑμῶν παρακλήσεωσ καὶ σωτηρίασ· εἴτε παρακαλούμεθα, ὑπὲρ τῆσ
ὑμῶν παρακλήσεωσ τῆσ ἐνεργουμένησ ἐν ὑπομονῇ τῶν αὐτῶν
παθημάτων ὧν καὶ ἡμεῖσ πάσχομεν. καὶ ἡ ἐλπὶσ ἡμῶν βεβαία
Phil 3, 10 ὑπὲρ ὑμῶν, ⁷ εἰδότεσ ὅτι ὡσ κοινωνοί ἐστε τῶν παθημάτων, οὔ- 7
τωσ καὶ τῆσ παρακλήσεωσ.

Οὐ γὰρ θέλομεν ὑμᾶσ ἀγνοεῖν, ἀδελφοί, περὶ τῆσ θλίψεωσ 8
ἡμῶν τῆσ γενομένησ ἐν τῇ Ἀσίᾳ, ὅτι καθ᾽ ὑπερβολὴν ὑπὲρ

---

17. φουρτουνατόν | υμέτερον : ϛ ℵ υμων 19. ασπαζεται : -ζονται | πρισκιλλα 22. τον κυριον : add ιησουν χριστον 23. ιησου : add χριστου 24. ϛ ℵ in fine add αμην

* ϛͤ. του παυλου του αποστολου η προσ κορινθιουσ επιστολη δευτερα, ϛ η προσ κορινθιουσ δευτερα.

I, 1. ιησου χριστου 5. δια του χρι. : om τσυ 6. ειτε δε ϑλιβ. υπ. τ. υμ. παρακλ. κ. σωτη. τησ ενεργουμενησ usque ων καὶ ημεισ πασχομεν, tum ponit ειτε παρακαλουμ. υπερ τ. υμ. υπομο. και σωτηριασ, a quibus pergit και η ελπ. ημ. βεβ. υπ. υμων 8. περι : υπερ | τῆσ γενομενησ : add ημιν

9 δύναμιν ἐβαρήθημεν, ὥστε ἐξαπορηθῆναι ἡμᾶσ καὶ τοῦ ζῆν· *9 ἀλλὰ
αὐτοὶ ἐν ἑαυτοῖσ τὸ ἀπόκριμα τοῦ θανάτου ἐσχήκαμεν, ἵνα μὴ
πεποιθότεσ ὦμεν ἐφ᾽ ἑαυτοῖσ ἀλλ᾽ ἐπὶ τῷ θεῷ τῷ ἐγείροντι τοὺσ
10 νεκρούσ, *10 ὃσ ἐκ τηλικούτου θανάτου ἐρρύσατο ἡμᾶσ καὶ ῥύσεται, 2 Ti 4, 18
11 εἰσ ὃν ἠλπίκαμεν ὅτι καὶ ἔτι ῥύσεται, *11 συνυπουργούντων καὶ Ro 15, 30
ὑμῶν ὑπὲρ ἡμῶν τῇ δεήσει, ἵνα ἐκ πολλῶν προσώπων τὸ εἰσ ἡμᾶσ
12 χάρισμα διὰ πολλῶν εὐχαριστηθῇ ὑπὲρ ἡμῶν. *12 ἡ γὰρ καύχησισ
ἡμῶν αὕτη ἐστίν, τὸ μαρτύριον τῆσ συνειδήσεωσ ἡμῶν ὅτι ἐν
ἁγιότητι καὶ εἰλικρινίᾳ τοῦ θεοῦ, οὐκ ἐν σοφίᾳ σαρκικῇ ἀλλ᾽ ἐν 1 Co 2, 4 s
χάριτι θεοῦ ἀνεστράφημεν ἐν τῷ κόσμῳ, περισσοτέρωσ δὲ πρὸσ
13 ὑμᾶσ. *13 οὐ γὰρ ἄλλα γράφομεν ὑμῖν ἀλλ᾽ ἢ ἃ ἀναγινώσκετε ἢ
14 καὶ ἐπιγινώσκετε· ἐλπίζω δὲ ὅτι ἕωσ τέλουσ ἐπιγνώσεσθε, *14 καθὼσ
καὶ ἐπέγνωτε ἡμᾶσ ἀπὸ μέρουσ, ὅτι καύχημα ὑμῶν ἐσμὲν καθάπερ
καὶ ὑμεῖσ ἡμῶν ἐν τῇ ἡμέρᾳ τοῦ κυρίου ἡμῶν Ἰησοῦ. 1 Co 1, 8
15   Καὶ ταύτῃ τῇ πεποιθήσει ἐβουλόμην πρότερον πρὸσ ὑμᾶσ
16 ἐλθεῖν, ἵνα δευτέραν χάριν σχῆτε, *16 καὶ δι᾽ ὑμῶν διελθεῖν εἰσ 1 Co 16, 5
Μακεδονίαν, καὶ πάλιν ἀπὸ Μακεδονίασ ἐλθεῖν πρὸσ ὑμᾶσ καὶ
17 ὑφ᾽ ὑμῶν προπεμφθῆναι εἰσ τὴν Ἰουδαίαν. *17 τοῦτο οὖν βουλό-
μενοσ μήτι ἄρα τῇ ἐλαφρίᾳ ἐχρησάμην; ἢ ἃ βουλεύομαι κατὰ Mt 5, 37
σάρκα βουλεύομαι, ἵνα ᾖ παρ᾽ ἐμοὶ τὸ ναὶ ναὶ καὶ τὸ οὒ οὔ; Ja 5, 12
18 *18 πιστὸσ δὲ ὁ θεὸσ ὅτι ὁ λόγοσ ἡμῶν ὁ πρὸσ ὑμᾶσ οὐκ ἔστιν 1 Co 1, 9
19 ναὶ καὶ οὔ. *19 ὁ τοῦ θεοῦ γὰρ υἱὸσ Χριστὸσ Ἰησοῦσ ὁ ἐν ὑμῖν
δι᾽ ἡμῶν κηρυχθείσ, δι᾽ ἐμοῦ καὶ Σιλουανοῦ καὶ Τιμοθέου, οὐκ
20 ἐγένετο ναὶ καὶ οὔ, ἀλλὰ ναὶ ἐν αὐτῷ γέγονεν. *20 ὅσαι γὰρ
ἐπαγγελίαι θεοῦ, ἐν αὐτῷ τὸ ναί· διὸ καὶ δι᾽ αὐτοῦ τὸ ἀμὴν τῷ
21 θεῷ πρὸσ δόξαν δι᾽ ἡμῶν. *21 ὁ δὲ βεβαιῶν ἡμᾶσ σὺν ὑμῖν εἰσ 1 Co 1, 8
22 Χριστὸν καὶ χρίσασ ἡμᾶσ θεόσ, *22 ὁ καὶ σφραγισάμενοσ ἡμᾶσ
καὶ δοὺσ τὸν ἀραβῶνα τοῦ πνεύματοσ ἐν ταῖσ καρδίαισ ἡμῶν. 5, 5
23   Ἐγὼ δὲ μάρτυρα τὸν θεὸν ἐπικαλοῦμαι ἐπὶ τὴν ἐμὴν ψυ-
24 χήν, ὅτι φειδόμενοσ ὑμῶν οὐκέτι ἦλθον εἰσ Κόρινθον· *24 οὐχ ὅτι
κυριεύομεν ὑμῶν τῆσ πίστεωσ, ἀλλὰ συνεργοί ἐσμεν τῆσ χαρᾶσ
ὑμῶν· τῇ γὰρ πίστει ἑστήκατε.

II.

Cur nondum redierit Corinthum. De incesto homine qui resipuerat. Pauli
itinera et successus.

1   Ἔκρινα δὲ ἐμαυτῷ τοῦτο, τὸ μὴ πάλιν ἐν λύπῃ πρὸσ ὑμᾶσ
2 ἐλθεῖν. ² εἰ γὰρ ἐγὼ λυπῶ ὑμᾶσ, καὶ τίσ ὁ εὐφραίνων με εἰ μὴ

---

8. εβαρηϑ. υπερ δυναμ. 9. ℵ αλλ αυτοι 10. κ. ρυσεται : και ρυεται
12. αγιοτητι : απλοτητι | ειλικρινεια | om του 13. οτι και εωσ 14. om
ημων post κυριου 15. προτερον (ℵ* om, suppl a) : pon post πρ. υμασ
ελθειν | χαριν : ℵc χαραν | εχητε 17. βουλευομενοσ 18. ουκ εστιν :
ουκ εγενετο 19. ο γαρ του θεου | ιησουσ χριστοσ 20. διο και δι
αυτου : και εν αυτω 22. ℵ* om ο ante και σφρα. | αρραβωνα
II, 1. ελθειν εν λυπη προσ υμασ 2. και τισ : add εστιν

Phil 2, 27 ὁ λυπούμενοσ ἐξ ἐμοῦ; ³ καὶ ἔγραψα τοῦτο αὐτὸ ἵνα μὴ ἐλθὼν 3
λύπην σχῶ ἀφ' ὧν ἔδει με χαίρειν, πεποιθὼσ ἐπὶ πάντασ ὑμᾶσ
ὅτι ἡ ἐμὴ χαρὰ πάντων ὑμῶν ἐστίν. ⁴ ἐκ γὰρ πολλῆσ θλίψεωσ 4
καὶ συνοχῆσ καρδίασ ἔγραψα ὑμῖν διὰ πολλῶν δακρύων, οὐχ ἵνα
λυπηθῆτε, ἀλλὰ τὴν ἀγάπην ἵνα γνῶτε ἣν ἔχω περισσοτέρωσ εἰσ
ὑμᾶσ.

Εἰ δέ τισ λελύπηκεν, οὐκ ἐμὲ λελύπηκεν, ἀλλὰ ἀπὸ μέρουσ, 5
1Co 5, 3ss ἵνα μὴ ἐπιβαρῶ, πάντασ ὑμᾶσ. ⁶ ἱκανὸν τῷ τοιούτῳ ἡ ἐπιτιμία 6
αὕτη ἡ ὑπὸ τῶν πλειόνων, ⁷ ὥστε τοὐναντίον μᾶλλον ὑμᾶσ χαρί- 7
σασθαι καὶ παρακαλέσαι, μήπωσ τῇ περισσοτέρᾳ λύπῃ καταποθῇ
ὁ τοιοῦτοσ. ⁸ διὸ παρακαλῶ ὑμᾶσ κυρῶσαι εἰσ αὐτὸν ἀγάπην· 8
⁹ εἰσ τοῦτο γὰρ καὶ ἔγραψα, ἵνα γνῶ τὴν δοκιμὴν ὑμῶν, εἰ εἰσ 9
πάντα ὑπήκοοί ἐστε. ¹⁰ ᾧ δέ τι χαρίζεσθε, κἀγώ· καὶ γὰρ ἐγὼ 10
ὃ κεχάρισμαι, εἴ τι κεχάρισμαι, δι' ὑμᾶσ ἐν προσώπῳ Χριστοῦ,
¹¹ ἵνα μὴ πλεονεκτηθῶμεν ὑπὸ τοῦ σατανᾶ· οὐ γὰρ αὐτοῦ τὰ 11
νοήματα ἀγνοοῦμεν.

Act 16, 8 Ἐλθὼν δὲ εἰσ τὴν Τρῳάδα εἰσ τὸ εὐαγγέλιον τοῦ Χριστοῦ, 12
7, 5 ss καὶ θύρασ μοι ἀνεῳγμένησ ἐν κυρίῳ, ¹³ οὐκ ἔσχηκα ἄνεσιν τῷ 13
πνεύματί μου τῷ μὴ εὑρεῖν με Τίτον τὸν ἀδελφόν μου, ἀλλὰ
ἀποταξάμενοσ αὐτοῖσ ἐξῆλθον εἰσ Μακεδονίαν.

Col 2, 15 Τῷ δὲ θεῷ χάρισ τῷ πάντοτε θριαμβεύοντι ἡμᾶσ ἐν τῷ 14
Χριστῷ καὶ τὴν ὀσμὴν τῆσ γνώσεωσ αὐτοῦ φανεροῦντι δι' ἡμῶν
ἐν παντὶ τόπῳ· ¹⁵ ὅτι Χριστοῦ εὐωδία ἐσμὲν τῷ θεῷ ἐν τοῖσ σωζο- 15
μένοισ καὶ ἐν τοῖσ ἀπολλυμένοισ, ¹⁶ οἷσ μὲν ὀσμὴ ἐκ θανάτου εἰσ 16
θάνατον, οἷσ δὲ ὀσμὴ ἐκ ζωῆσ εἰσ ζωήν. καὶ πρὸσ ταῦτα τίσ
ἱκανόσ; ¹⁷ οὐ γάρ ἐσμεν ὡσ οἱ πολλοὶ καπηλεύοντεσ τὸν λόγον 17
τοῦ θεοῦ, ἀλλ' ὡσ ἐξ εἰλικρινίασ, ἀλλ' ὡσ ἐκ θεοῦ κατέναντι
θεοῦ ἐν Χριστῷ λαλοῦμεν.

III

Ipsi Corinthii commendatio Pauli. Littera et spiritus. Velum Mosis in
Christo sublatum.

5, 12 Ἀρχόμεθα πάλιν ἑαυτοὺσ συνιστάνειν; ἢ μὴ χρῄζομεν ὥσ 1
τινεσ συστατικῶν ἐπιστολῶν πρὸσ ὑμᾶσ ἢ ἐξ ὑμῶν; ² ἡ ἐπιστολὴ 2
1 Co 9, 2 ἡμῶν ὑμεῖσ ἐστέ, ἐνγεγραμμένη ἐν ταῖσ καρδίαισ ἡμῶν, γινωσκο-
μένη καὶ ἀναγινωσκομένη ὑπὸ πάντων ἀνθρώπων, ³ φανερού- 3
μενοι ὅτι ἐστὲ ἐπιστολὴ Χριστοῦ διακονηθεῖσα ὑφ' ἡμῶν, ἐνγε-
Ex 31, 18 γραμμένη οὐ μέλανι ἀλλὰ πνεύματι θεοῦ ζῶντοσ, οὐκ ἐν πλαξὶν
λιθίναισ, ἀλλ' ἐν πλαξὶν καρδίαισ σαρκίναισ. ⁴ πεποίθησιν δὲ 4

---

3. εγραψα : add υμιν | σχω : εχω 5. αλλ 10. καγω : και εγω | εἴ τι
κεχαρισμαι, ᾧ κεχάρισμ. 16. εκ bis : om 17. ειλικρινειασ | κατενωπιον
του θεου

III, 1. η μη : ει μη | εξ υμων : add συστατικων 2. εγγεγραμμ. |
א καρδ. υμων 3. εγγεγραμμ. | ϛᵉ αλλα εν | καρδιαισ : -διασ

5 τοιαύτην ἔχομεν διὰ τοῦ Χριστοῦ πρὸσ τὸν θεόν, ⁵ οὐχ ὅτι ἀφ᾽
ἑαυτῶν ἱκανοί ἐσμεν λογίσασθαί τι ὡσ ἐξ ἑαυτῶν, ἀλλ᾽ ἡ ἱκανό-
6 τησ ἡμῶν ἐκ τοῦ θεοῦ, ⁶ ὃσ καὶ ἱκάνωσεν ἡμᾶσ διακόνουσ καινῆσ
διαθήκησ, οὐ γράμματοσ ἀλλὰ πνεύματοσ· τὸ γὰρ γράμμα ἀπο- Iob 6, 63
7 κτέννει, τὸ δὲ πνεῦμα ζωοποιεῖ. ⁷ εἰ δὲ ἡ διακονία τοῦ θανάτου
ἐν γράμμασιν ἐντετυπωμένη λίθοισ ἐγενήθη ἐν δόξῃ, ὥστε μὴ Ex 34,29ss
δύνασθαι ἀτενίσαι τοὺσ υἱοὺσ Ἰσραὴλ εἰσ τὸ πρόσωπον Μωϋσέωσ
8 διὰ τὴν δόξαν τοῦ προσώπου αὐτοῦ τὴν καταργουμένην, ⁸ πῶσ
9 οὐχὶ μᾶλλον ἡ διακονία τοῦ πνεύματοσ ἔσται ἐν δόξῃ; ⁹ εἰ γὰρ
τῇ διακονίᾳ τῆσ κατακρίσεωσ δόξα, πολλῷ μᾶλλον περισσεύει ἡ
10 διακονία τῆσ δικαιοσύνησ δόξῃ. ¹⁰ καὶ γὰρ οὐ δεδόξασται τὸ
δεδοξασμένον ἐν τούτῳ τῷ μέρει εἵνεκεν τῆσ ὑπερβαλλούσησ
11 δόξησ. ¹¹ εἰ γὰρ τὸ καταργούμενον διὰ δόξησ, πολλῷ μᾶλλον
τὸ μένον ἐν δόξῃ.
12 Ἔχοντεσ οὖν τοιαύτην ἐλπίδα πολλῇ παρρησίᾳ χρώμεθα,
13 ¹³ καὶ οὐ καθάπερ Μωϋσῆσ ἐτίθει κάλυμμα ἐπὶ τὸ πρόσωπον Ex 34, 33
ἑαυτοῦ, πρὸσ τὸ μὴ ἀτενίσαι τοὺσ υἱοὺσ Ἰσραὴλ εἰσ τὸ τέλοσ
14 τοῦ καταργουμένου. ¹⁴ ἀλλ᾽ ἐπωρώθη τὰ νοήματα αὐτῶν. ἄχρι
γὰρ τῆσ σήμερον ἡμέρασ τὸ αὐτὸ κάλυμμα ἐπὶ τῇ ἀναγνώσει τῆσ
παλαιᾶσ διαθήκησ μένει, μὴ ἀνακαλυπτόμενον ὅτι ἐν Χριστῷ
15 καταργεῖται· ¹⁵ ἀλλ᾽ ἕωσ σήμερον ἡνίκα ἂν ἀναγινώσκηται Μωϋ-
16 σῆσ κάλυμμα ἐπὶ τὴν καρδίαν αὐτῶν κεῖται· ¹⁶ ἡνίκα δὲ ἐὰν
17 ἐπιστρέψῃ πρὸσ κύριον, περιαιρεῖται τὸ κάλυμμα. ¹⁷ ὁ δὲ κύριοσ
18 τὸ πνεῦμά ἐστιν· οὗ δὲ τὸ πνεῦμα κυρίου, ἐλευθερία. ¹⁸ ἡμεῖσ
δὲ πάντεσ ἀνακεκαλυμμένῳ προσώπῳ τὴν δόξαν κυρίου κατοπτρι-
ζόμενοι τὴν αὐτὴν εἰκόνα μεταμορφούμεθα ἀπὸ δόξησ εἰσ δόξαν,
καθάπερ ἀπὸ κυρίου πνεύματοσ.

IV.

Evangelium alteris apertum, alteris tectum. Calamitates omnes victae
aeterna spe.

1 Διὰ τοῦτο ἔχοντεσ τὴν διακονίαν ταύτην, καθὼσ ἠλεήθημεν,
2 οὐκ ἐγκακοῦμεν, ² ἀλλὰ ἀπειπάμεθα τὰ κρυπτὰ τῆσ αἰσχύνησ,
μὴ περιπατοῦντεσ ἐν πανουργίᾳ μηδὲ δολοῦντεσ τὸν λόγον τοῦ
θεοῦ, ἀλλὰ τῇ φανερώσει τῆσ ἀληθείασ συνιστάντεσ ἑαυτοὺσ
3 πρὸσ πᾶσαν συνείδησιν ἀνθρώπων ἐνώπιον τοῦ θεοῦ. ³ εἰ δὲ καὶ
ἔστιν κεκαλυμμένον τὸ εὐαγγέλιον ἡμῶν, ἐν τοῖσ ἀπολλυμένοισ
4 ἐστὶν κεκαλυμμένον, ⁴ ἐν οἷσ ὁ θεὸσ τοῦ αἰῶνοσ τούτου ἐτύφλω-
σεν τὰ νοήματα τῶν ἀπίστων εἰσ τὸ μὴ αὐγάσαι τὸν φωτισμὸν

---

5. αφ εαυτων : post ικαν. εσμ. 6. αποκτεινει 7. εν λιθοισ | μωσεωσ
9. τη διακονια : η διακονια | δοξη : praem εν 10. ουδε δεδοξασται |
ενεκεν 13. μωσησ 14. om ημερασ | ὅτι : ὅ, τι 15. om αν | αναγι-
νωσκεται | μωσησ 16. ηνικα δ᾽ αν 17. ελευθερια : praem εκει
IV, 1. εκκακουμεν 2. αλλ | συνιστωντεσ 4. αυγασαι : add αυτοισ

Col 1, 15 τοῦ εὐαγγελίου τῆσ δόξησ τοῦ Χριστοῦ, ὅσ ἐστιν εἰκὼν τοῦ θεοῦ. Gn 1, 3 ⁵ οὐ γὰρ ἑαυτοὺσ κηρύσσομεν ἀλλὰ Χριστὸν Ἰησοῦν κύριον, ἑαυ- 5 τοὺσ δὲ δούλουσ ὑμῶν διὰ Ἰησοῦν. ⁶ ὅτι ὁ θεὸσ ὁ εἰπών· ἐκ 6 σκότουσ φῶσ λάμψει, ὃσ ἔλαμψεν ἐν ταῖσ καρδίαισ ἡμῶν πρὸσ φωτισμὸν τῆσ γνώσεωσ τῆσ δόξησ τοῦ θεοῦ ἐν προσώπῳ Χριστοῦ.

Ἔχομεν δὲ τὸν θησαυρὸν τοῦτον ἐν ὀστρακίνοισ σκεύεσιν, 7 ἵνα ἡ ὑπερβολὴ τῆσ δυνάμεωσ ᾖ τοῦ θεοῦ καὶ μὴ ἐξ ἡμῶν, ⁸ ἐν 8 παντὶ θλιβόμενοι ἀλλ᾽ οὐ στενοχωρούμενοι, ἀπορούμενοι ἀλλ᾽ οὐκ ἐξαπορούμενοι, ⁹ διωκόμενοι ἀλλ᾽ οὐκ ἐγκαταλειπόμενοι, καταβαλ- 9 λόμενοι ἀλλ᾽ οὐκ ἀπολλύμενοι, ¹⁰ πάντοτε τὴν νέκρωσιν τοῦ 10 Ἰησοῦ ἐν τῷ σώματι περιφέροντεσ, ἵνα καὶ ἡ ζωὴ τοῦ Ἰησοῦ ἐν τοῖσ σώμασιν ἡμῶν φανερωθῇ. ¹¹ ἀεὶ γὰρ ἡμεῖσ οἱ ζῶντεσ εἰσ 11 Ro 8, 36 θάνατον παραδιδόμεθα διὰ Ἰησοῦν, ἵνα καὶ ἡ ζωὴ τοῦ Ἰησοῦ φανερωθῇ ἐν τῇ θνητῇ σαρκὶ ἡμῶν. ¹² ὥστε ὁ θάνατοσ ἐν ἡμῖν 12 ἐνεργεῖται, ἡ δὲ ζωὴ ἐν ὑμῖν. ¹³ ἔχοντεσ δὲ τὸ αὐτὸ πνεῦμα τῆσ 13 Ps 115 (116), 10 πίστεωσ, κατὰ τὸ γεγραμμένον· ἐπίστευσα, διὸ καὶ ἐλάλησα, καὶ Co 6, 14 ἡμεῖσ πιστεύομεν, διὸ καὶ λαλοῦμεν, ¹⁴ εἰδότεσ ὅτι ὁ ἐγείρασ τὸν 14 κύριον Ἰησοῦν καὶ ἡμᾶσ σὺν Ἰησοῦ ἐγερεῖ καὶ παραστήσει σὺν ὑμῖν. ¹⁵ τὰ γὰρ πάντα δι᾽ ὑμᾶσ, ἵνα ἡ χάρισ πλεονάσασα διὰ 15 τῶν πλειόνων τὴν εὐχαριστίαν περισσεύσῃ εἰσ τὴν δόξαν τοῦ θεοῦ.

Διὸ οὐκ ἐγκακοῦμεν, ἀλλ᾽ εἰ καὶ ὁ ἔξω ἡμῶν ἄνθρωποσ 16 διαφθείρεται, ἀλλ᾽ ὁ ἔσω ἡμῶν ἀνακαινοῦται ἡμέρᾳ καὶ ἡμέρᾳ. ¹⁷ τὸ γὰρ παραυτίκα ἐλαφρὸν τῆσ θλίψεωσ ἡμῶν καθ᾽ ὑπερβολὴν 17 εἰσ ὑπερβολὴν αἰώνιον βάροσ δόξησ κατεργάζεται ἡμῖν, ¹⁸ μὴ 18 σκοπούντων ἡμῶν τὰ βλεπόμενα ἀλλὰ τὰ μὴ βλεπόμενα· τὰ γὰρ βλεπόμενα πρόσκαιρα, τὰ δὲ μὴ βλεπόμενα αἰώνια.

V.

Vestis nova caelestis terrenae superinduenda. Desiderium vitae aeternae.
De expiatione et reconciliatione.

Οἴδαμεν γὰρ ὅτι ἐὰν ἡ ἐπίγειοσ ἡμῶν οἰκία τοῦ σκήνουσ 1 καταλυθῇ, οἰκοδομὴν ἐκ θεοῦ ἔχομεν, οἰκίαν ἀχειροποίητον αἰώ- Ro 8, 23 νιον ἐν τοῖσ οὐρανοῖσ. ² καὶ γὰρ ἐν τούτῳ στενάζομεν, τὸ οἰκη- 2 τήριον ἡμῶν τὸ ἐξ οὐρανοῦ ἐπενδύσασθαι ἐπιποθοῦντεσ, ³ εἴγε 3 καὶ ἐνδυσάμενοι οὐ γυμνοὶ εὑρεθησόμεθα. ⁴ καὶ γὰρ οἱ ὄντεσ ἐν 4 1Co 15, 53 τῷ σκήνει στενάζομεν βαρούμενοι, ἐφ᾽ ᾧ οὐ θέλομεν ἐκδύσασθαι ἀλλ᾽ ἐπενδύσασθαι, ἵνα καταποθῇ τὸ θνητὸν ὑπὸ τῆσ ζωῆσ. 1, 22 ⁵ ὁ δὲ κατεργασάμενοσ ἡμᾶσ εἰσ αὐτὸ τοῦτο θεόσ, ὁ δοὺσ ἡμῖν 5

---

5. א ιησουν χριστ. κυριον | א δουλ. ημων | א* δια ιησου 6. λαμψαι | ϛ א εν πρόσωπ. ιησου χριστ. 10. τ. νεκρω. του κυριου ιησου | εν τω σωματι ημων 12. ωστε ο μεν 13. διο και: om και | συν ιησου : δια ιησου 16. εκκακουμεν | ο εσω ημων : ο εσωθεν (sine ημ.) 17. א* om εισ υπερβ.

V, 4. εφ ω: ϛ (non ϛᵉ) επειδη | א αλλα 5. א* ο θεοσ | ο και δουσ

6 τὸν ἀραβῶνα τοῦ πνεύματοσ. ⁶ θαρροῦντεσ οὖν πάντοτε καὶ
εἰδότεσ ὅτι ἐνδημοῦντεσ ἐν τῷ σώματι ἐκδημοῦμεν ἀπὸ τοῦ
7 8 κυρίου· ⁷διὰ πίστεωσ γὰρ περιπατοῦμεν, οὐ διὰ εἴδουσ· ⁸ θαρ-
ροῦμεν δὲ καὶ εὐδοκοῦμεν μᾶλλον ἐκδημῆσαι ἐκ τοῦ σώματοσ
9 καὶ ἐνδημῆσαι πρὸσ τὸν κύριον. ⁹διὸ καὶ φιλοτιμούμεθα, εἴτε
10 ἐνδημοῦντεσ εἴτε ἐκδημοῦντεσ, εὐάρεστοι αὐτῷ εἶναι. ¹⁰τοὺσ
γὰρ πάντασ ἡμᾶσ φανερωθῆναι δεῖ ἔμπροσθεν τοῦ βήματοσ τοῦ
Χριστοῦ, ἵνα κομίσηται ἕκαστοσ τὰ διὰ τοῦ σώματοσ πρὸσ ἃ
ἔπραξεν, εἴτε ἀγαθὸν εἴτε φαῦλον.
11 Εἰδότεσ οὖν τὸν φόβον τοῦ κυρίου ἀνθρώπουσ πείθομεν,
θεῷ δὲ πεφανερώμεθα· ἐλπίζω δὲ καὶ ἐν ταῖσ συνειδήσεσιν
12 ὑμῶν πεφανερῶσθαι. ¹²οὐ πάλιν ἑαυτοὺσ συνιστάνομεν ὑμῖν,
ἀλλὰ ἀφορμὴν διδόντεσ ὑμῖν καυχήματοσ ὑπὲρ ἡμῶν, ἵνα ἔχητε
13 πρὸσ τοὺσ ἐν προσώπῳ καυχωμένουσ καὶ μὴ ἐν καρδίᾳ. ¹³εἴτε
14 γὰρ ἐξέστημεν, θεῷ· εἴτε σωφρονοῦμεν, ὑμῖν. ¹⁴ἡ γὰρ ἀγάπη
15 τοῦ Χριστοῦ συνέχει ἡμᾶσ, ¹⁵κρίναντασ τοῦτο, ὅτι εἶσ ὑπὲρ
πάντων ἀπέθανεν· ἄρα οἱ πάντεσ ἀπέθανον· καὶ ὑπὲρ πάντων
ἀπέθανεν ἵνα οἱ ζῶντεσ μηκέτι ἑαυτοῖσ ζῶσιν ἀλλὰ τῷ ὑπὲρ
16 αὐτῶν ἀποθανόντι καὶ ἐγερθέντι. ¹⁶ὥστε ἡμεῖσ ἀπὸ τοῦ νῦν
οὐδένα οἴδαμεν κατὰ σάρκα· εἰ καὶ ἐγνώκαμεν κατὰ σάρκα Χρι-
17 στόν, ἀλλὰ νῦν οὐκέτι γινώσκομεν. ¹⁷ὥστε εἴ τισ ἐν Χριστῷ,
18 καινὴ κτίσισ· τὰ ἀρχαῖα παρῆλθεν, ἰδοὺ γέγονεν καινά. ¹⁸τὰ
δὲ πάντα ἐκ τοῦ θεοῦ τοῦ καταλλάξαντοσ ἡμᾶσ ἑαυτῷ διὰ Χρι-
19 στοῦ καὶ δόντοσ ἡμῖν τὴν διακονίαν τῆσ καταλλαγῆσ, ¹⁹ὡσ ὅτι
θεὸσ ἦν ἐν Χριστῷ κόσμον καταλλάσσων ἑαυτῷ, μὴ λογιζόμενοσ
αὐτοῖσ τὰ παραπτώματα αὐτῶν καὶ θέμενοσ ἐν ἡμῖν τὸν λόγον
20 τῆσ καταλλαγῆσ. ²⁰ὑπὲρ Χριστοῦ οὖν πρεσβεύομεν ὡσ τοῦ
θεοῦ παρακαλοῦντοσ δι' ἡμῶν· δεόμεθα ὑπὲρ Χριστοῦ, καταλ-
21 λάγητε τῷ θεῷ. ²¹τὸν μὴ γνόντα ἁμαρτίαν ὑπὲρ ἡμῶν ἁμαρ-
τίαν ἐποίησεν, ἵνα ἡμεῖσ γενώμεθα δικαιοσύνη θεοῦ ἐν αὐτῷ.

VI.
Omni modo ministrantibus deo tenenda gratia dei. Christus et Belial.
Sancti dei.

1 Συνεργοῦντεσ δὲ καὶ παρακαλοῦμεν μὴ εἰσ κενὸν τὴν χάριν
2 τοῦ θεοῦ δέξασθαι ὑμᾶσ· — ²λέγει γάρ· καιρῷ δεκτῷ ἐπήκουσά
σου καὶ ἐν ἡμέρᾳ σωτηρίασ ἐβοήθησά σοι· ἰδοὺ νῦν καιρὸσ εὐ-
3 πρόσδεκτοσ, ἰδοὺ νῦν ἡμέρα σωτηρίασ· — ³μηδεμίαν ἐν μηδενὶ
4 διδόντεσ προσκοπήν, ἵνα μὴ μωμηθῇ ἡ διακονία, ⁴ἀλλ' ἐν παντὶ
συνιστάντεσ ἑαυτοὺσ ὡσ θεοῦ διάκονοι, ἐν ὑπομονῇ πολλῇ, ἐν

5. αρραβωνα 8. א θαρρουντεσ δε και | א* om εκ 10. φαυλον : κακον
12. ου γαρ παλιν | υπερ υμων | και ου καρδια 15. οτι ει εισ 16. ει
δε και 17. καινα : add τα παντα 18. δια ιησου χριστου 21. τον γαρ
μη | γινωμεθα
VI, 1. υμασ : א* ημασ 4. συνιστωντεσ

2 COR. 7, 7.

11,23 ss θλίψεσιν, ἐν ἀνάγκαισ, ἐν στενοχωρίαισ, ⁵ ἐν πληγαῖσ, ἐν φυλα- 5
καῖσ, ἐν ἀκαταστασίαισ, ἐν κόποισ, ἐν ἀγρυπνίαισ, ἐν νηστείαισ,
Ro 12,9 ⁶ ἐν ἁγνότητι, ἐν γνώσει, ἐν μακροθυμίᾳ, ἐν χρηστότητι, ἐν πνεύ- 6
ματι ἁγίῳ, ἐν ἀγάπῃ ἀνυποκρίτῳ, ⁷ ἐν λόγῳ ἀληθείασ, ἐν δυνά- 7
μει θεοῦ· διὰ τῶν ὅπλων τῆσ δικαιοσύνησ τῶν δεξιῶν καὶ ἀρι-
στερῶν, ⁸ διὰ δόξησ καὶ ἀτιμίασ, διὰ δυσφημίασ καὶ εὐφημίασ· 8
1Co 15,31 ὡσ πλάνοι καὶ ἀληθεῖσ, ⁹ ὡσ ἀγνοούμενοι καὶ ἐπιγινωσκόμενοι, 9
ὡσ ἀποθνήσκοντεσ καὶ ἰδοὺ ζῶμεν, ὡσ παιδευόμενοι καὶ μὴ θα-
νατούμενοι, ¹⁰ ὡσ λυπούμενοι ἀεὶ δὲ χαίροντεσ, ὡσ πτωχοὶ πολ- 10
λοὺσ δὲ πλουτίζοντεσ, ὡσ μηδὲν ἔχοντεσ καὶ πάντα κατέχοντεσ.

Τὸ στόμα ἡμῶν ἀνέῳγεν πρὸσ ὑμᾶσ, Κορίνθιοι, ἡ καρδία 11
ἡμῶν πεπλάτυνται· ¹² οὐ στενοχωρεῖσθε ἐν ἡμῖν, στενοχωρεῖσθε 12
1Co 4,14 δὲ ἐν τοῖσ σπλάγχνοισ ὑμῶν· ¹³ τὴν δὲ αὐτὴν ἀντιμισθίαν, ὡσ 13
τέκνοισ λέγω, πλατύνθητε καὶ ὑμεῖσ.

Μὴ γίνεσθε ἑτεροζυγοῦντεσ ἀπίστοισ· τίσ γὰρ μετοχὴ δι- 14
Eph 5,8. καιοσύνῃ καὶ ἀνομίᾳ; ἢ τίσ κοινωνία φωτὶ πρὸσ σκότοσ; ¹⁵ τίσ 15
1Co 10,20 δὲ συμφώνησισ Χριστοῦ πρὸσ Βελίαρ, ἢ τίσ μερὶσ πιστῷ μετὰ
1Co 3,16 ἀπίστου; ¹⁶ τίσ δὲ συνκατάθεσισ ναῷ θεοῦ μετὰ εἰδώλων; ἡμεῖσ 16
Lv 26,11s
He 8,10 γὰρ ναὸσ θεοῦ ἐσμὲν ζῶντοσ, καθὼσ εἶπεν ὁ θεὸσ ὅτι ἐνοικήσω
ἐν αὐτοῖσ καὶ ἐνπεριπατήσω, καὶ ἔσομαι αὐτῶν θεὸσ καὶ αὐτοὶ
ἔσονταί μου λαόσ. ¹⁷ Διὸ ἐξέλθατε ἐκ μέσου αὐτῶν καὶ ἀφο- 17
Es 52,11 ρίσθητε, λέγει κύριοσ, καὶ ἀκαθάρτου μὴ ἅπτεσθε· κἀγὼ εἰσδέ-
Zeph 3,
19 s ξομαι ὑμᾶσ, ¹⁸ καὶ ἔσομαι ὑμῖν εἰσ πατέρα, καὶ ὑμεῖσ ἔσεσθέ μοι 18
Ier 31,9 εἰσ υἱοὺσ καὶ θυγατέρασ, λέγει κύριοσ παντοκράτωρ.
2Sam7,14

(VII.) ¹ Ταύτασ οὖν ἔχοντεσ τὰσ ἐπαγγελίασ, ἀγαπητοί, 1
καθαρίσωμεν ἑαυτοὺσ ἀπὸ παντὸσ μολυσμοῦ σαρκὸσ καὶ πνεύμα-
τοσ, ἐπιτελοῦντεσ ἁγιωσύνην ἐν φόβῳ θεοῦ.

VII.

Titi nuntium de Corinthiis.   Tristitia salutaris ex priore reprehensione.

Χωρήσατε ἡμᾶσ· οὐδένα ἠδικήσαμεν, οὐδένα ἐφθείραμεν, 2
οὐδένα ἐπλεονεκτήσαμεν. ³ πρὸσ κατάκρισιν οὐ λέγω· προείρηκα 3
γὰρ ὅτι ἐν ταῖσ καρδίαισ ἡμῶν ἐστὲ εἰσ τὸ συναποθανεῖν καὶ
συνζῆν. ⁴ πολλή μοι παρρησία πρὸσ ὑμᾶσ, πολλή μοι καύχησισ 4
ὑπὲρ ὑμῶν· πεπλήρωμαι τῇ παρακλήσει, ὑπερπερισσεύομαι τῇ
χαρᾷ ἐπὶ πάσῃ τῇ θλίψει ἡμῶν. ⁵ Καὶ γὰρ ἐλθόντων ἡμῶν εἰσ 5
2,12 Μακεδονίαν οὐδεμίαν ἔσχηκεν ἄνεσιν ἡ σὰρξ ἡμῶν, ἀλλ᾽ ἐν παντὶ
θλιβόμενοι· ἔξωθεν μάχαι, ἔσωθεν φόβοι. ⁶ ἀλλ᾽ ὁ παρακαλῶν 6
τοὺσ ταπεινοὺσ παρεκάλεσεν ἡμᾶσ ὁ θεὸσ ἐν τῇ παρουσίᾳ Τίτου·
⁷ οὐ μόνον δὲ ἐν τῇ παρουσίᾳ αὐτοῦ, ἀλλὰ καὶ ἐν τῇ παρακλήσει 7

11. א ἡ καρδ. ὑμων   14. η τισ : τισ δε   15. χριστον : χριστω | ⸆ᵉ βελιαλ
16. ⸌ συγκατ. | ημεισ et εσμεν : υμεισ et εστε | א* ναοι |⸌ א εμπεριπ. |
μον : μοι   17. εξελθετε
VII, 3. ου προσ κατακρι. | συζην

ᾗ παρεκλήθη ἐφ᾽ ὑμῖν, ἀναγγέλλων ἡμῖν τὴν ὑμῶν ἐπιπόθησιν, τὸν ὑμῶν ὀδυρμόν, τὸν ὑμῶν ζῆλον ὑπὲρ ἐμοῦ, ὥστε με μᾶλλον
8 χαρῆναι. ⁸ὅτι εἰ καὶ ἐλύπησα ὑμᾶσ ἐν τῇ ἐπιστολῇ, οὐ μεταμέλομαι· εἰ καὶ μετεμελόμην, βλέπω γὰρ ὅτι ἡ ἐπιστολὴ ἐκείνη
9 εἰ καὶ πρὸσ ὥραν ἐλύπησεν ὑμᾶσ, ⁹νῦν χαίρω, οὐχ ὅτι ἐλυπήθητε, ἀλλ᾽ ὅτι ἐλυπήθητε εἰσ μετάνοιαν· ἐλυπήθητε γὰρ κατὰ θεόν, 2, 4
10 ἵνα ἐν μηδενὶ ζημιωθῆτε ἐξ ἡμῶν. ¹⁰ἡ γὰρ κατὰ θεὸν λύπη μετάνοιαν εἰσ σωτηρίαν ἀμεταμέλητον ἐργάζεται· ἡ δὲ τοῦ κόσ-
11 μου λύπη θάνατον κατεργάζεται. ¹¹ἰδοὺ γὰρ αὐτὸ τοῦτο τὸ κατὰ θεὸν λυπηθῆναι πόσην κατηργάσατο ὑμῖν σπουδήν, ἀλλὰ ἀπολογίαν, ἀλλὰ ἀγανάκτησιν, ἀλλὰ φόβον, ἀλλὰ ἐπιπόθησιν, ἀλλὰ ζῆλον, ἀλλὰ ἐκδίκησιν. ἐν παντὶ συνεστήσατε ἑαυτοὺσ
12 ἁγνοὺσ εἶναι τῷ πράγματι. ¹²ἄρα εἰ καὶ ἔγραψα ὑμῖν, οὐκ ἕνεκεν τοῦ ἀδικήσαντοσ οὐδὲ ἕνεκεν τοῦ ἀδικηθέντοσ, ἀλλ᾽ ἕνεκεν τοῦ φανερωθῆναι τὴν σπουδὴν ὑμῶν τὴν ὑπὲρ ἡμῶν πρὸσ ὑμᾶσ
13 ἐνώπιον τοῦ θεοῦ. ¹³διὰ τοῦτο παρακεκλήμεθα. ἐπὶ δὲ τῇ παρακλήσει ἡμῶν περισσοτέρωσ μᾶλλον ἐχάρημεν ἐπὶ τῇ χαρᾷ Τίτου, ὅτι ἀναπέπαυται τὸ πνεῦμα αὐτοῦ ἀπὸ πάντων ὑμῶν·
14 ¹⁴ὅτι εἴ τι αὐτῷ ὑπὲρ ὑμῶν κεκαύχημαι, οὐ κατῃσχύνθην, ἀλλ᾽ 9, 2 ὡσ πάντα ἐν ἀληθείᾳ ἐλαλήσαμεν ὑμῖν, οὕτωσ καὶ ἡ καύχησισ
15 ἡμῶν ἐπὶ Τίτου ἀλήθεια ἐγενήθη. ¹⁵καὶ τὰ σπλάγχνα αὐτοῦ περισσοτέρωσ εἰσ ὑμᾶσ ἐστὶν ἀναμιμνησκομένου τὴν πάντων ὑμῶν Eph 6, 5
16 ὑπακοήν, ὡσ μετὰ φόβου καὶ τρόμου ἐδέξασθε αὐτόν. ¹⁶χαίρω ὅτι ἐν παντὶ θαρρῶ ἐν ὑμῖν.

VIII.

Macedonum exemplo commendat stipem pro sanctis colligendam. Item commendat Titum collectionis caussa venturum.

1 Γνωρίζομεν δὲ ὑμῖν, ἀδελφοί, τὴν χάριν τοῦ θεοῦ τὴν δεδο-
2 μένην ἐν ταῖσ ἐκκλησίαισ τῆσ Μακεδονίασ, ²ὅτι ἐν πολλῇ δοκιμῇ θλίψεωσ ἡ περισσεία τῆσ χαρᾶσ αὐτῶν καὶ ἡ κατὰ βάθουσ πτωχεία αὐτῶν ἐπερίσσευσεν εἰσ τὸ πλοῦτοσ τῆσ ἁπλότητοσ αὐτῶν·
3 ³ὅτι κατὰ δύναμιν, μαρτυρῶ, καὶ παρὰ δύναμιν αὐθαίρετοι,
4 ⁴μετὰ πολλῆσ παρακλήσεωσ δεόμενοι ἡμῶν τὴν χάριν καὶ τὴν 9, 1
5 κοινωνίαν τῆσ διακονίασ τῆσ εἰσ τοὺσ ἁγίουσ, ⁵καὶ οὐ καθὼσ ἠλπίσαμεν, ἀλλὰ ἑαυτοὺσ ἔδωκαν πρῶτον τῷ κυρίῳ καὶ ἡμῖν διὰ Ro 15, 32 etc
6 θελήματοσ θεοῦ, ⁶εἰσ τὸ παρακαλέσαι ἡμᾶσ Τίτον, ἵνα καθὼσ προενήρξατο οὕτωσ καὶ ἐπιτελέσῃ εἰσ ὑμᾶσ καὶ τὴν χάριν ταύτην.

7. ημιν : א* υμιν 10. κατεργαζετ. 11. λυπηθηναι : add υμασ | ϛ א κατειργασατ. | א* επιποθιαν | αλλ εκδικ. | εν τω πραγμ. 12. ουκ : ουχ | ter εινεκεν | א υμων την υπ. υμων, ϛᵉ ημων τ. υπ. υμων 13. επι δε τη : om δε h. l. et post περισσ. pon | τη παρακλ. υμων 14. א* om υμιν | η επι τιτου 16. χαιρω : ϛᵉ add ουν

VIII, 2. τον πλουτον 3. παρα : υπερ 4. εισ τ. αγιουσ : add δεξασθαι ημασ 5. αλλ

⁷ ἀλλ᾽ ὥσπερ ἐν παντὶ περισσεύετε, πίστει καὶ λόγῳ καὶ γνώσει καὶ πάσῃ σπουδῇ καὶ τῇ ἐξ ὑμῶν ἐν ἡμῖν ἀγάπῃ, ἵνα καὶ ἐν ταύτῃ τῇ χάριτι περισσεύητε. ⁸ οὐ κατ᾽ ἐπιταγὴν λέγω, ἀλλὰ διὰ τῆσ ἑτέρων σπουδῆσ καὶ τὸ τῆσ ὑμετέρασ ἀγάπησ γνήσιον δοκιμάζων· ⁹ γινώσκετε γὰρ τὴν χάριν τοῦ κυρίου ἡμῶν Ἰησοῦ Χριστοῦ, ὅτι δι᾽ ὑμᾶσ ἐπτώχευσεν πλούσιοσ ὤν, ἵνα ὑμεῖσ τῇ ἐκείνου πτωχείᾳ πλουτήσητε. ¹⁰ καὶ γνώμην ἐν τούτῳ δίδωμι· τοῦτο γὰρ ὑμῖν συμφέρει, οἵτινεσ οὐ μόνον τὸ ποιῆσαι ἀλλὰ καὶ τὸ θέλειν προενήρξασθε ἀπὸ πέρυσι· ¹¹ νυνὶ δὲ καὶ τὸ ποιῆσαι ἐπιτελέσατε, ὅπωσ καθάπερ ἡ προθυμία τοῦ θέλειν, οὕτωσ καὶ τὸ ἐπιτελέσαι ἐκ τοῦ ἔχειν. ¹² εἰ γὰρ ἡ προθυμία πρόκειται, καθὸ ἂν ἔχῃ εὐπρόσδεκτοσ, οὐ καθὸ οὐκ ἔχει. ¹³ οὐ γὰρ ἵνα ἄλλοισ ἄνεσισ, ὑμῖν θλίψισ, ἀλλ᾽ ἐξ ἰσότητοσ· ἐν τῷ νῦν καιρῷ τὸ ὑμῶν περίσσευμα εἰσ τὸ ἐκείνων ὑστέρημα, ¹⁴ ἵνα καὶ τὸ ἐκείνων περίσσευμα γένηται εἰσ τὸ ὑμῶν ὑστέρημα, ὅπωσ γένηται ἰσότησ, ¹⁵ καθὼσ γέγραπται· ὁ τὸ πολὺ οὐκ ἐπλεόνασεν, καὶ ὁ τὸ ὀλίγον οὐκ ἠλαττόνησεν.

¹⁶ Χάρισ δὲ τῷ θεῷ τῷ διδόντι τὴν αὐτὴν σπουδὴν ὑπὲρ ὑμῶν ἐν τῇ καρδίᾳ Τίτου, ¹⁷ ὅτι τὴν μὲν παράκλησιν ἐδέξατο, σπουδαιότεροσ δὲ ὑπάρχων αὐθαίρετοσ ἐξῆλθεν πρὸσ ὑμᾶσ. ¹⁸ συνεπέμψαμεν δὲ τὸν ἀδελφὸν μετ᾽ αὐτοῦ, οὗ ὁ ἔπαινοσ ἐν τῷ εὐαγγελίῳ διὰ πασῶν τῶν ἐκκλησιῶν, ¹⁹ οὐ μόνον δὲ ἀλλὰ καὶ χειροτονηθεὶσ ὑπὸ τῶν ἐκκλησιῶν συνέκδημοσ ἡμῶν σὺν τῇ χάριτι ταύτῃ τῇ διακονουμένῃ ὑφ᾽ ἡμῶν πρὸσ τὴν αὐτοῦ τοῦ κυρίου δόξαν καὶ προθυμίαν ἡμῶν, ²⁰ στελλόμενοι τοῦτο, μή τισ ἡμᾶσ μωμήσηται ἐν τῇ ἁδρότητι ταύτῃ τῇ διακονουμένῃ ὑφ᾽ ἡμῶν· ²¹ προνοοῦμεν γὰρ καλὰ οὐ μόνον ἐνώπιον κυρίου ἀλλὰ καὶ ἐνώπιον ἀνθρώπων. ²² συνεπέμψαμεν δὲ αὐτοῖσ τὸν ἀδελφὸν ἡμῶν, ὃν ἐδοκιμάσαμεν ἐν πολλοῖσ πολλάκισ σπουδαῖον ὄντα, νυνὶ δὲ πολὺ σπουδαιότερον πεποιθήσει πολλῇ τῇ εἰσ ὑμᾶσ. ²³ εἴτε ὑπὲρ Τίτου, κοινωνὸσ ἐμὸσ καὶ εἰσ ὑμᾶσ συνεργόσ· εἴτε ἀδελφοὶ ἡμῶν, ἀπόστολοι ἐκκλησιῶν, δόξα Χριστοῦ. ²⁴ τὴν οὖν ἔνδειξιν τῆσ ἀγάπησ ὑμῶν καὶ ἡμῶν καυχήσεωσ ὑπὲρ ὑμῶν εἰσ αὐτοὺσ ἐνδεικνύμενοι εἰσ πρόσωπον τῶν ἐκκλησιῶν.

IX.

Collectio prompte instituenda. De beneficentiae praemiis.

¹ Περὶ μὲν γὰρ τῆσ διακονίασ τῆσ εἰσ τοὺσ ἁγίουσ περισσόν μοι ἐστὶν τὸ γράφειν ὑμῖν· ² οἶδα γὰρ τὴν προθυμίαν ὑμῶν ἣν ὑπὲρ ὑμῶν καυχῶμαι Μακεδόσιν, ὅτι Ἀχαΐα παρεσκεύασται ἀπὸ

.7. ℵ εν πιστει 8. υμετερασ : ϛᵉ ημετερασ 12. αν : εαν | εχῃ τισ 13. υμιν : add δε 16. ℵᶜ δοντι 18. μετ αυτου τ. αδελφ. | προθυμ. υμων 21. προνοουμενοι καλα | ℵ* om ενωπιον sec 24. ϛ ℵ ενδειξασθε | και εισ προσωπ.

Nov. Test. ed. Tf.   22

3 πέρυσι, καὶ τὸ ὑμῶν ζῆλοσ ἠρέθισεν τοὺσ πλείονασ. ³ἔπεμψα 8, 16 ss
δὲ τοὺσ ἀδελφούσ, ἵνα μὴ τὸ καύχημα ἡμῶν τὸ ὑπὲρ ὑμῶν κενωθῇ
4 ἐν τῷ μέρει τούτῳ, ἵνα καθὼσ ἔλεγον παρεσκευασμένοι ἦτε, ⁴μή-
πωσ ἐὰν ἔλθωσιν σὺν ἐμοὶ Μακεδόνεσ καὶ εὕρωσιν ὑμᾶσ ἀπαρα-
σκευάστουσ καταισχυνθῶμεν ἡμεῖσ, ἵνα μὴ λέγωμεν ὑμεῖσ, ἐν τῇ
5 ὑποστάσει ταύτῃ. ⁵ἀναγκαῖον οὖν ἡγησάμην παρακαλέσαι τοὺσ 11, 17
ἀδελφοὺσ ἵνα προέλθωσιν εἰσ ὑμᾶσ καὶ προκαταρτίσωσιν τὴν
προεπηγγελμένην εὐλογίαν ὑμῶν, ταύτην ἑτοίμην εἶναι οὕτωσ ὡσ
εὐλογίαν, μὴ ὡσ πλεονεξίαν.
6 Τοῦτο δέ, ὁ σπείρων φειδομένωσ φειδομένωσ καὶ θερίσει, Ga 6, 7 ss
7 καὶ ὁ σπείρων ἐπ' εὐλογίαισ ἐπ' εὐλογίαισ καὶ θερίσει. ⁷ἕκαστοσ Prov 22, 8
καθὼσ προῄρηται τῇ καρδίᾳ, μὴ ἐκ λύπησ ἢ ἐξ ἀνάγκησ· ἱλαρὸν
8 γὰρ δότην ἀγαπᾷ ὁ θεόσ. ⁸δυνατεῖ δὲ ὁ θεὸσ πᾶσαν χάριν
περισσεῦσαι εἰσ ὑμᾶσ, ἵνα ἐν παντὶ πάντοτε πᾶσαν αὐτάρκειαν
9 ἔχοντεσ περισσεύητε εἰσ πᾶν ἔργον ἀγαθόν, ⁹καθὼσ γέγραπται·
ἐσκόρπισεν, ἔδωκεν τοῖσ πένησιν, ἡ δικαιοσύνη αὐτοῦ μένει εἰσ τὸν Ps 111
10 αἰῶνα. ¹⁰ὁ δὲ ἐπιχορηγῶν σπέρμα τῷ σπείροντι καὶ ἄρτον εἰσ Es 55, 10
βρῶσιν χορηγήσει καὶ πληθυνεῖ τὸν σπόρον ὑμῶν καὶ αὐξήσει τὰ
11 γενήματα τῆσ δικαιοσύνησ ὑμῶν· ¹¹ἐν παντὶ πλουτιζόμενοι εἰσ
πᾶσαν ἁπλότητα, ἥτισ κατεργάζεται δι' ἡμῶν εὐχαριστίαν τῷ
12 θεῷ. ¹²ὅτι ἡ διακονία τῆσ λειτουργίασ ταύτησ οὐ μόνον ἐστὶν Phi 2, 30
προσαναπληροῦσα τὰ ὑστερήματα τῶν ἁγίων, ἀλλὰ καὶ περισ-
13 σεύουσα διὰ πολλῶν εὐχαριστιῶν τῷ θεῷ· ¹³διὰ τῆσ δοκιμῆσ τῆσ
διακονίασ ταύτησ δοξάζοντεσ τὸν θεὸν ἐπὶ τῇ ὑποταγῇ τῆσ ὁμο-
λογίασ ὑμῶν εἰσ τὸ εὐαγγέλιον τοῦ Χριστοῦ καὶ ἁπλότητι τῆσ
14 κοινωνίασ εἰσ αὐτοὺσ καὶ εἰσ πάντασ, ¹⁴καὶ αὐτῶν δεήσει ὑπὲρ
ὑμῶν, ἐπιποθούντων ὑμᾶσ διὰ τὴν ὑπερβάλλουσαν χάριν τοῦ
15 θεοῦ ἐφ' ὑμῖν. ¹⁵χάρισ τῷ θεῷ ἐπὶ τῇ ἀνεκδιηγήτῳ αὐτοῦ 8, 16
δωρεᾷ.

X.

Apostolus idem praesens et absens. Vera gloria.

1 Αὐτὸσ δὲ ἐγὼ Παῦλοσ παρακαλῶ ὑμᾶσ διὰ τῆσ πραΰτητοσ Ro 12,
καὶ ἐπιεικείασ τοῦ Χριστοῦ, ὃσ κατὰ πρόσωπον μὲν ταπεινὸσ ἐν
2 ὑμῖν, ἀπὼν δὲ θαρρῶ εἰσ ὑμᾶσ· ²δέομαι δὲ τὸ μὴ παρὼν θαρρῆ-
σαι τῇ πεποιθήσει ᾗ λογίζομαι τολμῆσαι ἐπί τινασ τοὺσ λογιζομέ-
3 νουσ ἡμᾶσ ὡσ κατὰ σάρκα περιπατοῦντασ. ³ἐν σαρκὶ γὰρ περι-
4 πατοῦντεσ οὐ κατὰ σάρκα στρατευόμεθα, ⁴τὰ γὰρ ὅπλα τῆσ
στρατιᾶσ ἡμῶν οὐ σαρκικὰ ἀλλὰ δυνατὰ τῷ θεῷ πρὸσ καθαί-
5 ρεσιν ὀχυρωμάτων, ⁵λογισμοὺσ καθαιροῦντεσ καὶ πᾶν ὕψωμα

IX, 2. ο εξ υμων ζηλοσ 4. ταυτη : add τησ καυχησεως 5. προ-
κατηγγελμ. | και μη ωσ | ωσπερ πλεονεξ. 7. προαιρειται 8. δυνατοσ
10. χορηγησαι et πληθυναι et αυξησαι | γεννηματα 15. χαρισ δε
X, 1. πραοτητοσ 4. στρατειασ

ἐπαιρόμενον κατὰ τῆσ γνώσεωσ τοῦ θεοῦ, καὶ αἰχμαλωτίζοντεσ
πᾶν νόημα εἰσ τὴν ὑπακοὴν τοῦ Χριστοῦ, ⁶ καὶ ἐν ἑτοίμῳ ἔχον- 6
τεσ ἐκδικῆσαι πᾶσαν παρακοήν, ὅταν πληρωθῇ ὑμῶν ἡ ὑπακοή.

Τὰ κατὰ πρόσωπον βλέπετε; εἴ τισ πέποιθεν ἑαυτῷ Χριστοῦ 7
εἶναι, τοῦτο λογιζέσθω πάλιν ἐφ' ἑαυτοῦ, ὅτι καθὼσ αὐτὸσ Χρι-
στοῦ, οὕτωσ καὶ ἡμεῖσ. ⁸ ἐάν τε γὰρ περισσότερόν τι καυχήσομαι 8
περὶ τῆσ ἐξουσίασ ἡμῶν, ἧσ ἔδωκεν ὁ κύριοσ εἰσ οἰκοδομὴν καὶ
οὐκ εἰσ καθαίρεσιν ὑμῶν, οὐκ αἰσχυνθήσομαι, ⁹ ἵνα μὴ δόξω ὡσ 9
ἂν ἐκφοβεῖν ὑμᾶσ διὰ τῶν ἐπιστολῶν. ¹⁰ ὅτι αἱ ἐπιστολαὶ μέν, 10
φησίν, βαρεῖαι καὶ ἰσχυραί, ἡ δὲ παρουσία τοῦ σώματοσ ἀσθενὴσ
καὶ ὁ λόγοσ ἐξουθενημένοσ. ¹¹ τοῦτο λογιζέσθω ὁ τοιοῦτοσ, ὅτι 11
οἷοί ἐσμεν τῷ λόγῳ δι' ἐπιστολῶν ἀπόντεσ, τοιοῦτοι καὶ παρόντεσ
τῷ ἔργῳ. ¹² οὐ γὰρ τολμῶμεν ἐνκρῖναι ἢ συνκρῖναι ἑαυτούσ τισιν 12
τῶν ἑαυτοὺσ συνιστανόντων· ἀλλὰ αὐτοὶ ἐν ἑαυτοῖσ ἑαυτοὺσ
μετροῦντεσ καὶ συνκρίνοντεσ ἑαυτοὺσ ἑαυτοῖσ οὐ συνιᾶσιν. ¹³ ἡμεῖσ 13
δὲ οὐκ εἰσ τὰ ἄμετρα καυχησόμεθα, ἀλλὰ κατὰ τὸ μέτρον τοῦ
κανόνοσ, οὗ ἐμέρισεν ἡμῖν ὁ θεὸσ μέτρου, ἐφικέσθαι ἄχρι καὶ
ὑμῶν. ¹⁴ οὐ γὰρ ὡσ μὴ ἐφικνούμενοι εἰσ ὑμᾶσ ὑπερεκτείνομεν 14
ἑαυτούσ, ἄχρι γὰρ καὶ ὑμῶν ἐφθάσαμεν ἐν τῷ εὐαγγελίῳ τοῦ
Χριστοῦ, ¹⁵ οὐκ εἰσ τὰ ἄμετρα καυχώμενοι ἐν ἀλλοτρίοισ κόποισ, 15
ἐλπίδα δὲ ἔχοντεσ αὐξανομένησ τῆσ πίστεωσ ὑμῶν ἐν ὑμῖν μεγα-
λυνθῆναι κατὰ τὸν κανόνα ἡμῶν εἰσ περισσείαν, ¹⁶ εἰσ τὰ ὑπερέ- 16
κεινα ὑμῶν εὐαγγελίσασθαι, οὐκ ἐν ἀλλοτρίῳ κανόνι εἰσ τὰ
ἕτοιμα καυχήσασθαι. ¹⁷ ὁ δὲ καυχώμενοσ ἐν κυρίῳ καυχάσθω· 17
¹⁸ οὐ γὰρ ὁ ἑαυτὸν συνιστάνων, ἐκεῖνόσ ἐστιν δόκιμοσ, ἀλλ' ὃν ὁ 18
κύριοσ συνίστησιν.

XI.

De Pauli circa Corinthios studiis et non accepta mercede. Adversus calum-
niatores gloriatur virtutes et aerumnas.

"Ὄφελον ἀνείχεσθέ μου μικρόν τι ἀφροσύνησ· ἀλλὰ καὶ ἀν- 1
έχεσθέ μου. ² ζηλῶ γὰρ ὑμᾶσ θεοῦ ζήλῳ, ἡρμοσάμην γὰρ ὑμᾶσ 2
ἑνὶ ἀνδρὶ παρθένον ἁγνὴν παραστῆσαι τῷ Χριστῷ· ³ φοβοῦμαι 3
δὲ μήπωσ ὡσ ὁ ὄφισ ἐξηπάτησεν Εὔαν ἐν τῇ πανουργίᾳ αὐτοῦ,
φθαρῇ τὰ νοήματα ὑμῶν ἀπὸ τῆσ ἁπλότητοσ τῆσ εἰσ Χριστόν.
⁴ εἰ μὲν γὰρ ὁ ἐρχόμενοσ ἄλλον Ἰησοῦν κηρύσσει ὃν οὐκ ἐκηρύ- 4
ξαμεν, ἢ πνεῦμα ἕτερον λαμβάνετε ὃ οὐκ ἐλάβετε, ἢ εὐαγγέλιον
ἕτερον ὃ οὐκ ἐδέξασθε, καλῶσ ἀνείχεσθε· ⁵ λογίζομαι γὰρ μηδὲν 5

---

7. εφ : αφ | και ημεισ : add χριστου 8. και περισσοτερ. | καυχησωμαι |
ο κυριοσ : add ημιν 10. αι μεν επιστολαι 12. ϛ ℵ ενκρι- et συνκρι- |
ℵ* (non item a) om εαυτουσ ante μετρ. | ου συνιουσιν 13. ουκ : ουχι
14. ℵ* om γαρ 18. συνιστων | ℵ* δοκιμ. εστ.

XI, 1. ϛᵉ ηνειχεσθε | μικρον τι : ϛ (non ϛᵉ) om τι | ϛᵉ τησ αφροσυνησ,
ϛ τη αφροσυνη 3. ευαν εξηπατ. | ουτω φθαρη | απλοτητοσ : ℵ* add και
τησ αγνοτητοσ | εισ τον χριστον 4. ηνειχεσθε

6 ὑστερηκέναι τῶν ὑπερλίαν ἀποστόλων. ⁶ εἰ δὲ καὶ ἰδιώτησ τῷ
λόγῳ, ἀλλ' οὐ τῇ γνώσει, ἀλλ' ἐν παντὶ φανερώσαντεσ ἐν πᾶσιν
7 εἰσ ὑμᾶσ. ⁷ ἢ ἁμαρτίαν ἐποίησα ἐμαυτὸν ταπεινῶν ἵνα ὑμεῖσ
ὑψωθῆτε, ὅτι δωρεὰν τὸ τοῦ θεοῦ εὐαγγέλιον εὐηγγελισάμην ὑμῖν;
8 ⁸ ἄλλασ ἐκκλησίασ ἐσύλησα λαβὼν ὀψώνιον πρὸσ τὴν ὑμῶν διακονίαν, καὶ παρὼν πρὸσ ὑμᾶσ καὶ ὑστερηθεὶσ οὐ κατενάρκησα
9 οὐθενόσ· ⁹ τὸ γὰρ ὑστέρημά μου προσανεπλήρωσαν οἱ ἀδελφοὶ
ἐλθόντεσ ἀπὸ Μακεδονίασ· καὶ ἐν παντὶ ἀβαρῆ ἐμαυτὸν ὑμῖν
10 ἐτήρησα καὶ τηρήσω. ¹⁰ ἔστιν ἀλήθεια Χριστοῦ ἐν ἐμοί, ὅτι ἡ
καύχησισ αὕτη οὐ φραγήσεται εἰσ ἐμὲ ἐν τοῖσ κλίμασιν τῆσ
11 12 Ἀχαΐασ. ¹¹ διατί; ὅτι οὐκ ἀγαπῶ ὑμᾶσ; ὁ θεὸσ οἶδεν. ¹² ὃ δὲ
ποιῶ, καὶ ποιήσω, ἵνα ἐκκόψω τὴν ἀφορμὴν τῶν θελόντων ἀφορ-
13 μήν, ἵνα ἐν ᾧ καυχῶνται εὑρεθῶσιν καθὼσ καὶ ἡμεῖσ. ¹³ οἱ γὰρ
τοιοῦτοι ψευδαπόστολοι, ἐργάται δόλιοι, μετασχηματιζόμενοι εἰσ
14 ἀποστόλουσ Χριστοῦ. ¹⁴ καὶ οὐ θαῦμα· αὐτὸσ γὰρ ὁ σατανᾶσ
15 μετασχηματίζεται εἰσ ἄγγελον φωτόσ. ¹⁵ οὐ μέγα οὖν εἰ καὶ οἱ
διάκονοι αὐτοῦ μετασχηματίζονται ὡσ διάκονοι δικαιοσύνησ· ὧν
τὸ τέλοσ ἔσται κατὰ τὰ ἔργα αὐτῶν.
16 Πάλιν λέγω, μή τίσ με δόξῃ ἄφρονα εἶναι· εἰ δὲ μήγε, κἂν
17 ὡσ ἄφρονα δέξασθέ με, ἵνα κἀγὼ μικρόν τι καυχήσωμαι. ¹⁷ ὃ
λαλῶ, οὐ κατὰ κύριον λαλῶ, ἀλλ' ὡσ ἐν ἀφροσύνῃ, ἐν ταύτῃ τῇ
18 ὑποστάσει τῆσ καυχήσεωσ. ¹⁸ ἐπεὶ πολλοὶ καυχῶνται κατὰ σάρκα,
19 κἀγὼ καυχήσομαι. ¹⁹ ἡδέωσ γὰρ ἀνέχεσθε τῶν ἀφρόνων φρόνιμοι
20 ὄντεσ· ²⁰ ἀνέχεσθε γὰρ εἴ τισ ὑμᾶσ καταδουλοῖ, εἴ τισ κατεσθίει,
εἴ τισ λαμβάνει, εἴ τισ ἐπαίρεται, εἴ τισ εἰσ πρόσωπον ὑμᾶσ
21 δέρει. ²¹ κατὰ ἀτιμίαν λέγω, ὡσ ὅτι ἡμεῖσ ἠσθενήκαμεν· ἐν ᾧ
22 δ' ἄν τισ τολμᾷ, ἐν ἀφροσύνῃ λέγω, τολμῶ κἀγώ. ²² Ἑβραῖοί
εἰσιν; κἀγώ. Ἰσραηλεῖταί εἰσιν; κἀγώ. σπέρμα Ἀβραάμ εἰσιν;
23 κἀγώ. ²³ διάκονοι Χριστοῦ εἰσίν; παραφρονῶν λαλῶ, ὑπὲρ ἐγώ·
ἐν κόποισ περισσοτέρωσ, ἐν πληγαῖσ περισσοτέρωσ, ἐν φυλακαῖσ
24 ὑπερβαλλόντωσ, ἐν θανάτοισ πολλάκισ· ²⁴ ὑπὸ Ἰουδαίων πεντάκισ
25 τεσσεράκοντα παρὰ μίαν ἔλαβον, ²⁵ τρὶσ ἐραβδίσθην, ἅπαξ ἐλιθάσθην, τρὶσ ἐναυάγησα, νυχθήμερον ἐν τῷ βυθῷ πεποίηκα.
26 ²⁶ ὁδοιπορίαισ πολλάκισ, κινδύνοισ ποταμῶν, κινδύνοισ λῃστῶν,
κινδύνοισ ἐκ γένουσ, κινδύνοισ ἐξ ἐθνῶν, κινδύνοισ ἐν πόλει, κινδύνοισ ἐν ἐρημίᾳ, κινδύνοισ ἐν θαλάσσῃ, κινδύνοισ ἐν ψευδαδέλφοισ,
27 ²⁷ κόπῳ καὶ μόχθῳ, ἐν ἀγρυπνίαισ πολλάκισ, ἐν λιμῷ καὶ δίψει,
28 ἐν νηστείαισ πολλάκισ, ἐν ψύχει καὶ γυμνότητι. ²⁸ χωρὶσ τῶν

---

6. φανερωθεντεσ 8. ουδενοσ 9. υμιν εμαυτον 10. ς (non ςe) ου
σφραγισεται 14. ου θαυμαστον 16. μικρον τι καγω 17. ου λαλω
κατ. κυρ. 18. κατ. την σαρκα 20. υμασ εισ προσωπον 21. ησθενησαμεν 22. ς (non ςe) quater εἰσιν; 22. ισραηλιται, item א ισδραη-
23. εν πληγ. υπερβαλλ. εν φυλακ. περισσ. 24. τεσσαρακ. 25. ερραβδισθ. 27. εν κοπω

παρεκτὸσ ἡ ἐπίστασίσ μοι ἡ καθ' ἡμέραν, ἡ μέριμνα πασῶν τῶν ἐκκλησιῶν. ²⁹ τίσ ἀσθενεῖ, καὶ οὐκ ἀσθενῶ; τίσ σκανδαλίζεται, καὶ οὐκ ἐγὼ πυροῦμαι; ³⁰ εἰ καυχᾶσθαι δεῖ, τὰ τῆσ ἀσθενείασ μου καυχήσομαι. ³¹ ὁ θεὸσ καὶ πατὴρ τοῦ κυρίου Ἰησοῦ οἶδεν, ὁ ὢν εὐλογητὸσ εἰσ τοὺσ αἰῶνασ, ὅτι οὐ ψεύδομαι. ³² ἐν Δαμασκῷ ὁ ἐθνάρχησ Ἀρέτα τοῦ βασιλέωσ ἐφρούρει τὴν πόλιν Δαμασκηνῶν πιάσαι με, ³³ καὶ διὰ θυρίδοσ ἐν σαργάνῃ ἐχαλάσθην διὰ τοῦ τείχουσ καὶ ἐξέφυγον τὰσ χεῖρασ αὐτοῦ.

XII.

Visa Pauli caelestia. Sudes in carne. Pauli liberalitas in Corinthios. Brevi venturi cura.

Καυχᾶσθαι δεῖ, οὐ συμφέρον μέν, ἐλεύσομαι δὲ εἰσ ὀπτασίασ καὶ ἀποκαλύψεισ κυρίου. ² οἶδα ἄνθρωπον ἐν Χριστῷ πρὸ ἐτῶν δεκατεσσάρων, εἴτε ἐν σώματι οὐκ οἶδα, εἴτε ἐκτὸσ τοῦ σώματοσ οὐκ οἶδα, ὁ θεὸσ οἶδεν, ἁρπαγέντα τὸν τοιοῦτον ἕωσ τρίτου οὐρανοῦ. ³ καὶ οἶδα τὸν τοιοῦτον ἄνθρωπον, εἴτε ἐν σώματι εἴτε χωρὶσ τοῦ σώματοσ οὐκ οἶδα, ὁ θεὸσ οἶδεν, ⁴ ὅτι ἡρπάγη εἰσ τὸν παράδεισον καὶ ἤκουσεν ἄρρητα ῥήματα, ἃ οὐκ ἐξὸν ἀνθρώπῳ λαλῆσαι. ⁵ ὑπὲρ τοῦ τοιούτου καυχήσομαι, ὑπὲρ δὲ ἐμαυτοῦ οὐ καυχήσομαι εἰ μὴ ἐν ταῖσ ἀσθενείαισ μου. ⁶ ἐὰν γὰρ θελήσω καυχήσασθαι, οὐκ ἔσομαι ἄφρων, ἀλήθειαν γὰρ ἐρῶ· φείδομαι δέ, μή τισ εἰσ ἐμὲ λογίσηται ὑπὲρ ὃ βλέπει με ἢ ἀκούει ἐξ ἐμοῦ. ⁷ καὶ τῇ ὑπερβολῇ τῶν ἀποκαλύψεων ἵνα μὴ ὑπεραίρωμαι, ἐδόθη μοι σκόλοψ τῇ σαρκί, ἄγγελοσ σατανᾶ, ἵνα με κολαφίζῃ, ἵνα μὴ ὑπεραίρωμαι. ⁸ ὑπὲρ τούτου τρὶσ τὸν κύριον παρεκάλεσα, ἵνα ἀποστῇ ἀπ' ἐμοῦ. ⁹ καὶ εἴρηκέν μοι· ἀρκεῖ σοι ἡ χάρισ μου· ἡ γὰρ δύναμισ ἐν ἀσθενείᾳ τελεῖται. ἥδιστα οὖν μᾶλλον καυχήσομαι ἐν ταῖσ ἀσθενείαισ μου, ἵνα ἐπισκηνώσῃ ἐπ' ἐμὲ ἡ δύναμισ τοῦ Χριστοῦ. ¹⁰ διὸ εὐδοκῶ ἐν ἀσθενείαισ, ἐν ὕβρεσιν, ἐν ἀνάγκαισ, ἐν διωγμοῖσ καὶ στενοχωρίαισ, ὑπὲρ Χριστοῦ· ὅταν γὰρ ἀσθενῶ, τότε δυνατόσ εἰμι.

Γέγονα ἄφρων· ὑμεῖσ με ἠναγκάσατε. ἐγὼ γὰρ ὤφειλον ὑφ' ὑμῶν συνίστασθαι· οὐδὲν γὰρ ὑστέρησα τῶν ὑπερλίαν ἀποστόλων, εἰ καὶ οὐδέν εἰμι. ¹² τὰ μὲν σημεῖα τοῦ ἀποστόλου κατηργάσθη ἐν ὑμῖν ἐν πάσῃ ὑπομονῇ σημείοισ τε καὶ τέρασιν καὶ δυνάμεσιν. ¹³ τί γάρ ἐστιν ὃ ἡσσώθητε ὑπὲρ τὰσ λοιπὰσ ἐκκλησίασ, εἰ μὴ ὅτι αὐτὸσ ἐγὼ οὐ κατενάρκησα ὑμῶν; χαρίσασθέ μοι

---

28. επισυστασισ | μοι : μου 31. του κυριου : add ημων | ιησου : add χριστου 32. δαμασκη. πολιν | πιασαι με : ϛ ℵ add θελων
XII, 1. ϛ καυχ. δη, ℵ καυχ. δε | ου συμφερει μοι | ελευσομ. γαρ 3: χωρισ : ϛ ℵ εκτοσ 6. ακουει : add τι 7. ινα μη : ℵ praem διο | σαταν | ινα μη υπεραιρωμαι : ℵ* om 9. δυναμισ : add μου | τελειουται 10. εν αναγκαισ : ℵ* και αναγκ. | και στενοχωρ. : εν στενοχ. 11. αφρων : add καυχωμενοσ 12. ϛ ℵ κατειργασθη | εν σημειοισ και 13. ηττηθητε

14 τὴν ἀδικίαν ταύτην. ¹⁴ ἰδοὺ τρίτον τοῦτο ἑτοίμωσ ἔχω ἐλθεῖν
πρὸσ ὑμᾶσ, καὶ οὐ καταναρκήσω· οὐ γὰρ ζητῶ τὰ ὑμῶν ἀλλὰ
ὑμᾶσ. οὐ γὰρ ὀφείλει τὰ τέκνα τοῖσ γονεῦσιν θησαυρίζειν, ἀλλὰ
15 οἱ γονεῖσ τοῖσ τέκνοισ. ¹⁵ ἐγὼ δὲ ἥδιστα δαπανήσω καὶ ἐκδαπα-
νηθήσομαι ὑπὲρ τῶν ψυχῶν ὑμῶν. εἰ περισσοτέρωσ ὑμᾶσ ἀγαπῶ,
ἧσσον ἀγαπῶμαι;
16 Ἔστω δέ, ἐγὼ οὐ κατεβάρησα ὑμᾶσ· ἀλλὰ ὑπάρχων πανοῦρ-
17 γοσ δόλῳ ὑμᾶσ ἔλαβον. ¹⁷ μή τινα ὧν ἀπέσταλκα πρὸσ ὑμᾶσ,
18 δι᾽ αὐτοῦ ἐπλεονέκτησα ὑμᾶσ; ¹⁸ παρεκάλεσα Τίτον καὶ συν-
απέστειλα τὸν ἀδελφόν· μήτι ἐπλεονέκτησεν ὑμᾶσ Τίτοσ; οὐ τῷ
αὐτῷ πνεύματι περιεπατήσαμεν; οὐ τοῖσ αὐτοῖσ ἴχνεσιν;
19 Πάλαι δοκεῖτε ὅτι ὑμῖν ἀπολογούμεθα. κατέναντι θεοῦ ἐν
Χριστῷ λαλοῦμεν· τὰ δὲ πάντα, ἀγαπητοί, ὑπὲρ τῆσ ὑμῶν οἰκο-
20 δομῆσ. ²⁰ φοβοῦμαι γὰρ μήπωσ ἐλθὼν οὐχ οἵουσ θέλω εὕρω
ὑμᾶσ κἀγὼ εὑρεθῶ ὑμῖν οἷον οὐ θέλετε, μήπωσ ἔρισ, ζῆλοσ,
θυμοί, ἐριθεῖαι, καταλαλιαί, ψιθυρισμοί, φυσιώσεισ, ἀκαταστα-
21 σίαι· ²¹ μὴ πάλιν ἐλθόντοσ μου ταπεινώσει με ὁ θεόσ μου πρὸσ
ὑμᾶσ, καὶ πενθήσω πολλοὺσ τῶν προημαρτηκότων καὶ μὴ μετα-
νοησάντων ἐπὶ τῇ ἀκαθαρσίᾳ καὶ πορνείᾳ καὶ ἀσελγείᾳ ᾗ ἔπραξαν.

XIII.

Brevi venturi Corinthum de disciplina severa hortatio.

1 Τρίτον τοῦτο ἔρχομαι πρὸσ ὑμᾶσ· ἐπὶ στόματοσ δύο μαρτύ-
2 ρων καὶ τριῶν σταθήσεται πᾶν ῥῆμα. ² προείρηκα καὶ προλέγω,
ὡσ παρὼν τὸ δεύτερον καὶ ἀπὼν νῦν, τοῖσ προημαρτηκόσιν καὶ
3 τοῖσ λοιποῖσ πᾶσιν, ὅτι ἐὰν ἔλθω εἰσ τὸ πάλιν οὐ φείσομαι. ³ ἐπεὶ
δοκιμὴν ζητεῖτε τοῦ ἐν ἐμοὶ λαλοῦντοσ Χριστοῦ, ὃσ εἰσ ὑμᾶσ οὐκ
4 ἀσθενεῖ ἀλλὰ δυνατεῖ ἐν ὑμῖν. ⁴ καὶ γὰρ ἐσταυρώθη ἐξ ἀσθε-
νείασ, ἀλλὰ ζῇ ἐκ δυνάμεωσ θεοῦ· καὶ γὰρ ἡμεῖσ ἀσθενοῦμεν ἐν
5 αὐτῷ, ἀλλὰ ζήσομεν σὺν αὐτῷ ἐκ δυνάμεωσ θεοῦ εἰσ ὑμᾶσ. ⁵ ἑαυ-
τοὺσ πειράζετε εἰ ἐστὲ ἐν τῇ πίστει, ἑαυτοὺσ δοκιμάζετε· ἢ οὐκ
ἐπιγινώσκετε ἑαυτοὺσ ὅτι Χριστὸσ Ἰησοῦσ ἐν ὑμῖν; εἰ μήτι ἀδό-
6 κιμοί ἐστε. ⁶ ἐλπίζω δὲ ὅτι γνώσεσθε ὅτι ἡμεῖσ οὐκ ἐσμὲν ἀδό-
7 κιμοι. ⁷ εὐχόμεθα δὲ πρὸσ τὸν θεὸν μὴ ποιῆσαι ὑμᾶσ κακὸν
μηδέν, οὐχ ἵνα ἡμεῖσ δόκιμοι φανῶμεν, ἀλλ᾽ ἵνα ὑμεῖσ τὸ καλὸν
8 ποιῆτε, ἡμεῖσ δὲ ὡσ ἀδόκιμοι ὦμεν. ⁸ οὐ γὰρ δυνάμεθά τι κατὰ

---

14. om τουτο | καταναρκησω : add υμων | αλλ υμασ | αλλ οι 15. ει :
add και | αγαπω : αγαπων | sequitur ἀγαπῶμαι.) | ηττον 16. ℵ ου κατε-
ναρκησα | υμασ : ℵ υμων | αλλ 19. παλαι : παλιν | ϛ ἀπολογούμεθα; |
κατενωπιον του θεου 20. ερεισ | ϛ ℵ ζηλοι 21. ελθοντα με ταπει-
νωση ο | ϛ ℵ ταπεινωση

XIII, 1. επι : ℵ* praem ινα | ℵ η τριων 2. απων νυν : add γραφω
4. και γαρ pri : add ει | ϛᵉ (non ϛ) και γαρ και ημεισ | εν αυτω : ℵ συν
αυτω | ζησομεθα 5. η ουκ : ℵ* om η | ιησουσ χριστοσ | εν υμιν : ϛ ℵ
add εστιν 7. ευχομαι | ℵ ποιειτε

τῆσ ἀληθείασ, ἀλλὰ ὑπὲρ τῆσ ἀληθείασ. ⁹χαίρομεν γὰρ ὅταν 9
ἡμεῖσ ἀσθενῶμεν, ὑμεῖσ δὲ δυνατοὶ ἦτε· τοῦτο καὶ εὐχόμεθα, τὴν
ὑμῶν κατάρτισιν. ¹⁰διὰ τοῦτο ταῦτα ἀπὼν γράφω, ἵνα παρὼν 10
μὴ ἀποτόμωσ χρήσωμαι κατὰ τὴν ἐξουσίαν ἣν ὁ κύριοσ ἔδωκέν
μοι εἰσ οἰκοδομὴν καὶ οὐκ εἰσ καθαίρεσιν.

Λοιπόν, ἀδελφοί, χαίρετε, καταρτίζεσθε, παρακαλεῖσθε, τὸ 11
αὐτὸ φρονεῖτε, εἰρηνεύετε, καὶ ὁ θεὸσ τῆσ ἀγάπησ καὶ εἰρήνησ
ἔσται μεθ᾽ ὑμῶν. ¹²ἀσπάσασθε ἀλλήλουσ ἐν ἁγίῳ φιλήματι. 12
ἀσπάζονται ὑμᾶσ οἱ ἅγιοι πάντεσ.

Ἡ χάρισ τοῦ κυρίου Ἰησοῦ Χριστοῦ καὶ ἡ ἀγάπη τοῦ θεοῦ 13
καὶ ἡ κοινωνία τοῦ ἁγίου πνεύματοσ μετὰ πάντων ὑμῶν.

ΠΡΟΣ ΓΑΛΑΤΑΣ.

I.

Post gravem salutationem Galatarum carpit levitatem et evangelii divinam
veritatem urget. Pristina Pauli vita.

Παῦλοσ ἀπόστολοσ, οὐκ ἀπ᾽ ἀνθρώπων οὐδὲ δι᾽ ἀνθρώπου, 1
ἀλλὰ διὰ Ἰησοῦ Χριστοῦ καὶ θεοῦ πατρὸσ τοῦ ἐγείραντοσ αὐτὸν
ἐκ νεκρῶν, ²καὶ οἱ σὺν ἐμοὶ πάντεσ ἀδελφοί, ταῖσ ἐκκλησίαισ 2
τῆσ Γαλατίασ. ³χάρισ ὑμῖν καὶ εἰρήνη ἀπὸ θεοῦ πατρὸσ καὶ 3
κυρίου ἡμῶν Ἰησοῦ Χριστοῦ, ⁴τοῦ δόντοσ ἑαυτὸν περὶ τῶν ἁμαρ- 4
τιῶν ἡμῶν, ὅπωσ ἐξέληται ἡμᾶσ ἐκ τοῦ αἰῶνοσ τοῦ ἐνεστῶτοσ
πονηροῦ κατὰ τὸ θέλημα τοῦ θεοῦ καὶ πατρὸσ ἡμῶν, ⁵ᾧ ἡ 5
δόξα εἰσ τοὺσ αἰῶνασ τῶν αἰώνων· ἀμήν.

Θαυμάζω ὅτι οὕτωσ ταχέωσ μετατίθεσθε ἀπὸ τοῦ καλέσαν- 6
τοσ ὑμᾶσ ἐν χάριτι Χριστοῦ εἰσ ἕτερον εὐαγγέλιον, ⁷ὃ οὐκ ἔστιν 7
ἄλλο, εἰ μὴ τινέσ εἰσιν οἱ ταράσσοντεσ ὑμᾶσ καὶ θέλοντεσ με-
ταστρέψαι τὸ εὐαγγέλιον τοῦ Χριστοῦ. ⁸ἀλλὰ καὶ ἐὰν ἡμεῖσ ἢ 8
ἄγγελοσ ἐξ οὐρανοῦ εὐαγγελίσηται παρ᾽ ὃ εὐηγγελισάμεθα ὑμῖν,
ἀνάθεμα ἔστω. ⁹ὡσ προειρήκαμεν, καὶ ἄρτι πάλιν λέγω, εἴ 9
τισ ὑμᾶσ εὐαγγελίζεται παρ᾽ ὃ παρελάβετε, ἀνάθεμα ἔστω.
¹⁰ἄρτι γὰρ ἀνθρώπουσ πείθω ἢ τὸν θεόν; ἢ ζητῶ ἀνθρώποισ 10
ἀρέσκειν; εἰ ἔτι ἀνθρώποισ ἤρεσκον, Χριστοῦ δοῦλοσ οὐκ ἂν ἤμην.

Γνωρίζω δὲ ὑμῖν, ἀδελφοί, τὸ εὐαγγέλιον τὸ εὐαγγελισθὲν 11
ὑπ᾽ ἐμοῦ ὅτι οὐκ ἔστιν κατὰ ἄνθρωπον· ¹²οὐδὲ γὰρ ἐγὼ παρὰ 12

8. αλλ υπερ 9. τουτο δε και 10. εδωκ. μοι ο κυριοσ 13. υμων:
add αμην

* ϛ η προσ γαλατασ επιστολη παυλου, ϛᵉ παυλου του αποστολου
η προσ γαλατασ επιστολη

I, 3. ημων: א post πατροσ pon 4. περι: υπερ | του ενεστωτοσ
αιωνοσ | א* κατα θελημα 7. א* (non item ᵃ) om κ. θελοντ. 8. ευαγ-
γελιζηται additque υμιν 9. א* προειρηκα 10. ει: add γαρ 11. δε;
אᵃ γαρ

ἀνθρώπου παρέλαβον αὐτὸ οὔτε ἐδιδάχθην, ἀλλὰ δι᾽ ἀποκα-
13 λύψεωσ Ἰησοῦ Χριστοῦ. ¹³ ἠκούσατε γὰρ τὴν ἐμὴν ἀναστροφήν
ποτε ἐν τῷ Ἰουδαϊσμῷ, ὅτι καθ᾽ ὑπερβολὴν ἐδίωκον τὴν ἐκκλη-
14 σίαν τοῦ θεοῦ καὶ ἐπόρθουν αὐτήν· ¹⁴ καὶ προέκοπτον ἐν τῷ
Ἰουδαϊσμῷ ὑπὲρ πολλοὺσ συνηλικιώτασ ἐν τῷ γένει μου, περισ-
15 σοτέρωσ ζηλωτὴσ ὑπάρχων τῶν πατρικῶν μου παραδόσεων. ¹⁵ ὅτε
δὲ εὐδόκησεν ὁ ἀφορίσασ με ἐκ κοιλίασ μητρόσ μου καὶ καλέσασ
16 διὰ τῆσ χάριτοσ αὐτοῦ ¹⁶ ἀποκαλύψαι τὸν υἱὸν αὐτοῦ ἐν ἐμοί,
ἵνα εὐαγγελίζωμαι αὐτὸν ἐν τοῖσ ἔθνεσιν, εὐθέωσ οὐ προσανεθέ-
17 μην σαρκὶ καὶ αἵματι, ¹⁷ οὐδὲ ἀνῆλθον εἰσ Ἱεροσόλυμα πρὸσ
τοὺσ πρὸ ἐμοῦ ἀποστόλουσ, ἀλλὰ ἀπῆλθον εἰσ Ἀραβίαν, καὶ
18 πάλιν ὑπέστρεψα εἰσ Δαμασκόν. ¹⁸ ἔπειτα μετὰ τρία ἔτη ἀνῆλ-
θον εἰσ Ἱεροσόλυμα ἱστορῆσαι Κηφᾶν, καὶ ἐπέμεινα πρὸσ αὐτὸν
19 ἡμέρασ δεκαπέντε· ¹⁹ ἕτερον δὲ τῶν ἀποστόλων οὐκ εἶδον εἰ μὴ
20 Ἰάκωβον τὸν ἀδελφὸν τοῦ κυρίου. ²⁰ ἃ δὲ γράφω ὑμῖν, ἰδοὺ
21 ἐνώπιον τοῦ θεοῦ ὅτι οὐ ψεύδομαι. ²¹ ἔπειτα ἦλθον εἰσ τὰ κλί-
22 ματα τῆσ Συρίασ καὶ τῆσ Κιλικίασ. ²² ἤμην δὲ ἀγνοούμενοσ τῷ
23 προσώπῳ ταῖσ ἐκκλησίαισ τῆσ Ἰουδαίασ ταῖσ ἐν Χριστῷ. ²³ μόνον
δὲ ἀκούοντεσ ἦσαν ὅτι ὁ διώκων ἡμᾶσ ποτὲ νῦν εὐαγγελίζεται
24 τὴν πίστιν ἥν ποτε ἐπόρθει, ²⁴ καὶ ἐδόξαζον ἐν ἐμοὶ τὸν θεόν.

II.

De apostolorum conventu Hierosolymitano et Pauli cum Petro controversia
Antiochena. De lege et fide.

1 Ἔπειτα διὰ δεκατεσσάρων ἐτῶν πάλιν ἀνέβην εἰσ Ἱεροσό-
2 λυμα μετὰ Βαρνάβα, συνπαραλαβὼν καὶ Τίτον· ² ἀνέβην δὲ
κατὰ ἀποκάλυψιν, καὶ ἀνεθέμην αὐτοῖσ τὸ εὐαγγέλιον ὃ κηρύσσω
ἐν τοῖσ ἔθνεσιν, κατ᾽ ἰδίαν δὲ τοῖσ δοκοῦσιν, μήπωσ εἰσ κενὸν
3 τρέχω ἢ ἔδραμον. ³ ἀλλ᾽ οὐδὲ Τίτοσ ὁ σὺν ἐμοί, Ἕλλην ὤν, ἠναγ-
4 κάσθη περιτμηθῆναι, ⁴ διὰ δὲ τοὺσ παρεισάκτουσ ψευδαδέλφουσ,
οἵτινεσ παρεισῆλθον κατασκοπῆσαι τὴν ἐλευθερίαν ἡμῶν ἣν ἔχο-
5 μεν ἐν Χριστῷ Ἰησοῦ, ἵνα ἡμᾶσ καταδουλώσουσιν· ⁵ οἷσ οὐδὲ
πρὸσ ὥραν εἴξαμεν τῇ ὑποταγῇ, ἵνα ἡ ἀλήθεια τοῦ εὐαγγελίου
6 διαμείνῃ πρὸσ ὑμᾶσ. ⁶ ἀπὸ δὲ τῶν δοκούντων εἶναί τι, ὁποῖοί
ποτε ἦσαν οὐδέν μοι διαφέρει· πρόσωπον ὁ θεὸσ ἀνθρώπου οὐ
7 λαμβάνει· ἐμοὶ γὰρ οἱ δοκοῦντεσ οὐδὲν προσανέθεντο, ⁷ ἀλλὰ
τοὐναντίον ἰδόντεσ ὅτι πεπίστευμαι τὸ εὐαγγέλιον τῆσ ἀκροβυστίασ
8 καθὼσ Πέτροσ τῆσ περιτομῆσ, ⁸ ὁ γὰρ ἐνεργήσασ Πέτρῳ εἰσ
9 ἀποστολὴν τῆσ περιτομῆσ ἐνήργησεν καὶ ἐμοὶ εἰσ τὰ ἔθνη, ⁹ καὶ
γνόντεσ τὴν χάριν τὴν δοθεῖσάν μοι, Ἰάκωβοσ καὶ Κηφᾶσ καὶ
Ἰωάννησ, οἱ δοκοῦντεσ στῦλοι εἶναι, δεξιὰσ ἔδωκαν ἐμοὶ καὶ

---

12. א ουδε εδιδαχϑ. 15. ο αφορισασ : ҫ א praem ο ϑεοσ 17. αλλ
18. ετη τρια | κηφαν : πετρον 19. א ουκ ιδον 21. א* (non a) om τησ sec
II, 1. συμπαραλ. 4. καταδουλώσωνται 6. ο ϑεοσ : ϑεοσ

Βαρνάβα κοινωνίασ, ίνα ημείσ είσ τα έθνη, αυτοί δε είσ την περιτομήν· ¹⁰ μόνον των πτωχών ίνα μνημονεύωμεν, ὃ και εσπού- δασα αυτό τούτο ποιήσαι. Ότε δε ήλθεν Κηφάσ είσ Αντιόχειαν, κατά πρόσωπον αυτώ αντέστην, ότι κατεγνωσμένοσ ήν. ¹² προ του γαρ ελθείν τινάσ από Ιακώβου μετά των εθνών συνήσθιεν· ότε δε ήλθον, υπέστελ- λεν και αφώριζεν εαυτόν, φοβούμενοσ τουσ εκ περιτομήσ· ¹³ και συνυπεκρίθησαν αυτώ και οι λοιποί Ιουδαίοι, ώστε και Βαρνά- βασ συναπήχθη αυτών τη υποκρίσει. ¹⁴ αλλ' ότε είδον ότι ουκ ορθοποδούσιν προσ την αλήθειαν του ευαγγελίου, είπον τώ Κηφά έμπροσθεν πάντων· ει συ Ιουδαίοσ υπάρχων εθνικώσ και ουχ Ιουδαϊκώσ ζής, πώς τα έθνη αναγκάζεισ ιουδαΐζειν; ¹⁵ ημείσ φύσει Ιουδαίοι και ουκ εξ εθνών αμαρτωλοί, ¹⁶ ειδότεσ δε ότι ου δικαιούται άνθρωποσ εξ έργων νόμου εάν μη δια πίστεωσ Χριστού Ιησού, και ημείσ είσ Χριστόν Ιησούν επιστεύσαμεν, ίνα δικαιωθώμεν εκ πίστεωσ Χριστού και ουκ εξ έργων νόμου, ότι εξ έργων νόμου ου δικαιωθήσεται πάσα σάρξ. ¹⁷ ει δε ζητούντεσ δικαιωθήναι εν Χριστώ ευρέθημεν και αυτοί αμαρτωλοί, άρα Χριστόσ αμαρτίασ διάκονοσ; μη γένοιτο. ¹⁸ ει γαρ ά κατέλυσα ταύτα πάλιν οικοδομώ, παραβάτην εμαυτόν συνιστάνω. ¹⁹ εγώ γαρ δια νόμου νόμω απέθανον ίνα θεώ ζήσω. ²⁰ Χριστώ συν- εσταύρωμαι· ζώ δε ουκέτι εγώ, ζή δε εν εμοί Χριστόσ· ὃ δε νύν ζώ εν σαρκί, εν πίστει ζώ τη του υιού του θεού του αγαπήσαν- τόσ με και παραδόντοσ εαυτόν υπέρ εμού. ²¹ ουκ αθετώ την χάριν του θεού· ει γαρ δια νόμου δικαιοσύνη, άρα Χριστόσ δωρεάν απέθανεν.

III.

Spiritus ex fide. Abrahami fides ac filii. Dei promissio, lex, Christus.
Lex educator. Christiani et Abraham.

Ὦ ανόητοι Γαλάται, τίσ υμάσ εβάσκανεν, οίσ κατ' οφθαλ- μούσ Ιησούσ Χριστόσ προεγράφη εσταυρωμένοσ; ² τούτο μόνον θέλω μαθείν αφ' υμών, εξ έργων νόμου το πνεύμα ελάβετε ή εξ ακοήσ πίστεωσ; ³ ούτωσ ανόητοί εστε; εναρξάμενοι πνεύματι νύν σαρκί επιτελείσθε; ⁴ τοσαύτα επάθετε εική; είγε και εική. ⁵ ὁ ούν επιχορηγών υμίν το πνεύμα και ενεργών δυνάμεισ εν υμίν, εξ έργων νόμου ή εξ ακοήσ πίστεωσ; ⁶ καθώς Αβραάμ επίστευσεν τώ θεώ, και ελογίσθη αυτώ εισ δικαιοσύνην. ⁷ γινώσκετε άρα

9. ινα ημεισ : א* add μεν 11. κηφασ : πετροσ 12. א οτε δε ηλθεν 13. ιουδαιοι : א* add παντεσ 14. κηφα : πετρω | ϛ ουκ ιουδαϊκωσ, אc ουχι ιουδ. | ζησ : pon ante και ο. ιουδ. | πωσ : τι 16. αμαρτωλοί· 16 ειδότεσ | δε : om | ιησου χριστου οτι : διοτι | εξ εργ. νομ. post ου δικαι. pon 18. συνιστημι

III, 1. εβασκανεν : add τη αληθεια μη πειθεσθαι | προεγραφη : add εν υμιν

8 ὅτι οἱ ἐκ πίστεωσ, οὗτοι υἱοί εἰσιν Ἀβραάμ. ⁸προϊδοῦσα δὲ ἡ γραφὴ ὅτι ἐκ πίστεως δικαιοῖ τὰ ἔθνη ὁ θεόσ, προευηγγελίσατο 9 τῷ Ἀβραὰμ ὅτι ἐνευλογηθήσονται ἐν σοὶ πάντα τὰ ἔθνη. ⁹ὥστε 10 οἱ ἐκ πίστεως εὐλογοῦνται σὺν τῷ πιστῷ Ἀβραάμ. ¹⁰ὅσοι γὰρ ἐξ ἔργων νόμου εἰσίν, ὑπὸ κατάραν εἰσίν· γέγραπται γὰρ ὅτι ἐπικατάρατοσ πᾶσ ὃσ οὐκ ἐμμένει πᾶσιν τοῖσ γεγραμμένοισ ἐν τῷ 11 βιβλίῳ τοῦ νόμου τοῦ ποιῆσαι αὐτά. ¹¹ὅτι δὲ ἐν νόμῳ οὐδεὶσ δικαιοῦται παρὰ τῷ θεῷ δῆλον, ὅτι ὁ δίκαιος ἐκ πίστεωσ ζήσεται· 12 ¹²ὁ δὲ νόμος οὐκ ἔστιν ἐκ πίστεωσ, ἀλλὰ ὁ ποιήσας αὐτὰ ζήσεται 13 ἐν αὐτοῖσ. ¹³Χριστὸσ ἡμᾶσ ἐξηγόρασεν ἐκ τῆσ κατάρασ τοῦ νόμου γενόμενοσ ὑπὲρ ἡμῶν κατάρα, ὅτι γέγραπται· ἐπικατάρατοσ 14 πᾶσ ὁ κρεμάμενοσ ἐπὶ ξύλου, ¹⁴ἵνα εἰσ τὰ ἔθνη ἡ εὐλογία τοῦ Ἀβραὰμ γένηται ἐν Χριστῷ Ἰησοῦ, ἵνα τὴν ἐπαγγελίαν τοῦ πνεύματοσ λάβωμεν διὰ τῆσ πίστεωσ.

15 Ἀδελφοί, κατὰ ἄνθρωπον λέγω. ὅμωσ ἀνθρώπου κεκυρω- 16 μένην διαθήκην οὐδεὶσ ἀθετεῖ ἢ ἐπιδιατάσσεται. ¹⁶τῷ δὲ Ἀβραὰμ ἐρρέθησαν αἱ ἐπαγγελίαι καὶ τῷ σπέρματι αὐτοῦ. οὐ λέγει· καὶ τοῖσ σπέρμασιν, ὡσ ἐπὶ πολλῶν, ἀλλ' ὡσ ἐφ' ἑνόσ· καὶ τῷ σπέρ- 17 ματί σου, ὅσ ἐστιν Χριστόσ. ¹⁷τοῦτο δὲ λέγω· διαθήκην προκεκυρωμένην ὑπὸ τοῦ θεοῦ ὁ μετὰ τετρακόσια καὶ τριάκοντα ἔτη γεγονὼσ νόμοσ οὐκ ἀκυροῖ, εἰσ τὸ καταργῆσαι τὴν ἐπαγγελίαν. 18 ¹⁸εἰ γὰρ ἐκ νόμου ἡ κληρονομία, οὐκέτι ἐξ ἐπαγγελίασ· τῷ δὲ 19 Ἀβραὰμ δι' ἐπαγγελίασ κεχάρισται ὁ θεόσ. ¹⁹τί οὖν ὁ νόμοσ; τῶν παραβάσεων χάριν προσετέθη, ἄχρισ οὗ ἔλθῃ τὸ σπέρμα ᾧ 20 ἐπήγγελται, διαταγεὶσ δι' ἀγγέλων, ἐν χειρὶ μεσίτου. ²⁰ὁ δὲ μεσί- 21 τησ ἑνὸσ οὐκ ἔστιν, ὁ δὲ θεὸσ εἷσ ἐστίν. ²¹ὁ οὖν νόμοσ κατὰ τῶν ἐπαγγελιῶν τοῦ θεοῦ; μὴ γένοιτο. εἰ γὰρ ἐδόθη νόμοσ ὁ δυνάμενοσ ζωοποιῆσαι, ὄντωσ ἐκ νόμου ἦν ἂν ἡ δικαιοσύνη· 22 ²²ἀλλὰ συνέκλεισεν ἡ γραφὴ τὰ πάντα ὑπὸ ἁμαρτίαν ἵνα ἡ ἐπαγ- 23 γελία ἐκ πίστεωσ Ἰησοῦ Χριστοῦ δοθῇ τοῖσ πιστεύουσιν. ²³πρὸ τοῦ δὲ ἐλθεῖν τὴν πίστιν ὑπὸ νόμον ἐφρουρούμεθα συνκλειόμενοι 24 εἰσ τὴν μέλλουσαν πίστιν ἀποκαλυφθῆναι. ²⁴ὥστε ὁ νόμος παιδαγωγὸσ ἡμῶν γέγονεν εἰσ Χριστόν, ἵνα ἐκ πίστεωσ δικαιωθῶμεν· 25 26 ²⁵ἐλθούσησ δὲ τῆσ πίστεωσ οὐκέτι ὑπὸ παιδαγωγόν ἐσμεν. ²⁶πάν- 27 τεσ γὰρ υἱοὶ θεοῦ ἐστὲ διὰ τῆσ πίστεωσ ἐν Χριστῷ Ἰησοῦ· ²⁷ὅσοι 28 γὰρ εἰσ Χριστὸν ἐβαπτίσθητε, Χριστὸν ἐνεδύσασθε. ²⁸οὐκ ἔνι Ἰουδαῖοσ οὐδὲ Ἕλλην, οὐκ ἔνι δοῦλοσ οὐδὲ ἐλεύθεροσ, οὐκ ἔνι ἄρσεν καὶ θῆλυ· ἅπαντεσ γὰρ ὑμεῖσ εἷσ ἐστὲ ἐν Χριστῷ Ἰησοῦ.

---

7. εισιν υιοι 8. ℵ τα εθνη δικαιοι | ϛᵉ ευλογηθησονται 10. οτι : om | εμμ. εν πασι 12. αλλ | ο ποιησας αυτα : add ανθρωπος 13. οτι γεγραπται : γεγρ. γαρ 14. ℵ εν ιησου χριστω 16. ερρηθησαν 17. υπο τ. θεου : add εισ χριστον | ετη : ante τετρα. κ. τρ. 21. αν εκ νομου ην 23. συγκεκλεισμενοι 28. ℵ αρρεν | παντεσ | εισ εστ. εν χρ. ιησου : ℵ* εστε χριστου ιησου

Ro 9, 7 s ²⁹ εἰ δὲ ὑμεῖσ Χριστοῦ, ἄρα τοῦ Ἀβραὰμ σπέρμα ἐστέ, κατὰ 29
ἐπαγγελίαν κληρονόμοι.

IV.

Servi legis, dei filii. Pristini amoris recordatio. Hagar et Sara duo foedera.

Λέγω δέ, ἐφ᾽ ὅσον χρόνον ὁ κληρονόμοσ νήπιόσ ἐστιν, οὐδὲν 1
διαφέρει δούλου κύριοσ πάντων ὤν, ² ἀλλὰ ὑπὸ ἐπιτρόπουσ ἐστὶν 2
καὶ οἰκονόμουσ ἄχρι τῆσ προθεσμίασ τοῦ πατρόσ. ³ οὕτωσ καὶ 3
Col 2, 20 ⁹ ἡμεῖσ, ὅτε ἦμεν νήπιοι, ὑπὸ τὰ στοιχεῖα τοῦ κόσμου ἤμεθα δεδουλωμένοι· ⁴ ὅτε δὲ ἦλθεν τὸ πλήρωμα τοῦ χρόνου, ἐξαπέστειλεν 4
Eph 1, 10 ὁ θεὸσ τὸν υἱὸν αὐτοῦ, γενόμενον ἐκ γυναικόσ, γενόμενον ὑπὸ
Ro 1, 3
3, 13 νόμον, ⁵ ἵνα τοὺσ ὑπὸ νόμον ἐξαγοράσῃ, ἵνα τὴν υἱοθεσίαν ἀπο- 5
Ro 8, 15 λάβωμεν. ⁶ ὅτι δέ ἐστε υἱοί, ἐξαπέστειλεν ὁ θεὸσ τὸ πνεῦμα τοῦ 6
υἱοῦ αὐτοῦ εἰσ τὰσ καρδίασ ἡμῶν, κρᾶζον· Ἀββᾶ ὁ πατήρ.
Ro 8, 17 ⁷ ὥστε οὐκέτι εἶ δοῦλοσ ἀλλὰ υἱόσ· εἰ δὲ υἱόσ, καὶ κληρονόμοσ 7
διὰ θεοῦ.

Ἀλλὰ τότε μὲν οὐκ εἰδότεσ θεὸν ἐδουλεύσατε τοῖσ φύσει μὴ 8
οὖσιν θεοῖσ· ⁹ νῦν δὲ γνόντεσ θεόν, μᾶλλον δὲ γνωσθέντεσ ὑπὸ 9
3 θεοῦ, πῶσ ἐπιστρέφετε πάλιν ἐπὶ τὰ ἀσθενῆ καὶ πτωχὰ στοιχεῖα,
Col 2, 16 οἷσ πάλιν ἄνωθεν δουλεῦσαι θέλετε; ¹⁰ ἡμέρασ παρατηρεῖσθε καὶ 10
Ro 14, 5
μῆνασ καὶ καιροὺσ καὶ ἐνιαυτούσ; ¹¹ φοβοῦμαι ὑμᾶσ μήπωσ εἰκῆ 11
κεκοπίακα εἰσ ὑμᾶσ.

Γίνεσθε ὡσ ἐγώ, ὅτι κἀγὼ ὡσ ὑμεῖσ, ἀδελφοί, δέομαι ὑμῶν. 12
οὐδέν με ἠδικήσατε· ¹³ οἴδατε δὲ ὅτι δι᾽ ἀσθένειαν τῆσ σαρκὸσ 13
εὐηγγελισάμην ὑμῖν τὸ πρότερον, ¹⁴ καὶ τὸν πειρασμὸν ὑμῶν ἐν 14
τῇ σαρκί μου οὐκ ἐξουθενήσατε οὐδὲ ἐξεπτύσατε, ἀλλὰ ὡσ ἄγγελον θεοῦ ἐδέξασθέ με, ὡσ Χριστὸν Ἰησοῦν. ¹⁵ ποῦ οὖν ὁ μακα- 15
ρισμὸσ ὑμῶν; μαρτυρῶ γὰρ ὑμῖν ὅτι εἰ δυνατὸν τοὺσ ὀφθαλμοὺσ
ὑμῶν ἐξορύξαντεσ ἐδώκατέ μοι. ¹⁶ ὥστε ἐχθρὸσ ὑμῶν γέγονα 16
ἀληθεύων ὑμῖν; ¹⁷ ζηλοῦσιν ὑμᾶσ οὐ καλῶσ, ἀλλὰ ἐκκλεῖσαι ὑμᾶσ 17
θέλουσιν, ἵνα αὐτοὺσ ζηλοῦτε. ¹⁸ καλὸν δὲ ζηλοῦσθαι ἐν καλῷ 18
πάντοτε, καὶ μὴ μόνον ἐν τῷ παρεῖναί με πρὸσ ὑμᾶσ. ¹⁹ τέκνα 19
1 Co 4, 15 μου, οὓσ πάλιν ὠδίνω μέχρισ οὗ μορφωθῇ Χριστὸσ ἐν ὑμῖν,
²⁰ ἤθελον δὲ παρεῖναι πρὸσ ὑμᾶσ ἄρτι καὶ ἀλλάξαι τὴν φωνήν 20
μου, ὅτι ἀποροῦμαι ἐν ὑμῖν.

Λέγετέ μοι, οἱ ὑπὸ νόμον θέλοντεσ εἶναι, τὸν νόμον οὐκ 21
Gn 21, 2.9 ἀκούετε; ²² γέγραπται γὰρ ὅτι Ἀβραὰμ δύο υἱοὺσ ἔσχεν, ἕνα ἐκ 22
τῆσ παιδίσκησ καὶ ἕνα ἐκ τῆσ ἐλευθέρασ. ²³ ἀλλ᾽ ὁ μὲν ἐκ τῆσ 23

29. και κατ επαγγ.
IV, 3. ημεν 6. εισ τ. καρδ. υμων 7. αλλ υιοσ | δια θεου : θεου
δια χριστου 8. μη φυσει ουσι 9. δουλευειν 14. ϛ τον πειρασμ. μου
τον, ℵ ᶜ τ. πειρασμ. τον | ℵ* (non a) om ουκ | ϛ ℵ αλλ 15. που : τισ |
ουν : add ην | αν εδωκατε 17. ϛᵉ εκκλεισ. ημασ 18. το ζηλουσθαι
19. τεκνια | αχρισ ου

παιδίσκησ κατὰ σάρκα γεγέννηται, ὁ δὲ ἐκ τῆσ ἐλευθέρασ διὰ
24 τῆσ ἐπαγγελίασ. ²⁴ἅτινά ἐστιν ἀλληγορούμενα· αὗται γάρ εἰσιν
δύο διαθῆκαι, μία μὲν ἀπὸ ὄρουσ Σινᾶ, εἰσ δουλίαν γεννῶσα,
25 ἥτισ ἐστὶν Ἄγαρ. ²⁵τὸ γὰρ Σινᾶ ὄροσ ἐστὶν ἐν τῇ Ἀραβίᾳ·
συνστοιχεῖ δὲ τῇ νῦν Ἱερουσαλήμ, δουλεύει γὰρ μετὰ τῶν τέκνων
26 αὐτῆσ. ²⁶ἡ δὲ ἄνω Ἱερουσαλὴμ ἐλευθέρα ἐστίν, ἥτισ ἐστὶν μήτηρ
27 ἡμῶν· ²⁷γέγραπται γάρ· εὐφράνθητι στεῖρα ἡ οὐ τίκτουσα, ῥῆξον
καὶ βόησον ἡ οὐκ ὠδίνουσα, ὅτι πολλὰ τὰ τέκνα τῆσ ἐρήμου
28 μᾶλλον ἢ τῆσ ἐχούσησ τὸν ἄνδρα. ²⁸ὑμεῖσ δέ, ἀδελφοί, κατὰ
29 Ἰσαὰκ ἐπαγγελίασ τέκνα ἐστέ. ²⁹ἀλλ' ὥσπερ τότε ὁ κατὰ σάρκα
30 γεννηθεὶσ ἐδίωκεν τὸν κατὰ πνεῦμα, οὕτωσ καὶ νῦν. ³⁰ἀλλὰ τί
λέγει ἡ γραφή; ἔκβαλε τὴν παιδίσκην καὶ τὸν υἱὸν αὐτῆσ· οὐ
γὰρ μὴ κληρονομήσει ὁ υἱὸσ τῆσ παιδίσκησ μετὰ τοῦ υἱοῦ τῆσ
31 ἐλευθέρασ. ³¹διό, ἀδελφοί, οὐκ ἐσμὲν παιδίσκησ τέκνα ἀλλὰ
τῆσ ἐλευθέρασ.

V.

Standum Christiana libertate contra iudaizantes. Libertatis lex impletur fide, caritate, morum sanctitate.

1 Τῇ ἐλευθερίᾳ ἡμᾶσ Χριστὸσ ἠλευθέρωσεν. στήκετε οὖν καὶ
μὴ πάλιν ζυγῷ δουλίασ ἐνέχεσθε.
2 Ἴδε ἐγὼ Παῦλοσ λέγω ὑμῖν ὅτι ἐὰν περιτέμνησθε, Χριστὸσ
3 ὑμᾶσ οὐδὲν ὠφελήσει. ³μαρτύρομαι δὲ πάλιν παντὶ ἀνθρώπῳ
4 περιτεμνομένῳ ὅτι ὀφειλέτησ ἐστὶν ὅλον τὸν νόμον ποιῆσαι. ⁴κατ-
ηργήθητε ἀπὸ Χριστοῦ οἵτινεσ ἐν νόμῳ δικαιοῦσθε, τῆσ χάριτοσ
5 ἐξεπέσατε. ⁵ἡμεῖσ γὰρ πνεύματι ἐκ πίστεωσ ἐλπίδα δικαιοσύνησ
6 ἀπεκδεχόμεθα. ⁶ἐν γὰρ Χριστῷ Ἰησοῦ οὔτε περιτομή τι ἰσχύει
οὔτε ἀκροβυστία, ἀλλὰ πίστισ δι' ἀγάπησ ἐνεργουμένη.
7 Ἐτρέχετε καλῶσ· τίσ ὑμᾶσ ἐνέκοψεν ἀληθείᾳ μὴ πείθεσθαι;
8 9 ⁸ἡ πεισμονὴ οὐκ ἐκ τοῦ καλοῦντοσ ὑμᾶσ. ⁹μικρὰ ζύμη ὅλον τὸ
10 φύραμα ζυμοῖ. ¹⁰ἐγὼ πέποιθα εἰσ ὑμᾶσ ἐν κυρίῳ ὅτι οὐδὲν
ἄλλο φρονήσετε· ὁ δὲ ταράσσων ὑμᾶσ βαστάσει τὸ κρίμα, ὅστισ
11 ἐὰν ᾖ. ¹¹ἐγὼ δέ, ἀδελφοί, εἰ περιτομὴν ἔτι κηρύσσω, τί ἔτι
12 διώκομαι; ἄρα κατήργηται τὸ σκάνδαλον τοῦ σταυροῦ. ¹²Ὄφελον
καὶ ἀποκόψονται οἱ ἀναστατοῦντεσ ὑμᾶσ.
13 Ὑμεῖσ γὰρ ἐπ' ἐλευθερίᾳ ἐκλήθητε, ἀδελφοί· μόνον μὴ τὴν
ἐλευθερίαν εἰσ ἀφορμὴν τῇ σαρκί, ἀλλὰ διὰ τῆσ ἀγάπησ δου-
14 λεύετε ἀλλήλοισ. ¹⁴ὁ γὰρ πᾶσ νόμοσ ἐν ἑνὶ λόγῳ πεπλήρωται,

---

23. ℵ δι επαγγελιασ 24. ς ℵ* αι δυο | δουλειαν 25. το γαρ αγαρ |
op. εστιν : ℵ add ον | ς ℵ συστοιχ- | δουλευει δε 26. ℵ* (non item a) om
ητισ εστ. | ημων : παντων ημ. 28. υμεισ et εστε : ς ℵ ημεισ et εσμεν |
ℵ ισακ 30. κληρονομηση | μετα τ. υιον : ℵ* om τ. υιου 31. διο : αρα
V, 1. τη ελευθερια ουν η χριστ. ημασ ελευθ. στηκετε και | δουλειασ
2. ἰδὲ | παυλοσ (ℵa) : ℵ* om 3. οτι : ℵ* om 4. απο του χριστου
5. ℵ* (non c) εκδεχομεθα 7. ανεκοψε | τη αληθεια 10. οστισ αν
14. πληρουται,

ἐν τῷ· ἀγαπήσεισ τὸν πλησίον σου ὡσ σεαυτόν. ¹⁵ εἰ δὲ ἀλλήλουσ ¹⁵
δάκνετε καὶ κατεσθίετε, βλέπετε μὴ ὑπ᾽ ἀλλήλων ἀναλωθῆτε.

Λέγω δέ, πνεύματι περιπατεῖτε καὶ ἐπιθυμίαν σαρκὸσ οὐ ¹⁶
μὴ τελέσητε. ¹⁷ ἡ γὰρ σὰρξ ἐπιθυμεῖ κατὰ τοῦ πνεύματοσ, τὸ δὲ ¹⁷
πνεῦμα κατὰ τῆσ σαρκόσ· ταῦτα γὰρ ἀλλήλοισ ἀντίκειται, ἵνα
μὴ ἃ ἐὰν θέλητε ταῦτα ποιῆτε. ¹⁸ εἰ δὲ πνεύματι ἄγεσθε, οὐκ ¹⁸
ἐστὲ ὑπὸ νόμον. ¹⁹ φανερὰ δέ ἐστιν τὰ ἔργα τῆσ σαρκόσ, ἅτινά ¹⁹
ἐστιν πορνεία, ἀκαθαρσία, ἀσέλγεια, ²⁰ εἰδωλολατρεία, φαρμα- ²⁰
κεία, ἔχθραι, ἔρισ, ζῆλοσ, θυμοί, ἐριθεῖαι, διχοστασίαι, αἱρέσεισ,
²¹ φθόνοι, μέθαι, κῶμοι, καὶ τὰ ὅμοια τούτοισ, ἃ προλέγω ὑμῖν ²¹
καθὼσ προεῖπον, ὅτι οἱ τὰ τοιαῦτα πράσσοντεσ βασιλείαν θεοῦ
οὐ κληρονομήσουσιν. ²² ὁ δὲ καρπὸσ τοῦ πνεύματόσ ἐστιν ἀγάπη, ²²
χαρά, εἰρήνη, μακροθυμία, χρηστότησ, ἀγαθωσύνη, πίστισ,
²³ πραΰτησ, ἐγκράτεια· κατὰ τῶν τοιούτων οὐκ ἔστιν νόμοσ. ²³
²⁴ οἱ δὲ τοῦ Χριστοῦ Ἰησοῦ τὴν σάρκα ἐσταύρωσαν σὺν τοῖσ πα- ²⁴
θήμασιν καὶ ταῖσ ἐπιθυμίαισ. ²⁵ εἰ ζῶμεν πνεύματι, πνεύματι ²⁵
καὶ στοιχῶμεν. ²⁶ μὴ γινώμεθα κενόδοξοι, ἀλλήλουσ προκαλού- ²⁶
μενοι, ἀλλήλοισ φθονοῦντεσ.

VI.

Errantibus consulendum. Semen et messis. De falsa doctrina. Gloriandum cruce Christi.

Ἀδελφοί, ἐὰν καὶ προλημφθῇ ἄνθρωπος ἔν τινι παραπτώ- 1
ματι, ὑμεῖσ οἱ πνευματικοὶ καταρτίζετε τὸν τοιοῦτον ἐν πνεύματι
πραΰτητοσ, σκοπῶν σεαυτόν, μὴ καὶ σὺ πειρασθῇσ. ² ἀλλήλων 2
τὰ βάρη βαστάζετε, καὶ οὕτωσ ἀναπληρώσετε τὸν νόμον τοῦ Χρι-
στοῦ. ³ εἰ γὰρ δοκεῖ τισ εἶναί τι μηδὲν ὤν, φρεναπατᾷ ἑαυτόν. 3
⁴ τὸ δὲ ἔργον ἑαυτοῦ δοκιμαζέτω ἕκαστοσ, καὶ τότε εἰσ ἑαυτὸν 4
μόνον τὸ καύχημα ἕξει καὶ οὐκ εἰσ τὸν ἕτερον· ⁵ ἕκαστοσ γὰρ 5
τὸ ἴδιον φορτίον βαστάσει.

Κοινωνείτω δὲ ὁ κατηχούμενοσ τὸν λόγον τῷ κατηχοῦντι ἐν 6
πᾶσιν ἀγαθοῖσ. ⁷ μὴ πλανᾶσθε, θεὸσ οὐ μυκτηρίζεται. ὃ γὰρ 7
ἐὰν σπείρῃ ἄνθρωποσ, τοῦτο καὶ θερίσει· ⁸ ὅτι ὁ σπείρων εἰσ τὴν 8
σάρκα ἑαυτοῦ ἐκ τῆσ σαρκὸσ θερίσει φθοράν, ὁ δὲ σπείρων εἰσ
τὸ πνεῦμα ἐκ τοῦ πνεύματοσ θερίσει ζωὴν αἰώνιον. ⁹ τὸ δὲ 9
καλὸν ποιοῦντεσ μὴ ἐνκακῶμεν· καιρῷ γὰρ ἰδίῳ θερίσομεν μὴ
ἐκλυόμενοι. ¹⁰ ἄρα οὖν ὡσ καιρὸν ἔχωμεν, ἐργαζώμεθα τὸ ἀγα- 10
θὸν πρὸσ πάνταϲ, μάλιστα δὲ πρὸσ τοὺσ οἰκείουσ τῆσ πίστεωσ.

Ἴδετε πηλίκοισ ὑμῖν γράμμασιν ἔγραψα τῇ ἐμῇ χειρί. 11

---

14. εαυτον 15. υπο αλληλ. 17. ταυτα δε | ς ℵ αντικ. αλληλ. 18. ουκ :
ℵᶜ add ετι 19. πορνεια : praem μοιχεια 20. ερεισ | ς ℵ ζηλοι | ℵ αιρεσισ
21. φθονοι add φονοι | καθωσ : add και | προειπον : ℵ* (non c) ειπον
23. πραοτησ 24. om ιησου
VI, 1. προληφθη | πραοτητοσ 2. ℵ* βαστασετε | ς ℵ αναπληρω-
σατε 3. εαυτ. φρεναπατ. 9. εκκακωμεν | ℵ θερισωμεν. 10. εχομεν

12 ¹²ὅσοι θέλουσιν εὐπροσωπῆσαι ἐν σαρκί, οὗτοι ἀναγκάζουσιν ὑμᾶσ περιτέμνεσθαι, μόνον ἵνα τῷ σταυρῷ τοῦ Χριστοῦ μὴ διώ-
13 κονται. ¹³ οὐδὲ γὰρ οἱ περιτεμνόμενοι αὐτοὶ νόμον φυλάσσουσιν, ἀλλὰ θέλουσιν ὑμᾶσ περιτέμνεσθαι ἵνα ἐν τῇ ὑμετέρᾳ σαρκὶ
14 καυχήσωνται. ¹⁴ ἐμοὶ δὲ μὴ γένοιτο καυχᾶσθαι εἰ μὴ ἐν τῷ σταυρῷ τοῦ κυρίου ἡμῶν Ἰησοῦ Χριστοῦ, δι' οὗ ἐμοὶ κόσμοσ
15 ἐσταύρωται κἀγὼ κόσμῳ· ¹⁵ οὔτε γὰρ περιτομή τι ἐστὶν οὔτε
16 ἀκροβυστία, ἀλλὰ καινὴ κτίσισ. ¹⁶ καὶ ὅσοι τῷ κανόνι τούτῳ στοιχήσουσιν, εἰρήνη ἐπ' αὐτοὺσ καὶ ἔλεοσ, καὶ ἐπὶ τὸν Ἰσραὴλ
17 τοῦ θεοῦ. ¹⁷ τοῦ λοιποῦ κόπουσ μοι μηδεὶσ παρεχέτω· ἐγὼ γὰρ τὰ στίγματα τοῦ Ἰησοῦ ἐν τῷ σώματί μου βαστάζω.
18 ¹⁸ Ἡ χάρισ τοῦ κυρίου ἡμῶν Ἰησοῦ Χριστοῦ μετὰ τοῦ πνεύ- Phil 25 etc ματοσ ὑμῶν, ἀδελφοί· ἀμήν.

5, 6
1 Co 7, 19
2 Co 5, 17
Phi 3, 16

ΠΡΟC ΕΦΕCΙΟΥC.

I.

Beneficia dei in electos celebrat. Precatur ut perveniant ad intelligendam miram per Christum salutem ipsiusque Christi maiestatem.

1 Παῦλοσ ἀπόστολοσ Χριστοῦ Ἰησοῦ διὰ θελήματοσ θεοῦ Col 1,1 etc τοῖσ ἁγίοισ τοῖσ οὖσιν [ἐν Ἐφέσῳ] καὶ πιστοῖσ ἐν Χριστῷ Ἰησοῦ.
2 ² χάρισ ὑμῖν καὶ εἰρήνη ἀπὸ θεοῦ πατρὸσ ἡμῶν καὶ κυρίου Ἰησοῦ Col 1,2 etc Χριστοῦ.
3 Εὐλογητὸσ ὁ θεὸσ καὶ πατὴρ τοῦ κυρίου ἡμῶν Ἰησοῦ Χρι- 2 Co 1, 3 στοῦ, ὁ εὐλογήσασ ἡμᾶσ ἐν πάσῃ εὐλογίᾳ πνευματικῇ ἐν τοῖσ ἐπ-
4 ουρανίοισ ἐν Χριστῷ, ⁴ καθὼσ ἐξελέξατο ἡμᾶσ ἐν αὐτῷ πρὸ καταβολῆσ κόσμου, εἶναι ἡμᾶσ ἁγίουσ καὶ ἀμώμουσ κατενώπιον Col 1, 22
5 αὐτοῦ, ἐν ἀγάπῃ ⁵ προορίσασ ἡμᾶσ εἰσ υἱοθεσίαν διὰ Ἰησοῦ Χριστοῦ εἰσ αὐτόν, κατὰ τὴν εὐδοκίαν τοῦ θελήματοσ αὐτοῦ,
6 ⁶ εἰσ ἔπαινον δόξησ τῆσ χάριτοσ αὐτοῦ, ἧσ ἐχαρίτωσεν ἡμᾶσ ἐν
7 τῷ ἠγαπημένῳ, ⁷ ἐν ᾧ ἔχομεν τὴν ἀπολύτρωσιν διὰ τοῦ αἵματοσ Col 1, 14 αὐτοῦ, τὴν ἄφεσιν τῶν παραπτωμάτων, κατὰ τὸ πλοῦτοσ τῆσ
8 χάριτοσ αὐτοῦ, ⁸ ἧσ ἐπερίσσευσεν εἰσ ἡμᾶσ ἐν πάσῃ σοφίᾳ καὶ
9 φρονήσει ⁹ γνωρίσασ ἡμῖν τὸ μυστήριον τοῦ θελήματοσ αὐτοῦ, 3, 3
10 κατὰ τὴν εὐδοκίαν αὐτοῦ, ἣν προέθετο ἐν αὐτῷ ¹⁰ εἰσ οἰκονομίαν Ga 4, 4 Col 1, 26 τοῦ πληρώματοσ τῶν καιρῶν, ἀνακεφαλαιώσασθαι τὰ πάντα ἐν Col 1, 16 19 s

---

12. μη : post ινα pon | ϛ ℵ διωκωνται | χριστον : add ιησου   14. τω κοσμω   15. ϛ ℵ εν γαρ χριστω ιησ. ουτε περιτομη | εστιν : ισχυει   17. ϛ του κυριου ιησου, ℵ τ. κυρ. ιησ. χριστ.   18. ημων : ℵ om
* ϛ προσ εφεσιουσ επιστολη παυλου, ϛᵉ παυλου του αποστολου η πρ. εφεσ. επιστολη
I, 1. ℵ ιησου χριστου | εν εφεσω : ℵ* om   3. ℵ* του κυριον και σωτηροσ ημων ιησ. χρι. | ημασ : ℵ* (non a) om | εν χριστω : ϛ (non ϛᵉ) om εν   6. ησ : εν η   7. εχομεν : ℵ* εσχομ. | τον πλουτον

τῷ Χριστῷ, τὰ ἐπὶ τοῖσ οὐρανοῖσ καὶ τὰ ἐπὶ τῆσ γῆσ, ἐν αὐτῷ,
¹¹ ἐν ᾧ καὶ ἐκληρώθημεν προορισθέντεσ κατὰ πρόθεσιν τοῦ τὰ 11
πάντα ἐνεργοῦντοσ κατὰ τὴν βουλὴν τοῦ θελήματοσ αὐτοῦ, ¹² εἰσ 12
τὸ εἶναι ἡμᾶσ εἰσ ἔπαινον δόξησ αὐτοῦ, τοὺσ προηλπικότασ ἐν
τῷ Χριστῷ· ¹³ ἐν ᾧ καὶ ὑμεῖσ, ἀκούσαντεσ τὸν λόγον τῆσ ἀλη- 13
θείασ, τὸ εὐαγγέλιον τῆσ σωτηρίασ ὑμῶν, ἐν ᾧ καὶ πιστεύσαντεσ
ἐσφραγίσθητε τῷ πνεύματι τῆσ ἐπαγγελίασ τῷ ἁγίῳ, ¹⁴ ὅσ ἐστιν 14
ἀρραβὼν τῆσ κληρονομίασ ἡμῶν εἰσ ἀπολύτρωσιν τῆσ περιποιή-
σεωσ, εἰσ ἔπαινον τῆσ δόξησ αὐτοῦ.

Διὰ τοῦτο κἀγώ, ἀκούσασ τὴν καθ' ὑμᾶσ πίστιν ἐν τῷ 15
κυρίῳ Ἰησοῦ καὶ τὴν ἀγάπην τὴν εἰσ πάντασ τοὺσ ἁγίουσ, ¹⁶ οὐ 16
παύομαι εὐχαριστῶν ὑπὲρ ὑμῶν μνείαν ποιούμενος ἐπὶ τῶν
προσευχῶν μου, ¹⁷ ἵνα ὁ θεὸσ τοῦ κυρίου ἡμῶν Ἰησοῦ Χριστοῦ, 17
ὁ πατὴρ τῆσ δόξησ, δῴη ὑμῖν πνεῦμα σοφίασ καὶ ἀποκαλύψεωσ
ἐν ἐπιγνώσει αὐτοῦ ¹⁸ πεφωτισμένουσ τοὺσ ὀφθαλμοὺσ τῆσ καρ- 18
δίασ ὑμῶν, εἰσ τὸ εἰδέναι ὑμᾶσ τίσ ἐστιν ἡ ἐλπὶσ τῆσ κλήσεωσ
αὐτοῦ, τίσ ὁ πλοῦτοσ τῆσ δόξησ τῆσ κληρονομίασ αὐτοῦ ἐν τοῖσ
ἁγίοισ, ¹⁹ καὶ τί τὸ ὑπερβάλλον μέγεθοσ τῆσ δυνάμεωσ αὐτοῦ εἰσ 19
ἡμᾶσ τοὺσ πιστεύοντασ κατὰ τὴν ἐνέργειαν τοῦ κράτουσ τῆσ
ἰσχύοσ αὐτοῦ, ²⁰ ἣν ἐνήργηκεν ἐν τῷ Χριστῷ ἐγείρασ αὐτὸν ἐκ 20
νεκρῶν καὶ καθίσασ αὐτὸν ἐν δεξιᾷ αὐτοῦ ἐν τοῖσ ἐπουρανίοισ
²¹ ὑπεράνω πάσησ ἀρχῆσ καὶ ἐξουσίασ καὶ δυνάμεωσ καὶ κυριό- 21
τητοσ καὶ παντὸσ ὀνόματοσ ὀνομαζομένου οὐ μόνον ἐν τῷ αἰῶνι
τούτῳ ἀλλὰ καὶ ἐν τῷ μέλλοντι, ²² καὶ πάντα ὑπέταξεν ὑπὸ τοὺσ 22
πόδασ αὐτοῦ, καὶ αὐτὸν ἔδωκεν κεφαλὴν ὑπὲρ πάντα τῇ ἐκκλησίᾳ,
²³ ἥτισ ἐστὶν τὸ σῶμα αὐτοῦ, τὸ πλήρωμα τοῦ τὰ πάντα ἐν πᾶσιν 23
πληρουμένου.

II.

Christus peccatorum salus. Ipsi gentiles ad pacem Christi vocati.

Καὶ ὑμᾶσ ὄντασ νεκροὺσ τοῖσ παραπτώμασιν καὶ ταῖσ ἁμαρ- 1
τίαισ ὑμῶν, ² ἐν αἷσ ποτὲ περιεπατήσατε κατὰ τὸν αἰῶνα τοῦ 2
κόσμου τούτου, κατὰ τὸν ἄρχοντα τῆσ ἐξουσίασ τοῦ ἀέροσ, τοῦ
πνεύματοσ τοῦ νῦν ἐνεργοῦντοσ ἐν τοῖσ υἱοῖσ τῆσ ἀπειθείασ, ³ ἐν 3
οἷσ καὶ ἡμεῖσ πάντεσ ἀνεστράφημέν ποτε ἐν ταῖσ ἐπιθυμίαισ τῆσ
σαρκὸσ ἡμῶν, ποιοῦντεσ τὰ θελήματα τῆσ σαρκὸσ καὶ τῶν δια-
νοιῶν, καὶ ἤμεθα τέκνα φύσει ὀργῆσ ὡσ καὶ οἱ λοιποί· ⁴ ὁ δὲ 4
θεὸσ πλούσιοσ ὢν ἐν ἐλέει, διὰ τὴν πολλὴν ἀγάπην αὐτοῦ ἣν
ἠγάπησεν ἡμᾶσ, ⁵ καὶ ὄντασ ἡμᾶσ νεκροὺσ τοῖσ παραπτώμασιν 5

10. τα τε εν τοισ ουρ. 12. τησ δοξησ 14. ℵ om τησ ante δοξησ
15. και την αγαπ. την : ℵ* om την αγαπ. 16. μνειαν υμων ποιουμενος
18. καρδιασ : διανοιασ | και τισ ο πλουτ. | ℵ τησ κλη. τησ δοξ. 20. ϛ ℵ
ενηργησεν | καθισασ : εκαθισεν | om αυτον sec 23. om τα
II, 3. ημεν 4. ℵ* om εν

6 συνεζωοποίησεν τῷ Χριστῷ, — χάριτί ἐστε σεσωσμένοι — ⁶ καὶ
συνήγειρεν καὶ συνεκάθισεν ἐν τοῖσ ἐπουρανίοισ ἐν Χριστῷ Ἰησοῦ,
7 ⁷ ἵνα ἐνδείξηται ἐν τοῖσ αἰῶσιν τοῖσ ἐπερχομένοισ τὸ ὑπερβάλλον
πλοῦτοσ τῆσ χάριτοσ αὐτοῦ ἐν χρηστότητι ἐφ᾽ ἡμᾶσ ἐν Χριστῷ
8 Ἰησοῦ. ⁸ τῇ γὰρ χάριτί ἐστε σεσωσμένοι διὰ πίστεωσ, καὶ τοῦτο
9 οὐκ ἐξ ὑμῶν, θεοῦ τὸ δῶρον· ⁹ οὐκ ἐξ ἔργων, ἵνα μή τισ καυχή-
10 σηται· ¹⁰ αὐτοῦ γάρ ἐσμεν ποίημα, κτισθέντεσ ἐν Χριστῷ Ἰησοῦ
ἐπὶ ἔργοισ ἀγαθοῖσ, οἷσ προητοίμασεν ὁ θεὸσ ἵνα ἐν αὐτοῖσ
περιπατήσωμεν.
11 Διὸ μνημονεύετε ὅτι ποτὲ ὑμεῖσ τὰ ἔθνη ἐν σαρκί, οἱ λεγόμε-
νοι ἀκροβυστία ὑπὸ τῆσ λεγομένησ περιτομῆσ ἐν σαρκὶ χειροποιή-
12 του, ¹² ὅτι ἦτε τῷ καιρῷ ἐκείνῳ χωρὶσ Χριστοῦ ἀπηλλοτριωμένοι
τῆσ πολιτείασ τοῦ Ἰσραὴλ καὶ ξένοι τῶν διαθηκῶν τῆσ ἐπαγ-
13 γελίασ, ἐλπίδα μὴ ἔχοντεσ καὶ ἄθεοι ἐν τῷ κόσμῳ· ¹³ νυνὶ δὲ ἐν
Χριστῷ Ἰησοῦ ὑμεῖσ οἵ ποτε ὄντεσ μακρὰν ἐγενήθητε ἐγγὺσ ἐν
14 τῷ αἵματι τοῦ Χριστοῦ. ¹⁴ αὐτὸσ γάρ ἐστιν ἡ εἰρήνη ἡμῶν, ὁ
ποιήσασ τὰ ἀμφότερα ἓν καὶ τὸ μεσότοιχον τοῦ φραγμοῦ λύσασ,
15 ¹⁵ τὴν ἔχθραν, ἐν τῇ σαρκὶ αὐτοῦ τὸν νόμον τῶν ἐντολῶν ἐν
δόγμασιν καταργήσασ, ἵνα τοὺσ δύο κτίσῃ ἐν αὑτῷ εἰσ ἕνα καινὸν
16 ἄνθρωπον ποιῶν εἰρήνην, ¹⁶ καὶ ἀποκαταλλάξῃ τοὺσ ἀμφοτέρουσ
ἐν ἑνὶ σώματι τῷ θεῷ διὰ τοῦ σταυροῦ, ἀποκτείνασ τὴν ἔχθραν
17 ἐν αὐτῷ. ¹⁷ καὶ ἐλθὼν εὐηγγελίσατο εἰρήνην ὑμῖν τοῖσ μακρὰν
18 καὶ εἰρήνην τοῖσ ἐγγύσ, ¹⁸ ὅτι δι᾽ αὐτοῦ ἔχομεν τὴν προσαγωγὴν
19 οἱ ἀμφότεροι ἐν ἑνὶ πνεύματι πρὸσ τὸν πατέρα. ¹⁹ ἄρα οὖν
οὐκέτι ἐστὲ ξένοι καὶ πάροικοι, ἀλλὰ ἐστὲ συνπολῖται τῶν ἁγίων
20 καὶ οἰκεῖοι τοῦ θεοῦ, ²⁰ ἐποικοδομηθέντεσ ἐπὶ τῷ θεμελίῳ τῶν
ἀποστόλων καὶ προφητῶν, ὄντοσ ἀκρογωνιαίου αὐτοῦ Χριστοῦ
21 Ἰησοῦ, ²¹ ἐν ᾧ πᾶσα οἰκοδομὴ συναρμολογουμένη αὔξει εἰσ ναὸν
22 ἅγιον ἐν κυρίῳ, ²² ἐν ᾧ καὶ ὑμεῖσ συνοικοδομεῖσθε εἰσ κατοικη-
τήριον τοῦ θεοῦ ἐν πνεύματι.

III.

Mysterium de salute gentium. Paulus gentium apostolus. Christus in animis habitans.

1 Τούτου χάριν ἐγὼ Παῦλοσ ὁ δέσμιοσ τοῦ Χριστοῦ ὑπὲρ
2 ὑμῶν τῶν ἐθνῶν — ² εἴγε ἠκούσατε τὴν οἰκονομίαν τῆσ χάριτοσ
3 τοῦ θεοῦ τῆσ δοθείσησ μοι εἰσ ὑμᾶσ, ³ ὅτι κατὰ ἀποκάλυψιν
4 ἐγνωρίσθη μοι τὸ μυστήριον, καθὼσ προέγραψα ἐν ὀλίγῳ, ⁴ πρὸσ

7. τον υπερβαλλοντα πλουτον   8. δια τησ πιστεωσ   10. αυτου γαρ
(אa) : א* θεου γαρ   11. υμεισ ποτε   12. εν τω καιρ. εκ.   13. εγγυσ
εγενηθ.   15. λύσασ· ¹⁵ τὴν ἔχθραν ἑ. τ. σ. αὐτοῦ, | εν εαυτω   17. om
ειρηνην sec loc   18. אa εσχομεν   19. αλλα sine εστε|συμπολ.   20. αυτου
(אa) : א* om | χριστον ιησου (אa) : א* του χριστον, ς ιησ. χριστ.   21. πασα
η οικ.
III, 1. του χριστου : ς אa add ιησου   3. εγνωρισε

ὃ δύνασθε ἀναγινώσκοντεσ νοῆσαι τὴν σύνεσίν μου ἐν τῷ μυστηρίῳ τοῦ Χριστοῦ, ⁵ ὃ ἑτέραισ γενεαῖσ οὐκ ἐγνωρίσθη τοῖσ υἱοῖσ τῶν ⁵ ἀνθρώπων ὡσ νῦν ἀπεκαλύφθη τοῖσ ἁγίοισ ἀποστόλοισ αὐτοῦ καὶ προφήταισ ἐν πνεύματι, ⁶ εἶναι τὰ ἔθνη συνκληρονόμα καὶ σύν- ⁶ σωμα καὶ συνμέτοχα τῆσ ἐπαγγελίασ ἐν Χριστῷ Ἰησοῦ διὰ τοῦ εὐαγγελίου, ⁷ οὗ ἐγενήθην διάκονοσ κατὰ τὴν δωρεὰν τῆσ χάριτοσ ⁷ τοῦ θεοῦ τῆσ δοθείσησ μοι κατὰ τὴν ἐνέργειαν τῆσ δυνάμεωσ αὐ- τοῦ. ⁸ ἐμοὶ τῷ ἐλαχιστοτέρῳ πάντων ἁγίων ἐδόθη ἡ χάρισ αὕτη, ⁸ τοῖσ ἔθνεσιν εὐαγγελίσασθαι τὸ ἀνεξιχνίαστον πλοῦτοσ τοῦ Χρι- στοῦ, ⁹ καὶ φωτίσαι τίσ ἡ οἰκονομία τοῦ μυστηρίου τοῦ ἀπο- ⁹ κεκρυμμένου ἀπὸ τῶν αἰώνων ἐν τῷ θεῷ τῷ τὰ πάντα κτίσαντι, ¹⁰ ἵνα γνωρισθῇ νῦν ταῖσ ἀρχαῖσ καὶ ταῖσ ἐξουσίαισ ἐν τοῖσ ἐπου- 10 ρανίοισ διὰ τῆσ ἐκκλησίασ ἡ πολυποίκιλοσ σοφία τοῦ θεοῦ, ¹¹ κατὰ 11 πρόθεσιν τῶν αἰώνων ἣν ἐποίησεν ἐν τῷ Χριστῷ Ἰησοῦ τῷ κυρίῳ ἡμῶν, ¹² ἐν ᾧ ἔχομεν τὴν παρρησίαν καὶ πρόσαγωγὴν ἐν πεποι- 12 θήσει διὰ τῆσ πίστεωσ αὐτοῦ.

Διὸ αἰτοῦμαι μὴ ἐνκακεῖν ἐν ταῖσ θλίψεσίν μου ὑπὲρ ὑμῶν, 13 ἥτισ ἐστὶν δόξα ὑμῶν. ¹⁴ τούτου χάριν κάμπτω τὰ γόνατά μου 14 πρὸσ τὸν πατέρα, ¹⁵ ἐξ οὗ πᾶσα πατριὰ ἐν οὐρανοῖσ καὶ ἐπὶ γῆσ 15 ὀνομάζεται, ¹⁶ ἵνα δῷ ὑμῖν κατὰ τὸ πλοῦτοσ τῆσ δόξησ αὐτοῦ 16 δυνάμει κραταιωθῆναι διὰ τοῦ πνεύματοσ αὐτοῦ εἰσ τὸν ἔσω ἄνθρωπον, ¹⁷ κατοικῆσαι τὸν Χριστὸν διὰ τῆσ πίστεωσ ἐν ταῖσ 17 καρδίαισ ὑμῶν, ¹⁸ ἐν ἀγάπῃ ἐρριζωμένοι καὶ τεθεμελιωμένοι, ἵνα 18 ἐξισχύσητε καταλαβέσθαι σὺν πᾶσιν τοῖσ ἁγίοισ τί τὸ πλάτοσ καὶ μῆκοσ καὶ βάθοσ καὶ ὕψοσ, ¹⁹ γνῶναί τε τὴν ὑπερβάλλουσαν τῆσ 19 γνώσεωσ ἀγάπην τοῦ Χριστοῦ, ἵνα πληρωθῆτε εἰσ πᾶν τὸ πλή- ρωμα τοῦ θεοῦ. Τῷ δὲ δυναμένῳ ὑπὲρ πάντα ποιῆσαι ὑπερεκπερισσοῦ ὧν 20 αἰτούμεθα ἢ νοοῦμεν κατὰ τὴν δύναμιν τὴν ἐνεργουμένην ἐν ἡμῖν, ²¹ αὐτῷ ἡ δόξα ἐν τῇ ἐκκλησίᾳ καὶ ἐν Χριστῷ Ἰησοῦ εἰσ πάσασ 21 τὰσ γενεὰσ τοῦ αἰῶνοσ τῶν αἰώνων· ἀμήν.

IV.

Unitas servanda fidei in varietate munerum gratiae. Ecclesia corpus Christi.
Nova vita integris moribus conspicua.

Παρακαλῶ οὖν ὑμᾶσ ἐγὼ ὁ δέσμιοσ ἐν κυρίῳ, ἀξίωσ περιπα- 1 τῆσαι τῆσ κλήσεωσ ἧσ ἐκλήθητε, ² μετὰ πάσησ ταπεινοφροσύνησ 2

5. εν ετεραισ 6. συγκλη. | συσσωμ. | συμμετ. | επαγγελιασ : add αυτου | εν τω χριστω δια 7. εγενομην | την δοθεισαν 8. παντων : add των | εν τοισ εθν. | τοῦ ἀνεξιχν. πλουτον 9. φωτισαι : add παντασ | οικονο- μια:κοινωνια| εν τω : ℵ* om εν | κτισαντι : add διὰ ιησου χριστου 11. ϛ ℵ* (non ℵa) εν χριστ. ιησ. 12. και την προσαγ. 13. εκκακειν 14. τ. πα- τερα : add του κυριου ημων ιησου χριστου 16. δωη | τον πλουτον 21. om και post εκκλησια

IV, 1. κυριω : ℵ χριστω

καὶ πραΰτητοσ, μετὰ μακροθυμίασ, ἀνεχόμενοι ἀλλήλων ἐν ἀγάπῃ,
3 ³σπουδάζοντεσ τηρεῖν τὴν ἑνότητα τοῦ πνεύματοσ ἐν τῷ συνδέσμῳ
4 τῆσ εἰρήνησ. ⁴ἓν σῶμα καὶ ἓν πνεῦμα, καθὼσ καὶ ἐκλήθητε ἐν
5 μιᾷ ἐλπίδι τῆσ κλήσεωσ ὑμῶν· ⁵εἷσ κύριοσ, μία πίστισ, ἓν
6 βάπτισμα· ⁶εἷσ θεὸσ καὶ πατὴρ πάντων, ὁ ἐπὶ πάντων καὶ διὰ
7 πάντων καὶ ἐν πᾶσιν. ⁷ἑνὶ δὲ ἑκάστῳ ἡμῶν ἐδόθη ἡ χάρισ κατὰ
8 τὸ μέτρον τῆσ δωρεᾶσ τοῦ Χριστοῦ. ⁸διὸ λέγει· ἀναβὰσ εἰσ
ὕψοσ ᾐχμαλώτευσεν αἰχμαλωσίαν, ἔδωκεν δόματα τοῖσ ἀνθρώποισ.
9 ⁹τὸ δὲ ἀνέβη τί ἐστιν εἰ μὴ ὅτι καὶ κατέβη εἰσ τὰ κατώτερα
10 μέρη τῆσ γῆσ; ¹⁰ὁ καταβὰσ αὐτόσ ἐστιν καὶ ὁ ἀναβὰσ ὑπεράνω
11 πάντων τῶν οὐρανῶν, ἵνα. πληρώσῃ τὰ πάντα. ¹¹καὶ αὐτὸσ
ἔδωκεν τοὺσ μὲν ἀποστόλουσ, τοὺσ δὲ προφήτασ, τοὺσ δὲ εὐαγ-
12 γελιστάσ, τοὺσ δὲ ποιμένασ καὶ διδασκάλουσ, ¹²πρὸσ τὸν καταρ-
τισμὸν τῶν ἁγίων εἰσ ἔργον διακονίασ, εἰσ οἰκοδομὴν τοῦ σώμα-
13 τοσ τοῦ Χριστοῦ, ¹³μέχρι καταντήσωμεν οἱ πάντεσ εἰσ τὴν ἑνότητα
τῆσ πίστεωσ καὶ τῆσ ἐπιγνώσεωσ τοῦ υἱοῦ τοῦ θεοῦ, εἰσ ἄνδρα
14 τέλειον, εἰσ μέτρον ἡλικίασ τοῦ πληρώματοσ τοῦ Χριστοῦ, ¹⁴ἵνα
μηκέτι ὦμεν νήπιοι, κλυδωνιζόμενοι καὶ περιφερόμενοι παντὶ
ἀνέμῳ τῆσ διδασκαλίασ ἐν τῇ κυβίᾳ τῶν ἀνθρώπων, ἐν πανουργίᾳ
15 πρὸσ τὴν μεθοδίαν τῆσ πλάνησ, ¹⁵ἀληθεύοντεσ δὲ ἐν ἀγάπῃ
αὐξήσωμεν εἰσ αὐτὸν τὰ πάντα, ὅσ ἐστιν ἡ κεφαλή, Χριστόσ,
16 ¹⁶ἐξ οὗ πᾶν τὸ σῶμα συναρμολογούμενον καὶ συνβιβαζόμενον
διὰ πάσησ ἁφῆσ τῆσ ἐπιχορηγίασ κατ' ἐνέργειαν ἐν μέτρῳ ἑνὸσ
ἑκάστου μέρουσ τὴν αὔξησιν τοῦ σώματοσ ποιεῖται εἰσ οἰκοδομὴν
αὐτοῦ ἐν ἀγάπῃ.
17 Τοῦτο οὖν λέγω καὶ μαρτύρομαι ἐν κυρίῳ, μηκέτι ὑμᾶσ
περιπατεῖν καθὼσ καὶ τὰ ἔθνη περιπατεῖ ἐν ματαιότητι τοῦ νοὸσ
18 αὐτῶν, ¹⁸ἐσκοτωμένοι τῇ διανοίᾳ ὄντεσ, ἀπηλλοτριωμένοι τῆσ
ζωῆσ τοῦ θεοῦ, διὰ τὴν ἄγνοιαν τὴν οὖσαν ἐν αὐτοῖσ, διὰ τὴν
19 πώρωσιν τῆσ καρδίασ αὐτῶν, ¹⁹οἵτινεσ ἀπηλγηκότεσ ἑαυτοὺσ
παρέδωκαν τῇ ἀσελγείᾳ εἰσ ἐργασίαν ἀκαθαρσίασ πάσησ ἐν πλεο-
20 21 νεξίᾳ. ²⁰ὑμεῖσ δὲ οὐχ οὕτωσ ἐμάθετε τὸν Χριστόν, ²¹εἴγε αὐ-
τὸν ἠκούσατε καὶ ἐν αὐτῷ ἐδιδάχθητε καθώσ ἐστιν ἀλήθεια ἐν
22 τῷ Ἰησοῦ, ²²ἀποθέσθαι ὑμᾶσ κατὰ τὴν προτέραν ἀναστροφὴν
τὸν παλαιὸν ἄνθρωπον τὸν φθειρόμενον κατὰ τὰσ ἐπιθυμίασ
23 τῆσ ἀπάτησ, ²³ἀνανεοῦσθαι δὲ τῷ πνεύματι τοῦ νοὸσ ὑμῶν
24 ²⁴καὶ ἐνδύσασθαι τὸν καινὸν ἄνθρωπον τὸν κατὰ θεὸν κτισθέντα
ἐν δικαιοσύνῃ καὶ ὁσιότητι τῆσ ἀληθείασ.
25 Διὸ ἀποθέμενοι τὸ ψεῦδοσ λαλεῖτε ἀλήθειαν ἕκαστοσ μετὰ τοῦ

2. πραοτητοσ 6. πασιν : add υμιν 8. εδωκεν : praem και 9. κατεβη :
add πρωτον 14. κυβεια | μεθοδειαν 15. ο χριστοσ 16. συμβιβ. |
εισ οικ. εαυτου 17. τα λοιπα εθνη 18. εσκοτισμενοι 24. א ανα-
νεουσθε | א* εν οσιοτ. και δικαι. 25. א* εκαστ. αληθ. | μετα του :
א* προσ τον

Ps 4, 5 (4) πλησίον αὐτοῦ, ὅτι ἐσμὲν ἀλλήλων μέλη. ²⁶ ὀργίζεσθε καὶ μὴ 26
ἁμαρτάνετε· ὁ ἥλιοσ μὴ ἐπιδυέτω ἐπὶ παροργισμῷ ὑμῶν, ²⁷ μηδὲ 27
δίδοτε τόπον τῷ διαβόλῳ. ²⁸ ὁ κλέπτων μηκέτι κλεπτέτω, μᾶλ- 28
λον δὲ κοπιάτω ἐργαζόμενοσ ταῖσ ἰδίαισ χερσὶν τὸ ἀγαθόν, ἵνα
ἔχῃ μεταδιδόναι τῷ χρείαν ἔχοντι. ²⁹ πᾶσ λόγοσ σαπρὸσ ἐκ τοῦ 29
στόματοσ ὑμῶν μὴ ἐκπορευέσθω, ἀλλὰ εἴ τισ ἀγαθὸσ πρὸσ οἰκο-
δομὴν τῆσ χρείασ, ἵνα δῷ χάριν τοῖσ ἀκούουσιν. ³⁰ καὶ μὴ λυπεῖτε 30
1, 13 τὸ πνεῦμα τὸ ἅγιον τοῦ θεοῦ, ἐν ᾧ ἐσφραγίσθητε εἰσ ἡμέραν
Col 3, 8 ἀπολυτρώσεωσ. ³¹ πᾶσα πικρία καὶ θυμὸσ καὶ ὀργὴ καὶ κραυγὴ 31
καὶ βλασφημία ἀρθήτω ἀφ᾽ ὑμῶν σὺν πάσῃ κακίᾳ. ³² γίνεσθε 32
Col 3, 12 s δὲ εἰσ ἀλλήλουσ χρηστοί, εὔσπλαγχνοι, χαριζόμενοι ἑαυτοῖσ καθὼσ
καὶ ὁ θεὸσ ἐν Χριστῷ ἐχαρίσατο ὑμῖν.

V.

Amore deus imitandus. Vitae integritati studendum. Fructus lucis. Prudenter ac pie versandum. Ad uxores et maritos. Mysterium matrimonii.

Γίνεσθε οὖν μιμηταὶ τοῦ θεοῦ, ὡσ τέκνα ἀγαπητά, ² καὶ 1 2
Ga 2, 20 περιπατεῖτε ἐν ἀγάπῃ, καθὼσ καὶ ὁ Χριστὸσ ἠγάπησεν ὑμᾶσ καὶ
παρέδωκεν ἑαυτὸν ὑπὲρ ἡμῶν προσφορὰν καὶ θυσίαν τῷ θεῷ εἰσ
ὀσμὴν εὐωδίασ.

Col 3, 5. 15 Πορνεία δὲ καὶ ἀκαθαρσία πᾶσα ἢ πλεονεξία μηδὲ ὀνομα- 3
ζέσθω ἐν ὑμῖν, καθὼσ πρέπει ἁγίοισ, ⁴ καὶ αἰσχρότησ ἢ μωρο- 4
λογία ἢ εὐτραπελία, ἃ οὐκ ἀνῆκεν, ἀλλὰ μᾶλλον εὐχαριστία·
⁵ τοῦτο γὰρ ἴστε γινώσκοντεσ, ὅτι πᾶσ πόρνοσ ἢ ἀκάθαρτοσ ἢ 5
Ga 5, 21
1 Co 6, 9 s πλεονέκτησ, ὅ ἐστιν εἰδωλολάτρησ, οὐκ ἔχει κληρονομίαν ἐν τῇ
2 Th 2, 3
Col 3, 6 βασιλείᾳ τοῦ Χριστοῦ καὶ θεοῦ. ⁶ μηδεὶσ ὑμᾶσ ἀπατάτω κενοῖσ 6
Ro 1, 18 λόγοισ· διὰ ταῦτα γὰρ ἔρχεται ἡ ὀργὴ τοῦ θεοῦ ἐπὶ τοὺσ υἱοὺσ
1 Th 5, 5 τῆσ ἀπειθείασ. ⁷ μὴ οὖν γίνεσθε συνμέτοχοι αὐτῶν. ⁸ ἦτε γάρ 7 8
ποτε σκότοσ, νῦν δὲ φῶσ ἐν κυρίῳ· ὡσ τέκνα φωτὸσ περιπατεῖτε,—
Ga 5, 22 ⁹ ὁ γὰρ καρπὸσ τοῦ φωτὸσ ἐν πάσῃ ἀγαθωσύνῃ καὶ δικαιοσύνῃ 9
Ro 12, 2 καὶ ἀληθείᾳ, — ¹⁰ δοκιμάζοντεσ τί ἐστιν εὐάρεστον τῷ κυρίῳ, 10
¹¹ καὶ μὴ συνκοινωνεῖτε τοῖσ ἔργοισ τοῖσ ἀκάρποισ τοῦ σκότουσ, 11
μᾶλλον δὲ καὶ ἐλέγχετε. ¹² τὰ γὰρ κρυφῇ γινόμενα ὑπ᾽ αὐτῶν 12
αἰσχρόν ἐστιν καὶ λέγειν· ¹³ τὰ δὲ πάντα ἐλεγχόμενα ὑπὸ τοῦ 13
(Es 60, 1. φωτὸσ φανεροῦται· πᾶν γὰρ τὸ φανερούμενον φῶσ ἐστίν. ¹⁴ διὸ 14
26, 19)
λέγει· ἔγειρε ὁ καθεύδων καὶ ἀνάστα ἐκ τῶν νεκρῶν, καὶ ἐπι-
φαύσει σοι ὁ Χριστόσ.
Col 4, 5 Βλέπετε οὖν ἀκριβῶσ πῶσ περιπατεῖτε, μὴ ὡσ ἄσοφοι ἀλλ᾽ 15
ὡσ σοφοί, ¹⁶ ἐξαγοραζόμενοι τὸν καιρόν, ὅτι αἱ ἡμέραι πονηραί 16

25. ϛ (non ϛᵉ) αλληλοιν   26. τω παροργισμω   27. μητε   28. το αγαθον
ταισ χερσιν | א* ινα εχηται   .29. αλλ
V, 2. ηγαπ. ημασ | א θυσ. κ. προσφορ.   3. πασα ακαθαρσ.   4. και
μωρολο. | τα ουκ ανηκοντα   5. ιστε : εστε | οσ εστ. ειδω.   6. γαρ : א* om
7. συμμετ.   9. φωτοσ : πνευματοσ   11. συγκοι.   14. εγειραι   15. ακρι-
βωσ : post πωσ

23*

17 εἰσιν. ¹⁷ διὰ τοῦτο μὴ γίνεσθε ἄφρονεσ, ἀλλὰ συνίετε τί τὸ θέ-
18 λημα τοῦ κυρίου. ¹⁸ καὶ μὴ μεθύσκεσθε οἴνῳ, ἐν ᾧ ἐστὶν ἀσωτία,
19 ἀλλὰ πληροῦσθε ἐν πνεύματι, ¹⁹ λαλοῦντεσ ἑαυτοῖσ ψαλμοῖσ καὶ Col 3, 16
   ὕμνοισ καὶ ᾠδαῖσ πνευματικαῖσ, ᾄδοντεσ καὶ ψάλλοντεσ τῇ καρ-
20 δίᾳ ὑμῶν τῷ κυρίῳ, ²⁰ εὐχαριστοῦντεσ πάντοτε ὑπὲρ πάντων ἐν Col 3, 17
   ὀνόματι τοῦ κυρίου ἡμῶν Ἰησοῦ Χριστοῦ τῷ θεῷ καὶ πατρί,
21 22 ²¹ ὑποτασσόμενοι ἀλλήλοισ ἐν φόβῳ Χριστοῦ. ²² αἱ γυναῖκεσ Col 3, 18 / 1 Pe 3, 1
23 τοῖσ ἰδίοισ ἀνδράσιν ὡσ τῷ κυρίῳ, ²³ ὅτι ἀνήρ ἐστιν κεφαλὴ τῆσ 1, 11 / 1 Co 11, 3
   γυναικὸσ ὡσ καὶ ὁ Χριστὸσ κεφαλὴ τῆσ ἐκκλησίασ, αὐτὸσ σωτὴρ
24 τοῦ σώματοσ. ²⁴ ἀλλὰ ὡσ ἡ ἐκκλησία ὑποτάσσεται τῷ Χριστῷ, Col 3, 19 / 1 Pe 3, 7
25 οὕτωσ καὶ αἱ γυναῖκεσ τοῖσ ἀνδράσιν ἐν παντί. ²⁵ Οἱ ἄνδρεσ,
   ἀγαπᾶτε τὰσ γυναῖκασ, καθὼσ καὶ ὁ Χριστὸσ ἠγάπησεν τὴν ἐκ-
26 κλησίαν καὶ ἑαυτὸν παρέδωκεν ὑπὲρ αὐτῆσ, ²⁶ ἵνα αὐτὴν ἁγιάσῃ
27 καθαρίσασ τῷ λουτρῷ τοῦ ὕδατοσ ἐν ῥήματι, ²⁷ ἵνα παραστήσῃ 2 Co 11, 2 / Col 1, 22
   αὐτὸσ ἑαυτῷ ἔνδοξον τὴν ἐκκλησίαν, μὴ ἔχουσαν σπίλον ἢ ῥυτίδα
28 ἤ τι τῶν τοιούτων, ἀλλ' ἵνα ᾖ ἁγία καὶ ἄμωμοσ. ²⁸ οὕτωσ ὀφεί-
   λουσιν οἱ ἄνδρεσ ἀγαπᾶν τὰσ ἑαυτῶν γυναῖκασ ὡσ τὰ ἑαυτῶν
29 σώματα. ὁ ἀγαπῶν τὴν ἑαυτοῦ γυναῖκα ἑαυτὸν ἀγαπᾷ· ²⁹ οὐδεὶσ
   γάρ ποτε τὴν ἑαυτοῦ σάρκα ἐμίσησεν, ἀλλὰ ἐκτρέφει καὶ θάλπει
30 αὐτήν, καθὼσ καὶ ὁ Χριστὸσ τὴν ἐκκλησίαν, ³⁰ ὅτι μέλη ἐσμὲν
31 τοῦ σώματοσ αὐτοῦ. ³¹ ἀντὶ τούτου καταλείψει ἄνθρωποσ τὸν Gn 2, 24 / Mt 19, 5
   πατέρα καὶ τὴν μητέρα καὶ προσκολληθήσεται τῇ γυναικί, καὶ 1 Co 6, 16
32 ἔσονται οἱ δύο εἰσ σάρκα μίαν. ³² τὸ μυστήριον τοῦτο μέγα
33 ἐστίν, ἐγὼ δὲ λέγω εἰσ Χριστὸν καὶ εἰσ τὴν ἐκκλησίαν. ³³ πλὴν
   καὶ ὑμεῖσ οἱ καθ' ἕνα ἕκαστοσ τὴν ἑαυτοῦ γυναῖκα οὕτωσ ἀγαπάτω
   ὡσ ἑαυτόν, ἡ δὲ γυνὴ ἵνα φοβῆται τὸν ἄνδρα.

VI.

Liberis et parentibus.   Servis et dominis.   Armatura dei; militia Christi.
Tychicus.   Votum.

1   Τὰ τέκνα, ὑπακούετε τοῖσ γονεῦσιν ὑμῶν ἐν κυρίῳ· τοῦτο Col 3, 20
2 γάρ ἐστιν δίκαιον. ² τίμα τὸν πατέρα σου καὶ τὴν μητέρα, ἥτισ Ex 20, 12
3 ἐστὶν ἐντολὴ πρώτη ἐν ἐπαγγελίᾳ, ³ ἵνα εὖ σοι γένηται καὶ ἔσῃ
4 μακροχρόνιοσ ἐπὶ τῆσ γῆσ. ⁴ Καὶ οἱ πατέρεσ, μὴ παροργίζετε Col 3, 21
   τὰ τέκνα ὑμῶν, ἀλλὰ ἐκτρέφετε αὐτὰ ἐν παιδίᾳ καὶ νουθεσίᾳ
   κυρίου.

---

17. συνιεντεσ | θελημα : א* φρονημα   19. εν τη καρδια   21. χριστου :
θεου   22. ανδρασιν : ς add υποτασσεσθε, א υποτασσεσθωσαν   23. ο
ανηρ | και αυτοσ εστι | א* ο σωτηρ   24. ς א αλλ | ωσ : ωσπερ | τοισ
ιδιοισ ανδρ.   25. γυναικασ : add εαυτων   27. αυτοσ : αυτην | א* αυτω |
א* om η τι   28. σωματα : א* τεκνα   29. א* την σαρκα αυτου | ς א
αλλ | χριστοσ : κυριοσ   30. τ. σωματ. αυτου : add εκ τησ σαρκοσ αυτου
και εκ των οστεων αυτου   31. πατερα : add αυτου | τη γυναικι : προσ
την γυναικα αυτου

VI, 4. αλλ | παιδεια

ΕΡΗ. 6, 24.

Οἱ δοῦλοι, ὑπακούετε τοῖσ κατὰ σάρκα κυρίοισ μετὰ φόβου 5
καὶ τρόμου ἐν ἁπλότητι καρδίασ ὑμῶν ὡσ τῷ Χριστῷ, ⁶ μὴ κατ' 6
ὀφθαλμοδουλίαν ὡσ ἀνθρωπάρεσκοι, ἀλλ' ὡσ δοῦλοι Χριστοῦ
ποιοῦντεσ τὸ θέλημα τοῦ θεοῦ ἐκ ψυχῆσ, ⁷ μετ' εὐνοίασ δουλεύ- 7
οντεσ ὡσ τῷ κυρίῳ καὶ οὐκ ἀνθρώποισ, ⁸ εἰδότεσ ὅτι ἕκαστοσ 8
ἐάν τι ποιήσῃ ἀγαθόν, τοῦτο κομίσεται παρὰ κυρίου, εἴτε δοῦλοσ
εἴτε ἐλεύθεροσ. ⁹ Καὶ οἱ κύριοι, τὰ αὐτὰ ποιεῖτε πρὸσ αὐτούσ, 9
ἀνιέντεσ τὴν ἀπειλήν, εἰδότεσ ὅτι καὶ αὐτῶν καὶ ὑμῶν ὁ κύριόσ
ἐστιν ἐν οὐρανοῖσ καὶ προσωποληψία οὐκ ἔστιν παρ' αὐτῷ.
Τοῦ λοιποῦ, ἐνδυναμοῦσθε ἐν κυρίῳ καὶ ἐν τῷ κράτει τῆσ 10
ἰσχύοσ αὐτοῦ. ¹¹ ἐνδύσασθε τὴν πανοπλίαν τοῦ θεοῦ πρὸσ τὸ 11
δύνασθαι ὑμᾶσ στῆναι πρὸσ τὰσ μεθοδίασ τοῦ διαβόλου, ¹² ὅτι 12
οὐκ ἔστιν ἡμῖν ἡ πάλη πρὸσ αἷμα καὶ σάρκα, ἀλλὰ πρὸσ τὰσ
ἀρχάσ, πρὸσ τὰσ ἐξουσίασ, πρὸσ τοὺσ κοσμοκράτορασ τοῦ σκό-
τουσ τούτου, πρὸσ τὰ πνευματικὰ τῆσ πονηρίασ ἐν τοῖσ ἐπουρα-
νίοισ. ¹³ διὰ τοῦτο ἀναλάβετε τὴν πανοπλίαν τοῦ θεοῦ, ἵνα 13
δυνηθῆτε ἀντιστῆναι ἐν τῇ ἡμέρᾳ τῇ πονηρᾷ καὶ ἅπαντα κατερ-
γασάμενοι στῆναι. ¹⁴ στῆτε οὖν περιζωσάμενοι τὴν ὀσφὺν ὑμῶν 14
ἐν ἀληθείᾳ, καὶ ἐνδυσάμενοι τὸν θώρακα τῆσ δικαιοσύνησ, ¹⁵ καὶ 15
ὑποδησάμενοι τοὺσ πόδασ ἐν ἑτοιμασίᾳ τοῦ εὐαγγελίου τῆσ εἰρή-
νησ, ¹⁶ ἐν πᾶσιν ἀναλαβόντεσ τὸν θυρεὸν τῆσ πίστεωσ, ἐν ᾧ 16
δυνήσεσθε πάντα τὰ βέλη τοῦ πονηροῦ τὰ πεπυρωμένα σβέσαι.
¹⁷ καὶ τὴν περικεφαλαίαν τοῦ σωτηρίου δέξασθε, καὶ τὴν μάχαι- 17
ραν τοῦ πνεύματοσ, ὅ ἐστιν ῥῆμα θεοῦ, ¹⁸ διὰ πάσησ προσευχῆσ 18
καὶ δεήσεωσ προσευχόμενοι ἐν παντὶ καιρῷ ἐν πνεύματι, καὶ εἰσ
αὐτὸ ἀγρυπνοῦντεσ ἐν πάσῃ προσκαρτερήσει καὶ δεήσει περὶ πάν-
των τῶν ἁγίων, ¹⁹ καὶ ὑπὲρ ἐμοῦ, ἵνα μοι δοθῇ λόγοσ ἐν ἀνοίξει 19
τοῦ στόματόσ μου, ἐν παρρησίᾳ γνωρίσαι τὸ μυστήριον τοῦ εὐαγ-
γελίου, ²⁰ ὑπὲρ οὗ πρεσβεύω ἐν ἁλύσει, ἵνα ἐν αὐτῷ παρρησιά- 20
σωμαι ὡσ δεῖ με λαλῆσαι.
Ἵνα δὲ καὶ ὑμεῖσ εἰδῆτε τὰ κατ' ἐμέ, τί πράσσω, πάντα 21
γνωρίσει ὑμῖν Τυχικὸσ ὁ ἀγαπητὸσ ἀδελφὸσ καὶ πιστὸσ διάκονοσ
ἐν κυρίῳ, ²² ὃν ἔπεμψα πρὸσ ὑμᾶσ εἰσ αὐτὸ τοῦτο, ἵνα γνῶτε 22
τὰ περὶ ἡμῶν καὶ παρακαλέσῃ τὰσ καρδίασ ὑμῶν.
Εἰρήνη τοῖσ ἀδελφοῖσ καὶ ἀγάπη μετὰ πίστεωσ ἀπὸ θεοῦ 23
πατρὸσ καὶ κυρίου Ἰησοῦ Χριστοῦ. ²⁴ ἡ χάρισ μετὰ πάντων 24
τῶν ἀγαπώντων τὸν κύριον ἡμῶν Ἰησοῦν Χριστὸν ἐν ἀφθαρσίᾳ.

---

5. τοισ κυρ. κατ. σαρκ. | τησ καρδιασ 6. οφθαλμοδουλειαν | του χρι-
στου 7. om ωσ 8. ς ο εαν τι εκαστ. ποι., א* ο τι εαν ποι. εκαστ. | του
κυριου 9. κ. αυτ. (א εαυτ.) κ. υμων : κ. υμων αυτ. | κ εν ουρανω |
προσωποληψια 10. το λοιπον, αδελφοι μου | א* εν τω κυριω 11. μεθο-
δειασ 12. του σκοτουσ του αιωνοσ τουτου 16. επι πασιν. 18. εισ
αυτο : add τουτο 19. μοι : א* post δοθη | δοθειη 20. εν αυτω : א post
παρρησ. 21. και υμεισ : post ειδητε | υμιν γνωρισει | διακονοσ (אa) :
א* om 24. εν αφθαρσια : add αμην

ΠΡΟΣ ΦΙΛΙΠΠΗΣΙΟΥΣ.

I.

Salutem Philippensium grate et amanter curat. Fructus vinculorum Pauli. Ecclesiae caussa praestat vivere quam mori. Pro Christo patiendum.

1 Παῦλοσ καὶ Τιμόθεοσ δοῦλοι Χριστοῦ Ἰησοῦ πᾶσιν τοῖσ ἁγίοισ ἐν Χριστῷ Ἰησοῦ τοῖσ οὖσιν ἐν Φιλίπποισ σὺν ἐπισκόποισ 2 καὶ διακόνοισ. ² χάρισ ὑμῖν καὶ εἰρήνη ἀπὸ θεοῦ πατρὸσ ἡμῶν καὶ κυρίου Ἰησοῦ Χριστοῦ.

3 4 Εὐχαριστῶ τῷ θεῷ μου ἐπὶ πάσῃ τῇ μνείᾳ ὑμῶν ⁴ πάντοτε ἐν πάσῃ δεήσει μου ὑπὲρ πάντων ὑμῶν μετὰ χαρᾶσ τὴν δέησιν 5 ποιούμενοσ ⁵ ἐπὶ τῇ κοινωνίᾳ ὑμῶν εἰσ τὸ εὐαγγέλιον ἀπὸ τῆσ 6 πρώτησ ἡμέρασ ἄχρι τοῦ νῦν, ⁶ πεποιθὼσ αὐτὸ τοῦτο, ὅτι ὁ ἐναρξάμενοσ ἐν ὑμῖν ἔργον ἀγαθὸν ἐπιτελέσει ἄχρι ἡμέρασ Χρι- 7 στοῦ Ἰησοῦ, ⁷ καθώσ ἐστιν δίκαιον ἐμοὶ τοῦτο φρονεῖν ὑπὲρ πάντων ὑμῶν, διὰ τὸ ἔχειν με ἐν τῇ καρδίᾳ ὑμᾶσ, ἔν τε τοῖσ δεσμοῖσ μου καὶ ἐν τῇ ἀπολογίᾳ καὶ βεβαιώσει τοῦ εὐαγγελίου 8 συνκοινωνούσ μου τῆσ χάριτοσ πάντασ ὑμᾶσ ὄντασ. ⁸ μάρτυσ γάρ μου ὁ θεόσ, ὡσ ἐπιποθῶ πάντασ ὑμᾶσ ἐν σπλάγχνοισ Χρι- 9 στοῦ Ἰησοῦ. ⁹ καὶ τοῦτο προσεύχομαι, ἵνα ἡ ἀγάπη ὑμῶν ἔτι μᾶλλον καὶ μᾶλλον περισσεύῃ ἐν ἐπιγνώσει καὶ πάσῃ αἰσθήσει, 10 ¹⁰ εἰσ τὸ δοκιμάζειν ὑμᾶσ τὰ διαφέροντα, ἵνα ἦτε εἰλικρινεῖσ καὶ 11 ἀπρόσκοποι εἰσ ἡμέραν Χριστοῦ, ¹¹ πεπληρωμένοι καρπὸν δικαιοσύνησ τὸν διὰ Ἰησοῦ Χριστοῦ, εἰσ δόξαν καὶ ἔπαινον θεοῦ.

12 Γινώσκειν δὲ ὑμᾶσ βούλομαι, ἀδελφοί, ὅτι τὰ κατ' ἐμὲ 13 μᾶλλον εἰσ προκοπὴν τοῦ εὐαγγελίου ἐλήλυθεν, ¹³ ὥστε τοὺσ δεσμούσ μου φανεροὺσ ἐν Χριστῷ γενέσθαι ἐν ὅλῳ τῷ πραιτωρίῳ 14 καὶ τοῖσ λοιποῖσ πᾶσιν, ¹⁴ καὶ τοὺσ πλείονασ τῶν ἀδελφῶν ἐν κυρίῳ πεποιθότασ τοῖσ δεσμοῖσ μου περισσοτέρωσ τολμᾶν ἀφόβωσ 15 τὸν λόγον τοῦ θεοῦ λαλεῖν. ¹⁵ τινὲσ μὲν καὶ διὰ φθόνον καὶ ἔριν, 16 τινὲσ δὲ καὶ δι' εὐδοκίαν τὸν Χριστὸν κηρύσσουσιν· ¹⁶ οἱ μὲν ἐξ 17 ἀγάπησ, εἰδότεσ ὅτι εἰσ ἀπολογίαν τοῦ εὐαγγελίου κεῖμαι, ¹⁷ οἱ δὲ ἐξ ἐριθείασ τὸν Χριστὸν καταγγέλλουσιν οὐχ ἁγνῶσ, οἰόμενοι 18 θλίψιν ἐγείρειν τοῖσ δεσμοῖσ μου. ¹⁸ τί γάρ; πλὴν ὅτι παντὶ τρόπῳ, εἴτε προφάσει εἴτε ἀληθείᾳ, Χριστὸσ καταγγέλλεται, καὶ 19 ἐν τούτῳ χαίρω. ἀλλὰ καὶ χαρήσομαι· ¹⁹ οἶδα γὰρ ὅτι τοῦτό μοι ἀποβήσεται εἰσ σωτηρίαν διὰ τῆσ ὑμῶν δεήσεωσ καὶ ἐπιχορηγίασ

---

* ς η προσ τουσ φιλιππησιουσ επιστολη, ςᵉ παυλου του αποστολου η προσ φιλιππ. επιστολη

I, 1. ιησου χριστου 4. ℵ* εν παση τη 5. om τησ 6. αχρισ | ς ℵ ιησ. χριστ. 7. και τη απολογυ. | συγκοιν. 8. γαρ μου εστιν | ιησου χριστου 10. υμασ : ℵ* om 11. καρπων δικαιο. των 13. ℵ* εν τω χριστω γεγονεναι 14. om του θεου 16. 17. οι μεν εξ εριθ. usque δεσμ. μου, ¹⁷ οι δε εξ αγαπησ usq κειμαι | εγειρειν : επιφερειν 18. πλην οτι : om οτι

τοῦ πνεύματοσ Ἰησοῦ Χριστοῦ, ²⁰κατὰ τὴν ἀποκαραδοκίαν καὶ 20
ἐλπίδα μου ὅτι ἐν οὐδενὶ αἰσχυνθήσομαι, ἀλλ' ἐν πάσῃ παρρησίᾳ
ὡσ πάντοτε καὶ νῦν μεγαλυνθήσεται Χριστὸσ ἐν τῷ σώματί μου,
εἴτε διὰ ζωῆσ εἴτε διὰ θανάτου. ²¹Ἐμοὶ γὰρ τὸ ζῆν Χριστὸσ 21
καὶ τὸ ἀποθανεῖν κέρδοσ. ²²εἰ δὲ τὸ ζῆν ἐν σαρκί, τοῦτό μοι 22
καρπὸσ ἔργου, καὶ τί αἱρήσομαι οὐ γνωρίζω. ²³συνέχομαι δὲ ἐκ 23
τῶν δύο, τὴν ἐπιθυμίαν ἔχων εἰσ τὸ ἀναλῦσαι καὶ σὺν Χριστῷ
εἶναι· πολλῷ γὰρ μᾶλλον κρεῖσσον· ²⁴τὸ δὲ ἐπιμένειν τῇ σαρκὶ 24
ἀναγκαιότερον δι' ὑμᾶσ. ²⁵καὶ τοῦτο πεποιθὼσ οἶδα, ὅτι μενῶ 25
καὶ παραμενῶ πᾶσιν ὑμῖν εἰσ τὴν ὑμῶν προκοπὴν καὶ χαρὰν
τῆσ πίστεωσ, ²⁶ἵνα τὸ καύχημα ὑμῶν περισσεύῃ ἐν Χριστῷ Ἰησοῦ 26
ἐν ἐμοὶ διὰ τῆσ ἐμῆσ παρουσίασ πάλιν πρὸσ ὑμᾶσ.

Μόνον ἀξίωσ τοῦ εὐαγγελίου τοῦ Χριστοῦ πολιτεύεσθε, ἵνα 27
εἴτε ἐλθὼν καὶ ἰδὼν ὑμᾶσ εἴτε ἀπὼν ἀκούω τὰ περὶ ὑμῶν, ὅτι
στήκετε ἐν ἑνὶ πνεύματι, μιᾷ ψυχῇ συναθλοῦντεσ τῇ πίστει τοῦ
εὐαγγελίου, ²⁸καὶ μὴ πτυρόμενοι ἐν μηδενὶ ὑπὸ τῶν ἀντικειμέ- 28
νων, ἥτισ ἐστὶν αὐτοῖσ ἔνδειξισ ἀπωλείασ, ὑμῶν δὲ σωτηρίασ,
καὶ τοῦτο ἀπὸ θεοῦ· ²⁹ὅτι ὑμῖν ἐχαρίσθη τὸ ὑπὲρ Χριστοῦ, οὐ 29
μόνον τὸ εἰσ αὐτὸν πιστεύειν ἀλλὰ καὶ τὸ ὑπὲρ αὐτοῦ πάσχειν,
³⁰τὸν αὐτὸν ἀγῶνα ἔχοντεσ οἷον εἴδετε ἐν ἐμοὶ καὶ νῦν ἀκούετε 30
ἐν ἐμοί.

II.

Diligendum exemplo Christi. Christi humilitas et gloria. Salus omni cura
appetenda. Timothëi et Epaphroditi laudes.

Εἴ τισ οὖν παράκλησισ ἐν Χριστῷ, εἴ τι παραμύθιον ἀγά- 1
πησ, εἴ τισ κοινωνία πνεύματοσ, εἴ τισ σπλάγχνα καὶ οἰκτιρμοί,
²πληρώσατέ μου τὴν χαρὰν ἵνα τὸ αὐτὸ φρονῆτε, τὴν αὐτὴν 2
ἀγάπην ἔχοντεσ, σύνψυχοι, τὸ ἓν φρονοῦντεσ, ³μηδὲν κατ' ἐριθείαν 3
μηδὲ κατὰ κενοδοξίαν, ἀλλὰ τῇ ταπεινοφροσύνῃ ἀλλήλουσ ἡγούμε-
νοι ὑπερέχοντασ ἑαυτῶν, ⁴μὴ τὰ ἑαυτῶν ἕκαστοι σκοποῦντεσ, 4
ἀλλὰ καὶ τὰ ἑτέρων ἕκαστοι. ⁵τοῦτο φρονεῖτε ἐν ὑμῖν ὃ καὶ ἐν 5
Χριστῷ Ἰησοῦ, ⁶ὃσ ἐν μορφῇ θεοῦ ὑπάρχων οὐχ ἁρπαγμὸν ἡγή- 6
σατο τὸ εἶναι ἴσα θεῷ, ⁷ἀλλὰ ἑαυτὸν ἐκένωσεν μορφὴν δούλου 7
λαβών, ἐν ὁμοιώματι ἀνθρώπων γενόμενοσ καὶ σχήματι εὑρεθεὶσ
ὡσ ἄνθρωποσ, ⁸ἐταπείνωσεν ἑαυτὸν γενόμενοσ ὑπήκοοσ μέχρι 8
θανάτου, θανάτου δὲ σταυροῦ. ⁹διὸ καὶ ὁ θεὸσ αὐτὸν ὑπερ- 9
ύψωσεν καὶ ἐχαρίσατο αὐτῷ τὸ ὄνομα τὸ ὑπὲρ πᾶν ὄνομα, ¹⁰ἵνα 10

23. δε : γαρ | γαρ (et. א*) : ϛ (non ϛe) א* om 24. εν τη σαρκι 25. συμ-
παραμενω | τ. πιστεωσ : א* add υμων 27. τον χριστον (א) : א* om |
ακουσω 28. ητισ αυτοισ μεν εστ. | υμιν δε σωτηρ. 30. ιδετε
II, 1. ει τινα σπλαγχν. 2. ϛ א συμψυχι. | το εν : א* το αυτο.
3. κατα εριθ. | μηδε : ἢ | κατα sec : om 4. ϛ א εκαστοσ pri loc | σκο-
πειτε | ϛ εκαστοσ sec loc, א* εκαστοι ad sqq trahit 5. τουτο : add
γαρ | φρονεισθω 7. αλλ εαυτ. 8. א του σταυρου 9. om το pri

ἐν τῷ ὀνόματι Ἰησοῦ πᾶν γόνυ κάμψῃ ἐπουρανίων καὶ ἐπιγείων Es 45, 23 Ro 14, 11
11 καὶ καταχθονίων, ¹¹ καὶ πᾶσα γλῶσσα ἐξομολογήσεται ὅτι κύριοσ
Ἰησοῦσ Χριστὸσ εἰσ δόξαν θεοῦ πατρόσ.
12 Ὥστε, ἀγαπητοί μου, καθὼσ πάντοτε ὑπηκούσατε, μὴ ὡσ
ἐν τῇ παρουσίᾳ μου μόνον ἀλλὰ νῦν πολλῷ μᾶλλον ἐν τῇ ἀπουσίᾳ Eph 6, 5
μου, μετὰ φόβου καὶ τρόμου τὴν ἑαυτῶν σωτηρίαν κατεργάζεσθε·
13 ¹³ θεὸσ γάρ ἐστιν ὁ ἐνεργῶν ἐν ὑμῖν καὶ τὸ θέλειν καὶ τὸ ἐνεργεῖν
14 ὑπὲρ τῆσ εὐδοκίασ. ¹⁴ πάντα ποιεῖτε χωρὶσ γογγυσμῶν καὶ δια- 1Pe 4, 9
15 λογισμῶν, ¹⁵ ἵνα γένησθε ἄμεμπτοι καὶ ἀκέραιοι, τέκνα θεοῦ
ἄμωμα μέσον γενεᾶσ σκολιᾶσ καὶ διεστραμμένησ, ἐν οἷσ φαίνεσθε
16 ὡσ φωστῆρεσ ἐν κόσμῳ, ¹⁶ λόγον ζωῆσ ἐπέχοντεσ, εἰσ καύχημα
ἐμοὶ εἰσ ἡμέραν Χριστοῦ, ὅτι οὐκ εἰσ κενὸν ἔδραμον οὐδὲ εἰσ Ga 2, 2 2 Ti 4, 6
17 κενὸν ἐκοπίασα. ¹⁷ ἀλλὰ εἰ καὶ σπένδομαι ἐπὶ τῇ θυσίᾳ καὶ
λειτουργίᾳ τῆσ πίστεωσ ὑμῶν, χαίρω καὶ συνχαίρω πᾶσιν ὑμῖν·
18 ¹⁸ τὸ δὲ αὐτὸ καὶ ὑμεῖσ χαίρετε καὶ συνχαίρετέ μοι. 3, 1. 4, 4
19 Ἐλπίζω δὲ ἐν κυρίῳ Ἰησοῦ Τιμόθεον ταχέωσ πέμψαι ὑμῖν,
20 ἵνα κἀγὼ εὐψυχῶ γνοὺσ τὰ περὶ ὑμῶν. ²⁰ οὐδένα γὰρ ἔχω ἰσό-
21 ψυχον, ὅστισ γνησίωσ τὰ περὶ ὑμῶν μεριμνήσει· ²¹ οἱ πάντεσ γὰρ
22 τὰ ἑαυτῶν ζητοῦσιν, οὐ τὰ Χριστοῦ Ἰησοῦ. ²² τὴν δὲ δοκιμὴν
αὐτοῦ γινώσκετε, ὅτι ὡσ πατρὶ τέκνον σὺν ἐμοὶ ἐδούλευσεν εἰσ τὸ 1 Ti 1, 2
23 εὐαγγέλιον. ²³ τοῦτον μὲν οὖν ἐλπίζω πέμψαι ὡσ ἂν ἀφίδω τὰ
24 περὶ ἐμὲ ἐξαυτῆσ· ²⁴ πέποιθα δὲ ἐν κυρίῳ ὅτι καὶ αὐτὸσ ταχέωσ
ἐλεύσομαι.
25 Ἀναγκαῖον δὲ ἡγησάμην, Ἐπαφρόδιτον τὸν ἀδελφὸν καὶ
συνεργὸν καὶ συνστρατιώτην μου, ὑμῶν δὲ ἀπόστολον καὶ λειτουρ-
26 γὸν τῆσ χρείασ μου, πέμψαι πρὸσ ὑμᾶσ, ²⁶ ἐπειδὴ ἐπιποθῶν ἦν
27 πάντασ ὑμᾶσ καὶ ἀδημονῶν, διότι ἠκούσατε ὅτι ἠσθένησεν. ²⁷ καὶ
γὰρ ἠσθένησεν παραπλήσιον θανάτῳ· ἀλλὰ ὁ θεὸσ ἠλέησεν αὐ-
τόν, οὐκ αὐτὸν δὲ μόνον ἀλλὰ καὶ ἐμέ, ἵνα μὴ λύπην ἐπὶ λύπην
28 σχῶ. ²⁸ σπουδαιοτέρωσ οὖν ἔπεμψα αὐτόν, ἵνα ἰδόντεσ αὐτὸν
29 πάλιν χαρῆτε κἀγὼ ἀλυπότεροσ ὦ. ²⁹ προσδέχεσθε οὖν αὐτὸν ἐν
κυρίῳ μετὰ πάσησ χαρᾶσ, καὶ τοὺσ τοιούτουσ ἐντίμουσ ἔχετε,
30 ³⁰ ὅτι διὰ τὸ ἔργον Χριστοῦ μέχρι θανάτου ἤγγισεν παραβολευ-
σάμενοσ τῇ ψυχῇ, ἵνα ἀναπληρώσῃ τὸ ὑμῶν ὑστέρημα τῆσ πρόσ 1Co 16, 17
με λειτουργίασ.

10. ιησου : א* add χριστον 11. ϛ א εξομολογησηται 13. ο θεοσ
15. αμωμητα | εν μεσω 16. επεχοντ. (אa) : א* εχοντ. 17. αλλ | συγχαιρ.
18. το δ' αυτο | ϛ א συγχαιρ. 21. ου τα του | א ιησου χριστον 23. απιδω
24. αυτοσ : אa add εγω | ελευσομαι : א* add προσ υμασ 25. ϛ א συστρατ.
26. παντασ υμασ : א* add ιδειν 27. אc θανατου | αλλ | αυτον ηλεησ. |
επι λυπη 30. ϛ του χριστου, א κυριου | παραβολευσαμενοσ | א ανα-
πληρώσει | א* προσ εμε

III.

Contra iudaizantes Pauli adversarios. Severum Pauli studium atque spes caelestis.

Τὸ λοιπόν, ἀδελφοί μου, χαίρετε ἐν κυρίῳ. τὰ αὐτὰ γράφειν ὑμῖν ἐμοὶ μὲν οὐκ ὀκνηρόν, ὑμῖν δὲ ἀσφαλέσ. ² βλέπετε τοὺσ κύνασ, βλέπετε τοὺσ κακοὺσ ἐργάτασ, βλέπετε τὴν κατατομήν. ³ ἡμεῖσ γάρ ἐσμεν ἡ περιτομή, οἱ πνεύματι θεοῦ λατρεύοντεσ καὶ καυχώμενοι ἐν Χριστῷ Ἰησοῦ καὶ οὐκ ἐν σαρκὶ πεποιθότεσ, ⁴καίπερ ἐγὼ ἔχων πεποίθησιν καὶ ἐν σαρκί. εἴ τισ δοκεῖ ἄλλοσ πεποιθέναι ἐν σαρκί, ἐγὼ μᾶλλον, ⁵ περιτομῇ ὀκταήμεροσ, ἐκ γένουσ Ἰσραήλ, φυλῆσ Βενιαμείν, Ἑβραῖοσ ἐξ Ἑβραίων, κατὰ νόμον Φαρισαῖοσ, ⁶ κατὰ ζῆλοσ διώκων τὴν ἐκκλησίαν, κατὰ δικαιοσύνην τὴν ἐν νόμῳ γενόμενοσ ἄμεμπτοσ. ⁷ ἅτινα ἦν μοι κέρδη, ταῦτα ἥγημαι διὰ τὸν Χριστὸν ζημίαν. ⁸ ἀλλὰ μενοῦνγε καὶ ἡγοῦμαι πάντα ζημίαν εἶναι διὰ τὸ ὑπερέχον τῆσ γνώσεωσ Χριστοῦ Ἰησοῦ τοῦ κυρίου μου, δι' ὃν τὰ πάντα ἐζημιώθην, καὶ ἡγοῦμαι σκύβαλα ἵνα Χριστὸν κερδήσω, ⁹ καὶ εὑρεθῶ ἐν αὐτῷ, μὴ ἔχων ἐμὴν δικαιοσύνην τὴν ἐκ νόμου, ἀλλὰ τὴν διὰ πίστεωσ Χριστοῦ, τὴν ἐκ θεοῦ δικαιοσύνην, ἐπὶ τῇ πίστει, ¹⁰ τοῦ γνῶναι αὐτὸν καὶ τὴν δύναμιν τῆσ ἀναστάσεωσ αὐτοῦ καὶ κοινωνίαν παθημάτων αὐτοῦ, συνμορφιζόμενοσ τῷ θανάτῳ αὐτοῦ, ¹¹ εἴπωσ καταντήσω εἰσ τὴν ἐξανάστασιν τὴν ἐκ νεκρῶν.

Οὐχ ὅτι ἤδη ἔλαβον ἢ ἤδη τετελείωμαι, διώκω δὲ εἰ καταλάβω, ἐφ' ᾧ καὶ κατελήμφθην ὑπὸ Χριστοῦ Ἰησοῦ. ¹³ ἀδελφοί, ἐγὼ ἐμαυτὸν οὔπω λογίζομαι κατειληφέναι· ¹⁴ ἓν δέ, τὰ μὲν ὀπίσω ἐπιλανθανόμενοσ, τοῖσ δὲ ἔμπροσθεν ἐπεκτεινόμενοσ, κατὰ σκοπὸν διώκω εἰσ τὸ βραβεῖον τῆσ ἄνω κλήσεωσ τοῦ θεοῦ ἐν Χριστῷ Ἰησοῦ. ¹⁵ ὅσοι οὖν τέλειοι, τοῦτο φρονῶμεν· καὶ εἴ τι ἑτέρωσ φρονεῖτε, καὶ τοῦτο ὁ θεὸσ ὑμῖν ἀποκαλύψει· ¹⁶ πλὴν εἰσ ὃ ἐφθάσαμεν, τῷ αὐτῷ στοιχεῖν.

Συνμιμηταί μου γίνεσθε, ἀδελφοί, καὶ σκοπεῖτε τοὺσ οὕτω περιπατοῦντασ καθὼσ ἔχετε τύπον ἡμᾶσ. ¹⁸ πολλοὶ γὰρ περιπατοῦσιν, οὓσ πολλάκισ ἔλεγον ὑμῖν, νῦν δὲ καὶ κλαίων λέγω, τοὺσ ἐχθροὺσ τοῦ σταυροῦ τοῦ Χριστοῦ, ¹⁹ ὧν τὸ τέλοσ ἀπώλεια, ὧν ὁ θεὸσ ἡ κοιλία καὶ ἡ δόξα ἐν τῇ αἰσχύνῃ αὐτῶν, οἱ τὰ ἐπίγεια φρονοῦντεσ. ²⁰ ἡμῶν γὰρ τὸ πολίτευμα ἐν οὐρανοῖσ ὑπάρχει, ἐξ οὗ καὶ σωτῆρα ἀπεκδεχόμεθα κύριον Ἰησοῦν Χριστόν, ²¹ ὃσ

III, 1. τα αυτα : ℵ* ταυτα   3. θεου : θεω   5. ϛε 1624. et ϛ περιτομή | βενιαμιν   6. ζηλον   7. ατινα : praem αλλ   8. ℵ* om και pri | σκυβαλα : add ειναι   9. εμην : ℵ* post δικαιοσυνην pon   10. αναστασεωσ : ℵ* γνωσεωσ | την κοινωνιαν | των παθηματων | συμμορφουμενοσ   11. την εκ : των   12. διωκ. δε ει και | κατεληφθην | του χριστου ιησου   13. ουπω : ου   14. εισ το : επι το   15. ℵ φρονουμεν   16. τω αυ. στοιχειν : add κανονι, το αυτο φρονειν   17. συμμιμητ.

μετασχηματίσει το σῶμα τῆσ ταπεινώσεωσ ημών σύνμορφον τῷ σώματι τῆσ δόξησ αυτού, κατὰ τὴν ενέργειαν τοῦ δύνασθαι αυτόν και υποτάξαι αυτῷ τα πάντα.

IV.

Cohortationes. Philippensium munificentia laudatur. Vota et salutationes.

1 Ὥστε, αδελφοί μου αγαπητοί και επιπόθητοι, χαρα και στέφανόσ μου, ούτωσ στήκετε εν κυρίω, αγαπητοί. 2 Ευοδίαν παρακαλώ και Συντυχην παρακαλώ το αυτό φρο- 3 νεῖν εν κυρίω. ³ ναι ερωτώ και σέ, γνήσιε σύνζυγε, συνλαμβάνου αυταῖσ, αἵτινεσ εν τῷ ευαγγελίω συνήθλησάν μοι μετα και Κλήμεντοσ και τῶν λοιπῶν συνεργῶν μου, ὧν τα ονόματα εν βίβλω ζωῆσ.

4 5 Χαίρετε εν κυρίω πάντοτε· πάλιν ερῶ, χαίρετε. ⁵ τὸ επι- 6 εικὲσ υμών γνωσθήτω πᾶσιν ανθρώποισ· ο κύριοσ εγγύσ. ⁶ μηδὲν μεριμνᾶτε, αλλ' εν παντι τῇ προσευχῇ και τῇ δεήσει μετὰ ευχα- 7 ριστίασ τα αιτήματα υμών γνωριζέσθω πρὸσ τον θεόν. ⁷ και ἡ ειρήνη του θεού ή υπερέχουσα πάντα νοῦν φρουρήσει τας καρδίασ υμών και τα νοήματα υμών εν Χριστῷ Ἰησοῦ.

8 Το λοιπόν, αδελφοί, ὅσα εστιν αληθῆ, ὅσα σεμνά, ὅσα δίκαια, ὅσα ἁγνά, ὅσα προσφιλῆ, ὅσα εὔφημα, εἴ τισ αρετὴ και εἴ 9 τισ ἔπαινοσ, ταῦτα λογίζεσθε· ⁹ ἃ και εμάθετε και παρελάβετε και ηκούσατε και εἴδετε εν εμοί, ταῦτα πράσσετε, και ο θεοσ τῆσ ειρήνησ έσται μεθ' υμών.

10 Εχάρην δε εν κυρίω μεγάλωσ ὅτι ήδη ποτε ανεθάλετε το 11 υπερ εμού φρονεῖν· εφ' ῷ και εφρονεῖτε, ηκαιρεῖσθε δέ. ¹¹ ουχ ὅτι καθ' υστέρησιν λέγω· εγω γαρ ἔμαθον εν οἷσ ειμι αυτάρκησ 12 εἶναι. ¹² οἶδα και ταπεινοῦσθαι, οἶδα και περισσεύειν· εν παντι και εν πᾶσιν μεμύημαι, και χορτάζεσθαι και πεινᾶν, και περισ- 13 σεύειν και υστερεῖσθαι. ¹³ πάντα ισχύω εν τῷ ενδυναμοῦντί 14 με. ¹⁴ πλὴν καλῶσ εποιήσατε συνκοινωνήσαντέσ μου τῇ θλίψει. 15 ¹⁵ οἴδατε δε και υμεῖσ, Φιλιππήσιοι, ὅτι εν αρχῇ του ευαγγελίου, ὅτε εξῆλθον απο Μακεδονίασ, ουδεμία μοι εκκλησία εκοινώνησεν 16 εισ λόγον δόσεωσ και λήμψεωσ ει μη υμεῖσ μόνοι, ¹⁶ ὅτι και εν Θεσσαλονίκη και ἅπαξ και δισ εισ την χρείαν μοι επέμψατε. 17 ¹⁷ ουχ ὅτι επιζητῶ το δόμα, αλλὰ επιζητῶ τον καρπον τον πλεο- 18 νάζοντα εισ λόγον υμών. ¹⁸ απέχω δε πάντα και περισσεύω, πεπλήρωμαι δεξάμενοσ παρα Επαφροδίτου τα παρ' υμών, οσμὴν 19 ευωδίασ, θυσίαν δεκτὴν ευάρεστον τῷ θεῷ. ¹⁹ ο δε θεόσ μου

---

21. συμμορφ. ac praem εισ το γενεσθαι αυτο | εαυτω
IV, 2. ς (non ςe) ευωδιαν | συντυχην   3. ναι : και | ς ℵ* συζυγε idque ς ante γνησιε | συλλαμβ. | ℵ* και των συνεργων μου και των λοιπων 6. ℵ μετ   12. οιδα δε ταπειν.   13. ενδυναμ. με : add χριστω   14. ς ℵ συγκ.   15. ληψεωσ   17. αλλ   18. ℵª απο επαφρο.

πληρώσει πᾶσαν χρείαν ὑμῶν κατὰ τὸ πλοῦτος αὐτοῦ ἐν δόξῃ ἐν Χριστῷ Ἰησοῦ. ²⁰ τῷ δὲ θεῷ καὶ πατρὶ ἡμῶν ἡ δόξα εἰς 20 τοὺς αἰῶνας τῶν αἰώνων, ἀμήν.

Ἀσπάσασθε πάντα ἅγιον ἐν Χριστῷ Ἰησοῦ. ἀσπάζονται 21 ὑμᾶς οἱ σὺν ἐμοὶ ἀδελφοί. ²² ἀσπάζονται ὑμᾶς πάντες οἱ ἅγιοι, 22 μάλιστα δὲ οἱ ἐκ τῆς Καίσαρος οἰκίας.

Ἡ χάρις τοῦ κυρίου Ἰησοῦ Χριστοῦ μετὰ τοῦ πνεύματος 23 ὑμῶν.

ΠΡΟΣ ΚΟΛΟΣΣΑΕΙΣ.

I.

Laudat Colossenses cum Epaphra ipsorum doctore, hortans ut proficiant. Divina Christi redemtoris omnium dignitas. Paulus laboribus suis laetans.

Παῦλος ἀπόστολος Χριστοῦ Ἰησοῦ διὰ θελήματος θεοῦ καὶ 1 Τιμόθεος ὁ ἀδελφὸς ² τοῖς ἐν Κολοσσαῖς ἁγίοις καὶ πιστοῖς 2 ἀδελφοῖς ἐν Χριστῷ. χάρις ὑμῖν καὶ εἰρήνη ἀπὸ θεοῦ πατρὸς ἡμῶν.

Εὐχαριστοῦμεν τῷ θεῷ καὶ πατρὶ τοῦ κυρίου ἡμῶν Ἰησοῦ 3 Χριστοῦ πάντοτε περὶ ὑμῶν προσευχόμενοι, ⁴ ἀκούσαντες τὴν 4 πίστιν ὑμῶν ἐν Χριστῷ Ἰησοῦ καὶ τὴν ἀγάπην ἣν ἔχετε εἰς πάντας τοὺς ἁγίους ⁵ διὰ τὴν ἐλπίδα τὴν ἀποκειμένην ὑμῖν ἐν τοῖς 5 οὐρανοῖς, ἣν προηκούσατε ἐν τῷ λόγῳ τῆς ἀληθείας τοῦ εὐαγγελίου ⁶ τοῦ παρόντος εἰς ὑμᾶς καθὼς καὶ ἐν παντὶ τῷ κόσμῳ 6 ἐστίν, καρποφορούμενον καὶ αὐξανόμενον καθὼς καὶ ἐν ὑμῖν, ἀφ' ἧς ἡμέρας ἠκούσατε καὶ ἐπέγνωτε τὴν χάριν τοῦ θεοῦ ἐν ἀληθείᾳ· ⁷ καθὼς ἐμάθετε ἀπὸ Ἐπαφρᾶ τοῦ ἀγαπητοῦ συνδούλου 7 ἡμῶν, ὅς ἐστιν πιστὸς ὑπὲρ ὑμῶν διάκονος τοῦ Χριστοῦ, ⁸ ὁ καὶ 8 δηλώσας ἡμῖν τὴν ὑμῶν ἀγάπην ἐν πνεύματι. ⁹ Διὰ τοῦτο καὶ 9 ἡμεῖς, ἀφ' ἧς ἡμέρας ἠκούσαμεν, οὐ παυόμεθα ὑπὲρ ὑμῶν προσευχόμενοι καὶ αἰτούμενοι ἵνα πληρωθῆτε τὴν ἐπίγνωσιν τοῦ θελήματος αὐτοῦ ἐν πάσῃ σοφίᾳ καὶ συνέσει πνευματικῇ, ¹⁰ περι- 10 πατῆσαι ἀξίως τοῦ κυρίου εἰς πᾶσαν ἀρεσκίαν, ἐν παντὶ ἔργῳ ἀγαθῷ καρποφοροῦντες καὶ αὐξανόμενοι τῇ ἐπιγνώσει τοῦ θεοῦ, ¹¹ ἐν πάσῃ δυνάμει δυναμούμενοι κατὰ τὸ κράτος τῆς δόξης 11 αὐτοῦ εἰς πᾶσαν ὑπομονὴν καὶ μακροθυμίαν, μετὰ χαρᾶς ¹² εὐχα- 12

---

19. τον πλουτον 23. του κυρ. ημων | μετα παντων υμων, adduntque ς ℵ αμην

* ς η προς κολασσαεις επιστολη παυλου, ςᵉ παυλου του αποστολου η πρ. κολοσσαεις επιστ.

I, 1. ιησου χριστου 2. ς (non ςᵉ) κολασσαεις | πατρ. ημων : ς ℵ add και κυριου ιησου χριστου 4. ℵ* εν κυριω ιησου | ην εχετε : την 6. εστιν : και εστι | om και αυξανομ. 7. καθως και | ℵ εμαθατε | ℵ* υπερ ημων 10. περιπατησαι : add υμας | αρεσκειαν | εις την επιγνωσιν 11. post χαρας interpg

ριστοῦντεσ τῷ πατρὶ τῷ ἱκανώσαντι ὑμᾶσ εἰσ τὴν μερίδα τοῦ
13 κλήρου τῶν ἁγίων ἐν τῷ φωτί, ¹³ ὃσ ἐρύσατο ἡμᾶσ ἐκ τῆσ ἐξουσίασ
τοῦ σκότουσ καὶ μετέστησεν εἰσ τὴν βασιλείαν τοῦ υἱοῦ τῆσ
14 ἀγάπησ αὐτοῦ, ¹⁴ ἐν ᾧ ἔχομεν τὴν ἀπολύτρωσιν, τὴν ἄφεσιν τῶν Eph 1, 7
15 ἁμαρτιῶν, ¹⁵ ὅσ ἐστιν εἰκὼν τοῦ θεοῦ τοῦ ἀοράτου, πρωτότοκοσ 2 Co 4, 4
16 πάσησ κτίσεωσ, ¹⁶ ὅτι ἐν αὐτῷ ἐκτίσθη τὰ πάντα ἐν τοῖσ οὐρα- 1, 20
νοῖσ καὶ ἐπὶ τῆσ γῆσ, τὰ ὁρατὰ καὶ τὰ ἀόρατα, εἴτε θρόνοι εἴτε   Eph 1, 10
κυριότητεσ εἴτε ἀρχαὶ εἴτε ἐξουσίαι. τὰ πάντα δι' αὐτοῦ καὶ εἰσ
17 αὐτὸν ἔκτισται, ¹⁷ καὶ αὐτόσ ἐστιν πρὸ πάντων καὶ τὰ πάντα ἐν
18 αὐτῷ συνέστηκεν, ¹⁸ καὶ αὐτόσ ἐστιν ἡ κεφαλὴ τοῦ σώματοσ, τῆσ Eph 1, 23
ἐκκλησίασ· ὅσ ἐστιν ἀρχή, πρωτότοκοσ ἐκ τῶν νεκρῶν, ἵνα γένη-   1 Co 15,20
19 ται ἐν πᾶσιν αὐτὸσ πρωτεύων, ¹⁹ ὅτι ἐν αὐτῷ εὐδόκησεν πᾶν τὸ 2, 9
20 πλήρωμα κατοικῆσαι ²⁰ καὶ δι' αὐτοῦ ἀποκαταλλάξαι τὰ πάντα Eph 1, 10
εἰσ αὐτόν, εἰρηνοποιήσασ διὰ τοῦ αἵματοσ τοῦ σταυροῦ αὐτοῦ,   2, 16
21 δι' αὐτοῦ, εἴτε τὰ ἐπὶ τῆσ γῆσ εἴτε τὰ ἐν τοῖσ οὐρανοῖσ. ²¹ καὶ Eph 4, 18
ὑμᾶσ ποτὲ ὄντασ ἀπηλλοτριωμένουσ καὶ ἐχθροὺσ τῇ διανοίᾳ ἐν   2, 16
22 τοῖσ ἔργοισ τοῖσ πονηροῖσ, νυνὶ δὲ ἀποκατήλλαξεν ²² ἐν τῷ σώματι 5, 27
τῆσ σαρκὸσ αὐτοῦ διὰ τοῦ θανάτου, παραστῆσαι ὑμᾶσ ἁγίουσ καὶ   1, 4
23 ἀμώμουσ καὶ ἀνεγκλήτουσ κατενώπιον αὐτοῦ, ²³ εἴγε ἐπιμένετε
τῇ πίστει τεθεμελιωμένοι καὶ ἑδραῖοι καὶ μὴ μετακινούμενοι ἀπὸ
τῆσ ἐλπίδοσ τοῦ εὐαγγελίου οὗ ἠκούσατε, τοῦ κηρυχθέντοσ ἐν
πάσῃ κτίσει τῇ ὑπὸ τὸν οὐρανόν, οὗ ἐγενόμην ἐγὼ Παῦλοσ Eph 3, τ
διάκονοσ.
24 Νῦν χαίρω ἐν τοῖσ παθήμασιν ὑπὲρ ὑμῶν, καὶ ἀνταναπληρῶ
τὰ ὑστερήματα τῶν θλίψεων τοῦ Χριστοῦ ἐν τῇ σαρκί μου ὑπὲρ
25 τοῦ σώματοσ αὐτοῦ, ὅ ἐστιν ἡ ἐκκλησία, ²⁵ ἧσ ἐγενόμην ἐγὼ διά-
κονοσ κατὰ τὴν οἰκονομίαν τοῦ θεοῦ τὴν δοθεῖσάν μοι εἰσ ὑμᾶσ Eph 3, 2
26 πληρῶσαι τὸν λόγον τοῦ θεοῦ, ²⁶ τὸ μυστήριον τὸ ἀποκεκρυμμέ-   3, 5. 9
νον ἀπὸ τῶν αἰώνων καὶ ἀπὸ τῶν γενεῶν, νῦν δὲ ἐφανερώθη τοῖσ
27 ἁγίοισ αὐτοῦ, ²⁷ οἷσ ἠθέλησεν ὁ θεὸσ γνωρίσαι τί τὸ πλοῦτοσ τῆσ
δόξησ τοῦ μυστηρίου τούτου ἐν τοῖσ ἔθνεσιν, ὅσ ἐστιν Χριστὸσ Eph 1, 18
28 ἐν ὑμῖν, ἡ ἐλπὶσ τῆσ δόξησ, ²⁸ ὃν ἡμεῖσ καταγγέλλομεν νουθε-
τοῦντεσ πάντα ἄνθρωπον καὶ διδάσκοντεσ πάντα ἄνθρωπον ἐν
πάσῃ σοφίᾳ, ἵνα παραστήσωμεν πάντα ἄνθρωπον τέλειον ἐν Χρι-
29 στῷ· ²⁹ εἰσ ὃ καὶ κοπιῶ ἀγωνιζόμενοσ κατὰ τὴν ἐνέργειαν αὐτοῦ 1 Ti 4, 10
τὴν ἐνεργουμένην ἐν ἐμοὶ ἐν δυνάμει.

12. א τω θεω πατρι | υμασ : ημασ 13. ϛ א ερρυσατο 14. τ. απολυτρω-
σιν : add δια του αιματοσ αυτου 16. τα παντ. τα εν | και τα επι
18. א* om εκ 23. εν παση τη | διακονοσ : א* κηρυξ και αποστολοσ
24. παθημασι μου | υπερ υμων : א* (non a) om υπερ 25. εγω : א* add
παυλοσ 26. νυνι 27. ϛ א τισ ο πλουτοσ | τουτου : א* του 28. χρι-
στω : add ιησου

II.

Contra falsos doctores. Cum Christo sepulti iidem reviximus. Iam a placitis humanis recedendum.

Θέλω γὰρ ὑμᾶσ εἰδέναι ἡλίκον ἀγῶνα ἔχω ὑπὲρ ὑμῶν καὶ τῶν ἐν Λαοδικίᾳ καὶ ὅσοι οὐχ ἑόρακαν τὸ πρόσωπόν μου ἐν σαρκί, ²ἵνα παρακληθῶσιν αἱ καρδίαι αὐτῶν, συμβιβασθέντεσ ἐν ἀγάπῃ καὶ εἰσ πᾶν πλοῦτοσ τῆσ πληροφορίασ τῆσ συνέσεωσ, εἰσ ἐπίγνωσιν τοῦ μυστηρίου τοῦ θεοῦ, Χριστοῦ, ³ ἐν ᾧ εἰσὶν πάντεσ οἱ θησαυροὶ τῆσ σοφίασ καὶ γνώσεωσ ἀπόκρυφοι. ⁴ τοῦτο λέγω ἵνα μηδεὶσ ὑμᾶσ παραλογίζηται ἐν πιθανολογίᾳ. ⁵ εἰ γὰρ καὶ τῇ σαρκὶ ἄπειμι, ἀλλὰ τῷ πνεύματι σὺν ὑμῖν εἰμί, χαίρων καὶ βλέπων ὑμῶν τὴν τάξιν καὶ τὸ στερέωμα τῆσ εἰσ Χριστὸν πίστεωσ ὑμῶν. ⁶ Ὡσ οὖν παρελάβετε τὸν Χριστὸν Ἰησοῦν τὸν κύριον, ἐν αὐτῷ περιπατεῖτε, ⁷ ἐρριζωμένοι καὶ ἐποικοδομούμενοι ἐν αὐτῷ καὶ βεβαιούμενοι τῇ πίστει καθὼσ ἐδιδάχθητε, περισσεύοντεσ ἐν εὐχαριστίᾳ. ⁸ βλέπετε μή τισ ὑμᾶσ ἔσται ὁ συλαγωγῶν διὰ τῆσ φιλοσοφίασ καὶ κενῆσ ἀπάτησ κατὰ τὴν παράδοσιν τῶν ἀνθρώπων, κατὰ τὰ στοιχεῖα τοῦ κόσμου καὶ οὐ κατὰ Χριστόν, ⁹ ὅτι ἐν αὐτῷ κατοικεῖ πᾶν τὸ πλήρωμα τῆσ θεότητοσ σωματικῶσ, ¹⁰ καὶ ἐστὲ ἐν αὐτῷ πεπληρωμένοι, ὅσ ἐστιν ἡ κεφαλὴ πάσησ ἀρχῆσ καὶ ἐξουσίασ, ¹¹ ἐν ᾧ καὶ περιετμήθητε περιτομῇ ἀχειροποιήτῳ, ἐν τῇ ἀπεκδύσει τοῦ σώματοσ τῆσ σαρκόσ, ἐν τῇ περιτομῇ τοῦ Χριστοῦ, ¹² συνταφέντεσ αὐτῷ ἐν τῷ βαπτίσματι, ἐν ᾧ καὶ συνηγέρθητε διὰ τῆσ πίστεωσ τῆσ ἐνεργείασ τοῦ θεοῦ τοῦ ἐγείραντοσ αὐτὸν ἐκ νεκρῶν· ¹³ καὶ ὑμᾶσ νεκροὺσ ὄντασ τοῖσ παραπτώμασιν καὶ τῇ ἀκροβυστίᾳ τῆσ σαρκὸσ ὑμῶν, συνεζωοποίησεν ὑμᾶσ σὺν αὐτῷ, χαρισάμενοσ ἡμῖν πάντα τὰ παραπτώματα· ¹⁴ ἐξαλείψασ τὸ καθ᾽ ἡμῶν χειρόγραφον τοῖσ δόγμασιν ὃ ἦν ὑπεναντίον ἡμῖν, καὶ αὐτὸ ἦρκεν ἐκ τοῦ μέσου, προσηλώσασ αὐτὸ τῷ σταυρῷ· ¹⁵ ἀπεκδυσάμενοσ τὰσ ἀρχὰσ καὶ τὰσ ἐξουσίασ ἐδειγμάτισεν ἐν παρρησίᾳ, θριαμβεύσασ αὐτοὺσ ἐν αὐτῷ.

Μὴ οὖν τισ ὑμᾶσ κρινέτω ἐν βρώσει ἢ ἐν πόσει ἢ ἐν μέρει ἑορτῆσ ἢ νουμηνίασ ἢ σαββάτων, ¹⁷ ἅ ἐστιν σκιὰ τῶν μελλόντων, τὸ δὲ σῶμα τοῦ Χριστοῦ. ¹⁸ μηδεὶσ ὑμᾶσ καταβραβευέτω θέλων ἐν ταπεινοφροσύνῃ καὶ θρησκίᾳ τῶν ἀγγέλων, ἃ ἑόρακεν ἐμβα-

---

II, 1. υπερ : περι | λαοδικεια | εωρακασι | א* om εν σαρκι 2. συμβιβασθεντων | παντα πλουτον | א* του θεου πατροσ χριστου, ς τ. θε. και πατροσ και του χριστου 3. και τησ γνωσεωσ 4. אᶜ τουτο δε λεγ. | ινα μη τισ 7. א* om εν αυτω | ς א εν τη πιστει | εν αυτη εν ευχαριστ. 8. א εσται υμασ 10. א πασησ τησ αρχησ | εξουσιασ : א* εκκλησιασ 11. του σωματοσ : add των αμαρτιων 12. אᶜ βαπτισμω | εκ των νεκρων 13. εν τοισ παραπτωμ. | υμασ sec : om | ημιν : ςᵉ υμιν 14. ημιν (et. אa) : א* ημων 15. ἐν αὐτῷ 17. אᶜ om του 18. εν (et. אa) : א* om | ς א θρησκεια | α μη εωρακεν

19 τεύων, εἰκῆ φυσιούμενος ὑπὸ τοῦ νοὸσ τῆσ σαρκὸσ αὐτοῦ, ¹⁹ καὶ
οὐ κρατῶν τὴν κεφαλήν, ἐξ οὗ πᾶν τὸ σῶμα διὰ τῶν ἁφῶν καὶ Eph 4, 15s
συνδέσμων ἐπιχορηγούμενον καὶ συνβιβαζόμενον αὔξει τὴν αὔξησιν
20 τοῦ θεοῦ. ²⁰ Εἰ ἀπεθάνετε σὺν Χριστῷ ἀπὸ τῶν στοιχείων τοῦ
21 κόσμου, τί ὡσ ζῶντεσ ἐν κόσμῳ δογματίζεσθε· ²¹ μὴ ἅψῃ μηδὲ Lv 5, 2
22 γεύσῃ μηδὲ θίγῃς, ²² ἅ ἐστιν πάντα εἰσ φθορὰν τῇ ἀποχρήσει,
23 κατὰ τὰ ἐντάλματα καὶ διδασκαλίασ τῶν ἀνθρώπων; ²³ ἅτινά Mt 15, 9
ἐστιν λόγον μὲν ἔχοντα σοφίασ ἐν ἐθελοθρησκίᾳ καὶ ταπεινοφρο-
σύνῃ καὶ ἀφειδίᾳ σώματοσ, οὐκ ἐν τιμῇ τινὶ πρὸσ πλησμονὴν τῆσ
σαρκόσ.

III.

Electis dei caelestia sectanda novusque nova vita homo induendus. Officia
coniugum, liberorum, patrum, servorum, dominorum.

1 Εἰ οὖν συνηγέρθητε τῷ Χριστῷ, τὰ ἄνω ζητεῖτε, οὗ ὁ Χρι-
2 στόσ ἐστιν ἐν δεξιᾷ τοῦ θεοῦ καθήμενοσ· ² τὰ ἄνω φρονεῖτε, μὴ
3 τὰ ἐπὶ τῆσ γῆσ. ³ ἀπεθάνετε γάρ, καὶ ἡ ζωὴ ὑμῶν κέκρυπται
4 σὺν τῷ Χριστῷ ἐν τῷ θεῷ· ⁴ ὅταν ὁ Χριστόσ φανερωθῇ, ἡ ζωὴ
ὑμῶν, τότε καὶ ὑμεῖσ σὺν αὐτῷ φανερωθήσεσθε ἐν δόξῃ.
5 Νεκρώσατε οὖν τὰ μέλη τὰ ἐπὶ τῆσ γῆσ, πορνείαν, ἀκα- Eph 5, 3
θαρσίαν, πάθοσ, ἐπιθυμίαν κακήν, καὶ τὴν πλεονεξίαν ἥτισ ἐστὶν
6 7 εἰδωλολατρεία, ⁶ δι᾽ ἃ ἔρχεται ἡ ὀργὴ τοῦ θεοῦ. ⁷ ἐν οἷσ καὶ Eph 5, 6
                                                                Ro 1, 18
8 ὑμεῖσ περιεπατήσατέ ποτε, ὅτε ἐζῆτε ἐν τούτοισ· ⁸ νυνὶ δὲ ἀπό- Gal 5, 19
                                                                Eph 2, 3
θεσθε καὶ ὑμεῖσ τὰ πάντα, ὀργὴν θυμὸν κακίαν βλασφημίαν 4, 13
9 αἰσχρολογίαν ἐκ τοῦ στόματοσ ὑμῶν, ⁹ μὴ ψεύδεσθε εἰσ ἀλλήλουσ, 4, 22 ss
ἀπεκδυσάμενοι τὸν παλαιὸν ἄνθρωπον σὺν ταῖσ πράξεσιν αὐτοῦ
10 ¹⁰ καὶ ἐνδυσάμενοι τὸν νέον τὸν ἀνακαινούμενον εἰσ ἐπίγνωσιν
11 κατ᾽ εἰκόνα τοῦ κτίσαντοσ αὐτόν, ¹¹ ὅπου οὐκ ἔνι Ἕλλην καὶ Ga 3, 28
Ἰουδαῖοσ, περιτομὴ καὶ ἀκροβυστία, βάρβαροσ, Σκύθησ, δοῦλοσ,
ἐλεύθεροσ, ἀλλὰ πάντα καὶ ἐν πᾶσιν Χριστόσ.
12 Ἐνδύσασθε οὖν ὡσ ἐκλεκτοὶ τοῦ θεοῦ ἅγιοι καὶ ἠγαπημένοι Eph 4,2.32
σπλάγχνα οἰκτιρμοῦ, χρηστότητα, ταπεινοφροσύνην, πραΰτητα,
13 μακροθυμίαν, ¹³ ἀνεχόμενοι ἀλλήλων καὶ χαριζόμενοι ἑαυτοῖσ,
ἐάν τισ πρόσ τινα ἔχῃ μομφήν, καθὼσ καὶ ὁ Χριστὸσ ἐχαρίσατο
14 ὑμῖν οὕτωσ καὶ ὑμεῖσ, ¹⁴ ἐπὶ πᾶσιν δὲ τούτοισ τὴν ἀγάπην, ὅ
15 ἐστιν σύνδεσμοσ τῆσ τελειότητοσ. ¹⁵ καὶ ἡ εἰρήνη τοῦ Χριστοῦ Eph 4, 3
βραβευέτω ἐν ταῖσ καρδίαισ ὑμῶν, εἰσ ἣν καὶ ἐκλήθητε ἐν ἑνὶ Phi 4, 7

18. αυτου (et. ℵa) : ℵ* αυτων 19. ς ℵ συμβιβαζ. | ℵ* (non a) αυξη
20. ει : ς add ουν, item ℵ* post απεθαν. | συν τω χριστ. 23. εθελο-
θρησκεια
III, 1. ℵ* (non a) εν χριστω | ℵ* (non a) om εστιν 4. η ζωη ημων
5. τα μελη : add υμων 6. του θεου : ς ℵ add επι τουσ υιουσ τησ
απειθειασ 7. εν τουτοισ : εν αυτοισ 8. ℵ* (non a) om και υμεισ
10. ℵ* επενδυσαμενοι 11. τα παντα 12. οικτιρμων | πραοτητα
13. ο χριστοσ (et. ℵa) : ℵ* ο θεοσ 14. ℵ* οσ εστιν, ς ητισ εστι 15. τ.
χριστου : τ. θεου

σώματι· καὶ εὐχάριστοι γίνεσθε. ¹⁶ ὁ λόγοσ τοῦ Χριστοῦ ἐνοικείτω 16
ἐν ὑμῖν πλουσίωσ, ἐν πάσῃ σοφίᾳ διδάσκοντεσ καὶ νουθετοῦντεσ
Eph 5, 19s ἑαυτούσ, ψαλμοῖσ ὕμνοισ ᾠδαῖσ πνευματικαῖσ, ἐν τῇ χάριτι ᾄδον-
23 τεσ ἐν ταῖσ καρδίαισ ὑμῶν τῷ θεῷ, ¹⁷ καὶ πᾶν ὅ τι ἂν ποιῆτε 17
ἐν λόγῳ ἢ ἐν ἔργῳ, πάντα ἐν ὀνόματι κυρίου Ἰησοῦ, εὐχαριστοῦν-
τεσ τῷ θεῷ πατρὶ δι' αὐτοῦ.

Eph 5, 22   Αἱ γυναῖκεσ, ὑποτάσσεσθε τοῖσ ἀνδράσιν, ὡσ ἀνῆκεν ἐν 18
1 Pe 3, 1
Eph 5, 25 κυρίῳ. ¹⁹ οἱ ἄνδρεσ, ἀγαπᾶτε τὰσ γυναῖκασ καὶ μὴ πικραίνεσθε 19
1 Pe 3, 7
Eph 6, 1 πρὸσ αὐτάσ. ²⁰ τὰ τέκνα, ὑπακούετε τοῖσ γονεῦσιν κατὰ πάντα· 20
6, 4
τοῦτο γὰρ εὐάρεστόν ἐστιν ἐν κυρίῳ. ²¹ οἱ πατέρεσ, μὴ ἐρεθίζετε 21
Eph 6, 5 τὰ τέκνα ὑμῶν, ἵνα μὴ ἀθυμῶσιν. ²² οἱ δοῦλοι, ὑπακούετε κατὰ 22
Tit 2, 9
1 Pe 2, 18 πάντα τοῖσ κατὰ σάρκα κυρίοισ, μὴ ἐν ὀφθαλμοδουλίαισ ὡσ ἀν-
θρωπάρεσκοι, ἀλλ' ἐν ἁπλότητι καρδίασ φοβούμενοι τὸν κύριον.
       17
Eph 6, 7s ²³ ὃ ἐὰν ποιῆτε, ἐκ ψυχῆσ ἐργάζεσθε ὡσ τῷ κυρίῳ καὶ οὐκ ἀν- 23
θρώποισ, ²⁴ εἰδότεσ ὅτι ἀπὸ κυρίου ἀπολήμψεσθε τὴν ἀνταπό- 24
δοσιν τῆσ κληρονομίασ. τῷ κυρίῳ Χριστῷ δουλεύετε· ²⁵ ὁ γὰρ 25
Eph 6, 9 ἀδικῶν κομιεῖται ὃ ἠδίκησεν, καὶ οὐκ ἔστιν προσωπολημψία.
(IV.) ¹ οἱ κύριοι, τὸ δίκαιον καὶ τὴν ἰσότητα τοῖσ δούλοισ παρ- 1
έχεσθε, εἰδότεσ ὅτι καὶ ὑμεῖσ ἔχετε κύριον ἐν οὐρανῷ.

IV.

Precandum. Prudenter versandum. Tychicus et Onesimus. Salutationes.
Epistula ex Laodicea.

Eph 6,18s   Τῇ προσευχῇ προσκαρτερεῖτε, γρηγοροῦντεσ ἐν αὐτῇ ἐν εὐχα- 2
ριστίᾳ, ³ προσευχόμενοι ἅμα καὶ περὶ ἡμῶν, ἵνα ὁ θεὸσ ἀνοίξῃ 3
ἡμῖν θύραν τοῦ λόγου λαλῆσαι τὸ μυστήριον τοῦ Χριστοῦ, δι' ὃ
καὶ δέδεμαι, ⁴ ἵνα φανερώσω αὐτὸ ὡσ δεῖ με λαλῆσαι. ⁵ Ἐν 4 5
Eph 5, 15 σοφίᾳ περιπατεῖτε πρὸσ τοὺσ ἔξω, τὸν καιρὸν ἐξαγοραζόμενοι.
Eph 4, 29 ⁶ ὁ λόγοσ ὑμῶν πάντοτε ἐν χάριτι, ἅλατι ἠρτυμένοσ, εἰδέναι πῶσ 6
δεῖ ὑμᾶσ ἑνὶ ἑκάστῳ ἀποκρίνεσθαι.
Eph 6,21s   Τὰ κατ' ἐμὲ πάντα γνωρίσει ὑμῖν Τυχικὸσ ὁ ἀγαπητὸσ 7
ἀδελφὸσ καὶ πιστὸσ διάκονοσ καὶ σύνδουλοσ ἐν κυρίῳ, ⁸ ὃν 8
ἔπεμψα πρὸσ ὑμᾶσ εἰσ αὐτὸ τοῦτο, ἵνα γνῶτε τὰ περὶ ἡμῶν καὶ
Phil 10 παρακαλέσῃ τὰσ καρδίασ ὑμῶν, ⁹ σὺν Ὀνησίμῳ τῷ πιστῷ καὶ 9
ἀγαπητῷ ἀδελφῷ, ὅσ ἐστιν ἐξ ὑμῶν· πάντα ὑμῖν γνωριοῦσιν
τὰ ὧδε.
Act 27, 2   Ἀσπάζεται ὑμᾶσ Ἀρίσταρχοσ ὁ συναιχμάλωτόσ μου, καὶ 10
15, 37

16. χριστου : א* κυριον | ψαλμοισ και υμνοισ και ωδ. | ς א* εν χαριτι |
εν τη καρδια υμ. τ. κυριω 17. א κυριου ιησου χριστου | πατρι : praem
και 18. τ. ιδιοισ ανδρασιν 19. γυναικασ : אᶜ add εαυτων 20. εστιν
ευαρεστον τω κυριω 21. ερεθιζετε : א παροργιζετε 22. εν οφθαλμο-
δουλειαισ | φοβ. τ. θεον 23. και παν ο,τι εαν 24. απολημψεσθε | τω
γαρ κυριω 25. ο δε αδικ. | אᶜ κομισεται | προσωποληψια

IV, 1. εν ουρανοισ 2. εν αυτη (et. אᵃ) : א* om 7. א* τα δε |
א* om και συνδουλ. 8. ινα γνω τα πε. υμων 9. אᶜ γνωρισουσιν

Μάρκοσ ὁ ἀνεψιὸσ Βαρνάβα, περὶ οὗ ἐλάβετε ἐντολάσ, — ἐὰν
11 ἔλθῃ πρὸσ ὑμᾶσ, δέξασθε αὐτόν, — ¹¹ καὶ Ἰησοῦσ ὁ λεγόμενοσ
Ἰοῦστοσ, οἱ ὄντεσ ἐκ περιτομῆσ οὗτοι μόνοι συνεργοὶ εἰσ τὴν
12 βασιλείαν τοῦ θεοῦ, οἵτινεσ ἐγενήθησάν μοι παρηγορία. ¹² ἀσπά- 1, 7 Phil 23
ζεται ὑμᾶσ Ἐπαφρᾶσ ὁ ἐξ ὑμῶν, δοῦλοσ Χριστοῦ Ἰησοῦ, πάντοτε
ἀγωνιζόμενοσ ὑπὲρ ὑμῶν ἐν ταῖσ προσευχαῖσ, ἵνα σταθῆτε τέλειοι
13 καὶ πεπληροφορημένοι ἐν παντὶ θελήματι τοῦ θεοῦ. ¹³ μαρτυρῶ
γὰρ αὐτῷ ὅτι ἔχει πολὺν πόνον ὑπὲρ ὑμῶν καὶ τῶν ἐν Λαοδικίᾳ 2, 1
14 καὶ τῶν ἐν Ἱεραπόλει. ¹⁴ ἀσπάζεται ὑμᾶσ Λουκᾶσ ὁ ἰατρὸσ ὁ Phil 24
15 ἀγαπητὸσ καὶ Δημᾶσ. ¹⁵ ἀσπάσασθε τοὺσ ἐν Λαοδικίᾳ ἀδελφοὺσ Ro 16,
16 καὶ Νυμφᾶν καὶ τὴν κατ' οἶκον αὐτῶν ἐκκλησίαν. ¹⁶ καὶ ὅταν
ἀναγνωσθῇ παρ' ὑμῖν ἡ ἐπιστολή, ποιήσατε ἵνα καὶ ἐν τῇ Λαο-
δικέων ἐκκλησίᾳ ἀναγνωσθῇ, καὶ τὴν ἐκ Λαοδικίασ ἵνα καὶ
17 ὑμεῖσ ἀναγνῶτε. ¹⁷ καὶ εἴπατε Ἀρχίππῳ· βλέπε τὴν διακονίαν Phil 2
ἣν παρέλαβεσ ἐν κυρίῳ, ἵνα αὐτὴν πληροῖσ.
18 Ὁ ἀσπασμὸσ τῇ ἐμῇ χειρὶ Παύλου. μνημονεύετέ μου τῶν 2Th 3, 17
δεσμῶν. ἡ χάρισ μεθ' ὑμῶν.

ΠΡΟϹ ΘΕϹϹΑΛΟΝΙΚΕΙϹ Α.

I.

Thessalonicenses egregium fidei exemplar facti.

1 Παῦλοσ καὶ Ϲιλουανὸσ καὶ Τιμόθεοσ τῇ ἐκκλησίᾳ Θεσσα- 2 Th 1, 2
λονικέων ἐν θεῷ πατρὶ καὶ κυρίῳ Ἰησοῦ Χριστῷ. χάρισ ὑμῖν καὶ 2 Th 1, 2
εἰρήνη.
2 Εὐχαριστοῦμεν τῷ θεῷ πάντοτε περὶ πάντων ὑμῶν, μνείαν Col 1, 3
3 ποιούμενοι ἐπὶ τῶν προσευχῶν ἡμῶν, ³ ἀδιαλείπτωσ μνημονεύον- etc
τεσ ὑμῶν τοῦ ἔργου τῆσ πίστεωσ καὶ τοῦ κόπου τῆσ ἀγάπησ καὶ
τῆσ ὑπομονῆσ τῆσ ἐλπίδοσ τοῦ κυρίου ἡμῶν Ἰησοῦ Χριστοῦ
4 ἔμπροσθεν τοῦ θεοῦ καὶ πατρὸσ ἡμῶν, ⁴ εἰδότεσ, ἀδελφοὶ ἠγα- 2Th 2, 13
5 πημένοι ὑπὸ τοῦ θεοῦ, τὴν ἐκλογὴν ὑμῶν, ⁵ ὅτι τὸ εὐαγγέλιον
ἡμῶν οὐκ ἐγενήθη εἰσ ὑμᾶσ ἐν λόγῳ μόνον, ἀλλὰ καὶ ἐν δυνάμει 1Co 4, 20
καὶ ἐν πνεύματι ἁγίῳ καὶ πληροφορίᾳ πολλῇ, καθὼσ οἴδατε οἷοι
6 ἐγενήθημεν ἐν ὑμῖν δι' ὑμᾶσ. ⁶ καὶ ὑμεῖσ μιμηταὶ ἡμῶν ἐγενήθητε 2Th 3,7 ss
καὶ τοῦ κυρίου, δεξάμενοι τὸν λόγον ἐν θλίψει πολλῇ μετὰ χαρᾶσ
7 πνεύματοσ ἁγίου, ⁷ ὥστε γενέσθαι ὑμᾶσ τύπον πᾶσιν τοῖσ

---

11. περιτομῆσ· οὗτοι 12. non interpg ante δουλοσ | om ιησου | ℵ*(non a)
υπερ ημων | στητε | πεπληρωμενοι 13. εχει ζηλον πολυν | λαοδικεια
15. λαοδικεια | οικ. αυτου 16. λαοδικειασ 18. μεθ' υμων : add αμην
    * ϛ η του αγιου παυλου πρ. Θεσσαλον. πρωτη επιστολη, ϛe παυλου
του αποστολου η πρ. Θεσσαλ. επιστολη πρωτη
I, 1. ειρηνη : ϛ ℵ add απο θεου πατροσ ημων καὶ κυριου ιησου
χριστου 2. μνειαν : add υμων 4. υπο θεου 5. ℵ τ. ευαγγελ. του
θεου ημων | και εν πληροφ. | εν υμιν : ℵ om εν 7. ϛ ℵ τυπουσ

1 THESS. 2, 13. 369

πιστεύουσιν ἐν τῇ Μακεδονίᾳ καὶ ἐν τῇ Ἀχαΐᾳ. ⁸ ἀφ᾽ ὑμῶν γὰρ 8
ἐξήχηται ὁ λόγοσ τοῦ κυρίου οὐ μόνον ἐν τῇ Μακεδονίᾳ καὶ ἐν
τῇ Ἀχαΐᾳ, ἀλλὰ ἐν παντὶ τόπῳ ἡ πίστισ ὑμῶν ἡ πρὸσ τὸν θεὸν
ἐξελήλυθεν, ὥστε μὴ χρείαν ἔχειν ἡμᾶσ λαλεῖν τι· ⁹ αὐτοὶ γὰρ 9
Act 14, 15 περὶ ἡμῶν ἀπαγγέλλουσιν ὁποίαν εἴσοδον ἔσχομεν πρὸσ ὑμᾶσ,
καὶ πῶσ ἐπεστρέψατε πρὸσ τὸν θεὸν ἀπὸ τῶν εἰδώλων δουλεύειν
θεῷ ζῶντι καὶ ἀληθινῷ, ¹⁰ καὶ ἀναμένειν τὸν υἱὸν αὐτοῦ ἐκ τῶν 10
οὐρανῶν, ὃν ἤγειρεν ἐκ τῶν νεκρῶν, Ἰησοῦν τὸν ῥυόμενον ἡμᾶσ
ἐκ τῆσ ὀργῆσ τῆσ ἐρχομένησ.

II.

Sincera et liberalis Pauli institutio. Fide constantes invitis popularibus.
Visendi desiderium.

Αὐτοὶ γὰρ οἴδατε, ἀδελφοί, τὴν εἴσοδον ἡμῶν τὴν πρὸσ 1
ὑμᾶσ, ὅτι οὐ κενὴ γέγονεν, ² ἀλλὰ προπαθόντεσ καὶ ὑβρισθέντεσ 2
Act 16, καθὼσ οἴδατε ἐν Φιλίπποισ, ἐπαρρησιασάμεθα ἐν τῷ θεῷ ἡμῶν
12 ss λαλῆσαι πρὸσ ὑμᾶσ τὸ εὐαγγέλιον τοῦ θεοῦ ἐν πολλῷ ἀγῶνι.
³ ἡ γὰρ παράκλησισ ἡμῶν οὐκ ἐκ πλάνησ οὐδὲ ἐξ ἀκαθαρσίασ 3
οὐδὲ ἐν δόλῳ, ⁴ ἀλλὰ καθὼσ δεδοκιμάσμεθα ὑπὸ τοῦ θεοῦ πιστευ- 4
Ga 1, 10 θῆναι τὸ εὐαγγέλιον οὕτωσ λαλοῦμεν, οὐχ ὡσ ἀνθρώποισ ἀρέσκον-
τεσ, ἀλλὰ θεῷ τῷ δοκιμάζοντι τὰσ καρδίασ ἡμῶν. ⁵ οὔτε γάρ 5
Phil 1, 8 ποτε ἐν λόγῳ κολακίασ ἐγενήθημεν, καθὼσ οἴδατε, οὔτε ἐν προ-
Io 5,41.44 φάσει πλεονεξίασ, θεὸσ μάρτυσ, ⁶ οὔτε ζητοῦντεσ ἐξ ἀνθρώπων 6
δόξαν, οὔτε ἀφ᾽ ὑμῶν οὔτε ἀπ᾽ ἄλλων, δυνάμενοι ἐν βάρει εἶναι
ὡσ Χριστοῦ ἀπόστολοι· ⁷ ἀλλὰ ἐγενήθημεν ἤπιοι ἐν μέσῳ ὑμῶν, 7
ὡσ ἐὰν τροφὸσ θάλπῃ τὰ ἑαυτῆσ τέκνα, ⁸ οὕτωσ ὁμειρόμενοι 8
ὑμῶν εὐδοκοῦμεν μεταδοῦναι ὑμῖν οὐ μόνον τὸ εὐαγγέλιον τοῦ
θεοῦ ἀλλὰ καὶ τὰσ ἑαυτῶν ψυχάσ, διότι ἀγαπητοὶ ἡμῖν ἐγενήθητε.
2 Th 3, 8 ⁹ μνημονεύετε γάρ, ἀδελφοί, τὸν κόπον ἡμῶν καὶ τὸν μόχθον· 9
νυκτὸσ καὶ ἡμέρασ ἐργαζόμενοι πρὸσ τὸ μὴ ἐπιβαρῆσαί τινα
ὑμῶν ἐκηρύξαμεν εἰσ ὑμᾶσ τὸ εὐαγγέλιον τοῦ θεοῦ. ¹⁰ ὑμεῖσ 10
μάρτυρεσ καὶ ὁ θεόσ, ὡσ ὁσίωσ καὶ δικαίωσ καὶ ἀμέμπτωσ ὑμῖν
τοῖσ πιστεύουσιν ἐγενήθημεν, ¹¹ καθάπερ οἴδατε ὡσ ἕνα ἕκαστον 11
ὑμῶν ὡσ πατὴρ τέκνα ἑαυτοῦ παρακαλοῦντεσ ὑμᾶσ καὶ παραμυ-
Col 1, 10 θούμενοι, ¹² καὶ μαρτυρόμενοι εἰσ τὸ περιπατεῖν ὑμᾶσ ἀξίωσ τοῦ 12
Eph 4, 1 θεοῦ τοῦ καλοῦντοσ ὑμᾶσ εἰσ τὴν ἑαυτοῦ βασιλείαν καὶ δόξαν.
1, 2 Καὶ διὰ τοῦτο καὶ ἡμεῖσ εὐχαριστοῦμεν τῷ θεῷ ἀδιαλείπτωσ, 13
ὅτι παραλαβόντεσ λόγον ἀκοῆσ παρ᾽ ἡμῶν τοῦ θεοῦ ἐδέξασθε οὐ

---

7. om εν sec   8. γαρ (et. ℵᵃ) : ℵ* om | ℵ* ο λογ. τ. θεου | om εν τη sec
loco | αλλα και εν | ημασ εχειν   9. εχομεν   10. εκ νεκρων | απο τησ οργ.
II, 2. αλλα και προπ.   3. ουτε εν δολ.   4. αλλα τω θεω   5. κολα-
κειασ | εν προφασει : ℵᶜ om εν   7. αλλ εγεν. | ηπιοι : ℵ* νηπιοι |⸗ ℵ* ωσ
αν τροφ.   8. ιμειρομενοι | γεγενησθε   9. νυκτοσ : add γαρ | εισ υμασ
(ℵᵃ) : ℵ* υμιν   11. ℵ om υμασ   12. μαρτυρουμενοι | περιπατησαι |'
ℵ καλεσαντοσ   13. om Και ante δια τουτ.

Nov. Test. ed. Tf.   24

λόγον ἀνθρώπων ἀλλὰ καθώσ ἐστιν ἀληθῶσ λόγον θεοῦ, ὃσ καὶ
14 ἐνεργεῖται ἐν ὑμῖν τοῖσ πιστεύουσιν. ¹⁴ ὑμεῖσ γὰρ μιμηταὶ ἐγενή-
θητε, ἀδελφοί, τῶν ἐκκλησιῶν τοῦ θεοῦ τῶν οὐσῶν ἐν τῇ Ἰουδαίᾳ
ἐν Χριστῷ Ἰησοῦ, ὅτι τὰ αὐτὰ ἐπάθετε καὶ ὑμεῖσ ὑπὸ τῶν ἰδίων
15 συμφυλετῶν, καθὼσ καὶ αὐτοὶ ὑπὸ τῶν Ἰουδαίων, ¹⁵ τῶν καὶ
τὸν κύριον ἀποκτεινάντων Ἰησοῦν καὶ τοὺσ προφήτασ, καὶ ἡμᾶσ
ἐκδιωξάντων καὶ θεῷ μὴ ἀρεσκόντων καὶ πᾶσιν ἀνθρώποισ ἐναν-
16 τίων, ¹⁶ κωλυόντων ἡμᾶσ τοῖσ ἔθνεσιν λαλῆσαι ἵνα σωθῶσιν, εἰσ
τὸ ἀναπληρῶσαι αὐτῶν τὰσ ἁμαρτίασ πάντοτε. ἔφθασεν δὲ ἐπ'
αὐτοὺσ ἡ ὀργὴ εἰσ τέλοσ.
17   Ἡμεῖσ δέ, ἀδελφοί, ἀπορφανισθέντεσ ἀφ' ὑμῶν πρὸσ και-
ρὸν ὥρασ προσώπῳ οὐ καρδίᾳ, περισσοτέρωσ ἐσπουδάσαμεν τὸ
18 πρόσωπον ὑμῶν ἰδεῖν ἐν πολλῇ ἐπιθυμίᾳ. ¹⁸ διότι ἠθελήσαμεν
ἐλθεῖν πρὸσ ὑμᾶσ, ἐγὼ μὲν Παῦλοσ καὶ ἅπαξ καὶ δίσ, καὶ ἐνέ-
19 κοψεν ἡμᾶσ ὁ σατανᾶσ. ¹⁹ τίσ γὰρ ἡμῶν ἐλπὶσ ἢ χαρὰ ἢ Phil 4, 1
στέφανοσ καυχήσεωσ ἢ οὐχὶ καὶ ὑμεῖσ ἔμπροσθεν τοῦ κυρίου
20 ἡμῶν Ἰησοῦ ἐν τῇ αὐτοῦ παρουσίᾳ; ²⁰ ὑμεῖσ γάρ ἐστε ἡ δόξα 3, 13
ἡμῶν καὶ ἡ χαρά.

III.

Impeditus ab itinere Paulus iterum misit Timotheum. Laetatur nuntiatis.
Votum.

1   Διὸ μηκέτι στέγοντεσ ηὐδοκήσαμεν καταλειφθῆναι ἐν Ἀθή- Act 17, 16.
2 ναισ μόνοι, ² καὶ ἐπέμψαμεν Τιμόθεον, τὸν ἀδελφὸν ἡμῶν καὶ Ro 16, 21
διάκονον τοῦ θεοῦ ἐν τῷ εὐαγγελίῳ τοῦ Χριστοῦ, εἰσ τὸ στηρίξαι
3 ὑμᾶσ καὶ παρακαλέσαι ὑπὲρ τῆσ πίστεωσ ὑμῶν ³ τὸ μηδένα σαί-
νεσθαι ἐν ταῖσ θλίψεσιν ταύταισ. αὐτοὶ γὰρ οἴδατε ὅτι εἰσ τοῦτο
4 κείμεθα· ⁴ καὶ γὰρ ὅτε πρὸσ ὑμᾶσ ἦμεν, προελέγομεν ὑμῖν ὅτι
5 μέλλομεν θλίβεσθαι, καθὼσ καὶ ἐγένετο καὶ οἴδατε. ⁵ διὰ τοῦτο
κἀγὼ μηκέτι στέγων ἔπεμψα εἰσ τὸ γνῶναι τὴν πίστιν ὑμῶν,
μήπωσ ἐπείρασεν ὑμᾶσ ὁ πειράζων καὶ εἰσ κενὸν γένηται ὁ
6 κόποσ ἡμῶν. ⁶ Ἄρτι δὲ ἐλθόντοσ Τιμοθέου πρὸσ ἡμᾶσ ἀφ' Act 18, 5.
ὑμῶν καὶ εὐαγγελισαμένου ἡμῖν τὴν πίστιν καὶ τὴν ἀγάπην ὑμῶν, 21
καὶ ὅτι ἔχετε μνείαν ἡμῶν ἀγαθὴν πάντοτε, ἐπιποθοῦντεσ ἡμᾶσ
7 ἰδεῖν καθάπερ καὶ ἡμεῖσ ὑμᾶσ, ⁷ διὰ τοῦτο παρεκλήθημεν, ἀδελ-
φοί, ἐφ' ὑμῖν ἐπὶ πάσῃ τῇ ἀνάγκῃ καὶ θλίψει ἡμῶν διὰ τῆσ ὑμῶν
8 9 πίστεωσ, ⁸ ὅτι νῦν ζῶμεν ἐὰν ὑμεῖσ στήκετε ἐν κυρίῳ. ⁹ τίνα γὰρ
εὐχαριστίαν δυνάμεθα τῷ θεῷ ἀνταποδοῦναι περὶ ὑμῶν ἐπὶ πάσῃ

---

13. εστιν αληθωσ : ℵᵃ αλ. εστ., ℵ* om αληθ. 14. τα αυτα : ταυτα
15. τουσ ιδιουσ προφητασ | ημασ : ϛ (non item ϛᵉ) υμασ ex errore
18. διο 19. η ουχι : ℵ* om η | ιησου : add χριστου 20. ℵ* και χαρα
III, 1. ευδοκησαμεν 2. κ. διακο. τ. θεου : add και συνεργον
ημων | παρακαλεσαι : add υμασ | υπερ : περι 3. το : τω 6. ℵ την
υμων πιστιν 7. θλιψ. και αναγκ. 8. ϛ ℵ στηκητε 9. τω θεω :
ℵ* τ. κυριω

τῇ χαρᾷ ᾗ χαίρομεν δι' ὑμᾶσ ἔμπροσθεν τοῦ θεοῦ ἡμῶν, ¹⁰ νυκτὸσ 10
καὶ ἡμέρασ ὑπερεκπερισσοῦ δεόμενοι εἰσ τὸ ἰδεῖν ὑμῶν τὸ πρόσ-
ωπον καὶ καταρτίσαι τὰ ὑστερήματα τῆσ πίστεωσ ὑμῶν;
Αὐτὸσ δὲ ὁ θεὸσ καὶ πατὴρ ἡμῶν καὶ ὁ κύριοσ ἡμῶν Ἰη- 11
σοῦσ κατευθύναι τὴν ὁδὸν ἡμῶν πρὸσ ὑμᾶσ· ¹² ὑμᾶσ δὲ ὁ κύριοσ 12
πλεονάσαι καὶ περισσεύσαι τῇ ἀγάπῃ εἰσ ἀλλήλουσ καὶ εἰσ πάν-
τασ, καθάπερ καὶ ἡμεῖσ εἰσ ὑμᾶσ, ¹³ εἰσ τὸ στηρίξαι ὑμῶν τὰσ 13
καρδίασ ἀμέμπτουσ ἐν ἁγιωσύνῃ ἔμπροσθεν τοῦ θεοῦ καὶ πατρὸσ
ἡμῶν ἐν τῇ παρουσίᾳ τοῦ κυρίου ἡμῶν Ἰησοῦ μετὰ πάντων τῶν
ἁγίων αὐτοῦ, ἀμήν.

IV.

In castitate et caritate pergendum. De mortuis ac reditu Christi.

Λοιπὸν οὖν, ἀδελφοί, ἐρωτῶμεν ὑμᾶσ καὶ παρακαλοῦμεν ἐν 1
κυρίῳ Ἰησοῦ, ἵνα καθὼσ παρελάβετε παρ' ἡμῶν τὸ πῶσ δεῖ ὑμᾶσ
περιπατεῖν καὶ ἀρέσκειν θεῷ, καθὼσ καὶ περιπατεῖτε, ἵνα περισ-
σεύητε μᾶλλον. ² οἴδατε γὰρ τίνασ παραγγελίασ ἐδώκαμεν ὑμῖν 2
5, 18 διὰ τοῦ κυρίου Ἰησοῦ. ³ τοῦτο γάρ ἐστιν θέλημα τοῦ θεοῦ, ὁ 3
ἁγιασμὸσ ὑμῶν, ἀπέχεσθαι ὑμᾶσ ἀπὸ τῆσ πορνείασ, ⁴ εἰδέναι 4
ἕκαστον ὑμῶν τὸ ἑαυτοῦ σκεῦοσ κτᾶσθαι ἐν ἁγιασμῷ καὶ τιμῇ,
Eph 2, 12 ⁵ μὴ ἐν πάθει ἐπιθυμίασ καθάπερ καὶ τὰ ἔθνη τὰ μὴ εἰδότα τὸν 5
θεόν, ⁶ τὸ μὴ ὑπερβαίνειν καὶ πλεονεκτεῖν ἐν τῷ πράγματι τὸν 6
ἀδελφὸν αὐτοῦ, διότι ἔκδικοσ κύριοσ περὶ πάντων τούτων, καθὼσ
καὶ προείπαμεν ὑμῖν καὶ διεμαρτυράμεθα. ⁷ οὐ γὰρ ἐκάλεσεν 7
Lc 10, 16 ἡμᾶσ ὁ θεὸσ ἐπὶ ἀκαθαρσίᾳ ἀλλὰ ἐν ἁγιασμῷ. ⁸ τοιγαροῦν ὁ 8
ἀθετῶν οὐκ ἄνθρωπον ἀθετεῖ ἀλλὰ τὸν θεὸν τὸν καὶ διδόντα
τὸ πνεῦμα αὐτοῦ τὸ ἅγιον εἰσ ὑμᾶσ.

Περὶ δὲ τῆσ φιλαδελφίασ οὐ χρείαν ἔχετε γράφειν ὑμῖν· αὐ- 9
5, 1
Io 6, 45 τοὶ γὰρ ὑμεῖσ θεοδίδακτοί ἐστε εἰσ τὸ ἀγαπᾶν ἀλλήλουσ· ¹⁰ καὶ 10
γὰρ ποιεῖτε αὐτὸ εἰσ πάντασ τοὺσ ἀδελφοὺσ ἐν ὅλῃ τῇ Μακεδο-
νίᾳ. παρακαλοῦμεν δὲ ὑμᾶσ, ἀδελφοί, περισσεύειν μᾶλλον ¹¹ καὶ 11
2The 3,12
Eph 4, 28 φιλοτιμεῖσθαι ἡσυχάζειν καὶ πράσσειν τὰ ἴδια καὶ ἐργάζεσθαι
Col 4, 5 ταῖσ χερσὶν ὑμῶν, καθὼσ ὑμῖν παρηγγείλαμεν, ¹² ἵνα περιπα- 12
τῆτε εὐσχημόνωσ πρὸσ τοὺσ ἔξω καὶ μηδενὸσ χρείαν ἔχητε.

Οὐ θέλομεν δὲ ὑμᾶσ ἀγνοεῖν, ἀδελφοί, περὶ τῶν κοιμωμέ- 13
Eph 2, 12 νων, ἵνα μὴ λυπῆσθε καθὼσ καὶ οἱ λοιποὶ οἱ μὴ ἔχοντεσ ἐλπίδα.
1 Co 6, 14 ¹⁴ εἰ γὰρ πιστεύομεν ὅτι Ἰησοῦσ ἀπέθανεν καὶ ἀνέστη, οὕτωσ καὶ 14
Ro 8, 11
ὁ θεὸσ τοὺσ κοιμηθέντασ διὰ τοῦ Ἰησοῦ ἄξει σὺν αὐτῷ. ¹⁵ τοῦτο 15

---

11. ιησουσ: add χριστοσ | αμην : om
IV, 1. το λοιπον | א τω κυριω ιησου | ϛ א om ινα pri. | om καθ. κ.
περιπατ. 2. א δεδωκαμεν 3. א^c απο πασησ πορν. 4. א* και εν
τιμη 6. ο κυριοσ 7. ϛ א αλλ 8. δοντα | εισ ημασ 9. א^c εχομεν
10. א* τ. αδελφουσ ημων | εν ολη : praem τουσ 11. ϛ א* ταισ ιδιαισ
χερσ. υμ. | א^c παρηγγ. υμιν 13. θελω | κεκοιμημενων | א^c ωσ και
14. א^c επιστευομεν

24*

γὰρ ὑμῖν λέγομεν ἐν λόγῳ κυρίου, ὅτι ἡμεῖσ οἱ ζῶντεσ οἱ περι- 1Co15,51s
λειπόμενοι εἰσ τὴν παρουσίαν τοῦ κυρίου οὐ μὴ φθάσωμεν τοὺσ 15,23
16 κοιμηθέντασ, ¹⁶ ὅτι αὐτὸσ ὁ κύριοσ ἐν κελεύσματι, ἐν φωνῇ
ἀρχαγγέλου καὶ ἐν σάλπιγγι θεοῦ καταβήσεται ἀπ᾽ οὐρανοῦ, καὶ
17 οἱ νεκροὶ ἐν Χριστῷ ἀναστήσονται πρῶτον, ¹⁷ ἔπειτα ἡμεῖσ οἱ
ζῶντεσ οἱ περιλειπόμενοι ἅμα σὺν αὐτοῖσ ἁρπαγησόμεθα ἐν νεφέ-
λαισ εἰσ ἀπάντησιν τοῦ κυρίου εἰσ ἀέρα· καὶ οὕτωσ πάντοτε
18 σὺν κυρίῳ ἐσόμεθα. ¹⁸ ὥστε παρακαλεῖτε ἀλλήλουσ ἐν τοῖσ λόγοισ
τούτοισ.

V.

Dies subito ventura; hinc vigilandum est. Praesides colendi. Admoni-
tiones variae. Vota.

1   Περὶ δὲ τῶν χρόνων καὶ τῶν καιρῶν, ἀδελφοί, οὐ χρείαν Mt 24, 36
2 ἔχετε ὑμῖν γράφεσθαι· ² αὐτοὶ γὰρ ἀκριβῶσ οἴδατε ὅτι ἡμέρα 2Pe 3, 10
3 κυρίου ὡσ κλέπτησ ἐν νυκτὶ οὕτωσ ἔρχεται. ³ ὅταν λέγωσιν·
εἰρήνη καὶ ἀσφάλεια, τότε αἰφνίδιοσ αὐτοῖσ ἐπίσταται ὄλεθροσ
ὥσπερ ἡ ὠδὶν τῇ ἐν γαστρὶ ἐχούσῃ, καὶ οὐ μὴ ἐκφύγωσιν.
4   ⁴ ὑμεῖσ δέ, ἀδελφοί, οὐκ ἐστὲ ἐν σκότει, ἵνα ἡ ἡμέρα ὑμᾶσ ὡσ
5 κλέπτησ καταλάβῃ· ⁵ πάντεσ γὰρ ὑμεῖσ υἱοὶ φωτόσ ἐστε καὶ υἱοὶ Eph 5, 8
6 ἡμέρασ· οὐκ ἐσμὲν νυκτὸσ οὐδὲ σκότουσ· ⁶ ἄρα οὖν μὴ καθεύδω-
7 μεν ὡσ οἱ λοιποί, ἀλλὰ γρηγορῶμεν καὶ νήφωμεν. ⁷ οἱ γὰρ
καθεύδοντεσ νυκτὸσ καθεύδουσιν, καὶ οἱ μεθυσκόμενοι νυκτὸσ
8 μεθύουσιν· ⁸ ἡμεῖσ δὲ ἡμέρασ ὄντεσ νήφωμεν, ἐνδυσάμενοι θώρακα Eph 6, 14. 17
9 πίστεωσ καὶ ἀγάπησ καὶ περικεφαλαίαν ἐλπίδα σωτηρίασ, ⁹ ὅτι
οὐκ ἔθετο ἡμᾶσ ὁ θεὸσ εἰσ ὀργὴν ἀλλὰ εἰσ περιποίησιν σωτηρίασ
10 διὰ τοῦ κυρίου ἡμῶν Ἰησοῦ Χριστοῦ, ¹⁰ τοῦ ἀποθανόντοσ περὶ 2 Co 5, 15 etc
ἡμῶν, ἵνα εἴτε γρηγορῶμεν εἴτε καθεύδωμεν ἅμα σὺν αὐτῷ ζήσω-
11 μεν. ¹¹ διὸ παρακαλεῖτε ἀλλήλουσ καὶ οἰκοδομεῖτε εἷσ τὸν ἕνα,
καθὼσ καὶ ποιεῖτε.
12   Ἐρωτῶμεν δὲ ὑμᾶσ, ἀδελφοί, εἰδέναι τοὺσ κοπιῶντασ ἐν 1 Ti 5, 17
ὑμῖν καὶ προϊσταμένουσ ὑμῶν ἐν κυρίῳ καὶ νουθετοῦντασ ὑμᾶσ,
13 ¹³ καὶ ἡγεῖσθαι αὐτοὺσ ὑπερεκπερισσῶσ ἐν ἀγάπῃ διὰ τὸ ἔργον Mc 9, 50
14 αὐτῶν. εἰρηνεύετε ἐν αὐτοῖσ. ¹⁴ παρακαλοῦμεν δὲ ὑμᾶσ, ἀδελ-
φοί, νουθετεῖτε τοὺσ ἀτάκτουσ, παραμυθεῖσθε τοὺσ ὀλιγοψύχουσ,
15 ἀντέχεσθε τῶν ἀσθενῶν, μακροθυμεῖτε πρὸσ πάντασ. ¹⁵ ὁρᾶτε Ro 12, 17 1Pe 3, 9
μή τισ κακὸν ἀντὶ κακοῦ τινι ἀποδοῖ, ἀλλὰ πάντοτε τὸ ἀγαθὸν
16 διώκετε εἰσ ἀλλήλουσ καὶ εἰσ πάντασ. ¹⁶ πάντοτε χαίρετε, Phi 4, 4
17 18 ¹⁷ ἀδιαλείπτωσ προσεύχεσθε, ¹⁸ ἐν παντὶ εὐχαριστεῖτε· τοῦτο
19 γὰρ θέλημα θεοῦ ἐν Χριστῷ Ἰησοῦ εἰσ ὑμᾶσ. ¹⁹ τὸ πνεῦμα μὴ 4, 3

V, 1. א του (אᶜ om) γραφ. υμιν 2. η ημερα 3. ϛ οταν γαρ,
אᶜ οταν δε | εφισταται 5. om γαρ 6. ωσ και οι 8. א* om και αγαπησ
9. αλλ 10. περι : υπερ 12. א προϊστανομενουσ 13. ϛ א υπερεκπε-
ρισσου | א* και ειρηνευετ. | εν εαυτοισ 15. αποδω | και εισ αλληλ.
18. א* του θεου

ζβέννυτε, ²⁰ προφητείασ μὴ ἐξουθενεῖτε· ²¹ πάντα δὲ δοκιμάζετε, 20 21
τὸ καλὸν κατέχετε· ²² ἀπὸ παντὸσ εἴδουσ πονηροῦ ἀπέχεσθε. 22
²³ Αὐτὸσ δὲ ὁ θεὸσ τῆσ εἰρήνησ ἁγιάσαι ὑμᾶσ ὁλοτελεῖσ, καὶ 23
ὁλόκληρον ὑμῶν τὸ πνεῦμα καὶ ἡ ψυχὴ καὶ τὸ σῶμα ἀμέμπτωσ
ἐν τῇ παρουσίᾳ τοῦ κυρίου ἡμῶν Ἰησοῦ Χριστοῦ τηρηθείη.
²⁴ πιστὸσ ὁ καλῶν ὑμᾶσ, ὃσ καὶ ποιήσει. 24
Ἀδελφοί, προσεύχεσθε περὶ ἡμῶν. ²⁶ ἀσπάσασθε τοὺσ 25 26
ἀδελφοὺσ πάντασ ἐν φιλήματι ἁγίῳ. ²⁷ ἐνορκίζω ὑμᾶσ τὸν κύ- 27
ριον, ἀναγνωσθῆναι τὴν ἐπιστολὴν πᾶσιν τοῖσ ἀδελφοῖσ.
Ἡ χάρισ τοῦ κυρίου ἡμῶν Ἰησοῦ Χριστοῦ μεθ᾽ ὑμῶν. 28

ΠΡΟΣ ΘΕΣΣΑΛΟΝΙΚΕΙΣ Β.

I.

Laudat fidem Thessalonicensium.   Pios merces manet, impios poena.

Παῦλοσ καὶ Σιλουανὸσ καὶ Τιμόθεοσ τῇ ἐκκλησίᾳ Θεσσα- 1
λονικέων ἐν θεῷ πατρὶ ἡμῶν καὶ κυρίῳ Ἰησοῦ Χριστῷ. ² χάρισ 2
ὑμῖν καὶ εἰρήνη ἀπὸ θεοῦ πατρὸσ ἡμῶν καὶ κυρίου Ἰησοῦ Χρι-
στοῦ.
Εὐχαριστεῖν ὀφείλομεν τῷ θεῷ πάντοτε περὶ ὑμῶν, ἀδελφοί, 3
καθὼσ ἄξιόν ἐστιν, ὅτι ὑπεραυξάνει ἡ πίστισ ὑμῶν καὶ πλεονάζει
ἡ ἀγάπη ἑνὸσ ἑκάστου πάντων ὑμῶν εἰσ ἀλλήλουσ, ⁴ ὥστε αὐτοὺσ 4
ἡμᾶσ ἐν ὑμῖν ἐνκαυχᾶσθαι ἐν ταῖσ ἐκκλησίαισ τοῦ θεοῦ ὑπὲρ τῆσ
ὑπομονῆσ ὑμῶν καὶ πίστεωσ ἐν πᾶσιν τοῖσ διωγμοῖσ ὑμῶν καὶ
ταῖσ θλίψεσιν αἷσ ἀνέχεσθε, ⁵ ἔνδειγμα τῆσ δικαίασ κρίσεωσ τοῦ 5
θεοῦ, εἰσ τὸ καταξιωθῆναι ὑμᾶσ τῆσ βασιλείασ τοῦ θεοῦ, ὑπὲρ
ἧσ καὶ πάσχετε, ⁶ εἴπερ δίκαιον παρὰ θεῷ ἀνταποδοῦναι τοῖσ 6
θλίβουσιν ὑμᾶσ θλίψιν ⁷ καὶ ὑμῖν τοῖσ θλιβομένοισ ἄνεσιν μεθ᾽ 7
ἡμῶν, ἐν τῇ ἀποκαλύψει τοῦ κυρίου Ἰησοῦ ἀπ᾽ οὐρανοῦ μετ᾽
ἀγγέλων δυνάμεωσ αὐτοῦ ⁸ ἐν πυρὶ φλογόσ, διδόντοσ ἐκδίκησιν 8
τοῖσ μὴ εἰδόσιν θεὸν καὶ τοῖσ μὴ ὑπακούουσιν τῷ εὐαγγελίῳ τοῦ
κυρίου ἡμῶν Ἰησοῦ, ⁹ οἵτινεσ δίκην τίσουσιν ὄλεθρον αἰώνιον ἀπὸ 9
προσώπου τοῦ κυρίου καὶ ἀπὸ τῆσ δόξησ τῆσ ἰσχύοσ αὐτοῦ,
¹⁰ ὅταν ἔλθῃ ἐνδοξασθῆναι ἐν τοῖσ ἁγίοισ αὐτοῦ καὶ θαυμασθῆναι 10
ἐν πᾶσιν τοῖσ πιστεύσασιν, ὅτι ἐπιστεύθη τὸ μαρτύριον ἡμῶν ἐφ᾽
ὑμᾶσ, ἐν τῇ ἡμέρᾳ ἐκείνῃ. ¹¹ Εἰσ ὃ καὶ προσευχόμεθα πάντοτε 11
περὶ ὑμῶν, ἵνα ὑμᾶσ ἀξιώσῃ τῆσ κλήσεωσ ὁ θεὸσ ἡμῶν καὶ

---

19. ϛ א σβεννυτε   21. ϛ א* om δε   27. ϛ א ορκιζω | τοισ αγιοισ αδελφ.
28. μεθ υμων : ϛ א add αμην

* ἡ προσ Θεσσαλ. ἐπιστολ. δευτερα, ϛᶜ παυλου του αποστολου
ἡ προσ Θεσσ. ἐπιστ. δευτερ.

I, 1. א* (non ᵃ) εν θεω και πατρ.   3. א* om υμων post παντων
4. ωστ. ημασ αυτουσ | καυχασθαι   8. אᶜ τον θεον | ϛ א ιησου χριστου
10. πιστευουσιν

πληρώση πᾶσαν εὐδοκίαν ἀγαθωσύνησ καὶ ἔργον πίστεωσ ἐν δυνά-
12 μει. ¹²ὅπωσ ἐνδοξασθῇ τὸ ὄνομα τοῦ κυρίου ἡμῶν Ἰησοῦ ἐν ὑμῖν
καὶ ὑμεῖσ ἐν αὐτῷ κατὰ τὴν χάριν τοῦ θεοῦ ἡμῶν καὶ κυρίου
Ἰησοῦ Χριστοῦ.

II.

Christi adventum praecedet Antichristus. Perseverandum bona fide.

1 Ἐρωτῶμεν δὲ ὑμᾶσ, ἀδελφοί, ὑπὲρ τῆσ παρουσίασ τοῦ κυ-
ρίου ἡμῶν Ἰησοῦ Χριστοῦ καὶ ἡμῶν ἐπισυναγωγῆσ ἐπ' αὐτόν,
2 ²εἰσ τὸ μὴ ταχέωσ σαλευθῆναι ὑμᾶσ ἀπὸ τοῦ νοὸσ μηδὲ θροεῖ- 1Th 5, 2
σθαι, μήτε διὰ πνεύματοσ μήτε διὰ λόγου μήτε δι' ἐπιστολῆσ ὡσ
3 δι' ἡμῶν, ὡσ ὅτι ἐνέστηκεν ἡ ἡμέρα τοῦ κυρίου. ³μή τισ ὑμᾶσ Eph 5, 6
ἐξαπατήσῃ κατὰ μηδένα τρόπον, ὅτι ἐὰν μὴ ἔλθῃ ἡ ἀποστασία
πρῶτον καὶ ἀποκαλυφθῇ ὁ ἄνθρωποσ τῆσ ἀνομίασ, ὁ υἱὸσ τῆσ
4 ἀπωλείασ, ⁴ὁ ἀντικείμενοσ καὶ ὑπεραιρόμενοσ ἐπὶ πάντα λεγό- Dan 11,36
μενον θεὸν ἢ σέβασμα, ὥστε αὐτὸν εἰσ τὸν ναὸν τοῦ θεοῦ καθί-
5 σαι, ἀποδεικνύντα ἑαυτὸν ὅτι ἐστὶν θεόσ. ⁵Οὐ μνημονεύετε ὅτι Act 17,1
6 ἔτι ὢν πρὸσ ὑμᾶσ ταῦτα ἔλεγον ὑμῖν; ⁶καὶ νῦν τὸ κατέχον οἴ-
7 δατε, εἰσ τὸ ἀποκαλυφθῆναι αὐτὸν ἐν τῷ αὐτοῦ καιρῷ. ⁷τὸ γὰρ
μυστήριον ἤδη ἐνεργεῖται τῆσ ἀνομίασ, μόνον ὁ κατέχων ἄρτι ἕωσ
8 ἐκ μέσου γένηται· ⁸καὶ τότε ἀποκαλυφθήσεται ὁ ἄνομοσ, ὃν ὁ Es 11,4
κύριοσ Ἰησοῦσ ἀνελεῖ τῷ πνεύματι τοῦ στόματοσ αὐτοῦ καὶ
9 καταργήσει τῇ ἐπιφανείᾳ τῆσ παρουσίασ αὐτοῦ, ⁹οὗ ἐστὶν ἡ παρου-
σία κατ' ἐνέργειαν τοῦ σατανᾶ ἐν πάσῃ δυνάμει καὶ σημείοισ καὶ
10 τέρασιν ψεύδουσ ¹⁰καὶ ἐν πάσῃ ἀπάτῃ ἀδικίασ τοῖσ ἀπολλυ- 2 Co 2, 15
μένοισ, ἀνθ' ὧν τὴν ἀγάπην τῆσ ἀληθείασ οὐκ ἐδέξαντο εἰσ τὸ 4, 3
11 σωθῆναι αὐτούσ. ¹¹καὶ διὰ τοῦτο πέμπει αὐτοῖσ ὁ θεὸσ ἐνέρ-
12 γειαν πλάνησ εἰσ τὸ πιστεῦσαι αὐτοὺσ τῷ ψεύδει, ¹²ἵνα κριθῶσιν
ἅπαντεσ οἱ μὴ πιστεύσαντεσ τῇ ἀληθείᾳ ἀλλὰ εὐδοκήσαντεσ τῇ
ἀδικίᾳ.

13 Ἡμεῖσ δὲ ὀφείλομεν εὐχαριστεῖν τῷ θεῷ πάντοτε περὶ ὑμῶν,
ἀδελφοὶ ἠγαπημένοι ὑπὸ κυρίου, ὅτι εἵλατο ὑμᾶσ ὁ θεὸσ ἀπ'
ἀρχῆσ εἰσ σωτηρίαν ἐν ἁγιασμῷ πνεύματοσ καὶ πίστει ἀληθείασ,
14 ¹⁴εἰσ ὃ καὶ ἐκάλεσεν ὑμᾶσ διὰ τοῦ εὐαγγελίου ἡμῶν, εἰσ περιποί-
15 ησιν δόξησ τοῦ κυρίου ἡμῶν Ἰησοῦ Χριστοῦ. ¹⁵ἄρα οὖν, ἀδελ-
φοί, στήκετε, καὶ κρατεῖτε τὰσ παραδόσεισ ἃσ ἐδιδάχθητε εἴτε
16 διὰ λόγου εἴτε δι' ἐπιστολῆσ ἡμῶν· ¹⁶αὐτὸσ δὲ ὁ κύριοσ ἡμῶν
Ἰησοῦσ Χριστὸσ καὶ ὁ θεὸσ ὁ πατὴρ ἡμῶν, ὁ ἀγαπήσασ ἡμᾶσ

12. ιησου pri : add χριστου
II, 2. μητε θροεισθ. | η ημερ. του χριστου 3. ανομιασ : αμαρτιασ
4. א* om και υπεραιρομ. | καθισαι : praem ωσ θεον 6. εν τω εαυτου
καιρ. 8. ο κυριοσ omisso ιησ. | ανελει : א* αναλοι, ϛ αναλωσει 10. τησ
αδικιασ | εν τοισ απολλυμ. 11. πεμψει 12. παντεσ | αλλ | εν τη
αδικια 13. א του κυριου | ειλετο | υμασ : א* ημᾶσ 14. om και 16. και
πατηρ ημων | א* (non a) om ο αγαπ. ημασ

καὶ δοὺσ παράκλησιν αἰωνίαν καὶ ἐλπίδα ἀγαθὴν ἐν χάριτι,
¹⁷ παρακαλέσαι ὑμῶν τὰσ καρδίασ καὶ στηρίξαι ἐν παντὶ ἔργῳ 17
καὶ λόγῳ ἀγαθῷ.

III.

Precandum pro evangelio.   De dissolutis ac desidibus cavendis.   Nota genuinae epistulae.

Τὸ λοιπὸν προσεύχεσθε, ἀδελφοί, περὶ ἡμῶν, ἵνα ὁ λόγοσ 1
τοῦ κυρίου τρέχῃ καὶ δοξάζηται καθὼσ καὶ πρὸσ ὑμᾶσ, ² καὶ ἵνα 2
ῥυσθῶμεν ἀπὸ τῶν ἀτόπων καὶ πονηρῶν ἀνθρώπων· οὐ γὰρ
πάντων ἡ πίστισ. ³ πιστὸσ δέ ἐστιν ὁ κύριοσ ὃσ στηρίξει ὑμᾶσ 3
καὶ φυλάξει ἀπὸ τοῦ πονηροῦ. ⁴ πεποίθαμεν δὲ ἐν κυρίῳ ἐφ' 4
ὑμᾶσ, ὅτι ἃ παραγγέλλομεν ποιεῖτε καὶ ποιήσετε. ⁵ ὁ δὲ κύριοσ 5
κατευθύναι ὑμῶν τὰσ καρδίασ εἰσ τὴν ἀγάπην τοῦ θεοῦ καὶ εἰσ
τὴν ὑπομονὴν τοῦ Χριστοῦ.

Παραγγέλλομεν δὲ ὑμῖν, ἀδελφοί, ἐν ὀνόματι τοῦ κυρίου 6
ἡμῶν Ἰησοῦ Χριστοῦ, στέλλεσθαι ὑμᾶσ ἀπὸ παντὸσ ἀδελφοῦ
ἀτάκτωσ περιπατοῦντοσ καὶ μὴ κατὰ τὴν παράδοσιν ἣν παρε-
λάβοσαν παρ' ἡμῶν. ⁷ αὐτοὶ γὰρ οἴδατε πῶσ δεῖ μιμεῖσθαι ἡμᾶσ, 7
ὅτι οὐκ ἠτακτήσαμεν ἐν ὑμῖν, ⁸ οὐδὲ δωρεὰν ἄρτον ἐφάγομεν παρά 8
τινοσ, ἀλλ' ἐν κόπῳ καὶ μόχθῳ νυκτὸσ καὶ ἡμέρασ ἐργαζόμενοι
πρὸσ τὸ μὴ ἐπιβαρῆσαί τινα ὑμῶν· ⁹ οὐχ ὅτι οὐκ ἔχομεν ἐξουσίαν, 9
ἀλλ' ἵνα ἑαυτοὺσ τύπον δῶμεν ὑμῖν εἰσ τὸ μιμεῖσθαι ἡμᾶσ. ¹⁰ καὶ 10
γὰρ ὅτε ἦμεν πρὸσ ὑμᾶσ, τοῦτο παρηγγέλλομεν ὑμῖν, ὅτι εἴ τισ
οὐ θέλει ἐργάζεσθαι, μηδὲ ἐσθιέτω. ¹¹ ἀκούομεν γάρ τινασ περι- 11
πατοῦντασ ἐν ὑμῖν ἀτάκτωσ, μηδὲν ἐργαζομένουσ ἀλλὰ περιεργα-
ζομένουσ· ¹² τοῖσ δὲ τοιούτοισ παραγγέλλομεν καὶ παρακαλοῦμεν 12
ἐν κυρίῳ Ἰησοῦ Χριστῷ ἵνα μετὰ ἡσυχίασ ἐργαζόμενοι τὸν ἑαυ-
τῶν ἄρτον ἐσθίωσιν. ¹³ ὑμεῖσ δέ, ἀδελφοί, μὴ ἐγκακήσητε καλο- 13
ποιοῦντεσ. ¹⁴ εἰ δέ τισ οὐχ ὑπακούει τῷ λόγῳ ἡμῶν διὰ τῆσ 14
ἐπιστολῆσ, τοῦτον σημειοῦσθε· μὴ συναναμίγνυσθε αὐτῷ, ἵνα
ἐντραπῇ· ¹⁵ καὶ μὴ ὡσ ἐχθρὸν ἡγεῖσθε, ἀλλὰ νουθετεῖτε ὡσ 15
ἀδελφόν. ¹⁶ αὐτὸσ δὲ ὁ κύριοσ τῆσ εἰρήνησ δῴη ὑμῖν τὴν εἰρήνην 16
διαπαντὸσ ἐν παντὶ τρόπῳ. ὁ κύριοσ μετὰ πάντων ὑμῶν.

Ὁ ἀσπασμὸσ τῇ ἐμῇ χειρὶ Παύλου, ὅ ἐστιν σημεῖον ἐν πάσῃ 17
ἐπιστολῇ· οὕτωσ γράφω. ¹⁸ ἡ χάρισ τοῦ κυρίου ἡμῶν Ἰησοῦ 18
Χριστοῦ μετὰ πάντων ὑμῶν.

17. τ. καρδ. υμων | στηριξαι : add υμασ | λογω και εργω
III, 3. εστιν : ℵ* post ο κυρ. pon   4. παραγγελλομεν : add υμιν | και ποιειτε   5. om την ante υπομ.   6. κς παρελαβον, ϛ παρελαβε
8. ℵ αλλα | νυκτα και ημεραν   10. ℵ* om τουτο   12. δια του κυριου ημων ιησου χριστου   13. εκκακησητε   14. και μη συναναμ. | ℵ συναναμιγνυσθαι   18. μετα πα. υμων : add αμην

ΠΡΟΣ ΕΒΡΑΙΟΥΣ.

I.

Dei filius summus omnium, longe maior angelis.

1 Πολυμερῶσ καὶ πολυτρόπωσ πάλαι ὁ θεὸσ λαλήσασ τοῖσ πατράσιν ἐν τοῖσ προφήταισ ἐπ' ἐσχάτου τῶν ἡμερῶν τούτων 2 ἐλάλησεν ἡμῖν ἐν υἱῷ, ² ὃν ἔθηκεν κληρονόμον πάντων, δι' οὗ 3 καὶ ἐποίησεν τοὺσ αἰῶνασ, ³ ὃσ ὢν ἀπαύγασμα τῆσ δόξησ καὶ χαρακτὴρ τῆσ ὑποστάσεωσ αὐτοῦ φέρων τε τὰ πάντα τῷ ῥήματι τῆσ δυνάμεωσ αὐτοῦ, καθαρισμὸν τῶν ἁμαρτιῶν ποιησάμενοσ 4 ἐκάθισεν ἐν δεξιᾷ τῆσ μεγαλωσύνησ ἐν ὑψηλοῖσ, ⁴ τοσούτῳ κρείττων γενόμενοσ τῶν ἀγγέλων ὅσῳ διαφορώτερον παρ' αὐτοὺσ κε- 5 κληρονόμηκεν ὄνομα. ⁵ τίνι γὰρ εἶπέν ποτε τῶν ἀγγέλων· υἱόσ μου εἶ σύ, ἐγὼ σήμερον γεγέννηκά σε; καὶ πάλιν· ἐγὼ ἔσομαι 6 αὐτῷ εἰσ πατέρα καὶ αὐτὸσ ἔσται μοι εἰσ υἱόν; ⁶ ὅταν δὲ πάλιν εἰσαγάγῃ τὸν πρωτότοκον εἰσ τὴν οἰκουμένην, λέγει· καὶ προσ- 7 κυνησάτωσαν αὐτῷ πάντεσ ἄγγελοι θεοῦ. ⁷ καὶ πρὸσ μὲν τοὺσ ἀγγέλουσ λέγει· ὁ ποιῶν τοὺσ ἀγγέλουσ αὐτοῦ πνεύματα καὶ τοὺσ 8 λειτουργοὺσ αὐτοῦ πυρὸσ φλόγα, ⁸ πρὸσ δὲ τὸν υἱόν· ὁ θρόνοσ σου ὁ θεὸσ εἰσ τὸν αἰῶνα τοῦ αἰῶνοσ, καὶ ἡ ῥάβδοσ τῆσ εὐθύτη- 9 τοσ ῥάβδοσ τῆσ βασιλείασ σου. ⁹ ἠγάπησασ δικαιοσύνην καὶ ἐμίσησασ ἀδικίαν· διὰ τοῦτο ἔχρισέν σε, ὁ θεόσ, ὁ θεόσ σου 10 ἔλαιον ἀγαλλιάσεωσ παρὰ τοὺσ μετόχουσ σου. ¹⁰ καί· σὺ κατ' ἀρχὰσ κύριε τὴν γῆν ἐθεμελίωσασ, καὶ ἔργα τῶν χειρῶν σου 11 εἰσὶν οἱ οὐρανοί· ¹¹ αὐτοὶ ἀπολοῦνται, σὺ δὲ διαμένεισ· καὶ πάν- 12 τεσ ὡσ ἱμάτιον παλαιωθήσονται, ¹² καὶ ὡσεὶ περιβόλαιον ἀλλάξεισ αὐτοὺσ καὶ ἀλλαγήσονται, σὺ δὲ ὁ αὐτὸσ εἶ καὶ τὰ ἔτη σου 13 οὐκ ἐκλείψουσιν. ¹³ πρὸσ τίνα δὲ τῶν ἀγγέλων εἴρηκέν ποτε· κάθου ἐκ δεξιῶν μου ἕωσ ἂν θῶ τοὺσ ἐχθρούσ σου ὑποπόδιον 14 τῶν ποδῶν σου; ¹⁴ οὐχὶ πάντεσ εἰσὶν λειτουργικὰ πνεύματα εἰσ διακονίαν ἀποστελλόμενα διὰ τοὺσ μέλλοντασ κληρονομεῖν σωτηρίαν;

II.

Dei filio parendum magis quam legi per angelos traditae. Christus homo factus fratrum caussa passus.

1 Διὰ τοῦτο δεῖ περισσοτέρωσ προσέχειν ἡμᾶσ τοῖσ ἀκουσθεῖ- 2 σιν, μήποτε παραρυῶμεν. ² εἰ γὰρ ὁ δι' ἀγγέλων λαληθεὶσ λόγοσ

---

* ς η προσ εβραιουσ επιστ. παυλου, item ςε omisso παυλου

I, 1. επ εσχατων 2. και τουσ αιω. εποιη. 3. καθαρισμον: praem δι εαυτου | τ. αμαρτιων: add ημων | ποιησαμενοσ: pon ante τ. αμαρτ. ημων 5. εσομ. αυτω (et. ℵa): ℵ* om αυτω 8. αιωνοσ· ραβδοσ ευθυτητοσ η ραβδ. | σου: ℵ αυτου 9. αδικιαν: ανομιαν 12. αλλαξεισ: ελιξεισ, ℵ add ωσ ιματιον

II, 1. περισσοτ. δει | ημασ προσεχ. | παραρρυωμεν

ἐγένετο βέβαιοσ, καὶ πᾶσα παράβασισ καὶ παρακοὴ ἔλαβεν ἔνδικον μισθαποδοσίαν, ³πῶσ ἡμεῖσ ἐκφευξόμεθα τηλικαύτησ ἀμελήσαντεσ σωτηρίασ; ἥτισ ἀρχὴν λαβοῦσα λαλεῖσθαι διὰ τοῦ κυρίου, ὑπὸ τῶν ἀκουσάντων εἰσ ἡμᾶσ ἐβεβαιώθη, ⁴συνεπιμαρτυροῦντοσ τοῦ θεοῦ σημείοισ τε καὶ τέρασιν καὶ ποικίλαισ δυνάμεσιν καὶ πνεύματοσ ἁγίου μερισμοῖσ κατὰ τὴν αὐτοῦ θέλησιν.

Οὐ γὰρ ἀγγέλοισ ὑπέταξεν τὴν οἰκουμένην τὴν μέλλουσαν, περὶ ἧσ λαλοῦμεν. ⁶διεμαρτύρατο δέ που τὶσ λέγων· τί ἐστιν ἄνθρωποσ ὅτι μιμνήσκῃ αὐτοῦ; ἢ υἱὸσ ἀνθρώπου ὅτι ἐπισκέπτῃ αὐτόν; ⁷ἠλάττωσασ αὐτὸν βραχύ τι παρ' ἀγγέλουσ, δόξῃ καὶ τιμῇ ἐστεφάνωσασ αὐτόν, ⁸πάντα ὑπέταξασ ὑποκάτω τῶν ποδῶν αὐτοῦ. ἐν τῷ γὰρ ὑποτάξαι αὐτῷ τὰ πάντα οὐδὲν ἀφῆκεν αὐτῷ ἀνυπότακτον· νῦν δὲ οὔπω ὁρῶμεν αὐτῷ τὰ πάντα ὑποτεταγμένα. ⁹τὸν δὲ βραχύ τι παρ' ἀγγέλουσ ἠλαττωμένον βλέπομεν Ἰησοῦν διὰ τὸ πάθημα τοῦ θανάτου δόξῃ καὶ τιμῇ ἐστεφανωμένον, ὅπωσ χάριτι θεοῦ ὑπὲρ παντὸσ γεύσηται θανάτου. ¹⁰ἔπρεπεν γὰρ αὐτῷ, δι' ὃν τὰ πάντα καὶ δι' οὗ τὰ πάντα, πολλοὺσ υἱοὺσ εἰσ δόξαν ἀγαγόντα τὸν ἀρχηγὸν τῆσ σωτηρίασ αὐτῶν διὰ παθημάτων τελειῶσαι. ¹¹ὅ τε γὰρ ἁγιάζων καὶ οἱ ἁγιαζόμενοι ἐξ ἑνὸσ πάντεσ· δι' ἣν αἰτίαν οὐκ ἐπαισχύνεται ἀδελφοὺσ αὐτοὺσ καλεῖν, ¹²λέγων· ἀπαγγελῶ τὸ ὄνομά σου τοῖσ ἀδελφοῖσ μου, ἐν μέσῳ ἐκκλησίασ ὑμνήσω σε. ¹³καὶ πάλιν· ἐγὼ ἔσομαι πεποιθὼσ ἐπ' αὐτῷ. καὶ πάλιν· ἰδοὺ ἐγὼ καὶ τὰ παιδία ἅ μοι ἔδωκεν ὁ θεόσ. ¹⁴ἐπεὶ οὖν τὰ παιδία κεκοινώνηκεν αἵματοσ καὶ σαρκόσ, καὶ αὐτὸσ παραπλησίωσ μετέσχεν τῶν αὐτῶν, ἵνα διὰ τοῦ θανάτου καταργήσῃ τὸν τὸ κράτοσ ἔχοντα τοῦ θανάτου, τοῦτ' ἔστιν τὸν διάβολον, ¹⁵καὶ ἀπαλλάξῃ τούτουσ ὅσοι φόβῳ θανάτου διὰ παντὸσ τοῦ ζῆν ἔνοχοι ἦσαν δουλίασ. ¹⁶οὐ γὰρ δήπου ἀγγέλων ἐπιλαμβάνεται, ἀλλὰ σπέρματοσ Ἀβραὰμ ἐπιλαμβάνεται. ¹⁷ὅθεν ὤφειλεν κατὰ πάντα τοῖσ ἀδελφοῖσ ὁμοιωθῆναι, ἵνα ἐλεήμων γένηται καὶ πιστὸσ ἀρχιερεὺσ τὰ πρὸσ τὸν θεόν, εἰσ τὸ ἱλάσκεσθαι τὰσ ἁμαρτίασ τοῦ λαοῦ. ¹⁸ἐν ᾧ γὰρ πέπονθεν αὐτὸσ πειρασθείσ, δύναται τοῖσ πειραζομένοισ βοηθῆσαι.

III.

Christus Mose maior. Moses non impune spretus, multo minus Christus.

Ὅθεν, ἀδελφοὶ ἅγιοι, κλήσεωσ ἐπουρανίου μέτοχοι, κατανοήσατε τὸν ἀπόστολον καὶ ἀρχιερέα τῆσ ὁμολογίασ ἡμῶν Ἰησοῦν, ²πιστὸν ὄντα τῷ ποιήσαντι αὐτόν, ὡσ καὶ Μωϋσῆσ ἐν ὅλῳ τῷ οἴκῳ αὐτοῦ. ³πλείονοσ γὰρ οὗτοσ δόξησ παρὰ Μωϋσῆν ἠξίωται

7. εστεφα. αυτον : ϛ ℵ add και κατεστησας αυτον επι τα εργα των χειρων σου 8. εν γαρ τω 9. χαριτι : M Orquater etc χωρισ 14. σαρκοσ και αιματοσ 15. δουλειασ 18. ℵ* om πειρασθεισ

III, 1. χριστον ιησουν 2. μωσησ 3. γαρ δοξησ ουτοσ | μωσην

καθ' ὅσον πλείονα τιμὴν ἔχει τοῦ οἴκου ὁ κατασκευάσας αὐτόν.
4 ⁴πᾶσ γὰρ οἶκοσ κατασκευάζεται ὑπό τινοσ, ὁ δὲ πάντα κατα-
5 σκευάσασ θεόσ. ⁵καὶ Μωϋσῆσ μὲν πιστὸσ ἐν ὅλῳ τῷ οἴκῳ
6 αὐτοῦ ὡσ θεράπων εἰσ μαρτύριον τῶν λαληθησομένων, ⁶Χριστὸσ
δὲ ὡσ υἱὸσ ἐπὶ τὸν οἶκον αὐτοῦ, οὗ οἶκόσ ἐσμεν ἡμεῖσ, ἐὰν τὴν
παρρησίαν καὶ τὸ καύχημα τῆσ ἐλπίδοσ μέχρι τέλουσ βεβαίαν
κατάσχωμεν.
7 Διό, καθὼσ λέγει τὸ πνεῦμα τὸ ἅγιον· σήμερον ἐὰν τῆσ
8 φωνῆσ αὐτοῦ ἀκούσητε, ⁸μὴ σκληρύνητε τὰσ καρδίασ ὑμῶν ὡσ
ἐν τῷ παραπικρασμῷ κατὰ τὴν ἡμέραν τοῦ πειρασμοῦ ἐν τῇ
9 ἐρήμῳ, ⁹οὗ ἐπείρασαν οἱ πατέρεσ ὑμῶν ἐν δοκιμασίᾳ καὶ εἶδον
10 τὰ ἔργα μου τεσσεράκοντα ἔτη. ¹⁰διὸ προσώχθισα τῇ γενεᾷ
ταύτῃ καὶ εἶπον· ἀεὶ πλανῶνται τῇ καρδίᾳ· αὐτοὶ δὲ οὐκ ἔγνωσαν
11 τὰσ ὁδούσ μου, ¹¹ὡσ ὤμοσα ἐν τῇ ὀργῇ μου· εἰ εἰσελεύσονται
12 εἰσ τὴν κατάπαυσίν μου. ¹²βλέπετε, ἀδελφοί, μήποτε ἔσται ἔν
τινι ὑμῶν καρδία πονηρὰ ἀπιστίασ ἐν τῷ ἀποστῆναι ἀπὸ θεοῦ
13 ζῶντοσ, ¹³ἀλλὰ παρακαλεῖτε ἑαυτοὺσ καθ' ἑκάστην ἡμέραν, ἄχρισ
οὗ τὸ σήμερον καλεῖται, ἵνα μὴ σκληρυνθῇ τισ ἐξ ὑμῶν ἀπάτῃ
14 τῆσ ἁμαρτίασ· ¹⁴μέτοχοι γὰρ τοῦ Χριστοῦ γεγόναμεν, ἐάνπερ
τὴν ἀρχὴν τῆσ ὑποστάσεωσ μέχρι τέλουσ βεβαίαν κατάσχωμεν.
15 ¹⁵ἐν τῷ λέγεσθαι· σήμερον ἐὰν τῆσ φωνῆσ αὐτοῦ ἀκούσητε, μὴ
16 σκληρύνητε τὰσ καρδίασ ὑμῶν ὡσ ἐν τῷ παραπικρασμῷ· ¹⁶τίνεσ
γὰρ ἀκούσαντεσ παρεπίκραναν; ἀλλ' οὐ πάντεσ οἱ ἐξελθόντεσ ἐξ
17 Αἰγύπτου διὰ Μωϋσέωσ; ¹⁷τίσιν δὲ προσώχθισεν τεσσεράκοντα
ἔτη; οὐχὶ τοῖσ ἁμαρτήσασιν; ὧν τὰ κῶλα ἔπεσεν ἐν τῇ ἐρήμῳ.
18 ¹⁸τίσιν δὲ ὤμοσεν μὴ εἰσελεύσεσθαι εἰσ τὴν κατάπαυσιν αὐτοῦ
19 εἰ μὴ τοῖσ ἀπειθήσασιν; ¹⁹καὶ βλέπομεν ὅτι οὐκ ἠδυνήθησαν
εἰσελθεῖν δι' ἀπιστίαν.

IV.

Requies promissa Iudaeis data piis per Christum. Verbi divini vis.

1 Φοβηθῶμεν οὖν μήποτε καταλειπομένησ ἐπαγγελίασ εἰσελ-
θεῖν εἰσ τὴν κατάπαυσιν αὐτοῦ δοκῇ τισ ἐξ ὑμῶν ὑστερηκέναι.
2 ²καὶ γάρ ἐσμεν εὐηγγελισμένοι καθάπερ κἀκεῖνοι· ἀλλ' οὐκ ὠφέ-
λησεν ὁ λόγοσ τῆσ ἀκοῆσ ἐκείνουσ μὴ συνκεκερασμένοσ τῇ πίστει
3 τοῖσ ἀκούσασιν. ³εἰσερχόμεθα γὰρ εἰσ τὴν κατάπαυσιν οἱ πιστεύ-
σαντεσ, καθὼσ εἴρηκεν· ὡσ ὤμοσα ἐν τῇ ὀργῇ μου· εἰ εἰσελεύ-
σονται εἰσ τὴν κατάπαυσίν μου, καίτοι τῶν ἔργων ἀπὸ καταβολῆσ
4 κόσμου γενηθέντων. ⁴εἴρηκεν γάρ που περὶ τῆσ ἑβδόμησ οὕτωσ·

---

4. τα παντα 5. μωσησ 6. εανπερ 8. παραπικρ. : א πιρασμω
9. επειρασαν : add με | εν δοκιμασια : εδοκιμασαν με | τεσσαρακ.
10. ταυτη : εκεινη 14. γεγοναμεν του χριστου 16. τινεσ : τινὲσ |
μωσεωσ 17. τεσσαρακ.

IV, 1. א καταλιπομενησ 2. συγκεκραμενοσ 3. γαρ : ουν

HEB. 5, 6. 379

Gn 2, 2 καὶ κατέπαυσεν ὁ θεὸσ ἐν τῇ ἡμέρᾳ τῇ ἑβδόμῃ ἀπὸ πάντων τῶν
ἔργων αὐτοῦ. ⁵ καὶ ἐν τούτῳ πάλιν· εἰ εἰσελεύσονται εἰσ τὴν 5
κατάπαυσίν μου. ⁶ ἐπεὶ οὖν ἀπολείπεται τινὰσ εἰσελθεῖν εἰσ 6
αὐτήν, καὶ οἱ πρότερον εὐαγγελισθέντεσ οὐκ εἰσῆλθον δι' ἀπεί-
3, 19 θειαν, ⁷ πάλιν τινὰ ὁρίζει ἡμέραν, σήμερον, ἐν Δαυεὶδ λέγων μετὰ 7
3, 15
Ps(94)95, τοσοῦτον χρόνον, καθὼσ προείρηται· σήμερον ἐὰν τῆσ φωνῆσ
7 s
Ios 22, 4 αὐτοῦ ἀκούσητε, μὴ σκληρύνητε τὰσ καρδίασ ὑμῶν. ⁸ εἰ γὰρ 8
αὐτοὺσ Ἰησοῦσ κατέπαυσεν, οὐκ ἂν περὶ ἄλλησ ἐλάλει μετὰ ταῦτα
ἡμέρασ. ⁹ ἄρα ἀπολείπεται σαββατισμὸσ τῷ λαῷ τοῦ θεοῦ. 9
¹⁰ ὁ γὰρ εἰσελθὼν εἰσ τὴν κατάπαυσιν αὐτοῦ καὶ αὐτὸσ κατέ- 10
παυσεν ἀπὸ τῶν ἔργων αὐτοῦ, ὥσπερ ἀπὸ τῶν ἰδίων ὁ θεόσ.

Σπουδάσωμεν οὖν εἰσελθεῖν εἰσ ἐκείνην τὴν κατάπαυσιν, ἵνα 11
μὴ ἐν τῷ αὐτῷ τισ ὑποδείγματι πέσῃ τῆσ ἀπειθείασ. ¹² ζῶν γὰρ 12
ὁ λόγοσ τοῦ θεοῦ καὶ ἐνεργὴσ καὶ τομώτεροσ ὑπὲρ πᾶσαν μάχαι-
ραν δίστομον καὶ διϊκνούμενοσ ἄχρι μερισμοῦ ψυχῆσ καὶ πνεύ-
ματοσ, ἁρμῶν τε καὶ μυελῶν, καὶ κριτικὸσ ἐνθυμήσεων καὶ
ἐννοιῶν καρδίασ· ¹³ καὶ οὐκ ἔστιν κτίσισ ἀφανὴσ ἐνώπιον αὐτοῦ, 13
πάντα δὲ γυμνὰ καὶ τετραχηλισμένα τοῖσ ὀφθαλμοῖσ αὐτοῦ, πρὸσ
ὃν ἡμῖν ὁ λόγοσ.

8, 1   Ἔχοντεσ οὖν ἀρχιερέα μέγαν διεληλυθότα τοὺσ οὐρανούσ, 14
3, 1
2, 17 s Ἰησοῦν τὸν υἱὸν τοῦ θεοῦ, κρατῶμεν τῆσ ὁμολογίασ. ¹⁵ οὐ γὰρ 15
5, 2
ἔχομεν ἀρχιερέα μὴ δυνάμενον συνπαθῆσαι ταῖσ ἀσθενείαισ ἡμῶν,
πεπειρασμένον δὲ κατὰ πάντα καθ' ὁμοιότητα χωρὶσ ἁμαρτίασ.
10, 22 ¹⁶ προσερχώμεθα οὖν μετὰ παρρησίασ τῷ θρόνῳ τῆσ χάριτοσ, 16
ἵνα λάβωμεν ἔλεοσ καὶ χάριν εὕρωμεν εἰσ εὔκαιρον βοήθειαν.

V.

Christus pontifex in aeternum, sacerdos sicut Melchisedech. Tarditas lec-
torum taxatur.

Πᾶσ γὰρ ἀρχιερεὺσ ἐξ ἀνθρώπων λαμβανόμενοσ ὑπὲρ ἀν- 1
8, 3 θρώπων καθίσταται τὰ πρὸσ τὸν θεόν, ἵνα προσφέρῃ δῶρά τε
9, 9
4, 15 καὶ θυσίασ ὑπὲρ ἁμαρτιῶν, ² μετριοπαθεῖν δυνάμενοσ τοῖσ ἀγνοοῦ- 2
σιν καὶ πλανωμένοισ, ἐπεὶ καὶ αὐτὸσ περίκειται ἀσθένειαν, ³ καὶ 3
δι' αὐτὴν ὀφείλει, καθὼσ περὶ τοῦ λαοῦ, οὕτωσ καὶ περὶ ἑαυτοῦ
7, 27 προσφέρειν περὶ ἁμαρτιῶν. ⁴ καὶ οὐχ ἑαυτῷ τισ λαμβάνει τὴν 4
Ex 28, 1 τιμήν, ἀλλὰ καλούμενοσ ὑπὸ τοῦ θεοῦ, καθώσπερ καὶ Ἀαρών.
⁵ οὕτωσ καὶ ὁ Χριστὸσ οὐχ ἑαυτὸν ἐδόξασεν γενηθῆναι ἀρχιερέα, 5
Ps 2, 7 ἀλλ' ὁ λαλήσασ πρὸσ αὐτόν· υἱόσ μου εἶ σύ, ἐγὼ σήμερον γεγέν-
7, 17
Ps 109 νηκά σε· ⁶ καθὼσ καὶ ἐν ἑτέρῳ λέγει· σὺ ἱερεὺσ εἰσ τὸν αἰῶνα 6
(110), 4
_____

6. απειθειαν : א* απιστιαν 7. א* οριζει τινα | δαβιδ | ειρηται. 9. א*
(non a) om αρα usque του θεου 11. א* om τισ | ψυχησ : add τε
15. συμπαθ. | ς (non ςe) πεπειραμενον 16. ελεον

V, 3. δια ταυτην | υπερ αμαρτιων 4. αλλα ο καλουμενοσ | καθα-
περ κ. ο ααρ.

7 κατὰ τὴν τάξιν Μελχισεδέκ. ⁷ ὃσ ἐν ταῖσ ἡμέραισ τῆσ σαρκὸσ
αὐτοῦ δεήσεισ τε καὶ ἱκετηρίασ πρὸσ τὸν δυνάμενον σώζειν αὐτὸν
ἐκ θανάτου μετὰ κραυγῆσ ἰσχυρᾶσ καὶ δακρύων προσενέγκασ καὶ
8 εἰσακουσθεὶσ ἀπὸ τῆσ εὐλαβείασ, ⁸ καίπερ ὢν υἱόσ, ἔμαθεν ἀφ'
9 ὧν ἔπαθεν τὴν ὑπακοήν, ⁹ καὶ τελειωθεὶσ ἐγένετο πᾶσιν τοῖσ
10 ὑπακούουσιν αὐτῷ αἴτιοσ σωτηρίασ αἰωνίου, ¹⁰ προσαγορευθεὶσ
ὑπὸ τοῦ θεοῦ ἀρχιερεὺσ κατὰ τὴν τάξιν Μελχισεδέκ.
11 Περὶ οὗ πολὺσ ἡμῖν ὁ λόγοσ καὶ δυσερμήνευτοσ λέγειν, ἐπεὶ
12 νωθροὶ γεγόνατε ταῖσ ἀκοαῖσ. ¹² καὶ γὰρ ὀφείλοντεσ εἶναι διδά-
σκαλοι διὰ τὸν χρόνον, πάλιν χρείαν ἔχετε τοῦ διδάσκειν ὑμᾶσ Ga 4, 3
τίνα τὰ στοιχεῖα τῆσ ἀρχῆσ τῶν λογίων τοῦ θεοῦ, καὶ γεγόνατε 1 Co 3, 2
13 χρείαν ἔχοντεσ γάλακτοσ, οὐ στερεᾶσ τροφῆσ. ¹³ πᾶσ γὰρ ὁ
μετέχων γάλακτοσ ἄπειροσ λόγου δικαιοσύνησ, νήπιοσ γάρ ἐστιν·
14 ¹⁴ τελείων δέ ἐστιν ἡ στερεὰ τροφή, τῶν διὰ τὴν ἕξιν τὰ αἰσθη-
τήρια γεγυμνασμένα ἐχόντων πρὸσ διάκρισιν καλοῦ τε καὶ κακοῦ.

VI.

Tarditate deposita ad perfecta nitendum. Defectio irreparabilis. Fides Abrahami.

1 Διὸ ἀφέντεσ τὸν τῆσ ἀρχῆσ τοῦ Χριστοῦ λόγον ἐπὶ τὴν τε-
λειότητα φερώμεθα, μὴ πάλιν θεμέλιον καταβαλλόμενοι μετα-
2 νοίασ ἀπὸ νεκρῶν ἔργων, καὶ πίστεωσ ἐπὶ θεόν, ² βαπτισμῶν
διδαχῆσ, ἐπιθέσεώσ τε χειρῶν, ἀναστάσεώσ τε νεκρῶν, καὶ κρίμα-
3 τοσ αἰωνίου. ³ καὶ τοῦτο ποιήσομεν, ἐάνπερ ἐπιτρέπῃ ὁ θεόσ.
4 ⁴ ἀδύνατον γὰρ τοὺσ ἅπαξ φωτισθέντασ γευσαμένουσ τε τῆσ Iac 4, 15
δωρεᾶσ τῆσ ἐπουρανίου καὶ μετόχουσ γενηθέντασ πνεύματοσ ἁγίου
5 ⁵ καὶ καλὸν γευσαμένουσ θεοῦ ῥῆμα δυνάμεισ τε μέλλοντοσ αἰῶνοσ,
6 ⁶ καὶ παραπεσόντασ, πάλιν ἀνακαινίζειν εἰσ μετάνοιαν, ἀνασταυ-
7 ροῦντασ ἑαυτοῖσ τὸν υἱὸν τοῦ θεοῦ καὶ παραδειγματίζοντασ. ⁷ γῆ
γὰρ ἡ πιοῦσα τὸν ἐπ' αὐτῆσ ἐρχόμενον πολλάκισ ὑετὸν καὶ
τίκτουσα βοτάνην εὔθετον ἐκείνοισ δι' οὓσ καὶ γεωργεῖται, μετα-
8 λαμβάνει εὐλογίασ ἀπὸ τοῦ θεοῦ· ⁸ ἐκφέρουσα δὲ ἀκάνθασ καὶ
τριβόλουσ ἀδόκιμοσ καὶ κατάρασ ἐγγύσ, ἧσ τὸ τέλοσ εἰσ καῦσιν.
9 Πεπείσμεθα δὲ περὶ ὑμῶν, ἀγαπητοί, τὰ κρείσσονα καὶ ἐχό-
10 μενα σωτηρίασ, εἰ καὶ οὕτωσ λαλοῦμεν. ¹⁰ οὐ γὰρ ἄδικοσ ὁ θεὸσ
ἐπιλαθέσθαι τοῦ ἔργου ὑμῶν καὶ τῆσ ἀγάπησ ἧσ ἐνεδείξασθε εἰσ 1 The 1, 3
τὸ ὄνομα αὐτοῦ, διακονήσαντεσ τοῖσ ἁγίοισ καὶ διακονοῦντεσ.
11 ¹¹ ἐπιθυμοῦμεν δὲ ἕκαστον ὑμῶν τὴν αὐτὴν ἐνδείκνυσθαι σπουδὴν
12 πρὸσ τὴν πληροφορίαν τῆσ ἐλπίδοσ ἄχρι τέλουσ, ¹² ἵνα μὴ νωθροὶ
γένησθε, μιμηταὶ δὲ τῶν διὰ πίστεωσ καὶ μακροθυμίασ κληρονο-
13 μούντων τὰσ ἐπαγγελίασ. ¹³ τῷ γὰρ Ἀβραὰμ ἐπαγγειλάμενοσ ὁ

9. πασιν : post τοισ υπακου. αυτ.   12. και ου στερεασ
VI, 7. πολλακισ ερχομενον   9. αγαπητοι : א* αδελφοι | κρειττονα
10. και του κοπου τησ αγαπησ

θεόσ, ἐπεὶ κατ' οὐδενὸσ εἶχεν μείζονοσ ὀμόσαι, ὤμοσεν καθ' ἑαυτοῦ, ¹⁴ λέγων· εἰ μὴν εὐλογῶν εὐλογήσω σε καὶ πληθύνων πληθυνῶ σε· ¹⁵ καὶ οὕτωσ μακροθυμήσασ ἐπέτυχεν τῆσ ἐπαγγελίασ. ¹⁶ ἄνθρωποι γὰρ κατὰ τοῦ μείζονοσ ὀμνύουσιν, καὶ πάσησ αὐτοῖσ ἀντιλογίασ πέρασ εἰσ βεβαίωσιν ὁ ὅρκοσ· ¹⁷ ἐν ᾧ περισσότερον βουλόμενοσ ὁ θεὸσ ἐπιδεῖξαι τοῖσ κληρονόμοισ τῆσ ἐπαγγελίασ τὸ ἀμετάθετον τῆσ βουλῆσ αὐτοῦ ἐμεσίτευσεν ὅρκῳ, ¹⁸ ἵνα διὰ δύο πραγμάτων ἀμεταθέτων, ἐν οἷσ ἀδύνατον ψεύσασθαι τὸν θεόν, ἰσχυρὰν παράκλησιν ἔχωμεν οἱ καταφυγόντεσ κρατῆσαι τῆσ προκειμένησ ἐλπίδοσ, ¹⁹ ἣν ὡσ ἄγκυραν ἔχομεν τῆσ ψυχῆσ ἀσφαλῆ τε καὶ βεβαίαν καὶ εἰσερχομένην εἰσ τὸ ἐσώτερον τοῦ καταπετάσματοσ, ²⁰ ὅπου πρόδρομοσ ὑπὲρ ἡμῶν εἰσῆλθεν Ἰησοῦσ, κατὰ τὴν τάξιν Μελχισεδὲκ ἀρχιερεὺσ γενόμενοσ εἰσ τὸν αἰῶνα.

VII.

Melchisedech Abrahamo Levitisque maior et Christus pontifex noster in aeternum.

Οὗτοσ γὰρ ὁ Μελχισεδέκ, βασιλεὺσ Σαλήμ, ἱερεὺσ τοῦ θεοῦ τοῦ ὑψίστου, ὁ συναντήσασ Ἀβραὰμ ὑποστρέφοντι ἀπὸ τῆσ κοπῆσ τῶν βασιλέων καὶ εὐλογήσασ αὐτόν, ² ᾧ καὶ δεκάτην ἀπὸ πάντων ἐμέρισεν Ἀβραάμ, πρῶτον μὲν ἑρμηνευόμενοσ βασιλεὺσ δικαιοσύνησ, ἔπειτα δὲ καὶ βασιλεὺσ Σαλήμ, ὅ ἐστιν βασιλεὺσ εἰρήνησ, ³ ἀπάτωρ, ἀμήτωρ, ἀγενεαλόγητοσ, μήτε ἀρχὴν ἡμερῶν μήτε ζωῆσ τέλοσ ἔχων, ἀφωμοιωμένοσ δὲ τῷ υἱῷ τοῦ θεοῦ, μένει ἱερεὺσ εἰσ τὸ διηνεκέσ.

Θεωρεῖτε δὲ πηλίκοσ οὗτοσ, ᾧ καὶ δεκάτην Ἀβραὰμ ἔδωκεν ἐκ τῶν ἀκροθινίων ὁ πατριάρχησ. ⁵ καὶ οἱ μὲν ἐκ τῶν υἱῶν Λευεὶ τὴν ἱερατείαν λαμβάνοντεσ ἐντολὴν ἔχουσιν ἀποδεκατοῖν τὸν λαὸν κατὰ τὸν νόμον, τοῦτ' ἔστιν τοὺσ ἀδελφοὺσ αὐτῶν, καίπερ ἐξεληλυθότασ ἐκ τῆσ ὀσφύοσ Ἀβραάμ· ⁶ ὁ δὲ μὴ γενεαλογούμενοσ ἐξ αὐτῶν δεδεκάτωκεν Ἀβραάμ, καὶ τὸν ἔχοντα τὰσ ἐπαγγελίασ εὐλόγηκεν. ⁷ χωρὶσ δὲ πάσησ ἀντιλογίασ τὸ ἔλαττον ὑπὸ τοῦ κρείττονοσ εὐλογεῖται. ⁸ καὶ ὧδε μὲν δεκάτασ ἀποθνήσκοντεσ ἄνθρωποι λαμβάνουσιν, ἐκεῖ δὲ μαρτυρούμενοσ ὅτι ζῇ. ⁹ καὶ ὡσ ἔποσ εἰπεῖν, δι' Ἀβραὰμ καὶ Λευεὶσ ὁ δεκάτασ λαμβάνων δεδεκάτωται· ¹⁰ ἔτι γὰρ ἐν τῇ ὀσφύϊ τοῦ πατρὸσ ἦν ὅτε συνήντησεν αὐτῷ Μελχισεδέκ.

Εἰ μὲν οὖν τελείωσισ διὰ τῆσ Λευειτικῆσ ἱερωσύνησ ἦν, ὁ λαὸσ γὰρ ἐπ' αὐτῆσ νενομοθέτηται, τίσ ἔτι χρεία κατὰ τὴν τάξιν Μελχισεδὲκ ἕτερον ἀνίστασθαι ἱερέα καὶ οὐ κατὰ τὴν τάξιν

---

14. ει μην : ἦ μὴν 16. ανθρωποι μεν γαρ 18. ψευσασθαι θεον·
VII, 1. ϛᵉ om του ante υψιστου | א οσ συναντησασ 2. απο παντων : א post εμερισεν 5. ϛ א αποδεκατουν 6. τον αβρααμ 9. δια αβρααμ | ϛ λευϊ, א* λευει 10. ο μελχισεδεκ 11. λευιτικησ | επ αυτη | νενομοθετητο

12 Ἀαρὼν λέγεσθαι; ¹² μετατιθεμένησ γὰρ τῆσ ἱερωσύνησ ἐξ ἀνάγκησ
13 καὶ νόμου μετάθεσισ γίνεται. ¹³ ἐφ᾿ ὃν γὰρ λέγεται ταῦτα, φυλῆσ
ἑτέρασ μετέσχηκεν, ἀφ᾿ ἧσ οὐδεὶσ προσέσχηκεν τῷ θυσιαστηρίῳ·
14 ¹⁴ πρόδηλον γὰρ ὅτι ἐξ Ἰούδα ἀνατέταλκεν ὁ κύριοσ ἡμῶν, εἰσ
15 ἣν φυλὴν περὶ ἱερέων οὐδὲν Μωϋσῆσ ἐλάλησεν. ¹⁵ καὶ περισ-
σότερον ἔτι κατάδηλόν ἐστιν, εἰ κατὰ τὴν ὁμοιότητα Μελχισεδὲκ 5, 6
16 ἀνίσταται ἱερεὺσ ἕτεροσ, ¹⁶ ὃσ οὐ κατὰ νόμον ἐντολῆσ σαρκίνησ
17 γέγονεν ἀλλὰ κατὰ δύναμιν ζωῆσ ἀκαταλύτου. ¹⁷ μαρτυρεῖται Ps 109, (110), 4
γὰρ ὅτι σὺ ἱερεὺσ εἰσ τὸν αἰῶνα κατὰ τὴν τάξιν Μελχισεδέκ.
18   Ἀθέτησισ μὲν γὰρ γίνεται προαγούσησ ἐντολῆσ διὰ τὸ αὐτῆσ
19 ἀσθενὲσ καὶ ἀνωφελέσ, ¹⁹ οὐδὲν γὰρ ἐτελείωσεν ὁ νόμοσ, ἔπεισα-
20 γωγὴ δὲ κρείττονοσ ἐλπίδοσ, δι᾿ ἧσ ἐγγίζομεν τῷ θεῷ. ²⁰ καὶ
καθ᾿ ὅσον οὐ χωρὶσ ὁρκωμοσίασ, — οἱ μὲν γὰρ χωρὶσ ὁρκωμοσίασ
21 εἰσὶν ἱερεῖσ γεγονότεσ, ²¹ ὁ δὲ μετὰ ὁρκωμοσίασ διὰ τοῦ λέγον-
τοσ πρὸσ αὐτόν· ὤμοσεν κύριοσ, καὶ οὐ μεταμεληθήσεται· σὺ
22 ἱερεὺσ εἰσ τὸν αἰῶνα· — ²² κατὰ τοσοῦτο καὶ κρείττονοσ δια- 7, 17 8, 6
23 θήκησ γέγονεν ἔγγυοσ Ἰησοῦσ. ²³ καὶ οἱ μὲν πλείονέσ εἰσιν γε-
24 γονότεσ ἱερεῖσ διὰ τὸ θανάτῳ κωλύεσθαι παραμένειν· ²⁴ ὁ δὲ
διὰ τὸ μένειν αὐτὸν εἰσ τὸν αἰῶνα ἀπαράβατον ἔχει τὴν ἱερωσύ-
25 νην, ²⁵ ὅθεν καὶ σῴζειν εἰσ τὸ παντελὲσ δύναται τοὺσ προσερ-
χομένουσ δι᾿ αὐτοῦ τῷ θεῷ, πάντοτε ζῶν εἰσ τὸ ἐντυγχάνειν ὑπὲρ
αὐτῶν.
26   Τοιοῦτοσ γὰρ ἡμῖν καὶ ἔπρεπεν ἀρχιερεύσ, ὅσιοσ, ἄκακοσ,
ἀμίαντοσ, κεχωρισμένοσ ἀπὸ τῶν ἁμαρτωλῶν, καὶ ὑψηλότεροσ
27 τῶν οὐρανῶν γενόμενοσ, ²⁷ ὃσ οὐκ ἔχει καθ᾿ ἡμέραν ἀνάγκην,
ὥσπερ οἱ ἀρχιερεῖσ, πρότερον ὑπὲρ τῶν ἰδίων ἁμαρτιῶν θυσίασ
ἀναφέρειν, ἔπειτα τῶν τοῦ λαοῦ· τοῦτο γὰρ ἐποίησεν ἐφάπαξ 5, 3 9, 7. 12
28 ἑαυτὸν προσενέγκασ. ²⁸ ὁ νόμοσ γὰρ ἀνθρώπουσ καθίστησιν
ἀρχιερεῖσ ἔχοντασ ἀσθένειαν, ὁ λόγοσ δὲ τῆσ ὁρκωμοσίασ τῆσ
μετὰ τὸν νόμον υἱὸν εἰσ τὸν αἰῶνα τετελειωμένον.

VIII.

Caelestis pontifex noster, auctor novi cum deo foederis vetere melioris.

1   Κεφάλαιον δὲ ἐπὶ τοῖσ λεγομένοισ, τοιοῦτον ἔχομεν ἀρχιερέα
ὃσ ἐκάθισεν ἐν δεξιᾷ τοῦ θρόνου τῆσ μεγαλωσύνησ ἐν τοῖσ οὐρα-
2 νοῖσ, ² τῶν ἁγίων λειτουργὸσ καὶ τῆσ σκηνῆσ τῆσ ἀληθινῆσ, ἣν
3 ἔπηξεν ὁ κύριοσ, οὐκ ἄνθρωποσ. ³ πᾶσ γὰρ ἀρχιερεὺσ εἰσ τὸ 5, 1
προσφέρειν δῶρά τε καὶ θυσίασ καθίσταται, ὅθεν ἀναγκαῖον
4 ἔχειν τι καὶ τοῦτον ὃ προσενέγκῃ. ⁴ εἰ μὲν οὖν ἦν ἐπὶ γῆσ, οὐδ᾿

14. ουδεν περι ιερωσυνησ | א* μωυσησ ουδεν | μωσησ   16. σαρκικησ
17. μαρτυρει   21. εισ τον αιωνα (haec ipsa om א*) : add κατα την ταξιν
μελχισεδεκ   22. κατα τοσουτον κρειττονοσ   26. 𝔊 א om και ante επρεπεν
27. ανενεγκασ
       VIII, 2. και ουκ ανθρωπ.   4. ουν : γαρ

ἂν ἦν ἱερεύσ, ὄντων τῶν προσφερόντων κατὰ νόμον τὰ δῶρα, ⁵ οἵτινεσ ὑποδείγματι καὶ σκιᾷ λατρεύουσιν τῶν ἐπουρανίων, καθὼσ κεχρημάτισται Μωϋσῆσ μέλλων ἐπιτελεῖν τὴν σκηνήν· ὅρα γάρ φησιν ποιήσεισ πάντα κατὰ τὸν τύπον τὸν δειχθέντα σοι ἐν τῷ ὄρει· ⁶ νυνὶ δὲ διαφορωτέρασ τέτυχεν λειτουργίασ, ὅσῳ καὶ κρείττονόσ ἐστιν διαθήκησ μεσίτησ, ἥτισ ἐπὶ κρείττοσιν ἐπαγγελίαισ νενομοθέτηται. ⁷ Εἰ γὰρ ἡ πρώτη ἐκείνη ἦν ἄμεμπτοσ, οὐκ ἂν δευτέρασ ἐζητεῖτο τόποσ. ⁸ μεμφόμενοσ γὰρ αὐτοὺσ λέγει· ἰδοὺ ἡμέραι ἔρχονται, λέγει κύριοσ, καὶ συντελέσω ἐπὶ τὸν οἶκον Ἰσραὴλ καὶ ἐπὶ τὸν οἶκον Ἰούδα διαθήκην καινήν, ⁹ οὐ κατὰ τὴν διαθήκην ἣν ἐποίησα τοῖσ πατράσιν αὐτῶν ἐν ἡμέρᾳ ἐπιλαβομένου μου τῆσ χειρὸσ αὐτῶν ἐξαγαγεῖν αὐτοὺσ ἐκ γῆσ Αἰγύπτου, ὅτι αὐτοὶ οὐκ ἐνέμειναν ἐν τῇ διαθήκῃ μου, κἀγὼ ἠμέλησα αὐτῶν, λέγει κύριοσ. ¹⁰ ὅτι αὕτη ἡ διαθήκη ἣν διαθήσομαι τῷ οἴκῳ Ἰσραὴλ μετὰ τὰσ ἡμέρασ ἐκείνασ, λέγει κύριοσ, διδοὺσ νόμουσ μου εἰσ τὴν διάνοιαν αὐτῶν, καὶ ἐπὶ καρδίαν αὐτῶν ἐπιγράψω αὐτούσ, καὶ ἔσομαι αὐτοῖσ εἰσ θεὸν καὶ αὐτοὶ ἔσονταί μοι εἰσ λαόν· ¹¹ καὶ οὐ μὴ διδάξωσιν ἕκαστοσ τὸν πολίτην αὐτοῦ καὶ ἕκαστοσ τὸν ἀδελφὸν αὐτοῦ, λέγων· γνῶθι τὸν κύριον, ὅτι πάντεσ εἰδήσουσίν με ἀπὸ μικροῦ ἕωσ μεγάλου αὐτῶν. ¹² ὅτι ἵλεωσ ἔσομαι ταῖσ ἀδικίαισ αὐτῶν, καὶ τῶν ἁμαρτιῶν αὐτῶν οὐ μὴ μνησθῶ ἔτι. ¹³ ἐν τῷ λέγειν καινὴν πεπαλαίωκεν τὴν πρώτην· τὸ δὲ παλαιούμενον καὶ γηράσκον ἐγγὺσ ἀφανισμοῦ.

IX.

Sanctuarium vetus et caelum sanctuarium Christi. Imperfecta Mosaica et perfecta Christi expiatio.

Εἶχε μὲν οὖν καὶ ἡ πρώτη δικαιώματα λατρείασ τό τε ἅγιον κοσμικόν. ² σκηνὴ γὰρ κατεσκευάσθη ἡ πρώτη, ἐν ᾗ ἥ τε λυχνία καὶ ἡ τράπεζα καὶ ἡ πρόθεσισ τῶν ἄρτων, ἥτισ λέγεται ἅγια. ³ μετὰ δὲ τὸ δεύτερον καταπέτασμα σκηνὴ ἡ λεγομένη ἅγια ἁγίων, ⁴ χρυσοῦν ἔχουσα θυμιατήριον καὶ τὴν κιβωτὸν τῆσ διαθήκησ περικεκαλυμμένην πάντοθεν χρυσίῳ, ἐν ᾗ στάμνοσ χρυσῆ ἔχουσα τὸ μάννα καὶ ἡ ῥάβδοσ Ἀαρὼν ἡ βλαστήσασα καὶ αἱ πλάκεσ τῆσ διαθήκησ, ⁵ ὑπεράνω δὲ αὐτῆσ Χερουβεὶν δόξησ κατασκιάζοντα τὸ ἱλαστήριον· περὶ ὧν οὐκ ἔστιν νῦν λέγειν κατὰ μέροσ. ⁶ Τούτων δὲ οὕτωσ κατεσκευασμένων εἰσ μὲν τὴν πρώτην σκηνὴν διαπαντὸσ εἰσίασιν οἱ ἱερεῖσ τὰσ λατρείασ ἐπιτελοῦντεσ, ⁷ εἰσ δὲ τὴν δευτέραν ἅπαξ τοῦ ἐνιαυτοῦ μόνοσ ὁ ἀρχιερεύσ, οὐ

---

4. οντων των ιερεων των προσφερ. | κατα τον νομον 5. μωσησ | ποιησησ 6. τετευχε 8. αυτουσ : αυτοισ 9. μου : ϛe 1624. om 10. επι καρδιασ αυτ. 11. πολιτην : πλησιον|απο μικρου : add αυτων 12. αμαρτιων αυτων : add και των ανομιων αυτων

IX, 1. η πρωτη : add σκηνη 2. ϛ, non ϛe, αγια 5. א χερουβιν, ϛ χερουβιμ | εστιν : א* ενεστιν

χωρὶσ αἵματοσ ὃ προσφέρει ὑπὲρ ἑαυτοῦ καὶ τῶν τοῦ λαοῦ ἀγνοη-
8 μάτων, ⁸τοῦτο δηλοῦντοσ τοῦ πνεύματοσ τοῦ ἁγίου, μήπω πεφα-
νερῶσθαι τὴν τῶν ἁγίων ὁδὸν ἔτι τῆσ πρώτησ σκηνῆσ ἐχούσησ
9 στάσιν, ⁹ἥτισ παραβολὴ εἰσ τὸν καιρὸν τὸν ἐνεστηκότα, καθ᾽
ἣν δῶρά τε καὶ θυσίαι προσφέρονται μὴ δυνάμεναι κατὰ συνεί-
10 δησιν τελειῶσαι τὸν λατρεύοντα, ¹⁰μόνον ἐπὶ βρώμασιν καὶ
πόμασιν καὶ διαφόροισ βαπτισμοῖσ, δικαιώματα σαρκὸσ μέχρι
καιροῦ διορθώσεωσ ἐπικείμενα.
11 Χριστὸσ δὲ παραγενόμενοσ ἀρχιερεὺσ τῶν μελλόντων ἀγα-
θῶν, διὰ τῆσ μείζονοσ καὶ τελειοτέρασ σκηνῆσ οὐ χειροποιήτου,
12 τοῦτ᾽ ἔστιν οὐ ταύτησ τῆσ κτίσεωσ, ¹²οὐδὲ δι᾽ αἵματοσ τράγων
καὶ μόσχων, διὰ δὲ τοῦ ἰδίου αἵματοσ εἰσῆλθεν ἐφάπαξ εἰσ τὰ
13 ἅγια, αἰωνίαν λύτρωσιν εὑράμενοσ. ¹³εἰ γὰρ τὸ αἷμα τράγων
καὶ ταύρων καὶ σποδὸσ δαμάλεωσ ῥαντίζουσα τοὺσ κεκοινωμένουσ
14 ἁγιάζει πρὸσ τὴν τῆσ σαρκὸσ καθαρότητα, ¹⁴πόσῳ μᾶλλον τὸ
αἷμα τοῦ Χριστοῦ, ὃσ διὰ πνεύματοσ αἰωνίου ἑαυτὸν προσήνεγκεν
ἄμωμον τῷ θεῷ, καθαριεῖ τὴν συνείδησιν ὑμῶν ἀπὸ νεκρῶν
ἔργων εἰσ τὸ λατρεύειν θεῷ ζῶντι.
15 Καὶ διὰ τοῦτο διαθήκησ καινῆσ μεσίτησ ἐστίν, ὅπωσ θανά-
του γενομένου εἰσ ἀπολύτρωσιν τῶν ἐπὶ τῇ πρώτῃ διαθήκῃ παρα-
βάσεων τὴν ἐπαγγελίαν λάβωσιν οἱ κεκλημένοι τῆσ αἰωνίου κλη-
16 ρονομίασ. ¹⁶ὅπου γὰρ διαθήκη, θάνατον ἀνάγκη φέρεσθαι τοῦ
17 διαθεμένου· ¹⁷διαθήκη γὰρ ἐπὶ νεκροῖσ βεβαία, ἐπεὶ μήποτε
18 ἰσχύει ὅτε ζῇ ὁ διαθέμενοσ. ¹⁸ὅθεν οὐδ᾽ ἡ πρώτη χωρὶσ αἵματοσ
19 ἐνκεκαίνισται. ¹⁹λαληθείσησ γὰρ πάσησ ἐντολῆσ κατὰ νόμον
ὑπὸ Μωϋσέωσ παντὶ τῷ λαῷ, λαβὼν τὸ αἷμα τῶν μόσχων καὶ
τῶν τράγων μετὰ ὕδατοσ καὶ ἐρίου κοκκίνου καὶ ὑσσώπου, αὐτό
20 τε τὸ βιβλίον καὶ πάντα τὸν λαὸν ἐράντισεν, ²⁰λέγων· τοῦτο τὸ
21 αἷμα τῆσ διαθήκησ ἧσ ἐνετείλατο πρὸσ ὑμᾶσ ὁ θεόσ. ²¹καὶ τὴν
σκηνὴν δὲ καὶ πάντα τὰ σκεύη τῆσ λειτουργίασ τῷ αἵματι ὁμοίωσ
22 ἐράντισεν. ²²καὶ σχεδὸν ἐν αἵματι πάντα καθαρίζεται κατὰ τὸν
23 νόμον, καὶ χωρὶσ αἱματεκχυσίασ οὐ γίνεται ἄφεσισ. ²³ἀνάγκη
οὖν τὰ μὲν ὑποδείγματα τῶν ἐν τοῖσ οὐρανοῖσ τούτοισ καθαρί-
ζεσθαι, αὐτὰ δὲ τὰ ἐπουράνια κρείττοσιν θυσίαισ παρὰ ταύτασ.
24 ²⁴οὐ γὰρ εἰσ χειροποίητα εἰσῆλθεν ἅγια Χριστόσ, ἀντίτυπα τῶν
ἀληθινῶν, ἀλλ᾽ εἰσ αὐτὸν τὸν οὐρανόν, νῦν ἐμφανισθῆναι τῷ
25 προσώπῳ τοῦ θεοῦ ὑπὲρ ἡμῶν, ²⁵οὐδ᾽ ἵνα πολλάκισ προσφέρῃ
ἑαυτόν, ὥσπερ ὁ ἀρχιερεὺσ εἰσέρχεται εἰσ τὰ ἅγια κατ᾽ ἐνιαυτὸν
26 ἐν αἵματι ἀλλοτρίῳ· ²⁶ἐπεὶ ἔδει αὐτὸν πολλάκισ παθεῖν ἀπὸ

---

9. καϑ ον 10. βαπτισμοισ : add και | δικαιωμασι 12. ϛᵉ 1624. ευρο-
μενοσ 13. ταυρων κ. τραγων 14. αιωνιον : ℵᶜ αγιου 17. μηποτε :
ℵ* μη τοτε 18. εγκεκαιν. 19. ℵᶜ κατ. τον νομ. | μωσεωσ | και των
(ϛ om) τραγων : ℵᶜ om | ερραντισε 21. ερραντισε 24. αγια εισηλϑεν
ο χριστοσ 25. εισ τ. αγια : ℵᶜ add των αγιων

καταβολῆσ κόσμου, νυνὶ δὲ ἅπαξ ἐπὶ συντελείᾳ τῶν αἰώνων εἰσ ἀθέτησιν τῆσ ἁμαρτίασ διὰ τῆσ θυσίασ αὐτοῦ πεφανέρωται. ²⁷ καὶ 27 καθ᾽ ὅσον ἀπόκειται τοῖσ ἀνθρώποισ ἅπαξ ἀποθανεῖν, μετὰ δὲ τοῦτο κρίσισ, ²⁸ οὕτωσ καὶ ὁ Χριστόσ, ἅπαξ προσενεχθεὶσ εἰσ τὸ 28 πολλῶν ἀνενεγκεῖν ἁμαρτίασ, ἐκ δευτέρου χωρὶσ ἁμαρτίασ ὀφθήσεται τοῖσ αὐτὸν ἀπεκδεχομένοισ εἰσ σωτηρίαν.

X.

Lex umbra novi foederis. Piacula legis et verum piaculum Christi. Sacrificia abolita. Defectionis grave crimen. Constantis fidei laus.

Cκιὰν γὰρ ἔχων ὁ νόμοσ τῶν μελλόντων ἀγαθῶν, οὐκ αὐτὴν 1 τὴν εἰκόνα τῶν πραγμάτων, κατ᾽ ἐνιαυτὸν ταῖσ αὐταῖσ θυσίαισ αἷσ προσφέρουσιν εἰσ τὸ διηνεκὲσ οὐδέποτε δύναται τοὺσ προσερχομένουσ τελειῶσαι· ² ἐπεὶ οὐκ ἂν ἐπαύσαντο προσφερόμεναι, διὰ 2 τὸ μηδεμίαν ἔχειν ἔτι συνείδησιν ἁμαρτιῶν τοὺσ λατρεύοντασ ἅπαξ κεκαθαρισμένουσ; ³ ἀλλ᾽ ἐν αὐταῖσ ἀνάμνησισ ἁμαρτιῶν 3 κατ᾽ ἐνιαυτόν· ⁴ ἀδύνατον γὰρ αἷμα ταύρων καὶ τράγων ἀφαιρεῖν 4 ἁμαρτίασ. ⁵ διὸ εἰσερχόμενοσ εἰσ τὸν κόσμον λέγει· θυσίαν καὶ 5 προσφορὰν οὐκ ἠθέλησασ, σῶμα δὲ κατηρτίσω μοι, ⁶ ὁλοκαυτώ- 6 ματα καὶ περὶ ἁμαρτίασ οὐκ ηὐδόκησασ· ⁷ τότε εἶπον· ἰδοὺ ἥκω, 7 ἐν κεφαλίδι βιβλίου γέγραπται περὶ ἐμοῦ, τοῦ ποιῆσαι ὁ θεὸσ τὸ θέλημά σου. ⁸ ἀνώτερον λέγων ὅτι θυσίασ καὶ προσφορὰσ καὶ 8 ὁλοκαυτώματα καὶ περὶ ἁμαρτίασ οὐκ ἠθέλησασ οὐδὲ ηὐδόκησασ, αἵτινεσ κατὰ νόμον προσφέρονται, ⁹ τότε εἴρηκεν· ἰδοὺ ἥκω τοῦ 9 ποιῆσαι τὸ θέλημά σου. ἀναιρεῖ τὸ πρῶτον ἵνα τὸ δεύτερον στήσῃ, ¹⁰ ἐν ᾧ θελήματι ἡγιασμένοι ἐσμὲν διὰ τῆσ προσφορᾶσ 10 τοῦ σώματοσ Ἰησοῦ Χριστοῦ ἐφάπαξ.

Καὶ πᾶσ μὲν ἱερεὺσ ἕστηκεν καθ᾽ ἡμέραν λειτουργῶν καὶ 11 τὰσ αὐτὰσ πολλάκισ προσφέρων θυσίασ, αἵτινεσ οὐδέποτε δύνανται περιελεῖν ἁμαρτίασ· ¹² οὗτοσ δὲ μίαν ὑπὲρ ἁμαρτιῶν προσε- 12 νέγκασ θυσίαν εἰσ τὸ διηνεκὲσ ἐκάθισεν ἐν δεξιᾷ τοῦ θεοῦ, ¹³ τὸ 13 λοιπὸν ἐκδεχόμενοσ ἕωσ τεθῶσιν οἱ ἐχθροὶ αὐτοῦ ὑποπόδιον τῶν ποδῶν αὐτοῦ. ¹⁴ μιᾷ γὰρ προσφορᾷ τετελείωκεν εἰσ τὸ διηνεκὲσ 14 τοὺσ ἁγιαζομένουσ. ¹⁵ μαρτυρεῖ δὲ ἡμῖν καὶ τὸ πνεῦμα τὸ ἅγιον· 15 μετὰ γὰρ τὸ εἰρηκέναι· ¹⁶ αὕτη ἡ διαθήκη ἣν διαθήσομαι πρὸσ 16 αὐτοὺσ μετὰ τὰσ ἡμέρασ ἐκείνασ, λέγει κύριοσ· διδοὺσ νόμουσ μου ἐπὶ καρδίασ αὐτῶν, καὶ ἐπὶ τὴν διάνοιαν αὐτῶν ἐπιγράψω αὐτούσ, ¹⁷ καὶ τῶν ἁμαρτιῶν αὐτῶν καὶ τῶν ἀνομιῶν αὐτῶν οὐ 17

---

26. νυνι : νυν | om τησ ante αμαρτ. 28. om και post ουτωσ
X, 1. θυσιαισ : ℵ add αυτων | αισ : ϛ ℵ ασ | δυναται : ℵ δυνανται
2. ουκ : ϛᵉ om | κεκαθαρμενουσ 4. ℵ τραγ. κ. ταυρ. 6. ϛ ℵ ευδοκησασ
8. θυσιαν κ. προσφοραν | ϛ ℵ ευδοκησασ | κα. τον νομ. 9. του ποιησαι :
add ο θεοσ 10. εσμεν οι δια | του ιησου χριστ. 11. ℵ λειτ. καθ ημε.
12. ουτοσ : αυτοσ 15. προειρηκεναι 16. επι των διανοιων

Nov. Test. ed. Tf. 25

18 μὴ μνησθήσομαι ἔτι. ¹⁸ ὅπου δὲ ἄφεσισ τούτων, οὐκέτι προσφορὰ περὶ ἁμαρτίασ.

19 Ἔχοντεσ οὖν, ἀδελφοί, παρρησίαν εἰσ τὴν εἴσοδον τῶν ἁγίων Eph 3, 12
20 ἐν τῷ αἵματι Ἰησοῦ, ²⁰ ἣν ἐνεκαίνισεν ἡμῖν ὁδὸν πρόσφατον καὶ ζῶσαν διὰ τοῦ καταπετάσματοσ, τοῦτ᾽ ἔστιν τῆσ σαρκὸσ αὐτοῦ,
21 22 ²¹ καὶ ἱερέα μέγαν ἐπὶ τὸν οἶκον τοῦ θεοῦ, ²² προσερχώμεθα μετὰ ἀληθινῆσ καρδίασ ἐν πληροφορίᾳ πίστεωσ, ῥεραντισμένοι 4, 16
23 τὰσ καρδίασ ἀπὸ συνειδήσεωσ πονηρᾶσ ²³ καὶ λελουσμένοι τὸ σῶμα ὕδατι καθαρῷ, κατέχωμεν τὴν ὁμολογίαν τῆσ ἐλπίδοσ
24 ἀκλινῆ, πιστὸσ γὰρ ὁ ἐπαγγειλάμενοσ, ²⁴ καὶ κατανοῶμεν ἀλλή-
25 λουσ εἰσ παροξυσμὸν ἀγάπησ καὶ καλῶν ἔργων, ²⁵ μὴ ἐγκαταλείποντεσ τὴν ἐπισυναγωγὴν ἑαυτῶν, καθὼσ ἔθοσ τισίν, ἀλλὰ παρακαλοῦντεσ, καὶ τοσούτῳ μᾶλλον ὅσῳ βλέπετε ἐγγίζουσαν τὴν ἡμέραν.

26 Ἑκουσίωσ γὰρ ἁμαρτανόντων ἡμῶν μετὰ τὸ λαβεῖν τὴν 6, 4 ss
ἐπίγνωσιν τῆσ ἀληθείασ, οὐκέτι περὶ ἁμαρτιῶν ἀπολείπεται θυσία,
27 ²⁷ φοβερὰ δέ τισ ἐκδοχὴ κρίσεωσ καὶ πυρὸσ ζῆλοσ ἐσθίειν μέλλον-
28 τοσ τοὺσ ὑπεναντίουσ. ²⁸ ἀθετήσασ τισ νόμον Μωϋσέωσ χωρὶσ Dt 17, 6
29 οἰκτιρμῶν ἐπὶ δυσὶν ἢ τρισὶν μάρτυσιν ἀποθνήσκει· ²⁹ πόσῳ δοκεῖτε χείρονοσ ἀξιωθήσεται τιμωρίασ ὁ τὸν υἱὸν τοῦ θεοῦ καταπατήσασ καὶ τὸ αἷμα τῆσ διαθήκησ κοινὸν ἡγησάμενοσ, ἐν ᾧ
30 ἡγιάσθη, καὶ τὸ πνεῦμα τῆσ χάριτοσ ἐνυβρίσασ. ³⁰ οἴδαμεν γὰρ Dt 32, 35 s / Ro 12, 19
τὸν εἰπόντα· ἐμοὶ ἐκδίκησισ, ἐγὼ ἀνταποδώσω· καὶ πάλιν· κρινεῖ Ps 134 (135), 14
31 κύριοσ τὸν λαὸν αὐτοῦ. ³¹ φοβερὸν τὸ ἐμπεσεῖν εἰσ χεῖρασ θεοῦ ζῶντοσ.

32 Ἀναμιμνήσκεσθε δὲ τὰσ πρότερον ἡμέρασ, ἐν αἷσ φωτι-
33 σθέντεσ πολλὴν ἄθλησιν ὑπεμείνατε παθημάτων, ³³ τοῦτο μὲν ὀνειδισμοῖσ τε καὶ θλίψεσιν θεατριζόμενοι, τοῦτο δὲ κοινωνοὶ τῶν
34 οὕτωσ ἀναστρεφομένων γενηθέντεσ. ³⁴ καὶ γὰρ τοῖσ δεσμίοισ 13, 3
συνεπαθήσατε, καὶ τὴν ἁρπαγὴν τῶν ὑπαρχόντων ὑμῶν μετὰ χαρᾶσ προσεδέξασθε, γινώσκοντεσ ἔχειν ἑαυτοὺσ κρείσσονα ὕπαρξιν
35 καὶ μένουσαν. ³⁵ μὴ ἀποβάλητε οὖν τὴν παρρησίαν ὑμῶν, ἥτισ
36 ἔχει μεγάλην μισθαποδοσίαν. ³⁶ ὑπομονῆσ γὰρ ἔχετε χρείαν ἵνα
37 τὸ θέλημα τοῦ θεοῦ ποιήσαντεσ κομίσησθε τὴν ἐπαγγελίαν. ³⁷ ἔτι Es 26, 20 / Hab 2, 3 s
38 γὰρ μικρὸν ὅσον ὅσον, ὁ ἐρχόμενοσ ἥξει καὶ οὐ χρονίσει· ³⁸ ὁ δὲ Ro 1,17etc
δίκαιόσ μου ἐκ πίστεωσ ζήσεται, καὶ ἐὰν ὑποστείληται, οὐκ εὐδοκεῖ
39 ἡ ψυχή μου ἐν αὐτῷ. ³⁹ ἡμεῖσ δὲ οὐκ ἐσμὲν ὑποστολῆσ εἰσ ἀπώλειαν, ἀλλὰ πίστεωσ εἰσ περιποίησιν ψυχῆσ.

17. μνησθω. 18. א* om τουτων 22. ερραντισμενοι | πονηρᾶσ· ²³ καὶ 23. λελουμενοι | ελπιδοσ : א* add ημων 25. א εγκαταλιποντεσ | εαυτων : א* αυτων | א* οσον 28. μωσεωσ 30. ανταποδωσω : add λεγει κυριοσ | κυριοσ κρινει 32. ημερασ : א* add υμων 34. ϛ κ τ. δεσμιοισ μου | εαυτουσ : εν εαυτοισ | κρειττονα | υπαρξιν : add εν ουρανοισ 35. μισθαποδ. μεγαλ. 36. א* χρει. εχετ. 37. χρονιει 38. om μου post δικαιοσ

XI.

Fidei ratio et exempla: Abel, Enoch, Noah, Abraham, Sara; patriarchae, Ioseph, Moses atque alii.

Ἔστιν δὲ πίστις ἐλπιζομένων ὑπόστασις, πραγμάτων ἔλεγχος 1
οὐ βλεπομένων. ² ἐν ταύτῃ γὰρ ἐμαρτυρήθησαν οἱ πρεσβύτεροι. 2
³ Πίστει νοοῦμεν κατηρτίσθαι τοὺς αἰῶνας ῥήματι θεοῦ, εἰς τὸ 3
μὴ ἐκ φαινομένων τὸ βλεπόμενον γεγονέναι. ⁴ Πίστει πλείονα θυ- 4
σίαν Ἄβελ παρὰ Κάϊν προσήνεγκεν τῷ θεῷ, δι᾽ ἧς ἐμαρτυρήθη
εἶναι δίκαιος, μαρτυροῦντος ἐπὶ τοῖς δώροις αὐτοῦ τοῦ θεοῦ, καὶ
δι᾽ αὐτῆς ἀποθανὼν ἔτι λαλεῖ. ⁵ Πίστει Ἐνὼχ μετετέθη τοῦ μὴ 5
ἰδεῖν θάνατον, καὶ οὐχ ηὑρίσκετο διότι μετέθηκεν αὐτὸν ὁ θεός.
πρὸ γὰρ τῆς μεταθέσεως μεμαρτύρηται εὐηρεστηκέναι τῷ θεῷ·
⁶ χωρὶς δὲ πίστεως ἀδύνατον εὐαρεστῆσαι· πιστεῦσαι γὰρ δεῖ τὸν 6
προσερχόμενον θεῷ, ὅτι ἔστιν καὶ τοῖς ἐκζητοῦσιν αὐτὸν μισθα-
ποδότης γίνεται. ⁷ Πίστει χρηματισθεὶς Νῶε περὶ τῶν μηδέπω 7
βλεπομένων, εὐλαβηθεὶς κατεσκεύασεν κιβωτὸν εἰς σωτηρίαν τοῦ
οἴκου αὐτοῦ, δι᾽ ἧς κατέκρινεν τὸν κόσμον, καὶ τῆς κατὰ πίστιν
δικαιοσύνης ἐγένετο κληρονόμος. ⁸ Πίστει καλούμενος Ἀβραὰμ 8
ὑπήκουσεν ἐξελθεῖν εἰς τόπον ὃν ἤμελλεν λαμβάνειν εἰς κλη-
ρονομίαν, καὶ ἐξῆλθεν μὴ ἐπιστάμενος ποῦ ἔρχεται. ⁹ πίστει 9
παρῴκησεν εἰς γῆν τῆς ἐπαγγελίας ὡς ἀλλοτρίαν, ἐν σκηναῖς
κατοικήσας, μετὰ Ἰσαὰκ καὶ Ἰακὼβ τῶν συνκληρονόμων τῆς
ἐπαγγελίας τῆς αὐτῆς· ¹⁰ ἐξεδέχετο γὰρ τὴν τοὺς θεμελίους 10
ἔχουσαν πόλιν, ἧς τεχνίτης καὶ δημιουργὸς ὁ θεός. ¹¹ Πίστει 11
καὶ αὐτὴ Σάρρα δύναμιν εἰς καταβολὴν σπέρματος ἔλαβεν καὶ
παρὰ καιρὸν ἡλικίας, ἐπεὶ πιστὸν ἡγήσατο τὸν ἐπαγγειλάμενον.
¹² διὸ καὶ ἀφ᾽ ἑνὸς ἐγεννήθησαν, καὶ ταῦτα νενεκρωμένου, καθὼς 12
τὰ ἄστρα τοῦ οὐρανοῦ τῷ πλήθει καὶ ὡς ἡ ἄμμος ἡ παρὰ τὸ
χεῖλος τῆς θαλάσσης ἡ ἀναρίθμητος.

Κατὰ πίστιν ἀπέθανον οὗτοι πάντες, μὴ κομισάμενοι τὰς 13
ἐπαγγελίας, ἀλλὰ πόρρωθεν αὐτὰς ἰδόντες καὶ ἀσπασάμενοι, καὶ
ὁμολογήσαντες ὅτι ξένοι καὶ παρεπίδημοί εἰσιν ἐπὶ τῆς γῆς.
¹⁴ οἱ γὰρ τοιαῦτα λέγοντες ἐμφανίζουσιν ὅτι πατρίδα ἐπιζητοῦσιν. 14
¹⁵ καὶ εἰ μὲν ἐκείνης μνημονεύουσιν ἀφ᾽ ἧς ἐξέβησαν, εἶχον ἂν 15
καιρὸν ἀνακάμψαι· ¹⁶ νῦν δὲ κρείττονος ὀρέγονται, τοῦτ᾽ ἔστιν 16
ἐπουρανίου. διὸ οὐκ ἐπαισχύνεται αὐτοὺς ὁ θεὸς θεὸς ἐπικαλεῖ-
σθαι αὐτῶν· ἡτοίμασεν γὰρ αὐτοῖς πόλιν.

XI, 3. τα βλεπομενα 4. του θεου : ℵ* τω θεω | λαλειται 5. ευρι-
σκετο | διοτι : ℵ οτι | ℵ* μετετεθηκεν | μεταθεσεως : add αυτου 6. τω
θεω 8. τον τοπον | ℵ* ημελλ. κληρονομιαν λαμβ. 9. την γην | συγκληρ.
11. ηλικιας : add ετεκεν 12. και ωσει αμμος 13. κομισαμενοι : λαβον-
τες | ιδοντες : add και πεισθεντες 15. εμνημονευον | εξεβησαν : εξηλ-
θον 16. νυνι δε

17 Πίστει προσενήνοχεν Ἀβραὰμ τὸν Ἰσαὰκ πειραζόμενος, καὶ Gn 22, 1ss
18 τὸν μονογενῆ προσέφερεν ὁ τὰσ ἐπαγγελίασ ἀναδεξάμενοσ, ¹⁸πρὸσ Gn 21, 12 Ro 9, 7
19 ὃν ἐλαλήθη ὅτι ἐν Ἰσαὰκ κληθήσεταί σοι σπέρμα, ¹⁹ λογισάμενοσ
ὅτι καὶ ἐκ νεκρῶν ἐγείρειν δυνατὸσ ὁ θεόσ· ὅθεν αὐτὸν καὶ ἐν
20 παραβολῇ ἐκομίσατο. ²⁰ πίστει περὶ μελλόντων εὐλόγησεν Ἰσαὰκ Gn 27, 28
21 τὸν Ἰακὼβ καὶ τὸν Ἡσαῦ. ²¹ πίστει Ἰακὼβ ἀποθνήσκων ἕκαστον Gn 48, 15 ss
τῶν υἱῶν Ἰωσὴφ εὐλόγησεν καὶ προσεκύνησεν ἐπὶ τὸ ἄκρον τῆσ 47, 31
22 ῥάβδου αὐτοῦ. ²² πίστει Ἰωσὴφ τελευτῶν περὶ τῆσ ἐξόδου τῶν Gn 50, 24
υἱῶν Ἰσραὴλ ἐμνημόνευσεν καὶ περὶ τῶν ὀστέων αὐτοῦ ἐνετείλατο.
23 Πίστει Μωϋσῆσ γεννηθεὶσ ἐκρύβη τρίμηνον ὑπὸ τῶν πατέ- Ex 2, 2 s
ρων αὐτοῦ, διότι εἶδον ἀστεῖον τὸ παιδίον, καὶ οὐκ ἐφοβήθησαν
24 τὸ διάταγμα τοῦ βασιλέωσ. ²⁴ πίστει Μωϋσῆσ μέγασ γενόμενοσ
25 ἠρνήσατο λέγεσθαι υἱὸσ θυγατρὸσ Φαραώ, ²⁵ μᾶλλον ἑλόμενοσ
συνκακουχεῖσθαι τῷ λαῷ τοῦ θεοῦ ἢ πρόσκαιρον ἔχειν ἁμαρτίασ
26 ἀπόλαυσιν, ²⁶ μείζονα πλοῦτον ἡγησάμενος τῶν Αἰγύπτου θησαυ-
ρῶν τὸν ὀνειδισμὸν τοῦ Χριστοῦ· ἀπέβλεπεν γὰρ εἰσ τὴν μισθα-
27 ποδοσίαν. ²⁷ πίστει κατέλιπεν Αἴγυπτον, μὴ φοβηθεὶς τὸν θυμὸν Ex 12, 41
28 τοῦ βασιλέωσ· τὸν γὰρ ἀόρατον ὡσ ὁρῶν ἐκαρτέρησεν. ²⁸ πίστει Ex 12, 11 ss
πεποίηκεν τὸ πάσχα καὶ τὴν πρόσχυσιν τοῦ αἵματος, ἵνα μὴ ὁ
29 ὀλοθρεύων τὰ πρωτότοκα θίγῃ αὐτῶν. ²⁹ πίστει διέβησαν τὴν Ex 14, 22 ss
ἐρυθρὰν θάλασσαν ὡς διὰ ξηρᾶσ γῆσ, ἧσ πεῖραν λαβόντεσ οἱ
30 Αἰγύπτιοι κατεπόθησαν. ³⁰ πίστει τὰ τείχη Ἱερειχὼ ἔπεσαν Ios 6, 20
31 κυκλωθέντα ἐπὶ ἑπτὰ ἡμέρασ. ³¹ πίστει Ῥαὰβ ἡ πόρνη οὐ Ios 2, 1 6, 17
συναπώλετο τοῖσ ἀπειθήσασιν, δεξαμένη τοὺς κατασκόπουσ μετ' Ia 2, 25
εἰρήνησ.
32 Καὶ τί ἔτι λέγω; ἐπιλείψει με γὰρ διηγούμενον ὁ χρόνοσ Iud 6,4.13
περὶ Γεδεών, Βαράκ, Σαμψών, Ἰεφθάε, Δαυείδ τε καὶ Σαμουὴλ 11 etc
33 καὶ τῶν προφητῶν, ³³ οἳ διὰ πίστεωσ κατηγωνίσαντο βασιλείασ,
ἠργάσαντο δικαιοσύνην, ἐπέτυχον ἐπαγγελιῶν, ἔφραξαν στόματα Dan 6, 22 3, 27
34 λεόντων, ³⁴ ἔσβεσαν δύναμιν πυρός, ἔφυγον στόματα μαχαίρησ,
ἐδυναμώθησαν ἀπὸ ἀσθενείασ, ἐγενήθησαν ἰσχυροὶ ἐν πολέμῳ,
35 παρεμβολὰσ ἔκλιναν ἀλλοτρίων· ³⁵ ἔλαβον γυναῖκεσ ἐξ ἀναστά- 1 Rg 17,17
σεωσ τοὺσ νεκροὺσ αὐτῶν· ἄλλοι δὲ ἐτυμπανίσθησαν, οὐ προσ- 2 Rg 4, 17
δεξάμενοι τὴν ἀπολύτρωσιν, ἵνα κρείττονοσ ἀναστάσεωσ τύχω-
36 σιν· ³⁶ ἕτεροι δὲ ἐμπαιγμῶν καὶ μαστίγων πεῖραν ἔλαβον, ἔτι δὲ 2 Macc 6, 18 ss
37 δεσμῶν καὶ φυλακῆσ· ³⁷ ἐλιθάσθησαν, ἐπειράσθησαν, ἐπρίσθησαν, 7, 7
ἐν φόνῳ μαχαίρησ ἀπέθανον, περιῆλθον ἐν μηλωταῖσ, ἐν αἰγείοισ
38 δέρμασιν, ὑστερούμενοι, θλιβόμενοι, κακουχούμενοι, ³⁸ ὧν οὐκ ἦν
ἄξιοσ ὁ κόσμοσ, ἐπὶ ἐρημίαισ πλανώμενοι καὶ ὄρεσιν καὶ σπη-

17. 18. 20. א ισακ   23 sq. μωσησ   25. συγκακ.   26. των εν αιγυπτω
29. om γησ   30. ιεριχω | επεσε   31. א* η επιλεγομενη πορνη   32. επιλ.
γαρ με | βαρακ τε και σαμψ. και ιεφθ. | δαβιδ   33. ειργασαντο
34. μαχαιρασ | ενεδυναμωθησαν   35. א* γυναικασ   37. επρισθησ.
επειρασθ. | μαχαιρασ   38. επι : εν

λαίοισ καὶ ταῖσ ὀπαῖσ τῆσ γῆσ. ³⁹ καὶ οὗτοι πάντεσ μαρτυρη- 39
θέντεσ διὰ τῆσ πίστεωσ οὐκ ἐκομίσαντο τὴν ἐπαγγελίαν, ⁴⁰ τοῦ 40
θεοῦ περὶ ἡμῶν κρεῖττόν τι προβλεψαμένου, ἵνα μὴ χωρὶσ ἡμῶν
τελειωθῶσιν.

XII.

Christus fidei dux. Castigatione dei paterna proficit pietas. Sinai et Zion.
Novi foederis egregia dignitas.

Τοιγαροῦν καὶ ἡμεῖσ, τοσοῦτον ἔχοντεσ περικείμενον ἡμῖν 1
νέφοσ μαρτύρων, ὄγκον ἀποθέμενοι πάντα καὶ τὴν εὐπερίστατον
ἁμαρτίαν, δι' ὑπομονῆσ τρέχωμεν τὸν προκείμενον ἡμῖν ἀγῶνα,
3,1 ² ἀφορῶντεσ εἰσ τὸν τῆσ πίστεωσ ἀρχηγὸν καὶ τελειωτὴν Ἰησοῦν, 2
ὃσ ἀντὶ τῆσ προκειμένησ αὐτῷ χαρᾶσ ὑπέμεινεν σταυρὸν αἰσχύνησ
8, 1 etc καταφρονήσασ, ἐν δεξιᾷ τε τοῦ θρόνου τοῦ θεοῦ κεκάθικεν.
³ ἀναλογίσασθε γὰρ τὸν τοιαύτην ὑπομεμενηκότα ὑπὸ τῶν ἁμαρ- 3
τωλῶν εἰσ ἑαυτὸν ἀντιλογίαν, ἵνα μὴ κάμητε ταῖσ ψυχαῖσ ὑμῶν
ἐκλυόμενοι.

Οὔπω μέχρισ αἵματοσ ἀντικατέστητε πρὸσ τὴν ἁμαρτίαν 4
Prov 3, ἀνταγωνιζόμενοι, ⁵ καὶ ἐκλέλησθε τῆσ παρακλήσεωσ, ἥτισ ὑμῖν 5
11 ss ὡσ υἱοῖσ διαλέγεται· υἱέ μου, μὴ ὀλιγώρει παιδίασ κυρίου, μηδὲ
ἐκλύου ὑπ' αὐτοῦ ἐλεγχόμενοσ· ⁶ ὃν γὰρ ἀγαπᾷ κύριοσ παιδεύει, 6
μαστιγοῖ δὲ πάντα υἱὸν ὃν παραδέχεται. ⁷ εἰσ παιδίαν ὑπομέ- 7
νετε, ὡσ υἱοῖσ ὑμῖν προσφέρεται ὁ θεόσ. τίσ γὰρ υἱὸσ ὃν οὐ παι-
δεύει πατήρ; ⁸ εἰ δὲ χωρίσ ἐστε παιδίασ, ἧσ μέτοχοι γεγόνασιν 8
πάντεσ, ἄρα νόθοι καὶ οὐχ υἱοί ἐστε. ⁹ εἶτα τοὺσ μὲν τῆσ σαρκὸσ 9
ἡμῶν πατέρασ εἴχομεν παιδευτὰσ καὶ ἐνετρεπόμεθα· οὐ πολὺ
μᾶλλον ὑποταγησόμεθα τῷ πατρὶ τῶν πνευμάτων καὶ ζήσομεν;
¹⁰ οἱ μὲν γὰρ πρὸσ ὀλίγασ ἡμέρασ κατὰ τὸ δοκοῦν αὐτοῖσ ἐπαί- 10
δευον, ὁ δὲ ἐπὶ τὸ συμφέρον εἰσ τὸ μεταλαβεῖν τῆσ ἁγιότητοσ
αὐτοῦ. ¹¹ πᾶσα μὲν παιδία πρὸσ μὲν τὸ παρὸν οὐ δοκεῖ χαρᾶσ 11
εἶναι ἀλλὰ λύπησ, ὕστερον δὲ καρπὸν εἰρηνικὸν τοῖσ δι' αὐτῆσ
γεγυμνασμένοισ ἀποδίδωσιν δικαιοσύνησ.

Es 35, 3 Διὸ τὰσ παρειμένασ χεῖρασ καὶ τὰ παραλελυμένα γόνατα 12
Prov 4, 26 ἀνορθώσατε, ¹³ καὶ τροχιὰσ ὀρθὰσ ποιεῖτε τοῖσ ποσὶν ὑμῶν, ἵνα 13
μὴ τὸ χωλὸν ἐκτραπῇ, ἰαθῇ δὲ μᾶλλον. ¹⁴ εἰρήνην διώκετε μετὰ 14
πάντων καὶ τὸν ἁγιασμόν, οὗ χωρὶσ οὐδεὶσ ὄψεται τὸν κύριον,
Dt 29, 18 ¹⁵ ἐπισκοποῦντεσ μή τισ ὑστερῶν ἀπὸ τῆσ χάριτοσ τοῦ θεοῦ, μή 15
τισ ῥίζα πικρίασ ἄνω φύουσα ἐνοχλῇ καὶ διὰ ταύτησ μιανθῶσιν
Gn 25, οἱ πολλοί, ¹⁶ μή τισ πόρνοσ ἢ βέβηλοσ ὡσ Ἡσαῦ, ὃσ ἀντὶ 16
31 ss βρώσεωσ μιᾶσ ἀπέδοτο τὰ πρωτοτόκια ἑαυτοῦ. ¹⁷ ἴστε γὰρ ὅτι 17

XII, 1. τοσουτον : ℵ* τηλικουτον 2. ℵ om του θεου | εκαθισεν
3. ϛ εισ αυτον, ℵ* εισ εαυτουσ, ℵᶜ εισ αυτουσ 5. παιδειασ 7. εισ
παιδιαν : ει παιδειαν | τισ γαρ : add εστιν 8. παιδεισσ | εστε και ουχ
υιοι 9. πολυ : πολλω 11. πασα δε παιδεια 13. ποιησατε 15. om
οι ante πολλοι 16. εαυτου : αυτου

καὶ μετέπειτα θέλων κληρονομῆσαι τὴν εὐλογίαν ἀπεδοκιμάσθη·
μετανοίασ γὰρ τόπον οὐχ εὗρεν, καίπερ μετὰ δακρύων ἐκζητήσασ
αὐτήν.

18 Οὐ γὰρ προσεληλύθατε ψηλαφωμένῳ καὶ κεκαυμένῳ πυρὶ
19 καὶ γνόφῳ καὶ ζόφῳ καὶ θυέλλῃ ¹⁹καὶ σάλπιγγοσ ἤχῳ καὶ φωνῇ
ῥημάτων, ἧσ οἱ ἀκούσαντεσ παρῃτήσαντο μὴ προστεθῆναι αὐτοῖσ
20 λόγον· ²⁰οὐκ ἔφερον γὰρ τὸ διαστελλόμενον· κἂν θηρίον θίγῃ
21 τοῦ ὄρουσ, λιθοβοληθήσεται· ²¹καί, οὕτω φοβερὸν ἦν τὸ φαντα-
22 ζόμενον, Μωϋσῆσ εἶπεν· ἔκφοβόσ εἰμι καὶ ἔντρομοσ· ²²ἀλλὰ
προσεληλύθατε Ciὼν ὄρει καὶ πόλει θεοῦ ζῶντοσ Ἱερουσαλὴμ
23 ἐπουρανίῳ, καὶ μυριάσιν ἀγγέλων ²³πανηγύρει, καὶ ἐκκλησίᾳ
πρωτοτόκων ἀπογεγραμμένων ἐν οὐρανοῖσ, καὶ κριτῇ θεῷ πάν-
24 των, καὶ πνεύμασι δικαίων τετελειωμένων, ²⁴καὶ διαθήκησ νέασ
μεσίτῃ Ἰησοῦ, καὶ αἵματι ῥαντισμοῦ κρεῖττον λαλοῦντι παρὰ τὸν
25 Ἄβελ. ²⁵βλέπετε μὴ παραιτήσησθε τὸν λαλοῦντα· εἰ γὰρ ἐκεῖνοι
οὐκ ἐξέφυγον ἐπὶ γῆσ παραιτησάμενοι τὸν χρηματίζοντα, πολὺ
26 μᾶλλον ἡμεῖσ οἱ τὸν ἀπ' οὐρανῶν ἀποστρεφόμενοι, ²⁶οὗ ἡ φωνὴ
τὴν γῆν ἐσάλευσεν τότε, νῦν δὲ ἐπήγγελται λέγων· ἔτι ἅπαξ ἐγὼ
27 σείσω οὐ μόνον τὴν γῆν ἀλλὰ καὶ τὸν οὐρανόν. ²⁷τὸ δὲ ἔτι
ἅπαξ δηλοῖ τὴν τῶν σαλευομένων μετάθεσιν ὡσ πεποιημένων, ἵνα
28 μείνῃ τὰ μὴ σαλευόμενα. ²⁸διὸ βασιλείαν ἀσάλευτον παρα-
λαμβάνοντεσ ἔχωμεν χάριν, δι' ἧσ λατρεύωμεν εὐαρέστωσ τῷ
29 θεῷ, μετὰ εὐλαβείασ καὶ δέουσ· ²⁹καὶ γὰρ ὁ θεὸσ ἡμῶν πῦρ
καταναλίσκον.

XIII.
Admonitiones variae. Christus unus et idem. Piaculum Christi valet;
deserenda Iudaeorum ara. Vota et salutationes.

1 2 Ἡ φιλαδελφία μενέτω. ²τῆσ φιλοξενίασ μὴ ἐπιλανθάνεσθε·
3 διὰ ταύτησ γὰρ ἔλαθόν τινεσ ξενίσαντεσ ἀγγέλουσ. ³μιμνήσκεσθε
τῶν δεσμίων ὡσ συνδεδεμένοι, τῶν κακουχουμένων ὡσ καὶ αὐτοὶ
4 ὄντεσ ἐν σώματι. ⁴τίμιοσ ὁ γάμοσ ἐν πᾶσιν καὶ ἡ κοίτη ἀμίαν-
5 τοσ· πόρνουσ γὰρ καὶ μοιχοὺσ κρινεῖ ὁ θεόσ. ⁵ἀφιλάργυροσ ὁ
τρόποσ, ἀρκούμενοι τοῖσ παροῦσιν· αὐτὸσ γὰρ εἴρηκεν· οὐ μή
6 σε ἀνῶ οὐδ' οὐ μή σε ἐγκαταλείπω, ⁶ὥστε θαρροῦντασ ἡμᾶσ
λέγειν· κύριοσ ἐμοὶ βοηθόσ, οὐ φοβηθήσομαι· τί ποιήσει μοι ἄν-
θρωποσ;

18. ψηλαφωμενω : add ορει | ζοφω : σκοτω 19. μη : א* om 20. λιθο-
βοληθησεται : add η βολιδι κατατοξευθησεται 21. μωσησ | א εκτρο-
μοσ 22. ϛᵉ αγγελων ²³ πανηγυρει και 23. εν ουραν. απογεγραμμ. |
δικαιων τετελειωμενων : א* τελιων δεδικαιωμενοισ 24. κρειττονα
25. εφυγον τον επι τησ γησ παραιτησ. χρηματιζ. | πολλω μαλλ. | א απ
ουρανου 26. σειω 27. των σαλευο. την μεταθ. 28. א εχομεν et
λατρευομεν | μετα αιδουσ και ευλαβ.
XIII, 2. א* την φιλοξενιαν 4. γαρ : δε 5. εγκαταλιπω 6. και
ου φοβηθησο.

Μνημονεύετε τῶν ἡγουμένων ὑμῶν, οἵτινεσ ἐλάλησαν ὑμῖν 7 τὸν λόγον τοῦ θεοῦ, ὧν ἀναθεωροῦντεσ τὴν ἔκβασιν τῆσ ἀναστροφῆσ μιμεῖσθε τὴν πίστιν. ⁸ Ἰησοῦσ Χριστὸσ ἐχθὲσ καὶ σήμερον 8 ὁ αὐτόσ καὶ εἰσ τοὺσ αἰῶνασ. ⁹ διδαχαῖσ ποικίλαισ καὶ ξέναισ 9 μὴ παραφέρεσθε· καλὸν γὰρ χάριτι βεβαιοῦσθαι τὴν καρδίαν, οὐ βρώμασιν, ἐν οἷσ οὐκ ὠφελήθησαν οἱ περιπατοῦντεσ. Ἔχομεν θυσιαστήριον ἐξ οὗ φαγεῖν οὐκ ἔχουσιν ἐξουσίαν οἱ 10 τῇ σκηνῇ λατρεύοντεσ. ¹¹ ὧν γὰρ εἰσφέρεται ζῴων τὸ αἷμα περὶ 11 ἁμαρτίασ εἰσ τὰ ἅγια διὰ τοῦ ἀρχιερέωσ, τούτων τὰ σώματα κατακαίεται ἔξω τῆσ παρεμβολῆσ. ¹² διὸ καὶ Ἰησοῦσ, ἵνα ἁγιάσῃ 12 διὰ τοῦ ἰδίου αἵματοσ τὸν λαόν, ἔξω τῆσ πύλησ ἔπαθεν. ¹³ τοί- 13 νυν ἐξερχώμεθα πρὸσ αὐτὸν ἔξω τῆσ παρεμβολῆσ τὸν ὀνειδισμὸν αὐτοῦ φέροντεσ· ¹⁴ οὐ γὰρ ἔχομεν ὧδε μένουσαν πόλιν, ἀλλὰ τὴν 14 μέλλουσαν ἐπιζητοῦμεν. ¹⁵ Δι' αὐτοῦ οὖν ἀναφέρωμεν θυσίαν 15 αἰνέσεωσ διαπαντὸσ τῷ θεῷ, τοῦτ' ἔστιν καρπὸν χειλέων ὁμολογούντων τῷ ὀνόματι αὐτοῦ. ¹⁶ τῆσ δὲ εὐποιΐασ καὶ κοινωνίασ 16 μὴ ἐπιλανθάνεσθε· τοιαύταισ γὰρ θυσίαισ εὐαρεστεῖται ὁ θεόσ.

Πείθεσθε τοῖσ ἡγουμένοισ ὑμῶν καὶ ὑπείκετε· αὐτοὶ γὰρ 17 ἀγρυπνοῦσιν ὑπὲρ τῶν ψυχῶν ὑμῶν ὡσ λόγον ἀποδώσοντεσ· ἵνα μετὰ χαρᾶσ τοῦτο ποιῶσιν καὶ μὴ στενάζοντεσ· ἀλυσιτελὲσ γὰρ ὑμῖν τοῦτο.

Προσεύχεσθε περὶ ἡμῶν· πειθόμεθα γὰρ ὅτι καλὴν συνεί- 18 δησιν ἔχομεν, ἐν πᾶσιν καλῶσ θέλοντεσ ἀναστρέφεσθαι. ¹⁹ πε- 19 ρισσοτέρωσ δὲ παρακαλῶ τοῦτο ποιῆσαι, ἵνα τάχιον ἀποκατασταθῶ ὑμῖν.

Ὁ δὲ θεὸσ τῆσ εἰρήνησ, ὁ ἀναγαγὼν ἐκ νεκρῶν τὸν ποι- 20 μένα τῶν προβάτων τὸν μέγαν ἐν αἵματι διαθήκησ αἰωνίου, τὸν κύριον ἡμῶν Ἰησοῦν, ²¹ καταρτίσαι ὑμᾶσ ἐν παντὶ ἀγαθῷ εἰσ 21 τὸ ποιῆσαι τὸ θέλημα αὐτοῦ, ποιῶν ἐν ἡμῖν τὸ εὐάρεστον ἐνώπιον αὐτοῦ διὰ Ἰησοῦ Χριστοῦ, ᾧ ἡ δόξα εἰσ τοὺσ αἰῶνασ τῶν αἰώνων· ἀμήν.

Παρακαλῶ δὲ ὑμᾶσ, ἀδελφοί, ἀνέχεσθε τοῦ λόγου τῆσ πα- 22 ρακλήσεωσ· καὶ γὰρ διὰ βραχέων ἐπέστειλα ὑμῖν. ²³ γινώσκετε 23 τὸν ἀδελφὸν ἡμῶν Τιμόθεον ἀπολελυμένον, μεθ' οὗ ἐὰν τάχιον ἔρχηται ὄψομαι ὑμᾶσ. ²⁴ ἀσπάσασθε πάντασ τοὺσ ἡγουμένουσ 24 ὑμῶν καὶ πάντασ τοὺσ ἁγίουσ. ἀσπάζονται ὑμᾶσ οἱ ἀπὸ τῆσ Ἰταλίασ.

Ἡ χάρισ μετὰ πάντων ὑμῶν. 25

8. χθεσ 9. περιφερεσθε | περιπατησαντεσ 15. ουν : ℵ* om. 17. υπεικετε : ℵᶜ add αυτοισ 18. πεποιθαμεν 21. αγαθω : praem εργω | ποιων : ℵ* praem αυτω | εν υμιν 22. ℵ* om γαρ 23. om ημων 25. ημων : add αμην

ΠΡΟΣ ΤΙΜΟΘΕΟΝ Α.

I.

Evangelii simplicitas tuenda. Lex et Christi gratia. Hymenaeus et Alexander.

1 Παῦλοσ ἀπόστολοσ Χριστοῦ Ἰησοῦ κατ' ἐπιταγὴν θεοῦ σω-
2 τῆροσ ἡμῶν καὶ Χριστοῦ Ἰησοῦ τῆσ ἐλπίδοσ ἡμῶν ²Τιμοθέῳ γνησίῳ τέκνῳ ἐν πίστει. χάρισ, ἔλεοσ, εἰρήνη ἀπὸ θεοῦ πατρὸσ καὶ Χριστοῦ Ἰησοῦ τοῦ κυρίου ἡμῶν.
3 Καθὼσ παρεκάλεσά σε προσμεῖναι ἐν Ἐφέσῳ, πορευόμενοσ
4 εἰσ Μακεδονίαν, ἵνα παραγγείλῃσ τισὶν μὴ ἑτεροδιδασκαλεῖν ⁴μηδὲ προσέχειν μύθοισ καὶ γενεαλογίαισ ἀπεράντοισ, αἵτινεσ ἐκζητήσεισ
5 παρέχουσιν μᾶλλον ἢ οἰκονομίαν θεοῦ τὴν ἐν πίστει· ⁵τὸ δὲ τέλοσ τῆσ παραγγελίασ ἐστὶν ἀγάπη ἐκ καθαρᾶσ καρδίασ καὶ συνειδή-
6 σεωσ ἀγαθῆσ καὶ πίστεωσ ἀνυποκρίτου, ⁶ὧν τινὲσ ἀστοχήσαντεσ
7 ἐξετράπησαν εἰσ ματαιολογίαν, ⁷θέλοντεσ εἶναι νομοδιδάσκαλοι, μὴ νοοῦντεσ μήτε ἃ λέγουσιν μήτε περὶ τίνων διαβεβαιοῦνται.
8 ⁸οἴδαμεν δὲ ὅτι καλὸσ ὁ νόμοσ, ἐάν τισ αὐτῷ νομίμωσ χρῆται,
9 ⁹εἰδὼσ τοῦτο, ὅτι δικαίῳ νόμοσ οὐ κεῖται, ἀνόμοισ δὲ καὶ ἀνυπο- τάκτοισ, ἀσεβέσι καὶ ἁμαρτωλοῖσ, ἀνοσίοισ καὶ βεβήλοισ, πατρο-
10 λῴαισ καὶ μητρολῴαισ, ἀνδροφόνοισ, ¹⁰πόρνοισ, ἀρσενοκοίταισ, ἀνδραποδισταῖσ, ψεύσταισ, ἐπιόρκοισ, καὶ εἴ τι ἕτερον τῇ ὑγιαι-
11 νούσῃ διδασκαλίᾳ ἀντίκειται, ¹¹κατὰ τὸ εὐαγγέλιον τῆσ δόξησ
12 τοῦ μακαρίου θεοῦ, ὃ ἐπιστεύθην ἐγώ. ¹²χάριν ἔχω τῷ ἐνδυνα- μώσαντί με Χριστῷ Ἰησοῦ τῷ κυρίῳ ἡμῶν, ὅτι πιστόν με ἡγήσατο
13 θέμενοσ εἰσ διακονίαν, ¹³τὸ πρότερον ὄντα βλάσφημον καὶ διώκτην καὶ ὑβριστήν· ἀλλὰ ἠλεήθην, ὅτι ἀγνοῶν ἐποίησα ἐν ἀπιστίᾳ,
14 ¹⁴ὑπερεπλεόνασεν δὲ ἡ χάρισ τοῦ κυρίου ἡμῶν μετὰ πίστεωσ καὶ
15 ἀγάπησ τῆσ ἐν Χριστῷ Ἰησοῦ. ¹⁵πιστὸσ ὁ λόγοσ καὶ πάσησ ἀποδοχῆσ ἄξιοσ, ὅτι Χριστὸσ Ἰησοῦσ ἦλθεν εἰσ τὸν κόσμον
16 ἁμαρτωλοὺσ σῶσαι, ὧν πρῶτόσ εἰμι ἐγώ· ¹⁶ἀλλὰ διὰ τοῦτο ἠλεήθην, ἵνα ἐν ἐμοὶ πρώτῳ ἐνδείξηται Ἰησοῦσ Χριστὸσ τὴν ἅπασαν μακροθυμίαν, πρὸσ ὑποτύπωσιν τῶν μελλόντων πιστεύειν
17 ἐπ' αὐτῷ εἰσ ζωὴν αἰώνιον. ¹⁷τῷ δὲ βασιλεῖ τῶν αἰώνων, ἀφθάρτῳ ἀοράτῳ μόνῳ θεῷ, τιμὴ καὶ δόξα εἰσ τοὺσ αἰῶνασ τῶν αἰώνων· ἀμήν.
18 Ταύτην τὴν παραγγελίαν παρατίθεμαί σοι, τέκνον Τιμόθεε, κατὰ τὰσ προαγούσασ ἐπὶ σὲ προφητείασ, ἵνα στρατεύσῃ ἐν

---

* ϛ η προσ τιμοθεον επιστολη πρωτη, ϛᵉ παυλου του αποστολου η προσ τιμοθ. επιστ. πρωτ.
I, 1. αποστ. ιησου χριστου | επιταγην : א επαγγελιαν | ϛ א και κυριον ιησου χριστου 2. πατροσ : add ημων 4. ζητησεισ | οικονομιαν : ϛᵉ οικοδομιαν 9. πατραλω. κ. μητραλω. 12. και χαριν εχω | א* ενδυνα- μουντι | א* om με 13. τον προτερον | αλλ 15. א om τον 16. πασαν 17. μονω : add σοφω 18. στρατευη

1 TIM.   3, 5.   393

αὐταῖσ τὴν καλὴν στρατείαν, ¹⁹ ἔχων πίστιν καὶ ἀγαθὴν συνεί- 19
δησιν, ἥν τινεσ ἀπωσάμενοι περὶ τὴν πίστιν ἐναυάγησαν· ²⁰ ὧν 20
ἐστὶν Ὑμέναιοσ καὶ Ἀλέξανδροσ, οὓσ παρέδωκα τῷ σατανᾷ, ἵνα
παιδευθῶσιν μὴ βλασφημεῖν.

II.

Preces publicae.   Deus unus et unus mediator.   Decor precantium.   Mulier in ecclesia.

Παρακαλῶ οὖν πρῶτον πάντων ποιεῖσθαι δεήσεισ, προσ- 1
ευχάσ, ἐντεύξεισ, εὐχαριστίασ, ὑπὲρ πάντων ἀνθρώπων, ² ὑπὲρ 2
βασιλέων καὶ πάντων τῶν ἐν ὑπεροχῇ ὄντων, ἵνα ἤρεμον καὶ
ἡσύχιον βίον διάγωμεν ἐν πάσῃ εὐσεβείᾳ καὶ σεμνότητι. ³ τοῦτο 3
καλὸν καὶ ἀπόδεκτον ἐνώπιον τοῦ σωτῆροσ ἡμῶν θεοῦ, ⁴ ὃσ πάν- 4
τασ ἀνθρώπουσ θέλει σωθῆναι καὶ εἰσ ἐπίγνωσιν ἀληθείασ ἐλθεῖν.
⁵ εἷσ γὰρ θεόσ, εἷσ καὶ μεσίτησ θεοῦ καὶ ἀνθρώπων, ἄνθρωποσ 5
Χριστὸσ Ἰησοῦσ, ⁶ ὁ δοὺσ ἑαυτὸν ἀντίλυτρον ὑπὲρ πάντων, τὸ 6
μαρτύριον καιροῖσ ἰδίοισ, ⁷ εἰσ ὃ ἐτέθην ἐγὼ κήρυξ καὶ ἀπόστο- 7
λοσ, ἀλήθειαν λέγω, οὐ ψεύδομαι, διδάσκαλοσ ἐθνῶν ἐν πίστει
καὶ ἀληθείᾳ.

Βούλομαι οὖν προσεύχεσθαι τοὺσ ἄνδρασ ἐν παντὶ τόπῳ 8
ἐπαίροντασ ὁσίουσ χεῖρασ χωρὶσ ὀργῆσ καὶ διαλογισμοῦ· ⁹ ὡσαύ- 9
τωσ γυναῖκασ ἐν καταστολῇ κοσμίῳ, μετὰ αἰδοῦσ καὶ σωφρο-
σύνησ κοσμεῖν ἑαυτάσ, μὴ ἐν πλέγμασιν καὶ χρυσῷ ἢ μαργαρίταισ
ἢ ἱματισμῷ πολυτελεῖ, ¹⁰ ἀλλ' ὃ πρέπει γυναιξὶν ἐπαγγελλομέναισ 10
θεοσέβειαν, δι' ἔργων ἀγαθῶν. ¹¹ Γυνὴ ἐν ἡσυχίᾳ μανθανέτω ἐν 11
πάσῃ ὑποταγῇ· ¹² διδάσκειν δὲ γυναικὶ οὐκ ἐπιτρέπω, οὐδὲ αὐθεν- 12
τεῖν ἀνδρόσ, ἀλλ' εἶναι ἐν ἡσυχίᾳ. ¹³ Ἀδὰμ γὰρ πρῶτοσ ἐπλάσθη, 13
εἶτα Εὔα. ¹⁴ καὶ Ἀδὰμ οὐκ ἠπατήθη, ἡ δὲ γυνὴ ἐξαπατηθεῖσα 14
ἐν παραβάσει γέγονεν, ¹⁵ σωθήσεται δὲ διὰ τῆσ τεκνογονίασ, ἐὰν 15
μείνωσιν ἐν πίστει καὶ ἀγάπῃ καὶ ἁγιασμῷ μετὰ σωφροσύνησ.

III.

Episcopi et diaconi.   Mysterium pietatis.

Πιστὸσ ὁ λόγοσ· εἴ τισ ἐπισκοπῆσ ὀρέγεται, καλοῦ ἔργου ἐπι- 1
θυμεῖ. ² δεῖ οὖν τὸν ἐπίσκοπον ἀνεπίλημπτον εἶναι, μιᾶσ γυναι- 2
κὸσ ἄνδρα, νηφάλιον, σώφρονα, κόσμιον, φιλόξενον, διδακτικόν,
³ μὴ πάροινον, μὴ πλήκτην, ἀλλὰ ἐπιεικῆ, ἄμαχον, ἀφιλάργυρον, 3
⁴ τοῦ ἰδίου οἴκου καλῶσ προϊστάμενον, τέκνα ἔχοντα ἐν ὑποταγῇ 4
μετὰ πάσησ σεμνότητοσ, — ⁵ εἰ δέ τισ τοῦ ἰδίου οἴκου προστῆναι 5

II, 3. τουτο γαρ   6. ℵ* (ℵᶜ praemisit το) μαρτυριον   7. λεγω : ϛ ℵ*
add εν χριστω | πιστει ; ℵ* γνωσι   8. ℵᶜ διαλογισμων   9. ωσαυτωσ και
τασ γυν. | ℵᶜ κοσμιωσ | πλεγμ. η χρυσω   12. γυναικι δε διδασκειν
14. απατηθεισα

III, 2. ανεπιληπτον | ϛ (non ϛᵉ) νηφαλεον   3. μη πληκτην : add
μη αισχροκερδη | αλλ   4. ℵ προϊσταμενον

6 οὐκ οἶδεν, πῶσ ἐκκλησίασ θεοῦ ἐπιμελήσεται; — ⁶ μὴ νεόφυτον,
7 ἵνα μὴ τυφωθεὶσ εἰσ κρίμα ἐμπέσῃ τοῦ διαβόλου. ⁷ δεῖ δὲ καὶ
μαρτυρίαν καλὴν ἔχειν ἀπὸ τῶν ἔξωθεν, ἵνα μὴ εἰσ ὀνειδισμὸν
8 ἐμπέσῃ καὶ παγίδα τοῦ διαβόλου. ⁸ Διακόνουσ ὡσαύτωσ σεμνούσ,
μὴ διλόγουσ, μὴ οἴνῳ πολλῷ προσέχοντασ, μὴ αἰσχροκερδεῖσ,
9 10 ⁹ ἔχοντασ τὸ μυστήριον τῆσ πίστεωσ ἐν καθαρᾷ συνειδήσει. ¹⁰ καὶ
οὗτοι δὲ δοκιμαζέσθωσαν πρῶτον, εἶτα διακονείτωσαν ἀνέγκλητοι
11 ὄντεσ. ¹¹ γυναῖκασ ὡσαύτωσ σεμνάσ, μὴ διαβόλουσ, νηφαλίουσ,
12 πιστὰσ ἐν πᾶσιν. ¹² διάκονοι ἔστωσαν μιᾶσ γυναικὸσ ἄνδρεσ,
13 τέκνων καλῶσ προϊστάμενοι καὶ τῶν ἰδίων οἴκων. ¹³ οἱ γὰρ
καλῶσ διακονήσαντεσ βαθμὸν ἑαυτοῖσ καλὸν περιποιοῦνται καὶ
πολλὴν παρρησίαν ἐν πίστει τῇ ἐν Χριστῷ Ἰησοῦ.
14 15 Ταῦτά σοι γράφω ἐλπίζων ἐλθεῖν πρὸσ σὲ τάχιον· ¹⁵ ἐὰν
δὲ βραδύνω, ἵνα εἰδῇσ πῶσ δεῖ ἐν οἴκῳ θεοῦ ἀναστρέφεσθαι, ἥτισ
ἐστὶν ἐκκλησία θεοῦ ζῶντοσ, στῦλοσ καὶ ἑδραίωμα τῆσ ἀληθείασ.
16 ¹⁶ καὶ ὁμολογουμένωσ μέγα ἐστὶν τὸ τῆσ εὐσεβείασ μυστήριον· ὃσ
ἐφανερώθη ἐν σαρκί, ἐδικαιώθη ἐν πνεύματι, ὤφθη ἀγγέλοισ,
ἐκηρύχθη ἐν ἔθνεσιν, ἐπιστεύθη ἐν κόσμῳ, ἀνελήμφθη ἐν δόξῃ.

IV.

Falsi doctores venturi. Timotheo iuveni dantur praecepta.

1 Τὸ δὲ πνεῦμα ῥητῶσ λέγει ὅτι ἐν ὑστέροισ καιροῖσ ἀποστή-
σονταί τινεσ τῆσ πίστεωσ, προσέχοντεσ πνεύμασιν πλάνοισ καὶ
2 διδασκαλίαισ δαιμονίων, ² ἐν ὑποκρίσει ψευδολόγων, κεκαυστη-
3 ριασμένων τὴν ἰδίαν συνείδησιν, ³ κωλυόντων γαμεῖν, ἀπέχεσθαι
βρωμάτων, ἃ ὁ θεὸσ ἔκτισεν εἰσ μετάλημψιν μετὰ εὐχαριστίασ
4 τοῖσ πιστοῖσ καὶ ἐπεγνωκόσι τὴν ἀλήθειαν. ⁴ ὅτι πᾶν κτίσμα
θεοῦ καλόν, καὶ οὐδὲν ἀπόβλητον μετὰ εὐχαριστίασ λαμβανό-
5 μενον· ⁵ ἁγιάζεται γὰρ διὰ λόγου θεοῦ καὶ ἐντεύξεωσ.
6 Ταῦτα ὑποτιθέμενοσ τοῖσ ἀδελφοῖσ καλὸσ ἔσῃ διάκονοσ
Χριστοῦ Ἰησοῦ, ἐντρεφόμενοσ τοῖσ λόγοισ τῆσ πίστεωσ καὶ τῆσ
7 καλῆσ διδασκαλίασ ᾗ παρηκολούθηκασ· ⁷ τοὺσ δὲ βεβήλουσ καὶ
γραώδεισ μύθουσ παραιτοῦ. γύμναζε δὲ σεαυτὸν πρὸσ εὐσέβειαν.
8 ⁸ ἡ γὰρ σωματικὴ γυμνασία πρὸσ ὀλίγον ἐστὶν ὠφέλιμοσ· ἡ δὲ
εὐσέβεια πρὸσ πάντα ὠφέλιμόσ ἐστιν, ἐπαγγελίαν ἔχουσα ζωῆσ
9 τῆσ νῦν καὶ τῆσ μελλούσησ. ⁹ πιστὸσ ὁ λόγοσ καὶ πάσησ ἀπο-
10 δοχῆσ ἄξιοσ. ¹⁰ εἰσ τοῦτο γὰρ κοπιῶμεν καὶ ἀγωνιζόμεθα, ὅτι
ἠλπίκαμεν ἐπὶ θεῷ ζῶντι, ὅσ ἐστιν σωτὴρ πάντων ἀνθρώπων,
μάλιστα πιστῶν.

---

7. δει δε: add αυτον 8. א* om σεμνουσ 9. א και καθαρασ συνειδησεωσ
11. ς (non ςᶜ) νηφαλεουσ 16. οσ : θεοσ
IV, 2. κεκαυτηριασμενων 3. μεταληψιν 6. ιησου χριστου 8. א*
om προσ ante ολιγον 9. א* om πασησ 10. και κοπιωμεν και ονει-
διζομεθα οτι

Παράγγελλε ταῦτα καὶ δίδασκε. ¹² μηδείσ σου τῆσ νεό- 11 12
τητοσ καταφρονείτω, ἀλλὰ τύποσ γίνου τῶν πιστῶν, ἐν λόγῳ, ἐν
ἀναστροφῇ, ἐν ἀγάπῃ, ἐν πίστει, ἐν ἁγνείᾳ. ¹³ ἕωσ ἔρχομαι πρόσ- 13
εχε τῇ ἀναγνώσει, τῇ παρακλήσει, τῇ διδασκαλίᾳ. ¹⁴ μὴ ἀμέλει 14
τοῦ ἐν σοὶ χαρίσματοσ, ὃ ἐδόθη σοι διὰ προφητείασ μετὰ ἐπιθέ-
σεωσ τῶν χειρῶν τοῦ πρεσβυτερίου. ¹⁵ ταῦτα μελέτα, ἐν τούτοισ 15
ἴσθι, ἵνα σου ἡ προκοπὴ φανερὰ ᾖ πᾶσιν. ¹⁶ ἔπεχε σεαυτῷ καὶ 16
τῇ διδασκαλίᾳ, ἐπίμενε αὐτοῖσ· τοῦτο γὰρ ποιῶν καὶ σεαυτὸν
σώσεισ καὶ τοὺσ ἀκούοντάσ σου.

V.

De admonitionibus. De viduabus eligendis, presbyteris, peccantibus.

Πρεσβυτέρῳ μὴ ἐπιπλήξῃσ ἀλλὰ παρακάλει ὡσ πατέρα, νεω- 1
τέρουσ ὡσ ἀδελφούσ, ² πρεσβυτέρασ ὡσ μητέρασ, νεωτέρασ ὡσ 2
ἀδελφὰσ ἐν πάσῃ ἁγνείᾳ. ³ Χήρασ τίμα τὰσ ὄντωσ χήρασ. ⁴ εἰ 3 4
δέ τισ χήρα τέκνα ἢ ἔκγονα ἔχει, μανθανέτωσαν πρῶτον τὸν ἴδιον
οἶκον εὐσεβεῖν καὶ ἀμοιβὰσ ἀποδιδόναι τοῖσ προγόνοισ· τοῦτο
γάρ ἐστιν ἀπόδεκτον ἐνώπιον τοῦ θεοῦ. ⁵ ἡ δὲ ὄντωσ χήρα καὶ 5
μεμονωμένη ἤλπικεν ἐπὶ θεὸν καὶ προσμένει ταῖσ δεήσεσιν καὶ
ταῖσ προσευχαῖσ νυκτὸσ καὶ ἡμέρασ· ⁶ ἡ δὲ σπαταλῶσα ζῶσα 6
τέθνηκεν. ⁷ καὶ ταῦτα παράγγελλε ἵνα ἀνεπίλημπτοι ὦσιν. ⁸ εἰ 7 8
δέ τισ τῶν ἰδίων καὶ μάλιστα οἰκείων οὐ προνοεῖται, τὴν πίστιν
ἤρνηται καὶ ἔστιν ἀπίστου χείρων.

Χήρα καταλεγέσθω μὴ ἔλαττον ἐτῶν ἑξήκοντα γεγονυῖα, 9
ἑνὸσ ἀνδρὸσ γυνή, ¹⁰ ἐν ἔργοισ καλοῖσ μαρτυρουμένη, εἰ ἐτεκνο- 10
τρόφησεν, εἰ ἐξενοδόχησεν, εἰ ἁγίων πόδασ ἔνιψεν, εἰ θλιβομένοισ
ἐπήρκεσεν, εἰ παντὶ ἔργῳ ἀγαθῷ ἐπηκολούθησεν. ¹¹ νεωτέρασ δὲ 11
χήρασ παραιτοῦ· ὅταν γὰρ καταστρηνιάσωσιν τοῦ Χριστοῦ, γα-
μεῖν θέλουσιν, ¹² ἔχουσαι κρίμα ὅτι τὴν πρώτην πίστιν ἠθέτησαν · 12
¹³ ἅμα δὲ καὶ ἀργαὶ μανθάνουσιν περιερχόμεναι τὰσ οἰκίασ, οὐ 13
μόνον δὲ ἀργαὶ ἀλλὰ καὶ φλύαροι καὶ περίεργοι, λαλοῦσαι τὰ
μὴ δέοντα. ¹⁴ βούλομαι οὖν νεωτέρασ γαμεῖν, τεκνογονεῖν, οἰκο- 14
δεσποτεῖν, μηδεμίαν ἀφορμὴν διδόναι τῷ ἀντικειμένῳ λοιδορίασ
χάριν· ¹⁵ ἤδη γάρ τινεσ ἐξετράπησαν ὀπίσω τοῦ σατανᾶ. ¹⁶ εἴ 15 16
τισ πιστὴ ἔχει χήρασ, ἐπαρκείσθω αὐταῖσ, καὶ μὴ βαρείσθω ἡ
ἐκκλησία, ἵνα ταῖσ ὄντωσ χήραισ ἐπαρκέσῃ.

Οἱ καλῶσ προεστῶτεσ πρεσβύτεροι διπλῆσ τιμῆσ ἀξιούσθω- 17
σαν, μάλιστα οἱ κοπιῶντεσ ἐν λόγῳ καὶ διδασκαλίᾳ. ¹⁸ λέγει 18
γὰρ ἡ γραφή· βοῦν ἀλοῶντα οὐ φιμώσεισ, καί· ἄξιοσ ὁ ἐργάτησ

12. εν αγαπη : add εν πνευματι 14. א* πρεσβυτερου 15. εν πασιν·
16. א* om σου
V, 1. א* om ωσ πατερ. 4. εστι καλον και αποδεκτον 5. επι τον
θεον | θεον : א* κυριον 7. Kᶜ om και | ανεπιληπτοι 8. των οικειων |
προνοει 16. πιστοσ η πιστη | επαρκειτω

19 τοῦ μισθοῦ αὐτοῦ. ¹⁹ κατὰ πρεσβυτέρου κατηγορίαν μὴ παρα-
20 δέχου, ἐκτὸσ εἰ μὴ ἐπὶ δύο ἢ τριῶν μαρτύρων. ²⁰ Τοὺσ ἁμαρτά-
νοντασ ἐνώπιον πάντων ἔλεγχε, ἵνα καὶ οἱ λοιποὶ φόβον ἔχωσιν.
21 Διαμαρτύρομαι ἐνώπιον τοῦ θεοῦ καὶ Χριστοῦ Ἰησοῦ καὶ
τῶν ἐκλεκτῶν ἀγγέλων ἵνα ταῦτα φυλάξῃσ χωρὶσ προκρίματοσ,
22 μηδὲν ποιῶν κατὰ πρόσκλισιν. ²² Χεῖρασ ταχέωσ μηδενὶ ἐπιτί-
θει, μηδὲ κοινώνει ἁμαρτίαισ ἀλλοτρίαισ. σεαυτὸν ἁγνὸν τήρει.
23 ²³ μηκέτι ὑδροπότει, ἀλλὰ οἴνῳ ὀλίγῳ χρῶ διὰ τὸν στόμαχον καὶ
24 τὰσ πυκνάσ σου ἀσθενείασ. ²⁴ Τινῶν ἀνθρώπων αἱ ἁμαρτίαι
πρόδηλοί εἰσιν προάγουσαι εἰσ κρίσιν, τισὶν δὲ καὶ ἐπακολουθοῦ-
25 σιν· ²⁵ ὡσαύτωσ καὶ τὰ ἔργα τὰ καλὰ πρόδηλα, καὶ τὰ ἄλλωσ
ἔχοντα κρυβῆναι οὐ δύνανται.

VI.

De servis, falsis doctoribus, avaris; de certamine hominis dei; de officiis
divitum.

1 Ὅσοι εἰσὶν ὑπὸ ζυγὸν δοῦλοι, τοὺσ ἰδίουσ δεσπότασ πάσησ
τιμῆσ ἀξίουσ ἡγείσθωσαν, ἵνα μὴ τὸ ὄνομα τοῦ θεοῦ καὶ ἡ δι-
2 δασκαλία βλασφημῆται. ² οἱ δὲ πιστοὺσ ἔχοντεσ δεσπότασ μὴ
καταφρονείτωσαν, ὅτι ἀδελφοί εἰσιν, ἀλλὰ μᾶλλον δουλευέτω-
σαν, ὅτι πιστοί εἰσιν καὶ ἀγαπητοὶ οἱ τῆσ εὐεργεσίασ ἀντιλαμβα-
νόμενοι.
3 Ταῦτα δίδασκε καὶ παρακάλει. ³ εἴ τισ ἑτεροδιδασκαλεῖ καὶ
μὴ προσέχεται ὑγιαίνουσιν λόγοισ τοῖσ τοῦ κυρίου ἡμῶν Ἰησοῦ
4 Χριστοῦ καὶ τῇ κατ᾽ εὐσέβειαν διδασκαλίᾳ, ⁴ τετύφωται, μηδὲν
ἐπιστάμενοσ, ἀλλὰ νοσῶν περὶ ζητήσεισ καὶ λογομαχίασ, ἐξ ὧν
5 γίνεται φθόνοσ, ἔρισ, βλασφημίαι, ὑπόνοιαι πονηραί, ⁵ διαπαρα-
τριβαὶ διεφθαρμένων ἀνθρώπων τὸν νοῦν καὶ ἀπεστερημένων τῆσ
6 ἀληθείασ, νομιζόντων πορισμὸν εἶναι τὴν εὐσέβειαν. ⁶ ἔστιν δὲ
7 πορισμὸσ μέγασ ἡ εὐσέβεια μετὰ αὐταρκείασ. ⁷ οὐδὲν γὰρ εἰση-
νέγκαμεν εἰσ τὸν κόσμον, ὅτι οὐδὲ ἐξενεγκεῖν τι δυνάμεθα·
8 ⁸ ἔχοντεσ δὲ διατροφὰσ καὶ σκεπάσματα, τούτοισ ἀρκεσθησό-
9 μεθα. ⁹ οἱ δὲ βουλόμενοι πλουτεῖν ἐμπίπτουσιν εἰσ πειρασμὸν
καὶ παγίδα καὶ ἐπιθυμίασ πολλὰσ ἀνοήτουσ καὶ βλαβεράσ, αἵτι-
νεσ βυθίζουσιν τοὺσ ἀνθρώπουσ εἰσ ὄλεθρον καὶ ἀπώλειαν.
10 ¹⁰ ῥίζα γὰρ πάντων τῶν κακῶν ἐστὶν ἡ φιλαργυρία, ἧσ τινὲσ
ὀρεγόμενοι ἀπεπλανήθησαν ἀπὸ τῆσ πίστεωσ καὶ ἑαυτοὺσ περιέ-
πειραν ὀδύναισ πολλαῖσ.
11 Cὺ δέ, ὦ ἄνθρωπε θεοῦ, ταῦτα φεῦγε· δίωκε δὲ δικαιοσύνην,

18. τοῦ μισθου (et. אa) : א* τησ τροφησ 21. και κυριου ιησου χριστου
23. αλλ | στομαχον : add σου 25. τα καλα εργα προδ. εστι | ϛ א
δυναται
VI, 2. א* om οτι αδελφ. εισιν 3. προσερχεται 5. παραδιατριβαι |
τ. ευσεβειαν : add αφισταοο απο των τοιουτων 7. οτι : praem δηλον
10. πολλαισ : א* ποικιλαισ 11. του θεου

εὐσέβειαν, πίστιν, ἀγάπην, ὑπομονήν, πραϋπαθίαν. ¹²ἀγωνίζου 12
τὸν καλὸν ἀγῶνα τῆσ πίστεωσ, ἐπιλαβοῦ τῆσ αἰωνίου ζωῆσ, εἰσ
ἣν ἐκλήθησ καὶ ὡμολόγησασ τὴν καλὴν ὁμολογίαν ἐνώπιον πολ-
λῶν μαρτύρων. ¹³ παραγγέλλω ἐνώπιον θεοῦ τοῦ ζωογονοῦντοσ 13
τὰ πάντα καὶ Χριστοῦ Ἰησοῦ τοῦ μαρτυρήσαντοσ ἐπὶ Ποντίου
Πειλάτου τὴν καλὴν ὁμολογίαν, ¹⁴τηρῆσαί σε τὴν ἐντολὴν ἄσπιλον 14
ἀνεπίλημπτον μέχρι τῆσ ἐπιφανείασ τοῦ κυρίου ἡμῶν Ἰησοῦ Χρι-
στοῦ, ¹⁵ ἣν καιροῖσ ἰδίοισ δείξει ὁ μακάριοσ καὶ μόνοσ δυνάστησ, 15
ὁ βασιλεὺσ τῶν βασιλευόντων καὶ κύριοσ τῶν κυριευόντων, ¹⁶ ὁ 16
μόνοσ ἔχων ἀθανασίαν, φῶσ οἰκῶν ἀπρόσιτον, ὃν εἶδεν οὐδεὶσ
ἀνθρώπων οὐδὲ ἰδεῖν δύναται· ᾧ τιμὴ καὶ κράτοσ αἰώνιον, ἀμήν.

Τοῖσ πλουσίοισ ἐν τῷ νῦν αἰῶνι παράγγελλε μὴ ὑψηλὰ 17
φρονεῖν, μηδὲ ἠλπικέναι ἐπὶ πλούτου ἀδηλότητι, ἀλλ' ἐπὶ θεῷ
τῷ παρέχοντι ἡμῖν πάντα πλουσίωσ εἰσ ἀπόλαυσιν, ¹⁸ἀγαθοερ- 18
γεῖν, πλουτεῖν ἐν ἔργοισ καλοῖσ, εὐμεταδότουσ εἶναι, κοινωνικούσ,
¹⁹ ἀποθησαυρίζοντασ ἑαυτοῖσ θεμέλιον καλὸν εἰσ τὸ μέλλον, ἵνα 19
ἐπιλάβωνται τῆσ ὄντωσ ζωῆσ.

Ὦ Τιμόθεε, τὴν παραθήκην φύλαξον, ἐκτρεπόμενοσ τὰσ 20
βεβήλουσ κενοφωνίασ καὶ ἀντιθέσεισ τῆσ ψευδωνύμου γνώσεωσ,
²¹ἥν τινεσ ἐπαγγελλόμενοι περὶ τὴν πίστιν ἠστόχησαν. 21
Ἡ χάρισ μεθ' ὑμῶν.

ΠΡΟΣ ΤΙΜΟΘΕΟΝ Β.

I.

Cohortatio et laus Timothei. Lois. Fides strenue servanda. Onesiphori domus.

Παῦλοσ ἀπόστολοσ Χριστοῦ Ἰησοῦ διὰ θελήματοσ θεοῦ 1
κατ' ἐπαγγελίαν ζωῆσ τῆσ ἐν Χριστῷ Ἰησοῦ ² Τιμοθέῳ ἀγαπητῷ 2
τέκνῳ. χάρισ, ἔλεοσ, εἰρήνη ἀπὸ θεοῦ πατρὸσ καὶ Χριστοῦ Ἰησοῦ
τοῦ κυρίου ἡμῶν.

Χάριν ἔχω τῷ θεῷ, ᾧ λατρεύω ἀπὸ προγόνων ἐν καθαρᾷ 3
συνειδήσει, ὡσ ἀδιάλειπτον ἔχω τὴν περὶ σοῦ μνείαν ἐν ταῖσ δεήσε-
σίν μου νυκτὸσ καὶ ἡμέρασ, ⁴ ἐπιποθῶν σε ἰδεῖν, μεμνημένοσ σου 4
τῶν δακρύων ἵνα χαρᾶσ πληρωθῶ, ⁵ ὑπόμνησιν λαβὼν τῆσ ἐν σοὶ 5

---

11. πραϋπαθιαν : πραοτητα 12. εισ ην : add και 13. παραγγελλω σοι | του θεου | ϛ א ζωοποιουντοσ | א ιησου χριστου | πιλατου 14. ανεπιληπτον 16. και το κρατοσ 17. αιωνι : א* καιρω | υψηλοφρονειν | αλλ εν τω θεω τω ζωντι | πλουσιωσ παντα 19. οντωσ : αιωνιον 20. παρακαταθηκην 21. μεθ υμων : μετα σου. αμην.

* ϛ η προσ τιμοθεον επιστολη δευτερα, ϛᶜ παυλου του αποστολου η προσ τιμοθ. επιστ. δευτερ.

I, 1. ιησου χριστου | א επαγγελιασ 2. א* και κυριου ιησου χριστου του κυριου ημων 5. λαμβανων

ἀνυποκρίτου πίστεωσ, ἥτισ ἐνῴκησεν πρῶτον ἐν τῇ μάμμῃ σου
Λωΐδι καὶ τῇ μητρί σου Εὐνίκῃ, πέπεισμαι δὲ ὅτι καὶ ἐν σοί.
⁶ Δι' ἣν αἰτίαν ἀναμιμνήσκω σε ἀναζωπυρεῖν τὸ χάρισμα τοῦ
θεοῦ, ὅ ἐστιν ἐν σοὶ διὰ τῆσ ἐπιθέσεωσ τῶν χειρῶν μου. ⁷ οὐ
γὰρ ἔδωκεν ἡμῖν ὁ θεὸσ πνεῦμα δειλίασ, ἀλλὰ δυνάμεωσ καὶ
ἀγάπησ καὶ σωφρονισμοῦ. ⁸ μὴ οὖν ἐπαισχυνθῇσ τὸ μαρτύριον
τοῦ κυρίου ἡμῶν μηδὲ ἐμὲ τὸν δέσμιον αὐτοῦ, ἀλλὰ συνκακοπά-
θησον τῷ εὐαγγελίῳ κατὰ δύναμιν θεοῦ, ⁹ τοῦ σώσαντοσ ἡμᾶσ
καὶ καλέσαντοσ κλήσει ἁγίᾳ, οὐ κατὰ τὰ ἔργα ἡμῶν ἀλλὰ κατὰ
ἰδίαν πρόθεσιν καὶ χάριν τὴν δοθεῖσαν ἡμῖν ἐν Χριστῷ Ἰησοῦ
πρὸ χρόνων αἰωνίων, ¹⁰ φανερωθεῖσαν δὲ νῦν διὰ τῆσ ἐπιφανείασ
τοῦ σωτῆροσ ἡμῶν Χριστοῦ Ἰησοῦ, καταργήσαντοσ μὲν τὸν
θάνατον, φωτίσαντοσ δὲ ζωὴν καὶ ἀφθαρσίαν διὰ τοῦ εὐαγγελίου,
¹¹ εἰσ ὃ ἐτέθην ἐγὼ κήρυξ καὶ ἀπόστολοσ καὶ διδάσκαλοσ· ¹² δι'
ἣν αἰτίαν καὶ ταῦτα πάσχω, ἀλλ' οὐκ ἐπαισχύνομαι· οἶδα γὰρ ᾧ
πεπίστευκα, καὶ πέπεισμαι ὅτι δυνατόσ ἐστιν τὴν παραθήκην μου
φυλάξαι εἰσ ἐκείνην τὴν ἡμέραν. ¹³ ὑποτύπωσιν ἔχε ὑγιαινόντων
λόγων ὧν παρ' ἐμοῦ ἤκουσασ ἐν πίστει καὶ ἀγάπῃ τῇ ἐν Χριστῷ
Ἰησοῦ· ¹⁴ τὴν καλὴν παραθήκην φύλαξον διὰ πνεύματος ἁγίου
τοῦ ἐνοικοῦντοσ ἐν ἡμῖν.
¹⁵ Οἶδασ τοῦτο, ὅτι ἀπεστράφησάν με πάντες οἱ ἐν τῇ Ἀσίᾳ,
ὧν ἐστὶν Φύγελοσ καὶ Ἑρμογένησ. ¹⁶ δῴη ἔλεοσ ὁ κύριοσ τῷ
Ὀνησιφόρου οἴκῳ, ὅτι πολλάκισ με ἀνέψυξεν καὶ τὴν ἅλυσίν μου
οὐκ ἐπαισχύνθη, ¹⁷ ἀλλὰ γενόμενοσ ἐν Ῥώμῃ σπουδαίωσ ἐζήτη-
σέν με καὶ εὗρεν. ¹⁸ δῴη αὐτῷ ὁ κύριοσ εὑρεῖν ἔλεοσ παρὰ κυ-
ρίου ἐν ἐκείνῃ τῇ ἡμέρᾳ. καὶ ὅσα ἐν Ἐφέσῳ διηκόνησεν, βέλτιον
σὺ γινώσκεισ.

II.

Corona militum Christi. Boni doctoris mores. Contra Hymenaeum alios-
que vana docentes.

Σὺ οὖν, τέκνον μου, ἐνδυναμοῦ ἐν τῇ χάριτι τῇ ἐν Χριστῷ
Ἰησοῦ, ² καὶ ἃ ἤκουσασ παρ' ἐμοῦ διὰ πολλῶν μαρτύρων, ταῦτα
παράθου πιστοῖσ ἀνθρώποισ, οἵτινεσ ἱκανοὶ ἔσονται καὶ ἑτέρουσ
διδάξαι. ³ συνκακοπάθησον ὡσ καλὸσ στρατιώτησ Χριστοῦ Ἰη-
σοῦ. ⁴ οὐδεὶσ στρατευόμενοσ ἐμπλέκεται ταῖσ τοῦ βίου πραγμα-
τίαισ, ἵνα τῷ στρατολογήσαντι ἀρέσῃ. ⁵ ἐὰν δὲ καὶ ἀθλῇ τισ,
οὐ στεφανοῦται ἐὰν μὴ νομίμωσ ἀθλήσῃ. ⁶ τὸν κοπιῶντα γεωργὸν
δεῖ πρῶτον τῶν καρπῶν μεταλαμβάνειν. ⁷ νόει ὃ λέγω· δώσει

---

5. ς (non ςᵉ) ευνεικη 6. χαρισμα : א* θελημα 8. א* om ημων | συγκα-
κοπαθησον 9. αλλα κατ 10. ιησου χριστου 11. διδασκαλοσ : add
εθνων 12. א* om και pri | ςᵉ 1633. παρακαταθηκην 14. παρακατα-
θηκην 15. ͵φυγελλοσ | ἑρμου. 16. ς א* επησχυνθη 17. σπουδαιοτερον
II, 3. συ ουν κακοπαθησον | ιησου χριστου 4. πραγματειαισ
6. א* προτερον 7. α λεγω | δωη

γὰρ σοι ὁ κύριοσ σύνεσιν ἐν πᾶσιν. ⁸Μνημόνευε Ἰησοῦν Χριστὸν 8
ἐγηγερμένον ἐκ νεκρῶν, ἐκ σπέρματοσ Δαυείδ, κατὰ τὸ εὐαγγέλιόν
μου, ⁹ἐν ᾧ κακοπαθῶ μέχρι δεσμῶν ὡσ κακοῦργοσ, ἀλλὰ ὁ 9
λόγοσ τοῦ θεοῦ οὐ δέδεται. ¹⁰διὰ τοῦτο πάντα ὑπομένω διὰ 10
τοὺσ ἐκλεκτούσ, ἵνα καὶ αὐτοὶ σωτηρίασ τύχωσιν τῆσ ἐν Χριστῷ
Ἰησοῦ μετὰ δόξησ αἰωνίου. ¹¹Πιστὸσ ὁ λόγοσ· εἰ γὰρ συναπε- 11
θάνομεν, καὶ συνζήσομεν· ¹²εἰ ὑπομένομεν, καὶ συνβασιλεύσομεν· 12
εἰ ἀρνησόμεθα, κἀκεῖνοσ ἀρνήσεται ἡμᾶσ· ¹³εἰ ἀπιστοῦμεν, ἐκεῖ- 13
νοσ πιστὸσ μένει, ἀρνήσασθαι γὰρ ἑαυτὸν οὐ δύναται.

Ταῦτα ὑπομίμνησκε, διαμαρτυρόμενοσ ἐνώπιον τοῦ θεοῦ μὴ 14
λογομαχεῖν, ἐπ᾽ οὐδὲν χρήσιμον, ἐπὶ καταστροφῇ τῶν ἀκουόντων.
¹⁵σπούδασον σεαυτὸν δόκιμον παραστῆσαι τῷ θεῷ, ἐργάτην 15
ἀνεπαίσχυντον, ὀρθοτομοῦντα τὸν λόγον τῆσ ἀληθείασ. ¹⁶τὰσ 16
δὲ βεβήλουσ κενοφωνίασ περιίστασο· ἐπὶ πλεῖον γὰρ προκόψουσιν
ἀσεβείασ, ¹⁷καὶ ὁ λόγοσ αὐτῶν ὡσ γάγγραινα νομὴν ἕξει. ὧν 17
ἐστιν Ὑμέναιοσ καὶ Φιλητόσ, ¹⁸οἵτινεσ περὶ τὴν ἀλήθειαν ἠστό- 18
χησαν, λέγοντεσ ἀνάστασιν ἤδη γεγονέναι, καὶ ἀνατρέπουσιν τὴν
τινων πίστιν. ¹⁹ὁ μέντοι στερεὸσ θεμέλιοσ τοῦ θεοῦ ἕστηκεν, 19
ἔχων τὴν σφραγῖδα ταύτην· ἔγνω κύριοσ τοὺσ ὄντασ αὐτοῦ, καί·
ἀποστήτω ἀπὸ ἀδικίασ πᾶσ ὁ ὀνομάζων τὸ ὄνομα κυρίου. ²⁰ἐν 20
μεγάλῃ δὲ οἰκίᾳ οὐκ ἔστιν μόνον σκεύη χρυσᾶ καὶ ἀργυρᾶ,
ἀλλὰ καὶ ξύλινα καὶ ὀστράκινα, καὶ ἃ μὲν εἰσ τιμὴν ἃ δὲ εἰσ
ἀτιμίαν· ²¹ἐὰν οὖν τισ ἐκκαθάρῃ ἑαυτὸν ἀπὸ τούτων, ἔσται 21
σκεῦοσ εἰσ τιμήν, ἡγιασμένον, εὔχρηστον τῷ δεσπότῃ, εἰσ πᾶν
ἔργον ἀγαθὸν ἡτοιμασμένον. ²²τὰσ δὲ νεωτερικὰσ ἐπιθυμίασ 22
φεῦγε, δίωκε δὲ δικαιοσύνην, πίστιν, ἀγάπην, εἰρήνην μετὰ τῶν
ἐπικαλουμένων τὸν κύριον ἐκ καθαρᾶσ καρδίασ. ²³τὰσ δὲ μωρὰσ 23
καὶ ἀπαιδεύτουσ ζητήσεισ παραιτοῦ, εἰδὼσ ὅτι γεννῶσιν μάχασ·
²⁴δοῦλον δὲ κυρίου οὐ δεῖ μάχεσθαι ἀλλὰ ἤπιον εἶναι πρὸσ πάν- 24
τασ, διδακτικόν, ἀνεξίκακον, ²⁵ἐν πραΰτητι παιδεύοντα τοὺσ 25
ἀντιδιατιθεμένουσ, μήποτε δῴη αὐτοῖσ ὁ θεὸσ μετάνοιαν εἰσ ἐπί-
γνωσιν ἀληθείασ, ²⁶καὶ ἀνανήψωσιν ἐκ τῆσ τοῦ διαβόλου παγίδοσ, 26
ἐζωγρημένοι ὑπ᾽ αὐτοῦ εἰσ τὸ ἐκείνου θέλημα.

III.

Temporis ultimi malitia ac miseries. Scriptura inspirata.

Τοῦτο δὲ γίνωσκε, ὅτι ἐν ἐσχάταισ ἡμέραισ ἐνστήσονται και- 1
ροὶ χαλεποί. ²ἔσονται γὰρ οἱ ἄνθρωποι φίλαυτοι, φιλάργυροι, 2
ἀλαζόνεσ, ὑπερήφανοι, βλάσφημοι, γονεῦσιν ἀπειθεῖσ, ἀχάριστοι,

---

9. αλλ 11. συζησομεν 12. συμβασιλ. | αρνουμεθα 13. om γαρ
14. θεου : κυριον | εισ ουδεν 17. φιλητοσ 18. την αναστασιν | א*
ανατρε. την πιστ. την τινων, אᶜ ανατρ. την πιστιν τινων 19. του
θεου : א τ. κυριου | א* παντασ τουσ οντασ | το ονομ. χριστου 21. και
ευχρηστον 24. αλλ 25. πραοτητι | δω
III, 2. א om. οι

3 ἀνόσιοι, ³ ἄστοργοι, ἄσπονδοι, διάβολοι, ἀκρατεῖσ, ἀνήμεροι, ἀφι-
4 λάγαθοι, ⁴ προδόται, προπετεῖσ, τετυφωμένοι, φιλήδονοι μᾶλλον
5 ἢ φιλόθεοι, ⁵ ἔχοντεσ μόρφωσιν εὐσεβείασ τὴν δὲ δύναμιν αὐτῆσ
6 ἠρνημένοι· καὶ τούτουσ ἀποτρέπου. ⁶ ἐκ τούτων γὰρ εἰσιν οἱ ἐνδύ-
νοντεσ εἰσ τὰσ οἰκίασ καὶ αἰχμαλωτίζοντεσ γυναικάρια σεσωρευ-
7 μένα ἁμαρτίαισ, ἀγόμενα ἐπιθυμίαισ ποικίλαισ, ⁷ πάντοτε μαν- 1 Ti 2, 4
θάνοντα καὶ μηδέποτε εἰσ ἐπίγνωσιν ἀληθείασ ἐλθεῖν δυνάμενα.
8 ⁸ ὃν τρόπον δὲ Ἰαννῆσ καὶ Ἰαμβρῆσ ἀντέστησαν Μωϋσεῖ, οὕτωσ Ex 7, 11
καὶ οὗτοι ἀνθίστανται τῇ ἀληθείᾳ, ἄνθρωποι κατεφθαρμένοι τὸν 1 Ti 6, 5
9 νοῦν, ἀδόκιμοι περὶ τὴν πίστιν. ⁹ ἀλλ' οὐ προκόψουσιν ἐπὶ πλεῖον· 5, 24
ἡ γὰρ ἄνοια αὐτῶν ἔκδηλοσ ἔσται πᾶσιν, ὡσ καὶ ἡ ἐκείνων ἐγένετο.
10 ¹⁰ Σὺ δὲ παρηκολούθησάσ μου τῇ διδασκαλίᾳ, τῇ ἀγωγῇ, τῇ 1 Ti 4, 6
προθέσει, τῇ πίστει, τῇ μακροθυμίᾳ, τῇ ἀγάπῃ, τῇ ὑπομονῇ, Act 13, 50
11 ¹¹ τοῖσ διωγμοῖσ, τοῖσ παθήμασιν, οἷά μοι ἐγένετο ἐν Ἀντιοχείᾳ, 14, 2. 19
ἐν Ἰκονίῳ, ἐν Λύστροισ· οἵουσ διωγμοὺσ ὑπήνεγκα, καὶ ἐκ πάν-
12 των με ἐρύσατο ὁ κύριοσ. ¹² καὶ πάντεσ δὲ οἱ θέλοντεσ ζῆν
13 εὐσεβῶσ ἐν Χριστῷ Ἰησοῦ διωχθήσονται. ¹³ πονηροὶ δὲ ἄνθρωποι
καὶ γόητεσ προκόψουσιν ἐπὶ τὸ χεῖρον, πλανῶντεσ καὶ πλανώ-
14 μενοι. ¹⁴ σὺ δὲ μένε ἐν οἷσ ἔμαθεσ καὶ ἐπιστώθησ, εἰδὼσ παρὰ Act 16, 1
15 τίνων ἔμαθεσ, ¹⁵ καὶ ὅτι ἀπὸ βρέφουσ ἱερὰ γράμματα οἶδασ τὰ
δυνάμενά σε σοφίσαι εἰσ σωτηρίαν διὰ πίστεωσ τῆσ ἐν Χριστῷ
16 Ἰησοῦ. ¹⁶ πᾶσα γραφὴ θεόπνευστοσ καὶ ὠφέλιμοσ πρὸσ διδα-
σκαλίαν, πρὸσ ἐλεγμόν, πρὸσ ἐπανόρθωσιν, πρὸσ παιδίαν τὴν ἐν
17 δικαιοσύνῃ, ¹⁷ ἵνα ἄρτιοσ ᾖ ὁ τοῦ θεοῦ ἄνθρωποσ, πρὸσ πᾶν 1 Ti 6, 11
ἔργον ἀγαθὸν ἐξηρτισμένοσ.

IV.

Contra malos standum. Mortem proximam praesentiens de sociis rebus-
que suis refert. Salutationes.

1 Διαμαρτύρομαι ἐνώπιον τοῦ θεοῦ καὶ Χριστοῦ Ἰησοῦ τοῦ 1 Ti 5, 21
μέλλοντοσ κρίνειν ζῶντάσ καὶ νεκρούσ, καὶ τὴν ἐπιφάνειαν αὐτοῦ Tit 2, 13
2 καὶ τὴν βασιλείαν αὐτοῦ, ² κήρυξον τὸν λόγον, ἐπίστηθι εὐκαίρωσ
ἀκαίρωσ, ἔλεγξον, παρακάλεσον, ἐπιτίμησον, ἐν πάσῃ μακροθυμίᾳ
3 καὶ διδαχῇ. ³ ἔσται γὰρ καιρὸσ ὅτε τῆσ ὑγιαινούσησ διδασκαλίασ
οὐκ ἀνέξονται, ἀλλὰ κατὰ τὰσ ἰδίασ ἐπιθυμίασ ἑαυτοῖσ ἐπισω-
4 ρεύσουσιν διδασκάλουσ κνηθόμενοι τὴν ἀκοήν, ⁴ καὶ ἀπὸ μὲν τῆσ
ἀληθείασ τὴν ἀκοὴν ἀποστρέψουσιν, ἐπὶ δὲ τοὺσ μύθουσ ἐκτρα-
5 πήσονται. ⁵ σὺ δὲ νῆφε ἐν πᾶσιν, κακοπάθησον, ἔργον ποίησον 2, 3
6 εὐαγγελιστοῦ, τὴν διακονίαν σου πληροφόρησον. ⁶ Ἐγὼ γὰρ ἤδη Phi 2, 17

3. א om αστοργοι 6. αιχμαλωτευοντεσ | τα γυναικαρ. 10. παρηκολου-
θηκασ 11. ερρυσατο 12. ευσεβωσ ζην 14. παρα τινοσ 15. τα ιερα
γραμμ. 16. ελεγχον | παιδειαν
IV, 1. διαμαρτυρ. ουν εγω | του κυριου ιησου χριστου | και την :
κατα την 2. επιτιμησον παρακαλεσον 3. τασ επιθυμ. τασ ιδιασ
5. א* om κακοπαθησον

σπένδομαι, καὶ ὁ καιρὸσ τῆσ ἀναλύσεώσ μου ἐφέστηκεν. ⁷τὸν 7
καλὸν ἀγῶνα ἠγώνισμαι, τὸν δρόμον τετέλεκα, τὴν πίστιν τετή-
ρηκα· ⁸λοιπὸν ἀπόκειταί μοι ὁ τῆσ δικαιοσύνησ στέφανοσ, ὃν 8
ἀποδώσει μοι ὁ κύριοσ ἐν ἐκείνῃ τῇ ἡμέρᾳ, ὁ δίκαιοσ κριτήσ,
οὐ μόνον δὲ ἐμοὶ ἀλλὰ καὶ πᾶσι τοῖσ ἠγαπηκόσι τὴν ἐπιφάνειαν
αὐτοῦ.
Σπούδασον ἐλθεῖν πρόσ με ταχέωσ. ¹⁰Δημᾶσ γάρ με ἐγ- 9 10
κατέλιπεν ἀγαπήσασ τὸν νῦν αἰῶνα, καὶ ἐπορεύθη εἰσ Θεσσαλο-
νίκην, Κρήσκησ εἰσ Γαλλίαν, Τίτοσ εἰσ Δαλματίαν· ¹¹Λουκᾶσ 11
ἐστὶν μόνοσ μετ᾽ ἐμοῦ. Μάρκον ἀναλαβὼν ἄγε μετὰ σεαυτοῦ·
ἔστιν γάρ μοι εὔχρηστοσ εἰσ διακονίαν. ¹²Τυχικὸν δὲ ἀπέστειλα 12
εἰσ Ἔφεσον. ¹³τὸν φελόνην, ὃν ἀπέλιπον ἐν Τρωάδι παρὰ 13
Κάρπῳ, ἐρχόμενοσ φέρε, καὶ τὰ βιβλία, μάλιστα τὰσ μεμβράνασ.
¹⁴Ἀλέξανδροσ ὁ χαλκεὺσ πολλά μοι κακὰ ἐνεδείξατο· ἀποδώσει 14
αὐτῷ ὁ κύριοσ κατὰ τὰ ἔργα αὐτοῦ. ¹⁵ὃν καὶ σὺ φυλάσσου· λίαν 15
γὰρ ἀντέστη τοῖσ ἡμετέροισ λόγοισ. ¹⁶ἐν τῇ πρώτῃ μου ἀπο- 16
λογίᾳ οὐδείσ μοι παρεγένετο, ἀλλὰ πάντεσ με ἐγκατέλιπον· μὴ
αὐτοῖσ λογισθείη· ¹⁷ὁ δὲ κύριόσ μοι παρέστη καὶ ἐνεδυνάμωσέν 17
με, ἵνα δι᾽ ἐμοῦ τὸ κήρυγμα πληροφορηθῇ καὶ ἀκούσωσιν πάντα
τὰ ἔθνη, καὶ ἐρύσθην ἐκ στόματοσ λέοντοσ. ¹⁸ῥύσεταί με ὁ κύ- 18
ριοσ ἀπὸ παντὸσ ἔργου πονηροῦ καὶ σώσει εἰσ τὴν βασιλείαν
αὐτοῦ τὴν ἐπουράνιον· ᾧ ἡ δόξα εἰσ τοὺσ αἰῶνασ τῶν αἰώνων,
ἀμήν.
Ἄσπασαι Πρίσκαν καὶ Ἀκύλαν καὶ τὸν Ὀνησιφόρου οἶκον. 19
²⁰Ἔραστοσ ἔμεινεν ἐν Κορίνθῳ, Τρόφιμον δὲ ἀπέλιπον ἐν Μι-
λήτῳ ἀσθενοῦντα. ²¹σπούδασον πρὸ χειμῶνοσ ἐλθεῖν. ἀσπάζε- 21
ταί σε Εὔβουλοσ καὶ Πούδησ καὶ Λίνοσ καὶ Κλαυδία καὶ οἱ
ἀδελφοὶ πάντεσ.
Ὁ κύριοσ μετὰ τοῦ πνεύματόσ σου. ἡ χάρισ μεθ᾽ ὑμῶν. 22

ΠΡΟΣ ΤΙΤΟΝ.

I.

Ad Titum dilectum filium. Tito Cretae agenda. Cretenses mendaces.
Puris pura omnia.

Παῦλοσ δοῦλοσ θεοῦ, ἀπόστολοσ δὲ Ἰησοῦ Χριστοῦ κατὰ 1
πίστιν ἐκλεκτῶν θεοῦ καὶ ἐπίγνωσιν ἀληθείασ τῆσ κατ᾽ εὐσέβειαν
²ἐπ᾽ ἐλπίδι ζωῆσ αἰωνίου, ἣν ἐπηγγείλατο ὁ ἀψευδὴσ θεὸσ πρὸ 2

6. τησ εμησ αναλυσεωσ 7. τον αγωνα τον καλον 10. γαλλιαν : γαλα-
τιαν 13. ϛ (non ϛᵉ) φαιλονην 14. αποδωη | א* om αυτου 15. αν-
θεστηκε 16. συμπαρεγενετο 17. ακουση | ερρυσθην 18. και ρυσεται
21. παντεσ : א* om 22. ο κυριοσ : add ιησουσ χριστοσ | μεθ υμων : add
αμην

* παυλου του αποστολου η προσ τιτον επιστολη

Nov. Test. ed. Tf.   26

3 χρόνων αἰωνίων, ³ἐφανέρωσεν δὲ καιροῖσ ἰδίοισ τὸν λόγον αὐτοῦ
ἐν κηρύγματι, ὃ ἐπιστεύθην ἐγὼ κατ' ἐπιταγὴν τοῦ σωτῆροσ ἡμῶν 1 Ti 1, 11
4 θεοῦ, ⁴Τίτῳ γνησίῳ τέκνῳ κατὰ κοινὴν πίστιν. χάρισ καὶ εἰρήνη 1 Ti 1, 2
ἀπὸ θεοῦ πατρὸσ καὶ Χριστοῦ Ἰησοῦ τοῦ σωτῆροσ ἡμῶν. 2 Ti 1, 2
                                                         2 Io 3 etc
5   Τούτου χάριν ἀπέλιπόν σε ἐν Κρήτῃ, ἵνα τὰ λείποντα ἐπι-
διορθώσῃ καὶ καταστήσῃσ κατὰ πόλιν πρεσβυτέρουσ, ὡσ ἐγώ σοι Act 14, 23
6 διεταξάμην, ⁶εἴ τισ ἐστὶν ἀνέγκλητοσ, μιᾶσ γυναικὸσ ἀνήρ, τέκνα
7 ἔχων πιστά, μὴ ἐν κατηγορίᾳ ἀσωτίασ ἢ ἀνυπότακτα. ⁷δεῖ γὰρ
τὸν ἐπίσκοπον ἀνέγκλητον εἶναι ὡσ θεοῦ οἰκονόμον, μὴ αὐθάδη, 1 Ti 3, 2 ss
8 μὴ ὀργίλον, μὴ πάροινον, μὴ πλήκτην, μὴ αἰσχροκερδῆ, ⁸ἀλλὰ
9 φιλόξενον, φιλάγαθον, σώφρονα, δίκαιον, ὅσιον, ἐγκρατῆ, ⁹ἀντ-
εχόμενον τοῦ κατὰ τὴν διδαχὴν πιστοῦ λόγου, ἵνα δυνατὸσ ᾖ καὶ
παρακαλεῖν ἐν τῇ διδασκαλίᾳ τῇ ὑγιαινούσῃ καὶ τοὺσ ἀντιλέγον-
10 τασ ἐλέγχειν. ¹⁰Εἰσὶν γὰρ πολλοὶ ἀνυπότακτοι, ματαιολόγοι καὶ
11 φρεναπάται, μάλιστα οἱ ἐκ τῆσ περιτομῆσ, ¹¹οὓσ δεῖ ἐπιστομί-
ζειν, οἵτινεσ ὅλουσ οἴκουσ ἀνατρέπουσιν διδάσκοντεσ ἃ μὴ δεῖ
12 αἰσχροῦ κέρδουσ χάριν. ¹²εἶπέν τισ ἐξ αὐτῶν ἴδιοσ αὐτῶν προ-
13 φήτησ· Κρῆτεσ ἀεὶ ψεῦσται, κακὰ θηρία, γαστέρεσ ἀργαί. ¹³ἡ
μαρτυρία αὕτη ἐστὶν ἀληθήσ. δι' ἣν αἰτίαν ἔλεγχε αὐτοὺσ ἀποτό-
14 μωσ, ἵνα ὑγιαίνωσιν ἐν τῇ πίστει, ¹⁴μὴ προσέχοντεσ Ἰουδαϊκοῖσ
μύθοισ καὶ ἐντολαῖσ ἀνθρώπων ἀποστρεφομένων τὴν ἀλήθειαν.
15 ¹⁵πάντα καθαρὰ τοῖσ καθαροῖσ· τοῖσ δὲ μεμιαμμένοισ καὶ Ro 14,
ἀπίστοισ οὐδὲν καθαρόν, ἀλλὰ μεμίανται αὐτῶν καὶ ὁ νοῦσ καὶ 14. 20
16 ἡ συνείδησισ. ¹⁶θεὸν ὁμολογοῦσιν εἰδέναι, τοῖσ δὲ ἔργοισ ἀρνοῦν-
ται, βδελυκτοὶ ὄντεσ καὶ ἀπειθεῖσ καὶ πρὸσ πᾶν ἔργον ἀγαθὸν
ἀδόκιμοι.

II.

Senibus, anibus, iuvenibus, servis. Gratia salutaris.

1 2   Σὺ δὲ λάλει ἃ πρέπει τῇ ὑγιαινούσῃ διδασκαλίᾳ. ²πρεσ-
βύτασ νηφαλίουσ εἶναι, σεμνούσ, σώφρονασ, ὑγιαίνοντασ τῇ πίστει,
3 τῇ ἀγάπῃ, τῇ ὑπομονῇ· ³πρεσβύτιδασ ὡσαύτωσ ἐν καταστήματι
ἱεροπρεπεῖσ, μὴ διαβόλουσ, μηδὲ οἴνῳ πολλῷ δεδουλωμένασ καλοδι- 1 Ti 2, 9
4 δασκάλουσ, ⁴ἵνα σωφρονίζουσιν τὰσ νέασ φιλάνδρουσ εἶναι, φι- 3, 11
5 λοτέκνουσ, ⁵σώφρονασ, ἁγνάσ, οἰκουργούσ, ἀγαθάσ, ὑποτασσο- 5, 14
μένασ τοῖσ ἰδίοισ ἀνδράσιν, ἵνα μὴ ὁ λόγοσ τοῦ θεοῦ βλασφημῆται. 1 Pe 3, 1
6 7 ⁶Τοὺσ νεωτέρουσ ὡσαύτωσ παρακάλει σωφρονεῖν ⁷περὶ πάντα,
σεαυτὸν παρεχόμενοσ τύπον καλῶν ἔργων, ἐν τῇ διδασκαλίᾳ 1 Ti 4, 12

I, 4. και ειρηνη : ελεοσ ειρηνη | και κυριου ιησου χριστου   5. κατε-
λιπον   10. πολλοι και ανυποτακτ. | εκ περιτομησ   12. ℵ* ειπεν δε τισ
13. ℵ* om εν (suppl ℵa)   15. παντα : add μεν | μεμιασμενοισ   16. ℵ*
om και ante προσ | ℵ* om αγαθον (suppl ℵa)

II, 2. μη οινω   4. σωφρονιζωσι   5. οικουρουσ   6. σωφρονεῖν,
περὶ πάντα σεαυτόν   7. ℵ* τυπον παρεχομ.

ἀφθορίαν, σεμνότητα, ⁸ λόγον ὑγιῆ ἀκατάγνωστον, ἵνα ὁ ἐξ ἐναν- 8
τίασ ἐντραπῇ μηδὲν ἔχων λέγειν περὶ ἡμῶν φαῦλον. ⁹ Δούλουσ 9
ἰδίοισ δεσπόταισ ὑποτάσσεσθαι, ἐν πᾶσιν εὐαρέστουσ εἶναι, μὴ
ἀντιλέγοντασ, ¹⁰ μὴ νοσφιζομένουσ, ἀλλὰ πᾶσαν πίστιν ἐνδεικνυ- 10
μένουσ ἀγαθήν, ἵνα τὴν διδασκαλίαν τὴν τοῦ σωτῆροσ ἡμῶν θεοῦ
κοσμῶσιν ἐν πᾶσιν.
Ἐπεφάνη γὰρ ἡ χάρισ τοῦ θεοῦ σωτήριοσ πᾶσιν ἀνθρώ- 11
ποισ, ¹² παιδεύουσα ἡμᾶσ, ἵνα ἀρνησάμενοι τὴν ἀσέβειαν καὶ τὰσ 12
κοσμικὰσ ἐπιθυμίασ σωφρόνωσ καὶ δικαίωσ καὶ εὐσεβῶσ ζήσωμεν
ἐν τῷ νῦν αἰῶνι, ¹³ προσδεχόμενοι τὴν μακαρίαν ἐλπίδα καὶ 13
ἐπιφάνειαν τῆσ δόξησ τοῦ μεγάλου θεοῦ καὶ σωτῆροσ ἡμῶν Χρι-
στοῦ Ἰησοῦ, ¹⁴ ὃσ ἔδωκεν ἑαυτὸν ὑπὲρ ἡμῶν ἵνα λυτρώσηται 14
ἡμᾶσ ἀπὸ πάσησ ἀνομίασ καὶ καθαρίσῃ ἑαυτῷ λαὸν περιούσιον,
ζηλωτὴν καλῶν ἔργων.
Ταῦτα λάλει καὶ παρακάλει καὶ ἔλεγχε μετὰ πάσησ ἐπι- 15
ταγῆσ· μηδείσ σου περιφρονείτω.

III.

Regeneratos Christi quae decent. De haeretico. Mandata varia.

Ὑπομίμνησκε αὐτοὺσ ἀρχαῖσ ἐξουσίαισ ὑποτάσσεσθαι, πειθ- 1
αρχεῖν, πρὸσ πᾶν ἔργον ἀγαθὸν ἑτοίμουσ εἶναι, ² μηδένα βλασφη- 2
μεῖν, ἀμάχουσ εἶναι, ἐπιεικεῖσ, πᾶσαν ἐνδεικνυμένουσ πραΰτητα
πρὸσ πάντασ ἀνθρώπουσ. ³ ἦμεν γάρ ποτε καὶ ἡμεῖσ ἀνόητοι, 3
ἀπειθεῖσ, πλανώμενοι, δουλεύοντεσ ἐπιθυμίαισ καὶ ἡδοναῖσ ποικί-
λαισ, ἐν κακίᾳ καὶ φθόνῳ διάγοντεσ, στυγητοί, μισοῦντεσ ἀλλή-
λουσ· ⁴ ὅτε δὲ ἡ χρηστότησ καὶ ἡ φιλανθρωπία ἐπεφάνη τοῦ 4
σωτῆροσ ἡμῶν θεοῦ, ⁵ οὐκ ἐξ ἔργων τῶν ἐν δικαιοσύνῃ ἃ ἐποιή- 5
σαμεν ἡμεῖσ, ἀλλὰ κατὰ τὸ αὐτοῦ ἔλεοσ ἔσωσεν ἡμᾶσ διὰ λου-
τροῦ παλιγγενεσίασ καὶ ἀνακαινώσεωσ πνεύματοσ ἁγίου, ⁶ οὗ 6
ἐξέχεεν ἐφ' ἡμᾶσ πλουσίωσ διὰ Ἰησοῦ Χριστοῦ τοῦ σωτῆροσ
ἡμῶν, ⁷ ἵνα δικαιωθέντεσ τῇ ἐκείνου χάριτι κληρονόμοι γενηθῶ- 7
μεν κατ' ἐλπίδα ζωῆσ αἰωνίου. ⁸ πιστὸσ ὁ λόγοσ, καὶ περὶ τού- 8
των βούλομαί σε διαβεβαιοῦσθαι, ἵνα φροντίζωσιν καλῶν ἔργων
προΐστασθαι οἱ πεπιστευκότεσ θεῷ. ταῦτά ἐστιν καλὰ καὶ ὠφέ-
λιμα τοῖσ ἀνθρώποισ· ⁹ μωρὰσ δὲ ζητήσεισ καὶ γενεαλογίασ καὶ 9
ἔριν καὶ μάχασ νομικὰσ περιΐστασο· εἰσὶν γὰρ ἀνωφελεῖσ καὶ
μάταιοι. ¹⁰ αἱρετικὸν ἄνθρωπον μετὰ μίαν καὶ δευτέραν νουθε- 10
σίαν παραιτοῦ, ¹¹ εἰδὼσ ὅτι ἐξέστραπται ὁ τοιοῦτοσ καὶ ἁμαρ- 11
τάνει ὢν αὐτοκατάκριτοσ.

7. αδιαφθοριαν | σεμνοτητα : add αφθαρσιαν 8. εχων περι υμων λεγ. φαυλ. 10. πιστιν πασαν | om την post διδασκαλιαν | ημων et. ςᵉ : ς υμων 11. η σωτηριοσ 13. ιησου χριστον 14. εαυτον : א* αυτον
III, 1. αρχαιο και εξουσ. 2. πραοτητα 3. א* εν επιθυμιαισ
5. ᾶ : ὧν | τον αυτον ελεον | παλιγγενεσιασ 7. γενωμεθα 8. τω θεω | τα καλα 9. εριν : ερεισ

12 Ὅταν πέμψω Ἀρτεμᾶν πρὸσ σὲ ἢ Τυχικόν, σπούδασον 2 Ti 4, 9
ἐλθεῖν πρόσ με εἰσ Νικόπολιν· ἐκεῖ γὰρ κέκρικα παραχειμάσαι.
13 ¹³ Ζηνᾶν τὸν νομικὸν καὶ Ἀπολλὼν σπουδαίωσ πρόπεμψον, ἵνα Act 18, 24
14 μηδὲν αὐτοῖσ λίπῃ. ¹⁴ μανθανέτωσαν δὲ καὶ οἱ ἡμέτεροι καλῶν
ἔργων προΐστασθαι εἰσ τὰσ ἀναγκαίασ χρείασ, ἵνα μὴ ὦσιν
ἄκαρποι.
15 Ἀσπάζονταί σε οἱ μετ' ἐμοῦ πάντεσ. ἄσπασαι τοὺσ φιλοῦν-
τασ ἡμᾶσ ἐν πίστει.
Ἡ χάρισ μετὰ πάντων ὑμῶν. Ro 16, 24 etc

ΠΡΟΣ ΦΙΛΗΜΟΝΑ.

Philemoni, Appiae, Archippo. Laudat Philemonem et orat ut Onesimo
servo fugitivo veniam det. Praenuntiat se rediturum.

1 Παῦλοσ δέσμιοσ Χριστοῦ Ἰησοῦ καὶ Τιμόθεοσ ὁ ἀδελφὸσ 9
2 Φιλήμονι τῷ ἀγαπητῷ καὶ συνεργῷ ἡμῶν ² καὶ Ἀπφίᾳ τῇ
ἀδελφῇ καὶ Ἀρχίππῳ τῷ συνστρατιώτῃ ἡμῶν καὶ τῇ κατ' οἶκόν Col 4, 17
3 σου ἐκκλησίᾳ. ³ χάρισ ὑμῖν καὶ εἰρήνη ἀπὸ θεοῦ πατρὸσ ἡμῶν Ro 1, 7 etc
καὶ κυρίου Ἰησοῦ Χριστοῦ.
4 Εὐχαριστῶ τῷ θεῷ μου πάντοτε μνείαν σου ποιούμενοσ Eph 1,15 s etc
5 ἐπὶ τῶν προσευχῶν μου, ⁵ ἀκούων σου τὴν ἀγάπην καὶ τὴν πί-
στιν ἣν ἔχεισ πρὸσ τὸν κύριον Ἰησοῦν καὶ εἰσ πάντασ τοὺσ ἁγίουσ,
6 ⁶ ὅπωσ ἡ κοινωνία τῆσ πίστεώσ σου ἐνεργὴσ γένηται ἐν ἐπιγνώ-
7 σει παντὸσ ἀγαθοῦ τοῦ ἐν ὑμῖν εἰσ Χριστόν. ⁷ χαρὰν γὰρ πολ-
λὴν ἔσχον καὶ παράκλησιν ἐπὶ τῇ ἀγάπῃ σου, ὅτι τὰ σπλάγχνα
8 τῶν ἁγίων ἀναπέπαυται διὰ σοῦ, ἀδελφέ. ⁸ Διὸ πολλὴν ἐν Χρι-
9 στῷ παρρησίαν ἔχων ἐπιτάσσειν σοι τὸ ἀνῆκον, ⁹ διὰ τὴν ἀγά-
πην μᾶλλον παρακαλῶ· τοιοῦτοσ ὢν ὡσ Παῦλοσ πρεσβύτησ, νυνὶ
10 δὲ καὶ δέσμιοσ Χριστοῦ Ἰησοῦ, ¹⁰ παρακαλῶ σε περὶ τοῦ ἐμοῦ 1
11 τέκνου, ὃν ἐγέννησα ἐν τοῖσ δεσμοῖσ, Ὀνήσιμον, ¹¹ τόν ποτέ σοι 1 Co 4, 15
ἄχρηστον, νυνὶ δὲ καὶ σοὶ καὶ ἐμοὶ εὔχρηστον, ὃν ἀνέπεμψά σοι,
12 13 ¹² αὐτόν, τοῦτ' ἔστιν τὰ ἐμὰ σπλάγχνα. ¹³ ὃν ἐγὼ ἐβουλόμην
πρὸσ ἐμαυτὸν κατέχειν, ἵνα ὑπὲρ σοῦ μοι διακονῇ ἐν τοῖσ δεσμοῖσ
14 τοῦ εὐαγγελίου, ¹⁴ χωρὶσ δὲ τῆσ σῆσ γνώμησ οὐδὲν ἠθέλησα
ποιῆσαι, ἵνα μὴ ὡσ κατὰ ἀνάγκην τὸ ἀγαθόν σου ᾖ ἀλλὰ κατὰ
15 ἑκούσιον· ¹⁵ τάχα γὰρ διὰ τοῦτο ἐχωρίσθη πρὸσ ὥραν, ἵνα αἰώ-
16 νιον αὐτὸν ἀπέχῃσ, ¹⁶ οὐκ ἔτι ὡσ δοῦλον ἀλλὰ ὑπὲρ δοῦλον,

---

13. απολλω | λειπη 15. παντων υμων : add αμην
* παυλου του αποστολου η προσ φιλημονα επιστολη
2. αδελφη : αγαπητη | συστρατιωτη 3. ℵ* om ημων 6. κοινωνια :
ℵ* διακονια | εισ χριστον : add ιησουν 7. ϛ (non ϛe) χαριν | γαρ εχομεν
πολλην | ℵ om και παρακλη. 9. ιησου χριστου 10. δεσμοισ : add μου
11. και σοι: om και | σοι tert : om 12. αυτον : praem ου δε | σπλαγχνα :
add προσλαβου 13. ℵ ηβουλομην | διακονῃ μοι 16. αλλ υπερ

ἀδελφὸν ἀγαπητόν, μάλιστα ἐμοί, πόσῳ δὲ μᾶλλον σοὶ καὶ ἐν σαρκὶ καὶ ἐν κυρίῳ· ¹⁷ εἰ οὖν με ἔχεισ κοινωνόν, προσλαβοῦ ¹⁷ αὐτὸν ὡσ ἐμέ. ¹⁸ εἰ δέ τι ἠδίκησέν σε ἢ ὀφείλει, τοῦτο ἐμοὶ ἐλ- ¹⁸ λόγα. ¹⁹ ἐγὼ Παῦλοσ ἔγραψα τῇ ἐμῇ χειρί, ἐγὼ ἀποτίσω· ἵνα ¹⁹ μὴ λέγω σοι ὅτι καὶ σεαυτόν μοι προσοφείλεισ. ²⁰ ναί, ἀδελφέ, ²⁰ ἐγώ σου ὀναίμην ἐν κυρίῳ· ἀνάπαυσόν μου τὰ σπλάγχνα ἐν Χριστῷ.

Πεποιθὼσ τῇ ὑπακοῇ σου ἔγραψά σοι, εἰδὼσ ὅτι καὶ ὑπὲρ ²¹ ἃ λέγω ποιήσεισ. ²² ἅμα δὲ καὶ ἑτοίμαζέ μοι ξενίαν· ἐλπίζω γὰρ ²² ὅτι διὰ τῶν προσευχῶν ὑμῶν χαρισθήσομαι ὑμῖν.

Ἀσπάζεταί σε Ἐπαφρᾶσ ὁ συναιχμάλωτόσ μου ἐν Χρι- ²³ στῷ Ἰησοῦ, ²⁴ Μάρκοσ, Ἀρίσταρχοσ, Δημᾶσ, Λουκᾶσ, οἱ συν- ²⁴ εργοί μου.

Ἡ χάρισ τοῦ κυρίου Ἰησοῦ Χριστοῦ μετὰ τοῦ πνεύματοσ ²⁵ ὑμῶν.

ΑΠΟΚΑΛΥΨΙC ΙѠΑΝΝΟΥ.

I.

Iohannes septem ecclesiis dicit salutem. Patmi divinitus tactus. Visio filii hominis cum septem candelabris et stellis.

Ἀποκάλυψισ Ἰησοῦ Χριστοῦ, ἣν ἔδωκεν αὐτῷ ὁ θεόσ, δεῖ- 1 ξαι τοῖσ δούλοισ αὐτοῦ ἃ δεῖ γενέσθαι ἐν τάχει, καὶ ἐσήμανεν ἀποστείλασ διὰ τοῦ ἀγγέλου αὐτοῦ τῷ δούλῳ αὐτοῦ Ἰωάννῃ, ² ὃσ ἐμαρτύρησεν τὸν λόγον τοῦ θεοῦ καὶ τὴν μαρτυρίαν Ἰησοῦ 2 Χριστοῦ, ὅσα ἴδεν. - ³ μακάριοσ ὁ ἀναγινώσκων καὶ οἱ ἀκούοντεσ 3 τὸν λόγον τῆσ προφητείασ καὶ τηροῦντεσ τὰ ἐν αὐτῇ γεγραμμένα· ὁ γὰρ καιρὸσ ἐγγύσ.

Ἰωάννησ ταῖσ ἑπτὰ ἐκκλησίαισ ταῖσ ἐν τῇ Ἀσίᾳ· χάρισ ὑμῖν 4 καὶ εἰρήνη ἀπὸ ὁ ὢν καὶ ὁ ἦν καὶ ὁ ἐρχόμενοσ, καὶ ἀπὸ τῶν ἑπτὰ πνευμάτων ἃ ἐνώπιον τοῦ θρόνου αὐτοῦ, ⁵ καὶ ἀπὸ Ἰησοῦ 5 Χριστοῦ, ὁ μάρτυσ ὁ πιστόσ, ὁ πρωτότοκοσ τῶν νεκρῶν καὶ ὁ ἄρχων τῶν βασιλέων τῆσ γῆσ. τῷ ἀγαπῶντι ἡμᾶσ καὶ λύσαντι ἡμᾶσ ἐκ τῶν ἁμαρτιῶν ἡμῶν ἐν τῷ αἵματι αὐτοῦ, ⁶ καὶ ἐποίησεν 6 ἡμᾶσ βασιλείαν, ἱερεῖσ τῷ θεῷ καὶ πατρὶ αὐτοῦ, αὐτῷ ἡ δόξα καὶ τὸ κράτοσ εἰσ τοὺσ αἰῶνασ τῶν αἰώνων· ἀμήν.

---

16. ℵ* om αδελφον 17. εμε 18. ελλογει 20. χριστω : κυριω 21. υπερ ο λεγ. 23. ασπαζονται 25. του κυριου : add ημων | πνευμ. υμων : ς ℵ add αμην

* αποκαλυψισ ιωαννου του θεολογου

I, 1. δουλοισ : ℵ* αγιοισ | ℵ* ιωανει 2. οσα : add τε | ειδε 3. τουσ λογουσ 4. ℵ ιωανησ | απο του ο ων | α εστιν ενωπιον, ℵ των ενωπιον 5. ο πρωτ. εκ των | τω (ℵ* om) αγαπωντι : τω αγαπησαντι | λυσαντι : λουσαντι | ημασ sec : ℵ* om | εκ των : απο των 6. ημασ βασιλεισ και ιερεισ | ℵ* εισ τον αιωνα

7 Ἰδοὺ ἔρχεται μετὰ τῶν νεφελῶν, καὶ ὄψεται αὐτὸν πᾶσ
ὀφθαλμὸσ καὶ οἵτινεσ αὐτὸν ἐξεκέντησαν, καὶ κόψονται ἐπ' αὐτὸν
8 πᾶσαι αἱ φυλαὶ τῆσ γῆσ, ναί, ἀμήν. ⁸ ἐγώ εἰμι τὸ ἄλφα καὶ τὸ ω,
λέγει κύριοσ ὁ θεόσ, ὁ ὢν καὶ ὁ ἦν καὶ ὁ ἐρχόμενοσ, ὁ παντοκράτωρ.
9 Ἐγὼ Ἰωάννησ, ὁ ἀδελφὸσ ὑμῶν καὶ συνκοινωνὸσ ἐν τῇ
θλίψει καὶ βασιλείᾳ καὶ ὑπομονῇ ἐν Ἰησοῦ, ἐγενόμην ἐν τῇ νήσῳ
τῇ καλουμένῃ Πάτμῳ διὰ τὸν λόγον τοῦ θεοῦ καὶ διὰ τὴν
10 μαρτυρίαν Ἰησοῦ. ¹⁰ ἐγενόμην ἐν πνεύματι ἐν τῇ κυριακῇ ἡμέρᾳ,
11 καὶ ἤκουσα ὀπίσω μου φωνὴν μεγάλην ὡσ σάλπιγγοσ ¹¹ λεγούσησ·
ὃ βλέπεισ γράψον εἰσ βιβλίον καὶ πέμψον ταῖσ ἑπτὰ ἐκκλησίαισ,
εἰσ Ἔφεσον καὶ εἰσ Ζμύρναν καὶ εἰσ Πέργαμον καὶ εἰσ Θυάτειρα
12 καὶ εἰσ Σάρδεισ καὶ εἰσ Φιλαδελφίαν καὶ εἰσ Λαοδικίαν. ¹² καὶ
ἐπέστρεψα βλέπειν τὴν φωνὴν ἥτισ ἐλάλει μετ' ἐμοῦ· καὶ ἐπι-
13 στρέψασ εἶδον ἑπτὰ λυχνίασ χρυσᾶσ, ¹³ καὶ ἐν μέσῳ τῶν λυχνιῶν
ὅμοιον υἱὸν ἀνθρώπου, ἐνδεδυμένον ποδήρη καὶ περιεζωσμένον
14 πρὸσ τοῖσ μασθοῖσ ζώνην χρυσᾶν· ¹⁴ ἡ δὲ κεφαλὴ αὐτοῦ καὶ αἱ
τρίχεσ λευκαὶ ὡσ ἔριον λευκὸν ὡσ χιών, καὶ οἱ ὀφθαλμοὶ αὐτοῦ
15 ὡσ φλὸξ πυρόσ, ¹⁵ καὶ οἱ πόδεσ αὐτοῦ ὅμοιοι χαλκολιβάνῳ ὡσ
ἐν καμίνῳ πεπυρωμένῳ, καὶ ἡ φωνὴ αὐτοῦ ὡσ φωνὴ ὑδάτων
16 πολλῶν, ¹⁶ καὶ ἔχων ἐν τῇ δεξιᾷ χειρὶ αὐτοῦ ἀστέρασ ἑπτά, καὶ
ἐκ τοῦ στόματοσ αὐτοῦ ῥομφαία δίστομοσ ὀξεῖα ἐκπορευομένη,
17 καὶ ἡ ὄψισ αὐτοῦ ὡσ ὁ ἥλιοσ φαίνει ἐν τῇ δυνάμει αὐτοῦ. ¹⁷ καὶ
ὅτε εἶδον αὐτόν, ἔπεσα πρὸσ τοὺσ πόδασ αὐτοῦ ὡσ νεκρόσ, καὶ
ἔθηκεν τὴν δεξιὰν αὐτοῦ ἐπ' ἐμὲ λέγων· μὴ φοβοῦ· ἐγώ εἰμι ὁ
18 πρῶτοσ καὶ ὁ ἔσχατοσ ¹⁸ καὶ ὁ ζῶν, καὶ ἐγενόμην νεκρὸσ καὶ
ἰδοὺ ζῶν εἰμὶ εἰσ τοὺσ αἰῶνασ τῶν αἰώνων, καὶ ἔχω τὰσ κλεῖσ
19 τοῦ θανάτου καὶ τοῦ ᾅδου. ¹⁹ γράψον οὖν ἃ εἶδεσ καὶ ἃ εἰσὶν
20 καὶ ἃ μέλλει γενέσθαι μετὰ ταῦτα, ²⁰ τὸ μυστήριον τῶν ἑπτὰ
ἀστέρων οὓσ εἶδεσ ἐπὶ τῆσ δεξιᾶσ μου, καὶ τὰσ ἑπτὰ λυχνίασ
τὰσ χρυσᾶσ. οἱ ἑπτὰ ἀστέρεσ ἄγγελοι τῶν ἑπτὰ ἐκκλησιῶν
εἰσίν, καὶ αἱ λυχνίαι αἱ ἑπτὰ ἑπτὰ ἐκκλησίαι εἰσίν.

7. א οψονται | αυτον sec : א* om | א* om επ ante αυτον 8. τὸ Α καὶ τὸ Ω | και το : א* και εγω το | ω : ϛ א* add αρχη και τελοσ | κυριοσ ο ϑεοσ : ο κυριοσ 9. א ιωανησ | ο και αδελφ. | συγκοινων. | και εν τη βασιλεια | εν ιησου : ιησου χριστου | μαρτυρ. ιησου χριστου 11. ο βλεπεισ (haec ipsa א* om) : praem εγω ειμι το Α και το Ω, ο πρωτοσ και ο εσχατοσ, και | א εισ το βιβλιον | א* om και ante πεμψον | επτα : om | εκκλησιαισ : add ταισ εν ασια | σμυρναν | א* om κ. εισ σαρδ., אᶜ suppl post λαοδικ. | φιλαδελφειαν | λαοδικειαν 12. ελαλησε 13. εν μεσω : א μεσον | των επτα λυχνιων | υιω | μαστοισ | χρυσην 14. λευκαι ωσει 15. πεπυρωμενοσ 16. και εχων : א* κ. ειχεν | δεξια αυτου χειρι | φαινει : א ante ο ηλιοσ 17. א εισ τουσ ποδασ | א ωσει νεκρ. | ϛ א επεθηκεν | την δεξ. αυτ. χειρα | λεγων : add μοι | א* om μη φοβου 18. א* om και prim | αιωνων : add αμην | του αδου και του ϑανατου 19. om ουν | א* δει μελλειν | γινεσθαι 20. αστερων ων | א* om εισιν prim | ϛ א και αι (א* om) επτα λυχνιαι, tum ϛ pergit ασ ειδεσ

II.

Epistula I. ad Ephesios. Nicolaitae. II. ad Smyrnenses; III. ad Pergamenos. Antipas. Bileam. Nicolaitae. IV. ad Thyatirenos. Isabel.
Instat poena nisi resipiscant.

Τῷ ἀγγέλῳ τῆσ ἐν Ἐφέσῳ ἐκκλησίασ γράψον· τάδε λέγει ὁ 1 ὁ κρατῶν τοὺσ ἑπτὰ ἀστέρασ ἐν τῇ δεξιᾷ αὐτοῦ, ὁ περιπατῶν ἐν μέσῳ τῶν ἑπτὰ λυχνιῶν τῶν χρυσῶν· ² οἶδα τὰ ἔργα σου καὶ τὸν 2 κόπον καὶ τὴν ὑπομονήν σου, καὶ ὅτι οὐ δύνῃ βαστάσαι κακούσ, καὶ ἐπείρασασ τοὺσ λέγοντασ ἑαυτοὺσ ἀποστόλουσ καὶ οὐκ εἰσίν, καὶ εὗρεσ αὐτοὺσ ψευδεῖσ· ³ καὶ ὑπομονὴν ἔχεισ, καὶ ἐβάστασασ 3 διὰ τὸ ὄνομά μου, καὶ οὐ κεκοπίακεσ. ⁴ ἀλλὰ ἔχω κατὰ σοῦ ὅτι 4 τὴν ἀγάπην σου τὴν πρώτην ἀφῆκεσ. ⁵ μνημόνευε οὖν πόθεν πέ- 5 πτωκεσ, καὶ μετανόησον καὶ τὰ πρῶτα ἔργα ποίησον· εἰ δὲ μή, ἔρχομαί σοι καὶ κινήσω τὴν λυχνίαν σου ἐκ τοῦ τόπου αὐτῆσ, ἐὰν μὴ μετανοήσῃσ. ⁶ ἀλλὰ τοῦτο ἔχεισ, ὅτι μισεῖσ τὰ ἔργα τῶν 6 Νικολαϊτῶν, ἃ κἀγὼ μισῶ. ⁷ ὁ ἔχων οὖσ ἀκουσάτω τί τὸ πνεῦμα 7 λέγει ταῖσ ἐκκλησίαισ· τῷ νικῶντι δώσω αὐτῷ φαγεῖν ἐκ τοῦ ξύλου τῆσ ζωῆσ, ὅ ἐστιν ἐν τῷ παραδείσῳ τοῦ θεοῦ.

Καὶ τῷ ἀγγέλῳ τῆσ ἐν Ζμύρνῃ ἐκκλησίασ γράψον· τάδε λέ- 8 γει ὁ πρῶτοσ καὶ ὁ ἔσχατοσ, ὃσ ἐγένετο νεκρὸσ καὶ ἔζησεν· ⁹ οἶδά 9 σου τὴν θλίψιν καὶ τὴν πτωχείαν, ἀλλὰ πλούσιοσ εἶ, καὶ τὴν βλασφημίαν ἐκ τῶν λεγόντων Ἰουδαίουσ εἶναι ἑαυτούσ, καὶ οὐκ εἰσὶν ἀλλὰ συναγωγὴ τοῦ σατανᾶ. ¹⁰ μηδὲν φοβοῦ ἃ μέλλεισ 10 πάσχειν. ἰδοὺ μέλλει βάλλειν ὁ διάβολοσ ἐξ ὑμῶν εἰσ φυλακὴν ἵνα πειρασθῆτε, καὶ ἕξετε θλίψιν ἡμερῶν δέκα. γίνου πιστὸσ ἄχρι θανάτου, καὶ δώσω σοι τὸν στέφανον τῆσ ζωῆσ. ¹¹ ὁ ἔχων 11 οὖσ ἀκουσάτω τί τὸ πνεῦμα λέγει ταῖσ ἐκκλησίαισ· ὁ νικῶν οὐ μὴ ἀδικηθῇ ἐκ τοῦ θανάτου τοῦ δευτέρου.

Καὶ τῷ ἀγγέλῳ τῆσ ἐν Περγάμῳ ἐκκλησίασ γράψον· τάδε 12 λέγει ὁ ἔχων τὴν ῥομφαίαν τὴν δίστομον τὴν ὀξεῖαν· ¹³ οἶδα ποῦ 13 κατοικεῖσ· ὅπου ὁ θρόνοσ τοῦ σατανᾶ· καὶ κρατεῖσ τὸ ὄνομά μου, καὶ οὐκ ἠρνήσω τὴν πίστιν μου ἐν ταῖσ ἡμέραισ Ἀντείπασ ὁ μάρτυσ μου ὁ πιστόσ μου, ὃσ ἀπεκτάνθη παρ᾽ ὑμῖν, ὅπου ὁ σατανᾶσ κατοικεῖ. ¹⁴ ἀλλ᾽ ἔχω κατὰ σοῦ ὀλίγα, ὅτι ἔχεισ ἐκεῖ 14

II, 1. εν εφεσω : εφεσινησ | δεξια αυτου : א* add χειρι   2. κοπον : ς א add σου | επειρασω | λεγοντασ : φασκοντασ | εαυτουσ ειναι αποστολ.   3. υπομ. εχεισ (א* add και θλιψισ πασασ) κ. εβαστ. : εβαστ. και υπομ. εχεισ | και δια το ονομ. μου κεκοπιακασ και ου κεκμηκασ   4. αλλ εχω | αφηκασ   5. εκπεπτωκασ | ερχομ. σοι : ςᵉ add ταχυ, ς τάχει   7. א om αυτω | εν μεσω του παραδεισου   8. τησ εκκλησιασ σμυρναιων   9. οιδα σου : ς א add τα εργα και | αλλ. πλουσ. : πλουσ. δε | εκ (א praem την) των : om εκ | א* ιουδαιων   10. ς βαλειν, א* βαλλειν βαλειν (sic) | ς א εξ υμων ο διαβ.   13. οιδα : add τα εργα σου και | א* το ονομ. σου | εν ταισ : praem και | ημεραισ : ς add εν αισ, item א* εν ταισ | ς א* αντιπασ | om μου post πιστοσ | κατοικ. ο σατ.   14. א* om κατ. σου

408   2, 15.   APOC.

κρατοῦντασ τὴν διδαχὴν Βαλαάμ, ὃσ ἐδίδασκεν τῷ Βαλὰκ βαλεῖν
σκάνδαλον ἐνώπιον τῶν υἱῶν Ἰσραήλ, φαγεῖν εἰδωλόθυτα καὶ 20
15 πορνεῦσαι. ¹⁵ οὕτωσ ἔχεισ καὶ σὺ κρατοῦντασ τὴν διδαχὴν τῶν
16 Νικολαϊτῶν ὁμοίωσ. ¹⁶ μετανόησον· εἰ δὲ μή, ἔρχομαί σοι ταχὺ 6
καὶ πολεμήσω μετ' αὐτῶν ἐν τῇ ῥομφαίᾳ τοῦ στόματόσ μου.
17 ¹⁷ ὁ ἔχων οὖσ ἀκουσάτω τί τὸ πνεῦμα λέγει ταῖσ ἐκκλησίαισ· τῷ 3, 3. 7 etc
νικοῦντι δώσω αὐτῷ τοῦ μάννα τοῦ κεκρυμμένου, καὶ δώσω αὐτῷ
ψῆφον λευκήν, καὶ ἐπὶ τὴν ψῆφον ὄνομα καινὸν γεγραμμένον, ὃ 3, 12
οὐδεὶσ οἶδεν εἰ μὴ ὁ λαμβάνων.   19, 12
18   Καὶ τῷ ἀγγέλῳ τῆσ ἐν Θυατείροισ ἐκκλησίασ γράψον· τάδε
λέγει ὁ υἱὸσ τοῦ θεοῦ, ὁ ἔχων τοὺσ ὀφθαλμοὺσ αὐτοῦ ὡσ φλὸξ 19, 12
19 πυρόσ, καὶ οἱ πόδεσ αὐτοῦ ὅμοιοι χαλκολιβάνῳ· ¹⁹ οἶδά σου τὰ 2 etc
ἔργα καὶ τὴν ἀγάπην καὶ τὴν πίστιν καὶ τὴν διακονίαν καὶ τὴν
ὑπομονήν, καὶ τὰ ἔργα σου τὰ ἔσχατα πλείονα τῶν πρώτων.
20 ²⁰ ἀλλ' ἔχω κατὰ σοῦ ὅτι ἀφεῖσ τὴν γυναῖκα Ἰεζάβελ, ἡ λέγουσα 1Rg 16,31
αὐτὴν προφῆτιν καὶ διδάσκει καὶ πλανᾷ τοὺσ ἐμοὺσ δούλουσ
21 πορνεῦσαι καὶ φαγεῖν εἰδωλόθυτα. ²¹ καὶ ἔδωκα αὐτῇ χρόνον 14
ἵνα μετανοήσῃ, καὶ οὐ θέλει μετανοῆσαι ἐκ τῆσ πορνείασ αὐτῆσ.
22 ²² ἰδοὺ βάλλω αὐτὴν εἰσ κλίνην, καὶ τοὺσ μοιχεύοντασ μετ' αὐτῆσ
εἰσ θλίψιν μεγάλην, ἐὰν μὴ μετανοήσουσιν ἐκ τῶν ἔργων αὐτῆσ.
23 ²³ καὶ τὰ τέκνα αὐτῆσ ἀποκτενῶ ἐν θανάτῳ, καὶ γνώσονται πᾶ- Ps 7, 10
σαι αἱ ἐκκλησίαι ὅτι ἐγώ εἰμι ὁ ἐραυνῶν νεφροὺσ καὶ καρδίασ,
24 καὶ δώσω ὑμῖν ἑκάστῳ κατὰ τὰ ἔργα ὑμῶν. ²⁴ ὑμῖν δὲ λέγω τοῖσ
λοιποῖσ τοῖσ ἐν Θυατείροισ, ὅσοι οὐκ ἔχουσιν τὴν διδαχὴν ταύτην,
οἵτινεσ οὐκ ἔγνωσαν τὰ βαθέα τοῦ σατανᾶ, ὡσ λέγουσιν· οὐ βάλλω
25 ἐφ' ὑμᾶσ ἄλλο βάροσ· ²⁵ πλὴν ὃ ἔχετε κρατήσατε ἄχρι οὗ ἂν 3, 11
26 ἥξω. ²⁶ καὶ ὁ νικῶν καὶ ὁ τηρῶν ἄχρι τέλουσ τὰ ἔργα μου,
27 δώσω αὐτῷ ἐξουσίαν ἐπὶ τῶν ἐθνῶν, ²⁷ καὶ ποιμανεῖ αὐτοὺσ ἐν Ps 2, 8 s
ῥάβδῳ σιδηρᾷ, ὡσ τὰ σκεύη τὰ κεραμικὰ συντρίβεται, ὡσ κἀγὼ 12, 5
28 εἴληφα παρὰ τοῦ πατρόσ μου, ²⁸ καὶ δώσω αὐτῷ τὸν ἀστέρα 22, 16
29 τὸν πρωϊνόν. ²⁹ ὁ ἔχων οὖσ ἀκουσάτω τί τὸ πνεῦμα λέγει ταῖσ 7 etc
ἐκκλησίαισ.

14. τω (ϛᵉ τον) βαλακ : ℵ* om   15. ομοιωσ : ο μισω   17. νικωντι |
δωσω αυτω (ℵ om αυ.) : add φαγειν | ℵ εκ του μαννα, ϛ από του μα. |
δωσω αντω sec : ℵ om | οιδεν : εγνω   18. φλοξ : φλογα   19. και τ. αγαπ.
και τ. διακ. (κ. τ. διακ. om ℵ*) κ. τ. πιστ. | υπομονην : add σου | και τα
εσχατ.   20. κατα σου : ℵ add πολυ, item ϛ ολιγα | αφεισ : εασ | ℵ* ιαζαβελ,
ϛ ιεζαβηλ | την λεγουσαν εαυτην | προφητιν : ℵ add ειναι | και διδ. και
πλανα : διδασκειν και πλανασθαι | τουσ : om | ειδωλο. φαγειν   21. και
ου θελ. μετ. εκ τ. πο. αυτησ (ℵ ταυτησ) : εκ τ. πορν. αυτησ, και ου
μετενοησεν   22. ιδου : add εγω | ℵ βαλω | μετανοησωσιν | εργων αυτων
23. ϛ ℵ ερευνων   24. και λοιποισ | και οιτινεσ | ϛ ℵ βαθη | ϛ ℵ βαλω
25. αχρισ   26. ℵ* om επι

APOC. 3, 12. 409

III.

Epistula V. ad Sardianos; VI. ad Philadelphenos. Hierosolyma nova.
VII. ad Laodicenos. Tepidi.

Καὶ τῷ ἀγγέλῳ τῆσ ἐν Σάρδεσιν ἐκκλησίασ γράψον· τάδε 1
λέγει ὁ ἔχων τὰ ἑπτὰ πνεύματα τοῦ θεοῦ καὶ τοὺσ ἑπτὰ ἀστέρασ·
οἶδά σου τὰ ἔργα, ὅτι ὄνομα ἔχεισ ὅτι ζῆσ, καὶ νεκρὸσ εἶ. ² γίνου 2
γρηγορῶν, καὶ στήρισον τὰ λοιπὰ ἃ ἔμελλον ἀποθανεῖν. οὐ γὰρ
εὕρηκά σου τὰ ἔργα πεπληρωμένα ἐνώπιον τοῦ θεοῦ μου. ³ μνη- 3
μόνευε οὖν πῶσ εἴληφασ καὶ ἤκουσασ, καὶ τήρει καὶ μετανόησον.
ἐὰν οὖν μὴ γρηγορήσῃσ, ἥξω ὡσ κλέπτησ, καὶ οὐ μὴ γνώσῃ ποίαν
ὥραν ἥξω ἐπὶ σέ. ⁴ ἀλλὰ ἔχεισ ὀλίγα ὀνόματα ἐν Σάρδεσιν ἃ 4
οὐκ ἐμόλυναν τὰ ἱμάτια αὐτῶν, καὶ περιπατήσουσιν μετ' ἐμοῦ ἐν
λευκοῖσ, ὅτι ἄξιοί εἰσιν. ⁵ ὁ νικῶν οὕτωσ περιβαλεῖται ἐν ἱματίοισ 5
λευκοῖσ, καὶ οὐ μὴ ἐξαλείψω τὸ ὄνομα αὐτοῦ ἐκ τῆσ βίβλου τῆσ
ζωῆσ, καὶ ὁμολογήσω τὸ ὄνομα αὐτοῦ ἐνώπιον τοῦ πατρόσ μου
καὶ ἐνώπιον τῶν ἀγγέλων αὐτοῦ. ⁶ ὁ ἔχων οὖσ ἀκουσάτω τί τὸ 6
πνεῦμα λέγει ταῖσ ἐκκλησίαισ.

Καὶ τῷ ἀγγέλῳ τῆσ ἐν Φιλαδελφίᾳ ἐκκλησίασ γράψον· 7
τάδε λέγει ὁ ἅγιοσ ὁ ἀληθινόσ, ὁ ἔχων τὴν κλεῖν τοῦ Δαυείδ, ὁ
ἀνοίγων καὶ οὐδεὶσ κλείσει, καὶ κλείων καὶ οὐδεὶσ ἀνοίξει· ⁸ οἶδά 8
σου τὰ ἔργα· ἰδοὺ δέδωκα ἐνώπιόν σου θύραν ἠνεῳγμένην, ἣν
οὐδεὶσ δύναται κλεῖσαι αὐτήν· ὅτι μικρὰν ἔχεισ δύναμιν, καὶ
ἐτήρησάσ μου τὸν λόγον καὶ οὐκ ἠρνήσω τὸ ὄνομά μου. ⁹ ἰδοὺ 9
διδῶ ἐκ τῆσ συναγωγῆσ τοῦ σατανᾶ τῶν λεγόντων ἑαυτοὺσ Ἰου-
δαίουσ εἶναι, καὶ οὐκ εἰσὶν ἀλλὰ ψεύδονται· ἰδοὺ ποιήσω αὐτοὺσ
ἵνα ἥξουσιν καὶ προσκυνήσουσιν ἐνώπιον τῶν ποδῶν σου, καὶ
γνῶσιν ὅτι ἐγὼ ἠγάπησά σε. ¹⁰ ὅτι ἐτήρησασ τὸν λόγον τῆσ 10
ὑπομονῆσ μου, κἀγώ σε τηρήσω ἐκ τῆσ ὥρασ τοῦ πειρασμοῦ τῆσ
μελλούσησ ἔρχεσθαι ἐπὶ τῆσ οἰκουμένησ ὅλησ, πειράσαι τοὺσ
κατοικοῦντασ ἐπὶ τῆσ γῆσ. ¹¹ ἔρχομαι ταχύ· κράτει ὃ ἔχεισ, ἵνα 11
μηδεὶσ λάβῃ τὸν στέφανόν σου. ¹² ὁ νικῶν, ποιήσω αὐτὸν στῦλον 12
ἐν τῷ ναῷ τοῦ θεοῦ μου, καὶ ἔξω οὐ μὴ ἐξέλθῃ ἔτι, καὶ γράψω
ἐπ' αὐτὸν τὸ ὄνομα τοῦ θεοῦ μου καὶ τὸ ὄνομα τῆσ πόλεωσ τοῦ
θεοῦ μου, τῆσ καινῆσ Ἱερουσαλήμ ἡ καταβαίνουσα ἐκ τοῦ οὐρανοῦ

III, 1. ϛ (non ϛᵉ) om επτα prim | το ονομα 2. א* εγρηγορων |
στηριξον | μελλει | om μου 3. א om ουν pri | γρηγορησα : א* μετανοη-
σησ | ηξω pri : ϛ א add επι σε | γνωσ | א οιαν 4. om αλλα | και εν σαρδ..
5. ουτωσ : ουτοσ | εξομολογησομαι | ενωπιον pri : א εμπροσθεν 7. φιλα-
δελφεια | א ο αληθιν. ο αγιοσ | א* om την |· κλειδα | δαβιδ | ο ανοιγων :.
א και αννγων | κλεισει : κλειει | και κλειων : και κλειει | ανοιξει : ανοιγει.
8. ανεωγμενην | ην ουδεισ : και ουδ. | αυτην : א om 9. διδωμι, א δεδωκα |
ηξωσι | προσκυνησωσι | γνωσιν : א γνωση 10. τηρησω : א om 11. ερχο-
μαι : praem ιδου 12. א ποιησω αυτω στνλ. τω ναω | ναω : ϛ 1624. λαω |
ετι : א om | ϛᵉ η καταβαινει, אᶜ τησ καταβαινουσησ.

13 ἀπὸ τοῦ θεοῦ μου, καὶ τὸ ὄνομά μου τὸ καινόν. ¹³ ὁ ἔχων οὖσ
ἀκουσάτω τί τὸ πνεῦμα λέγει ταῖσ ἐκκλησίαισ.

14 Καὶ τῷ ἀγγέλῳ τῆσ ἐν Λαοδικίᾳ ἐκκλησίας γράψον· τάδε
λέγει ὁ ἀμήν, ὁ μάρτυσ ὁ πιστὸσ καὶ ἀληθινόσ, ἡ ἀρχὴ τῆσ
15 κτίσεωσ τοῦ θεοῦ· ¹⁵ οἶδά σου τὰ ἔργα, ὅτι οὔτε ψυχρὸσ εἶ οὔτε
16 ζεστόσ. ὄφελον ψυχρὸσ ἦσ ἢ ζεστόσ. ¹⁶ οὕτωσ ὅτι χλιαρὸσ εἶ,
καὶ οὔτε ζεστὸσ οὔτε ψυχρόσ, μέλλω σε ἐμέσαι ἐκ τοῦ στόματόσ
17 μου. ¹⁷ ὅτι λέγεισ ὅτι πλούσιόσ εἰμι καὶ πεπλούτηκα καὶ οὐδὲν
χρείαν ἔχω, καὶ οὐκ οἶδασ ὅτι σὺ εἶ ὁ ταλαίπωροσ καὶ ἐλεεινὸσ
18 καὶ πτωχὸσ καὶ τυφλὸσ καὶ γυμνόσ, ¹⁸ συμβουλεύω σοι ἀγοράσαι
παρ' ἐμοῦ χρυσίον πεπυρωμένον ἐκ πυρὸς ἵνα πλουτήσῃσ, καὶ
ἱμάτια λευκὰ ἵνα περιβάλῃ καὶ μὴ φανερωθῇ ἡ αἰσχύνη τῆσ
γυμνότητόσ σου, καὶ κολλύριον ἔγχρισαι τοὺσ ὀφθαλμούσ σου ἵνα
19 βλέπῃσ. ¹⁹ ἐγὼ ὅσουσ ἐὰν φιλῶ ἐλέγχω καὶ παιδεύω· ζήλευε οὖν
20 καὶ μετανόησον. ²⁰ ἰδοὺ ἔστηκα ἐπὶ τὴν θύραν καὶ κρούω· ἐάν
τισ ἀκούσῃ τῆσ φωνῆσ μου καὶ ἀνοίξῃ τὴν θύραν, καὶ εἰσελεύσο-
μαι πρὸς αὐτὸν καὶ δειπνήσω μετ' αὐτοῦ καὶ αὐτὸσ μετ' ἐμοῦ.
21 ²¹ ὁ νικῶν, δώσω αὐτῷ καθίσαι μετ' ἐμοῦ ἐν τῷ θρόνῳ μου, ὡσ
κἀγὼ ἐνίκησα καὶ ἐκάθισα μετὰ τοῦ πατρόσ μου ἐν τῷ θρόνῳ
22 αὐτοῦ. ²² ὁ ἔχων οὖσ ἀκουσάτω τί τὸ πνεῦμα λέγει ταῖσ ἐκ-
κλησίαισ.

IV.

Aperitur theatrum caeleste. Dei thronus cum XXIV presbyteris et IV Cherubim.

1 Μετὰ ταῦτα ἴδον, καὶ ἰδοὺ θύρα ἠνεῳγμένη ἐν τῷ οὐρανῷ,
καὶ ἡ φωνὴ ἡ πρώτη ἣν ἤκουσα ὡσ σάλπιγγοσ λαλούσησ μετ'
ἐμοῦ, λέγων· ἀνάβα ὧδε, καὶ δείξω σοι ἃ δεῖ γενέσθαι μετὰ
2 ταῦτα. ² εὐθέωσ ἐγενόμην ἐν πνεύματι· καὶ ἰδοὺ θρόνοσ ἔκειτο
3 ἐν τῷ οὐρανῷ, καὶ ἐπὶ τὸν θρόνον καθήμενοσ, ³ καὶ ὁ καθήμενοσ
ὅμοιοσ ὁράσει λίθῳ ἰάσπιδι καὶ σαρδίῳ, καὶ ἶρισ κυκλόθεν τοῦ
4 θρόνου ὅμοιοσ ὁράσει σμαραγδίνῳ. ⁴ καὶ κυκλόθεν τοῦ θρόνου
θρόνουσ εἴκοσι τέσσαρασ, καὶ ἐπὶ τοὺσ θρόνουσ εἴκοσι τέσσαρασ
πρεσβυτέρουσ καθημένουσ περιβεβλημένουσ ἐν ἱματίοισ λευκοῖσ,
5 καὶ ἐπὶ τὰσ κεφαλὰσ αὐτῶν στεφάνουσ χρυσοῦσ. ⁵ καὶ ἐκ τοῦ

14. τησ εκκλησιασ λαοδικεων | ℵ* και ο μαρτυσ | ℵ και ο αληθιν. | ℵ και η αρχη | κτισεωσ : ℵ* εκκλησιασ 15. ℵ* om ει | ησ: εισ 16. ουτωσ οτι : ℵ οτι ουτωσ | ℵ* χλιερσσ | ψυχρ. ουτε ζεστ. | ψυχρσσ : ℵ* add ει, quod ℵᶜ post ζεστ. transp | μελλω σε εμεσαι εκ τ. στ. μου : ℵ* παυσε του στομ. σου 17. οτι sec: ℵ om | ς ℵ ουδενοσ | ℵ* οτι ταλαιπ. ει 18. κολ-λουριον | εγχρισον 19. εαν: ℵ αν | ς ℵ ζηλωσον 20. ℵ ανοιξω | om και ante ελευσ.
IV, 1. ειδον | η φωνη : ℵ praem ιδον | ℵ λαλουσαν | λεγουσα 2. και ευθεωσ | επι του θρονου 3. καθημενοσ : add ην | σαρδινω | ℵᶜ ομοιωσ, ςᵉ ομοια 4. θρονουσ: θρονοι | εικοσι και | κ. επι τ. θρονουσ ειδον τουσ εικ. και τεσσ. | ℵ om ιματιοισ | και εσχον επι τασ | ℵ χρυσεουσ

θρόνου ἐκπορεύονται ἀστραπαὶ καὶ φωναὶ καὶ βρονταί· καὶ ἑπτὰ λαμπάδεσ πυρὸσ καιόμεναι ἐνώπιον τοῦ θρόνου, ἅ εἰσιν τὰ ἑπτὰ πνεύματα τοῦ θεοῦ· ⁶ καὶ ἐνώπιον τοῦ θρόνου ὡσ θάλασσα ὑαλίνη 6 ὁμοία κρυστάλλῳ· καὶ ἐν μέσῳ τοῦ θρόνου καὶ κύκλῳ τοῦ θρόνου τέσσερα ζῷα γέμοντα ὀφθαλμῶν ἔμπροσθεν καὶ ὄπισθεν. ⁷ καὶ 7 τὸ ζῷον τὸ πρῶτον ὅμοιον λέοντι, καὶ τὸ δεύτερον ζῷον ὅμοιον μόσχῳ, καὶ τὸ τρίτον ζῷον ἔχων τὸ πρόσωπον ὡσ ἀνθρώπου, καὶ τὸ τέταρτον ζῷον ὅμοιον ἀετῷ πετομένῳ. ⁸ καὶ τὰ τέσσερα ζῷα, 8 ἓν καθ᾽ ἓν αὐτῶν ἔχων ἀνὰ πτέρυγασ ἕξ, κυκλόθεν καὶ ἔσωθεν γέμουσιν ὀφθαλμῶν, καὶ ἀνάπαυσιν οὐκ ἔχουσιν ἡμέρασ καὶ νυκτὸσ λέγοντεσ· ἅγιοσ ἅγιοσ ἅγιοσ κύριοσ ὁ θεὸσ ὁ παντοκράτωρ ὁ ἦν καὶ ὁ ὢν καὶ ὁ ἐρχόμενοσ. ⁹ καὶ ὅταν δώσουσιν τὰ 9 ζῷα δόξαν καὶ τιμὴν καὶ εὐχαριστίαν τῷ καθημένῳ ἐπὶ τῷ θρόνῳ τῷ ζῶντι εἰσ τοὺσ αἰῶνασ τῶν αἰώνων, ¹⁰ πεσοῦνται οἱ εἴκοσι 10 τέσσαρεσ πρεσβύτεροι ἐνώπιον τοῦ καθημένου ἐπὶ τοῦ θρόνου, καὶ προσκυνήσουσιν τῷ ζῶντι εἰσ τοὺσ αἰῶνασ τῶν αἰώνων, καὶ βαλοῦσιν τοὺσ στεφάνουσ αὐτῶν ἐνώπιον τοῦ θρόνου, λέγοντεσ· ¹¹ ἄξιοσ εἶ, ὁ κύριοσ καὶ ὁ θεὸσ ἡμῶν, λαβεῖν τὴν δόξαν καὶ τὴν 11 τιμὴν καὶ τὴν δύναμιν, ὅτι σὺ ἔκτισασ τὰ πάντα, καὶ διὰ τὸ θέλημά σου ἦσαν καὶ ἐκτίσθησαν.

V.

Liber VII sigillorum aperiendus traditur agno. Agnus celebratur caelestibus canticis.

Καὶ εἶδον ἐπὶ τὴν δεξιὰν τοῦ καθημένου ἐπὶ τοῦ θρόνου 1 βιβλίον γεγραμμένον ἔσωθεν καὶ ὄπισθεν, κατεσφραγισμένον σφραγῖσιν ἑπτά. ² καὶ εἶδον ἄγγελον ἰσχυρὸν κηρύσσοντα ἐν φωνῇ 2 μεγάλῃ· τίσ ἄξιοσ ἀνοῖξαι τὸ βιβλίον καὶ λῦσαι τὰσ σφραγῖδασ αὐτοῦ; ³ καὶ οὐδεὶσ ἐδύνατο ἐν τῷ οὐρανῷ οὔτε ἐπὶ τῆσ γῆσ οὔτε 3 ὑποκάτω τῆσ γῆσ ἀνοῖξαι τὸ βιβλίον οὔτε βλέπειν αὐτό. ⁴ καὶ 4 ἔκλαιον πολύ, ὅτι οὐδεὶσ ἄξιοσ εὑρέθη ἀνοῖξαι τὸ βιβλίον οὔτε βλέπειν αὐτό. ⁵ καὶ εἷσ ἐκ τῶν πρεσβυτέρων λέγει μοι· μὴ κλαῖε· 5 ἰδοὺ ἐνίκησεν ὁ λέων ὁ ἐκ τῆσ φυλῆσ Ἰούδα, ἡ ῥίζα Δαυείδ, ἀνοῖξαι τὸ βιβλίον καὶ τὰσ ἑπτὰ σφραγῖδασ αὐτοῦ.

5. βροντ. και φων. | αι εισι 6. om ωσ | τεσσαρα | εμπροσθ. 7. εχον | א ωσ ομοιον ανθρωπου, ϛ ως ανθρωποσ | πετωμενω 8. om τα | א εν εκαστον αυτων, ϛ εν καθ᾽ εαυτο | εχων : ϛ א ειχον | γεμοντα | λεγοντα | א* om ὁ post κυριοσ et ante παντοκρ. 9. א δωσωσιν | א om δοξαν | επι τον θρονον | αιωνων : א add αμην 10. א και πεσουνται | εικοσι και | προσκυνουσι | αιωνων : א add αμην | ϛ א* βαλλουσι 11. ο κυρ. κ. ο θε. ημων : nil nisi κυριε | א om την ante τιμ. | ησαν : εισι
V, 1. εσωθεν : א εμπροσθεν 2. ισχυρον : א post κηρυσσ. | om εν | αξιοσ : praem εστιν 3. ηδυνατο | ουδε επ. τ. γησ | ουδε υποκατω τ. γ., quae verba א om | ουδε βλεπ. 4. και εγω εκλ. πολλα | א* ευρεθησεται | ανοιξαι : add και αναγνωναι 5. ο λεων ο (א om) : add ων | δαβιδ | τασ επτα σφρ. : ϛ א praem λυσαι

412   5, 6.   APOC.

6   Καὶ εἶδον ἐν μέσῳ τοῦ θρόνου καὶ τῶν τεσσάρων ζώων καὶ
ἐν μέσῳ τῶν πρεσβυτέρων ἀρνίον ἑστηκὼσ ὡσ ἐσφαγμένον, ἔχων
κέρατα ἑπτὰ καὶ ὀφθαλμοὺσ ἑπτά, οἵ εἰσιν τὰ ἑπτὰ πνεύματα
7   τοῦ θεοῦ ἀπεσταλμένα εἰσ πᾶσαν τὴν γῆν. ⁷ καὶ ἦλθεν καὶ
8   εἴληφεν ἐκ τῆσ δεξιᾶσ τοῦ καθημένου ἐπὶ τοῦ θρόνου. ⁸ καὶ ὅτε
ἔλαβεν τὸ βιβλίον, τὰ τέσσερα ζῶα καὶ οἱ εἴκοσι τέσσαρεσ πρεσβύ-
τεροι ἔπεσαν ἐνώπιον τοῦ ἀρνίου, ἔχοντεσ ἕκαστοσ κιθάραν καὶ
φιάλασ χρυσᾶσ γεμούσασ θυμιαμάτων, ἅ εἰσιν αἱ προσευχαὶ τῶν
9   ἁγίων. ⁹ καὶ ᾄδουσιν ᾠδὴν καινὴν λέγοντεσ· ἄξιοσ εἶ λαβεῖν τὸ
βιβλίον καὶ ἀνοῖξαι τὰσ σφραγῖδασ αὐτοῦ, ὅτι ἐσφάγησ καὶ ἠγό-
ρασασ τῷ θεῷ ἐν τῷ αἵματί σου ἐκ πάσησ φυλῆσ καὶ γλώσσησ
10 καὶ λαοῦ καὶ ἔθνουσ, ¹⁰ καὶ ἐποίησασ αὐτοὺσ τῷ θεῷ ἡμῶν βασι-
11 λείαν καὶ ἱερεῖσ, καὶ βασιλεύσουσιν ἐπὶ τῆσ γῆσ. ¹¹ καὶ εἶδον,
καὶ ἤκουσα ὡσ φωνὴν ἀγγέλων πολλῶν κύκλῳ τοῦ θρόνου καὶ
τῶν ζῴων καὶ τῶν πρεσβυτέρων, καὶ ἦν ὁ ἀριθμὸσ αὐτῶν μυριάδεσ
12 μυριάδων καὶ χιλιάδεσ χιλιάδων, ¹² λέγοντεσ φωνῇ μεγάλῃ· ἄξιόσ
ἐστιν τὸ ἀρνίον τὸ ἐσφαγμένον λαβεῖν τὴν δύναμιν καὶ πλοῦτον
13 καὶ σοφίαν καὶ ἰσχὺν καὶ τιμὴν καὶ δόξαν καὶ εὐλογίαν. ¹³ καὶ
πᾶν κτίσμα ὃ ἐν τῷ οὐρανῷ καὶ ἐπὶ τῆσ γῆσ καὶ ὑποκάτω τῆσ
γῆσ καὶ ἐπὶ τῆσ θαλάσσησ καὶ τὰ ἐν αὐτοῖσ πάντα καὶ ἤκουσα
λέγοντασ· τῷ καθημένῳ ἐπὶ τῷ θρόνῳ καὶ τῷ ἀρνίῳ ἡ εὐλογία
καὶ ἡ τιμὴ καὶ ἡ δόξα καὶ τὸ κράτοσ εἰσ τοὺσ αἰῶνασ τῶν αἰώνων.
14 ¹⁴ καὶ τὰ τέσσερα ζῶα ἔλεγον· ἀμήν, καὶ οἱ πρεσβύτεροι ἔπεσαν
καὶ προσεκύνησαν.

VI.

Solvit agnus sigilla priora VI. Significat primum victoriam Christi, ea
quae sequuntur caedes et calamitates, sextum rerum omnium conversionem.

1   Καὶ ἴδον ὅτε ἤνοιξεν τὸ ἀρνίον μίαν ἐκ τῶν ἑπτὰ σφραγί-
δων, καὶ ἤκουσα ἑνὸσ ἐκ τῶν τεσσάρων ζώων λέγοντοσ ὡσ φωνὴ
2   βροντῆσ· ἔρχου. ² καὶ ἴδον, καὶ ἰδοὺ ἵπποσ λευκόσ, καὶ ὁ καθή-
μενοσ ἐπ᾽ αὐτὸν ἔχων τόξον, καὶ ἐδόθη αὐτῷ στέφανοσ, καὶ ἐξῆλ-
θεν νικῶν καὶ ἵνα νικήσῃ.
3   Καὶ ὅτε ἤνοιξεν τὴν σφραγῖδα τὴν δευτέραν, ἤκουσα τοῦ

---

6. και ειδον : add και ιδου | εστηκοσ | εχον | του θεου πνευματα | τα
απεσταλμ. 7. ειληφεν : add το βιβλιον 8. τεσσαρα | ℵ εκαστοσ εχον-
τεσ | κιθαρασ | ℵ χρυσεασ | αι εισιν | ℵ* om αι ante προσευχ. 9. τω θεω :
ϛ ℵ add ημασ 10. αυτουσ : ημασ | βασιλειαν : βασιλεισ | βασιλευσομεν
11. om ωσ | κυκλοθεν | ϛ (non ϛᵉ) om μυριαδεσ μυριαδων και 12. ϛ ℵ
αξιον 13. κτισμα ο (ℵ το) : add εστιν | εν τη γη | ℵ om και υποκατ. τ.
γησ | επι τησ θαλ. (ℵ εν τη θαλασση) : add α εστιν | παντα, ηκουσα
λεγοντασ | ϛ ℵ επι του θρονου 14. τεσσαρα | και οι : add εικοσι τεσ-
σαρεσ | προσεκυνησαν : add ζωντι εισ τουσ αιωνασ των αιωνων

VI, 1. ειδον | om επτα | ℵ λεγοντων | ωσ φωνησ, ℵ ωσ φωνην |
ερχου : add και βλεπε, item ℵ και ιδε 2. ϛ ℵ ειδον | επ αυτω 3. την
δευτερ. σφραγ.

APOC. 6, 15. 413

δευτέρου ζώου λέγοντοσ· έρχου. ⁴ καὶ ἐξῆλθεν ἄλλοσ ἵπποσ πυρ- 4
ρόσ, καὶ τῷ καθημένῳ ἐπ' αὐτὸν ἐδόθη αὐτῷ λαβεῖν τὴν εἰρήνην
ἐκ τῆσ γῆσ καὶ ἵνα ἀλλήλουσ σφάξουσιν, καὶ ἐδόθη αὐτῷ μάχαιρα
μεγάλη.
  Καὶ ὅτε ἤνοιξεν τὴν σφραγῖδα τὴν τρίτην, ἤκουσα τοῦ τρί- 5
του ζώου λέγοντοσ· ἔρχου. καὶ ἴδον, καὶ ἰδοὺ ἵπποσ μέλασ, καὶ
Ez 5, 1 ὁ καθήμενοσ ἐπ' αὐτὸν ἔχων ζυγὸν ἐν τῇ χειρὶ αὐτοῦ. ⁶ καὶ 6
ἤκουσα ὡσ φωνὴν ἐν μέσῳ τῶν τεσσάρων ζώων λέγουσαν· χοῖνιξ
σίτου δηναρίου, καὶ τρεῖσ χοίνικεσ κριθῶν δηναρίου· καὶ τὸ
ἔλαιον καὶ τὸν οἶνον μὴ ἀδικήσῃσ.
  Καὶ ὅτε ἤνοιξεν τὴν σφραγῖδα τὴν τετάρτην, ἤκουσα φωνὴν 7
τοῦ τετάρτου ζώου λέγοντοσ· ἔρχου. ⁸ καὶ ἴδον, καὶ ἰδοὺ ἵπποσ 8
20, 14 χλωρόσ, καὶ ὁ καθήμενοσ ἐπάνω αὐτοῦ, ὄνομα αὐτῷ θάνατοσ,
Ez 14, 21 καὶ ὁ ᾅδησ ἠκολούθει μετ' αὐτοῦ, καὶ ἐδόθη αὐτοῖσ ἐξουσία ἐπὶ
τὸ τέταρτον τῆσ γῆσ, ἀποκτεῖναι ἐν ῥομφαίᾳ καὶ ἐν λιμῷ καὶ ἐν
θανάτῳ καὶ ὑπὸ τῶν θηρίων τῆσ γῆσ.
  Καὶ ὅτε ἤνοιξεν τὴν πέμπτην σφραγῖδα, ἴδον ὑποκάτω τοῦ 9
20, 4
1, 9 etc θυσιαστηρίου τὰσ ψυχὰσ τῶν ἐσφαγμένων διὰ τὸν λόγον τοῦ θεοῦ
καὶ διὰ τὴν μαρτυρίαν ἣν εἶχον. ¹⁰ καὶ ἔκραξαν φωνῇ μεγάλῃ 10
3, 7 λέγοντεσ· ἕωσ πότε, ὁ δεσπότησ ὁ ἅγιοσ καὶ ἀληθινόσ, οὐ κρίνεισ
καὶ ἐκδικεῖσ τὸ αἷμα ἡμῶν ἐκ τῶν κατοικούντων ἐπὶ τῆσ γῆσ;
¹¹ καὶ ἐδόθη αὐτοῖσ ἑκάστῳ στολὴ λευκή, καὶ ἐρρέθη αὐτοῖσ ἵνα 11
11, 7
13, 7 ἀναπαύσωνται ἔτι χρόνον μικρόν, ἕωσ πληρώσωσιν καὶ οἱ σύνδου-
λοι αὐτῶν καὶ οἱ ἀδελφοὶ αὐτῶν οἱ μέλλοντεσ ἀποκτέννεσθαι ὡσ
καὶ αὐτοί.
16, 18   Καὶ ἴδον ὅτε ἤνοιξεν τὴν σφραγῖδα τὴν ἕκτην, καὶ σεισμὸσ 12
Ez 32, 7 8 μέγασ ἐγένετο, καὶ ὁ ἥλιοσ μέλασ ἐγένετο ὡσ σάκκοσ τρίχινοσ, καὶ
Es 34, 4
Mt 24, 29 ἡ σελήνη ὅλη ἐγένετο ὡσ αἷμα, ¹³ καὶ οἱ ἀστέρεσ τοῦ οὐρανοῦ 13
ἔπεσαν εἰσ τὴν γῆν, ὡσ συκῆ βάλλουσα τοὺσ ὀλύνθουσ αὐτῆσ ὑπὸ
ἀνέμου μεγάλου σειομένη, ¹⁴ καὶ ὁ οὐρανὸσ ἀπεχωρίσθη ὡσ βι- 14
βλίον ἑλισσόμενον, καὶ πᾶν ὄροσ καὶ νῆσοσ ἐκ τῶν τόπων αὐτῶν
Es 24, 21
2, 10 ἐκινήθησαν. ¹⁵ καὶ οἱ βασιλεῖσ τῆσ γῆσ καὶ οἱ μεγιστᾶνεσ καὶ οἱ 15

3. ερχου : add και βλεπε, item א και ιδε 4. א και ιδον και ιδου εξηλθεν |
επ αυτω | א^c om αυτω post εδοθη | εκ τησ : απο τησ | σφαξωσι 5. την
τριτην σφραγιδα | ερχου : add και βλεπε, item א και ιδε | και ειδον | επ
αυτω 6. om ωσ | κριθησ 7. λεγουσαν | ερχου : add και βλεπε, item א
και ιδε 8. και ειδον | ο θανατοσ | ακολουθει | μετ αυτου : א αυτω |
αποκτειναι ante επι το τετ. τ. γ. 9. ειδον | των εσφαγμ. : א praem των
ανθρωπων | א ην εσχον 10. εκραζον | και ο αληθινοσ | א εκδικησεισ |
εκ των : απο των 11. εδοθησαν et στολαι λευκαι | αυτοισ εκαστω :
εκαστοισ | א ερεθη | ετι : א επι | εωσ ου πληρωσονται | αποκτεινεσθαι;
addit vero א* υπο αυτων 12. ϛ א ειδον | και ιδου σεισμοσ | εγενετ.
μελασ | om ολη 13. εισ την : א επι την | βαλλουσα : βαλλει | υπο : א απο |
μεγαλου ανεμου 14. om ο ante ουρανοσ | ειλισσομενον, א ελισσομενοσ |
νησοσ : א βουνοσ | א* εκινησαν

χιλίαρχοι καὶ οἱ πλούσιοι καὶ οἱ ἰσχυροὶ καὶ πᾶσ δοῦλοσ καὶ ἐλεύθεροσ ἔκρυψαν ἑαυτοὺσ εἰσ τὰ σπήλαια καὶ εἰσ τὰσ πέτρασ
16 τῶν ὀρέων, ¹⁶ καὶ λέγουσιν τοῖσ ὄρεσιν καὶ ταῖσ πέτραισ· πέσετε Hos 10, 8 Lc 23, 30
ἐφ' ἡμᾶσ καὶ κρύψατε ἡμᾶσ ἀπὸ προσώπου τοῦ καθημένου ἐπὶ
17 τῷ θρόνῳ καὶ ἀπὸ τῆσ ὀργῆσ τοῦ ἀρνίου, ¹⁷ ὅτι ἦλθεν ἡ ἡμέρα
ἡ μεγάλη τῆσ ὀργῆσ αὐτῶν, καὶ τίσ δύναται σταθῆναι;

VII.

Eximuntur universa miserie CXLIV milia de tribubus Israel. Pii exteri in albis celebrantes deum et agnum.

1 Καὶ μετὰ τοῦτο ἴδον τέσσαρασ ἀγγέλουσ ἑστῶτασ ἐπὶ τὰσ τέσσαρασ γωνίασ τῆσ γῆσ, κρατοῦντασ τοὺσ τέσσαρασ ἀνέμουσ τῆσ γῆσ, ἵνα μὴ πνέῃ ἄνεμοσ ἐπὶ τῆσ γῆσ μήτε ἐπὶ τῆσ θαλάσσησ 2, 8 Zach 6, 5
2 μήτε ἐπὶ πᾶν δένδρον. ² καὶ ἴδον ἄλλον ἄγγελον ἀναβαίνοντα ἀπὸ ἀνατολῆσ ἡλίου, ἔχοντα σφραγῖδα θεοῦ ζῶντοσ, καὶ ἔκραξεν φωνῇ μεγάλῃ τοῖσ τέσσαρσιν ἀγγέλοισ οἷσ ἐδόθη αὐτοῖσ ἀδικῆσαι
3 τὴν γῆν καὶ τὴν θάλασσαν, ³ λέγων· μὴ ἀδικήσητε τὴν γῆν μήτε τὴν θάλασσαν μήτε τὰ δένδρα, ἄχρι σφραγίσωμεν τοὺσ δούλουσ 13, 16 Ez 9, 4
4 τοῦ θεοῦ ἡμῶν ἐπὶ τῶν μετώπων αὐτῶν. ⁴ καὶ ἤκουσα τὸν ἀριθμὸν τῶν ἐσφραγισμένων, ἑκατὸν τεσσεράκοντα τέσσαρεσ χι- 14, 1
5 λιάδεσ ἐσφραγισμένοι ἐκ πάσησ φυλῆσ υἱῶν Ἰσραήλ· ⁵ ἐκ φυλῆσ Gn 49, 8 Ἰούδα δώδεκα χιλιάδεσ ἐσφραγισμένοι, ἐκ φυλῆσ Ῥουβὴν δώδεκα
6 χιλιάδεσ, ἐκ φυλῆσ Γὰδ δώδεκα χιλιάδεσ, ⁶ ἐκ φυλῆσ Ἀσὴρ δώδεκα χιλιάδεσ, ἐκ φυλῆσ Νεφθαλεὶμ δώδεκα χιλιάδεσ, ἐκ φυλῆσ
7 Μανασσῆ δώδεκα χιλιάδεσ, ⁷ ἐκ φυλῆσ Συμεὼν δώδεκα χιλιάδεσ, ἐκ φυλῆσ Λευεὶ δώδεκα χιλιάδεσ, ἐκ φυλῆσ Ἰσσάχαρ δώδεκα χι-
8 λιάδεσ, ⁸ ἐκ φυλῆσ Ζαβουλὼν δώδεκα χιλιάδεσ, ἐκ φυλῆσ Ἰωσὴφ δώδεκα χιλιάδεσ, ἐκ φυλῆσ Βενιαμεὶν δώδεκα χιλιάδεσ ἐσφραγισμένοι.

9 Μετὰ ταῦτα ἴδον, καὶ ἰδοὺ ὄχλοσ πολύσ, ὃν ἀριθμῆσαι αὐ- 5, 9 τὸν οὐδεὶσ ἐδύνατο, ἐκ παντὸσ ἔθνουσ καὶ φυλῶν καὶ λαῶν καὶ γλωσσῶν, ἑστῶτεσ ἐνώπιον τοῦ θρόνου καὶ ἐνώπιον τοῦ ἀρνίου, περιβεβλημένουσ στολὰσ λευκάσ, καὶ φοίνικασ ἐν ταῖσ χερσὶν 13
10 αὐτῶν· ¹⁰ καὶ κράζουσιν φωνῇ μεγάλῃ λέγοντεσ· ἡ σωτηρία τῷ
11 θεῷ ἡμῶν τῷ καθημένῳ ἐπὶ τῷ θρόνῳ καὶ τῷ ἀρνίῳ. ¹¹ καὶ 19, 1

15. και οι πλουσ. κ. οι χιλιαρχ. | και οι (ℵ om) ισχυροι : κ. οι δυνατοι | και πασ ελευθεροσ, ℵ* ista plane om 16. ℵ κρυψεται | επι του θρονου 17. τησ οργ. αυτου
VII, 1. μετα ταυτα | ειδον | πνεη : ℵ πνευση 2. ϛ ℵ ειδον | αναβαντα | ℵ τοισ τεσσαρεσ 3. ℵ αδικησεται | ℵ μηδε τ. θαλ. μηδε τα δενδρ. | αχρισ ου | σφραγιζωμέν 4. ρμδ΄ χιλιαδεσ 5—8. δωδεκα ubique : ιβ΄ | εσφραγισμενοι bis tantum : add ubique i. e. duodecies post χιλιαδ. 6. ℵ νεφθαλι 7. λευϊ | ϛ ισαχαρ, ϛᵉ ισαχαρ 8. ℵ transp ιωσηφ et βενιαμ. | ϛ ℵ βενιαμιν 9. ειδον | ηδυνατο | περιβεβλημενοι | φοινικεσ 10. κραζοντεσ | ϛᵉ τω θεω ημ. τω καθημ. (ℵ* om τω καθ.) επι του θρονου, ϛ τω καθημ. επι του θρονου του θεου ημων | αρνιω : ℵ* add εισ τουσ αιωνασ των αιωνων αμην

APOC. 8, 7. 415

11, 16 πάντεσ οἱ ἄγγελοι εἱστήκεισαν κύκλῳ τοῦ θρόνου καὶ τῶν πρεσβυτέρων καὶ τῶν τεσσάρων ζῴων, καὶ ἔπεσαν ἐνώπιον τοῦ θρόνου
5, 12 ἐπὶ τὰ πρόσωπα αὐτῶν καὶ προσεκύνησαν τῷ θεῷ, ¹² λέγοντεσ· 12
ἀμήν, ἡ εὐλογία καὶ ἡ δόξα καὶ ἡ σοφία καὶ ἡ εὐχαριστία καὶ
ἡ τιμὴ καὶ ἡ δύναμισ καὶ ἡ ἰσχὺσ τῷ θεῷ ἡμῶν εἰσ τοὺσ αἰῶνασ
9 τῶν αἰώνων, ἀμήν. ¹³ καὶ ἀπεκρίθη εἷσ ἐκ τῶν πρεσβυτέρων 13
λέγων μοι· οὗτοι οἱ περιβεβλημένοι τὰσ στολὰσ τὰσ λευκὰσ τίνεσ
Io 21, 15 εἰσὶν καὶ πόθεν ἦλθον; ¹⁴ καὶ εἴρηκα αὐτῷ· κύριέ μου, σὺ οἶδασ. 14
καὶ εἶπέν μοι· οὗτοί εἰσιν οἱ ἐρχόμενοι ἐκ τῆσ θλίψεωσ τῆσ μεγάλησ, καὶ ἔπλυναν τὰσ στολὰσ αὐτῶν καὶ ἐλεύκαναν αὐτὰσ ἐν τῷ
αἵματι τοῦ ἀρνίου. ¹⁵ διὰ τοῦτό εἰσιν ἐνώπιον τοῦ θρόνου τοῦ 15
θεοῦ, καὶ λατρεύουσιν αὐτῷ ἡμέρασ καὶ νυκτὸσ ἐν τῷ ναῷ αὐτοῦ,
καὶ ὁ καθήμενοσ ἐπὶ τοῦ θρόνου σκηνώσει ἐπ' αὐτούσ. ¹⁶ οὐ 16
Es 49, 10 πεινάσουσιν ἔτι οὐδὲ διψήσουσιν ἔτι, οὐδὲ μὴ πέσῃ ἐπ' αὐτοὺσ ὁ
ἥλιοσ οὐδὲ πᾶν καῦμα, ¹⁷ ὅτι τὸ ἀρνίον τὸ ἀνὰ μέσον τοῦ θρόνου 17
21, 4
Es 25, 8 ποιμανεῖ αὐτοὺσ καὶ ὁδηγήσει αὐτοὺσ ἐπὶ ζωῆσ πηγὰσ ὑδάτων,
καὶ ἐξαλείψει ὁ θεὸσ πᾶν δάκρυον ἐκ τῶν ὀφθαλμῶν αὐτῶν.

VIII.

Sigillum VII. Angeli VI cum VII tubis calamitatum.

Καὶ ὅταν ἤνοιξεν τὴν σφραγῖδα τὴν ἑβδόμην, ἐγένετο σιγὴ 1
1, 4
Tob 12, 15 ἐν τῷ οὐρανῷ ὡσ ἡμίωρον. ² καὶ ἴδον τοὺσ ἑπτὰ ἀγγέλουσ οἳ 2
Lc 1, 19 ἐνώπιον τοῦ θεοῦ ἑστήκασιν, καὶ ἐδόθησαν αὐτοῖσ ἑπτὰ σάλπιγγεσ.
³ καὶ ἄλλοσ ἄγγελοσ ἦλθεν καὶ ἐστάθη ἐπὶ τοῦ θυσιαστηρίου ἔχων 3
λιβανωτὸν χρυσοῦν, καὶ ἐδόθη αὐτῷ θυμιάματα πολλά, ἵνα δώσει
5, 8 ταῖσ προσευχαῖσ τῶν ἁγίων πάντων ἐπὶ τὸ θυσιαστήριον τὸ χρυσοῦν τὸ ἐνώπιον τοῦ θρόνου. ⁴ καὶ ἀνέβη ὁ καπνὸσ τῶν θυμια- 4
μάτων ταῖσ προσευχαῖσ τῶν ἁγίων ἐκ χειρὸσ τοῦ ἀγγέλου ἐνώπιον
τοῦ θεοῦ. ⁵ καὶ εἴληφεν ὁ ἄγγελοσ τὸν λιβανωτόν, καὶ ἐγέμισεν 5
αὐτὸν ἐκ τοῦ πυρὸσ τοῦ θυσιαστηρίου καὶ ἔβαλεν εἰσ τὴν γῆν·
4, 5
11, 19 καὶ ἐγένοντο βρονταὶ καὶ φωναὶ καὶ ἀστραπαὶ καὶ σεισμόσ.

Καὶ οἱ ἑπτὰ ἄγγελοι οἱ ἔχοντεσ τὰσ ἑπτὰ σάλπιγγασ ἡτοί- 6
Ex 9, 24
Es 28, 2 μασαν αὐτοὺσ ἵνα σαλπίσωσιν. ⁷ Καὶ ὁ πρῶτοσ ἐσάλπισεν· καὶ 7
ἐγένετο χάλαζα καὶ πῦρ μεμιγμένον ἐν αἵματι καὶ ἐβλήθη εἰσ τὴν
γῆν· καὶ τὸ τρίτον τῆσ γῆσ κατεκάη, καὶ τὸ τρίτον τῶν δένδρων
κατεκάη, καὶ πᾶσ χόρτοσ χλωρὸσ κατεκάη.

11. א* om οι | εστηκεσαν | επεσον | επι προσωπον αυτων 12. א* om η
ante ευχαρ. 13. א om εκ 14. om μου | א om μοι | ελευκ. αυτασ : ελευκ.
στολασ αυτων 15. σκηνωσει επ αυτουσ : א* γινωσκει αυτους 16. ετι
pri | א om | א διψασουσιν | ο ηλιοσ : א* add ετι, sed ipse * punctis notavit
17. ζωησ : ζωσασ | א* δρακνον | εκ των : ς א απο των
VIII. 1. οταν : οτε | ς א ημιωριον 2. ειδον 3. επι το θυσιαστηριον | ινα δωσῃ | א om το ante ενωπ. 4. א om ο ante καπν. 5. ς (non ςe)
το λιβανωτον et αυτο | φωναι κ. βροντ. κ. αστραπ. 6. ς א om οι ante
εχοντεσ | εαυτουσ 7. ο πρωτ. αγγελοσ | μεμιγμενα | om εν ante αιματι |
om και το τριτ. τησ γησ κατεκαη

8 Καὶ ὁ δεύτερος ἄγγελος ἐσάλπισεν· καὶ ὡς ὄρος μέγα πυρὶ Ier 51, 25
καιόμενον ἐβλήθη εἰς τὴν θάλασσαν· καὶ ἐγένετο τὸ τρίτον τῆς
9 θαλάσσης αἷμα, ⁹καὶ ἀπέθανεν τὸ τρίτον τῶν κτισμάτων τῶν
ἐν τῇ θαλάσσῃ, τὰ ἔχοντα ψυχάς, καὶ τὸ τρίτον τῶν πλοίων διε-
φθάρησαν.
10 Καὶ ὁ τρίτος ἄγγελος ἐσάλπισεν· καὶ ἔπεσεν ἐκ τοῦ οὐρα- Es 14, 12
νοῦ ἀστὴρ μέγας καιόμενος ὡς λαμπάς, καὶ ἔπεσεν ἐπὶ τὸ τρίτον Dan 8, 10
11 τῶν ποταμῶν καὶ ἐπὶ τὰς πηγὰς τῶν ὑδάτων. ¹¹καὶ τὸ ὄνομα
τοῦ ἀστέρος λέγεται ὁ ἄψινθος. καὶ ἐγένετο τὸ τρίτον τῶν ὑδά-
των εἰς ἄψινθον, καὶ πολλοὶ τῶν ἀνθρώπων ἀπέθανον ἐκ τῶν
ὑδάτων, ὅτι ἐπικράνθησαν.
12 Καὶ ὁ τέταρτος ἄγγελος ἐσάλπισεν· καὶ ἐπλήγη τὸ τρίτον
τοῦ ἡλίου καὶ τὸ τρίτον τῆς σελήνης καὶ τὸ τρίτον τῶν ἀστέρων,
ἵνα σκοτισθῇ τὸ τρίτον αὐτῶν καὶ ἡ ἡμέρα μὴ φάνῃ τὸ τρίτον Am 8, 9
13 αὐτῆς, καὶ ἡ νὺξ ὁμοίως. ¹³καὶ ἴδον, καὶ ἤκουσα ἑνὸς ἀετοῦ 14, 6
πετομένου ἐν μεσουρανήματι λέγοντος φωνῇ μεγάλῃ· οὐαὶ οὐαὶ
οὐαὶ τοὺς κατοικοῦντας ἐπὶ τῆς γῆς ἐκ τῶν λοιπῶν φωνῶν τῆς
σάλπιγγος τῶν τριῶν ἀγγέλων τῶν μελλόντων σαλπίζειν.

IX.

Tubae quinta et sexta. Locustae ex abysso, indicantes hostium copias cum
rege Abaddon. Soluti angeli IV cum exercitu homines perdituro.

1 Καὶ ὁ πέμπτος ἄγγελος ἐσάλπισεν· καὶ ἴδον ἀστέρα ἐκ τοῦ 8, 10
οὐρανοῦ πεπτωκότα εἰς τὴν γῆν, καὶ ἐδόθη αὐτῷ ἡ κλεὶς τοῦ 20, 1
2 φρέατος τῆς ἀβύσσου. ² καὶ ἤνοιξεν τὸ φρέαρ τῆς ἀβύσσου· καὶ
ἀνέβη καπνὸς ἐκ τοῦ φρέατος ὡς καπνὸς καμίνου μεγάλης, καὶ Ioel 2, 10
3 ἐσκοτώθη ὁ ἥλιος καὶ ὁ ἀὴρ ἐκ τοῦ καπνοῦ τοῦ φρέατος. ³ καὶ
ἐκ τοῦ καπνοῦ ἐξῆλθον ἀκρίδες εἰς τὴν γῆν, καὶ ἐδόθη αὐτοῖς
4 ἐξουσία ὡς ἔχουσιν ἐξουσίαν οἱ σκορπίοι τῆς γῆς. ⁴καὶ ἐρρέθη 7, 2 s
αὐτοῖς ἵνα μὴ ἀδικήσουσιν τὸν χόρτον τῆς γῆς οὐδὲ πᾶν χλωρὸν
οὐδὲ πᾶν δένδρον, εἰ μὴ τοὺς ἀνθρώπους οἵτινες οὐκ ἔχουσιν
5 τὴν σφραγῖδα τοῦ θεοῦ ἐπὶ τῶν μετώπων. ⁵ καὶ ἐδόθη αὐτοῖς
ἵνα μὴ ἀποκτείνωσιν αὐτούς, ἀλλ᾽ ἵνα βασανισθήσονται μῆνας
πέντε· καὶ ὁ βασανισμὸς αὐτῶν ὡς βασανισμὸς σκορπίου, ὅταν
6 παίσῃ ἄνθρωπον. ⁶ καὶ ἐν ταῖς ἡμέραις ἐκείναις ζητήσουσιν οἱ Iob 3, 21
ἄνθρωποι τὸν θάνατον καὶ οὐ μὴ εὑρήσουσιν αὐτόν, καὶ ἐπιθυ-

---

8. א om αγγελ. | א εγενηθη 9. το τριτον : א add μερος | א ψυχην |
διεφθαρη 10. om των ante υδατ. 11. ο αψινθος : ϛ אᶜ om ο, א* habet
αψινθιον | γινεται | ϛ (non ϛᵉ) om των υδατ. | א εισ αψινθιον | om των
ante ανθρωπ. 12. μη φαινη 13. ϛ א ειδον | א om ενος | αετου : αγ-
γελου | πετωμενου | τοισ κατοικουσιν
IX, 1. ϛ א ειδον | א* αστερας et πεπτωκοτας 2. א om και ηνοιξ.
το φρε. τ. αβυσσ. | ϛ א εσκοτισθη 3. αυταισ 4. αυταισ | ϛ א αδικη-
σωσι | א om ουδε παν χλωρ. | ανθρωπους : add μονους | א σφραγιδαν |
μετωπων : add αυτων 5. αυταισ | βασανισθωσι 6. ου μη : ουχ

μήσουσιν ἀποθανεῖν καὶ φεύγει ὁ θάνατοσ ἀπ' αὐτῶν. ⁷ καὶ τὰ 7
ὁμοιώματα τῶν ἀκρίδων ὅμοιοι ἵπποισ ἡτοιμασμένοισ εἰσ πόλεμον,
καὶ ἐπὶ τὰσ κεφαλὰσ αὐτῶν ὡσ στέφανοι ὅμοιοι χρυσῷ, καὶ τὰ
πρόσωπα αὐτῶν ὡσ πρόσωπα ἀνθρώπων, ⁸ καὶ εἶχαν τρίχασ ὡσ 8
τρίχασ γυναικῶν, καὶ οἱ ὀδόντεσ αὐτῶν ὡσ λεόντων ἦσαν, ⁹ καὶ 9
εἶχον θώρακασ ὡσ θώρακασ σιδηροῦσ, καὶ ἡ φωνὴ τῶν πτερύγων
αὐτῶν ὡσ φωνὴ ἁρμάτων ἵππων πολλῶν τρεχόντων εἰσ πόλεμον.
¹⁰ καὶ ἔχουσιν οὐρὰσ ὁμοίασ σκορπίοισ καὶ κέντρα, καὶ ἐν ταῖσ 10
οὐραῖσ αὐτῶν ἡ ἐξουσία αὐτῶν ἀδικῆσαι τοὺσ ἀνθρώπουσ μῆνασ
πέντε· ¹¹ ἔχουσιν ἐπ' αὐτῶν βασιλέα τὸν ἄγγελον τῆσ ἀβύσσου, 11
ᾧ ὄνομα αὐτῷ Ἑβραϊστὶ Ἀβαδδών, καὶ ἐν τῇ Ἑλληνικῇ ὄνομα
ἔχει Ἀπολλύων. ¹² Ἡ οὐαὶ ἡ μία ἀπῆλθεν· ἰδοὺ ἔρχεται ἔτι δύο 12
οὐαὶ μετὰ ταῦτα.

Καὶ ὁ ἕκτοσ ἄγγελοσ ἐσάλπισεν· καὶ ἤκουσα φωνὴν μίαν ἐκ 13
τῶν τεσσάρων κεράτων τοῦ θυσιαστηρίου τοῦ χρυσοῦ τοῦ ἐνώπιον
τοῦ θεοῦ, ¹⁴ λέγοντα τῷ ἕκτῳ ἀγγέλῳ, ὁ ἔχων τὴν σάλπιγγα· 14
λῦσον τοὺσ τέσσαρασ ἀγγέλουσ τοὺσ δεδεμένουσ ἐπὶ τῷ ποταμῷ
τῷ μεγάλῳ Εὐφράτῃ. ¹⁵ καὶ ἐλύθησαν οἱ τέσσαρεσ ἄγγελοι οἱ 15
ἡτοιμασμένοι εἰσ τὴν ὥραν καὶ ἡμέραν καὶ μῆνα καὶ ἐνιαυτόν, ἵνα
ἀποκτείνωσιν τὸ τρίτον τῶν ἀνθρώπων. ¹⁶ καὶ ὁ ἀριθμὸσ τῶν 16
στρατευμάτων τοῦ ἱππικοῦ δισμυριάδεσ μυριάδων· ἤκουσα τὸν
ἀριθμὸν αὐτῶν. ¹⁷ καὶ οὕτωσ ἴδον τοὺσ ἵππουσ ἐν τῇ ὁράσει 17
καὶ τοὺσ καθημένουσ ἐπ' αὐτῶν, ἔχοντασ θώρακασ πυρίνουσ καὶ
ὑακινθίνουσ καὶ θειώδεισ· καὶ αἱ κεφαλαὶ τῶν ἵππων ὡσ κεφαλαὶ
λεόντων, καὶ ἐκ τῶν στομάτων αὐτῶν ἐκπορεύεται πῦρ καὶ καπνὸσ
καὶ θεῖον. ¹⁸ ἀπὸ τῶν τριῶν πληγῶν τούτων ἀπεκτάνθησαν τὸ 18
τρίτον τῶν ἀνθρώπων, ἐκ τοῦ πυρὸσ καὶ τοῦ καπνοῦ καὶ τοῦ
θείου τοῦ ἐκπορευομένου ἐκ τῶν στομάτων αὐτῶν. ¹⁹ ἡ γὰρ ἐξουσία 19
τῶν ἵππων ἐν τῷ στόματι αὐτῶν ἐστιν καὶ ἐν ταῖσ οὐραῖσ αὐτῶν·
αἱ γὰρ οὐραὶ αὐτῶν ὅμοιαι ὄφεσιν, ἔχουσαι κεφαλάσ, καὶ ἐν αὐ-
ταῖσ ἀδικοῦσιν. ²⁰ καὶ οἱ λοιποὶ τῶν ἀνθρώπων, οἳ οὐκ ἀπεκτάν- 20
θησαν ἐν ταῖσ πληγαῖσ ταύταισ, οὐδὲ μετενόησαν ἐκ τῶν ἔργων
τῶν χειρῶν αὐτῶν, ἵνα μὴ προσκυνήσουσιν τὰ δαιμόνια καὶ

6. φευγει : א φυγη, ς φευξεται 7. ομοια 8. ειχον 10. ομοιασ : א
ομοιοισ | κεντρα, και εν : κεντρα ην εν | εν ταισ ουρ. αυτων : add και
11. και εχουσιν | επ αυτων βασιλεα : א εαυτων τον βασ., ς εφ αυτων
βασ. | om ω | א ελληνιδι | א εχει ονομα. 12. η ουαι η μια : א* ουαι μια,
אc ουαι η μια | ερχονται | א μετα ταυτα ad seqq trahit omisso Και
13. א* om μιαν εκ τ. τεσσ. κερατ. 14. λεγουσαν | ο εχων : οσ ειχε |
א τουσ τεσσαρεσ 15. א om οι post αγγελοι | א om και ημεραν 16. om
αυτων | ς א δυο μυριαδεσ μυριαδων (א μυριαδων μυριαδασ) | ηκουσα :
praem και 17. ς א ειδον | א επανω αυτων 18. απο : υπο | א om τριων |
om πληγων | και εκ του καπν. | και εκ τ. θει. 19. αι γαρ εξουσιαι αυ-
των et εισιν | om και εν τ. ουραισ αυτων | אc εχουσαιο 20. ουτε
μετενοη. | προσκυνησωσι

Nov. Test. ed. Tf.   27

τὰ εἴδωλα τὰ χρυσᾶ καὶ τὰ ἀργυρᾶ καὶ τὰ χαλκᾶ καὶ τὰ λίθινα καὶ τὰ ξύλινα, ἃ οὔτε βλέπειν δύνανται οὔτε ἀκούειν οὔτε περι- 21 πατεῖν, ²¹ καὶ οὐ μετενόησαν ἐκ τῶν φόνων αὐτῶν οὔτε ἐκ τῶν φαρμακιῶν αὐτῶν οὔτε ἐκ τῆσ πορνείασ αὐτῶν οὔτε ἐκ τῶν κλεμμάτων αὐτῶν.

X.

Angelus cum libro. Mysterii perfectio instat. Iohannes devorat librum angeli.

1   Καὶ εἶδον ἄλλον ἄγγελον ἰσχυρὸν καταβαίνοντα ἐκ τοῦ οὐρανοῦ, περιβεβλημένον νεφέλην, καὶ ἡ ἶρισ ἐπὶ τὴν κεφαλὴν αὐτοῦ, καὶ τὸ πρόσωπον αὐτοῦ ὡσ ὁ ἥλιοσ, καὶ οἱ πόδεσ αὐτοῦ ὡσ
2 στῦλοι πυρόσ, ²καὶ ἔχων ἐν τῇ χειρὶ αὐτοῦ βιβλαρίδιον ἠνεῳγμένον. καὶ ἔθηκεν τὸν πόδα αὐτοῦ τὸν δεξιὸν ἐπὶ τῆσ θαλάσσησ,
3 τὸν δὲ εὐώνυμον ἐπὶ τῆσ γῆσ, ³καὶ ἔκραξεν φωνῇ μεγάλῃ ὥσπερ λέων μυκᾶται. καὶ ὅτε ἔκραξεν, ἐλάλησαν αἱ ἑπτὰ βρονταὶ τὰσ
4 ἑαυτῶν φωνάσ. ⁴καὶ ὅτε ἐλάλησαν αἱ ἑπτὰ βρονταί, ἔμελλον γράφειν, καὶ ἤκουσα φωνὴν ἐκ τοῦ οὐρανοῦ λέγουσαν· σφράγισον
5 ἃ ἐλάλησαν αἱ ἑπτὰ βρονταί, καὶ μὴ αὐτὰ γράψῃσ. ⁵καὶ ὁ ἄγγελοσ, ὃν εἶδον ἑστῶτα ἐπὶ τῆσ θαλάσσησ καὶ ἐπὶ τῆσ γῆσ,
6 ἦρεν τὴν χεῖρα αὐτοῦ τὴν δεξιὰν εἰσ τὸν οὐρανόν, ⁶καὶ ὤμοσεν ἐν τῷ ζῶντι εἰσ τοὺσ αἰῶνασ τῶν αἰώνων, ὃσ ἔκτισεν τὸν οὐρανὸν καὶ τὰ ἐν αὐτῷ καὶ τὴν γῆν καὶ τὰ ἐν αὐτῇ καὶ τὴν θάλασσαν
7 καὶ τὰ ἐν αὐτῇ, ὅτι χρόνοσ οὐκέτι ἔσται, ⁷ἀλλ' ἐν ταῖσ ἡμέραισ τῆσ φωνῆσ τοῦ ἑβδόμου ἀγγέλου, ὅταν μέλλῃ σαλπίζειν, καὶ ἐτελέσθη τὸ μυστήριον τοῦ θεοῦ, ὡσ εὐηγγέλισεν τοὺσ ἑαυτοῦ δού-
8 λουσ τοὺσ προφήτασ. ⁸καὶ ἡ φωνὴ ἣν ἤκουσα ἐκ τοῦ οὐρανοῦ πάλιν λαλοῦσαν μετ' ἐμοῦ καὶ λέγουσαν· ὕπαγε λάβε τὸ βιβλαρίδιον τὸ ἠνεῳγμένον ἐν τῇ χειρὶ τοῦ ἀγγέλου τοῦ ἑστῶτοσ ἐπὶ τῆσ
9 θαλάσσησ καὶ ἐπὶ τῆσ γῆσ. ⁹καὶ ἀπῆλθα πρὸσ τὸν ἄγγελον, λέγων αὐτῷ δοῦναί μοι τὸ βιβλαρίδιον. καὶ λέγει μοι· λάβε καὶ κατάφαγε αὐτό, καὶ πικρανεῖ σου τὴν κοιλίαν, ἀλλ' ἐν τῷ στό-
10 ματί σου ἔσται γλυκὺ ὡσ μέλι. ¹⁰καὶ ἔλαβον τὸ βιβλαρίδιον ἐκ τῆσ χειρὸσ τοῦ ἀγγέλου καὶ κατέφαγον αὐτό, καὶ ἦν ἐν τῷ στόματί μου ὡσ μέλι γλυκύ· καὶ ὅτε ἔφαγον αὐτό, ἐπικράνθη ἡ

20. om τα ante ειδωλ. | א και τα ξυλιν. κ. τα λιθιν. | δυναται   21. ϛ א φαρμακειων | πορνειασ : א* πονηριασ

X, 1. om η ante ιρισ (א* θριξ) | ϛ א επι τησ κεφαλησ | om αυτου prim 2. και ειχεν | ανεῳγμενον | επι την θαλασσαν et επι την γην 3. א* post εκραξ. add ωσ | א* om αι | א ταισ εαυτ. φωναισ   4. κ. οτε : א κ. οσα | αι επτ. βρονται : add τασ φωνασ εαυτων | λεγουσαν : add μοι | א οσα ελαλ. | μη αυτα : μη ταυτα   5. om την δεξιαν   6. εν τω : א* om εν | א* om και τ. θαλ. και τα εν αυτη | ουκ εσται ετι, א* ουκετι εστιν   7. αλλα εν | τελεσθη | τουσ ε. δουλουσ (א add και) τουσ προφ. : τοισ ε. δουλοισ τοισ προφηταισ   8. λαλουσα et λεγουσα | om του ante αγγελου   9. απηλθον | δοσ μοι | א βιβλιον | א* λαβε αυτο και καταφαγε   10. βιβλιον | επικρανθη : εγεμισθη

APOC. 11, 11.   419

κοιλία μου. ¹¹ καὶ λέγουσίν μοι· δεῖ σε πάλιν προφητεῦσαι ἐπὶ 11
λαοῖσ καὶ ἔθνεσιν καὶ γλώσσαισ καὶ βασιλεῦσιν πολλοῖσ.

XI.

Metiendum templum. Duo testes necati a bestia reviviscunt et caelum ascendunt. Tuba VII. Hymnus. Templum dei.

21, 15
Ez 40, 3
Καὶ ἐδόθη μοι κάλαμοσ ὅμοιοσ ῥάβδῳ, λέγων· ἔγειρε καὶ 1
μέτρησον τὸν ναὸν τοῦ θεοῦ καὶ τὸ θυσιαστήριον καὶ τοὺσ προσκυνοῦντασ ἐν αὐτῷ. ² καὶ τὴν αὐλὴν τὴν ἔξωθεν τοῦ ναοῦ ἔκβαλε 2
ἔξωθεν καὶ μὴ αὐτὴν μετρήσῃσ, ὅτι ἐδόθη τοῖσ ἔθνεσιν, καὶ τὴν
πόλιν τὴν ἁγίαν πατήσουσιν μῆνασ τεσσεράκοντα δύο. ³ καὶ 3
15, 3 δώσω τοῖσ δυσὶν μάρτυσίν μου, καὶ προφητεύσουσιν ἡμέρασ χιλίασ
Zach 4,2ss διακοσίασ ἑξήκοντα περιβεβλημένοι σάκκουσ. ⁴ οὗτοί εἰσιν αἱ δύο 4
ἐλαῖαι καὶ αἱ δύο λυχνίαι αἱ ἐνώπιον τοῦ κυρίου τῆσ γῆσ ἑστῶτεσ.
2 Rg 1, 10 ⁵ καὶ εἴ τισ αὐτοὺσ θέλει ἀδικῆσαι, πῦρ ἐκπορεύεται ἐκ τοῦ στό- 5
ματοσ αὐτῶν καὶ κατεσθίει τοὺσ ἐχθροὺσ αὐτῶν· καὶ εἴ τισ
θελήσῃ αὐτοὺσ ἀδικῆσαι, οὕτωσ δεῖ αὐτὸν ἀποκτανθῆναι. ⁶ οὗτοι 6
1 Rg 17, 1
Ex 7, 19
ἔχουσιν ἐξουσίαν κλεῖσαι τὸν οὐρανόν, ἵνα μὴ ὑετὸσ βρέχῃ τὰσ
ἡμέρασ τῆσ προφητείασ αὐτῶν, καὶ ἐξουσίαν ἔχουσιν ἐπὶ τῶν
ὑδάτων στρέφειν αὐτὰ εἰσ αἷμα καὶ πατάξαι τὴν γῆν ἐν πάσῃ
13, 1
Dan 7, 7
πληγῇ ὁσάκισ ἐὰν θελήσωσιν. ⁷ καὶ ὅταν τελέσωσιν τὴν μαρτυ- 7
ρίαν αὐτῶν, τὸ θηρίον τὸ ἀναβαῖνον ἐκ τῆσ ἀβύσσου ποιήσει μετ'
αὐτῶν πόλεμον καὶ νικήσει αὐτοὺσ καὶ ἀποκτενεῖ αὐτούσ. ⁸ καὶ 8
τὸ πτῶμα αὐτῶν ἐπὶ τῆσ πλατείασ τῆσ πόλεωσ τῆσ μεγάλησ, ἥτισ
καλεῖται πνευματικῶσ Σόδομα καὶ Αἴγυπτοσ, ὅπου καὶ ὁ κύριοσ
αὐτῶν ἐσταυρώθη. ⁹ καὶ βλέπουσιν ἐκ τῶν λαῶν καὶ φυλῶν καὶ 9
γλωσσῶν καὶ ἐθνῶν τὸ πτῶμα αὐτῶν ἡμέρασ τρεῖσ καὶ ἥμισυ, καὶ
τὰ πτώματα αὐτῶν οὐκ ἀφίουσιν τεθῆναι εἰσ μνῆμα. ¹⁰ καὶ οἱ 10
Esth 9,22 κατοικοῦντεσ ἐπὶ τῆσ γῆσ χαίρουσιν ἐπ' αὐτοῖσ καὶ εὐφραίνονται,
καὶ δῶρα πέμπουσιν ἀλλήλοισ, ὅτι οὗτοι οἱ δύο προφῆται ἐβασά-
Ez 37, 5 νισαν τοὺσ κατοικοῦντασ ἐπὶ τῆσ γῆσ. ¹¹ καὶ μετὰ τρεῖσ 11
ἡμέρασ καὶ ἥμισυ πνεῦμα ζωῆσ ἐκ τοῦ θεοῦ εἰσῆλθεν ἐν αὐτοῖσ,
καὶ ἔστησαν ἐπὶ τοὺσ πόδασ αὐτῶν, καὶ φόβοσ μέγασ ἐπέπεσεν

11. λεγει
XI, 1. λεγων (א* λεγει : ϛᵉ (non ϛ) praem και ο αγγελοσ ειστηκει | εγειραι 2. א* τησ αυλησ τησ | εξωθεν ante του ναου : ϛ א εσωθεν | εκβαλε : א* praem και | εκβαλε εξω | τοισ εθν. : א* praem και | τεσσαρακ. 3. א* περιβεβλημενουσ 4. εισιν αι : א* εισ. οι | αι sec : ϛ א* om | αι ante ενωπ. | κυριου : θεου | εστωσαι 5. θελει (א ante αυτουσ pon) : θελη | θεληση (א θελ. αδι. αυτ.) : θελη idque post αυτουσ pon 6. βρεχ. υετοσ εν ημεραισ αυτων τησ προφ. | א* om και ante παταξ. | om εν ante παση 7. το ante αναβαινον : א* τοτε | πολεμ. μετ αυτ. 8. ϛ א τα πτωματα | om τησ ante πολεωσ | αυτων sec : ημων, א* om 9. βλεψουσιν | א εκ των φυλ. κ. λαων | το πτωμα : τα πτωματα | αφησουσι | μνηματα 10. χαρουσιν | ευφρανθησονται | πεμψουσιν | א οι προφ; οι δυο
11. μετα τασ τρεισ | εν αυτοισ : επ αυτουσ, א εισ αυτουσ | ϛ א επεσεν

27*

12 ἐπὶ τοὺσ θεωροῦντασ αὐτούσ. ¹²καὶ ἤκουσαν φωνῆσ μεγάλησ ἐκ τοῦ οὐρανοῦ λεγούσησ αὐτοῖσ· ἀνάβατε ὧδε· καὶ ἀνέβησαν εἰσ τὸν οὐρανὸν ἐν τῇ νεφέλῃ, καὶ ἐθεώρησαν αὐτοὺσ οἱ ἐχθροὶ αὐτῶν.

13 ¹³ καὶ ἐν ἐκείνῃ τῇ ὥρᾳ ἐγένετο σεισμὸσ μέγασ, καὶ τὸ δέκατον τῆσ πόλεωσ ἔπεσεν, καὶ ἀπεκτάνθησαν ἐν τῷ σεισμῷ ὀνόματα ἀνθρώπων χιλιάδεσ ἑπτά, καὶ οἱ λοιποὶ ἔμφοβοι ἐγένοντο καὶ
14 ἔδωκαν δόξαν τῷ θεῷ τοῦ οὐρανοῦ. ¹⁴ Ἡ οὐαὶ ἡ δευτέρα ἀπῆλθεν· ἰδοὺ ἡ οὐαὶ ἡ τρίτη ἔρχεται ταχύ.
15 Καὶ ὁ ἕβδομοσ ἄγγελοσ ἐσάλπισεν· καὶ ἐγένοντο φωναὶ μεγάλαι ἐν τῷ οὐρανῷ, λέγοντεσ· ἐγένετο ἡ βασιλεία τοῦ κόσμου τοῦ κυρίου ἡμῶν καὶ τοῦ Χριστοῦ αὐτοῦ, καὶ βασιλεύσει εἰσ τοὺσ
16 αἰῶνασ τῶν αἰώνων. ¹⁶ καὶ οἱ εἴκοσι τέσσαρεσ πρεσβύτεροι οἱ ἐνώπιον τοῦ θεοῦ, οἳ κάθηνται ἐπὶ τοὺσ θρόνουσ αὐτῶν, ἔπεσαν
17 ἐπὶ τὰ πρόσωπα αὐτῶν καὶ προσεκύνησαν τῷ θεῷ, ¹⁷ λέγοντεσ· εὐχαριστοῦμέν σοι, κύριε ὁ θεὸσ ὁ παντοκράτωρ, ὁ ὢν καὶ ὁ ἦν, καὶ ὅτι εἴληφασ τὴν δύναμίν σου τὴν μεγάλην καὶ ἐβασίλευσασ,
18 ¹⁸ καὶ τὰ ἔθνη ὠργίσθησαν, καὶ ἦλθεν ἡ ὀργή σου καὶ ὁ καιρὸσ τῶν νεκρῶν κριθῆναι καὶ δοῦναι τὸν μισθὸν τοῖσ δούλοισ σου τοῖσ προφήταισ καὶ τοῖσ ἁγίοισ καὶ τοῖσ φοβουμένοισ τὸ ὄνομά σου, τοῖσ μικροῖσ καὶ τοῖσ μεγάλοισ, καὶ διαφθεῖραι τοὺσ διαφθείρον-
19 τασ τὴν γῆν. ¹⁹ καὶ ἠνοίγη ὁ ναὸσ τοῦ θεοῦ ὁ ἐν τῷ οὐρανῷ, καὶ ὤφθη ἡ κιβωτὸσ τῆσ διαθήκησ αὐτοῦ ἐν τῷ ναῷ αὐτοῦ, καὶ ἐγένοντο ἀστραπαὶ καὶ φωναὶ καὶ βρονταὶ καὶ σεισμὸσ καὶ χάλαζα μεγάλη.

XII.

Mulier Messiam pariens et draco. Draco victus a Michaele persequitur mulierem eiusque semen.

1 Καὶ σημεῖον μέγα ὤφθη ἐν τῷ οὐρανῷ, γυνὴ περιβεβλημένη τὸν ἥλιον, καὶ ἡ σελήνη ὑποκάτω τῶν ποδῶν αὐτῆσ, καὶ ἐπὶ τῆσ
2 κεφαλῆσ αὐτῆσ στέφανοσ ἀστέρων δώδεκα, ² καὶ ἐν γαστρὶ
3 ἔχουσα, καὶ κράζει ὠδίνουσα καὶ βασανιζομένη τεκεῖν. ³ καὶ ὤφθη ἄλλο σημεῖον ἐν τῷ οὐρανῷ, καὶ ἰδοὺ δράκων πυρρὸσ μέγασ, ἔχων κεφαλὰσ ἑπτὰ καὶ κέρατα δέκα καὶ ἐπὶ τὰσ κεφαλὰσ αὐτοῦ
4 ἑπτὰ διαδήματα, ⁴ καὶ ἡ οὐρὰ αὐτοῦ σύρει τὸ τρίτον τῶν ἀστέρων

12. ηκουσαν : אᶜ ηκουσα | φωνην μεγαλην et λεγουσαν | αναβητε 13. εμφοβοι : א εν φοβω 14. א παρηλθεν | ερχεται : א post ιδου 15. εγενοντο : א* εγενετο | λεγουσαι | εγενοντο αι βασιλειαι | αιωνων : א add αμην 16. א* om οι ante εικοσι | εικ. και τεσσαρ. | οι (אᶜ om) καθηνται : καθημενοι | א και επεσαν 17. א κυριοσ ο θεοσ παντοκρα. | ο ην : add και ο ερχομενοσ | και οτι : om και 18. א* ωργισθη | א om τοισ ante φοβουμ. | א* τουσ μικρουσ κ. τουσ μεγαλουσ 19. ο εν τω : ϛ א om ο | ουρανω : א* add ανω | αυτου pri : א του θεου | א* εγενετο

XII, 1. א* την σεληνην 2. και εν : om και 3. μεγασ πυρροσ | διαδημ. επτα

APOC. 12, 17.

τοῦ οὐρανοῦ, καὶ ἔβαλεν αὐτοὺσ εἰσ τὴν γῆν. καὶ ὁ δράκων ἔστηκεν ἐνώπιον τῆσ γυναικὸσ τῆσ μελλούσησ τεκεῖν, ἵνα ὅταν τέκῃ τὸ τέκνον αὐτῆσ καταφάγῃ. ⁵ καὶ ἔτεκεν υἱὸν ἄρσεν, ὃσ μέλλει ποιμαίνειν πάντα τὰ ἔθνη ἐν ῥάβδῳ σιδηρᾷ· καὶ ἡρπάσθη τὸ τέκνον αὐτῆσ πρὸσ τὸν θεὸν καὶ πρὸσ τὸν θρόνον αὐτοῦ. ⁶ καὶ ἡ γυνὴ ἔφυγεν εἰσ τὴν ἔρημον, ὅπου ἔχει ἐκεῖ τόπον ἡτοιμασμένον ἀπὸ τοῦ θεοῦ, ἵνα ἐκεῖ τρέφουσιν αὐτὴν ἡμέρασ χιλίασ διακοσίασ ἑξήκοντα. ⁷ καὶ ἐγένετο πόλεμοσ ἐν τῷ οὐρανῷ, ὁ Μιχαὴλ καὶ οἱ ἄγγελοι αὐτοῦ πολεμῆσαι μετὰ τοῦ δράκοντοσ. καὶ ὁ δράκων ἐπολέμησεν καὶ οἱ ἄγγελοι αὐτοῦ, ⁸ καὶ οὐκ ἴσχυσαν, οὐδὲ τόποσ εὑρέθη αὐτῶν ἔτι ἐν τῷ οὐρανῷ. ⁹ καὶ ἐβλήθη ὁ δράκων ὁ μέγασ, ὁ ὄφισ ὁ ἀρχαῖοσ, ὁ καλούμενοσ διάβολοσ καὶ ὁ σατανᾶσ, ὁ πλανῶν τὴν οἰκουμένην ὅλην, ἐβλήθη εἰσ τὴν γῆν, καὶ οἱ ἄγγελοι αὐτοῦ μετ᾽ αὐτοῦ ἐβλήθησαν. ¹⁰ καὶ ἤκουσα φωνὴν μεγάλην ἐν τῷ οὐρανῷ λέγουσαν· ἄρτι ἐγένετο ἡ σωτηρία καὶ ἡ δύναμισ καὶ ἡ βασιλεία τοῦ θεοῦ ἡμῶν καὶ ἡ ἐξουσία τοῦ Χριστοῦ αὐτοῦ, ὅτι ἐβλήθη ὁ κατήγωρ τῶν ἀδελφῶν ἡμῶν, ὁ κατηγορῶν αὐτοὺσ ἐνώπιον τοῦ θεοῦ ἡμῶν ἡμέρασ καὶ νυκτόσ. ¹¹ καὶ αὐτοὶ ἐνίκησαν αὐτὸν διὰ τὸ αἷμα τοῦ ἀρνίου καὶ διὰ τὸν λόγον τῆσ μαρτυρίασ αὐτῶν, καὶ οὐκ ἠγάπησαν τὴν ψυχὴν αὐτῶν ἄχρι θανάτου. ¹² διὰ τοῦτο εὐφραίνεσθε, οὐρανοὶ καὶ οἱ ἐν αὐτοῖσ σκηνοῦντεσ· οὐαὶ τὴν γῆν καὶ τὴν θάλασσαν, ὅτι κατέβη ὁ διάβολοσ πρὸσ ὑμᾶσ ἔχων θυμὸν μέγαν, εἰδὼσ ὅτι ὀλίγον καιρὸν ἔχει.

Καὶ ὅτε εἶδεν ὁ δράκων ὅτι ἐβλήθη εἰσ τὴν γῆν, ἐδίωξεν τὴν γυναῖκα ἥτισ ἔτεκεν τὸν ἄρσενα. ¹⁴ καὶ ἐδόθησαν τῇ γυναικὶ αἱ δύο πτέρυγεσ τοῦ ἀετοῦ τοῦ μεγάλου, ἵνα πέτηται εἰσ τὴν ἔρημον εἰσ τὸν τόπον αὐτῆσ, ὅπου τρέφεται ἐκεῖ καιρὸν καὶ καιροὺσ καὶ ἥμισυ καιροῦ ἀπὸ προσώπου τοῦ ὄφεωσ. ¹⁵ καὶ ἔβαλεν ὁ ὄφισ ἐκ τοῦ στόματοσ αὐτοῦ ὀπίσω τῆσ γυναικὸσ ὕδωρ ὡσ ποταμόν, ἵνα αὐτὴν ποταμοφόρητον ποιήσῃ. ¹⁶ καὶ ἐβοήθησεν ἡ γῆ τῇ γυναικί, καὶ ἤνοιξεν ἡ γῆ τὸ στόμα αὐτῆσ καὶ κατέπιεν τὸν ποταμὸν ὃν ἔβαλεν ὁ δράκων ἐκ τοῦ στόματοσ αὐτοῦ. ¹⁷ καὶ ὠργίσθη ὁ δράκων ἐπὶ τῇ γυναικί, καὶ ἀπῆλθεν ποιῆσαι πόλεμον μετὰ τῶν λοιπῶν τοῦ σπέρματοσ αὐτῆσ τῶν τηρούντων τὰσ ἐντολὰσ τοῦ θεοῦ καὶ ἐχόντων τὴν μαρτυρίαν Ἰησοῦ.

---

5. ϛ ℵ αρρενα | ℵ ηρπαγη | om προσ sec   6. εκει sec : om | τρεφωσιν
7. επολεμησαν | μετα : κατα   8. ισχυσαν : ℵ add προσ αυτον | ουτε
τοποσ, ℵ* ουδε τοτε   9. ο μεγασ οφισ | ℵ om και post διαβό.
10. λεγουσ. εν τ. ουρ. | κατεβληθη | ϛ ℵ κατηγοροσ | αυτουσ : ϛ ℵ αυτων
12. ℵ οι κατοικουντεσ εν αυτ. | την (ℵ εισ την) γην etc : τοισ κατοικουσι
την γην και την θαλασσαν   13. αρρενα   14. om αι ante δυο | καιρον :
ℵ* om (ℵᶜ suppl και καιρον)   15. εκ τ. στομ. αυτ. post οπισω τ. γυν. pon|
αυτην : ταυτην   17. ℵ πολεμ. ποιησαι | ℵ επιλοιπων | ιησου : του ιησου
χριστου, ℵ* του θεου

XIII.

Monstrum impietatis surgit, deum spernens, sanctos debellans. Monstrum alterum suadens prioris cultum. Numerus monstri 666.

XII. ¹⁸ *Καὶ ἐστάθην ἐπὶ τὴν ἄμμον τῆσ θαλάσσησ.* ¹ *καὶ εἶδον ἐκ τῆσ θαλάσσησ θηρίον ἀναβαῖνον, ἔχον κέρατα δέκα καὶ κεφαλὰσ ἑπτά, καὶ ἐπὶ τῶν κεράτων αὐτοῦ δέκα διαδήματα, καὶ* ² *ἐπὶ τὰσ κεφαλὰσ αὐτοῦ ὀνόματα βλασφημίασ.* ² *καὶ τὸ θηρίον ὃ εἶδον ἦν ὅμοιον παρδάλει, καὶ οἱ πόδεσ αὐτοῦ ὡσ ἄρκου, καὶ τὸ στόμα αὐτοῦ ὡσ στόμα λεόντων· καὶ ἔδωκεν αὐτῷ ὁ δράκων τὴν* 3 *δύναμιν αὐτοῦ καὶ τὸν θρόνον αὐτοῦ καὶ ἐξουσίαν μεγάλην.* ³ *καὶ μίαν ἐκ τῶν κεφαλῶν αὐτοῦ ὡσ ἐσφαγμένην εἰσ θάνατον, καὶ ἡ πληγὴ τοῦ θανάτου αὐτοῦ ἐθεραπεύθη. καὶ ἐθαύμασεν ὅλη ἡ γῆ* 4 *ὀπίσω τοῦ θηρίου,* ⁴ *καὶ προσεκύνησαν τῷ δράκοντι, ὅτι ἔδωκεν τὴν ἐξουσίαν τῷ θηρίῳ, καὶ προσεκύνησαν τῷ θηρίῳ λέγοντεσ·* 5 *τίσ ὅμοιοσ τῷ θηρίῳ, καὶ τίσ δύναται πολεμῆσαι μετ' αὐτοῦ;* ⁵ *καὶ ἐδόθη αὐτῷ στόμα λαλοῦν μεγάλα καὶ βλασφημίασ, καὶ ἐδόθη* 6 *αὐτῷ ἐξουσία ποιῆσαι μῆνασ τεσσεράκοντα δύο.* ⁶ *καὶ ἤνοιξεν τὸ στόμα αὐτοῦ εἰσ βλασφημίασ πρὸσ τὸν θεόν, βλασφημῆσαι τὸ ὄνομα αὐτοῦ καὶ τὴν σκηνὴν αὐτοῦ, τοὺσ ἐν τῷ οὐρανῷ σκη-* 7 *νοῦντασ.* ⁷ *καὶ ἐδόθη αὐτῷ ποιῆσαι πόλεμον μετὰ τῶν ἁγίων καὶ νικῆσαι αὐτούσ, καὶ ἐδόθη αὐτῷ ἐξουσία ἐπὶ πᾶσαν φυλὴν* 8 *καὶ λαὸν καὶ γλῶσσαν καὶ ἔθνοσ.* ⁸ *καὶ προσκυνήσουσιν αὐτὸν πάντεσ οἱ κατοικοῦντεσ ἐπὶ τῆσ γῆσ, οὗ οὐ γέγραπται τὸ ὄνομα αὐτοῦ ἐν τῷ βιβλίῳ τῆσ ζωῆσ τοῦ ἀρνίου τοῦ ἐσφαγμένον ἀπὸ* 9 10 *καταβολῆσ κόσμου.* ⁹ *εἴ τισ ἔχει οὖσ, ἀκουσάτω.* ¹⁰ *εἴ τισ εἰσ αἰχμαλωσίαν, εἰσ αἰχμαλωσίαν ὑπάγει· εἴ τισ ἐν μαχαίρῃ ἀποκτενεῖ, δεῖ αὐτὸν ἐν μαχαίρῃ ἀποκτανθῆναι. ὧδέ ἐστιν ἡ ὑπομονὴ καὶ ἡ πίστισ τῶν ἁγίων.*

11 *Καὶ εἶδον ἄλλο θηρίον ἀναβαῖνον ἐκ τῆσ γῆσ, καὶ εἶχεν κέ-*
12 *ρατα δύο ὅμοια ἀρνίῳ καὶ ἐλάλει ὡσ δράκων.* ¹² *καὶ τὴν ἐξουσίαν τοῦ πρώτου θηρίου πᾶσαν ποιεῖ ἐνώπιον αὐτοῦ. καὶ ποιεῖ τὴν γῆν καὶ τοὺσ ἐν αὐτῇ κατοικοῦντασ ἵνα προσκυνήσουσιν τὸ θηρίον τὸ πρῶτον, οὗ ἐθεραπεύθη ἡ πληγὴ τοῦ θανάτου αὐτοῦ.*

XII, 18. א εσταθη XIII, 1. κεφ. επτ. κ. κερατ. δεκ. | א επι τ. κερ. αυτου (א* αυτων) διαδη. δεκ. | ονομα 2. αρκτου | λεοντοσ | א om ο ante δρακ. 3. και ειδον μιαν των κεφ. | ς (non ςᵉ) εθαυμασθη εν ολη τη γη 4. τον δρακοντα οσ εδωκ. εξουσιαν | προσεκ. το θηριον | om και ante τισ 5. א* om εξουσια | ποιησαι | ςᵉ πολεμον ποιησαι, א ποιη. ο θελει | τεσσαρακοντ. 6. εισ βλασφημιαι | το ονομ. αυτου : א* αυτον | και τουσ εν 7. πολεμ. ποιησ. | om και λαον 8. προσκ. αυτω | οὗ οὐ : ς א ὧν οὐ | αυτου : א* αυτων, ς אᶜ om | τα ονοματα | εν τη βιβλω | om του ante εσφαγμενον 10. ει τισ εισ αιχμαλ., εισ αιχμαλ. (א om εισ αιχμ.) υπαγει : ει τισ αιχμ. συναγει, εισ αιχμ. υπαγει | εν μαχαιρα | א αποκτεινει 12. τουσ κατοικ. εν αυτη | ινα προσκυνησωσι, א προσκυνιν

¹³ καὶ ποιεῖ σημεῖα μεγάλα, ἵνα καὶ πῦρ ποιῇ καταβαίνειν ἐκ τοῦ οὐρανοῦ εἰσ τὴν γῆν ἐνώπιον τῶν ἀνθρώπων. ¹⁴ καὶ πλανᾷ τοὺς κατοικοῦντασ ἐπὶ τῆσ γῆσ διὰ τὰ σημεῖα ἃ ἐδόθη αὐτῷ ποιῆσαι ἐνώπιον τοῦ θηρίου, λέγων τοῖσ κατοικοῦσιν ἐπὶ τῆσ γῆσ ποιῆσαι εἰκόνα τῷ θηρίῳ, ὃσ ἔχει τὴν πληγὴν τῆσ μαχαίρησ καὶ ἔζησεν. ¹⁵ καὶ ἐδόθη αὐτῷ δοῦναι πνεῦμα τῇ εἰκόνι τοῦ θηρίου, ἵνα καὶ λαλήσῃ ἡ εἰκὼν τοῦ θηρίου, καὶ ποιήσῃ ὅσοι ἐὰν μὴ προσκυνήσουσιν τῇ εἰκόνι τοῦ θηρίου ἀποκτανθῶσιν. ¹⁶ καὶ ποιεῖ πάντασ, τοὺς μικροὺσ καὶ τοὺς μεγάλουσ, καὶ τοὺς πλουσίουσ καὶ τοὺς πτωχούσ, καὶ τοὺς ἐλευθέρουσ καὶ τοὺς δούλουσ, ἵνα δῶσιν αὐτοῖσ χάραγμα ἐπὶ τῆσ χειρὸσ αὐτῶν τῆσ δεξιᾶσ ἢ ἐπὶ τὸ μέτωπον αὐτῶν, ¹⁷ ἵνα μή τις δύνηται ἀγοράσαι ἢ πωλῆσαι εἰ μὴ ὁ ἔχων τὸ χάραγμα τὸ ὄνομα τοῦ θηρίου ἢ τὸν ἀριθμὸν τοῦ ὀνόματοσ αὐτοῦ. ¹⁸ ὧδε ἡ σοφία ἐστίν. ὁ ἔχων νοῦν ψηφισάτω τὸν ἀριθμὸν τοῦ θηρίου· ἀριθμὸσ γὰρ ἀνθρώπου ἐστίν. καὶ ὁ ἀριθμὸσ αὐτοῦ χξϛ΄.

XIV.

Agnus surgit cum piis signatis. Tres angeli praecones. Evangelium aeternum. Calix irae dei. Beati mortui pii. Angeli metentes et vindemiantes.

Καὶ ἴδον, καὶ ἰδοὺ τὸ ἀρνίον ἑστὸσ ἐπὶ τὸ ὄρος Σιών, καὶ μετ' αὐτοῦ ἑκατὸν τεσσεράκοντα τέσσαρες χιλιάδεσ ἔχουσαι τὸ ὄνομα αὐτοῦ καὶ τὸ ὄνομα τοῦ πατρὸσ αὐτοῦ γεγραμμένον ἐπὶ τῶν μετώπων αὐτῶν. ² καὶ ἤκουσα φωνὴν ἐκ τοῦ οὐρανοῦ ὡσ φωνὴν ὑδάτων πολλῶν καὶ ὡσ φωνὴν βροντῆσ μεγάλησ, καὶ ἡ φωνὴ ἣν ἤκουσα ὡσ κιθαρῳδῶν κιθαριζόντων ἐν ταῖσ κιθάραισ αὐτῶν· ³ καὶ ᾄδουσιν ᾠδὴν καινὴν ἐνώπιον τοῦ θρόνου καὶ ἐνώπιον τῶν τεσσάρων ζώων καὶ τῶν πρεσβυτέρων· καὶ οὐδεὶς ἐδύνατο μαθεῖν τὴν ᾠδὴν εἰ μὴ αἱ ἑκατὸν τεσσεράκοντα τέσσαρες χιλιάδεσ, οἱ ἠγορασμένοι ἀπὸ τῆσ γῆσ. ⁴ οὗτοί εἰσιν οἳ μετὰ γυναικῶν οὐκ ἐμολύνθησαν· παρθένοι γάρ εἰσιν. οὗτοι οἱ ἀκολουθοῦντεσ τῷ ἀρνίῳ ὅπου ἂν ὑπάγῃ. οὗτοι ἠγοράσθησαν ἀπὸ τῶν ἀνθρώπων ἀπαρχὴ τῷ θεῷ καὶ τῷ ἀρνίῳ, ⁵ καὶ ἐν τῷ στόματι αὐτῶν οὐχ εὑρέθη ψεῦδοσ· ἄμωμοι γάρ εἰσιν.

---

14. ποιησαι sec : א praem και | οσ : ϛ א ο | א om την ante πληγ. | μαχαιρασ
15. א ποιησει | ϛ א οσοι αν | προσκυνησωσι | την εικονα | αποκτανθωσιν : praem ινα 16. א om τους ante μεγαλ. | א κ. τ. πτωχ. κ. τ. πλουσ. | ινα δωσιν | επι των μετωπων 17. και ινα μη | το χαραγμ. η το ονομ. τ. θηριου, א το χαραγμ. του θηρ. η το ονομ. αυτου 18. τον νουν, א* ουσ | א om και ο αριθμ. αυτου | א εξακοσιαι εξηκοντ. εξ

XIV, 1. ϛ א ειδον | om το ante αρν. | εστηκοσ | τεσσαρακοντ. | om αυτου και το ονομ. 2. א* om μεγαλησ | και η φωνη ην : και φωνην | om ωσ ante κιθ. 3. ωσ ωδην | ηδυνατο | τεσσαρακοντ. 4. ουτοι sec : add εισιν | א om οι ante ακολουθ. | απαρχη : א απ αρχησ | τω αρνιω : א praem εν 5. ψευδοσ : δολοσ | εισιν : add ενωπιον του θρονου του θεου

6 Καὶ εἶδον ἄλλον ἄγγελον πετόμενον ἐν μεσουρανήματι, ἔχοντα εὐαγγέλιον αἰώνιον εὐαγγελίσαι ἐπὶ τοὺσ καθημένουσ ἐπὶ τῆσ γῆσ καὶ ἐπὶ πᾶν ἔθνοσ καὶ φυλὴν καὶ γλῶσσαν καὶ λαόν, 7 ⁷ λέγων ἐν φωνῇ μεγάλῃ· φοβήθητε τὸν θεὸν καὶ δότε αὐτῷ δόξαν, ὅτι ἦλθεν ἡ ὥρα τῆσ κρίσεωσ αὐτοῦ, καὶ προσκυνήσατε τῷ ποιήσαντι τὸν οὐρανὸν καὶ τὴν γῆν καὶ τὴν θάλασσαν καὶ πηγὰσ 8 ὑδάτων. ⁸ Καὶ ἄλλοσ ἄγγελοσ δεύτεροσ ἠκολούθησεν λέγων· ἔπεσεν ἔπεσεν Βαβυλὼν ἡ μεγάλη, ἣ ἐκ τοῦ οἴνου τοῦ θυμοῦ τῆσ 9 πορνείασ αὐτῆσ πεπότικεν πάντα τὰ ἔθνη. ⁹ Καὶ ἄλλοσ ἄγγελοσ τρίτοσ ἠκολούθησεν αὐτοῖσ λέγων ἐν φωνῇ μεγάλῃ· εἴ τισ προσκυνεῖ τὸ θηρίον καὶ τὴν εἰκόνα αὐτοῦ, καὶ λαμβάνει χάραγμα 10 ἐπὶ τοῦ μετώπου αὐτοῦ ἢ ἐπὶ τὴν χεῖρα αὐτοῦ, ¹⁰ καὶ αὐτὸσ πίεται ἐκ τοῦ οἴνου τοῦ θυμοῦ τοῦ θεοῦ τοῦ κεκερασμένου ἀκράτου ἐν τῷ ποτηρίῳ τῆσ ὀργῆσ αὐτοῦ, καὶ βασανισθήσεται ἐν πυρὶ 11 καὶ θείῳ ἐνώπιον ἀγγέλων ἁγίων καὶ ἐνώπιον τοῦ ἀρνίου. ¹¹ καὶ ὁ καπνὸσ τοῦ βασανισμοῦ αὐτῶν εἰσ αἰῶνασ αἰώνων ἀναβαίνει, καὶ οὐκ ἔχουσιν ἀνάπαυσιν ἡμέρασ καὶ νυκτὸσ οἱ προσκυνοῦντεσ τὸ θηρίον καὶ τὴν εἰκόνα αὐτοῦ, καὶ εἴ τισ λαμβάνει τὸ χάραγμα 12 τοῦ ὀνόματοσ αὐτοῦ. ¹² ὧδε ἡ ὑπομονὴ τῶν ἁγίων ἐστίν, οἱ 13 τηροῦντεσ τὰσ ἐντολὰσ τοῦ θεοῦ καὶ τὴν πίστιν Ἰησοῦ. ¹³ καὶ ἤκουσα φωνῆσ ἐκ τοῦ οὐρανοῦ λεγούσησ· γράψον· μακάριοι οἱ νεκροὶ οἱ ἐν κυρίῳ ἀποθνήσκοντεσ ἀπάρτι. ναί, λέγει τὸ πνεῦμα, ἵνα ἀναπαήσονται ἐκ τῶν κόπων αὐτῶν· τὰ γὰρ ἔργα αὐτῶν ἀκολουθεῖ μετ' αὐτῶν.

14 Καὶ ἴδον, καὶ ἰδοὺ νεφέλη λευκή, καὶ ἐπὶ τὴν νεφέλην καθήμενον ὅμοιον υἱὸν ἀνθρώπου, ἔχων ἐπὶ τῆσ κεφαλῆσ αὐτοῦ στέφα15 νον χρυσοῦν καὶ ἐν τῇ χειρὶ αὐτοῦ δρέπανον ὀξύ. ¹⁵ καὶ ἄλλοσ ἄγγελοσ ἐξῆλθεν ἐκ τοῦ ναοῦ, κράζων ἐν φωνῇ μεγάλῃ τῷ καθημένῳ ἐπὶ τῆσ νεφέλησ· πέμψον τὸ δρέπανόν σου καὶ θέρισον, ὅτι 16 ἦλθεν ἡ ὥρα θερίσαι, ὅτι ἐξηράνθη ὁ θερισμὸσ τῆσ γῆσ. ¹⁶ καὶ ἔβαλεν ὁ καθήμενοσ ἐπὶ τῆσ νεφέλησ τὸ δρέπανον αὐτοῦ ἐπὶ τὴν 17 γῆν, καὶ ἐθερίσθη ἡ γῆ. ¹⁷ καὶ ἄλλοσ ἄγγελοσ ἐξῆλθεν ἐκ τοῦ 18 ναοῦ τοῦ ἐν τῷ οὐρανῷ, ἔχων καὶ αὐτὸσ δρέπανον ὀξύ· ¹⁸ καὶ ἄλλοσ ἄγγελοσ ἐξῆλθεν ἐκ τοῦ θυσιαστηρίου, ἔχων ἐξουσίαν ἐπὶ

6. א* om αλλον | πετωμενον, א πεταμενον | ευαγγελισαι (א -λισασθαι) τουσ κατοικουντασ | om επι ante παν   7. λεγοντα | om την ante θαλ.
8. om δευτεροσ, א* om αγγελ. | אᶜ om alterum επεσεν | βαβ. η πολισ η μεγαλη οτι εκ του | om τα post παντα   9. τριτ. αγγελ. (sine αλλοσ) | το θηριον προσκυνει | א επι τω μετωπω   10. των αγιων αγγελων 11. א των αιωνων | αναβαινει: ante εισ αιω. pon   12. om η ante υπομονη | οι τηρουντεσ : א των τηρουντων, ϛ praem ωδε   13. λεγουσησ : add μοι, א ante εκ τ. ουρ. pon | αναπαυσωνται | τα δε εργ.   14. και ειδον, א om | καθημενοσ ομοιοσ | υιω | א* εχοντα   15. ναον : add αυτου | εν μεγαλη φωνη | ηλθεν : add σοι | του θερισαι, א του θερισμου   16. επι την νεφελην

τοῦ πυρόσ, καὶ ἐφώνησεν φωνῇ μεγάλῃ τῷ ἔχοντι τὸ δρέπανον τὸ ὀξὺ λέγων· πέμψον σου τὸ δρέπανον τὸ ὀξὺ καὶ τρύγησον τοὺσ βότρυασ τῆσ ἀμπέλου τῆσ γῆσ, ὅτι ἤκμασαν αἱ σταφυλαὶ αὐτῆσ. ¹⁹ καὶ ἔβαλεν ὁ ἄγγελοσ τὸ δρέπανον αὐτοῦ εἰσ τὴν γῆν, καὶ ἐτρύγησεν τὴν ἄμπελον τῆσ γῆσ καὶ ἔβαλεν εἰσ τὴν ληνὸν τοῦ θυμοῦ τοῦ θεοῦ τὸν μέγαν. ²⁰ καὶ ἐπατήθη ἡ ληνὸσ ἔξωθεν τῆσ πόλεωσ, καὶ ἐξῆλθεν αἷμα ἐκ τῆσ ληνοῦ ἄχρι τῶν χαλινῶν τῶν ἵππων, ἀπὸ σταδίων χιλίων ἑξακοσίων.

XV.

Victorum bestiae hymnus. Angeli VII cum VII phialis irae.

Καὶ ἴδον ἄλλο σημεῖον ἐν τῷ οὐρανῷ μέγα καὶ θαυμαστόν, 1 ἀγγέλουσ ἑπτὰ ἔχοντασ πληγὰσ ἑπτὰ τὰσ ἐσχάτασ, ὅτι ἐν αὐταῖσ ἐτελέσθη ὁ θυμὸσ τοῦ θεοῦ. ² καὶ ἴδον ὡσ θάλασσαν ὑαλίνην 2 μεμιγμένην πυρί, καὶ τοὺσ νικῶντασ ἐκ τοῦ θηρίου καὶ ἐκ τῆσ εἰκόνοσ αὐτοῦ καὶ ἐκ τοῦ ἀριθμοῦ τοῦ ὀνόματοσ αὐτοῦ ἑστῶτασ ἐπὶ τὴν θάλασσαν τὴν ὑαλίνην, ἔχοντασ κιθάρασ τοῦ θεοῦ. ³ καὶ 3 ᾄδουσιν τὴν ᾠδὴν Μωϋσέωσ τοῦ δούλου τοῦ θεοῦ καὶ τὴν ᾠδὴν τοῦ ἀρνίου, λέγοντεσ· μεγάλα καὶ θαυμαστὰ τὰ ἔργα σου, κύριε ὁ θεὸσ ὁ παντοκράτωρ· δίκαιαι καὶ ἀληθιναὶ αἱ ὁδοί σου, ὁ βασιλεὺσ τῶν ἐθνῶν· ⁴ τίσ οὐ μὴ φοβηθῇ, κύριε, καὶ δοξάσει τὸ 4 ὄνομά σου; ὅτι μόνοσ ὅσιοσ, ὅτι πάντα τὰ ἔθνη ἥξουσιν καὶ προσκυνήσουσιν ἐνώπιόν σου, ὅτι τὰ δικαιώματά σου ἐφανερώθησαν.

Καὶ μετὰ ταῦτα ἴδον, καὶ ἠνοίγη ὁ ναὸσ τῆσ σκηνῆσ τοῦ 5 μαρτυρίου ἐν τῷ οὐρανῷ, ⁶ καὶ ἐξῆλθον οἱ ἑπτὰ ἄγγελοι οἱ ἔχον- 6 τεσ τὰσ ἑπτὰ πληγὰσ ἐκ τοῦ ναοῦ, ἐνδεδυμένοι λίνον καθαρὸν λαμπρὸν καὶ περιεζωσμένοι περὶ τὰ στήθη ζώνασ χρυσᾶσ. ⁷ καὶ 7 ἓν ἐκ τῶν τεσσάρων ζώων ἔδωκεν τοῖσ ἑπτὰ ἀγγέλοισ ἑπτὰ φιάλασ χρυσᾶσ γεμούσασ τοῦ θυμοῦ τοῦ θεοῦ τοῦ ζῶντοσ εἰσ τοὺσ αἰῶνασ τῶν αἰώνων. ⁸ καὶ ἐγεμίσθη ὁ ναὸσ καπνοῦ ἐκ τῆσ δόξησ τοῦ 8 θεοῦ καὶ ἐκ τῆσ δυνάμεωσ αὐτοῦ, καὶ οὐδεὶσ ἐδύνατο εἰσελθεῖν εἰσ τὸν ναὸν ἄχρι τελεσθῶσιν αἱ ἑπτὰ πληγαὶ τῶν ἑπτὰ ἀγγέλων.

18. φωνη : κραυγη | א το δρεπα. σου | ϛ (non ϛᵉ) om τησ αμπελου   19. εισ ante την γην : επι | ϛ א την μεγαλην   20. ϛ א εξω τησ πολ. | εξακοσιων: א* διακοσιων

XV, 1. ειδον   2. ειδον | א om εκ sec | εκ του αριθμου : praem εκ του χαραγματοσ αυτου | του θεου : א praem κυριον   3. א αδοντασ | μωσεωσ | om του ante δουλον | א* βασιλευ | εθνων : αγιων, א* αιωνων   4. ου μη φοβηθ. σε, א σε ου φοβ. | ϛ א δοξαση | א οτι δικαιωμ. ενωπιον σου εφαν.   5. ϛ א ειδον | και ιδου ηνοιγη   6. ϛ א om οι ante εχοντ.| א ενδ. καθαρουσ λινουσ λαμπρουσ | και λαμπρον   7. א* om εν, item א om επτα sec | αιωνων : א add αμην | ϛ א ηδυνατο | א εισ τ. ναον εισελθ.

XVI.

Effunduntur phialae irae septem; totidem in terris plagae fiunt.

1 Καὶ ἤκουσα μεγάλησ φωνῆσ ἐκ τοῦ ναοῦ λεγούσησ τοῖσ ἑπτὰ ἀγγέλοισ· ὑπάγετε καὶ ἐκχέετε τὰσ ἑπτὰ φιάλασ τοῦ θυμοῦ 2 τοῦ θεοῦ εἰσ τὴν γῆν. ² Καὶ ἀπῆλθεν ὁ πρῶτοσ καὶ ἐξέχεεν τὴν φιάλην αὐτοῦ εἰσ τὴν γῆν· καὶ ἐγένετο ἕλκοσ κακὸν καὶ πονηρὸν ἐπὶ τοὺσ ἀνθρώπουσ τοὺσ ἔχοντασ τὸ χάραγμα τοῦ θηρίου καὶ τοὺσ προσκυνοῦντασ τῇ εἰκόνι αὐτοῦ.

3 Καὶ ὁ δεύτεροσ ἐξέχεεν τὴν φιάλην αὐτοῦ εἰσ τὴν θάλασσαν· καὶ ἐγένετο αἷμα ὡσ νεκροῦ, καὶ πᾶσα ψυχὴ ζωῆσ ἀπέθανεν, τὰ ἐν τῇ θαλάσσῃ.

4 Καὶ ὁ τρίτοσ ἐξέχεεν τὴν φιάλην αὐτοῦ εἰσ τοὺσ ποταμοὺσ 5 καὶ τὰσ πηγὰσ τῶν ὑδάτων· καὶ ἐγένετο αἷμα. ⁵ καὶ ἤκουσα τοῦ ἀγγέλου τῶν ὑδάτων λέγοντοσ· δίκαιοσ εἶ, ὁ ὢν καὶ ὁ ἦν, ὁ 6 ὅσιοσ, ὅτι ταῦτα ἔκρινασ, ⁶ ὅτι αἵματα ἁγίων καὶ προφητῶν ἐξέ-7 χεαν, καὶ αἷμα αὐτοῖσ ἔδωκασ πεῖν· ἄξιοί εἰσιν. ⁷ καὶ ἤκουσα τοῦ θυσιαστηρίου λέγοντοσ· ναί, κύριε ὁ θεὸσ ὁ παντοκράτωρ, ἀληθιναὶ καὶ δίκαιαι αἱ κρίσεισ σου.

8 Καὶ ὁ τέταρτοσ ἐξέχεεν τὴν φιάλην αὐτοῦ ἐπὶ τὸν ἥλιον, 9 καὶ ἐδόθη αὐτῷ καυματίσαι τοὺσ ἀνθρώπουσ ἐν πυρί. ⁹ καὶ ἐκαυματίσθησαν οἱ ἄνθρωποι καῦμα μέγα, καὶ ἐβλασφήμησαν τὸ ὄνομα τοῦ θεοῦ τοῦ ἔχοντοσ τὴν ἐξουσίαν ἐπὶ τὰσ πληγὰσ ταύτασ, καὶ οὐ μετενόησαν δοῦναι αὐτῷ δόξαν.

10 Καὶ ὁ πέμπτοσ ἐξέχεεν τὴν φιάλην αὐτοῦ ἐπὶ τὸν θρόνον τοῦ θηρίου· καὶ ἐγένετο ἡ βασιλεία αὐτοῦ ἐσκοτωμένη, καὶ ἐμα-11 σῶντο τὰσ γλώσσασ αὐτῶν ἐκ τοῦ πόνου, ¹¹ καὶ ἐβλασφήμησαν τὸν θεὸν τοῦ οὐρανοῦ ἐκ τῶν πόνων αὐτῶν καὶ ἐκ τῶν ἑλκῶν αὐτῶν, καὶ οὐ μετενόησαν ἐκ τῶν ἔργων αὐτῶν.

12 Καὶ ὁ ἕκτοσ ἐξέχεεν τὴν φιάλην αὐτοῦ ἐπὶ τὸν ποταμὸν τὸν μέγαν Εὐφράτην· καὶ ἐξηράνθη τὸ ὕδωρ αὐτοῦ, ἵνα ἑτοιμασθῇ 13 ἡ ὁδὸσ τῶν βασιλέων τῶν ἀπὸ ἀνατολῆσ ἡλίου. ¹³ καὶ ἴδον ἐκ τοῦ στόματοσ τοῦ δράκοντοσ καὶ ἐκ τοῦ στόματοσ τοῦ θηρίου καὶ ἐκ τοῦ στόματοσ τοῦ ψευδοπροφήτου πνεύματα τρία ἀκά-14 θαρτα ὡσ βάτραχοι· ¹⁴ εἰσὶν γὰρ πνεύματα δαιμονίων ποιοῦντα

XVI, 1. ϛ א φωνησ μεγαλησ | εκχεατε | om επτα sec 2. επι την γην | א* πονηρον και κακον | εισ τουσ ανθρ. | τουσ τη εικ. αυτ. προσκυνουντ. 3. δευτεροσ : add αγγελοσ | א ωσει νεκρου | ζωησ : ζωσα | ϛ א om τα | א επι τησ θαλασσησ 4. τριτοσ : add αγγελοσ | א επι τουσ ποταμ. | και εισ τασ 5. δικαιοσ : add κυριε | και ο οσιοσ 6. αιμα | א εδωκασ αυτοισ | ϛ א πιειν | αξιοι γαρ εισι, א οπερ αξι. εισιν 7. αλλου εκ του θυσιαστ. 8. τεταρτοσ : ϛ א add αγγελοσ | א om εν 9. om την 10. πεμπτοσ : add αγγελοσ | εμασσωντο | א απο του πον. 11. א om και εκ τ. ελκ. αυτων et εκ τ. εργ. αυτ. 12. εκτοσ : add αγγελοσ | ευφρατην : praem τον | ανατολων 13. ειδον, א εδοθη | א* ωσει βατραχουσ, ϛ ομοια βατραχοισ 14. δαιμονων

σημεῖα, ἃ ἐκπορεύεται ἐπὶ τοὺσ βασιλεῖσ τῆσ οἰκουμένησ ὅλησ, συναγαγεῖν αὐτοὺσ εἰσ τὸν πόλεμον τῆσ ἡμέρασ τῆσ μεγάλησ τοῦ θεοῦ τοῦ παντοκράτοροσ. ¹⁵ἰδοὺ ἔρχομαι ὡσ κλέπτησ· 15 μακάριοσ ὁ γρηγορῶν καὶ τηρῶν τὰ ἱμάτια αὐτοῦ, ἵνα μὴ γυμνὸσ περιπατῇ καὶ βλέπωσιν τὴν ἀσχημοσύνην αὐτοῦ. ¹⁶ καὶ συνήγαγεν 16 αὐτοὺσ εἰσ τὸν τόπον τὸν καλούμενον Ἑβραϊστὶ Ἁρμαγεδών.

Καὶ ὁ ἕβδομοσ ἐξέχεεν τὴν φιάλην αὐτοῦ ἐπὶ τὸν ἀέρα· καὶ 17 ἐξῆλθεν φωνὴ μεγάλη ἐκ τοῦ ναοῦ ἀπὸ τοῦ θρόνου λέγουσα· γέγο- νεν. ¹⁸ καὶ ἐγένοντο ἀστραπαὶ καὶ φωναὶ καὶ βρονταί, καὶ σεισμὸσ 18 ἐγένετο μέγασ, οἷοσ οὐκ ἐγένετο ἀφ' οὗ ἄνθρωποσ ἐγένετο ἐπὶ τῆσ γῆσ, τηλικοῦτοσ σεισμὸσ οὕτω μέγασ. ¹⁹ καὶ ἐγένετο ἡ πόλισ 19 ἡ μεγάλη εἰσ τρία μέρη, καὶ αἱ πόλεισ τῶν ἐθνῶν ἔπεσαν. καὶ Βαβυλὼν ἡ μεγάλη ἐμνήσθη ἐνώπιον τοῦ θεοῦ δοῦναι αὐτῇ τὸ ποτήριον τοῦ οἴνου τοῦ θυμοῦ τῆσ ὀργῆσ αὐτοῦ. ²⁰ καὶ πᾶσα 20 νῆσοσ ἔφυγεν, καὶ ὄρη οὐχ εὑρέθησαν. ²¹ καὶ χάλαζα μεγάλη ὡσ 21 ταλαντιαία καταβαίνει ἐκ τοῦ οὐρανοῦ ἐπὶ τοὺσ ἀνθρώπουσ· καὶ ἐβλασφήμησαν οἱ ἄνθρωποι τὸν θεὸν ἐκ τῆσ πληγῆσ τῆσ χαλάζησ, ὅτι μεγάλη ἐστὶν ἡ πληγὴ αὐτῆσ σφόδρα.

XVII.

Meretrix vehens bellua septem capitum et decem cornuum, ebria sanguine, nomine Babylon.

Καὶ ἦλθεν εἷσ ἐκ τῶν ἑπτὰ ἀγγέλων τῶν ἐχόντων τὰσ 1 ἑπτὰ φιάλασ, καὶ ἐλάλησεν μετ' ἐμοῦ λέγων· δεῦρο, δείξω σοι τὸ κρίμα τῆσ πόρνησ τῆσ μεγάλησ τῆσ καθημένησ ἐπὶ ὑδάτων πολλῶν, ² μεθ' ἧσ ἐπόρνευσαν οἱ βασιλεῖσ τῆσ γῆσ, καὶ ἐμε- 2 θύσθησαν οἱ κατοικοῦντεσ τὴν γῆν ἐκ τοῦ οἴνου τῆσ πορνείασ αὐτῆσ. ³ καὶ ἀπήνεγκέν με εἰσ ἔρημον ἐν πνεύματι. καὶ εἶδον 3 γυναῖκα καθημένην ἐπὶ θηρίον κόκκινον, γέμοντα ὀνόματα βλασ- φημίασ, ἔχοντα κεφαλὰσ ἑπτὰ καὶ κέρατα δέκα. ⁴ καὶ ἡ γυνὴ ἦν 4 περιβεβλημένη πορφυροῦν καὶ κόκκινον, καὶ κεχρυσωμένη χρυσῷ καὶ λίθῳ τιμίῳ καὶ μαργαρίταισ, ἔχουσα ποτήριον χρυσοῦν ἐν τῇ χειρὶ αὐτῆσ γέμων βδελυγμάτων καὶ τὰ ἀκάθαρτα τῆσ πορνείασ

14. α εκπορευεται (etiam ϛe) : ϛ ℵ* εκπορευεσθαι | επι : ℵ εισ | τησ γησ και τησ οικουμενησ ολησ | εισ πολεμον | τ. ημερασ : add εκεινησ 15. ℵ* ερχεται | ℵ* ο τε γρηγορων 16. ℵ συνηγαγον | ℵ om τον pri | αρμαγεδ- δων 17. εβδομοσ : add αγγελοσ | εισ τον αερ. | εκ του : απο του | ναου : add του ουρανου | ℵ om απο τ. θρον. 18. φωναι κ. βροντ. κ. αστραπ. | ϛ ℵ οι (ℵ om) ανθρωποι εγενοντο 19. ℵ* η πολισ τ. εθν. επεσεν | ℵ του δουναι | ℵ om το et του sec (ante οινου) et αυτον 21. ℵ* om ωσ (sed ipse * suppl)

XVII, 1. ℵ om εκ pri | λεγων : add μοι | επι των υδατ. των πολλ. 2. ℵ εποιησαν πορνιαν | οι κατοικ. τ. γην post πορνειασ αυτησ pon 3. γεμον ονοματων et εχον 4. η γυνη η περιβεβλ. πορφυρα κ. κοκ- κινω | χρυσ. ποτηρ. | γεμον βδελ. και ακαθαρτητοσ

428   17, 5.   APOC.

5 αὐτῆσ, ⁵ καὶ ἐπὶ τὸ μέτωπον αὐτῆσ ὄνομα γεγραμμένον· μυστή-
ριον, Βαβυλὼν ἡ μεγάλη, ἡ μήτηρ τῶν πορνῶν καὶ τῶν βδελυγ- 14, 8 etc
6 μάτων τῆσ γῆσ. ⁶ καὶ εἶδα τὴν γυναῖκα μεθύουσαν ἐκ τοῦ αἵματοσ
τῶν ἁγίων καὶ ἐκ τοῦ αἵματοσ τῶν μαρτύρων Ἰησοῦ, καὶ ἐθαύ-
7 μασα ἰδὼν αὐτὴν θαῦμα μέγα. ⁷ Καὶ εἶπέν μοι ὁ ἄγγελοσ· διατί
ἐθαύμασασ; ἐγώ σοι ἐρῶ τὸ μυστήριον τῆσ γυναικὸσ καὶ τοῦ
θηρίου τοῦ βαστάζοντοσ αὐτὴν τοῦ ἔχοντοσ τὰσ ἑπτὰ κεφαλὰσ
8 καὶ τὰ δέκα κέρατα. ⁸ τὸ θηρίον ὃ εἶδεσ ἦν καὶ οὐκ ἔστιν, καὶ 11
μέλλει ἀναβαίνειν ἐκ τῆσ ἀβύσσου καὶ εἰσ ἀπώλειαν ὑπάγειν· καὶ
θαυμάσονται οἱ κατοικοῦντεσ ἐπὶ τῆσ γῆσ, ὧν οὐ γέγραπται τὸ 13,
ὄνομα ἐπὶ τὸ βιβλίον τῆσ ζωῆσ ἀπὸ καταβολῆσ κόσμου, βλεπόν-
9 των τὸ θηρίον ὅτι ἦν καὶ οὐκ ἔστιν καὶ παρέσται. ⁹ ὧδε ὁ νοῦσ 13, 18
ὁ ἔχων σοφίαν... αἱ ἑπτὰ κεφαλαὶ ἑπτὰ ὄρη εἰσίν, ὅπου ἡ γυνὴ   13, 1
10 κάθηται ἐπ᾽ αὐτῶν, ¹⁰ καὶ βασιλεῖσ ἑπτά εἰσιν· οἱ πέντε ἔπεσαν,
ὁ εἷσ ἔστιν, ὁ ἄλλοσ οὔπω ἦλθεν, καὶ ὅταν ἔλθῃ ὀλίγον αὐτὸν 20, 3
11 δεῖ μεῖναι. ¹¹ καὶ τὸ θηρίον ὃ ἦν καὶ οὐκ ἔστιν, καὶ αὐτὸσ ὄγδοόσ 8
12 ἐστιν, καὶ ἐκ τῶν ἑπτά ἐστιν, καὶ εἰσ ἀπώλειαν ὑπάγει. ¹² καὶ
τὰ δέκα κέρατα ἃ εἶδεσ δέκα βασιλεῖσ εἰσίν, οἵτινεσ βασιλείαν Dan 7, 28
οὔπω ἔλαβον, ἀλλὰ ἐξουσίαν ὡσ βασιλεῖσ μίαν ὥραν λαμβάνουσιν
13 μετὰ τοῦ θηρίου. ¹³ οὗτοι μίαν γνώμην ἔχουσιν, καὶ τὴν δύναμιν 17
14 καὶ τὴν ἐξουσίαν αὐτῶν τῷ θηρίῳ διδόασιν. ¹⁴ οὗτοι μετὰ τοῦ
ἀρνίου πολεμήσουσιν καὶ τὸ ἀρνίον νικήσει αὐτούσ, ὅτι κύριοσ 19, 16 etc
κυρίων ἐστὶν καὶ βασιλεὺσ βασιλέων, καὶ οἱ μετ᾽ αὐτοῦ κλητοὶ
15 καὶ ἐκλεκτοὶ καὶ πιστοί. ¹⁵ καὶ λέγει μοι· τὰ ὕδατα ἃ εἶδεσ, οὗ Es 8, 7
ἡ πόρνη κάθηται, λαοὶ καὶ ὄχλοι εἰσὶν καὶ ἔθνη καὶ γλῶσσαι.
16 ¹⁶ καὶ τὰ δέκα κέρατα ἃ εἶδεσ καὶ τὸ θηρίον, οὗτοι μισήσουσιν
τὴν πόρνην, καὶ ἠρημωμένην ποιήσουσιν αὐτὴν καὶ γυμνήν, καὶ
τὰσ σάρκασ αὐτῆσ φάγονται, καὶ αὐτὴν κατακαύσουσιν πυρί· 18, 8
17 ¹⁷ ὁ γὰρ θεὸσ ἔδωκεν εἰσ τὰσ καρδίασ αὐτῶν ποιῆσαι τὴν γνώμην
αὐτοῦ καὶ ποιῆσαι μίαν γνώμην καὶ δοῦναι τὴν βασιλείαν αὐτῶν 10, 7
18 τῷ θηρίῳ, ἄχρι τελεσθήσονται οἱ λόγοι τοῦ θεοῦ. ¹⁸ καὶ ἡ γυνὴ 16, 19
ἣν εἶδεσ ἔστιν ἡ πόλισ ἡ μεγάλη ἡ ἔχουσα βασιλείαν ἐπὶ τῶν
βασιλέων τῆσ γῆσ.

---

4. αυτησ sec : ℵ add και τησ γησ   6. ειδον | ℵ* τω αιματι, ℵᶜ του αιμα-
τοσ (sine εκ) | ℵ θαυμ. μεγ. ειδων αυτην   8. om το ante θηριον | ϛ ℵ τα
ονοματα | βλεποντεσ | ℵ* και παλιν παρεσται, ϛ καιπερ εστιν   9. ορη
εισιν επτα   10. ℵ επτα βασ. εισιν | και ο εισ | ℵ δει post μειναι pon
11. ℵ ουκ εστιν, ουτοσ ο ογδ. εστ.   12. αλλ   13. αυτων : εαυτων |
διαδιδωσουσιν   15. τα υδατα : ℵ* ταντα α | ℵ* οπου πορνη | λαοι :
ℵ praem και   16. και το θηριον : επι το θηριον | εν πυρι   17. αχρι
τελεσθη τα ρηματα τ. θεου   18. ℵ om η ante εχουσα | ℵ επι τ. βασι-
λειων

XVIII.

Babylonis meretricis magnae lapsus nuntiatur. Pii inde exire iubentur.
Lugentes et laetantes de lapsu. Execratio angeli.

10,1 Μετὰ ταῦτα εἶδον ἄλλον ἄγγελον καταβαίνοντα ἐκ τοῦ 1
οὐρανοῦ, ἔχοντα ἐξουσίαν μεγάλην, καὶ ἡ γῆ ἐφωτίσθη ἐκ τῆσ
δόξησ αὐτοῦ. ² καὶ ἔκραξεν ἐν ἰσχυρᾷ φωνῇ λέγων· ἔπεσεν ἔπεσεν 2
14,8 Βαβυλὼν ἡ μεγάλη, καὶ ἐγένετο κατοικητήριον δαιμονίων καὶ
Es 1,11 ss φυλακὴ παντὸσ πνεύματοσ ἀκαθάρτου καὶ φυλακὴ παντὸσ ὀρνέου
13, 21 s ἀκαθάρτου καὶ μεμισημένου, ³ ὅτι ἐκ τοῦ οἴνου τοῦ θυμοῦ τῆσ 3
14,8
17,2 πορνείασ αὐτῆσ πέπωκαν πάντα τὰ ἔθνη, καὶ οἱ βασιλεῖσ τῆσ γῆσ
Ier 51,7 μετ' αὐτῆσ ἐπόρνευσαν, καὶ οἱ ἔμποροι τῆσ γῆσ ἐκ τῆσ δυνάμεωσ
Nah 3,4 τοῦ στρήνουσ αὐτῆσ ἐπλούτησαν. ⁴ καὶ ἤκουσα ἄλλην φωνὴν ἐκ 4
Ier 51,6.9 τοῦ οὐρανοῦ λέγουσαν· ἐξέλθατε ὁ λαόσ μου ἐξ αὐτῆσ, ἵνα μὴ
συνκοινωνήσητε ταῖσ ἁμαρτίαισ αὐτῆσ, καὶ ἐκ τῶν πληγῶν αὐτῆσ
ἵνα μὴ λάβητε, ⁵ ὅτι ἐκολλήθησαν αὐτῆσ αἱ ἁμαρτίαι ἄχρι τοῦ 5
Ps 137,8 οὐρανοῦ καὶ ἐμνημόνευσεν ὁ θεὸσ τὰ ἀδικήματα αὐτῆσ. ⁶ ἀπό- 6
δοτε αὐτῇ ὡσ καὶ αὐτὴ ἀπέδωκεν, καὶ διπλώσατε τὰ διπλᾶ κατὰ
τὰ ἔργα αὐτῆσ· ἐν τῷ ποτηρίῳ ᾧ ἐκέρασεν κεράσατε αὐτῇ
Es 47,7-9 διπλοῦν· ⁷ ὅσα ἐδόξασεν αὐτὴν καὶ ἐστρηνίασεν, τοσοῦτον δότε 7
αὐτῇ βασανισμὸν καὶ πένθοσ. ὅτι ἐν τῇ καρδίᾳ αὐτῆσ λέγει ὅτι
κάθημαι βασίλισσα καὶ χήρα οὐκ εἰμὶ καὶ πένθοσ οὐ μὴ ἴδω,
⁸ διὰ τοῦτο ἐν μιᾷ ἡμέρᾳ ἥξουσιν αἱ πληγαὶ αὐτῆσ, θάνατοσ καὶ 8
πένθοσ καὶ λιμόσ, καὶ ἐν πυρὶ κατακαυθήσεται· ὅτι ἰσχυρὸσ
κύριοσ ὁ θεὸσ ὁ κρίνασ αὐτήν.
Ez 26,16
27, 30 Καὶ κλαύσονται καὶ κόψονται ἐπ' αὐτὴν οἱ βασιλεῖσ τῆσ 9
γῆσ οἱ μετ' αὐτῆσ πορνεύσαντεσ καὶ στρηνιάσαντεσ, ὅταν βλέπω-
σιν τὸν καπνὸν τῆσ πυρώσεωσ αὐτῆσ, ¹⁰ ἀπὸ μακρόθεν ἑστηκότεσ 10
16,19 διὰ τὸν φόβον τοῦ βασανισμοῦ αὐτῆσ, λέγοντεσ· οὐαὶ οὐαί, ἡ
πόλισ ἡ μεγάλη, Βαβυλὼν ἡ πόλισ ἡ ἰσχυρά, ὅτι μιᾷ ὥρᾳ ἦλθεν
Ez 27,36 ἡ κρίσισ σου. ¹¹ καὶ οἱ ἔμποροι τῆσ γῆσ κλαίουσιν καὶ πενθοῦσιν 11
Ez 27,5 ss ἐπ' αὐτήν, ὅτι τὸν γόμον αὐτῶν οὐδεὶσ ἀγοράζει οὐκέτι, ¹² γόμον 12
17,4 χρυσοῦ καὶ ἀργύρου καὶ λίθου τιμίου καὶ μαργαριτῶν καὶ βυσσί-
νου καὶ πορφύρασ καὶ σιρικοῦ καὶ κοκκίνου, καὶ πᾶν ξύλον
θύϊνον καὶ πᾶν σκεῦοσ ἐλεφάντινον καὶ πᾶν σκεῦοσ ἐκ ξύλου
τιμιωτάτου καὶ χαλκοῦ καὶ σιδήρου καὶ μαρμάρου, ¹³ καὶ 13

XVIII, 1. Και μετα ταυτ. | om αλλον 2. εν (א om) ισχυρα φωνη :
εν ισχυϊ φωνη μεγαλη | א om alterum επεσεν | δαιμονων 3. א πεπτω-
κασιν, ς πεπωκε 4. εξελθετε | εξ αυτησ ante ο λα. μου | συγκοινω. | εκ
των πλ. αυτησ post ινα μη λαβ. pon 5. ηκολουθησαν 6. απεδωκ.
υμιν | και (א om) διπλωσατε αυτη διπλα 7. εδοξ. εαυτην | om οτι sec
8. א* ο θεοσ ο κυριοσ | κρινων 9. κλαυσ. αυτην | επ αυτη | א* om και
στρηνιασ. | א ιδωσιν pro βλεπ. | πυρωσεωσ: א* πτωσεωσ 10. εν μια ωρα
11. της γησ: א add σου | επ αυτη 12. μαργαριτου | βυσσον | σηρικον |
א om και μαρμαρου

κιννάμωμον καὶ ἄμωμον καὶ θυμιάματα καὶ μύρον καὶ λίβανον καὶ
οἶνον καὶ ἔλαιον καὶ σεμίδαλιν καὶ σῖτον καὶ κτήνη καὶ πρόβατα,
14 καὶ ἵππων καὶ ῥεδῶν καὶ σωμάτων, καὶ ψυχὰσ ἀνθρώπων, ¹⁴ καὶ
ἡ ὀπώρα σου τῆσ ἐπιθυμίασ τῆσ ψυχῆσ ἀπῆλθεν ἀπὸ σοῦ, καὶ
πάντα τὰ λιπαρὰ καὶ τὰ λαμπρὰ ἀπώλοντο ἀπὸ σοῦ, καὶ οὐκέτι
15 οὐ μὴ αὐτὰ εὑρήσουσιν. ¹⁵ οἱ ἔμποροι τούτων, οἱ πλουτήσαντεσ ἀπ᾽
αὐτῆσ, ἀπὸ μακρόθεν στήσονται διὰ τὸν φόβον τοῦ βασανισμοῦ
16 αὐτῆσ κλαίοντεσ καὶ πενθοῦντεσ, ¹⁶ λέγοντεσ· οὐαὶ οὐαί, ἡ πόλισ
ἡ μεγάλη, ἡ περιβεβλημένη βύσσινον καὶ πορφυροῦν καὶ κόκκινον,
καὶ κεχρυσωμένη ἐν χρυσῷ καὶ λίθῳ τιμίῳ καὶ μαργαρίτῃ, ὅτι
17 μιᾷ ὥρᾳ ἠρημώθη ὁ τοσοῦτοσ πλοῦτοσ. ¹⁷ καὶ πᾶσ κυβερνήτησ
καὶ πᾶσ ὁ ἐπὶ τόπον πλέων καὶ ναῦται καὶ ὅσοι τὴν θάλασσαν
18 ἐργάζονται, ἀπὸ μακρόθεν ἔστησαν ¹⁸ καὶ ἔκραζον βλέποντεσ τὸν
καπνὸν τῆσ πυρώσεωσ αὐτῆσ λέγοντεσ· τίσ ὁμοία τῇ πόλει τῇ
19 μεγάλῃ; ¹⁹ καὶ ἔβαλον χοῦν ἐπὶ τὰσ κεφαλὰσ αὐτῶν καὶ ἔκραζον
κλαίοντεσ καὶ πενθοῦντεσ, λέγοντεσ· οὐαὶ οὐαί, ἡ πόλισ ἡ μεγάλη,
ἐν ᾗ ἐπλούτησαν πάντεσ οἱ ἔχοντεσ τὰ πλοῖα ἐν τῇ θαλάσσῃ ἐκ
20 τῆσ τιμιότητοσ αὐτῆσ, ὅτι μιᾷ ὥρᾳ ἠρημώθη. ²⁰ εὐφραίνου ἐπ᾽
αὐτῇ, οὐρανὲ καὶ οἱ ἅγιοι καὶ οἱ ἀπόστολοι καὶ οἱ προφῆται, ὅτι
ἔκρινεν ὁ θεὸσ τὸ κρίμα ὑμῶν ἐξ αὐτῆσ.

21   Καὶ ἦρεν εἶσ ἄγγελοσ ἰσχυρὸσ λίθον ὡσ μύλον μέγαν, καὶ
ἔβαλεν εἰσ τὴν θάλασσαν λέγων· οὕτωσ ὁρμήματι βληθήσεται
22 Βαβυλὼν ἡ μεγάλη πόλισ, καὶ οὐ μὴ εὑρεθῇ ἔτι. ²² καὶ φωνὴ
κιθαρῳδῶν καὶ μουσικῶν καὶ αὐλητῶν καὶ σαλπιστῶν οὐ μὴ
ἀκουσθῇ ἐν σοὶ ἔτι, καὶ πᾶσ τεχνίτησ πάσησ τέχνησ οὐ μὴ εὑρεθῇ
23 ἐν σοὶ ἔτι, καὶ φωνὴ μύλου οὐ μὴ ἀκουσθῇ ἐν σοὶ ἔτι, ²³ καὶ φῶσ
λύχνου οὐ μὴ φάνῃ ἐν σοὶ ἔτι, καὶ φωνὴ νυμφίου καὶ νύμφησ οὐ
μὴ ἀκουσθῇ ἐν σοὶ ἔτι, ὅτι οἱ ἔμποροί σου ἦσαν οἱ μεγιστᾶνεσ
τῆσ γῆσ, ὅτι ἐν τῇ φαρμακίᾳ σου ἐπλανήθησαν πάντα τὰ ἔθνη,
24 ²⁴ καὶ ἐν αὐτῇ αἵματα προφητῶν καὶ ἁγίων εὑρέθη καὶ πάντων
τῶν ἐσφαγμένων ἐπὶ τῆσ γῆσ.

---

13. κιναμωμον, א κινναμωμου | om και αμωμον   14. σου pri : pon
post ψυχησ | απωλοντο : απηλθεν | ου μη ευρησησ αυτα   16. και λε-
γοντεσ | א κεχρυσωμενον | μαργαριταισ   17. ο επι τοπ. πλεων : επι
των πλοιων ο ομιλοσ   18. βλεποντεσ : ορωντεσ   19. א επι τησ
κεφαλησ | א ουαι tantum semel | om τα   20. επ αυτην | om και οι
ante αποστολ.   21. א* λιθον ισχυρον, item א ωσ λιθον μεγαν | ετι :
א add εν αυτη   22. א om και ab initio | א σαλπιγγων | א om πασησ
τεχνησ | א om και φω. μυλου ου μη ακ. εν σοι ετι   23. φαρμακεια
24. ϛ א αιμα.

XIX.

Hymnus caelestium de deo iusto iudice. Agni nuptiae parantur. Christus cum suis vincit bestiam eiusque cultores. Epulum avium.

Μετὰ ταῦτα ἤκουσα ὡσ φωνὴν μεγάλην ὄχλου πολλοῦ ἐν 1 τῷ οὐρανῷ λεγόντων· ἀλληλούϊα, ἡ σωτηρία καὶ ἡ δόξα καὶ ἡ δύναμισ τοῦ θεοῦ ἡμῶν, ² ὅτι ἀληθιναὶ καὶ δίκαιαι αἱ κρίσεισ 2 αὐτοῦ, ὅτι ἔκρινεν τὴν πόρνην τὴν μεγάλην ἥτισ ἔφθειρεν τὴν γῆν ἐν τῇ πορνείᾳ αὐτῆσ, καὶ ἐξεδίκησεν τὸ αἷμα τῶν δούλων αὐτοῦ ἐκ χειρὸσ αὐτῆσ. ³ καὶ δεύτερον εἴρηκαν· ἀλληλούϊα, καὶ 3 ὁ καπνὸσ αὐτῆσ ἀναβαίνει εἰσ τοὺσ αἰῶνασ τῶν αἰώνων. ⁴ καὶ 4 ἔπεσαν οἱ πρεσβύτεροι οἱ εἴκοσι τέσσαρεσ καὶ τὰ τέσσερα ζῶα, καὶ προσεκύνησαν τῷ θεῷ τῷ καθημένῳ ἐπὶ τῷ θρόνῳ λέγοντεσ· ἀμὴν ἀλληλούϊα. ⁵ καὶ φωνὴ ἐκ τοῦ θρόνου ἐξῆλθεν λέγουσα· 5 αἰνεῖτε τῷ θεῷ ἡμῶν, πάντεσ οἱ δοῦλοι αὐτοῦ, οἱ φοβούμενοι αὐτόν, οἱ μικροὶ καὶ οἱ μεγάλοι. ⁶ καὶ ἤκουσα ὡσ φωνὴν ὄχλου 6 πολλοῦ καὶ ὡσ φωνὴν ὑδάτων πολλῶν καὶ ὡσ φωνὴν βροντῶν ἰσχυρῶν, λεγόντων· ἀλληλούϊα, ὅτι ἐβασίλευσεν κύριοσ ὁ θεὸσ ἡμῶν ὁ παντοκράτωρ. ⁷ χαίρωμεν καὶ ἀγαλλιῶμεν, καὶ δῶμεν τὴν 7 δόξαν αὐτῷ, ὅτι ἦλθεν ὁ γάμοσ τοῦ ἀρνίου καὶ ἡ γυνὴ αὐτοῦ ἡτοίμασεν ἑαυτήν, ⁸ καὶ ἐδόθη αὐτῇ ἵνα περιβάληται βύσσινον 8 λαμπρὸν καθαρόν. τὸ γὰρ βύσσινον τὰ δικαιώματα τῶν ἁγίων ἐστίν. ⁹ Καὶ λέγει μοι· γράψον· μακάριοι οἱ εἰσ τὸ δεῖπνον τοῦ 9 γάμου τοῦ ἀρνίου κεκλημένοι. καὶ λέγει μοι· οὗτοι οἱ λόγοι ἀληθινοὶ τοῦ θεοῦ εἰσίν. ¹⁰ καὶ ἔπεσα ἔμπροσθεν τῶν ποδῶν αὐτοῦ 10 προσκυνῆσαι αὐτῷ. καὶ λέγει μοι· ὅρα μή· σύνδουλόσ σου εἰμὶ καὶ τῶν ἀδελφῶν σου τῶν ἐχόντων τὴν μαρτυρίαν Ἰησοῦ· τῷ θεῷ προσκύνησον. ἡ γὰρ μαρτυρία Ἰησοῦ ἐστὶν τὸ πνεῦμα τῆσ προφητείασ.

Καὶ εἶδον τὸν οὐρανὸν ἠνεῳγμένον, καὶ ἰδοὺ ἵππος λευκόσ, 11 καὶ ὁ καθήμενος ἐπ' αὐτὸν καλούμενοσ πιστὸσ καὶ ἀληθινός, καὶ ἐν δικαιοσύνῃ κρίνει καὶ πολεμεῖ. ¹² οἱ δὲ ὀφθαλμοὶ αὐτοῦ φλὸξ 12 πυρός, καὶ ἐπὶ τὴν κεφαλὴν αὐτοῦ διαδήματα πολλά, ἔχων ὄνομα γεγραμμένον ὃ οὐδεὶσ οἶδεν εἰ μὴ αὐτόσ, ¹³ καὶ περιβεβλημένοσ 13 ἱμάτιον περιρεραμμένον αἵματι, καὶ κέκληται τὸ ὄνομα αὐτοῦ ὁ

XIX, 1. Και μετα ταυτ. | ς (non ςe) om ωσ | οχλου πολλου μεγαλην | λεγοντοσ | και η δοξα : add και η τιμη | κυριω τω θεω ημων 2. εκ τησ χειροσ 4. επεσον | εικοσι και τεσσαρ. | τεσσαρασ | א* om ζωα | επι του θρονου 5. א* φωναι et εξηλθον λεγουσαι | τον θεον | και οι φοβουμ. | και οι μικρ. 6. λεγοντασ, א λεγουσων | א ο θεοσ ο κυριοσ | ημων : om 7. αγαλλιωμεθα | אc δωσομεν 8. καθαρον και λαμπρον | εστι των αγιων 9. του γαμου : א* om | א* om και λεγει μοι loc sec | λογοι : א* add μου | αλη. εισι του θεου 10. επεσον | א* om σου post αδελφ. | του ιησου bis 11. ανεωγμενον | א πιστοσ καλουμενοσ 12. ωσ φλοξ 13. περιρεραμμ. : βεβαμμενον | καλειται, א* κεκλητο

14 λόγοσ τοῦ θεοῦ. ¹⁴ καὶ τὰ στρατεύματα ἐν τῷ οὐρανῷ ἠκολούθει αὐτῷ ἐφ' ἵπποισ λευκοῖσ, ἐνδεδυμένοι βύσσινον λευκὸν καθαρόν.
15 ¹⁵ καὶ ἐκ τοῦ στόματοσ αὐτοῦ ἐκπορεύεται ῥομφαία ὀξεῖα, ἵνα ἐν αὐτῇ πατάξῃ τὰ ἔθνη· καὶ αὐτὸσ ποιμανεῖ αὐτοὺσ ἐν ῥάβδῳ σιδηρᾷ, καὶ αὐτὸσ πατεῖ τὴν ληνὸν τοῦ οἴνου τοῦ θυμοῦ τῆσ
16 ὀργῆσ τοῦ θεοῦ τοῦ παντοκράτοροσ. ¹⁶ καὶ ἔχει ἐπὶ τὸ ἱμάτιον καὶ ἐπὶ τὸν μηρὸν αὐτοῦ ὄνομα γεγραμμένον· βασιλεὺσ βασιλέων καὶ κύριοσ κυρίων.
17 Καὶ εἶδον ἕνα ἄγγελον ἑστῶτα ἐν τῷ ἡλίῳ, καὶ ἔκραξεν ἐν φωνῇ μεγάλῃ λέγων πᾶσιν τοῖσ ὀρνέοισ τοῖσ πετομένοισ ἐν μεσουρανήματι· δεῦτε συνάχθητε εἰσ τὸ δεῖπνον τὸ μέγα τοῦ θεοῦ,
18 ¹⁸ ἵνα φάγητε σάρκασ βασιλέων καὶ σάρκασ χιλιάρχων καὶ σάρκασ ἰσχυρῶν καὶ σάρκασ ἵππων καὶ τῶν καθημένων ἐπ' αὐτῶν, καὶ σάρκασ πάντων ἐλευθέρων τε καὶ δούλων καὶ μικρῶν καὶ
19 μεγάλων. ¹⁹ Καὶ ἴδον τὸ θηρίον καὶ τοὺσ βασιλεῖσ τῆσ γῆσ καὶ τὰ στρατεύματα αὐτῶν συνηγμένα ποιῆσαι τὸν πόλεμον μετὰ τοῦ καθημένου ἐπὶ τοῦ ἵππου καὶ μετὰ τοῦ στρατεύματοσ αὐτοῦ.
20 ²⁰ καὶ ἐπιάσθη τὸ θηρίον καὶ μετ' αὐτοῦ ὁ ψευδοπροφήτησ ὁ ποιήσασ τὰ σημεῖα ἐνώπιον αὐτοῦ, ἐν οἷσ ἐπλάνησεν τοὺσ λαβόντασ τὸ χάραγμα τοῦ θηρίου καὶ τοὺσ προσκυνοῦντασ τῇ εἰκόνι αὐτοῦ· ζῶντεσ ἐβλήθησαν οἱ δύο εἰσ τὴν λίμνην τοῦ πυρὸσ τῆσ
21 καιομένησ ἐν θείῳ. ²¹ καὶ οἱ λοιποὶ ἀπεκτάνθησαν ἐν τῇ ῥομφαίᾳ τοῦ καθημένου ἐπὶ τοῦ ἵππου τῇ ἐξελθούσῃ ἐκ τοῦ στόματοσ αὐτοῦ, καὶ πάντα τὰ ὄρνεα ἐχορτάσθησαν ἐκ τῶν σαρκῶν αὐτῶν.

XX.

Dracone ligato resurgunt ad regnum mille annorum. Gog et Magog. Diabolo perdito fit iudicium extremum.

1 Καὶ ἴδον ἄγγελον καταβαίνοντα ἐκ τοῦ οὐρανοῦ, ἔχοντα τὴν
2 κλεῖν τῆσ ἀβύσσου καὶ ἅλυσιν μεγάλην ἐπὶ τὴν χεῖρα αὐτοῦ. ² καὶ ἐκράτησεν τὸν δράκοντα, ὁ ὄφισ ὁ ἀρχαῖοσ, ὅ ἐστιν ὁ διάβολοσ
3 καὶ ὁ σατανᾶσ, καὶ ἔδησεν αὐτὸν χίλια ἔτη, ³ καὶ ἔβαλεν αὐτὸν εἰσ τὴν ἄβυσσον, καὶ ἔκλεισεν καὶ ἐσφράγισεν ἐπάνω αὐτοῦ, ἵνα

14. ϛᵉ τα στρατ. τα εν | א* ενδεδυμενοισ | ϛ א λευκ. και καθαρ. 15. πατασση, א παταξει | του θυμου : א post τησ οργ. pon | και τησ οργ. 16. א om επι seç | το ονομα 17. א αλλον pro ενα | om εν post εκραξ. | πετωμενοισ | και συναγεσθε | το δειπν. τοῦ μεγαλου θε. 18. א επ αυτοισ | om τε | א των μεγαλ. 19. ειδον | om τον 20. μετα †τουτου | א* την εικονα | την καιομενην | εν τω θειω 21. εξελθουση : εκπορευομενη

XX, 1. ϛ א ειδον | א* om εκ του ουραν. | κλειδα | א εν τη χειρι 2. τον οφιν τον αρχαιον οσ εστι διαβολ. και σατ. 3. εκλεισεν : add αυτον

μὴ πλανήσῃ ἔτι τὰ ἔθνη, ἄχρι τελεσθῇ τὰ χίλια ἔτη· μετὰ ταῦτα δεῖ αὐτὸν λυθῆναι μικρὸν χρόνον.

Καὶ ἴδον θρόνουσ, καὶ ἐκάθισαν ἐπ᾽ αὐτούσ, καὶ κρίμα 4 ἐδόθη αὐτοῖσ, καὶ τὰσ ψυχὰσ τῶν πεπελεκισμένων διὰ τὴν μαρτυρίαν Ἰησοῦ καὶ διὰ τὸν λόγον τοῦ θεοῦ, καὶ οἵτινεσ οὐ προσεκύνησαν τὸ θηρίον οὐδὲ τὴν εἰκόνα αὐτοῦ καὶ οὐκ ἔλαβον τὸ χάραγμα ἐπὶ τὸ μέτωπον καὶ ἐπὶ τὴν χεῖρα αὐτῶν· καὶ ἔζησαν καὶ ἐβασίλευσαν μετὰ τοῦ Χριστοῦ χίλια ἔτη. ⁵ οἱ λοιποὶ τῶν 5 νεκρῶν οὐκ ἔζησαν ἄχρι τελεσθῇ τὰ χίλια ἔτη. αὕτη ἡ ἀνάστασισ ἡ πρώτη. ⁶ μακάριοσ καὶ ἅγιοσ ὁ ἔχων μέροσ ἐν τῇ ἀναστά- 6 σει τῇ πρώτῃ· ἐπὶ τούτων ὁ δεύτεροσ θάνατοσ οὐκ ἔχει ἐξουσίαν, ἀλλὰ ἔσονται ἱερεῖσ τοῦ θεοῦ καὶ τοῦ Χριστοῦ, καὶ βασιλεύσουσιν μετ᾽ αὐτοῦ τὰ χίλια ἔτη.

Καὶ ὅταν τελεσθῇ τὰ χίλια ἔτη, λυθήσεται ὁ σατανᾶσ ἐκ 7 τῆσ φυλακῆσ αὐτοῦ, ⁸ καὶ ἐξελεύσεται πλανῆσαι τὰ ἔθνη τὰ ἐν 8 ταῖσ τέσσαρσιν γωνίαισ τῆσ γῆσ, τὸν Γὼγ καὶ Μαγώγ, συναγαγεῖν αὐτοὺσ εἰσ τὸν πόλεμον, ὧν ὁ ἀριθμὸσ αὐτῶν ὡσ ἡ ἄμμοσ τῆσ θαλάσσησ. ⁹ καὶ ἀνέβησαν ἐπὶ τὸ πλάτοσ τῆσ γῆσ, καὶ ἐκύ- 9 κλευσαν τὴν παρεμβολὴν τῶν ἁγίων καὶ τὴν πόλιν τὴν ἠγαπημένην· καὶ κατέβη πῦρ ἐκ τοῦ οὐρανοῦ καὶ κατέφαγεν αὐτούσ· ¹⁰ καὶ ὁ διάβολοσ ὁ πλανῶν αὐτοὺσ ἐβλήθη εἰσ τὴν λίμνην τοῦ 10 πυρὸσ καὶ τοῦ θείου, ὅπου καὶ τὸ θηρίον καὶ ὁ ψευδοπροφήτησ, καὶ βασανισθήσονται ἡμέρασ καὶ νυκτὸσ εἰσ τοὺσ αἰῶνασ τῶν αἰώνων.

Καὶ εἶδον θρόνον μέγαν λευκὸν καὶ τὸν καθήμενον ἐπ᾽ αὐ- 11 τόν, οὗ ἀπὸ τοῦ προσώπου ἔφυγεν ἡ γῆ καὶ ὁ οὐρανόσ, καὶ τόποσ οὐχ εὑρέθη αὐτοῖσ. ¹² καὶ εἶδον τοὺσ νεκροὺσ τοὺσ μεγάλουσ καὶ 12 τοὺσ μικροὺσ ἑστῶτασ ἐνώπιον τοῦ θρόνου, καὶ βιβλία ἠνοίχθησαν· καὶ ἄλλο βιβλίον ἠνοίχθη, ὅ ἐστιν τῆσ ζωῆσ· καὶ ἐκρίθησαν οἱ νεκροὶ ἐκ τῶν γεγραμμένων ἐν τοῖσ βιβλίοισ κατὰ τὰ ἔργα αὐτῶν. ¹³ καὶ ἔδωκεν ἡ θάλασσα τοὺσ νεκροὺσ τοὺσ ἐν αὐτῇ, καὶ ὁ 13 θάνατοσ καὶ ὁ ᾅδησ ἔδωκαν τοὺσ νεκροὺσ τοὺσ ἐν αὐτοῖσ, καὶ

---

3. א πλανησει | ετι : post τα εθν. pon | και μετα 4. ς א ειδον | א ει τινεσ ουν ου | τω θηριω | ουτε | ςᵉ τη εικονι | μετωπον : add αυτων | ς (non ςᵉ) om του ante χριστ. | τα χιλια 5. οι δε λοιπ. | ανεζησαν | αχρι : εωσ 6. ο θανατ. ο δευτ. | αλλ εσοντ. | א και του θεου | om τα 8. א παντα τα εθνη | א om τα sec | א τετρασι | א* om του γης | א* om τον ante γωγ | και τον μαγωγ | συναγαγειν : א praem και | om τον ante πολεμ. | om αυτων 9. ς א εκυκλωσαν | εκ τ. ουρανου : praem απο του θεου 10. om του sec | ς א om και post οπου | א και οπου ο ψευδ. 11. λευκον μεγαν | επ αυτου, א επανυ αυτου | om του ante προσωπ. 12. τ. νεκρουσ : א* add και | τ. νεκρ. μικρ. και μεγαλ. | א* εστωτ. επι του θεου | ηνεωχθησαν, א ηνεωχθη (sed א* om κ. αλλ. βιβ. ηνεω.) | αλλο βιβλιον | ς א ηνεωχθη | א εν ταισ βιβλιοισ 13. τουσ εν αυτη νεκρουσ | τουσ εν αυτοισ νεκρουσ

14 ἐκρίθησαν ἕκαστοσ κατὰ τὰ ἔργα αὐτῶν. ¹⁴ καὶ ὁ θάνατοσ καὶ ὁ ᾅδησ ἐβλήθησαν εἰσ τὴν λίμνην τοῦ πυρόσ. οὗτοσ ὁ θάνατοσ 15 ὁ δεύτερόσ ἐστιν, ἡ λίμνη τοῦ πυρόσ. ¹⁵ καὶ εἴ τισ οὐχ εὑρέθη ἐν τῇ βίβλῳ τῆσ ζωῆσ γεγραμμένοσ, ἐβλήθη εἰσ τὴν λίμνην τοῦ πυρόσ.

XXI.

Novum caelum, nova terra, nova Hierosolyma. Novae urbis, sponsae agni, splendor caelestis. Duodecim portae ac lumen caeleste.

1 Καὶ εἶδον οὐρανὸν καινὸν καὶ γῆν καινήν· ὁ γὰρ πρῶτοσ οὐρανὸσ καὶ ἡ πρώτη γῆ ἀπῆλθαν, καὶ ἡ θάλασσα οὐκ ἔστιν ἔτι.
2 ² καὶ τὴν πόλιν τὴν ἁγίαν Ἱερουσαλὴμ καινὴν εἶδον καταβαίνουσαν ἐκ τοῦ οὐρανοῦ ἀπὸ τοῦ θεοῦ, ἡτοιμασμένην ὡσ νύμφην κεκοσμημένην τῷ ἀνδρὶ αὐτῆσ.
3 ³ καὶ ἤκουσα φωνῆσ μεγάλησ ἐκ τοῦ θρόνου λεγούσησ· ἰδοὺ ἡ σκηνὴ τοῦ θεοῦ μετὰ τῶν ἀνθρώπων, καὶ σκηνώσει μετ' αὐτῶν, καὶ αὐτοὶ λαοὶ αὐτοῦ ἔσονται, καὶ
4 αὐτὸσ ὁ θεὸσ ἔσται μετ' αὐτῶν, ⁴ καὶ ἐξαλείψει πᾶν δάκρυον ἐκ τῶν ὀφθαλμῶν αὐτῶν, καὶ θάνατος οὐκ ἔσται ἔτι, οὔτε πένθοσ οὔτε κραυγὴ οὔτε πόνοσ οὐκ ἔσται ἔτι· ὅτι τὰ πρῶτα
5 ἀπῆλθαν. ⁵ καὶ εἶπεν ὁ καθήμενος ἐπὶ τῷ θρόνῳ· ἰδοὺ καινὰ ποιῶ πάντα. καὶ λέγει· γράψον, ὅτι οὗτοι οἱ λόγοι πιστοὶ
6 καὶ ἀληθινοί εἰσιν. ⁶ καὶ εἶπέν μοι· γέγοναν. ἐγὼ τὸ ἄλφα καὶ τὸ ω, ἡ ἀρχὴ καὶ τὸ τέλοσ. ἐγὼ τῷ διψῶντι δώσω αὐτῷ ἐκ τῆσ
7 πηγῆσ τοῦ ὕδατοσ τῆσ ζωῆσ δωρεάν. ⁷ ὁ νικῶν κληρονομήσει
8 ταῦτα, καὶ ἔσομαι αὐτῷ θεὸσ καὶ αὐτὸσ ἔσται μοι υἱόσ. ⁸ τοῖσ δὲ δειλοῖσ καὶ ἀπίστοισ καὶ ἐβδελυγμένοισ καὶ φονεῦσιν καὶ πόρνοισ καὶ φαρμακοῖσ καὶ εἰδωλολάτραισ καὶ πᾶσιν τοῖσ ψευδέσιν τὸ μέροσ αὐτῶν ἐν τῇ λίμνῃ τῇ καιομένῃ πυρὶ καὶ θείῳ, ὅ ἐστιν ὁ θάνατοσ ὁ δεύτεροσ.
9 Καὶ ἦλθεν εἷσ ἐκ τῶν ἑπτὰ ἀγγέλων τῶν ἐχόντων τὰσ ἑπτὰ φιάλασ τῶν γεμόντων τῶν ἑπτὰ πληγῶν τῶν ἐσχάτων, καὶ ἐλάλησεν μετ' ἐμοῦ λέγων· δεῦρο, δείξω σοι τὴν νύμφην τὴν γυναῖκα τοῦ ἀρνίου.

13. ℵ κατεκριθησαν 14. ουτοσ : ℵ praem και | εστιν ο δευτερ. θανατ., ℵ ο δευτ. θαν. εστιν | om η λιμνη του πυρ. 15. ℵ* ευρεθησεται
XXI, 1. παρηλθε 2. και : add εγω ιωαννησ | ειδον : ante την πολιν pon | απο του θεου εκ τ. ουρ. 3. ℵ* και φωνη μεγαλη et λεγουσα | θρονου : ουρανου | ℵ* εσκηνωσεν | ℵ om και ante αυτοσ | μετ αυτων : add θεοσ αυτων 4. εξαλειψει : add ο θεοσ | ℵ* δρακν (ut iam 7, 17) | απο των οφθ. | ο θανατοσ | ℵ ουτ. κραυγ. ουτ. πενθ. omissis ουτ. πονοσ | ετι sec : in ℵ ex ετι factum οτι (ab ipso * ut vdtr). Iam igitur deest ετι. 5. επι του θρονου | καινα παντα ποιω | και λεγει : add μοι | αληθιν. και πιστοι 6. ειπεν : ℵ λεγει | γεγοναν : γεγονε, ℵ* γεγονα | εγω ειμι το A | αυτω : om | ℵ* δωρεασ 7. ταυτα : παντα | ο υιοσ 8. τοισ δε δειλοισ : δειλοισ δε | φαρμακευσι | ο δευτερ. θανατ. 9. ηλθεν : add προσ με | om εκ | φιαλ. τασ γεμουσασ των | την νυμφ. του αρνι. την γυναικα

¹⁰ καὶ ἀπήνεγκέν με ἐν πνεύματι ἐπὶ ὄροσ μέγα καὶ ὑψηλόν, καὶ 10 ἔδειξέν μοι τὴν πόλιν τὴν ἁγίαν Ἱερουσαλὴμ καταβαίνουσαν ἐκ τοῦ οὐρανοῦ ἀπὸ τοῦ θεοῦ, ¹¹ ἔχουσαν τὴν δόξαν τοῦ θεοῦ· ὁ 11 φωστὴρ αὐτῆσ ὅμοιοσ λίθῳ τιμιωτάτῳ, ὡσ λίθῳ ἰάσπιδι κρυσταλλίζοντι· ¹² ἔχουσα τεῖχοσ μέγα καὶ ὑψηλόν, ἔχουσα πυλῶνασ δώ- 12 δεκα, καὶ ἐπὶ τοῖσ πυλῶσιν ἀγγέλουσ δώδεκα, καὶ ὀνόματα ἐπιγεγραμμένα, ἅ ἐστιν τῶν δώδεκα φυλῶν υἱῶν Ἰσραήλ. ¹³ ἀπὸ ἀνατολῆσ πυλῶνεσ τρεῖσ, καὶ ἀπὸ βορρᾶ πυλῶνεσ τρεῖσ, 13 καὶ ἀπὸ νότου πυλῶνεσ τρεῖσ, καὶ ἀπὸ δυσμῶν πυλῶνεσ τρεῖσ. ¹⁴ καὶ τὸ τεῖχοσ τῆσ πόλεωσ ἔχων θεμελίουσ δώδεκα, καὶ ἐπ' αὐ- 14 τῶν δώδεκα ὀνόματα τῶν δώδεκα ἀποστόλων τοῦ ἀρνίου. ¹⁵ καὶ 15 ὁ λαλῶν μετ' ἐμοῦ εἶχεν μέτρον κάλαμον χρυσοῦν, ἵνα μετρήσῃ τὴν πόλιν καὶ τοὺσ πυλῶνασ αὐτῆσ καὶ τὸ τεῖχοσ αὐτῆσ. ¹⁶ καὶ 16 ἡ πόλισ τετράγωνοσ κεῖται, καὶ τὸ μῆκοσ αὐτῆσ ὅσον τὸ πλάτοσ. καὶ ἐμέτρησεν τὴν πόλιν τῷ καλάμῳ ἐπὶ σταδίων δώδεκα χιλιάδων· τὸ μῆκοσ καὶ τὸ πλάτοσ καὶ τὸ ὕψοσ αὐτῆσ ἴσα ἐστίν. ¹⁷ καὶ ἐμέτρησεν τὸ τεῖχοσ αὐτῆσ ἑκατὸν τεσσεράκοντα 17 τεσσάρων πηχῶν, μέτρον ἀνθρώπου, ὅ ἐστιν ἀγγέλου. ¹⁸ καὶ 18 ἡ ἐνδώμησισ τοῦ τείχουσ αὐτῆσ ἴασπισ, καὶ ἡ πόλισ χρυσίον καθαρὸν ὅμοιον ὑάλῳ καθαρῷ. ¹⁹ οἱ θεμέλιοι τοῦ τείχουσ τῆσ 19 πόλεωσ παντὶ λίθῳ τιμίῳ κεκοσμημένοι· ὁ θεμέλιοσ ὁ πρῶτοσ ἴασπισ, ὁ δεύτεροσ σάπφειροσ, ὁ τρίτοσ χαλκηδών, ὁ τέταρτοσ σμάραγδοσ, ²⁰ ὁ πέμπτοσ σαρδόνυξ, ὁ ἕκτοσ σάρδιον, ὁ ἕβδομοσ 20 χρυσόλιθοσ, ὁ ὄγδοοσ βήρυλλοσ, ὁ ἔνατοσ τοπάζιον, ὁ δέκατοσ χρυσόπρασοσ, ὁ ἑνδέκατοσ ὑάκινθοσ, ὁ δωδέκατοσ ἀμέθυστοσ. ²¹ καὶ οἱ δώδεκα πυλῶνεσ δώδεκα μαργαρῖται· ἀνὰ εἷσ ἕκαστοσ 21 τῶν πυλώνων ἦν ἐξ ἑνὸσ μαργαρίτου. καὶ ἡ πλατεῖα τῆσ πόλεωσ χρυσίον καθαρὸν ὡσ ὕαλοσ διαυγήσ. ²² καὶ ναὸν οὐκ εἶδον ἐν 22 αὐτῇ· ὁ γὰρ κύριοσ ὁ θεὸσ ὁ παντοκράτωρ ναὸσ αὐτῆσ ἐστίν, καὶ τὸ ἀρνίον. ²³ καὶ ἡ πόλισ οὐ χρείαν ἔχει τοῦ ἡλίου οὐδὲ τῆσ 23 σελήνησ, ἵνα φαίνωσιν αὐτῇ· ἡ γὰρ δόξα τοῦ θεοῦ ἐφώτισεν αὐτήν, καὶ ὁ λύχνοσ αὐτῆσ τὸ ἀρνίον. ²⁴ καὶ περιπατήσουσιν τὰ 24 ἔθνη διὰ τοῦ φωτὸσ αὐτῆσ, καὶ οἱ βασιλεῖσ τῆσ γῆσ φέρουσιν τὴν δόξαν αὐτῶν εἰσ αὐτήν, ²⁵ καὶ οἱ πυλῶνεσ αὐτῆσ οὐ μὴ 25

---

10. επ οροσ | την πολιν: add την μεγαλην   11. και ο φωστηρ   12. εχουσαν τε | εχουσαν πυλ. | ℵ επι τουσ πυλωνασ | ονοματα : ℵ add αυτων | ℵ γεγραμμενα | των υιων   13. απ ανατ. | και απο ter : om και ter   14. εχον | επ αυτων : εν αυτοισ | om δωδεκα ante ονοματ.   15. om μετρον   16. οσον : τοσουτον εστιν οσον και | 5ᵉ επι σταδιουσ   17. τεσσαραχ. | ℵ πηχεων   18. και η : και ην η, ℵ* και ην | ενδομησισ | ομοια   19. 5 ℵ* και οι θεμελ. | ὁ πρωτὸσ : ℵ εισ   20. σαρδιοσ | εννατοσ | ℵ* τοπαδιον | ℵ* αμεθυστινοσ, ℵᶜ αμεθυσσοσ   21. ℵ και οι ιβ' πυλ. (ℵᶜ add ιβ') μαργαρειται | διαυγησ : διαφανησ   22. οτι ο κυρ. ο θεοσ   23. φαινωσιν εν αυτη   24. και τα εθνη των σωζομενων εν τω φωτι αυτησ περιπατησουσι | την δοξαν και την τιμην αυτων

26 κλεισθῶσιν ἡμέρασ, νὺξ γὰρ οὐκ ἔσται ἐκεῖ, ²⁶ καὶ οἴσουσιν τὴν
27 δόξαν καὶ τὴν τιμὴν τῶν ἐθνῶν εἰσ αὐτήν. ²⁷ καὶ οὐ μὴ εἰσέλθῃ Es 52, 1
εἰσ αὐτὴν πᾶν κοινὸν καὶ ὁ ποιῶν βδέλυγμα καὶ ψεῦδοσ, εἰ μὴ
οἱ γεγραμμένοι ἐν τῷ βιβλίῳ τῆσ ζωῆσ τοῦ ἀρνίου.

XXII.

Flumen arborque vitae. Beatitas aeterna. Iohannes testis fidus. Promissa et comminationes dei. Verba fida et sancte tuenda. Christi reditus certus.

1 Καὶ ἔδειξέν μοι ποταμὸν ὕδατοσ ζωῆσ λαμπρὸν ὡσ κρύσταλ- Ez 47, 1
2 λον, ἐκπορευόμενον ἐκ τοῦ θρόνου τοῦ θεοῦ καὶ τοῦ ἀρνίου. ² ἐν
μέσῳ τῆσ πλατείασ αὐτῆσ καὶ τοῦ ποταμοῦ ἐντεῦθεν καὶ ἐκεῖθεν ²'⁷
ξύλον ζωῆσ ποιῶν καρποὺσ δώδεκα, κατὰ μῆνα ἕκαστον ἀποδι-
δοὺσ τὸν καρπὸν αὐτοῦ, καὶ τὰ φύλλα τοῦ ξύλου εἰσ θεραπείαν
3 τῶν ἐθνῶν. ³ καὶ πᾶν κατάθεμα οὐκ ἔσται ἔτι. καὶ ὁ θρόνοσ Zach14,11
τοῦ θεοῦ καὶ τοῦ ἀρνίου ἐν αὐτῇ ἔσται, καὶ οἱ δοῦλοι αὐτοῦ
4 λατρεύσουσιν αὐτῷ ⁴ καὶ ὄψονται τὸ πρόσωπον αὐτοῦ, καὶ τὸ
5 ὄνομα αὐτοῦ ἐπὶ τῶν μετώπων αὐτῶν. ⁵ καὶ νὺξ οὐκ ἔσται ἔτι, ⁷, ³
καὶ οὐκ ἔχουσιν χρείαν φωτὸσ λύχνου καὶ φωτὸσ ἡλίου, ὅτι
κύριοσ ὁ θεὸσ φωτιεῖ ἐπ᾿ αὐτούσ, καὶ βασιλεύσουσιν εἰσ τοὺσ
6 αἰῶνασ τῶν αἰώνων. ⁶ καὶ εἶπέν μοι· οὗτοι οἱ λόγοι πιστοὶ καὶ Dan 7, 27
ἀληθινοί, καὶ ὁ κύριοσ ὁ θεὸσ τῶν πνευμάτων τῶν προφητῶν
ἀπέστειλεν τὸν ἄγγελον αὐτοῦ δεῖξαι τοῖσ δούλοισ αὐτοῦ ἃ δεῖ 1
7 γενέσθαι ἐν τάχει. ⁷ καὶ ἰδοὺ ἔρχομαι ταχύ. μακάριοσ ὁ τηρῶν 3, 11
τοὺσ λόγουσ τῆσ προφητείασ τοῦ βιβλίου τούτου.
8 Κἀγὼ Ἰωάννησ ὁ βλέπων καὶ ἀκούων ταῦτα· καὶ ὅτε ἤκουσα
καὶ ἔβλεψα, ἔπεσα προσκυνῆσαι ἔμπροσθεν τῶν ποδῶν τοῦ
9 ἀγγέλου τοῦ δεικνύντοσ μοι ταῦτα. ⁹ καὶ λέγει μοι· ὅρα μή· 19, 10
σύνδουλόσ σου εἰμὶ καὶ τῶν ἀδελφῶν σου τῶν προφητῶν καὶ τῶν
τηρούντων τοὺσ λόγουσ τοῦ βιβλίου τούτου· τῷ θεῷ προσκύ-
10 νησον. ¹⁰ καὶ λέγει μοι· μὴ σφραγίσῃσ τοὺσ λόγουσ τῆσ προφη- 10, 4
11 τείασ τοῦ βιβλίου τούτου· ὁ καιρὸσ γὰρ ἐγγύσ ἐστιν. ¹¹ ὁ ἀδικῶν
ἀδικησάτω ἔτι, καὶ ὁ ῥυπαρὸσ ῥυπανθήτω ἔτι, καὶ ὁ δίκαιοσ ¹'³
δικαιοσύνην ποιησάτω ἔτι, καὶ ὁ ἅγιοσ ἁγιασθήτω ἔτι.

---

27. ℵ εισελθωσιν | κοινονν και ποιουν | ℵ* ωσει βδελυγμ. | αρνιου : ℵ ουρανου
XXII, 1. καθαρον ποταμον | ℵ om του ante θρονου 2. εντευθεν και εντευθεν, ℵ ενθεν και ενθεν | ϛ ℵ ποιουν | μηνα : add ενα | αποδιδουν | ℵ τουσ καρπουσ et των ξυλων | ℵ om των ante εθν. 3. καταναθεμα | ℵ* om ετι | ℵ om ο 4. επι των : ℵ praem και 5. εσται ετι : εστ. εκει | χρειαν ουκ εχου. | om φωτοσ ante λυχνου | φωτιζει | om επ 6. om ο ante κυριοσ | τ. πνευματ. των : των αγιων | απεστειλεν : ℵ* add με 7. om και | ℵᶜ ερχονται 8. και εγω | ο βλεπ. ταυτα κ. ακον. | επεσον | δεικνυοντοσ 9. ειμι : praem γαρ 10. οτι ο καιροσ 11. και ο ρυπων ρυπωσατω | ο δικ. δικαιωθητω

⁷Es 40, 10 ᾿Ιδοὺ ἔρχομαι ταχύ, καὶ ὁ μισθόσ μου μετ᾽ ἐμοῦ, ἀποδοῦναι 12
ἑκάστῳ ὡσ τὸ ἔργον ἐστὶν αὐτοῦ. ¹³ ἐγὼ τὸ ἄλφα καὶ τὸ ω, ὁ 13
1, 8
21, 6 πρῶτοσ καὶ ὁ ἔσχατοσ, ἡ ἀρχὴ καὶ τὸ τέλοσ. ¹⁴ μακάριοι οἱ πλύνον- 14
7, 14 τεσ τὰσ στολὰσ αὐτῶν, ἵνα ἔσται ἡ ἐξουσία αὐτῶν ἐπὶ τὸ ξύλον
21, 8
Phi 3, 2 τῆσ ζωῆσ καὶ τοῖσ πυλῶσιν εἰσέλθωσιν εἰσ τὴν πόλιν. ¹⁵ ἔξω οἱ 15
κύνεσ καὶ οἱ φαρμακοὶ καὶ οἱ πόρνοι καὶ οἱ φονεῖσ καὶ οἱ εἰδω-
λολάτραι καὶ πᾶσ ποιῶν καὶ φιλῶν ψεῦδοσ. ¹⁶ ἐγὼ ᾿Ιησοῦσ 16
5, 5
Es 11, 1 ἔπεμψα τὸν ἄγγελόν μου μαρτυρῆσαι ὑμῖν ταῦτα ἐπὶ ταῖσ ἐκκλη-
2, 28 σίαισ. ἐγώ εἰμι ἡ ῥίζα καὶ τὸ γένοσ Δαυείδ, ὁ ἀστὴρ ὁ λαμπρὸσ ὁ
Es 55, 1 πρωϊνόσ. ¹⁷ καὶ τὸ πνεῦμα καὶ ἡ νύμφη λέγουσιν· ἔρχου. καὶ 17
ὁ ἀκούων εἰπάτω· ἔρχου. καὶ ὁ διψῶν ἐρχέσθω, ὁ θέλων λαβέτω
ὕδωρ ζωῆσ δωρεάν.

Dt 4, 2 Μαρτυρῶ ἐγὼ παντὶ τῷ ἀκούοντι τοὺσ λόγουσ τῆσ προφη- 18
τείασ τοῦ βιβλίου τούτου. ἐάν τισ ἐπιθῇ ἐπ᾽ αὐτά, ἐπιθήσει
ἐπ᾽ αὐτὸν ὁ θεὸσ τὰσ πληγὰσ τὰσ γεγραμμένασ ἐν τῷ βιβλίῳ
35, 1 ss τούτῳ· ¹⁹ καὶ ἐάν τισ ἀφέλῃ ἀπὸ τῶν λόγων τοῦ βιβλίου τῆσ 19
προφητείασ ταύτησ, ἀφελεῖ ὁ θεὸσ τὸ μέροσ αὐτοῦ ἀπὸ τοῦ
ξύλου τῆσ ζωῆσ καὶ ἐκ τῆσ πόλεωσ τῆσ ἁγίασ, τῶν γεγραμμένων
ἐν τῷ βιβλίῳ τούτῳ.

7, 17 Λέγει ὁ μαρτυρῶν ταῦτα· ναί, ἔρχομαι ταχύ. ᾿Αμήν, ἔρχου 20
κύριε ᾿Ιησοῦ.
He 13, 25 etc Ἡ χάρισ τοῦ κυρίου ᾿Ιησοῦ μετὰ πάντων. 21

---

12. και ιδου | ℵ* αποδοθηναι | εργ. αυτου εσται 13. εγω ειμι το Α και
το Ω, αρχ. κ. τελ., ο πρωτ. και ο εσχ. 14. μακαρ. οι ποιουντεσ τὰσ
εντολασ αυτου 15. εξω δε | πασ ο φιλων και ποιων 16. του δαβιδ |
ο πρωϊνοσ : και ορθρινοσ 17. ℵ om το et η | ερχου bis et ερχεσθω :
ελθε bis et ελθετω | και ο θελων λαμβανετω το υδ. 18. συμμαρτυρου-
μαι γαρ παντι ακουοντι | επιθη : επιτιθη, ℵ επιθησει | προσ ταυτα |
ο θεοσ επ αυτον | om τω 19. εαν (ℵ αν) τισ αφαιρη | λογων (ℵ add
τουτων) βιβλου | αφελει : αφαιρησει | απο βιβλον τησ ζω. | και των
γεγραμμ. εν βιβλιω 20. ταυτα : ℵ* add ειναι | ταχυ· αμην. Ναι ερχου
21. του κυριου ημων ιησ. χριστου μετ. πα. υμων. Αμην.

www.ingramcontent.com/pod-product-compliance
Lightning Source LLC
Chambersburg PA
CBHW071433300426
44114CB00013B/1417